Californie

CALIFORNIA, HAVE A GOOD ONE !

Cher à l'imaginaire collectif, le Grand Ouest est évocateur. Terre des cow-boys, elle est également celle des grands espaces : c'est le Far West, tant incarné à l'écran par John Wayne que Clint Eastwood. Surtout, elle est celle de tous les contrastes. Ici, la démesure et le clinquant de Hollywood côtoient l'authenticité du désert, les collines rencontrent les plaines, les grandes métropoles avoisinent les villages. Des vallées du vin du nord du Golden State aux *beach towns* à l'ambiance décontractée du sud, une multitude d'atmosphères et de microcosmes cohabitent au sein du même État. Une diversité à l'image de celle de la population, dont l'héritage mexicain est omniprésent. Spécialités culinaires d'une grande richesse, accents espagnols caractéristiques de Los Angeles : les influences sont multiples, rafraîchissantes. Résolument *cool*, les Californiens respirent une joie de vivre communicative, qu'ils expriment avec enjouement lors du moindre échange, généralement conclu par leur devise entraînante : « *Have a good one !* ». Néanmoins, l'Ouest américain ne se limite pas au Golden State. Lorsque le voyageur franchit ses frontières, d'autres contrées s'offrent à lui. La côte pacifique cède sa place aux formations rocheuses d'un rouge incandescent au Nevada, aux monts enneigés majestueux en Utah et aux canyons étourdissants d'immensité en Arizona. Sur cette terre semblant être faite pour le *road-trip*, chaque journée est un voyage en soi.

OFFERT CE GUIDE au format numérique

Retrouvez cette offre en page 105

SOMMAIRE

Venice Beach. © TELESNIUK - SHUTTERSTOCK.COM

6 INSPIRER

Conseils pratiques, informations sur la vie locale, recommandations d'itinéraires… Tout ce que vous avez besoin de savoir avant d'acheter vos billets d'avion !

6 : Quand y aller ?
8 : Les bonnes raisons d'y aller
11 : Les 12 mots-clés
13 : Interview audio / vidéo
14 : Tableau des distances
16 : Idées de séjour
23 : Pratique

35 DÉCOUVRIR

Pour devenir incollable sur l'Ouest américain, de sa géographie à ses mœurs en passant par son histoire, voici un premier aperçu d'une région unique, si différente du reste des États-Unis.

36 : Hollywood et le rêve américain
39 : Géographie
41 : Nature
43 : Climat
45 : Environnement
48 : Histoire
62 : Les enjeux actuels
64 : Architecture
70 : Beaux-arts
74 : Musiques et scènes
79 : Littérature
83 : À l'écran
86 : Population
89 : Société
91 : Religions
93 : Que rapporter ?
95 : Sports et loisirs
97 : Gastronomie
100 : Agenda

109 SAN FRANCISCO ET SA BAIE

Ville de toutes les libertés, terre de créativité, San Francisco est l'un des incontournables de la Californie, séduisant le visiteur par sa taille humaine, son architecture, sa culture et sa baie.

123 : SAN FRANCISCO
205 : East Bay
213 : North Bay
217 : Silicon Valley

223 CÔTE NORD

Arbres géants, vallées viticoles, montagnes enneigées… La côte s'étire jusqu'au Redwood National Park, dévoilant des panoramas magnifiques et des paysages contrastés, loin des plages dorées du Sud.

226 : Marin County
228 : Sonoma Coast et Mendocino County
230 : Humboldt County

233 WINE COUNTRY

Au nord du Golden Gate Bridge et de Marin County, la Vallée du Vin s'étend entre Napa, Sonoma et Russian River. Une belle région qui se découvre paisiblement, au gré des dégustations et du *farniente*.

238 : Napa Valley
249 : Sonoma Valley et Bennett Valley
255 : Russian River Valley
256 : Dry Creek Valley et Alexander Valley

257 SACRAMENTO ET LE NORD-EST

Nombre de parcs nationaux protègent cette terre de contrastes aux lacs turquoise et argent, parcourue de paysages lunaires grandioses aux couleurs oxydées et d'une forêt dense de séquoias géants.

260 : Sacramento et le Gold Country
269 : Shasta Cascade

271 SIERRA NEVADA

Avec ses montagnes majestueuses et ses roches métamorphiques, Yosemite est l'une des attractions majeures de la région, à l'instar du lac Tahoe, propice à la tranquillité près des grandes villes.

275 : **Sierra Nevada**

293 CÔTE CENTRALE

La côte qui s'étend de San Francisco à la Cité des Anges est d'une beauté envoûtante, à la fois mystique et magique, accentuée par de jolies villes comme Santa Cruz, Carmel et Pacific Grove.

296 : **Highway 1 jusqu'à Big Sur**
311 : **Comtés de San Luis Obispo, Santa Barbara et Ventura**

317 LOS ANGELES ET SES ENVIRONS

Qu'on l'adore ou qu'on la déteste, Los Angeles ne saurait laisser le voyageur indifférent. Ville de cinéma parfois difficile à aborder, elle a bien plus à offrir que les clichés qui l'entourent.

329 : **LOS ANGELES**
394 : **Au nord de Los Angeles**
402 : **Au sud de Los Angeles**

407 CÔTE SUD

Bordée par une succession de sympathiques *beach towns*, la route qui longe la côte se conclut en apothéose par San Diego, dont le charme égale la richesse culturelle et historique. Coup de cœur !

411 : **De Disneyland à San Diego**
425 : **SAN DIEGO**

449 INLAND EMPIRE ET LE DÉSERT

Étendue de l'est de Los Angeles à la frontière du Nevada, cette zone révèle toute la diversité de la Californie, des montagnes de San Gabriel à l'impitoyable désert de Death Valley National Park.

452 : **Inland Empire et le désert**

461 NEVADA

Presque inhabité, le Nevada est parcouru de paysages à la beauté mystique, comme ceux de Valley of Fire. Telle une oasis dans le désert, Las Vegas s'érige parmi eux en royaume du jeu et de la démesure.

469 : **LAS VEGAS**
498 : **Le sud du Nevada**
502 : **Highway 50**

505 UTAH

Canyons aux tons irréels, déserts, montagnes enneigées, étendues verdoyantes… L'Utah est aussi marqué par la diversité de ses paysages que sa capitale, Salt Lake City, l'est par l'héritage mormon.

510 : **Salt Lake City et les Rocheuses**
520 : **Utah's Canyon Country**

533 ARIZONA

Du Grand Canyon à Monument Valley, ce territoire est connu du monde entier pour ses sites emblématiques. Néanmoins, un voyage dans l'Arizona offre également une immersion authentique dans le Far West.

537 : **Plateau du Colorado**
551 : **Phoenix et le sud**

569 ORGANISER SON SÉJOUR

En raison du prix des hébergements et de la nécessité de réserver certaines activités longtemps en avance, un voyage dans le Grand Ouest se prépare ; voici des informations clés pour vous aiguiller.

570 : **Pratique**
575 : **S'y rendre**
576 : **Séjours et circuits**
580 : **Se loger**
581 : **Se déplacer**
584 : **S'informer**
585 : **Rester**
589 : **Index**

Horseshoe Bend Canyon, Arizona. © F11PHOTO - SHUTTERSTOCK.COM

Crescent City
Klamath
PARC NATIONAL REDWOOD ★★
Yreka
LAVA BEDS NATIONAL MONUMENT ★★
MOUNT SHASTA ★★
Eaglevil
Burney
Trinity
SHASTA LAKE ★★
HUMBOLDT REDWOODS STATE PARK ★★
Petrolia
Susanville
PARC NATIONAL LASSEN VOLCANIC ★★
Red Bluff
Kenny
Chico
Portola
FORT BRAGG ★★
MENDOCINO ★★
Truckee
Yuba City
LAKE TAHOE ★★★★
Pacific
SANTA ROSA ★★
HEALDSBURG ★★
CALISTOGA ★★★
ST. HELENA ★★
GUERNEVILLE ★★
NAPA ★★★
BODEGA BAY ★★
SONOMA ★★
POINT REYES NATIONAL SEASHORE ★★★
SAUSALITO ★★★
MUIR WOODS NATIONAL MONUMENT ★★
BERKELEY ★★
MARIN HEADLANDS ★★★
OAKLAND ★★
Modesto
SAN FRANCISCO ★★★★
PALO ALTO ★★
STANFORD ★★
HALF MOON BAY ★★★
SAN JOSE ★★
BIG BASIN REDWOODS STATE PARK ★★
CARMEL ★★★
Fresı
MONTEREY ★★★
SALINAS ★★
POINT LOBOS STATE RESERVE ★★★
PINNACLES NATIO
PARK-WEST ENTRA ★★
BIG SUR ★★★
Coalinga
SANTA BARBARA
CHANNEL ISLANDS NATIONAL PARK ★★
100 KM

Denio
Owyhee
Jackpot
Orovada
Wells
Winnemucca
Elko
Battle Mountain
Ibapah
UTAH
NEVADA
Fernley
Eureka
AUSTIN
Ely
IRGINIA CITY
GREAT BASIN NATIONAL PARK
Hawthorne
Troy
Tonopah
OSEMITE NATIONAL PARK
Cedar City
Caliente
MAMMOTH LAKES
Goldfield
EXTRATERRESTRIAL HIGHWAY – AREA 51
Alamo
Bishop
St. George
Big Pine
GS CANYON
IONAL PARK
DEATH VALLEY NATIONAL PARK
Mesquite
LONE PINE
VALLEY OF FIRE STATE PARK
Visalia
PARC NATIONAL DES SÉQUOIAS
RED ROCK CANYON NATIONAL CONSERVATION AREA
LAS VEGAS
Porterville
HOOVER DAM
Delano
Bakersfield
Baker
Seligman
Kingman
Lake
MOJAVE NATIONAL PRESERVE
Lancaster
Wikieup
Havasu City
PASADENA
BIG BEAR LAKE
ALIBU
LOS ANGELES
PALM SPRINGS
ARIZONA
LONG BEACH
PARC NATIONAL JOSHUA TREE
NTINGTON BEACH
ANAHEIM – DISNEYLAND
Blythe
NTA CATALINA ISLAND
Cibola
PORT BEACH
SALVATION MOUNTAIN
GUNA BEACH
DANA POINT
SAN DIEGO

QUAND
Y ALLER

JANVIER	FÉVRIER	MARS
5° / 13°	6° / 15°	7° / 16°
GOLDEN GLOBE AWARDS *(LOS ANGELES)* Majeure pour l'industrie du cinéma, cette cérémonie constitue l'occasion de croiser des stars aux abords du Beverly Hilton Hotel.	**THE ACADEMY AWARDS** *(LOS ANGELES)* Particulièrement attendus à Los Angeles, les Oscars sont considérés comme les récompenses les plus prestigieuses du cinéma.	**LOS ANGELES MARATHON** *(LOS ANGELES)*  © JOSEPH SOHM - SHUTTERSTOCK.COM Chaque année depuis 1986, Los Angeles accueille plus de 25 000 coureurs pour l'un des plus grands marathons des États-Unis.
SUNDANCE FILM FESTIVAL *(SALT LAKE CITY)* Principal festival américain de cinéma indépendant, il a révélé de nombreux réalisateurs, comme Quentin Tarantino et Jim Jarmusch.	**SAN FRANCISCO CHINESE NEW YEAR PARADE** *(SAN FRANCISCO)* Au Nouvel An chinois, une immense fête emplit les rues de Chinatown ; c'est la plus grande manifestation de ce genre hors Asie.	
$ $	$ $	$ $

JUILLET	AOÛT	SEPTEMBRE
12° / 22°	12° / 22°	12° / 23°
CALIFORNIA RODEO SALINAS *(SALINAS)* Élection de Miss California Rodeo, barbecues, musique western... Voici une immersion inoubliable dans la culture cow-boy.	**LONG BEACH JAZZ FESTIVAL** *(LONG BEACH)* Ce festival de jazz – le seul de la Californie du Sud – promet aux spectateurs un moment enchanteur, suspendu dans le temps.	**LIFE IS BEAUTIFUL FESTIVAL** *(LAS VEGAS)* Plus qu'un festival, il se définit comme « une manière de traverser le monde ». Parmi les invités : The Weekend, Green Day...
INDEPENDENCE DAY Concerts, feux d'artifices, défilés... Chaque année, le pays s'anime pour célébrer l'adoption de la Déclaration de l'Indépendance.	**BURNING MAN** *(BLACK ROCK DESERT)* Le point culminant de ce festival international célébrant la création et la libre expression est l'incendie du Burning Man.	**INTERNATIONAL CAMEL AND OSTRICH RACES** *(VIRGINIA CITY)* Tout le monde – même vous – est invité à concourir à cette course de chameaux et d'autruches, la plus célèbre de l'Ouest.
$ $ $	$ $ $	$ $

Entre côte Pacifique, montagnes enneigées et déserts arides, l'Ouest américain possède une multitude de microclimats. S'il est difficile de généraliser les conditions météorologiques de la région, nous pouvons affirmer que les meilleures saisons pour la parcourir sont le printemps et l'automne. Ce sont également les périodes qui comptent une grande quantité de mobilisations culturelles, à l'instar de Coachella en avril, Cinco de Mayo en mai et Halloween en octobre.

AVRIL

8° / 18°

SAN FRANCISCO INTERNATIONAL FILM FESTIVAL
(SAN FRANCISCO)
Dans ce festival de film – le plus ancien des Amériques – les productions étrangères ont toujours été bien représentées.

COACHELLA VALLEY MUSIC AND ARTS FESTIVAL
Ce festival de musique incontournable accueille les plus grands artistes du monde, tels que Harry Styles, Beyoncé et Radiohead.

$ $

MAI

10° / 19°

BAY TO BREAKERS
(SAN FRANCISCO)
Cette course à pied aux allures de grande fête déjantée anime San Francisco depuis 2012. Mille-pattes, licornes, nudistes...

CINCO DE MAYO
Défilés, mariachi et spécialités culinaires comme les *tacos* investissent les rues pour célébrer la culture américano-mexicaine.

$ $

JUIN

11° / 21°

SAN FRANCISCO INTERNATIONAL LGBTQ FILM FESTIVAL
(SAN FRANCISCO)
Plus important et, surtout, plus long festival de film LGBTQ+ du monde encore en activité, le Frameline existe depuis 1977.

SAN FRANCISCO PRIDE
(SAN FRANCISCO)
Le dernier week-end de juin revêt la forme d'une fête géante de la fierté gay, dont le défilé de la Gay Pride le samedi.

$ $

OCTOBRE

10° / 21°

CASTRO STREET FAIR
(SAN FRANCISCO)
Fondée en 1974 par Harvey Milk, la Castro Street Fair célèbre le dynamisme et la diversité de la communauté LGBTQ+ de S.F.

HALLOWEEN
Contrairement à la France, cette fête devenue américaine occupe une place de choix dans l'agenda états-unien. Immanquable !

$ $

NOVEMBRE

8° / 18°

DÍA DE LOS MUERTOS
À forte population mexicaine, la Californie est le théâtre de défilés et de célébrations hors du commun pour cette tradition.

AFI FEST
(LOS ANGELES)
Il s'agit de l'un des festivals de cinéma les plus importants à l'échelle mondiale, organisé chaque année à Los Angeles.

$ $

DÉCEMBRE

6° / 14°

WRANGLER NATIONAL FINALS RODEO
(LAS VEGAS)
Considéré comme le rodéo le plus prestigieux du monde, il voit les 15 concurrents les mieux classés s'affronter pendant 10 jours.

$ $ $

LES BONNES RAISONS D'Y ALLER

© TRAVEL STOCK - SHUTTERSTOCK.COM

LES PARCS NATIONAUX, INÉNARRABLES

Yosemite, Death Valley, Grand Canyon… Des sites à voir au moins une fois dans une vie.

LE CHARME DE SAN DIEGO

Dynamique et multiple, cette ville à taille humaine séduira quiconque en foulera le sol.

© F11PHOTO - SHUTTERSTOCK.COM

© 2018 5216168757 - SHUTTERSTOCK.COM

LA RICHESSE ETHNIQUE ET CULTURELLE

Le Grand Ouest est imprégné de l'héritage amérindien et mexicain, unique et fascinant.

© KOBBY DAGAN - SHUTTERSTOCK.COM

LA CRÉATIVITÉ DE SAN FRANCISCO

Temple de l'art, de la littérature et de l'architecture, elle est en constante ébullition.

© EMMA_GRIFFITHS - SHUTTERSTOCK.COM

DE SUPERBES MUSÉES

Du Broad à Los Angeles à l'Arizona-Sonora Desert à Tucson, ils sont remarquables.

© PHOTOQUEST7

LA DÉMESURE À L'AMÉRICAINE

Elle trouve son point culminant avec Las Vegas, royaume du jeu et de l'excès.

© LIDIA GROSSO PHOTOGRAPHY - ISTOCKPHOTO.COM

DES PAYSAGES ÉPOUSTOUFLANTS

L'océan, les forêts, les déserts et les montagnes offrent une diversité hors du commun.

LES BONNES RAISONS D'Y ALLER

LES COUCHERS DE SOLEIL DU PACIFIQUE

Chaque soir, la côte vire au doré, donnant au terme « *golden hour* » tout son sens.

© CHONES - SHUTTERSTOCK.COM

© PHOTOINNOVATION - SHUTTERSTOCK.COM

LES VINS DU WINE COUNTRY

À l'image du célèbre *zinfandel*, la Vallée du Vin regorge de belles saveurs.

© CHICEATS - SHUTTERSTOCK.COM

LES TYPIQUES FARMERS MARKETS

Avec leur cuisine internationale faite de produits locaux, ils sont un voyage à eux seuls.

LES 12 MOTS-CLÉS

#HIPPIES

La Californie est le berceau de la contre-culture hippie. En quête de nouvelles valeurs, toute une génération y a rejeté le matérialisme, les luttes de pouvoir et les traditions des sociétés précédentes. C'est à San Francisco que les *flower children* ont commencé à manifester leur désir de paix, notamment pendant le Summer of Love de 1967.

#HOLLYWOOD

Les imposantes lettres blanches qui se détachent des collines de Los Angeles sont connues du monde entier : ici, le visiteur entre en terre de cinéma. Du Walk of Fame aux studios ouverts au public en passant par les théâtres Art déco historiques, la ville est imprégnée de cet héritage parfois lourd à porter, synonyme de clichés trop réducteurs.

© LPETTET - ISTOCKPHOTO.COM

#LAID-BACK

Synonyme de « *décontracté* » – ou « *cool* » –, ce terme résume assez bien l'attitude adoptée par la plupart des Californiens – ceux du Sud en tête. Il s'applique au code vestimentaire comme au mode de conduite et aux interactions sociales. Plus qu'un simple mot, il révèle un état d'esprit qui fait la réputation des habitants dans le reste du pays.

#MELTING-POT

Le Golden State s'est peuplé grâce à des vagues d'immigration successives : aujourd'hui, sa population est majoritairement latino, à 39 % – contre 35 % de blancs. Bien que la gestion des tensions raciales demeure l'un des enjeux auxquels doit faire face le gouvernement fédéral, la diversité ethnique constitue un moteur de développement formidable.

#NATIONAL PARKS

L'Ouest américain regorge de zones protégées qui sont devenues des modèles d'organisation et de préservation de la nature. Si le premier parc national au monde a été créé dans le Wyoming, avec Yellowstone National Park, la Californie en compte désormais six de première importance, contre cinq pour l'Utah, trois pour l'Arizona et un pour le Nevada.

© FERRANTRAITE

#NONSMOKER

Le pays applique une politique anti-tabac virulente. Les interdictions pleuvent : à celle de fumer dans la plupart des restaurants, des bars et des casinos s'ajoutent celles de certaines villes, qui proscrivent aussi la cigarette dans les parcs, sur les plages ou aux arrêts de bus. Au total, 12,5 % des Américains fument contre 24 % des Français.

#ROAD TRIP

Au royaume de la voiture, le voyage façon *road trip* prend tout son sens. Côte pacifique, *beach towns*, vignobles, déserts, forêts, montagnes, lacs… : avec ses immenses étendues et sa grande diversité de paysages, l'Ouest américain s'explore mieux lorsque l'on est véhiculé. Ici le temps passé sur la route fait partie intégrante de l'expérience.

#RUÉE VERS L'OR

Mythe évocateur, c'est l'évènement fondateur de la Californie, tant sur le plan démographique qu'économique et culturel. En moins de 7 ans, la découverte d'un filon d'or en janvier 1848 à près de 80 km à l'est de l'actuel Sacramento a attiré 300 000 personnes issues de tous les États-Unis, de Chine, d'Europe, d'Australie et d'Amérique du Sud.

#SÉCHERESSE

La région est fréquemment en proie à des longues périodes de sécheresse. Ainsi, la pénurie d'eau est un problème récurrent en Californie, amplifié davantage chaque année par le changement climatique. Autres conséquences : des incendies ravageurs, des canicules hors du commun et l'assèchement de lacs d'envergure, comme le Great Salt Lake en Utah.

#SÉQUOIAS

Avec le pin, il s'agit de l'arbre que l'on trouve le plus en Californie. Il en existe deux sortes : celui de la côte – *Sequoia sempervirens* – et celui de montagne – *Sequoiadendron giganteum*. Appelé « *redwood* » par les locaux, le premier est un arbre relativement fin mais géant, parmi les plus hauts du monde. Un héritage unique, préservé avec soin.

© MASTERLU - ISTOCKPHOTO.COM

#US ROUTE 66

Construite en 1926 pour relier Chicago à Los Angeles, cette route légendaire traverse l'Arizona sur 645 km et la Californie sur 507 km. Si elle a officiellement disparu du système autoroutier américain en 1985, de nombreux panneaux continuent de l'indiquer, tandis qu'elle est jalonnée de restaurants et de motels dans certaines zones peuplées.

© VENTDUSUD

#UNIVERSITÉS

Le Grand Ouest compte plusieurs universités prestigieuses, parmi lesquelles se démarque Stanford – en Californie, au sud de San Francisco – véritable pépinière de Prix Nobel. Par ailleurs, les nombreux campus qui peuplent la région dynamisent les villes à renfort de musées, de sites de recherche et d'évènements culturels riches et variés.

VOUS ÊTES D'ICI, SI…

- **Vous « *tippez* » grassement** les serveurs, les voituriers et les chauffeurs de taxi ou de VTC. Part intégrante de la culture américaine, les pourboires représentent habituellement 10 à 15 % de la note au restaurant ; il serait très mal vu de ne pas en laisser.
- **Vous demandez systématiquement : « *how are you?* »** à votre interlocuteur, même dans le cadre d'un échange rapide, comme à la caisse d'un supermarché.
- **Vous ne respectez pas les limitations de vitesse**, surtout aux abords des grandes villes telles que Los Angeles. Néanmoins, ce n'est pas parce que les locaux le font que nous vous conseillons de les imiter… Ils ne sont pas immunisés contre les contraventions ni les accidents de la route ; et vous non plus !
- **Vous prenez soin de votre voiture.** Au pays des 4x4, les véhicules sont plus imposants les uns que les autres ; même les plus petits rivalisent d'entretien, avec des carrosseries généralement impeccables.
- **Vous faites un « *hug* »** au lieu de la bise pour saluer une connaissance.

MA CALIFORNIE

Par Floriane Valdayron, auteure du guide

© DR

Interview

Après un coup de cœur pour l'Ouest américain en 2021, Floriane Valdayron y est retournée lors d'un *road trip* pour le Petit Futé. L'occasion de concilier ses habitudes de « backpackeuse » avec une manière plus confortable de voyager, pour proposer des options qui conviendraient à tous. Des « incontournables » aux lieux moins touristiques, elle livre plusieurs aspects d'une région pourtant si unique.

DISTANCES

TEMPS DE TRAJET

	DEATH VALLEY NATIONAL PARK	GRAND CANYON NATIONAL PARK	LAS VEGAS	LOS ANGELES	NAPA
DEATH VALLEY NATIONAL PARK		624 KM 🚗 6h15	229 KM 🚗 2h15	468 KM 🚗 4h30	853 KM 🚗 9h
GRAND CANYON NATIONAL PARK	624 KM 🚗 6h15		455 KM 🚗 4h30 🚌 11h15	796 KM 🚗 8h30 🚌 11h30	1310 KM 🚗 12h45 🚌 1j1h
LAS VEGAS	229 KM 🚗 2h15	455 KM 🚗 4h30 🚌 11h15		434 KM 🚗 4h 🚌 7h15	949 KM 🚗 9h30 🚌 18h30
LOS ANGELES	468 KM 🚗 4h30	796 KM 🚗 8h30 🚌 11h30	434 KM 🚗 4h 🚌 7h15		648 KM 🚗 7h 🚌 10h
NAPA	853 KM 🚗 9h	1310 KM 🚗 12h45 🚌 1j1h	949 KM 🚗 9h30 🚌 18h30	648 KM 🚗 7h 🚌 10h	
PALM SPRINGS	483 KM 🚗 5h	669 KM 🚗 6h30 🚌 18h15	449 KM 🚗 4h15 🚌 10h15	172 KM 🚗 1h45 🚌 6h	815 KM 🚗 8h 🚌 20h
PHOENIX	668 KM 🚗 7h	373 KM 🚗 3h45 🚌 14h15	486 KM 🚗 4h45 🚌 14h	600 KM 🚗 6h 🚌 7h	1244 KM 🚗 12h 🚌 20h
SACRAMENTO	709 KM 🚗 8h	1266 KM 🚗 12h15 🚌 1j3h	906 KM 🚗 8h45 🚌 16h30	618 KM 🚗 6h 🚌 9h	96 KM 🚗 1h 🚌 2h
SALT LAKE CITY	887 KM 🚗 9h	611 KM 🚗 6h15 🚌 18h30	676 KM 🚗 6h15 🚌 8h30	1107 KM 🚗 10h15 🚌 22h	1139 KM 🚗 10h30 🚌 19h30
SAN DIEGO	566 KM 🚗 5h30	817 KM 🚗 8h30 🚌 15h15	534 KM 🚗 5h 🚌 11h15	230 KM 🚗 2h15 🚌 3h	838 KM 🚗 9h 🚌 13h30
SAN FRANCISCO	819 KM 🚗 9h	1276 KM 🚗 12h30 🚌 1j6h	915 KM 🚗 9h15 🚌 16h45	615 KM 🚗 7h 🚌 9h30	77 KM 🚗 1h 🚌 1h45
YOSEMITE NATIONAL PARK	486 KM 🚗 6h	1025 KM 🚗 11h15 🚌 1j4h	671 KM 🚗 7h30 🚌 18h30	449 KM 🚗 4h45 🚌 6h45	720 KM 🚗 3h15 🚌 9h30

Le Grand Ouest se parcourant idéalement au cours d'un road trip, il est important de préparer ses trajets en voiture avant chaque départ. Néanmoins, il ne vaut mieux pas se fier aux temps indiqués sur son GPS ou sur Google Maps, les embouteillages étant presque inévitables aux abords des grandes villes. Ainsi, prenez une marge d'au moins 15 % sur la plupart de vos déplacements. S'il en est de même pour les bus, les trains Amtrak répondent quant à eux à des horaires plus précis.

PALM SPRINGS	PHOENIX	SACRAMENTO	SALT LAKE CITY	SAN DIEGO	SAN FRANCISCO	YOSEMITE NATIONAL PARK
483 KM 🚗 5h	668 KM 🚗 7h	709 KM 🚗 8h	709 KM 🚗 8h	566 KM 🚗 5h30	819 KM 🚗 9h	486 KM 🚗 6h
669 KM 🚗 6h30 🚌 18h15	373 KM 🚗 3h45 🚌 14h15	1266 KM 🚗 12h15 🚌 1j3h	611 KM 🚗 6h15 🚌 18h30	817 KM 🚗 8h30 🚌 15h15	1276 KM 🚗 12h30 🚌 1j6h	1025 KM 🚗 11h15 🚌 1j4h
449 KM 🚗 4h15 🚌 10h15	486 KM 🚗 4h45 🚌 14h	906 KM 🚗 8h45 🚌 16h30	676 KM 🚗 6h15 🚌 8h30	534 KM 🚗 5h 🚌 11h15	915 KM 🚗 9h15 🚌 16h45	671 KM 🚗 7h30 🚌 18h30
172 KM 🚗 1h45 🚌 6h	600 KM 🚗 6h 🚌 7h	618 KM 🚗 6h 🚌 9h	1107 KM 🚗 10h15 🚌 22h	230 KM 🚗 2h15 🚌 3h	615 KM 🚗 7h 🚌 9h30	615 KM 🚗 7h 🚌 9h30
815 KM 🚗 8h 🚌 20h	1244 KM 🚗 12h 🚌 20h	96 KM 🚗 1h 🚌 2h	1139 KM 🚗 10h30 🚌 19h30	838 KM 🚗 9h 🚌 13h30	77 KM 🚗 1h 🚌 1h45	720 KM 🚗 3h15 🚌 9h30
	432 KM 🚗 4h30 🚌 5h	788 KM 🚗 7h45 🚌 15h45	1157 KM 🚗 10h45 🚌 22h30	202 KM 🚗 2h 🚌 8h30	785 KM 🚗 8h30 🚌 16h30	671 KM 🚗 7h30 🚌 21h
432 KM 🚗 4h30 🚌 5h		1215 KM 🚗 11h30 🚌 16h30	1067 KM 🚗 10h30 🚌 17h30	571 KM 🚗 5h30 🚌 8h	1211 KM 🚗 12h 🚌 20h30	1097 KM 🚗 11h45 🚌 16h45
788 KM 🚗 7h45 🚌 15h45	1215 KM 🚗 11h30 🚌 16h30		1068 KM 🚗 10h30 🚌 15h	811 KM 🚗 8h30 🚌 11h30	141 KM 🚗 1h30 🚌 2h	227 KM 🚗 2h45 🚌 7h30
1157 KM 🚗 10h45 🚌 22h30	1067 KM 🚗 10h30 🚌 17h30	1068 KM 🚗 10h30 🚌 15h		1207 KM 🚗 11h 🚌 20h30	1184 KM 🚗 11h 🚌 22h30	888 KM 🚗 8h30 🚌 23h45
202 KM 🚗 2h 🚌 8h30	571 KM 🚗 5h30 🚌 8h	811 KM 🚗 8h30 🚌 11h30	1207 KM 🚗 11h 🚌 20h30		808 KM 🚗 8h30 🚌 14h	694 KM 🚗 7h30 🚌 13h30
785 KM 🚗 8h30 🚌 16h30	1211 KM 🚗 12h 🚌 20h30	141 KM 🚗 1h30 🚌 2h	1184 KM 🚗 11h 🚌 22h30	808 KM 🚗 8h30 🚌 14h		304 KM 🚗 3h45 🚌 7h
671 KM 🚗 7h30 🚌 21h	1097 KM 🚗 11h45 🚌 16h45	227 KM 🚗 2h45 🚌 7h30	888 KM 🚗 8h30 🚌 23h45	694 KM 🚗 7h30 🚌 13h30	304 KM 🚗 3h45 🚌 7h	

IDÉES DE SÉJOUR

Immense, l'Ouest américain a énormément à offrir, notamment aux personnes véhiculées. De la créativité sans limite de San Francisco au charme de San Diego en passant par l'héritage cinématographique de Los Angeles et la démesure de Las Vegas, les grandes villes de la région raviront les plus blasés des citadins. Death Valley National Park, Grand Canyon National Park, Valley of Fire State Park… : les amoureux de la nature, quant à eux, s'émerveilleront devant la diversité des parcs nationaux et étatiques dont recèlent la Californie, le Nevada, l'Utah et l'Arizona, entre déserts, canyons et arches sculptées par le temps. Face à la beauté du Pacifique et la qualité de ses vagues, les surfeurs ne seront pas en reste, tandis que les skieurs se rendront sur les monts enneigés qui encerclent Salt Lake City. Enfin, le territoire se prête à un road-trip synonyme d'une immersion dans les États-Unis profonds.

CALIFORNIE DU NORD, CÔTE PACIFIQUE, VIGNOBLES ET LACS MONTAGNEUX

Pour réellement explorer la Californie du Nord, trois semaines ne seront pas de trop. Cet itinéraire permet de découvrir à la fois **San Francisco** ★★★★ (p.123) et les paysages contrastés de la région, tels que les superbes Monterey et Big Sur, ou encore **Mammoth Lake** ★★★ (p.287) et **Lake Tahoe** ★★★★ (p.275). Chaque voyageur y trouvera son compte tant les options sont variées.

› Jour 1 - San Francisco, Downtown

Visite du **SFMOMA** (p.154) dans le quartier de SoMa. Remontez au nord sur **Union Square** (p.142). Poursuivez dans Chinatown et visitez le quartier. Montez dans Nob Hill pour le panorama et la place de Huntington Park. Visitez **Grace Cathedral** (p.140) et pénétrez dans les hôtels de luxe. Empruntez la ligne Powell-Mason Street du *cable car* et descendez à Green Street. Visite de North Beach ★★★ et soirée dans le quartier.

› Jour 2 - Alcatraz et les hauteurs de San Francisco

Départ du Pier 33 pour **Alcatraz** (p.144). N'oubliez pas de réserver vos billets une semaine à l'avance pour partir tôt le matin. Visite d'**Alcatraz** (p.144). Depuis le bateau, vue sur la baie, le **Golden Gate Bridge** (p.150) et le Financial District avec la **Transamerica Pyramid** (p.143) de **San Francisco** ★★★★ (p.123). De retour sur le quai, prenez la ligne Powell-Hyde Street du *cable car* et descendez à **Lombard Street** (p.140). Découverte de Russian Hill. Descendez sur Union Street dans Marina & Cow Hollow. Faites les boutiques de Union Street. Remontez Fillmore Street pour rejoindre Pacific Heights ★★. Visite de Japantown et dîner dans le quartier. Passez le reste de la soirée dans les bars du Tenderloin.

› Jour 3 - Designers, hippies et le Golden Gate Park

Découverte du quartier de Hayes Valley avec session shopping dans les boutiques de designers locaux. Visite d'**Alamo Square** (p.155) pour le panorama sur le Financial District avec maisons victoriennes en premier plan. Balade dans Lower Haight puis dans Haight-Ashbury ★★★. Poursuivez sur Haight Street jusqu'au **Golden Gate Park** (p.156). Visitez le De **Young Museum** (p.157) ou la **California Academy of Sciences** (p.155). Rendez-vous dans le **Japanese Tea Garden** (p.156). Dînez et passez la soirée dans le quartier.

› Jour 4 - Cœur géographique, administratif et historique de San Francisco

Les dimanches, commencez la journée à la messe de 9h de **Glide Memorial Church** (p.139). Sinon, départ sur la place du Civic Center, cœur administratif de **San Francisco** ★★★★ (p.123). Visite de l'**Asian Art Museum** (p.138). Prenez la ligne F dustreetcar pour rejoindre le quartier du Castro, cœur géographique de **San Francisco** ★★★★ (p.123). Balade dans le Castro ★★★ et déjeuner. Rejoignez **Mission Dolores** (p.153), cœur historique de la ville et visite. Pause dans **Dolores Park** (p.152). Découverte du Mission District. Dîner dans le quartier et soirée dans les bars du coin.

› Jour 5 - Half Moon Bay, Santa Cruz, Monterey

Louez une voiture à San Francisco, empruntez la route 1 à la sortie sud de la ville. Suivez la côte jusqu'à Santa Cruz. Arrêtez-vous à Princeton-by-the-Sea, sur la belle plage de Half Moon Bay, à Pigeon Point Lighthouse et aussi souvent que la route vous le permet. A Santa Cruz, faites un tour sur le Boardwalk avant de poursuivre vers Monterey. Visite de Monterey et nuit sur place.

› Jour 6 - Pacific Grove, Carmel, Big Sur

Empruntez la 17 Mile Drive dans Pacific Grove et rejoignez Carmel. Visitez la ville ainsi que la mission San Carlos Borromeo, une des plus belles missions espagnoles de Californie. Ne ratez pas la plage de Carmel. Découverte de Big Sur avec randonnées et pauses sur la plage. Visitez la Henry Miller Memorial Library et prenez un verre au Nepenthe. Nuit à Carmel ou dans Big Sur pour les amoureux de la nature.

› Jour 7 - Arrivée dans le Yosemite National Park

Cette journée permet de rejoindre le **parc national** ★★★★ (p.279), d'acheter ses permis et de finir les préparatifs pour les randonnées des jours suivants. Balade dans les séquoias géants de **Mariposa Grove** (p.283) et le long de la **vallée de Yosemite** (p.283). Nuit dans un lodge si vous avez des réservations à l'avance, sinon camping.

› Jour 8 - Randonnée dans Yosemite

Randonnée dans le parc, selon votre niveau de santé physique et vos objectifs. Nuit sur place, en lodge ou en camping.

› Jour 9 - Yosemite High country

Départ vers l'est, dans le High country du Yosemite.

› Jour 10 - Entre les lacs glaciaires

En suivant la route de Bodie, on pourra découvrir les paysages somptueux de Mono Lake et **Mammoth Lakes** ★★★ (p.287). Arrivée à Bodie en fin de journée, nuit dans les environs.

› Jour 11 - Mammoth Lakes et Mono Lake

Arrivée à Lee Vining dans la matinée du jour 10. Visite de Mono Lake et de la ville fantôme de Bodie. Nuit à Mammoth Lakes.

› Jour 12 - Découverte approfondie de Mammoth Lakes

Randonnée dans la région de **Mammoth Lakes** ★★★ (p.287) ou session de ski sur les pistes. Nuit sur place.

› Jour 13 - Lake Tahoe

Départ de **Mammoth Lakes** ★★★ (p.287) le matin pour rejoindre **Lake Tahoe** ★★★★ (p.275). Tour du lac en voiture avec arrêts fréquents pour profiter du paysage. Nuit dans le North Lake Tahoe.

› Jour 14 - Shasta County, un territoire volcanique

Direction Sacramento puis Redding au nord à travers la vaste plaine de la Sacramento Valley. Visite des cavernes de Lake Shasta et nuit à Dunsmuir ou à McCloud.

› Jour 15 - Lassen Volcan Park

Poursuivez la découverte du Shasta County, en faisant une randonnée dans le Castle Crags State Park puis visite du Lassen Volcanic Park.

› Jour 16 - Humboldt County

Visite d'Eureka et d'**Arcata** ★ (p.231) et sortie en kayak de mer. Nuit à Eureka.

› Jour 17 - Redwood National Park

Visite du Redwood National Park avec ses arbres géants.

› Jour 18 - De Humboldt County à Mendocino Coast

Départ d'Eureka, empruntez l'Avenue of the Giants. Rejoignez la route 1 qui longe la côte Pacifique et conduisez jusqu'à **Mendocino** ★★ (p.228). Visitez la ville et passez la nuit à **Mendocino** ★★ (p.228), à Little River ou à Elk.

› Jour 19 - Sonoma Coast, Russian River Valley

Reprenez la route 1 vers le sud en longeant toujours la côte. A Jenner, bifurquez dans les terres par la route 116 pour suivre la Russian River. Arrêtez-vous dans les domaines de la Russian River Valley le long de River Road. Dormez à Healdsburg.

› Jour 20 - Dry Creek Valley, Alexander Valley et Calistoga

Passez la journée à découvrir les domaines de Dry Creek Valley et Alexander Valley et jetez un œil à Geyserville. Empruntez la West Springs Road au niveau de Fulton plus au sud pour rejoindre Calistoga dans la Napa Valley. Dormez à Calistoga.

› Jour 21 - Napa Valley, terre de vignobles

Découvrez les domaines de la Napa Valley le long du Silverado Trail. Dormez sur place.

› Jour 22 - Sonoma Valley

Rejoignez Sonoma puis Glen Ellen. Visitez le Jack London Park. Arrêtez-vous dans les *wineries* de la région et dormez sur place.

› Jour 23 - Bodega Bay, Point Reyes National Seashore, Stinson Beach

Traversez Santa Rosa et Sebastopol et rejoignez la côte au niveau de Bodega Bay que vous visiterez. Plus au sud, visitez **Point Reyes National Seashore** ★★★ (p.226) en reprenant la route 1. Toujours plus au sud, arrêtez-vous à Bolinas et à Stinson Beach. Rejoignez San Francisco.

CALIFORNIE DU SUD, LOS ANGELES, SAN DIEGO ET SAN LUIS OBISPO

Ces trois grandes villes de la Californie méridionale déploient chacune une identité bien marquée, de la tentaculaire L.A. ★★★★ (p.329), à la très divertissante San Diego ★★★ (p.425), en passant par l'étudiante cool San Luis Obispo. En chemin, on profitera des plages de Pacific Palisades et Hintington Beach, et on découvrira deux déserts somptueux : Mojave ★★★ (p.456) et la Vallée de la Mort ★★★★ (p.457).

› Jour 1 - Arrivée à Los Angeles

Passez la nuit dans le quartier de Westwood ★★★.

› Jour 2 - A la découverte de Downtown L.A.

Depuis Westwood, empruntez le bus et le métro jusqu'à la gare Art déco de Union Station (p.341). Découvrez le Pueblo de Los Angeles ★★★★ (p.329), Olvera Street et le Walt Disney Concert Hall, chef-d'œuvre de Franck Gehry. Longez le MOCA (p.341) pour rejoindre Pershing Square. Passez le début de soirée au bar The Rooftop, en haut du Standard Hotel.

› Jour 3 - UCLA et Santa Monica

Démarrez la journée sur le campus de l'UCLA (p.349), puis roulez jusqu'à l'océan en empruntant Sunset Boulevard. Suivez la sublime Pacific Coast Highway jusqu'à Malibu. Bain de mer tonifiant à Zuma Beach, ou observation de la nature à Point Dume. Rejoignez l'animation de Santa Monica ★★★ en fin de journée.

› Jour 4 - Getty Museum et Hollywood Boulevard

Rendez-vous au Getty Museum (p.347) où une escale artistique vous attend sur les hauteurs de Brentwood ★★★. Puis rejoignez Griffith Park (p.352), dans les hauteurs de Hollywood ★★★, pour un pique-nique et une randonnée. Fin d'après-midi sur Hollywood ★★★ Boulevard, du Walk of Fame (p.345) au Chinese Theatre (p.346)...

› Jour 5 - Berverly Hills et Sunset Boulevard

Beverly Hills vous attend avec ses allées de palmiers, ses voitures rutilantes et ses manoirs Tudor. Les bijouteries de Rodeo Drive et le mythique Sunset Boulevard complètent la visite.

› Jour 6 - Pasadena et Burbank

Remontez vers le nord, direction Pasadena pour le déjeuner. Puis rejoignez Burbank ★ (p.397) pour visiter les studios de cinéma.

› Jour 7 - Universal City

Visitez Universal City ★ et ses studios de cinéma (p.354). C'est un lieu absolument incontournable pour tout fan de cinéma américain et vous y passerez la journée.

› Jour 8 - Farniente à Malibu

Retournez vers l'ouest et troquez votre appareil photo contre une paire de lunettes de soleil. Malibu vous attend, avec ses plages et son ambiance balnéaire.

› Jour 9 - Pacific Palisades et Marina del Rey

Longez la côte au départ de Malibu, en passant par Pacific Palisades, Marina del Rey ou encore Redondo Beach, où vous passerez la nuit. La route est très agréable et particulièrement ensoleillée.

› Jour 10 - Surf à Huntington Beach

Le périple balnéaire continue avec Long Beach ou encore Huntington Beach ★★ (p.418). Ce séjour sur la côte vous permettra de suivre un cours de surf, ou tout simplement de bronzer sur les longues plages de sable.

› Jour 11 - Direction San Diego

Sur la route, faites une halte à San Clemente pour profiter de sa plage et de son air marin. L'après-midi sera consacré à la visite de San Diego ★★★ (p.425) et son Balboa Park (p.432). Nuit à San Diego ★★★ (p.425).

› Jour 12 - Musées de San Diego

Visite des musées et des quartiers historiques de San Diego ★★★ (p.425). Finissez la journée à la plage !

› Jour 13 - Palm Springs et Joshua Tree National Park

De San Diego remontez vers le nord et Palm Springs. De là, vous pouvez faire une excursion dans le Joshua Tree National Park. Nuit sur place.

› Jour 14 - Désert de Mojave

Partez tôt le matin du parc pour rejoindre au nord le désert du Mojave. Préparez vos appareils photo et vos gourdes. Passez la nuit dans un gîte sur place.

› Jour 15 - Traversée de la Vallée de la Mort

Traversez la Vallée de la Mort en partant très tôt le matin, pour ne pas subir la chaleur et pouvoir vous arrêter aux points d'intérêt, notamment Zabriskie Point (p.459).

› Jour 16 - Retour vers le Pacifique

Cette journée sera consacrée au retour vers la côte. Vous avez 8 heures de route devant vous pour rejoindre San Luis Obispo. Le soir, dînez dans l'un des bons restaurants de la ville. Nuit à San Luis Obispo.

© FERRANTRAITE

Universal City, au nord de Los Angeles.

› Jour 17 - De San Luis Obispo à Santa Barbara

Visite de la ville avant de partir pour Santa Barbara, archétype de la ville californienne. Avec son architecture colorée et méditerranéenne, la ville offre un séjour agréable. Baladez-vous dans ses rues et passez la soirée dans ses bars. Nuit à Santa Barbara.

› Jour 18 - Retour à Los Angeles

Il faut compter un peu moins de 2 heures pour rejoindre **Los Angeles** ★★★★ (p.329), vous avez donc le temps de profiter encore un peu de Santa Barbara avant de prendre votre avion en fin de journée.

LA CALIFORNIE DU 7E ART

Qui pose le pied en Californie a forcément un petit faible pour le cinéma... Ce voyage dans le Golden State sera l'occasion de vous plonger dans les coulisses du 7e Art. Que vous soyez un amateur de superproductions hollywoodiennes, un fan de Disney ou un fou de *Star Wars*, voici une sélection d'endroits à ne manquer sous aucun prétexte. Que le spectacle commence !

› Jour 1 - Hollywood

Vous commencerez par un tour sur le **Hollywood Walk of Fame** (p.345). Rendez-vous au croisement de Vine Avenue et Hollywood Boulevard pour faire une première étape au **Pantages Theater** (p.344), un théâtre de style Art déco construit dans les années 1930. C'est ici que se jouent tous les grands spectacles de Broadway.

Ensuite, remontez le Walk of Fame d'est en ouest en photographiant les étoiles de vos stars préférées. Ne manquez pas de vous arrêter dans les cinémas emblématiques du quartier : l'**Egyptian Theater** (p.343), où la cinémathèque américaine organise de nombreuses projections ; le **Capitan Theater** (p.282), appartenant à la Walt Disney Company ; et le célébrissime **Grauman's Chinese Theater** (p.346), dans sa superbe pagode chinoise. Ces trois cinémas furent construits entre 1922 et 1927 par Charles E. Toberman (surnommé « le père d'Hollywood ») et Cid Grauman. Ils incarnent l'âge d'or d'Hollywood.

Terminez votre découverte par un tour dans le Hollywood & Highland Center, qui abrite le nouveau lieu des Oscars, le **Dolby Theatre** (p.343), anciennement Kodak Theater. C'est ici que les stars viennent se faire remettre leur statuette dorée. Dans le hall d'entrée sont inscrits tous les vainqueurs de l'oscar du meilleur film depuis la création de la cérémonie. Avant de quitter la folie d'Hollywood, levez un œil et observez le signe emblématique campé sur la colline. Installées en 1923, ces lettres hautes de 14 mètres n'avaient à l'époque aucun lien avec le cinéma puisqu'il s'agissait d'une enseigne publicitaire pour le programme immobilier « Hollywoodland » ! Pour observer le signe de plus près, rendez-vous au Griffith Observatory, si possible au coucher du soleil. En été, terminez la journée par une projection de film en plein air, au Hollywood Forever Cemetery. C'est l'une des activités favorites des Angelenos.

› Jour 2 - Los Angeles par le prisme du cinéma

Le grand jeu des cinéphiles à Hollywood consiste à se rendre sur les lieux de tournages de leurs films et séries préférés. A vous de jouer ! Enfin, vous aurez peut-être la chance de croiser une ou deux stars de cinéma ou de télévision... Nous avons remarqué qu'elles aimaient aller prendre un café au **Larchmont Village** (p.345), au sud d'Hollywood, ou encore flâner dans les boutiques de Robertson Boulevard à Beverly Hills. Les plus curieux d'entre vous monteront dans un mini-van pour faire la visite des maisons de stars.

› Jour 3 - Universal Studios

Il faut une journée entière pour visiter Universal Studios (p.354). Loin d'être un parc d'attractions classique, Universal Studios permet de comprendre le fonctionnement des grands studios américains. Ne manquez pas le Studio Tram Tour (p.337), qui mêle amusement et découverte.

› Jour 4 - En route pour Lone Pine

Située à 3 heures de route, à l'intérieur des terres, cette ville de l'Inyo County célèbre le cinéma western, au cœur des Alabama Hills (p.292). Ce décor naturel époustouflant a été le lieu de tournage de centaines de films depuis 1920. Vous êtes sur les traces de John Wayne, Gary Cooper, Kirk Douglas ou, plus récemment, de Robert Downey Jr ! Avant de repartir, faites une pause au Film History Museum, qui complète votre découverte du site d'Alabama Hills.

› Jour 5 - Légendaire Las Vegas

Poursuivez votre route vers l'intérieur des terres, pour rejoindre les paysages de western emblématiques de l'Utah. La route est longue (plus de 10h), nous vous conseillons de dormir à mi-chemin, à Las Vegas, ville nourrie par le mythe américain.

› Jour 6 - Monument Valley et les paysages désertiques d'Utah et Arizona

Autres décors emblématiques des westerns, les formations rocheuses de Monument Valley que l'on retrouve notamment dans *Stagecoach* (1939) ou *Il était une fois dans l'Ouest* (1968) et dans une dizaine de westerns de John Ford dont *La Chevauchée fantastique* (1939) ou *Fort Apache* (1948). Plus récemment elles apparaissent dans *Lone Ranger* (2013) avec Johnny Depp et *Transformers : Age of Extinction* (2014). De manière générale, les paysages désertiques d'Arizona, et dans une moindre mesure d'Utah, ont toujours été des lieux privilégiés de tournage. Parmi les films plus connus on peut citer : *Easy Rider* (1969), *Mars Attacks !* (1996), *Into the Wild* (2007) et *Gravity* (2013).

› Jour 7 - Monument Valley et retour

Profitez encore un peu de ces paysages magnifiques et quittez Monument Valley pour rentrer à Los Angeles ★★★★ (p.329). Arrêtez-vous en chemin, dans un motel, car la route retour est longue.

DE LAS VEGAS À LA VALLÉE DE LA MORT, EN PASSANT PAR MONUMENT VALLEY

Si vous disposez de 15 jours et aimez conduire, alors n'hésitez plus et filez à l'est de Las Vegas ★★★ (p.469), au-delà de Bryce Canyon ★★★★ (p.525), vers Grand Staircase – Escalante National Monument ★★ (p.527). Attention : il faudra vous lever très tôt tous les jours et rouler beaucoup pour tout voir ! Si le rythme vous semble trop rapide, levez le pied et supprimez quelques étapes pour savourer davantage le lieu où vous vous trouvez. Vous reviendrez sûrement visiter cette belle partie de l'Ouest ! Comptez, du 1er au 15e jour, 2 700 à 3 000 km à parcourir, sans les détours dus aux visites. L'été est une saison à proscrire pour ce séjour, car il fait vraiment trop chaud pour pouvoir randonner dans les parcs.

› Jour 1 - Centre et sud du Strip

Arrivée et installation à Las Vegas ★★★ (p.469). Visite du centre du Strip ★★★, côté est (Palazzo et Venetian (p.477), Flamingo (p.474), Paris...), puis côté ouest (Treasure Island, Mirage, Caesar (p.474) et Bellagio, City Center (p.474)...) et sud (New York, Excalibur, Luxor, Mandalay, MGM...). En fin d'après-midi, découverte des shows gratuits sur le Strip ★★★ (volcan du Mirage et fontaines du Bellagio). Prévoir un grand spectacle en soirée.

› Jour 2 - Nord du Strip, Downtown et Arts District.

Visite du Wynn et du Encore, puis du nord du Strip (Circus Circus, Stratosphere...). Déjeuner au Top of the World (Stratosphere). Dans l'après-midi, rendez-vous à Arts District (antiquaires, Arts Factory), puis à Downtown (Fremont East District et Fremont Street Experience (p.480)). Passez la soirée à Downtown en explorant ses casinos.

› Jour 3 - Hoover Dam et Lake Mead

En matinée, visite de Hoover Dam. L'après-midi, croisière et/ou baignade au Lake Mead ★ (p.498). Soirée et nuit à l'Hacienda Hotel & Casino de Boulder City.

› Jour 4 - Valley of Fire

Prenez tôt la route panoramique du Lac en direction de Valley of Fire ★★★ (p.499). Après votre visite du parc, allez déjeuner à Overton, au Sugars Home Plate. L'après-midi, visitez le Lost City Museum. En milieu d'après-midi, prenez la route vers l'entrée sud de Zion National Park ★★★★ (p.521). Soirée libre à Springdale où vous aurez réservé un hébergement.

› Jour 5 - Zion National Park

Tôt le matin, visite de Zion Canyon (en navette ou à pied). Pique-nique ou restaurant dans le parc. En fin d'après-midi, quittez le parc par l'est, en direction de Bryce Canyon. Prévoyez d'arriver à Bryce Canyon avant le couchant ou arrêtez-vous pour la nuit au Riverside Resort & Park Ranch (50 km avant le parc).

› Jour 6 - Bryce Canyon

Randonnée à Bryce Canyon ★★★★ (p.525) au lever du soleil. Pique-nique ou restaurant dans le parc.

Dans l'après-midi, retour à mont Carmel, puis prendre la direction de la rive nord du Grand Canyon. Pour ceux qui auraient pris la route tardivement sans réservation d'hébergement dans le parc sur North Rim ★★★, arrêtez-vous à Kanab pour la nuit.

› Jour 7 - Grand Staircase et Escalante National Monument

Suivez la magnifique Scenic Byway 12 qui vous mènera de Bryce Canyon à Moab via un itinéraire remarquable. À midi, arrêtez-vous à Boulder pour déjeuner et visitez le Anasazi State Park Museum. En passant par Capitol Reef National Park, ne manquez pas la route panoramique. Nuit à Moab.

› Jour 8 - Arches National Park

Visitez ce parc national ★★★★ (p.529), tout en prenant le temps de découvrir également Moab et les alentours du Colorado. Nuit à Moab.

› Jour 9 - Canyonlands National Park ou Dead Horse Point State Park

Aujourd'hui, vous devez faire un choix entre Canyonlands National Park et Dead Horse Point State Park. Notez que Canyonlands est divisé en trois districts et que le plus accessible et plus proche de Moab est Island in The Sky.

› Jour 10 - Monument Valley

Sur la route entre Moab et Monument Valley, ne manquez pas de vous arrêter à Bluff (qui pourra aussi être votre point de chute pour la nuit à venir) et de visiter son ancien fort. Pour Monument Valley, vous aurez le choix entre le tour avec votre propre véhicule ou le tour guidé. Nuit à Monument Valley, Mexican Hat ou Bluff. Évitez Kayenta, peu hospitalière.

› Jour 11 - Page et Lake Powell

On ne peut passer à Page sans être tenté de visiter Antelope Canyon, le gigantesque barrage et de faire un tour en bateau sur le lac. L'emploi du temps sera très serré et il vous faudra peut-être faire l'impasse sur l'un des trois si vous arrivez à midi ou après. Pensez à partir tôt de votre hébergement de la veille et réservez à l'avance pour votre visite d'Antelope Canyon. Nuit à Page.

› Jour 12 - Grand Canyon North Rim

Départ très matinal. Rejoignez North Rim ★★★ en passant par Vermillon Cliff National Monument et la superbe route panoramique 89A. Pique-nique ou repas au Grand Canyon Lodge. Prévoir une balade sur les principaux points de vue avant de prendre la route vers Kanab. Nuit à Kanab. Attention, cette balade n'est pas possible en hiver.

› Jour 13 - Red Rock Canyon

Prenez là aussi la route de bon matin afin de rejoindre Red Rock Canyon, à l'ouest de Las Vegas ★★★ (p.469). Prenez le temps d'une balade à pied en dehors de la route panoramique puis allez visiter Spring Mountain Ranch State Park. Prenez quelques photos des nombreux burros que vous croiserez à proximité. Nuit à Bonnie Springs.

› Jour 14 - Death Valley

Commencez la visite de Death Valley ★★★★ (p.457) par le sud : Zabriskie Point (p.459), Devil's Golf Course, Dante's View (p.458). Repas à Furnace. Dans l'après-midi, remontez vers Scotty's Castle. Si la route est ouverte, sortez par le nord-est du parc et revenez à Vegas en suivant la Zone 51. Profitez de votre ultime soirée à Las Vegas ★★★ (p.469) pour assister à un dernier show.

› Jour 15 - Shopping et retour

Profitez du dernier jour pour faire quelques emplettes dans le Strip ★★★, avant de prendre l'avion.

SE REPÉRER / SE DÉPLACER

DE L'AÉROPORT AU CENTRE-VILLE

Quelle que soit la ville dans laquelle vous atterrissez – San Francisco, Los Angeles, San Diego, Las Vegas, Salt Lake City, ou encore Phoenix –, le plus simple consiste à récupérer votre voiture de location à l'aéroport. Si vous choisissez d'arpenter l'Ouest américain sans être véhiculé, plusieurs options s'offrent à vous pour gagner votre hébergement : les navettes, les transports en commun, ou les taxis et les VTC. Plus onéreux, ces derniers se révéleront également plus rapides.

ARRIVÉE EN TRAIN

Le réseau Amtrak assure une bonne couverture de l'ouest des États-Unis. Il dessert notamment San Francisco, Los Angeles et San Diego en Californie, Salt Lake City en Utah, puis Flagstaff et Tucson en Arizona. Les connexions avec d'autres villes d'importance comme Las Vegas – Nevada – et Phoenix – Arizona – sont assurées par des réseaux parallèles. Pour trouver la station correspondant à votre destination ainsi que les horaires des trains, rendez-vous ici : www.amtrak.com

TRANSPORTS EN COMMUN

La pertinence du recours aux transports en commun varie fortement d'une ville à l'autre. Par exemple, si San Francisco s'y prête particulièrement, la tentaculaire Los Angeles est difficile à couvrir en métro ou en bus. De plus, les petites communes sont généralement assez mal desservies et, surtout, mal reliées entre elles. Néanmoins, les grandes villes peuvent être gagnées par Greyhound, le service de bus interurbain le plus développé d'Amérique du Nord. Par exemple, San Diego est bien connectée au reste du pays, en particulier à Los Angeles, que l'on rejoint entre 3 et 4 heures de route, selon la circulation. Il est aussi possible de se rendre dans d'autres États, comme le Nevada – comptez une dizaine à une douzaine d'heures pour Las Vegas – l'Arizona – prévoyez près de 14 heures pour atteindre Phoenix – et l'Utah – environ 20 heures pour Salt Lake City. Sans surprise, les tarifs sont moins chers que ceux du train.

VÉLO, TROTTINETTE & CO

Les *beach towns* du sud de la Californie – le célèbre *boardwalk* de Venice en tête – sont plébiscitées par les amateurs de vélos, de skates et de trottinettes. En dehors des boutiques de location, nombreuses, les vélos en libre-service – à l'instar de Vélib' Métropole à Paris – commencent à voir le jour, comme le Bike Share à Long Beach – www.longbeach.gov. Un moyen de transport qui intéressera les voyageurs non véhiculés et ceux qui comptent rester plus longtemps sur place.

Venice Beach, Los Angeles.

AVEC UN CHAUFFEUR

Difficile de ne pas trouver de taxi ou de VTC – Uber et Lyft étant les applications les plus utilisées – dans les villes de Californie, de Nevada, d'Utah et d'Arizona. Préférez la seconde option, les chauffeurs de taxi pratiquant généralement des tarifs plus élevés, d'autant qu'il convient de leur verser un pourboire conséquent en fin de trajet. Néanmoins, lorsque vous venez d'un aéroport, comparez leurs prix avec ceux des VTC – ces derniers réservant des surprises. Bien qu'ils fonctionnent habituellement au compteur, ils pourront vous fournir une estimation.

EN VOITURE

Louer un véhicule constitue – de loin – le meilleur moyen de parcourir l'Ouest américain. Construites pour les voitures, les villes sont faciles à aborder et les directions sont bien indiquées, d'autant que le permis international n'est pas obligatoire. Cependant, il faudra vous armer de patience pour vous garer en dehors des parkings payants dans des pôles urbains d'importance comme Los Angeles et Phoenix – entre autres. De la même manière, portez une attention particulière aux panneaux de stationnement, parfois accrochés en hauteur et cachés par les arbres : ce sont leurs indications qui prévalent lorsque vous vous garez contre un trottoir à la bordure non colorée.
Enfin, si les camping-cars peuvent être désavantageux en ville, ils se prêtent extrêmement bien à l'exploration des grands espaces de la région, notamment si vous comptez partir à l'assaut des parcs. Les installations sont nombreuses, tandis que les sites de location ne cessent de se multiplier.

ACCESSIBILITÉ

La région – les petites villes en tête – est une bonne élève en matière d'accessibilité pour les personnes à mobilité réduite et les poussettes.

LES ATTRAPE-TOURISTES

Comme partout, une règle d'or s'impose aux abords des stations de métro : ne pas se fier aux rabatteurs, ne serait-ce que pour acheter une carte de transport.

LES PHRASES CLÉS

Bonjour, comment puis-je me rendre à…
Excuse me, how can I get to…

Est-ce loin à pied ? Y a-t-il le métro ou un bus… pour y aller ?
Is it far to walk? Is there a subway or a bus that goes there?

Pouvez-vous me montrer cet endroit sur la carte s'il vous plait ?
Can you please show me this place on the map?

Où puis-je acheter les tickets de transport ? Est-ce que je peux payer en carte de crédit ?
Where can I buy transit tickets? Can I pay with a credit card?

Où est la sortie ? A gauche, à droite ou tout droit ?
Where is the exit? Is it on the left, the right, or straight ahead?

Je suis perdu et je suis en retard, s'il vous plait, aidez-moi ! Merci beaucoup !
I'm lost and running late. Could you please help me? Thank you very much!

A VOIR / A FAIRE

HORAIRES

Généralement, les musées, monuments et édifices religieux ferment tôt, aux alentours de 17 heures. Par ailleurs, il n'est pas rare qu'ils ne soient ouverts que quelques jours par semaine. Quant à eux, les parcs et sites naturels sont habituellement accessibles 7j/7, du lever au coucher du soleil – si ce n'est 24h/24. Dans tous les cas, vérifiez les horaires en ligne avant de prévoir votre journée.

A RÉSERVER

Le Grand Ouest est tout indiqué aux voyageurs qui aiment programmer leur séjour à l'avance : la plupart des musées et galeries d'art proposent des réservations des mois au préalable. Si cette anticipation n'est pas toujours nécessaire, notez qu'elle est indispensable pour des excursions spécifiques telles que le ferry qui mène à Alcatraz Island, juste au nord de San Francisco, ou pour la visite guidée d'Antelope Canyon, dans le nord de l'Arizona. En cause : une renommée internationale grandissante et un nombre quotidien de visiteurs restreint.

BUDGET / BONS PLANS

Bien qu'ils donnent généralement accès au site pendant plusieurs jours, les billets d'entrée des parcs nationaux comme étatiques sont relativement onéreux, lorsqu'on les met bout à bout : comptez en moyenne 20 US$ par véhicule. Il est également rare de trouver des musées gratuits. Ainsi, nous vous recommandons de sélectionner avec soin vos activités et, surtout, de regarder sur le site internet des établissements leurs conditions tarifaires : certains ouvrent leurs portes gratuitement le premier mardi ou jeudi du mois, par exemple.

LES ÉVÉNEMENTS

Festivals de film et musique aussi éclectiques que grandioses, courses à pied le long de parcours mythiques, tournois de poker rassemblant les meilleurs joueurs du monde, rodéos... L'Ouest américain possède nombre d'événements culturels marquants, pour tous les goûts.

- **En janvier,** les fans de cinéma et de télévision se pressent aux abords du Beverly Hilton Hotel, à Los Angeles, afin de croiser des stars en chemin pour la cérémonie des Golden Globe Awards. Le même mois, les férus de films indépendants se rendent au Sundance Film Festival, à Salt Lake City, en Utah.
- **Entre février et mars,** la région est animée par nombre de manifestations, entre celles du Black History Month et la gigantesque parade du Nouvel An chinois, à San Francisco. C'est également à cette période que se tiennent les Oscars, les récompenses les plus prestigieuses du monde du cinéma et l'une des journées les plus attendues dans la Cité des Anges.
- **En avril,** les fêtards les plus *select* se donnent rendez-vous à Coachella, à Indio – en Californie. Harry Styles, Billie Eilish, Flume, Doja Cat, Ye, Stromae, Disclosure, Beyoncé, ou encore Radiohead sont autant de grands noms qui animent ce festival de musique incontournable.
- **Mai** est marqué par le Cinco de Mayo, qui commémore l'anniversaire de la victoire du Mexique sur l'Empire français à la bataille de Puebla de los Ángeles, en 1862. Aujourd'hui, il s'agit avant tout de la célébration de la culture américano-mexicaine, en particulier en Californie et en Arizona, où elle est très présente. Le troisième dimanche du mois, une course aussi légendaire qu'incontournable – Bay to Breakers – anime les rues de San Francisco.
- **En juin,** les championnats du monde de poker – World Series of Poker – battent leur plein à Las Vegas. Par ailleurs, entre son International LGBTQ Film Festival et sa Pride, San Francisco embrasse pleinement le mois des Fiertés.
- **Juillet** est cher au cœur des États-Uniens : le 4, ils célèbrent l'Independence Day. Concerts, feux d'artifice, défilés... Chaque année, le pays s'anime à l'occasion de ce jour férié qui reste un symbole de patriotisme fort.
- **Plutôt calme, août** est d'abord rythmé par le Long Beach Jazz Festival, au sud de Los Angeles. Il faut attendre la fin du mois pour que la fête batte son plein, lors du festival de musique déjanté qu'est Burning Man – dans le Black Rock Desert, dans le Nevada – haut lieu de la célébration artistique et de la libre expression.
- **Septembre** est marqué par la course de chameaux et d'autruches la plus célèbre de l'Ouest – International Camel and Ostrich Races – qui se tient chaque année à Virginia City, dans le Nevada. Autre grand rendez-vous : Life is Beautiful Festival, à Las Vegas. Parmi les personnalités déjà invitées : The Weekend, Green Day, ou encore Florence and the Machine.

▶ **Le premier dimanche d'octobre,** San Francisco accueille la Castro Street Fair, un événement artistique et culturel qui célèbre le dynamisme et la diversité de sa communauté LGBTQ+. À la fin du mois, les déguisements s'emparent du pays à l'occasion d'Halloween, dont l'ampleur est considérable aux États-Unis.

▶ **En conséquence, novembre** débute avec le Día de los Muertos, une tradition mexicaine qui consiste à célébrer et à accueillir les défunts au travers de repas et de fêtes étalés sur deux jours.

▶ **Enfin, décembre** compte un événement notable à Las Vegas : le Wrangler National Finals Rodeo, considéré comme le rodéo le plus prestigieux du monde. Outre les affrontements entre les 15 concurrents les mieux classés, nombre d'animations sont prévues.

VISITES GUIDÉES

En dehors des sites uniquement accessibles avec un guide – comme une partie de Monument Valley Navajo Tribal Park, par exemple – les parcs et les réserves s'explorent très bien seuls. En revanche, une grande quantité de musées et d'établissements culturels proposent des visites guidées gratuites ou, à défaut, fournissent des « *self-guided tours* ».

FUMEURS

Comme en France, il est interdit de fumer dans les espaces publics clos, dans les transports et sur son lieu de travail. De manière générale, il est assez peu courant de voir des Américains une cigarette à la main.

C'EST TRÈS LOCAL

Qu'il soit étatique ou national, chaque parc est doté d'un Visitor Center. On y trouve systématiquement un *gift shop* et une exposition – dont la taille varie en fonction de celle du site – en plus de toutes les informations nécessaires à l'exploration de la zone.

LES PHRASES CLÉS

Bonjour, puis-je avoir deux entrées adultes et un enfant s'il vous plait ?
Hello. Could I please have tickets for two adults and one child?

Le tarif enfant est jusqu'à quel âge ? Et pour les seniors, est-ce qu'il y a une réduction ?
What is the age limit for the children's rate? Is there a senior discount?

Est-ce qu'il y a des visites guidées en français ou un audioguide ?
Do you offer guided tours or an audio guide?

Combien de temps faut-il pour faire la visite ?
How long does the tour take?

J'ai du mal à monter les escaliers, avez-vous un ascenseur ?
I have difficulty climbing stairs. Do you have an elevator?

Excusez-moi, pouvez-vous me dire où sont les toilettes ? Merci beaucoup.
Excuse me, could you please tell me where are the toilets? Thank you very much.

SE RÉGALER

HORAIRES

Aux États-Unis, on dîne tôt : ainsi, il est rare de trouver des restaurants ouverts après 22h. Par ailleurs, il est souvent nécessaire de réserver.

BUDGET / BONS PLANS

La gamme de prix est assez large. Si les *tacos*, *hot-dogs* et autres spécialités incontournables de la *street-food* ne coûtent que quelques dollars, un déjeuner dans un restaurant ou un petit café *cosy* avoisinera rapidement la vingtaine de dollars, en comptant le pourboire et les taxes. Pour leur part, les très bonnes tables se situent à partir des 40 US$. Où que l'on mange, les assiettes sont souvent copieuses : ne faites pas l'impasse sur les *doggy bags* si vous n'arrivez pas à finir.

EN SUPPLÉMENT

Ici, ne pas « *tipper* » est extrêmement mal vu : lorsque vous commandez, prenez en compte que vous laisserez sûrement 10 % à 15 % de la note en supplément pour le pourboire. De la même manière, les taxes sont rarement comprises dans les prix affichés au menu. Elles varient selon les États, voire les comtés. Ainsi, en avril 2022, elles étaient de 9,5 % dans celui de Los Angeles, contre 7,75 % dans celui de San Diego et 8,5 % à Sonoma. Consultez leur évolution ici : www.cdtfa.ca.gov.

C'EST TRÈS LOCAL

Les États-Unis sont réputés pour leur « *Taco Tuesday* » : chaque mardi, de nombreux restaurants mexicains proposent des offres semblables à des *happy hours* sur leurs tacos. Autre spécificité locale particulièrement implantée sur la côte Ouest : les Farmers Markets, une succession de stands animant les rues de certains quartiers chaque semaine. Des spécialités libanaises aux italiennes, on y trouve une cuisine internationale savoureuse, préparée avec des produits locaux.

ENFANTS

Les enfants sont les bienvenus, puisque les habitants vont eux-mêmes au restaurant en famille – parfois sans trop se soucier du bruit émis par leur progéniture. Les plats étant rarement épicés, les palais non habitués trouveront aisément de quoi se régaler.

FUMEURS

À l'instar de la France, il est interdit de fumer dans les restaurants.

LES ATTRAPE-TOURISTES

Comme partout, certains restaurants qui se revendiquent comme « *authentiques* » sont loin de l'être. On les reconnaît aisément : par exemple, un établissement « *italien* » dont le menu indique « *pastas* »… Quand on sait que ce mot n'existe pas dans leur langue.

LES PHRASES CLÉS

Bonjour, je voudrais réserver une table pour deux personnes pour ce midi ou ce soir.
Hello, I'd like to reserve a table for two for lunch or dinner today.

Avez-vous un menu en français ou en anglais ?
Do you have a menu in French or in English?

Je suis végétarien, y a t-il des plats sans viande ?
I'm a vegetarian. Do you offer any meatless dishes?

Je n'ai vraiment plus faim mais avez-vous une carte des desserts ?
I'm not really hungry anymore, but do you have a dessert menu?

Puis-je avoir l'addition s'il vous plait ? Je peux payer par carte ou en espèces ?
Could I get the check, please? Can I pay by card or cash?

C'était très bon, nous reviendrons. Merci et à bientôt.
It was excellent. We'll be back. Thank you and see you soon.

PRATIQUE

FAIRE UNE PAUSE

HORAIRES

Les cafés et salons de thé ferment assez tôt, dans l'Ouest américain. Généralement, ils ouvrent dans la matinée jusqu'aux alentours de 17 heures et se prêtent aussi bien au petit déjeuner qu'au goûter. En plus de quelques voyageurs attablés avec un livre, on y voit essentiellement des *digital nomads* en train de travailler et des groupes d'amis venus partager un moment de convivialité.

Pour leur part, les bars ferment vers minuit. Quelle que soit la ville, ils sont plus animés à partir du jeudi.

BUDGET / BONS PLANS

États-Unis obligent, difficile de trouver des adresses réellement bon marché – d'autant que la politique des pourboires est la même qu'au restaurant. Cependant, vous ferez des économies en optant pour le *batch brew*, le café servi dans une grande tasse, comme à la maison, la plupart des établissements proposant des « *refills* » pour seulement deux ou trois dollars. Comptez généralement 8 US$ pour une pinte de bière et une quinzaine de dollars pour un bon cocktail. Si certains bars proposent des *happy hours*, ces derniers sont souvent très contraignants au niveau des horaires.

A PARTIR DE QUEL ÂGE

Aux États-Unis, il est interdit pour les jeunes de moins de 21 ans de consommer de l'alcool, qu'ils soient seuls ou accompagnés. Une loi prise très au sérieux, à tel point que les serveurs et serveuses demandent systématiquement à voir les papiers d'identité de leurs clients, dès que le doute sur leur âge est permis.

C'EST TRÈS LOCAL

L'Ouest américain regorge de délicieux *donuts bars*. Néanmoins, attention : si l'on a tendance à penser qu'il s'agit de salons de thé, ce sont généralement des petites boutiques semblables à des boulangeries. Ainsi, prévoyez un endroit où vous poser pour déguster vos achats.

FUMEURS

Comme dans tous les lieux clos destinés à recevoir du public, il est interdit de fumer dans les cafés et les bars, hormis en terrasse.

LES PHRASES CLÉS

Bonjour, quelle est la spécialité de la maison ? Nous voulons découvrir.
Hello, what is the specialty here? We'd like to try it.

Avez-vous de la place en terrasse ?
Do you have a table available outside?

Quel est votre nom ? Je m'appelle… Ravi de vous rencontrer !
What is your name? My name is ... Pleased to meet you!

A votre santé ! Zut, j'ai renversé mon verre… pouvez-vous m'aider ?
Cheers! Oh, no, I've spilled my drink. Can you help me?

C'était très bon. Nous allons reprendre la même chose s'il vous plait.
It was very good. We'll have the same again, please

(SE) FAIRE PLAISIR

HORAIRES

Habituellement, les commerces sont ouverts tous les jours, de 9 heures à 18 heures ou 19 heures, voire 21 heures dans les centres commerciaux. Il arrive que des établissements ferment une journée par semaine, qui varie au cas par cas – il peut aussi bien s'agir du lundi que du mercredi.

BUDGET / BONS PLANS

Si les tarifs sont similaires à ceux pratiqués en France, l'Ouest américain présente l'intérêt de comporter de grands *outlets*, offrant des prix imbattables tout au long de l'année, sur une vaste sélection de marques américaines.

SOLDES

Tradition américaine, le Black Friday est disproportionné, ici. En novembre, le vendredi qui suit Thanksgiving, les habitants et les visiteurs éventuels se pressent dans les magasins pour bénéficier de promotions défiant toute concurrence. Par ailleurs, les soldes répondent à un calendrier comparable à celui que nous connaissons. Certaines chaînes ou boutiques en organisent également de manière plus ponctuelle.

C'EST TRÈS LOCAL

Des marques américaines dégriffées aux maillots de sport estampillés des numéros de joueurs de baseball et de basket en passant par la tenue *« cowboy »*, l'Ouest américain présente un choix intéressant de vêtements à rapporter du voyage. Boîtes de conserve, plaques d'immatriculation, jouets en plastique des années 1980… On y trouve également des objets plus insolites les uns que les autres, vendus dans les *antique stores*, des curiosités qui méritent absolument le détour. Autre spécificité états-unienne : l'abondance des boutiques de souvenirs, qu'elles soient installées dans les parcs nationaux comme dans ceux d'attractions. En résulte une quantité impressionnante de produits dérivés en tout genre. Par ailleurs, certains États s'illustrent par leur savoir-faire : la Californie pour son vin cultivé dans le Wine Country, l'Arizona pour son artisanat amérindien et le Nevada pour ses mines de turquoise.

LES ATTRAPE-TOURISTES

Los Angeles, San Francisco, Las Vegas… Grandes villes obligent, on y trouve des vendeurs à la sauvette, une petite table jonchée de contrefaçons devant eux.

LES PHRASES CLÉS

Bonjour, c'est superbe, mais combien ça coûte ?
Hello. This is really nice. How much does it cost?

Vous auriez ma taille ? Où se trouvent les cabines d'essayage ?
Do you have my size? Where are the fitting rooms?

Est ce que je pourrai vous le rapporter et l'échanger si ça ne va pas ?
Will I be able to return it for an exchange if it doesn't fit?

J'ai trop dépensé aujourd'hui, pouvez-vous me faire une réduction sympa ?
I've spent too much today. Could you give me a nice discount?

Je prendrai celui-ci. Pouvez-vous me faire un paquet cadeau ?
I'll take this one. Could you gift wrap it for me?

Vous prenez la carte de crédit ? Où puis-je trouver un distributeur de billets ?
Do you take credit cards? Where can I find an ATM?

BUDGET / BONS PLANS

Sans surprise, rien n'est gratuit aux États-Unis. Ainsi, la pratique du sport en groupe ou en salle est payante, pour des prix sensiblement similaires à ceux pratiqués en France. Néanmoins, la côte se prête à la marche rapide en bord de plage, au jogging, ou, tout simplement, à la détente et au bronzage.

C'EST TRÈS LOCAL

En Californie, le surf est incontournable : plus qu'un sport, il s'agit d'une culture – voire d'un état d'esprit – qui a imprégné toutes les *beach towns* du Pacifique. Par ailleurs, qu'ils habitent à Los Angeles, à Phoenix, ou encore à Salt Lake City, les citadins ont l'habitude de s'évader dans les grands espaces naturels alentour, propices à la randonnée.

A RÉSERVER

Pour participer à une séance de yoga ou vous initier au surf, nul besoin de vous y prendre longtemps à l'avance ; il faut seulement espérer que votre séjour sur place coïncide avec le calendrier des cours en vigueur. Ainsi, dès que vous arrivez dans une nouvelle ville propice à la pratique d'une activité susceptible de vous intéresser, n'hésitez pas à vous renseigner sur les prochaines leçons ou dates de sortie. Afin d'assister à un match de baseball, de basketball, ou encore de hockey sur glace, réservez le plus tôt possible via le site www.ticketmaster.com, la référence en la matière.

LES ATTRAPE-TOURISTES

Limitez les intermédiaires : ne réservez qu'auprès de l'établissement directement, qu'il s'agisse d'une association sportive, d'un salon de massage ou d'une agence d'excursions.

LES PHRASES CLÉS

Bonjour, comment puis-je me rendre à… ? Est-ce loin ?
Excuse me, how can I get to... ? Is it far?

J'aimerais aller courir. Il y a un coin sympa pour cela dans la ville ?
I'd like to go running. Is there a nice place to run in the city?

J'adore cuisiner. Savez-vous où je peux trouver des cours de cuisine ?
I love cooking. Do you know where I can take a cooking class?

Vous pourriez m'indiquer une salle de sport pas très loin ?
Could you tell me where there is a gym nearby?

Quel est le sport national ?
What is the national sport?

Pensez-vous que nous pourrions voir cela ou même participer ?
Do you think we could watch it, or maybe even try it?

PRATIQUE

SORTIR

HORAIRES

Contre toute attente, l'Ouest américain n'est pas particulièrement festif… Ou, du moins, avec modération. Ainsi, trouver un club ouvert après 2h constitue une mission impossible, tandis que les *house parties* débutent généralement très tôt pour prendre fin autour d'1h. À l'image des bars, les boîtes de nuit s'animent généralement à partir du jeudi.

Par ailleurs, les salles de culture, de concert et de spectacle abondent d'événements. Ne manquez pas de consulter le programme des établissements qui vous intéressent avant votre venue.

BUDGET / BONS PLANS

La règle est la même partout : les consommations sont plus onéreuses dans les clubs ou les festivals. Ainsi, il est parfois judicieux de commencer la soirée tôt, dans un bar, avant de sortir.

A RÉSERVER

En dehors des festivals, des concerts et spectacles dans salles prestigieuses des grandes villes et des soirées spéciales avec des groupes ou des DJ connus, nul besoin d'anticiper ses sorties.

TRANSPORTS NOCTURNES

Pour rentrer d'une soirée, le plus sûr consiste à prendre un VTC ou un taxi.

A PARTIR DE QUEL ÂGE

Comme en France, l'entrée des boîtes de nuit est interdite aux mineurs. En cas de doute sur l'âge d'un client, les videurs peuvent demander à voir ses papiers d'identité.

LES PHRASES CLÉS

Bonsoir, comment puis-je me rendre à…
Good evening, how can I get to…

Est ce que cet endroit est tranquille ? Il n'y a pas de problème de sécurité ?
Is this a quiet area? Are there any safety issues?

J'aimerais voir un spectacle typique ! Qu'est-ce qu'il y a en ce moment ?
I would love to see a traditional show! What is available at the moment?

Je ne comprends pas… pouvez-vous répéter s'il vous plait ? Merci.
I don't understand... Could you please repeat that? Thank you.

Est-ce que je peux vous offrir un verre ? Quel est le meilleur cocktail de la maison ?
Can I buy you a drink? What is your best signature cocktail?

J'ai la gueule de bois, auriez-vous quelque chose pour que j'aille mieux ?
I have a hangover. Do you have anything to help me feel better?

BUDGET / BONS PLANS

En plus de la nature des établissements, les prix des hébergements varient en fonction de la période : ils seront plus élevés en haute saison et pendant le Spring Break – les vacances des étudiants qui s'étalent généralement de fin février à mi-avril. De manière générale, attention aux taxes lorsque vous réservez en ligne.

Les petits budgets opteront pour les conviviales auberges de jeunesse – plus connues sous le nom d'« *hostels* ». On y séjourne en dortoir – pour environ 30 US$ à 45 US$ la nuit – comme en chambre avec salle de bain privative. Néanmoins, s'il s'agit d'une option intéressante lorsque l'on voyage seul, les chambres doubles que l'on y trouve affichent un prix généralement comparable à celui des Airbnb un petit peu plus excentrés. Par exemple, pour une fourchette allant de 60 US$ à 80 US$, il est possible de trouver des logements d'une grande qualité, à seulement 10 minutes du centre-ville en voiture. Dans la même gamme figurent parfois les motels, dont on apprécie beaucoup l'aspect typique.

Viennent ensuite les hôtels, dont les tarifs montent facilement à 200 US$ la nuit. Là encore, nous vous recommandons de comparer avec Airbnb, le rapport qualité-prix étant souvent imbattable sur la plateforme de particulier à particulier.

A RÉSERVER

Les tarifs changent considérablement en fonction des saisons : ceux de certaines chambres varient du simple au double. Ainsi, réservez le plus tôt possible. Pour ce faire, comparez systématiquement les prix sur le site des établissements et sur Booking ; vous pourriez avoir des surprises.

C'EST TRÈS LOCAL

Presque tous les parcs étatiques et nationaux sont dotés de zones de camping. Nous vous recommandons d'en faire l'expérience au moins une nuit, ne serait-ce que pour voir l'équipement impressionnant des touristes états-uniens, qui baignent dans cette culture depuis toujours.

POUR LES GOURMANDS

Certains hébergements proposent un petit déjeuner inclus, souvent présenté sous la forme d'un mini buffet. S'il s'agit d'une bonne alternative pour les petites bourses ou en cas de départ matinal, nous vous déconseillons de souscrire à cette option lorsqu'elle est proposée en supplément, les formules étant souvent onéreuses pour la qualité de la prestation.

LES PHRASES CLÉS

Bonjour, avez-vous de la disponibilité pour une chambre double pour ce soir ou demain soir ?
Hello, do you have any vacancies for a double room for tonight or tomorrow night?

Avez-vous un code wifi… les enfants ne tiendront pas sans !
Do you have Wi-Fi available? The kids can't live without it!

C'est bruyant, est ce que je peux changer de chambre ?
It's noisy. Could I change rooms?

Jusqu'à quelle heure est-ce que nous pouvons aller à la salle de sport et à la piscine ?
What time do the gym and the swimming pool close?

Est-ce que je peux laisser mon bagage et revenir plus tard le récupérer ?
Can I leave my luggage and come back for it later?

Est-ce que vous pouvez nous appeler un taxi ? Merci beaucoup.
Could you call us a taxi? Thank you very much.

ALLO ?

Voyager dans le Grand Ouest en utilisant uniquement le wifi des hébergements et des restaurants est tout à fait réalisable. Cependant, pour plus de confort – surtout dans le cadre d'un *road trip* – nous vous recommandons de souscrire une option internationale auprès de votre opérateur. Certains, comme Free, offrent même une vingtaine de Go aux États-Unis dans leurs forfaits. Soulignons la qualité du réseau internet dans l'ensemble du pays, à l'exception des grands parcs, souvent non couverts.

- **Pour téléphoner**, il faut composer l'indicatif +1 avant de renseigner le numéro.
- **Pour appeler vers la France** depuis l'étranger, c'est le +33 qu'il convient de taper.

ACCESSIBILITÉ

Modèle en matière d'accessibilité pour les personnes à mobilité réduite et les poussettes, la région est essentiellement parcourue par de larges véhicules pouvant transporter un fauteuil roulant. De la même manière, ses parcs étatiques et nationaux comportent souvent plusieurs chemins accessibles à tous.

- **Voyager avec des enfants.** La plupart des hébergements sont équipés pour les recevoir, bien que certaines auberges de jeunesse n'acceptent pas les mineurs. Certes, il est possible de séjourner en hôtel, mais, d'un point de vue financier comme pratique, l'alternative la plus intéressante consiste sûrement à réserver un appartement sur Airbnb. Par ailleurs, les sites naturels sont généralement dotés de plusieurs sentiers aux niveaux de difficulté pouvant convenir à toute la famille.

URGENCES SUR PLACE

En cas d'urgence, quelle qu'elle soit, il faut contacter le 911.

SÉCURITÉ

Bien que l'Ouest américain soit « *safe* », gardez en tête qu'ici, la moindre personne que vous croisez peut potentiellement détenir une arme à feu. Ainsi, sans sombrer dans la paranoïa, il vaut mieux éviter des comportements inconsidérés, comme insulter un chauffard qui vous coupe la route. Pour le reste, les règles de prudence et de vigilance sont les mêmes qu'en France.

LGBTQ

Le Golden State est particulièrement *gay-friendly* ; en témoignent les très fréquentés quartiers de West Hollywood, à Los Angeles, et du Castro, à San Francisco. C'est dans cette dernière ville, véritable berceau des droits LGBTQI+ des États-Unis, que la communauté possède ses racines.

AMBASSADE ET CONSULATS

L'ambassade de France est située à Washington, au 4101 Reservoir Road. De la perte de son passeport à la déclaration d'une maladie grave, elle reçoit les voyageurs en difficulté. Elle est également joignable au +1 202 944 6600. Par ailleurs, vous trouverez deux consulats :

- **À San Francisco**, au 88 Kearny Street. +1 650 285 3223 - admin-francais.san-francisco-fslt@diplomatie.gouv.fr
- **À Los Angeles**, au 10390 Santa Monica Boulevard. +1 310 235 3200 - info.los-angeles-fslt@diplomatie.gouv.fr

POSTE

Le United States Postal Service – USPS – est le service postal gouvernemental des États-Unis : il constitue l'option la plus abordable pour envoyer une lettre ou un colis. En moyenne, prévoyez une semaine pour l'acheminement de votre courrier. Renseignements complémentaires ici : www.usps.com

MÉDIAS LOCAUX

L'Ouest américain contient plusieurs grands médias permettant de s'informer sur l'actualité de la région. Citons :

- **Le *San Francisco Chronicle*.** Créé en 1865, il s'agit de l'un des quotidiens les plus importants de Californie. Pour consulter ses articles en ligne, rendez-vous ici : www.sfchronicle.com
- **Le *Los Angeles Times*.** Ce quotidien fondé en 1881 est le deuxième plus grand journal métropolitain des États-Unis après le *New York Times*. Une véritable référence, dont le site est : www.latimes.com
- **Le *Salt Lake Tribune*.** Fondé en 1870 sous le nom de *The Mormon Tribune*, ce quotidien phare de l'Utah se démarque pour avoir obtenu le prix Pulitzer du reportage local en 2017, « *pour une série de reportages forts révélant les traitements pervers, punitifs et cruels infligés aux victimes d'agression sexuelle au sein de la Brigham Young University, l'une des institutions les plus puissantes de l'Utah* ». Vous trouverez ses articles ici : www.sltrib.com
- **Enfin,** pour être au fait de l'offre culturelle de Los Angeles lors de votre venue, consultez l'excellent *LA Weekly* – www.laweekly.com

LES PHRASES CLÉS

Bonjour, mon téléphone ne fonctionne pas, pouvez-vous m'aider s'il vous plait ?
Excuse me, my phone isn't working. Could you please help me?

Je ne me sens pas bien, pouvez-vous m'amener à l'hôpital le plus proche ?
I'm not feeling well. Could you take me to the nearest hospital?

Est-ce que vous avez un médecin qui parle français ?
Do you have a French-speaking doctor?

Je viens de me faire voler mes papiers, où est le poste de Police le plus proche ?
My documents have been stolen. Where is the nearest police station?

Est-ce un quartier dangereux ou je peux y aller sans crainte ?
Is it a dangerous neighborhood, or can I feel safe going there?

Avez-vous des timbres pour une carte postale à envoyer en France ? C'est combien ?
Do you have stamps to mail a postcard to France? How much is it?

DÉCOUVRIR

Au cœur de l'*American Dream*, la Californie est réputée dans le monde entier pour son usine à rêves : Hollywood. Un vernis de glamour et de paillettes trop souvent idéalisé, qui dévoile un État bien plus complexe, intéressant et entier. Terre de migration, il a été façonné par la ruée vers l'or de 1848, dont il a hérité une population diverse qui fait aujourd'hui sa richesse. Le Golden State s'illustre également pour être le berceau de la communauté LGBTQI+ américaine, un héritage qu'il tient du Summer of Love de 1967. Surnommé *« l'État des parcs »*, il jouit d'une nature d'une rare beauté, entre déserts, montagnes et côte pacifique. Un environnement exceptionnel qui souffre du changement climatique, sans aucun doute le plus gros enjeu qu'affrontent désormais les politiques. En somme, ce sont toutes les facettes d'un État à part, qui s'est développé en marge de son pays, que nous allons tâcher de présenter ici.

HOLLYWOOD ET LE RÊVE AMÉRICAIN

Une terre d'opportunités où chacun peut réussir quel que soit son genre, ses origines, sa couleur, son milieu social : bienvenue dans l'« *American Dream* ». Intrinsèquement liée à la culture états-unienne, cette notion a trouvé son symbole dans Hollywood, l'industrie du cinéma devenue « usine à rêves » qui confère à Los Angeles son aura mystique. Un milieu fascinant, tant par l'imaginaire collectif qu'il suscite depuis plus d'un siècle que par le miroir qu'il offre sur la société. De la censure caractéristique des années 1930 à l'avènement des effets spéciaux inhérent aux avancées technologiques en passant par les deux guerres mondiales et le mouvement de libération sexuelle de la fin des années 1960, Hollywood aura su évoluer avec son époque. Ébranlé par l'affaire Weinstein en 2017, le cinéma américain se remet sérieusement en question : c'est le point de départ du révolutionnaire mouvement #MeToo, qui tend désormais à toucher tous les milieux.

La naissance de Hollywood

À l'origine une petite communauté agricole, Hollywood obtient le statut de ville en 1903, avant de fusionner avec Los Angeles quelques années plus tard. Séduits par les grands espaces californiens et l'ensoleillement propices au tournage, les studios de cinéma quittent la côte Est dès 1909 pour s'installer dans ce quartier en plein développement. Puis, en 1911, une première société de production ouvre ses portes sur Sunset Boulevard : il s'agit de la Nestor Film Company. Elle sera vite suivie par d'autres, parmi lesquelles se démarque l'ancêtre de Paramount Pictures : Lasky Feature Play Company, fondée par l'emblématique Cecil B. DeMille, avec Jesse Lasky et Samuel Goldwyn.

La naissance de Hollywood est marquée par des films muets incontournables, tels que le drame *The Birth of a Nation* (1915), de D. W. Griffith, et la comédie *The Kid* (1921), de Charlie Chaplin. Rapidement, l'engouement qu'ils suscitent dépasse l'échelle nationale. S'ensuivront une quinzaine d'années synonymes de grande croissance, d'expérimentation et d'avancées dans l'industrie du cinéma, donnant à Hollywood le prestige international et les stars qu'on lui connaît aujourd'hui.

À l'époque, cinq studios surnommés « *The Big Five* » dominent le milieu : Warner Bros., RKO, Fox, Metro Goldwyn Mayer (MGM) et Paramount Studios. Si le système leur profite, ils ne pourront pas échapper aux films de propagande après que W. Wilson a officiellement déclaré la guerre à l'Empire allemand en avril 1917. À l'inverse, de plus petits studios voient le jour, à l'instar de Columbia Pictures, Universal et United Artists. Créé par les pionniers Douglas Fairbanks, Mary Pickford, D.W. Griffith et Charlie Chaplin, ce dernier répond à une volonté de s'affranchir des grandes enseignes. D'abord destiné à la distribution et la production des œuvres de ses fondateurs, United Artists se diversifiera avec les réalisations d'autres indépendants.

Grâce à l'introduction du son au milieu des années 1920, une variété intéressante de genres s'ouvre aux producteurs : le western, la comédie musicale, l'horreur, la romance et le documentaire, notamment. Récompensées par les Oscars dès 1929, les stars sont encore plus idéalisées ; Hollywood s'assoit comme la terre de l'opulence et de la gloire.

Le Golden Age

Néanmoins, la consécration de Hollywood comme capitale mondiale du cinéma aura réellement lieu à partir du milieu des années 1930. Car, lorsque l'on pense à l'âge d'or de Hollywood, on visualise le clinquant et le glamour popularisés à cette époque, et ce jusqu'au début des années 1960. Malgré la Grande Dépression qui frappe les États-Unis dès octobre 1929, 80 millions d'Américains se rendent au cinéma chaque semaine. Plusieurs films à succès marqueront l'Histoire : *Blanche-Neige et les Sept Nains* (1937) – le premier long-métrage d'animation, sonorisé et en couleurs, que l'on doit à Walt Disney – *A Star is Born* (1937), *L'Insoumise* (1938), *Monsieur Smith au Sénat* (1939), *Autant en emporte le vent* (1939) – qui explose le box-office – *Le Magicien d'Oz* (1939), *La Chevauchée fantastique* (1939) et *Les Hauts de Hurlevent* (1939).

Alors que la Seconde Guerre mondiale éclate, Hollywood se donne la mission de faire rire le grand public : c'est l'avènement de comédiens tels que Bud Abbott, Lou Costello, Bob Hope et Jack Benny. Cela dit, impossible d'échapper au conflit international : des courts-métrages documentaires emmènent les réalités et la vio-

D.W. Griffith, Mary Pickford, Charlie Chaplin et Douglas Fairbanks signant la création des studios United Artists en 1919.

lence de la guerre en Californie. En parallèle, les studios doivent se conformer à la sécurité civile, leur imposant d'ériger des abris anti-bombes élaborés. De la même manière, filmer près de l'océan ou à proximité d'installations militaires est interdit, tandis que les coupures électriques imposées chaque soir empêchent les tournages de nuit. Créé en 1942, l'organisme « War Production Board » fixera même un budget maximal de 5 000 dollars pour les nouveaux plateaux, forçant les studios à limiter leurs dépenses, recycler costumes et accessoires, ainsi qu'à trouver des manières créatives et peu coûteuses de produire des films.

Reflet du reste de la société américaine, Hollywood cède à la paranoïa ambiante dès les débuts de la Guerre froide, en 1947. Rapidement, le comité d'enquête nommé *« House Un-American Activities Committee »* dirige ses investigations sur le communisme dans les films : plus de 40 personnes de l'industrie du cinéma sont appelées pour témoigner. Plus largement, des centaines d'artistes – acteurs, musiciens, écrivains, producteurs et metteurs en scène – se voient *blacklistés*. Citons notamment Lena Horne, Charlie Chaplin, Lloyd Bridges, Burl Ives et Anne Revere.

Pour autant, l'usine à rêves continuera à fabriquer des icônes. Elles seront vénérées comme des déesses et des dieux, de Marlon Brando – *Un tramway nommé Désir*, en 1951 – à Marilyn Monroe – *Les hommes préfèrent les blondes*, en 1953 – en passant par Audrey Hepburn – *Breakfast at Tiffany's*, en 1961 – Alfred Hitchcock – *Fenêtre sur cour*, en 1954 – et Orson Welles – *Citizen Kane*, en 1941.

Du « New Hollywood » à l'avènement des effets spéciaux

Un vent de renouveau souffle sur Hollywood dès le milieu des années 1960, peu de temps après que son âge d'or ait touché à son terme. Très vite, le règne des studios est remplacé par l'avènement de jeunes réalisateurs talentueux : Martin Scorsese, Stanley Kubrick, Mike Nichols, ou encore Francis Ford Coppola. Exit le *« family-friendly »* et la censure du code Hays – une autorégulation imposée par les sociétés de production elles-mêmes – en vigueur de 1934 à 1966.

Sur fond de guerre du Vietnam et de libération sexuelle inhérente au *Summer of Love* de 1967, la révolution des mœurs fait entrer le cinéma dans une époque plus moderne, où l'on s'attache à reproduire moins pudiquement la réalité des mentalités : c'est le « New Hollywood ». Un mouvement particulièrement bien dépeint dans *Once Upon a Time... in Hollywood* (2019), où l'on suit la star de la télévision Rick Dalton – Leonardo DiCaprio – et sa doublure Cliff Booth – Brad Pitt – tenter de poursuivre leurs carrières respectives en 1969, dans une industrie cinématographique en pleine mutation.

Cette contre-culture est portée à l'écran par des films emblématiques, tels que *Bonnie and Clyde* (1967), *Le Lauréat* (1967), *Easy Rider* (1969), *2001: A Space Odyssey* (1968), *Conversation secrète* (1974), *Mean Streets* (1973), *Le Parrain* (1972) et *Les Hommes du président* (1976). Injustice sociale, inégalités, crimes, violence, histoires d'amour... Les réalisateurs représentent un éventail de sujets jusqu'alors peu exploités.

© TANIAVOLOBUEVA - SHUTTERSTOCK.COM

Le réalisateur Steven Spielberg.

Rapidement, ce courant est talonné par l'avènement des effets spéciaux, d'abord dans *Les Dents de la mer* en 1975, puis avec *Star Wars: Episode IV – A New Hope*, en 1977. C'est la naissance de deux monstres sacrés du cinéma : Steven Spielberg et George Lucas, à qui l'on doit également – et respectivement – *E.T., l'extra-terrestre* (1982) et la saga mettant en scène l'inénarrable Indiana Jones – dont le premier volet, *Les Aventuriers de l'arche perdue* est sorti en 1981. Eléments essentiels à toute nouvelle sortie sur les écrans, les trucages et effets visuels distinguent définitivement l'industrie californienne, qui multiplie les *blockbusters* à gros budget… Tout en épargnant le cinéma d'auteur, notamment représenté par Woody Allen, John Cassavetes, les frères Coen, David Lynch, ou Wes Anderson. En parallèle, les années 2000 voient se multiplier les films Disney et les comédies crues.

Néanmoins, ce sont toujours les productions à gros budget qui occupent le sommet du *box-office*, aussi bien aux États-Unis que dans le reste du monde. Ainsi, le plus gros succès de tous les temps – y compris en France – demeure *Avatar* (2009). Avec quelque 2,8 milliards de dollars, il a encore plus rapporté que le dernier record de son réalisateur – James Cameron – *Titanic* (1997) et ses 2,2 milliards de dollars... À l'heure du *home-cinéma* et d'Internet, l'accent est mis plus que jamais sur le grand spectacle pour faire venir les spectateurs en salle.

Rêve… ou cauchemar américain ?

Si Hollywood continue d'attirer les talents du monde entier, ce monde éclatant de glamour et de paillettes cache une part sombre, triste versant de l'« *American Dream* ». Depuis le Golden Age, des milliers de rêveurs éblouis par l'aura mystique de l'industrie du cinéma viennent tenter leur chance à Los Angeles, investissant toutes leurs économies dans des cours d'*acting*, des agences et des *shooting*-photos. Une fois ruinées, ces « *wannabe* » stars se retrouvent parfois à la rue. Certaines se tournent vers la drogue, la prostitution ou la pornographie.

De la même manière, nombreuses sont les célébrités à avoir souffert des affres de la drogue et de l'alcool, monnaies courantes à Hollywood, sortes de rançons de la gloire inhérentes au stress engendré par le milieu et les sommes d'argent monumentales qui y circulent. Des centaines de personnes en ont fait les frais, à l'instar de l'iconique Judy Garland (1922-1969), de l'emblématique William Holden (1918-1981) et de l'inénarrable Whitney Houston (1963-2012).

Puis, le 5 octobre 2017, le tout Hollywood est ébranlé. Un article du *New York Times* accuse le producteur multi-oscarisé Harvey Weinstein (*Pulp Fiction*, *Shakespeare in Love*, *Gangs of New York*…) d'abus de pouvoir et de harcèlement sexuel tout au long de sa carrière. Cinq jours plus tard, c'est Ronan Farrow, le fils de Mia Farrow et de Woody Allen, qui publie son enquête dans le *New Yorker* – pour laquelle il recevra le prix Pulitzer en 2018 – rapportant près d'une quinzaine d'allégations d'agressions sexuelles et de viols. De Rose McGowan à Gwyneth Paltrow en passant par Léa Seydoux, Angelina Jolie ou encore Asia Argento, les témoignages s'accumulent au fil des jours sur les réseaux sociaux. Au total, elles seront plus d'une centaine à accuser le « roi déchu de Hollywood » de harcèlement et d'agressions sexuelles.

En seulement une semaine, tout s'enchaîne. Harvey Weinstein est licencié de la maison de production qu'il a cofondée, la police de New York ouvre une enquête pour des faits remontant à 2004, et le producteur est exclu de l'Academy of Motion Picture Arts and Sciences, qui décerne les Oscars du cinéma américain. Puis, le 13 octobre, la journaliste française Sandra Muller appelle les internautes à dénoncer le harcèlement au travail sous le hashtag #BalanceTonPorc, suivie par Alyssa Milano, qui lance #MeToo deux jours plus tard. C'est l'hécatombe : en 24 heures, le *hashtag* est utilisé des millions de fois sur Twitter et Facebook. Après Weinstein, d'autres monuments du cinéma sont attaqués : John Travolta, Charlie Sheen, Dustin Hoffman, Steven Seagal, et, surtout, Kevin Spacey, inculpé en mai 2022 d'agressions sexuelles contre trois hommes. L'omerta est rompue. Aujourd'hui, à l'image de la société, Hollywood continue d'évoluer, pas à pas, vers un milieu moins violent, plus égalitaire.

GÉOGRAPHIE

La Californie, le Nevada, l'Utah et l'Arizona appartiennent à l'Ouest américain, ce « Far West » mythique souvent représenté au cinéma, si cher à l'imaginaire collectif. Malgré cette identité partagée, il s'agit de quatre États à la géographie variée, contribuant à la richesse de la région. De Yosemite à Zion en passant par Death Valley et Grand Canyon, elle s'illustre par ses nombreux parcs nationaux, offrant des paysages et des panoramas d'une rare beauté. Reliefs, littoral, déserts, grand lac salé, montagnes enneigées... Un mot d'ordre : diversité. Le tout traversé par la *Sun Belt*, caractérisée par un climat ensoleillé, agréable à vivre. Par ailleurs, si le Golden State s'illustre pour ses pôles urbains particulièrement attractifs – San Francisco, Los Angeles et San Diego – tous installés sur la côte, les capitales du Nevada, de l'Utah et de l'Arizona présentent un intérêt certain, tant d'un point de vue touristique qu'économique.

Une région traversée par la Sun Belt

À l'image du reste du pays, les tracés des quatre États sur lesquels porte ce guide sont principalement rectilignes, à l'exception des frontières qui séparent la Californie de l'Arizona et ce dernier du Nevada. En cause : le passage du fleuve Colorado. L'essentiel de cette région fait partie de la *Sun Belt*, la *« ceinture du soleil »*. Ce vaste espace en forme de croissant englobe tout le sud des États-Unis, d'ouest en est, de San Francisco, en Californie, à Jacksonville, en Caroline du Nord.

Malgré des inégalités régionales, ce territoire se caractérise par un climat ensoleillé propice au tourisme et agréable à vivre. Autre point fort : son potentiel économique, qui allie richesses naturelles, les hydrocarbures en tête, hautes technologies – dont le berceau est la Silicon Valley, au sud-est de San Francisco – et main-d'œuvre bon marché, principalement mexicaine.

La Californie, colosse aux reliefs multiples

Troisième plus grand État du pays – avec une superficie de 423 970 km², contre 543 940 km² pour la France – la Californie constitue une vaste bande de terre installée en bordure du Pacifique et limitrophe de l'Oregon au nord, du Nevada à l'est, de l'Arizona au sud-est et du Mexique au sud. En tant que frontière face à l'océan, elle a joué un rôle important dans la conquête de l'Ouest par les pionniers européens. Aussi, bien qu'il soit très étroit, le littoral abrite trois des quatre principales villes de l'État : San Francisco, Los Angeles et San Diego. On y trouve également des pâturages, indispensables à l'élevage pratiqué par les nombreux ranchs qui se sont établis dans le Golden State dès la colonisation.

On distingue la Californie du Nord de celle du Sud, dont la frontière est marquée par Los Angeles. Leur organisation est similaire : en dehors des pôles urbains de Sacramento et de San Francisco pour la première, puis de ceux de la Cité des Anges et de San Diego pour la seconde, il s'agit de zones peu peuplées.

Par ailleurs, l'État est particulièrement pourvu en reliefs, qui se présentent sous la forme de tranches parallèles à la côte. Atteignant quelque 4 418 mètres d'altitude, son point culminant, le mont Whitney, est également le sommet le plus haut du pays – hors Alaska. Il se trouve dans la sierra Nevada, la chaîne la plus notable, partant de l'extrémité nord du Golden State et prenant fin au niveau de Bakersfield, au nord de Los Angeles. Elle regorge de sites naturels impressionnants, telles que les forêts nationales de Lassen, Plumas, Eldorado, Stanislaus, Sierra et Sequoia. Surtout, c'est ici que l'on trouve le parc de Yosemite, à près de 270 kilomètres à l'est de San Francisco.

Le mont Whitney.

© DENNIS SILVAS - SHUTTERSTOCK.COM

Parc national de Joshua Tree.

La Californie est également constituée de vallées riches de plusieurs zones de culture, des grands vergers aux vignobles du nord de San Francisco, dans l'évocateur Wine Country. Du centre au sud-est s'étendent les déserts, les parcs nationaux de Death Valley et Joshua Tree en tête. Un territoire irrégulier, isolé et parfois difficilement accessible, qui explique pourquoi le Golden State a longtemps été coupé du monde extérieur.

Le Nevada, un État désertique… À l'exception de Las Vegas

Enclavé et sans accès au littoral, le Nevada est bordé par l'Oregon et l'Idaho au nord, l'Utah à l'est, l'Arizona au sud-est et la Californie à l'ouest. Avec ses 286 367 km^2, il s'agit du septième État du pays en termes de surface. Très peu peuplé, il abrite les montagnes enneigées du Black Rock, dans la chaîne Ruby, et est essentiellement recouvert d'un désert aride, duquel émerge l'indescriptible Las Vegas, tout au sud, dont l'essor du tourisme a entraîné une croissance démographique notable.

Surtout, il occupe la partie la plus importante du Grand Bassin, une plaine dont l'altitude varie entre 1 000 et 1 500 mètres de hauteur. La géographie et le climat du Nevada en font une terre propice à l'élevage extensif et à l'agriculture irriguée.

L'Utah, berceau du Great Salt Lake

Plus vert que son voisin de l'ouest, l'Utah – 219 887 km^2 – est également accolé à l'Idaho au nord, au Wyoming au nord-ouest, au Colorado à l'est et à l'Arizona au sud. On y distingue trois grandes régions. D'abord, les Rocheuses avec leurs cours d'eau et leurs montagnes dépassant les 4 000 mètres d'altitude, encadrées par les Plateaux, au climat quasi désertique. Puis, le Great Salt Lake, qui a donné son nom à la ville la plus importante l'Utah, Salt Lake City, où se sont tenus les Jeux Olympiques d'hiver 2002. Par ailleurs, l'État est traversé par une bande verte, où l'on trouve les superbes sites de Bryce Canyon et Zion. Enfin, le fleuve Colorado passe dans sa partie sud-est pour former les parcs nationaux de Cayonlands et Glen Canyon.

Développée dès le XIXe siècle au pied de la chaîne Wasatch par les colons mormons, l'agriculture irriguée – notamment dédiée aux fourrages, aux fruits et à la betterave à sucre – constitue la seconde ressource principale de l'Utah, derrière les vastes richesses minières, allant du zinc à l'or en passant par le cuivre, le pétrole, le plomb et l'argent.

L'Arizona, entre montagnes et désert

Avec le Nouveau-Mexique à l'est et le Mexique au sud, l'Arizona s'inscrit dans la continuité du Nevada et de l'Utah, au nord : un territoire montagneux et désertique, constitué de plusieurs merveilles naturelles, telles que les incontournables Grand Canyon et Monument Valley. Surtout, c'est ici que s'étend le désert de Sonora, la plus grande zone désertique de l'Amérique du Nord. Un décor qui tranche radicalement avec le centre de l'État – le sixième plus grand du pays, avec une superficie de 295 254 km^2 – moins aride, constitué de montagnes, de forêts de pins et de rivières. C'est au sud de cette zone que se trouve Phoenix, à la fois capitale et pôle urbain.

Enfin, en dehors des vastes réserves d'Amérindiens, le peuplement de l'Arizona est relativement ponctuel, 80 % de la population étant concentrée au niveau des terres irriguées – où sont cultivés coton et fruits – des sites miniers – le cuivre en tête – et des villes, essentiellement représentées par Phoenix et Tucson, à 180 kilomètres au sud-est.

NATURE

La côte pacifique, les déserts, les montagnes, les forêts, les canyons... Difficile d'organiser un voyage dans l'Ouest américain tant la région regorge d'espaces naturels aussi beaux que bien préservés. De l'aride Death Valley à l'opulent Yosemite en passant par le luxuriant Zion, le territoire jouit de parcs nationaux d'une grande diversité, favorisant la présence d'une flore et d'une faune variées. Ainsi, on pourra espérer apercevoir des lions de mer et des baleines en Californie, croiser le chemin d'antilopes au Nevada, observer des grands rapaces en Utah et randonner près des wapitis ainsi que des chiens de prairie en Arizona. Impossibles à manquer, les « *redwoods* » – ces séquoias géants caractéristiques du Golden State – achèveront d'immerger le visiteur dans une nature hors du commun. Une richesse que l'on doit aux naturalistes qui se sont engagés dès le XIXe siècle dans la préservation de l'environnement.

L'Ouest américain, terre des parcs nationaux

Si la Californie est considérée comme l'État des parcs, c'est le Wyoming qui a vu naître le premier « *National Park* » classé au monde, en 1872 : il s'agit de celui de Yellowstone. À l'origine du concept, des naturalistes inquiets de la préservation des espaces naturels, très vite imités par d'autres citoyens. Ainsi, l'écrivain d'origine écossaise John Muir (1838-1914) œuvrera pour l'environnement de la sierra Nevada et s'engagera dans la protection du site de Yosemite.

Aujourd'hui, le Golden State s'illustre pour la richesse et la diversité de ses parcs nationaux, que l'on pourrait catégoriser selon des caractéristiques bien distinctes :

- **Les parcs désertiques :** le plus emblématique est probablement Death Valley National Park, à 420 kilomètres au nord de Los Angeles, juste à côté du Nevada. Citons également le moins fréquenté Joshua Tree National Park, à 210 kilomètres à l'est de la Cité des Anges.
- **Les parcs de la côte :** à l'instar de Point Reyes National Seashore – à 60 kilomètres au nord de San Francisco – ils offrent des panoramas d'une rare beauté sur l'océan Pacifique. L'idéal pour contempler le soleil se coucher et observer les lions de mer ainsi que les baleines.
- **Les forêts de « *redwoods* » :** pouvant atteindre plus de 90 mètres de hauteur, ces séquoias aussi géants que majestueux sont préservés au sein de deux parcs notables : le Redwood National Park à 500 kilomètres au nord de San Francisco – et la Sequoia National Forest, à 350 kilomètres au nord de Los Angeles.
- **Les parcs de montagne :** si l'on ne devait en citer qu'un, ce serait l'incontournable Yosemite National Park, à 270 kilomètres à l'est de San Francisco. Il conjugue de somptueux paysages, entre les vallées, les montagnes de la sierra Nevada et les forêts de séquoias.

Emplis de canyons et de formations rocheuses hors du commun, les autres États de l'Ouest américain ne sont pas en reste, en matière de parcs nationaux. Parmi les incontournables figure Bryce Canyon National Park, en Utah, un gigantesque amphithéâtre naturel en forme de fer à cheval où se dressent d'innombrables *hoodoos* – surnommés « *cheminées de fées* » – façonnés par l'érosion. L'État peut également se targuer d'abriter le sublime Zion National Park, sans doute l'un des plus beaux espaces du pays. Par ailleurs, difficile de faire l'impasse sur l'inénarrable Grand Canyon National Park, en Arizona.

Les espèces emblématiques de la flore et de la faune californiennes

Le développement des espèces animales et végétales est particulièrement favorisé en Californie. En cause : une multitude de microclimats et une vaste étendue de forêts, recouvrant près de 40 % du territoire étatique, encore préservées grâce aux mesures prises par les naturalistes.

- **Le grizzly :** devenu emblème du pays, il a disparu de la Californie en 1922. Néanmoins, il est question de le réintroduire.

© CDRIN - SHUTTERSTOCK.COM

Point Reyes National Seashore.

DÉCOUVRIR

Les lions de mer sur le Pier 39 à San Francisco.

▶ **La baleine grise :** chaque année, elle migre en hiver, de novembre à avril, et longe la côte.

▶ **Le lion de mer :** il est aussi présent dans le nord que dans le sud de l'État. Néanmoins, les amateurs du *Monde de Némo* (2003) se rendront spécifiquement sur le Pier 39 de San Francisco pour apercevoir le bataillon brailleur de lions de mer, dessiné dans le film d'animation.

▶ **Le Zerene eurydice** (*California Dogface* en anglais) : cette espèce endémique de papillons aux belles couleurs jaune, rose et noire est l'un des symboles du Golden State ; il s'agit d'une concurrente redoutable du colibri dans la quête de nectar.

▶ **Le séquoia géant :** avec le pin, c'est l'arbre que l'on trouve le plus en Californie. Il en existe deux sortes : celui de la côte – *sequoia sempervirens* – et celui de montagne – sequoiadendron giganteum. Appelé *« redwood »* par les locaux, le premier est un arbre géant, parmi les plus hauts du monde, mais relativement fin. Bien qu'ils soient moins impressionnants, les séquoias de montagne sont plus massifs et plus larges.

▶ **Le cyprès de Lambert :** Parfois appelé cyprès de Monterey, le *Cupressus macrocarpa* est originaire de la côte californienne, plus précisément du comté de Monterey, près de Carmel-by-the-Sea. On le retrouve beaucoup le long du littoral atlantique français, où il a été importé au début du XXe siècle.

Enfin, la végétation est moins abondante dans le sud du Golden State. Sorte de maquis caractéristique, le *chaparral* domine les paysages naturels tandis que la luxuriance de la végétation s'amenuise à mesure que l'on se dirige vers le centre des États-Unis : les forêts de pins et de séquoias laissent place à des espaces verts diffus et clairsemés.Par ailleurs, si la Death Valley est un paysage typique de la Californie du Sud, la chaleur y est particulièrement insupportable l'été, empêchant toute végétation de se développer.

Zoom sur le Nevada, l'Utah et l'Arizona

À l'instar des parcs nationaux, les États voisins de la Californie ne manquent pas d'abondance, en matière de flore et de faune.

▶ **Nevada.** D'abord, l'arbre officiel du Nevada est le *Pinus monophylla*, littéralement *« pin à une feuille »*. On y recense également de nombreux arbustes, tels que la sauge, tandis que la fleur dominante est la violette. Les mammifères les plus présents sont l'ours, le chevreuil, le cerf à queue noire, l'antilope et la loutre. Enfin, le territoire accueille une grande quantité d'oiseaux, comme la perdrix, le faisan et la caille. Parmi les espèces protégées, citons le Monstre de Gila – un lézard dit *« lent »*, venimeux et pouvant atteindre 60 centimètres – et la tortue du désert.

▶ **Pour sa part, l'Utah** abrite plus de 4 000 variétés de fleurs. Les arbres les plus répandus sont le pin, le genévrier, le peuplier d'Amérique, l'érable, l'aubépine et l'arbre de Josué – *Yucca brevifolia* ou *Joshua Tree*. Côté fleurs, les promeneurs pourront surtout admirer l'œillet de poète et la *castilleja*. Des nombreux mammifères se démarquent, comme le cerf, le mouflon, le lynx et le grizzly. Les espèces d'oiseaux comprennent une quantité importante de rapaces, comme le Grand-duc d'Amérique et l'aigle royal. En été, on pourra suivre la migration des mouettes venues de Californie.

▶ **Arizona.** Bien qu'il soit en grande partie recouvert par le désert de Sonora, l'Arizona se compose aussi de plaines et de montagnes propices à une flore et à une faune variées. Le désert est caractérisé par d'innombrables variétés de cactus, du *saguaro* – dont la fleur est l'emblème de l'État – au *cholla* en passant par le *yucca*. Également sur le territoire : des épicéas, genévriers, pins-parasol et chênes. Par ailleurs, la diversité d'animaux est impressionnante, entre les serpents, les lézards, les cerfs, les chiens de prairie, les wapitis, les antilopes, les pumas, les jaguars, les coyotes et les ours. Au total, l'Arizona compte plus de 40 espèces protégées.

CLIMAT

Avec des saisons similaires aux nôtres et un territoire d'une grande diversité, entre côte pacifique, montagnes enneigées et déserts arides, l'Ouest américain possède une multitude de microclimats. S'il est difficile de généraliser les conditions météorologiques de la région, nous pouvons affirmer que les meilleures saisons pour la parcourir sont le printemps et l'automne. À cette époque de l'année, il est possible d'éviter les chaleurs écrasantes avec des températures avoisinant 40 °C, comme c'est fréquemment le cas l'été, dans des lieux tels que la Death Valley et Phoenix. Par ailleurs, contrairement aux représentations ensoleillées que l'on pourrait se faire de San Francisco, la ville répond à un climat océanique assez revigorant : les eaux sont glaciales à cette latitude et les brouillards très fréquents. Ainsi, il vaut mieux systématiquement prévoir un coupe-vent et quelques pulls à mesure que l'on se dirige vers le nord.

La Californie et ses nombreux microclimats

Si le Golden State connaît habituellement un climat très doux en hiver et chaud en été, les dédales de ses vallées donnent lieu à de nombreux microclimats :

- **Los Angeles** jouit de conditions météorologiques plutôt agréables : un été chaud et sec, puis un hiver doux. Il ne fait jamais trop froid, mais parfois trop chaud, lorsque le soleil tape fort sur le goudron brûlant des *freeways*, à travers le nuage de pollution. L'atmosphère peut devenir oppressante, mauvaise pour la santé, d'autant que la ville est entourée de montagnes qui forment une cuvette empêchant l'air de se renouveler. Heureusement, la côte rend la situation plus vivable.

- **Ventilée, San Diego** profite d'un climat moins chaud que la Cité des Anges en été – bien qu'elle se trouve à 200 kilomètres au sud.

- **En plein désert, Palm Springs** offre une oasis de fraîcheur l'hiver car elle est abritée du soleil par le pic San Jacinto qui la surplombe. Bien qu'il y fasse très chaud en été, les températures restent supportables.

- **San Francisco** présente un paradoxe climatique : elle peut connaître un froid intense en toute saison – même en août – dès que le vent souffle.
À l'inverse, il arrive que des records de chaleur soient battus, comme en avril 2016. La cause de ces écarts : la configuration de la presqu'île, dans la baie. Ailleurs, la température est supérieure de quelques degrés et le vent est moins fort.

- **Les déserts** sont naturellement très chauds en été, à tel point qu'il est recommandé de se montrer particulièrement vigilant. Par exemple, il convient de ne jamais se lancer dans des expéditions solitaires sans avoir pris toutes les précautions qui s'imposent, principalement en ce qui concerne l'eau.

- **L'océan** est absolument glacé, quelle que soit la saison ! Ainsi, malgré ses centaines de kilomètres de plages, la Californie n'est pas la destination rêvée pour les bains de mer. Par exemple, installée sur une île au nord de San Francisco, la célèbre prison d'Alcatraz comptait sur les eaux froides pour dissuader les prisonniers de toute idée d'évasion.

La Californie en proie à des incendies ravageurs

Synonyme d'un regain d'aridité insupportable pour la nature, le changement climatique impacte manifestement le Golden State. Ainsi, en 2015, l'État fait face à la pire sécheresse de son histoire : dès le mois de janvier, les scientifiques indiquent que les réserves en eau ne seront pas suffisantes. En avril, le gouverneur Jerry Brown se voit contraint d'instaurer une mesure de réduction de la consommation d'eau de 25 %. Tant les incendies ravageurs et l'augmentation de la pollution sont redoutés, certains politiques parlent même de puiser des ressources dans les lacs canadiens.

Il faudra attendre deux ans, en avril 2017, pour que le gouverneur de Californie annonce la fin de cinq années de sécheresse. Une conclusion hâtive, très vite remise en question : tout l'Ouest américain sera dévasté par une trentaine d'incendies trois mois plus tard. En octobre, le Golden State est en proie à une nouvelle série d'incendies. Ils feront plus d'une quarantaine de morts et des centaines de disparus, tandis qu'ils détruiront plus de 80 000 hectares de forêts et plus de 3 500 édifices. Les régions viticoles du nord de San Francisco sont particulièrement touchées, poussant Donald Trump à déclarer l'état de catastrophe naturelle.

© TRACEROUDA - ISTOCKPHOTO.COM

La ville de Palm Springs.

Néanmoins, le pire reste à venir. Juillet 2018 marque le début d'une terrible saison de feux de forêt. Elle atteindra son point culminant avec Camp Fire, l'incendie le plus mortel et le plus destructeur de l'histoire de la Californie, avec 85 morts, 62 053 hectares décimés et la ville de Paradise – à 140 km au nord de Sacramento – ravagée. Il sera totalement éteint le 25 novembre, après avoir commencé le 8. Plus récemment, citons « Dixie Fire », le feu de forêt qui a détruit plus de 389 837 hectares du nord de l'État entre le 13 juillet et le 25 octobre 2021. À ce jour, il occupe la deuxième place du triste podium des plus gros incendies de l'histoire récente du Golden State.

L'Arizona, théâtre fréquent de canicules

Avec des vastes espaces et d'importantes variations d'altitude, il est également difficile de généraliser les conditions météorologiques arizoniennes. Dans les zones basses, comme Phoenix et Tucson, le climat est désertique avec des hivers doux et des étés extrêmement chauds ; trop chauds. En juin, les températures peuvent monter jusqu'à 45 °C dans la capitale de l'État, rendant la vie des habitants impossible. Ce fut le cas en 2017, lorsqu'une vague de chaleur paralysa la ville : des dizaines de vols furent annulés, le mobilier urbain fondit sous des températures démentes avoisinant les 50 °C et les citadins inondèrent Instagram de photos montrant des cookies en train de cuire dans l'habitacle de voitures. De la même manière, 145 jours marqués par des températures dépassant le seuil symbolique des 37,8 °C ont été recensés en 2020. En revanche, de l'automne au printemps, la température moyenne tourne autour des 24 °C.

Par ailleurs, le climat du Grand Canyon diffère de celui des plaines, du fait de l'altitude. Les hivers y sont froids et secs, avec de nombreuses chutes de neige et des températures nocturnes proches de 0 °C. En raison du nombre de visiteurs réduit et d'une incroyable luminosité, c'est l'une des périodes les plus propices pour l'observation. Sans surprise, les étés sont chauds et secs, et la température augmente de quelques degrés au fond du canyon.

Le climat aride du Nevada

Marqué par l'altitude et la continentalité, le Nevada est l'État le plus sec du pays. Tandis que le sud du territoire et Las Vegas ont des étés extrêmement chauds et des hivers doux, l'altitude des montagnes enneigées du nord entraîne un froid hivernal, avec des précipitations et des chutes de neige fréquentes. C'est particulièrement le cas dans la région du lac Tahoe et à l'est de la sierra Nevada, où l'été est agréable, avec une température moyenne de 23 °C à Reno au mois de juillet.

L'Utah, un territoire aux quatre saisons

Du fait de ses reliefs variés, l'Utah compte quatre saisons différentes… En même temps. Il bénéficie d'un climat assez tempéré, avec des régions plus désertiques et arides, mais les villes du nord voient leurs températures s'échelonner de 3 °C en janvier à 33 °C en juillet. En revanche, dans le sud-ouest et dans la région de Saint George – proche de Bryce National Park – les températures sont plus élevées de 5 à 10 °C.

ENVIRONNEMENT

Début juin 2017, le président Trump annonçait le retrait des États-Unis de l'Accord de Paris. Quinze jours plus tard, la Californie clamait sa décision de continuer à se soumettre aux prérogatives du traité sur le climat, même si cela impliquait que ses efforts ne soient pas pris en compte officiellement par l'Onu. Elle fut rapidement suivie par d'autres, si bien qu'elle s'est imposée comme cheffe de file du mouvement " We Are Still In ", qui regroupe aujourd'hui 10 États, 300 villes et 2 000 chefs d'entreprise. L'histoire se répète, puisque, déjà en 2006, alors que l'administration Bush refusait de ratifier le protocole de Kyoto, le gouverneur Arnold Schwarzenegger avait fait de la Californie le premier État à s'y aligner. Cependant, malgré ses nombreux efforts, la Californie a encore de nombreux défis à relever. Être l'État avec l'air le plus pollué n'est d'ailleurs pas un diplôme qu'elle met en avant.

De championne de l'air pollué à leader de la transition

La Californie incarne les grandes mégalopoles américaines, où les rêves se réalisent. Mais ces grandes villes sont justement faites sur un modèle américain, qui n'intègre que très peu les piétons. Avec 14 millions de voitures, elle est même l'État comptant le plus de véhicules : c'est presque le double du Texas qui arrive en deuxième position. Les gaz d'échappement sont responsables de plus de la moitié des émissions californiennes. Résultat : la Californie est l'État à la moins bonne qualité de l'air du pays. Les plus grandes villes, comme Los Angeles, San Diego et San Francisco sont les plus touchées.

Le phénomène est tel que lorsque l'amendement du Clean Air Act de 1970, une des premières lois environnementalistes américaines, a été ratifié, une exception a dû être faite pour la Californie qui n'arrivait pas à s'aligner aux normes fédérales. On l'a alors laissée énoncer sa propre loi en la matière, si bien que par soucis d'égalité, les autres États ont, eux aussi, pu choisir entre adopter la norme fédérale ou la norme californienne. C'est dans ce contexte que la Californie a pu implémenter des politiques parmi les plus ambitieuses du globe concernant les émissions des véhicules, qui ont alors été suivies par les douze États ayant opté pour les normes californiennes. Les fabricants, refusant de s'adapter à chaque État, ont finalement appliqué nationalement la norme.

Bien que cette politique ait activement participé à la réduction des émissions de CO^2 par habitant de 25 % par rapport à leur pic en 2001 et à faire disparaître le fameux *smog* qui flottait au-dessus de Los Angeles et San Francisco, cette autonomie n'est pas vue d'un bon œil par tout le monde. C'est ainsi que Trump a essayé de retirer à la Californie son exception au *Clean Air Act*, jugeant qu'il était injuste qu'un seul État dicte une loi appliquée à toute la Nation. En réponse, la Californie, a attaqué le président en justice : un événement assez fréquent, puisque la Californie a poursuivi Trump plus de 100 fois et bien souvent pour sa politique environnementale, qui, selon elle, a mis en danger la santé des citoyens californiens.

Le soleil californien, générateur d'énergie

Encore une fois, la Californie s'impose comme leader environnementaliste parmi les 50 États. Elle est déjà celui qui produit le plus d'énergie solaire et représente plus d'un tiers des productions du pays. Depuis peu, elle a aussi rendu l'installation de panneaux solaires obligatoires sur les nouvelles maisons : une mesure ambitieuse, qui a du sens dans ce territoire de la Sun Belt aux 320 jours d'ensoleillement par an. Grâce à ces dispositions audacieuses, en 2018, les énergies renouvelables représentaient déjà 53,9 % du mix énergétique de l'État le plus peuplé des États-Unis, un score auquel contribue également un important parc éolien. Reste que les combustibles fossiles, principalement le gaz naturel, couvrent encore une part importante des besoins en électricité. Avec 80 000 logements construits chaque année, qui devront donc s'équiper en panneaux solaires, on espère que l'amélioration continue.

Trier : une habitude californienne

Aussi bien dans les villes que dans les campagnes, dans les espaces publics que dans les résidences, le tri sélectif est solidement implanté dans la culture californienne. Au début du millénaire, San Francisco, en bonne élève, a même pris la décision inédite de devenir la première ville 100 % zéro déchet d'ici à 2022. Deux décennies plus tard, le bilan est réussi. La ville aura réussi l'exploit de n'avoir aucun déchet incinéré, malgré ses 800 000 habitants.

Le secret du succès se nomme Pier 96, un immense centre de tri de 20 000 m², ce qui en fait le plus grand du monde. Chaque Franciscanais doit désormais se plier au recyclage, sous peine de recevoir une amende.

L'État ne compte pas en rester là, mais bien prendre le problème des déchets à la source. Il ne s'agit donc pas uniquement de les trier, mais bien de ne pas les produire. Alors que San Francisco a banni les bouteilles en plastique, l'État tout entier a interdit les sacs en plastique à usage unique. Dans cette course contre le plastique, le procureur général, Rob Bonta, cherche les coupables. Il a lancé en avril 2022 une enquête inédite visant à mesurer la culpabilité de l'industrie pétrochimique dans la production de plastique, fabriqué à partir d'hydrocarbures. Il dénonce particulièrement l'incapacité actuelle à trier l'entièreté des plastiques, et donc les effets limités du recyclage, s'il n'est pas accompagné de politiques encadrant leur production. L'enquête déterminera notamment dans quelle mesure l'industrie pétrochimique aura cherché à maquiller son implication.

L'innovation au service de l'écologie

Les idées fusent dans la Silicon Valley, où l'on façonne déjà le monde de demain, et les défis écologiques ne sont pas épargnés. Le géant Google, non content de fonctionner à 100 % aux énergies renouvelables, comme c'est aussi le cas d'Apple et de Facebook, souhaite désormais être la première grande entreprise Zéro Carbone au monde. Pour ce faire, il investit massivement en recherche et développement, pour dessiner des solutions qui, demain peut-être, seront adoptées à échelle globale.

La Silicon Valley, véritable incubateur d'idées novatrices, regorge d'autres start-ups aux idées qui révolutionnent déjà l'écologie. Parlons par exemple de The Climate Corporation, qui s'emploie à l'analyse massive de données concernant les sols et le climat, pour améliorer le rendement de l'agriculture tout en diminuant son impact. De son côté, l'entreprise Lasso propose un système de gestion des déchets domestiques, qui s'occupe de trier lui-même tout en retirant les polluants gras ou organiques des plastiques, pour optimiser la boucle de recyclage. La Californie, cinquième PIB mondial, entend bien prouver que concilier écologie et économie ne tient pas du rêve.

Écolos jusque dans l'assiette

Royaume de la *healthy food*, les Californiens sont aussi particulièrement sensibilisés à l'impact de l'agriculture sur le développement durable. Dans cet État dont l'économie repose en partie sur l'agriculture, qui, en raison du climat, est gourmande en eau, cette prise de conscience est nécessaire. Pour limiter les émissions de carbone dues au transport, les produits locaux sont de mise, et de nombreux Californiens se rendent religieusement aux *farmers' markets* pour faire leurs emplettes. Des agriculteurs locaux y exposent fièrement

Panneaux solaires sur les toits des maisons californiennes.

leurs produits poussés sous le soleil californien, tandis que quelques *food trucks* régalent les plus affamés. Le Ferry Plaza Farmers Market déballe ses étals trois fois par semaine pour présenter aux Franciscanais des produits frais et de saison comme des légumes, du fromage, de la viande, des fruits et bien plus encore. À Sebastopol, petite ville au nord de San Francisco, se tient chaque dimanche matin l'un des *farmers' markets* les plus populaires de Californie. Dans une ambiance hippie, les acheteurs viennent admirer ce que proposent les producteurs, et notamment Woodleaf Farm, l'une des plus anciennes exploitations bio du pays.

La Californie part en fumée

Les feux de forêt font naturellement partie du climat californien. D'ailleurs, certaines espèces s'y sont remarquablement adaptées, comme les célèbres séquoias à feuilles d'If (*Sequoia sempervirens*), arbre le plus haut du monde, et le séquoia géant (*Sequoiadendron giganteum*), arbre le plus volumineux du monde, tous deux natifs de Californie. Alors que le premier a une écorce si épaisse qu'elle le protège du feu, le second nécessite carrément les flammes pour se reproduire, puisque ses fruits ne libèrent leurs graines que sous la chaleur des flammes.

Seulement, si le phénomène est naturel, sous le climat californien, sa fréquence et son intensité tiennent du jamais vu. Chaque été, les journaux d'actualité se couvrent d'articles sur les incendies californiens, qui n'ont malheureusement plus rien d'un scoop. Les années 2020 et 2021 ont compté parmi les pires incendies que la Californie ait connus, aggravés par le réchauffement climatique et la sécheresse induite. En fait, on constate bien que l'équilibre est totalement perturbé, lorsque même les séquoias, pourtant ignifuges, s'écroulent. En 2021, 3 600 géants centenaires ont abdiqué sous les flammes. Ces deux dernières années ont même eu raison de 20 % des séquoias géants, qui avaient résisté à plusieurs siècles d'incendies.

L'État des parcs naturels

On distingue deux types de zones protégées californiennes : les *National Parks*, préservés à l'échelle américaine, et les *State Parks*, sous la juridiction californienne. Le Yosemite National Park est l'un des plus emblématiques : symbole même du Grand Ouest, il présente un spectaculaire enchevêtrement de montagnes de la Sierra Nevada et de plaines. Cette immense vallée glaciaire de plus de 300 000 hectares abrite une riche biodiversité. Entre 300 et 500 ours noirs ont été décomptés et les rangers ont même dénombré une quinzaine d'individus fréquentant la vallée de Yosemite, la zone la plus touristique. Les incidents sont rares, grâce aux efforts pour sensibiliser le public aux bons comportements à adopter.

General Sherman, le plus large séquoia du monde.

Le **Sequoia National Park** ★★★ (p.291) et **King's Canyon National Park,** ★★ (p.290) les parcs jumeaux, abritent d'autres bêtes impressionnantes : les séquoias. Le premier abrite l'organisme vivant le plus imposant, en volume, à avoir jamais vécu : un séquoia géant surnommé General Sherman. Mais si King's Canyon obtient la médaille d'argent, c'est le **Redwood National Park** ★★★ (p.232)qui abrite le plus grand arbre au monde. Le dénommé Hyperion mesure 116 mètres de haut et sa localisation précise est tenue secrète, pour éviter que son habitat ne soit détérioré.

Dans un tout autre registre, bien moins végétalisé, le **Death Valley National Park** ★★★★ (p.457) est le quatrième plus grand des États-Unis, après trois parcs alaskains. L'aridité du lieu n'a d'égal que son immensité et nombreux sont ceux qui s'y égarèrent en tentant une avancée vers l'Ouest. Ses habitants ont développé des protections uniques contre la chaleur de ce lieu, qui détient le record de la température la plus chaude jamais enregistrée sur terre : 56, 7 °C, en 1913. Le Lièvre de Californie (*Lepus californicus*), par exemple, a développé une parade plutôt originale : ses oreilles, mesurant plus du double de son crâne, lui permettent de rafraîchir son sang avant qu'il n'atteigne le cerveau, organe le plus sensible. Le parc abrite aussi d'autres animaux, comme des coyotes, des pumas, des renards nains, mais aussi 36 espèces de reptiles nocturnes.

HISTOIRE

Terre à l'origine peuplée d'Amérindiens, la Californie telle que nous la connaissons aujourd'hui commence à être bâtie par les prêtres espagnols dès 1769, avec l'édification de missions. Après la ruée vers l'or en 1848, les grandes villes de l'Ouest feront l'objet d'une expansion rapide, notamment grâce au développement des transports. Puis, dès le début des années 1910, la région, terre de cinéma – Los Angeles en tête – devient le symbole du rêve américain. Prospère, l'État assoit sa puissance économique lors des Trente Glorieuses, tout en se muant en berceau de la libération sexuelle, du « *Flower Power* » et des droits de la communauté LGBTQI+ dans les années 1960. Enfin, après s'être illustrée pour les nouvelles technologies de la Silicon Valley dans les années 1990, la Californie se démarquera pour ses mesures environnementales au début du XXIe siècle. En somme, une terre à l'histoire riche, multiple, dont l'héritage est omniprésent.

-23000 À -1492

La côte Pacifique précolombienne

Il y a plus de 20 000 ans, l'Amérique du Nord et l'Asie étaient reliées par un pont terrestre : la Béringie, où se trouve désormais le détroit de Béring. C'est ce qui a permis à des chasseurs nomades sibériens de migrer : au fil des siècles, ils se sont répartis sur le territoire de l'actuel Alaska et s'y sont adaptés. Plusieurs ethnies distinctes par leur physique, leur langue et leur mode de vie en sont descendues, puis se sont installées sur l'ensemble du continent, y compris les États-Unis. En résulte un pays au peuplement très ancien, le Grand Ouest en tête. Car c'est en Californie, à Santa Rosa Island – au large de Santa Barbara – qu'ont été retrouvés les ossements les plus vieux de l'Amérique du Nord, ceux de « Arlington Springs Man », datant de quelque 13 000 années.

1492

Les Amériques aux portes de l'Europe

Le 12 octobre, l'explorateur génois Christophe Colomb « *découvre* » le Nouveau Monde, au niveau de l'actuel archipel des Bahamas, au sud-est de ce que nous connaissons désormais comme étant la Floride. La population autochtone de l'Amérique du Nord à l'époque est estimée à 2,3 millions de personnes, dont 13 % – 300 000 – en Californie. Au total, il aurait existé près de 200 langues amérindiennes aux États-Unis avant la colonisation, dont la moitié aurait été parlée sur la côte pacifique sud.

© TRAVELER-116 - ISTOCKPHOTO.OCM

1532

Une fois le Mexique conquis, l'Espagnol Hernán Cortés envoie une première expédition vers la Californie d'aujourd'hui.

San Diego, une première fenêtre sur la Californie

1542 Après l'exploration du golfe de Californie en 1539 par Francisco de Ulloa, Juan Rodriguez Cabrillo longe la côte et « *découvre* » la baie de San Diego. Premier Européen à fouler le sol du Golden State, il est confronté à un littoral inhospitalier et à des terres sauvages. Isolée par les montagnes de la Sierra Nevada et par l'océan, la Californie est alors habitée par de nombreuses petites communautés amérindiennes aux dialectes variés, vivant de la cueillette, de la chasse et de la pêche. Accueillantes, elles ne disposent ni de l'or ni des richesses que les *conquistadors* recherchent.

1602 L'explorateur Martín de Aguilar atteint la côte de l'Oregon, au niveau de l'actuelle Coos Bay. Puisqu'il aurait été trop onéreux de s'occuper d'une terre aussi ingrate, le roi d'Espagne mise sur les Philippines : l'Ouest des États-Unis constituera seulement une étape dans le voyage autour du monde qui permettra d'atteindre l'Asie. Ainsi, la Californie restera pratiquement à l'écart, même si elle continuera d'intéresser les grands navigateurs.

Gaspar de Portolà à la « découverte » de San Francisco

1769 Ce soldat espagnol (1716-1786) est le premier Européen à visiter la baie de San Francisco, au cours d'une expédition partant de San Diego. Après avoir « *manqué leur virage* » au niveau de la baie de Monterey, les explorateurs qu'il mène finissent par atteindre ce qui est désormais Pacifica, juste au sud de San Francisco. Ils camperont sur une plage près de laquelle se trouve désormais une statue représentant Gaspar de Portolà.

1769 marque également la construction de la première des 21 missions qu'abrite le Golden State aujourd'hui. Elle est menée par le père Junípero Serra, à San Diego, dans les hauteurs de l'actuelle Old Town. Jusqu'à sa mort, survenue en 1784, il supervisera la fondation de 9 autres monuments. Ensuite, il faudra attendre 39 années pour que la dernière mission californienne soit érigée, à Sonoma, en 1823. Ensemble, les établissements forment le Camino Real. Ces piliers de la colonisation ont des conséquences désastreuses pour les populations locales : certaines étant mises au travail forcé, elles périssent rapidement, touchées par les nouveaux germes apportés par les Européens.

Statue de Gaspar de Portolà à San Diego.

1776

Fondation de San Francisco

En septembre, l'explorateur espagnol Juan Bautista de Anza fait dresser le Presidio de San Francisco – un poste militaire devenu un parc – puis, le mois suivant, la mission San Francisco de Asís, également connue sous le nom de mission Dolores : c'est ainsi que la ville voit le jour. La couronne d'Espagne ayant autorisé trois ans auparavant l'acquisition de terres par les particuliers espagnols vivant déjà dans des missions ou des *presidios*, les soldats sont les premiers à bénéficier de cette offre : ce sont eux qui créent les *ranchos* de San Francisco, en acquérant le bétail importé. La société s'organise sur ces bases et restera essentiellement agricole et peu prospère jusqu'à la découverte de l'or.

Par ailleurs, 1776 est une année décisive pour l'ensemble du continent : la déclaration d'indépendance des États-Unis est proclamée le 4 juillet. En d'autres termes, la première nation décolonisée du monde est née.

1781

Naissance de Los Angeles

Le 4 septembre, un groupe de 14 familles – soit un total de 44 personnes, d'héritages Amérindien, Africain et Européen – établissent une communauté de fermiers à 200 km au nord de San Diego : *« El Pueblo de Nuestra Señora la Reina de los Ángeles del Río de Porciúncula » – « Le village de Notre-Dame la Reine des Anges de Porciúncula »*. L.A est née. Avec l'arrivée de nouveaux colons et des soldats espagnols envoyés au Mexique qui prennent leur retraite civile, les lieux prennent de l'ampleur, à tel point qu'ils deviennent le principal centre urbain du sud de la région.

1822

La Californie mexicaine

Le Mexique déclare son indépendance vis-à-vis de l'Espagne et met la main sur l'Alta California, qui prend Monterey pour capitale. Le territoire comprend alors les États actuels de Californie, du Nevada et de l'Utah, ainsi que des zones de l'Arizona, du Wyoming, du Colorado et du Nouveau-Mexique. Le gouvernement favorise la destruction de plusieurs missions, tandis qu'il poursuit l'oppression des Amérindiens entreprise par les colons espagnols. Malgré ce changement politique, les Californiens conservent leur mode de vie autour des *ranchos*, qui se développent. Ils finiront par devenir un pilier de cette société coupée du Mexique et des États-Unis par les montagnes.

1833

Intensification de la colonisation

88 000 Amérindiens sont baptisés par l'Église et 31 000 continuent de vivre sous la tutelle des *conquistadors*. La même année, le Mexique ordonne la sécularisation immédiate des missions et leur transfert entre les mains des autochtones… Qui se heurteront aux lois et à leur dépendance au système. Ainsi, ils verront les établissements revenir aux grands propriétaires terriens, avant d'être pillés et abandonnés.

La Piste de l'Oregon

1836 En 1836, les pionniers Marcus et Narcissa Whitman franchissent le col de South Pass au niveau de la ligne du partage des eaux au sud du parc de Yellowstone (Wyoming) avant de rejoindre l'Oregon où ils s'installent. Cette route deviendra la piste de l'Oregon (Oregon Trail) et, rien qu'en 1843, près de 1 000 pionniers empruntent la piste pour gagner la côte Pacifique, 300 000 suivront.

Pionniers sur l'Oregon Trail.

1842 Après la crise financière de 1837 – ou « Panic of 1837 » – qui s'étendra sur plusieurs années, de nombreux fermiers et chefs d'entreprise sont endettés. Parallèlement, les politiques pressent les Américains à s'installer à l'Ouest afin d'occuper massivement ce territoire : l'idée d'une nation qui s'étend de côte à côte devient un rêve partagé pour beaucoup, idée bientôt consacrée par la notion messianique de «destinée manifeste». Alors, en 1842, le pionnier Kit Carson guide l'officier John C. Frémont le long de l'Oregon Trail : c'est grâce à son exploration et à son travail de cartographie que les migrations vers le Pacifique s'intensifient. Néanmoins, si le gouvernement mexicain tolère les arrivants américains, de plus en plus nombreux, il leur refuse le droit de propriété.

De la California Republic à la Californie américaine

1846 Les États-Unis déclarent la guerre au Mexique le 13 mai 1846, un an après l'annexion du Texas, qui avait obtenu son indépendance en 1836.

Le 14 juin, un groupe d'une trentaine d'Américains se rendent à Sonoma, une petite ville installée à environ 70 km au nord de San Francisco. Prêts à se battre, ils acceptent finalement la reddition du commandant militaire Mariano Vallejo autour d'un brandy. Pendant les 25 jours suivants, la Californie sera une nation indépendante, « *the California Republic* ». Un drapeau fait d'un drap de coton peint en rouge et représentant un grizzly est hissé : ce mouvement d'indépendance prend le nom de « *Bear Flag Revolt* ». Rapidement, l'armée américaine occupe plusieurs *presidios*, dont celui de San Francisco, le 1er juillet : la Californie passe aux mains des États-Unis.

La guerre avec le Mexique prendra fin le 2 février 1848, avec la signature du Traité de Guadalupe Hidalgo : la frontière entre les deux pays est établie au niveau de Rio Grande. Ainsi, le Mexique vend le territoire situé au nord du fleuve et la Californie pour 15 millions de dollars.

1848-1855

La ruée vers l'or

Le 24 janvier, le menuisier James W. Marshall découvre de l'or par hasard, dans une scierie installée à Coloma, sur les rives de la South Fork American River, à près de 80 km à l'est de Sacramento. Très vite, la nouvelle se répand : à la fin de l'année, près de 10 000 prospecteurs participent à la « *California Gold Rush* », qui se déroulera jusqu'en 1855. Des chercheurs d'or chinois, européens, australiens et sud-américains se mêleront vite aux États-Uniens, contribuant largement au développement de San Francisco… Mais aussi aux derniers génocides d'Amérindiens. Au total, 300 000 personnes seront déplacées dans le cadre de la ruée vers l'or.

© EVERETT COLLECTION - SHUTTERSTOCK.COM

La Ruée vers l'or.

1850 La Californie est officiellement rattachée aux États-Unis.

1851 Le *California Land Act* impose aux *rancheros* de prouver légalement leur droit sur les terres qui leur avaient été offertes par les gouvernements espagnol puis mexicain. Objectif : asseoir la domination des Américains sur l'Ouest des États-Unis en dépossédant les petits propriétaires terriens.

1865 Le premier forage de pétrole californien a lieu à Petrolia, à 400 kilomètres au nord de San Francisco. Il s'agit d'un événement déterminant dans le développement de Los Angeles : une fois devenu la ressource économique principale, le pétrole engendrera deux phénomènes indissociables de la ville… La voiture et le *smog*, ce nuage de pollution qui voile aujourd'hui la Cité des Anges.

1869

Le premier chemin de fer transcontinental

Son inauguration est célébrée dans l'Utah, juste au nord du Great Salt Lake. L'arrivée du train transcontinental à San Francisco fait exploser sa population : petit à petit, les fortunes s'y établissent et cherchent à former une société respectable de grands industriels.

CALIFORNIA GOLD RUSH

LA RUÉE VERS L'OR DE 1848 À 1855

Chère à l'imaginaire collectif, la ruée vers l'or en Californie est également l'un des événements fondateurs du Golden State, tant sur le plan économique, démographique que culturel.

San Francisco, une ville-champignon

Tout débute le 24 janvier 1848, dans une scierie installée à Coloma, sur les rives de la South Fork American River, à près de 80 km à l'est de l'actuel Sacramento. James W. Marshall, menuisier et gérant des lieux pour un homme d'affaires américain d'origine suisse, John Sutter, trouve un filon d'or sur la propriété, au hasard d'une tâche. Bien que son patron lui demande de garder la découverte secrète, la nouvelle parvient aux oreilles de Samuel Brannan, le propriétaire du *California Star*, le premier journal de San Francisco.

Une fois les faits vérifiés, l'entrepreneur monte un magasin de pelles et d'équipements spécialisés dans le travail de la terre. À peine converti au métier de commerçant, il arpente les rues de San Francisco en scandant : *« Gold ! Gold ! Gold in the American River ! »*. La ville se vide. Les marins de la baie désertent leurs bateaux, chacun abandonne son emploi. En un instant, John Sutter voit ses terres dévastées et retournées : The California Gold Rush vient de commencer.

À la fin de l'année 1848, près de 10 000 chercheurs d'or parcourent l'État : les *rancheros* – propriétaires de ranchs – sont poussés à l'exil par les prospecteurs. Très vite, la rumeur se répand, attirant Chinois, Européens, Australiens et Sud-Américains. Il s'agit des *« forty-niners »*, ceux qui constituent le pic d'immigration de 1849. Accessible par le Pacifique, San Francisco se remplit d'habitants, si bien qu'elle *« déborde »* vite, passant de moins de 1 000 personnes à environ 25 000 en un an. Ville-champignon, c'est aussi un bidonville géant où l'on dort dans des tentes, le tout régi par un véritable chaos.

Les fondements d'une société inégalitaire

La ville saisit sa chance et développe les infrastructures nécessaires pour accueillir les mineurs, qui reviennent y dépenser l'argent gagné plus à l'est : la Barbary Coast voit le jour. Mal famé, le lieu concentre des maisons closes, d'opium et de jeux où chaque nationalité s'organise. Par exemple, les Chinois assurent les services – la restauration et les laveries en tête – et l'opium, tandis que les Français contrôlent les bordels et y font venir des filles.

En conséquence, la soif de conquête des Américains ne cesse de s'accroître pour atteindre son paroxysme avec le *California Land Act* de 1851, une loi imaginée à l'insu des *rancheros*. Elle leur impose de prouver légalement leur droit sur les terres qui leur avaient été offertes par les gouvernements espagnol puis mexicain. De longues batailles juridiques s'ensuivront. Nombre de propriétaires seront dépossédés, les Mexicains évincés du paysage californien et remplacés par l'élite américaine.

Les magnats de l'immobilier consolident lentement leur pouvoir : l'argent afflue à San Francisco, notamment dans l'actuel Financial District, où des investisseurs soutiennent la recherche d'or. Cette dernière se tarissant peu à peu à partir de la fin des années 1850, la construction du chemin de fer assurera la relève en créant des fortunes gigantesques et en développant toujours plus la ville. Au total, 300 000 personnes se seront déplacées dans le cadre de la ruée vers l'or de Californie.

De la ruée vers l'or au massacre des Amérindiens

Il y aura de lourdes conséquences sur les populations locales. Il s'agit de l'époque des derniers génocides d'Amérindiens, lors de grandes batailles ou sur des initiatives privées et punitives, les mineurs considérant les autochtones comme des obstacles à leur quête de richesse. Du nord au sud de la Californie, les Américains éliminent l'essentiel de ce qu'il reste des quelque 300 000 indigènes présents sur le territoire avant la colonisation. Outre la violence, on attribue ces massacres aux épidémies importées par les chercheurs d'or européens et les produits chimiques qu'ils utilisaient pour mener à bien leurs travaux.

Un problème se pose alors : que faire des survivants, dont les terres sont convoitées pour leurs précieuses pépites ? C'est ainsi que naissent les réserves telles qu'on les connaît aujourd'hui. Plutôt que de maintenir les Amérindiens dans le bas des vallées et de les approvisionner pour un an en nourriture et en couvertures – une solution sérieusement envisagée à l'époque – ce système implique des limites de propriété et l'obligation pour les tribus d'y demeurer. Jugé ingénieux, il deviendra la règle états-unienne en matière d'affaires indiennes.

1871

« Los Angeles Chinese massacre »

Entre la ruée vers l'or et la nécessité de main-d'œuvre pour la complétion du chemin de fer, la communauté chinoise n'a cessé de se développer depuis 1849. À Los Angeles notamment, les tensions raciales deviennent intrinsèques au multiculturalisme : un jour, une foule de plusieurs centaines d'hommes blancs se rendent dans l'actuel Downtown, motivés par la haine. Ils battent à mort, tirent et pendent chaque Chinois qu'ils croisent. Au total, ils assassineront 18 hommes.

1873

Le premier téléphérique au monde est mis en marche à San Francisco. Cette invention d'Andrew Smith Hallidie permet de rendre accessibles les collines autour de la Barbary Coast : les membres de la nouvelle haute société s'élèvent vers Nob Hill et Russian Hill, loin des « *petits* » de la plaine.

1882

« Légalisation » du racisme anti-chinois

La signature du *Chinese Exclusion Act*, le 6 mai, retire le droit de citoyenneté aux Chinois déjà présents aux États-Unis et interdit l'immigration à ceux habitant dans leur pays d'origine.

La même année, la Chinese Consolidated Benevolent Association voit le jour à San Francisco. Objectif : défendre les droits de la communauté et mettre en place des programmes de soutien.

ANNÉES 1890

Les maires successifs et les grands personnages de San Francisco décident d'en faire le « *Paris de l'Ouest* », un lieu de raffinement et d'élégance. Cette période se caractérise par l'édification des villas victoriennes que l'on peut voir aujourd'hui encore, toutes plus impressionnantes les unes que les autres.

1906

San Francisco en proie à un tremblement de terre

Alors que la ville est à son apogée, elle est secouée par un tremblement de terre estimé à au moins 7,8 sur l'échelle de Richter. En résultent des incendies dévastateurs, qui dureront pendant plusieurs jours, faisant plus de 3 000 morts et détruisant plus de 80 % de San Francisco. Au lendemain de la catastrophe, tout Downtown est à reconstruire : rapidement, le quartier se mue en un gigantesque chantier.

1909

La Californie, terre de cinéma

Dès le début des années 1910, les studios de cinéma quittent New York pour Los Angeles. En cause : son climat, la diversité des paysages de l'État, ses grands espaces et la lumière du soleil, qui permettent de tourner en extérieur toute l'année. Rapidement, des studios californiens voient le jour : il s'agit de la naissance de Hollywood.

1910

Expansion de Los Angeles

À partir de cette année, Los Angeles commence à se couvrir de puits de pétrole. Ainsi, on construit les dantesques réseaux de *freeways* qui quadrillent la Cité des Anges, tandis que les banlieues s'étirent. L'agglomération atteint rapidement les 10 millions d'habitants.

1911 Adoption par la Californie du drapeau hissé lors de la Bear Flag Revolt de 1846.

1915

Exposition universelle de San Francisco

La Panama–Pacific International Exposition se tient du 20 février au 4 décembre, donnant à la ville l'occasion de se montrer sous son meilleur jour, malgré la catastrophe de 1906. Marina District est créé spécialement pour accueillir l'évènement.

1926

Naissance de la Route 66

L'édification de cette autoroute historique – la toute première reliant Chicago à Los Angeles – aura lieu jusqu'en 1985. Elle jouera un rôle essentiel dans le développement des États-Unis, en constituant d'abord le chemin d'exode le plus emprunté par les « *Okies* », ces fermiers itinérants de l'Oklahoma chassés par les propriétaires terriens – et fuyant le Dust Bowl – dans les années 1930. Ensuite, elle sera largement empruntée pendant la Seconde Guerre mondiale, notamment dans le transport de matériaux lourds et de soldats. L'économie et le tourisme sont les premiers bénéficiaires de cette fulgurante construction : une multitude de motels, de stations-service et de commerces en tout genre pousseront comme des champignons le long de la route.

1929

Début de la Grande Dépression

La Bourse de New York connaît le « jeudi noir », le 24 octobre. Ce krach boursier d'une ampleur sans précédent, qui se déroulera sur six jours, marque le début de la Grande Dépression, considérée comme la plus grande crise économique du XXe siècle. Cette dernière freine sérieusement l'expansion des années 1920 et fait de nombreuses victimes directes telles que les fermiers et les petits propriétaires terriens. Elle est intensifiée par le Dust Bowl, le nom donné à une région à cheval sur l'Oklahoma, le Kansas et le Texas, touchée par une période de sécheresse intense dans les années 1930. Ce phénomène contribuera notamment à l'exode des Okies vers la Californie.

1933

La Californie, grenier de l'Ouest américain

Avec l'abolition de la Prohibition – qui courait depuis 1920 et touchait toutes les activités en lien avec l'alcool – les vallées de Napa, de Sonoma et de Russian River commencent à s'intéresser à la viticulture : la Californie devient la première productrice de vin du pays. Elle est également l'État *leader* en termes de production agricole.

1934

Le célèbre gangster américain Al Capone – ou « *Scarface* » – est transféré le 19 août à la prison d'Alcatraz, située sur l'île éponyme, dans la baie de San Francisco.

La même année, l'écrivain socialiste Upton Sinclair et futur prix Pulitzer – en 1943, pour *Dragon's Teeth* – se présente au poste de gouverneur de Californie sous l'étiquette de son parti End Poverty in California. Essentiellement constitués de l'élite et des patrons des grands studios de Hollywood, ses détracteurs mènent une campagne de diffamation à son encontre. Présenté comme étant favorable à un coup d'État communiste, il sera évincé des élections.

DÉCOUVRIR

1940

John Steinbeck, Prix Pulitzer

L'écrivain est récompensé pour son roman *The Grapes of Wrath – Les Raisins de la Colère* – paru l'année précédente. En y dénonçant les discriminations dont sont victimes les Okies contraints de migrer en Californie, il a nettement contribué à faire connaître ce chapitre de l'histoire de l'Ouest américain. Considéré comme un « *géant des lettres* », l'auteur se verra remettre le prix Nobel de littérature en 1962, « *pour ses écrits réalistes et imaginatifs, alliant à la fois un humour sympathique et une perception sociale aiguë* ».

1941

Intervention dans la Seconde Guerre mondiale

Le Japon mène une attaque surprise à Pearl Harbor, la base américaine implantée à Hawaï : c'est le début de la guerre du Pacifique. Pourvue d'industries d'armement et d'aéronautique à la pointe de la défense militaire, la Californie y participe activement. Ainsi, le Fort MacArthur se tient prêt à affronter l'ennemi à San Pedro, le quartier portuaire de Los Angeles.

1942

Internement « légal » de la communauté japonaise

L'entrée en guerre des États-Unis marque une page difficile pour la communauté japonaise, majoritairement établie à Japantown, à San Francisco. Par l'*Executive Order 9066* du 19 février, le président Franklin D. Roosevelt décrète l'internement de tous les Japonais et Américains d'origine japonaise ainsi que leur transfert dans des camps répartis dans le pays. Quelque 120 000 personnes sont concernées, dont les deux tiers sont nés ici.

1944

Devant la décision rendue par la Cour suprême, Franklin D. Roosevelt est contraint de suspendre l'*Executive Order 9066* en décembre. Relâchés, les détenus se voient proposer des logements temporaires, tandis que la totalité des camps sera fermée d'ici 1946.

1945

Fin de la Seconde Guerre mondiale

La Charte des Nations unies est signée le 26 juin à San Francisco : elle crée l'Organisation des Nations unies. Par ailleurs, la fin de la guerre marque le retour à une croissance durable pour l'économie internationale.

1946

Début des Trente Glorieuses

Le conflit mondial est suivi par une incroyable période de croissance économique, qui s'étalera sur trois décennies. Dopée par l'effort de guerre, elle se maintient avec la mise en œuvre de grands travaux : autoroutes, irrigation… Tous les secteurs tournent à plein régime. La Californie prospère, entraînant avec elle le reste du pays, voire du monde occidental, et deviendra l'État le plus puissant du continent.

1957

Naissance de la Beat Generation à San Francisco

La sortie du livre *Sur la route* de Jack Kerouac marque le début « *officiel* » de la Beat Generation, un mouvement littéraire et artistique qui marquera un tournant dans l'histoire américaine. Avec Allen Ginsberg – auteur du poème *Howl*, en 1956 – et William S. Burroughs – connu pour le roman *Le festin nu*, paru en 1959 – l'écrivain deviendra le précurseur de la libération sexuelle et de la remise en question du mode de vie de l'époque. Peu à peu, les artistes se réunissent dans le quartier de North Beach, à San Francisco.

Berkeley Free Speech Movement

1964 Accompagné par 500 autres jeunes, Mario Savio, âgé de 21 ans, organise une manifestation pour abolir les restrictions de libre-expression – héritées des années 1950 et de l'anticommunisme ambiant – qui pèsent sur les étudiants de l'université de Californie. Les protestations ont lieu sur le campus de Berkeley, une ville de l'agglomération de San Francisco : il s'agit du berceau du Free Speech Movement. Influencé par « la Nouvelle Gauche » – New Left – et lié aux contestations contre la guerre du Vietnam ainsi qu'aux luttes pour pour les droits civiques, le FSM gagnera de l'ampleur et façonnera l'engagement politique des campus universitaires.

1965 Le passage de l'Immigration and Nationality Act abroge la totalité des lois d'exclusion à l'égard de la communauté chinoise : les ressortissants étrangers peuvent désormais entrer sur le territoire librement.

Summer of Love

1967 En raison de l'augmentation considérable des prix des loyers de North Beach, à San Francisco, les artistes de la Beat Generation convergent vers le quartier de Haight-Ashbury. C'est ici qu'ils retrouveront la jeunesse hippie venue de tout le pays pour assister au Monterey Pop Festival, en juin. Au total, plus de 100 000 personnes passeront l'été ensemble, rythmé par la fête, la musique folk et rock, la drogue, les amours libres, ainsi que le rejet des institutions et de la guerre du Vietnam. C'est ici que naît l'expression « *Flower Power* ».

Bloody Thursday

1969 Le 15 mai, la police ouvre le feu sur une foule de jeunes manifestant pour le maintien de l'ouverture de People's Park, un jardin communautaire utilisé par UC Berkeley et les habitants du quartier. Plus d'une centaine de personnes – dont des policiers – seront blessées, un homme sera rendu aveugle et un autre décèdera quelques jours plus tard, touché au visage et au cou par les forces de l'ordre. Il s'agit de James Rector, un étudiant de 25 ans. Les autorités réagissent comme elles l'auraient fait en temps de guerre : la loi martiale est déclarée, un couvre-feu imposé et des gardes nationaux sont envoyés pour occuper la ville de Berkeley tandis qu'un hélicoptère bombarde le campus de gaz lacrymogène.

Années 1970 Lassées des descentes de police teintées de violence et d'humiliation, les personnes LGBTQI+ se constituent un petit havre de paix à San Francisco, dans le quartier du Castro. Peu à peu, une communauté se forme grâce à des groupes de soutien et des associations : un noyau militant se constitue autour de Harvey Milk, arrivé dans la ville en 1972.

Harvey Milk, premier élu ouvertement gay de Californie

1977 Après plusieurs tentatives infructueuses d'obtenir un poste en politique, ce militant pour les droits des personnes homosexuelles est élu au Conseil des superviseurs de San Francisco – l'équivalent de conseiller municipal en France. Il s'illustrera notamment pour avoir parrainé un projet de loi interdisant la discrimination dans l'attribution de l'emploi et des logements publics. Il sera assassiné en 1978, à l'âge de 48 ans, avec le maire George Moscone, qui avait promulgué le texte. Son histoire donnera lieu au film biographique *Harvey Milk* (2008), dans lequel il est incarné par Sean Penn. L'année suivante, il recevra la médaille présidentielle de la Liberté à titre posthume.

ANNÉES 1990

Le Golden State, berceau d'Internet

La santé économique californienne est boostée par l'essor des nouvelles technologies. Pôle des industries de pointe, la Silicon Valley attire ingénieurs, entrepreneurs et grosses compagnies d'informatique : c'est ici que naît Internet – ou le « *World Wide Web* » – en 1991. De nombreuses start-up se montent du jour au lendemain dans une nouvelle ruée vers l'or moderne, des jeunes dynamiques de 25 ans à peine se retrouvant à la tête de sommes considérables. C'est l'euphorie : la machine spéculative est lancée.

2000

La bulle finit par éclater en mars, sous la forme d'un premier krach : c'est la chute des valeurs technologiques. En un instant, d'anciens millionnaires se retrouvent démunis, des milliers de start-up ferment et les entrepreneurs n'ont d'autre solution que d'aller frapper à la porte d'employeurs plus classiques.

2003

Le culturiste et acteur austro-américain Arnold Schwarzenegger – particulièrement connu pour son rôle dans la saga *Terminator* – devient gouverneur de Californie. L'élection du républicain fera avancer l'État en matière d'environnement, son fer de lance.

2005

Le 8 novembre, les Californiens disent non au référendum d'Arnold Schwarzenegger visant à élargir sa marge de manœuvre. Parmi ses propositions : diminuer les dépenses budgétaires, rallonger de trois à cinq ans la période d'essai d'un enseignant avant de l'embaucher à vie, ou encore limiter le pouvoir de financement des partis par les responsables syndicaux.

2006

Une avancée majeure pour l'environnement

Voté par le parlement californien le 31 août, le *Global Warming Solutions Act* est un événement historique majeur en matière de lutte contre la pollution. Grande première aux États-Unis, il prévoit de ramener d'ici à 2020 les émissions de gaz à effet de serre au niveau de celles de 1990. Un véritable exploit, le pays étant alors dirigé par l'administration Bush, connue pour son refus de ratifier le protocole de Kyoto.

Le 7 novembre de la même année, Arnold Schwarzenegger est réélu gouverneur de Californie. Il proposera notamment d'y étendre la couverture santé, son État comptant plus de 6 millions de personnes non assurées.

2008

Élection du premier président noir des États-Unis

La Cour suprême de Californie légalise le mariage entre les personnes du même sexe le 15 mai. Cinq mois et demi après que des milliers de couples ont commencé à s'unir, la proposition 8 – également connue sous le nom de *« référendum du 4 novembre »* – remporte 52,24 % des suffrages. Elle rend de nouveau illégal le mariage pour toutes et tous.

Le même jour, le démocrate Barack Obama devient président des États-Unis.

© EVERETT COLLECTION - SHUTTERSTOCK.COM

Élection de Barack Obama en 2008.

2009

La Californie frôle la banqueroute, lourdement impactée par la crise financière internationale, elle-même issue de la crise des *subprimes* de juillet 2007. Néanmoins, elle reste aujourd'hui encore l'État le plus riche du pays, en raison de ses industries et de son attractivité.

2010

Bien que le juge fédéral Vaughn Walker déclare la proposition 8 non conforme à la Constitution des États-Unis en août, le mariage entre les personnes du même sexe reste suspendu en Californie.

2011

Fin de l'ère Schwarzenegger

Le démocrate Jerry Brown devient gouverneur de Californie le 3 janvier.

2012

Le 6 novembre, Barack Obama est réélu président des États-Unis.

2013

Le mariage pour toutes et tous légalisé en Californie

Le 26 juin, la Cour suprême des États-Unis déboute les défenseurs de la proposition 8 : la cour d'appel lève la suspension avec effet immédiat, permettant aux mariages homosexuels de reprendre en Californie.

2014

Jerry Brown est réélu à 75 ans, devenant le gouverneur américain le plus âgé encore en poste.

2015

La Californie asséchée

Face à la pire sécheresse enregistrée dans l'histoire de son État, Jerry Brown ordonne une mesure de réduction de la consommation d'eau de 25 %.

2016

Un homme d'affaires à la tête du pays

Le 9 novembre, le milliardaire républicain Donald Trump est élu président des États-Unis. Il s'illustrera pour ses sorties, sur Twitter comme lors d'interviews, et ses positions plus que conservatrices, notamment sur le port d'armes et l'IVG, étant *« profondément pro-vie »*.

2017

Une année historiquement chargée

Bien que le gouverneur de Californie annonce en avril la fin de cinq années de sécheresse, tout l'Ouest américain – notamment la Californie, l'Arizona et le Nevada – sera ravagé par une trentaine d'incendies trois mois plus tard.

En mai de la même année, des soupçons de collusion avec la Russie pendant la campagne électorale planent sur Donald Trump. Si le président limoge le directeur du FBI en charge de l'enquête, un député californien dépose une résolution de destitution contre lui deux mois plus tard, face à de nouvelles révélations incriminantes.

Seule candidate aux Jeux olympiques d'été de 2028, la ville de Los Angeles se voit attribuer leur organisation le 13 septembre.

Moins de deux semaines plus tard, le 1er octobre, une scène d'horreur se déroule à Las Vegas : un homme tire sur la foule depuis sa chambre d'hôtel, lors d'un festival de musique country en plein-air sur le Strip. Avec le décès d'au moins 58 personnes et un nombre de blessés atteignant près de 530, il s'agit de la tuerie de masse la plus grave de l'histoire du pays.

Le même mois, une nouvelle série d'incendies ravage la Californie. Ils feront plus d'une quarantaine de morts et des centaines de disparus, tandis qu'ils détruiront plus de 80 000 hectares de forêts et plus de 3 500 édifices. Les régions viticoles du nord de San Francisco sont particulièrement touchées ; Donald Trump déclare l'état de catastrophe naturelle.

2018

Camp Fire, l'incendie le plus mortel de Californie

Le 5 juin, la démocrate London Breed est élue maire de San Francisco au terme d'une élection où elle bat Mark Leno, qui aspirait à devenir le premier maire homosexuel de la ville, berceau des droits LGBTQI+. Elle est la première femme noire à occuper un poste d'une telle ampleur aux États-Unis.

Un petit peu plus d'un mois plus tard débute une terrible saison de feux de forêt. Elle atteindra son point culminant avec Camp Fire, l'incendie le plus mortel et le plus destructeur de l'histoire de la Californie, avec 85 morts, 62 053 hectares décimés et la ville de Paradise – à 140 km au nord de Sacramento – ravagée. Il sera totalement éteint le 25 novembre, après avoir commencé le 8.

2020

Retour du parti démocrate au pouvoir

Face à l'épidémie mondiale de coronavirus, le gouverneur de Californie Gavin Newsom annonce un confinement dès le 19 mars : il s'agit de l'un des premiers États du pays à adopter des mesures similaires à celles imposées en Europe. La crise accentue les inégalités sociales : les salariés précaires du sud du Golden State se font licencier en masse, le nombre de personnes à la rue se multiplie… Pendant ce temps, les personnalités de Hollywood agacent le grand public. En cause : leur déconnexion avec les conditions de vie des habitants, comme en témoigne la vidéo postée par Arnold Schwarzenegger. On y voit l'acteur et homme politique demander aux jeunes de ne pas sortir de chez eux… Le tout depuis son bain à remous, un cigare à la main.

Le 3 novembre, Joe Biden est élu 46e président des États-Unis ; une victoire que Donald Trump peine à reconnaître, assurant que *« l'élection était truquée »*.

2021

Le 20 janvier, Alex Padilla devient le premier Latino à représenter la Californie au Sénat.

Du 13 juillet au 25 octobre, le feu de forêt appelé « Dixie Fire » ravage plus de 389 837 hectares du nord de la Californie, le plaçant deuxième sur le triste podium des plus gros incendies de l'histoire récente de l'État.

TOP 10

PERSONNAGES HISTORIQUES

Des prêtres missionnaires aux dessinateurs en passant par les soldats, les politiques, les écrivains, les militants pour les droits des personnes homosexuelles et les icônes d'Hollywood, la Californie compte une quantité impressionnante de grands personnages. En voici une sélection non exhaustive.

JOHN DRAKE SLOAT

Le 7 juillet 1846, ce contre-amiral a revendiqué le Golden State au nom des États-Unis d'Amérique.

GASPAR DE PORTOLÀ

En 1769, ce soldat espagnol a mené la première expédition allant de San Diego à l'actuel Oregon.

JAMES W. MARSHALL

C'est à partir de ce menuisier que la ruée vers l'or a commencé par hasard en 1848. Il finira ruiné.

WALT DISNEY

Dessinateur au génie sans limite, il est l'un des pères du cinéma d'animation et des parcs à thèmes.

JUNÍPERO SERRA

Prêtre franciscain, il est à l'origine de la création de 9 des 21 missions espagnoles de Californie.

JOHN STEINBECK

Récompensé par le prix Pulitzer, son roman *The Grapes of Wrath* (1939) dénonce la situation Okie.

HARVEY MILK

Militant pour les droits homosexuels, il est le premier élu politique ouvertement gay de Californie.

MARILYN MONROE

Un voile de mystère entoure encore la mort de l'actrice (1926-1962), figure mythique d'Hollywood.

JACK KEROUAC

Le poète est à l'origine du mouvement littéraire et artistique de la Beat Generation (années 1950).

ARNOLD SCHWARZENEGGER

L'ancien gouverneur de la Californie (2003-2011) a beaucoup œuvré contre le changement climatique.

LES ENJEUX ACTUELS

Au sortir de la pandémie de coronavirus, la Californie est en proie à une inquiétude croissante : le sentiment d'insécurité. À San Francisco notamment, une augmentation du nombre d'homicides ainsi qu'une vague de cambriolages et de vols de véhicules ont été enregistrés depuis 2020. En conséquence, même les électeurs des villes, où la situation s'était en réalité améliorée, ont voté en fonction de ces craintes aux primaires de juin 2022. Autre préoccupation majeure : le changement climatique. S'il se traduit par la sécheresse la plus importante de l'histoire du Golden State à l'été 2022, il se manifeste sous la forme de canicules à répétition en Arizona. Plus dangereuses les unes que les autres, elles entraînent un nombre de décès en hausse depuis 2018 : 251 à l'époque contre 552 en 2021. Un enjeu de taille attend les politiques de l'État, parmi lesquels la maire de Phoenix, Kate Gallego, et la conseillère Yassamin Ansari apportent une lueur d'espoir.

En Californie, des inquiétudes liées à la criminalité

Les primaires qui se sont tenues en juin 2022 sont révélatrices du climat qui règne en Californie : elles montrent à quel point l'anxiété des citoyens au sujet de la sécurité publique s'est accrue. Selon un sondage mené par le UC Berkeley Institute of Governmental Studies, 75 % des votants estimaient que le nombre de crimes avait significativement augmenté à l'échelle étatique depuis 2020, tandis qu'ils étaient 83 % à penser que le problème des sans-abris s'était aggravé. Par ailleurs, même dans les villes où la situation s'était en réalité améliorée, les électeurs avaient rempli leur bulletin en ayant en tête des préoccupations de sécurité.

Une situation parfaitement illustrée par le référendum révocatoire qui a eu lieu à San Francisco en juin 2022. Il s'est traduit par la destitution du procureur Chesa Boudin, considéré comme trop progressiste… dans cette ville qui figure pourtant parmi les plus à gauche des États-Unis. *« Devenu le paratonnerre dans les controverses sur la criminalité et les sans-abris »* – d'après le *Los Angeles Times* – le démocrate avait pourtant respecté ses promesses d'élection, en date de 2019. Parmi ses actions : déclencher des poursuites contre un policier accusé d'homicide, contribuer à la libération d'un innocent emprisonné à tort pendant des décennies et préférer des mesures de soins à des peines de prison pour les petits délinquants toxicomanes. Par ailleurs, San Francisco a enregistré une chute considérable des crimes et délits contre les biens – en d'autres termes, les vols, les recels, les destructions et les dégradations, entre autres – depuis la prise de poste du quadragénaire en janvier 2020.

Le problème : une augmentation des homicides, ainsi qu'une vague de cambriolages – en hausse de 47 % – et de vols de véhicules – 36 %. D'autre part, la crise des sans-abris est bien réelle. Si le nombre d'individus à la rue accueillis en refuge – les seules données disponibles à ce jour – a diminué de 8 % à l'échelle nationale entre 2020 et 2021, il a augmenté de 7 % dans le Golden State. Au cœur des inquiétudes : les personnes invalides sans domicile fixe depuis au moins 12 mois – dont la présence au sein des refuges a connu une hausse de 49 % en un an – et l'explosion des *overdoses* au fentanyl chez les SDF de San Francisco. 50 fois plus fort que l'héroïne, cet opioïde a fait plus de 1 300 morts dans la ville entre avril 2020 et 2022.

Le changement climatique, un enjeu majeur

Après l'insécurité, la sécheresse est l'une des plus grandes préoccupations des Californiens. En 2018, ils ont subi l'incendie le plus mortel et le plus destructeur de leur histoire, Camp Fire, qui a fait 85 morts, décimé 62 053 hectares et ravagé la ville de Paradise – à 140 km au nord de Sacramento. Plus récemment, citons Dixie Fire, le feu de forêt qui détruira plus de 389 837 hectares du nord de l'État entre le 13 juillet et le 25 octobre 2021. À ce jour, il occupe la deuxième place du triste podium des plus gros incendies de l'histoire récente du Golden State. Malheureusement, le pire reste avenir. En juin 2022, les experts considéraient que la Californie faisait face à son pire épisode de sécheresse : en conséquence, quelque 6 millions d'habitants seront concernés par des restrictions de consommation d'eau pendant un an. Un nouveau coup dur, d'autant que les mesures prises dans le Golden State depuis une vingtaine d'années sont pour le moins exemplaires.

Ces avancées ont débuté en 2003, avec l'élection du républicain Arnold Schwarzenegger en tant que gouverneur de Californie. Application du protocole de Kyoto – au demeurant non rati-

© SERGII FIGURNYI - SHUTTERSTOCK.COM

Le lac Mead dont le niveau ne cesse de baisser au fil des années.

fié par les États-Unis – passage du ***Global Warming Solutions Act*** en 2006 : l'acteur phare de ***Terminator*** s'est illustré pour son engagement écologique. Une action poursuivie par son successeur, Jerry Brown, en poste de 2011 à 2019. Actuellement au pouvoir, Gavin Newsom a repris le flambeau : en plus des appels qu'il adresse fréquemment à la population pour qu'elle réduise sa consommation d'eau, il a proposé d'allouer 2 milliards de dollars supplémentaires à la lutte contre la sécheresse en 2022.

L'Arizona, un État en danger

Le Golden State n'est pas le seul à subir les affres du changement climatique. En plus de voir l'un de ses principaux réservoirs se vider – le Lake Mead, un lac artificiel qui alimente sa population, en plus de celle du Nevada et de la California du Sud – l'Arizona souffre de vagues de canicule intenables, en particulier à Phoenix, considérée comme la ville la plus chaude du pays : ici, les températures deviennent vite dangereuses. Depuis 2018, le nombre de personnes décédées dans l'État en raison de la chaleur ne cesse d'augmenter : 251 à l'époque, contre 552 en 2021. En 2020, la température annuelle moyenne dans le comté de Maricopa – dont le siège est Phoenix – était de 3,4 °C de plus qu'en 1895, contre une hausse de près d'1 °C au niveau mondial. Conséquence : les étés sont plus chauds, plus longs et plus secs.

Outre les émissions de gaz à effets de serre à l'échelle locale comme planétaire, le problème vient de l'urbanisation et du développement rapide de Phoenix ces dernières décennies : ils l'ont rendue victime de l'effet ***« îlot de chaleur urbain »***. En d'autres termes, les imposants ***buildings*** en verre, l'activité industrielle, ainsi que les grandes étendues de béton et d'asphalte absorbent et amplifient la chaleur du soleil. En somme, les hauts bâtiments créent des canyons dans lesquels elle reste bloquée près du sol. À l'inverse, la végétation, les plantes et les arbres – même ceux du désert – sont à l'origine d'un processus indispensable : l'évapotranspiration, permettant à l'environnement de se rafraîchir. De fait, en pavant le désert, les bâtisseurs de Phoenix lui ont fait perdre sa capacité réfrigérante.

D'autres facteurs aggravent la situation. Citons notamment l'accord passé entre l'Arizona State Land Department et l'entreprise saoudienne Fondomonte : moyennant paiements, cette dernière peut pomper autant d'eau qu'elle le souhaite dans les aquifères de l'État pour nourrir ses vaches au Moyen-Orient, le pays ayant pratiquement épuisé ses propres réserves. Un dangereux commerce mis au jour par l'***Arizona Republic*** en juin 2022. De la même manière, en dehors d'une initiative régionale sur le climat prise il a plus d'une décennie – et rapidement abandonnée – l'Arizona ne fait partie d'aucun plan en la matière au niveau étatique.

Face à un gouverneur républicain – Doug Ducey – peu préoccupé par ces questions, la maire démocrate Kate Gallego et la conseillère Yassamin Ansari constituent désormais le seul espoir de la ville. Présentes à la conférence de Glasgow de novembre 2021, elles avaient déjà contribué à créer le premier bureau dédié à la réponse à la chaleur du pays. En conséquence, Flagstaff, Phoenix, Tucson et Tempe ont mis en place des plans d'action climatique. Plus encore qu'ailleurs, l'Arizona se trouve à un tournant de son Histoire : les années à venir s'annoncent décisives.

ARCHITECTURE

Carrefour des civilisations, l'Ouest américain rassemble de nombreuses influences architecturales avec de surcroît un côté exubérant et fantaisiste lié à l'atmosphère ambiante de liberté et de contre-culture. En Californie, c'est d'abord le style espagnol qui a prévalu dans les missions et les édifices militaires. L'influence du style indien se retrouve dans les toits plats et les poutres aux saillies apparentes. Les Anglais ont imposé ensuite le style géorgien puis victorien. Ce n'est qu'à la fin du XIXe siècle que se développe une architecture indépendante avec des gratte-ciels et les innovations de l'habitat individuel. Après-guerre, l'avant-garde des architectes américains se distingue avec le modernisme, des tycoons d'Hollywood au *desert modernism* de Palm Springs. L'absence de normes contraignantes, l'immensité de l'espace et la diversité des climats ont donc donné naissance à une kyrielle de styles au charme pittoresque.

Quelques stars de l'architecture du Golden State

De l'architecte pionnier afro-américain Paul R. Williams qui luttait contre la ségrégation avant de devenir l'architecte des stars et qui a dessiné 3 000 maisons entre 1920 et 1930 aux formes déconstructivistes iconoclastes des buildings extravagants de Frank Gehry, arrêtons-nous sur quelques architectes qui ont marqué de leur empreinte l'urbanisme excentrique parfois futuriste, caractéristique de la Californie :

▶ *Julia Morgan (1872-1957).* Commençons par Julia Morgan, figure emblématique de l'architecture californienne. Elle est la première femme diplômée d'architecture à l'École nationale supérieure des Beaux-Arts de Paris en 1902. Pionnière dans l'utilisation de béton armé afin de prévenir les risques de séisme, pendant ses 50 ans de carrière, Julia Morgan réalise plus de 700 bâtiments dont un tiers sont commandés par des femmes à une époque où le féminisme émerge en Amérique. Elle est particulièrement célèbre pour la construction du Hearst Castle (p.311), un somptueux palais perché sur la colline de San Simeon entre Los Angeles et San Francisco. Cette demeure incroyable qui semble sortie de l'Antiquité est l'ancienne maison du milliardaire William Hearst, patron sulfureux de presse écrite. Devenue un musée (classé monument historique national) « la maison la plus chère au monde » mélange tous les styles architecturaux. Sa construction a duré 28 ans. On y trouve 56 chambres, 61 salles de bain, 19 salons, des piscines intérieures et extérieures. Le jardin mesure 51 hectares et comprend des courts de tennis, un cinéma, une piste d'atterrissage ainsi que le plus grand zoo privé du monde. Après sa mort, les œuvres de Julia Morgan furent balayées par le mouvement moderniste. Cela fait seulement quelques années que son travail visionnaire est reconnu. En 2016, Julia Morgan a reçu à titre posthume la médaille d'*or* de l'AIA, la plus haute distinction de l'American Institute of Architects en reconnaissance de son œuvre significative et de son influence déterminante sur l'architecture.

▶ *Frank Lloyd Wright (1867-1959).* Fervent défenseur de l'architecture organique, des plans ouverts, de l'abolissement des frontières entre l'intérieur et l'extérieur, Frank Lloyd Wright a durablement modifié le rapport entre l'architecture et la nature. Pendant sa longue carrière de 70 ans, il a réalisé plus de 300 projets. Rejetant la verticalité, il a théorisé la maison usonienne bâtie sur une dalle de béton sans fondations, simple et élégante pour permettre à la classe moyenne d'accéder à la propriété après le crash boursier de 1929. Génial inventeur de la maison sur la cascade en Pennsylvanie, Frank Lloyd Wright est aussi le père du fantastique Guggenheim Museum de New York, son ultime chef-d'œuvre. En Californie, le prolixe architecte a conçu 26 bâtiments qui sont toujours debout. A Los Angeles, vous pouvez voir ses célèbres maisons textiles en bloc de béton à motifs. Il n'en a conçu que quatre avec une forte esthétique maya en 1923 et voulait prouver qu'avec un matériau peu onéreux, on pouvait créer quelque chose de beau. Toutes sont situées dans la région de L.A : Ennis House, (p.352) Storer House, Millard House/La Miniatura et Freeman House. A San Francisco, le V.C. Morris Gift Shop à Union Square est le seul bâtiment conçu par Frank Lloyd Wright. Il expérimente en 1949 la conception circulaire sur plusieurs niveaux autour d'un atrium central, qui deviendra définitivement iconique 10 ans après grâce au musée Guggenheim de New York.

▶ *Richard Neutra (1892-1970).* Originaire de Vienne, nourri au Bauhaus, il arrive sur la côte Est des États-Unis au début des années 1920 et travaille pour Frank Lloyd Wright avant de rejoindre la vaste Californie et ses habitants fortunés. Pionnier de l'architecture moderne, Richard Neutra fonde son travail sur une nouvelle architecture basée sur la connaissance

© CAMERON VENTI - SHUTTERSTOK.COM

Griffith observatoty, Los Angeles.

biologique de l'homme et la nécessité d'être en contact avec la nature. Il élabore la théorie du bioréalisme, un style de vie qui se définit par la relation de l'homme à son environnement naturel, sa fluidité de mouvement dans l'espace et l'importance d'un cadre de vie sain. La lumière est omniprésente dans les travaux de Richard Neutra alors que son architecture se veut discrète, sa qualité première étant de s'effacer du mode de vie, de devenir transparente afin d'offrir de superbes points de vue sur la nature. En Californie du Sud, terre fertile bénie par l'astre Râ, Richard Neutra devient très rapidement plébiscité par la riche société californienne qui loue l'élégance de son style et ses jeux avec la lumière. Alors qu'il est à l'apogée de sa carrière, les propriétaires de la célèbre Villa sur la Cascade de Frank Lloyd Wright lui commandent une maison de vacances pour passer les mois d'hiver. Ce sera à Palm Springs, à 2h de Los Angeles, oasis de verdure sur une terre radicale, la coqueluche des stars du cinéma. The Kaufmann House en pierre, verre et en acier, voit le jour en 1947 et incarne parfaitement les règles du modernisme. D'une grande beauté et sans fioriture, elle devient rapidement iconique. Immortalisée par les photographes Slim Aarons et Julius Shulman, leurs clichés de The Kaufmann House font le tour du monde et consacre l'apothéose du style moderniste de Neutra, international dans l'esprit et local dans son inspiration.

D'autres architectes ont laissé des œuvres importantes en Californie comme Jack A. Charney et sa Sierra Tower, le plus haut gratte-ciel de West Hollywood ou encore Pierre Koenig et sa Case Study House n°22 (la Stahl house), une construction avant-gardiste sur les collines d'Hollywood en verre et acier qui offre une vue incroyable sur Los Angeles. Citons aussi Elrod House, grotte moderne à l'esthétique audacieuse dessinée par John Lautner, pionnier du « Desert Modernism » est facilement visible sur les hauteurs de Palm Springs. Enfin, que serait la signature architecturale moderne de la Californie sans l'originalité des réalisations de Frank Gehry, architecte iconique et avant-gardiste aujourd'hui âgé de 93 ans ? En 1977, lorsqu'il achète un bungalow ordinaire de style colonial, ses voisins sont loin d'imaginer qu'il va le transformer en une maison déconstructiviste. Des matériaux inhabituels et des formes biscornues sont exploités comme la tôle, le contre-plaqué, des clôtures à mailles métalliques et des échafaudages. Les voisins ne sont pas emballés (euphémisme) par le rendu de cette construction avant-gardiste mais pour Frank Gehry, future figure de la pop culture, l'objectif est atteint : attirer l'œil des badauds donc de potentiels acheteurs. Dès les années 80, les lignes anticonformistes et les ondulations organiques de ses réalisations « tordues », influencées par les mouvements du déconstructivisme et du post-structuralisme font figure d'autorité à l'international. Parmi les créations mondialement connues de Frank Gehry, on peut citer le Musée Guggenheim de Bilbao (1997), le **Walt Disney Concert Hall** (p.391) à Los Angeles (2003) et plus récemment la Fondation Louis Vuitton à Paris (2014). En 2010, le magazine Vanity Fair le consacre « plus grand architecte de notre temps ».

Los Angeles : laboratoire architectural

Los Angeles abrite une multitude de styles architecturaux qui contribuent à définir le style « américain ». En à peine deux siècles, la ville s'est forgée une identité architecturale qui lui est propre et une esthétique visuelle unique étroitement liée à son développement. A la fin du XVIIe siècle, Los Angeles se résume à un pueblo poussiéreux, un modeste avant-poste mexicain avec son campement de pionniers près de la rivière Los Angeles. Mais sous l'époque victorienne, de 1837 à 1901 des milliers de maisons sont construites, Los Angeles est alors en plein essor. Son relief accidenté avec ses collines complique la tâche des bâtisseurs. Contrairement à New York sur la côte Est, Los Angeles n'a que très peu de gratte-ciels hormis dans quelques quartiers tels que Downtown, Warner Center, Hollywood... Que vous soyez à la recherche d'un manoir victorien, d'édifices de style mid-century modern d'après-guerre ou de bâtiments de style Art Deco, la Cité des Anges regorge de trésors architecturaux.

A voir à Los Angeles :

- **Le Walt Disney Concert Hall.** Le Los Angeles Philharmonic située sur Grand Avenue, à Downtown L.A. est la référence architecturale et culturelle du centre-ville. Conçu par l'architecte superstar Frank Gehry et inauguré en 2003, le Walt Disney Concert Hall constitue l'un des quatre complexes de salles de spectacle du Los Angeles Music Center. Le bâtiment a été ainsi baptisé car le projet a vu le jour grâce à une première donation de 50 millions de dollars en 1987 de Lillian Disney. La veuve du célèbre producteur, réalisateur et animateur de dessins animés a souhaité rendre hommage à la passion de Walt Disney pour les arts et pour Los Angeles. Cette salle de spectacle aux parois ondulées qui fascine autant les Angelins que les touristes a coûté 274 millions de dollars. Sous ses vagues en acier inoxydable qui se reflètent différemment selon les angles, le soleil et l'heure, l'auditorium accueille 2 265 personnes. Son acoustique particulièrement sophistiquée a été supervisée par les acousticiens réputés de la société japonaise Nagata Acoustic.

- Le **Getty Center** (p.347) à Brentwood, un chef-d'œuvre d'art moderne tout blanc de l'architecte star Richard Meier que l'on visite aussi pour son magnifique jardin avec une vue imprenable sur l'océan Pacifique. Tout comme à la Villa Getty de Malibu, désormais consacrée aux antiquités.

- Le **Los Angeles County Museum of Art (LACMA)** (p.346) à Miracle Mile, modifié à maintes reprises par différents architectes au cours des 50 dernières années et dont on apprécie l'immense cour intérieure. C'est aussi le plus grand musée de l'Ouest des Etats-Unis qui retrace l'histoire de l'art de l'Antiquité à nos jours.

- Le **Griffith Observatory** (p.352) à Los Feliz. Construit en 1935, ce bijou d'architecture singulier peut-être qualifié de style Art Déco/Egyptien. Perché sur les hauteurs de Hollywood Hills, il offre une vue merveilleuse sur Los Angeles et sur le panneau Hollywood.

Le Broad, un musée d'art contemporain ouvert en 2015 fondé par les philanthropes Eli et Edythe Broad qui ont financé le bâtiment en « nid d'abeille » de 140 millions de dollars. Conçu par Diller Scofidio+ Renfro, le musée est bâti sur l'idée d'un voile et d'une voûte. Le voile est une enveloppe poreuse qui entoure le bâtiment tout en filtrant la lumière. Cette peau constituée de 2 500 panneaux rhomboïdaux en béton armé de fibre de verre est soutenue par une structure en acier de 650 tonnes. La voûte en béton forme le cœur du bâtiment, elle est dédiée aux espaces de conservation des œuvres.

San Francisco, la ville cosmopolite à l'architecture éclectique

De la colonisation espagnole à la ruée vers l'or qui a entraîné un boom démographique, du tremblement de terre et de l'incendie qui ont ravagé 80% de la ville en 1906 sans pour autant freiner son fulgurant essor économique. « The City by the Bay » a une histoire tourmentée, riche et fascinante. La croissance effrénée de cet avant-poste lointain perdu dans la broussaille devenue une cité cosmopolite et prospère dès le XIXe siècle a compliqué les efforts de planification de l'urbanisme de la ville, laissant en héritage des rues étroites qui prévalent encore dans de nombreux quartiers. Connue pour ses maisons d'architecture victorienne, ses fenêtres en saillie dite « bow window » et son style moderne, l'architecture éclectique de San Francisco n'a pas de style dominant mais elle reflète parfaitement l'histoire, la géographie et la diversité de la population de la région. Epicentre d'une évolution radicale de la société dans les années 60 (libération des femmes, droits civiques et révolution sexuelle), l'esprit progressiste de SF et de ses habitants se ressent dans le mélange des styles de son urbanisme.

A voir à San Francisco :

- **Les Fine Arts Museums** qui regroupent différents bâtiments aux styles variés. **De Young Museum** (p.157), le musée des Beaux-Arts de SF situé au Golden Gate Park. Ouvert en 1895, sa conception mêlant hyper modernité, nature et matériaux bruts est une réelle curiosité. **The Legion of Honor d** (p.158)irectement inspiré du musée de la Légion d'honneur de Paris datant du XVIIIe siècle, il en est la réplique réduite. Le musée de style Beaux-Arts qui est au Lincoln Park fut construit en mémoire des 3 600 soldats californiens morts dans le nord de la France pendant la Première Guerre mondiale. Il ouvrit ses portes en 1924 grâce à la fortune des époux Spreckels.

Le Getty Center et ses jardins, Los Angeles.

The Golden Gate Bridge à San Francisco.

▸ The **Golden Gate Bridge** (p.150), construit il y a 80 ans, ce pont suspendu en acier, de style Art déco est l'un des plus hauts du monde avec ses 2,7 kilomètres de longueur et ses 227 mètres de hauteur. Considéré comme l'une des sept merveilles du génie civil aux États-Unis par l'American Society of Civil Engineers, le Golden Gate et sa couleur orange international iconique est le symbole de la ville de San Francisco.

▸ The **Coit Tower** (p.144) à Telegraph Hill. Construite en style Art déco, elle est inaugurée en 1933 pour honorer les pompiers de la ville. Elle a été dessinée par les architectes Arthur Brown Jr. et Henry Howard.

▸ La **Mission Dolores** (p.153). Construite en 1776 par des missionnaires espagnols (dirigés par le père Junipero Serra, fondateur controversé de nombreuses missions franciscaines en Californie), c'est la plus ancienne église de San Francisco. Ses murs en adobe (un mélange de terre et d'herbe séchées) mesurent quatre mètres d'épaisseur. Les poutres originelles en bois rouge sont toujours en place et supportent le plafond. La basilique de la Mission Dolores est bâtie dans un style churrigueresque (ultra baroque espagnol du XVIIIe siècle caractérisée par une abondance ornementale.)

▸ The **Transamerica Pyramid** (p.143) dans le Financial District, haute de 260 mètres, qui a été pendant plus de 40 ans l'un des emblèmes de la ville. Lors de sa construction en 1968, sa forme futuriste a suscité de virulentes critiques. Certains craignaient qu'elle enlaidisse la skyline du quartier des affaires. Pourtant cette forme pyramidale fut choisie afin de répondre à des préoccupations environnementales et permettre à la lumière de descendre jusqu'à la base du building contrairement aux gratte-ciels classiques. La tour est depuis 2018, supplantée en taille par les 326 mètres de la Tour Salesforce. Ce gratte-ciel en verre élancé de 61 étages et qui ressemble à un obélisque est le principal bâtiment dans SOMA du vaste plan de réaménagement de San Francisco Transbay, l'autorité des transports locaux.

▸ **The « Painted Ladie ».** Entre 1849 et 1915, environ 48 000 maisons modestes de style victorien et édouardien ont été bâties à San Francisco alors en plein essor. Elles ont été peintes dans des couleurs vives pour accentuer leurs détails architecturaux. Beaucoup d'entre elles furent ravagées par l'incendie de 1906 mais d'autres ont survécu dans les quartiers ouest et sud parmi lesquelles les Seven Painted Ladies, situées en les numéros 710 et 720 de Steiner Street. Construites entre 1892 et 1896 par Matthew Kavanaugh, elles font partie des plus vieilles maisons de SF.

▸ Le bâtiment postmoderne du **SFMOMA** (p.154) (musée d'Art moderne de San Francisco) en brique rouge est aussi un incontournable. Il a rouvert ses portes en mai 2016 après de longs travaux lui ayant permis de tripler sa superficie d'exposition grâce une extension, une immense « annexe » de 10 étages à la façade blanche marquée de stries et d'ondulations qui semble s'accrocher au bâtiment initial.

▸ **A Las Vegas :** en parcourant les 5 km du Las Vegas Boulevard, l'avenue principale plus connue sous le nom de « strip », vous découvrirez l'extravagance architecturale des plus beaux casinos du monde, comme le Caesar's Palace et son décor hérité de l'empire romain, le Bellagio et ses célèbres fontaines qui célèbrent l'Italie avec une reconstitution des canaux de Venise ou encore le **Mandalay Bay** (p.184) et son atmosphère des mers du Sud-Est asiatique.

▸ **A Phoenix :** la principale attraction architecturale est le moderne Palo Verde Library and Maryvale Community Center, construit en 2006 et honoré de nombreux prix dans les années qui suivirent. Ses formes rectangulaires épurées, ses transparences et ses espaces verts en font un lieu privilégié de détente à Phoenix.

▸ **A Scottsdale :** autre site d'importance en Arizona, Taliesin West est un incontournable. Ce complexe bas, large et confortable fut construit en 1937 par Frank Lloyd Wright qui en fit sa résidence d'hiver et un lieu d'apprentissage pour ses étudiants. Wright souhaitait utiliser uniquement des matériaux disponibles localement pour ce projet d'architecture organique de style Prairie. La structure est bâtie selon le procédé de « maçonnerie du désert ». Les murs sont en roches du désert empilées dans des formes en bois et remplies de béton. Le plâtre des murs intérieurs a été mélangé à de la terre de Sienne, offrant des tons champêtres. Taliesin présente de nombreux éléments architecturaux qui sont devenus la marque de commerce de Wright : les toits en porte-à-faux, de larges fenêtres et un plan d'étage ouvert. Classé au patrimoine mondial de l'Unesco, Taliesin West est le siège de la fondation de Frank Lloyd Wright et de l'école d'architecture de Taliesin.

▸ **A Salt Lake City :** on ira voir Abravanel Hall, le bâtiment qui abrite l'orchestre symphonique d'Utah. Conçu en 1979, il impose l'admiration par sa forme triangulaire et ses arêtes vives, évoquant une proue de bateau. Ses larges baies vitrées permettent d'observer l'activité permanente qui se déroule à l'intérieur. Dans la salle de concert, admirez les 6 lustres scintillants. Chacun est composé de 3 000 cristaux importés d'Autriche et de Tchécoslovaquie et taillés à la main. Pour éliminer l'écho et répartir le son uniformément, les murs et le plafond sont constitués de surfaces convexes : il n'y a aucun angle à 90 degrés.

BEAUX-ARTS

La Californie mérite le titre d'Eldorado de l'art contemporain. Ses prestigieuses écoles d'art forment des mégastars comme Baldessari, Chris Burden ou Mike Kelley. Sur la côte, la photographie a pris son essor peu après la peinture. Le premier courant pictural local se caractérise par un impressionnisme inspiré des grands espaces. Regroupés en communautés, les artistes ouvrent des écoles et des galeries d'art. Dès lors, un flux permanent de talents enrichit la vie culturelle californienne. Quantité de musées d'exception sont bâtis. Los Angeles abrite le plus grand musée de l'Ouest américain, le LACMA, qui s'étale sur sept bâtiments. En Californie, les manifestations artistiques se relaient tout au long de l'année. En plein air, la foire d'art contemporain Art Market San Francisco réunit tous les ans, en avril, une centaine de galeries d'art. En intérieur, le tentaculaire LA Art Show est salué comme l'épicentre de l'art international.

Naissance d'un mythe

Au cœur du mythe de l'Ouest américain, la Californie a fait fantasmer les artistes venus de partout avant de devenir un creuset d'écoles picturales. Ses paysages romantiques participent à la quête d'identité de la jeune Amérique. D'autre part, la conquête de l'Ouest est documentée par des peintres comme George Catlin (1796-1872) qui entreprend de constituer un musée indien. Portraitiste de la bourgeoisie américaine, il décide en 1828 de se concentrer sur les civilisations amérindiennes. Au cours de ses expéditions successives, il relate le quotidien de ces populations. Ses scènes de genre abondamment détaillées présentent les vêtements, les armes, les peintures corporelles, les us et coutumes dans de vastes paysages du Far West. Ce travail documentaire quasi ethnologique sera poursuivi par d'autres peintres et photographes, formés en Europe.

Au De Young Museum (p.157) de San Francisco, la collection d'art américain la plus exhaustive du genre s'étend du XVIIe siècle à l'époque contemporaine. Dans le Golden Gate Park, ce musée englobe les arts de tous les continents. Plus de 27 000 œuvres constituent un véritable trésor national. Son département de photographie retrace toute l'histoire de la photo, en Amérique comme en Europe.

George Catlin, Buffalo Chase, Mouth of the Yellowstone, 832-1833, huile sur toile.

Photographie

La photographie est l'un des domaines de prédilection de la Californie. Les deux artistes phares de la Californie du Nord sont Dorothea Lange et Ansel Adams. Dorothea Lange (1895-1965) est connue pour ses clichés sur la Grande Dépression qui a suivi le krach de 1929. Elle documente la misère rurale pour le compte d'administrations américaines. Ses missions donnent lieu à des portraits en noir et blanc, d'une profonde humanité, qui continuent de marquer les esprits.

Le pionnier de la photo écolo se nomme Ansel Adams (1902-1984). Il demeure une référence dans le domaine de la photographie de paysage. Personne ne glorifie mieux que lui la beauté majestueuse de Yosemite National Park, de la côte Pacifique et de Big Sur. Le groupe f/64 qu'il fonde en 1932, avec Edward Weston et Imogen Cunningham, sonne les débuts d'une photo artistique pure, sans aucune manipulation. Le procédé du « zone system », qu'il élabore avec Fred Archer, permet d'ajuster l'exposition et le contraste afin de créer une profondeur et une clarté inédites. Ansel Adams ouvre à San Francisco la première galerie de photographie et d'arts plastiques, en 1933. En 1945, il fonde le département de photographie du San Francisco Art Institute, premier programme de la région dédié à l'art photographique. De nos jours, Yosemite Village abrite l'**Ansel Adams Gallery**. (p.285)

L'impressionnisme californien

En peinture, une tendance impressionniste s'affirme au tournant du XXe siècle. Les artistes peignent en plein air, inspirés par les paysages sauvages de la Californie. Ce courant se répand sur la côte autour de la baie de San Francisco et dans le sud de l'Etat dans les années 1920 et 1930. La California Plein-Air School se caractérise par ses tons lumineux, ses traits de pinceau libres, qui ne sont pas sans rappeler l'impressionnisme français. Ce style continue de séduire en Californie plus tardivement qu'en Europe.

Les impressionnistes californiens se réunissent dans les grandes villes, San Francisco, Pasadena et Los Angeles, ou à Carmel-by-the-Sea et Laguna Beach. Ils forment des associations, telles que le Painters and Sculptors Club. Les premiers représentants de ce courant viennent d'autres Etats. Cependant, l'un des plus célèbres, Guy Rose (1867-1925) nait dans une famille aisée de Californie, à San Gabriel, et accède à la renommée dès la fin du XIXe siècle. Ses natures mortes peintes à l'huile sont acclamées dans les Salons. En 1888, Rose prend la direction de Paris et fréquente les grands noms de l'art. Rentré aux Etats-Unis, il s'installe à New York en tant qu'illustrateur. Dès 1899, il décide d'acquérir une résidence en France, à Giverny, où il produit une œuvre marquée par Claude Monet, le maître du genre avec qui il se lie d'amitié. En 1914, la famille Rose retourne à Los Angeles ; dès lors, il poursuit une carrière d'enseignant.

Le tonalisme du Nord

Dans le Nord de la Californie, dès les années 1890, la seconde génération de peintres se détourne des paysages grandioses, au profit d'un style plus intime. La couleur et l'émotion engendrée par le lieu sont au cœur de ce courant. William Keith, « le doyen des peintres de Californie du Nord », se consacre à ses débuts aux grands formats jusqu'à ce qu'il opère un tournant, après un voyage à l'étranger. L'ambiance d'un paysage qu'il souhaite épuré passe au premier plan. Il donne ainsi naissance au tonalisme, tendance qui retranscrit le climat frais et brumeux du Nord. La composition est sobre, la gamme chromatique réduite. Parmi les membres qui se joignent à cette tendance : Charles Rollo Peters qui peint au clair de lune, Xavier Martinez et le muraliste Giuseppe Cadenasso, deux membres du Bohemian Club qui ont fait connaître San Francisco au monde entier. Également issus du tonalisme, Arthur et Lucia Mathews prennent la tête du Bay Area Arts and Crafts Movement.

En 1915, on bâtit le **Palace of Fine Arts** (p.148) pour accueillir l'Exposition internationale Panama-Pacifique qui fait découvrir l'impressionnisme français à San Francisco. La palette des peintres californiens s'enrichit. La peintre E. Charlton Fortune forme la colonie d'art de Carmel, avec pour enseignant William Merritt Chase. Deux peintres déjà renommés pour leurs vues marines rejoignent l'association, William Ritschel et Paul Dougherty.

Art de Plein-Air

Dans le Sud de la Californie, la scène artistique est quasi inexistante jusqu'au XXe siècle. Avec l'ouverture des premières galeries d'art, les peintres développent un art coloré et lumineux, en accord avec l'ensoleillement du Sud. William Wendt peint la Californie au printemps. Guy Rose rapporte l'influence de Giverny. D'autres viennent s'installer en Californie comme Benjamin Brown ou Fernand Lungren, originaire du Midwest, qui prend pour thème le désert au fil des saisons. Il fonde la Santa Barbara School of the Arts en 1920. Le peintre le plus marquant de cette mouvance est peut-être Richard E. Miller que Rose rencontre à Giverny. Ensemble, ils enseignent à Pasadena. Peintre de la lumière colorée, Miller délaisse peu à peu les paysages pour privilégier les modèles féminins. Son dessin plus marqué, ses compositions plus structurées, et sa palette qui s'assombrit à la façon de Renoir exercent une vive influence sur ses contemporains.

La Grande Dépression précipite le déclin de l'impressionnisme américain, bientôt relayé par des explorations modernistes.

Bay Area Figurative Movement

Le « mouvement figuratif de la baie de San Francisco», ou École de San Francisco, est actif dans les années 1950-1960. Il réunit des artistes qui proposent une alternative figurative à l'expressionnisme abstrait alors dominant. Leur démarche est soutenue par des institutions dont le San Francisco Art Institute. (p.142) On distingue trois générations d'artistes. La First Generation rassemble les peintres abstraits David Park, Richard Diebenkorn, Elmer Bischoff, Wayne Thiebaud et James Weeks. À la fin des années 1940, l'art abstrait est produit par de nombreux plasticiens. Cependant, l'idée d'abandonner complètement le sujet des réalisations ne les convainc pas. En 1950, le californien David Park surprend avec la peinture *kids on bikes,* révélant ses sujets tout en restant dans l'abstrait. Deux autres générations suivront : la « bridge génération » (Henrietta Berk, Paul Wonner, Nathan Oliveira entre autres) puis la « seconde génération » qui regroupe des élèves de la première génération.

Après un séjour au Mexique, Richard Diebenkorn redevient l'un des chefs de file du mouvement en 1955. Peintre de l'expressionnisme abstrait, il se tourne progressivement vers l'art figuratif. Sa série *Ocean Park,* peinte entre 1967 et 1988, fait de lui une icône internationale, et le symbole de la *Bay Area Figurative School*.

Ce courant fait partie de la Renaissance de San Francisco, élan qui bouleverse tous les domaines de la création entre 1945 et 1960. D'abord sensible en poésie et en littérature, cette renaissance se traduit par des lectures, données dans des galeries d'art, dont celle de la Six Gallery qui lance la Beat Generation. Harold Martin Silver, dit Jack Micheline, retranscrit le blues et le jazz en peinture. Il expose des peintures murales à l'Abandon et au Planet Bookstore de San Francisco au moment de son décès survenu dans un train.

Photorealism

Ce mouvement né dans les années 1960 est inspiré par le pop art et le minimalisme new-yorkais. Il s'affirme en réaction à l'abstraction, tendance peu suivie en Californie. Le photoréalisme se base sur la reproduction la plus précise possible d'une photographie, que ce soit en peinture, en sculpture, ou tout autre média. Tous les détails et expressions de l'humain sont dévoilés afin de transmettre des émotions ou même des messages politiques. Les deux grands représentants de ce style, Ralph Goings et Chuck Close, sont tous deux exposés au SFMoMA, (p.154) le musée d'art moderne de San Francisco.

Une galerie d'œuvres photoréalistes se trouve au Crocker Art Museum (p.260) de Sacramento.

Le renouveau du plein air

À la fin des années 1970, Theodore Lukits (1897-1992) invite ses élèves à renouer avec la tradition californienne de la peinture au grand air. Nés dans les années 1950, ses élèves Peter Seitz Adams, Arny Karl et Tim Solliday arpentent la région dans le but de peindre et revigorent le California Art Club. Les expositions collectives qu'ils organisent imposent l'impressionnisme américain sur le marché de l'art. La California Plein-Air Painting intéresse un nombre croissant de collectionneurs, historiens et conservateurs. Sur la côte centrale, la tradition est perpétuée par Ray Strong (1905-2006) qui fonde le groupe Oak qui dynamise le milieu artistique de la région de Santa Barbara.

En 1981, le Los Angeles County Museum of Art (p.346) consacre une exposition à la naissance de la peinture californienne de plein air.

En 1985, l'artiste Denise Burns forme l'association des Plein-Air Painters of America (PAPA) puis, en 1986, lance avec Roy Rose le Festival annuel des peintres sur l'île de Santa Catalina. Les manifestations de plein air, au cours desquelles les artistes peignent en public, se multiplient. On doit ce type de manifestation, toujours prisé en Californie, au Plein-Air Revival. Signalons le Festival de Santa Ana et de Carmel-by-the-Sea.

En parallèle, de nombreuses galeries d'art en Californie sont spécialisées dans l'impressionnisme, comme le Laguna Museum of Art de Laguna Beach. Le Musée Irvine, qui couvre l'art californien, présente une collection impressionniste.

Art conceptuel

Dès les années 1940, les artistes fuient la Grosse Pomme, trop coûteuse et compétitive, pour Los Angeles. Les écoles d'art poussent comme des champignons. Elles attirent d'illustres enseignants qui forment les futures célébrités dont John Baldessari, Mike Kelley et Paul McCarthy. Pour mémoire, ce dernier, avait installé au cœur de la place Vendôme à Paris son « Tree », une sculpture aux airs de *sex toy* gonflable.

Les artistes conceptuels John Baldessari (1931-2020) et Edward Ruscha (né en 1937) associent langage, photographie et pop art. Ruscha, admiré pour ses livres d'artiste, collabore en 1962 à l'une des premières expositions Pop Art, « New Painting of Common Objects ». L'événement réunit à Pasadena des artistes tels que Roy Lichtenstein, Andy Warhol ou encore Jim Dine. Tout au long de leur carrière, Baldessari et Ruscha mêlent les moyens d'expression pour aboutir à une unité, souvent dans des séries répétitives. Baldessari se démarque par sa poésie visuelle, ses collages destinés à provoquer l'œil et l'esprit. Après avoir détruit les peintures de ses débuts, dans les années 1980, il gomme les visages de ses photos qu'il remplace par des ronds colorés. L'ensemble de son œuvre est récompensé par le Lion d'Or de la 53e Biennale de Venise. L'artiste conceptuelle Barbara Kruger devient célèbre pour ses photomontages en noir et blanc, inspirés de coupures de presse et frappés de slogans. On peut admirer *Thinking of You*, au **Museum of Contemporary Art** (p.341) de Los Angeles.

Performances

Mike Kelley (1954-2012) se joint à la scène artistique de Los Angeles en 1976 et se distingue à travers ses performances. Son travail s'articule autour de grands projets, dans lesquels il intervient de différentes manières, autour de questions sociales et philosophiques. Peinture, écrits, objets, collages, photographies, son œuvre protéiforme trouble le spectateur. Son contemporain Chris Burden (1946-2015) quitte Boston pour perfectionner son art à l'Université d'Irvine, tout en étudiant la physique, la gravure et l'architecture. Ce touche-à-tout réalise des performances remarquées en Californie ; dans *Shoot* exécutée en 1971 à Santa Ana, il se fait tirer dans le bras. A partir de 1975, il se tourne vers les installations qui ont pour thèmes la science et la politique. Il collabore avec l'artiste Nancy Rubins, son épouse, qui incorpore la sculpture, la photographie et d'occasionnelles pièces d'avion.

Energie forever

L'énergie créative de la Californie est entretenue par les vagues d'artistes qui continuent d'affluer d'un peu partout. Les préoccupations s'actualisent. Indissociable du mouvement gay, la photographe Catherine Opie, née en 1961, s'établit à Los Angeles, où elle milite pour les causes LGBT et *queer*. Sa série de portraits sur fond neutre coloré, *Being and Having*, joue avec l'ambiguïté des genres dès 1990. Tout en documentant la marginalité, elle se rapproche par son style des portraits de la Renaissance flamande. Bien installée sur la scène internationale, la nouvelle vague d'artistes basée à L.A. multiplie les expérimentations. Ruben Ochoa remanie l'espace urbain pour offrir un aperçu de ce qui se cache derrière les murs ; Matthew Brandt renouvelle la photographie expérimentale pour questionner le quotidien et le lien au réel ; dans ses installations, Mark Hagen jongle avec toutes les techniques.
Parmi les centres d'art de pointe : à San Diego le **Museum of Contemporary Art San Diego** (p.438)et le spectaculaire **The Broad** (p.341) à Dowtown L.A.

De l'art mural au street art

San Francisco est aussi le berceau de l'art mural. Le peintre mexicain Diego Rivera y séjourne en 1930 avec sa compagne et peintre Frida Khalo. Il peint à cette occasion deux fresques murales à la Stock Exchange Tower (aujourd'hui **The City Club of San Francisco**) (p.142) et au **San Francisco Art Institute** (p.142). Quatre ans plus tard, ce sont ses disciples qui peindront les fresques murales de la **Coit Tower** (p.144). Une vingtaine d'artistes locaux emmenés par Victor Arnautoff ou José Moya del Pino répondront ainsi aux commandes d'État dans le cadre des grands travaux du *Work Projects Administration* (WPA).

© KOBBY DAGAN - SHUTTERSTOCK.COM

Mural dans le quartier de Mission District.

Récemment, la communauté artistique s'est insurgée contre le projet de mise en vente de l'œuvre de Rivera du **San Francisco Art Institute** (p.142), *The making of a fresco showing the building of a city* (1931). Estimée à plus de 40 millions de dollars, sa vente aiderait à sauver l'institution de la ruine causée par la pandémie. Les réactions montrent à quel point l'œuvre fait partie intégrante de San Francisco.
Autre actualité pour Rivera, sa gigantesque fresque de 23 m de long *Pan American Unity*, peinte en 1939 sur des panneaux (et donc transportable) a quitté temporairement le City College of San Francisco qui l'abrite. Le temps qu'un nouvel espace y soit créé pour l'accueillir, on peut l'admirer au **SFMoMa** (p.154) jusqu'à l'été 2023.
De nos jours, c'est dans le quartier coloré de Mission District que le *street art* s'épanouit à San Francisco. Plus de 600 peintures murales se déploient sur les murs, principalement le long de **Balmy Alley** (p.151) et **Clarion Alley.** (p.151)
A Los Angeles, direction l'Arts District à l'est du Downtown, pour une balade entre art des rues, restos sympas et galeries *hype*. Cœur battant de ce quartier en plein *boom*, The Container Yard (ou TCY) intervient en tant qu'incubateur de talents de tous horizons, dans un espace unique. Expositions, événements, rencontres, détente et culture, tout ce qui fait la richesse de la Californie se retrouve ici. Incontournable !

MUSIQUES ET SCÈNES

Le monde a les yeux rivés sur Hollywood, mais la musique en Californie a au moins autant d'importance que le cinéma. Territoire vaste, aussi urbain que rural ou désert et regroupant des modes de vie très différents, chaque population en Californie possède son esthétique musicale. Hip-hop, rock, punk, classique, country… Le spectre est large et embrasse toute la variété et la richesse des cultures locales. Mais dans l'inconscient collectif, la Californie c'est avant tout le soleil, la plage, les flirts et la musique qui va avec : les Beach Boys ou le surf rock. Un style qui a véhiculé dans le monde entier l'imagerie californienne dans ce qu'elle a de plus archétypale. Mais la région est aussi mondialement célèbre pour avoir été le théâtre du *Summer of Love* et demeure depuis une terre de musique et de contre-culture (et d'amour)… Et puis, il est impossible de parler de musique en Californie sans aborder le hip-hop West Coast et ses stars, les Dr Dre, Snoop Dogg ou Kendrick Lamar, qui ont bouleversé le genre à tout jamais.

La pop et le rock

Oui il y a bien un « son californien » et il se révèle au monde dès la deuxième moitié du XXe siècle. Le *California sound* émerge au début des années 1960 avec Brian Wilson et les Beach Boys. Dès leur premier single *Surfin'* en 1961, le groupe convie tous les archétypes californiens (la plage, les filles, le surf) et l'imagerie idyllique de la région, son optimisme ensoleillé pour consolider le mythe californien.

Groupe formé à l'origine des frères Wilson (Brian, Carl et Dennis qui ont grandi dans la banlieue de Los Angeles) et d'Al Jardine et Mike Love, les Beach Boys se font connaître avec des chansons hédonistes trempées de soleil et de Californie qui remportent un succès phénoménal auprès du jeune public. Outre le son californien, ces chansons posent, comme une réponse outre-Atlantique aux Beatles, les jalons d'une pop précieuse tout en harmonies vocales angéliques, mélodies raffinées un peu sucrées et arrangements sophistiqués. La musique du groupe prendra rapidement un tour plus adulte sous la direction du génial Brian Wilson, avec notamment l'album *Pet Sounds* (1966) qui pour beaucoup de mélomanes figure dans le top 10 des chefs-d'œuvre du genre. Épuisé par des tensions familiales, l'abus de drogues et une rivalité mal vécue avec les Beatles, il finira par « décrocher » et laissera son groupe jouer sans lui sur scène, se contentant de composer et chanter sur les disques. Malgré la mort de deux de ses membres, le groupe existe toujours et se produit de temps en temps, souvent avec Brian Wilson.

Bien que ça ne soit pas le cas au début, le terme *California sound* désigne également désormais par extension la surf music. Pur produit des années 1960 californiennes, la surf music - ou surf rock - devient populaire entre les mains du guitariste Dick Dale, surnommé « The King of the Surf Guitar », l'auteur de tubes devenus cultes comme le fameux *Misirlou* - entendu chez Tarantino dans *Pulp Fiction*. Bien que le style ait d'abord été moqué, car jugé naïf à cause du thème des chansons (le surf, la plage), sa contribution au rock n'en demeure pas moins indéniable.

Le *Californian Sound* ne disparaît pas avec la génération suivante, loin de là : il se transforme. Le terme s'applique maintenant au rock psychédélique, ainsi qu'au « San Francisco Sound ». Ces rocks planant et/ou contestataire ont trouvé un terrain de prédilection à Hollywood et à San Francisco, lieux devenus le QG des hippies et de la culture psychédélique. C'est en juin 1967, soit deux ans avant le célèbre Woodstock Festival, qu'a lieu le Monterey Pop Festival, l'une des premières manifestations musicales à incarner les valeurs et les idées de la contre-culture naissante et le départ du fameux *Summer of Love*. Janis Joplin, Big Brother and the Holding Company, Jimi Hendrix, The Grateful Dead, Creedence Clearwater Revival ou encore Jefferson Airplane sans oublier Sly & the Family Stone sont évidemment les noms les plus illustres qui ont participé, dans les années 1960 et 1970, à faire naitre le *San Francisco sound*.

Côté L.A., la réponse au *sound* ce sont les Byrds, le groupe Love mais encore et surtout le rock au charme sauvage et la poésie ivre des Doors. Emblème immortel du rock à fleur de peau, Jim Morrison débarque de sa Floride natale pour Los Angeles en 1963, afin de suivre des cours de cinéma à UCLA. Il découvre Venice, à Santa Monica, et y rencontre Ray Manzarek, avec qui il se lie d'amitié. En compagnie de deux autres musiciens californiens, ils créent les Doors en 1965. Après des débuts chaotiques, Morrison, drogué sur scène, entre dans des transes indescriptibles, le groupe sort son premier disque en 1967. La chanson *Light My Fire* qui en est extraite fait un véritable tabac. Suivent *Strange Days*, *LA Woman*, *Soft Parade* puis *Morrison Hotel*, une série de chefs-d'œuvre que peu de groupes parvinrent à égaler.

Le public est impressionné tant par la personnalité excessive et la poésie étrange de Morrison que par les concerts flamboyants du groupe. Rapidement, les Doors accèdent à une dimension mythique. Morrison ne cesse de faire parler de lui, et multiplie les frasques. Voulant se consacrer pleinement à l'écriture poétique, il menace sans cesse de quitter le groupe et la scène. Lors d'un voyage en Europe en 1971, il meurt d'une overdose à Paris. Le groupe lui survivra bon an, mal an, en sortant quelques disques.

Désormais, le terme *California sound* englobe un éventail très large de styles et d'artistes où s'imprime l'âme californienne, caressant aussi bien le folk de Crosby, Stills, Nash & Young, de Joni Mitchell et de Joan Baez ou le rock dans son ensemble - pour ne pas dire « les » rocks, tant les esthétiques sont variées - de Guns N' Roses, Mötley Crüe, Deftones, Queens of the Stone Age, Weezer, Red Hot Chili Peppers, Cake, Rage Against the Machine... Chacun, avec des personnalités très différentes, incarne une facette de la Californie. Quand Rage Against the Machine rappelle la Californie engagée et contestataire, les Red Hot sont le fun et le funk tandis que Weezer représentent l'esprit *laid back* (détendu et détaché) typique de la région... Les Guns N' Roses véhiculent quant à eux le glam et l'excentricité, alors que les fabuleux Queens of the Stone Age contiennent l'apprêté et la sécheresse de leur désert natal dans leur son.

Dans les années 2010, la scène rock indé californienne a repris le flambeau et un paquet de groupes épatants ont vu le jour comme Ariel Pink, pape de la scène indé expérimentale, les sœurs Haim, elles-mêmes pleines d'influences californiennes, Wavves, du punk et du soleil, No Age, sombre et dur comme les bas quartiers de L.A. ou encore Dum Dum Girls ou Best Coast, tous les deux très légers.

Le grand rendez-vous des musiques actuelles en Californie, c'est bien entendu le Coachella Music Festival. Installé à deux heures de L.A.. dans l'Indio Desert, ce festival de musique s'est imposé comme le rendez-vous immanquable de sa catégorie : Radiohead, Dr Dre, Snoop Dog, Beyoncé, Bjork, Outkast ou encore Kanye West, tous les plus grands y sont passés et y (re) passent encore. L'autre immanquable, c'est bien sûr Burning Man, lui aussi se déroulant dans un désert (ici Black Rock) et célébrant chaque année la création artistique et l'expression libre à travers des installations temporaires, sculptures, chars, concerts, soirées, performances, etc. Moins connus, mais pas moins bons, on trouve aux alentours de San Francisco deux festivals qui valent amplement le détour. D'abord le Stern Grove Festival, gratuit, se tenant chaque dimanche après-midi de la mi-juin à la mi-août depuis 1938 dans un amphithéâtre de plein air entouré d'eucalyptus, de sapins et de séquoias. Programmation très éclectique avec jazz, rock, mais aussi représentations de l'orchestre symphonique de San Francisco. Enfin, le High Sierra Music Festival prend place au cœur de la Sierra Nevada et convie rock, electronica, reggae, jazz ou afrobeat.

Autrement, à l'année, il est plus que conseillé de se rendre dans des salles telles que le Fillmore à San Francisco, mythique, qui représenta de 1965 à 1968 l'épicentre du *San Francisco sound* et continue d'épater avec sa programmation, ou The Bottom Of The Hill, un passage obligé pour les amateurs de musique. À L.A., l'adresse mythique est le Whisky A Go Go, club de légende où se sont produits les Doors, les New York Dolls ou Led Zeppelin tandis que les endroits branchés sont plutôt Harvard & Stone, bar à concerts indie rock et post-punk underground ainsi que le Palladium Hollywood, réputé pour son style Art déco et sa programmation épatante.

Le punk

Dès la fin des années 1970, la douce Californie a vu éclore en son sein un mouvement punk affirmé. Son goût pour les modes de vie alternatifs et son tempérament engagé et résistant participèrent à la naissance de plusieurs groupes marquants, tous gravitant de près ou de loin autour du mythique label Alternative Tentacles fondé par les non moins légendaires Dead Kennedys. Le groupe est emmené par le charismatique et doux dingue Jello Biafra, californien d'adoption (il est né à Boulder dans le Colorado en 1958). Celui-ci tenta un temps (en 1979), sans succès, de briguer la mairie de San Francisco contre le gouverneur de l'époque. Auteur, via ses textes, de violents pamphlets anarchistes et sarcastiques contre la religion, les conservateurs – Reagan est une de ses cibles privilégiées –, le racisme, la bienséance ou encore les tyrans du tiers-monde, Jello Biafra est plus qu'un simple chanteur de punk : il est le punk.

Mais ce que l'on appelle communément le « punk californien » intervient plus tard. Au tournant des années 1990, une vague de groupes, souvent plus pop, plus mélodieux, plus amusants aussi, redonne un second souffle au genre. À L.A., le groupe NOFX ; à Orange County, The Offspring ; à Anaheim No Doubt et dans la Bay Area, Green Day ou Rancid commencent à connaître un succès sans précédent dans le domaine, avec son apogée dans les années 2000 avec l'explosion commerciale de Green Day, The Offspring et Blink 182. Toujours énervée, moins militante, souvent plus légère et lumineuse que ses ainées, cette scène californienne bouleverse le punk, voire le rock dans son ensemble.

Derrière le strass et les paillettes, L.A. est une ville plutôt « punk-friendly ». On pourra entendre de bons concerts du genre de temps en temps aux Whisky A Go Go (p.389), Troubadour, The Smell ou .La Cita

La country

On ne le sait que trop peu, mais il y a un sous-genre de country typiquement californien : c'est le *Bakersfield sound*. Développée durant les années 1950 et 1960, la country de Bakersfield était une réaction au son de Nashville qui, devenant populaire, se lissait de plus en plus. Avec des pionniers comme les Maddox Brothers and Rose ou Wynn Stewart, la country revient un peu à ses origines et gagne un rythme plus marqué et plus entraînant. Dans le courant des années 1960, Merle Haggard et Buck Owens, puis Susan Raye la décennie suivante, ont popularisé le son de Bakersfield auprès du grand public.

Le hip-hop

L'autre grande spécialité californienne, c'est naturellement le hip-hop dit « West Coast ». L'histoire du rap californien remonte au début des années 1980, lorsque deux collectifs de L.A. nommés Uncle Jamm's Army et World Class Wreckin' Cru posent les jalons de ce que va être le son West Coast avec leurs premiers singles. Dans ces collectifs, on trouve des noms aujourd'hui emblématiques comme Dr. Dre, Egyptian Lover, Ice-T ou DJ Yella. Certains d'entre eux – Dre et Yella – ont formé par la suite l'emblématique N.W.A (Niggaz Wit Attitudes), réponse au rap de la côte Est, Public Enemy en tête. Nommé « *gangsta rap* », ce rap natif de Los Angeles (qui se propage peu à peu à San Francisco, Sacramento, San Diego, voire Portland ou Seattle) se caractérise par son odeur de soufre, sa violence et ses grosses influences funk dans les samples. Attirant l'attention du public et des médias américains avec des titres controversés (dont le fameux *Fuck tha Police*) et une esthétique fraîche, N.W.A place la Californie sur la cartographie du hip-hop.

À la dissolution du groupe, dès le tout début des années 1990 émergent les albums (et artistes) de référence du genre : Ice Cube et son *AmeriKKKa's Most Wanted* en 1990, Dr. Dre et son album *The Chronic* en 1992, Snoop Dogg, son protégé, avec *Doggystyle* en 1993, les latino-américains Cypress Hill et leur album du même nom en 1991 et puis, bien entendu, le premier album de Tupac Shakur, *2Pacalypse Now*, en 1991. Moins *gangsta*, ce dernier témoigne d'une prise de conscience sociale et aborde le racisme, la brutalité policière, la pauvreté, la drogue, etc.

La popularité du hip-hop West Coast a sans aucun doute été amplifiée par la guerre que se sont livrée les labels Death Row Records (de L.A.) et Bad Boy Records (de New York), dirigé par Puff Daddy et où figure l'illustre The Notorious B.I.G (dit Biggie). Une guerre qui aboutira tristement aux meurtres de Tupac Shakur en septembre 1996 suivi de celui de The Notorious B.I.G en février 1997. Les deux font depuis l'objet d'un culte.

Durant la décennie 2000, le rap californien s'efface un peu – malgré quelques succès comme celui de The Game – le public n'ayant plus d'yeux (ou d'oreilles) que pour le rap *dirty south* de Louisiane, Memphis et Atlanta.

À noter tout de même que c'est durant cette décennie qu'explose la scène rap alternative de Los Angeles, représentée par le label Stones Throw et des gourous de l'underground comme Madlib. Si cette scène connaît un fort succès critique et d'estime, sa notoriété demeure largement confidentielle.

Ce n'est vraiment qu'au tournant des années 2010 que le rap West Coast reprend du tonus. D'abord avec le style *hyphy*, sous-genre du rap hyper rebondissant incarné par DJ Mustard et Tyga (de L.A.) ou l'excentrique Lil B (de la Bay Area). Puis entre les mains de nouveaux rappeurs tels que YG, Tt Dolla Sign et surtout le collectif Odd Future mené par l'hilarant Tyler, the Creator, auteur(s) d'un rap à la personnalité à part, très *arty* et un brin étrange... À cette même époque apparaît le rappeur le plus aimé et, sans doute, le plus important de sa génération : Kendrick Lamar. Né à Compton, banlieue défavorisée de Los Angeles en 1987, Kendrick Lamar impressionne dès ses premières mixtapes et se fait un nom pour son flow élastique et ses textes percutants via son premier album *Section.80*. Le suivant, *good kid, m.A.A.d city* (2012) produit et mixé par Dr. Dre, est immédiatement considéré comme un classique et s'inscrit d'emblée comme un des albums les plus importants de l'histoire du rap. Via ses bijoux *To Pimp a Butterfly* en 2015 suivis de *DAMN* en 2017 et enfin en 2022 avec *Mr. Morale & the Big Steppers*, Kendrick Lamar a réussi à dépasser le statut d'artiste pour devenir une icône, une voix de sa génération. Fin de la décennie 2010, les manifestations Black Lives Matter clamaient d'ailleurs ses paroles comme des revendications. Un très grand artiste et une fierté californienne.

C'est d'ailleurs dans sa ville natale à L.A. que l'on trouve l'un des meilleurs clubs rap de Californie : Playhouse. Situé dans l'ancien bâtiment du Fox Theatre, l'endroit se distingue par son excellente programmation alignant des têtes d'affiche impressionnantes.

La musique classique

Bien qu'ils ne fassent pas partie des *big five* (le nom attribué aux cinq orchestres américains les plus prestigieux : New York Philharmonic, Boston Symphony Orchestra, Chicago Symphony Orchestra, Philadelphia Orchestra, Cleveland Orchestra), la Californie compte deux ensembles prestigieux et d'excellente qualité. D'abord, l'Orchestre symphonique de San Francisco (San Francisco Symphony (p.204)) un des meilleurs du pays. Fondé en 1911, il a acquis au cours du siècle une renommée mondiale

grâce à la direction d'excellents chefs comme le Japonais Seiji Ozawa dans les années 1960, l'Américain Michael Tilson Thomas qui a accéléré sa notoriété entre 1985 et 2020 et désormais l'excellent Finlandais Esa-Pekka Salonen. L'ensemble se produit au Davies Symphony Hall, bel auditorium de presque 3 000 places. Une occasion en or de le voir gratuitement est de se rendre au Stern Grove Festival, mentionné précédemment.
L'Orchestre philharmonique de Los Angeles est quant à lui porté sur l'avenir et la création contemporaine et a réussi à s'installer dans le pays du classique comme l'orchestre américain le plus avant-gardiste, innovant et audacieux. Il est dirigé par le charismatique chef vénézuélien Gustavo Dudamel - aussi directeur musical de l'Opéra de Paris en parallèle - chose qui confirme que parmi ses nombreux dons, ce jeune chef possède celui d'ubiquité.
Durant la saison régulière, l'ensemble se produit au **Walt Disney Concert Hall** (p.391), l'emblématique œuvre dessinée par Frank Gehry qui se dresse dans Downtown. Si l'architecture des lieux semble onduler au son de la musique, l'acoustique, conçue par l'expert des experts des salles de concert, Yasuhisa Toyota, est réputée parfaite.
Mais si la Californie est associée à l'avant-garde musicale, c'est aussi parce que certains de ses plus fiers représentants y sont nés. À commencer par John Cage, grand expérimentateur qui a énormément questionné les notions d'esthétiques et de performances. Le compositeur et pianiste Henry Cowell, lui aussi figure de proue très influente de la musique d'avant-garde américaine et grand innovateur du piano et quant à lui un natif de Menlo Park, dans la Bay Area. Originaire d'Oakland, citons également Harry Partch, l'un des premiers compositeurs occidentaux du XXe siècle à travailler systématiquement avec des échelles micro-tonales (il s'agit de tons et d'intervalles que l'on ne trouve pas d'office sur les instruments occidentaux, ce qui a bouleversé l'échelle mélodique avec laquelle on composait jusqu'à lors).
Enfin, impossible de ne pas mentionner Terry Riley, compositeur californien pionnier de l'école minimaliste aux côtés de Philip Glass et vénéré pour son œuvre de 1964 *In C*. N'oublions pas de mentionner Harold Budd, autre compositeur d'avant-garde, d'abord personnalité respectée de la scène minimaliste, puis collaborateur d'autres avant-gardistes tels que Brian Eno et Robin Guthrie.

Le jazz

Quand on évoque le jazz aux Etats-Unis, on pense en premier lieu aux scènes de La Nouvelle-Orléans, de Chicago ou de New York. Et pourtant, la Californie en possède une également redoutable, bien que moins réputée. Sans compter que le festival de jazz le plus ancien et le plus réputé des États-Unis a lieu tous les ans depuis 1958 à Monterey, au sud de San Francisco (Monterey Jazz Festival). L'emblème du jazz de la région, c'est Dave Brubeck (1920 - 2012) et son quartet qui fit fureur à San Francisco et sa baie dans les années 1950 puis dans l'ensemble du pays peu après. Souvent rattaché à l'esthétique « cool jazz », certains de ses hits sont devenus des standards du genre, notamment *In Your Own Sweet Way, Take Five*, le fabuleux *Blue Rondo à la Turk* et *The Duke*. Mélodiste hors pair, très technique, reconnaissable à son style très élégant, Dave Brubeck symbolise le jazz *West Coast* (sous-genre du cool jazz typique de Californie) aux côtés d'autres musiciens, moins connus mais tout autant aimés outre-Atlantique : Vince Guaraldi, pianiste aussi talentueux que prolifique, Bubby Hutcherson vibraphoniste et marimbiste qui signa notamment le très bon *Components* en 1966 sur le prestigieux label Blue Note, Tom Harrell, largement considéré comme l'un des meilleurs trompettistes de jazz de ces vingt dernières années et plus récemment des étoiles montantes comme le guitariste Julian Lage ou la nouvelle sensation du vibraphone Sasha Berliner.
Pas ressortissants du courant jazz West Coast mais bel et bien jazzmen de la côte ouest, citons également Eric Dolphy, saxophoniste qui a vraiment renouvelé le vocabulaire de son instrument et grand improvisateur, Don Cherry, trompettiste pionnier du jazz fusion très inspiré par les musiques traditionnelles africaines et du Moyen-Orient et plus récemment le trompettiste Kamasi Washington et le bassiste Thundercat, deux jazzmen qui collaborent très régulièrement avec le monde du hip-hop.
Les occasions ne manquent pas d'écouter du jazz à San Francisco. D'abord, il y a deux festivals de qualité : le Fillmore Jazz Festival, le plus grand festival de jazz de la côte Ouest, gratuit, qui plus est, et le San Francisco Jazz Festival, tout le mois de juin, réputé pour sa programmation dense et bien pensée. Ce dernier se tient dans le **SFJAZZ Center** (p.204), centre dédié au jazz, comprenant une salle de 700 places, des salles de répétition, un labo de musiques numériques et un restaurant. Depuis son ouverture en 2013, l'endroit a acquis une renommée internationale par la qualité de ses affiches.
Parmi les autres scènes remarquables de San Francisco, **Biscuits and Blues** (p.202) et **Bix** (p.186) sont deux clubs devenus des institutions du jazz en ville. À Oakland, impossible de ne pas mentionner **Yoshi's Jazz Club** (p.212), un des meilleurs clubs de jazz de toute la Californie doublé d'un très bon restaurant japonais. Les meilleurs jazzmen du monde viennent se produire ici. Les amoureux du jazz ne peuvent manquer cet établissement.

TOP 10

MUSIQUE

La Californie a été (et demeure toujours) un tel vivier pour la création musicale que résumer son histoire et son apport prendrait une éternité ! Alors, pour se faire une idée plus claire de ce que la région a porté comme talents et styles - la surf music, le rap, le *Summer of Love* - voici un résumé en dix artistes.

© GUSTAVO MIGUEL FERNANDES - SHTTERSTOCK.COM

THE OFFSPRING

Avec *Americana* (1998), le punk californien connait son premier carton mondial.

© CHRISTIAN BERTRAND - SHUTTERSTOCK.COM

RED HOT CHILI PEPPERS

Californication (1999) concentre tout le fun de la région en un album.

THE BEACH BOYS

Avec *Pet Sounds* en 1966, les Beach Boys deviennent les plus grands rivaux des Beatles outre-Atlantique.

THE DOORS

L'un des groupes les plus importants de l'histoire du rock est un pur morceau de L.A.

TERRY RILEY

Le compositeur californien offre au monde sa première grande composition minimaliste avec *In C.*

N.W.A

Le premier groupe de Dr Dre a défini le son hip-hop de la côte Ouest.

DAVE BRUBECK

L'album *The Best of Dave Brubeck* de 1966 contient l'essence du West Coast Jazz.

DICK DALE

The Silver Sounds of the Surf est l'album à mettre entre les mains de tous les curieux de surf music.

HAIM

Trois sœurs s'unissent pour redonner ses lettres de noblesse au rock californien avec tube sur tube.

KENDRICK LAMAR

En 2012, *Good Kid, m.A.A.d City* fait éclater le talent du meilleur rappeur de sa génération.

LITTÉRATURE

En 1965, The Mamas and The Papas chantaient leur *California Dreamin'*, un rêve que visiblement ils n'étaient ni les premiers, ni les seuls à faire. Attirés par la couleur de l'or, les sunlights d'Hollywood, le vent de fraîcheur qui souffle sur San Francisco, ou tout simplement l'espoir d'une vie meilleure, ils ont en effet été nombreux à rejoindre la Côte Ouest des États-Unis, écrivains y compris. Mais ici le soleil brille sans concession et n'autorise personne à conserver sa part d'ombre. Le rêve se décline alors du pur fantasme au vrai cauchemar, un spectre que la littérature va se plaire à explorer en respectant une constance : il n'est pas toujours facile d'y discerner la réalité de la fiction, même quand celle-ci arpente des univers parallèles ou emprunte les codes du roman noir. Quoi qu'il en soit, chaque auteur semble avoir fait de son désir, assouvi ou inassouvi, une œuvre qui tient plus de la rencontre que du divertissement.

Les premiers rêveurs

Les Conquistadores qui posent pied à terre au XVIe font sans doute un rêve éveillé car ils pensent avoir découvert l'île où se situerait l'une des fameuses cités d'or. Les multiples expéditions du siècle suivant leur confirmeront leur erreur, mais n'endigueront néanmoins pas la colonisation. La Californie se fait alors témoin de l'asservissement des Amérindiens et objet de discorde, avant de devenir enjeu politique quand se déclare la guerre d'indépendance du Mexique. Les États-Unis finiront pourtant par l'annexer en 1848, l'année même où un Suisse, installé dans la région quelque temps auparavant, fait une découverte qui allait bouleverser le paysage tout en engendrant la première littérature californienne : une pépite. Il est dit qu'ils furent 300 000 à se lancer dans la ruée vers l'or… et autant de déçus quand, à peine dix ans plus tard, le pactole escompté se réduisit à peau de chagrin. Pour autant, la fantasme de devenir riche rapidement n'était pas mort, comme en témoigne Mark Twain (1835-1910) qui raconte dans *À la dure* (éditions Payot), avec humour, le voyage qu'il entreprit avec son frère, comment il faillit lui-même succomber à la fièvre puis manqua de se noyer dans le lac Mono. Ce récit semi-autobiographique paraît en 1872, quatre années avant qu'un jeune Écossais ne tombe fou amoureux d'une artiste mariée, mère de deux enfants et de 10 ans son aînée, qu'il partira rejoindre en Californie malgré l'opposition formelle de sa famille. Mark Twain (1850-1894) et Fanny Osbourne finiront par convoler en justes noces le 19 mai 1880 à San Francisco… et passeront leur lune de miel dans une mine d'argent désaffectée de Calistoga, une histoire qu'il racontera dans *La Route de Silverado* qui est aussi, comme le promet le sous-titre de ce livre malheureusement épuisé en français, une grande fresque de la Californie au temps des chercheurs d'or. Pendant que certains rêvent de richesse et d'autres d'amour, un homme sillonne la Sierra Nevada et nourrit son obsession : préserver la nature. L'engagement de John Muir (1838-1914), grâce à qui s'est imposé l'idée de créer le parc national de Yosemite, se découvre dans notre langue par la traduction de ses écrits – à retrouver par exemple chez Gallimard (*Un Été dans la Sierra*) ou chez Corti (*L'Appel du sauvage, Célébrations de la nature*) –, et par le biais de la biographie que lui a consacrée Alexis Jenni chez Paulsen en 2020 : J'aurais pu devenir millionnaire, j'ai choisi d'être vagabond.

Décidément féconde, la fin du XIXe siècle voit naître à San Francisco, le 12 janvier 1876, John Griffith Chaney que l'on connaît mieux sous le pseudonyme de Jack London. Sa carrière littéraire paraît faire tenir tous les rêves de ses aînés en un seul mot : aventure. Une jeunesse chaotique l'amène sur les routes alors qu'il n'a pas 16 ans, s'en suivront autant de voyages que de livres que les éditions Libretto ont entrepris de rééditer avec ferveur. Si *Croc-Blanc* a marqué les écoliers et *Martin Eden*, son autobiographie romancée, les adultes, son œuvre est vaste, il parcourt en effet le chemin auprès des vagabonds, des chercheurs d'or du Klondike, des grévistes, des pêcheurs de perles ou de baleines… Une plume agile que seule sa mort précoce, à 40 ans seulement, viendra stopper.

Changement de décor

Avec une pointe de romantisme, nous pourrions imaginer que Jack London passe le flambeau à un non moins éminent écrivain qui naît avec le siècle à Salinas. L'Amérique que connaîtra John Steinbeck sera bien différente de celle de ses prédécesseurs. Pourtant, si le temps des pionniers est résolument terminé, celui de l'errance se poursuit, en témoigne sa grand-œuvre, *Les Raisins de la colère*, dans laquelle il évoque la Grande Dépression, les métayers qui fuient l'Oklahoma et sa terrible sécheresse, espérant trouver en Californie de quoi survivre.

Qui a lu Steinbeck (1902-1968) sait que ses écrits ne sont jamais anodins, il est de deux qui marquent et s'engagent, tout autant quand il use de l'humour comme dans *Tortillat Flat*, *Rue de la Sardine* et sa suite *Tendre Jeudi,* ou de l'émotion comme dans *Des Souris et des hommes* ou *À l'est d'Éden*, un talent rare qui lui vaudra le Nobel de Littérature en 1962.

Le début du XXe siècle voit aussi s'allumer les lumières des studios d'Hollywood. Certains y trouveront la gloire, d'autres s'y casseront les dents à l'image de Tennessee Williams qui essaiera d'y placer son premier texte, *La Ménagerie de verre*, puis décidera finalement de l'adapter sur scène, avec un succès qui augurera une belle carrière (et deux Prix Pulitzer). Pourtant, si à Hollywood les sunlights brillent fort, Los Angeles ne peut cacher ses recoins les plus obscurs, qui à leur tour inspireront les écrivains s'adonnant à un genre tout particulier, le roman noir auquel est associé en premier lieu *Le Faucon maltais*, tout d'abord publié en feuilletons de 1929 à 1930 dans la revue *Black Mask*. Né en 1894 à Baltimore, Dashiell Hammett met ici à profit sa propre expérience en tant que détective privé pour donner vie à *Sam Spade*, qui sera incarné à l'écran notamment par Humphrey Bogart en 1941. Ce roman aura une influence incontestée sur Raymond Chandler (1888-1959) qui lui aussi publiera dans *Black Mask* mais n'accédera à la renommée qu'à 50 ans avec *Le Grand Sommeil,* une sombre histoire de chantage résolue par un autre privé, Philip Marlowe, qui faisait sa première apparition mais reviendra dans de nombreux romans (réunis dans un Quarto de Gallimard) et autant de nouvelles (à découvrir dans leur intégralité dans *Les ennuis, c'est mon problème* chez Omnibus). Il ne faut pas non plus manquer de mentionner Edward Bunker. Celui-ci est certes haut comme trois pommes à l'aube de ces années 40 – il est né le 31 décembre 1933 à Hollywood – il est pourtant déjà un grand habitué des maisons de redressement. Sans le savoir, il accumule (en plus des ennuis) la matière qu'il réutilisera plus tard dans ses livres, dont *No Beast So Fierce* (*Aucune bête aussi féroce*, chez Rivages-Noir) qui est désormais un classique.

© EVERETT COLLECTION - SHUTTERSTOCK.COM

Mark Twain.

À cette époque enfin, un homme arpente les rues de Los Angeles à la recherche d'un énième petit boulot, d'une aventure sentimentale ou de la gloire qu'il était venu chercher ici dix ans auparavant, quittant le Colorado où il avait vu le jour en 1909. En cette année 1938, John Fante arrive finalement à faire publier son premier roman, *Bandini*, du nom de son double littéraire dont on suivra ensuite les péripéties dans *La Route de Los Angeles* et *Rêves de Bunker Hill,* tous deux publiés à titre post-mortem, et surtout dans *Ask the Dust* (*Demande à la poussière*, éditions 10-18), son chef-d'œuvre qui le consacre le 1939. En inventant ce personnage de « looser magnifique », sensible mais quelque peu bravache, Fante influencera certainement la génération à venir, et sans aucun doute Charles Bukowski – un romancier haut en couleur, alcoolique assumé à l'humour débonnaire, né en 1920 en Allemagne et décédé en 1994 à San Pedro, après avoir écrit une œuvre indomptable (*Mémoires d'un vieux dégueulasse*, Pulp, Factotum…), et laissé un souvenir inaltérable à Bernard Pivot qui avait eu la témérité de l'inviter en 1978 sur le plateau d'Apostrophes…

Renaissance et Beat Generation

À l'autre bout de la Côte Ouest, San Francisco vit dès l'après-guerre une véritable « Renaissance » portée par des poètes. Bien que leurs noms ne nous soient pas forcément familiers (et que leurs travaux ne soient pas traduits, ou presque), Madeline Gleason, Kenneth Texroth et Jack Spicer sont au cœur de cette effervescence qui se concrétise par la fondation d'une Guilde, des publications, un festival, la création de la galerie d'art « 6 »… Pour autant, c'est véritablement une maison d'édition doublée d'une librairie qui va devenir mythique. City Lights Booksellers & Publishers est fondée en 1953 par Peter D. Martin et rapidement reprise par le poète Lawrence Ferlinghetti (dont il faut découvrir les carnets de route publiés sous le titre *La Vie Vagabonde,* éditions Points). Trois ans plus tard, celui-ci décide de publier *Howl*, poème d'Allen Ginsberg (1926-1997), ce qui leur vaut derechef un procès pour obscénités. Qu'importe : la Beat Generation était née. L'année suivante, en 1957, Jack Kerouac (1922-1969) réussit enfin à faire paraître à New York

© HARMONY GERBER - SHUTTERSTOCK.CCMDR

John Muir Memorial au Parc national de Yosemite.

Sur la route, texte semi-autobiographique qu'il n'avait cessé de reprendre à la demande des éditeurs qui craignaient des poursuites. En 1959, c'est à Paris que William S. Burroughts publie *Le Festin nu*. Trois hommes, trois livres fondateurs, et comme trait d'union une figure quasi mythique, celle de Neal Cassady (1926-1968), un fou de voitures (de drogues et de femmes) qui sans cesse ralliera les deux côtes américaines, de New York à San Francisco, emportant ses amis dans son sillage, sa liberté et sa folie douce. Il serait vain d'essayer de nommer la myriade d'auteurs associés de près ou de loin à la Beat Generation, mais indispensable de préciser que d'elle découlera (au grand dam de Kerouac) le mouvement hippie et sa révolution sexuelle. Cette nouvelle ère sera documentée par la journaliste Joan Didion, née à Sacramento en 1934 – dont certaines chroniques se retrouvent dans *L'Amérique* (Grasset) –, mais aussi par Eve Babitz (1943-2021), égérie de la contre-culture à lire en Points : *En tenue d'Ève*, *Sex & Rage*…

On lui donne le surnom de « dernier des Beat », Richard Brautigan fait en tous les cas le lien avec un autre lieu emblématique des années 50 et 60, mentionné dans le titre de son premier livre (*Un Général sudiste de Big Sur*, 1964), qui certes ne séduit pas, mais l'écrivain se rattrapera en 1967 avec *La Pêche à la truite en Amérique*. Big Sur est une portion de côte d'environ 140 km de long, située grosso modo entre San Francisco et Santa Maria. Ce territoire, plutôt sauvage, verra défiler de nombreux écrivains dont le New-Yorkais Henry Miller (1891-1980) qui avec sa trilogie *Sexus*, *Plexus*, *Nexus* saura lui aussi chambouler la bienséance, Hunter S. Thompson l'inventeur du gonzo-journalisme, ou Aldous Huxley qui dans *Les Portes de la perception* montrera un tout autre visage que dans sa célèbre dystopie *Le Meilleur des mondes*.

D'hier à aujourd'hui

Inclassable, il est néanmoins impossible de ne pas évoquer Philip K. Dick (1928-1982) puisqu'il passa la majeure partie de sa vie en Californie. Il y situa d'ailleurs deux romans qui sont un peu à part dans sa vaste production de textes de science-fiction – *Ubik*, *Le Maître du Haut Château*, etc. – à savoir *Confessions d'un barjo* et *Radio libre Albemuth* qui sont des portes d'entrée intéressantes pour qui veut tenter d'appréhender le personnage avant d'explorer ses univers.

Au fil des décennies, la Côte Ouest a continué de se montrer généreuse en donnant naissance à des écrivains qui tous gagnent à être connus. Ainsi, Don Carpenter (1931-1995) se lit avec plaisir aux éditions Cambourakis qui ont fait un beau travail de réédition (*Un dernier verre au bar sans nom*, *Sale temps pour les braves*, *La Promo 49*…) et donnent aussi à lire le grand succès de Jim Dodge : *L'Oiseau canadèche*. Dan Fante (fils de John, né en 1944 et décédé en 2015) se retrouve quant à lui chez Points (*Régime sec*, *La Tête hors de l'eau*, *Limousines blanches et blondes platine*). Dans un genre plus sombre, James Ellroy qui vit le jour en 1948 à Los Angeles, est un incontournable, pas seulement pour *Le Dahlia noir* qui raconte un meurtre sordide survenu en 1947 dans sa ville natale, mais aussi pour *L.A. Confidential*, *Ma part d'ombre*, sa trilogie *Underworld USA*… L'œuvre de Bret Easton Ellis est aussi immense (*Moins que zéro*, *Glamorama*, *Lunar Park*…). À noter que s'il fit le choix de quitter Los Angeles, son best-seller *American Psycho* fait écho au roman *Le Démon* de Hubert Selby Jr. (1928-2004) qui lui avait décidé de s'y installer. Pour conclure, il est à peine besoin d'évoquer les nombreux tomes des *Chroniques de San Francisco* d'Armistead Maupin tant elles restituent à merveille le sel de la vie californienne.

TOP 10

LECTURE

De San Francisco à Los Angeles, il faut avouer que la Californie bénéficie d'un décor romanesque particulièrement propice à l'écriture de fictions, le choix s'avère donc difficile quand il s'agit de sélectionner les livres à emmener dans sa valise ! Entre classiques, gourmandises et lectures tous publics, une petite sélection assurément non exhaustive.

BLACKING OUT : DE TÉNÈBRES ET DE FEU

© ÉDITIONS DELCOURT, 2022 - L.C. MOSHER III _ PETER KRAUSE

Un ex-flic alcoolique cherche la rédemption en enquêtant sur la mort d'une jeune fille, mais les indices se font rares…
Chip Moshler et Peter Krause,
éditions Delcourt.

BODY SNATCHERS : L'INVASION DES PROFANATEURS

© DR AURÉLIEN POLICE _ ÉDITIONS DU BÉLIAL'

Un classique paru en 1995 et déjà adapté quatre fois au cinéma, ou la lutte d'un homme contre des envahisseurs qui prennent l'apparence de ses proches.
Jack Finney,
éditions Le Bélial.

DES SOURIS ET DES HOMMES

© ÉDITIONS GALLIMARD

Le destin de George et Lennie a marqué durablement l'histoire de la littérature mondiale et se découvre désormais dans une nouvelle traduction.
John Steinbeck,
éditions Gallimard.

CHRONIQUES DE SAN FRANCISCO [VOLUME 1 : 3 TOMES]

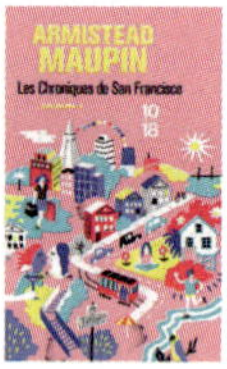

© ÉDITIONS 10-18

Une ville emblématique, des personnages qui ne le sont pas moins, telle est la recette d'une saga qui n'a pas pris une ride.
Armistead Maupin,
éditions de L'Olivier.

THE CHEF IN A TRUCK

© ÉDITIONS FLAMMARION

Entre le carnet de voyage, l'épopée gourmande et le beau livre, l'aventure du chef pâtissier du Ritz qui a sillonné la Californie en food truck.
François Perret,
éditions Flammarion.

LA NOUVELLE CUISINE CALIFORNIENNE

© ÉDITIONS HACHETTE PRATIQUE

Des produits sains pour 60 recettes qui ne le sont pas moins, de la galette veggie aux carottes et courgettes, à la tarte à l'avocat.
Cathleen Clarity,
éditions Hachette Pratique.

LE DAHLIA NOIR

Ce récit d'une enquête sur un meurtre sordide constitue le premier tome de la tétralogie Le Quatuor de Los Angeles, indispensable !
James Ellroy,
éditions Rivages.

CHASSEURS DE LIVRES

Emily emménage à San Francisco où officie son idole, Garrison Griswold, qui organise des chasses aux livres, mais la quête va rapidement se corser. Dès 12 ans.
Jennifer Chambliss Bertman,
éditions Pocket Jeunesse.

BLONDE

La vie plus ou moins romancée de Marylin Monroe, icône atemporelle qui s'est brûlée les ailes à Los Angeles, sa ville natale.
Joyce Carol Oates,
éditions Le Livre de poche.

DEMANDE À LA POUSSIÈRE

Entre loyers impayés et boulots minables, Arturo Bandini ne survit à Los Angeles que parce qu'il caresse un rêve : devenir écrivain.
John Fante,
éditions 10-18.

À L'ÉCRAN

Disney, Universal, Warner, et tant d'autres. On pourrait tenir des heures rien qu'en citant les productions et studios établis dans l'État, et plus particulièrement autour de Los Angeles et de son quartier iconique, Hollywood. Pour autant, la Californie n'a pas toujours été terre de cinéma, et l'histoire de son développement est au moins aussi passionnante que celle de son futur. En parcourant les rues de Burbank, Los Angeles ou San Francisco, vous serez tour à tour accompagnés par les classiques du cinéma américain, ou entourés par les façades de complexes mythiques. Tandis que sous vos pieds se dérouleront les tapis rouges et s'étaleront les étoiles à la gloire des stars d'hier et d'aujourd'hui. Prenez le temps de visiter les nombreux musées pour découvrir l'envers du décor, et immergez-vous dans l'atmosphère grisante des studios gigantesques. Il vous faudra faire des choix, mais vous reviendrez cinéphile comblé, à n'en pas douter.

Du petit bosquet à la gloire d'Hollywood

Comment parler de Californie sans parler du cœur battant du cinéma américain, Hollywood ? Pourtant, ce quartier de Los Angeles aujourd'hui si réputé n'était à l'origine qu'une petite ville entourée de vergers, qui doit son nom au bois de houx, porte-bonheur apprécié du fondateur de la bourgade. Ce n'est que dans les années 1910 que les studios new-yorkais, à la recherche de conditions météorologiques plus clémentes et après avoir délaissé le climat trop houleux de la Floride, vont s'installer dans la région. Parmi les premiers cinéastes à tourner sur place, rien de moins que D.W. Griffith, qui réalise en 1910 *In Old California*, considéré comme l'un des premiers films produits dans ce futur berceau du septième art. Une montée en puissance qui se fera très rapidement durant les années qui vont suivre, avec la naissance des grands studios comme Paramount (1912), Universal (1912), Warner Bros (1923), Metro Goldwyn Mayer (1923), 20th Century Fox (1935) et bien sûr Walt Disney (1923). Le succès grandissant du cinéma comme média de masse, et l'arrivée du son avec *Le chanteur de Jazz* (1927) vont faire exploser la production, portant à plusieurs centaines le nombre de films sortant chaque année des studios. C'est également à cette époque qu'apparaissent les premières « stars » d'Hollywood. Bette Davis, Clark Gable, Fred Astaire ou Joan Crawford, quelques-unes des figures mythiques portées à l'écran par des cinéastes comme Cecil B. Demille, George Cukor ou encore Michael Curtiz. Tandis que des figures comme Charlie Chaplin, Buster Keaton ou les Marx Brothers font rire et sourire le monde entier. Hollywood, la fabrique des rêves, est née.

La seconde moitié du vingtième siècle verra l'avènement de nouveaux studios et de nouveaux modes de production. Dans les années cinquante, pour faire face à l'influence grandissante de la télévision, les *majors* rivalisent de prouesses techniques dans des péplums grandioses comme *Les dix commandements* (1956) ou *Cléopâtre* (1963). D'autres misent sur de jeunes talents comme Marlon Brando, James Dean ou Marilyn Monroe, futures icônes planétaires. Mais toutes partent à la conquête du monde, diffusant les valeurs américaines et *l'American Way of Life* dans toute la sphère d'influence états-unienne de l'après-guerre. C'est également à cette époque que les *Academy Awards,* plus connus sous le nom des Oscars du cinéma, s'installent comme l'une des cérémonies les plus importantes du septième art. L'hégémonie des studios sera quelque peu ébranlée par les années 1960-1970, alors que la guerre du Vietnam et la libération des mœurs bousculent les codes. Le Nouvel Hollywood, porté par des cinéastes comme Dennis Hopper, Peter Fonda (*Easy Rider,* 1969) mais aussi Martin Scorsese, Steven Spielberg, Francis Ford Coppola ou un certain Georges Lucas, révolutionne les thématiques et les genres. C'est l'époque *d'Apocalypse Now* (1979), *Star Wars* (1977) mais aussi des *Dents de la mer* (1975) et de *Voyage au bout de l'enfer* (1978). Des films devenus cultes, au même titre que *Le Parrain* (1972) et bien d'autres.

Une diversité des productions qui est aussi le reflet des talents venus de tous horizons, captés par Hollywood qui se nourrit de cette pluralité des styles et des points de vue. Ainsi, Ernst Lubitsch intègre son humour dans *Ninotchka* (1939) avec la grande Greta Garbo, Alfred Hitchcock insuffle sa maîtrise très britannique du suspense dans ses films comme *Fenêtre sur cour* (1954) ou *Sueurs froides* (1958), tandis que Sergio Leone revisite le western en mettant Clint Eastwood en scène dans *Le bon, la brute et le truand* (1966).

Milos Forman viendra quant à lui de République Tchèque pour réaliser *Vol au-dessus d'un nid de coucou* (1975), tandis que d'autres s'essaient au blockbuster ou revisitent des classiques, à l'image de l'Australien Baz Luhrmann et de son *Romeo + Juliet* (1996), avec Claire Danes et Leonardo DiCaprio.

Ayant survécu à l'avènement de la télévision et des séries, le cinéma d'Hollywood amorce au début des années 1990 un tournant vers les effets spéciaux, alors que la numérisation de la société est en marche. Les productions des *majors* en jouent avec plus ou moins d'habileté. James Cameron, le cinéaste derrière deux des plus grands succès d'Hollywood de tous les temps, *Titanic* (1999) et *Avatar* (2009), est d'ailleurs devenu l'un des maîtres dans ce domaine. Une révolution qui s'opère également dans le cinéma d'animation, où l'on voit apparaître la 3D avec *Toy Story* (1995) ou *Shrek* (2001), faisant chanceler le géant Disney.

Aujourd'hui, Hollywood doit faire face à de nouveaux défis. La sous-représentation chronique des réalisatrices, ainsi que les failles du système en place jusqu'alors ont été mises sur le devant de la scène par les nombreux scandales en lien avec le #Metoo. De nombreuses voix s'élèvent désormais pour plus de transparence, de diversité et de respect dans cette industrie américaine mondialement médiatisée. Une nouvelle génération de cinéastes comme Chloé Zhao (*Nomadland*, 2020), Jordan Peele (*Get Out*, 2017) ou encore Ava DuVernay (*A Wrinkle in Time*, 2019) raconte de nouvelles histoires, adopte de nouveaux points de vue. Tandis que du côté des *majors*, la récente pandémie et la concurrence des nouveaux acteurs du streaming poussent à toujours plus de fusions, transformant à tout jamais le paysage de la *Dream factory*.

La Californie sur le petit écran

Si le cinéma reste le cœur de l'identité hollywoodienne, les studios n'ont pas non plus délaissé la télévision, ou plus récemment le streaming. Des séries cultes comme *Alerte à Malibu* (1989-2001), *Le Prince de Bel-Air* (1990-1996) ou *Beverly Hills* (1990-2000) ont bercé la jeunesse de millions de fans à travers le monde. *Buffy contre les vampires* (1997-2003) pose d'ailleurs son cadre dans la bourgade fictive de Sunnydale, une ville typique de Californie, le surnaturel en plus. Ces dernières années, des productions comme *Sense8* (2015-2018), *Lucifer* (2016-2021), *The OA* (2016-2019) ou *Euphoria* (2019-) portent la série à de nouveaux sommets et touchent de nouveaux publics, qu'elle soit diffusée sur les chaînes classiques ou via les plateformes comme Netflix, Amazon ou d'autres. À côté de ces productions, des *shows* américains tels *The Good Doctor* (2017-) mettent en scène la région sous de nombreux angles, tirant profit des paysages et des villes iconiques de l'État. Preuve qu'Hollywood peut se prêter tout autant au jeu du grand que du petit écran, et que la Californie reste un lieu de tournage et un concentré d'industrie cinématographique majeur dans le paysage mondial de l'*entertainment*.

San Francisco s'allume et s'effondre à l'écran

Parce que le cinéma ne s'arrête pas aux frontières de la Cité des Anges, San Francisco a également été le théâtre de nombreux films

Le quartier luxueux de Beverly Hills, a servi de décor à la série éponyme des années 90.

© MBPROJEKT_MACIEJ_BLEDOWSKI

Vue de l'ancienne prison d'Alcatraz.

classiques ou récents, et de séries télévisées diverses et variées. Le Golden Gate, pont emblématique, apparaît dans *Sueurs Froides,* le classique d'Hitchcock, mais aussi dans *Dangereusement vôtre* (1985), quatorzième épisode de la saga James Bond, dans *Œil pour Œil* (1981) avec Chuck Norris, dans *Star Trek* en 1986 et en 2009, ou encore dans de nombreux films d'animation comme *Soul* (2020), *Les Mitchell contre les Machines* (2021) et *Les Nouveaux héros* (2014), où la ville est devenue une cité hybride entre Orient et Occident du nom de San Fransokyo. L'ouvrage d'acier rouge est également la cible de prédilection des cinéastes cherchant à mettre à mal le rêve américain, le détruisant allègrement à coups de super-héros (*Superman*, 1978, *X-Men : l'affrontement final*, 2006), de monstres légendaires (*Godzilla*, 2014, *Pacific Rim*, 2013), voire même de pluies d'objets et de créatures diverses dans *Sharknado V*, 2017 ou dans *San Andreas*, 2015. Une œuvre qui s'intègre d'ailleurs dans les nombreuses fictions tournant autour des séismes, phénomène naturel intimement lié à la vie des californiens. Autre lieu iconique, l'île d'**Alcatraz** (p.144), elle, est la star de plusieurs longs-métrages, dont *Point Blank* (1967), *L'Évadé d'Alcatraz* (1979) avec Clint Eastwood, ou *The Rock* (1996) avec Sean Connery, Nicolas Cage et Ed Harris. Un film d'action haletant signé Michael Bay, l'un des maîtres de l'art du blockbuster hollywoodien moderne.

En vous promenant dans les rues de la ville, vous pourrez également revivre des films tels que *Madame Doubtfire* (1993), avec Robin Williams, ou le tout récent *Matrix Resurrections* (2021), avant de vous replonger dans la série *La Fête à la maison* (1987-1995), qui révéla les sœurs Mary-Kate et Ashley Olsen. Enfin, ne passez pas à côté de *La Tour infernale* (1974), un classique du cinéma catastrophe mettant en scène les pompiers de San Francisco et le duo Steve McQueen - Paul Newman, une belle rencontre entre les paysages de la baie et les prouesses techniques d'Hollywood.

Vivre de cinéma en Californie

Du **Dolby Theatre** (p.343) de Los Angeles, cinéma officiel des Oscars depuis 2002, aux projections en plein air du **Dolores Park** (p.152) de San Francisco, vous n'aurez pas assez d'yeux pour tous les écrans à votre disposition en Californie. Lieu mythique, le Grauman's Chinese Theatre propose une expérience cinématographique sans comparaison, avec l'un des plus grands écrans IMAX du pays (29 mètres de large). Ce cinéma est également connu pour ses pavés où les stars du monde entier ont laissé leur trace, et ce depuis 1927. Prenez le temps d'une visite pour en découvrir tous les secrets, enchaînez avec la **Hollywood Walk of Fame** (p.345) du majestueux Hollywood Boulevard, avant de vous diriger vers les nombreux musées consacrés au septième art disséminés entre Los Angeles, Hollywood, San Francisco et les autres villes de la région. Enfin, vous ne pouvez pas passer à côté d'une visite aux studios des *majors*. Universal Studios, Paramount Studios ou encore de la Warner Bros qui vous feront replonger dans les films et séries de votre enfance et dans les classiques du cinéma. Une étape essentielle de toute visite cinéphile de la Californie, qui plus est accessible à tous, amateurs de cinéma ou non.

POPULATION

Retrouvés sur une île au large de Santa Barbara, les ossements les plus vieux de l'Amérique du Nord se trouvent en Californie, preuve d'un peuplement très ancien, à l'origine constitué par les descendants des chasseurs sibériens venus en Alaska il y a plus de 20 000 ans. Quelques milliers d'années plus tard, l'histoire du Golden State sera marquée par plusieurs grosses poussées démographiques survenues à partir de la ruée vers l'or entamée en 1848. Latinos, Asiatiques… En plus de sa grande richesse culturelle, l'État s'illustre aujourd'hui pour abriter la population la plus importante du pays – 39,2 millions de personnes sur 331,9 millions. À majorité hispaniques – 39 % – ses habitants sont relativement jeunes, leur âge médian étant situé à 37,3 ans. Néanmoins, si l'on estime que le nombre de Californiens devrait atteindre les 45 millions en 2050, la croissance démographique est en baisse depuis le début des années 2000.

La Californie, l'État le plus peuplé du pays

Avec quelque 39,2 millions de personnes réparties par 92,45 au km², la Californie est l'État le plus peuplé du pays, qui compte lui-même 331,9 millions d'habitants. Si l'on devait établir un top 3, elle serait loin devant les deuxième et troisième territoires du classement, soit le Texas et ses 29 millions de résidents, puis la Floride et ses 22 millions d'occupants. Cette concentration s'explique par plusieurs grosses poussées démographiques, entraînées par des motivations économiques.

D'abord, au cours de la ruée vers l'or entamée en 1848, qui a fait exploser la population de San Francisco : en 1900, 2 millions de personnes vivaient dans le Golden State. Puis, l'implantation des studios de cinéma à Los Angeles, symboles du rêve américain, les années d'après-guerre et le développement industriel rapide de la région ont mené le nombre d'habitants à 10 millions en 1950. Enfin, avec la montée en puissance de la Silicon Valley et de ses innovations technologiques, la seconde moitié du XXe siècle a vu la population tripler, avec 37 millions de résidents en 2000. Le taux de croissance de la Californie était alors bien plus haut que celui des autres États. Aujourd'hui, les démographes estiment que le nombre d'habitants du Golden State devrait atteindre les 45 millions en 2050.

Une croissance démographique en baisse

Néanmoins, ces chiffres sont à nuancer : la croissance démographique de la Californie subit un ralentissement drastique ces deux dernières décennies. Depuis 2000, ses taux sont les plus faibles jamais enregistrés. Sur la période 2010-2020, la population de l'État a connu une hausse de 5,8 % – soit 2,4 millions – contre 6,8 % dans le reste du pays… Conduisant à la perte d'un siège à la Chambre des représentants – « *US House of Representatives* » – pour la première fois de l'histoire du Golden State.

En cause notamment : une chute des naissances, le taux de fertilité étant passé de 2,2 en 2007 à 1,5 en 2021, donnant lieu aux scores les plus faibles de ces dernières années – et reflétant ainsi la situation à l'échelle nationale. Autre explication : le niveau d'immigration internationale, dont la croissance est au plus bas depuis au moins 40 ans. En effet, au cours de la dernière décennie, le nombre d'étrangers s'installant en Californie a augmenté de seulement 600 000 – soit 6 % – contre 1,3 millions – 15 % – sur la période 2000-2010. Une hausse qui était estimée à 2,4 millions – 37 % – dans les années 1990. En parallèle, le nombre de résidents quittant le Golden State pour d'autre États atteint son apogée depuis la fin du XXe siècle.

Cette tendance à la baisse désormais caractéristique de la croissance démographique de la Californie se confirme depuis le début de la pandémie de coronavirus : du 1er janvier 2020 au 1er juillet 2021, sa population a vu ses effectifs diminuer de 300 000. En plus des motifs précédemment évoqués figure l'augmentation de décès liés au Covid-19, chiffrés à 84 000.

Une population jeune et très diversifiée

Par ailleurs, bien que l'État ne fasse pas exception quant au vieillissement de ses *baby boomers*, sa population est la huitième plus jeune du pays. Plus globalement, l'âge médian est de 37,3 ans dans le Golden State – contre 38,7 sur le reste du territoire national – tandis qu'environ un habitant sur cinq aura 65 ans ou plus en 2030.

Terre multiculturelle, la Californie est constituée à 39 % de Latinos, à 35 % de blancs, à 15 %

d'Asio-Américains ou de personnes issues des îles du Pacifique – les « *Pacific Islanders* » – à 5 % d'Afro-Américains, à 4 % de résidents métis et à moins d'1 % d'Amérindiens et d'autochtones d'Alaska. Selon le « American Community Survey » de 2019, 27 % de la population de l'État est née à l'étranger – le taux le plus élevé du pays – contre 12 % en moyenne sur le reste du territoire. En d'autres termes, le Golden State compte 11 millions d'immigrants, soit un quart de ceux répartis dans toute la nation. Plus précisément, les habitants californiens nés à l'étranger constituent au moins un tiers de la population dans cinq comtés : Santa Clara – 39 % – San Mateo – 35 % – Los Angeles – 34 % – San Francisco – 34 % – et Alameda – 33 %. Aussi, la moitié des enfants de l'État ont au moins un parent immigrant. Par ailleurs, 54 % des Californiens nés à l'étranger ont été naturalisés, soit la part la plus importante en plus de 40 ans.

Autre détail d'importance : la moitié des immigrants installés dans le Golden State sont nés en Amérique latine, alors qu'ils sont 39 % à venir d'Asie. En conséquence, les pays les plus représentés dans l'État sont le Mexique – 3,9 millions de personnes – les Philippines – 859 000 – la Chine – 796 000 – le Vietnam – 539 000 – et l'Inde – 513 000. Une tendance qui pourrait évoluer, plus de la moitié – 53 % – des immigrants arrivés entre 2010 et 2019 étant nés en Asie, contre 31 % en Amérique latine. Cette diversité est synonyme d'une richesse linguistique : la plupart d'entre eux parlent une autre langue que l'anglais lorsqu'ils se trouvent en famille, essentiellement de l'espagnol et du chinois – mandarin et cantonais inclus. Ce qui n'empêche pas que 70 % des immigrants de Californie parlent anglais couramment, seulement 10 % ne le pratiquant pas du tout.

Zoom sur le Nevada, l'Utah et l'Arizona

La démographie du Nevada, de l'Utah et de l'Arizona est assez difficilement comparable à celle du Golden State, à commencer par le nombre d'habitants. Ces États en comptent respectivement 3,1 millions, 3,3 millions et 7,3 millions – contre 3,8 millions pour Los Angeles uniquement, par exemple – répartis par groupes de 10,82, 15 et 24,72 au km^2. L'Arizona se démarque par sa population vieillissante, avec 18 % de personnes de 65 ans et plus, tandis que l'Utah compte la population la plus jeune du pays. C'est également sur ce dernier territoire que l'on trouve les habitants les plus blancs du Grand Ouest : 77,8% des résidents sont concernés. Vient ensuite l'Arizona avec 54,1 %, puis le Nevada avec 48,2 %. Les Latinos sont assez représentés dans la région, estimés à 31,7 % en Arizona, 29,2 % au Nevada et 14,4 % en Utah.

LES AMÉRINDIENS
DES PREMIERS PEUPLEMENTS AUX TRIBUS DE L'OUEST

Des chasseurs sibériens venus en Alaska

Il y a plus de 20 000 ans, l'Amérique du Nord et l'Asie étaient reliées par un pont terrestre : la Béringie, où se trouve désormais le détroit de Béring. C'est ce qui a permis à des chasseurs nomades sibériens de migrer : au fil des siècles, ils se sont répartis sur le territoire de l'actuel Alaska et s'y sont adaptés. Plusieurs ethnies distinctes par leur physique, leur langue et leur mode de vie en sont descendues, puis se sont installées sur l'ensemble du continent, y compris les États-Unis.

En résulte un pays au peuplement très ancien, le Grand Ouest en tête. Car c'est en Californie, à Santa Rosa Island – au large de Santa Barbara – qu'ont été retrouvés les ossements les plus vieux de l'Amérique du Nord, ceux de « Arlington Springs Man », datant de quelque 13 000 années. Plus récemment, lorsque l'explorateur génois Christophe Colomb a *« découvert »* le Nouveau Monde en 1492, la population de l'Amérique du Nord était estimée à 2,3 millions de personnes, dont 13 % – 300 000 – en Californie. Il aurait même existé près de 200 langues amérindiennes aux États-Unis avant la colonisation, dont plus de la moitié sur la côte californienne, terre d'environ 135 dialectes.

Au total, celui que l'on appelle désormais « Golden State » aurait compté plus de 100 tribus officiellement reconnues, dont les Karoks, les Maidu, les Mojave, les Yokuts, les Pomos et les Modocs. Le Grand Ouest est également caractérisé par le Grand Bassin, étendu entre les Rocky Mountains et la Sierra Nevada, où habitaient les Shoshones, les Bannocks, les Mono, les Utes, les Gosiutes et les Païutes – entre autres.

Un régime alimentaire sain

Marquée par les chaînes de montagnes et les déserts, la topographie de la région a rendu les grandes distances difficiles à parcourir pour les Amérindiens de l'Ouest : c'est pourquoi ils étaient isolés les uns des autres. À l'inverse des tribus et nations plus importantes de l'Est, la plupart vivaient au sein de grands groupes familiaux ou de clans régis par une petite structure politique. Dans les zones à faible densité, il s'agissait de *« tribelets »*. Si leurs membres, d'une centaine à un millier, partageaient le même tronc culturel, ils chassaient et cueillaient en petit comité, de 10 à 12 personnes.

Tout comme la géographie, le climat a joué un rôle décisif dans les habitudes amérindiennes, cette fois en termes d'alimentation : en raison du manque de pluie caractéristique de la Californie et du Grand Bassin, l'agriculture ne constituait pas une option viable. Ainsi, comparé à d'autres groupes qui en dépendaient, établis dans les Plaines ou le Nord-Est, les autochtones de l'Ouest avaient un régime sain, riche en protéines et en nutriments. Pêcheurs, chasseurs et cueilleurs, ils se nourrissaient tous de glands, piliers du régime californien de l'époque. Puis, le long de la côte, les populations chassaient des petits mammifères, des serpents et des lézards, tandis que les habitants du Grand Bassin et de la côte ouest pouvaient se contenter de la pêche, le saumon étant particulièrement abondant dans les rivières Columbia et Colorado. En conséquence, ils ont été les premiers à créer des canoës. Objectif : assurer des réserves plus importantes en poisson, en cas de glissements de terrain ou de séismes, éléments naturels qui perturbaient occasionnellement les cycles du saumon.

Des échanges commerciaux développés

En plus de cette innovation, l'abondance de l'espèce a permis aux terres attenantes à la rivière Columbia de devenir un point central des routes commerciales qui s'étendaient jusqu'aux Plaines et au Pacifique. De la même manière, les glands étaient souvent utilisés comme monnaie.

Traditionnellement, les hommes chassaient et pêchaient, tandis que les femmes s'occupaient des récoltes et préparaient les poissons et la viande, pour les manger comme pour les échanger avec d'autres tribus. Par ailleurs, la concentration des ressources donnait lieu à des structures de classes rigides dans l'Ouest. Prenons le cas des Chinook, installés le long de la rivière Columbia : forts de leur position stratégique leur assurant une chasse et une pêche fructueuses, ils avaient recours à l'esclavage pour les tâches laborieuses.

Enfin, toutes les activités revêtaient une signification spirituelle : des groupes priaient pour se porter chance avant de partir à la chasse, tandis que d'autres développaient des rituels plus élaborés. Par exemple, dans le Grand Bassin, les Sahaptins rejetaient des arêtes de saumon dans la rivière Columbia afin que les ressources en poisson se renouvellent pour la saison suivante.

Terre du Summer of Love et de la contre-culture des années 1960, la Californie a su faire tomber un certain nombre de tabous dans un pays à la réputation puritaine. En plus de s'être imposée comme le berceau et le refuge de la communauté LGBTQI+ dès le début des années 1970, le Golden State s'illustre aujourd'hui pour sa prise de position sur l'IVG. Alors que plus de la moitié des États sont susceptibles d'interdire ou de limiter le droit à l'avortement, il est en passe d'accueillir toutes les femmes qui en auraient besoin. Une ambition permise par un ensemble de 13 lois et un financement de 125 millions de dollars. Par ailleurs, le vent libéral qui souffle en Californie se ressent jusque dans ses rues : difficile de manquer ses nombreux *dispensaries*, ces magasins qui vendent du cannabis sous toutes ses formes. Car, sans surprise, l'État est le premier de l'Ouest à l'avoir légalisé à des fins récréatives, dès fin 2016.

Une terre profondément LGBTQI+

Les habitudes ont la dent dure : fief de la contre-culture et des mouvements de remise en question du mode de vie américain des années 1960, la Californie continue à se développer en marge des États-Unis. Aujourd'hui, cela se traduit par sa volonté de devenir un sanctuaire de l'IVG. En juin 2022, alors que 26 États sont susceptibles d'interdire ou de limiter le droit à l'avortement, elle se prépare à accueillir des femmes de tout le pays, avec un ensemble de 13 lois visant à faciliter l'accès à l'IVG et à en diminuer les coûts. Une mesure pour laquelle le gouverneur Gavin Newsom a promis un budget de 125 millions de dollars.

Par ailleurs considéré comme l'un des territoires les plus libéraux, le Golden State est particulièrement *gay-friendly* ; en témoignent les très fréquentés quartiers de West Hollywood, à Los Angeles, et du Castro, à San Francisco. C'est à San Francisco, véritable berceau des droits LGBTQI+ du pays, que la communauté possède ses racines. Tout commence dans la nuit du 28 juin 1969, à New York, quand une énième descente de police dans un bar gay pousse les clients à se révolter. Un an plus tard, la ville organise la première Marche des Fiertés avec Los Angeles et San Francisco. Forte de la libération sexuelle héritée du Summer of Love, qui s'y est déroulé en 1967, cette dernière s'impose comme un petit havre de paix. Peu à peu, une communauté venue de tous les États-Unis se forme autour du militant Harvey Milk, arrivé dans la ville en 1972.

Premier élu ouvertement gay de Californie – 1978 – il parraine un projet de loi essentiel, interdisant la discrimination dans l'attribution de l'emploi et des logements publics selon l'orientation sexuelle. Il sera assassiné l'année suivante. Un premier coup dur pour la communauté, qui souffrira d'un gros retour en arrière en 2008 : « *l'annulation* » de la légalisation du mariage pour tous, dont le droit avait été obtenu cinq mois et demi auparavant. Il faudra ensuite attendre 2013 pour que les couples homosexuels puissent officiellement s'unir. Depuis, les lois défendant les droits de la communauté LGBTQI+ se multiplient : un an plus tard, un texte imposant le respect de l'identité des élèves transgenres dans les écoles californiennes est entré en vigueur. Ils peuvent désormais utiliser les toilettes ou les vestiaires de leur choix et participer à des activités non-mixtes, par exemple. Autre progrès : la possibilité pour les personnes transgenres de changer leur genre sur les documents officiels, même si elles n'ont pas eu recours à des interventions chirurgicales.

Une légalisation quasi totale du cannabis

Le Golden State fait également partie des États les plus en avance quant à la légalisation du cannabis à usage récréatif. Une décision qui commence à mûrir en 2015, alors que le marché du cannabis vendu à des fins thérapeutiques atteint quelques milliards de dollars à l'échelle nationale. Considérables, les recettes intéressent plusieurs territoires du pays, poussant certains politiques à envisager la dépénalisation totale du cannabis. Ainsi, en marge de l'élection présidentielle de novembre 2016, de nombreux électeurs sont appelés à se prononcer sur des référendums portant sur le sujet.

C'est officiel : la Californie est le premier territoire de l'Ouest à sauter le pas. Elle sera suivie de près par le Nevada, la même année, puis par l'Arizona, en novembre 2020. Désormais, difficile de manquer les nombreux *dispensaries* installés çà et là dans les rues, semblables à de véritables épiceries fines, avec un choix de produits qui dépasse l'entendement. En revanche, puisque l'Utah est à majorité mormone – un culte qui proscrit les drogues – il accepte uniquement l'usage du cannabis pour des raisons médicales, et ce depuis novembre 2018.

Gay pride de San Francisco.

Le pays de la liberté d'expression

Le caractère progressif de l'Ouest américain est tel que ce dernier est fréquemment perçu comme le laboratoire d'idées du monde occidental. Par exemple, c'est une actrice de Hollywood – Alyssa Milano – qui a lancé le mouvement #MeToo sur Twitter le 15 octobre 2017, en réponse aux accusations de viols, d'abus de pouvoir et de harcèlement sexuel à l'encontre du producteur Harvey Weinstein. Une liberté d'expression caractéristique du pays, celui du ***wokisme*** – un terme qui désigne le fait d'être conscient, « *awake* », des injustices subies par les minorités ethniques, sexuelles et religieuses – et des « *social justice warriors* », cette appellation péjorative utilisée pour qualifier les défenseurs d'avancées sociétales souvent perçues comme extrêmes ou, du moins, trop bien-pensantes.

Cette tendance à communiquer ses opinons se manifeste également dans la « *vraie vie* ». Si les parodies de l'Américain moyen – telles que les séries télévisées *Les Simpsons* et *American Dad!* – le représentent devant la façade de sa maison, un grand drapeau aux couleurs du pays à ses côtés, il faut dire que la réalité n'est pas si éloignée. Ici, on est fier d'être États-Unien et, surtout, on ne se prive pas de le montrer : il en est de même pour les convictions personnelles. Ainsi, il est fréquent de passer devant des portails flanqués d'autocollants arc-en-ciel en soutien à la communauté LGBTQIA+, de l'inscription « *Black Lives Matter* » ou encore d'une photo de Donald Trump – même après que Joe Biden l'a remplacé à la tête du pays. De la même manière, faire l'étalage de sa richesse n'est pas mal vu ; au contraire. Là où un Français dira : « *Je gagne bien ma vie* », un Américain revendiquerait : « *Je gagne 10 000 dollars par mois* ».

Par ailleurs, le tabac est loin d'être aussi plébiscité que dans l'Hexagone. Si ce dernier compte 24 % de fumeurs, les États-Unis n'en recensent que 12,5 % – un chiffre en baisse depuis 2005, lorsqu'il atteignait 20,9 %. Berceau mondial de la théologie du mormonisme – au sein de laquelle l'usage du tabac est proscrit – l'Utah abrite le moins de fumeurs à l'échelle nationale, soit 9 %. Pour leur part, la Californie, l'Arizona et le Nevada en contiennent respectivement 11,2 %, 14 % et 15,7 %. Un fait qui pourrait surprendre venant du territoire où sont installées certaines des plus grandes compagnies de tabac du monde. Néanmoins, les interdictions pleuvent : à celle de fumer dans la plupart des restaurants, des bars et des casinos s'ajoutent celles de certaines villes, qui proscrivent également la cigarette dans les parcs, sur les plages ou aux arrêts de bus.

Enfin, contrairement à la France, l'accessibilité des personnes handicapées est une notion totalement intégrée à la société de l'Ouest américain : même les parcs nationaux et étatiques sont dotés de chemins pensés pour les fauteuils roulants – sans pour autant dénaturer les lieux. Un véritable exemple en la matière.

RELIGIONS

Berceau des Eglises évangéliques, les États-Unis s'illustrent pour les positions on ne peut plus conservatrices de ses fidèles de droite, notamment au sujet de l'IVG et du mariage pour tous, donnant lieu à des mesures de plus en plus restrictives. Plus largement, si l'Ouest américain est moins croyant que le reste du pays et sa moyenne de 70,6 % de chrétiens, il reste relativement pratiquant : l'Arizona en compte 67 %, contre 66 % pour le Nevada et 63 % pour la Californie. De son côté, l'Utah se démarque par sa population mormone, qui représente 55 % de ses habitants. En cause : la migration de 16 000 adeptes de l'Église de Jésus-Christ des Saints des Derniers Jours dans les années 1850, persécutés dans leur Illinois natal. Avec leur leader Brigham Young, ils ont fondé la ville de Salt Lake City, capitale mondiale de la théologie du mormonisme. Aujourd'hui encore, c'est ici que se trouvent toutes les institutions du culte.

Un pays essentiellement évangélique

Les États-Unis sont indéniablement croyants : 70,6 % de la population est chrétienne, tandis que 22,8 % des habitants ne se revendiquent d'aucune religion. Le territoire est réputé pour être le fief du protestantisme évangélique, dont plus d'un tiers des chrétiens se réclament – 36 % – à l'échelle nationale. Comme l'expliquait Lauric Henneton, spécialiste des religions aux États-Unis et maître de conférences à l'université de Versailles aux *Échos* en juin 2020, *« les évangéliques sont des protestants qui disent avoir fait l'objet d'une conversion, c'est-à-dire d'une expérience très forte de renaissance religieuse »*. En résulte *« un changement profond de personnalité, qui s'accompagne d'une démarche prosélyte pour convertir d'autres personnes »*.

Surtout, l'essentiel des évangéliques s'illustrent pour leurs positions on ne peut plus conservatrices sur l'IVG et le mariage pour toutes et tous… À l'inverse, un quart d'entre eux sont démocrates et s'inquiètent de la *« radicalisation »* croissante de certains fidèles. Ayant un fort impact sur la politique américaine, ces derniers militent pour des restrictions de plus en plus importantes sur le droit à l'avortement, qui gagnent peu à peu l'Ouest du pays, l'Arizona en tête. Avec 67 % de chrétiens, dont 38,8 % d'évangéliques, il s'agit de l'État le plus pratiquant de la zone. Viennent ensuite le Nevada, avec 66 % de chrétiens – dont 30,3 % d'évangéliques – puis la Californie, avec 63 % de chrétiens – dont 31,7 % d'évangéliques.

L'Utah, un territoire à part

Pour sa part, l'Utah est extrêmement pratiquant, avec 73 % de chrétiens, et se démarque avant tout pour la faible quantité d'évangéliques qu'il abrite : seulement 7 %, contre 55 % de mormons. Le territoire est le berceau de la théologie du mormonisme et Salt Lake City en est la capitale internationale : c'est ici que se trouvent toutes les institutions du culte. Au total, l'Église de Jésus-Christ des Saints des Derniers Jours – « The Church of Jesus Christ of Latter-day Saints » – compte 16 millions d'adeptes, répartis dans le monde entier.

L'histoire de cette communauté débute avec Joseph Smith Jr. au XIXe siècle. Né dans le Vermont – dans le Nord-Est des États-Unis – il aurait eu une vision envoyée par Dieu et Jésus lorsqu'il avait 14 ans, lui demandant de ne rejoindre aucune église chrétienne. Trois ans plus tard, un ange du nom de Moroni lui serait apparu, lui annonçant qu'il avait été élu pour traduire le *Livre de Mormon* – *« The Book of Mormon »* – un texte sacré écrit vers le IVe siècle, nommé d'après le père de Moroni et rédigé sur des plaques en or situées dans l'État de New York, près de l'endroit où habitait l'adolescent à l'époque. L'ouvrage est traduit et publié en 1830 : la religion est officiellement fondée.

© EVERETT COLLECTION - SHUTTERSTOCK.COM

L'ange Moroni et le livre de Mormon.

© JVE001 - SHUTTERSTOCK.COM

Le temple mormon de Salt Lake City.

Très vite, Joseph Smith Jr. constitue des communautés mormones dans le Missouri, en Ohio et dans l'Illinois. Après sa mort en 1844, de nombreux fidèles commencent à suivre Brigham Young, qui s'impose rapidement comme son successeur. Ainsi, il se retrouve à la tête d'un grand groupe de mormons installés dans l'Illinois. Persécutés, ils sont en quête d'un lieu où exprimer leur liberté religieuse : en 1847, Brigham Young les guide jusqu'à la vallée de Salt Lake, accompagné par d'autres pionniers. Pendant les années 1850, près de 16 000 croyants quittent l'Illinois pour l'Utah. En plus de fonder Salt Lake City, le leader devient le premier gouverneur de l'État, puis est nommé Président de l'Église, officialisant ainsi sa position de prophète. Aujourd'hui encore, les historiens estiment que Brigham Young a considérablement influencé le paysage politique et religieux de l'Ouest américain.

La théologie mormone à la loupe

Croyances. Les mormons croient en la crucifixion, la résurrection et la divinité de Jésus. Selon eux, Dieu a envoyé sur Terre d'autres prophètes que le Christ après la mort de ce dernier. Bien qu'ils se considèrent chrétiens, ils ne croient pas à la Trinité, mais au Père, au Fils et au Saint-Esprit en tant que trois dieux distincts.

Mode de vie. Les fidèles s'imposent un quotidien strict : ils jeûnent une fois par mois, ne boivent pas d'alcool – ni de café ou de thé – et ne consomment pas de tabac ni de drogue. Par ailleurs, la vie familiale, les « *bonnes actions* », le respect de l'autorité et le travail missionnaire constituent des valeurs importantes, tandis que les relations sexuelles avant le mariage sont proscrites. Autre spécificité : le port de sous-vêtements particuliers, appelés « *temple garment* ». Enfin, les mormons doivent aller à la messe et au catéchisme au moins une fois par semaine et reverser 10 % de leur salaire à l'Église chaque année.

Généalogie. Les fidèles se sont fixés pour mission de retracer l'arbre généalogique de l'humanité car ils considèrent que les liens familiaux sont éternels. Leurs travaux dans ce domaine sont remarquables : ils ont inventé la norme GEDCOM, utilisée dans le monde entier.

Prosélytisme. Dès 18 ans, tous les adolescents doivent partir en mission pour prêcher la bonne parole à leurs frais, pendant deux ans, dans leur pays ou à l'étranger. Cette mesure ne concerne pas les jeunes femmes ; néanmoins, elles peuvent faire leur service dès 19 ans, durant un an et demi.

Célébrités. Petit à petit, la théologie du mormonisme se fait une place au sein de la culture américaine. Ainsi, le candidat républicain à la présidence des États-Unis Mitt Romney ne s'est pas caché de ses croyances lors de l'élection de 2012. Parmi les personnalités célèbres de la communauté, on peut également citer l'actrice Katherine Heigl, de la série *Grey's Anatomy*, et la romancière Stephenie Meyer, auteure de la saga *Twilight*.

QUE RAPPORTER ?

Des marques américaines dégriffées aux maillots de sport estampillés des numéros de joueurs de baseball et de basket en passant par la tenue « *cow-boy* », l'Ouest américain présente un choix intéressant de vêtements à rapporter de voyage. Boîtes de conserve, plaques d'immatriculation, jouets en plastique des années 1980… On y trouve également des objets plus insolites les uns que les autres, vendus dans les *antique stores*, des curiosités qui méritent absolument le détour. Autre spécificité états-unienne : l'abondance des boutiques de souvenirs, qu'elles soient installées dans les parcs nationaux comme dans ceux d'attractions. En résulte une quantité impressionnante de produits dérivés en tout genre. Par ailleurs, certains États s'illustrent par leur savoir-faire : la Californie pour son vin cultivé dans le Wine Country, l'Arizona pour son artisanat amérindien et le Nevada pour ses mines de turquoise.

Mode

Des vêtements dégriffés. Jeans Levi's, polos Abercrombie & Fitch, sous-vêtements Tommy Hilfiger, baskets Converse… Ici, les *outlets* sont monnaie courante et offrent des prix imbattables tout au long de l'année, sur une vaste sélection de marques américaines.

Des *sweatshirts* siglés. Un voyage aux États-Unis est l'occasion de revenir avec un pull estampillé du nom d'une grande université, telle que UCLA – University of California, Los Angeles - Standford, Berkeley... Généralement, on en trouve dans les boutiques installées sur le campus des établissements.

Des chapeaux et des bottes en cuir. Que ce soit lors d'un rodéo ou au détour d'une ville immergée dans la culture cow-boy, comme Virginia City, au Nevada, les possibilités d'acheter des pièces « *Western* » ne manquent pas, Ouest américain oblige. Temple du typique Stetson, il regorge également de belles boucles de ceinture, vendues dans des boutiques plus ou moins authentiques, à l'instar de celles d'Old Town, à San Diego.

Des maillots de sport. Des Giants aux 49ers de San Francisco en passant par les Lakers de Los Angeles et les Ducks d'Anaheim, les équipes de baseball, de football américain, de basket et de hockey font partie des points forts de la Californie : acheter le maillot de son joueur favori – pourquoi pas LeBron James – s'impose !

Des bijoux en turquoise. L'Arizona et le Nevada s'illustrent par l'abondance de leurs mines. Si certaines été contraintes de fermer, à l'instar de Sleeping Beauty – jadis la plus grande du pays et l'une des plus importantes au monde – les exploitations dont elles ont fait l'objet sont encore visibles sur nombre de pendentifs, boucles d'oreilles et bracelets exposés dans les boutiques du Sud-Ouest des États-Unis. Communément associés aux Amérindiens, les bijoux en turquoise existent depuis les années 1880, au moment où un vendeur européen a persuadé un artisan navajo d'en confectionner un à partir une pièce d'argent. Auparavant, les shamans utilisaient la turquoise lors de cérémonies, pour communier avec l'esprit du ciel.

Décoration et objets du quotidien

Des « *antiquités* ». À la manière de vaisseaux à remonter le temps, des boutiques appelées « *antique stores* » sont spécialisées dans la vente d'objets anciens… ou pas si anciens. Car il ne s'agit pas d'articles datant de plusieurs siècles, mais d'objets du quotidien, symboliques de l'Amérique du XXe siècle. Figurines *Star Wars* ou d'animaux, chapelets, bibles, images pieuses, boîtes de conserve, bombes de neige artificielle, plaques d'immatriculation, machines à écrire, bouteilles de Coca-Cola, jouets en plastique, cartes de baseball, enseignes de la Route 66… Il s'agit de joyeux bric-à-brac où les articles kitsch à souhait côtoient les perles rares, offrant une sorte de musée des États-Unis profonds, dont les films de notre enfance nous ont donné un bref aperçu. Ainsi, à Orange, en Californie, le quartier d'Old Towne mérite assurément le détour pour sa quantité d'*antique stores*.

De l'artisanat amérindien. Des objets en bois finement sculptés au linge de maison aux motifs ethniques en passant par la poterie, les peuples autochtones des États-Unis créent des produits d'excellente qualité. On en trouve essentiellement en Arizona, aux abords des réserves navajos, hopis et apaches – entre autres – dans les boutiques des stations essence, par exemple. Citons également des enseignes historiques, telles que Cameron Trading Post, près du Grand Canyon, et Cocopah, à Sedona.

© BILL PERRY - SHUTTERSTOCK.COM

Bracelets navajo.

Bien qu'il n'y ait pas de label pour certifier l'authenticité des articles, il suffit de regarder leur étiquette pour s'assurer de leur provenance. S'ils en sont exempts, renseignez-vous auprès des vendeurs. Par ailleurs, le savoir-faire a un coût : si le prix des produits vous semble très faible, c'est qu'ils ne sont probablement pas authentiques.

▸ **Des affiches de cinéma.** *Some Like It Hot*, *Pulp Fiction*, *Jaws*, *Back to the Future*, *Raiders of the Lost Ark*, *The Last Jedi*… Berceau de Hollywood et du 7ème art, la Californie regorge de commerces dont les murs sont recouverts d'affiches de film, des classiques *« vintage »* aux œuvres plus récentes. Certains sont tenus par des véritables férus de cinéma, ravis d'échanger avec d'autres passionnés.

▸ **Des produits dérivés.** Qu'il s'agisse des parcs nationaux tels que le Grand Canyon (Arizona) et les Arches (Utah), ou de ceux d'attractions comme Disneyland Resort à Anaheim, et Universal Studios Hollywood, dans la banlieue de Los Angeles, les boutiques de souvenirs états-uniennes sont particulièrement fournies. Beaux livres de photographie, tasses, cartes, paires de chaussettes, t-shirts et casquettes jonchent les étagères des premières. Dans les secondes, on trouvera quantité de produits dérivés du thème des lieux, allant des sweats et figurines aux objets propres à leur univers, à l'instar des sabres lasers de *Star Wars* et des baguettes magiques de *Harry Potter*. Le hic : les prix, parfois exorbitants.

▸ **Des souvenirs de Las Vegas.** Temple du jeu aux allures de parc à thème, la ville est également dotée d'un grand nombre de boutiques de souvenirs. L'occasion d'acheter des sets de poker, des dés, des jetons, des verres à shot, des magnets, des porte-clés, ou encore des casquettes et t-shirts clinquants.

Produits gourmands

▸ **Du vin.** Bien que celui de la France contribue à sa richesse culturelle et à sa renommée mondiale, il serait dommage de se priver d'acheter l'une des bonnes bouteilles de vin californien que l'on peut trouver dans l'évocateur Wine Country, au nord de San Francisco, ou dans les vallées de la côte centrale, au nord de Santa Barbara. Une bouteille de *zinfandel*, le cépage vedette de la région, fera sensation à votre retour. Cependant, les prix sont généralement plus élevés qu'en Europe.

▸ **Du cannabis.** Son usage ayant été légalisé à des fins récréatives en Californie, au Nevada et en Arizona, il est en vente dans de nombreux magasins dédiés, les *« dispensaries »*. Tablettes de chocolat, miel, tisane, bonbons au beurre de cacahuète, variété de *weed*… Certaines enseignes telles que MedMen, revêtent la forme de véritables épiceries fines, avec un choix de produits qui dépasse l'entendement et pour lesquels les vendeurs se révèlent d'une aide précieuse. Aussi, la loi est strictement appliquée : impossible de franchir le seuil d'un *dispensary* si l'on a moins de 21 ans, même accompagné. Par ailleurs, il est interdit de prendre l'avion avec du cannabis, quelle que soit sa présentation.

SPORTS ET LOISIRS

Ici, comme partout sur le territoire américain, aller voir un match, quel que soit le sport, c'est déjà mettre un pied dans la culture locale. Chacun s'habille aux couleurs de son équipe et l'encourage. Les Californiens passent plusieurs heures au stade et en profitent pour faire le plein de hot-dogs, pop-corn et sodas. Des matchs universitaires aux grandes rencontres de NBA (basket-ball), de NFL (football américain), de NHL (hockey sur glace) ou de MLB (base-ball), la ferveur est la même ! Et ne pas repartir de Californie sans un maillot des Los Angeles Lakers ou des 49ers de San Francisco dans sa valise serait un crime de lèse-majesté ! Pour se dépenser, la *West Coast* offre une infinité de possibilités ! Du surf sur tout le littoral aux randonnées dans les mythiques parcs nationaux de Californie (mais aussi du Nevada, de l'Utah ou de l'Arizona), en passant par du ski au Lake Tahoe ou aux Mammoth Lakes, pas le temps de refroidir !

Une place forte du basket-ball

En Californie, le basket-ball est partout… Et le mythique maillot « purple and gold » des Los Angeles Lakers (17 fois champions, dernier titre en 2020) a fait le tour du monde plus d'une fois ! De Magic Johnson à LeBron James, en passant par Kobe Bryant ou Shaquille O'Neal, les plus grands sont passés par le Staples Center (devenu la Crypto.com Arena en 2021) ! Mais sur toute la côte Ouest, les fans de *dunks* et autres *alley-oops* ne sont pas en reste. Ces dernières années, les Golden State Warriors de Stephen Curry (7 fois champions, notamment en 2015, 2017, 2018 et 2022) ou, dans une moindre mesure, les Clippers, eux aussi club de L.A., ont fait parler la poudre… et pleuvoir les 3 points ! Enfin, grosses ambiances assurées aussi dans les salles des légendaires Suns de Phoenix, des Kings de Sacramento ou du Utah Jazz (Salt Lake City) !

Vive le football américain !

Le foot US est adulé par les Américains et déchaîne les foules. Et la Californie n'échappe évidemment pas à la règle ! Les matchs sont de véritables spectacles : chaque université a sa propre équipe, son propre stade, ses *cheerleaders*, sa fanfare et sa mascotte qui divertissent les spectateurs lors de la mi-temps. Le *tailgate* fait également partie de la tradition les jours de matchs. Il s'agit d'une sorte de pique-nique amélioré à l'arrière des *pick-ups* sur le parking des stades. Certains sont très organisés et apportent barbecue, chaises, tables, etc. Au niveau national, dans la mythique NFL (National Football League), 32 équipes provenant des quatre coins des États-Unis se disputent la suprématie nationale. Chaque année en janvier a lieu un événement que les Américains ne manqueraient sous aucun prétexte : le Superbowl, la finale de ce championnat, diffusée en mondovision. Les équipes phares de la côte Ouest sont : les incontournables 49ers de San Francisco, les Raiders de Las Vegas, les Chargers et les Rams de Los Angeles et les Cardinals de l'Arizona.

Les autres sports US aussi en vedette

- **Baseball.** Le baseball, « passe-temps national » aux États-Unis, fait également partie de la culture californienne. Chaque année à la fin de l'automne, les deux meilleures équipes nationales s'affrontent lors des World Series de la fameuse MLB (Major League Baseball). Les équipes phares de MLB sur la côte Ouest sont : les Dodgers de Los Angeles, les Angels of Anaheim de Los Angeles, les Athletics d'Oakland, les Diamondbacks de l'Arizona, les Padres de San Diego et les Giants de San Francisco.
- **Hockey sur glace.** Malgré le soleil, on vibre aussi autour des patinoires en Californie ! En 2022, cinq grandes équipes de l'Ouest évoluaient au sein de la prestigieuse NHL, la ligue nationale de hockey : les Kings de Los Angeles, les Sharks de San Jose, les Ducks d'Anaheim, les Coyotes de l'Arizona et les Golden Nights de Las Vegas. La saison se déroule d'octobre à avril.

© SKYNESHER - ISTOCKPHOTO.COM

DÉCOUVRIR

Le tailgate, une tradition avant un match de football américain.

Sur l'eau, des spots de surf de renommée mondiale

Avec ses milliers de kilomètres de côte, la Californie est le paradis des surfeurs. Mais pour les frileux : attention ! L'eau du Pacifique est glaciale au nord, pas question de s'y aventurer sans combinaison. Par ailleurs, les requins rôdent parfois, notamment à Bolinas, ravissante petite ville par ailleurs. Le surf est pratiqué par une grande partie de la population de la Californie, et à tous les âges. Ce sport fait aussi partie d'une façon de vivre proche de la nature, avec un certain état d'esprit qui se retrouve fréquemment chez les Californiens. Des vacances en Californie sont l'occasion d'essayer ! Santa Cruz, (p.316) au sud de San Francisco, est l'un des spots historiques du surf californien. Citons aussi : Windansea Beach, Pacific Beach, La Jolla, Oceanside, San Clemente, Laguna Beach, Huntington Beach, Malibu ou encore Mavericks à Half Moon Bay, où se déroule la compétition du Big Wave Surfing.

Les autres activités nautiques. Surf certes, mais qui dit océan, dit sports nautiques en tout genre. Jet-ski, voile, paddleboard, bateau à moteur, ski nautique, wakeboard mais aussi rafting dans les rivières ou kayaks sont très facilement praticables dans toute la Californie. Les Adventure Centers sont très nombreux, surtout dans le nord de l'État, et proposent tout un tas d'activités autour de l'eau.

Sur terre, des randonnées pour tous

Peu importe le niveau, la marche à pied se pratique par tout le monde en Californie. En effet, plusieurs dizaines de parcs naturels et nationaux vous accueillent avec des sentiers de randonnée bien balisés aux difficultés variables. Donc, que vous souhaitiez marcher vingt minutes ou toute la journée, vous n'aurez que l'embarras du choix ! Mettez un chapeau ou une casquette et pensez toujours à glisser une bouteille d'eau dans votre sac à dos car il peut faire très chaud. Les parcs nationaux de Californie, de l'Arizona, de l'Utah et du Nevada sont des terrains d'expédition de toute beauté. Les noms mythiques résonnent et feront le bonheur des familles comme des randonneurs aguerris : Yosemite, Death Valley, Grand Canyon, Bryce Canyon, Zion, Monument Valley…

Avis aux amateurs de la petite balle blanche !

Le golf est, lui aussi, très pratiqué en Californie. Vous trouverez un terrain de golf dans chaque région traversée ou presque. Il semble que le fait de posséder un golf soit un faire-valoir pour une localité. La péninsule de Monterey est fameuse pour ses nombreux terrains de golf avec vue sur l'océan. L'Arizona est également célèbre pour ses parcours de golf utilisés principalement en hiver par une population de retraités.

L'hiver, encore de la glisse

Si le surf se pratique quasiment toute l'année, l'hiver les pistes de ski font des heureux ! On y pense moins souvent, mais la Californie est un État montagneux, riche en domaines skiables. Les plus grands sont ceux de Mammoth Lakes (p.287) ou du Lake Tahoe, très appréciés des Américains qui y viennent de tous les États-Unis. Le snowboard est beaucoup pratiqué, lui aussi, et d'impressionnantes installations existent dans les stations (*half pipes*, *snowparks* gigantesques…). Le Nevada, l'Arizona et surtout l'Utah, qui a organisé les Jeux olympiques d'hiver en 2002 à Salt Lake City, possèdent également de nombreux domaines skiables.

GASTRONOMIE

Innovante, multiculturelle, avant-gardiste, la Californie en soi ne possède pas nécess[illegible]rement une vraie gastronomie traditionnelle, mais elle offre aux gourmets une expérience savoureuse. Si on y retrouve bien sûr les classiques de la cuisine américaine, comme les *fast-foods*, les assiettes *oversize* et autres buffets à volonté, les locaux sont aussi à l'origine du mouvement *California Cuisine* qui, dès les années 1970, a cherché à faire la promotion de produits sains, locaux et saisonniers, de saveurs franches et inventives, tout y intégrant des produits des quatre coins du monde. En effet, cet État a toujours été considéré comme la porte d'entrée de la côte Ouest américaine pour des millions d'immigrés, notamment asiatiques et latino-américains, qui ont façonné la cuisine locale, en y apportant des saveurs et un savoir-faire unique. Sans oublier bien sûr la production viticole californienne, considérée comme l'une des meilleures du monde.

Aux origines de la California Cuisine

Jusque dans les années 1970, aller au restaurant aux États-Unis signifiait le plus souvent se retrouver face à une énorme pièce de viande noyée sous une sauce brunâtre avec des légumes bien trop cuits. Puis vint Alice Waters. En 1971, elle ouvrit à Berkeley, banlieue chic de San Francisco, son restaurant Chez Panisse, inspiré d'un séjour en Provence. Déjà, en 1952, l'auteur culinaire Helen Evans Brown publiait un livre à succès, le *West Coast Cookbook*, partisan de l'utilisation de produits frais, locaux et de saison. Ces exigences peuvent nous sembler anodines, mais elles furent véritablement révolutionnaires dans le paysage culinaire américain où les consommateurs étaient habitués à une cuisine typiquement anglo-saxonne plutôt ennuyeuse, sans parler des *fast-foods*, alors en plein essor dans le pays.

Chez Panisse ouvrit ainsi la voie à d'autres restaurateurs qui osèrent des mélanges de saveurs inédits, usant de produits locaux et bio, tout en faisant un clin d'œil aux ingrédients venant des quatre coins du monde utilisés par les nombreuses communautés vivant en Californie. A Yountville, dans la Napa Valley, Sally Schmitt commença à servir des dîners mensuels à menu unique mettant l'accent sur les ingrédients locaux, poursuivant le concept lorsqu'elle et son mari Don ont ouvert The French Laundry en 1978. À Los Angeles, le chef Wolfgang Puck – qui se forma notamment à Paris et à Monaco – ouvrit en 1982 son restaurant Spago, offrant une cuisine californienne inventive. En 1983, il ouvrit également un restaurant de cuisine fusion aux accents asiatiques : Chinois On Main. Mark Peel, Ed LaDou et Daniel Patterson eurent également un rôle important dans cette révolution culinaire *made in California*.

Les restaurateurs inventifs ne furent pas les seuls à bénéficier de ce vent de changement. De nombreux agriculteurs et artisans commencèrent à produire différemment. Pour les citadins, les *farmers markets* sont devenus une véritable institution, où des exploitants agricoles locaux proposent leurs produits. Le fromage de chèvre, par exemple, était quasiment inconnu des Américains jusque dans les années 1970. Mais on retrouve d'autres fromages californiens comme le Monterey Jack (proche d'un cheddar affiné), le Pepperjack (aux flocons de piment), le Purple Haze (fromage de chèvre frais au pollen de fenouil et aux fleurs de lavande) et le Humboldt Fog (fromage de chèvre affiné, proche d'un brie, avec une fine couche de cendres au milieu, comme notre morbier).

La cuisine US de Californie

Si on retrouve dans cet État les basiques de la cuisine américaine (steak-frites, burger, hot-dog, *macaroni & cheese*, poulet frit, etc.), cela n'empêche pas cette région d'offrir des spécialités plus locales. Poissons et fruits de mer – notamment les huîtres du Pacifique – sont importants. A San Francisco, le plat phare est le *clam chowder*, un velouté crémeux aux palourdes, généralement mangé dans un *sourdough bread* (pain au levain) creusé, en guise de bol. Sans oublier les *dungeness crab cakes* (petites croquettes de crabe panées, accompagnées de mayonnaise).

Les influences mexicaines sont très visibles. Citons le *Mission burrito*, une *tortilla* garnie de riz à la mexicaine (frit avec des oignons et de la tomate), de haricots rouges et de viande fondante effilochée (bœuf ou porc). On peut y ajouter d'autres garnitures : cheddar ou Monterey jack, coriandre, avocat, crème aigre ou encore piment. Sans oublier d'autres basiques de la cuisine mexicaine et tex-mex comme les *nachos*, *fajitas*, *tacos*, *enchiladas*, etc.

La salade Cobb, inventée dans les années 1930 au restaurant Hollywood Brown Derby, se compose d'une base de laitue avec tomate, bacon grillé, filet de poulet grillé, œuf dur, avocat et roquefort.

e romaine, croûtons,
aillée aux anchois et
ée à Tijuana dans les
ularisa très vite auprès
i fuyait la prohibition
.
st une invention de Ed LaDou, qui démocratisa des pizzas à la croûte fine, osant des ingrédients très inhabituels pour l'époque : saucisse de canard, poulet sauce barbecue, avocat, coriandre, etc. On citera également le *French dip*, un sandwich avec pain baguette garni de tranches de rôti de bœuf, fromage et oignons caramélisés, que l'on sert avec un bol de bouillon de bœuf.

Visite gastronomique à Chinatown

Principale porte d'entrée de la côte Ouest pour les immigrés venant d'Asie, la Californie compte près de 15 % d'Asiatiques, pourcentage qui grimpe jusqu'à 30 % dans certaines villes comme San Francisco, avec une majorité de Chinois. Le Chinatown de San Francisco est le plus vieux des États-Unis, et l'un des plus grands du continent américain. Dès le milieu du XIXe siècle, les migrants chinois arrivent en Californie, attirés par la ruée vers l'or, créant de nouvelles recettes avec les ingrédients disponibles sur place.

De cette cuisine sino-américaine, on notera le *chop suey* (mélange de viande ou de fruits de mer avec légumes et omelette), le *beef & broccoli* (lamelles de bœuf avec brocoli et sauce d'huître), le *General Tso chicken* (poulet frit dans une sauce sucré-salé), les *crab Rangoon* (raviolis frits au crabe et au fromage frais), le *Mongolian beef* (lanières de bœuf avec oignon et sauce pimentée) ou l'*orange chicken* (poulet frit avec sauce aigre-douce à l'orange)

Venant du sud-est de la Chine, les *dim sum* sont des bouchées – souvent des ravioles vapeur – à partager, servies avec du thé et très populaires en Californie. A noter que si la cuisine sino-américaine a été longtemps populaire, de plus en plus d'Américains recherchent des saveurs plus authentiques et on retrouve dans les grandes villes californiennes une multitude de restaurants proposant des cuisines chinoises régionales venant de Pékin, de Shanghai, de Canton, du Sichuan ou du Yunnan.

Mais il existe de nombreuses autres enclaves asiatiques, comme Japantown, dans le district de Western Addition à San Francisco, ou Little Tokyo, à Los Angeles. C'est d'ailleurs dans ce quartier que furent créés les *uramaki* ou *california rolls*, les sushis avec le riz à l'extérieur de l'algue nori. Little Saigon à San José, en banlieue de San Francisco, compte la plus grosse communauté vietnamienne du monde en dehors du Vietnam. Sans oublier le Koreatown de Los Angeles, ou le Cambodia Town à Long Beach. Citons également une très importante communauté philippine. Ce melting-pot se traduit par une infinie variété de recettes et de restaurants.

Desserts et boissons

Côté sucré, on retrouve quelques desserts originaires de Californie, comme le *maple bar* (long beignet nappé d'un glaçage au sirop d'érable), le *chiffon cake* (gâteau génoise extrêmement léger), la *chiffon pie* (tarte garnie d'une mousse aérienne aux fruits, généralement au citron) ou encore les célèbres *fortune cookies*, de fines gaufrettes contenant un présage que l'on trouve dans les restaurants chinois.

Mais, bien sûr, on ne compte plus le nombre de pâtisseries en Californie proposant toutes les douceurs américaines dont on peut rêver : *cupcakes*, *donuts*, *muffins*, *cheesecakes* ainsi qu'une multitude de gâteaux et de tartes en tout genre, d'autant plus que la Californie ne manque pas de créativité et que vous découvrirez des associations de saveurs parfois étonnantes.

© SEA WAVE - SHUTTERSTOCK.COM

Salade Cobb.

© THE IMAGE PARTY - SHUTTERSTOCK.COM

Maple bar.

A ne pas manquer : un détour dans les quartiers chinois ou japonais pour des pâtisseries exotiques et inattendues.

Si on compare souvent le café américain (*filter coffee* ou *Americano*) à du jus de chaussette, filtré et réchauffé à longueur de journée, en Californie, et surtout à San Francisco, les locaux sont fiers de leur culture du café. Vous trouverez du bon café torréfié sur place partout, surtout dans le quartier italien de North Beach où cette religion du café a commencé. Le roi des cafés ici, c'est l'*Irish Coffee*. Mélange de café chaud, de whisky et de crème fouettée, il a été recréé et standardisé au Buena Vista Café en 1952, après sa première création en Irlande dans les années 1930.

Les amateurs de thé trouveront également tout ce qu'ils désirent, du *bubble tea* taïwanais, avec des billes de tapioca gélatineuses, jusqu'au *chai latte* indien richement épicé. Que vous commandiez de l'eau plate ou du soda, veuillez noter que votre verre sera toujours rempli de glaçons. Précisez donc si vous n'en voulez pas. A noter : la consommation d'alcool est interdite aux moins de 21 ans (la majorité aux États-Unis), on vous demandera donc systématiquement votre pièce d'identité.

Le vignoble, version US

C'est en 1976, suite au jugement de Paris, qui a rassemblé onze spécialistes pour une dégustation à l'aveugle, que le vin californien a acquis ses lettres de noblesse. Lors de cet événement, les vins californiens, rouges et blancs, sont arrivés devant les crus français. Une véritable révolution dans le très fermé cercle de l'œnologie. Depuis, les cépages californiens sont regardés d'un œil nouveau sur le Vieux Continent.

Les zones viticoles de Californie sont souvent divisées en quatre régions. Tout d'abord, la North Coast, au nord de la baie de San Francisco. On y trouve de grandes zones de production comme la Napa Valley et le Sonoma County, mais aussi la région de Mendocino. Ensuite, la Central Coast : du sud-ouest de San Francisco au comté de Santa Barbara, le vin s'y cultive surtout autour de Santa Clara, Santa Cruz et Paso Robles. Puis, la South Coast, qui va du sud de Los Angeles jusqu'à la frontière mexicaine. Il y existe quelques vignobles de plus petite envergure dont celui de Temecula. Enfin, la Central Valley, située à l'intérieur des terres, au pied de la Sierra Nevada, les vignobles de Sierra Foothills s'étendant dans le Golden Country, de Sacramento jusqu'à Fresno.

Les montagnes à l'est, qui bloquent des masses d'air froid venant de la Sierra Nevada et l'océan Pacifique à l'ouest, créent une multitude de microclimats. De nombreux vignobles se visitent et proposent des tours avec dégustation. Côté cépages, les plus courants sont, en rouge, cabernet sauvignon et pinot noir, et, en blanc, chardonnay et sauvignon. Sans oublier les vins pétillants ou *sparkling wines*.

En plus des vins, on retrouvera une grande diversité de bars à cocktail et plusieurs cocktails célèbres trouvent leur origine en Californie, comme le Dry Martini (gin et vermouth avec olive ou zeste de citron), le Cable Car (*spiced rum*, curaçao orange et jus de citron), l'Agent Orange (jus d'orange, vodka, Cointreau), le California Milk Punch (lait, crème, bourbon, sirop d'érable et vanille), le Pisco Punch (jus d'ananas, pisco, jus de citron, sucre de canne, eau gazeuse), le Mai Tai (rhum, curaçao, orgeat, et jus de citron vert) et enfin le Tequila Sunrise (jus d'orange, tequila, grenadine). La bière est évidemment très populaire et on retrouve en Californie un nombre incalculable de microbrasseries. La première brasserie artisanale moderne (*craft beer*) des États-Unis fut la New Albion Brewing Company, fondée en 1976 dans la région de Sonoma.

DA

usique aussi éclectiques que grandioses, courses à pied le long mythiques, tournois de poker rassemblant les meilleurs joueurs du os typiques de l'Ouest américain… Difficile de résumer en quelques pages le vaste agenda qui occupe les habitants chaque année. Terre de cinéma oblige, les festivals de film abondent, tandis que Los Angeles accueille les cérémonies qui comptent parmi les plus prestigieuses de l'industrie : les Golden Globe Awards et les Oscars. De par sa richesse culturelle, la Californie est également le théâtre privilégié du Cinco de Mayo et del Día de los Muertos, des fêtes mexicaines. De la même manière, San Francisco s'illustre par sa parade du nouvel An chinois, sans égale. Entre sa Pride et sa Castro Street Fair – entre autres – la ville est aussi un haut-lieu de la communauté LGBTQ+. Enfin, du Black History Month à Halloween, les rendez-vous fédéraux ne manquent pas.

DÉCOUVRIR

GOLDEN GLOBE AWARDS

LOS ANGELES

www.goldenglobes.com

Début janvier, à Beverly Hills (Californie).

Chaque année depuis 1944, ces récompenses de cinéma et de télévision sont décernées par la Hollywood Foreign Press Association. Elles sont divisées en plusieurs catégories, tels que meilleur film, meilleur réalisateur, meilleure actrice, meilleur acteur dans un second rôle, meilleur scénario, meilleure musique de film, ou encore meilleure mini-série ou meilleur téléfilm. Un événement majeur pour le milieu, qui constitue également l'occasion de croiser quelques stars, en se massant avec les autres fans aux abords du Beverly Hilton Hotel, où se tient la cérémonie.

SAN FRANCISCO CHINESE NEW YEAR PARADE

SAN FRANCISCO

www.chineseparade.com

À San Francisco (Californie), entre janvier et mars – dates variables chaque année.

Dans les années 1860, la communauté chinoise qui s'est installée à San Francisco avec la ruée vers l'or en Californie, aux alentours de 1849, s'est appuyée sur une coutume américaine particulièrement populaire, le défilé – ou *parade* – pour célébrer un pan de sa culture. La tradition est restée : lanternes, drapeaux, pétards… Aujourd'hui, à chaque nouvel an chinois, une gigantesque fête emplit les rues de Chinatown. C'est la plus grande manifestation de ce genre en dehors d'Asie.

SUNDANCE FILM FESTIVAL

SALT LAKE CITY

https://festival.sundance.org/

Dix jours en janvier, à Salt Lake City (Utah).

Il s'agit du principal festival américain de cinéma indépendant. Fondé en 1978 sous le nom de « Utah/US Film Festival » par des passionnés, il revêt une ampleur nationale – puis internationale – en 1981 lorsque Robert Redford, résidant alors en Utah, crée l'institut Sundance et prend la présidence de l'évènement. Il a révélé un grand nombre de réalisateurs, de Jim Jarmusch – *Only Lovers Left Alive*, *Paterson* – à Quentin Tarantino, qui y présenta en 1992 le désormais célébrissime *Reservoir Dogs*, en passant par les frères Coen, récompensés pour *Blood Simple* en 1985.

BLACK HISTORY MONTH

Tout au long du mois de février, dans l'ensemble du pays.

Depuis 1976, chaque mois de février célèbre les accomplissements des Afro-Américains et rend hommage à leur rôle central dans l'histoire des États-Unis, bien souvent passé sous silence. Festivals de musique et de films, défilés, marches, conférences, expositions… Les diverses manifestations culturelles mises en place abordent également les problématiques actuelles de racisme, de discrimination, de violence ou de ségrégation sociale rencontrées par la communauté. Une manifestation qui change de thème tous les ans ; en 2022, il s'agissait de « Santé et Bien-Être ».

...ARDS

...lywood (Californie).

... l'on appelle plus com-
... nt considérés comme les récompenses les plus prestigieuses du monde du cinéma et constituent l'une des journées les plus attendues à L.A. Ils sont décernés chaque année par l'Academy of Motion Picture Arts and Sciences au cours d'un véritable show à l'américaine avec concerts, performances et traits d'esprit du maître ou de la maîtresse de cérémonie. Tous les gagnants – chacun d'une catégorie distincte – se voient gratifier d'une statuette en bronze plaqué or réalisée par le sculpteur George Stanley. Symbole de la notion de « *mérite* », elle représente un chevalier tenant une épée, debout sur une bobine de film. L'accès étant privé, les fans se massent de longues heures durant contre des barrières provisoirement installées aux abords du Dolby Theatre, au Hollywood & Highland Center, pour espérer apercevoir les stars.

À l'origine, la cérémonie se tenait à l'hôtel Hollywood Roosevelt et revêtait la forme d'un dîner privé, sorte de rassemblement luxueux destiné aux membres de l'industrie du cinéma. L'année suivante, en 1930, elle est diffusée à la radio, puis à la télévision dès 1953. C'est ainsi qu'elle devient une affaire nationale, et, rapidement, internationale.

Parmi les moments forts de l'histoire des Oscars, nous pouvons retenir le report de l'évènement deux jours après sa date initiale – le 8 avril 1968 – en raison de l'assassinat de l'activiste défenseur des droits des Noirs Martin Luther King, survenu le 4 avril. Rappelons également le refus de Marlon Brando d'accepter la statuette pour son rôle dans *Le Parrain* en 1973. En cause : le mauvais traitement et la discrimination de l'industrie du film envers les Amérindiens. Plus récemment, l'édition 2018 a été impactée par le scandale de l'affaire Weinstein, qui a éclaboussé Hollywood en octobre 2017, en mettant en lumière les abus de pouvoir, le harcèlement et les agressions sexuelles commis par de nombreux producteurs et acteurs sur les femmes travaillant dans le cinéma. L'année suivante, la cérémonie s'est déroulée sans présentateur officiel – une première depuis 1989 – remplacé par plusieurs personnalités qui se sont succédé sur scène. Autre fait notable : le premier film coréen primé, *Parasite*, en 2020. Malgré la pandémie, les Academy Awards 2021 ont pu se dérouler – presque – normalement et ont tenu leur promesse de diversité et de mixité. Enfin, en 2022, l'évènement a été marqué par la gifle – désormais célébrissime – donnée à Chris Rock par Will Smith. En cause : l'humoriste s'était moqué de sa femme.

LOS ANGELES MARATHON

LOS ANGELES

www.lamarathon.com

Dans la deuxième quinzaine du mois de mars, à Los Angeles (Californie).

Chaque année depuis 1986, la Cité des Anges accueille plus de 25 000 coureurs, des milliers de volontaires et des centaines de milliers de spectateurs pour son marathon, l'un des plus grands du pays. Le parcours de 42,195 kilomètres débute au Dodger Stadium et passe par Downtown Los Angeles, Little Tokyo et Hollywood – entre autres. Une fois à Brentwood, les sportifs se replient sur San Vicente, Sepulveda et Santa Monica Boulevards pour gagner l'Avenue of the Stars, l'artère principale de Century City, où le circuit prend fin. Toute la circulation est à l'arrêt.

COACHELLA VALLEY MUSIC AND ARTS FESTIVAL

www.coachella.com

10 jours, à la mi-avril, à Indio (Californie).

À 128 miles de Los Angeles, Indio, une municipalité de la vallée de Coachella située dans la zone désertique de la Californie du Sud, attire tous les ans des artistes du monde entier à l'occasion d'un festival de musique incontournable. Harry Styles, Billie Eilish, Flume, Doja Cat, Ye, Stromae, Disclosure, Beyoncé, Radiohead… Autant de grands noms qui ont été invités. Néanmoins, les prix des pass en font un événement plus couru par les célébrités qu'accessible au grand public.

SAN FRANCISCO INTERNATIONAL FILM FESTIVAL

SAN FRANCISCO

www.sffilm.org

Deux semaines en avril, à San Francisco (Californie).

Fondé en 1957, il s'agit du festival de film le plus ancien et toujours en activité des Amériques. Après le manque de soutien de la plupart des studios hollywoodiens au moment de sa création, il a reçu un film national majeur en 1959 : *Beloved Infidel*, de Henry King, avec Gregory Peck et Deborah Kerr. Par ailleurs, les productions étrangères y ont toujours été bien représentées. Parmi les réalisateurs récompensés, citons le Mexicain Guillermo del Toro et l'Indo-Américaine Mira Nair.

Besoin
de nature ?
Par ici
la sortie !
petit futé.com
Avis et conseils rédigés par des auteurs du cru depuis 45 ans
© PILAT666 - ISTOCKPHOTO.COM
SELJALANDSFOSS - ISLANDE

Arizona

journée de l'Indépen-
ète commémore l'an-
sur l'Empire français
los Angeles, en 1862.
Plus populaire aux ...-Unis que chez leur voisin, le Cinco de Mayo a progressivement été associé à la célébration de la culture américano-mexicaine, en particulier dans les territoires où elle est la plus présente, comme la Californie et l'Arizona. Ainsi, défilés, mariachi et spécialités culinaires telles que les tacos et le *mole poblano* investissent certaines rues de L.A.

STERN GROVE FESTIVAL

SAN FRANCISCO

www.sterngrove.org

Chaque dimanche de la mi-juin à la mi-août, à San Francisco (Californie).

Tous les étés depuis 1938, l'amphithéâtre naturel boisé d'eucalyptus Sigmund Stern Grove accueille une succession de dix concerts gratuits. Créé par la famille Stern, l'événement est désormais orchestré par la ville afin de promouvoir la culture musicale auprès de toutes et tous. En plus de sa programmation éclectique d'artistes jazz, rock et pop – entre autres –, le festival offre des représentations de l'orchestre symphonique de San Francisco. Les réservations ouvrent douze jours avant la date de chaque performance, à 14h. Soyez rapide, il y a foule !

BAY TO BREAKERS

SAN FRANCISCO

Le troisième dimanche de mai, à San Francisco (Californie).

Cette course à pied aux allures de grande fête déjantée anime San Francisco depuis 2012. Mille-pattes colorés, licornes, nudistes, abeilles géantes… Revendiqué comme étant une « *célébration de la vie, du rire et de la personnalité de la ville* », l'évènement est constitué d'un parcours de 12 kilomètres qui se conclut par un grand défilé de participants déguisés et légèrement alcoolisés. Un joyeux cortège qui part de l'Embarcadero pour gagner Ocean Beach ; d'où le nom, Bay to Breakers. Les festivités se poursuivent généralement dans le Golden Gate Park. Immanquable.

SAN FRANCISCO INTERNATIONAL LGBTQ FILM FESTIVAL

SAN FRANCISCO

www.frameline.org

10 jours pendant la deuxième quinzaine de juin, à San Francisco (Californie).

Plus important, et, surtout, plus long festival de film LGBTQ+ du monde encore en activité, celui que l'on appelle également le Frameline existe depuis 1977. Ainsi, chaque année, le Castro Theatre de S.F accueille plus de 60 000 participants. Objectif : soutenir la communauté dans son effort artistique et cinématographique en diffusant des films et des documentaires réalisés par ses membres ou portant sur des thèmes qui la concernent. Disponibles en ligne, les billets sont peu chers.

WORLD SERIES OF POKER

LAS VEGAS

www.wsop.com

De fin mai à mi-juillet, à Las Vegas (Nevada).

Il s'agit des championnats du monde du poker, une série de tournois extrêmement prestigieux. Organisés à Las Vegas depuis 1970, ils ont été créés à l'initiative du sulfureux Benny Binion, à l'époque où il n'y avait que 50 tables de jeu dans toute la ville. La popularité de l'événement et le nombre d'inscrits n'ont cessé de croître au fil des ans, jusqu'à atteindre un premier record de 8 773 participants et 12 millions de dollars de gains, attribués à Jamie Gold en 2006. *Fun fact* : Patrick Bruel est le premier Français à s'être imposé en finale des WSOP, en 1998.

SAN FRANCISCO PRIDE

SAN FRANCISCO

www.sfpride.org

Le dernier week-end de juin, à San Francisco (Californie).

Aux États-Unis, la Pride est née des émeutes de Stonewall : après une énième descente de police dans un bar LGBTQ+ de New York, des clients se révoltent dans la nuit du 28 juin 1969. Un an plus tard, la ville, avec celles de Los Angeles et de San Francisco, est la première à organiser une Marche des Fiertés. À S.F, le dernier week-end de juin revêt la forme d'une fête géante qui s'étend sur l'ensemble de la semaine. Le clou du spectacle : le défilé du dimanche sur Market Street, où membres et soutiens de la communauté sortent plumes, cuir et banderoles. Superbe !

VERSION NUMÉRIQUE
OFFERTE
Obtenez votre guide numérique en scannant ce QR code
ou rendez-vous sur le site
www.ebookfute.com
avec le code avantage
8WL71L
petit futé
2023
Californie
Arizona - Nevada - Utah
VERSION NUMÉRIQUE OFFERTE
COUNTRY GUIDE
© ART ALEX - STOCK.ADOBE.COM
OFFRE VALABLE JUSQU'À L'ARRÊT DE COMMERCIALISATION DU TITRE EN FRANCE MÉTROPOLITAINE ET DANS LE MONDE ET SOUS RÉSERVE QUE LE NOMBRE DE TÉLÉCHARGEMENTS SOIT INFÉRIEUR OU ÉGAL AU NOMBRE D'EXEMPLAIRES DE GUIDES PAPIER IMPRIMÉS. FORMATS DISPONIBLES POUR SMARTPHONES, TABLETTES, LISEUSES ET ORDINATEURS PC OU MAC.

INDEPENDENCE DAY

Le 4 juillet, dans tout le pays.

Si le 4 juillet constitue un jour férié fédéral depuis 1941, les premières célébrations remontent au XVIIIe siècle. Elles ont débuté après le 4 juillet 1776, qui marque l'adoption de la Déclaration de l'Indépendance des États-Unis vis-à-vis de la Grande-Bretagne, rédigée par Thomas Jefferson. Concerts, feux d'artifices, défilés… Chaque année, le pays s'anime. Les manifestations sont impressionnantes dans les environs de Los Angeles, comme dans le Rose Bowl de Pasadena. Bien que la journée ait perdu en signification politique, elle reste un symbole de patriotisme.

BURNING MAN

BLACK ROCK DESERT

www.burningman.org

Pendant 9 jours, de fin août à début septembre, dans le Black Rock Desert (Nevada).

Tous les ans, cet événement international attire plusieurs milliers de participants, parfois venus du monde entier. Il célèbre la création artistique et la libre-expression à travers des installations temporaires, des sculptures, des chars, des concerts, des soirées, des performances et des ateliers créatifs plus originaux et psychédéliques les uns que les autres. Le tout dans un désert où s'installe une ville nomade surnommée Black Rock City (BRC). Point culminant, l'incendie du Burning Man – l'effigie du festival – est indescriptible tant il est impressionnant.

CALIFORNIA RODEO SALINAS

SALINAS

www.carodeo.com

Pendant quatre jours, le troisième jeudi de juillet, à Salinas (Californie).

Créé au début des années 1910, d'abord sous le nom de « *Wild West Show* », il a progressivement gagné en popularité pour devenir le rodéo professionnel le plus grand de l'État et l'un des 20 plus importants du pays. De l'élection de Miss California Rodeo en passant par les barbecues, la musique western, le sport et le Heritage Museum, cet événement de quatre jours permet une immersion inoubliable dans la culture cowboy. Par ailleurs, il est tenu par une association à but non lucratif qui reverse 530 000 US$ chaque année à d'autres organisations locales.

INTERNATIONAL CAMEL AND OSTRICH RACES

VIRGINIA CITY

Le deuxième week-end de septembre, à Virginia City (Nevada).

Il s'agit de la course de chameaux et d'autruches la plus célèbre de l'Ouest. Importés au XIXe siècle pour transporter le sel à travers les déserts du Nevada, ces premiers ont finalement été remplacés par le chemin de fer. Alors, en 1959, les habitants de Virginia City ont eu l'idée d'organiser des courses avec eux. Chaque année, les jockeys convergent vers la ville pour tenter de remporter le trophée. Tout le monde est invité à concourir, même vous ; il suffit de trouver un sponsor.

LONG BEACH JAZZ FESTIVAL

LONG BEACH

www.longbeachjazzfestival.com

Généralement le deuxième week-end d'août, à Long Beach (Californie).

Le seul festival de jazz de la Californie du Sud a lieu à Long Beach, à 25 miles de Los Angeles, au bord du Pacifique. Du rythm and blues – R&B – classique au jazz des chaudes nuits d'été, les artistes s'illustrent par leur talent et promettent aux spectateurs un moment enchanteur, suspendu dans le temps. Chaque année, l'événement porte sur un thème distinct, tel que « A Healthy Taste of Jazz » en 2022, dans une optique d'associer musique et bien-être. On y trouve également des stands de nourriture, des expositions d'objets d'art et des étals de produits à vendre.

LIFE IS BEAUTIFUL FESTIVAL

LAS VEGAS

www.lifeisbeautiful.com

Le week-end de mi-septembre, à Las Vegas (Nevada).

Plus qu'un festival, l'événement se définit comme « une manière de traverser le monde ». Fondé en 2013, il résulte d'une transformation de Downtown Las Vegas, un quartier jusqu'alors mal desservi. Désormais, pendant trois jours, il met la musique, les arts et la culture à l'honneur. Parmi les personnalités déjà invitées : The Weekend, Green Day, Florence and The Machine, The Foo Fighters, Justice, Dua Lipa, The Killers, Blink-182, Billie Eilish… Attention, les places partent vite !

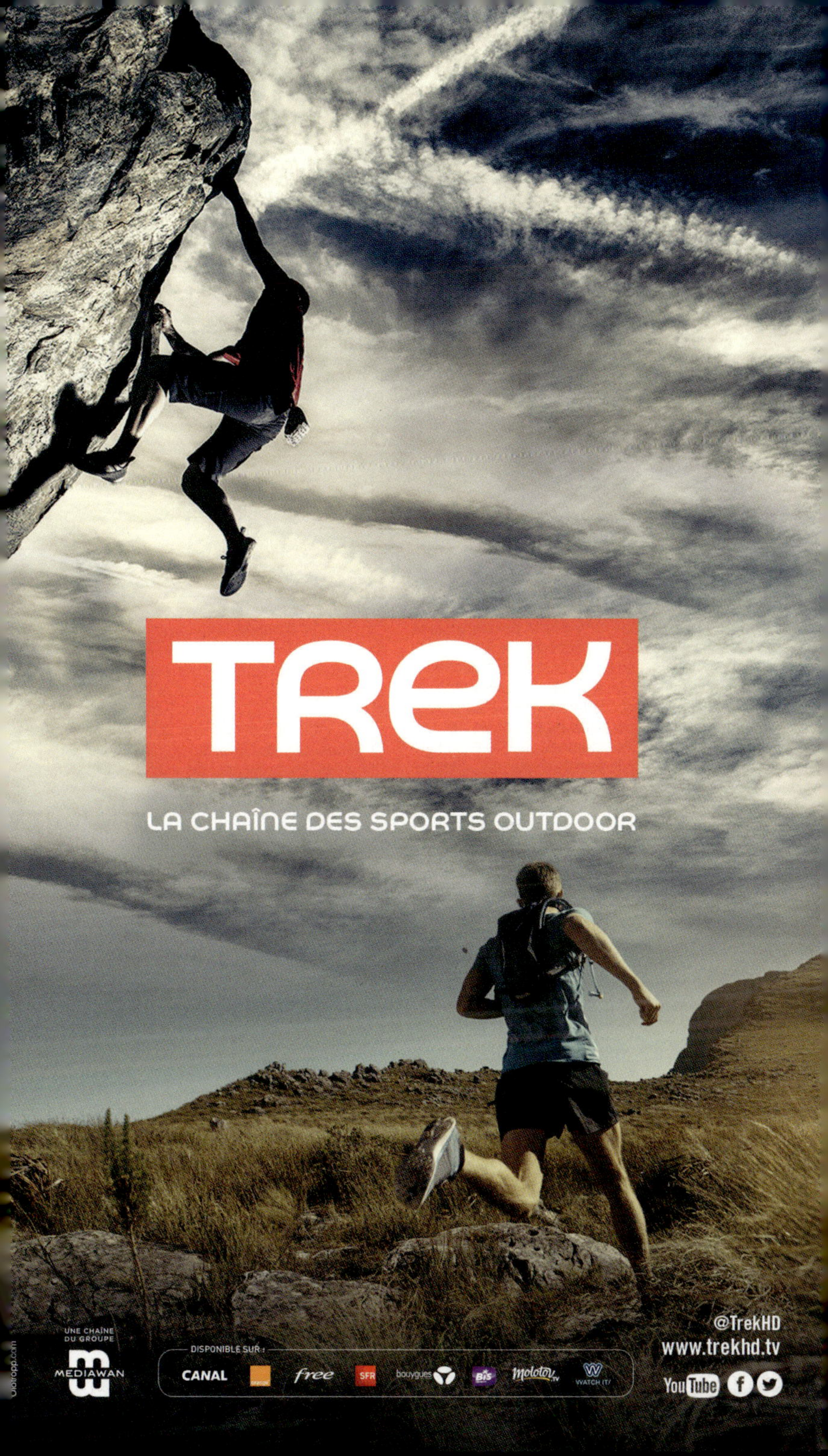
TREK
LA CHAÎNE DES SPORTS OUTDOOR
UNE CHAÎNE DU GROUPE
MEDIAWAN
DISPONIBLE SUR :
CANAL
free
SFR
bouygues
molotov.tv
WATCH IT
@TrekHD
www.trekhd.tv
YouTube

CASTRO STREET FAIR

SAN FRANCISCO

www.castrostreetfair.org

Le premier dimanche d'octobre, à San Francisco (Californie).

Fondée en 1974 par Harvey Milk, la Castro Street Fair célèbre le dynamisme et la diversité de la communauté LGBTQ+ de San Francisco. Des centaines d'artistes locaux, de vendeurs et d'artisans prennent place à l'intersection – et autour – des Market et Castro Streets. Des concerts ont lieu sur les différentes scènes montées pour l'occasion, également ouvertes aux personnes désireuses de danser. Bien plus soft que sa rivale Folsom Street Fair, il y règne une ambiance bon enfant, familiale. Par ailleurs, les profits sont reversés à des associations caritatives.

DÍA DE LOS MUERTOS

Les 1er et 2 novembre, en Californie notamment.

Cette tradition mexicaine consiste à célébrer et à accueillir ses défunts au travers de repas et de fêtes. Selon la légende orale, les portes du paradis s'ouvriraient à minuit, le 31 octobre, pour que les esprits des enfants partis trop tôt puissent rejoindre leur famille, le temps de 24 heures. Le lendemain, le 2 novembre – « *All Souls' Day* » – est consacré aux adultes décédés. État à forte population mexicaine, la Californie est le théâtre de défilés et de célébrations parfois hors du commun, où les participants se parent de maquillages d'une grande beauté.

HALLOWEEN

Le 31 octobre, dans tout le pays.

Contrairement à la France, cette fête devenue américaine occupe une place de choix dans l'agenda états-unien. Chaque année, les enfants vêtus de leurs plus beaux costumes s'adonnent au traditionnel « *trick or treat* » – un porte-à-porte en échange de friandises – dans leur quartier, où les maisons rivalisent de décorations, les citrouilles sculptées en tête. C'est également l'occasion de soirées déguisées, chez les particuliers comme dans les clubs, qui peuvent atteindre des rares niveaux de décadence à Los Angeles et à Las Vegas particulièrement. Immanquable !

AFI FEST

LOS ANGELES

https://fest.afi.com/

Pendant une semaine, la première quinzaine de novembre, à Los Angeles (Californie).

Il s'agit de l'un des festivals de cinéma les plus importants à l'échelle mondiale, organisé chaque année à Los Angeles. Courts-métrages, documentaires, fictions : pendant une dizaine de jours, des œuvres du monde entier sont diffusées en présence de leurs réalisateurs. Parmi les artistes déjà honorés se trouvent Halle Berry, Catherine Deneuve, Nicole Kidman, Natalie Portman, Tilda Swinton, Mira Nair, Sofia Coppola, ou encore Steve McQueen. Du côté des invités, relevons notamment les illustres Pedro Almodóvar, Bernardo Bertolucci, David Lynch et Agnès Varda.

© MAX-KEGFIRE - ISTOCKPHOTO.COM

WRANGLER NATIONAL FINALS RODEO

LAS VEGAS

www.nfrexperience.com

Pendant 10 jours, la première quinzaine de décembre, à Las Vegas (Nevada).

Organisé à Las Vegas depuis 1984, le NFR a vu le jour en 1959 à Dallas, avant de passer aux mains de Los Angeles en 1962, puis entre celles de Oklahoma City en 1964. Considéré comme le rodéo le plus prestigieux du monde, il s'agit du point culminant de la saison, pendant lequel les 15 concurrents les mieux classés s'affrontent au cours d'une dizaine de jours. Outre le sport, nombre d'animations sont prévues, rythmées par une foule en liesse, faisant preuve d'un enthousiasme contagieux.

SAN FRANCISCO ET SA BAIE

San Francisco est la ville de tous les mythes. De l'époque fondatrice de la ruée vers l'or jusqu'à la Silicon Valley, en passant par l'époque des beatniks, du Summer of Love, ou des luttes LGBT. Si vous restez plusieurs jours à San Francisco, n'hésitez pas à visiter la baie. Il suffit de traverser l'un des deux majestueux ponts qui relient la presqu'île : à l'est, le Bay Bridge, Berkeley et Oakland ; au nord, le Golden Gate Bridge et Marin County. Protégée des fureurs du Pacifique, la baie est un petit havre de paix aux eaux peu profondes où les grandes villes des alentours, comme Oakland, Berkeley et San Jose, ont pu se développer. Quant aux petites communes de Sausalito et de Tiburon, elles sont devenues de grands centres de yachting et de voile. Attention toutefois : malgré les apparences, les courants sont traîtres et puissants dans la baie, et l'eau y est aussi froide que dans le Pacifique.

MOUNT TAMALPAIS STATE PARK
Mill Valley
TIBURON
BERKELEY
SAUSALITO
ANGEL ISLAND STATE PARK
San Francisco Bay
MARIN HEADLANDS
Golden Gate
OAKLAND
SAN FRANCISCO
Daly City
South San Francisco
PACIFICA
San Mateo
Montara
El Granada
HALF MOON BAY
EL CORTE DE MADERA CREEK OPEN SPACE PRESERVE
San Francisco et sa baie
10 KM
La Honda

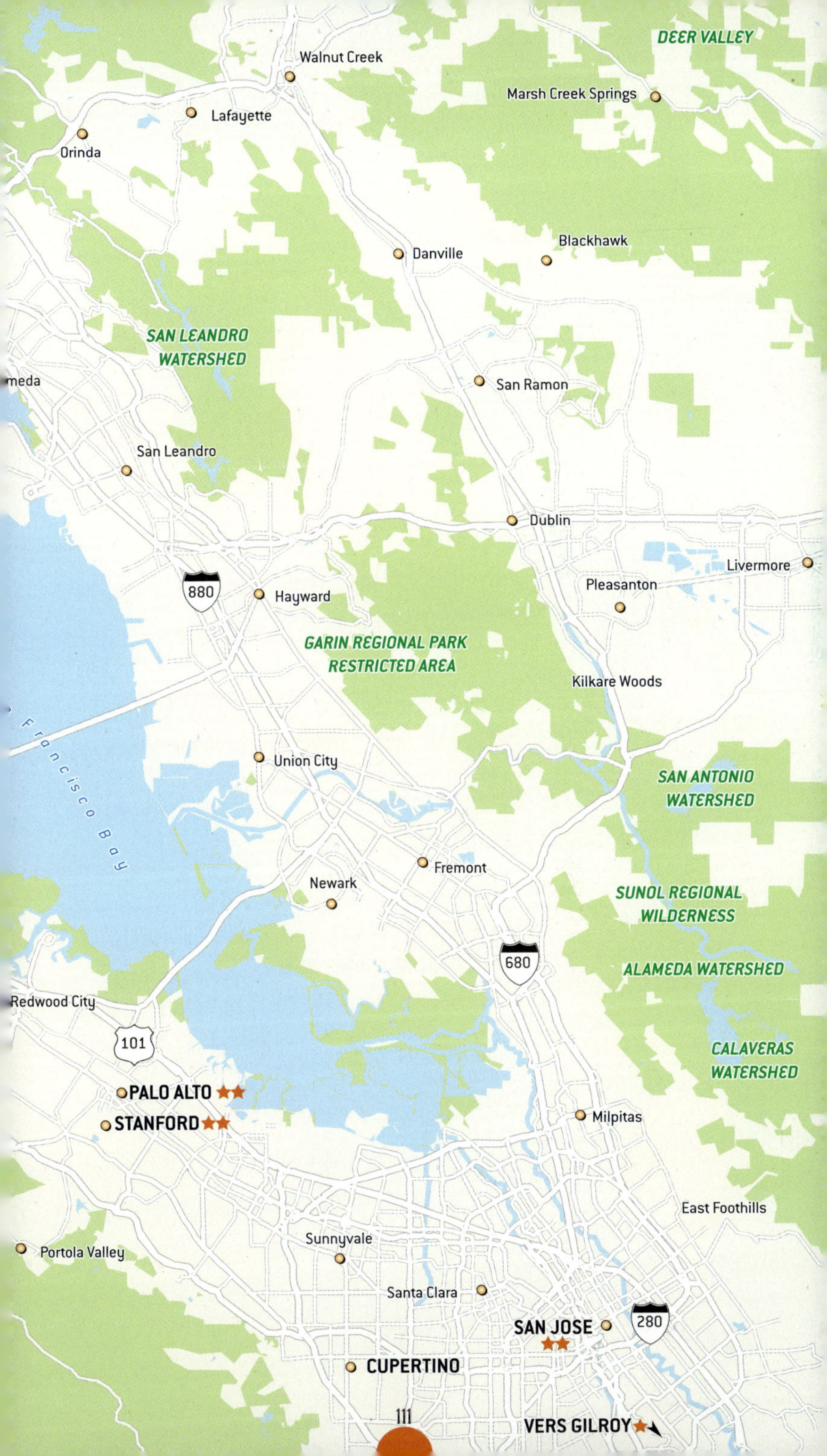
DEER VALLEY
Walnut Creek
Marsh Creek Springs
Lafayette
Orinda
Blackhawk
Danville
SAN LEANDRO WATERSHED
meda
San Ramon
San Leandro
Dublin
Livermore
Pleasanton
880
Hayward
GARIN REGIONAL PARK RESTRICTED AREA
Kilkare Woods
Francisco Bay
Union City
SAN ANTONIO WATERSHED
Fremont
Newark
SUNOL REGIONAL WILDERNESS
680
ALAMEDA WATERSHED
Redwood City
101
CALAVERAS WATERSHED
PALO ALTO ★★
STANFORD ★★
Milpitas
East Foothills
Portola Valley
Sunnyvale
Santa Clara
SAN JOSE ★★
280
CUPERTINO
VERS GILROY ★

GOLDEN GATE BRIDGE
PACIFIC
HOLLOW E
PRESIDIO OF SAN FRANCISCO
THE LEGION OF HONOR
HAIGHT ET LE
GOLDEN GATE PARK
DE YOUNG MUSEUM
GOLDEN GATE PARK
CALIFORNIA ACADEMY OF SC
1 KM

ALCATRAZ
Quartiers de San Francisco
NORTH BEACH, TELEGRAPH HILL ET LES PIERS
DOWNTOWN ET SES ENVIRONS
SFMOMA
SOMA, MISSION, CASTRO ET LE SUD

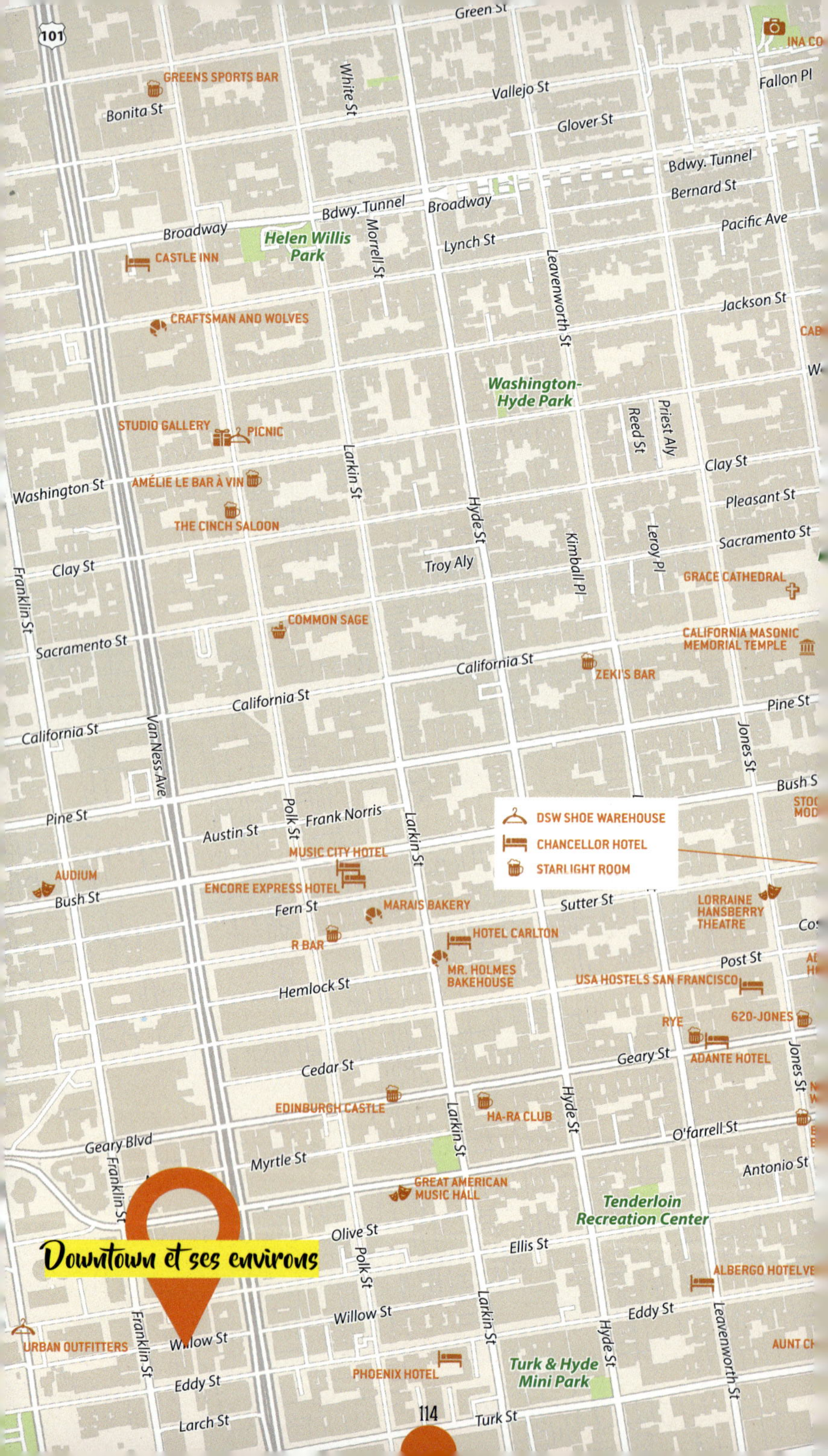
Downtown et ses environs
101
GREENS SPORTS BAR
CASTLE INN
CRAFTSMAN AND WOLVES
STUDIO GALLERY
PICNIC
AMÉLIE LE BAR À VIN
THE CINCH SALOON
COMMON SAGE
ZEKI'S BAR
GRACE CATHEDRAL
CALIFORNIA MASONIC MEMORIAL TEMPLE
DSW SHOE WAREHOUSE
CHANCELLOR HOTEL
STARLIGHT ROOM
AUDIUM
MUSIC CITY HOTEL
ENCORE EXPRESS HOTEL
MARAIS BAKERY
R BAR
HOTEL CARLTON
MR. HOLMES BAKEHOUSE
LORRAINE HANSBERRY THEATRE
USA HOSTELS SAN FRANCISCO
620-JONES
RYE
ADANTE HOTEL
EDINBURGH CASTLE
HA-RA CLUB
GREAT AMERICAN MUSIC HALL
ALBERGO HOTEL VE
URBAN OUTFITTERS
PHOENIX HOTEL
AUNT CH
Helen Willis Park
Washington-Hyde Park
Tenderloin Recreation Center
Turk & Hyde Mini Park
Green St
Vallejo St
Fallon Pl
Glover St
Bonita St
White St
Bdwy. Tunnel
Bernard St
Broadway
Pacific Ave
Morrell St
Lynch St
Leavenworth St
Jackson St
Reed St
Priest Aly
Clay St
Pleasant St
Sacramento St
Larkin St
Hyde St
Kimball Pl
Leroy Pl
Washington St
Troy Aly
Franklin St
California St
Pine St
Jones St
Bush St
Van-Ness Ave
Polk St
Frank Norris
Austin St
Fern St
Sutter St
Post St
Hemlock St
Geary St
Cedar St
O'farrell St
Geary Blvd
Myrtle St
Antonio St
Olive St
Ellis St
Willow St
Eddy St
Larch St
Turk St

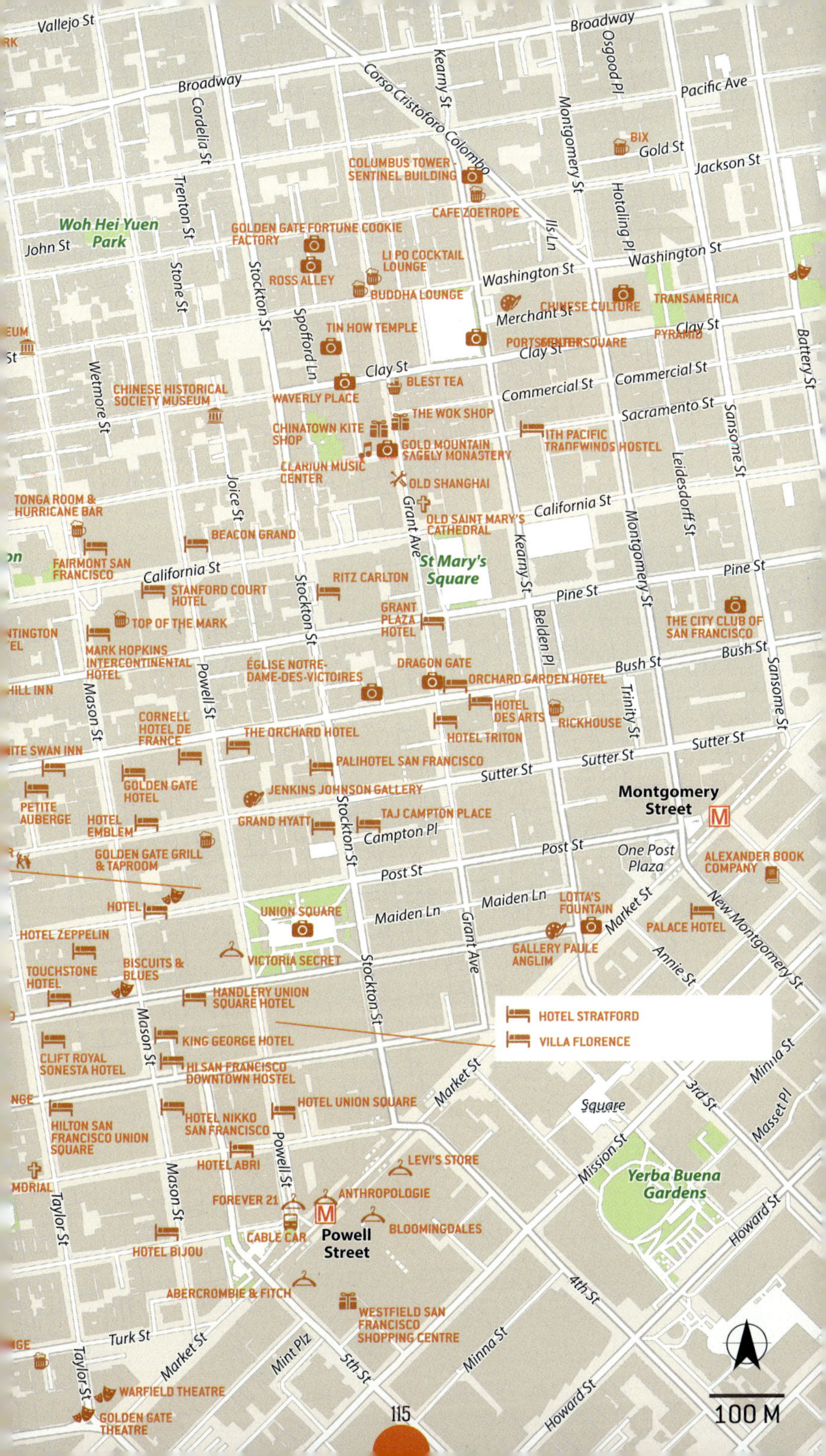
Vallejo St
Broadway
Osgood Pl
Pacific Ave
Kearny St
Corso Cristoforo Colombo
Cordelia St
Montgomery St
BIX
Gold St
Jackson St
COLUMBUS TOWER - SENTINEL BUILDING
Trenton St
Hotaling Pl
CAFE ZOETROPE
Woh Hei Yuen Park
GOLDEN GATE FORTUNE COOKIE FACTORY
Ils Ln
John St
Washington St
LI PO COCKTAIL LOUNGE
Stone St
Stockton St
ROSS ALLEY
BUDDHA LOUNGE
TRANSAMERICA PYRAMID
CHINESE CULTURE
Merchant St
Spofford Ln
TIN HOW TEMPLE
PORTSMOUTH SQUARE
CENTER
Clay St
Battery St
Wetmore St
Commercial St
BLEST TEA
CHINESE HISTORICAL SOCIETY MUSEUM
WAVERLY PLACE
THE WOK SHOP
Sacramento St
CHINATOWN KITE SHOP
PACIFIC TRADEWINDS HOSTEL
Sansome St
GOLD MOUNTAIN SAGELY MONASTERY
Leidesdorff St
CLARION MUSIC CENTER
OLD SHANGHAI
TONGA ROOM & HURRICANE BAR
Joice St
Grant Ave
OLD SAINT MARY'S CATHEDRAL
California St
BEACON GRAND
FAIRMONT SAN FRANCISCO
St Mary's Square
Pine St
STANFORD COURT HOTEL
RITZ CARLTON
GRANT PLAZA HOTEL
TOP OF THE MARK
THE CITY CLUB OF SAN FRANCISCO
Belden Pl
MARK HOPKINS INTERCONTINENTAL HOTEL
ÉGLISE NOTRE-DAME-DES-VICTOIRES
DRAGON GATE
Bush St
ORCHARD GARDEN HOTEL
Mason St
Powell St
CORNELL HOTEL DE FRANCE
HOTEL DES ARTS
RICKHOUSE
Trinity St
THE ORCHARD HOTEL
HOTEL TRITON
Sutter St
PALIHOTEL SAN FRANCISCO
GOLDEN GATE HOTEL
JENKINS JOHNSON GALLERY
Montgomery Street
PETITE AUBERGE
HOTEL EMBLEM
GRAND HYATT
TAJ CAMPTON PLACE
Campton Pl
GOLDEN GATE GRILL & TAPROOM
Post St
One Post Plaza
ALEXANDER BOOK COMPANY
HOTEL
UNION SQUARE
Maiden Ln
LOTTA'S FOUNTAIN
Market St
PALACE HOTEL
New Montgomery St
HOTEL ZEPPELIN
VICTORIA SECRET
GALLERY PAULE ANGLIM
Annie St
TOUCHSTONE HOTEL
BISCUITS & BLUES
HANDLERY UNION SQUARE HOTEL
HOTEL STRATFORD
VILLA FLORENCE
CLIFT ROYAL SONESTA HOTEL
KING GEORGE HOTEL
HI SAN FRANCISCO DOWNTOWN HOSTEL
Minna St
3rd St
HILTON SAN FRANCISCO UNION SQUARE
HOTEL NIKKO SAN FRANCISCO
HOTEL UNION SQUARE
Square
Masset Pl
HOTEL ABRI
LEVI'S STORE
Mission St
Yerba Buena Gardens
Taylor St
ANTHROPOLOGIE
FOREVER 21
BLOOMINGDALES
Howard St
CABLE CAR
Powell Street
HOTEL BIJOU
4th St
ABERCROMBIE & FITCH
WESTFIELD SAN FRANCISCO SHOPPING CENTRE
Turk St
Mint Plz
5th St
WARFIELD THEATRE
GOLDEN GATE THEATRE
100 M

Pacific Heights, Cow Hollow et le nord-ouest
San Francisco Bay
Golden Gate
Baker Beach
GOLDEN GATE BRIDGE
FORT POINT
GOLDEN GATE BRIDGE WELCOME CENTER
CRISSY FIELD
WALT DISNEY FAMILY MUSEUM
PRESIDIO OF SAN FRANCISCO
BAKER BEACH
PALACE OF FINE ARTS
FORT MASON CENTER
OFF THE GRID
GOLDEN GATE NATIONAL RECREATION AREA HEADQUARTERS
GREENS
SUSIECAKES
PACIFIC CATCH
ROSA PIZZERIA
HOTEL DEL SOL
PLUMPJACK WINES
BALBOA CAFÉ
ATELIER CRENN
PERRY'S
UNION STREET INN
HOTEL DRISCO PACIFIC HEIGHTS
JACKSON COURT
HAAS-LILIENTHAL HOUSE
KONKO CHURCH
HOTEL MAJESTIC
MUMS
QUEEN ANNE HOTEL
COTTAGE ROW
BENKYODO
JAPAN CENTER
PEACE PAGODA
THE BOOM BOOM ROOM
THE FILLMORE
CATHEDRAL OF SAINT MARY OF ASSUMPTION
Marine Dr
West Blf
Lincoln Blvd
Armistd. Rd
Mason St
Storey Ave
Ralston Ave
Upton Ave
Kobbe Ave
Hitchcock St
Washington Blvd
Compton Rd
Pershing Dr
Bowley St
Wedemeyer St
Veterans Blvd
Park Blvd
1st Dr W
Presidio Pkwy
Thomas Ave
Mesa St
Barnard Ave
Quarry Rd
Rodriguez St
Sibley St
Presidio Blvd
Edie Rd
Gorgas Ave
E Beach
Yacht Rd
Marina Green Dr
Marina Blvd
Baker St
Divisadero St
Scott St
Pierce St
Beach St
Fillmore St
Webster St
Bay St
Laguna St
Octavia St
Gough St
Lombard St
Francisco St
Greenwich St
Pixley St
Buchanan St
Union St
Green St
Filbert St
Lyon St
Vallejo St
Broadway
Pacific Ave
Franklin St
Van Ness Ave
Washington St
Steiner St
Clay St
Sacramento St
California St
Pine St
Bush St
Sutter St
Geary Blvd
W Pacific Ave
Jackson St
Arguello Blvd
Cherry St
Maple St
Spruce St
Locust St
Laurel St
Walnut St
Presidio Ave
Broderick St
Masonic Ave
Mayfair Dr
Euclid Ave
Parker Ave
Jordan Ave
Palm Ave
2nd Ave
3rd Ave
4th Ave
5th Ave
6th Ave
7th Ave
Lake St
14th Ave
101
1
500 M

Haight et le Golden Gate Park
AMOEBA MUSIC
PARADA 22
CHA CHA CHA
ZAM ZAM
JIMI HENDRIX HOUSE
CHINA BEACH
LINCOLN PARK
THE LEGION OF HONOR
Lands End
SUTRO BATHS
SUTRO'S AT CLIFF HOUSE
SEAL ROCK INN
GOLDEN GATE PARK
SAN FRANCISCO BOTANICAL GARDEN
JAPANESE TEA GARDEN
Strawberry Hill
YOUNG MUSEUM
CALIFORNIA ACADEMY OF SCIENCE
NATIONAL AIDS MEMORIAL GROVE
CONSERVATORY OF FLOWERS
PANHANDLE PARK
WASTELAND
STANYAN PARK HOTEL
GRATEFUL DEAD HOUSE
MAGNOLIA GASTROPUB AND BREWERY
JANIS JOPLIN HOUSE
BUENA VISTA PARK
THE METRO HOTEL
MADRONE ART BAR
NOPA RESTAURANT
BEAN BAG CAFE
BAR CRUDO
ALAMO SQUARE - PAINTED LADIES
CHÂTEAU TIVOLI
SMUGGLER'S COVE
ARLEQUIN
JUICE SHOP
ZUNI CAFÉ
KATE'S KITCHEN
ARDOISE
ARIZMENDI BAKERY
GENERAL STORE
THANH LONG
OCEAN BEACH
Golden Gate
Presidio of San Francisco
Jackson St
California St
Pine St
Bush St
Geary Blvd
Point Lobos Ave
Turk St
Golden Gate Ave
Balboa St
Fulton St
Fell St
Oak St
Hermann St
Duboce Ave
Lincoln Way
Frederick St
Judah St
Parnassus Ave
Lawton St
Noriega St
Great Hwy
Sunset Blvd
Chain of Lakes Dr E
Crossover Dr
Pk. Presidio Byps. Dr
Park Presidio Blvd
Veterans Blvd
Lincoln Blvd
Kezar Dr
Clarendon Ave
Warren Dr
Clayton St
Stanyan St
Arguello Blvd
Masonic Ave
Presidio Ave
Divisadero St
Fillmore St
Gough St
Franklin St
Castro St
Dolores St
Guerrero St
16th St
17th St
7th Ave
14th Ave
25th Ave
28th Ave
36th Ave
37th Ave
46th Ave
Funston Ave
500 M

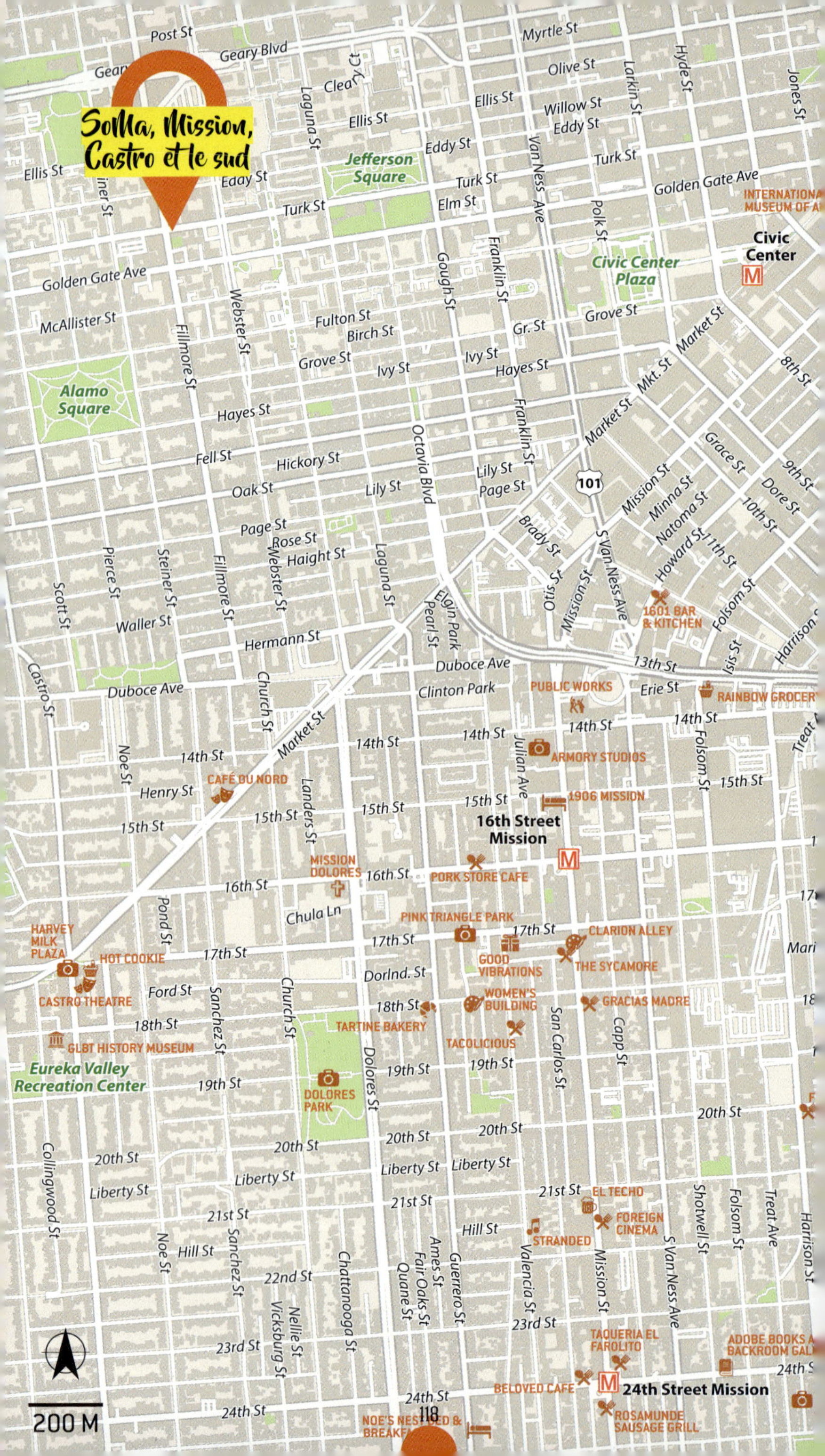
SoMa, Mission, Castro et le sud
Post St
Geary Blvd
Myrtle St
Olive St
Larkin St
Hyde St
Jones St
Laguna St
Ellis St
Willow St
Eddy St
Jefferson Square
Turk St
Elm St
Van Ness Ave
Golden Gate Ave
INTERNATIONAL MUSEUM OF A
Civic Center
Civic Center Plaza
Polk St
Franklin St
Gough St
Fulton St
Birch St
Grove St
Gr. St
Ivy St
Hayes St
McAllister St
Fillmore St
Webster St
Alamo Square
Market St
Mkt. St
8th St
Fell St
Hickory St
Oak St
Lily St
Page St
Octavia Blvd
101
Grace St
9th St
Dore St
10th St
Mission St
Minna St
Natoma St
Howard St
11th St
Brady St
Rose St
Haight St
Pierce St
Steiner St
Scott St
Waller St
Hermann St
Elgin Park
Pearl St
Otis St
S Van Ness Ave
1601 BAR & KITCHEN
Folsom St
Harrison St
Isis St
13th St
Duboce Ave
Clinton Park
PUBLIC WORKS
Erie St
RAINBOW GROCERY
Castro St
Church St
14th St
Julian Ave
ARMORY STUDIOS
Noe St
CAFÉ DU NORD
Henry St
15th St
Landers St
1906 MISSION
16th Street Mission
MISSION DOLORES
16th St
PORK STORE CAFE
Chula Ln
PINK TRIANGLE PARK
17th St
CLARION ALLEY
HARVEY MILK PLAZA
HOT COOKIE
Pond St
GOOD VIBRATIONS
THE SYCAMORE
Dorlnd. St
CASTRO THEATRE
Ford St
Sanchez St
18th St
WOMEN'S BUILDING
GRACIAS MADRE
TARTINE BAKERY
GLBT HISTORY MUSEUM
TACOLICIOUS
San Carlos St
Capp St
Eureka Valley Recreation Center
19th St
DOLORES PARK
Dolores St
20th St
Collingwood St
Liberty St
21st St
EL TECHO
FOREIGN CINEMA
STRANDED
Hill St
Shotwell St
Treat Ave
Chattanooga St
Ames St
Fair Oaks St
Quane St
Guerrero St
Valencia St
Vicksburg St
Nellie St
22nd St
23rd St
TAQUERIA EL FAROLITO
ADOBE BOOKS & BACKROOM GAL
24th St
BELOVED CAFE
24th Street Mission
ROSAMUNDE SAUSAGE GRILL
NOE'S NEST BED & BREAKFAST
200 M

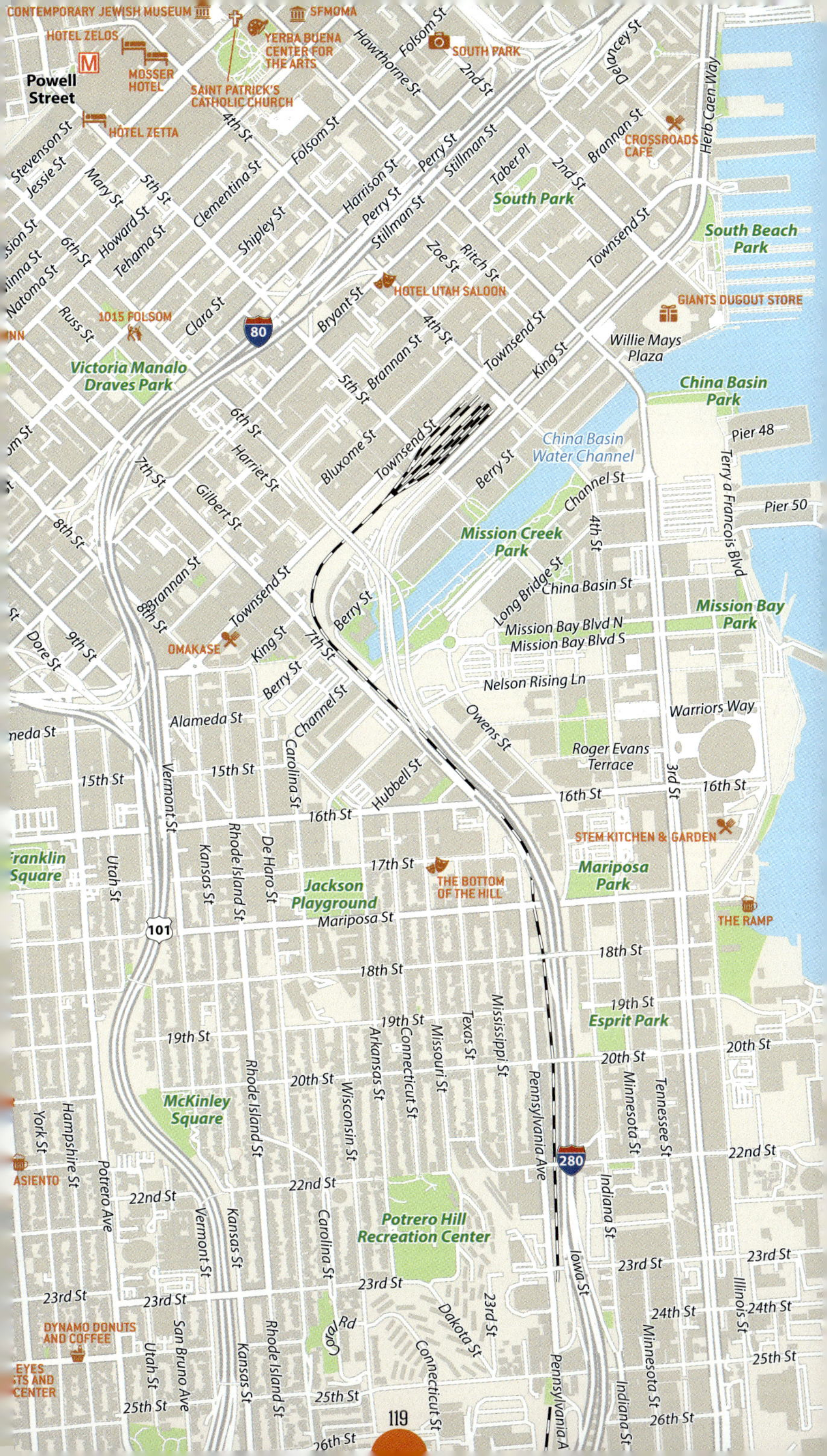

CONTEMPORARY JEWISH MUSEUM
SFMOMA
HOTEL ZELOS
YERBA BUENA CENTER FOR THE ARTS
SOUTH PARK
MOSSER HOTEL
Powell Street
SAINT PATRICK'S CATHOLIC CHURCH
HOTEL ZETTA
CROSSROADS CAFE
South Park
South Beach Park
HOTEL UTAH SALOON
GIANTS DUGOUT STORE
1015 FOLSOM
Willie Mays Plaza
Victoria Manalo Draves Park
China Basin Park
China Basin Water Channel
Pier 48
Pier 50
Mission Creek Park
Mission Bay Park
OMAKASE
Mission Bay Blvd N
Mission Bay Blvd S
Nelson Rising Ln
Warriors Way
Roger Evans Terrace
STEM KITCHEN & GARDEN
Franklin Square
Jackson Playground
THE BOTTOM OF THE HILL
Mariposa Park
THE RAMP
Esprit Park
McKinley Square
ASIENTO
Potrero Hill Recreation Center
DYNAMO DONUTS AND COFFEE
80
101
280
Folsom St
Hawthorne St
2nd St
Delancey St
Herb Caen Way
Brannan St
Stevenson St
Jessie St
Mary St
5th St
4th St
Clementina St
Harrison St
Perry St
Stillman St
Taber Pl
Townsend St
Howard St
6th St
Tehama St
Shipley St
Natoma St
Russ St
Clara St
Bryant St
Zoe St
Ritch St
King St
7th St
Harriet St
Bluxome St
Berry St
Channel St
Terry a Francois Blvd
8th St
Gilbert St
Long Bridge St
China Basin St
Dore St
9th St
Alameda St
Owens St
Carolina St
15th St
16th St
Hubbell St
3rd St
Vermont St
Utah St
Kansas St
Rhode Island St
De Haro St
17th St
Mariposa St
18th St
19th St
20th St
Arkansas St
Connecticut St
Missouri St
Texas St
Mississippi St
Pennsylvania Ave
Minnesota St
Tennessee St
Wisconsin St
York St
Hampshire St
Potrero Ave
22nd St
Indiana St
Iowa St
23rd St
Coral Rd
Dakota St
24th St
Illinois St
San Bruno Ave
25th St
26th St

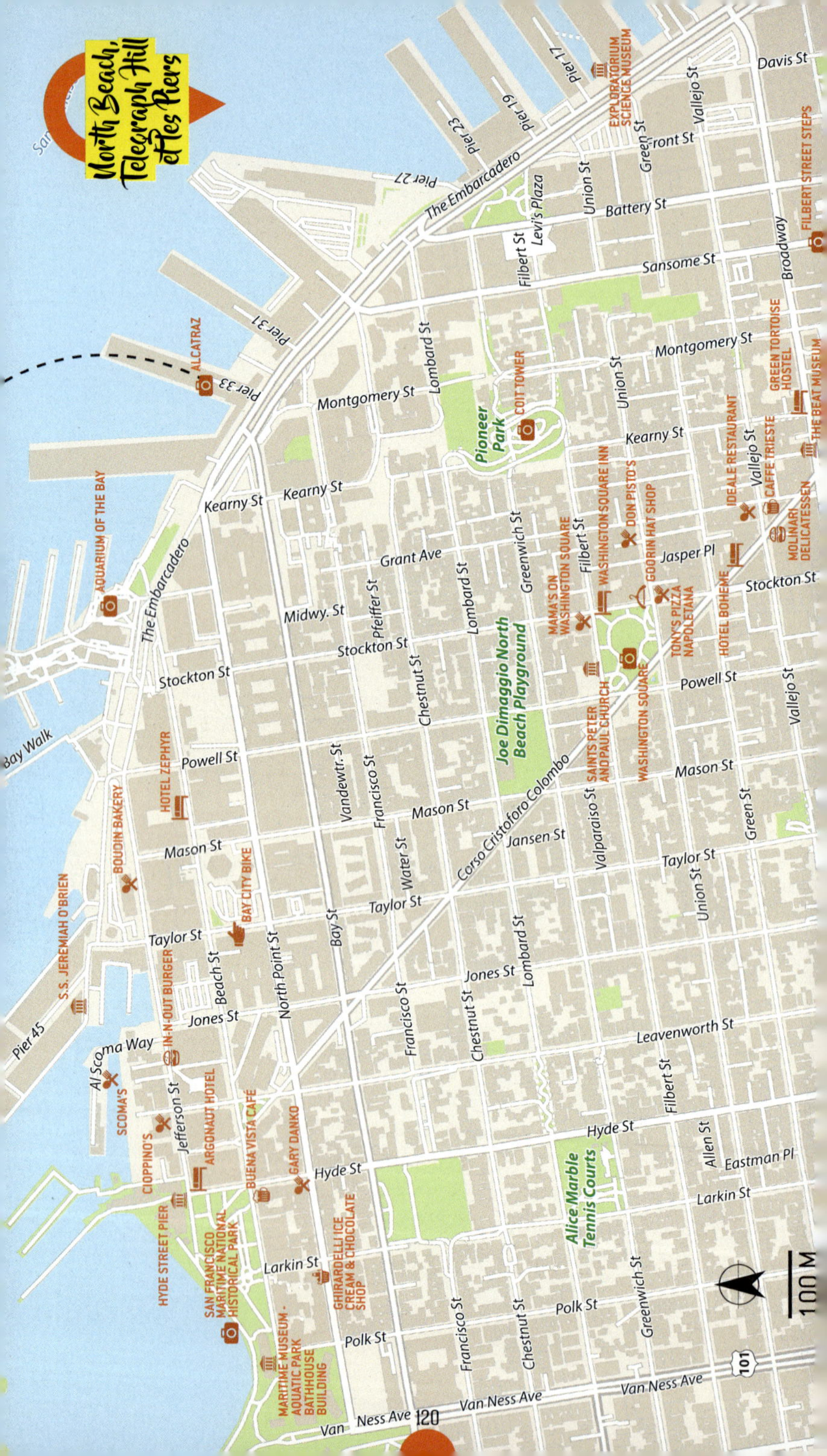
North Beach, Telegraph Hill et les Piers
Alcatraz
Aquarium of the Bay
Exploratorium Science Museum
Filbert Street Steps
Coit Tower
Pioneer Park
Green Tortoise Hostel
The Beat Museum
Ideale Restaurant
Caffe Trieste
Molinari Delicatessen
Washington Square Inn
Don Pisto's
Goorin Hat Shop
Mama's on Washington Square
Tony's Pizza Napoletana
Hotel Boheme
Saints Peter and Paul Church
Washington Square
Joe Dimaggio North Beach Playground
Hotel Zephyr
Boudin Bakery
Bay City Bike
S.S. Jeremiah O'Brien
In-N-Out Burger
Scoma's
Cioppino's
Argonaut Hotel
Buena Vista Café
Gary Danko
Hyde Street Pier
San Francisco Maritime National Historical Park
Ghirardelli Ice Cream & Chocolate Shop
Maritime Museum - Aquatic Park Bathhouse Building
Alice Marble Tennis Courts
The Embarcadero
Pier 17
Pier 19
Pier 23
Pier 27
Pier 31
Pier 33
Pier 45
Bay Walk
Al Scoma Way
Levi's Plaza
Corso Cristoforo Colombo
Davis St
Front St
Battery St
Sansome St
Montgomery St
Kearny St
Grant Ave
Stockton St
Powell St
Mason St
Taylor St
Jones St
Leavenworth St
Hyde St
Larkin St
Polk St
Van Ness Ave
Jefferson St
Beach St
North Point St
Bay St
Francisco St
Chestnut St
Lombard St
Greenwich St
Filbert St
Union St
Green St
Vallejo St
Broadway
Jasper Pl
Jansen St
Valparaiso St
Allen St
Eastman Pl
Midwy. St
Pfeiffer St
Vandewtr. St
Water St
101
100 M

PAGES

123 ●● SAN FRANCISCO

205 ●● EAST BAY

Au-delà du Bay Bridge, l'est de la baie est très urbanisé, mais moins concentré que San Francisco. On visitera Berkeley pour sa célèbre université, son animation et son ambiance Quartier latin. Oakland, ville de Jack London, réserve quelques très bonnes surprises.

205 BERKELEY ★★
208 OAKLAND ★★

213 ●● NORTH BAY

Au-delà du Golden Gate Bridge, en traversant la célèbre Porte Dorée sur le Pacifique, on atteint la péninsule au nord de San Francisco. Elle offre des espaces naturels préservés et absolument fabuleux à quelques minutes de la ville, tandis que le calme règne dans les villages balnéaires Sausalito et Tiburon.

213 MARIN HEADLANDS ★★★

214 SAUSALITO ★★★

Première étape sur la côte nord, de l'autre côté du Golden Gate Bridge, Sausalito est une petite ville tranquille que l'on compare souvent à Saint-Tropez. Avant la construction de la Porte Dorée, Sausalito et San Francisco étaient séparés par la baie. Cet éloignement fut cependant une aubaine pour ceux qui gravitaient autour de San Francisco, et ne désiraient pas trop s'y montrer.

215 TIBURON ★
216 ANGEL ISLAND STATE PARK ★

217 ●● SILICON VALLEY

Ne vous attendez pas à trouver la Silicon Valley sur une carte routière, elle n'y figurera pas. Le nom abstrait de Silicon Valley ou vallée du Silicium en français (éléments des puces d'ordinateurs) a été créé en 1971 pour désigner le pôle des industries technologiques situé au sud de San Francisco et de sa baie.

Désignant plus un état d'esprit - l'innovation est ici le maître mot - qu'un lieu à proprement parler, la Silicon Valley bénéficie d'une concentration de talents et de cerveaux impressionnante, grâce à des universités de renommée internationale comme Stanford et à la présence de compagnies au rayonnement mondial comme Yahoo !, Google et Cisco. Ingénieurs, entrepreneurs et directeurs de *start-up* du monde entier s'y installent pour réaliser leur rêve américain.

Située à 45 km de San Francisco, la région, en forme de V, comprend plus de 2 millions d'habitants. Palo Alto en est considérée comme le cœur géographique, avec notamment l'université de Stanford. La vallée est principalement constituée de quartiers résidentiels et de petits centres-villes. Il y a quelques « quartiers des affaires » comme Shoreline Boulevard à Mountain View (Google...) ou à proximité de l'aéroport de San José (eBay, PayPal...), mais beaucoup de *start-up* sont simplement installées au milieu des habitations dans un garage ou en ville, au-dessus d'un café.

217 PALO ALTO ★★
219 STANFORD ★★
221 CUPERTINO
222 SAN JOSÉ ★★

PASSPORT

SAN FRANCISCO

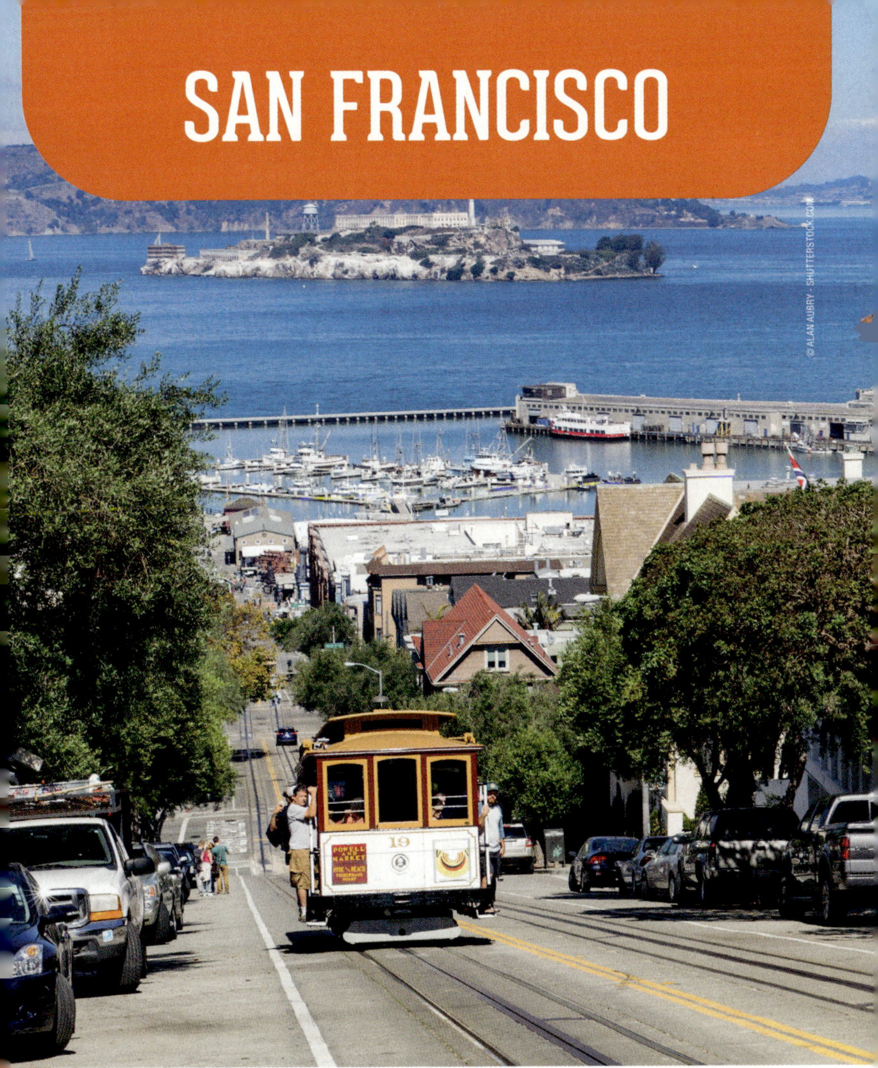

© ALAN AUBRY - SHUTTERSTOCK.COM

San Francisco est la ville de tous les mythes. D'abord celui, fondateur, de la ruée vers l'or. C'est ici que convergèrent à partir de 1848, dans l'espoir de faire fortune, les déshérités de l'Amérique et du monde entier. Ce fut ensuite la ville de la prospérité appuyée sur le grenier à blé californien, vers laquelle affluèrent à leur tour les miséreux de la Dépression des années 1930. De cette époque, il reste les milliers de maisons victoriennes en bois qui feront votre admiration. Ce fut après-guerre la ville des Beatniks qui se saoulaient dans les bistros du quartier italien. Mais le grand fait d'armes de San Francisco, c'est bien sûr le Summer of Love, ce rassemblement de milliers de hippies désireux de changer le monde. Leur trace se voit encore dans les échoppes colorées de Haight Ashbury. Parallèlement, la ville vit dans les années 1970 l'avènement de Castro, où les homosexuels de tout le pays savaient pouvoir trouver refuge. Malgré la gentrification de ces dernières années, San Francisco incarne encore son passé glorieux. Partez à sa rencontre !

QUARTIERS DE SAN FRANCISCO

San Francisco est une ville dense, mais aux quartiers bien définis : d'un *block* à l'autre, l'ambiance peut changer du tout au tout. Ces quartiers, appelés *neighborhoods*, en font une ville passionnante à découvrir. Pour faciliter la lecture et l'orientation, les quartiers sont regroupés en cinq grandes zones géographiques : Downtown et ses environs qui regroupe les quartiers du centre-ville avec le City Hall et le Financial District. Au nord de Downtown les quartiers de North Beach, Telegraph Hill et les Piers forment un ensemble qui longe l'océan jusqu'à Embarcadero. À l'ouest de Downtown les jolis quartiers résidentiels et huppés de Russian et de Nob Hill plongent vers Pacific Heights et Cow Hollow. Le célèbre quartier des hippies autour du Golden Gate Park regroupe Haight et Ashbury. Enfin, Market Street délimite deux parties de la ville. Au sud de Market Street se trouvent SoMa (pour South of Market), le très dynamique quartier de Mission et le mythique quartier de Castro.

Downtown et ses environs

Downtown est le centre historique de San Francisco, délimité par Market Street et Van Ness Avenue qui forment un triangle avec la baie. Cette zone regroupe des quartiers très différents, du plus chic (Union Square) au plus pauvre (Tenderloin), en passant par le quartier des affaires, le Financial District, ou le célèbre Chinatown. Un exemple typique de la diversité de la ville, condensée en seulement quelques blocs.

▶ **Union Square.** Cette grande place tire son nom des rassemblements qui avaient lieu en soutien à l'armée de l'Union, à savoir, l'armée du Nord qui défit les confédérés du Sud durant les années de guerre civile.

Aujourd'hui, c'est le cœur de Downtown : vous y trouverez les plus grands magasins (Macy's, Nieman Marcus, Saks Fifth Avenue et Bloomingdale's), les boutiques de luxe (sur Maiden Lane, à l'est de la place), la plupart des hôtels et les principales lignes de transports (BART, MUNI et cable car).

Concerts, cours de danse et expositions ont lieu régulièrement sur la place où il fait bon s'arrêter pour un déjeuner sur le pouce durant les beaux

Union Square.

© FOTOVOYAGER - ISTOCKPHOTO.COM

Les lions de mer de Pier 39.

jours. Nous vous conseillons de ne vous y arrêter que le midi, pour une pause rapide après une virée shopping, car les restaurants autour ne sont pas les meilleurs.

Enfin, proche d'Union Square, c'est le quartier français de San Francisco (French Quarter). Vous y trouverez le Consulat de France, l'église Notre-Dame des Victoires avec service du dimanche en français et un grand nombre de restaurants tenus par des compatriotes, notamment autour de Belden Place (quartier français historique).

Civic Center & the Tenderloin. Civic Center est le quartier officiel qui regroupe les centres administratifs, dont le City Hall. Chef-d'œuvre d'art baroque de granit et de marbre, la mairie est construite sur le modèle du Capitole de Washington. Autour se dressent l'opéra, réputé mondialement, la San Francisco Public Library et l'Asian Art Museum. Cet ensemble imposant forme la pointe du triangle de Downtown, là où les deux grands axes de la ville, Market Street et Van Ness Avenue, se rencontrent.

Au nord-est, c'est le quartier du Tenderloin. Celui-ci est réputé à risque, notamment la nuit. Vous y verrez un nombre impressionnant de SDF, en particulier devant la Glide Memorial Church (sur Ellis Street). Problèmes de drogue et pauvreté extrême, c'est un petit peu le miroir aux alouettes de la vie américaine, à deux pas des boutiques de luxe d'Union Square.

Au début du siècle, le Tenderloin était réputé pour ses bordels, ses salles de jeux et ses débits de boisson. C'est aussi là que les premiers bars gays voient le jour avant les débuts du Castro. Aujourd'hui c'est un quartier qui vit la nuit, avec de très bonnes adresses de restaurants et de bars. Malheureusement, la misère et l'insécurité y restent constantes. La municipalité de San Francisco, consciente du malaise entre l'impeccable Civic Center et le triste Tenderloin, a entamé en 2013 un chantier de réhabilitation visant à redorer l'image de son centre administratif.

La frontière d'Union Square et de Tenderloin accueille quant à elle le Theater District, un quartier où l'art est à l'honneur. Les salles les plus emblématiques sont celles de l'American Conservatory Theater et du Curran Theater, mais d'autres scènes plus petites se cachent parfois dans de jolis bâtiments (Playhouse dans le Kensington Park Hotel)...

Financial District (FiDi). Certes, ce n'est pas aussi impressionnant que Wall Street, mais ne vous y méprenez pas : le quartier des affaires de San Francisco est la première place financière de la côte Ouest. Beaucoup d'activité donc en semaine et en journée, mais après 17h, les rues se vident, les banquiers rentrant chez eux pour profiter de quartiers plus agréables à vivre.

A voir : la Transamerica Pyramid (325 m) qui, avec son profil unique, est devenue l'un des emblèmes de la ville, au même titre que le Golden Gate Bridge.

Chinatown. À deux *blocks* à peine au nord d'Union Square, on entre dans Chinatown par une porte rouge, surmontée de deux dragons dorés : c'est la Dragon Gate à l'intersection de Grant Avenue et Bush Street.

Le quartier chinois est un rectangle délimité par Bush Street au sud, Powell Street à l'ouest, Kearny Street à l'est et Broadway au nord. Les San-Franciscains disent que leur Chinatown est à la fois le premier et le plus grand des Amériques – les New-Yorkais disent la même chose. Une chose est sûre : c'est certainement le plus beau.

Malgré le côté très touristique de Grant Avenue qui est l'axe principal, Chinatown conserve un charme fou, rappelant une autre époque et une Chine impériale. Partout des lampions, des temples, des bâtiments en pagode. Quittez Grant Avenue et perdez-vous dans les labyrinthes des marchés sur Stockton Street. C'est ici que tout se passe !

North Beach, Telegraph Hill et les Piers

La pointe nord-est de la péninsule de San Francisco est ici divisée en trois quartiers, dont les limites extérieures sont Columbus Avenue à l'ouest et Market Street au sud, le nord et l'est étant bordés par la baie. Dans cette zone sont concentrées plusieurs grandes attractions de San Francisco.

The Piers. Les Piers font partie du patrimoine génétique de San Francisco. Ces « jetées » ont contribué au développement maritime et industriel de toute la baie. À l'exclusion du controversé Pier 39 (Fisherman's Wharf), aux allures de parc d'attractions, cette zone côtière a subi un joli travail de réaménagement. Tout débute à la jonction de Market Street et d'Embarcadero Avenue, avec le Ferry Building et son grand marché couvert (Market Place), au cachet architectural certain. Son Farmers Market et ses restaurants en font une destination gastronomique de choix. Plus au nord, les Piers 15 et 17 expriment la renaissance du quartier entier en accueillant le nouvel Exploratorium depuis avril 2013. Ses multiples galeries intérieures et extérieures se fondent à merveille avec l'architecture d'origine.

Un peu plus loin s'étend le micro-quartier de Fisherman's Wharf. Son Pier 39 constitue un passage obligé pour observer les sea lions ou naviguer vers l'une des îles de la baie (départs aux Piers 39, 41 et 43 ½). Le Fisherman's Wharf et la zone des Piers se clôturent en beauté avec Hyde Street Pier et ses navires historiques, le Maritime National Historic Park et la place la plus gourmande de San Francisco : Ghirardelli Square !

North Beach. Petit carré entre Broadway au sud, Mason Street à l'ouest, Montgomery Street à l'est et Francisco Street au nord, le quartier italien de North Beach est l'une des destinations phares de San Francisco. Columbus Avenue est l'axe touristique du quartier : vous y trouverez toutes sortes de restaurants et de pizzerias qui jouent la carte italienne de manière plus ou moins réussie. Ne vous laissez pas tenter par les « Ciao » qui fusent, mais dirigez-vous plutôt dans les petites rues autour de Grant Avenue et Green Street. Vous y trouverez de vrais bons restaurants ainsi que de belles boutiques de design et de décoration. Autour de Washington Square, prenez un café en terrasse puis allongez-vous au soleil, sous l'œil bienveillant de la cathédrale catholique Saints-Pierre-et-Paul, où Joe di Maggio et Marilyn Monroe ont posé pour leurs photos de mariage – ils s'étaient vu refuser la cérémonie car Marilyn était divorcée. North Beach est aussi le lieu de pèlerinage des fans de la Beat Generation. Kerouac, Ginsberg et Ferlinghetti ont en effet donné naissance à ce mouvement contestataire dans ces rues, notamment au Citylights Bookstore, la librairie que tenait Ferlinghetti.

Telegraph Hill. Située au nord-est de North Beach, cette colline est si pentue que les maisons semblent périlleusement accrochées à sa paroi. Le quartier a été celui des artistes et des écrivains. Aujourd'hui, il s'enorgueillit d'une tour au profil audacieux : la Coit Tower, du nom de Lillie Hitchcock Coit, une riche héritière qui a légué sa fortune à la ville. On a fait bâtir cette tour de 65 m de haut en son nom en 1933, elle a été classée monument historique en 1983. La vue sur la baie et San Francisco y est absolument magnifique. Une fois en haut de la colline, il vous faudra redescendre vers North Beach. Pour cela, empruntez les Filbert Steps, de longs escaliers qui vous ramèneront aux pieds de la colline à travers des jardins suspendus somptueux. Les cris de perroquets sauvages ayant élu domicile dans cette jungle urbaine vous surprendront peut-être.

Pacific Heights, Cow Hollow et le nord-ouest

Les quartiers situés au nord-ouest de San Francisco sont des quartiers assez cossus et résidentiels, parsemés de rues commerçantes qui animent la zone.

Ces deux collines escarpées sont situées entre Mason Street et Van Ness Avenue, au nord de Bush Street. La plus au sud, Nob Hill, est délimitée par Union Square au sud, Pacific Heights à l'ouest et Chinatown à l'est. Russian Hill, au nord de Nob Hill, est délimitée par Marina & Cow Hollow à l'ouest et North Beach à l'est. Ce sont de véritables montagnes russes : marcheurs, préparez-vous à escalader des rues très pentues ! Andrew Hallidie a inventé le cable car en 1873 pour grimper ces deux collines, les chevaux n'arrivant pas jusqu'en haut. Certes, elles vont vous épuiser, mais les vues sont si saisissantes que le jeu en vaut la chandelle ! Préparez-vous à embrasser à la fois la baie, le Golden Gate Bridge et la ville dans son ensemble.

Le quartier de Telegraph Hill.

Nob Hill. Au temps de la conquête de l'Ouest, et grâce au cable car, quatre magnats des chemins de fer installent leurs palais en haut de Nob Hill. Ils se nomment Leland Stanford, Collis Huntington, Mark Hopkins et Charles Crocker, et vont donner ses lettres de noblesse à un quartier resté, depuis, le fief de la haute société. En effet, grâce à la toute nouvelle accessibilité des lieux, les grandes fortunes voient l'occasion de se démarquer (encore plus) du peuple, en s'élevant littéralement sur la Baie. De somptueuses villas sont construites et pendant un temps, San Francisco est considéré comme le « Paris de l'Ouest » pour son élégance et le raffinement de son architecture. Trois des hommes à l'origine de ce phénomène ont donné leur nom à trois des plus grands hôtels-palaces de la ville : le Scarlet Huntington Hotel, l'Intercontinental Mark Hopkins et le Stanford Court Hotel. Le Fairmont Hotel et le Ritz Carlton complètent le tableau du luxe san-franciscain.

Quartier majestueux et solennel, Nob Hill abrite aussi la Grace Cathedral, commencée en 1928 et achevée en 1964. De style néogothique, elle s'élève sur le ciel bleu de la colline, non loin de l'imposant temple maçonnique tout de marbre blanc.

Russian Hill. Russian Hill tient son nom d'un cimetière russe que l'on a découvert au sommet de la colline. Le cimetière a été détruit, mais son nom est resté. Aujourd'hui, c'est un quartier agréable et moins pompeux que son voisin du sud. Pour un dîner romantique, direction Hyde Street avec ses loupiottes et ses bons restaurants. Russian Hill séduira également les amateurs de shopping, avec les boutiques de Polk Street, les littéraires qui se plairont à parcourir la Barbary Lane d'Armistead Maupin, plus connue sous le nom de Macondray Lane, et les contemplatifs avec les parcs perchés d'Ina Coolbrith et de George Sterling, le San Francisco Art Institute avec ses fresques de Diego Rivera. Sans oublier l'amusante Lombard Street, la rue la plus sinueuse du monde, plantée d'hortensias. Russian Hill n'est pas le quartier le plus animé de San Francisco, mais on profitera avec plaisir de son ambiance feutrée lors d'un après-midi ensoleillé.

Japantown. Moins célèbre que Chinatown, mais tout aussi important, San Francisco a son quartier japonais, Japantown (aussi surnommé Little Osaka). La communauté japonaise de San Francisco est la plus ancienne des États-Unis et la plus nombreuse. Elle s'est installée d'ouest en est entre Fillmore et Laguna Street et du nord au sud entre Bush Street et Geary Boulevard.

Les premiers Japonais arrivèrent dans la ville au début des années 1860, mais ce n'est qu'en 1906, après le terrible tremblement de terre qui dévasta San Francisco et qui les obligea à quitter leurs habitations détruites, qu'ils se regroupèrent dans cette partie de la ville. Ils construisirent alors des lieux de prière et ouvrirent des restaurants et des magasins typiques de leur pays. Japantown ou plutôt Nihonmachi était né ! Malheureusement, la Seconde Guerre mondiale ouvrit une triste page d'histoire pour la communauté nippo-américaine. L'armée américaine se rangea aux côtés des Alliés pour combattre les forces hitlériennes et nippones. Le Japon fut déclaré ennemi numéro un après les attaques sur Pearl Harbor qui déclenchèrent l'entrée en guerre des États-Unis. Les Américains d'origine japonaise allaient en subir l'injuste prix.

L'Executive Order 9066 émis par le président Roosevelt en février 1942 ordonna le rassemblement de tous les résidents d'origine japonaise et leur internement dans des camps d'isolation. Ce fut un coup terrible pour toute la communauté et le gouvernement américain dut longuement travailler à la réhabilitation de ses citoyens humiliés et injustement détenus après la fin du conflit. Peu à peu, les Nippo-Américains se réinstallèrent dans Japantown et ce fut l'ouverture du Japan Center en 1968 qui consacra ce retour. Aujourd'hui, c'est un quartier calme et au charme désuet où l'on peut trouver livres, nourriture et artisanat japonais parmi de nombreux restaurants de sushis et de cuisine traditionnelle. Le moment fort de Nihonmachi est en avril, chaque année, lorsque est organisé le Cherry Blossom Festival, un des événements japonais les plus importants de toute la Californie. Deux week-ends durant, toutes sortes de festivités ont lieu dans les rues de Japantown, le plus spectaculaire étant le défilé de chars, lors de la grande parade finale. De passage à Japantown, il vous faudra absolument faire un tour du côté de la cathédrale Saint Mary's of the Assumption. Construite en 1971, c'est un chef-d'œuvre de béton et une prouesse architecturale. À ne pas manquer.

Pacific Heights. Au nord de Bush Street jusqu'à Green Street et entre Van Ness Avenue et Divisadero Street s'étend le quartier de Pacific Heights. Les familles fortunées de Nob Hill se trouvant un peu à l'étroit sur cette noble colline décidèrent de migrer vers les hauteurs sur le Pacifique où l'espace était moins réduit. Au tournant du siècle, elles y construisirent des villas gigantesques et magnifiques, rivalisant de style. Le quartier de Pacific Heights était né. Épargné par le grand incendie, ce quartier a conservé certaines des plus belles maisons victoriennes de San Francisco avec, entre autres, la Haas-Lilienthal House dans Franklin Street (entre Jackson et Washington Street) ou encore la majestueuse Spreckels Mansion sur Washington Street et Lafayette Park. Aujourd'hui, les grands de ce monde et les stars qui résident à San Francisco disposent d'une maison dans ce quartier au calme. Sur Fillmore Street, la principale rue commerçante de « Pac Heights », vous trouverez cafés et boutiques. Idéal pour une balade avec une session shopping dans l'après-midi. Ne manquez pas d'aller à la pointe septentrionale de la colline pour jouir de l'une des vues les plus somptueuses sur la baie.

Marina & Cow Hollow. Aux pieds de la colline de Pacific Heights, c'est le quartier de Marina & Cow Hollow qui s'avance vers la baie. C'est un bandeau de terre entre la marina à proprement parler, Pacific Heights au sud, le Presidio à l'ouest et Russian Hill à l'est. Il s'agit d'un quartier aisé, plutôt superficiel, très apprécié des jeunes cadres trentenaires de San Francisco bien sous tous rapports, autrement appelés les yuppies (*young urban professionals*) en langage local. C'est un terrain artificiel, créé par l'homme pour la Panama Pacific Exposition de 1915 afin de célébrer le renouveau de San Francisco après le grand tremblement de terre de 1906. Polder à l'américaine, c'est aussi une zone où le danger sismique est particulièrement élevé. Union Street abrite la plupart des magasins du quartier. C'est une rue très agréable pour faire les boutiques. Alentour, beaucoup de bars et quelques restaurants complètent le tableau de ce quartier animé quoique plus résidentiel à mesure que l'on se rapproche de la marina et de la baie, au nord de Lombard Street. La nuit y est très riche en bars mais certains San Franciscains n'apprécient pas le côté légèrement m'as-tu-vu des établissements et des locaux qui les fréquentent. À vous de voir, sachez juste que si on vous traite de « Marina person », c'est rarement un compliment.

Presidio. Cet immense espace vert, ancien terrain militaire accessible par la marina, mène au fameux pont du Golden Gate. Construit de 1933 à 1937 entre deux rives aux rochers très accidentés, le Golden Gate Bridge, parfois entièrement dissimulé par le brouillard (*fog*), constitue l'une des réalisations les plus connues au monde. Le week-end quand il fait beau, les San Franciscains se retrouvent sur Crissy Fields pour organiser pique-niques ou balades à vélos.

SoMa, Mission, Castro et le sud

Cette zone regroupe à la fois les quartiers très étendus de Mission et de SoMa situés au sud de Market Street et le quartier de Castro.

SoMa (South of Market). Au sud de Market Street, ce quartier a connu un véritable renouveau grâce à la bulle Internet qui rameuta beaucoup de jeunes ingénieurs informatiques travaillant dans la Silicon Valley voisine. Ils ont préféré s'installer à San Francisco pour éviter les échangeurs et la plaine de San Jose. Une seule condition : que l'autoroute du sud soit facilement accessible. SoMa était tout désigné. Ancien quartier de hangars et d'entrepôts, c'est un quartier en pleine réhabilitation durant les années 1990 et le début des années 2000. On décide d'y installer les grands musées modernes, comme le SFMOMA (réouvert en 2016 après une grande rénovation), le Yerba Buena Center et le Contemporary Jewish Museum. Des centres de conventions gigantesques voient le jour tel le Moscone Center. C'est un quartier branché, investi de grandes boîtes de nuit, de restaurants tendance et d'ateliers high-tech. Les jeunes qui font fortune grâce à Internet

Le quartier de Castro.

s'achètent des lofts zen et sobres. Partout, c'est l'empire du design. Mais bientôt c'est la fin de l'euphorie informatique.

Les start-up ferment ou font faillite et les prix qui montent toujours dans SoMa deviennent dissuasifs pour beaucoup. Le rêve californien ce n'est plus d'avoir un duplex blanc et noir dans le quartier. Certains restent, parfois par choix. Aujourd'hui, SoMa est toujours cette étendue urbaine gigantesque au sud de Market Street et à l'est de Mission, mais ce n'est plus très trendy. On y vient pour ses musées entre Mission et Howard Street, mais on s'y enfonce rarement, à moins d'assister à un match de baseball à l'AT&T Park.

Castro. C'est le quartier gay de San Francisco. Situé autour de Castro Street, qui en est la rue principale, le quartier s'étend entre 14th et de 24th Street au nord et au sud et entre Douglass et Church Street à l'ouest et à l'est.

À l'origine, c'est le quartier scandinave que l'on surnomme Eureka Valley. Puis, au tournant du siècle une communauté d'Irlandais catholiques s'installent autour de la paroisse de la Holy Redeemer Church (au coin de 18th et de Diamond Street). Les Irlandais restent jusque dans les années 1950 et 1960 quand, nouvellement enrichis par le boom économique d'après-guerre, ils décident de quitter le centre-ville pour la banlieue. Le quartier périclite, tout comme Haight avant lui. À cette époque, nous sommes en plein Summer of Love, la liberté sexuelle est à son apogée et les drogues douces et dures font des ravages. C'est alors que Harvey Milk, un jeune hippie homosexuel décide de quitter la folie de Haight et part à la recherche d'un quartier plus tranquille et peu cher. Tout comme les hippies qui, avant lui, ont quitté les beatniks de North Beach, Harvey Milk, son compagnon et un autre couple homosexuel trouvent le Castro, ses petites maisons victoriennes et son microclimat ensoleillé. Les loyers sont bon marché et, par le bouche à oreille, c'est toute une communauté d'hommes gays qui rachète les maisons délaissées du Castro. Aujourd'hui, la plupart des maisons arborent le drapeau arc-en-ciel, les magasins sont essentiellement axés gay, et c'est l'un des quartiers les plus courus pour y faire la fête à la nuit tombée.

Mission District. C'est dans le quartier de Mission, actuellement le quartier latino de San Francisco, qu'a été fondée la Mission San Francisco d'Asis en juin 1776 et qui a donné son nom à la ville. La mission de franciscains espagnols a asservi les Indiens ohlones présents sur le territoire et a construit ranchs et fermes. Le temps a passé, les Indiens ont été décimés et la Mission conservée : c'est aujourd'hui le plus vieux bâtiment de San Francisco.

Jusqu'à récemment le Mission District était un quartier assez pauvre, majoritairement hispanique et sujet à la criminalité et la violence urbaine. Les choses ont considérablement changé dans Mission et c'est devenu un quartier très prisé de la jeunesse branchée et artiste, des bobos tendance hipsters.

C'est aussi considéré comme le quartier général des lesbiennes, et de plus en plus celui des gays lassés du caractère démonstratif de Castro. C'est un des endroits préférés des jeunes San-Franciscains pour dîner ou boire un verre. Beaucoup d'artistes ont élu domicile ici. Mission est un quartier très étendu : plus vous vous enfoncerez vers le sud et l'est et plus vous retrouverez l'aspect latino qui a un peu disparu des rues à hauteur de 16th à 22nd Street environ. C'est un peu loin du centre, mais c'est un des villages de San Francisco à ne pas rater.

Venez le samedi et prenez le temps de ne rien faire au Dolores Park avant de faire les boutiques de jeunes créateurs, de fouiner dans les friperies qui sont de véritables trésors de vintage, de flâner dans les librairies indépendantes et de déguster un burrito délicieux. On ne partira que tard dans la nuit après un dîner au cœur d'un des merveilleux restaurants du coin et une soirée à boire dans tous les bars branchés.

▸ **Dog Patch et Potrero Hill.** Situés à l'est de Mission et au sud de SoMa, face à Alameda Island, ces deux quartiers sont en pleine expansion. Les bars branchés y poussent comme des champignons et on chuchote déjà que cette zone serait la relève de Mission. Pour l'instant, il reste encore beaucoup de hangars industriels désaffectés, mais il est vrai que certains bars méritent le détour. Articulée par une rue principale, Third Street, le quartier Dog Patch, propose des adresses gourmandes, et de nombreuses surprises pour les passionnés d'art. Ambiance plus locale et plus conviviale.

▸ **Mission Bay.** Dans la continuité du quartier de Dog Patch et de Potrero Hill, se trouve le quartier portuaire de Mission Bay. De plus en plus moderne, cette zone jusque-là cantonnée principalement à ses activités de pêche, de construction et réparation de bateaux, compte désormais des immeubles et commerces en plein développement. Sans oublier le célèbre parc AT&T, où se déroulent les matchs des Giants, l'équipe de Baseball de San Francisco, et d'où l'on peut admirer la vue sur la baie. Qui plus est, le campus de recherche médicale de l'université de Californie (UCSF Mission Bay) donne, lui aussi, un caractère spécial et une certaine renommée à ce quartier au bord de l'eau.

Haight et le Golden Gate Park

▸ **Hayes Valley.** Tout petit quartier à l'ouest du Civic Center, Hayes Valley s'est développé sur le tard, après le tremblement de terre de 1989. C'est une population jeune de 25-35 ans qui habite ici, parmi les maisons victoriennes à deux étages. Une destination phare pour faire du shopping où vous trouverez beaucoup de créateurs locaux ainsi que des magasins de seconde main.

▸ **Haight-Ashbury.** Centre de la contre-culture aux Etats-Unis, Haight-Ashbury est partout connu comme le berceau du Summer of Love et du mouvement hippie dans les années 1960. Les Beatniks ayant investi North Beach, le quartier devenait trop exigu pour les nouveaux arrivants en quête de vie alternative. Ils étaient jeunes, ils étaient fauchés, ils cherchèrent donc un quartier peu cher pour s'installer. Le quartier de Haight, et ses maisons victoriennes, était alors délaissé par les San-Franciscains, les loyers étaient bon marché : les hippies y fondèrent leur nid. Sex, drugs and rock n'roll devinrent les maîtres mots de cette génération lasse de la rigueur conservatrice de ses aînés. Les années ont passé, les hippies d'hier sont devenus les retraités bourgeois d'aujourd'hui, mais dans Haight-Ashbury se maintiennent la douceur et la nonchalance. Les façades colorées, décorées de fleurs ou de dessins originaux, sont en harmonie avec l'atmosphère du quartier.

▸ **Lower Haight.** Aujourd'hui, on distingue Haight-Ashbury (du Golden Gate Park au Buena Vista Park), où les gens sont encore très *peace and love*, du Lower Haight (du Buena Vista Park vers l'est jusqu'au quartier de Hayes Valley), où l'ambiance est plus au rock urbain. On l'appelle Lower Haight parce qu'il se situe aux pieds de la colline surmontée par le Buena Vista Park. Prenez le temps d'apprécier ce quartier en flânant dans les parcs, boutiques et restaurants, vous ne serez pas déçus.

▸ **Alamo Square.** À voir, au nord de Lower Haight et à l'ouest de Hayes Valley, le petit quartier d'Alamo Square abrite un petit bijou d'architecture victorienne, les fameuses Seven Painted Ladies qui s'alignent au pied de la pelouse du square sur fond de *skyline*. C'est l'une des cartes postales de la ville.

▸ **Golden Gate Park.** Large rectangle de plus de 4 km², le Golden Gate Park est un des plus grands parcs urbains des États-Unis, devant le Central Park de New York auquel on le compare souvent. Perpendiculaire à l'océan, il est entouré de deux grands districts résidentiels, Richmond au nord et Sunset au sud, fréquemment appelés The Avenues, car les rues ici sont numérotées de la 2nd Avenue à la 48th Avenue.Quartiers très étendus et résidentiels, vous aurez rarement l'occasion de vous y balader. Cependant certains sites, restaurants ou boutiques valent le détour.

▸ **Richmond.** Directement au nord du Golden Gate Park se situe le quartier de Richmond. À l'origine, cette zone n'était qu'étendue de sable et de dunes. À la fin du XIXe siècle, on commença à construire, mouvement qui s'intensifia après le grand tremblement de terre de 1906. Le quartier se développa et l'on continua de construire toujours plus de maisons dans un effort d'urbanisation durant la première moitié du XXe siècle.

Avant la Seconde Guerre mondiale, le quartier connut une forte concentration de familles juives. Puis, ce fut une communauté de Russes orthodoxes qui s'installa autour de la grande église orthodoxe du quartier. Clement Street devint l'axe commerçant principal. C'est aussi dans ses environs que s'est établie une grande partie de la communauté chinoise de San Francisco.

▸ **Sunset.** Au sud du Golden Gate Park c'est le Sunset District, un des plus grands de San Francisco. Pas grand-chose à voir dans ce quartier résidentiel à part la rue commerçante Irving Street, au niveau du carrefour avec 19th Street.

SE REPÉRER SE DÉPLACER

Il existe quantité de façons différentes de se déplacer à San Francisco. Tout d'abord, sachez que la ville est conçue comme un damier parcouru par de grandes avenues. Il est donc très simple de se repérer et de se déplacer en voiture. Mais le stationnement est en revanche compliqué, car les places sont rares par rapport à la quantité de véhicules, elles changent d'emplacement suivant les heures et il ne faut pas pas oublier de mettre ses roues avant de travers lorsque l'on est garé dans une côte. La police passe en permanence, dresse beaucoup de contraventions et celles-ci sont salées. Par ailleurs, l'ivresse au volant est très sévèrement réprimée. Préférez donc les transports en commun, qui sont bien conçus. Bateau, tramway, métro, trottinette, taxi, bus, trolley, vtc, vélos, *cable car*... : vous avez le choix ! Pensez juste à éviter les vélos lorsque vous devez gravir une colline, celle-ci pourrait se révéler infranchissable.

SAN FRANCISCO INTERNATIONAL AIRPORT

✆ +1 6508218211

www.flysfo.com

Septième aéroport des États-Unis, il est situé à 25 km au sud de la ville. Au-delà du *Rental Car Center* (pour les locations de voiture), plusieurs moyens de transports sont à votre disposition à l'aéroport de San Francisco pour rejoindre le centre-ville : grande préférence pour le BART, l'équivalent du RER parisien (9 US$), taxi (50 US$), shuttle (19 US$) et bus Samtrans (2,25 US$). Attention aux questions parfois piégeuses des douaniers en arrivant sur le territoire.

BLUE & GOLD FLEET

Pier 41

✆ +1 415 705 8200

www.blueandgoldfleet.com

Navette ferry vers Sausalito et Tiburon : 13 US$ par adulte.Excursions : à partir de 35 US$ par adulte pour 1 heure.

Depuis plus de 40 ans, Blue & Gold Fleet propose des navettes en direction de Sausalito, Tiburon, Angel Island... et de fabuleuses croisières : tour d'une heure autour de la baie de San Francisco, 1h30 «*Escape from the rock cruise*» en passant par Alcatraz, et même une formule coucher de soleil (selon la saison). Appréciez les plus beaux paysages de la baie, la fascinante *skyline* de la ville et attention aux lions de mer : ils sont tout près ! L'audioguide disponible en 9 langues vous guidera à travers les nombreux monuments et l'histoire de la ville.

GREYHOUND

425 Mission Street

✆ +1 415 495 1569

www.greyhound.com

Aller simple au départ de San Francisco vers Los Angeles : 40 US$, vers Sacramento : 10 US$...

Les bus Greyhound sont la solution bon marché pour traverser la Californie et même aller au-delà. Une dizaine de cars par jour relie Los Angeles à San Francisco (entre 9 et 11 heures de route). Ils desservent également les villes de Sacramento, San José, Santa Cruz, Santa Barbara et même Seattle... Les bus sont fonctionnels et confortables : wifi à bord, prises électriques, sièges inclinables, toilettes... Avec leur moteur équipé des dernières technologies, ils laissent une faible empreinte carbone : c'est la solution verte pour voyager !

GOLDEN GATE FERRY

Market et Embarcadero Streets

✆ +1 415 921 5858

www.goldengate.org/

Aller simple de 13,50 à 14 US$ pour les adultes. Entre 6,75 et 7 US$ pour les 5-18 ans et les + de 65 ans.

Au départ de San Francisco, embarquez sur ces grands ferries vers la destination de votre choix : Larkspur, Sausalito, Tiburon ou Angel Island. A l'intérieur ou à l'extérieur de ces bateaux confortables, profitez de la pleine vue sur le Golden Gate Bridge, Alcatraz ou encore la *skyline* de San Francisco. Les ferries opèrent tous les jours de l'année, avec des départs à intervalle de 15 à 120 minutes selon le jour de la semaine et la saison. Vélos et animaux sont les bienvenus. Pour les informations détaillées, visitez le site Internet.

SAN FRANCISCO BAY FERRY

Pier 41

✆ +1 415 291 3377

www.sanfranciscobayferry.com

Ticket Zone 1 : 5,75 US$, Zone 2 : 8,50 US$, Zone 3 : 11,25 US$. Gratuit pour les moins de 5 ans.

La San Francisco Bay Ferry est un moyen de transport de passagers public, permettant de se déplacer à bord de grands ferries vers plus de 12 terminaux de San Francisco et de sa *Bay Area* : entre autres Alameda, Oakland, Mare Island, Richmond, South San Francisco, Vallejo... Bon marché et pratiques, les bateaux-navettes ont une capacité d'accueil de 220 à 450 passagers et offrent l'accès gratuit au wifi. Préparez votre circuit en amont, rendez-vous au Pier 41, payez votre ticket, montez à bord... et profitez ! Plus de détails sur le site Internet.

GOLDEN GATE TOLLS

62 First Street

✆ +1 877 229 8655

www.goldengate.org/tolls

De 8,05 US$ à 9,05 US$ selon le moyen de paiement

Lors du passage du Golden Gate Bridge, il n'y a pas de bornes de paiement. Pensez à vous acquitter des frais de péage obligatoires : avant de traverser le pont (maximum 30 jours) ou jusqu'à 48h après. Le paiement se fait sur leur site internet, cliquez sur «*make a one-time payment*». Indiquez votre date et heure de passage et le numéro de votre plaque d'immatriculation. Vous pouvez également payer par internet sous forme de facture. Pour régler le péage en espèce, rendez-vous dans l'un des points de vente affiliés (liste disponible sur le site internet).

ALAMO

✆ +1 888 826 6893

www.alamo.com

Voiture d'entrée de gamme à partir de 295 US$ jusqu'à 890 US$ la semaine pour la voiture luxueuse.

Avec un bon rapport qualité-prix, Alamo dispose de plus de 290 agences de location aux États-Unis, dont plusieurs à San Francisco (aéroport, centre-ville, sud de la ville...). Elles proposent des forfaits tout compris : kilométrage illimité, assurances et taxes incluses, avec le choix entre plusieurs gammes de véhicules : voitures, SUV, vans, trucks, et la possibilité d'ajouter des extras à votre guise (assistance rapatriement, siège enfant, GPS...). Réservation en agence ou directement sur le site Internet. Petit plus : la réduction si vous payez immédiatement.

BART

✆ +1 415 989 2278

www.bart.gov

Chaque trajet vous coûtera au minimum 1,95 US$.

Le plus simple, le plus rapide et le plus économique pour rejoindre le centre-ville depuis l'aéroport. Puis en ville toujours très pratique. Cinq lignes traversent San Francisco, dont quatre passent par Daly City, au sud de la ville. Deux d'entre elles partent même de cet endroit ; elles passent en souterrain dans le centre, où elles longent Market Street. Les deux autres lignes du BART, en partant de Millbrae, passent sous la baie pour réapparaître à West Oakland, où les lignes se séparent vers plusieurs directions de l'East Bay : Berkeley, Richmond...

CITY RENT-A-CAR

349 Mason St

✆ +1 415 359 1331

www.cityrentacar.com

Agence ouverte du lundi au vendredi de 8h à 15h. Location de 50 US$ à 150 US$ par jour.

Entreprise familiale tenue par Joseph et son frère depuis plus de 20 ans, City s'est spécialisée dans les voitures neuves qui ne consomment pas beaucoup, mais également dans les voitures de luxe ou *fun*. Si vous voulez impressionner sur la côte californienne en *Jeep*, 4x4, *Mini*, décapotable, ou encore en Ford *Mustang* et *Corvette Coupé*. Vous pouvez aussi opter pour des voitures plus petites à des coûts mini. City Rent-a-car est réputée pour ses prix bas et serait l'entreprise de location de voiture la plus fiable de la Bay Area.

CABLE CAR

1201 Mason Street

www.sfcablecar.com

Les cable cars fonctionnent tous les jours de 6h à 00h30. On achète son ticket auprès du conducteur. 8 US$ le ticket.

Le célèbre petit wagon, grimpant et descendant les collines, est un des plaisirs de San Francisco et l'une de ses icônes les plus connues. Trois lignes de *cable cars* desservent les quartiers les plus intéressants de Downtown. La *California* longe la rue du même nom, de l'Embarcadero à Van Ness, en passant par le Financial District et le haut de Nob Hill. Les lignes *Powell-Hyde* et *Powell-Mason* partent toutes deux de Powell Station. Vous trouverez sur cette place tous les autres transports nécessaires, *streetcar*, bus et, en sous-sol, le métro et le BART.

CYPRESS OVERLAND

4364 17th St ✆ +1 857 285 1738
www.cypressoverland.com/
Ouvert du lundi au vendredi de 8h à 18h.
Selon le véhicule, de 210 US$ à 270 US$ par jour + prix de l'assurance.

Vous vous sentez fait pour l'aventure ? Optez pour ce loueur de véhicules tout terrain dernier cri ! Cypress Overland propose des Jeep et des vans Toyota 4x4 tout confort depuis San Francisco. Ils disposent de tentes pop up sur le toit pour profiter de la vue tout en narguant les pumas de la Sierra Nevada, en plus de cuisines complètes pour vous préparer des festins au beau milieu de la Death Valley. Et les loueurs, un couple franco-belge qui connaît parfaitement la Californie, ne sont pas avares en conseils. C'est parti pour le glamping hors piste !

POWELL STREET CABLE CAR

Au coin des Powell et Market Streets
www.sfcablecar.com
Les cable cars fonctionnent tous les jours de 6h du matin à 00h30. 8 US$ le ticket.

Sautez et accrochez-vous au plus ancien et plus célèbre des *cable cars* ! Depuis Union Square jusqu'à Fisherman's Wharf, vous dévalerez les collines de San Francisco en 20 minutes. C'est l'attraction touristique la plus célèbre de la ville avec le Golden Gate Bridge, surtout utilisée pour les touristes, car très chère. On achète son ticket directement auprès du conducteur. Petite suggestion intéressante : allez plutôt le prendre une station après le terminus de *Powell Station*, à Union Square, pour éviter la longue file d'attente.

SAN FRANCISCO MUNICIPAL RAILWAY - MUNI

11 South Van Ness Avenue
✆ +1 415 701 3000
www.sfmta.com
Ticket aller simple métro : pour les adultes : 2,75 US$, pour les jeunes et les seniors : 1,35 US$.

Le Muni est le métro de San Francisco. Il n'est guère utilisé par les touristes, qui restent généralement dans le centre. Idéal pour se rendre dans Mission District. Il dessert la rue principale de la ville, Market Street, sur les mêmes stations que le BART. Plusieurs lignes rejoignent Daly City au sud et l'océan à l'ouest. La compagnie Muni, qui dessert 121 km², a été fondée en 1912. Pensez à l'emprunter, car se garer en voiture dans San Francisco est une véritable gageure.

BLAZING SADDLES

2715 Hyde Street - Fisherman's Wharf
✆ +1 415 202 8888
www.blazingsaddles.com
info@blazingsaddles.com
Ouvert tous les jours à partir 8h. A partir de 32 US$ la journée pour un vélo adulte.

Ce magasin loue des vélos normaux ou électriques, ainsi que des tandems. Il organise également des tours guidés de trois heures. Vous pouvez faire du vélo sur le Golden Gate Bridge jusqu'à Sausalito et revenir en ferry ! Il est également facile de pédaler sur la nouvelle piste cyclable du parc national, de Fisherman's Wharf au Golden Gate Bridge. Vous traverserez le pont sur le trottoir, puis descendrez vers Sausalito pour dîner en bord de mer avant de reprendre le ferry pour Pier 39. Et si vous préférez économiser vos efforts, essayez un vélo électrique !

SAN FRANCISCO MUNICIPAL RAILWAY - MUNI

11 South Van Ness Avenue
✆ +1 415 701 3000
www.sfmta.com
Ticket aller simple 2,75 US$, 1,35 US$ pour les 5-17 ans et les seniors, et 7 US$ pour le cable car.

En plus du métro, la compagnie Muni gère aussi les 71 lignes de bus urbains de San Francisco. Soit 54 lignes de bus à proprement parler et 17 lignes de trolley. C'est le meilleur moyen de profiter des paysages de la ville. Les bus, qui roulent au diesel, sont en général utilisés sur des lignes où la topographie est plutôt égale afin de limiter la pollution. Pour se repérer, c'est simple : le site *nextbus.com* permet de connaître les prochains départs en fonction de l'arrêt.

STREETCAR - F LINE

www.streetcar.org
Trajet simple : adultes 2,25 US$, enfants (5-17 ans) et seniors 1 US$.

Il existe plusieurs trams, tous hérités de villes amies. Ainsi, les vieux trams orange sont-ils les anciens trams de Milan, les trams vert crème, ceux de St Louis, les trams jaune citron et orange, ceux de Los Angeles, et les trams crème et bordeaux, ceux de Philadelphie. C'est en effet lors de l'exposition universelle de 1915, autrement appelée *Exposition internationale de Panama-Pacific*, que les *streetcar* sont apparus dans la ville. Ils ont tellement fait fureur que San Francisco a souhaité les conserver en les adaptant aux rails de la ville.

YELLOW CAB

1200 Mississippi Street
✆ +1 415 333 3333
www.yellowcabsf.com

Pour utiliser cette compagnie de taxis, il est possible de télécharger l'application *YoTaxi* sur smartphone. A l'origine une filiale de Westgate, les Yellow Cabs de San Francisco se sont lancés en tant que coopérative en novembre 1977 après que l'entreprise eut déposé son bilan l'année précédente et qu'un groupe de chauffeurs, de mécaniciens et d'investisseurs eut réussi à convaincre le tribunal fédéral des faillites de racheter l'activité. Lorsque vous passez par eux, l'argent va donc dans la poche de ceux qui travaillent et non dans un fonds d'investissement.

TRAVELLERS AUTOBARN

1997 West Winton Avenue
✆ 1 800 469 4790
travellers-autobarnrv.com

Camping-car à partir de 55 US$ et station-wagon à partir de 35 US$.

Cette compagnie de location de camping-cars a des agences à San Francisco, Los Angeles et Las Vegas. Elle propose tout style de camping-cars ou *station wagons* avec kilométrage illimité et pour tous les budgets. Les camping-cars possèdent un frigo, une gazinière, un four micro-onde, un lavabo ainsi qu'un panneau solaire qui fournit l'électricité. Le *station wagon*, un peu style mini-van, vous permet de dormir à deux à l'intérieur ou bien de partir à cinq avec un petit budget en louant votre tente et autre équipement sur place.

À VOIR / À FAIRE

Il y a tellement de choses à voir à San Francisco que vous n'en viendrez jamais à bout. Pour commencer, on vous suggère un tour en bus découvert histoire de vous faire une idée de la géographie de la ville. Ou si vous en avez les moyens, une balade en *side-car* c'est encore mieux. Emboîtez ensuite le pas d'un guide qui vous emmènera pour un tour gastronomique à travers Chinatown et North Beach par exemple. C'est une bonne façon d'appréhender l'histoire en même temps que la gastronomie d'un quartier. Une balade en voilier vous permettra de découvrir la baie, l'ancienne prison d'Alcatraz et le Golden Gate Bridge. Il ne vous restera plus qu'à poursuivre avec les jardins botaniques ou japonais, le Dolores Park pour une ambiance san-franciscaine typique du week-end, le SFMoMA pour ses collections d'art contemporain, le musée De Young pour une ouverture à l'art mondial... Vous n'avez pas fini et c'est ça qui est bon !

SAN FRANCISCO

CITY PASS

✆ +1 888 330 5508
www.citypass.com/san-francisco
CityPass Ticket : Adulte 80 US$, enfant de 4 à 11 ans 60 US$. Permet une réduction de 45%.

Première chose à faire dès votre arrivée à San Francisco si vous comptez visiter plusieurs sites et rester plusieurs jours : vous procurer le *City Pass Ticket*. C'est un petit carnet donnant accès à 4 des principales attractions de San Francisco pendant 9 jours. Entrées pour la California Academy of Sciences et pour la Blue Gold Fleet San Francisco, ainsi que 2 choix à faire parmi l'Aquarium of the Bay, San Francisco Zoo & Gardens, The Walt Disney Family Museum et l'Exploratorium. Très avantageux pour les familles, comme pour les visiteurs en solo.

GOLDEN GATE NATIONAL RECREATION AREA HEADQUARTERS

Fort Mason ✆ +1 415 561 4700
www.nps.gov/goga
Ouvert du lundi au vendredi de 8h30 à 16h30.

Il s'agit de l'office de tourisme du Golden Gate National Recreation Area (GGNRA). On y trouve toutes les informations pour les randonnées et le camping, mais aussi sur la flore et la faune. Le GGNRA est un parc national qui regroupe plusieurs lieux, allant du San Mateo County au sud au Marin County au nord, en passant par l'ancienne prison d'Alcatraz, le Muir Woods National Monument et de nombreux quartiers de San Francisco. C'est l'occasion de se lancer dans de grandes balades !

SAN FRANCISCO TRAVEL

749 Howard Street
✆ +1 415 391 2000
www.sftravel.com
Ouvert du lundi au vendredi de 9h à 17h, fermeture à 15h le week-end et les jours fériés.

L'office de tourisme principal (Visitor Information Center) de San Francisco Travel est très précieux. Vous y trouvez une multitude de documents sur San Francisco, les vallées du vin, les parcs et la région. Une version française du *Chaperon*, petit guide actualisé, est également disponible sur place et dans de nombreux hôtels, elle est très bien faite. Vous pouvez aussi consulter le site Internet de l'office, très complet et qui propose des idées d'excursions, des descriptions des différents quartiers et points d'intérêts à ne pas rater.

VISIT CALIFORNIA

✆ +1 916 444 4429
www.visitcalifornia.com/fr
Voir site internet.

Site d'information sur le tourisme en Californie traduit en français. Il propose un magazine gratuit, *California Road Trip*, en format papier ou en version numérique. Ce magazine détaille douze itinéraires exclusifs, chacun dédié à une région du Golden State. Il suffit de cliquer sur « Carte », puis d'explorer l'une des douze régions géographiques de l'État. On trouve également sur le site de Visit California des vidéos, un blog et même un podcast. N'hésitez pas à l'utiliser, c'est une véritable mine d'or pour préparer son voyage !

ADVENTURE CAT SAILING THE BAY ★

Départ du Pier 39, Gate J
✆ +1 800 498 4228
www.adventurecat.com
Croisière autour de la baie : 60 US$ adulte, 30 US$ enfant (6 à 12 ans). Durée : 1 heure 30. De mars à novembre.

Envie de découvrir la baie par la mer ? Foncez sur cette croisière en catamaran organisée par une équipe super sympa ! Celle du coucher de soleil, qui permet d'admirer la *skyline* de Downtown et passe à côté d'Alcatraz avant de rejoindre le Golden Gate, est un vrai plan de *lovers*. Attendez-vous à être entourés de couples enlacés se faisant des *selfies* sous le pont. Mais si vous avez des enfants, ils passeront un très bon moment aussi. A ne pas manquer !

BAY CITY BIKE ★

2661 Taylor Street ✆ +1 415 346 2453
www.baycitybike.com
Location de vélos (adulte et enfants) et circuits en vélo guidés de 2h à 4h, prix variant entre 55 US$ et 135 US$.

Belle adresse pour expérimenter le vélo à San Francisco, grâce à *Bay City Bike Tours* et sa flotte de plus de 1 000 vélos (électriques, VTT et hybrides) que vous pouvez facilement louer.

Plusieurs tours guidés (grâce un guide et un casque audio), d'une durée de 2h à 4h, sont proposés pour découvrir la ville sous un nouvel angle. Vous passez par le *Golden Gate Bridge*, les rues de la ville, Alcatraz ou encore le *Golden Gate Park*, avec option coucher de soleil... selon la formule choisie.

Vélos enfants et accessoires également disponibles.

GEARS AND GRAPES GATEWAY INC ★

✆ +1 415 484 1238
www.gearsandgrapes.com
Différents parcours entre 112 et 202 US$. 165 US$ pour les vallées du vin.

Tours thématiques de San Francisco à vélo. Le « *gear and grapes SF tour* » inclut une dégustation de vin dans les maisons locales alors que « *beers and bikes SF* » propose des visites de brasseries locales avec dégustation. Également, des excursions à la journée pour pédaler dans les vallées du Wine Country, dans la Napa Valley, la Russian River Valley ou la Dry Creek Valley. Départ le matin depuis le centre de San Francisco, puis transport vers ces différents sites.

GOURMET FOOD & WINE TOURS ★

✆ +1 415 250 2273
www.gourmetfoodandwinetours.com
Tour à Napa, Sausalito et Yountville : 198 US$ les 3h30. Visite guidée de Napa de 1h30 à 38 US$.

Appel aux épicuriens : Renée vous fera découvrir les vallées des vins Napa et Sonoma et Sausalito à travers des dégustations de mets et de vins sélectionnés pour leur qualité, ainsi que ses coups de cœur. Faites voyager votre palais ! De plus, vous apprendrez des anecdotes sur l'histoire de la ville. Trois heures de découverte en moyenne, en passant par plusieurs adresses. Un moyen insolite pour découvrir la ville, de bonnes adresses pour les bons vivants.

MAGIC BUS SAN FRANCISCO ★

280 Geary St
✆ +1 855 969 6244
magicbussf.com
Tour de 2h15 à 85 US$ ou combination avec la visite d'Alcatraz pour 125 US$ les 5h30.

Le *Magic Bus* est unique et propre à San Francisco : avec sa déco *patchwork* psychédélique, il circule au cœur des quartiers qui furent les hauts lieux des mouvements *hippie*, *beatnik* et autre vagues de libérations culturelle et sexuelle des années 1960. « *Not just a sightseeing tour - it's a trip* », le slogan du bus, est la référence à l'influence du LSD sur les années *sixties*. Projections, animations assurées par un comédien professionnel, tous les aspects de la contre-culture californienne sont abordés. Une manière délurée de découvrir San Francisco.

WOK WIZ CHINATOWN WALKING TOURS

✆ +1 650 355 9657
www.wokwiz.com
Tour gastronomique à 95 US$. Tour sans repas à partir de 35 US$, 25 US$ pour les enfants.

Wok Wiz fait l'unanimité depuis plus de 25 ans pour découvrir Chinatown. Conçues par la chef Shirley Fong-Torres, ces visites guidées sont extrêmement bien organisées. Des guides locaux ayant grandi dans le quartier vous emmènent dans des lieux authentiques et secrets. Wok Wiz est considéré comme « *l'un des meilleurs circuits de San Francisco* » par le *New York Times*. Une expérience unique. Les plus gourmands seront enchantés par le tour gastronomique.

ASIAN ART MUSEUM ★★

200 Larkin Street
✆ +1 415 581 3500
www.asianart.org
Ouvert du jeudi au lundi. Adulte 15 US$, tarif réduit 10 US$, enfant de moins de 12 ans : gratuit.

Avec plus de 18 000 pièces, l'*Asian Art Museum* abrite l'une des plus importantes collections permanentes d'œuvres d'art asiatique au monde. Ouvert en 1966 suite à une donation du milliardaire et collectionneur Avery Brundage, le musée rassemble aujourd'hui des objets d'art et des artéfacts de toute l'Asie, certains datant de plus de 6 000 ans. Au deuxième étage de cet imposant bâtiment du Civic Center se trouve un véritable salon de thé, construit à Kyoto, puis démonté avant d'être réassemblé par des menuisiers Japonais à son arrivée à San Francisco.

CABLE CAR MUSEUM ★★

1201 Mason Street
✆ +1 415 474 1887
www.cablecarmuseum.org
Ouvert tous les jours de 10h à 18h d'avril à septembre et de 10h à 17h d'octobre à mars.

Musée et salle des machines des fameux *cable cars* inspirés des transports utilisés dans les mines. Les machines symboliques de San Francisco ont depuis 1974 le statut de monument historique ! La ville leur doit d'avoir réussi à coloniser ses collines comme Nob Hill et Russian Hill, inaccessibles aux voitures tractées par un malheureux cheval. Dans ce petit musée bien agencé, on peut notamment admirer des exemplaires datant des années 1870, explorer la machinerie ou encore le dernier wagon de la première entreprise de *cable cars*.

CALIFORNIA MASONIC MEMORIAL TEMPLE ★

1111 California Street
✆ +1 415 776 4702
sfmasonic.com
Ouvert lors des spectacles.

Bâtiment de la franc-maçonnerie construit en 1958 tout en marbre blanc et au style légèrement stalinien. C'était le lieu de rencontre. Le nom *California Masonic Memorial Temple* est écrit avec des équerres et des compas. L'entrée est marquée par deux colonnes : une qui soutient le Ciel (à droite) et l'autre qui soutient la Terre (à gauche). Aujourd'hui, la loge n'est plus en activité, mais elle est utilisée comme salle de concerts ou pour des séminaires.

CHINESE CULTURE CENTER ★

750 Kearny Street
✆ +1 415 986 1822
www.c-c-c.org
Ouvert du mardi au samedi de 10h à 16h.

Le centre culturel chinois présente deux à trois expositions d'art chinois par année. Nombreuses sont les installations d'art contemporain sensibles et percutantes. Des rencontres et des entretiens avec de nouveaux artistes de renommée internationale, comme Beili Liu, sont organisés dans la salle de conférence. Le centre propose aussi des cours de mandarin, des lectures de poèmes et un service de généalogie qui retrouve les ancêtres chinois des habitants de Chinatown. Abrite aussi un Centre culturel de cinéma chinois. Vivement conseillé.

CHINESE HISTORICAL SOCIETY MUSEUM ★

965 Clay Street
✆ +1 415 391 1188
www.chsa.org
Ouvert du mercredi au dimanche de 11h à 16h.

C'est la plus importante organisation du pays dédiée à l'héritage social, culturel et politique et des contributions des Chinois en Amérique, promouvant les contributions et l'héritage des Chinois en Amérique à travers expositions, publications et programmes. Vous y trouverez de vieilles photos de la communauté chinoise pendant la Ruée vers l'or, durant la construction du chemin de fer de la Transcontinentale et du Chinatown du début du siècle jusqu'à aujourd'hui.

CITY HALL ★★

400 Van Ness Avenue
✆ +1 415 554 4000
www.sfgsa.org
Ouvert au public du lundi au vendredi de 8h à 17h, fermé le week-end. Tour les vendredis à 13h. Gratuit.

Le *City Hall* de San Francisco est considéré comme l'un des plus beaux bâtiments d'architecture néoclassique des États-Unis et de style Beaux-Arts, il a ouvert ses portes en 1915. Inspirée de la basilique Saint-Pierre de Rome, sa coupole dorée brille aujourd'hui au-dessus du quartier du Civic Center, étant même classée la cinquième coupole la plus grande du monde. Il abrite aujourd'hui l'administration du maire de San Francisco et du comté. Visite guidée tous les vendredis gratuite. La nuit, il est régulièrement éclairé des couleurs de l'actualité.

COLUMBUS TOWER - SENTINEL BUILDING ★

916 Kearny Street
✆ +1 415 765 1532

© MARTIN FOUQUET

Admirez ce bâtiment réalisé par Salfield & Kohlberg et achevé en 1907, soit juste un an après le grand tremblement de terre. Le contraste avec les lignes acérées de la Transamerica Pyramid voisine est saisissant. C'est dans cet immeuble, flanqué de tourelles et de cuivre vert, que le cinéaste Francis Ford Coppola a installé les bureaux de son entreprise l'*American Zoetrope Company* dès 1970. Au rez-de-chaussé, on retrouve son Café Zoetrope, bar à vin et bistro aux influences Italiennes.

DRAGON GATE ★★

413-401 Grant Avenue
Accès libre

Porte glorieusement décorée, « l'entrée du dragon » marque le début de l'artère principale de Chinatown. Construite 1969 et cadeau de Taïwan, elle est de style pailou. Côté ouest, c'est un mâle lion, tandis qu'en face, côté est, c'est une femelle lionne. Autour de la porte sont marquées des inscriptions chinoises, dont l'une signifie «*All under heaven is for the good of people*». Une fois la porte franchie, on aperçoit des lampadaires ornés de dragons d'or qui éclairaient la Grant Avenue dans les années 1920. Bienvenue à Chinatown !

ÉGLISE NOTRE-DAME-DES-VICTOIRES ★

566 Bush Street
✆ +1 415 397 0113
www.ndvsf.org
Ouvert tous les jours de 7h à 17h. Dimanche matin uniquement.

Église catholique érigée par des immigrants catholiques française en 1856 pendant la ruée vers l'or, en s'inspirant de Notre-Dame-de-Fourvière, la basilique de Lyon. Elle fut reconstruite en 1906, juste après le terrible tremblement de terre qu'a connu la ville. L'église est située en plein cœur du quartier français, à côté du consulat, et reste un centre important de la communauté francophone san franciscaine. La messe y est célébrée en français.

GALLERY PAULE ANGLIM ★

14 Geary Street
✆ +1 415 433 2710
www.gallerypauleanglim.com
Ouverte du mardi au samedi de 11h à 17h.

De la photographie à l'installation, des peintures aux projections vidéo, la galerie Paule Anglim présente une magnifique collection d'œuvres d'art. Depuis plus de 30 ans, d'importantes expositions y sont organisées : elle a en effet suivi toute l'évolution historique des artistes de la Beat Generation, et se focalise aujourd'hui sur les mouvements expérimentaux et conceptuels de l'art californien. Depuis mars 2016, la galerie s'est agrandie, afin de permettre aux amateurs d'art contemporain de la baie de prolonger l'expérience !

GLIDE MEMORIAL CHURCH ★★

330 Ellis Street
www.glide.org
Messe le dimanche à 9h et à 11h.

Glide Memorial Church est, depuis plus de 40 ans, le lieu de la vie spirituelle san franciscaine. C'est l'église des exclus, des homosexuels, des sans-abri, des protestants, des catholiques, des juifs, des agnostiques et même des athées. Plus qu'une église, c'est une association qui participe au développement du quartier le plus pauvre de San Francisco. Chaque dimanche, la communauté se rassemble autour du pasteur Cecil Williams pour une célébration haute en couleur. Un spectacle où la chorale enjouée se lance dans une orgie de gospels. Un moment inoubliable.

GOLD MOUNTAIN SAGELY MONASTERY ★

800 Sacramento Street
✆ +1 415 421 6117
goldmountainmonastery.org

Ce lieu d'exception est à la fois un temple, un centre pédagogique et un monastère. Les nonnes bouddhistes, qui mettent quatre ans à le devenir, chantent trois fois par jour à 4h, à 11h et l'après-midi. Le chant dure parfois jusqu'à 5 heures. Elles mangent une seule fois par jour et le plus lentement possible. Avant de manger, elles se posent cinq questions essentielles sur le repas (mérite, sacrifice, force, avidité...). Dans la salle de prière, l'autel est rempli d'offrandes.

INA COOLBRITH PARK ★

Ina Coolbrith Park
Ouvert 24h/24.

Parc en mémoire d'Ina Donna Coolbrith (1841-1928), première enfant de pionniers à pénétrer en Californie par le Beckwourth Pass, col dans la chaîne de montagne de la Sierra Nevada, en septembre 1852. Elle sponsorisa les arts, notamment la littérature et la poésie, et baigna dans un milieu artistique prolifique. Au bout du parc, face à la baie, se trouve le Poets' Corner. De jour comme de nuit, montez les nombreuses marches et vous arriverez, souvent haletant, sur une vue imprenable sur le Bay Bridge de 1936. A couper le souffle !

GOLDEN GATE FORTUNE COOKIE FACTORY

56 Ross alley
✆ +1 415 781 3956
www.goldengatefortunecookies.com
Ouvert de 9h à 18h30 tous les jours.
Entre 8 et 10 US$ le sachet de cookies.
17,50 US$ les 50 cookies personnalisés.

Visitez cette étonnante usine de production de biscuits chinois (appelés *fortune cookies* en anglais) en plein Chinatown. Cette entreprise née en 1962 est la dernière survivante du genre aux États-Unis. On assiste à la fabrication des cookies en direct par les machines tout droit sorties des années 1950. On peut aussi personnaliser à notre guise le message à l'intérieur des biscuits, qui parle de chance, d'éducation, de loterie. Quelle sera votre prédiction aujourd'hui ?

JENKINS JOHNSON GALLERY ★

464 Sutter Street
✆ +1 415 677 0770
www.jenkinsjohnsongallery.com
Ouvert du mardi au vendredi de 10h à 18h, le samedi de 10h à 17h.

La galerie Jenkins Johnson a ouvert ses portes en 1996 et est un marchand d'art contemporain regroupant plusieurs disciplines. La galerie a l'avantage de proposer des expositions d'artistes internationaux, confirmés comme émergents. On peut donc y découvrir de nouveaux talents ou des travaux déjà acclamés par la critique comme les photographies de Gordon Parks. Elle a tenu un grand rôle, reconnu, dans l'histoire de l'influence des galeristes noirs américains. Nombreuses expositions temporaires et permanentes de haute qualité.

GRACE CATHEDRAL ★

1100 California Street
✆ +1 415 749 6300
www.gracecathedral.org
Ouvert tous les jours de 10h à 17h. Le dimanche de 8h à 19h. Visite guidée à partir de 12 US$.

De Grace Chapel à Grace Cathedral, cette église aura connu une histoire mouvementée. En 1927, l'architecte Lewis P. Hobart dessine la plus grande église épiscopale de la ville en s'inspirant de la cathédrale Notre-Dame de Paris. Cette cathédrale est un véritable lieu de vie à explorer : fresques murales, labyrinthe, ascension de la tour sud, activités en tout genre (yoga, musique, art...). Des visites guidées y sont organisées du lundi au samedi. La communauté est très active dans la justice sociale et réussit à porter sa voix à travers les murs.

LOMBARD STREET ★★

Cable car : arrêt Hyde St. & Lombard St.

Surnommée « *la rue la plus sinueuse du monde* » en raison de sa pente raide et surtout de ses huit virages en épingle à cheveux, il s'agit d'une véritable institution à San Francisco. À moins d'être bon conducteur, on emprunte plutôt les escaliers avant de découvrir une vue magnifique sur la baie. Utile à savoir, le *cable car* s'y arrête en haut. Bordée de splendides hortensias intensément fleuris au printemps, cette route est encore plus impressionnante vue d'en bas. Cette rue internationalement renommée est reproduite dans de nombreux films et jeux-vidéos.

LOTTA'S FOUNTAIN ★

A l'angle de Market et Kearny Streets

Chaque 18 avril, des milliers de personnes se rassemblent devant Lotta's Fountain à 5h12 pour commémorer l'anniversaire du tremblement de terre de 1906. Conçue en 1875 et offerte en cadeau à la ville par l'actrice et philantrope américaine Lotta Crabtree, la fontaine est en fait le lieu où les survivants s'étaient spontanément rassemblés pour retrouver leurs proches après la catastrophe. En 1999, la fontaine, qui avait été négligée dans les décennies passées, a été totalement rénovée afin de retrouver son aspect originel de 1875.

MAIDEN LANE ★

Entre Stockton et Kearny Streets

Rue piétonne de 11h à 17h.

Aujourd'hui, la rue est ponctuée de centre commercial, boutiques Chanel, Marc Jacobs et Yves Saint-Laurent, mais aussi de galeries haut de gamme. On est loin de s'imaginer que cette élégante ruelle était autrefois, avant le tremblement de terre de 1906, la rue où les prostituées et les premiers travestis de San Francisco faisaient le trottoir - le quartier rouge. Des musiciens jouent du saxophone sur la terrasse du restaurant Mocca's, et la rue est piétonne de 11h à 17h chaque jour. Malheureusement, la rue a perdu tout son cachet d'autrefois.

OLD SAINT MARY'S CATHEDRAL ★

660 California Street

✆ +1 415 288 3800

www.oldsaintmarys.org

Messes en semaine à 7h30 et à 12h05 et le dimanche à 9h, 10h15 et à 11h30.

Inaugurée en 1854, c'est la première cathédrale de Californie. Elle fut construite à la demande de l'archevêque Alemany, premier archevêque de San Francisco. La cathédrale fut dessinée d'après les plans d'une église gothique de Vic en Espagne, la ville d'origine de l'archevêque. Plusieurs services le dimanche permettant d'assister à la messe en cantonnais, ou avec de la musique contemporaine, ou de la musique classique. Selon votre humeur, à vous de choisir !

PORTSMOUTH SQUARE

sfrecpark.org

Joueurs de cartes et de mah-jong se retrouvent sur l'ancienne place du village de Yerba Buena aménagée en 1839. C'est ici que, le 9 juillet 1846, après la défaite du Mexique, les Américains hissèrent le drapeau des États-Unis. Aujourd'hui, c'est le lieu de rencontre des habitants du quartier de Chinatown. Les hommes se retrouvent autour de jeux, discutent et se disputent en fin de journée. Les femmes viennent se raconter leur vie. D'autres viennent y pratiquer du tai-chi. Un passage obligé pour cerner l'ambiance du quartier.

ROSS ALLEY

Une de ces ruelles de Chinatown, telles qu'elles étaient au moment de la Ruée vers l'or, si étroite que la lumière entre tout juste pour faire sécher le linge suspendu aux fenêtres. La plus ancienne ruelle de San Francisco et la plus intrigante sans doute, avec ses fresques murales sur la vie quotidienne de la communauté chinoise, et surtout sa fabrique de *fortune cookies* qui parfume la rue de bonnes odeurs de chocolat. C'était même au début du XXe siècle le lieu de rencontres de *gamblers* (joueurs d'argent). Une vraie scène de la vie chinoise à San Francisco.

SPOFFORD STREET ★

Spofford Street

Une ruelle à découvrir pour un petit bout de Chine en plein cœur de *China Town,* avec ses couleurs contrastantes et ses éléments traditionnels. Au numéro 36, Sun Yat-Sen, le fondateur du Guomindang, vécut plusieurs années en exil. Leader révolutionnaire et homme d'État chinois, il est considéré comme « le père de la Chine moderne ». Une superbe peinture murale flamboyante décore l'entrée de la rue. Plus loin, vous aurez quelques devantures de magasin, certaines ressemblant étrangement à des entrées de maison. Ici pourrait résider la mystérieuse vie à *China Town*.

SAN FRANCISCO ART INSTITUTE - DIEGO RIVERA GALLERY ★★

800 Chestnut Street
✆ +1 415 771 7020
www.sfai.edu
Ouvert du lundi au samedi de 9h à 19h.
Entrée gratuite.

La célèbre école d'art de San Francisco expose régulièrement les œuvres de ses plus talentueux élèves dans les galeries autour du cloître de style espagnol. Le bâtiment, au toit de tuiles rouges, cerné de cyprès et de romarins, abrite aussi des ateliers dans lesquels le visiteur est libre de pénétrer, à condition bien sûr de garder le silence afin de respecter les cours qui ont lieu. À gauche dans la cour, la galerie Diego Rivera permet d'admirer l'une des quatre fresques murales que l'artiste mexicain a peinte durant son séjour à San Francisco en tant que président du SF Art Institute de 1930 à 1931. *The making of a fresco showing the building of a city* est un magnifique trompe-l'œil représentant l'artiste de dos admirant son propre travail. Diego Rivera, le peintre Mexicain mondialement connu pour ses peintures murales, passa quelques mois à San Francisco. En novembre 1930, accompagné de sa charismatique épouse Frida Kahlo, il s'installe à San Francisco à la demande de l'architecte Timothy Pflueger et y peint ses deux premiers muraux à la Stock Exchange Tower (aujourd'hui The City Club) et au San Francisco Art Institute. Son énergie alliée à l'allégorie de la baie ont largement intrigué et inspiré la communauté d'artistes locaux et ce, même après son départ. Quatre ans plus tard ce sont ses disciples qui peindront les fresques murales de la Coit Tower. Naviguer sur le site internet de l'Institut afin de connaître les expositions en cours, elles varient souvent.

STERLING PARK ★

Sterling Park

Courts de tennis et de basket-ball, ainsi qu'un parc avec une vue spectaculaire sur le Golden Gate Bridge. Le parc rend hommage à George Sterling (1869-1926), icône de la poésie californienne qui a écrit *A wine of wizardry* ; *The house of orchids* ; *Testimony of the suns*. Il était surnommé « *le dernier des bohémiens* », apprécié par Jack London et Ina Coolbrith pour son côté excentrique. En haut du parc, Alice Marble Tennis Court porte le nom de la star de tennis qui a gagné six trophées à Wimbledon. Elle a été numéro 1 mondial du tennis de 1936 à 1940.

THE CITY CLUB OF SAN FRANCISCO

155 Sansome Street
✆ +1 415 362 2480
cityclubsf.com
Ouvert du lundi au vendredi de 7h30 à 20h.
Gratuit.

A l'intérieur de ce club social plutôt huppé, la fresque murale *The Allegory of California* est la première peinte par l'artiste mexicain Diego Riviera à San Francisco, lors du séjour qu'il fit dans la Bay Area avec sa femme Frida Kahlo en 1930-1931. Cette peinture murale peinte dans l'escalier de la tour de ce qui était alors la bourse (*stock exchange*) illustre les différentes industries californiennes de l'époque avec notamment les populaires mines d'or et forages de pétrole.

TIN HOW TEMPLE ★★

125 Waverly Place
Ouvert tous les jours de 10h à 16h. Prévoyez une donation de 1 ou 2 US$.

Fondé en 1852 par des marins voulant rendre grâce d'être arrivés en vie à San Francisco, ce sanctuaire est dédié à Tin How, la déesse du ciel et protectrice des voyageurs en mer. L'intérieur est tapissé de décorations rouges et dorées suspendues au plafond, et un magnifique balcon donne sur la ville. De vieilles femmes chinoises y préparent des offrandes et brûlent de l'encens aux sons de tambours chinois. Vous y êtes les bienvenus, mais restez discrets. Prenez un vœu numéroté dans l'entrée ou un bâton d'encens pour les faire brûler en guise d'offrande.

UNION SQUARE ★★

Au croisement des Geary, Powell, Post et Stockton Streets

Au cœur du Financial District, Union Square est un haut lieu de concentration de boutiques de luxe, d'hôtels, de restaurants appartenant à des chaînes - l'un des plus grands de l'Ouest. Central et très dynamique, il s'y passe toujours quelque chose. L'hiver on y fait du patin à glace, l'été, on vient écouter de la musique. Des concerts sont souvent organisés en haut des marches, alors trémoussez- vous ou simplement observez les couples danser sous les palmiers. Profitez-en également pour faire une pause shopping chez les grandes marques.

TRANSAMERICA PYRAMID ★

600 Montgomery Street
www.pyramidcenter.com
Ne se visite pas.

Avec ses 260 mètres, elle a été la plus haute et la plus symbolique tour de la ville pendant plus de 45 ans. Elle en est autant le symbole que le Golden Gate Bridge. Pourtant, lors de la remise des prix du concours, en 1968, ce projet novateur de l'architecte William Pereira fut vivement controversé. Le public eut en effet beaucoup de mal à adhérer à cette forme futuriste et innovante. Mais le maire de l'époque, Joseph Alioto, insista pour qu'elle soit construite. Les critiques continuèrent ouvertement jusqu'en 1972, pendant les travaux : « *C'est de l'architecture antisociale à son pire niveau. Une forme d'anarchie et de perturbation* », écrivait Johan Pastier, journaliste en architecture dans le *Los Angeles Time*. Aujourd'hui pourtant, San Francisco ne serait pas ce qu'elle est sans sa fameuse pyramide, même si elle n'est plus le plus haut gratte-ciel de la ville, dépassée par les 326 mètres de la *Salesforce Tower* inaugurée en janvier 2018 au 415 Mission Street dans le SoMa.

Aujourd'hui, la Transamerica Pyramid n'est plus le siège de la *Transamerica Corporation*, une holding américaine d'assurances (sociale, retraite) et investissements. La tour pyramidale abrite désormais plus d'une cinquantaine d'entreprises différentes.

Attention, la pyramide n'est pas ouverte à la visite. On ne peut qu'admirer de l'extérieur ce bâtiment symbolique que l'on aperçoit dans de nombreux films et séries. Orné d'une caméra en son sommet, il est possible de voir en direct sur le site web Kron4TV ce qui se passe sur les toits de San Francisco.

UNITED NATIONS PLAZA ★

Market Street
Un Farmers' Market anime le quartier tous les mercredis de 7h à 17h30 et les dimanches de 7h à 17h.

Cette place a été créée en l'honneur de la signature de la charte des Nations unies en 1945 à San Francisco, qui lança la création de l'ONU. On peut voir gravés sur les piliers les noms des États membres de l'ONU avec leur année d'adhésion à l'organisation. De même, les extraits de la charte sont gravés sur le sol. Une statue de Bolivar se tient au bout de la place. Même si pas forcément dangereuse, jour et nuit, cette place est le refuge de nombreuses personnes sans domicile fixe de la ville. Les marchés du mercredi et dimanche sont qualitatifs.

WAVERLY PLACE ★

La plus large des ruelles du vieux Chinatown est réputée pour ses balcons peints, ainsi que ses murs colorés faisant face à ces murs composés belles briques rouges. Elle est surnommée « *15 Cents Street* » à cause des prix que demandaient les coiffeurs pour une coupe de cheveux au siècle dernier. Typique, la ruelle est décorée de superbes lampions rouges. De nombreux petits commerces chinois sont installées, tels que des coiffeurs, restaurants ou cantines, et même une radio en chinois. Ici, tout est écrit en mandarin. Voyage au coeur de la Chine.

SAN FRANCISCO

© 4FR - ISTOCKPHOTO

Union Square.

ALCATRAZ ★★★

Pier 33 ✆ +1 415 981 7625
www.alcatrazcruises.com
Visites d'Alcatraz toute l'année. Ticket à environ 39,90 US$ selon la compagnie choisie. Réserver en avance.

Alcatraz, nommée l'*île des pélicans* par les premiers Espagnols qui y débarquèrent en 1770, devint, en 1850, un pénitencier installé dans les bâtiments d'une forteresse militaire. En 1933, la justice américaine récupère la propriété et veut faire d'Alcatraz une prison modèle à la sécurité maximum. Le célèbre Al Capone fut détenu dans cette forteresse qui ne se trouve qu'à un *mile* des côtes, mais dont il est quasiment impossible de s'échapper : eaux gelées, courants puissants et requins sont en effet les meilleures garanties contre les tentatives d'évasion des prisonniers. Les prisonniers d'Alcatraz étaient d'ailleurs les seuls en Amérique à avoir droit à des douches chaudes, afin d'être d'autant moins capables de supporter l'eau froide de la baie en cas d'évasion. Quatorze tentatives organisées eurent quand même lieu. Voici les deux plus célèbres. « La bataille d'Alcatraz » eut lieu en mai 1946. Après s'être affamé pendant des mois pour passer à travers les barreaux, Bernard Coy rejoignit la Gun Gallery où étaient stockées les armes des gardiens. Les gardiens furent alertés et s'ensuivit une furieuse bataille. Des gardiens furent pris en otage et fusillés un peu plus tard par les détenus rebelles. Un appel fut lancé aux Marines qui bombardèrent l'île et gagnèrent ainsi la sanglante bataille.

Le second épisode se déroula en juin 1962, élaboré par par les frères Anglin et le détenu Frank Morris. Ils creusèrent dans le mur de leurs cellules à l'aide de petites cuillères jusqu'à rejoindre les bouches d'aération. Ils construisirent un radeau de fortune, ne furent jamais retrouvés et furent portés disparus. Ceci a inspiré le film *Les évadés d'Alcatraz*.

Fermée le 21 mars 1963 pour des raisons de budget, Alcatraz est ouverte au public depuis 1973.

Lors de votre arrivée sur l'île, vous verrez des graffitis rouges « *Indians Welcome* » et « *Indian Land* ». Ils rappellent un événement important : l'occupation de l'île par des Indiens natifs de la région. La nuit du 9 novembre 1969, 78 Amérindiens débarquèrent sur l'île pour réclamer une terre ancestrale. En moins d'un mois, ils furent environ 600 représentants de 50 tribus différentes. C'étaient les « *Indiens de toutes les tribus* », comme ils s'appelaient. Ils rédigèrent une déclaration intitulée « *Nous tenons le Rocher* » dans laquelle ils proposaient d'acheter Alcatraz avec des perles de verre et des chiffons de toile, comme les Blancs l'avaient fait pour Manhattan 300 ans auparavant. Ils furent expulsés 6 mois plus tard par l'armée fédérale. Ce fut un moment important de l'histoire d'Alcatraz.

COIT TOWER ★★

1 Telegraph Hill Boulevard
✆ +1 415 249 0995
Ouvert tous les jours de 10h à 17h. Ticket à 10 US$ pour les adultes.

Cette tour de 64 mètres de haut a été inaugurée en 1933. La *Coit Tower* est en fait une donation à San Francisco de Lillie Hitchcock Coit, riche héritière, afin d'honorer les pompiers décédés dans l'incendie de 1906. Il est également possible, et recommandé, d'accéder au sommet de la tour pour profiter de la vue panoramique à 360° sur la sublime baie. L'extérieur en béton nu contraste avec les impressionnantes fresques murales de l'intérieur. Dans les années trente, une vingtaine d'artistes locaux reçurent chacun quelques mètres carrés pour exercer leur talent dans le cadre d'un projet d'art fédéral du *New Deal*. En 1934, Maxine Albro exécute la première fresque de la *Coit Tower*. Puis c'est l'artiste José Moya del Pino, résident de la baie, qui peindra deux scènes de la région. Les autres fresques portent sur des thèmes politiques et sociaux de la Californie de l'époque, illustrant un aspect important de la Grande Dépression (1929-1936). Les fresques *City Life de* Victor Arnautoff, ou *Industries of California* de Ralph Stackpole sont splendides. L'influence du grand peintre muraliste mexicain Diego Rivera est manifeste. Celui-ci et sa femme Frida Kahlo venaient effectivement de séjourner dans la région entre 1930 et 1931. Il y avait peint alors trois fresques et son énergie alliée à l'allégorie de la baie ont largement intrigué et inspiré la communauté d'artistes locaux et ce, même après son départ. Quatre ans plus tard ce sont ses disciples qui peindront les fresques murales de la Coit Tower.

© STÉPHAN SZEREMETA

Alcatraz.

EXPLORATORIUM SCIENCE MUSEUM ★★

Pier 15-17

✆ +1 415 528 4360

www.exploratorium.edu

Ouvert du mardi au dimanche de 10h à 17h. Le dimanche de midi à 17h. Ticket adulte à 29,95 US$, 24,95 US$ tarif réduit.

L'immense *Exploratorium*, façon Cité des Sciences, vous accueille aux Piers 15 et 17 et a célébré son cinquantième anniversaire en 2019, fondé à l'origine par le physicien Frank Oppenheimer en 1969. Couvrant plus de 30 000 m², cet espace abrite 600 zones d'exposition, en intérieur et en extérieur. Les alentours du Pier 17 servent de zone de promenade et seront utiles aux futures extensions. Sachez que c'est l'un des musées les plus écologiques des États-Unis, équipé de panneaux solaires et de récupérateurs d'eau pour les sanitaires. Au fil des salles de découvertes, les équipes d'artistes et d'ingénieurs qui ont créé les expériences cherchent avant tout à stimuler votre curiosité par l'éveil des cinq sens. Espaces sonores, visuels, expériences botaniques ou sensorielles, trompe-l'œil ou mesure de votre habileté, les attractions sont nombreuses et variées. Jouez, dansez avec votre ombre, lévitez, brisez la lumière, arrêtez le temps... Ici, tout est possible. Une demi-journée est nécessaire pour profiter et apprécier au mieux ce centre de découvertes interactives. Une trentaine de chercheurs travaillent au sein de cette structure. On voit d'ailleurs des biologistes en direct derrière des baies vitrées. Des sessions nocturnes sont organisées chaque semaine, le jeudi soir mais pour les plus de 18 ans seulement. Renseignez vous sur le site internet afin d'être au courant des expositions temporaires, qui sont toujours impressionnantes.

FERRY BUILDING ★★

Ferry Building

✆ +1 415 291 3276

www.ferrybuildingmarketplace.com

Ouvert tous les jours de 7h à 22h. Marché fermier : le mardi et jeudi et samedi matin. Entrée gratuite.

Construit en 1898, le *Ferry Building* est toujours un terminal pour les ferries traversants la baie à l'est et au nord. Le bâtiment, construit par l'architecte américain A. Page Brown est surmonté d'une horloge de près de 69 mètres, largement inspirée de l'ancien minaret de la Giralda à Séville. Le corps de l'édifice, long de 201 mètres, rappelle quant à lui les grandes nefs surmontées d'arcades des passages Européens du XIXe siècle. Délaissé par les passagers, le bâtiment devient en 2003 un marché reconnu sur la food scene locale et internationale.

FILBERT STREET STEPS ★★

À l'angle de Filbert et Sansome Streets

Si vous allez à la Coit Tower, ne manquez pas les fameuses Filbert Steps, un charmant escalier de bois qui descend le versant est de la colline de Telegraph Hill. De magnifiques maisons sont perdues dans les jardins de rhododendrons, de jasmins, de roses, et de bougainvilliers. Si vous avez de la chance, vous verrez même des perroquets sauvages verts et rouges dans les arbres. Anciens oiseaux domestiques, ils ont formé une vaste colonie et nichent sur les hauteurs de Telegraph Hill, dans les jardins suspendus de Filbert Steps.

SAN FRANCISCO

FISHERMAN'S WHARF ET PIER 39 ★★

Pier 39

www.pier39.com

C'est une destination très touristique de San Francisco qui peut parfois énerver pour son côté parc d'attractions. Sachez toutefois qu'une visite de la ville sans les quelques rues du quartier de Fisherman's Wharf et son fameux Pier 39 serait incomplète ! Les Américains, aussi friands d'amusement que de sucreries, aiment cet endroit pour ses odeurs de barbe à papa, ses gaufres, mais surtout ses otaries ! Ces *sea lions*, installés depuis 1990, à l'ouest du quai, font le bonheur des petits et des grands. De fin juillet à mai, on peut en observer des centaines, jusqu'à 600 certains jours, mais pas d'inquiétudes, quelques irréductibles pensionnaires restent toute l'année ! Le Pier 39 accueille aussi l'un des plus grands aquariums de la côte (*Aquarium of the Bay*), des restaurants emblématiques (la célèbre boulangerie Boudin qui sert son fameux *clam chowder*, le *Bubba Gump Shrimp Company* inspiré du film *Forrest Gump* ou encore le *Hard Rock Café*), le départ des balades en bateau au large d'Alcatraz et du Golden Gate Bridge, ainsi qu'une large sélection de boutiques de souvenirs en tout genre.

À l'extrémité ouest du minuscule quartier de Fisherman's Wharf, on trouve le très intéressant *San Francisco Maritime National Historical Park*. Le quartier de Fisherman's Wharf englobe aussi d'autres Piers et notamment l'historique Pier 45, qui possède le musée Madame Tussaud, le San Francisco Dungeon, le musée mécanique ainsi que l'USS Pampanito (sous-marin de la Seconde Guerre mondiale).

S.S. JEREMIAH O'BRIEN ★★

Pier 45

✆ +1 415 441 5969

www.ssjeremiahobrien.org

Ouvert tous les jours de 10h à 16h. Adultes 20 US$, seniors et enfants 10 US$. Tour audio-guide en français.

À plus de 70 ans, l'*Obrien* est le dernier *Liberty ship* des 2710, construits au cours de la Seconde Guerre mondiale, à être dans son état d'origine et en fonctionnement. Il aura fait sept longs voyages pendant la Seconde Guerre mondiale et onze passages de la Manche, transportant du personnel et des fournitures pour les plages de Normandie à l'appui de l'invasion du jour J. La noblesse de ce vaisseau reste intacte, ainsi que sa machinerie interne. Si impressionnant que c'est cet engin que l'on voit dans le film de James Cameron, le fameux *Titanic* !

JACK KEROUAC ALLEY

Cette ruelle, reliant Grant Avenue à Colombus Avenue, est le point de ralliement pour les inconditionnels de Jack Kerouac. Une rosace reprend quelques phrases les plus célèbres de l'écrivain, qui est considéré aujourd'hui comme l'un des plus importants écrivains du XXe siècle. Elle longe le bar Vesuvio et la librairie City Lights Bookstore, les lieux de rendez-vous de tous les écrivains de la *beat generation*. La ruelle a été inaugurée en 1988 en l'honneur de cette figure qui a marqué son temps et fortement empreint la ville de son aura.

AQUARIUM OF THE BAY ★★

Pier 39

✆ +1 415 623 5300

www.aquariumofthebay.org

Ouvert tous les jours de 11h à 18h. Ticket adulte 29,75 US$, enfants (4-12 ans) 19,75 US$ et seniors 24,75 US$.

Cet aquarium n'est peut-être pas aussi grand et magique que celui de Monterey, mais sa visite est passionnante. Il possède en tout 20 000 animaux aquatiques. Un petit banc de poissons argent tournent en rond dans une colonne, des raies manta et des étoiles de mer sont à caresser, et vous verrez tous les poissons « en vrai » du film *Nemo*. Ne loupez pas les informations sur la nécessité de protéger nos fonds marins. Il se situe sur trois niveaux, avec des espaces très attrayants et didactiques, autant pour les enfants que pour les adultes.

SAINTS PETER AND PAUL CHURCH ★★

666 Filbert Street ✆ +1 415 421 0809

salesianssPP.org/

Messes quotidiennes, en anglais, messes dominicales en chinois, italien et latin. Ouvert tous les jours.

Saints Peter and Paul est l'église catholique de la communauté italienne de North Beach. Dessinée par l'architecte Charles Fantoni dans un style italien, sa construction est achevée en 1924. Chaque année, une messe a lieu en l'honneur des pêcheurs, qui étaient pour la plupart des immigrés italiens. En 1957, Marilyn Monroe et le joueur de baseball Joe DiMaggio, déjà divorcés, n'ont pas pu célébrer leurs noces dans l'église et se sont contentés de faire des photos devant le portail.

SAN FRANCISCO MARITIME NATIONAL HISTORICAL PARK ★★

2 Marina Boulevard
✆ +1 415 447 5000
www.nps.gov/safr
Accessible 24h/24.

Dans le minuscule quartier de Fisherman's Wharf, ne manquez pas la visite d'une zone classée au rang de parc historique maritime. Commencez par vous rendre au Pacific West Information Center, situé dans l'une des anciennes conserveries du quartier. Puis dirigez-vous vers le Hyde Street Pier afin de retracer l'histoire de six vaisseaux caractéristiques du passé maritime de *Frisco*. Terminez la visite par un tour dans les anciens bains publics (*bathhouse*) au Maritime Museum.

HYDE STREET PIER ★★

2905 Hyde Street
✆ +1 415 561 7169
www.nps.gov/safr
Ouvert tous les jours de 10h à 16h. Entrée gratuite. Accès et visite des bateaux : 10 US$.

Au coin de Jefferson Street et de Hyde Street, le *Pier* compte plusieurs vaisseaux. Classé au patrimoine américain en tant que Parc national et historique depuis 1988. Parmi les six navires exposés, le plus ancien est le *Balclutha*, construit sur le chantier naval de Glasgow en 1886. Ce magnifique trois-mâts a franchi 17 fois le cap Horn ! Plus loin, l'*Eureka*, un ferry à aubes et à vapeur, date de 1890. Chaque premier samedi du mois de 20h à minuit, on peut assister à des chants de marins sur le Hyde Street Pier. Un moment magique ! Réservation par téléphone.

MARITIME MUSEUM - AQUATIC PARK BATHHOUSE BUILDING ★★

900 Beach Street ✆ +1 415 561 7100
www.nps.gov/safr
Ouvert tous les jours de 10h à 16h.
Entrée gratuite.

Étape de la visite du *Maritime National Park*, c'est la reproduction d'un *liner* (paquebot de grande ligne) dans un style architectural caractéristique de la fin de la période Art déco (1939). L'édifice a d'abord servi de bains publics avant d'être occupé par les troupes pendant la Seconde Guerre mondiale. L'Aquatic Park Historic District accueille des jardins, un front de mer pour piétons et vélos, et une des rares plages de la baie. C'est ici que se trouve le terminus des *cable cars*.

PACIFIC WEST INFORMATION CENTER ★★

495 Jefferson Street ✆ +1 415 561 4700
www.nps.gov/safr
Visitor Center du Maritime National Historical Park. Ouvert tous les jours de 8h30 à 16h. Entrée gratuite.

Le *Visitor Center* du Maritime Park se trouve dans une conserverie en brique datant de 1908 (ce même bâtiment abrite l'Argonaut Hotel). Une lentille de Fresnel servant à l'éclairage des phares y est exposée. Le *Waterfront Exhibit* revient sur le passé de la baie, depuis le peuplement amérindien jusqu'à la découverte de l'or et au développement maritime de la région. Cette visite permet de mieux comprendre le passé de cette ville que les marins appelaient autrefois *Frisco*...

THE BEAT MUSEUM ★★

540 Broadway
✆ +1 800 537 6822
www.kerouac.com
Ouvert du jeudi au lundi de 10h à 19h. Adultes 8 US$, étudiants et seniors 5 US$.

Un musée sur deux étages dans un ancien entrepôt vintage dédié à l'histoire de la culture beat. Au menu, souvenirs des quatre ambassadeurs du mouvement : Lawrence Ferlinghetti, Allen Ginsberg, Neal Cassady et, bien sûr, Jack Kerouac. Le lieu abrite aussi une librairie où vous pourrez trouver des éditions originales de *Big Sur* ou encore *Sur la route*. Il y a aussi une petite salle de projection à l'arrière. Ce musée connaît un certain renouveau depuis la sortie du film de Walter Salles en 2012, *Sur la route*, tiré du célèbre roman de Jack Kerouac.

WASHINGTON SQUARE ★

Parc accessible tous les jours de 5h à minuit.

On ne devinera jamais ce qui se cache sous cette place ! Une capsule temporelle a été enterrée en 1979 avec un jean Levi's, une bouteille de vin et un poème de Lawrence Ferlinghetti, ancien *beatnik* et propriétaire de City Lights Bookstore, pour être récupérée en 2079 ! Cœur de l'animation de North Beach, surplombé de la grande église Saints Peter and Paul, les habitants du quartier viennent se reposer sur la pelouse au soleil. On peut aussi écouter l'un des nombreux concerts qui y sont organisés ou participer aux soirées cinéma gratuites.

CATHEDRAL OF SAINT MARY OF ASSUMPTION ★★

1111 Gough Street ✆ +1 415 567 2020
www.smcsf.org
Messes du lundi au vendredi à 7h30 et 12h10, samedi à 8h et 17h30, dimanche à 7h30, 9h, 11h et 13h.

Cette cathédrale de béton édifiée en 1972 est devenue un repère à San Francisco. La forme étrange, tout droit sortie d'un film de science-fiction, découle de la conception géométrique qui engendre une structure en courbes gracieuses et forme une voûte nervurée haute de 58 m. De vastes fenêtres offrent une vue spectaculaire sur la ville. Très bonne acoustique pour les concerts de musique classique et d'orgue. Théâtral et terrifiant, elle attire chaque année des milliers de visiteurs.

HAAS-LILENTHAL HOUSE ★

2007 Franklin Street
✆ +1 415 441 3000
www.sfheritage.org
Ouvert le samedi et dimanche de midi à 15h. Adultes : 10 US$, enfants (moins de 12 ans) et seniors : 8 US$.

Une des visites à ne pas manquer à San Francisco. Siège de l'Architectural Heritage Foundation, Hass-Lilienthal House est une des seules maisons intactes de l'époque victorienne à San Francisco avec du mobilier authentique. Construite en 1886, elle est de style Queen Anne. Elle n'a été, par chance, que très peu touchée par le tremblement de terre de 1906 et fut ouverte au public en 1972. Les volontaires vous feront découvrir avec passion les trois étages de la maison, un retour dans le passé le temps d'une visite ! Accessible aux fauteuils roulants.

COTTAGE ROW ★

1 Cottage Row

Cette petite ruelle calme et verdoyante, à deux pas de Fillmore Street, est dotée d'une rangée de maisons pittoresques et d'un parc. Arrêtez-vous pour sentir les fleurs. Les maisons ont été construites à la fin des années 1800, sur le modèle des *mews* d'Angleterre, ces rangées d'écuries reliées par un sentier commun possédant une petite cour. Dans les années 1930, c'est la communauté japonaise qui habitait les lieux, avant d'être envoyée en camp d'internement pendant la seconde guerre mondiale. Aujourd'hui, ces maisons valent quelques millions de dollars.

KONKO CHURCH ★

1909 Bush Street
✆ +1 415 931 0453
www.konkofaith.org

Au milieu du quartier japonais de la ville, se trouve ce temple des années 1960 de la religion Shinto. Vous y verrez de vieilles photographies de la congrégation *Konko* émigrée du Japon aux États-Unis il y a plus de soixante-dix ans. Le temple lui-même est un chef-d'œuvre de simplicité. Les murs de verre ressemblent à du papier de riz. Au cœur, des caractères japonais en or évoquent une métaphore de la lumière qui émane d'un cœur spirituel. Accueil chaleureux ouvert à toutes les questions. Un bel endroit tranquille pour la méditation.

FORT MASON CENTER ★

Marina Boulevard
✆ +1 415 345 7500
www.fortmason.org
Le fort est ouvert tous les jours de 6h30 à minuit. Le Art & Culture est ouvert du lundi au vendredi de 9h à 17h.

Fort Mason est un ancien poste militaire qui a servi pendant plus de 100 ans à l'armée américaine, d'abord comme défense du site côtier, puis comme base militaire pour des installations portuaires. Aujourd'hui, il fait partie de la Golden Gate National Recreation Area (GGNRA), le parc le plus visité des Etats-Unis, et abrite plusieurs équipements culturels, artistiques, des restaurants et organise de nombreux événements à l'année (expositions, théâtre, concerts, soirées...). Consulter le site internet pour l'agenda des événements.

PALACE OF FINE ARTS ★

3301 Lyon Street
✆ +1 415 563 6504
www.palaceoffinearts.org

Construit pour l'*Exposition Panama Pacific* de 1915, ce palais est une rotonde gréco-romaine pensée par Bernard Maybeck, en ocre rouge avec des colonnades corinthiennes. Il est considéré comme l'un des symboles de la ville de San Francisco. Les amoureux viennent ici pour une balade romantique. Étang paisible, colonnes et rotonde, le décor est planté ! Vous y croiserez certainement de jeunes mariés en train de se faire prendre en photo. Le lieu sert également comme salle de concerts et spectacles le soir. Consultez la programmation sur le site Internet.

PEACE PAGODA ★

Peace Plaza

La *Peace Pagoda*, du haut de ses 30 mètres, au centre du *Japan Center Mall*, incarne l'art japonais. Cette œuvre minimaliste de béton sur cinq niveaux créée par l'artiste Yoshiro Tanigushi est un cadeau de la ville d'Osaka à sa petite sœur San Francisco en 1968. Le politicien Tokioka l'envisageait à l'époque comme un symbole de l'amitié nippo-américaine, au même niveau que la Statue de la Liberté l'était pour l'amitié franco-américaine. Cette sculpture s'intègre à merveille au milieu des cerisiers de la place et est le lieu de rendez-vous de toute la communauté.

PRESIDIO OF SAN FRANCISCO ★★★

www.nps.gov/prsf

Ouvert en permanence.

Ancien terrain militaire du temps de la première installation espagnole, garnison mexicaine avant d'être affecté à la 6e armée US, le parc du Presidio a basculé dans le monde civil en 1994 et il fait depuis lors l'objet de travaux d'aménagement permanents. Accessible par la marina, il fait partie du parc national Golden Gate National Recreation Area. On y admire des arbres centenaires, des pins maritimes noués par les vents de l'océan, et on se laisse émouvoir par les vieux bâtiments militaires de brique rouge. C'est un spot de randonnées sans fin.

Vous trouverez aussi dans le parc plusieurs hôtels installés dans les anciens baraquements, ainsi que le Walt Disney Museum et, surtout, le site de la société George Lucas Film. On ne peut pas en passer la porte, mais Maître Yoda vous attend juste devant sur son piédestal, et on peut distinguer un immense Darth Vador dans le hall d'entrée.

Au bord de la baie, les San Franciscains se retrouvent les week-ends de beau temps sur Crissy Fields pour organiser pique-niques ou balades à vélo. On y trouve aussi une piscine, des trampolines, un spot de yoga, un mur d'escalade, bientôt un jardin d'enfants... Puis on parvient au Golden Gate Bridge, pour emprunter cette fois la côte océane et quitter la baie. Toutefois, rien n'empêche de saisir l'occasion et de traverser le pont, pour se perdre au-dessus de l'eau et admirer toute la ville sur une longueur de deux *miles*. Plein vent garanti et vue totale aux quatre points cardinaux.

BAKER BEACH ★★

1504 Pershing Drive

Avec le Golden Gate Bridge comme toile de fond, cette plage au panorama exceptionnel est, malgré la fraîcheur de ses eaux, la plus appréciée des San-Franciscains... et des nudistes. En saison, on y aperçoit des otaries qui s'amusent dans les vagues, mais aussi des baleines et des dauphins au large. Baker Beach est un site officieusement historique : c'est le lieu où fut organisé le premier événement *Burning Man* en 1986. Larry Harvey et Jerry James assemblèrent une figurine en bois, la traînèrent jusqu'à la plage et la firent brûler devant une foule curieuse.

CRISSY FIELD ★★

Ancien aéroport militaire depuis la Première Guerre mondiale, abandonné comme aéroport en 1974, Crissy Field est devenu pour les San-Franciscains un lieu de promenade privilégié, au bord de la baie. La vue en contre-plongée du Golden Gate bridge est pittoresque. Si, l'été, l'envie de vous baigner dans l'eau cristalline vous tente, regardez autour de vous : personne ne va faire trempette. Avec une température moyenne de 11° C, l'eau est glaciale. Alors plutôt que de vous baigner, vous pourrez vous balader, faire du cerf-volant, ou faire un *soccer* sur la pelouse.

FORT POINT ★

Marine Drive

✆ +1 415 556 1693

www.nps.gov/goga

Ouvert du vendredi au lundi de 10h à 17h. Entrée libre.

C'est pendant la Guerre civile américaine, appelée Guerre de Sécession, que ce fort fut bâti en 1848 afin de protéger le passage du Golden Gate en cas d'une attaque de la flotte confédérée. 126 canons guettaient la baie par crainte de la prise du port de San Francisco. Le fort est aujourd'hui classé monument historique et est géré par le National Park Service. Il fait partie du Golden Gate National Recreation Area. La scène du film *Vertigo* d'Hitchcock, où Kim Novak cherche à se noyer, se passe exactement à cet endroit... Endroit impressionnant à ne pas rater.

GOLDEN GATE BRIDGE ★★★★

Golden Gate Bridge
www.goldengate.org
Péage FasTrak à 7,25 US$ par voiture.

Achevé en 1937, l'immense pont rouge offre des vues à couper le souffle sur l'océan ou la baie. C'est le pont le plus célèbre des États-Unis et le plus aimé des Américains : 2 737 mètres de long et 27 mètres de large. Quand ils l'empruntent, véhicules, piétons ou cyclistes circulent à plus de 67 m au-dessus de la surface de l'eau, sur six voies de circulation. Avant qu'il ne soit construit, le seul moyen qu'avaient les habitants de la baie pour la traverser était le ferry, mais sa mise en place fut rapidement suivie par l'idée de construire un pont. C'est Joseph Strauss, un architecte auteur de près de 500 ponts, qui obtint la responsabilité du projet. Il conçut le pont suspendu le plus complexe, et surtout le plus long jamais construit. Il en coûta plus de 35 millions de dollars aux autorités américaines, et l'inauguration eut lieu en 1935. Il résista très bien au tremblement de terre de Loma Prieta en 1989. Les violentes secousses agitèrent les suspentes, situées entre les câbles porteurs et la chaussée, mais il réagit conformément aux prévisions de l'équipe de Joseph Strauss : il tangua, amortissant les forces sismiques, avant de les libérer par ses vibrations et ses mouvements. Le Golden Gate Bridge se visite à partir de Battery Lancaster (963 Lincoln Bd). Il est accessible par les bus du Golden Gate Transit ou du San Francisco Muni. On y trouve le Golden Gate Welcome Center, point de départ des visites organisées et des découvertes à pied ou à vélo du pont, dont l'accès est gratuit.

GOLDEN GATE BRIDGE WELCOME CENTER ★★

Au sud du Golden Gate Bridge
✆ +1 415 426 5220
www.nps.gov/goga
Ouvert tous les jours de 9h à 18h.

Un arrêt bien apprécié avant de franchir le Golden Gate : tout d'abord à cause de la vue panoramique qu'il offre, idéale pour de jolies photos, puis pour tous les conseils avisés des *rangers*. Ils vous donneront toutes les informations sur la traversée, les balades à pied et en vélo, avec des plans et cartes à l'appui. À l'intérieur, des films sur la construction du Golden Gate sont diffusés. Vous pourrez aussi dénicher tous vos plus beaux souvenirs, de la carte postale aux journaux, livres pour enfants et maquettes, toujours sur le thème du Golden Gate.

WALT DISNEY FAMILY MUSEUM ★

104 Montgomery Street ✆ +1 415 345 6816
www.waltdisney.com
Ouvert du jeudi au dimanche de 10h à 17h30. Entrée adulte : 35 US$, senior : 30 US, enfant : 20 US$. Gratuit - de 5 ans.

Au cœur du Presidio, ce musée dédié au grand maître du dessin animé américain a ouvert ses portes en 2009. On y raconte l'histoire de Walt Disney à travers des photos, des séquences documentaires et quelques-uns de ses films les plus célèbres. On y apprend comment Disney a débarqué de Chicago à Hollywood avec 40 US$ en poche et des idées plein la tête. On navigue avec le plus grand plaisir entre Mickey, Blanche-Neige – premier long-métrage animé de l'histoire –, Dumbo et les autres.

© ANDREW ZARIVNY - SHUTTERSTOCK.COM

Coucher de soleil sur le Golden Gate Bridge.

SAN FRANCISCO

ARMORY STUDIOS ★

1800 Mission Street
www.armorystudios.com
A observer de l'extérieur.

Ce bâtiment historique situé dans le nord de Mission a une curieuse histoire. Impressionnante forteresse dont la construction remonte au début du siècle dernier, son style renouveau mauresque si particulier en fait une des figures de proue du quartier. Les *Armory Studios* étaient à l'origine l'armurerie et l'arsenal de la Garde nationale de Californie. Dans les années 1920, il devint le lieu incontournable des rencontres sportives dans l'État de Californie, en particulier de grandes rencontres de boxe comme celle entre Mike Teague et Jack Thompson, gagnant le surnom de « Madison Square Garden de l'Ouest ». Puis, le bâtiment se trouva une autre fonction, étant utilisé comme studio pour le tournage de films cultes comme *Star Wars et l'Empire contre-attaque !* Plusieurs scènes se déroulant dans les vaisseaux spatiaux y ont été tournées, excusez du peu. A cette époque, les escaliers de l'entrée principale de l'armurerie devinrent également un célèbre spot de skate appelé «3-Up 3-Down». En 2007, une reconversion des plus étonnantes eut lieu, puisque Kink.com, un célèbre site pornographique, racheta la forteresse pour 14,5 millions de dollars. La société y monta des studios de tournage, que l'on pouvait visiter, avant d'y installer finalement ses bureaux. En janvier 2018, le bâtiment fut vendu pour 65 millions de dollars à SF Armory LLC, Le nouveau propriétaire a déclaré qu'il prévoyait de convertir les deux derniers étages du bâtiment en espaces de bureaux et de louer le reste à des entreprises.

BAY BRIDGE ★★

Du lundi au vendredi de 5h à 10h et de 15h à 19h : 6 US$, le weekend : 5 US$, le reste du temps 4 US$.

Traversant la baie et reliant San Francisco à Oakland, le *Bay Bridge* est en fait composé de deux segments et s'appuie sur la petite île de Yerba Buena. Le pont à péage a été conçu dès l'époque de la ruée vers l'or californienne, Joshua Norton en étant le célèbre défenseur, mais sa construction n'a pas commencé avant 1933. Ouvert en novembre 1936, soit six mois avant le fameux Golden Gate Bridge, c'est l'un des plus longs ponts suspendus au monde. La passerelle d'acier mesure plus de 7 200 mètres, compte cinq voies de circulation dans les deux sens et plus de 200 000 automobiles par jour. À l'origine, le pont accueillait le trafic automobile sur son pont supérieur et les camions, les voitures, les bus et les trains de banlieue sur le pont inférieur, mais après l'abandon du service ferroviaire par le Key System, le pont inférieur a également été converti au trafic routier. En 1986, le pont a été officieusement dédié à James Rolph, maire de San Francisco de 1912 à 1931, puis gouverneur de Californie jusqu'à sa mort en 1934. En 1989, à la suite du séisme de Loma Prieta, le tablier supérieur de la partie Est s'effondre et la liaison est coupée durant un mois. Le projet de construire un nouveau pont parasismique, sur un seul étage à côté de l'ancien, débute en 2002 et ne sera achevé que onze ans plus tard pour un coût de 250 millions de dollars. Le démantèlement de l'ancienne partie du pont commencée en 2014 s'est achevée au premier semestre 2017. Il est désormais possible de relier Oakland à Yerba Buena à vélo ou à pied.

BALMY ALLEY ★★

Balmy Alley
www.balmyalley.com
Ouvert 24h sur 24. Visite guidée par Precita Eyes d'1h30 : 20 US$ (10 US$ tarif réduit, 3 US$ moins de 12 ans).

C'est dans cette petite ruelle que se trouve la plus importante concentration de peintures murales de San Francisco. Débutant au milieu des années 1980, c'était le moyen d'expression des artistes, dénonçant les abus politiques et les outrages aux droits de l'Homme en Amérique centrale. Aujourd'hui, l'allée se métamorphose fréquemment, grâce à de nouvelles peintures, évoquant toujours des sujets sociétaux actuels importants.

La ruelle se fait à pied (plus agréable en journée). Seul ou accompagné des guides de Precita Eyes Mural Arts (à réserver).

CLARION ALLEY ★★

Clarion Alley
Ouvert toute l'année.

Clarion Alley est une petite rue remarquable pour ses peintures murales peintes par le Clarion Alley Mural Project. C'est donc de l'art local constamment en mutation avec plusieurs styles différents, quelques grandes fresques... il y a à boire et à manger, mais peu importe, le rendu d'ensemble est très représentatif de la vivacité de l'art urbain de San Francisco. C'est une révélation en couleurs vives des aspects de la vie quotidienne, du travail, du jeu et de la famille, mais on retrouve toujours la justice sociale comme thème dominant.

CONTEMPORARY JEWISH MUSEUM ★★

736 Mission Street ✆ +1 415 655 7856
www.thecjm.org
Tous du jeudi au mardi de 11h à 17h. Adultes 14 US$, seniors et étudiants 12 US$, gratuit pour les moins de 18 ans.

Des formes cubiques contemporaines se greffent à cette centrale électrique désaffectée de 1907 : l'architecte déconstructiviste Daniel Libeskind a voulu symboliser l'harmonie entre le nouveau et l'ancien. Dans l'entrée, des lettres en néon, qui se prononcent phonétiquement en hébreu, signifient *verger* et font référence aux racines perses du jardin d'Éden. Des expositions temporaires et des animations sont proposées. Objectif : connecter l'art, les personnes et les idées...

DOLORES PARK ★★

Dolores Street
Parc transfrontalier entre les quartiers de Mission et Castro.

© JEJIM - ISTOCKPHOTO

Des jeunes, des vieux, des hippies, des punks, des cow-boys en slip, des familles : tout San Francisco se retrouve à Dolores Park le week-end, en particulier lorsqu'il fait beau. Les activités ? Ça ne dépend que de vous. Manger des grillades, pique-niquer entre amis, boire, fumer, jouer de la musique, danser, bronzer, jouer au frisbee... C'est le bon endroit pour prendre la température de la ville, rencontrer ses habitants, voire tenter un brin de drague. Appréciez la petite clochette du glacier sur un fond de musique métal ou de techno.

GLBT HISTORY MUSEUM ★

4127 18th Street ✆ +1 415 621 1107
www.glbthistory.org/museum/
Ouvert du mercredi au dimanche de 11h à 17h. Entrée à 10 US$, 6 US$ tarif réduit. Gratuit -12 ans.

Inauguré en 2011, ce musée est le premier du genre aux États-Unis. Capitale du militantisme gay, San Francisco se dote, après Berlin, d'un musée dédié à l'histoire LGBT (récemment changé en GLBT pour placer le terme *gay* en premier). Le souhait de la société historique GLBT est de mettre en lumière les dizaines de milliers d'archives accumulées depuis les années 1980 dans le pays. L'espace est situé au cœur du Castro et présente une galerie principale, reprenant photos, magazines, objets racontant histoires, témoignages personnels et avancées politiques.

HARVEY MILK PLAZA ★

A l'angle de Market et de Castro Street
Accessible toute l'année.

Première chose que l'on voit en sortant du métro : une plaque en hommage à Harvey Milk. Leader de la communauté gay, il fut un des premiers hommes politiques à parler ouvertement de sa sexualité aux États-Unis. Élu conseiller municipal à la mairie de San Francisco en 1977, il fut assassiné en 1978. Le jury n'ayant pas été assez sévère avec le meurtrier Dan White, la sentence provoqua de grosses révoltes dans la ville. Le *freedom flag*, le grand drapeau arc en ciel symbole de la culture gay flotte au-dessus de la place depuis cette date.

PINK TRIANGLE PARK ★

17th Street
pinktrianglepark.org
Ouvert à tous.

Le *Pink Triangle Park*, œuvre des artistes Robert Bruce et Susan Martin inaugurée en 2001, rend hommage aux milliers d'homosexuels, bisexuels et transgenres exterminés par le régime nazi dans les camps de la mort. À cette époque, les gays portaient le triangle rose et les lesbiennes, le triangle noir des asociales. Quinze piliers dans le parc symbolisent les quinze milliers de persécutés. Au centre du parc se trouve un triangle rempli de roches meubles qui comprend des cristaux de rose. C'est un des rares monuments de la sorte au monde.

INTERNATIONAL ART MUSEUM OF AMERICA ★★

1023 Market Street
✆ +1 415 376 6344
www.iamasf.org
Ouvert du mardi au dimanche de 10h à 17h. L'entrée est gratuite. Photos interdites.

L'International Art Museum of America (IAMA), à l'origine le Superb Art Museum of America, est un musée fondé en 2011 par H. H. Dorje Chang Buddha III, un artiste qui prétendait sans rire être une réincarnation du Bouddha Vajradhara et qui ne contenait à l'origine que des œuvres de ce dernier. Vous le trouverez dans le quartier South of Market (SoMa), au 1023 Market Street. Il est aujourd'hui dédié à l'art asiatique avec quelques mises en regard d'œuvres occidentales très bien choisies. L'entrée principale contient une installation de jardin permanente avec un étang, une cascade, des imitations de formations rocheuses, un gazebo au toit en forme de pagode et une sculpture de cabane dans un arbre conçue par l'artiste Steve Blanchard. Les œuvres de H. H. Dorje Chang Buddha III, toujours en nombre, sont remarquables : calligraphies, peintures de style asiatique d'insectes, de carpes, d'arbres, de fleur, représentations époustouflantes de tigres ou de pandas, hommage aux tournesols de Van Gogh, une œuvre foisonnante aux techniques variées et très maîtrisées. On y trouve également des sculptures Yun, des œuvres de maîtres dont Qi Baishi ou l'Empereur Yongzheng de la Dynastie Qing. Parmi les portraits et paysages d'artistes européens, du XVIIIe au XXe siècle, on relève en particulier des œuvres de Maurice de Vlaminck, Évariste Carpentier ou encore Rosa Bonheur. Ce musée, qui vaut bien quelques heures de déambulation, se donne pour mission l'harmonie et la paix entre les cultures.

MISSION DOLORES ★★

3321 16th Street
✆ +1 415 621 8203
www.missiondolores.org
Ouvert tous les jours de 9h à 16h, jusqu'à 16h30 en été. Entrée adulte 7 US$, senior, étudiant et enfant : 5 US$.

Mission Dolores, ou Misión San Francisco de Asís, est le plus ancien bâtiment intact de la ville et la seule chapelle intacte parmi les 21 missions établies sous la direction du père Serra. Construite en 1776, elle a été témoin de toute l'histoire de San Francisco, y compris de la ruée vers l'or de la Californie et du tremblement de terre de 1906. Ce sont ses murs de trois mètres d'épaisseur qui lui permirent de résister à la catastrophe. Le retable baroque fut importé du Mexique en 1780. Admirez le plafond peint en vert, rouge et orange dans la chapelle. La basilique, dans laquelle a lieu la messe, ne date pas de la même époque. Elle fut construite en 1918 et consacrée plus tard, en 1952, par le pape Pie XII. Le cimetière et les jardins de Mission Dolores sont situés à côté de l'ancienne mission. Les magnifiques jardins ont été restaurés et plantés d'arbres, d'arbustes, de fleurs et de plantes indigènes traditionnelles de l'époque de 1791. La roseraie est un don de la Golden Gate Rose Society et est entretenue par des membres de la société chaque semaine. Le jardin contient également un jardin ethnobotanique amérindien et des exemples de plantes et d'objets précédant la colonisation.. C'est ici que reposent certains des premiers pionniers californiens, des Ohlones et Miwoks, qui sont les peuples amérindiens locaux malheureusement disparus, et d'autres notables comme Luis Antonio Arguello, premier gouverneur du Mexique et le lieutenant Morega, officier de l'armée espagnole et un des fondateurs de la ville.

PRECITA EYES MURALISTS AND VISITOR CENTER ★★

2981 24th Street
✆ +1 415 285 2287
www.precitaeyes.org
Centre d'information ouvert du lundi au vendredi de 10h à 17h, le samedi de 10h à 16h et le dimanche de midi à 16h.

Établie en 1977 par Susan et Luis Cervantes ainsi que d'autres artistes du Mission District, Precita Eyes est une association et un centre d'art dont la mission est d'enrichir et d'embellir les milieux urbains et d'éduquer la population locale à l'histoire et au procédé des fresques murales. L'objectif : garantir que les œuvres murales soient accessibles aux personnes vivant dans leur environnement, et reflètent leurs joies, leurs inquiétudes ou leurs réussites.

SAINT PATRICK'S CATHOLIC CHURCH ★

756 Mission Street
✆ +1 415 421 3730
www.stpatricksf.org
Ouvert tous les jours.

Construite en 1851, cette église de style néo-gothique un peu perdue au milieu des gratte-ciel a été détruite presque entièrement lors du tremblement de terre de 1906, avant d'être reconstruite à l'identique. Elle a accueilli de nombreuses nationalités au fur et à mesure des changements de population du quartier de South of Market. Les Irlandais ont cédé la place à la communauté espagnole, qui a ensuite, à son tour, cédé la place à la communauté philippine.

SFMOMA ★★★

151 3rd Street
✆ +1 415 357 4000
www.sfmoma.org
Ouvert du mercredi au lundi de 10h à 17h, et le mardi jusqu'à 21h.

C'est la version *west coast* du MoMA de New-York, le *San Francisco Museum of Modern Art* présente des collections permanentes et programme des événements et des expositions temporaires. Sa rénovation, qui a duré trois ans et coûté environ 300 millions de dollars, a fait grand bruit et a permis au musée de se doter d'une nouvelle envergure internationale. Devenu le plus grand lieu à présenter de l'art contemporain aux États-Unis, avec un espace qui s'est multiplié par trois atteignant une superficie de près de 16 000 mètres carrés, et une collection elle-même multipliée par trois, puisqu'elle compte aujourd'hui plus de 30 000 œuvres. Le rénovation a été nécessaire suite à la décision du couple propriétaire de GAP, les Fisher de prêter leur collection au musée, pour une durée de 100 ans. Leur collection comprenant plus de 1 000 pièces d'artistes contemporains comme Anselm Kiefer, Roy Lichtenstein, Gerhard Richter, Richard Serra, ou Andy Warhol, il fallait en effet de la place pour les accueillir. Les directeurs du Musée en ont aussi profité pour concevoir un étage entier consacré à la photographie contemporaine. Pas moins de 19 expositions ont été organisées au sein du SFMoMA pour fêter le réouverture du désormais mythique musée de Californie, en mai 2016. Depuis mai 2019, un mur digital présentant le journal *The chronicle of San Francisco* est exposé au musée. On peut voir au SFMoMA jusqu'à l'été 2023 la fresque de Diego Rivera «Pan American Unity», avant son retour au City College dans un nouvel espace.

TWIN PEAKS ★

Castro/ Noe Valley
Ouvert toute l'année.

© JON BILOUS - SHUTTERSTOCK.COM

Un des plus beaux panoramas de la ville, les deux collines de Twin Peaks culminent à 280 mètres d'altitude (rien à voir avec la série télévisée du même nom, réalisée par David Lynch, qui est, elle, tournée dans l'État de Washington). Le petit secret : grimper au sommet d'une des deux collines et avoir une vue à 360°, avec d'un côté le Pacifique et de l'autre la baie. Pour accéder au sommet : emprunter le bus numéro 37 ou le métro MUNI jusqu'à la station Forest Hill, puis traverser la rue et prendre le bus 36 North (arrêt Skyview et Marview).

WOMEN'S BUILDING ★★

3543 18th Street
✆ +1 415 431 1180
www.womensbuilding.org
Ouvert du lundi au vendredi de 10h à 16h, le jeudi de 10h à minuit.

En 1971, un groupe de femmes et d'associations féministes multiculturelles fondent une organisation humanitaire et s'installent dans la 18e rue afin de soutenir des projets menés par des femmes du quartier. Aujourd'hui, plus de 170 projets ont abouti grâce à elle. L'immeuble est facilement repérable avec sa magnifique fresque peinte par sept artistes en 1994. Une référence dans le paysage urbain de Mission. Un incontournable de l'art mural à San Francisco, un hommage à la paix et aux femmes de différentes cultures et conditions.

YERBA BUENA CENTER FOR THE ARTS ★★

701 Mission Street
✆ +1 415 978 2700
www.ybca.org
Ouvert du mardi au dimanche de 11 à 18h. Fermé le lundi. Gratuit le premier mardi du mois.

Ce centre culturel propose des expositions contemporaines d'artistes issues de disciplines diverses comme l'art plastique, la performance, la photo la vidéo ou encore la musique. N'ayant pas de collections permanentes, le centre s'oriente principalement vers des expositions temporaires d'artistes internationaux mais aussi et surtout d'acteurs de la vie culturelle de de Californie. Des performances, des ballets de danse et des projections de films ont également lieu régulièrement.

SAN FRANCISCO

© GREGOBAGEL - ISTOCKPHOTO

Painted Ladies, maisons victoriennes près d'Alamo Square.

ALAMO SQUARE - PAINTED LADIES ★★

Entre Hayes, Fulton, Scott et Steiner Streets

Accessible toute l'année.

Le parc d'Alamo Square s'étend sur quatre *blocks* et surplombe une colline avec vue imprenable sur San Francisco. On s'attardera depuis la pelouse du square sur la rangée de sept maisons victoriennes, aussi connues sous le nom de *Painted Ladies*, surnommées ainsi en raison de leurs couleurs pastel. Elles servent souvent de décor de cinéma et de premier plan photogénique devant les gratte-ciel illuminés du Financial District. N'oubliez pas de poser devant elles !

CHINA BEACH ★★

340 Seacliff Avenue

China Beach est une petite plage aménagée située dans le quartier de Sea Cliff, entre Baker Beach et Lands End. Elle est très fréquentée le week-end par les San Franciscains, bien que l'eau ne dépasse pas les 16 degrés. Prévoyez une combinaison si vous êtes quand même tenté de faire trempette ! Depuis l'époque de la ruée vers l'or, cette crique servait de campement à de nombreux pêcheurs chinois qui travaillaient dans la baie de San Francisco, d'où son nom. Elle offre un joli point de vue sur le Golden Gate Bridge et les Marin Headlands.

BUENA VISTA PARK ★

Haight Street

Accessible toute l'année.

Construit en 1867, le plus vieux parc de San Francisco est d'abord nommé Hill Park puis renommé Buena Vista Park en 1894. À travers les vieux cyprès, la ville se dévoile au fur et à mesure que vous gravissez les marches de pierre. Idéal pour savourer un moment romantique et pour admirer la vue dans le parfum des eucalyptus, même si la végétation empêche d'embrasser le panorama dans son ensemble. Si vous cherchez un bon poste d'observation, vous aurez tout de même la possibilité d'admirer le Golden Gate Brige et Marin Headlands.

CALIFORNIA ACADEMY OF SCIENCE ★★★

55 Music Concourse Drive

✆ +1 415 321 8000

www.calacademy.org

Ouvert tous les jours de 9h30 à 17h, le dimanche à partir de 11h. Adulte 39 US$, réduit 34 US$, + de 3 ans 31 US$.

La California Academy of Sciences abrite quatre sections principales : le *Morrison Planetarium* (un cinéma sous dôme comme à la Géode de Paris ou au Futuroscope), le *Steinhart Aquarium* (des bassins géants qui accueillent plus de 900 espèces sous-marines), le *Kimball Natural History Museum* et la *Osher Rainforest* (une serre tropicale qui reproduit trois écosystèmes différents). Ce lieu est un nid à sciences et l'un des musées les plus fréquentés de la ville.

GOLDEN GATE PARK ★★★

✆ +1 415 831 2700
sfrecpark.org
Ouvert tous les jours de 5h à minuit.

Large rectangle de plus de 4 km^2, le Golden Gate Park est un des plus grands parcs urbains des États-Unis, devant le Central Park de New York auquel on le compare souvent. Perpendiculaire à l'océan, sa réalisation a été lancée dans les années 1870. On n'épuisera pas les plaisirs ou les possibilités en une seule visite ni en un seul jour. Les habitants de San Francisco s'y donnent volontiers rendez-vous pour s'y promener, y faire de la bicyclette, du patin, du cheval (le dimanche, le Kennedy Drive est fermé à la circulation automobile). On y vient également pour les multiples terrains d'activités offerts : un stade de polo, un golf, des courts de tennis, etc. C'est aussi dans le Golden Gate Park que sont situés les grands musées, le De Young Museum et de la California Academy of Sciences. L'immense arboretum et le Conservatory of Flowers raviront les amoureux de botanique tandis que les rêveurs et poètes pourront se prélasser dans le petit jardin dédié à Shakespeare. Enfin, le Japanese Tea Garden célèbre la réconciliation des États-Unis avec le Japon et les Nippo-Américains ayant souffert de discrimination durant la Seconde Guerre mondiale. Et n'oublions pas non plus d'avoir une pensée émue pour les milliers de hippies qui se pressaient au Golden Gate Park pendant le Summer of love de 1967, afin d'assister aux concerts gratuits des Grateful Dead et imaginer ensemble un monde meilleur en s'essayant à l'amour libre et aux voyages psychédéliques. Un passage obligé de tout séjour à San Francisco.

JAPANESE TEA GARDEN ★★

75 Hagiwara Tea Garden Drive
✆ +1 415 831 2700
japaneseteagardensf.com
Ouvert tous les jours. Mars à octobre : de 9h à 18h. Novembre à février : 9h à 16h45.

Une enclave de quiétude. Ce jardin et sa pagode furent imaginés à l'occasion de la Panama Pacific Exposition de 1915. À la fermeture de l'exposition, l'architecte paysagiste japonais Makoto Hagiwara devint le gardien de la propriété, consacrant toute sa richesse et son talent à ce jardin. Statue de Bouddha, petit pont de bois, jardin zen et arbres nains, serveuses japonaises en habit traditionnel servant le thé dans un décor hors du temps propice à la méditation. Les cerisiers y sont en fleurs aux mois de mars et avril et donnent au jardin un air de paradis.

NATIONAL AIDS MEMORIAL GROVE ★

Middle Drive East - Bowling Green Drive
www.aidsmemorial.org
Accessible de 5h à 22h. Gratuit.

Ce mémorial situé dans le Golden Gate Park est dédié aux victimes du sida. C'est un lieu de réunion, de soutien, d'espoir, de souvenir. Il met en avant ceux qui vivent avec le virus, leurs proches, les médecins et les aides-soignants. Créé en 2002, il remémore les moments importants de la lutte contre cette maladie, notamment l'année 1987 où, pour la première fois, un président utilise le mot sida aux États-Unis. Aussi une association, on peut lui faire des dons. Un lieu émouvant.

CONSERVATORY OF FLOWERS ★★

100 John F. Kennedy Drive
✆ +1 415 831 2090
www.conservatoryofflowers.org
Ouvert du mardi au dimanche de 10h à 18h30. Fermé le lundi. Entrée : 8 US$ adulte.

Cette serre géante est le plus vieux bâtiment du Golden Gate Park et elle attire par son imposante mais subtile architecture faite de bois et de verre, et dont la construction remonte à 1878. Elle compte cinq galeries distinctes, chacune se concentrant sur la mise en valeur d'un écosystème différent, allant des denses forêts tropicales humides de Sumatra aux forêts de nuages de l'Équateur. La collection de plantes exotiques est exceptionnelle. Une visite incontournable pour les amoureux de la nature de passage à San Francisco.

SAN FRANCISCO BOTANICAL GARDEN ★★

Lincoln Way
✆ +1 415 661 1316
www.sfbotanicalgarden.org
Ouvert tous les jours de 7h30 à 18h en fonction de la saison. Gratuit tous les jours avant 9h.

Situé dans le Golden Gate Par, il s'agit du plus grand jardin botanique de la côte Ouest des États-Unis. Il s'étend sur 22 ha et contient plus de huit mille espèces végétales provenant de la savane sud-africaine à la forêt néo-zélandaise. C'est l'un des plus riches arboretums au monde. Nombreuses animations : jardinage, découverte des espèces végétales, écologie, etc. On peut le visiter, mais aussi y faire du yoga ou des retraites consacrées à la méditation.

DE YOUNG MUSEUM ★★★

50 Hagiwara Tea Garden Drive
✆ +1 415 750 3600
deyoung.famsf.org
Ouvert du mardi au dimanche de 9h30 à 17h15.
Ticket adulte 15 US$, gratuit moins de 18 ans.

Niché au cœur du Golden Gate Park, ce bâtiment aux perspectives étonnantes est signé des architectes suisses Herzog et de Meuron. Le musée abrite une succession de galeries présentant des œuvres du XVIIe au XXIe siècle, notamment des peintures américaines (dont une salle de trompe-l'œil), des œuvres d'Afrique, d'Océanie et des Amériques, modernes et contemporaines. Des expositions temporaires sont régulièrement organisées. Après le musée, on aura l'occasion de se promener dans les magnifiques jardins, qui relient le lieu à la California Academy of Sciences.

JIMI HENDRIX HOUSE

1524A Haight street
Ne peut être visitée.

C'est dans un appartement de cette maison en briques que Jimi Hendrix vécut quelque temps dans les années 1960. Suite à sa disparition, on l'avait repeinte en rouge et surnommée la *Red House*. Une fresque murale extérieure aujourd'hui conservée a également été peinte en son hommage. Vous ne pourrez pas la rater. C'est aujourd'hui une résidence privée, on ne peut donc malheureusement pas la visiter. On est au carrefour central du quartier de Haight-Ashbury, à l'épicentre de la géographie hippie. Pas étonnant que la superstar ait vécu ici !

GRATEFUL DEAD HOUSE

710 Ashbury Street

C'est dans cette jolie maison victorienne violette qu'en 1967 Jerry Garcia et sa bande du Grateful Dead, fer de lance d'un rock psychédélique sous acides et piliers des concerts organisés lors du *Summer of Love* de 1967, ont tenu leur conférence de presse historique sur la dépénalisation du cannabis. Une de leurs phrases résonne encore dans les rues de la ville : « *si toutes les personnes qui fument de la marijuana étaient arrêtées, San Francisco serait vide* ». Ici a vécu le groupe de 1965 à 1968, au sein de Haighy-Ashbury, le fabuleux quartier hippie.

LINCOLN PARK ★

Clement Street

Dédié au président Abraham Lincoln en 1909, le site de Lincoln Park était le cimetière de San Francisco jusqu'à la fin des années 1860. En 1902, les amateurs de golf ont creusé trois trous sur une partie du terrain. Le terrain de golf s'est agrandi en 14 trous en 1914, puis à 18 trous en 1917. C'est durant cette période que plusieurs projets routiers furent confiés au Gouvernement fédéral. La Lincoln Highway, avec son terminus à l'ouest de Lincoln Park, a été conçue et cartographiée en 1913 comme la première route côtière traversant quatorze États.

JANIS JOPLIN HOUSE

122 Lyon Street

Janis Joplin arrive dans les années 1960 de son Texas natal pour s'installer à San Francisco. Elle vivra à plusieurs adresses, mais celle de Lyon Street reste emblématique. Aux prémices du *Summer of Love*, la chanteuse arrête ses études en sociologie et se concentre sur sa passion : la musique. Artiste mondialement connue, chanteuse de rock psychédélique et figure des années hippies, elle succombe en 1970 d'une overdose d'alcool et d'héroïne ici à San Francisco, à seulement 27 ans et deux semaines à peine après la mort d'une autre légende, Jimi Hendrix.

COASTAL TRAIL ★★

Grimpez dans le bus 2 ou 1 et descendez au niveau de Lincoln Park. À cet arrêt pour le bus 18, vous emmènera jusque devant la Légion d'honneur. Une belle promenade le long de la côte océanique vous attend à l'ouest du Lincoln Park. Vous traverserez sur des petits sentiers la végétation touffue du bord de mer. Devant vous, les plages de Baker Beach et China Beach, mais c'est aussi l'endroit où vous ne perdrez jamais de vue le Golden Gate Bridge. Attention, en pleine saison et particulièrement au coucher du soleil, les sentiers peuvent être bondés.

SUTRO BATHS ★

1004 Point Lobos Avenue
✆ +1 415 426 5240
www.sutrobaths.com
Accessible toute l'année.

Pour y aller, bus 38 sur Geary, descendez au terminus puis marchez en bas de la falaise pendant environ 10 minutes. Sinon prenez un taxi. Magnifiques ruines des bains au bord de l'océan Pacifique. Ces bains ont été construits en 1896 par Adolph Sutro, alors maire de San Francisco. L'idée de ce millionnaire entrepreneur : donner au plus grand nombre le droit aux loisirs et au repos. Un parc, *Playland*, avait été accolé à ces bains géants (mais a été ravagé par un incendie en 1966) et l'histoire dit que Walt Disney, ami de Sutro, s'en inspira pour son fameux parc.

THE LEGION OF HONOR ★★★

100 34th Avenue
✆ +1 415 750 3600
legionofhonor.famsf.org
Du mardi au dimanche, de 9h30 à 17h15. 15 US$ adulte, 12 US$ senior, 6 US$ étudiants et gratuit en dessous de 18 ans.

Construit en 1924 à la mémoire des quelque 3 600 soldats californiens morts en France pendant la Première Guerre mondiale, son architecture est largement inspirée du musée parisien de la Légion d'honneur. Sa collection regroupe plus de quatre mille sculptures, à commencer par *Le Penseur* de Rodin, dont 80 pièces sont exposées ici, mais aussi des peintures de Cézanne, Dalí, David, Gauguin, Picasso, Van Gogh... En plus de sarcophages égyptiens millénaires et de nombreuses autres antiquités. Admirez en partant la vue sur la baie, à couper le souffle !

OCEAN BEACH ★★

Great Hwy
Ouvert toute l'année.

Les forts courants et la violence des vagues font d'Ocean Beach le *spot* favori des surfeurs. La communauté de surfeurs se réunit dans les *beach-cafés* pour une pause afin de se réchauffer et de reprendre quelques forces. Endroit agréable pour boire une bière sur la plage au coucher du soleil et peut-être apercevoir des phoques ou des baleines au large. Attention au temps en revanche, il est très rare d'apercevoir le soleil à Ocean Beach, il a tendance à s'arrêter quelques *blocks* avant donc prévoyez un bon pull à capuche. Bon spot à pique-nique et feu de camp.

PANHANDLE PARK

Au croisement de Masonic et Oak Streets
Accessible toute l'année.

Cette bande verte est l'extension du Golden Gate Park. Le Panhandle Park était le laboratoire du grand parc urbain : c'est ici que les paysagistes et botanistes venaient présenter leurs propositions d'aménagement. On pourra d'ailleurs y admirer les plus vieux eucalyptus de la ville. Durant le *Summer of Love* de 1967, ce petit parc fut célèbre pour les concerts quotidiens gratuits en plein air de groupes comme Jefferson Airplane, Big Brother and the Holding Company, The Grateful Dead ou Jimi Hendrix. Les écrivains hippies venaient y écrire la journée.

Sutro Baths.

SE LOGER

Vous trouverez d'innombrables moyens de vous loger à San Francisco et dans toute la Californie. Les grands hôtels sont légion puisque la ville accueille nombre de conventions professionnelles. Certains d'entre eux datent d'avant le tremblement de terre de 1906 et constituent de véritables monuments historiques, quoique toujours impeccablement réaménagés avec lounge luxueux, salle de gym et parfois même un spa doublé d'une piscine. Les hôtels de charme ne font pas défaut non plus en ville et il existe quelques gîtes dans l'arrière-pays qui sont de petits trésors, vous trouverez tout ce qu'il faut pour passer quelques jours en amoureux. Ce sera par contre plus compliqué de trouver une chambre à bas prix, voire une auberge de jeunesse. San Francisco et la Californie dans son ensemble ont subi de plein fouet le phénomène de la gentrification et les backpackers ne sont pas foule dans la région.

1906 MISSION €

1906 Mission Street
✆ + 1 415 801 5000
www.1906mission.com
Chambre double à partir de 120 US$.

Ce petit hôtel situé en plein cœur de Mission est une belle surprise. Pour accéder à l'accueil on doit escalader un escalier bien pentu, mais c'est sûrement le seul inconvénient de l'établissement. Les chambres sont décorées dans une ambiance moderne et *design*, et avec attention. Les prix assez bas de l'hôtel étant en partie liés à la taille des chambres. Les salles de bains sont partagées, mais spacieuses et bien entretenues. Les espaces communs dont le patio extérieur permettent de rencontrer les autres occupants du *1906*. Une belle adresse.

ADANTE HOTEL €

610 Geary Street
✆ +1 415 673 9221
www.adantehotel.com
Chambre à partir de 322 US$.

Un petit hôtel idéalement situé en centre-ville, à sept minutes de marche du quartier d'Union Square. Les chambres sont petites et la déco qui puise du côté du design des années 70 est un peu datée, mais l'endroit est propre. Les chambres comprennent une connexion wifi gratuite, une télévision par câble à écran plat ainsi qu'une salle de bains privative pourvue d'un sèche-cheveux. Du matériel de repassage est également fourni. Un petit déjeuner continental léger est inclus dans le prix, il est servi tous les matins dans le hall de 7h à 9h30.

ADELAIDE HOSTEL €

5 Isadora Duncan Lane
✆ +1 415 359 1915
www.adelaidehostel.com
Nuit en dortoir à partir de 28 US$ en basse saison.

Situé à proximité de la station Powell du Bart, l'Adelaïde Hostel constitue un bon camp de base pour les *backpackers* ou les petits budgets. Il se différencie d'une auberge de jeunesse classique par son cadre confortable, son ambiance calme et ses diverses options de logement (dortoirs ou chambres). Le personnel renseigne volontiers sur les balades à faire. Petite bibliothèque agréable pour discuter avec des jeunes du monde entier. Dernier plus, le copieux petit déjeuner servi tous les matins : fruits frais, *bagels*, pains aux céréales et Nutella !

ALBERGO HOTEL VERONA €

317 Leavenworth Street
✆ +1 415 775 1641
Bon rapport qualité-prix. Petit déjeuner inclus. Thé et café offerts toute la journée.

Ce petit bâtiment charmant de 1908 a été redécoré en 2004. C'est un hôtel 2 étoiles, situé près du Golden Gate Theatre.Tenu par une famille italienne, il respire le charme européen à des prix défiant toute concurrence. Une adresse à l'ancienne qu'on recommande chaudement aux petits budgets. On peut se restaurer à proximité, chez Onsen et Black Cat, ils sont à moins de cent mètres. L'hôtel est situé à 10 minutes de la station de métro Civic Center / UN Plaza, et à 100 mètres de l'arrêt de bus l'Ellis Street & Leavenworth Street.

ENCORE EXPRESS HOTEL €

1353 Bush Street
✆ + 1 415 816 6207
encoreexpresshotel.com
Dortoirs (4 à 8 pers.) : à partir de 31 US$ en hiver. Chambre double à partir d'environ 100 US$.

Cet hôtel a pour principal avantage ses tarifs étonnamment bas pour une ville aussi chère que San Francisco ! Souhaitant offrir des solutions à tous les types de budget, l'hôtel dispose en effet d'un dortoir, de chambres avec salles de bains partagées ou privées, et de suites toutes équipées avec cuisine que l'on peut occuper à 2 comme à 4 personnes. Rien d'incroyable niveau décoration, même si on a un petit faible pour les dessus de lit façon grand-mère, et parfois un peu bruyant. Mais un très bon rapport qualité/prix et un accueil au top !

GRANT PLAZA HOTEL €

465 Grant Avenue
✆ +1 415 434 3883
www.grantplaza.com
Chambre à partir de 150 US$ la nuit.

Situé à quelques pas de l'entrée mythique de Chinatown et à trois blocs d'immeubles d'Union Square, cet hôtel datant de 1922 propose 75 chambres, pas très grandes mais confortables et lumineuses. La décoration n'est pas exceptionnelle mais l'ambiance reste épurée. Les parties communes sont agréables. Toutes les chambres sont équipées de TV et wifi. Café à disposition tous les matins. Préférez les chambres en hauteur, moins bruyantes. Un excellent rapport qualité/prix pour ce quartier central et sécurisé. Parking à tarif réduit.

GREEN TORTOISE HOSTEL €

494 Broadway Street
✆ +1 415 834 1000
www.greentortoise.com
Nuit en dortoir à partir de 46 US$, chambre privée 118 US$. Petit déjeuner et 3 dîners par semaine inclus.

Fondée en 1974, cette auberge de jeunesse est située juste à côté du Beat Museum dans une rue animée avec bars et cafés. Avec en général 5 lits par dortoir, l'établissement est assez confortable, bien qu'un peu bruyant. Les draps et couvertures sont fournis. Cuisine bien équipée. Table de billard. Pensez à venir avec votre cadenas pour fermer votre placard (sinon disponible à l'accueil pour 5 US$). La salle commune où l'on prend le petit déjeuner est spacieuse et une petite scène accueillant des musiciens anime la salle certains soirs.

HAYES VALLEY INN €

417 Gough Street
✆ +1 415 862 9051
www.hayesvalleyinn.com
Chambre double à partir de 103 US$ en hiver et 125 US$ en été.

Ravissant *Bed & Breakfast* au cœur du quartier branché Hayes Valley, à proximité de boutiques, restaurants et librairies tendances. Cuisine aménagée à l'entrée avec goût, mêlant marbre et bois et où l'on prend son petit déjeuner devant la *bow window* typique. Très agréable ! Côté chambre, les salles de bains sont séparées, partagées et assez petites (seul point négatif de l'établissement). Décoration soignée et moderne, chambres confortables. Très fréquenté par les touristes australiens. Accueil chaleureux. Bon rapport qualité-prix.

HI SAN FRANCISCO DOWNTOWN HOSTEL €

312 Mason Street
✆ +1 415 788 5604
Nuit en dortoir de 35 à 65 US $. Chambre privée de 89 à 209 US$. Souscription au réseau HI obligatoire.

C'est le deuxième plus grand *American Youth Hostel* des USA, après celui de New York. Autant dire que vous y verrez passer du monde et que l'accueil manque forcément de chaleur. Il reste cependant bien situé, à un bloc d'Union Square et des *cable cars* et bon marché. Les dortoirs, pour 4 personnes maximum, sont bien tenus et peuvent être non-mixtes. Petit-déjeuner continental inclus. Des activités sont organisées afin que vous puissiez rencontrer les autres voyageurs de l'*hostel*.

HOTEL DES ARTS €

447 Bush Street
✆ +1 415 956 3232
www.sfhoteldesarts.com
Chambre à partir de 140 US$. Petit déjeuner léger (café/pain) inclus. Parking : 35 US$.

Idéal pour un séjour vraiment différent. Vous êtes loin des chambres à la déco universelle ! Des artistes du monde entier ont investi les murs de ce vieil hôtel aux portes de Chinatown. Le résultat ? 51 chambres toutes différentes recouvertes de peintures graphiques plus colorées les unes que les autres. Du sol au plafond, des portes aux salles de bains : rien n'a échappé à la créativité des jeunes peintres. Les plus petites chambres (une dizaine) ont des salle de bain à partager. Le petit déjeuner est servi dans la grande salle du bas, de 6h30 à 9h30.

HOTEL STRATFORD €

242 Powell Street
✆ +1 415 397 7080
www.hotelstratford.com/
Chambre à partir de 305 US$.

Cet hôtel de moyenne catégorie offre des chambres claires, simples et lumineuses. Il est particulièrement bien situé, à deux pas d'Union Square et sur le passage de *cable cars*. On se sent plutôt bien dans cet hôtel boutique du centre-ville. La décoration est épurée, sans fioritures, et les chambre sont propres. Des artistes sont même en résidence entre ces murs. Vous pourrez vous installer dans le *lounge* offrant un large choix de thé et café. Cependant, la taille des chambres standard reste petite, pour un prix relativement élevé.

THE HERBERT HOTEL €

161 Powell Street
✆ +1 415 362 1600
www.theherberthotel.com
Chambre à partir de 125 US$. Wifi gratuit. Deux nuits de suite obligatoires en haute saison.

Cet hôtel sur Powell Street est idéalement situé, devant la ligne Powell du *cable car*. Profitez de déambuler les rues à pied : il est à quelques *blocks* de *Chinatown*, Union Square, de la station du Bart Powell, des meilleurs musées de la ville... Construit en 1909, ce qui en fait presque un *artefact*, il a été depuis entièrement rénové afin d'offrir un service qualitatif à ses invités. Il y a tout ce dont on a besoin, pas plus, pas moins. Avec ses 99 chambres, vous aurez le choix dans la taille, selon vos besoins et votre budget.

ITH PACIFIC TRADEWINDS HOSTEL €

680 Sacramento Street
✆ +1 415 433 7970
Nuit en dortoir à partir de 70 US$. Cuisine et salle de bains communes. Wi-Fi gratuit.

Un prix tout petit pour une auberge de jeunesse bien située et une équipe ultra-accueillante. Les dortoirs sont propres et les espaces de vie très conviviaux. L'équipe vous aide à préparer vos journées et vous propose des sorties. La cuisine est accessible à tous et bien équipée (pas de petit déjeuner, mais du café et du thé à volonté). À savoir : les dortoirs ne sont pas obligatoirement mixtes ; cela dépend des réservations. Une bonne adresse pour rencontrer d'autres *backpackers* !

USA HOSTELS SAN FRANCISCO €

711 Post Street
✆ +1 415 440 5600
Nuit en dortoir à partir de 65 US$, 125 US$ en chambre privée. Petit déjeuner inclus.

Une des auberges de jeunesse les plus conviviales et colorées, réputée pour son petit déjeuner et ses pancakes à volonté jusqu'à 10h. Café et thé toute la journée. *Lounge* au sol rouge avec un baby-foot et une table de billard. Salle où l'on peut pratiquer son yoga ou sa gym. Fêtes et activités tous les soirs. C'est l'endroit idéal pour ceux qui aiment faire la fête et rencontrer de nouvelles personnes. Réserver en amont pour avoir les meilleurs prix.

MUSIC CITY HOTEL €

1353 Bush Street
✆ +1 415 816 6207
www.musiccityhotel.org
Dortoir à partir de 35 US$ la nuit et chambre double privée à partir de 90 US$ la nuit.

Cet hôtel doublé d'une auberge de jeunesse est dédié à la scène rock, pop, folk, funk, metal et hip-hop de la Bay Area ! En plus de la galerie de portraits qui orne le couloir avec les Grateful Dead, Jefferson Airplane ou The Offspring, les chambres sont dédiées à Metallica, Tom Waits, Stevie Nicks... Les dortoirs comptent 4 à 6 lits avec une kitchenette. Le personnel est hyper-sympa et fournit même des places de concert gratuites ! Une salle de concert et des studios de répétition sont en construction. Une vraie bonne adresse, pas chère et chaleureuse.

CARRIAGE INN €€

140 7th St
✆ +1 415 552 8600
www.carriageinnsf.com
Chambre double à partir de 190 US$. Thé et café à disposition.

Un petit hôtel de charme dans une portion de rue qui compte d'autres hôtels et des motels, des fresques murales et un magasin d'alimentation. Le *Carriage Inn* propose des chambres spacieuses, remarquablement bien équipées et lumineuses (*bow-windows*), une décoration *cosy* et décalée (sympa la vieille machine à écrire Remington sur le bureau !). Les fauteuils sont confortables, la literie aussi. L'accueil est chaleureux. Le plus : la collection de caricatures et peintures exposée dans le *lobby*, les couloirs et les chambres. Le musée d'Art asiatique est à proximité.

CASTLE INN €€

1565 Broadway
✆ +1 415 441 1155
www.castleinnsf.com
Chambre double à partir de 122 US$ (promos sur le web fréquentes).

Motel où vous bénéficierez du parking gratuit, chose rare dans San Francisco. Odeurs de jasmin bien agréable dans le petit jardin intérieur. Chambres confortables et propres, mais à la décoration un peu vieillotte, une rénovation ne ferait pas de mal ! Les chambres sont équipées d'une télévision, d'un réfrigérateur, d'un micro-ondes, d'une machine à café et de matériel de repassage. Silencieux malgré la proximité de Van Ness Avenue. À l'accueil, le service est chaleureux et les conseils sont bons à prendre. Bon rapport qualité-prix.

CHANCELLOR HOTEL ON UNION SQUARE €€

433 Powell Street
✆ +1 415 362 2004
www.chancellorhotel.com
Chambre à partir de 121 US$. Restaurant et bar. Salle de spectacle Magic Parlor. Salle de gym adjacente.

Bon rapport qualité-prix pour cet hôtel avec vue plongeante sur l'animation d'Union Square. Construit pour la *Panama Pacific International Exposition* de 1915, c'était à l'époque le plus haut *building* de San Francisco ! Il allie service de qualité et accueil aimable. Les 137 chambres sont confortables, d'une décoration sobre et contemporaine. En journée, on déjeune au restaurant Luques et, le soir, le Magic Parlor offre une ambiance hors du temps.

CHÂTEAU TIVOLI €€

1057 Steiner Street
✆ +1 415 776 5462
www.chateautivoli.com
Chambre double à partir de 176 US$, suite à partir de 255 US$. Petit déjeuner inclus.

Ce charmant *Bed & Breakfast* réside dans une maison victorienne de 1892. 9 chambres spacieuses avec de grands lits à baldaquins. Un copieux petit déjeuner vous est servi tous les matins dans la très belle et spacieuse salle à manger, avec une variété de choix et même du champagne le week-end. Dégustation de vin et de fromage en fin d'après-midi. Personnel accueillant qui rendra votre séjour agréable. Les chambres ont conservé un cachet authentique grâce au mélange subtile d'art asiatique et de décoration victorienne, propre au début du siècle à San Francisco.

CORNELL HOTEL DE FRANCE €€

715 Bush Street
✆ +1 415 421 3154
www.cornellhotel.com
Chambre double à partir de 220 US$.

Une escale française très agréable à deux blocs d'Union Square. Cela fait plus de cinquante ans que Monsieur et Madame Lambert font vivre ce charmant et paisible hôtel 3-étoiles. Les chambres ont été récemment rénovées et l'atmosphère est devenue plus claire et moderne. Orléanais d'origine, les Lambert ont dédié leur établissement à Jeanne d'Arc et ont mis en place une déco adéquate. Petit déjeuner inclus dans le prix de la chambre (mais pensez au tip) et bon service de restauration. Accueil et conseils de grande qualité, en français bien sûr !

GOLDEN GATE HOTEL €€

775 Bush Street
✆ +1 415 392 3702
www.goldengatehotel.com
Chambre avec salle de bains commune sur le palier (3 chambres pour 1 sdb) : à partir de 220 US$.

Ambiance chaleureuse dans une charmante maison classée de 1913. On retrouve le côté désuet et douillet d'un *Bed and Breakfast* traditionnel au cœur de San Francisco, entre Nob Hill et Union Square. Le thé est servi accompagné de biscuits chaque fin d'après midi à l'accueil. *Mister Pip*, le chat symbole de l'hôtel, somnole dans l'entrée et monte la garde auprès du vieil ascenseur datant des années 1920. En haut, des couloirs, remplis de ravissantes photos du siècle dernier, distribuent les 25 chambres et 14 salles de bains. L'ambiance est familiale.

HANDLERY UNION SQUARE HOTEL €€

351 Geary Street
✆ +1 415 781 7800
sf.handlery.com
Chambre de 179 à 379 US$. Restaurant et bar. Piscine. Salle de gym.

Bien situé sur le célèbre Union Square, l'hôtel est fonctionnel, mais reste sans grand intérêt. Les chambres sont relativement petites dans des tonalités marron beige. Ambiance *corporate* et *business*. L'intérêt réside peut-être dans sa piscine extérieure chauffée, qui est au centre de l'hôtel. Tout autour, les chambres avec terrasse ont vue sur la piscine. Présence du spa et d'une salle de fitness. Possibilité de parking et proche transport en commun.

HOTEL ABRI €€

127 Ellis Street
✆ +1 415 392 8800
hotelabrisf.com
Chambre à partir de 220 US$.

Dans un bâtiment datant de 1906, cet hôtel a été redécoré dans un style contemporain. Le style est *cosy*, dans des tons chauds sans oublier le mobilier en bois clair. Les chambres sont assez petites mais on logera surtout ici pour la superbe localisation, à quelques pas d'Union Square et des stations du réseaux MUNI et BART. Attention toutefois aux oreilles sensibles, Abri se trouve dans un quartier animé où le trafic bat son plein. Personnel très professionnel et courtois. Petit-déjeuner, déjeuner et dîner possibles dans le bar-grill italien attenant.

HOTEL ADAGIO €€

550 Geary Street
✆ +1 415 775 5000
hoteladagiosf.com
Chambre de 190 à 599 US$. Suite de 500 à 2000 US$. Restaurant et bar. Salle de gym.

Les 171 chambres ont été complètement redécorées, et le design intérieur se fond à merveille avec l'architecture extérieure, aux influences coloniales hispaniques. Les chambres et parties communes sont joliment décorées. Un bar-restaurant, le Mortimer, propose un menu moderne et des cocktails explosifs dans son *lounge*. Un délicieux petit-déjeuner, en supplément, est servi dans la salle à manger du restaurant. Bien situé, à 4 minutes à pied de Union Square et aux abords de Tenderloin. Parking payant, Wifi et salle de fitness à disposition.

HOTEL BIJOU €€

111 Mason Street
✆ +1 415 771 1200
www.hotelbijou.com
Chambre de 120 à 250 US$. Wifi gratuit.

Cinéphile ? Vous ne résisterez pas au charme de ce petit hôtel bien situé. L'hôtel Bijou s'inspire de la passionnante histoire cinématographique de San Francisco. Chacune des 65 chambres, porte le nom d'un célèbre film tourné dans la ville. Le soir, vous pourrez vous détendre dans un vieux fauteuil de cinéma en velours violet et assister à une projection dans le Petit Théâtre. Ne pas oublier le paquet de pop-corn, en vente dans le ravissant hall d'accueil décoré de photographies de Gideon Boaz, sur les cinémas de San Francisco.

HOTEL BOHEME €€

444 Columbus Avenue
✆ +1 415 433 9111
www.hotelboheme.com
Chambre double à partir de 220 US$.

Situé sur la très animée rue principale de North Beach, cet hôtel cultive une atmosphère années 1950. À l'entrée, il faut escalader très pentu avant de se rendre à l'accueil au bout d'un petit couloir exigu. Des photos en noir et blanc de Jerry Stoll, artiste d'Oakland, ponctuent les couloirs colorés. Les chambres sont ravissantes, mêlant éléments de décorations anciens et modernes, mais elles sont par contre un peu sombres. Pas de petits déjeuners servis à l'hôtel, mais la rue regorge de petits cafés et de restaurants où se restaurer.

HOTEL CARLTON €€

1075 Sutter Street
✆ +1 800 922 7586
https://www.jdvhotels.com
Entre 200 et 300 US$ pour la nuit. Parking payant, wifi.

Un des premiers hôtels de San Francisco construits de manière conforme aux séismes fréquents de la ville. L'immeuble datant des années 1927 présente 9 étages, la décoration est orientée sur le thème du voyage, la majorité du mobilier provient des quatre coins du monde. La vue de San Francisco depuis les chambres est exceptionnelle, donnant sur le Financial District. Ne manquez pas l'événement *Local Vocals* : dégustation de vin gratuite tous les jours de 17h30 à 18h30 accompagnée de prestations musicales. L'endroit idéal pour rencontrer les voyageurs.

HOTEL DEL SOL €€

3100 Webster Street
✆ +1 415 921 5520
Chambre à partir de 189 US$. Petit déjeuner continental inclus. Piscine.

Ce motel funky style années 1950 aux couleurs citronnées est surnommé *le petit Palm Springs de San Francisco*. Dans le jardin intérieur, vous pourrez vous allonger dans un hamac accroché aux 4 palmiers royaux où vous asseoir à une table basse sous les bambous au bord de la piscine d'eau salée chauffée. Cookies à l'entrée toute la journée petit-déjeuner continental inclus. L'établissement soutient le *Homeless Children's Network*. Les chambres ont chacune un nom et un style différent. Hôtel de charme recommandé pour les familles.

HOTEL EMBLEM €€

562 Sutter Street
✆ +1 415 433 4434
Chambre de 220 à 400 US$. Restaurant et bar.

Une odeur de vieux livres émane de cet hôtel inspiré des salons littéraires des années 1930. Situé dans l'une des rues les plus élégantes d'Union Square, l'hotel Emblem se présente comme un établissement sophistiqué. Ses chambres joliment décorées sont confortables. Dans le lobby, le bulldog Maximo veille devant l'ascenseur tapissé d'anciens registres sociaux de San Francisco. Le *Library Bar* propose des classiques de la cuisine américaine et organise des concerts de jazz le vendredi soir pendant l'heure de dégustation de vins.

HOTEL UNION SQUARE €€

114 Powell Street
✆ +1 415 397 3000
www.hotelunionsquare.com
Chambre de 165 à 450 US$.

Construit en 1913 et de style Art déco, cet établissement propose des chambres au *design* contemporain. Avec ses gros fauteuils et sa lumière tamisée, le lobby engendre une atmosphère chaleureuse. Les murs en briques rouges et les grands miroirs ronds ajoutent à l'ambiance feutrée. Les chambres récemment rénovées sont un peu petites et sombres. Le *cable car* passe devant l'hôtel. Service attentionné. Thé et café sont servis dans le hall. Vous pourrez dégustez en soirée une bonne bouteille de vin devant les concerts organisés par leur soin.

HOTEL MAJESTIC €€

1500 Sutter Street
✆ +1 415 441 1100
www.thehotelmajestic.com
Chambre double à partir de 210 US$. Restaurant et bar.

Construit en 1902, l'hôtel Majestic est un des tout premiers grands hôtels de San Francisco. Incroyable, le tremblement de terre de 1906 l'a épargné. Cela en fait ainsi le plus vieil hôtel de San Francisco. La décoration est donc dans le thème, avec lits baldaquins et tapisseries inspirées des années 1920. Le mobilier épuré en bois et marbre s'y mélange parfaitement, et donne à vos vacances une petite touche de luxe, renforcée par la hauteur sous plafond de certaines chambres, vertigineuse ! De plus, le service est excellent. On recommande !

HOTEL ZEPHYR €€

250 Beach St
✆ + 1 415 617 6565
www.hotelzephyrsf.com
Chambre double à partir de 199 US$, suites à partir de 449 US$.

Ambiance marine pour cet hôtel à un *block* du Fischermans Wharf. La façade du *Zephyr* a été pensée comme un bateau et on y distingue au milieu deş fenêtres des formes d'écoutilles et de proue. À l'intérieur, 75 des 361 chambres bénéficient d'une vue panoramique sur le Golden Gate Bridge, Alcatraz, la Coit Tower ou encore le Bay Bridge, dont on profite depuis son balcon. Toutes sont confortables et spacieuses. L'hôtel contient avec une salle de jeux à l'américaine comprenant tous les immanquables : billard, *shuffle board*, ping pong, et un grand espace extérieur.

HOTEL TRITON €€

342 Grant Avenue
✆ +1 415 394 0500
www.hoteltriton.com
Chambre de 189 à 469 US$. Restaurant. Salle de gym. Business center. Wifi gratuit.

Le graphisme psychédélique et la décoration déjantée aux couleurs flashy funky de l'hôtel Triton ne vous laisseront pas indifférent. Les suites ont été conçues par des célébrités (Carlos Santana, Jerry Garcia ou Kathy Griffin). Demandez l'« Haagen Dazs Suite » : une odeur de glace au caramel flotte dans la chambre, tandis qu'un ice-cream bar propose un vaste choix de parfums pour les gourmands. Thé et café sont offerts le matin. En début de soirée, du vin et des bières sont servis avec du fromage dans le lobby. Hôtel engagé écologiquement.

HOTEL ZEPPELIN €€

545 Post Street
✆ + 1 415 563 0303
Chambre double à partir de 215 US$, suite : 1 000 US$. Salle de sport et vélos à disposition selon la disponibilité.

Ce boutique-hôtel de San Francisco fait partie des établissements les plus branchés de la ville. Le *Zeppelin* a misé sur une déco branchée, des espaces communs raffinés où il fait bon se retrouver. Côté déco, des grands noms du *design* contemporain et des artistes locaux ont participé au projet comme Color Cartel et Lorenzo Martone. Les 196 chambres sont modernes, de haute technologie et très confortables. Les suites sont quant à elles très spacieuses et luxueuses. Une belle réussite que ce nouvel éden en plein centre-ville de San Francisco.

JACKSON COURT €€

2198 Jackson Street
✆ + 1 415 929 7670
www.jacksoncourt.com
Chambre double entre 290 et 350 US$. Petit déjeuner continental inclus.

Dès l'entrée on est charmé par la classe et le luxe qu'offre ce *bed & breakfast* de caractère, bien situé. Le salon, où il fait bon prendre le thé avec de délicieux gâteaux offerts chaque fin d'après-midi, est orné d'une cheminée dont les flammes se balancent aux rythmes de la musique classique qui s'y joue chaque jour. Les chambres ont chacune leur décoration dans un style victorien qui n'est pas pour déplaire et certaines sont décorées de marbres et de cheminées. Toutes sont spacieuses et promettent un séjour des plus confortables.

KENSINGTON PARK HOTEL €€

450 Post Street
✆ +1 415 788 6400
www.kensingtonparkhotel.com
Chambre de 200 à 400 US$. Restaurant. Salle de gym.

Érigé en 1925 dans un joli style gothique, cet hôtel de charme est très bien situé à proximité d'Union Square et offre une superbe vue sur Nob Hill et le quartier. Le lobby est joliment décoré avec des meubles anciens, une banquette fleurie dans l'ascenseur et un plafond peint à la main. Vous retrouvez une ambiance de château de Toscane dans un San Francisco du début du siècle. Les chambres sont spacieuses, tous les frais sont inclus et la wifi est gratuite. Pas de mauvaise surprise donc, dans cet hôtel au bon rapport qualité-prix.

THE MOSSER HOTEL €€

54 Fourth Street
✆ +1 415 986 4400
www.themosser.com
Chambre double à partir de 199 US$. Parking Valet : 57 US$. Accès au Spa pour 25 US$ par jour.

C'est dans un bel immeuble de 1913, situé à une minute à pied de Market Street, frontière entre le centre-ville et SoMa, que se trouve l'hôtel *Mosser*. Un des rapport qualité-prix les plus intéressants du quartier, avec des chambres à la décoration soignée et harmonieuse. Toutes ne sont pas très spacieuses et les salles de bains peuvent être communes, mais cela dépend du prix. Vous pourrez descendre dîner à The Keystone, un restaurant type loft new-yorkais très sympa. Une belle proposition, tant pour le confort que son accueil.

NOB HILL INN €€

1000 Pine Street
✆ +1 415 673 6080
www.nobhillinn.com
Chambre à partir de 180 US$. Petit déjeuner inclus. Sherry et thé offerts dans le salon de 16h à 18h.

Une petite auberge située dans une maison privée de 1907. Ambiance victorienne avec antiquités, reproductions et tapisseries fleuries, qui donnent un peu une atmosphère vieillotte mais c'est aussi ce qui fait tout le charme de cet hôtel. Les chambres sont de tailles inégales, donc allez faire un tour sur le site Internet pour choisir la mieux adaptée à vos besoins. Parfaites pour des familles nombreuses, les suites disposent d'une kitchenette. En raison de la nature historique du site, il y a beaucoup de marches et pas d'accès handicapé.

NOE'S NEST BED & BREAKFAST €€

1257 Guerrero Street
✆ +1 415 821 0751) www.noesnest.com
Chambre double à partir de 225 US$ la nuit, 325 US$ pour la suite pour 4 personnes. Petit-déjeuner inclus.

Petite maison victorienne de 129 ans entre le quartier de Mission et le quartier résidentiel de Noe Valley, ce charmant *bed & breakfast* vous procurera calme et sérénité. La propriétaire Sheila Ash est connue dans San Francisco pour sa personnalité extravagante, avec un sens de l'hospitalité certain. Dotée de 8 chambres, 2 cuisines et même d'un temple pour y déguster un verre de vin, cette adresse est parfaite pour visiter le quartier animé de Mission et se retrouver au calme le soir.

ORCHARD GARDEN HOTEL €€

466 Bush Street
✆ +1 844 332 5240
www.theorchardgardenhotel.com
Chambre double à partir de 210 US$. Restaurant et bar.

Premier hôtel *green* de San Francisco conçu dans un souci écologique permanent s'appliquant aux produits de nettoyage comme aux bois précieux, au lobby comme aux chambres. Ceci se ressent également dans leur restaurant, le *Roots*, qui ne sert que des produits frais. Celui-ci lui a valu de nombreuses distinctions. Le *Garden* a un côté tendance et il est idéalement situé juste à côté de la porte de Chinatown. 107 Chambres spacieuses et confortables, décorées de manière épurée. Bonne adresse pour un court ou long séjour, seul ou en famille.

PALIHOTEL SAN FRANCISCO €€

417 Stockton Street
✆ +1 415 400 0500
www.mystichotel.com
Chambre double à partir de 210 US$. Café le matin. Bière et vin le soir à disposition.

Cet hôtel de la chaîne Pali est situé au cœur d'Union Square. On accède ainsi très facilement au *cable car*, au Financial District et à Chinatown. Les 82 chambres dont l'hôtel dispose sont contemporaines et confortables. Les chambres *queen* sont assez petites mais les suites très spacieuses. L'accueil est très classe, tout de blanc vêtu et recevant sur ses murs les tableaux d'artistes locaux, dont on peut se procurer les œuvres, si coup de foudre il y a. Le tout est un mélange de style classique et contemporain de bon goût. Une jolie trouvaille.

PETITE AUBERGE €€

863 Bush Street
✆ +1 415 928 6000
www.petiteaubergesf.com
Chambres de 259 à 439 US$ selon la taille et la saison. Petit déjeuner inclus.

Ravissant Bed & Breakfast aux allures provençales. Un vieil ascenseur avec une porte métallique distribue les 5 étages. Les chambres sont petites et cosy, aux couleurs chaudes, avec des banquettes au bord des fenêtres des chambres qui donnent sur le jardin intérieur. La décoration vintage est chaleureuse. Wine-hour à partager avec les autres convives dans les fauteuils anglais du chaleureux salon. Petit déjeuner servi dans la salle à manger et dans le jardin. Service compétent et de bon conseil. Idéal pour un séjour romantique. Un charme fou !

PHOENIX HOTEL €€

601 Eddy Street
✆ +1 415 776 1380
www.phoenixsf.com
Chambre double à partir de 249 US$ la nuit. Parking inclus.

Petit hôtel de 1966 au *design* kitsch rappelant Los Angeles. Les chambres disposent de baignoires colorées et des instruments de musique décorent les murs. Elles sont décorées par un artiste californien différent et disposent de balcons sur la cour, donnant sur la piscine, qui est parsemée de sculptures déjantées. Vous pouvez boire des cocktails le soir au *Chambers*, le bar de l'hôtel qui fait aussi restaurant. C'est l'hôtel favori des *Red Hot Chilli Pepper* et des membres du groupe *Pearl Jam*. Le quartier proche de Tenderloin laisse cependant un peu à désirer.

THE QUEEN ANNE HOTEL €€

1590 Sutter Street
✆ +1 415 441 2828
www.queenanne.com
Chambre double à partir de 209 US$. Petit déjeuner inclus.

Une maison victorienne classée, restaurée et transformée en hôtel. Datant de 1890, elle était à l'origine une école de filles avant de devenir une maison de passe en 1899. Elle fut ensuite revendue pour devenir un refuge pour femmes en 1911. Quelle histoire entre ces murs ! Chaque chambre est décorée différemment de couleurs en vogue à l'époque. Cheminée et bibliothèque pour se détendre au coin du feu, liqueur de cerise et petits gâteaux offerts de 16h à 18h tous les jours. Bien placé, joli, relaxant. Ambiance familiale et conviviale.

SEAL ROCK INN €€

545 Point Lobos Avenue
✆ +1 415 752 8000
www.sealrockinn.com
Chambre double à partir de 209 US$. Restaurant. Piscine. Parking gratuit.

L'établissement existe depuis 1959. Éloigné du centre, mais avec vue sur le Pacifique, le *Seal Rock Inn* est un des seuls établissements dans les environs. Vous êtes juste à côté du fameux Lands End Lookout. De style motel, les chambres sont simples, mais propres et fonctionnelles, avec une piscine extérieure. Certaines ont des kitchenettes et des cheminées. Certaines chambres, dans les étages, ont vue sur mer. Pour s'y endormir bercé par les vagues du Pacifique, donc. Un séjour quelque peu balnéaire, qui fera votre affaire si vous aimez la tranquillité.

STANYAN PARK HOTEL €€

750 Stanyan Street
✆ +1 415 751 1000
www.stanyanpark.com
Chambre double à partir de 259 US$. Petit déjeuner inclus. Vin, fromage et thé inclus selon l'heure de la journée.

Maison victorienne de style Queen Anne Beaux-Arts de 1883 avec tapisseries à fleurs sur les murs. Le tout combiné à un mobilier ancien, et on ferait presque un voyage dans le temps. Heureusement, il est tout équipé. Une partie des 36 chambres avec salles de bains ont vue sur le Golden Gate Park, pensez donc à le demander au moment de la réservation. L'équipe est aux petits soins et tentera de combler vos attentes ! Une adresse romantique qu'on choisira pour son emplacement entre le parc et le quartier hippie de Haight-Ashbury.

THE METRO HOTEL €€

319 Divisadero Street
✆ +1 844 795 1664
www.metrohotelsf.com
Chambre double à partir de 205 US$.

Cet hôtel familial à l'enseigne au néon rose est installé dans une belle bâtisse du début du siècle. Il offre 24 chambres tenues avec soin à la décoration simple. Le jardin aménagé accueille les résidents en quête de calme. L'ambiance y est chaleureuse, l'équipe à l'écoute, et sa localisation centrale à Haight-Ashbury permet de partir à la découverte des merveilles de San Francisco à pied. Vous n'êtes en effet qu'à quelques blocs d'Alamo Square, du Buena Vista Park et un peu plus loin, du Golden Gate Park. Un point de chute idéal pour profiter de la ville.

VILLA FLORENCE €€

225 Powell Street
✆ +1 415 397 7700
www.villaflorence.com
Chambres à partir de 189 US$. Suites à partir de 429 US$. Restaurant et bar.

Son nom dévoile l'ambiance ! Ici, c'est inspiration italienne. L'entrée de l'hôtel, la même que celle du restaurant, débouche sur le lobby, où habituellement joue un pianiste. Le restaurant Big Alma distille une odeur suave de cappuccino et propose du petit-déjeuner au dîner d'exquises spécialités d'Italie du Nord. Grande cheminée et bar agréable. Les chambres sont décorées dans un style italien et dans des tons jaune et rouge. Belles salles de bains. Différents forfaits avec parking, petit déjeuner, voiturier, etc. Très bon rapport qualité-prix.

THE ORCHARD HOTEL €€

665 Bush Street
✆ +1 415 362 8878
www.theorchardhotel.com
Chambre de 220 à 400 US$. Restaurant. Salle de gym.

En plein centre-ville, cet hôtel propose des chambres doubles de qualité. La direction a veillé à mélanger les styles avec pour fil rouge l'utilisation de bois nyatoh en provenance de Bali dans la décoration, le tout combiné à des équipements de dernière technologie. Beaucoup de distinction dans la présentation comme dans le service. Le restaurant Daffodil propose, en plus du petit déjeuner (non compris), des spécialités californiennes pour le dîner. L'hôtel a récemment été classé dans le «Top 10 eco-friendly hotels in the U.S.».

WASHINGTON SQUARE INN €€

1660 Stockton Street
✆ +1 415 981 4220
www.wsisf.com
Chambre de 169 à 409 US$. Wifi gratuit.

Charmant Bed & Breakfast de 15 chambres au personnel chaleureux qui vous donnera plein de bons conseils. Lorsque l'on passe la porte, on a l'impression de rentrer dans une maison de famille française, en province ! Sensation agréable, à moins que vous souhaitiez profiter de votre séjour pour un vrai dépaysement à l'américaine. Situé près des cafés italiens et autres boutiques de North Beach. Demandez les chambres qui donnent sur Washington Square : vous pourrez observer les animations festives du quartier. Hôtel romantique et agréable.

TOUCHSTONE HOTEL €€

480 Geary street
✆ +1 415 771 1600
www.thetouchstone.com
Chambre à partir de 140 US$, variant selon la catégorie et la période. Chambres pour 1 à 4 personnes. Restaurant.

Voici une adresse qui a bien trouvé sa place dans ce quartier central. Situé à deux pas d'Union Square, cet hôtel propose une quarantaine de chambres simples et propres. Le bâtiment, bâti en 1924, a son charme. Ambiance familiale pour cet hôtel qui en est à sa troisième génération de propriétaires. Assez spacieuses et lumineuses, il y a plusieurs formats de chambres. Bonne adresse donc pour les familles et rapport qualité/prix intéressant pour le quartier. Bénéficiez d'offres sur le parking en regardant sur leur site internet.

WHITE SWAN INN €€

845 Bush Street
✆ +1 415 775 1755
www.whiteswaninnsf.com
Chambres à partir de 269 US$ selon la taille et la saison. Petit déjeuner inclus. Parking à 58 US$ la nuit.

Cette jolie auberge de type *Bed & Breakfast* recrée le charme d'un cottage à l'anglaise avec sa vaisselle fleurie, son mobilier en bois brut et ses tapisseries pastel. Elle est idéalement située dans le quartier de Nob Hill, où on peut partir se balader à pied dans la ville. Toutes les chambres sont dotées d'une cheminée pour faire un feu *cosy* les jours de brouillard. Le petit-déjeuner est compris et délicieux, de type gastronomique américain. Des biscuits l'après-midi, des dégustations de vin le soir agrémentent ce lieu de charme.

ARGONAUT HOTEL €€€

495 Jefferson Street ✆ +1 415 563 0800
www.argonauthotel.com
Chambre double à partir de 357 US$. Restaurant et bar. Salle de gym. Business center. Parking : 65 US$ + tax.

Cette ancienne conserverie de Fisherman's Wharf a été réhabilitée en hôtel et compte aujourd'hui 252 chambres. Le bâtiment, classé monument historique, a été construit en briques rouges juste après le tremblement de terre de 1906. La décoration nautique est omniprésente : bouées de sauvetage au-dessus des lits, coussins en forme d'étoile de mer, cordages imprimés sur la moquette… Les chambres sont grandes et confortables, et les suites sont carrément immenses. Le plus : les animaux sont acceptés et deux heures de vélo sont incluses dans le prix.

BEACON GRAND €€€

450 Powell Street
✆ +1 866 377 9412
www.beacongrand.com
Chambre double à partir de 249 US$. Restaurant et bar. Salle de gym.

Au cœur de la ville, cet hôtel datant des années 1920 a vu passer de nombreuses célébrités. Il a changé de nom et a rouvert entièrement rénové en 2022. Son design contemporain épouse parfaitement le style européen de l'époque (haut plafond, parquet en chêne...). Les chambres et suites, spacieuses, sont équipées des dernières technologies et de matelas de luxe. Confort luxuriant assuré. Au 21ème étage, le très sélect bar *lounge* Harry Denton's Starlight Room, ainsi que certaines suites, donnent une vue imprenable sur la ville.

CLIFT ROYAL SONESTA HOTEL €€€

495 Geary Street
✆ +1 415 775 4700
www.clifthotel.com
Chambre double à partir de 228 US$.

Installé dans un bâtiment datant de 1906, et redessiné par le célèbre designer Philippe Starck dans un style baroque contemporain, l'hôtel est d'une grande élégance. Sur 16 étages, les 372 chambres et espaces communs dévoilent des merveilles de contraste en noir et blanc, formes minuscules associés à d'imposants mobiliers en matériaux précieux... Mais le meilleur, c'est encore le sublime Redwood Bar dont les boiseries datent des années 30, avec des tableaux d'élèves de Klimt.

FAIRMONT SAN FRANCISCO €€€

950 Mason Street
✆ +1 415 772 5000
www.fairmont.com
Chambre à partir de 500 US$. Restaurants, bars, spa.

Cet hôtel occupe le haut de la colline de Nob Hill. Par sa masse, il rejette dans l'ombre quelques voisins très célèbres comme Grace Cathedral qui lui fait face. L'hôtel a ouvert en 1907 et a reçu tous les présidents américains depuis Truman jusqu'à Clinton. C'est ici qu'a été rédigée la charte des Nations unies en 1945 et qu'eut lieu le sommet Bush-Gorbatchev en 1980. La Grande Dame propose 600 chambres, 5 restaurants et plusieurs bars et salles de réception. La plupart des chambres à la décoration élégante offrent une vue sur la baie, la ville et ses ponts.

GRAND HYATT €€€

345 Stockton Street
✆ +1 415 398 1234
grandsanfrancisco.hyatt.com
Chambre double de 283 US$ (selon la saison), suite à partir de 559 US$. Restaurant et bar. Salle de gym. Wifi gratuit.

Dans un *building* de 36 étages avec vue sur San Francisco et Union Square. Le confort est similaire à celui des autres *Hyatt* à travers le monde. Il a bénéficié d'une belle rénovation en 2014. Parmi les nouveautés, on remarquera les œuvres des artistes de la baie qui décorent désormais les 685 chambres. Du 30e au 34e étage, les chambres exclusives « Grand Club » disposent d'éclairages à contrôle automatique. L'ambiance reste, quant à elle, business et *corporate*, mais tout le confort est là et on ne peut rêver emplacement plus central.

HILTON SAN FRANCISCO UNION SQUARE €€€

333 O'Farrell Street
✆ +1 415 771 1400
www.hilton.com
Chambre à partir de 300 US$. Restaurant et bar. Piscine.

Un des points stratégiques de la ville, le Hilton de San Francisco occupe tout un *block*. Avec 1 908 chambres classiques, c'est le plus grand hôtel de Californie. Rénové en juin 2012 pour la coquette somme de 53 millions de dollars, le Hilton Union Square propose désormais des chambres plus lumineuses et mieux isolées. Adresse prisée pour ses standards de qualité et sa localisation ultra-centrale, mais l'ambiance demeure tout de même un peu trop *corporate*.

HOTEL DRISCO PACIFIC HEIGHTS €€€

2901 Pacific Avenue ✆ +1 415 346 2880
www.hoteldrisco.com
Chambre double à partir de 589 US$. Petit déjeuner continental inclus. Salle de gym. Places de parking dans la rue.

Ce ravissant hôtel, fraîchement rénové en 2017, propose un excellent service, une ambiance chaleureuse, un emplacement idéal et des équipements de qualité. L'atout le plus marquant de l'*Hôtel Drisco* : l'extrême gentillesse du personnel. Chaque fin d'après-midi, une réception vins, fromages et charcuteries est organisé dans le salon de l'hôtel et permet de rencontrer si on le souhaite les autres occupants de l'établissement. Très bonne adresse, hautement appréciée par les visiteurs.

HOTEL NIKKO SAN FRANCISCO €€€

222 Mason Street ✆ +1 415 394 1111
www.hotelnikkosf.com
Chambre double entre 200 et 600 US$ selon la saison. Piscine, Spa et salle de gym. Petit déjeuner à 24 US$.

À deux pas d'Union Square, l'*Hotel Nikko* et ses 25 étages offre un confort et une qualité de service très appréciables. Sous ses airs de mastodonte de l'hôtellerie, on s'y sent plutôt à l'aise, presque dans un boutique-hôtel. La très belle rénovation achevée en mars 2017 voit naître un impressionnant *lobby* habillé de marbre blanc de grands lustres *design* et de fontaines rafraîchissantes. Les chambres sont décorées avec goût, l'ambiance générale est luxueuse mais pas coincée.

HOTEL ZELOS €€€

12 4th Street
✆ +1 415 348 1111
www.hotelzelos.com
Chambre à partir de 225 US$. Restaurant et bar.

Installé dans un bâtiment datant de 1907, l'hôtel *Zelos* a été entièrement rénové, et ses 202 chambres et suites ont été remodelées dans un style élégant et chic. Avantage certain, le *Zelos* est situé à proximité des musées et d'Union Square, et certaines des chambres ont de très belles vues sur le quartier, tout en hauteur.. Un service de location de vélo gratuit est mis à disposition. Au cinquième étage, le *Dirty Habit* propose une carte contemporaine très agréable, et on peut déguster son petit-déjeuner ou ses diners sur le patio du restaurant.

HÔTEL ZETTA €€€

55 5th Street
✆ +1 415 543 8555
www.viceroyhotelgroup.com/en/zetta
Chambre double à partir de 289 US$ (consulter le site pour promotion Internet).

Situé au point de convergence entre Union Square et SoMa, il joue la carte du *trendy* et du *high-tech* pour séduire une clientèle jeune dans ce quartier artistique, où il est hyper agréable de se balader. Ce qu'on aime ici, c'est le mélange d'un décor urbain et d'un intérieur chaleureux. Dans le lobby, le *S&R Lounge* offre l'opportunité de faire connaissance en buvant un cocktail autour du billard, des jeux vidéo ou du *shuffleboard*. *Zetta* est un beau point de chute pour ceux qui souhaitent vivre une expérience de branchés californiens.

HUNTINGTON HOTEL €€€

1075 California Street ✆ +1 415 474 5400
www.huntingtonhotel.com
Chambre à partir de 310 US$. Suite de 725 à 1300 US$. Restaurant et bar. Piscine et spa. Salle de gym.

Un des quatre grands de Nob Hill, le Huntington Hotel est tenu et géré par la même famille depuis sa fondation en 1924. Autant dire que c'est une grande fierté du personnel qui n'a encore jamais été racheté par un grand groupe hôtelier. Ici tout est pompe et faste, mais de manière plus discrète que chez ses grands voisins. Le restaurant de l'hôtel, le Big Four, offre de la cuisine californienne de grande qualité. Ceux qui n'ont pas la bourse adéquate pour résider sur place, peuvent toujours boire un verre au Big Four, belle occasion de profiter des fastes du lieu.

MARK HOPKINS INTERCONTINENTAL HOTEL €€€

999 California Street
✆ +1 415 392 3434
www.intercontinentalmarkhopkins.com
Chambre de 299 à 2 000 US$. Restaurant. Salle de gym. Business center. Bar au dernier étage.

Le grand luxe ! Au XIXe siècle, le sommet de Nob Hill abritait des demeures fabuleuses, dont le manoir Mark Hopkins qui brûla avec le reste de la ville en 1906. Ici, un ingénieur ambitieux décida d'ériger un des plus grands hôtels de la ville en 1926. Le bâtiment de 19 étages, avec le *Top of The Mark*, sa salle panoramique au sommet, est maintenant l'un des points stratégiques de la ville. Son confort est à la hauteur du prix. Les chambres sont très spacieuses et la vue fabuleuse.

PALACE HOTEL €€€

2 New Montgomery Street
✆ +1 415 512 1111
www.sfpalace.com
Chambre à partir de 269 $US. Suite à partir de 819 $US. Restaurant et bar. Piscine. Salle de gym.

L'un des plus beaux et des plus anciens palaces franciscains. Les plus grands chanteurs et politiques américains ont séjourné dans cet immense hôtel aux dorures et au marbre omniprésents. Service impeccable et chambres décorées avec goût. Si vous ne pouvez pas y séjourner, poussez tout de même la porte en soirée pour prendre un verre au bar ou en journée pour un déjeuner huppé. L'endroit vaut le détour. C'est dans le restaurant du Palace que les hommes politiques américains ont célébré la signature du traité de Versailles en 1919.

TAJ CAMPTON PLACE €€€

340 Stockton Street
✆ +1 415 781 5555
www.tajhotels.com/sanfrancisco
Chambre de 310 à 840 US$. Suites de 560 à 4 500 US$. Restaurant et bar. Salle de sport et Spa.

Luxueux hôtel à l'atmosphère élégante et intime. Le Campton Place dispose d'un service de qualité. Il abrite 110 chambres et 9 suites aménagées pour distiller paix, sérénité... et luxe. Bien situé à deux pas d'Union Square, entouré des boutiques haut de gamme. Produits de qualité (draps, toilettes...). Le restaurant sert le petit déjeuner qui n'est pas inclus dans le prix de la chambre. Accès à la salle de sport en plein air, ou possibilité de déguster un encas autour d'un bon verre de vin dans le bar-brasserie lumineux de l'hôtel. Adresse romantique.

RITZ CARLTON €€€

600 Stockton Street
✆ +1 415 296 7465
www.ritzcarlton.com
Chambre double à partir de 509 US$, suite à partir de 679 US$. Restaurant et bar. Parking payant (65 US$/jour).

Un superbe établissement de luxe au décor épuré. L'hôtel s'organise autour d'une grande cour intérieure où est installé un restaurant, qui est couvert en hiver. Dans le hall grandiose joue habituellement un harpiste. La cuisine du restaurant *Parallel 37* est délicate et raffinée. Le club *lounge* est très agréable, on y sert des gâteaux et des amuse-gueules 24h/24. Des fraises fraîches et des fruits secs vous attendront dans des chambres élégantes et sophistiquées. Piscine, sauna et Spa *L'Occitane*. Service discret et aux petits soins.

UNION STREET INN €€€

2229 Union Street
✆ + 1 415 346 0424
www.unionstreetinn.com
Chambre à partir de 270 US$. Petit déjeuner inclus.

Bed & *Breakfast* de luxe, Union Street Inn est une adresse de charme sur Union Street, à proximité des restaurants et des magasins de Cow Hollow et de Marina. L'accueil est très sympathique et un des gros points forts de l'établissement. Six chambres seulement à la décoration unique pour une escale romantique à San Francisco avec de drôles d'assemblages de couleurs parfois, mais le tout reste charmant. Ravissant jardin intérieur pour les jours de beau temps, idéal pour prendre son petit déjeuner au calme, en plein centre urbain mais loin de l'agitation de la ville.

STANFORD COURT HOTEL €€€

905 California Street
✆ +1 415 989 3500
www.marriott.com
Chambre à partir de 220 US$. Suite de 400 à 840 US$. Restaurant et bar. Salle de gym.

Construit en 1912, mais entièrement rénové, ce grand hôtel comprend environ 400 chambres. Le bâtiment est perché sur le sommet de Nob Hill, offrant une vue sensationnelle sur toute la ville. Vous pourrez vous mettre à la place des marins qui, jadis, surveillaient la mer d'ici. Les chambres sont raffinées, dotées de haut plafonds, meubles d'époque en bois sombre, tables de marbre et de téléphones dans les salles de bains. De petites attentions et un service irréprochable le font considérer comme l'un des meilleurs hôtels de San Francisco.

WESTIN ST FRANCIS €€€

335 Powell Street
✆ +1 415 397 7000
www.westinstfrancis.com
Chambre double à partir de 220 US$. Restaurant et bar. Salle de gym.

Cet immense hôtel de 1 200 chambres, face au Union square, est une institution. C'est le rendez-vous des hommes d'affaires et des chefs d'État, des riches touristes et de quelques autres, mais aussi le paradis du shopping. Le *Westin St Francis*, rénové en 2008 dans le style du début du siècle dernier, c'est aussi un hall spacieux et luxueux. Quant aux chambres, elles rivalisent de luxe, particulièrement celles situées dans la tour qui viennent d'être rénovées. Mais les chambres situées dans le bâtiment historique gardent un petit cachet en plus...

SE RÉGALER

Si vous aimez manger, vous êtes tombé au bon endroit ! La Californie a inventé sa propre cuisine dans les années 1970, en puisant dans les influences du monde entier tout en recourant aux produits de saison, souvent bio, qui poussent dans son arrière-pays. Il existe déjà toute une série d'excellents restaurants tenus par des Français, à commencer par Bouche qui nous a beaucoup plu avec son plat mystère à déguster sans savoir de quoi il s'agit. C'était vraiment très bon et pas bien cher pour une ville aussi onéreuse, 50 US$ le menu. Bien sûr, il y a aussi L'Atelier Crenn, tenu par une Française et qui a obtenu trois étoiles au Michelin, mais attention au prix et à l'attente pour avoir une table... Au rayon asiatique, on a adoré la sophistication de Empress by Boon et le raffinement simple de China Live. Enfin, la cantine autrichienne du Suppenküche nous a bien plu aussi avec son bœuf braisé mariné et son excellente bière Schneider !

Clam chowder.

B44 €€

44 Belden Place
✆ +1 415 986 6287
https://cafebastille.com
Ouvert le lundi pour le lunch de 11h30 à 14h, du mardi au vendredi de 11h30 à 20h30, le samedi de 17h à 20h30.

Le chef Daniel Olivella commença sa carrière il y a plus de 30 ans dans sa région natale de Penedes en Catalogne. Après des années de métier entre l'Espagne et les États-Unis, il ouvre en 1999 la maison *B44*, une taverne contemporaine aux couleurs chaudes de Barcelone, où il rend hommage à ses racines culinaires, riches et festives à travers *tapas*, paellas, gambas, jambon, tortillas, fromages, calamars et ceviche maison. Le tout dans les règles de l'art de la cuisine catalane. Et pour clore le tout : une très belle carte de vins.

BRENDA'S FRENCH SOUL FOOD €

652 Polk Street
✆ +1 415 345 8100
frenchsoulfood.com
Ouvert du jeudi au lundi de 8h à 20h. Brunch le week-end. Entre 10 à 15 US$ pour un plat copieux.

On adore *Brenda* pour ses petits déjeuners et *brunch* copieux, son ambiance *casual* et sa cuisine venue tout droit de la Nouvelle-Orléans ! Restaurant agréable à la jolie façade rouge, où dès l'entrée on note son nom sur une grande ardoise afin de se faire placer. Ici, pas de réservations. L'attente est parfois un peu longue le week-end, allez-y plutôt en semaine. Essayez les délicieux *crawfish beignets*, les *cornmeal-fried shrimps* avec leur *chipotle* ou encore les énormes *french toasts.*

CAFÉ BASTILLE €€

22 Belden Place
✆ +1 415 986 5673
www.cafebastillesf.com
Ouvert lundi de 11h30 à 14h, du mardi au vendredi de 11h30 à 20h30, samedi de 17h à 20h30. Plats entre 8 et 20 US$.

Au Café Bastille, des plaques émaillées publicitaires recouvrent les murs accompagnés d'un vieux carrelage au sol. Ambiance rétro bistro. On apprécie le côté cosy façon petit café à l'ancienne. Olivier, le patron, vous accueille sur place, en salle ou sur la vaste terrasse. Quand on a envie d'un bon plat français, sans chichis dans une ambiance chaleureuse, c'est la bonne adresse. Au menu, les meilleures spécialités françaises : andouillette, charcuterie, boudin noir, coq au vin ou encore lapin à la moutarde... Aller-retour en France garanti !

CAFÉ DE LA PRESSE €

352 Grant Street ✆ +1 415 398 2680
www.cafedelapresse.com
Ouvert le mardi et le mercredi de 8h à 18h30, le jeudi, le vendredi et le samedi de 8h à 20h, le dimanche de 8h à 16h.

Le rendez-vous des Français et des francophiles. Prendre un petit noir au comptoir tout en lisant *Le Monde*, *L'Équipe* ou *Paris Match*, c'est possible au Café de la Presse. Vous y trouverez une ambiance de brasserie française des années 1920 flanquée d'une terrasse à la parisienne, avec un auvent en corolle et une petite carotte de buraliste. Un spot impeccable pour manger à partir de 11h de vrais plats savoureux, des salades ou des sandwichs, ou engloutir dès potron-minet des petits déjeuners caloriques de toutes sortes sans oublier, le soir, des dîners gourmets.

LE CENTRAL €€

453 Bush Street
✆ + 1 415 391 2233
www.lecentralbistro.com
Ouvert du lundi au samedi de 11h30 à 22h. Happy Hour au bar de 16h à 19h. Fermé le dimanche. Plats entre 16 et 45 US$.

Ambiance brasserie pour le plus vieux restaurant français de San Francisco... Dans Bush Street, à droite en descendant vers Market Street, impossible de le rater ! Une enseigne Tabac rouge vintage à la française signale cet établissement qui joue sur le *made in France*. Elle existe depuis 1974 et c'est une institution. Les spécialités ? Le cassoulet, le boudin noir et le filet mignon. Malheureusement tout cela est un peu surfait et assez touristique. Mais la salle est agréable et la situation à deux pas de Union Square est pratique.

CHAMBERS EAT + DRINK €€

601 Eddy Street
✆ +1 415 496 5178
chambers-sf.com
Ouvert du mardi au samedi pour le dîner. Déjeuner samedi et dimanche. Plats entre 16 et 30 US$.

Une excellente adresse pour « *bruncher* » dans une ambiance rock'n'roll, au bord de la piscine. *Chambers* est le restaurant de l'hôtel Phoenix et cultive la même ambiance pop mais chic. Le soir, on vient pour manger un morceau avant de glisser vers la bibliothèque-bar, où sont classés des milliers de vinyles. Au menu, des plats de la cuisine américaine traditionnelle, remis au goût du jour. Le *burger* est notamment très apprécié des habitués. Un splendide restaurant-bar qui est fréquenté autant par les clients de l'hôtel que par une foule de branchés de la baie.

THE CHEESECAKE FACTORY €€

251 Geary Street
✆ +1 415 391 4444
www.thecheesecakefactory.com
Ouvert tous les jours du déjeuner au dîner non-stop. Plats entre 15 et 30 US$.

La Cheesecake Factory est une chaîne réputée pour ses *cheesecakes* volumineux. Ce qui vaut vraiment le coup, c'est de venir déguster un dessert en fin de journée, plutôt que d'y dîner ou déjeuner. La vue sur le quartier financier et le centre-ville est tout simplement magnifique et le *cheesecake* fond dans la bouche. Préparez-vous cependant à faire la queue : les places en terrasse sont très demandées les jours de beau temps. Carte également très copieuse pour le déjeuner et le dîner pour environ 15 US$ le plat (demandez vos restes à emporter, ici c'est la règle).

CHEF HUNG'S RESTAURANT €

823 Clay Street
✆ + 1 415 398 6883
http://chef-hungs.cafes-world.com/
Ouvert tous les jours de 11h à 21h. Menu le midi (de 11h à 17h) : 7 US$. Plat à partir de 6 US$.

En plein cœur du quartier de Chinatown, ce restaurant typique est très fréquenté des habitants du quartier. Logé au sous-sol du bâtiment, la salle est remplie de grandes tables rondes où les San-Franciscains viennent dîner en famille. Au menu, plus de 240 plats (!) ; autant dire que le choix est large et qu'on y retrouve tous les grands classiques de la cuisine chinoise. Les soupes sont particulièrement réussies, tout comme le bœuf mongol, un délice ! Authentique et étonnamment économique, assurément l'un des restaurants les moins chers de la ville.

CITY VIEW RESTAURANT €

662 Commercial Street
✆ +1 415 398 2838
www.cityviewdimsum.com
Ouvert du lundi au vendredi de 11h à 14h30, le week-end de 10h à 14h30. Plats autour de 6 US$ à 20 US$.

Restaurant de *dim sum* un peu à l'écart du fourmillement de Chinatown, *City View* propose une vaste sélection de petits plats dans un décor simple et propre. Les *dim sum* vous seront proposés au fur et à mesure de la fabrication en cuisine sur un chariot poussé par une serveuse. Des familles chinoises se retrouvent ici pour un savoureux partage de vapeurs, pâtés et raviolis. Ne pas rater les boules de sésame en fin de repas, le tout arrosé de thé au jasmin. Une trouvaille dans le quartier où l'on peut être intimidé par l'abondance de l'offre culinaire.

COCOTTE €€

1521 Hyde Street
✆ +1 415 292 4415
www.cocottesf.com
Ouvert du mardi au samedi pour le dîner. Comptez environ 15 à 35 US$ pour un plat à la carte.

Accueil sympathique dans ce bistro proposant de la cuisine française revisitée selon les originalités et envies du chef. On y déguste aussi bien un bon coq au vin qu'un boeuf tartare, des moules marinières ou de la morue. Le restaurant a aussi su faire du poulet rôti sa spécialité. Pour le dessert, on vous recommande aussi les profiteroles et les bananes à la crème brûlée. Musique en phase avec la décoration, rappelant l'esprit des troquets populaires parisiens. Le *cable car* qui passe incessamment devant le restaurant vous fournira l'exotisme attendu.

FARM : TABLE €

754 Post Street
✆ +1 415 300 5652
farmtablesf.com
Ouvert du lundi au dimanche, matin et midi. Environ 10 US$ pour un plat.

Parfait pour une pause déjeuner rapide, ce mini-restaurant à l'unique table que l'on partage avec son voisin propose une carte renouvelée toutes les semaines et alimentées par des produits bio et de saison. On se délecte de leur toast du jour, leurs délicieuses quiches, leur fameux sandwich-croissant fourré aux fromages, et leurs desserts à l'américaine type muffins, faits maison. Le café et le thé sont sacrés ici, et accompagnent un bon déjeuner. La foule *arty* du Downtown se presse donc ici chaque midi, pour prendre une pause bien méritée.

FRASCATI €€

1901 Hyde Street
✆ +1 415 928 1406
www.frascatisf.com
Ouvert du lundi au samedi de 17h30 à 21h45 et le dimanche de 17h30 à 21h. Plats de 26 US$ à 45US$.

Pour un dîner réussi au menu changeant, teinté d'influences françaises et italiennes. Une adresse aux allures de bistrot méditerranéen très appréciée des locaux. Le *cable car* qui passe à intervalles réguliers rajoute une note romantique à ce restaurant de quartier. Le plateau de fromages est servi agrémenté de pâtes de fruits et les desserts sont délicieux, à l'image du *warm black chocolate pudding with hazelnut ice cream, caramel and chocolate sauce*. D'ailleurs, tous ces desserts et glaces sont faits maison. Et la carte des vins est à l'avenant.

GREAT EASTERN RESTAURANT €€

649 Jackson Street ✆ +1 415 986 2500
greateasternrestaurant.net
Ouvert tous les jours de 11h à 20h sauf le mardi. Cuisine chinoise. Plats entre 15 et 30 US$.

Peut-être légèrement plus onéreux que ses voisins, le Great Eastern Restaurant n'en vaut pas moins le détour pour son cadre kitsch à dorures et sa carte fournie, à commencer par ses merveilleux *dim sum*. Réputé comme l'un des meilleurs restaurants chinois de San Francisco. Ne vous attendez pas à un service recherché, les serveurs sont assez bourrus, mais n'en prenez pas ombrage, ça fait partie du charme. Pour l'anecdote, le président Obama a dîné ici et, à en croire son sourire sur la photo affichée par le restaurant, il était ravi de son repas !

HOUSE OF NANKING €

919 Kearny Street
✆ +1 415 421 1429
www.houseofnankingsf.com
Ouvert en semaine de 11h à 22h, le samedi de midi à 22h, le dimanche de midi à 21h30. Plats à partir de 10 US$.

Un restaurant incontournable, facile à repérer à la longue file devant la porte d'entrée. Il doit sa popularité à sa cuisine véritablement exquise, et à ses petits prix. Contrairement à ce que son nom laisse supposer, sa cuisine est plutôt typique de Shanghai, mais revisitée. Ambiance de cantine sympathique, quoiqu'un peu bruyante. Cuisine ouverte sur le restaurant. C'est un des restos chéris des San-Franciscains et, après trente ans d'existence, le couple de patrons Peter et Lily a ouvert une deuxième enseigne qui est dirigée par leur fille Kathy.

JOHN'S GRILL RESTAURANT €€

63 Ellis Street
✆ +1 415 986 0069
www.johnsgrill.com
Ouvert tous les jours de 11h45 à 19h30 (jusqu'à 20h ven-sam) Entre 15 et 40 US$ le plat.

Etabli en 1908, John's Grill n'est pas seulement l'un des plus vieux restaurants de San Francisco, c'est aussi le lieu que Dashiell Hammett choisit comme toile de fond pour son roman *Le Faucon maltais*. La carte y est à rallonge, on peut aussi bien y commander une omelette, qu'une (énorme et onéreuse) côte de boeuf, en passant par des moules marinières. Mais plus que pour dîner, on y vient pour une ambiance très gangster des années 1930, mythique de la côte ouest, et on apprécie d'y boire un verre accoudé au bar du restaurant, tout en écoutant du jazz.

LE COLONIAL €€

20 Cosmo Place
✆ +1 415 931 3600
www.lecolonialsf.com
Ouvert tous les jours pour le dîner. Plats autour de 30 US$.

Une magnifique escale au pays du Soleil-Levant avec cet établissement sur deux étages avec patio extérieur. On dînera au rez-de-chaussée, dans la belle et grande salle au décor tropical, puis on montera prendre un cocktail au bar, pour écouter les joueurs de jazz. Au menu, une belle sélection de plats mêlant inspirations vietnamiennes et françaises. A noter, parmi les spécialités de la maison, le ragoût d'espadon aux bananes vertes et le carré d'agneau au curry. Un vrai délice, mais la note peut par contre s'avérer un peu salée...

LEMONGRASS €

2348 Polk Street
✆ +1 415 346 1818
www.lemongrasssf.com
Ouvert du dimanche au jeudi de 11h à 22h, les vendredis et samedis jusqu'à 22h30. Plat à partir de 12 US$.

Ce petit restaurant thaïlandais en plein cœur du joli quartier de Russian Hill offre une agréable escale au pays de Siam. La propriétaire et chef Toi Sawatdee vous propose une carte où le curry est roi. Les végétariens seront eux aussi ravis puisque la sélection de plats végétariens est très fournie. Pousses de bambou, lait de coco, noodle soup et évidemment citronnelle (*lemongrass* en anglais) seront au rendez-vous pour le plaisir de chacun. Les produits sont garantis frais et de saison par la maison. Cadre agréable et sans prétention.

LIHOLIHO YACHT CLUB €€

871 Sutter Street
✆ + 1 415 440 5446
liholihoyachtclub.com
Ouvert du lundi au samedi pour le dîner. Plats autour de 35 US$.

Ce restaurant ouvert en 2015 et devenu rapidement une des adresses originales les plus appréciées de la ville. Le chef Ravi Kapur, natif de Oahu, puise dans la tradition culinaire hawaïenne pour vous faire découvrir les délices de son île, en y ajoutant des touches de cuisines asiatiques ; Corée, Japon et Inde viennent donc souvent s'associer aux saveurs d'Honolulu. Les côtes de bœufs au *kimchi* et les poulpes grillés sont parmi les plus gros succès de la carte. Le bar sert également des cocktails à base d'hibiscus ou de mescaline.

MAZARINE COFFEE €

720 Market St
✆ +1 415 398 7700
mazarinecoffee.com
Du lundi au vendredi, début de matinée à fin d'après-midi. Happy hour de 16h à 18h. Snack entre 10 US$ et 17 US$.

Idéalement située sur Market Street, au cœur du Financial District, cette petite adresse offre une large sélection de cafés et d'options pour le déjeuner. Sa petite terrasse permet de profiter d'une pause gourmande et ensoleillée, mais l'intérieur n'est pas en reste ! Le service est souriant et agréable, l'ambiance est simple et cosy et les grandes tables en bois rendent l'endroit très confortable. A la carte, des produits frais et idéals pour une pause rapide. Le toast à l'avocat et œufs pochés accompagné d'un café crème est sûrement la formule la plus populaire.

NOAH'S NEW YORK BAGELS €

100 Bush Street
✆ +1 415 433 9682
https://www.noahs.com/
Fermé le dimanche. En semaine ouvert de 5h à 16h, samedi de 6h à 14h. Bagel bien garni à partir de 5 US$.

Avec leur belle devanture au carrelage bleu et blanc et leur déco rétro les *Noah's* se reconnaissent facilement. La chaîne a plusieurs adresses à San Francisco (et dans le reste du pays) dont celle de Bush Street dans un très bel immeuble du quartier financier, notre préférée ! Juste quelques places pour s'asseoir sur place, mais il y a des squares sympathiques à proximité où s'installer pour déguster ces *bagels* aux oeufs, au jambon, au chorizo, au bacon et autres délicieuses garnitures, qui sont aussi réussis qu'à New York...

NOB HILL CAFE €€

1152 Taylor Street
✆ +1 415 776 6500
www.nobhillcafe.com
Ouvert tous les jours pour le déjeuner et le dîner. Brunch le week-end. Autour de 18-20 US$ le plat.

C'est la référence en terme de cuisine italienne traditionnelle dans le quartier de Nob Hill, à deux pas des prestigieux hôtels Mark Hopkins et Fairmont. Depuis plus de vingt ans, ce restaurant familial sert une cuisine fine et classique dans une ambiance de trattoria toscane. Les locaux y viennent boire un café pour lire leur journal ou y descendent pour un petit plat de pâtes agrémenté d'une salade, et profitent de la terrasse pour se baigner dans l'ambiance du quartier. Bon rapport qualité-prix dans un quartier aux tarifs pourtant élevés.

ORIENTAL PEARL €

760 Clay Street
✆ +1 415 433 1817
www.orientalpearlca.com
Ouvert tous les jours pour le déjeuner et dîner. Plat A la carte à partir de 15 US$.

Ce restaurant acclamé par les plus grands magazines américains propose une cuisine traditionnelle hongkongaise et chinoise au sens large d'une finesse rare. On y déguste en particulier des *dim-sum* de grande qualité. Abordable le midi avec des plats simples et réussis, toujours cuisinés à partir de produits frais, le restaurant offre aussi une cuisine plus élaborée à la carte. Comme beaucoup de ses homologues franciscains depuis la pandémie, on peut également y commander à emporter. Cadre soigné et simple, service impeccable.

PEARL'S DELUXE BURGER €

708 Post Street
✆ +1 415 409 6120
www.pearlsdeluxe.com
Ouvert tous les jours du déjeuner au dîner non-stop. Burger et accompagnement : de 5 à 15 US$.

Le meilleur burger de Downtown, c'est ici ! On ne vient pas pour l'endroit, modeste estaminet décoré de photos de burgers, le tout planqué derrière un simple store rouge. Ni pour le quartier, Tenderloin, qui regorge de homeless. Mais bien pour ces hamburgers qui envoient du steak... Vous pouvez compter sur de la viande juteuse et bien cuite et des *onion rings* ultra-croustillants. Sans oublier les garnitures aux champignons, à l'avocat, au pistou... Un conseil : prenez-le à emporter et mangez-le sur les marches d'Union Square, à quelques blocs à peine !

PEARL'S DELUXE BURGERS €

708 Post Street
✆ + 415 409 6120
https://pearlsdeluxe.com/
Ouvert tous les jours de 11h à 22h. Compter 15 US$ pour un burger avec frites et soda.

Une excellente sélection de burgers ! Le classique *deluxe* avec fromage remplit les attentes de tout amateur inconditionnel de ce sandwich. Les frites sont à tomber par terre, et rappellent la texture délicieuse des pommes dauphines, le croustillant en plus. Et si vous préférez manger plus sain, la salade de poulet asiatique comprend des légumes verts bios, des tomates, des carottes, des oignons, des pommes, des noix confites et de la poitrine de poulet grillée, le tout arrosé de sauce teriyaki et vinaigrette maison au miel et au sésame !

PEET'S COFFEE & TEA €

Street Level
✆ + 1 415 869 1744
www.peets.com
A partir de 10 US$, un excellent repas-sandwich et jus de fruit naturel.

On s'assoit autour de grandes tables de bois à partager entre convives dans le Ferry Building, bourré de charme avec sa structure métallique et ses grandes baies vitrées donnant sur la mer traversée de bateaux. Jus bio, excellents sandwiches, belles salades, cafés variés, chocolats avec toutes sortes d'agréments, wraps, salades composées... Le plus : le wifi gratuit. Inutile de dire que les ordinateurs portables sont tous ouverts, en plus d'un lieu de rendez-vous amical, c'est un spot de réunion de travail très couru des Franciscains.

R&G LOUNGE €€

631 Kearny Street
✆ +1 415 982 7877
rnglounge.com
Ouvert du dimanche au jeudi de 11h à 20h30. Vendredi et samedi de 11h à 22h. Compter entre 40 à 50 US$ le menu.

À l'est de Chinatown, on pourrait presque passer devant sans le voir. Pourtant *R&G Lounge* est un *must* ; c'est même l'une des adresses favorites de l'ancien président Barack Obama et de sa femme Michelle ! Alors que le service n'est pas forcément des plus extraordinaires, la cuisine atteint des sommets. Le secret de la réussite : des fruits de mer de première fraîcheur. Les spécialités sont le *salt and pepper crab* ou la soupe à l'aileron de requin, mais cette table est aussi connue pour sa parfaite maîtrise de la cuisson des légumes.

RAMEN YAMADAYA €

1728 Buchanan Street
✆ +1 415 795 4164
www.ramen-yamadaya.com
Ouvert tous les jours pour le déjeuner et le dîner. Plats à partir de 10 US$.

Cet établissement est très populaire auprès des locaux parce qu'ici qualité rime avec petits prix. En effet, si l'attente ne vous fait pas peur, c'est chez Ramen Yamadaya que vous mangerez les meilleurs *ramens* de San Francisco ! Cette soupe de nouilles très appréciée des Japonais est préparée dans la tradition avec des ingrédients hyper frais et un bouillon bien travaillé. Idéal quand le *fog* s'empare de San Francisco et qu'on recherche un grand bol fumant à déguster. Décor simple mais chaleureux. Une adresse à ne pas manquer !

SAHA €€€

1075 Sutter Street
✆ +1 415 345 9547
www.sahasf.com
Ouvert du mardi au samedi de 18h à 23h. Comptez 20 à 30 US$ pour le repas. Réservations conseillées.

Une très bonne table pour des goûts venus du Moyen-Orient. Saha a tout pour plaire, à commencer par son accueil chaleureux et son ambiance animée. La qualité des plats suit, avec une fusion de saveurs du Yemen (pays d'origine des gérants) et de Californie. Couscous, tajine, poulet à l'orange ou encore pita sont cuisinés avec beaucoup de finesse. Menu en grande partie végétarien, sans gluten. Une adresse très conviviale en famille ou en groupe. Seul bémol, le bruit, qui se marie pourtant si bien avec le décor !

SAM'S GRILL & SEAFOOD RESTAURANT €€

374 Bush Street
✆ +1 415 421 0594
www.samsgrillsf.com
Ouvert du lundi au vendredi de 11h à 21h. Plats de 15 à 50 US$. Happy hour de 16h à 19h.

Sam's ouvrit ses portes en 1867 en tant que bar à huîtres, alors au pied de California Street. Aujourd'hui au cœur du Financial District, les Franciscains y dégustent toute une variété de poissons et crustacés de la baie dans un beau cadre sobre et boisé. On aime la terrasse pour siroter un verre de vin avec un plateau de crustacés pendant l'happy hour, ainsi que la salle latérale du restaurant, organisée comme des compartiments de train, avec des rideaux. Parfait pour un tête-à-tête !

SANRAKU €€

704 Sutter Street
✆ + 415 771 0803
www.sanraku.com
Ouvert du lundi au samedi de 11h à 22h, le dimanche de 16h à 22h. Déjeuner environ 15 US$. Dîner environ 35 US$.

Sanraku est une des références de Nob Hill en terme de *sushis*. On peut y manger en regardant les chefs réaliser leurs merveilles au bar. S'ils ne sont pas trop occupés, ils se feront même un plaisir de discuter avec vous et de partager leur savoir. La décoration est un mélange entre affiches contemporaines d'inspiration japonaise et mobilier américain un peu démodé. Pour les allergiques au poisson cru, les *udons*, menus spéciaux du déjeuner, et les *donburis* (poissons ou viandes sur lit de riz) sont excellents et plus économiques. Une très bonne adresse.

SEARS FINE FOOD €

439 Powell Street
✆ +1 415 986 0700
www.searsfinefood.com

Ouvert tous les jours de 6h30 à 22h. Happy hour de 15h à 18h puis de 21h à 22h.

Sears Fine Food est une institution de la ville qui fut fondée en 1938 par une famille suédoise. On vient ici principalement pour le petit-déjeuner gargantuesque, à base de gaufres, *swedish pancakes* arrosés de sirop d'érable, ou encore omelettes accompagnées de bacon, saumon ou saucisses. Venir tôt le matin pour éviter la longue queue des visiteurs. On peut aussi déjeuner et dîner sur place, avec à la carte pain de viande, *chowder* et autres viandes grillées. N'oubliez pas de tendre l'oreille pendant votre repas, on entend passer le cable car !

SUSHIRRITO €

226 Kearny Street ✆ +1 415 544 9868
www.sushirrito.com

Ouvert du lundi au samedi pour le déjeuner et le dîner non-stop. Dimanche après-midi. Sushi Burritos à partir de 12 US$.

Ici le concept est simple : c'est un *sushi* de la taille d'un *burrito*. Prise d'assaut par les employés à midi, la petite boutique ne désemplit pas ! Préparés devant vos yeux avec des recettes originales (thon, chips de lotus et légumes croquants ou encore saumon, guacamole de gingembre et chips de banane verte) et des ingrédients frais, ces grands *makis* font le bonheur des amoureux de poisson cru. Le *must* : prendre à emporter et aller déguster son *Sushirrito* sur les tables ensoleillées d'Union Square Plaza juste à côté. Plusieurs restaurants en ville.

SWAN OYSTER DEPOT €€

1517 Polk Street
✆ +1 415 673 1101
http://swanoysterdepot.us/

Ouvert du lundi au samedi de 10h30 à 17h30. Fermé le dimanche. Fruits de mer à partir de 12 US$.

Une adresse appréciée des locaux pour ses fruits de mer. On s'installe au comptoir pour commander des *seafood cocktails*, salades de grosses crevettes, homards, crabes, araignées et pétoncles, oursins en saison... On fait un peu la queue, parfois même un peu beaucoup, mais le jeu en vaut la chandelle. Les plateaux de fruits de mer sont magnifiques et d'une fraîcheur sans égale. Visuellement, l'endroit ressemble à une poissonnerie, du coup l'ambiance n'en est que plus sympathique. Les San Franciscains en raffolent et nous aussi !

TADICH GRILL €€

240 California Street
✆ +1 415 391 1849
www.tadichgrill.com

Ouvert du lundi au vendredi de 11h à 21h30, samedi de 16h30 à 21h30, fermé le dimanche. Plat à partir de 23 US$.

Certes, l'endroit est touristique, mais on adore son côté vieille école. Bar et mur en bois, carreaux blancs au sol, on se croirait dans une vieille brasserie. On y sert une cuisine typiquement américaine, à base d'omelettes, de viandes grillées et de fritures de poissons. Ouvert en 1849, c'est l'un des plus vieux restaurants de San Francisco, et c'est fièrement inscrit sur leur devanture. Attention, c'est souvent plein ! Il vous faudra vous armer de patience ou opter pour la dégustation au bar. Soulignons la bonne carte de vins.

THE PLANT CAFE ORGANIC €

101 California Street
✆ 415 693 9730
www.theplantcafe.com

Du lundi au vendredi de 7h30 à 15h.

The Plant c'est un fast-food sain et bio. On y fait souvent la queue, car il y a affluence. Le matin, les hommes et femmes d'affaires du quartier de Downtown font escale dans son petit jardin urbain doté de gradins pour prendre un long café aromatisé avec un sandwich avant de monter dans leur bureau. Pour la pause déjeuner, les mêmes reviennent pour repartir avec des wraps thaïs ou des salades végétariennes ou des bols de saumon au gingembre. Excellent rapport qualité-prix. Quatre adresses à San Francisco, dont une à l'aéroport.

THE VIEW LOUNGE €€€

780 Mission Street
✆ +1 415 442 6003

Ouvert tous les jours de 16h à minuit. Comptez environ 15 US$ pour un plat de style tapas et 15 US$ pour un cocktail.

On y sert des tacos de poisson grillé et des barbecues de porc et de gambas à prix modique, mais vous pouvez aussi vous y arrêter pour siroter un cocktail tout en profitant de la vue à 360° sur San Francisco. Le décor est absolument magnifique grâce à son architecture intérieure et à ses fenêtres qui constituent à elles seules une œuvre d'art. Vous pouvez également y monter pour le seul plaisir d'admirer la vue. Il est conseillé de réserver pour y manger. Une adresse incontournable pour ceux qui recherchent les plus belles vues de la ville.

BOUDIN BAKERY €€

160 Jefferson Street
✆ +1 415 351 5561
www.boudinbakery.com
Ouvert tous les jours de 11h30 à 22h. Comptez au moins 20 US$ pour un repas.

Boudin (prononcer à l'américaine, « boudine ») est une véritable institution de San Francisco. On y déguste la célèbre *clam chowder*, soupe crémeuse de palourdes servie dans une boule de pain au levain (*sourdough bread*). L'endroit est certes devenu touristique, mais il fait partie des incontournables de votre passage au Fisherman's Wharf. Même si cela peut sembler industriel au regard du débit, on sent bien que tout est frais. Et délicieux. Il y a également un musée gratuit. C'est que l'origine de l'affaire remonte à 160 ans !

CIOPPINO'S €€

400 Jefferson St
✆ +1 415 775 9311
www.cioppinosf.com
Ouvert tous les jours du déjeuner au dîner non-stop. Happy hour de 15h à 18h. Plats de 16 à 24 US$ en moyenne.

Une institution du quartier Fisherman's Wharf avec ses couleurs italiennes. Vous mangez en terrasse près du quai sous les parasols ou dans une grande salle. Il y a foule, mais le service est efficace autant qu'attentionné. La carte fait la part belle aux poissons des baies voisines. La spécialité de la maison : le *Cioppino* qui marie avec talent tomates, graines de fenouil, palourdes, poissons, crevettes, crabe... Mais les pizzas y sont délicieuses aussi. Cette maison familiale existe depuis plus de 20 ans et a su se construire une réputation solide.

DON PISTO'S €

510 Union Street
✆ + 1 415 395 0939
www.donpistos.com
Ouvert du lundi au vendredi pour le dîner et le week-end déjeuner et dîner non-stop. Plat à partir de 16 US$.

Le *Don Pisto's* a la réputation d'être le meilleur restaurant mexicain du quartier. On y sert une cuisine mexicaine classique tout droit venue de la région du Yucatan. *Tacos* au poisson comme à la viande, *tamales*, hamburger dégoulinant de guacamole, *enchiladas*... Le *Don Pisto's* est aussi très réputé pour son *brunch* du week-end, abordable et alléchant. La file d'attente peut toutefois être un peu décourageante, et malheureusement les réservations sont impossibles si vous venez à moins de 6 personnes... Dites-vous que cela en vaut vraiment la peine !

EL PORTEÑO €

San Francisco Ferry Bulding
✆ +1 415 513 4529
www.elportenosf.com
Ouvert du lundi au vendredi de 9h à 17h, le samedi dès 8h, et le dimanche de 10h à 17h. Comptez 6 US$ par empanada.

Ce petit stand tenu dans le Ferry Building par une entreprise familiale née dans la Napa valley, qui se fournit dans la région, ne propose que des *empanadas*. Mais difficile de résister à la recette traditionnelle de ces feuilletés fourrés venus d'Argentine ! On a adoré le *carne* à base de bœuf, d'oignons et d'olives vertes, ainsi que le *champiñones* avec ses champignons sautés aux échalotes et à la crème fraîche. A grignoter assis sur un banc, au soleil, les cheveux au vent, en regardant défiler les porte-containers dans la baie de San Francisco.

GARY DANKO €€€

800 North Point Street
✆ + 1 415 749 2060
garydanko.com
Ouvert tous les jours de 17h30 à 22h. Menu dégustation 5 plats : 124 US$. Accord des vins : 90 US$.

Ce restaurant américain a été auréolé d'une étoile Michelin en 2016. Aux commandes, le chef Gary Danko qui depuis une vingtaine d'années ne cesse de se renouveler dans cet établissement où élégance du cadre rime avec finesse des produits. Les menus, généralement inspirés de la cuisine française sont revisités grâce au choix judicieux de produits de la baie, toujours bio évidemment. Le menu dégustation, qui offre cinq plats, vous permet de bien saisir toutes les nuances de cette cuisine inventive. La carte des vins est elle aussi superbe.

HOG ISLAND OYSTER CO €€

11A One Ferry Building
✆ + 1 415 391 7117
Ouvert tous les jours. Service continu de 11h à 21h.

C'est une affaire qui marche ! Vous mangez dans la grande salle ou en terrasse comme sur un port puisque c'est à l'embarcadère. Ce restaurant est situé dans le Ferry building market rénové mais qui garde un aspect vintage et balnéaire décontracté bien sympathique. Les sardines grillées sont délicieuses, la soupe de palourde aussi, les plateaux de fruits de mer également. Mais ne manquez pas la spécialité de la maison, les huîtres, joliment servies avec un vinaigre en persillade. Le tout accompagné d'un petit vin blanc, vous allez vous faire plaisir !

IDEALE RESTAURANT €€

1309 Grant Avenue
✆ +1 415 391 4129
idealerestaurant.com
Ouvert du mardi au dimanche pour le dîner. Plats autour de 25 US$.

Trattoria romaine aux couleurs épicées, ambiance chaleureuse. Le chef Maurizio Bruschi y sert une sélection restreinte, mais savoureuse, de recettes enseignées par sa grand-mère. Ici tout est fait maison, du pain aux pâtes fraîches et c'est très réussi. Mention spéciale aux poulpes et, dans un tout autre genre, aux tiramisus. Bonne sélection également de vins italiens et californiens, essentiellement issus de la vallée de Sonomo toute proche. Un des meilleurs restaurants italiens de San Francisco, vous pouvez y aller les yeux fermés.

IN-N-OUT BURGER €

333 Jefferson Street
✆ +1 800 786 1000
www.in-n-out.com
Ouvert de 8h à 1h du dimanche au jeudi et de 8h à 1h les vendredis et samedis. Compter de 5 à 10 US$ pour un sandwich.

Si vous devez essayer un seul et unique *fast-food* durant votre voyage, aucune hésitation, direction le *In-N-Out Burger*, une chaîne californienne créée en 1948 par Esther Snyder. C'est simple, en y pénétrant on a l'impression de se retrouver dans un film américain des années 50 avec les canapés design en cuir rouge, les enseignes en néon et le mobilier extérieur en plastique moulé. Point de vue cuisine, sa philosophie inchangée depuis l'origine : travailler des produits frais et de qualité. Ça reste du hamburger, mais le résultat est délicieux !

MAMA'S ON WASHINGTON SQUARE €

1701 Stockton Street
✆ +1 415 362 6421
www.mamas-sf.com
Ouvert du mardi au dimanche de 8h à 15h. Plats autour de 15 US$. Cash uniquement.

Que ce soit en semaine ou le week-end, il y a toujours la queue pour le petit déjeuner et le bruch chez *Mama's* à North Beach. Dans une ambiance très familiale et joviale, vous pourrez goûter aux succulents *french toasts* (pain perdu), omelettes, sandwichs, salades de fruits frais ou pancakes nappés de sirop d'érable. Pas cher et roboratif. La maison, ouverte en 1951 par Mike Sr. et Mama, est toujours restée aux mains de la même famille. La tradition, ça a du bon !

MOLINARI DELICATESSEN €

373 Columbus Avenue
✆ + 1 415 421 2337
https://molinaridelisf.com/41085
Ouvert du lundi au vendredi de 9h à 18h et le samedi jusqu'à 17h30. Fermé le dimanche.

Cette épicerie fine italienne a eu la bonne idée de proposer des sandwichs à partir des produits authentiques dont elle déborde. La charcuterie, accrochée au plafond, happe le regard, tandis que des fromages se reposent tranquillement dans la belle vitrine réfrigérée. On choisit son pain, on y ajoute des viandes italiennes, des légumes marinés, et bien sûr quelques fromages, tout droit venus d'*Il Bel Paese*. Un régal ! À ne pas manquer si vous voulez sentir l'ambiance américano-italienne du quartier, si typique de Little Italy.

SCOMA'S €€

1965 Al Scoma Way
✆ +1 415 771 4383
www.scomas.com
Ouvert tous les jours du déjeuner au dîner. Plats à partir de 30 US$. Parking gratuit. Réserver à l'avance.

Depuis 1965, *Scoma's* règne sur le monde du *seafood* (fruits de mer). À l'origine, un petit café de 6 tables ouvert par les frères Al et Joe Scoma pour servir le petit déjeuner aux pêcheurs du quartier avec une belle vue sur la baie, c'est aujourd'hui une institution prisée des San Franciscains et des visiteurs. *Scoma's* sert des portions généreuses de fruits de mer et de poisson. Une des spécialités est le *Lazy Man's Cioppino*, sorte de bouillabaisse à l'italienne qui a fait la renommée du restaurant et qui saura ravir vos papilles.

TONY'S PIZZA NAPOLETANA €€

1570 Stockton St
✆ +1 415 835 9888
www.tonyspizzanapoletana.com
Fermé le mardi. Ouvert tous les autres jours de midi à 23h. Comptez 15 à 25 US$ par plat.

A l'attention des amateurs de podium, Tony Gemignani a été treize fois champion du monde de pizzas ! Il faut donc souvent patienter près d'une demi-heure pour pouvoir déguster les merveilles de ce pizzaiolo san-franciscain. Faites savoir à l'hôtesse que vous êtes d'accord pour manger au bar, dans ces cas-là l'attente peut être moins longue. Les pizzas sont délicieuses, elles semblent venir tout droit de Naples, dans l'inspiration comme dans les produits utilisés. Tony maîtrise également parfaitement l'art des *pastas* et du tiramisu.

ATELIER CRENN €€€

3127 Fillmore Street
✆ +1 415 440 0460
www.ateliercrenn.com
Ouvert du mardi au samedi de 17h à 21h. Fermé les dimanches et lundis. Sur réservation.

Dominique Crenn est la première femme à avoir obtenu trois étoiles au guide Michelin. Plus qu'un restaurant, c'est un atelier-studio qu'elle dirige, menant ce qu'elle appelle une ***poésie culinaire***. Chaque plat porte un nom de poème et raconte une histoire, de saison bien sûr. Préparez-vous donc à une expérience exceptionnelle. Notre chef ne fait pas défaut à ses origines, sa carte jouit pleinement de ses racines bretonnes. A tester aussi, le bistrot *Bar Crenn* doté d'une étoile. Quant au restaurant *Petit Crenn*, celui-ci est situé au cœur de Hayes Valley.

GREENS €€

2 Marina Boulevard
✆ +1 415 771 6222
www.greensrestaurant.com
Ouvert du mardi au dimanche, pour le déjeuner et le dîner. Brunch le week-end. Plats à partir de 20 US$.

L'un des tous premiers restaurants végétariens américains. À l'origine, un jeune bouddhiste zen qui, en 1979, décide de créer ce restaurant dédié aux légumes frais. Aujourd'hui c'est la chef et auteure Annie Somerville qui est aux commandes du *Greens*, et qui propose une cuisine raffinée et subtile, inspirées de l'Italie comme de l'Inde. On apprécie la très belle vue sur le Golden Gate Bridge. Même les non-végétariens seront ravis de l'expérience. Mieux vaut réserver, l'adresse a été célébrée par le New York Times et est très courue.

MUMS €

1800 Sutter Street
✆ +1 451 931 6986
www.mumssf.com
Ouvert tous les jours de 7h à 21h30. Shabu Shabu à partir de 20 US$ au déjeuner et 30 US$ le soir.

Au cœur de Japantown, ce restaurant occupe le rez-de-chaussée de l'hôtel Buchanan. C'est la maison de Shabu shabu, la fondue japonaise à base de viandes, on s'y régale du matin au soir. À midi, la *bento box* du jour permet de déjeuner pour pas cher. Le soir, les fondues sont copieuses (autant que vous pouvez en manger, profitez-en !). Ambiance familiale très décontractée. Lors de notre passage à San Francisco en mars 2022 à la fin (espérée) de la crise du covid, il était fermé temporairement. A vérifier avant de s'y rendre, donc.

OFF THE GRID €

2 Marina Boulevard
✆ +1 415 339 5888
offthegridsf.com
Ouvert tous les vendredis soir de 17h à 22h. Consulter le calendrier en ligne. Tarifs très abordables.

Un rendez-vous à ne pas manquer ! Les meilleurs *food trucks* de la ville s'installent chaque vendredi soir à Fort Mason pour un rendez-vous gastronomique à petit prix. Ambiance festive avec toute la jeunesse de San Francisco, de la musique *live* et quatre bars servant de la bière locale, du vin de pays ou de délicieux cocktails. À chaque saison, *Off The Grid* se réinvente en s'attachant à faire appel à de nouveaux cuisiniers. La cuisine est *fusion*, internationale, inventive... À l'image de la ville. Une belle initiative culinaire et sociale !

PACIFIC CATCH €

2027 Chestnut Street ✆ +1 415 440 1950
pacificcatch.com
Ouvert tous les jours de 11h à 21h30. Happy hour de 16h à 18h du lundi au vendredi. Plats à partir de 15 US$.

Cette chaîne locale (elle compte sept restaurants en Californie) sert principalement du poisson et des fruits de mer, d'une fraîcheur tout océanique. Au menu : *fish'n'chips*, sandwiches de toutes sortes, sushis, calmars grillés, ceviche (attention, parfois très relevé !) et autres mets à déguster dans une ambiance japonisante. L'établissement devant le Botanical Garden est pourvu d'une grande terrasse en bois pas spécialement décorée mais agréable, qui permet de profiter du soleil. Parfait pour une petite pause rapide avant d'enchaîner sur la suite des visites.

DE LA ROSA PIZZERIA €€

2175 Chestnut Street
✆ +1 415 673 7100
www.delarosasf.com
Ouvert tous les jours du déjeuner à tard le soir. Pizza à partir de 15 US$, cocktail à partir de 10 US$.

Ce restaurant italien à la décoration moderne et raffinée a ouvert ses portes en 2010 dans le quartier de *Cow Hollow*. Si bien apprécié des San-Franciscains, un deuxième restaurant s'est installé dans le quartier d'*Union square*. Très bon accueil, les pizzas sont copieuses et les plats bien garnis. Cuisine ouverte avec four à pizza en face du restaurant, le bar possède un large choix d'alcool et vous pouvez leur demander n'importe quel cocktail qu'ils prépareront devant vous. Il est recommandé de s'y rendre à l'avance, adresse assez convoitée.

BELOVED CAFE €

3338 24th Street
✆ +1 415 800 6546
https://www.belovedsf.com/
Ouvert tous les jours, de tôt le matin à tard le soir. Boissons de 6 à 10 US$ et comptez environ 13 US$ pour un plat.

Inauguré en 2017, ce très agréable petit café végétarien propose des produits naturels de qualité provenant du marché local. L'atmosphère est paisible, avec un intérieur de briques et de bois baigné de lumière grâce à une grande baie vitrée donnant sur la rue. On se sent à la maison et en harmonie dans ce petit havre de paix. Jus de fruits, thé d'origine biologique, café, *smoothie bowls* à base de fruits frais et d'amandes, salade de quinoa et bien plus encore pour vous sentir en pleine forme et prêt à arpenter les rues du quartier de Mission.

CENTRAL KITCHEN €€€

3000 20th Street
✆ +1 415 826 7004
www.centralkitchensf.com
Ouvert tous les jours pour le dîner. Menu dégustation : 75 US$ sans vin ; plats à la carte autour de 30 US$.

Déco industrielle et grandes tables conviviales pour ce restaurant de Mission, qui flirte avec la haute gastronomie. On y goûte la fameuse *Cal Cuisine*, fusion de gastronomie américaine et influences asiatiques et méditerranéennes. Le menu change quotidiennement, mais on est jamais déçu par les propositions du chef Thomas McNaughton, qui manie les produits de la baie avec grand art. A notre passage en mars 2022 à l'issue de deux ans de Covid, le restaurant était fermé temporairement. Il devrait rouvrir, mais à vérifier avant d'y aller.

FLOUR + WATER €€

2401 Harrison Street
✆ +1 415 826 7000
www.flourandwater.com
Ouvert tous les jours de 17h30 à 23h. Plats à partir de 20 US$.

Flour + Water est un excellent restaurant à la décoration minimale mais chaleureuse, qui propose un menu d'inspiration italienne avec une influence distincte du nord de la Californie. Depuis son ouverture en 2009, les chefs Thomas McNaughton et Ryan Pollnow se sont fait une jolie réputation. Il vous faudra donc réserver plusieurs jours à l'avance pour être sûr d'avoir de la place. Au menu : pizzas aux champignons, agneau, morue grillée, raviolis au canard, baba au rhum... Le tout arrosé de vins italiens, bien sûr. Vous allez vous régaler !

FOREIGN CINEMA €€€

2534 Mission Street
✆ +1 415 648 7600
www.foreigncinema.com
Ouvert tous les jours pour le dîner. Brunch le week-end de 11h à 14h30. Plats autour de 30 US$.

Plus qu'un restaurant, c'est un concept. Attablés dans la jolie cour intérieure pour la séance du soir, vous dégusterez des mets raffinés en jetant des coups d'œil furtifs aux films d'auteurs (Fellini, par exemple) projetés sur le grand mur en béton brut. Si vous choisissez de passer avant la tombée de la nuit, vous bénéficierez du décor de la salle alliant béton et feu de cheminée, très *post-industriel chic*. À la carte, les huîtres de la région et les poissons servis dans une sauce relevée ont une place de choix. Une ambiance unique.

GRACIAS MADRE €

2211 Mission Street
✆ +1 415 683 1346
gracias-madre.com
Ouvert tous les jours du déjeuner au dîner. Brunch le week-end. Happy hour tous les jours de semaine de 15h à 18h.

Dans ce quartier où le *tacos* est roi, les propositions originales sont assez rares. A part peut-être ici, où l'on peut découvrir la cuisine mexicaine version végétarienne. Le résultat est bluffant avec des plats colorés, savoureux et très copieux. D'autant que le décor est à l'avenant avec une mise en scène latine très réussie. Mieux vaut réserver à l'avance, c'est l'un des restaurants les plus courus de Mission toute la jeunesse branchée du quartier s'y retrouve le soir. On peut également y commander son dîner et le déguster chez soi.

OMAKASE €€€

665 Townsend Street
✆ + 415 865 0633
www.omakasesf.com
Ouvert tous les jours de 17h à 21h30. Menus dégustation : 150 ou 200 US$.

Cet établissement ouvert en 2015 et décoré d'une étoile Michelin en 2016 propose de découvrir les *sushis* réalisés en suivant la technique traditionnelle dite *Edomae*. Au commande, le chef Jackson Yu qui pratique cette cuisine traditionnelle depuis près de 20 ans. Le poisson vient du marché aux poissons de Tokyo chaque jour (!). Deux menus sont servis chaque soir, composé par le chef, qui propose de vous laisser guider dans cette expérience culinaire, pas de plats à la carte donc. Mais vous l'aurez compris, tout est réuni pour passer un moment exceptionnel.

PLOW €€

1299 18th Street
✆ +1 415 821 7569
www.eatatplow.com
Ouvert du lundi au vendredi de 7h à 14h, samedi et dimanche de 8h à 14h. Plats autour de 14 US$.

On y va pour *bruncher* des *french toasts* (pain perdu), œufs Bénédicte et boudin noir (plutôt rare en Californie). Logé dans un ancien studio d'architecte, ce restaurant représente la quintessence branchée de Potrero Hill, entre nourriture bio et locale, et ambiance post-industrielle. Très apprécié des locaux, il faut s'attendre à une longue file d'attente, surtout les week-ends. La maison conclut également des accords avec vignobles locaux pour y organiser des dîners, renseignez vous ça vaut la peine d'essayer ! Service de commande possible.

TACOLICIOUS €€

741 Valencia Street
✆ + 1 415 649 6077
tacolicious.com
Ouvert tous les jours de 11h30 à minuit. Happy hour en semaine de 15h à 18h. 4 tacos pour 4 pour 17, 95 US$.

Si vous voulez essayer des *tacos* version gastronomique, avec des compositions originales, c'est ici qu'il faudra vous arrêter. D'un simple petit stand de rue, *Tacolicious* est devenu en une dizaine d'années une des enseignes les plus respectées sur la baie, avec trois restaurants à SF et un à Palo Alto. Succès qui est garanti par une carte simple mais originale, et un *brunch* toujours assailli par les amateurs de *huevos divorciados* et autres plaisirs mexicains. Pas de *burritos* (« *trop tex-mex* » selon le propriétaire), mais des *tacos* au chorizo, poisson et poulet !

ROSAMUNDE SAUSAGE GRILL €

2832 Mission St
✆ +1 415 970 9015
www.rosamundesausagegrill.com/
Ouvert du dimanche au mercredi de 11h30 à 23h, du jeudi au samedi de 11h30 à minuit. Comptez 10 US$ par personne.

Vous entrez ici dans le temple de la saucisse, avec pas moins d'une dizaine de types différents : saucisse de bœuf parfumée à la bière, saucisse de canard à la figue, des merguez et même des versions végétariennes. Les accompagnements, tels que le sauerkraut, les frites et la salade de pomme de terre, sont classiques mais très bien préparés. Pour arroser le tout, une large sélection de bières locales et artisanales, l'idéal pour une soirée détendue entre amis. A noter, l'établissement possède un autre emplacement dans le quartier d'Haight.

TAQUERIA EL FAROLITO €

2779 Mission Street
✆ +1 415 824 7877
Ouvert tous les jours de la fin de matinée à tard dans la nuit. Moins de 10 US$ le plat.

En sortant de la station 24th Street du BART, pas d'hésitation à avoir : dirigez-vous directement vers la *taquería* El Farolito pour une expérience 100 % Mission et un *burrito* à se damner. El Farolito représente avec fierté l'identité latino de Mission. Ne vous fiez pas à la minuscule entrée un peu suspecte de ce boui-boui, vous serez surpris par ce que l'on peut faire en matière culinaire pour si peu cher. On complétera le repas avec un *super burrito*, une *quesadilla*, des *nachos* ou du *ceviche*. Croyez nous, vous allez vous régaler !

STEM KITCHEN & GARDEN €€

499 Illinois Street
✆ +1 415 915 1000
www.stemkitchensf.com
Ouvert du lundi au vendredi du déjeuner au dîner. Le samedi brunch et dimanche dîner. Plats à partir de 14 US$.

Ici, on sert une cuisine californienne typique : simple et préparée avec des ingrédients frais et de saison. On adore leur formule du midi à déguster sur la terrasse (chauffée quand il fait froid) avec vue imprenable sur la baie. Le soir, vous pourrez déguster ces plats à l'intérieur, chiquement décoré. La carte est plutôt courte, ce qui est un bon signe. Les pizzas sont excellentes et très bien garnies de bons produits. Le restaurant possède aussi un petit jardin qu'il cultive dans l'esprit *farm-to-table*. Une bonne adresse !

THE SYCAMORE €

2140 Mission Street
✆ +1 415 252 7704
thesycamoresf.com
Ouvert du lundi au vendredi de midi à 1h, le week-end de 10h à 2h. Happy hour de 16h à 19h. Brunch 25 US$.

Voilà un dive bar comme on les aime ! Avec sa devanture peinte en noir, son barman anglais débonnaire, ses rideaux de velours, son juke-box gavé de punk rock, ses expos de photos et de peinture, le Sycamore nous a plu tout de suite. En plus on y mange bien : donut de porc, roastbeef, hamburger d'agneau… Et pour ne rien gâter, la carte des bières est bien fournie, entre la Super Smash Bros, la Pliny the Helder, La fin du monde… L'été, on respire bien dans la cour de derrière. En plus, le Sycamore ferme à 2h du matin le week-end. Allelujah !

L'ARDOISE €€

151 Noe Street
✆ +1 415 437 2600
www.ardoisesf.com
Ouvert du mardi au dimanche pour le dîner. De 20 à 40 US$ le plat en moyenne. Réservation conseillée.

Noe Street est non seulement un petit paradis en soi, une rue pleine de verdure entre Duboce et Mission, mais elle abrite l'un des meilleurs restaurants français de San Francisco. Le chef Thierry Clément tire le meilleur des excellents produits de la région afin de proposer à sa la carte des escargots, du coq au vin, du confit de canard (cuit 7 heures) ou encore du filet mignon. Sans oublier pour les amoureux de dessert la tarte Tatin, la crème brûlée et l'île flottante à la framboise nappée de caramel... Et une superbe carte des vins !

BAR CRUDO €€

655 Divisadero Street
✆ + 1 415 409 0679
barcrudo.com
Ouvert du mardi au dimanche pour le dîner. Plats entre 20 et 35 US$.

Ce restaurant au cadre minimal avec un joli comptoir métallique est tourné vers les produits crus de la mer. On y mange donc de délicieuses assiettes de coquilles Saint-Jacques, de thon, de papillon de mer, etc., tous crus, mais aussi des huîtres venues des quatre coins du pays pour finir de ravir votre palais. Ces agapes sont accompagnées d'un (très bon) verre de vin blanc. On peut aussi se régaler des plateaux de fruits de mer superbement fournis, ou de quelques plats chauds comme la classique *chowder soup* de San Francisco.

BEAN BAG CAFE €

601 Divisadero Street
✆ + 415 563 3634
beanbag.cafe
Ouvert tous les jours, de tôt le matin à tard le soir. Compter environ 15 US$ pour un plat.

Le rendez-vous du coin pour déjeuner bon marché dans un cadre jeune et détendu. Le wifi disponible gratuitement peut parfois donner des airs de Starbucks à ce petit restaurant de quartier où jeunes étudiants et créatifs s'alignent sur les tables devant leurs écrans d'ordinateur. Au menu ; salades, *bagels*, *burgers* et de superbes crêpes à la française. De quoi se régaler à petits prix. Et c'est aussi le genre de spot idéal pour faire du gringue entre deux mails à un jeune *digital nomad* ou à une étudiante en *gender studies*, mais chut...

CHA CHA CHA €

1801 Haight Street
✆ +1 415 386 7670
http://chachachasf.com/
Ouvert tous les jours de 11h30 à 23h, et 23h30 le week-end. Happy hour de 16h à 19h. Plats de 15 à 27 US$.

Un resto très sympathique, à l'image du quartier. Le cadre est chaud et coloré, avec des murs tapissés de Vierges et d'objets du culte en tout genre. La cuisine des Caraïbes affolera vos sens. Essayez le steak sandwich *Cha-Cha-Cha* le midi et jetez-vous sur les *tapas*. Les accompagnements sont aussi délicieux : plantains, tortillas, aïoli... Attention, le soir, pas de réservation possible, il vous faudra patienter au bar au minimum une heure (surtout le week-end). En attendant qu'une place se libère, profitez de la sangria qui coule ici à flot !

JUICE SHOP €€

432 Octavia St ✆ +1 415 757 0696
www.juiceshop.com
Ouvert du lundi au vendredi de 7h à 19h, le week-end de 8h à 19h. Comptez 11 US$ pour un grand jus.

Sur le square animé de Hayes Valley, vous trouverez cette petite bicoque en bois qui propose une large sélection de jus pressés à froid (souvent de légumes), et qui est le passage obligatoire des locaux. Après un jogging ou pour une pause énergisante et ensoleillée, succombez aux délicieux élixirs verts, savamment dosés et bourrés de vitamines. A vous les jus de gingembre, curcuma ou même céleri ! Last but not least : en plus d'être bons, ces jus sont excellents pour la santé. Ils sont même particulièrement recommandés pour les personnes ayant un foie fragile.

KATE'S KITCHEN €

471 Haight Street
✆ +1 415 626 3984
Ouvert tous les jours de tôt le matin jusqu'en début d'après-midi. À partir de 7 US$ pour un petit-déjeuner complet.

Si vous avez une faim de loup au saut du lit, foncez chez Kate qui vous régalera de son petit déjeuner fermier, à savoir ultra complet, avec œufs, bacons, *pancakes* et autres douceurs. De quoi vous donner du courage pour arpenter San Francisco. Les petites tables à carreaux ne désemplissent pas, mais ici pas besoin de faire la queue, même le week-end. Ceux qui se seraient lassés des *pancakes* ou des œufs, pourront choisir avantageusement le *fruit orgy*, un grand bol de muesli avec du yaourt et des fruits frais. À ne pas rater !

MAGNOLIA GASTROPUB AND BREWERY €€

1398 Haight Street ✆ + 1 415 864 7468
magnoliapub.com
Ouvert du lundi au jeudi de 11h à 22h, le vendredi de 11h à 23h, le samedi de 10h à 23h et le dimanche de 10h à 22h.

Construit en 1903, le bâtiment a longtemps été une pharmacie avant de devenir un café durant le mouvement hippie de 1964. Le *Magnolia Gastro Pub* est désormais connu pour son ambiance de pub irlandais au design intérieur plutôt classique. Nombreuses bières pression confectionnées par la maison et franchement bonnes ; cuisine traditionnelle de *pub* revisitée version XXIe siècle. Les saucisses parfumées valent particulièrement le détour, tout comme les classiques *brunches* du week-end.

MANDALAY €€

4348 California Street
✆ +1 415 386 3895
www.mandalaysf.com
Ouvert tous les jours pour le déjeuner et le dîner. Non-stop le week-end. Repas à partir de 20 US$.

Ce petit bijou birman en plein Richmond vous fera découvrir une cuisine exotique avec une abondance de saveurs, d'autant qu'elle est proposée dans une version classique, entendez par là non américanisée. Il faudra notamment essayer la salade aux feuilles de thé (*Lap Pat Dok*), rafraîchissante et aux textures surprenantes, ou se laisser tenter par les *mandalay special noodles* ou encore le *mandalay chicken*, spécialités du chef. Une excellente occasion de découvrir la cuisine birmane, bien moins connue que ses homologues chinoise, thaïlandaise ou indienne.

NOPA RESTAURANT €

560 Divisadero
✆ +1 415 864 8643
www.nopasf.com
Ouvert tous les jours de 17h à minuit ou 1h. Brunch le dimanche de 11h à 14h. Plats entre 20 et 30 US$.

Dans une ancienne banque retapée, ce restaurant spacieux aménagé façon cantine branchée présente la particularité rare dans le quartier de rester ouvert tard le soir. Demandez conseil aux serveurs, ils connaissent l'origine de tous leurs produits, tous bio et originaires de la région. La cuisson se fait même dans un four à bois. On vous recommande le poulet frit aux épices marocaines et au miel de piment. Et au rayon dessert, on a un faible pour le *Sopaipillas*, une pâtisserie à la vanille, à la cannelle et au caramel. Une bonne adresse pour un dîner détendu.

SUTRO'S AT CLIFF HOUSE €€€

1090 Point Lobos Avenue
✆ +1 415 386 3330
www.cliffhouse.com
Ouvert tous les jours : matinée, déjeuner et dîner. Plats à partir de 30 US$.

Tout le monde connaît cet établissement historique, originellement propriété d'Alfred Sutro, un extravagant millionnaire ayant fait fortune durant la Ruée vers l'or. Les bains Sutro, les plus grands du monde occidental, ont brûlé dans les années 1960, marquant ainsi la fin de l'âge d'or de Cliff House. Aujourd'hui, ce restaurant très chic possède l'avantage indéniable d'être juché sur la falaise face au Pacifique, au fin fond du Golden Gate Park. Il y flotte un air de bout du monde lorsqu'on y pénètre. La cuisine, comme le lieu, est plutôt tournée vers la mer.

THANH LONG €€

4101 Judah Street
✆ +1 415 665 1146
www.thanhlongsf.com
Ouvert du mardi au dimanche de 17h à 21h, le vendredi et samedi jusqu'à 21h30. Repas à partir de 20 US$.

Deux plats ont fait la renommée de ce restaurant vietnamien tenu par trois générations de femmes ayant fui les communistes vietnamiens en 1975 : les nouilles à l'ail et le crabe rôti. Cela dit, les moules à l'ail et les crevettes tigrées royales valent également le détour. Soyez prévenus : l'utilisation des doigts est de mise pour ne rien laisser dans votre assiette. Vous pouvez y aller les yeux fermés, vous allez vous régaler. La décoration du restaurant n'a en revanche pas grand chose de particulier, on vient ici pour la carte.

ZUNI CAFÉ €€

1658 Market Street
✆ +1 415 552 2522
www.zunicafe.com
Ouvert du mardi au dimanche de 11h30 à 23h Comptez environ 30 US$ le plat au dîner.

L'un des restaurants chouchous des San-Franciscains, *Zuni* est particulièrement réputé pour son poulet rôti. Pour dîner, il est sage de réserver. Situé dans un ravissant bâtiment en briques, ce restaurant a deux niveaux. La mezzanine plonge sur le bar d'un côté et sur la cuisine ouverte de l'autre. L'ambiance chaleureuse, on s'y sent bien. Le menu change tous les jours, mais vous tomberez peut-être sur le jour du cassoulet au thym et à l'huile d'olive, ou du thon grillé aux asperges... Excellent choix de vins et de champagnes.

FAIRE UNE PAUSE

On vous parle ici des petites escales sympas qui font le sel de votre journée dans les rues de San Francisco, lorsque vous en aurez assez de marcher par monts et par vaux à la recherche d'un énième monument. La pâtisserie française où vous vous envoyez un croissant presque comme à la maison, la chocolaterie qui prépare des muffins à tomber par terre, le *dive bar* où vous tapez la discute avec votre voisin devant une Bud et un match de foot US, le café spécialisé en expresso *made in Ethiopia*, le *speak easy* branché super stylé quoique pas trop donné ou encore le bar à vin tenu par des Français à la carte longue comme le bras qui vous balade de Bourgogne à la Napa Valley. Gardez bien au chaud les petites adresses de ce chapitre, elles tomberont à point pour couper une petite faim autour de 15h ou apéroter sur les coups de 18h. La *dolce vita* façon San Francisco, c'est par ici que ça se passe !

AMÉLIE LE BAR À VIN

1754 Polk Street
✆ +1 415 292 6916
www.ameliewinebar.com
Ouvert tous les jours de 17h à 1h du matin. Happy hour de 17h à 19h.

Cet agréable bar est l'un des rendez-vous incontournables de Nob Hill. En plus d'une large sélection de vins californiens, français et océaniens, cet établissement propose de délicieux plateaux de charcuterie et de fromages venus majoritairement de l'Hexagone. La planche de *burrata* est un *must* à ne pas rater, et pour finir la soirée, la planche de desserts tout chocolat à partager est délicieuse ! À savoir, beaucoup de Français fréquentent l'endroit, si vous avez le mal du pays, Amélie vous remontera donc le moral sans souci.

ASIENTO

2730 21st Street
✆ +1 415 829 3375
www.asientosf.com
Ouvert du lundi au samedi, de 17h à 23h (2h le vendredi et samedi).

Vous ne pouvez pas le manquer avec sa façade où figure une énorme comète qui traverse une galaxie bleu nuit grouillante de soleils et de planètes. Même les panneaux de bois de la terrasse, toutes identiques en ville, sont ici sculptés en arabesques. *Happy hour* tous les jours. Soirées quiz, *tacos*, ou jeux de société. Des DJs locaux, des soirées jazz... Il se passe toujours quelque chose dans ce bar animé à l'âme jeune et bon enfant. Un excellent endroit pour rencontrer la jeunesse de Mission et pour venir goûter à leurs *tapas* délicieuses et à petits prix.

AUNT CHARLIE'S LOUNGE

133 Turk Street
✆ +1 415 441 2922
www.auntcharlieslounge.com
Ouvert tous les jours de la fin de matinée à tard le soir. 5 US$ l'entrée. Réservation conseillée le week-end.

C'est la destination phare pour les *drag shows* : les artistes sont sur les planches depuis plusieurs décennies et vous pouvez leur faire confiance, en matière de spectacle elles s'y connaissent. Les jeudis soirs, c'est la soirée Tubesteak Connection qui rassemblent jeunes et moins jeunes sur de la musique disco des années 1980 (gratuite avant 22h). Mais ce qui fait la réputation de la maison c'est le Hot Boxxx Girls, un show initié par Vicki Marlane (1934-2011), et qui a lieu tous les vendredis et samedis soirs. Inoubliable !

BALBOA CAFÉ

3199 Fillmore Street
✆ +1 415 921 3944
www.balboacafe.com
Bar ouvert tous les jours de 15h à 2h. Déjeuner en semaine de 11h30 à 16h. Brunchs servis le week-end de 9h à 15h.

Un des plus vieux établissements de San Francisco. Ouvert en 1913, il appartient aujourd'hui au groupe Plumpjack de l'ancien maire Gary Newsom. Décor de brasserie à l'ancienne où jeunes et moins jeunes s'entassent pour boire un verre le week-end. Difficile de se mouvoir parmi les *golden boys* et *girls* du quartier, c'est pourtant une bonne adresse pour boire une bière dans une ambiance détendue et bruyante. Mention spéciale pour les tacos au saumon et les chimichurri frits, mais aussi pour les expressos martini et les les bloody mary.

BENKYODO

1747 Buchanan Street
✆ +1 415 922 1244
www.benkyodocompany.com
Ouvert du mardi au vendredi de 8h à 17h et le samedi de 8h à 16h. Fermé le dimanche et le lundi. Cash seulement.

En 1906, Suyeichi Okamura ouvre Benkyodo, un des premiers commerces dans Japantown. Avec la Seconde Guerre mondiale, les Japonais de San Francisco sont expulsés dans des centres de rétention : le magasin doit fermer. Il rouvrira ses portes en 1951, toujours tenu par la famille Okamura. Ce minuscule *diner* a gardé l'atmosphère chaleureuse qui y régnait dans les années 1950 : les anciens viennent y boire le café et y discuter. Mais c'est surtout pour les *mochi* (boules de pâte de riz sucrées fourrées) enchanteurs que l'on vient ici.

BIX

56 Gold Street
✆ +1 415 433 6300
www.bixrestaurant.com
Ouvert tous les jours. Comptez autour de 15 US$ par cocktail. Parking gratuit à partir de 17h.

Caché dans une petite contre-allée du Financial District, ce bar à cocktails recrée l'ambiance *speakeasy* des bars des années 1930 et 1940. Grand espace, lumières tamisées, groupe de jazz *live* et *barmen* en blanc participent à cette atmosphère très dandy qui plaît aux 35-55 ans. Faites confiance aux barmen qui concoctent de succulents cocktails réputés dans toute la ville. On y dîne également très bien, le chef Bruce Hill a reçu trois étoiles dans le journal local SF Chronicle. Une excellente adresse pour un dîner en tête-à-tête..

BOURBON AND BRANCH

501 Jones Street
✆ + 1 415 346 1735
www.bourbonandbranch.com
Ouvert tous les jours de 18h à 2h.

Non, on ne vous révèlera pas l'adresse de ce petit bijou caché en plein Tenderloin. Pas d'enseigne à l'entrée, une porte noire et discrète, un mot de passe soufflé rapidement veillent au secret. Recréant les conditions de la prohibition, *Bourbon & Branch* offre une expérience unique à ne pas rater à San Francisco. Musique de *saloon*, lumière tamisée, murs rouges et plafond argenté, sans compter parmi les meilleurs cocktails de la ville. Alors faites votre réservation sur Internet et on vous donnera le mot de passe. Surtout, restez discrets !

BUDDHA LOUNGE

901 Grant Avenue
✆ +1 415 362 1792
Ouvert tous les jours de 13h à 2h.

Devanture verte et stylisée pour ce petit bar de Chinatown qui semble sorti d'un autre temps. Les verres y sont peu chers et bien servis, le jukebox met l'ambiance et le barman est tout simplement étonnant. Vous y croiserez des personnages hors du commun, qui vous feront parfois douter de votre sobriété. Une légende raconte qu'on y sert le three penis whiskey, qui comprendrait des extraits d'appendices de chien cantonais, de phoque et de cerf. Le barman a prétendu qu'il n'était pas au courant, mais il se pourrait qu'il réserve sa potion aux habitués...

BUENA VISTA CAFÉ

2765 Hyde Street
✆ +1 415 474 5044
www.thebuenavista.com
Ouvert en semaine de 9h à 2h et le week-end de 8h à 2h. Irish coffee à 10 US$. Plats de 15 à 24 US$.

C'est une véritable institution à San Francisco et un des bars préférés des locaux. La spécialité du *Buena Vista* c'est l'*irish coffee*, inventé ici en 1952 par le patron du barJack Koeppler et Stanton Delaplane, un journaliste du San Francisco Chronicle. Mélange de café chaud, de whisky et de crème, la recette n'a jamais changé, mais s'est par contre diffusée dans le monde entier. Et les serveurs du Buena Vista Café ont servi, selon les comptes de la maison, plus de 30 millions d'Irish Coffee. À déguster en version originale !

CAFE ZOETROPE

916 Kearny Street
✆ +1 415 291 1700
www.cafezoetrope.com
Ouvert tous les jours du midi au soir. Antipasti autour de 5 US$, compter 18-20 US$ la pizza.

Au pied de la Columbus Tower et sous les bureaux officiels du studio de cinéma de Francis Ford Coppola, on aime l'atmosphère relaxante, intemporelle et indéniablement italienne de cet établissement. La carte est assez simple mais authentique : pizza napolitaine, *linguine alle vongole* ou encore *chilaquiles* (délicieux au petit déjeuner). La liste des vins est presque exclusivement californienne, avec bien évidemment les crus californiens du *Parrain*. Si vous avez de la chance, vous y croiserez peut-être le grand Coppola attablé, il paraît que c'est sa cantine !

CAFFE TRIESTE

601 Vallejo Street
✆ +1 415 392 6739
www.caffetrieste.com
Ouvert du lundi au dimanche de 6h30 à 23h. Cash uniquement.

Ouvert en 1956 par la famille Giotta, *Caffe Trieste* est un passage obligé dans North Beach. Le café y est torréfié sur place dans la plus pure tradition italienne, c'est assurément l'un des meilleurs expresso de la ville. Jack Kerouac et Allan Ginsberg fréquentaient l'endroit dans les années 60 et c'est ici que Francis Ford Coppola écrivit le scénario du film *Le Parrain*. Les San-Franciscains prennent le *Trieste* d'assaut de jour comme de nuit, tentez donc de vous asseoir parmi eux pour partager l'ambiance italienne du quartier !

CRAFTSMAN AND WOLVES

1643 Pacific Avenue
✆ +1 415 855 1414
www.craftsman-wolves.com
Ouvert de 7h à 17h, le week-end de 8h à 17h.

Une vitrine à faire pâlir d'envie les plus gourmands d'entre nous. On s'y arrête à toute heure de la journée pour y dévorer des pâtisseries réalisées avec une finesse rare. On y trouve même des kouign-amann, en plus de croissants, de pastramis, de burratas oignons-tomates-bacon, de confiture au litchi et à la framboise ou au café au lait… On y mange aussi d'excellents sandwichs à partir de pain fait maison bien sûr. Les Franciscains en raffolent et on comprend très vite pourquoi. Courez-y sans attendre, vous allez vous régaler !

DYNAMO DONUTS AND COFFEE

2760 24th Street
✆ +1 415 920 1978
www.dynamodonut.com
Ouvert du mardi au samedi de 7h à 17h, et le dimanche de 9h à 16h. Fermé le lundi.

Une petite enseigne de quartier avec un gros succès ! La chef-pâtissière Sara Spearin propose, en plus de la carte habituelle, 7 à 10 *donuts* du jour, tous préparés à base d'ingrédients bio et accompagnés d'un bon café. Caramel salé, *bacon maple apple*, *pumpkin chocolate chip*… Le choix est vaste ! Ne prenez pas peur face à la file d'attente, elle avance vite et c'est l'occasion de ressentir la bonne *vibe* de Mission… Vous pouvez en croire notre expérience, si vous n'avez pas peur des donuts dégoulinants de nappage sucré vous allez vous régaler.

EDINBURGH CASTLE

950 Geary Street
✆ +1 415 885 4074
Ouvert tous les jours de 17h à 2h. Happy hours de 17h à 20h.

Pub situé en plein Tenderloin. Ambiance typique de pub de quartier à l'américaine, ici nommé les *dive bars*, boiseries, lumière tamisée, deux galeries à l'étage qui permettent de se dégager de la foule, djs certains soirs et, lors de notre passage, barman français. On y boit de la bière, on y mange un *fish & chips* et surtout on y passe toujours une bonne soirée. Les soirs tranquilles, on boit un verre, bien niché dans les banquettes en bois ou perché sur la mezzanine. Mais le vrai bon point, c'est qu'ici tout le monde se parle et ça fait du bien !

EL TECHO

2516 Mission St ✆ +1 415 550 6970
http://eltechosf.com/
Ouvert du lundi au vendredi à partir de 16h jusqu'en fin de soirée. Samedi et dimanche toute la journée.

Sûrement à cause du brouillard et de sa météo souvent (très) rafraîchissante, San Francisco ne compte pas beaucoup de *rooftops*. Au fond d'un couloir sombre, prenez l'ascenseur jusqu'au dernier étage et retrouvez-vous au cœur de l'effervescence de ce toit-terrasse. La carte et le service ne sont pas en reste ! Une belle sélection de tapas et de cocktails avec pour thématique l'Argentine et le Mexique. Les *empanadas* végétariennes sont savoureuses, les brochettes de bœuf cuites à la perfection et le *ceviche* aux crevettes est juteux à souhait.

GHIRARDELLI ICE CREAM & CHOCOLATE SHOP

900 North Point Street
✆ +1 415 775 5500
www.ghirardellisq.com
Ouvert tous les jours de 8h30 à 22h (Les horaires varient fréquemment). Glaces, desserts et chocolats.

C'est la pause gourmande la plus célèbre de la côte Ouest. Les Californiens en raffolent ! Situé dans le parc aquatique de San Francisco, entre Fisherman's Warf et le Golden Gate, la célèbre enseigne fut fondée en 1852 par un chocolatier italien, Domenico Ghirardelli. Aujourd'hui, on est bien loin de la petite fabrique de chocolat artisanal, mais la recette reste toujours aussi délicieuse, et c'est une institution de la ville. La spécialité, la glace gargantuesque *Earthquake*.

GOLDEN GATE GRILL & TAPROOM

449 Powell Street second floor
✆ +1 415 9677 9999] www.ggtaproom.com
Ouvert tous les jours du matin à tard le soir. Snacks à partir de 8 US$. Burger à partir de 15 US$ pour le déjeuner.

Ce *pub* propose des plats typiquement américains mâtinés de toutes les influences de la Californie. Plus d'une centaine de bières locales et internationales à la carte, dont une belle sélection d'IPA. Le soir, ce *sportsbar* s'anime aux tables de jeux comme le *shuffle board*, ou devant la vingtaine d'écrans géants disposés dans le bar pour suivre les matchs... On peut aussi y grignoter des snacks typiques des *pubs* californiens [*nachos*, *quesadilla*, ailes de poulet, sandwichs...].

GREENS SPORTS BAR

2239 Polk Street
✆ + 1 415 775 4287
Ouvert du lundi au vendredi de 16h à 2h, et le samedi et dimanche de 10h à 2h.

Amateurs de sports en tout genre, bonjour ! Ici on vient surtout pour les multiples écrans qui diffusent en continu des matchs de baseball, de golf, de football américain, de tennis, de hockey... Tous les types de balles sont prétexte à boire une bonne bière fraîche au comptoir, et défaite ou victoire sont toujours célébrées dans la bonne humeur, ou presque ! Le bar compte 17 bières pression différentes, il va vous falloir un moment pour en faire le tour... Ambiance sympathique, impeccable pour commencer une soirée sur Polk Street.

HA-RA CLUB

875 Geary Street
✆ +1 415 673 3148
www.harasf.com
Du lundi au jeudi de 15h à 2h, le samedi de 13h à 2h, le dimanche de 10h à 2h.

Initialement ouvert en 1947 par un boxeur et un lutteur reconvertis en barmen, ce lieu mythique vient d'être rouvert après avoir été joliment rénové. Le style d'origine a été conservé, on peut toujours s'accouder au bar d'époque dans une ambiance rouge tamisée, sous l'incroyable plafond fait de plaques de bois sculpté, en commandant un «bourbon on the rocks», ou profiter de la jolie terrasse ; avant de se laisser tenter par une bonne partie de billard. On s'y sent tout de suite comme à la maison. Un *dive bar* classe qui promet un bon début de soirée.

HOT COOKIE

407 Castro Street
✆ +1 415 621 2350
www.hotcookiebakery.com
Ouvert tous les jours à partir de 11h jusque tard le soir [2h le week-end]. Cookies à partir de 3 US$.

Vous ne pouvez pas passer à côté de cette boulangerie extravagante sur la rue principale du quartier de Castro. En effet, les cookies y sont très bons mais on retiendra surtout leurs formes extravagantes. Evidemment, on préfère ceux en forme de pénis plus gros les uns que les autres, que chacun se plaît à mettre en bouche en riant de bon cœur. Musique hip-hop, photos affichées sur les murs représentatives de la communauté gay, l'ambiance reste bon enfant : une halte rigolote incontournable lors de votre visite dans le quartier !

LI PO COCKTAIL LOUNGE

916 Grant Avenue
✆ +1 415 982 0072
www.lipolounge.com
Ouvert tous les jours de 14h à 2h.

Entrez dans la grotte qui s'offre à vous sur Grant Avenue et découvrez l'étrange monde de Li Po. Un décor chargé et surprenant avec lanterne plus ou moins traditionnelle sur la devanture, lampions rouges, guirlandes lumineuses et autel bouddhiste à l'intérieur, des vieux Chinois qui jouent aux dés et des cocktails mystérieux et peu chers. Même les bouteilles de bières réhaussées d'un moulage de Bouddha hilare vous laisseront interdit. Un endroit étonnant, que vous ne serez pas sûr de bien comprendre, mais c'est là tout le charme.

MADRONE ART BAR

500 Divisadero Street
✆ +1 415 241 0202
www.madroneartbar.com
Ouvert tous les jours de 16h à 1h30.

Espace conçu par de jeunes architectes d'intérieur, expositions d'artistes émergents et confirmés, *Madrone Lounge* est un bar/galerie d'art contemporain. On y boit de la vodka distillée sur place, on y entend des groupes live tendances, on y danse sur les mix endiablés des DJs. Des événements sont organisés tous les soirs, qu'ils soient sportifs, musicaux ou culinaires ! Tous les lundis on se déchaîne par exemple sur les bonnes *vibes* du *Motown*. Une adresse branchée vraiment sympa. Regarder leur site internet pour la programmation.

LE MARAIS BAKERY

1138 Sutter Street
✆ +1 415 359 9801
www.lemaraisbakery.com
Ouvert tous les jours du matin au milieu d'après-midi. Environ 15 US$ pour un petit-déjeuner. Viennoiseries 5 US$.

Petite boulangerie française toute mignonne portant bien son nom, elle a ouvert ses portes en 2013 à San Francisco. Le propriétaire, souhaitant recréer la boulangerie de son enfance à Arpajon, propose des viennoiseries et des mets gourmands de qualité ainsi que des plats français simples et traditionnels comme la quiche, le croque-monsieur, le croque-madame, le pain au chocolat... C'est un véritable petit bout de France à San Francisco et l'un des meilleurs brunchs de la ville. Absolument délicieux, n'hésitez pas à vous faire plaisir !

MR. HOLMES BAKEHOUSE

1042 Larkin St
✆ +1 415 829 7700
mrholmesbakehouse.com
Ouvert de 7h à 14h30 en semaine, et de 8h à 15h30 le week-end. Comptez 4 à 5 US$ pour une viennoiserie.

Avec son grand néon rose «I got baked in San Francisco», ses murs en carrelage blanc et sa cuisine ouverte témoignant de la fraîcheur des ingrédients, cette toute petite pâtisserie branchée est prise d'assaut dès l'ouverture. Inventeuse du célèbre Cruffin (un croissant fourré à la crème en forme de muffin), la chef pâtissière Brittanny Dunn revisite avec talent, et parfois même avec étonnement, les classiques de la pâtisserie française : kouign-amann à l'hibiscus et à la framboise, croissant au thé matcha ou encore beignet à la lavande et au chocolat.

PERRY'S

1944 Union Street
✆ +1 415 922 9022
www.perryssf.com
Ouvert tous les jours de 9h à 22h, jusqu'à 23h du jeudi au samedi. Brunch les week-ends de 9h à 16h.

Établissement rendu légendaire par *Les Chroniques de San Francisco* d'Armistead Maupin, *Perry's* est à la fois un restaurant, un bar et un café. Dans les années 1980, on y venait pour draguer. Aujourd'hui, les fans des *Chroniques* y viennent en pèlerinage. Pour les vacanciers, on peut aussi venir profiter de son *happy-hour*, chaque jour de semaine de 15h à 18h. Nourriture copieuse et carte de fruits de mer fournie avec force homards et crabes, frites un peu grasses mais très bonne soupe à l'oignon. Vous sortirez de table rassasié !

R BAR

1176 Sutter Street
✆ +1 415 567 7441
www.rbarsf.com
Ouvert tous les jours jusqu'à 2h.

Minuscule bar du Tenderloin planqué derrière un mur de briques, il vous faudra jouer des coudes pour atteindre le zinc les soirs de week-ends. Bière à la main, vous pourrez profiter d'une soirée détendue parmi une foule de trentenaires heureux de se retrouver ici entre amis en gardant un œil sur les matchs de foot US ou de basket qui passent à l'écran. Le petit bar de quartier, simple et chaleureux, qu'on aime bien avoir en bas de chez soi. Et si vous aimez les jeux vidéo vintage, il y a même des bornes d'arcade au fond du bar.

RECCHIUTI

1 Ferry Building
✆ +1 415 834 9494
www.recchiuti.com
Ouvert en semaine de 10h à 19h, le samedi de 8h à 18h et le dimanche de 10h à 17h.

En 1997, après des années dans la cuisine d'essai, Michael a fondé Recchiuti Confections en partenariat avec sa femme, Jacky. Ils disposent leurs délicats carrés au chocolat fourrés signés *Recchiuti* comme autant de petits bijoux dans un écrin de verre. Leur fameux *Caramel à la fleur de sel*, à l'arrière-goût de whisky, est le parfum le plus demandé... L'équipe de Recchiuti assure fièrement s'approvisionner toujours sur les marchés fermiers californiens en herbes locales, comme la lavande et la verveine citronnée, pour les mêler à ses chocolats. Un vrai délice !

REDWOOD ROOM

495 Geary Street
✆ +1 415 929 2372
www.clifthotel.com
Ouvert tous les jours jusqu'à 2h.

Au sein de l'hôtel de luxe Clift, ce bar somptueux a gardé sa décoration des années 1930. Les boiseries sont d'origine et on trouve des murs des peintures d'élèves de Klimt qui sont absolument magnifiques. Probablement l'endroit le plus couru de la ville et en particulier des *people*, le *designer* Philip Starck avait rénové tout l'hôtel façon Studio 54 dans les années 80, mais sous la pression des habitués il n'avait pu toucher à ce petit trésor miraculeusement préservé depuis l'entre-deux guerres. Cocktails inventifs autour d'une vingtaine d'US$.

RICKHOUSE

246 Kearny Street
✆ +1 415 398 2827
www.rickhousebar.com
Ouvert le lundi de 17h à 2h du matin, du mardi au vendredi de 15h à 2h, et le samedi de 18h à 2h. Fermé le dimanche.

Au cœur du Financial District, *Rickhouse* ouvre son lourd portail en bois sur un bar majestueux. Mur de briques d'un côté, immense placard à bouteilles derrière le barman, lampes de bois aux faux airs d'astrolabes au plafond... Les cocktails sont frais et sans fructose, les vins proviennent de petits producteurs, les bières sont elles aussi locales ! Et le bar s'est aussi spécialisé dans sa carte de whisky très imposante.... *Live music* le samedi, de 22h à 1h du matin. Une chouette adresse typiquement américaine, on vous la recommande.

RYE

688 Geary Street
✆ +1 415 474 4448
www.ryeontheroad.com
Ouvert tous les soirs de 17h30 à 2h.

Joli bar à cocktails tout en briques, béton brut et bois et aux lumières tamisées. Petites bougies sur le bar, grands plateaux garnies de bouteilles. Les fumeurs seront ravis d'apprendre qu'ici il y a un *smokers lounge* très élégant, ce qui est de plus en plus rare à San Francisco où la cigarette n'est vraiment la bienvenue nulle part et même pas en terrasse. La spécialité ? Les cocktails, tous aussi bons les uns que les autres. Un *must* ? Le *Basil Gimlet* à base de gin et de basilic ou encore *The Flash* au concombre et au kiwi.

SEE'S CANDIES

542 Market Street
✆ +1 415 362 1593
Ouvert du lundi au vendredi de 9h à 19h, le samedi de 11h à 17h, et le dimanche de midi à 17h.

Le plus célèbre confiseur californien. La maison s'est implantée du Canada à Los Angeles en 1921, à San Francisco en 1936. Quatre boutiques à San Francisco où vous composez vous-même votre boîte de bonbons. Quelques calories en plus pour vous ou/et quelques petits cadeaux gourmands à ramener... Des souvenirs à tous les coups ! Pour la petite histoire, en 1994 un chauffeur livrant une commande de chocolat s'est endormi alors que son camion était attelé à l'une des cuves et pompait, si bien qu'El Camino Real et Spruce Avenue adjacents ont été inondés de chocolat !

SMUGGLER'S COVE

650 Gough Street
✆ +1 415 869 1900
smugglerscovesf.com
Ouvert tous les jours de 17h à 2h du matin, sauf le mercredi (fermé).

Décoration à cent pour cent de type pirates pour ce bar à thème unique, qui nous plonge illico dans les entrailles d'un vieux galion où on se laisse volontiers porter par les flots de la mer Caraïbe ! Derrière le comptoir, plus de 200 types de rhums venus des quatre coins du monde, ainsi qu'une carte de 70 cocktails dont beaucoup nous viennent tout droit des Caraïbes. Ce bar produit aussi son propre rhum, 100% californien... Attendez-vous à voir surgir Johnny Deep en grande tenue, il n'est forcément pas caché loin ! Un *must see* !

SOUTHERN PACIFIC BREWING

620 Treat Avenue
✆ +1 415 341 0152
www.southernpacificbrewing.com
Ouvert du dimanche au mercredi de 11h à minuit, du jeudi au samedi de 11h à 2h du matin. Cuisine ouverte jusqu'à 23h.

Une superbe brasserie, où l'on déguste de la bière fabriquée sur place, à l'intérieur ou sur les tables en bois de la cour, sous les arbres. L'ancien entrepôt reconverti bénéficie d'une hauteur sous plafond qui fait tout l'intérêt du lieu et qui a permis d'installer une mezzanine, de laquelle on peut déguster une pression bien fraîche avec vue sur la jeunesse de Mission. En plus, les *burgers* et les *fishs & chips* sont plus que corrects pour un *pub* ! Parfait pour un début de soirée à Mission, on vous le recommande chaudement.

SPECS'

12 William Saroyan Place
✆ +1 415 421 4112
Ouvert tous les jours de 16h à 2h.

Bar historique de North Beach où les *beatniks,* mais aussi les musiciens Theolonius Monk, le poète Jack Hirschman et le journaliste Warren Hinckle, passaient leurs soirées à discuter autour d'une bière ou d'un whisky, le *Specs'* a gardé une ambiance artiste et bohème, sans vraiment changer de décor depuis son ouverture en 1968. La devanture est donc un peu vieillotte, mais laissez lui une chance, une fois installé au comptoir, l'accueil est chaleureux et les rencontres fort sympathiques ! De plus, les verres y sont plutôt bon marché pour le quartier.

STARLIGHT ROOM

450 Powell Street
✆ +1 415 395 8595
www.harrydenton.com
Ouvert du mardi au samedi pour la soirée. Dimanche midi. Cocktails de 12 US$ à 55 US$. Brunch + show : 60 US$.

Situé au 21e étage de l'hôtel Sir Francis Drake, Harry Denton's Starlight Room est un bar élégant où le service est assuré par d'impeccables *barmen* en costard blanc. Marbre et miroirs sur les murs, canapés en cuir, jolie vue sur San Francisco et ambiance jazzy avec musique *live* tous les soirs. Le dimanche, cette ambiance de bar tamisée laisse place à un show de drag queen échevelé à contempler tout en dégustant un brunch ou en sirotant un cocktail fruité. Un mélange des genres pour le moins original, bien à l'image de la ville !

STOOKEY'S CLUB MODERN

895 Bush Street ✆ + 1 415 771 9695
www.stookeysclubmoderne.com
Ouvert tous les jours de 16h30 à 2h. Environ 12 US$ pour un cocktail. Happy hour de 16h30 à 18h30.

Vous souhaitez faire un saut dans le passé et vous retrouver au beau milieu des années 1930, dans une ambiance *speakeasy* des plus réussies mais avec des touches bleu électrique curieusement pop. Alors c'est ici au *Stookey's Club* qu'il faudra vous arrêter ! La décoration très Art déco vous transporte immédiatement dans un autre monde, grâce notamment à du mobilier d'époque magnifique, à l'image du bar, et aux lettrages délicieusement rétros. Et les cocktails d'antan vous font poursuivre le voyage vers des contrées gustatives tout aussi réussies. Délicieux !

SUSIECAKES

2109 Chestnut Street
✆ +1 415 474 2253
www.susiecakes.com
Ouvert tous les jours de 10h à 20h.

Petite pâtisserie américaine très colorée, vous aurez envie de goûter à chacun de ses gâteaux. Chaque dessert est fait maison et ne fait appel à aucun conservateur artificiel : cupcakes, cookies, tartes et puddings, il y en a pour tous les goûts. Les recettes sont inspirées par Mildred et Madeline, les deux grand-mères de la fondatrice Susan Sarich. Attention aux gourmands, vous pourriez devenir accro ! Un arrêt sympa après avoir mangé dans un des restaurants du coin, mais également une adresse parfaite pour commander son gâteau d'anniversaire ou même de mariage !

SWENSEN'S

1999 Hyde Street
✆ +1 415 775 6818
www.swensens.com
Ouvert du lundi au jeudi et le dimanche de midi à 22h et vendredi et samedi de midi à 23h. Glacier.

Earle D. Swensen a ouvert un premier magasin de glace à San Francisco en 1948. Depuis, lui et ses héritiers ont fondé un empire, avec plus de 300 magasins dans 18 pays. Swensen's a été le premier glacier national à servir une crème glacée entièrement naturelle.depuis plus de 60 ans et il a créé plus de 180 parfums de glaces depuis lors. N'hésitez donc pas à vous rendre aux origines de cette *success story* à l'américaine en venant déguster d'énormes *ice creams* qui tiennent comme par miracle sur leurs cornets. Dépêchez-vous, ça fond !

SWIG

561 Geary Street
✆ +1 415 931 7292
www.swigbar.com
Ouvert tous les jours jusqu'à 2h.

Bar bobo branché, Swig est une bonne adresse dans le Tendernob (contraction de Tenderloin et de Nob Hill qui signifie dans les hauteurs de Tenderloin). Murs en briques et feu de cheminée (avec des flammes de gaz qui dansent sur du faux bois, comme partout) mettent l'ambiance tandis que des DJ viennent régulièrement mixer de la bonne musique des années 1970 et 1980. Attention, la musique est forte et il n'y a pas beaucoup de place pour s'asseoir, ici on vient plus pour danser que pour se raconter sa vie ! Un bon bar pour finir sa soirée.

TARTINE BAKERY

600 Guerrero Street
✆ +1 415 487 2600
www.tartinebakery.com
Ouvert tous les jours, de tôt le matin jusqu'à la fin de journée. 10 US$ le petit-déjeuner, 15 US$ le sandwich.

Tartine Bakery incarne parfaitement le *lifestyle* san-franciscain. Les pâtisseries et viennoiseries sont réalisées dans la plus pure tradition et avec les meilleurs ingrédients, mais par des boulangers tatoués, piercés, ponctuant chaque phrase d'un *dude*. Et si une odeur de douce France plane jusque dans la rue, c'est pour survoler une foule bigarrée de familles, hipsters et autres grands-mères mexicaines venus *bruncher* à la française. On a envie de tout ici, et tout y est bon, alors laissez régimes et diètes de côté et succombez à la tentation.

THE CINCH SALOON

1723 Polk Street
✆ +1 415 776 4162
cinchsf.com
Ouvert du lundi au vendredi de 9h du matin à 2h du matin, le week-end de 6h du matin à 2h du matin.

Derrière les portes de saloon se trouve un sympathique bar gay avec billards, boissons fortes et ambiance détendue qui flirte avec le demi siècle. La moyenne d'âge est ici légèrement plus élevée que dans la plupart des bars gay de San Francisco, mais c'est une bouffée d'air frais pour ceux qui sont lassés du Castro. Levez les yeux vers le plafond qui arbore des farandoles de papier coloré. Les lundis c'est *happy hour* toute la soirée tandis que les vendredis sont réservés aux *drag shows*, qu'on vous recommande chaudement bien sûr.

TOP OF THE MARK

999 California Street
✆ +1 415 616 6916
www.topofthemark.com
Ouvert tous les jours de 16h30 à environ minuit. Brunch le dimanche de 10h à 13h.

Un incontournable de San Francisco avec une extraordinaire vue panoramique sur la ville ! Au 19e étage du somptueux Mark Hopkins Hotel (Intercontinental), 100 cocktails à base de Martini, sur fond de concert jazz et blues. Le dimanche, excellent *brunch* au champagne et en musique (les prix aussi sont élevés). C'est ici que les femmes de marins de la flotte du Pacifique venaient voir le départ des bateaux dans la baie lorsqu'ils partaient pour la guerre contre le Japon, on y pleurait à chaudes larmes. Aujourd'hui, c'est un endroit connu pour les demandes en mariage.

THE RAMP

855 Terry A Francois Boulevard
✆ +1 415 621 2378
www.rampsf.com
Ouvert tous les jours toute la journée. Brunch le week-end. Happy hour en semaine. Parking gratuit et local à vélo.

Joli bar et restaurant face à la baie, dans le nouveau quartier branché de Dogpatch. On a craqué pour la localisation, car un apéro face à l'océan, c'est quand même le *must* en vacances. Allez-y vers 18h, lorsque l'*happy hour* bat son plein et qu'il grouille de hipsters hilares, et profitez de la terrasse les pieds dans l'eau ! Les week-ends d'été, des concerts et des cours de salsa sont organisés, ambiance *caliente* assurée ! Magasin de pêche dans les années 1950, ce bar intérieur et extérieur avec patio est un secret bien gardé par les locaux.

VESUVIO

255 Columbus Avenue
✆ +1 415 362 3370
www.vesuvio.com
Ouvert du lundi au vendredi de 8h à 2h, samedi et dimanche de 6h à 2h. Happy hour du lundi au jeudi de 15h à 19h.

C'est le bar historique de North Beach, situé à côté de la légendaire librairie City Lights Bookstore de Lawrence Ferlinghetti. Fondé en 1948, il a été fréquenté par un certain nombre de célébrités de la Beat Generation dont Jack Kerouac, Allen Ginsberg et Neal Cassady, ainsi que par Bob Dylan et Francis Ford Coppola. Décor cosy avec des murs tapissés de peintures, affiches et photos. Parfait pour se replonger dans l'ambiance bohème du début des années 60. Pour compléter le tableau, l'allée piétonne commune avec City Lights s'appelle la Jack Kerouac Alley.

TONGA ROOM & HURRICANE BAR

950 Mason Street
✆ +1 415 772 5278
www.tongaroom.com
Fermé le lundi et le mardi. Ouverture à partir de 17h jusque minuit. Entrée payante lors des concerts.

Le Tonga Room & Hurricane Bar, ouvert depuis 1945, est le restaurant et bar tiki de l'hôtel Fairmont. Nommé d'après les îles Tonga du Pacifique Sud, il a un petit air *kitsch* de *La Croisière s'amuse*. Imaginez-vous une ambiance d'île déserte sous les cocotiers avec paillottes, guirlandes d'ampoules colorées et bassin intérieur. Sans oublier une simulation de cyclone agrémentée de fausse pluie et d'éclairs tous les quarts d'heure... Musique *live* tous les jours.

ZAM ZAM

1633 Haight Street
✆ +1 415 861 2545
Ouvert du lundi au vendredi de 15h à 2h du matin et le week-end de 13h à 2h du matin. Cash seulement.

Voilà un bar comme on les aime, en plein cœur de Haight. Entrée discrète qui s'ouvre sur un océan de rouge autour d'un bar en fer à cheval. La décoration est vieillotte mais rigolote, mélange détonnant de fresque persane ancienne et juke-box style américain des années 1950 très bien fourni en sons *old school*. Finalement, une ambiance détendue parfaite pour prendre un cocktail, puis un autre et vous mêler tout naturellement aux habitués de la maison... Bonus : un vrai juke-box *old school* bourré de bon vieux classiques pop/rock !

(SE) FAIRE PLAISIR

C'est ici que vous allez trouver des idées pour faire vos emplettes. Nous vous avons sélectionné la crème de la crème pour rapporter les meilleurs cadeaux à vos amis ou votre famille. Ca part dans tous les sens : un beau livre à dégoter la librairie emblématique des beatniks pour votre grand-mère hippie, une bouteille de vin de pinot noir à l'arrière-goût exotique car elle arrive de la vallée de Napa ou de Sonoma et qui fera plaisir à votre collègue de bureau, un invraisemblable *sex-toy* créé dans la ville de l'amour libre où vous passez vos vacances et qui fera le bonheur d'une copine, un cerf-volant en forme de père Noël ou de papillon pour votre nièce ou encore un wok de compétition pour votre cousin qui se spécialise dans la *street food* thaïlandaise, un vase fleuri pour votre femme ou encore une édition vinyle rare d'un concert de Stevie Wonder pour votre père. Il y a de tout à San Francisco !

JAPAN CENTER

1610 Geary Boulevard
✆ +1 415 567 4573
www.sfjapantown.org
Centre commercial ouvert tous les jours de 7h à minuit.

Inauguré en 1968, *Japan Center* marque la réintégration officielle de la communauté japonaise à San Francisco après le drame de la Seconde Guerre mondiale et les milliers d'internements qui ont suivi. Et effectivement, à l'intérieur de cet ensemble de béton c'est le Japon ! S'alignent des boutiques de kimonos et de porcelaines, de magnifiques tissus, une gigantesque librairie avec tout un étage de mangas, le bureau central de la célèbre école de bouquets de fleurs d'Ikebana Ikenobo, une boutique de jeux vidéo et des restaurants de sushis ou de ramens.

WESTFIELD SAN FRANCISCO SHOPPING CENTRE

865 Market Street
✆ +1 415 512 6776
www.westfield.com/sanfrancisco
Ouvert du lundi au samedi de 10h à 20h30, le dimanche de 11h à 19h.

Grand centre commercial au cœur de Downtown. L'architecture est impressionnante avec plusieurs niveaux qui se succèdent en galeries circulaires sous une vaste coupole. Le tout organisé autour d'un lustre spectaculaire au centre de l'espace, qui est régulièrement renouvelé. Le *food court* au sous-sol permet de se restaurer rapidement et pour pas cher dans une trentaine d'enseignes. Sinon, plus de 200 boutiques d'électronique, de beauté et de vêtements. Pas de librairie.

CHINATOWN KITE SHOP

717 Grant Avenue
✆ +1 415 989 5182
www.chinatownkite.com
Ouvert tous les jours de 10h à 20h sans interruption. Cerfs-volants à partir de 10 US$, la plupart autour de 25 US$.

Bienvenue en enfance ! Voici un magasin consacré uniquement aux cerfs-volants, grande spécialité traditionnelle de la Chine. Après votre passage ici, vous allez pouvoir faire voler des lions, des dragons, des dauphins, des citrouilles, des papillons, des abeilles ou encore des Père Noël... Une véritable caverne d'Ali Baba pour les petits et les grands. Champ d'expérimentation au Presidio, à Baker beach ou pourquoi pas au Golden Gate Park ! De quoi faire également des heureux à la maison, au retour de votre séjour à San Francisco.

GENERAL STORE

4035 Judah Street
✆ + 1 415 682 0600
shop-generalstore.com
Ouvert du lundi au vendredi de 11h à 19h et le week-end de 10h à 19h. Prix élevés.

Cette ravissante boutique située à quelques *blocks* au sud du Golden Gate Park, propose mille et un trésors qu'il sera difficile de ne pas vouloir ramener dans ses bagages. On y trouve un peu de tout : ustensiles de cuisine, des objets décos, des bijoux, des jeux pour enfants et aussi des vêtements. Les produits ont été réalisés par des artisans et artistes talentueux de la région dans un style *bobo/hipster* qui nous rappellerait presque Paris, ou l'île de Ré mais avec une touche diaboliquement californienne ! Prix pas donnés, cependant.

ARLEQUIN

384 Hayes Street
✆ +1 415 863 1104
www.arlequinwine.com
Ouvert lundi de 11h à 19h, du mardi au samedi de 11h à 20h et le dimanche de midi à 19h.

Vous trouverez dans cette jolie cave à vins les meilleurs crus de Napa Valley, mais aussi d'Europe, d'Australie, du Chili... Des événements y sont régulièrement organisés pour vous permettre de déguster toutes ces merveilles, et un jardin au fond de cette boutique située au coeur d'Hayes Valley permet de rendre ces soirées très sympathiques ! Un café avec salades et sandwiches se trouve à la porte à côté. Evidemment, et même s'ils ne le mettent pas en avant, les patrons qui tiennent ce business depuis plus de vingt ans, sont français.

BLEST TEA

752 Grant Avenue
✆ +1 415 951 8516
Ouvert tous les jours de 10h30 à 19h30.

C'est une toute petite ouverture sur Grant Street qui contraste avec les grands bazars orientaux voisins. Un havre de paix dans le brouhaha ambiant. Vous serez chaleureusement invités à vous installer au minuscule bar qui traverse l'échoppe pour goûter à des thés plus parfumés les uns que les autres. Une halte appréciée durant laquelle vous apprendrez quel thé vous convient le mieux. Venant en majorité de Taiwan, ce sont surtout des thés oolong de grande qualité. Prix légèrement plus élevés qu'ailleurs et dégustation payante (3 US$), mais parfums raffinés.

BLUE BOTTLE COFFEE

Shop 7
✆ +1 510 653 3394
www.bluebottlecoffee.com
Ouvert du lundi au jeudi de 6h30 à 19h30 et les vendredis, samedis et dimanches de 6h30 à 20h.

C'est l'histoire d'un clarinettiste amoureux du café et qui décida un jour de changer de vie. *Blue Bottle Coffee Company*, petite entreprise intègre, achète depuis ses grains de café biologique à travers le monde et procède à leur torréfaction dans la région de San Francisco. Deux stands au marché du Ferry Building, faciles à repérer à la queue des clients ! Et le succès est tel qu'il est maintenant présent à New York, Chicago, Washington et même de l'autre côté du Pacifique à Tokyo, Honk Kong et Séoul. A ne pas manquer si vous aimez le café !

COMMON SAGE

1552 Polk Street
✆ + 415 580 7178
www.commonsagesf.com
Ouvert tous les jours de 10h à 21h. Compter environ 12 US$ pour un ramen.

Cette épicerie fine regorge de produits japonais, avec un accent marqué sur les boissons alcoolisées, du saké à la bière avec un petit détour par l'Europe via une sélection de quelques bons vins. On y trouve aussi des snacks venus du pays du Soleil-Levant, et des produits et plats frais à déguster sur place ou à emporter. Les soupes, pâtisseries et sandwichs sont simples et goûteux. Et pour en rien gâter, l'ambiance est sympa : une sorte d'épicerie design, sobre et tendance. Une bonne adresse, qui se refile entre amoureux du pays du Soleil Levant.

FERRY BUILDING

Ferry Building
✆ +1 415 291 3276
www.ferrybuildingmarketplace.com
Marché le mardi et jeudi de 10h à 14h et le samedi de 8h à 14h.

C'est le marché aux fruits et légumes incontournable de San Francisco. Ici les producteurs sont bio et locaux. Le samedi, une foule s'y presse avec bonheur pour faire ses courses mais aussi profiter de l'effervescence. Vous serez assez étonné, au début, de cet engouement qui paraît un peu surfait, mais il faut vous rappeler que le style marché de produits frais est très apprécié en Californie et à San Francisco plus particulièrement. Le plus : vous pouvez goûter avant d'acheter !

HEART OF THE CITY FARMERS' MARKET

1182 Market Street
✆ +1 415 558 9455
Ouvert tous les mercredis de 7h à 17h30 et dimanches de 7h à 17h.

Une version réduite du Ferry Building Market avec moins de foule et de badauds et des prix plus raisonnables. Son objectif est de proposer un débouché aux petits producteurs locaux, qui travaillent de façon durable. Un système finalement assez proche des petits marchés à la française. Par ailleurs, l'organisation fournit pour un million d'euros de nourriture aux plus nécessiteux de la ville. Et ce n'est pas du luxe, à voir la misère qui ravage le centre-ville de San Francisco.

MAISON DE MONACO

2565 3rd Street Suite 316
✆ +1 415 504 4016
www.maisondemonaco.com

Cette bretonne installée à San Francisco continue de vendre ses confitures comme elle le faisait à Rennes. Au menu : fraise et crème de cassis, tomates et crises, framboise et violette, mûre et coquelicot, pêche et lavande et abricot hibiscus, le tout confectionné à partir d'ingrédients biologiques, estampillé *organic* donc. Notre patronne bretonne se targue d'un «moins de sucre, plus de fruits», et diminuerait même de 70% la teneur en sucre de ses confitures. Maison de Monaco est distribuée dans de nombreuses villes de la côte ouest.

RAINBOW GROCERY

1745 Folsom Street
✆ +1 415 863 0620
www.rainbow.coop
Ouvert tous les jours de 9h à 21h.

Ce temple des produits issus de l'agriculture biologique, recyclables et *fair trade* ravira les *eco warriors*. Une coopérative historique, loin du système capitaliste habituel, qui existe depuis 1975 et que les San Franciscains sensibles à la « consommation responsable » ont intégré dans leurs habitudes shopping. De plus, Rainbow Grocery fait travailler les producteurs bio de la région sans oublier de les rétribuer correctement, tout en finançant des organisations caritatives. Parfait pour une pause grignotage écolo et éthique !

NAPA VALLEY WINERY EXCHANGE

415 Taylor Street
✆ +1 415 771 2887
www.nvwe.com
Ouvert du lundi au samedi de 10h à 18h. Fermé le dimanche.

Un caviste spécialisé dans les vins de la vallée de Napa, mais aussi des vallées de Sonoma et de Russian River. De vrais experts qui sont dans le business depuis plusieurs décennies et sauront vous guider dans le choix de vins locaux. Quant au design de la boutique, il n'a rien de particulier. C'est un bar à vins tout ce qu'il y a de classique, excepté peut-être le lustre en verroterie qui constitue la seule coquetterie de l'endroit. Mais l'essentiel n'est pas là, vos l'aurez compris.

ABERCROMBIE & FITCH

865 Market Street
✆ +1 4152849276
http://fr-eu.abercrombie.com/shop/eu
Ouvert tous les jours de 10h à 20h30 (le dimanche fermeture dès 19h.

L'ancestrale griffe américaine a été fondée dans l'Ohio en 1892 par David Thomas Abercrombie et Ezra Hasbrouck Fitch. Comme les autres magasins (un millier dans 10 pays !) celui de Market Sreet est élégant et plongé dans la pénombre. Sur deux étages vous trouvez toute la mode chérie des jeunes gens décontractés et volontiers sportifs. Par ailleurs, la marque affiche fièrement ses valeurs inclusives et durables, tout en assurant que l'épanouissement de ses employés est au coeur de sa démarche. Quoi qu'il en soit, la boutique ne désemplit pas.

PLUMPJACK WINES

3201 Fillmore Street
✆ +1 415 346 9870
www.plumpjack.com
Ouvert du mardi au dimanche de 11h à 19h. Jusque 18h le dimanche.

Élégante boutique de l'empire viticole de Gavin Newsom, l'ancien maire de San Francisco de 2004 à 2011 mais aussi le 40ème gouverneur de Californie. Plus de 900 vins sont venus de France, d'Italie, mais aussi et surtout de Californie. La gamme de prix est très large, il y en aura donc pour tous les goûts et tous les budgets. La boutique est élégante, sur le thème du bois et de la vigne. Mister Newsom possède un second magasin sur la 24ème rue. Les spiritueux viennent du monde entier, dont certains sont des pépites, mais il faudra y mettre le prix.

ALDO

846 Market Street (à l'angle de la 3rd Street)
✆ +1 415 398 5073
www.aldoshoes.com
Ouvert du lundi au samedi de 9h30 à 21h, le dimanche de 11h à 19h.

Aldo est un acteur majeur de la chaussure dans le monde, qui commercialise également des accessoires comme des sacs à main, bijoux, ou chapeaux. Le positionnement de la marque s'apparente à H&M, en cherchant à coller aux tendances de la mode à des prix abordables. Pour la petite histoire, c'est une entreprise québécoise créée à Montréal par le Français d'origine marocaine Aldo Bensadoun dans les années 1970. Vous trouverez donc un grand choix de chaussures et d'accessoires à la mode dans cette enseigne à petits prix.

ANTHROPOLOGIE

880 Market Street
✆ +1 415 434 2210
www.anthropologie.com
Ouvert du lundi au samedi de 10h à 20h et le dimanche de 11h à 19h.

Robes à fleurs, sacs à mains bohêmes, chaussures à talons et petits hauts très rétro vous attendent chez Anthopologie. Cette chaîne créée en 1992 en Pennsylvanie, aujourd'hui présente au Royaume-Uni en plus des Etats-Unis, propose aussi dans ses magasins de ravissants accessoires maisons - vases, éclairages, coussins - qui donneront à votre décoration une touche américaine fleurie. Vous y trouverez également des livres sur le camping, la cuisine ou l'art floral. De quoi occuper une bonne après-midi de shopping, vous allez repartir les bras chargés !

BLOOMINGDALES

845 Market Street
✆ +1 415 8565300
Du lundi au samedi de 10h à 20h30. Le dimanche de 11h à 19h.

C'est LE grand magasin où faire ses emplettes à San Francisco. Situé sur Market Street, il est au cœur d'une immense galerie marchande où l'on trouve à peu près toutes les grandes marques américaines (American Eagles, Abercrombie & Fitch...). Le choix est tout simplement énorme, vous en repartirez les bras chargés de pulls, manteaux, chaussures, meubles, sacs à main, bijoux et même de petits manteaux pour chien ! On peut aussi y déjeuner ou y boire un verre entre deux achats. Une adresse sympa, quoique pas donnée comme souvent à San Francisco.

BROOKS BROTHERS

150 Post Street (entre Grant Avenue et Kearny Street)
✆ +1 415 397 4500) www.brooksbrothers.com
Ouvert du lundi au vendredi de 9h30 à 19h, le samedi de 9h30 à 18h et le dimanche de 11h à 18h.

Brooks Brothers est la plus ancienne marque de vêtements des États-Unis. Elle a été créée par Henry Sands Brooks à New York en 1812. En 1818, Henry Sands Brooks revend les vêtements achetés en gros par son frère David, dans une boutique à New York. Pendant la Guerre de Sécession, la marque habille plusieurs généraux. En 1953, la marque innove et lance les premières chemises « non iron », ne nécessitant pas de repassage. Mais il faut attendre les années 1990 pour que le produit se démocratise. Mode masculine pour un look classique et sophistiqué.

DSW SHOE WAREHOUSE

400 Post Street
✆ +1 415 956 3453
Ouvert du lundi au samedi de 9h à 21h et le dimanche de 10h à 20h.

Cet immense magasin de chaussures dégriffées vous attend du côté d'Union Square. Le choix est large : Chloé, Marc Jacobs, Birkenstock, Converse, Bottega Veneta, Céline... Si vous aimez les escarpins, les chaussures à talon plat, les ballerines ou les sneakers, vous trouverez votre bonheur. Prenez le temps de fouiner dans les allées, la boutique propose vraiment des promotions intéressantes ! Et le tout sans trop faire chauffer la carte bleue, votre banquier va apprécier. Et si vous ne pouvez pas vous déplacer, il est également possible de commander sur internet.

FOREVER 21

7 Powell Street
✆ +1 415 984 0380
www.forever21.com
Ouvert tous les jours jusqu'à 22h et le dimanche jusqu'à 21h30.

On n'est pas vraiment sûr que rester âgé de 21 ans toute sa vie soit un objectif raisonnable, mais c'est en tout cas celui de ce magasin... Un immense magasin de prêt-à-porter, essentiellement féminin, avec des collections très *girlies* sur trois étages. Sans oublier toute une sélection de bijoux plutôt sympas, entre colliers fantaisie et bagues multicolores. Une mode jeune et branchée à petits prix, que l'on retrouve maintenant en France. Pour une fois qu'un magasin de San Francisco n'est pas hors de prix, autant le signaler !

GIANTS DUGOUT STORE

24 Willie Mays Plaza
✆ +1 415 947 3419
sanfrancisco.giants.mlb.com
Ouvert tous les jours de 10h à 17h.

Vous connaissez peut-être les Giants de San Francisco, l'une des meilleures franchises de baseball. En fait, elle a remporté plus de matchs que toute autre équipe dans l'histoire du baseball américain. Elle fut créée à New York et y resta jusqu'à son déménagement à San Francisco en 1958. Les Giants ont remporté les séries mondiales en 2010, 2012 et 2014. Vous êtes ici à leur magasin officiel. Faites-y un petit tour pour ramener un souvenir typique, et profitez-en pour voir le stade. Un autre magasin, plus central, se trouve à Union Square.

GOOD VIBRATIONS

603 Valencia Street
✆ +1 415 503 9522
www.goodvibes.com

Ouvert du dimanche au jeudi de 10h à 22h, le vendredi et samedi de 10h à 23h.

Une institution ! Ouvert en 1977 sur Valencia Street dans le but de *déstigmatiser* les magasins érotiques, *Good Vibrations* a deux autres boutiques à San Francisco sur Polk Street et à Downtown, et plusieurs en Californie (Oakland, Palo Alto, Kearny, Berkeley...). On y trouve tous les objets et jeux habituels des sex-shops, en plus de manuels d'éducation sexuelle sur des thèmes bien précis, le tout dans une ambiance décontractée. Le magasin sur Polk a même une petite galerie dans l'arrière-boutique où sont exposées photographies et autres œuvres.

GOORIN HAT SHOP

1612 Stockton Street
✆ +1 415 402 0454
www.goorin.com

Ouvert du dimanche au jeudi de 11h à 19h ; le vendredi et le samedi de 11h à 20h. Fermé le dimanche.

Un incontournable du quartier italien ! Les *Goorin Brothers* ont lancé leur commerce de chapeaux en 1895 et, depuis quatre générations, la famille cultive avec soin la tradition. En dépit de ses allures rétro, cette boutique a été ouverte en 2006. Vous y trouverez des classiques, mais aussi tout ce qu'il y a de plus moderne en matière de chapeau pour un style élégant et tout à fait dans l'air du temps. Un chapeau de cow-boy ou un panama, une casquette de marin ou un chapeau claque, tous sont sagement alignés et prêts à être essayés...

LEVI'S STORE

815 Market Street
✆ +1 415 501 0100

Ouvert du lundi au samedi de 9h à 21h et le dimanche de 10h à 20h.

Magnifique mégastore du jean. Levi's a quitté Union Square pour une nouvelle adresse sur Market Street, à deux pas de la station du BART Powell. Vous y trouvez le jean créé à San Francisco décliné dans toutes les coupes classiques ainsi que les nouvelles collections. Plusieurs couleurs disponibles, ainsi que quelques vestes à fanfreluches cousues sur les épaules et dans le dos. Prix beaucoup plus bas qu'en France, guettez les promotions saisonnières. Vous êtes au pays de la ruée vers l'or, profitez-en pour faire un petit détour par le temple de Levi's !

MADEWELL

845 Market Street (à l'intérieur du centre commercial Bloomingdale's)
✆ +1 415 644 0748
www.madewell.com

Du lundi au samedi de 10h à 20h30, le dimanche, jusqu'à 19h

La grande enseigne chic est aussi à San Francisco. Malgré de grosses difficultés pendant le covid, cette chaîne de 450 magasins a finalement tenu le choc avec l'aide de la protection contre les faillites de l'Etat américain. On y trouve un assortiment de vêtements et d'accessoires pour femmes, hommes et enfants, notamment des maillots de bain, des vêtements d'extérieur, des vêtements de détente, des sacs, des chandails, des jeans, des robes, des costumes, des bijoux et des chaussures. Le style ? *Casual* et élégant en même temps. Prix élevés.

PICNIC

1808 Polk Street
✆ +1 415 346 6556
www.picnicsf.com

Ouvert du mardi au samedi de 11h à 20h, le dimanche de 11h à 18h et le lundi de midi à 18h.

Joli concept store avec des vêtements, de la déco pour la maison et des accessoires décorés aux couleurs de San Francisco. Un style frais et printanier qui donne envie de tout acheter, impeccable pour les cadeaux de mariage, de naissance ou d'anniversaire. Et chose rare dans cette ville, on a pensé aux moins argentés puisqu'il y en a un peu pour toutes les bourses. De plus, la boutique est organisée agréablement, on a plaisir à en arpenter les rayons en regardant les différents articles. N'hésitez pas à y faire un tour si vous passez dans le coin.

URBAN OUTFITTERS

80 Powell Street (au coin de Ellis Street)
✆ +1 415 989 1515
www.urbn.com

Ouvert du lundi au samedi de 9h à 23h et le dimanche de 10h à 22h.

Mode urbaine et branchée pour hommes et femmes, qui se focalise sur les jeunes de 18-30 ans aux tendances vintage, hipster et rétro. La marque a plusieurs défrayé la chronique avec des motifs provocants qui ont provoqué de nombreuses réactions. Egalement un espace pour la maison, des gadgets et quelques bijoux. Le premier magasin a ouvert à Philadelphie en 1970. Aujourd'hui Urban Outfitters exploite plus de 400 points de vente aux États-Unis, au Canada et en Europe. Un *must* pour celles et ceux qui aiment la mode à prix raisonnables.

VICTORIA SECRET

335 Powell street
✆ +1 415 433 9671
Ouvert tous les jours de 10h à 21h

Dans les années 1970, la lingerie américaine était chère et pas très sexy. Roy Raymond loua une boutique à Palo Alto, en Californie, pour remédier à ce problème. Le succès fut au rendez-vous et, cinq ans plus tard, Raymond avait ouvert trois autres boutiques à San Francisco. En 1982, il vendit son entreprise pour un million de dollars à la chaîne The Limited. Aujourd'hui, Victoria Secret réalise un chiffre d'affaires annuel de plus de 7 milliards de dollars... Vous êtes ici dans une des boutiques phares de la marque, faites vous plaisir !

STUDIO GALLERY

1815 Polk Street
✆ +1 415 931 3130
www.studiogallerysf.com
Ouvert du mercredi au vendredi de 11h à 19h, le week-end jusqu'à 18h. Lundis et mardis sur rendez-vous uniquement.

Une galerie d'art locale où il fait bon flâner, au cœur de l'excentrique Polk Street. Studio Gallery a été ouvert en 2003 pour présenter les travaux des artistes de la Bay Area. On y présente des œuvres d'art dans une variété de médias, principalement la peinture, sur des sujets tels que les paysages urbains et la campagne de la région, ou des travaux inspirés par la nourriture et les boissons. Tiny, l'exposition annuelle de petites œuvres, est l'une des plus courues. Beaucoup d'artistes font du travail sur mesure et acceptent des commandes.

WASTELAND

1660 Haight Street
✆ +1 415 863 3150
www.shopwasteland.com/san-francisco-1/
Ouvert du lundi au samedi de 11h à 20h et le dimanche de 11h à 19h. Achat des habits chaque jour de 12h à 18h.

Pantalons pattes d'eph, chemises à col pelle à tarte, sac-à-dos arc-en-ciel, bottes à talons compensés... Cette friperie spacieuse et claire occupe un statut légendaire parmi les magasins d'occasion de San Francisco. Beaucoup de trouvailles même si les prix sont un peu plus élevés que dans les friperies de Mission. On peut d'ailleurs y vendre ses affaires, bon moyen de renflouer son portefeuille pour refaire sa garde-robe à la mode californienne. Un passage obligé pour les backpackers en vadrouille dans la ville du Summer of Love.

THE WOK SHOP

718 Grant Avenue
✆ +1 415 989 3797
www.wokshop.com
Ouvert tous les jours de 10h à 18h.

Magasin spécialisé dans les woks et les ustensiles de cuisine asiatique. Ici les vendeuses prendront le temps de répondre à toutes vos interrogations en matière d'ustensiles, de recettes ou de cuisson. Et si vous voulez apprendre en groupe, rejoignez Wok Wednesdays, un groupe de passionnés de wok qui cuisinent ensemble. N'importe qui est le bienvenu. C'est le moyen idéal pour les débutants de développer leurs compétences et pour les wokkers plus avancés de partager leurs connaissances. De nouvelles recettes sont publiées deux fois par mois.

OLD SHANGHAI

645 Grant Avenue
✆ +1 415 986 1222
www.oldshanghaionline.com
Ouvert tous les jours de 10h à 22h.

Enième magasin de chinoiseries sur Grant Avenue, vous serez peut-être découragé à l'idée de rentrer dans cet établissement. Pourtant pas de grillons qui chantonnent ici, mais plutôt une jolie collection d'objets de déco, de vaisselle délicate et de lampions géants qu'on serait bien tenté de rapporter chez soi. Peut-être légèrement plus onéreux que certains de ses voisins, Old Shanghai est aussi gage de meilleure qualité. Si vous manquez de cadeaux à rapporter, jetez-vous sur les magnifiques porte-monnaie, portefeuilles et autres menues soieries à moins de 5 US$.

ADOBE BOOKS AND BACKROOM GALLERY

3130 24th Street
✆ +1 415 864 3936
www.adobebackroomgallery.com
Ouvert tous les jours de la semaine de 12h à 20h, samedi et dimanche de 11h à 20h.

Ouverte en 2001, cette librairie évoque un salon littéraire. Dans l'entrée, un canapé fatigué, du thé qui fume et quelques biscuits ou fruits secs. On s'assied et on discute de la prochaine lecture de poésie ou du prochain concert de guitare sèche. Les étagères sont remplies de livres de seconde main aux thèmes éclectiques. Au fond du magasin une petite ouverture mène à la Backroom Gallery, une pièce minuscule où sont exposés les artistes du coin.

ALEXANDER BOOK COMPANY

50 2nd Street
✆ +1 415 495 2992
www.alexanderbook.com
Ouvert du lundi au vendredi de 9h à 18h, et le samedi de 10h à 17h. Fermé le dimanche.

À la porte du Downtown des centres commerciaux et des grandes chaînes, ce libraire indépendant fait figure d'exception et rend hommage à la littérature anglophone, d'où qu'elle vienne. Plus de 50 000 livres sont répartis sur trois étages, non loin du Moscone Center. En rayon : littérature, science-fiction, BD, mangas, histoire, livres étrangers, livres d'art, plans, guides touristiques, cartes postales, etc. Prévoyez une après-midi et perdez vous dans ses rayons chargés d'ouvrages, vous allez forcément trouver votre bonheur !

AMOEBA MUSIC

1855 Haight Street
✆ +1 415 831 1200
www.amoeba.com
Tous les jours de 11h à 20h.

C'est l'une des plus grandes attractions de Haight Street. Ouvert en 1997, sept ans après l'original à Berkeley, Amoeba Music s'est bâti une solide réputation de variété et de sélection pointue. Bien sûr, on est loin du petit disquaire alternatif, vu l'aspect touristique du quartier, mais on trouve tout de même une sélection impressionnante d'albums. Plusieurs centaines de milliers de vinyles sont à votre disposition, de la dernière nouveauté hyper commerciale à l'album diffusé à 500 exemplaires. Des concerts sont aussi régulièrement organisés.

BOOK PASSAGE

1 Ferry building
✆ +1 415 835 1020
www.bookpassage.com
Ouvert du lundi au vendredi de 9h à 19h, le samedi de 8h à 18h, le dimanche de 10h à 18h.

Ouvert sur les quais de l'embarcadère et dans le magnifique *building vintage*, cette grande et lumineuse librairie propose des animations autour de lectures, signatures, voire de pratiques culinaires. On y trouve un beau rayon dédié à San Francisco, la baie et la Californie du Nord, un rayon cuisine, un important rayon nature, un autre sur l'agriculture biologique, des livres sympas pour les enfants, etc. Des signatures de leurs livres par des auteurs tels que Chelsea Clinton, George Saunders ou Dave Eggers y sont régulièrement organisées.

CITY LIGHTS BOOKSTORE

261 Columbus Avenue
✆ +1 415 362 8193
www.citylights.com
Ouvert tous les jours de 10h à minuit.

Cette librairie indépendante a été cofondée en 1953 par Lawrence Ferlinghetti, poète et éditeur emblématique des intellectuels de la *Beat Generation*, Jason Murphy, Jack Kerouac et Allen Ginsberg. Perdez-vous dans le dédale des rayons politiques, spirituels, artistiques et autres. Et surtout asseyez-vous un instant avec un livre puisque plusieurs panneaux vous y invitent. Cet établissement est une institution où il faut absolument passer du temps pour s'imprégner de l'ambiance qui y règne. Coin de passage obligé pour les passionnés de littérature.

CLARION MUSIC CENTER

2 Waverly Place
✆ +1 415 391 1317
www.clarionmusic.com
Ouvert du lundi au vendredi de 13h à 17h, et le samedi de 9h à 17h.

Une vraie caverne d'Ali Baba, spécialisée dans les instruments de musique du monde entier. Lors de sa création, en 1982, la boutique vendait uniquement des instruments chinois. Le succès fut tel que de nombreux clients commencèrent à échanger leurs instruments venus des quatre coins du globe contre ces instruments asiatiques. C'est ainsi que *Clarion* devint un magasin spécialisé dans les instruments exotiques ! Aujourd'hui, Clarion accueille des concerts de musique asiatique, mais également de nombreuses projections de films chinois.

STRANDED

1055 Valencia Street
✆ +1 415 647 2272
www.strandedrecords.com
Ouvert du lundi au vendredi de midi à 20h, samedi de 11h à 21h et dimanche de 11h à 19h.

Les nouveaux propriétaires viennent juste de récupérer le flambeau du plus vieux disquaire de San Francisco créé en 1970 : Aquarius. Avec une autre adresse à Oakland ce magasin de disques offre une large sélection éclectique : indie rock, punk, metal (black, doom, sludge), reggae, sixties psych, seventies proto-metal, international music, experimental electronic music, hip hop, country et bluegrass... Un bon spot pour chiner de la musique, si toutefois vous avez encore une platine vinyle dans votre salon pour pouvoir y écouter vos emplettes.

BOUGER & BULLER

San Francisco est une ville qui grouille d'activités de plein air. Vous pouvez partir en randonnée dans le Golden Gate Park, faire du vélo en ville à condition d'éviter les collines les plus pentues, courir sur les sentiers le long des falaises qui surplombent le Pacifique, faire du kayak sous le Golden Gate Bridge ou même aller à Sausalito pour monter sur un petit avion et profiter de la vue sur la baie depuis le ciel. Après toutes ces émotions, vous avez le choix entre une grande quantité de spas pour reprendre tranquillement vos esprits en vous faisant pouponner. Si votre hôtel n'en propose pas un lui-même, vous pouvez tester celui du Kabuki, connu pour son bain japonais, ses masseurs de compétition et ses soins d'acupuncture. Ou alors aller au spa J'adore, qui propose des massages thaïlandais, suédois, sportifs, aux pierres chaudes, des tissus profonds et même une formule spéciale pour femme enceinte !

SAN FRANCISCO

CITY KAYAK

Pier 40
✆ +1 415 294 1050
www.citykayak.com
Location de kayak toute l'année.

Voilà un moyen original de se balader le long de la baie de San Francisco. Plusieurs parcours sont prévus en fonction du niveau de chacun. Le *must* : louer un kayak pour les matchs des Giants, on peut alors espérer repêcher les balles qui tombent derrière le AT&T Park. Vous pouvez aussi faire appel à un guide de City Kayak pour partir en excursions et obtenir des détails insolites et passionnants sur la baie et son histoire. Et avec un peu de chance, vous tomberez sur un groupe de phoques ou de dauphins en balade sous le Golden Gate Bridge.

SEAPLANE ADVENTURES

242 Redwood Highway Frontage Road
✆ +1 415 332 4843
www.seaplane.com
Tours en hydravion de 20 à 60 minutes.

Cette entreprise familiale créée en 1945 par Bob, vétéran de la Seconde Guerre mondiale, vous permet d'admirer la ville et ses environs sous un angle totalement différent ! Au dessus de la baie et dans de petits hydravions, l'équipe propose plusieurs survols à couper le souffle : d'Alcatraz à la *skyline* de la ville en passant par la côte escarpée du nord qui plonge dans l'océan Pacifique... L'ensemble des circuits se fait en journée, mais vous pouvez opter pour le très romantique survol au coucher de soleil, une coupe de champagne à la main !

PRESIDIO GOLF COURSE

300 Finley Road
✆ +1 415 561 4661
www.presidiogolf.com
Ouvert du mercredi au lundi de 7h à 19h, à partir de midi le mardi.

Ce très beau parcours de 18 trous en plein San Francisco fait le bonheur des amateurs de *put* et autre *swing*. Le cadre, en plein milieu du fameux parc Presidio depuis peu revenu à la vie civile après des siècles comme fort militaire, est incroyable et à seulement quelques minutes du centre-ville et du Golden Gate Bridge.Vous pouvez aussi venir juste boire un verre, vous inscrire au club des golfeurs locaux et même participer aux compétitions qui y sont organisées. Le tout avec une vue sublime sur la baie, vous allez vous régaler.

KABUKI SPRINGS & SPA

1750 Geary Boulevard
✆ +1 415 922 6000
www.kabukisprings.com
Ouvert tous les jours en été de 10h à 22h.

C'est tout simplement la référence dans le domaine du bien-être à San Francisco avec une multitude de possibilités (bain japonais, massage, thérapie naturelle, acupuncture...). Eau chaude, eau tiède, eau froide, hamam, spa, massages en tous genres... Ce centre bénéficie de l'expérience de la société *Joie de Vivre*, connue et reconnue pour ses hôtels mais également ses salons de massage. Décoré dans le plus pur style japonais, le bain public vaut le coup d'œil. Vous allez adorer vous faire pouponner dans cet écrin dédié à la relaxation.

SORTIR

La vie nocturne de San Francisco a été mise à mal par la fuite de la bohème confrontée à des loyers trop élevés, ainsi que par le Covid qui a poussé nombre de lieux nocturnes à fermer. Vous trouverez quelques salles de spectacle à l'image du Warfield Theatre et The Fillmore, où écouter du rock, de la musique classique, de l'opéra... Le San Francisco Ballet propose de bons spectacles de danse. Quelques cabarets affichent également du cirque et du burlesque, comme le Great Star Theatre à Chinatown. Si vous êtes amateur, vous pouvez toujours aller voir du striptease au Hustler Club ou au Condor... En revanche, les clubs électro comme Monarch ou 1015 Folson sont très rares et ils ferment à 2h du matin, en raison de la législation qui interdit de vendre de l'alcool après cet horaire. Il existe bien quelques raves plus ou moins clandestines du côté d'Oakland, mais elles ne sont pas évidentes à trouver.

1015 FOLSOM

1015 Folsom Street
✆ +1 415 991 1015
www.1015.com
Consulter le site pour les dates. Entrée de 15 à 25 US$

Dans les années 90, 1015 Folsom était l'une des seules boîtes de nuit américaines en dehors de New York et de Chicago à proposer de la musique électronique. Des vedettes passent souvent ici. Ce club sur trois étages est divisé en trois ambiances : au centre la tête d'affiche, au sous-sol un DJ plus alternatif et en haut de la musique chill. Attention, ici les clubs ne servent plus d'alcool après 2h du matin... A en croire son site internet qui met curieusement cet argument en avant, le lieu est très fréquenté par les employés de la new tech.

PUBLIC WORKS

161 Erie Street
✆ + 1 415 496 6738
publicsf.com
Consulter le site pour les dates, horaires et prix.

Galerie le jour et club la nuit, il s'agit de l'adresse incontournable de la ville si vous êtes un amateur de musique électronique. Beaucoup de pointures sont passées par ici, même si on retrouve actuellement plutôt des djs confidentiels de qualité aux platines de ce petit club hyper branché au système son, du Funktion One, digne des meilleurs établissements berlinois. Par ailleurs, le club soutient des organisations caritatives locales, ce qui constitue toujours un bon point. Une belle adresse à tester pour les amoureux de la fête !

TEMPLE NIGHTCLUB

540 Howard Street
✆ +1 415 978 9942
www.templesf.com
Ouvert le vendredi et le samedi de 22h à 4h du matin. Entrée payante selon la programmation.

Un des clubs phares de la scène électro san franciscaine, dans un décor épuré, qui inspire... Trois salles très design : The Shrine et son sol de marbre blanc, Destiny Lounge, combinant luxe et technologie avec ses sofas, et Catacombs et ses statues de Bouddha pour danser au cœur du temple ! Le tout sonorisé avec du Void, une excellente marque. Un élément qu'on aime bien : la politique *zero waste* qui s'applique (pas de prospectus, verres biodégradables, etc.). Et si vous aimez vous la jouer, vous trouverez ici sept cabines vip !

THE CELLAR

685 Sutter Street
✆ +1 415 441 5678
www.cellarsf.com
Ouvert du lundi au jeudi et le dimanche de 21h à 2h, et les vendredis et samedis de 22h à 2h.

Un club *lounge* en sous-sol (d'où le nom), petit mais sympathique pour faire la fête du côté d'Union Square. Deux pistes de danse, trois bars et une bande-son électro allant du top 40 à des remix des années 1990. A la croisée du bar lounge et du club. Idéal pour les soirs de semaine ! Et comme le dit la direction, chaque client de The Cellar est un VIP ! On peut même commander une «*bottle girl*» garnie de bougies pour son anniversaire. On note toutefois quelques problèmes avec la sécurité, ne chatouillez pas les videurs ils sont susceptibles...

AMERICAN CONSERVATORY THEATER

415 Geary Street ✆ +1 415 749 2228
www.act-sf.org
Billetterie ouverte du lundi au samedi de 10h à 18h, 16h le dimanche (ou heure du début du spectacle).

Principal théâtre de San Francisco, l'American Conservatory Theatre est considéré comme la meilleure troupe de théâtre de la région. Elle se décrit comme un lieu de rassemblement des artistes et des différentes communautés de la baie de San Francisco. Sa mission est de stimuler la vie artistique de la région, d'activer des histoires sociologiques, de promouvoir une diversité. La compagnie valorise l'inclusion, la transformation par l'apprentissage, la participation et le plaisir.

AUDIUM

1616 Bush Street
✆ +1 415 771 1616
www.audium.org
Spectacles tous les jeudis, vendredis et samedis soir, en général à 19h30h. Ticket 30 US$, étudiants 20 US$.

Audium est le lieu à l'intersection entre son, espace et expérience immersive profonde. Ce «théâtre du son» propose d'explorer intensément la musique et la dimension spatiale du son, grâce à une installation en multi diffusion. Aujourd'hui, Audium est devenu un véritable centre d'art spacial, qui s'est fixé pour objectif d'amplifier la conscience perceptuelle de l'espace et des sons qui entourent notre société. C'est un canevas d'artistes, jouant avec les frontières technologiques et créatives. Les pièces proposées sont toutefois de qualité inégale.

BISCUITS & BLUES

401 Mason Street
✆ +1 415 292 2583
www.biscuitsandblues.com
Ouvert mercredi et jeudi de 18h à 23h, vendredi de 17h30 à 23h30, samedi de 17h à 23h et dimanche de 17h à 22h30.

Dans ce club, devenu une institution, la proximité avec les artistes est facilitée par l'agencement de la salle. Les plus grands musiciens de blues de la baie de San Francisco défilent sur les planches de cette salle de spectacle et on les écoute avec plaisir en sirotant un cocktail. On peut aussi se délecter de la très bonne cuisine du Sud qui y est servie et qui se marie savamment avec la musique. C'est un poil cher, car aux 20 US$ du spectacle s'ajoute le repas, mais c'est un prix honnête pour passer une soirée hors du commun.

CAFÉ DU NORD

2174 Market Street
✆ +1 415 375 3370
www.swedishamericanhall.com
Ouvert du mercredi au jeudi de 17h à minuit, le vendredi de 17h à 2h et le samedi de 18h à minuit.

Ce *speakeasy* a ouvert en 1907, et s'est forgé tout au long du siècle dernier une réputation de lieu incontournable pour tout oiseau de nuit digne de ce nom en Californie. Rénové en 2015, il a fait peau neuve, tout en gardant une touche 1920 côté déco, grâce à un très beau bar en bois foncé, et des décorations marquées entre-deux-guerres. La programmation éclectique permet de rassembler une foule d'amateurs de musique douces type jazz et folk. Les plats proposés à la carte du restaurant sont classiques et réussis, de quoi se faire un bon dîner.

CASTRO THEATRE

429 Castro Street
✆ +1 415 621 6120
www.castrotheatre.com
Ouvert tous les jours. Programmation disponible sur le site web.

Emblématique cinéma du quartier gay qui peut accueillir jusqu'à 1400 personnes aux arabesques et moulures qui évoquent à la fois le Mexique, l'Espagne ou le Maghreb, le *Castro Theatre* date des années 1920. Chaque séance débute par un morceau d'orgue, magnifique et spectaculaire ! Un grand nombre de festivals ont lieu ici et des soirées *Sing Along* (entre comédie musicale et karaoké) rassemblent les fans de la ville. La programmation au quotidien mélange quant à elle vieux films d'auteurs et nouveautés, pour le plaisir de tous !

CURRAN THEATRE

445 Geary Street
✆ +1 415 551 2050
sfcurran.com
Ouvert tous les jours à partir de 10h.

Inauguré en 1922, le *Curran Theatre* est l'un des plus importants théâtres de San Francisco, puisqu'il peut accueillir 1 600 spectateurs depuis les travaux en 2017. On y joue les meilleures représentations de Broadway, et il faut réserver des mois à l'avance si l'on veut s'assurer une place. En ce moment, c'est *Harry Potter and the cursed child* qui est à l'affiche et c'est du grand spectacle ! Avant chaque représentation, on peut aussi participer à la loterie des tickets à 29 US$ – un certain quota est mis de côté pour les chanceux !

GOLDEN GATE THEATRE

1 Taylor Street
✆ +1 415 512 7777
Box-Office ouvert généralement de midi à 16h ou 18h.

Le Golden Gate Theatre est une salle de spectacle située au 1 Taylor Street au coin de Golden Gate Avenue. Il a ouvert ses portes en 1922 en tant que salle de vaudeville et a ensuite été un grand cinéma. Dans les années 1960, il disposait d'un écran Cinerama, mais au début des années 1970, il avait décliné et ne diffusait plus que des films de blaxploitation. Il a été restauré et rouvert en tant que salle de spectacle en 1979. Aujourd'hui, ce bâtiment au charme désuet accueille des comédies musicales spectaculaires venues de Broadway.

ORPHEUM THEATRE

1192 Market Street
✆ +1 415 512 7770
Box-office ouvert généralement de midi à 18h ou 20h et juste avant le début des spectacles.

Ce théâtre classé monument historique a ouvert ses portes en 1926 et fait partie de la famille des théâtres conçus par l'architecte B. Marcus Priteca pour le propriétaire Alexander Pantages. L'intérieur présente un plafond voûté, tandis que la façade est de style gothique tardif espagnol. Il accueillait à l'origine des vaudevilles. Puis une rénovation de 20 millions de dollars a été achevée en 1998 pour lui permettre de recevoir dans les meilleures conditions les comédies musicales de Broadway. 2 197 spectateurs peuvent y prendre place.

GREAT AMERICAN MUSIC HALL

859 O'Farrell Street
✆ +1 415 292 2583
www.slimspresents.com
Billetterie ouverte du mardi au samedi de midi à 22h30 et le dimanche de 17h à 22h ou sur Internet.

Ce cabaret de 1907, ancien bordel reconverti en salle de concerts, est somptueux avec ses gradins ornés de moulures. Au cours de son histoire, il a accueilli tous les grands noms : de Van Morrison à Duke Ellington en passant les mythiques Grateful Dead, le groupe emblématique des hippies de San Francisco. Et, bien sûr, beaucoup de groupes de rock locaux. Pensez à consulter la programmation en amont, beaucoup des concerts se jouant à guichet fermé !

PUNCHLINE COMEDY CLUB

444 Battery Street
✆ +1 415 397 7573
www.punchlinecomedyclub.com
Ouvert du mardi au dimanche. En général, premier spectacle à partir de 20h. Tarifs variables à partir de 10 US$.

P*unchline* est un club connu pour avoir lancé le regretté Robin Williams et accueilli Eddie Murphy parmi d'autres comiques et comédiens américains. Tout a commencé en 1978 lorsque il a ouvert ses portes dans ce qui était à l'origine une loge pour The Old Waldorf, un club de rock adjacent. Fondé à l'origine par Jonathan et Anne Fox avec Jeffrey et Patricia Pollack, le lieu a été vendu à Bill Graham en 1980, qui l'a développé jusqu'à en faire une place-forte du *stand up*. Pour les voyageurs bilingues anglais et connaisseurs en humour américain !

HOTEL UTAH SALOON

500 4th Street
✆ +1 415 546 6300
www.hotelutah.com
Ouvert tous les jours de 11h30 à 2h (fermeture de la cuisine à 23h).

L'endroit incarne l'histoire de la *Barbary Coast* et de la Prohibition. Chaque soir, des artistes se succèdent au micro pour des concerts *live*. Le lundi, c'est *open mics in town*, une scène ouverte à tous. Le reste de la semaine, la programmation revisite les racines de l'Amérique, du bluegrass à la country. D'ailleurs, les samedis et dimanches, les *brunchs* sont souvent accompagnés de concerts gratuits qui savent donner un cachet supplémentaire à votre *quesadilla*. Chaudement recommandé pour vous plonger dans le grand bain de la musique américaine !

SAN FRANCISCO BALLET

455 Franklin Street
✆ +1 415 861 5600
www.sfballet.org
Billets disponibles sur place du lundi au vendredi de 10h à 16h, ou en ligne.

Fondé en 1933, le *San Francisco Ballet* est la plus ancienne troupe de ballet des États-Unis. Fondée en 1933, la société a mis en scène les premières productions américaines complètes de Coppélia (1938) et Swan Lake (1940). Dirigé par le directeur artistique et chorégraphe principal, Helgi Tomasson, le SF Ballet est accompagné de son propre orchestre et exploite l'une des écoles de ballet les plus prestigieuses du pays. Il conjugue programmation classique et avant-gardiste, se targuant d'être la troupe la plus aventureuse d'Amérique.

SAN FRANCISCO SYMPHONY

201 Van Ness Avenue
✆ +1 415 864 6000
www.sfsymphony.org
Billetterie ouverte du lundi au vendredi de 10h à 18h

La réputation mondiale de l'orchestre symphonique de San Francisco, fondé en 1911 et qui réside depuis 1980 au Louise M. Davies Symphony Hall dans le quartier Hayes Valley de la ville, n'est plus à faire. La programmation est très variée et l'acoustique est parfaite. Parmi les récompenses et distinctions de l'orchestre figurent un Emmy Award et 15 Grammy Awards au cours des 26 dernières années. Après avoir dirigé l'orchestre pendant 25 ans, Michael Tilson Thomas a laissé en 2020 sa place de chef d'orchestre au finlandais Esa-Pekka Salonen.

SFJAZZ CENTER

201 Franklin Street
✆ +1 866 920 5299
www.sfjazz.org/center
Box-office ouvert du mardi au samedi de 11h à 17h30 et 1h30 avant le début des spectacles.

En janvier 2013, San Francisco a inauguré ce centre dédié à la performance et l'éducation du jazz. La structure, un projet architectural de 60 millions de dollars, a été dessinée par Mark Cavagnero et accueille une salle de 700 places, trois salles de répétition, un labo de musiques numériques et un restaurant. La saison SFJAZZ, en plus du festival de jazz et des sessions d'été, comprend plus de 400 représentations par an dans la baie de San Francisco. Les concerts ont acquis une renommée internationale, mieux vaut réserver ses billets à l'avance.

THE BOOM BOOM ROOM

1601 Fillmore Street
✆ +1 415 673 8000
www.boomboomblues.com
Ouvert du jeudi au dimanche de 17h à 2h, vendredi et samedi jusqu'à 3h. Tarif : gratuit ou de 5 à 20 US$.

Ce bar a été ouvert en 1997 par John Lee Hooker. C'est aujourd'hui l'endroit le plus réputé de toute la baie pour écouter du blues. Le nom de l'établissement est un clin d'œil à l'un des plus célèbres titres de Hooker, *Boom Boom* de 1962. On peut aussi venir s'y déhancher aux sons du boogie, du groove ou de la soul. D'ailleurs tous les 3e mercredi du mois, des soirées *Soul Train Revival* sont organisées, du nom de la si fameuse émission de TV américaine consacrée à ce style. La devanture est très jolie. Avis aux amateurs de danse...

THE BOTTOM OF THE HILL

1233 17th Street
✆ +1 415 621 4455
www.bottomofthehill.com
Ouvert tous les jours de 20h30 à 2h. Entrée selon les spectacles (de 8 à 35 US$).

Situé un peu au milieu de nulle part, *Bottom of the Hill* n'en est pas moins un passage obligé pour les amateurs de musique *live*, qui se rassemblent ici en grand nombre chaque soir pour venir découvrir les nouveaux talents que les propriétaires ont dégottés. On y écoute autant du ska, que du hip-hop, en passant par le rock et la indie music. La salle a remporté le prix Readers' Poll Best of The Bay de la meilleure salle de rock pendant 10 années consécutives de 2003 à 2012. Regardez donc sur leur site et vous trouverez sûrement musique à vos oreilles.

THE FILLMORE

1805 Geary Boulevard
✆ +1 415 346 6000
www.thefillmore.com
Programmation sur le site web.

L'une des grandes salles de concert de San Francisco, qui représenta de 1965 à 1968 l'épicentre de la musique créative du *San Francisco Sound*. A l'époque du *Summer of Love* de 1967, la salle a produit l'une des musiques les plus innovantes et provocantes de la baie. On y écoutait les Grateful Dead, Santana, Jimi Hendrix, Captain Beefheart, The Who ou encore Otis Redding. Parmi les stars plus récentes à avoir foulé la scène du *Fillmore*, on compte notamment Prince, Lenny Kravitz, Radiohead, The Cure, The White Stripes, Ali Farka Toure...

WAR MEMORIAL OPERA HOUSE

301 Van Ness Avenue
✆ +1 415 864 3330
www.sfwmpac.org
Visite le lundi de 10h à 14h (7 US$ adultes, 5 US$ seniors et étudiants).

Fondé en 1923, l'opéra de San Francisco accueille l'opéra de la ville, mais également son ballet. La saison se déroule de septembre à juin et la programmation est très riche. C'est l'architecte Arthur Brown Jr, un ancien étudiant des Beaux Arts à Paris, qui a élaboré les plans non seulement du War Memorial Opera House dont la première pierre fut posée en 1931, mais aussi du City Hall, de la fameuse Coit Tower, du Veterans Building, du Temple Emmanuel, et le Federal Office Building. Son acoustique fut largement améliorée en 1980.

BERKELEY ★★

Ville universitaire, capitale de la gastronomie californienne, repaire de petits bars et salles de concert, Berkeley a tout pour plaire !
Avant l'arrivée des Européens, le territoire est occupé par la tribu Chochen/Huichin. Les premiers habitants européens arrivent en masse au moment de la Ruée vers l'or en 1849, chassant ces populations autochtones. En 1866, la ville prend le nom du philosophe et poète George Berkeley.
Berkeley est avant tout connue pour son université éponyme. Fondée en 1868, très réputée pour ses enseignements en physique, chimie et biologie, elle est surnommée « l'Athènes de l'Ouest ». Elle totalise plus de 37 000 étudiants, 1 800 enseignants et 65 prix Nobel si on prend en compte les anciens étudiants, les professeurs et les chercheurs associés. Ainsi que 103 médailles d'or olympiques !
Mais Berkeley ne se limite pas qu'à son université. Prenez le temps de flâner le long de Telegraph Avenue, qui relie Oakland et Berkeley. Si vous ne souhaitez pas parcourir à pied ses sept kilomètres, vous pouvez privilégier le quartier entre Bancroft et Dwight Way, où vous trouverez de nombreuses boutiques, restaurants, librairies et bars. Shattuck Avenue croise Telegraph Avenue, l'autre artère principale de la ville, qui est très fréquentée par les étudiants et les professeurs. Elle compte aussi de nombreux lieux de sortie.
C'est d'ailleurs sur Shattuck Avenue que se trouve le *Gourmet Ghetto*, un quartier d'affaires connu comme le berceau de la cuisine californienne. Née dans les années 70, celle-ci s'attache à fusionner les influences italienne, française, mexicaine, japonaise et chinoise en utilisant des ingrédients locaux et bio. C'est du restaurant Chez Panisse d'Alice Waters, du nom du personnage de Marcel Pagnol, qu'est parti le mouvement. De nombreux anciens employés de la maison ont ensuite créé leurs propres restaurants, boulangeries et magasins d'alimentation dans la baie de San Francisco, lançant alors un mouvement qui rayonne dans tout le pays.
Si vous souhaitez vous poser au vert, le Tilden Regional Park se pose là avec ses sentiers de randonnée, de vélo et d'équitation, son golf miniature et surtout ses petits spots tranquilles où pique-niquer. Sans oublier quelques pièces d'eau. De quoi passer un moment tranquille. Si vous souhaitez prendre un bol d'air marin, il est également possible de faire un tour sur la Marina au pied de University Avenue.

BAMPFA ★★

2155 Center Street
✆ +1 510 642 0808
www.bampfa.org
Ouvert du mercredi au dimanche de 11h à 19h, jusqu'à 21h les vendredis et samedis. 12 US$ par adulte.

Le BAMPFA ou Berkeley Art Museum and Pacific Film Archive regroupe des collections d'art d'Asie, d'Amérique et d'Europe. Il compte près de 20 000 œuvres, et 17 000 films ! Les collections insistent sur les arts visuels des dynasties chinoises Ming et Qing, et de la dynastie indienne Mughal, sur la peinture baroque, sur la peinture américaine du XIXe et du début XXe et enfin sur l'art conceptuel. Côté cinéma, les films d'avant-garde de la côte ouest, l'animation, le cinéma soviétique et le cinéma japonais. Jardin avec des sculptures, très agréable pour un café.

LAWRENCE HALL OF SCIENCE ★★

1 Centennial Drive ✆ +1 510 642 5132
www.lawrencehallofscience.org
Ouvert du mercredi au samedi de 10h à 17h. Adulte : 12 US$, senior et enfant : 10 US$.

Depuis plus d'une cinquantaine d'années, le Lawrence Hall of Science est à la pointe de l'enseignement des sciences. Il s'agit d'un musée scientifique lié à l'université de Berkeley où les enfants sont les bienvenus pour découvrir des expositions interactives sur les thèmes de l'informatique, l'astronomie, la chimie... On y trouve en particulier des ateliers encadrés par des scientifiques, des ingénieurs et des éducateurs pour faire des expériences scientifiques. Son cinéma 3D est également très prisé des enfants comme des grands.

VISIT BERKELEY INFORMATION CENTER

2030 Addison Street, #102
✆ +1 510 549 7040
www.visitberkeley.com
Ouvert de 9h à 13h et de 14h à 17h du lundi au vendredi, fermé le week-end et les jours fériés.

Cet office de tourisme du centre-ville vous propose une multitude de choses intéressantes à voir et à faire à Berkeley, ville en pleine évolution. Belle documentation en plusieurs langues (français, portugais, chinois, allemand, espagnol, japonais et coréen) et un accueil charmant (en anglais). Le site Internet est aussi très fonctionnel et présente une liste actualisée de propositions tant pour l'hébergement que pour les restaurants, avec de nombreuses idées sorties et excursions.

CAMPUS UC BERKELEY ★★

101 Sproul Hall ✆ +1 510 642 5215
visitors.berkeley.edu
Visitor Center ouvert du lundi au vendredi de 8h30 à 16h30. Visite guidée gratuite.

Une des plus prestigieuses universités (publiques) américaines, UC Berkeley est synonyme à travers le monde d'excellence académique. Le campus s'étend sur 500 hectares et compte plus de 35 000 étudiants de toutes nationalités, répartis dans les 130 matières proposées. L'université a été élue pour la première fois meilleure université américaine par Forbes en 2021. Un vrai campus à l'américaine où il fait bon se reposer sur l'herbe en regardant les étudiants passer, tous vêtus de leur *hoodie* (pull à capuche) aux couleurs de l'équipe de base-ball de l'université.

Pour une vue d'ensemble sur le campus et la baie de San Francisco, prenez l'ascenseur du campanile, la Sather Tower, symbole de l'université, qui culmine à 99 m. Construit en 1914 sur le modèle du campanile Saint-Marc à Venise, il est ouvert tous les jours à partir de 10h et ferme à 15h45 du lundi au vendredi, à 16h45 le samedi et de 10h à 13h30 et de 15h à 16h45 le dimanche. 3 US$ pour la montée (2 US$ pour seniors et moins de 18 ans).

Nous vous conseillons de faire la visite guidée du campus avec des étudiants bénévoles, un moment toujours enrichissant ! Vous pouvez vous inscrire sur le site Internet. Une application du nom de Cal Secret est téléchargeable et vous permet de découvrir les recoins secrets de l'université. Promenez-vous le long de *Strawberry Creek*, proche de l'entrée principale (*Sather Gate*), ce petit chemin parsemé d'arbres et de nature est le lieu de prédilection des étudiants. qui profitent de leur temps libre proche du petit ruisseau.

© LYNN WATSON / SHUTTERSTOCK.COM

BANCROFT HOTEL €€

2680 Bancroft way
✆ +1 510 549 1000
bancrofthotel.com
Chambre double à partir de 135 US$. Petit déjeuner et Wifi inclus.

Situé à quelques pas du campus UC Berkeley, ce boutique-hôtel propose 22 chambres donnant vue sur la baie ou l'université. Rénové par l'architecte Dan Smith connu pour ses approches écologiques, l'hôtel Bancroft est le plus vert de la ville de Berkeley. Bâtiment historique classé, datant de 1928, les chambres sont assez petites mais charmantes et certaines proposent un accès au balcon. La salle à manger est chaleureuse, entre bibliothèque, boiseries et cheminée. Une bonne adresse pour découvrir la ville, que vous soyez là pour le tourisme ou pour les affaires.

DOUBLETREE HOTEL €€

200 Marina Boulevard
✆ +1 510 548 7920
www.berkeleymarina.doubletree.com
Chambre double à partir de 147 US$. Restaurant et bar. Piscine et bain bouillonnant. Salle de gym. Parking gratuit.

Cet ensemble hôtelier sur la marina de Berkeley offre une vue magnifique sur la baie et San Francisco. On y trouve un centre de réunions et, de fait, il y règne une ambiance assez *business*. Côté détente : piscine intérieure, salle de sport et restaurants au bord de l'eau au Berkeley Boathouse. Situé à 10 minutes en voiture de l'Université de Californie à Berkeley et à 3 km de la station BART la plus proche pour des trajets rapides vers San Francisco. Un peu loin du centre-ville, mais idéal pour prendre le ferry vers San Francisco.

BERKELEY CITY CLUB €€€

2315 Durant Avenue
✆ +1 510 848 7800
www.berkeleycityclub.com
Chambre double à partir de 253 US$, petit déjeuner inclus. Restaurant et bar. Piscine. Salle de gym.

Les 35 chambres de cet hôtel de charme offrent un haut standing, qui vous assure un séjour tout confort. Proche de l'université, le *Berkeley City Club* a été construit en 1929 par Julia Morgan, célèbre pour son chef-d'œuvre architectural, le Hearst Castle de San Simeon. Classé bâtiment historique depuis 1977, l'ambiance y est solennelle et le décor raffiné. On apprécie tout particulièrement la piscine de l'hôtel, qui offre un cadre chic pour de très bons moments de détente. Vous voilà dans un décor de palace pour un tarif qui reste abordable.

SAN FRANCISCO

HOTEL SHATTUCK PLAZA €€€

2086 Allston Way ✆ +1 510 845 7300
www.hotelshattuckplaza.com

Chambre double à partir de 173 US$. Bar et restaurant. Salle de sport. Parking et wifi gratuit.

Un établissement bien placé, de grand confort, où se ressourcer entre deux visites. Les chambres sont très spacieuses, lumineuses et luxueuses. Cet hôtel situé dans un bâtiment historique, construit en 1910, a été rénové il y a peu, ceci dans l'esprit de Berkeley, c'est-à-dire avec un souci d'économie d'énergie et d'utilisation de matériaux écologiques. Vous avez le choix : vue sur la baie de San Francisco ou vue sur la verdure des collines de Berkeley. Sans oublier le restaurant de l'hôtel, le *FIVE*, qui a reçu un Bib gourmand par le guide Michelin.

CANCUN SABOR MEXICANO €

2134 Allston Way ✆ +1 510 549 0964
www.sabormexicano.com

Comptez environ 13 US$ pour un burrito. Du lundi au vendredi de 10h30 à 21h et le samedi et le dimanche de 12h à 21h.

Parmi les meilleurs restaurants *Farm to Table* mexicains de Berkeley, le chef et propriétaire de la ferme *Sabor Mexicano* (Sonoma), Jorge Saldana, originaire de Guadalajara au Mexique a ouvert son restaurant *Cancun* en 1994. Burritos, nachos, quesadillas, tacos et différentes sauces maison sont à votre disposition pour aller de pair avec les chips tortillas en accompagnement. Décor aztèque et ambiance latino, le restaurant utilise les produits frais et bio d'une ferme de Sonoma. Un autre restaurant de la même enseigne du nom de *Tlaloc* est situé à San Francisco.

GRÉGOIRE €

2109 Cedar Street
✆ +1 510 883 1893
www.gregoirerestaurant.com

Ouvert tous les jours de 11h30 à 19h. Comptez entre 10 à 20 US$ selon le choix.

De la grande cuisine française revisitée à emporter ! À la tête de ce restaurant-traiteur très prisé à Berkeley, le très dynamique Grégoire, un Français installé aux États-Unis depuis plusieurs décennies, qui se fera un plaisir de vous recevoir. Il propose des mets raffinés qui changent tous les mois selon les produits frais et locaux. Un vrai régal, qui constitue une pause rapide idéale à midi ou l'après-midi, notamment ses délicieux sandwichs chauds et ses salades. Prévoir à emporter, le comptoir ne pouvant accueillir que 2 personnes.

LA MARCHA €€

2026 San Pablo Avenue
✆ +1 510 647 9525
www.lamarchaberkeley.com

Ouvert du mardi au dimanche de 16h à 22h. Happy hour de 16h à 18h et de 22h à minuit. Fermé le lundi.

Ouvert en 2016 par le chef Sergio Monteléon, Californien d'origine espagnole, ce restaurant tendance met la cuisine madrilène à l'honneur ! Très belle sélection de *tapas* authentiques et plats revisités, carte des vins complète et hispanisante. On aime particulièrement les *croquetas de bacalao* et la *tortilla de gambas*. Sans oublier les paellas, qu'ils servent également dans de nombreux mariages. Et bien entendu, l'approvisionnement en légumes et en fruits se fait auprès de petites fermes bio de la Bay Area. Vous allez vous régler !

CHEZ PANISSE €€€

1517 Shattuck Avenue ✆ +1 510 548 5525
www.chezpanisse.com

Du lundi au samedi de 11h30 à 14h45 et de 17h à 23h. 1er service du soir à 17h30, 2e service à 20h. Fermé le dimanche.

Une petite maison de bois sous son arbre géant façon zen japonais abrite cette adresse gourmande emblématique. Pourquoi Panisse ? En hommage à Marcel Pagnol bien entendu ! Au mur, des affiches de Raimu et de Pierre Fresnay ! Certains le considèrent comme l'un des meilleurs restaurants des États-Unis. Alice Waters pionnière de la philosophie gastronomique locale qui veut que l'on magnifie les ingrédients locaux et bio, a découvert la Provence dans les années 1970, en est tombée amoureuse et a créé ce petit bijou dédié à la cuisine du sud de la France en 1971.

ALGORITHM COFFEE

1122 University Ave
✆ +1 510 280 5153
www.algorithmcoffee.co

Ouvert du lundi au vendredi de 8h à 15h et le week-end de 9h à 17h.

Quand on passe la porte de ce *coffee shop*, on entre dans un univers parallèle. L'intérieur est minimaliste, industriel et calme, bien loin de l'agitation de la University Avenue. L'établissement, qui a pour ambition de servir un café cinq étoiles, s'est recentré sur l'espresso, et torréfie ses propres grains de café dans un petit entrepôt à Oakland. Le matin pour un café avant de partir en balade, ou l'après-midi pour une pause gourmande, le propriétaire se fera un plaisir de vous conseiller le nectar qu'il vous faut ! Une adresse pour les esthètes.

JUPITER

2181 Shattuck Avenue (sur Allston Way)
✆ +1 510 843 8277
www.jupiterbeer.com
Ouvert de 16h à 22h du mardi au jeudi, de 12h à 23h le vendredi et samedi, de 12h à 22h le dimanche.

En face de la station du BART, un bâtiment de brique où l'on vient boire un verre ou manger une très bonne pizza ou une grosse salade en écoutant un groupe de musique en *live*. La programmation s'étend toute la semaine, et est plutôt orientée jazz. Son atout principal ? Le patio extérieur façon *beer garden* tout de guirlandes vêtu, chauffé en hiver et tout ensoleillé l'été. Le meilleur endroit pour refaire le monde en sirotant son verre. Sur la carte : des bières artisanales délicieuses, des boissons alternatives et des bonnes bouteilles de vin.

MOE'S BOOKS

2476 Telegraph Avenue
✆ +1 510 849 2087
www.moesbooks.com
Ouvert tous les jours de 10h à 22h.

Librairie emblématique du mouvement beatnik à Berkeley, *Moe's Books* ouvre ses portes en 1959. Soutien du mouvement contestataire étudiant dans les années 1960, son fondateur Moe Moskowitz a aidé à financer les albums de Country Joe and the Fish, le groupe psychédélique basé à Berkeley connu pour sa chanson «I Feel Like I'm Fixin to Die Rag» contre la guerre du Vietnam. Aujourd'hui, on trouve à Moe's des livres neufs et de seconde main sur trois étages. Un rayon s'improvise parfois sur le trottoir le dimanche en été, aux côtés des vendeurs de gaufres.

924 GILMAN

924 Gilman Street
✆ +1 510 524 8180
www.924gilman.org
Bar et musique live. Ouvert les vendredis, samedis et dimanches. Entrée payante autour de 10 US$.

Un bar à concert tenu par des bénévoles et des passionnés de musique depuis 1986 ! Programmation qui secoue et groupes à la mode pour cette petite salle qui lutte pour joindre les deux bouts, mais qui fait la fierté des locaux. Le *Gilman* est principalement associé au fait d'avoir été le tremplin du renouveau punk des années 90 emmené par des groupes comme Green Day, Operation Ivy, Rancid, AFI et The Offspring. Une étape incontournable de tout amateur de rock en visite à Berkeley, vous trouverez ici du bon son et une ambiance de folie !

OAKLAND ★★

Oakland n'est pas seulement une ville-dortoir pour San Francisco.. Bien moins chère que sa grande sœur et très agréable, elle réserve de nombreuses surprises aux visiteurs curieux. Il faut retenir trois grands axes pour la parcourir : *Grand avenue, Broadway* et *Telegraph avenue*. Les amateurs d'architecture début XXe siècle seront ravis : la ville regorge de magnifiques bâtiments plus ou moins bien restaurés. C'est la ville natale de Jack London qui y passa une grande partie de sa vie. Le Jack London Square, sur le port, est d'ailleurs l'une des principales attractions de la ville.

Histoire

Les premiers habitants de la région étaient les Amérindiens Huchiun. Ils étaient à l'époque concentrés autour du lac Merritt et de *Temescal Creek*, un ruisseau qui rejoint la baie de San Francisco à Emeryville. Entre la fin du XVIIIe siècle et le début du XIXe siècle, Oakland appartenait à un riche propriétaire terrien, Luís María Peralta. Après sa mort, la plus grande partie de la ville actuelle fut ouverte à la colonisation.

Le développement à grande échelle commença après la conquête de la Californie par les États-Unis durant la guerre américano-mexicaine, et avec la Ruée vers l'or de 1848. Oakland fut fondée en 1852 et s'étendit grâce à l'arrivée du chemin de fer, c'est un important centre ferroviaire depuis les années 1870.

En 1906 sa population explosa du fait de l'arrivée des rescapés du tremblement de terre de San Francisco. En 1920, la ville était le centre de nombreuses industries dont l'automobile, la construction de bateaux et la métallurgie. Au cours de la Deuxième Guerre Mondiale, sa prospérité fut d'ailleurs assurée par ses chantiers navals, qui attirèrent une importante main-d'œuvre afro-américaine depuis les Etats du Sud.

Mais tout comme l'industrie automobile, l'industrie navale fut touchée par la crise et périclita, laissant toute une population au chômage. À la fin des années 1960, Oakland, qui avait été plutôt prospère avant la guerre, était dominée par une population beaucoup plus pauvre qu'auparavant. D'où sa réputation de ville dangereuse.

Mais la ville sort actuellement de ce marasme. De plus en plus de *hipsters* s'y installent. Le déménagement des locaux de la compagnie Uber dans la ville en est un beau symbole. Ceux de Pixar se trouvent à dix minutes seulement du centre-ville.

CHABOT SPACE & SCIENCE CENTER ★

10 000 Skyline Boulevard ✆ +1 510 336 7300
www.chabotspace.org
Du mercredi au dimanche de 10h à 17h. Fermé le lundi et le mardi en hiver. Adulte 24 US$, étudiant et senior 19 US$.

Chabot Space & Science Center est une institution à but non lucratif située dans le parc régional de Redwood à Oakland, au milieu de la plus grande forêt de séquoias côtiers d'East Bay. Le centre comprend un planétarium à dôme complet de 241 places, des expositions interactives et pratiques, des artefacts spatiaux, un cinéma à écran géant et le plus grand complexe d'observatoires de recherche, comprenant trois télescopes à grande échelle, régulièrement accessibles au public.

CITY CENTER ★

À l'angle de Broadway et de 14th Street
www.oaklandcitycenter.com
Quartier ouvert à la visite.

Cette grande place est le cœur de Downtown Oakland. Entourée de buildings modernes et de joyaux architecturaux du début du XXe siècle. Sur 13th Street, admirez la Tribune Tower de 1923, siège du journal local, l'*Oakland Tribune*. City Hall est un magnifique établissement beaux-arts de 1914, classé monument historique. Sur la place Frank H. Ogawa, vous trouverez le Rotunda Building construit en 1912. Le mercredi, profitez de petits concerts lors de votre déjeuner. Consultez le site Internet pour le programme. Une place majestueuse !

FOX OAKLAND THEATRE ★★

1807 Telegraph Avenue
✆ +1 510 302 2250
www.thefoxoakland.com
Billetterie sur place ouverte 1h30 avant le spectacle. Programmation sur le site Web.

© EDDIE-HERNANDEZ.COM - SHUTTERSTOCK.COM

Le cinéma *Fox Oakland Theatre* ouvre ses portes en 1928. D'inspiration mauresque, le bâtiment est surmonté d'une coupole recouverte de mosaïques bleues. Façade très travaillée, c'est un des plus grands cinémas de la baie. Mais, en 1970, suite à des problèmes financiers, le cinéma doit fermer. À la fin de la décennie, il est même question de le raser. Heureusement, le projet est bloqué et le *Fox Theatre* est classé monument historique. Aujourd'hui, il a fait peau neuve et est devenu une salle de spectacles et de concerts prestigieuse.

JACK LONDON SQUARE ★★

À l'angle des rues Broadway et Embarcadero
✆ + 1 510 645 9292
www.jacklondonsquare.com
Farmer's market tous les dimanches de 10h à 15h.

Jack London Square est l'attraction touristique principale du port d'Oakland. Suivez les traces du loup *Croc-Blanc* qui vous emmène faire un circuit dans le quartier, et vous mènera notamment face à la statue de l'écrivain. Sous les palmiers, est reconstituée la véritable cabane en rondins qu'il habita quelques mois à Henderson Creek, au Canada, lors de la Ruée vers l'or du Klondike en 1897-98. Les rondins ont été transportés depuis le Yukon jusqu'ici. Non loin, le Heinold's First and Last Chance Saloon existe toujours et conserve sa table de travail.

LAKE MERRITT ★

Grand Avenue
✆ + 1 510 238 3187
www.lakemerritt.org
Parking payant (2 US$ pour 2 heures, 10 US$ la journée).

Le lac Merritt est un lac urbain étonnamment soumis à la marée, qui se prête merveilleusement à la balade et aux pique-niques. Il comporte des rives herbeuses et plusieurs îles artificielles destinées aux refuges d'oiseaux. On y trouve un centre nautique et un parc d'attractions pour les enfants, le Children's Fairyland. Un sentier de marche et de jogging longe son périmètre, qui fait près de 5 km. Il est possible de louer un bateau à la journée au *boating center* pour partir en mini croisière. De quoi prendre l'air avant de se replonger dans les rues d'Oakland.

SAN FRANCISCO

MAGNIN BUILDING ★★

2001 Broadway
Entrée libre.

© DANIEL J. MACY - SHUTTERSTOCK.COM

Magnifique bâtiment Arts-Déco en marbre et en céramique verte avec de beaux détails sculptés au-dessus des fenêtres. Ce véritable bijou d'architecture conçu en 1931 par le cabinet d'architecture Weeks and Day abritait un grand magasin haut de gamme jusqu'à sa fermeture en 1995. La façade en terre cuite verte et l'ornementation Art déco du bâtiment en font un point de repère important et une attraction touristique locale dans le quartier Uptown. L'intérieur du bâtiment a été entièrement rénové en 2000 et abrite désormais des commerces de détail et des bureaux.

OLD OAKLAND ★

www.old-oakland.com

Ce quartier historique est une succession de maisons victoriennes. Ces bâtisses étaient auparavant de charmants hôtels qui accueillaient les voyageurs descendus des trains qui arrivaient au terminus de la 7th Street, station voisine. C'est aussi le quartier des anciens entrepôts en brique, transformés depuis en restaurants, bistrots, galeries d'art, et bars à la mode. Très agréable, en soirée quand il fait bon et le vendredi matin, pour profiter des produits frais du *Farmer's market*. De charmantes petites boutiques se côtoient sur la *9th street*.

PARAMOUNT THEATRE ★

2025 Broadway
✆ +1 510 465 6400
www.paramounttheatre.com
Ouvert en fonction des spectacles. Des visites guidées sont organisées les premiers et troisièmes samedis du mois à 10h.

Construit en 1931, le *Paramount Theatre* est un théâtre gigantesque multifonction : c'est à la fois un cinéma, une salle de concert, un théâtre et une scène de ballet. Après une série de propriétaires différents, qui peinent à assumer son entretien, il est finalement vendu à la ville pour un dollar symbolique. Aujourd'hui, le Paramount a retrouvé sa splendeur initiale et accueille à nouveau tous les arts. Vous ne pourrez pas rater sa façade impressionnante, représentant un homme et une femme en mosaïques dorées. Le hall grandiose vaut lui aussi le coup d'œil.

AMTRAK

245 Second Street
✆ +1 800 872 7245
www.amtrak.com
Ouvert tous les jours, de 4h15 à 23h30.

La gare principale de l'agglomération de San Francisco se trouve à Oakland et dessert des dizaines de destinations différentes (de Sacramento à Los Angeles). Des bus relient la gare au centre de San Francisco (à *Embarcadero*).

Le légendaire Coast Starlight traverse la côte Ouest des États-Unis du nord au sud (et vice versa) depuis 1971, année de la création d'Amtrak. Avant l'existence de cette dernière, aucun train de voyageurs ne traversait la côte Ouest dans toute sa longueur, l'arrivée du Coast Starlight fut donc révolutionnaire.

OAKLAND INTERNATIONAL AIRPORT

1 Airport Drive
✆ +1 510 563 3300
www.oaklandairport.com

L'aéroport d'Oakland combine vols internationaux et domestiques. Il s'agit du trente-septième aéroport nord-américain en termes de trafic avec plus de 15 millions de passagers par an. Il s'agit d'une plate-forme de correspondance secondaire pour la compagnie Southwest Airlines. Située à 34 km de Downtown San Francisco, la station de l'aéroport est sur la ligne automatique Coliseum-Oakland International Airport qui relie l'aéroport à la station BART Coliseum.

Port d'Oakland.

SAN FRANCISCO BAY FERRY

✆ +1 415 705 8291

sanfranciscobayferry.com

Départs réguliers. 6,50 US$ le trajet simple adulte, 3,30 US$ pour les seniors (+ de 65 ans).

Rendez vous à Oakland en prenant le bateau au Ferry Building à San Francisco, direction Jack London Square. La traversée est très belle : on peut peut profiter du grand air sur le pont (attention néanmoins à vous couvrir, il y a beaucoup de vent), on a une vue magnifique sur Alcatraz et sur le Golden Gate à l'horizon, et l'arrivée via le port industriel d'Alameda est spectaculaire. On arrive en plein centre-ville d'Oakland, ce qui est évidemment très pratique. En plus le billet n'est pas cher. Vous en regretterez pas le voyage !

WATERFRONT HOTEL €€€

10 Washington Street

✆ +1 510 836 3800

Chambre double à partir de 260 US$. Piscine chauffée. Sauna ouvert 24/24. Salle de gym. Parking 32 US$.

Sous ses allures de grande maison du pêcheur, cet hôtel remis à neuf en 2019 de la compagnie Joie de Vivre abrite de grandes chambres luxueuses dont certaines bénéficient d'un balcon d'où l'on profite d'un superbe panorama sur la baie de San Francisco. La classe à l'américaine ! Idem pour la piscine qui permet de barboter en profitant d'une vue tout simplement imprenable. Le tout sur le Jack London Square, donc en plein centre-ville. Pour parfaire le tableau, l'hôtel propose des dégustations de fromage et de vin en semaine de 17h à 18h.

WASHINGTON INN €€

495 10th Street

✆ +1 510 452 1776

www.thewashingtoninn.com

Chambre double à partir de 133 US$. 4 pers max par chambre, sans frais supplé. Petit déjeuner continental inclus.

Cet hôtel est idéalement situé en plein centre d'Old Oakland et à deux pas du Convention Center. L'accueil y est immense et un peu froid. Rien de vraiment charmant, mais les 47 chambres de l'hôtel sont confortables et bien tenues. Jack London Square, plusieurs autoroutes et la gare menant au centre-ville de San Francisco sont tous à proximité. Wifi gratuit et restaurant sur place. Ce n'est pas ici que vous irez pour votre lune de miel, mais si vous souhaitez passer une nuit rapide à Oakland, le Washington Inn fera parfaitement l'affaire.

CAFFE 817 €

817 Washington Street

✆ +1 510 271 7965

www.caffe817.com

Ouvert du lundi au vendredi de 7h30 à 17h et le week-end de 8h30 à 15h. Sandwiches et salades autour de 12 US$.

Installé au sein du Swan's Market, ce joli café tradi mais design, d'inspiration italienne, étale ses petites tables métalliques en terrasse les jours de beau temps et on succombe à la tentation. Ambiance décontractée et sympathique. On y mange simplement mais très bien et on y découvre les peintures et photos d'artistes de la baie, qui changent régulièrement et qu'on peut acquérir en cas de coup de foudre. Thématiques mensuelles autour du vin français, des cookies, de la bière, du sandwich ou du cookie. Impeccable pour l'apéritif !

CHOLITA LINDA €

4923 Telegraph Avenue
✆ +1 510 594 7610
www.cholitalinda.com
Ouvert tous les jours de 11h à 22h. Tacos à 3,50 US$, sandwiches et plats autour de 12 US$.

Tout Oakland se presse dans ce restaurant d'inspiration péruvienne pour déguster de succulents *tacos*. Il faudra donc souvent prendre son mal en patience avant de pouvoir s'installer. Une fois assis, on vous recommande de commander celui au poisson frit croustillant avec de la sauce rouge, de la salade de chou et de la crème fraiche légère. Ou celui au porc braisé accompagné de sauce chipotle-tomatillo et oignons. Pour l'anecdote, Cholita Linda désigne la mère péruvienne de la patronne. Ce terme affectueux désigne une fille autochtone, jolie et douce.

PLANK €

98 Broadway Street
✆ +1 510 817 0980
www.plankoakland.com/
Tous les jours de 11h à minuit et jusqu'à 1h du matin le week-end. Happy hour du lundi au vendredi de 15h à 19h.

Sur la place animée donnant sur le port, au cœur de Jack London Square, ce restaurant à l'américaine propose burgers, pizzas, tacos et ses fameuses *tater tots*. Des télévisions pour visionner les matchs sont présentes un peu partout à l'extérieur comme à l'intérieur de l'établissement. Des jeux extérieurs comme le *corn hole* et le *bocce ball* (ressemblance avec notre jeu de pétanque) sont à expérimenter si vous êtes plusieurs. Le *beer garden* à l'extérieur propose un choix de 48 bières à la pression. Une excellente adresse pour profiter du moment et s'amuser.

BOOT AND SHOE SERVICE €€

3308 Grand Avenue
✆ +1 510 763 2668
www.bootandshoeservice.com
De 8h à midi et de 17h30 à 22h en semaine, de 11h à 15h et de 17h30 à 22h30 le samedi et jusqu'à 21h30 le dimanche.

Installé dans une ancienne cordonnerie, l'ancien de Chez Panisse, le chef Charlie Hallowell, propose une sélection quotidienne d'*antipasti*, de pizzas cuites au feu de bois dans le four a l'entrée et de plats italiens typiques. Les pizzas, dont la fameuse Margherita, sont un incontournable bien sûr, mais laissez vous tenter par les plats du jour, préparés avec les produits du marché qui jouent avec justesse entre les goûts, les couleurs et les textures. On a adoré la *burrata* accompagnée de tranches de fenouil, d'amande et de kaki !

THE FAT LADY €€

201 Washington Street
✆ +1 510 465 4996
www.thefatladyrestaurant.com
Ouvert du lundi au vendredi de 11h30 à 22h, le samedi de 9h à 23h, et le dimanche jusqu'à 15h.

La carte de ce restaurant est très atypique, avec un large choix d'omelettes et de cocktails pour le *brunch* et des viandes grillées pour le dîner. Même si la terrasse est agréable, le décor de l'intérieur a été pensé jusqu'au bout. Quand on pousse la porte de *The Fat Lady*, on entre dans un cabaret insolite, amusant et très décalé : lampions et papier à musique accrochés au plafond, bonhomme grandeur nature dans les toilettes, etc. Le *must* : avoir une table dans l'alcôve dorée où tout brille... A essayer de toute urgence si vous passez par Oakland !

HEINOLD'S FIRST AND LAST CHANCE

48 Webster Street
✆ +1 510 839 6761
www.oaklandsaloon.com
Ouvert lundi de 15h à 23h, du mardi au mercredi de midi à 22h, jeudi, vendredi et samedi jusqu'à 23h30.

Ce petit *saloon* en bois ouvert en 1884 a résisté aux tremblements de terre de 1906 et 1989. On peut déguster sa boisson à l'extérieur tout en regardant les bateaux naviguer. A l'intérieur, la décoration fait référence au passé de l'Amérique : la guerre du Vietnam, la Prohibition et les deux guerres mondiales. On y retrouve l'ambiance qui régnait à l'époque où, enfant, Jack London y faisait ses devoirs. C'est à Heinold, le patron d'alors, qu'il avoua ses envies d'écriture.

YOSHI'S JAZZ CLUB

510 Embarcadero West
✆ +1 510 238 9200
www.yoshis.com
Restaurant ouvert du lundi au mercredi de 17h30 à 21h, du jeudi au samedi jusqu'à 21h30, et le dimanche de 17h à 21h.

Yoshi's, du nom de son fondateur Yoshie Akiba, a ouvert en 1972 comme un petit bar à sushis du nord de Berkeley. Au cours des 40 années suivantes, Yoshi's est devenu l'une des salles de jazz les plus respectées au monde, en plus d'être un excellent restaurant japonais. Aujourd'hui, Yoshi's est une salle de 310 places dotée d'un système audio et d'un design à la pointe de la technologie, le tout au cœur du Jack London Square d'Oakland. Sous la direction de l'actuel directeur artistique Daniel Grujic, le lieu s'est ouvert au jazz fusion.

MARIN HEADLANDS ★★★

Falaises balayées par le vent, vue superbe sur la baie de San Francisco, vallée préservée des constructions et ravissantes plages : les Marin Headlands sont une péninsule vallonnée se trouvant à l'extrémité sud du comté de Marin. Elles se situent en face de San Francisco, dont elles sont séparées par le Golden Gate. Le territoire entier est sous la juridiction du parc national Golden Gate National Recreation Area. Le point culminant des Marin Headlands est la colline Hawk Hill, d'une hauteur de plus de 280 mètres. Elle constitue le point d'observation privilégié de la plus grande concentration de rapaces diurnes des Etats de la côte pacifique.

POINT BONITA LIGHTHOUSE ★

www.nps.gov/goga/pobo.htm

Ouvert au public du samedi au lundi de 12h30 à 15h30. Un sentier de randonnée de 800 mètres conduit au phare.

Phare historique qui date de 1855, le *Point Bonita Lighthouse* est relié à la terre par un pont suspendu. Indispensable en cette partie de la côte, recevant tous les brouillards du Pacifique, il a été construit après le naufrage de nombreux navires avant d'être doublé d'une corne de brume en 1872. Vue saisissante sur le Pacifique. Un guide y propose des randonnées guidées au coucher du soleil tous les samedis de l'été, au cours desquelles il partage ses connaissances sur la géologie, l'écologie et, bien sûr, l'histoire de Point Bonita.

MONT TAMALPAIS ★★

801 Panoramic Highway

✆ +1 415 388 2070

Ouvert tous les jours de 7h jusqu'au coucher du soleil. Entrée gratuite.

C'est l'un des plus beaux points de vue de la région. Pour avoir le plus beau panorama possible sur la baie de San Francisco, empruntez la Panoramic Highway puis la Ridgecrest Road, qui vous emmèneront presque au sommet du mont Tamalpais, qui culmine à 784 mètres d'altitude. Laissez votre véhicule au parking payant. Il ne vous reste que quelques minutes de montée facile. Depuis le sommet, le panorama à 360 degrés est à couper le souffle : vous verrez jusqu'à San Jose et, par beau temps, jusqu'à Sacramento. Sinon, profitez des 160 km de sentiers de randonnée.

VISITOR CENTER

Fort Barry

✆ +1 415 331 1540

www.nps.gov/goga/marin-headlands.htm

Ouvert tous les jours de 9h30 à 16h30.

Pour toutes les informations sur le parc et les campings. Cartes du parc mises à disposition des randonneurs. *Rangers* à l'accueil, très chaleureux. Conseils éclairés sur les dernières actus, calendrier des événements à venir... Sans compter que c'est le seul endroit où l'on peut acheter des snacks dans les alentours, au cas où vous seriez en rupture de stock de barres énergisantes ! Le Visitor Center est le spot incontournable pour préparer au mieux votre séjour dans ce petit bijou de nature préservée que sont les Marin Highlands.

Point Bonita Lighthouse.

SAUSALITO ★★★

Première étape sur la côte nord, de l'autre côté du Golden Gate Bridge, Sausalito est une petite ville tranquille que l'on compare souvent à Saint-Tropez, une sorte de petit port de pêcheurs méditerranéen en version américaine.
Mais à l'époque de la Prohibition, Sausalito était un village de bars, de tripots, de maisons closes. Dans les années 1940, avec la création de chantiers navals, Sausalito changea de caractère. On distingua dès lors le haut et le bas. En bas, étaient les Wharf Rats. En haut, se dressaient les belles maisons victoriennes et les propriétés de villégiature des Hill Snobs. Les « *rats du port* » et les « *snobs des collines* » pour une petite commune ! Epoque révolue. Dans les années 1960, des artistes bohèmes investissent les *house boats*, maisons flottantes au charme fou.
Aujourd'hui, les amoureux de la navigation de plaisance ont pris possession de ce lieu si charmant, faisant face à la baie et adossé à l'océan. Centre de yachting, port de plaisance, maisons de bois élégantes, galeries d'art, boutiques branchées, restaurants et cafés sont le lot de cette jolie bourgade bien sous tous rapports.
Pour les amoureux du cinéma : le long de Bridgeway, l'axe principal de la ville, à l'intersection avec Richardson Street, un restaurant construit en 1893. Il s'appelait alors le Walhalla (aujourd'hui le Valhalle). C'est là que fut tourné, en 1940, le film d'Orson Welles, *La Dame de Shanghaï* avec Orson Welles et la belle Rita Hayworth dans les rôles principaux.

SAN FRANCISCO

HEATH CERAMICS ★

400 Gate Five Road
✆ +1 415 332 3732
www.heathceramics.com
Showroom ouvert du lundi au jeudi de 10h à 18h, les vendredis et samedis de 10h à 19h et le dimanche de 11h à 18h.

Un des derniers ateliers de confection de poteries et de tuiles en terre cuite. *Heath Ceramics* a vu le jour en 1959 à Sausalito, avant de se développer dans d'autres villes californiennes. De beaux produits d'artisanat, dont les procédés de confection sont exposés lors d'une visite guidée gratuite. A ne pas manquer ! Parfait si vous souhaitez ramener des cadeaux ou souvenirs authentiques de votre séjour en Californie, comme des vases, des bols, des assiettes, des verres... Tarifs un peu élevés cependant, prévoir une carte Gold.

SAUSALITO VISITOR CENTER

780 Bridgeway
✆ +1 415 332 0505
www.sausalito.org
Ouvert du mardi au dimanche de 11h30 à 16h.

Petit centre de visiteurs, qui dispose de *flyers* très bien faits présentant les différents établissements de Sausalito. Les conseils sont délivrés par des volontaires amoureux de leur ville. Vous y apprendrez tout sur cette jolie bourgade connue pour ses maisons victoriennes, ses maisons flottantes, ses hôtels de luxe et, avant tout, son joli port de plaisance. Si vous voulez grimper sur un bateau à voile pour faire un tour dans la baie de San Francisco, c'est un excellent point de départ. Bienvenue dans le Saint-Tropez californien !

HOTEL SAUSALITO €€

16 El Portal
✆ +1 415 332 0700
www.hotelsausalito.com
Chambre et suite à partir de 175 US$, selon la vue et le nombre de lits.

Juste à côté du Gables Inn, cet hôtel rappelle la Côte d'Azur. Couleurs chaudes, terrasses ombragées, chambres lumineuses. Ouvert depuis 1915, il fut un bordel avant de devenir un lieu de rendez-vous pendant la Prohibition. Plusieurs séquences de films ont été tournées dans l'établissement. Les chambres sont confortables et rénovées les unes après les autres depuis quelques mois. Pensez à bien réserver en avance d'avril à novembre, l'hôtel au très bon rapport qualité prix se retrouvant très souvent pris d'assaut durant cette saison.

CAVALLO POINT €€€

601 Murray Circle
✆ +1 415 339 4700
www.cavallopoint.com
Chambres et suites à partir de 409 US$ en basse saison et 489 US$ en haute saison.

Les différents bâtiments de ce lodge encadrent un jardin luxuriant et une petite chapelle en bois blanc fait office de salle de yoga. Dans chacune des maisons qui accueillent les 142 chambres, on séjourne soit dans un décor hyper contemporain, soit dans un décor plus classique, au choix ! Pensez à demander une chambre avec vue au moment de la réservation. Meubles en bambou recyclé dans toutes les chambres, tapis en fibres organiques, panneaux solaires et système de recyclage de l'eau. Spa, restaurant, vue sur la baie de San Francisco et le Golden Gate Bridge.

INN ABOVE TIDE €€€

30 El Portal
✆ +1 415 332 9535
www.innabovetide.com
Chambre double à partir de 385 US$, suites à partir de 845 US$.

Les chambres sont situées juste au-dessus de l'eau, déployant une vue exceptionnelle sur la baie de San Francisco. Rénovées en 2013, elles offrent confort et luxe pour un séjour inoubliable. La plupart ont une cheminée et un bain bouillonnant et disposent d'un balcon privé joliment décoré de chaises longues, fauteuils et de plantes. Service efficace et discret. Le petit déjeuner, gargantuesque, peut être pris dans sa chambre comme dans la salle de réception. L'hôtel dispose d'un spa, auprès duquel on peut commander des massages que l'on reçoit dans sa chambre.

BAR BOCCE €€

1250 Bridgeway
✆ +1 415 331 0555
www.barbocce.com
Ouvert la semaine de 11h30 à 22h et le week-end de 11h à 22h.

Situé en bord de mer, le Bar Bocce est un incontournable du week-end pour les San-Franciscains en balade dans le nord. La carte, aux influences italiennes, est principalement composée de délicieuses pizzas à la pâte fine et croustillante, mais les entrées valent aussi le détour ! Laissez-vous tenter par les calamars à la plancha ou les petits poivrons shishito grillés au four. L'endroit est idéal pour sortir de l'effervescence de la ville et profiter d'une escapade dépaysante au calme. A noter, un terrain de pétanque est à disposition !

SCOMA'S €€

588 Bridgeway
✆ +1 415 332 9551
www.scomassausalito.com
Ouvert tous les jours de 11h30 à 21h, le vendredi et le samedi jusqu'à 22h.

Ce restaurant installé dans une maison victorienne datant de la fin du XIXe siècle, au bout d'un ponton de bois sur la mer, est probablement le restaurant le plus connu et réputé de Sausalito. Vous y trouverez le midi de délicieux sandwichs réalisés à partir de succulents fruits de mer, très frais, ainsi que des plats raffinés servis au dîner. Le menu s'oriente surtout sur les produits de la mer, mais les amateurs de viande pourront aussi se régaler de quelques propositions alléchantes. La vue est, quant à elle, extraordinaire.

TIBURON ★

Ce petit village cache bien son jeu : c'est ici que les San-Franciscains (très) fortunés ont fait construire de belles villas sur la baie. Très calme, il n'y a pas grand-chose à y faire si ce n'est prendre le ferry pour Angel Island. Mais ne pas s'y arrêter, ne serait-ce que pour boire un café, serait dommage. Son unique rue (Main Street) mérite le détour avec cafés, bars et restaurants où l'on mange d'ailleurs très bien. Prenez le temps de vous asseoir sur un des nombreux bancs qui longent la baie et admirez le paysage. Si vous passez à la fin septembre, le *Festival de la bière* rassemble dans une bonne ambiance des visiteurs venus de toute la région.

© CORIN - SHUTTERSTOCK.COM

Tiburon.

LODGE AT TIBURON €€

1651 Tiburon Boulevard
✆ +1 415 435 3133
lodgeattiburon.com
Chambre double à partir de 271 US$. Restaurant et bar. Piscine et Jacuzzi. Salle de gym. Business center.

À seulement une vingtaine de minutes de San Francisco, cet hôtel est un havre de paix. La centaine de chambres est disposée autour d'une piscine où il fait bon se relaxer. Chacune des chambres dispose d'un balcon avec vue sur les montagnes ou d'un accès au patio. Un joli *deck* en bois, aménagé avec goût, vous permet de prendre l'apéritif avant de s'attabler à la *Tavern*, très bon restaurant de l'hôtel. De plus, l'accueil et le service sont charmants. L'établissement profite également de son équipement pour accueillir des conventions d'entreprises.

WATERS EDGE HOTEL €€€

25 Main Street
✆ +1 415 789 5999
www.watersedgehotel.com
Chambre double à partir de 320 US$. Petit déjeuner inclus. Parking : 15 US$. Wifi gratuit. Réservation recommandée.

Le grand luxe ! Les chambres sont somptueuses, l'atmosphère chic. Le petit-déjeuner est servi dans les chambres. Une dégustation de vin est offerte tous les jours entre 17h et 18h. L'hôtel est situé directement sur la baie, un vrai bonheur de pouvoir bénéficier de la vue sur la skyline de San Francisco. La terrasse en bois à l'étage est particulièrement agréable les jours de beau temps. De plus l'hôtel n'est situé qu'à une minute du port des ferries. Cela dit, une chambre double vaut autour de 300US$... Mais quand on aime on ne compte pas !

CAFFEE ACRI €

1 Main Street
✆ + 1 415 435 8515
https://www.caffeacri.com/
En semaine de 6h à 18h30, et le week-end à partir de 7h.

Au début de la rue principale, on peut venir manger un bout dans ce petit café restaurant sans prétention et aux prix raisonnables pour cette ville qui peut parfois faire fuir à cause de ses notes élevées. Belle sélection de sandwichs italiens, de cafés de tous les genres à commencer par le café frappé qui fait beaucoup d'émules ici, en plus de quelques smoothies auxquels on ne dit pas non, surtout par beau temps. On trouve enfin au Caffe Acri des habitués engagés dans des parties de bridge endiablées. Une adresse bien sympathique.

SAM'S ANCHOR CAFÉ €€

27 Main Street
✆ +1 415 435 4527
www.samscafe.com
Du lundi au vendredi de 11h à 21h30, le week-end à partir de 9h30. Bar ouvert jusqu'à 1h30 les vendredis et samedis.

Sam Vella, un Maltais, décide en 1920 d'ouvrir ce restaurant après avoir travaillé sept années dans des hôtels de San Francisco. Au tout début ce n'est qu'une tente plantée sur Tiburon Beach où il vend des sandwichs. Aujourd'hui, *Sam's Café* est connu de tous et certains San-Franciscains font la queue pour pouvoir y déguster les fruits de mer du jour, face à l'océan. L'ambiance y est très chaleureuse et les produits de la mer, spécialité de la maison, sont excellents. Par ailleurs, ce qui ne gâche rien, les prix ne sont pas exorbitants. Belle carte des vins.

ANGEL ISLAND STATE PARK ★

Cette île magnifique a un passé chargé. Au cours des deux guerres mondiales, les soldats partant et revenant du combat transitaient par les camps d'Angel Island. Outre son histoire militaire, l'île est surtout connue pour avoir été un centre d'immigration, tout comme Ellis Island à New York. Les migrants asiatiques furent ainsi retenus sur l'île pour des séjours injustement prolongés, notamment après le *Chinese Exclusion Act* de 1882. Aujourd'hui, c'est un parc national inhabité, et l'île naturelle la plus grande de la baie. On vient faire des excursions pédestres ou à vélo pour profiter du calme ambiant et de la vue exceptionnelle sur San Francisco.

ANGEL ISLAND STATE PARK

✆ +1 415 435 3392
www.angelisland.com
Ouvert de 8h au coucher du soleil tous les jours.

▸ **Activités** : Visite guidée en tram, location de vélos, visite de l'Immigration Station, tours en *segway* ou en scooter... Notre préférée ? Explorer l'île en solo, à la découverte de ses sentiers de randonnée ! Le 4 juillet, la vue sur la baie permet d'admirer les feux d'artifice comme nulle part ailleurs...

▸ **Restauration** : un café est ouvert tous les jours de 10h à 15h. Possibilité de commander une *lunch box* (15 US$) pour emporter son déjeuner. Sandwichs et *wraps* à partir de 9 US$. Une *cantina* mexicaine est ouverte le week-end. Musique *live* entre juin et octobre.

ANGEL ISLAND FERRY

21 Main Street
✆ +1 415 435 2131
www.angelislandferry.com
15 US$ l'aller-retour pour les adultes, 13 US$ pour les enfants de 6/12 ans, 5 US$ pour les 3/5 ans.

La compagnie de ferry Angel Island-Tiburon est un service de ferry privé, qui relie le terminal de ferry de Tiburon au terminal de ferry d'Ayala Cove sur Angel Island. Le ferry circule tous les jours sauf Thanksgiving et Noël. Il assure la liaison en 12 minutes. On relève de deux à quatre rotations par jour selon le jour et la saison. Pour la petite histoire, la compagnie est détenue et exploitée par une même famille depuis 1959. À l'origine, son fondateur Samuel McDonogh gagnait sa vie en chassant les canards et les oies sauvages sur l'île McDonogh à Petaluma.

PALO ALTO ★★

Cette ville de 45 000 habitants est située au cœur de la Silicon Valley. Son nom, *grand arbre* en espagnol, fait référence au sequoia d'El Palo Alto Park, également emblème de l'université de Stanford. Lieu de résidence des patrons de start-up, des employés de grandes entreprises technologiques et des étudiants et professeurs, le niveau de vie est très élevé. Palo Alto fit office d'incubateur d'entreprises pour un grand nombre de sociétés high-tech dont Google, Facebook, Logitech mais aussi plus récemment Pinterest et Paypal. Aujourd'hui, des sociétés comme Tesla, Hewlett-Packard ou encore Skype y sont installées.

La ville se compose de plusieurs centres : Dowtown Palo Alto avec ses magasins, restaurants et cafés sur University Avenue, le Business District, et East Palo Alto, quartier pauvre en voie de réhabilitation. D'abord majoritairement habité par des Afro-Américains avant les années 1990, East Palo Alto a ensuite vu sa population latino exploser. Aujourd'hui, de jeunes *techs* et entreprises viennent s'y installer. S'arrêter à Palo Alto pour une nuit peut s'avérer vraiment intéressant pour s'immerger dans cette ambiance *business* de la Silicon Valley. De nombreux hôtels et restaurants de qualité sont situés dans la ville, proposant des services à destination des touristes comme des voyageurs d'affaires venus s'enquérir des dernières technologies montantes. Durant votre passage, il faudra bien sûr visiter le campus de Stanford University, réputé pour être un des plus beaux des États-Unis.

COMFORT INN €

3945 El Camino Real

✆ + 1 650 493 3141

Chambre double à partir de 93 US$. Petit déjeuner inclus. Wifi et parking gratuits. Business center.

Situé à une dizaine de minutes du centre-ville en voiture, le motel Confort Inn de Palo Alto a pour principal avantage ses prix qui peuvent être étonnamment bas pour la ville, à condition de s'y prendre bien à l'avance. Côté ambiance, la décoration est simple et épurée, les chambres sont grandes et confortables, mais rien de charmant on est ici dans de l'hôtellerie standardisée. On vient ici pour dormir avant de reprendre la route. Cela dit, on y trouve tout de même une vaste piscine qui peut être bien utile pour se rafraîchir en été.

CARDINAL HOTEL €€

235 Hamilton Avenue

✆ + 1 650 323 5101

www.cardinalhotel.com

Chambre double à partir de 208 US$. Petit déjeuner inclus pour les chambres avec SDB.

Cet hôtel historique construit en 1924 est situé en plein centre-ville. Cela permet de se rendre à pied dans toutes les attractions principales de la ville et la Stanford University n'est située qu'à deux kilomètres. Le *lobby* de l'hôtel vous plonge dans l'histoire du vieux Palo Alto, de par son style renaissance espagnole qui a su garder un vrai cachet, grâce à de nombreuses antiquités d'époque : cheminée ancienne, coffre fort, luminaires... Les chambres sont quant à elles très confortables et modernes pour rester à la pointe de la modernité.

Palo Alto.

COWPER INN €€

705 Cowper Street
✆ +1 650 327 4475
www.cowperinn.com
Chambre double à partir de 179 US$ avec SDB partagée, 200 US$ avec SDB privée.

Beaucoup de charme pour cette maison victorienne de 13 chambres, située dans le quartier calme de Professorville. Une adresse conviviale et relativement bon marché pour les environs de Stanford. Petit déjeuner à base de produits du terroir. Pour manger : l'excellent *Siam Orchid* (cuisine thaï biologique) est à deux pas, ou vous pouvez demander à Joji Arellano de vous préparer un bon petit plat sur commande. Joji est très sympathique et se débrouille en français, ce qui permet aux non-anglophones d'obtenir de bons conseils sur la région.

GARDEN COURT €€€

520 Cowper Street
✆ +1 650 322 9000
www.gardencourt.com
Chambre double à partir de 462 US$. Petit-déjeuner inclus. Wifi gratuit. Fitness et business center.

Un hôtel de grand luxe, le seul en plein centre-ville de Palo Alto. Un bel escaler, un grand arbre devant la façade, et les soixante-deux chambres ont été redécorées en 2015 et sont parées de mobiliers comme de matériaux ultra luxueux qui vous assurent un séjour des plus confortable et raffiné. L'attention est donnée au détail, dans cet hôtel où chaque petit coin est aménagé avec goût et raffinement. Bien sûr, les prix s'alignent avec le décor et la clientèle très huppée qui fréquente l'établissement ne lésine pas sur les pourboires !

NOBU HOTEL EPIPHANY PALO ALTO €€€

180 Hamilton Avenue
✆ +1 800 224 6000
Chambre double à partir de 543 US$. Parking : 30 US$. Wifi gratuit. Restaurant et bar. Business center.

Un très bel hôtel qui compte quatre-vingt six chambres très élégantes, dont la plupart disposent d'un balcon avec une jolie vue sur les alentours. *Design* et contemporanéité sont les maîtres mots de la décoration. Plus fréquentés par des *business men* en semaine, l'hôtel s'ouvre à une ambiance plus touristique le week-end. Ambiance sereine et *casual*. Le restaurant de l'hôtel, dirigé par le chef Nobu Matsuhisa, ami de Robert de Niro et de renommée mondiale, est aussi très réputé.

ROSEWOOD SAND HILL €€€

2825 Sand Hill Road
✆ +1 650 561 1500
www.rosewoodsandhill.com
Chambre double à partir de 1111 US$. Petit déjeuner inclus. Restaurant et bar. Piscine. Salle de gym.

Cet hôtel de luxe récent, avec restaurant panoramique, donne sur les montagnes de Santa Cruz. Magnifique piscine et chambres à la décoration très élégante. Plusieurs types : de la simple chambre double à la villa au décor exceptionnel. Un cadre parfait pour se relaxer au cœur de la Silicon Valley, entouré de forêts de pins. L'hôtel est aussi doté d'un Spa et d'un excellent restaurant, le *Madera*, qui viennent compléter la carte luxe du *Rosewood*. Les prix des chambres ne sont pas donnés, mais vous êtes ici dans le haut du panier.

BISTRO MAXINE €

548 Ramona Street
✆ + 1 650 323 1815
www.bistromaxine.com
Ouvert tous les jours de 7h à 13h30. environ 15 US$ la galette, 5 US$ la crêpe sucrée.

Ce petit bistrot à la française et au succès certain s'est agrandi en 2015, prenant de vraies allures d'établissement parisien. Grâce à ce nouvel espace, les cartes des vins et des bières se sont étendues, et les crêpes, toujours aussi bonnes, s'accompagnent merveilleusement de ces nectars californiens et européens. Côté crêpes, le salé comme le sucré sont recommandés, et pour le petit déjeuner on se régale de gourmandises, comme une bonne baguette, un croissant ou une belle salade de fruits. De quoi vous régaler comme au pays !

TACOLICIOUS €

632 Emerson St
✆ +1 415 649 6077
Ouvert du dimanche au mercredi de 11h30 à 22h, jusqu'à 23h jeudi, et minuit vendredi et samedi. Sans réservation.

Une vraie réussite que cette jeune enseigne fondée en 2009 par Joe Hargrave. Le premier *Tacolicious* était un petit stand au marché du jeudi de Ferry Plaza Farmers Market à San Francisco. Aujourd'hui *Tacolicious*, ce sont quatre restaurants à succès, trois à San Francisco et celui-ci à Palo Alto plébiscité par les étudiants de Stanford et les résidents. *Brunch, lunch, dinner* confondus vous avez le choix des *tacos* et des salades. Et chaque jour des nouveautés selon les approvisionnements de saison. Plus les cocktails, vins, bières, téquilas...

THE FISH MARKET €€

3150 El Camino Real

+1 650 493 8862

www.thefishmarket.com

Ouvert tous les jours de 11h à 21h. Spécialités à partir de 20 US$.

C'est le premier Fish Market, il a été fondé en 1976. Vous avez le choix entre plusieurs salles. Le restaurant est comme une longue cabane de bois décorée de grandes photos de pêche et de pêcheurs, dont certaines *vintage*, en noir et blanc. Ambiance bistrot, cuisine ouverte et comptoir de vente de poisson, car la maison a sa propre entreprise de poissonnerie. Les huîtres sont délicieuses, mais notre préférence va au *warm crab and artichoke dip*, une entrée chaude mariant fromage, crabe et artichaut dans un petit caquelon sorti du four.

YOGA SOURCE

158 Hamilton Avenue

+ 1 650 328 9642

www.yogasource.com

Cours chaque jour de 5h45 à 21h - 22h. Consulter le planning sur le site. 1 cours : 30 US$. Location de matelas : 2 US$.

Salle de yoga réputée dans toute la région pour l'excellence de ses cours depuis son ouverture il y a 25 ans à Palo Alto. Au programme, différents styles de yoga : bikram, vinyasa, pilates, power yoga, yin, hot 26... On dénombre en tout 42 instructeurs qui donnent 71 cours différents. La plupart de ces cours sont donnés dans une salle chauffée, pour maximiser vos chances de garder la ligne ! Venir avec sa bouteille d'eau, location de matelas sur place. Yoga Source a été élu meilleur studio de yoga à Palo Alto cinq années de suite.

STANFORD ★★

L'histoire de Stanford débute en 1876 quand le gouverneur de Californie et magnat des chemins de fer, Leland Stanford, décide d'acheter un terrain dans la vallée pour y bâtir une simple ferme. Bouleversé par la mort de son fils, en 1884, il entreprend le projet de fonder une université sur cette même terre pour investir dans l'avenir des enfants de Californie.

Les Stanford font appel à l'architecte paysagiste de Central Park à New York pour construire le campus de Stanford, qui ouvre en octobre 1891 avec 559 étudiants des deux sexes, qui sont aujourd'hui 15 000. L'université privée est réputée dans le monde entier, particulièrement quant à l'excellence de son enseignement en électronique et informatique. Plus de 100 000 personnes viennent visiter son campus chaque année, réputé pour être l'un des plus beaux des États-Unis.

L'université de Stanford compte par ailleurs un magnifique arboretum où l'on recense plus de 350 espèces de plantes, dont des eucalyptus, des *Washingtonia filifera*, des dattiers des Canaries, des *Quercus agrifolia*, des cèdres de l'Himalaya et des sapins de Sainte-Lucie. Il comprend également le Arizona Cactus Garden, un jardin botanique peuplé de cactus, de plantes succulentes, d'arbres de jade et d'aloès. Il a été planté au départ entre 1880 et 1883 par la famille Stanford et organisé par l'architecte paysagiste Rudolph Ulrich. On trouve enfin dans ce complexe l'auguste Stanford Mausoleum, où reposent Leland Stanford, Jr. et ses parents Leland et Jane Stanford.

THE STANFORD THEATRE

221 University Avenue

+ 1 650 324 3700

stanfordtheatre.org

Ticket à acheter le jour même sur place : 7 US$ par adulte, et 5 US$ pour les moins de 18 ans et les plus de 65 ans.

Ce magnifique cinéma ouvert en 1925 a été pendant des décennies le premier cinéma de la ville, présentant les dernières sorties du moment. Puis, tombé en ruines, il a fallu attendre la fin des années 1980 pour sa réhabilitation. Aujourd'hui, il a retrouvé sa splendeur d'antan et l'association à but non lucratif qui le dirige y rediffuse les grands classiques du cinéma hollywoodien. Parfait pour une soirée originale, dans un contexte majestueux tout en dorures. Il était fermé pendant la crise du covid, mais devait rouvrir incessamment.

HOOVER TOWER ★

550 Serra Mall

+1 650 723 2053

visit.stanford.edu/

Ouvert tous les jours de 10h à 16h. Fermé durant les examens de fin d'année et les jours fériés.

La tour Hoover fait partie de l'Institut Hoover dont les chercheurs se consacrent à la guerre, la révolution et la paix. Il s'agit d'un des principaux centres de recherche du campus ; les neufs premiers étages abritent une bibliothèque qui contient plus de 1,6 millions de livres sur la vie sociale, politique et économique du XXe siècle. Une plate-forme d'observation est située au 14e étage de ce campanile construit en 1941 pour fêter les 50 ans de l'université. L'ascenseur vous y mènera pour une vue panoramique sur le campus.

STANFORD UNIVERSITY ★★★

295 Galvez Street ✆ +1 650 723 2560
www.stanford.edu
Visitor Center ouvert de 8h30 à 17h, et de 10h à 17h le week-end. Tours gratuits du campus (1h) de 11h à 15h15.

Rivale de Yale, de Cambridge, de Harvard et du MIT pour la qualité de son cursus, l'université bénéficie, en outre, d'un climat et d'un cadre enchanteur, avec un parc de 3 200 ha piqué de palmiers, 19 bibliothèques, un stade nautique et un terrain de golf. Il y fait bon vivre et étudier toute l'année. Toutefois, les frais de scolarité très élevés réservent bien sûr ce petit paradis à une minorité d'étudiants, d'autant plus que l'établissement est devenu l'établissement le plus sélectif du pays, avec un taux d'admission de seulement 5,2 % en 2020.

La plupart des petits génies de la Silicon Valley sortent de Stanford. Plus de 300 sociétés basées dans la région ont été fondées et sont dirigées actuellement par d'anciens étudiants. Un exemple typique de cette réussite universitaire : en 1938, deux étudiants nommés Hewlett et Packard fondent, sur les conseils de leur professeur Frederick Terman, leur première société d'électronique après avoir conçu un audio-oscillateur électronique dans un garage de Palo Alto. Aujourd'hui, le siège de la société Hewlett-Packard à Palo Alto emploie 5 000 personnes. Leur ancien garage, situé au 367 Addison Avenue derrière une maison privée, est considéré comme le lieu de naissance de la Silicon Valley. Une plaque indique d'ailleurs « *The birthplace of Silicon Valley* ». L'université compte aussi parmi ses anciens élèves de nombreux chefs d'entreprises : Steve Ballmer, le PDG de Microsoft, Philip Knight, le PDG de Nike, David Filo et Jerry Yang, fondateurs de Yahoo, ainsi que les fondateurs de LinkedIn, Instagram, Snapchat... La liste est longue. Cependant, la plus célèbre réussite attachée à Stanford reste celle des fondateurs de Google (Sergey Brin et Larry Page), encore étudiants lorsqu'ils fondèrent leur entreprise à la fin des années 1990. Des célébrités du monde du sport et du cinéma sont aussi passées par l'université de Stanford comme Reese Witherspoon, Jennifer Connelly ou encore Tiger Woods. Parmi ses professeurs et chercheurs, l'université compte 15 prix Nobel.

En 2019, Stanford est classée deuxième université mondiale, derrière le MIT et devant Harvard.

S'étalant sur 32 km², le campus recèle par ailleurs de nombreux points d'intérêt qui rendent sa visite encore plus intéressante, comme par exemple le Rodin Sculpture Garden, un musée d'art, l'Arizona Cactus Garden, la Stanford Memorial Church, la Hoover Tower ou la Hanna-Honeycomb House de Frank Lloyd Wright.

Des tours guidés du campus sont régulièrement organisés. Visitez le site Internet pour plus d'informations.

© EASYTURN

STANFORD MEMORIAL CHURCH ★★

450 Serra Mall

Ouvert du lundi au vendredi de 8h à 17h ; le dimanche de 11h30 à 15h30 (sauf jours fériés ou vacances).

L'église de Stanford est située en plein centre du campus et est un des plus beaux bâtiments de l'université. Jan Stanford la fit construire en 1903, en mémoire de son mari Leland. Les Stanford étaient religieux, mais non pratiquants, et souhaitaient que cette église n'impose aucune religion particulière aux étudiants. Aujourd'hui, on y célèbre différents types d'événements, comme des messes catholiques, des mariages, des concerts, des services publics de l'université... Les mosaïques intérieures représentent des scènes de l'Ancien Testament.

CANTOR ARTS CENTER ★★★

328 Lomita Drive

✆ +1 650 723 4177

www.museum.stanford.edu

Ouvert de mercredi à lundi de 11h à 17h, et le jeudi jusqu'à 20h. Entrée libre. Visites guidées gratuites.

Le *Cantor Arts Center* trouve son origine dans une histoire tragique, qui a frappé une des familles les plus puissantes du XIXe siècle aux Etats-Unis. Lelan Stanford était un très riche industriel qui a fait fortune en participant à la construction du chemin de fer transcontinental. Marié à Jane Lathrop, il devient gouverneur de Californie en 1861 et sénateur. Lelan DeWitt Stanford fut le seul enfant de cette union. Passionné par l'archéologie et les objets rares, ses parents l'amènent faire un tour d'Europe en 1884. Le jeune adolescent de 16 ans mourra d'une fièvre attrapée durant ce voyage. Ses parents décidèrent d'ouvrir une université à sa mémoire, Stanford, ainsi qu'un musée présentant des merveilles récoltées aux quatre coins du monde. Le musée ouvrit ses portes en 1894. La mort de Jane Stanford participe ensuite à la déchéance de l'établissement qui ferma même ses portes à la sortie de la Seconde Guerre mondiale. Mais le véritable renouveau de l'institution eut lieu en 1985 quand Albert Elsen et le collectionneur B. Gerald Cantor ouvrirent le *B. Gerald Cantor Rodin Sculpture Garden*. Le musée devint alors un des principaux lieux mondiaux d'exposition des œuvres d'Auguste Rodin. Il est aujourd'hui une des vitrines mondiales de l'université. A l'automne 2015, l'Anderson Building est ouvert au public, et présente une collection d'œuvres contemporaines datant de l'après-Seconde Guerre mondiale, ajoutant ainsi au prestige de l'institution avec des pièces de Jackson Pollock, Willem de Kooning ou encore Mark Rothko.

CUPERTINO

Cette municipalité de la banlieue de San José est une des principales villes de la Silicon Valley. Elle est avant tout connue pour abriter le quartier général d'Apple, dans un complexe appelé « *Infinite Loop* », ainsi que son campus de 200 000 m² baptisé *Apple Park*. On y trouve plus de soixante grandes entreprises des nouvelles technologies comme Packeteer, Chordiant, Portal Software, Hewlett-Packard, IBM, MySQL et Sun Microsystems. La majorité se sont installées sur De Anza Boulevard, Cali Mill Plaza et Bubb Road. On trouve également deux jolis parcs à côté de Cupertino : Fremont Older Open Space Preserve et Rancho San Antonio County Park.

APPLE PARK ★

10600 North Tantau Avenue

✆ +1 408 961 1560

Entrée gratuite de 9h à 19h la semaine, de 10h à 19h le samedi et de 11h à 18h le dimanche.

© BEACH MEDIA - SHUTTERSTOCK.COM

L'Apple Park ou le nouveau «vaisseau spatial» de la firme à la pomme a ouvert en 2017. Imaginé dès 2006 par Steve Jobs et dessiné par Norman Foster, l'Apple Park de Cupertino est le dernier-né des campus d'Apple. De forme circulaire, le bâtiment en forme de vaisseau soucoupe volante a une circonférence d'un mile ! En plus des bureaux, on y trouve entre autre 7 cafés, un auditorium, un centre de bien-être et 28 000 mètres carrés dédiés à la recherche et développement. Mais on ne peut pas le visiter, juste l'apercevoir du haut de la terrasse du centre d'accueil.

SAN JOSÉ ★★

Capitale officielle de la Silicon Valley, située à 90 km de San Francisco, San Jose est une grande agglomération (plus grande ville de la *Bay Area*) servant de porte d'entrée à la célèbre vallée. Elle compte la troisième population la plus importante de la Californie avec un peu plus d'un million d'habitants. Historiquement, c'est aussi la première ville californienne, fondée le 29 novembre 1777.

Elle héberge aujourd'hui les sièges de géants de l'informatique tels que Adobe, eBay et PayPal. Pas grand-chose à faire cependant à San Jose, surtout le week-end, hormis la visite de la Winchester Mystery House et du Tech Museum of Innovation. Durant l'été, la ville attire plus de visiteurs grâce à de nombreux festivals, célébrant les différentes communautés de la région (Festival grec, Journée du Portugal en juin...), mais aussi sa culture musicale (Foutain Blues Festival fin juin, festival Island Reggae en juillet, Summer Fest en juillet...) et culinaire (Festival du taco en mai, Festival des tamale en août, Festival du bacon en septembre).

Attention tout de même, San José est située près de la faille de San Andreas et est donc exposée à l'activité sismique. Le plus important séisme ayant touché la ville est celui de 1906, qui a détruit de nombreux bâtiments de la ville, mais il y en a eu d'autres en 1839, 1851, 1858, 1864, 1865, 1868, 1891, 1906, 1957 et 1989. La ville se trouve d'ailleurs à proximité de plusieurs failles, un jour la terre risque de s'y ouvrir sous les pieds de ses habitants !

THE TECH MUSEUM OF INNOVATION ★★

201 South Market Street ✆ +1 408 294 8324
www.thetech.org

Tous les jours de 10h à 17h. Musée + film : 31 US$ pour les adultes et 24 US$ pour les + de 65 ans et moins de 17 ans.

Le musée abrite, sous son dôme orange, plusieurs galeries thématiques réparties sur trois niveaux consacrées à la communication, à l'exploration, à l'innovation, à la biotechnologie et à la communication. Le *Tech Studio* rend pour sa part hommage aux inventions technologiques socialement « responsables ». Par le biais d'expériences interactives dans le domaine des sciences, de la génétique, de la santé et des énergies, on découvre le monde de façon ludique.

WINCHESTER MYSTERY HOUSE ★

525 South Winchester Boulevard
✆ +1 408 247 2000
www.winchestermysteryhouse.com

Ouvert de 9h à 17h, week-ends d'été jusqu'à 19h. Visites guidées proposées à partir de 45 min : 42 US$ pour les adultes.

Sarah Winchester, héritière du célèbre fabricant d'armes à feu, se lance en 1884 dans un projet immobilier surréaliste. Une médium la persuade qu'elle sera victime d'une malédiction si elle n'apaise pas les esprits des victimes de ces armes en leur construisant une maison sans jamais s'arrêter. Pendant 38 ans, les ouvriers agrandissent donc la villa, sans plan préétabli. À la fin des travaux, en 1922, c'est un palais victorien de 7 étages, d'un luxe obsessionnel et incroyable pour l'époque, avec 2 000 portes donnant parfois sur du vide...

SAN JOSE VISITOR INFORMATION & BUSINESS CENTER

408 Almaden Blvd
✆ +1 408 295 9600
www.sanjose.org

Ouvert du lundi au vendredi de 8h30 à 17h.

Perdu à San Jose ? Direction le San Jose Visitor Information and Business Center. Vous y trouverez toutes les informations sur les hôtels, les restaurants, les randonnées, les concerts, les festivals de rue et bien sûr les conventions qui sont nombreuses dans cette ville de la Silicon Valley. En plus de quelques articles qui vous parleront de la vie dans la région. Lorsque nous y étions, forcément cela traitait beaucoup du covid. Mais cela devrait avoir changé lors de votre passage.

SMOKING PIG BBQ COMPANY €

1144 North 4th Street
✆ + 1 408 380 4784
smokingpigbbq.net

Ouvert du dimanche au jeudi de 11h à 21h, les vendredis et samedis jusqu'à 22h. Plat à partir de 12 US$ environ.

Si vous voulez goûter un des plats les plus typiques d'Amérique du Nord, arrêtez-vous chez *Smoking Pig BBQ*. Leurs côtes de porc sont réputées dans toute la ville pour être les meilleures. La sauce barbecue qui les enrobe est tout simplement merveilleuse et le tout est aussi gras qu'inoubliable. Mais vous y trouverez aussi de délicieux burgers au poulet, au bacon, au fromage... Une sorte de fasfood comme on en trouve à tous les coins de rue, mais de bien meilleure qualité. Réservé aux seuls aficionados de la viande, bien sûr.

CÔTE NORD

Depuis le nord de San Francisco, la côte s'étire jusqu'au Redwood National Park, dévoilant des panoramas magnifiques – parfois dissimulés dans un brouillard mystique – le long de la California State Route 1, sinueuse et légendaire. La région offre des paysages contrastés surprenants, loin des plages dorées du Sud. Si la plupart des sites sont accessibles en une journée depuis « *The City by the Bay* », nous ne saurions trop vous conseiller de dormir sur place, à Mendocino ou dans la Sonoma Valley, par exemple. C'est le meilleur moyen de découvrir cette âme californienne, proche de la nature et de ses bienfaits. Entre arbres géants, côtes battues par les vents, vallées viticoles, montagnes enneigées et villes high-tech, la Californie du Nord étonne et séduit. La vie est douce sur ces terres où il convient de prendre son temps, comme le font les habitants, réputés pour leur accueil sans pareil.

REDWOOD NATIONAL PARK
TRINIDAD
WILLOW CREEK
ARCATA
EUREKA
TRINITY ALPS WILDERNESS
SHASTA-TRINITY NATIONAL FOREST
Weaverville
FERNDALE
Fortuna
Rio Dell
Redding
Hayfork
HUMBOLDT REDWOODS STATE PARK
Petrolia
Myers Flat
Ruth
Garberville
Shelter Cove
Rancho Tehama Reserve
Leggett
Laytonville
Elk Creek
FORT BRAGG
Willits
MENDOCINO
Ukiah
Clearlake
Côte nord
Point Arena
CLOVERDALE
CALISTOG
GUALALA
GEYSERVILLE
ST. HELENA
FORT ROSS STATE HISTORIC PARK
HEALDSBURG
WINDSOR
RUTHERFORD
GUERNEVILLE
KENWOOD
FORESTVILLE
MONTE RIO
GLEN ELLEN
GRATON
BODEGA BAY
SONOMA
SEBASTOPOL
PETALUMA
NA
SANTA ROSA
POINT REYES NATIONAL SEASHORE
MUIR WOO
NATIONA
MONUME
BOLINAS
STINSON BEACH
50 KM

PAGES

226 ●● MARIN COUNTY

À peine le Golden Gate Bridge franchi, on oublie les paysages urbains de la baie pour se plonger dans la nature sauvage de la côte Pacifique. Entre San Francisco et Gualala, porte d'entrée dans Mendocino County, la magnifique California State Route 1 serpente entre des terres océanes.

226 MUIR WOODS NATIONAL MONUMENT ★★
226 STINSON BEACH ★
226 BOLINAS ★
226 POINT REYES NATIONAL SEASHORE ★★★

228 ●● SONOMA COAST ET MENDOCINO COUNTY

Le comté de Mendocino s'étend de Gualala au sud jusqu'à Fort Bragg au nord, avant l'entrée dans Humboldt County. On continue d'y longer la California State Route 1, desservant de charmantes bourgades au parfum désuet et romantique.

228 BODEGA BAY ★★
228 FORT ROSS STATE HISTORIC PARK ★
228 GUALALA ★
228 MENDOCINO ★★
229 FORT BRAGG ★★

230 ●● HUMBOLDT COUNTY

La California State Route 1 mène dans Humboldt County, pays de Bigfoot – ou Sasquatch –, le yéti local. Les *redwoods*, ces séquoias géants de la côte, y sont les plus majestueux de toute la Californie et constituent l'attraction principale de la région avec, notamment, le Redwood National Park. Pour leur part, les petites villes de Ferndale et d'Eureka et d'Arcata s'illustrent pour la beauté de leurs maisons victoriennes.

230 HUMBOLDT REDWOODS STATE PARK ★★
230 FERNDALE ★★
231 EUREKA ★
231 ARCATA ★
232 WILLOW CREEK ★
232 REDWOOD NATIONAL PARK ★★★

MUIR WOODS NATIONAL MONUMENT ★★

À 18 km au nord de San Francisco, ce parc de 226 hectares permet de randonner au milieu des *redwoods*, ces séquoias côtiers vieux de plus de mille ans. Le naturaliste John Muir (1838-1914) est l'un des premiers à avoir pris conscience de l'importance des forêts dans l'écosystème, les qualifiant de « fontaines de vie ». La visite se déroule sur un chemin goudronné, parfois sur des planches pour protéger les jeunes pousses.

Pratique

Entrée : 15 US$ par personne dès 16 ans. Renseignements supplémentaires ici : www.nps.gov/muwo/index.htm.

BOLINAS ★

À l'entrée de ce village adjacent à Stinson Beach, le panneau donne le ton : « *Entering a socially acknowledged, nature-loving town* ». Ici, les habitants sont très sensibles aux problèmes environnementaux et vivent selon un modèle écologique rigoureux : ce sont eux qui font la qualité du lieu. Au programme : contemplation et sérénité, entre la plage où vous pourrez observer les surfeurs et les rives de la lagune, ponctuées de jolies maisons sur pilotis. Pour atteindre Bolinas, utilisez votre GPS : une loi a été votée pour que plus aucun panneau indicatif ne soit installé, les membres de cette communauté atypique souhaitant rester tranquilles.

STINSON BEACH ★

Nichée à un peu plus de 38 km au nord-est de San Francisco, cette petite communauté de seulement 3,7 km^2 et de près de 600 habitants est constituée d'une grande plage plébiscitées par les surfeurs. Stinson Beach est un charmant village propice à diverses activités telles que le *beach volley*, la randonnée et la pêche. C'est une étape agréable hors de la ville.

Pratique

Pour tout renseignement complémentaire, rendez-vous ici : www.nps.gov/goga/stbe.htm.

© CDRIN / SHUTTERSTOCK.COM

Stinson Beach.

POINT REYES NATIONAL SEASHORE ★★★

Des perspectives magnifiques sur la côte découpée de l'océan Pacifique indiquent la péninsule de Point Reyes, à une soixantaine de kilomètres au nord de San Francisco. C'est ici que s'échoua l'explorateur anglais Sir Francis Drake en 1579 pour réparer son bateau endommagé. En référence à ses falaises blanches, il baptise l'endroit « *la Nouvelle Albion* ». Finalement, le territoire deviendra espagnol et sera nommé Point Reyes en 1603, en hommage aux rois.

Aujourd'hui, les touristes américains s'y pressent pour communier avec la nature. Faites comme eux : enfilez vos chaussures de marche et n'oubliez ni chapeau, ni pull ou veste, l'endroit étant extrêmement venteux. Ne manquez pas le Point Reyes Lighthouse, un phare dont les 300 marches permettent d'accéder à une vue sublime.

Pratique

Point Reyes National Seashore est accessible gratuitement toute l'année, de 6h à minuit – jusqu'à 22h dans la zone du phare. Avant votre venue, consultez le site www.nps.gov/pore/index.htm pour prendre connaissance de la fermeture éventuelle de certaines parties du parc. Par ailleurs, vous trouverez trois Visitors Centers :

- **Bear Valley Visitor Center**, ouvert tous les jours, de 9h30 à 17h.
- **Kenneth C. Patrick Visitor Center**, ouvert le week-end, de 10h à 16h30.
- **Point Reyes Lighthouse Visitor Center**, ouvert le week-end, de 10h à 16h.

Rendez-vous au premier pour vous informer sur les sentiers de randonnée.

CÔTE NORD

Point Reyes National Seashore.

HI POINT REYES HOSTEL €€

1390 Limantour Spit Road
✆ +1 415 663 8811
www.hiusa.org
Maisons pour 10 personnes à partir de 400 US$ la nuit.

Cette adresse est destinée aux visiteurs qui voyagent en famille – nombreuse – ou en groupe. Elle abrite plusieurs lodges, pouvant accueillir 10 personnes, 12, 20, ou... 32. Situé à environ 3 km de l'océan, en plein cœur de Point Reyes, HI Point Reyes Hostel jouit d'un emplacement idéal, donnant accès à un grand nombre de sentiers de randonnée. Cet établissement implanté dans un ranch historique était probablement l'un des plus bon marché de la région lors de son ouverture, en 1972. Le prix d'une nuit en dortoir était alors de 1,50 US$.

POINT REYES STATION INN €€

11591 Highway One ✆ +1 415 663 9372
www.pointreyesstationinn.com
Chambres doubles à partir de 260 US$. Petit déjeuner inclus.

Ce charmant *Bed and Breakfast* sans prétention est doté d'aménagements luxueux et de vues magnifiques sur l'océan : en somme, le Point Reyes Station Inn constitue le lieu idéal pour une retraite romantique dans la nature. Hannah et Daniel vous feront part avec plaisir des bons plans des environs : pistes de randonnée, restaurants, cafés... Par ailleurs, toutes les chambres sont dotées de mini-réfrigérateurs, d'une télévision, d'une cheminée et d'un balcon privé, tandis que le petit jardin et le bain à remous extérieur sont accessibles à tous.

TOMALES BAY OYSTER COMPANY €€

15479 Highway One
✆ +1 415 663 1243
www.tomalesbayoystercompany.com
Ouvert le vendredi de midi à 17h, et le week-end de 9h à 17h. Selon la taille, de 15 à 30 US$ pour une douzaine d'huîtres.

L'endroit est simple mais paradisiaque pour les amateurs de fruits de mer. On y déguste des coquillages tout frais au bord de l'eau. C'est une bicoque qui sert essentiellement des huîtres pêchées dans la baie de Tomales, mais sont servies aussi des palourdes et des moules. Vous pouvez y acheter citrons, couteaux et gants (très importants, puisque c'est à vous de jouer !). Un conseil : faites vos courses avant pour un pique-nique encore plus festif !

CAFE REYES €€

11101 CA-1
✆ +1 415 663 9493
www.cafereyes.biz
Du jeudi au dimanche, de 12h à 13h30 et de 17h à 20h. Pizzas de 12 US$ à 17 US$.

Il s'agit de l'un des rares restaurants du coin, situé à l'entrée de Point Reyes Station. Très apprécié par les visiteurs et les locaux, cet établissement s'est spécialisé dans les pizzas : de la pâte à la sauce, l'accent est mis sur le fait maison. Par ailleurs, toutes les viandes sont garanties 100 % naturelles et sans nitrate, tandis que les ingrédients viennent de producteurs locaux. Entre l'excellent rapport qualité-prix, le service personnalisé et la bonne ambiance – avec une musique *lounge* en fond – Cafe Reyes est une adresse particulièrement sympathique.

BODEGA BAY ★★

Les passionnés de cinéma s'arrêteront dans cette ville où a été tourné l'un des films les plus célèbres d'Alfred Hitchcock : *Les Oiseaux* (1963) – *The Birds*, en anglais. Si l'école est particulièrement impressionnante lorsque l'on connaît ce chef-d'œuvre angoissant, la baie reste magnifique.

Pratique

Pour toute information complémentaire sur Bodega Bay, rendez-vous sur son site officiel : www.bodegabay.com. Par ailleurs, le Sonoma Coast Visitors Center (+1 707 377 4459) se trouve au 913 Highway 1 et est ouvert tous les jours, de 9h à 17h. Vous y trouverez notamment des renseignements sur les lieux de tournage du film.

GUALALA ★

À près de 190 km de San Francisco, Gualala – à prononcer « *walala* » – est une petite municipalité agréable qui permet de faire une étape entre Marin County et la ville de Mendocino. Elle tire son nom chantant de la rivière qui se trouve plus au sud – et qui fait office de frontière naturelle depuis 1859 – baptisée ainsi par les Amérindiens Pomos. Un peu plus au nord, le village d'Anchor Bay peut constituer une escale bucolique.

Tourisme

Pour une chevauchée inoubliable en forêt ou sur la plage, renseignez-vous auprès de Ross Ranch – www.rossranch.biz.

SPUD POINT CRAB COMPANY €€

1910 Westshore Road ✆ +1 707 875 9472
www.spudpointcrabco.com
Tous les jours, de 9h à 17h. Clam chowder : 7,75 US$, gâteaux au crabe (seulement le week-end) : 14,95 US$.

Établie en 2004, cette enseigne familiale ne compte plus les récompenses, mettant particulièrement à l'honneur sa « *clam chowder* » – ou chaudrée de palourdes, une soupe traditionnelle du nord-est des États-Unis et du Canada – réputée sur toute la côte de Sonoma, voire dans l'ensemble de la Californie. Spud Point Crab Company est également célèbre pour ses gâteaux au crabe, servis uniquement le week-end. Les propriétaires, Tony et Carol Anello, pêchent leurs produits avec leur propre bateau le jour même. Une excellente adresse pour les amateurs de fruits de mer.

POINT ARENA LIGHTHOUSE ★★

45500 Lighthouse Road ✆ +1 877 725 4448
www.pointarenalighthouse.com
Tous les jours, de 10h à 16h30. Entrée : 5 US$ dès 12 ans. Visites guidées : 5 US$ supplémentaires par personne.

Une petite route qui part vers l'océan vous mènera au phare de Point Arena, indispensable en raison du brouillard continu qui sévit en bordure de la côte californienne. Construit en 1870, le bâtiment d'origine a été détruit lors du grand tremblement de terre de 1906. Après sa reconstruction, l'édifice servira de décor à plusieurs films, dont *Forever Young* (1992) avec Mel Gibson. Il n'est pas rare d'y croiser certains couples sur le point de se marier. Par ailleurs, des visites guidées sont organisées chaque jour, toutes les 20 minutes environ, de 10h15 à 16h.

FORT ROSS STATE HISTORIC PARK ★

Ce joli fort tout en bois est doté d'une adorable chapelle très bien reconstruite. Il s'agit d'un ancien poste de traite de fourrures établi par une compagnie russe en 1812, et dont l'activité s'étendra jusqu'en 1842. Le parc protège également la côte sur plus de 10 kilomètres, ainsi que la forêt de séquoias avoisinante.

Pratique

Pour tout renseignement complémentaire, rendez-vous ici : www.fortross.org. Le parc est accessible toute l'année, du lever au coucher du soleil. Comptez 10 US$ par véhicule. N'hésitez pas à vous rendre au Visitor Center, ouvert tous les jours de 10h à 16h30.

MENDOCINO ★★

L'air marin imprègne Mendocino, paisible petite ville au bord de l'océan, où, à l'ombre des réservoirs d'eau, vous trouverez quelques magasins, des restaurants à l'ambiance intime et une poignée de Bed and Breakfast accueillants. L'événement majeur qui anime la communauté est le festival annuel de musique qui se tient habituellement en juillet, où les habitants se retrouvent un soir pour écouter un concert de musique classique, le lendemain un groupe originaire du Pérou.

Pratique

Des sentiers de randonnée aux évènements, rendez-vous sur : www.visitmendocino.com pour avoir un bon aperçu de la ville et du comté.

POINT CABRILLO LIGHT STATION ★

45 300 Litehouse Road ✆ +1 707 937 6123
www.pointcabrillo.org
Le parc est ouvert tous les jours, du lever au coucher du soleil, et le musée de 11h à 16h. Donation de 5 US$ suggérée.

À près de 6 km au nord de Mendocino, ce phare est l'un des seuls de la région à être encore opérationnel. Si le site est particulièrement venteux, les paysages magnifiques qui l'entourent justifient le déplacement. Une fois à l'intérieur, vous pourrez visiter le Lighthouse Museum ainsi que l'Assistant Lightkeeper's House Museum. Il est même possible de passer la nuit sur place, notamment dans la maison du gardien, où les aménagements du début du XXe siècle sont reconstitués.

GLENDEVEN INN & LODGE €€€

8205 North Highway 1
✆ +1 707 937 0083
www.glendeven.com
Chambre doubles à partir de 320 US$. Petit déjeuner inclus.

Dans la paisible localité de Little River, à un peu plus de 4 km au sud de Mendocino, John, le propriétaire, vous accueille dans ce Bed & Breakfast de charme. Il s'agit d'un petit coin de paradis, une ancienne ferme construite en 1867 avec vue sur l'océan et des grands jardins agréables où gambadent canards et poules – auxquelles on doit les œufs frais du petit déjeuner. Un cadre enchanteur et luxueux dans lequel les chambres sont joliment aménagées. Les atouts supplémentaires : le studio de fitness, le thé et le café 24h/24, ainsi que les cookies maison.

CAFÉ BEAUJOLAIS €€€

961 Ukiah Street
✆ +1 707 937 5614
www.cafebeaujolais.com
Du mercredi au samedi, de 17h à 21h. De 9h30 à 14h le dimanche. Pâtes de 28 US$ à 30 US$ et plats de 28 US$ à 55 US$.

Ouvert en 1968, le Café Beaujolais revendique des racines françaises... Ce qui n'empêche pas ses quelques plats de pâtes de transporter le client en Italie. En cause : l'expertise du chef, Julian, a travaillé au sein de plusieurs cuisines italiennes lors de ses voyages en Europe. En plus de sa carte raffinée et de ses assiettes savoureuses, le restaurant se trouve dans un cadre on ne peut plus agréable : une maison de campagne de type victorienne construite en 1893 et entourée de jardins luxuriants. Cerise sur le gâteau : une belle sélection de vins.

FORT BRAGG ★★

Fort Bragg constitue une bonne étape pour faire le plein d'essence sur la route sinueuse qui mène à Eureka. On peut aussi y loger pour visiter la ville de Mendocino car les tarifs y sont nettement plus raisonnables ; plusieurs motels, pratiquant quasiment tous les mêmes prix, se succèdent le long de la route principale.

Tourisme

La municipalité abrite un fort édifié en 1857. Également à voir : les Mendocino Coast Botanical Gardens – www.gardenbythesea.org – un véritable sanctuaire dédié à la flore, étendu sur 19 hectares. Le site est ouvert à la visite tous les jours de 10h à 17h l'été – 16h l'hiver.

Panorama de Mendocino.

HUMBOLDT REDWOODS STATE PARK ★★

Le Humboldt Redwoods State Park possède la plus grande forêt primitive de séquoias côtiers au monde. Son attraction principale est l'*Avenue of The Giants*, une route d'une cinquantaine de kilomètres qui circule parmi des géants aux formes et aux troncs des plus impressionnants. Incontournable lorsque l'on est dans la région.

Pratique

Le parc est accessible gratuitement. Pour toute information complémentaire, rendez-vous au Humboldt Redwoods State Park Visitor Center, ouvert tous les jours de 9h à 17h l'été et jusqu'à 16h l'hiver.

FERNDALE ★★

Si la ville est minuscule, elle est l'une des plus célèbres du nord de la Californie pour ses maisons victoriennes. Ses habitants font perdurer les traditions héritées de leurs ancêtres, arrivés à la fin du XVIIIe siècle de Scandinavie, d'Italie ou du Portugal. La rue principale, Main Street, est classée dans le registre national des lieux historiques, tandis que chaque ravalement de façade est soumis à l'approbation d'une commission pour que le style victorien reste intact. Ainsi, le visiteur a l'impression de déambuler dans un décor de cinéma ; ce n'est pas un hasard que Ferndale ait été utilisé à maintes reprises comme lieu de tournage.

AVENUE OF GIANTS ★★★

avenueofthegiants.net

Cette route de 50 km invite aux escales. Quatre arrêts sont particulièrement conseillés :

- **Bolling Grove.** Plusieurs arbres semblent s'enlacer.
- **Drive Thru Tree.** La route passe à travers le tronc de cet arbre.
- **Founders Grove.** Observez le *Founders Tree* (105 m de haut) et le *Dyerville Giant*, considéré comme l'arbre le plus haut et le plus ancien du monde avant sa chute en 1991 : 1 600 ans pour 113 m de haut ! Aujourd'hui, le tronc gigantesque s'étend parmi la végétation du sous-bois.
- **Rockefeller Forest.** Vous y verrez le *Giant Tree* d'une circonférence de 16 m.

THE SHAW HOUSE €€

703 Main Street

✆ +1 707 786 9958

www.shawhouse.com

Chambres doubles à partir de 180 US$. Petit déjeuner compris.

Cette jolie maison de style victorien gothique charpentier a été construite en 1854 par le fondateur de Ferndale, Louis Shaw, pour son épouse. Aujourd'hui, elle est également un fameux Bed & Breakfast recensé au registre national des bâtiments historiques. Mignonnes, les chambres possèdent pour la plupart une entrée privative et un balcon donnant sur un grand parc. Chacune est décorée avec goût et dispose de tout le confort nécessaire. En somme, The Shaw House est une adresse parfaitement indiquée pour une escale hors du temps.

Habitations de Ferndale.

CÔTE NORD

EUREKA ★

Depuis 1850, Eureka est le chef-lieu de Humboldt County. Alors que le tourisme commence à s'y développer, la vieille ville reste l'attraction majeure des lieux. On y vient également pour les nombreuses galeries d'art et les jolis établissements en brique rouge du centre.

Sortir

Malgré ses apparences de petite commune tranquille, Eureka est dotée d'un auditorium et centre de congrès, Eureka County Opera House. Niveau bars, les jeunes se donnent généralement rendez-vous au Shanty, au 213 3rd Street.

Tourisme

Eureka abrite deux sites incontournables :

- **Le Carson Mansion**, réputé pour être la plus belle demeure victorienne de la ville, voire de Californie. Elle mélange plusieurs styles et a nécessité deux ans de travaux – de 1882 à 1884 – effectués par plus de 100 hommes. Si elle n'est pas ouverte au public, rien n'empêche d'en admirer l'extérieur ; vous la trouverez au 143 m Street.
- **La J. Milton Carson House**, surnommée « *The Pink Lady* » par les locaux. Cette maison victorienne rose a été construite en 1889 en guise de cadeau de mariage de William Carson à son fils, J. Milton Carson. Elle se situe juste en face du Carson Mansion et a été édifiée par les mêmes architectes. Concrètement, il s'agit de la seconde fierté locale. Elle est située au 202 m Street.

CARTER HOUSE INNS €€

301 L Street
✆ +1 707 444 8062
www.carterhouse.com
Chambre double à partir de 240 US$. Petit déjeuner compris.

Carter House Inns est incontestablement le plus bel établissement d'Eureka. Il est divisé en plusieurs habitations. D'abord, le bâtiment principal abrite une douzaine de chambres extrêmement luxueuses, décorées dans un style moderne, avec un goût absolument irréprochable. Ensuite, vient le second bâtiment, qui comprend quatre chambres, une cuisine et un salon. Enfin, une troisième maison individuelle abrite une chambre, une cuisine, un salon et une salle de bains. Cerise sur le gâteau : le bon petit déjeuner continental servi chaque matin.

LOS BAGELS €

403 2nd Street
✆ +1 707 442 8525
www.losbagels.com
Tous les jours, de 7h à 14h. Bagels de 4,75 US$ à 12,25 US$.

Depuis 1984, cette maison sert de délicieux bagels. Plusieurs options : choisir l'une des propositions de la carte ou constituer son propre sandwich. Beurre, confiture, *cream cheese*, guacamole, saumon, fromage de chèvre, houmous, tofu, pesto, jalapeño, dinde fumée, bacon, carottes, tomates, olives, concombres, câpres… La liste des ingrédients est longue. Si vous avez très faim, nous vous recommandons l'un des « *scrambagels* », un bagel préparé avec des œufs brouillés. Le tout est à déguster dans un joli cadre en brique rouge à l'atmosphère décontractée.

HUMBOLDT BAY PROVISIONS €€

205 G Street ✆ +1 707 672 3850
www.humboldtbayprovisions.com
Du lundi au vendredi, de 16h30 à 20h30. Dès 14h le week-end. Comptez 10 US$ pour 6 huîtres crues.

Un grand comptoir en bois moderne, des murs de brique rouge et une ambiance très sympathique, comme un air de vacances : bienvenue chez Humboldt Bay Provisions. Les huîtres provenant de la baie du même nom sont livrées quotidiennement à l'établissement, avant d'être servies crues ou cuites, au choix, avec leur sauce mignonette. Le restaurant propose également quelques fromages ainsi que des préparations à tartiner et, surtout, une carte des vins impressionnante. Une excellente adresse, dans laquelle vous passerez assurément un bon moment.

ARCATA ★

Cette curieuse petite ville abrite de nombreux hippies, dont beaucoup d'étudiants de Cal Poly Humboldt, l'université polytechnique de Californie. La place centrale, Arcata Plaza, sert de quartier général aux habitants et aux artistes. On y trouve tous les cafés, les bars et les restaurants, ainsi que Jacoby's Storehouse, un monument historique qui a survécu aux feux réguliers de la religion. L'événement à ne pas manquer est le Kinetic Grand Championship – www.kineticgrandchampionship.com – le dernier week-end de mai. On y voit d'impressionnantes « *sculptures* » sur roues se rassembler sur la place pour une course mémorable jusqu'à Ferndale.

WILLOW CREEK ★

Un rapide détour dans cette petite communauté de montagne située au cœur des Six Rivers National Forest, près de la belle Trinity River, permettra d'en savoir plus sur la légende du célèbre Bigfoot, sorte de yéti censé hanter les forêts de séquoias du Humboldt County. Les curieux se rendront au China Flat Museum – www.bigfootcountry.net – doté d'une exhibition permanente sur celui que l'on appelle également « *Sasquatch* ». Photographies, articles, cartes et même ce qui est considéré comme étant des empreintes retrouvées sur le sol : ce musée explore tout l'univers de cette créature qui fascinait déjà les Amérindiens. Ils la surnommaient « *Grand Frère* ».

REDWOOD NATIONAL PARK ★★★

Depuis Arcata, la route longe les lagunes de l'océan, parmi lesquelles se démarque Big Lagoon, une zone particulièrement propice aux sorties en kayak de mer qui débouche sur ce beau parc, partiellement situé sur la côte, au nord de Humboldt County. Ici les rois sont les *redwoods*, ces séquoias encore plus grands et impressionnants que ceux des montagnes du Yosemite. Les quelque 53 400 hectares sur lesquels ils sont répartis constituent un petit paradis pour les randonneurs et la faune locale, entre loutres, castors, daims, wapitis, pumas, lynx et ours noirs – entre autres. National, le parc est constitué de trois autres, étatiques : Prairie Creek, Del Norte Coast et Jedediah Smith.

Pratique

Si l'accès aux routes du Redwood National Park n'est pas payant, celui aux parcs qu'il abrite l'est. Comptez 8 US$ par véhicule pour Jedediah Smith Redwoods ainsi que Prairie Creek Redwoods. La zone est ouverte toute l'année, 24h/24. Sur place, vous trouverez plusieurs Visitor Centers : Thomas H. Kuchel, Prairie Creek, Hiouchi, Crescent City et Jedediah Smith. Chacun est ouvert tous les jours, de 9h à 17h l'été et jusqu'à 16h l'hiver. Pour toute information complémentaire, rendez-vous sur : www.nps.gov/redw.

Se loger

Le parc abrite quatre campings. Comptez 35 US$ la nuit et rendez-vous sur : www.reservecalifornia.com.

Tourisme

Redwood National Park abonde de sentiers de randonnée et de points d'intérêt. Si vous en trouverez la liste ainsi que des cartes détaillées au sein des Visitor Centers, nous vous conseillons de ne pas rater les sites suivants :

- **Big Tree Wayside :** Idéal pour les visiteurs disposant de peu de temps, cet énorme redwood se trouve dans Prairie Creek State Park, juste à côté de la Newton B. Drury Scenic Parkway. Particulièrement impressionnant, l'arbre mesure 6 m de diamètre et 93 m de hauteur.
- **Fern Canyon Loop Trail :** Ce canyon de 9 m de profondeur est recouvert de fougères. Le site rappelle tant l'époque préhistorique que plusieurs scènes de *Jurassic Park* y ont été tournées.
- **Lady Bird Johnson Grove Trail :** Cette boucle de 2,5 km constitue une jolie excursion au milieu des fleurs sauvages.

Forêt de séquoias au Redwood National Park.

WINE COUNTRY

La Californie, c'est l'autre pays du vin ! Tout y est vignoble, restaurants gastronomiques, jolies demeures, copies de châteaux. C'est beau. La région dispose d'un climat propice : ensoleillement toute l'année, douceur le matin.

Entre la ville de Napa et Calistoga vous passerez par de petites bourgades viticoles comme Yountville et St Helena. Chaque commune a un caractère bien particulier, choisissez donc votre point de chute selon vos goûts. Vous pourrez longer la Russian River et, soudain, vous troquerez les paysages de vignes pour les forêts de *redwoods*. C'est que la Russian River s'en va vers l'océan qui n'est plus très loin : les températures se font plus fraîches et on retrouve un peu d'humidité sous les arbres géants. L'ambiance change aussi et on se sent bien loin des grands domaines et des grands restaurants de la Napa et de Sonoma.

Alderglen Springs
Black Oaks
Cobb
CLOVERDALE ★
Asti
Mercuryville
Chianti
Lake Sonoma
GEYSERVILLE ★
Cozzens Corner
Nervo
Las Lomas
Jimtown
Chiquita
Dorr Place
HEALDSBURG ★★
Venado
Grant
Truth Home
WINDSOR
Mark West Springs
RIO NIDO
Shiloh
Rio Dell
GUERNEVILLE ★★
Fulton
Camp Thayer
Trenton
Villa Grande
MONTE RIO ★
FORESTVILLE
Monroe
Duncans Mills
Tyrone
GRATON ★
Bridgehaven
Molino
Occidental
SEBASTOPOL ★
Alten
Carmet
Freestone
Salmon Creek
Turner
BODEGA BAY ★★
Valley Ford
Fallon
Two Rock
10 KM
Dillon Beach
Tomales

Wine country
Knoxville
Harbin Springs
Middletown
Aetna Springs
Walter Springs
Kellogg
Pope Valley
Woodleaf
CALISTOGA
Howell Mountain
Sanitarium
Krug
SAINT HELENA
Thoman
Melita
SUGARLOAF RIDGE
STATE PARK
RUTHERFORD
NTA ROSA
Oakville
KENWOOD
YOUNTVILLE
levue
Enchanted Hills
fred
GLEN ELLEN
Oak Knoll
Eldridge
Salvador
Rohnert Park
otati
Union
Diamond A
Ranch Estates
NAPA
Penngrove
SONOMA
Batto
Liberty
Imola
Schellville
Suscol
PETALUMA
McNear
Merazo

PAGES

●● NAPA VALLEY

238

La Napa Valley, la plus connue des régions viticoles américaines, s'étend le long de la Route 29. Vous entendrez parfois que la Napa est devenue une vallée commerciale sans charme réel. N'écoutez pas les mauvaises langues, prenez la route et découvrez les nombreux domaines, dont beaucoup de bijoux bien cachés. Le succès du vin californien a évidemment amené un certain mercantilisme dans ses bagages et aujourd'hui cette région vit beaucoup du tourisme. Les *wineries* s'enchaînent le long de la Route 29 et certaines dégustations sont faites à la va-vite les week-ends d'affluence. Cependant, si vous prenez le temps de découvrir les petits domaines hors des sentiers battus, vous ne serez pas déçu par l'expérience. N'hésitez donc pas à vous y rendre dans la semaine et à emprunter les routes autour de la Highway 29, bien plus jolies et moins fréquentées.

NAPA ★★★

238 Le cœur urbain de la vallée de Napa a regroupé les industries et les banques de la région au moment où l'agriculture et la production de vin s'intensifiaient au nord. La ville, aujourd'hui peuplée de 70 000 habitants, compte de nombreux restaurants et, bien sûr, de multiples salles de dégustation de vin.

242 YOUNTVILLE ★

243 RUTHERFORD ★

ST. HELENA ★★

244 Une petite ville de 6 000 habitants ponctuée de rues coquettes et de jolies boutiques. St. Helena est à la Napa Valley ce que Fillmore Street est à San Francisco : calme mais vivante, jolie mais pas figée, détendue mais bourgeoise.

CALISTOGA ★★★

245 A Calistoga, la vie tourne davantage autour des spas que des vignobles. On adore ce village thermal épargné par le tourisme de masse qui nous délecte de son ambiance décalée et rafraîchissante. On peut même s'y faire recouvrir d'une boue très bonne pour la santé !

●● SONOMA VALLEY ET BENNETT VALLEY

249

A l'ouest de la Napa Valley se trouve la vallée de la Lune, nommée ainsi par Jack London qui y passa ses dernières années. La région pratique une agriculture variée et on y recense près de cent domaines vinicoles. Les visiteurs sont moins nombreux que dans la Napa Valley, mais les domaines ne sont non moins intéressants. Dans Sonoma Valley, on aimera la ville de Sonoma, la dernière des villes-missions à voir le jour (21 en tout, construites aux XVIIe et XVIIIe siècles) et la jolie bourgade de Glen Ellen avec son parc Jack London, demeure de l'écrivain.

Bennett Valley est la vallée située du nord-ouest au sud-est du comté de Sonoma. Cette région dispose d'importantes forêts de chênes. La vallée a été reconnue plus récemment comme AVA (American Viticultural Area) sous le nom de Bennett Valley. De nouveaux vins sont à découvrir.

SONOMA ★★

249 On mange très bien dans cette ville fondée en 1823, siège de l'éphémère république californienne, et on y trouve bien sûr tous les meilleurs vins de la vallée. Il est même autorisé d'ouvrir une bouteille sur la Plaza, alors que mieux vaut ne pas s'y risquer ailleurs aux Etats-Unis.

PAGES

252 PETALUMA
253 GLEN ELLEN ★
254 KENWOOD ★
254 SANTA ROSA ★★

255 ●● RUSSIAN RIVER VALLEY

Située au nord de Sonoma Valley et à l'ouest de Napa Valley, Russian River Valley est la moins connue, mais peut-être la plus agréable des trois. Concrètement, cette région fait partie du comté de Sonoma : elle longe la rivière de Healdsburg à l'est jusqu'à Monte Rio à l'ouest et s'étend à Sebastopol au sud. Elle est parfaitement indiquée pour découvrir des domaines fabuleux hors des sentiers battus, des paysages idylliques et des villes au charme incomparable.

255 SEBASTOPOL ★
255 GRATON ★
255 FORESTVILLE ★
255 RIO NIDO
255 GUERNEVILLE ★★
255 MONTE RIO ★

256 ●● DRY CREEK VALLEY ET ALEXANDER VALLEY

Avant la prohibition, Dry Creek Valley était réputée pour ses cépages de zinfandel, d'origine croate. Elle deviendra ensuite une terre de culture d'arbres fruitiers puis accueillera à nouveau des vignobles. Pour sa part, Alexander Valley jouit d'un microclimat très ensoleillé l'été, idéal pour la culture des raisins comme le cabernet sauvignon et le merlot. On y sillonne de jolies routes qui serpentent entre de minuscules villages aux allures de carte postale.

256 HEALDSBURG ★★
256 GEYSERVILLE ★

NAPA ★★★

Napa est la ville située le plus au sud de la vallée à laquelle elle a donné son nom. Cœur urbain de la Napa Valley, elle paraît pourtant plus authentique que ses voisines du nord comme Yountville.
Son nom vient probablement de celui d'un petit village indien autrefois installé au sud de la ville. Les premiers paysans américains s'y installèrent en 1830. Quarante ans plus tard, la plupart des Indiens de la vallée étaient morts de la variole et d'autres maladies arrivées avec les colons. Les derniers survivants furent déportés dans la vallée d'Alexander, où quelques-uns de leurs descendants vivent encore dans des réserves fédérales.
Le développement de Napa date de la Ruée vers l'or. Les chercheurs épuisés par leur labeur trouvaient refuge dans cette bourgade au climat agréable, loin des frimas et des épidémies de la Sierra Nevada. Ils y étaient embauchés comme cowboys ou bûcherons.
Les banques et les commerces du comté s'installèrent à Napa au moment où l'agriculture et la production de vin s'intensifiaient au nord. La ville, aujourd'hui peuplée de 70 000 habitants, compte de nombreux restaurants et, bien sûr, de multiples salles de dégustation de vin en plus des bars traditionnels américains. On y trouve également un marché fermier bien achalandé.
Vous trouverez quelques boutiques et galeries d'art dignes d'intérêt sur First Street. Pensez enfin à faire un tour à la Napa Valley Art Walk, une exposition publique d'art en plein air accessible à pied qui compte huit sculptures.

DOMAINE CARNEROS ★

1240 Duhig Road ✆ +1 707 257 0101
www.domainecarneros.com
Ouvert tous les jours. Tours de 90 minutes à la découverte des vins pétillants à 11h, à 13h et à 15h, 60 US$.
La spécialité de la Maison Taittinger en Californie ? Le pinot noir et le mousseux à la mode champenoise, évidemment. En 1986, monsieur Taittinger découvre la région et ses vertus pour la culture du chardonnay et du pinot noir. Il fait construire le domaine Carneros, reproduction du château de la Marquetterie, siège du domaine Taittinger en Champagne. Depuis, le domaine Carneros est un des grands de la Napa Valley. Installé sur la terrasse qui surplombe les vignes, vous pourrez déguster de fabuleux vins, mousseux ou non. Parmi les rouges, essayez le *Famous Gate.*

HAGAFEN CELLARS

4160 Silverado Trail
✆ +1 888 424 2336
www.hagafen.com
Ouvert tous les jours de 10h à 16h. Visite tous les jours à 11h, sur réservation. Dégustation à partir de 45 US$.
Implanté depuis presque trente ans, le domaine Hagafen est devenu un incontournable de la Napa. Réputé pour ses cabernet-sauvignon qui ne déçoivent pas les amateurs de rouge, même si au rayon blanc le chardonnay et le sauvignon se défendent bien aussi. Et attention, le vin du domaine a été servi à plusieurs occasions à la table de la Maison Blanche... Particularité : ici on produit *kascher*. Ambiance détendue dans la petite salle de dégustation. De plus, le vin n'est pas trop cher si l'on se rapporte à ce qui se pratique ailleurs dans la vallée.

HESS COLLECTION WINERY ★

4411 Redwood Road
✆ +1 707 255 1144
www.hesscollection.com
Ouvert de 10h à 17h30. Sur réservation : tour de la winerie avec dégustation de 115 US$ à 115 US$ par personne.
Ici, vous avez le choix. Vous pouvez goûter le délicieux cabernet de la maison, associer la dégustation avec du chocolat ou avec un véritable repas, ou partir en exploration dans le domaine. Mieux encore, il est possible d'admirer une partie de la collection d'art privée de Donald Hess, dont des œuvres de Francis Bacon et de Robert Motherwell. Cela dit, tout cela n'est pas donné loin s'en faut. Mais le *wine tasting* est ci un véritable commerce et le domaine se trouve dans la Nappa Valley, le spot viticole le plus chic des Etats-Unis.

NAPA VALLEY WELCOME CENTER

600 Main Street
✆ +1 707 251 5895
www.visitnapavalley.com
Ouvert tous les jours de 9h à 17h.
Le *welcome center* offre toutes les ressources nécessaires pour préparer votre visite de la Napa Valley. Cet office de tourisme dernier cri vous propose itinéraires, liste des propriétés viticoles, logement et restauration via des conseils personnalisés et des outils interactifs. Une étape très utile pour vous retrouver dans l'abondance des vignobles locaux. Vous pouvez également y trouver des souvenirs de votre séjour : vins bien sûr, mais aussi biscuits, cartes postales...

NAPA VALLEY WINE TRAIN ★★

1275 McKinstry St ✆ 1 800 427 4124
www.winetrain.com

Différentes offres de voyage et repas complet à partir de 200 US$ environ. 3h de voyage.

Cette ligne de chemin de fer construite en 1864 donne l'occasion d'un trajet aller-retour de trois heures et une cinquantaine de kilomètres du centre-ville de Napa à Sainte-Hélène. Vous ferez donc le tour des vignobles de la vallée tout en dégustant des mets et des vins locaux. L'expérience est vintage, une des locomotives fonctionne même encore à la vapeur ! Plusieurs propositions de trajets, dont une escale avec découverte à pied d'un vignoble bio. Forcément, c'est un peu cher mais vous vous souviendrez longtemps de la balade.

WINE VALLEY LODGE €

200 South Coombs Street
✆ +1 707 224 7911
www.winevalleylodge.com

Chambre double à partir de 90 US$. Petit déjeuner inclus. Piscine. Parking et wifi gratuits. Chambres pour 4 personnes.

Le Wine Valley Lodge est un hôtel de style espagnol, situé à proximité du train sillonnant la Napa Valley. Et on y trouve une chambre *Elvis Presley*... Le King y dormit, car il tourna dans la région le film « Wild in the Country » sorti en 1961. On raconte que les adolescentes de la vallée faisaient alors la queue pour le voir et obtenir son autographe. Loin de l'agitation de l'époque, cet hôtel est aujourd'hui un spot tranquille avec des chambres agréables et une piscine bien pratique pour se délasser après la visite des vignes alentour. Tarifs très corrects.

NAPA VALLEY RESERVATIONS €€

1485 Main Street #202
✆ +1 707 252 1985

Fermé samedi et dimanche. Ouvert les autres jours de 9h à 17h.

Pour trouver un hôtel, un *Bed & Breakfast*, un palace ou pourquoi pas organiser son mariage ! L'équipe de Napa Valley Reservations s'occupe de tout arranger, gratuitement. Très pratique, surtout en été quand les touristes affluent. En plus de l'hébergement, vous pourrez réserver grâce à ce guichet unique un restaurant, une dégustation de vin, une visite de vignoble, une place dans le train du vin ou encore une excursion en ballon. Et ce service soigné vaut aussi pour les conventions. De quoi vous simplifier nettement la vie !

BRÈVE HISTOIRE DU VIN CALIFORNIEN

Au nord de San Francisco se trouve le Wine contry, une région riche en vignobles de grande qualité. Mais la Californie compte plusieurs grandes régions viticoles, même si le nord-ouest et ses vallées de Napa et Sonoma demeure la zone la plus connue. C'est au moment de la Ruée vers l'or que la culture du vin a progressé avec l'arrivée des Français, des Italiens, des Hongrois, des Allemands venus faire fortune en apportant leur culture du vin. Le vin a été introduit à la fin du XVIIe siècle par les prêtres espagnols pour la messe auprès de leurs colons. Longtemps méconnu, voire méprisé, il a fallu attendre la fin des années 1960 pour que le vin californien soit reconnu. C'est l'importation de fûts de chêne, sur les conseils de Robert Mondavi qui possédait un vignoble dans la Napa Valley et qui avait voyagé en Europe, qui révéla ce vin d'outre-Atlantique. Les vins de Mondavi franchirent alors les frontières des États-Unis et, en 1976, lors d'une dégustation à l'aveugle de vins californiens et français par des experts et des sommeliers français, le vin californien fut désigné vainqueur et acquit alors une réputation sur le marché mondial. Aujourd'hui, on compte plus de 200 exploitations dans cette région au nord de San Francisco, réparties pour la plupart dans les vallées de la région, notamment celle de Napa dans le comté du même nom, celle de Sonoma, d'Alexander Valley, de Dry Creek Valley et de Russian River Valley dans le comté de Sonoma.

CANDLELIGHT INN €€€

1045 Easum Drive
✆ +1 800 624 0395
www.candlelightinn.com

Chambre double à partir de 270 US$. Petit déjeuner inclus. Piscine. Parking et wifi gratuits.

Ce joli *Bed and Breakfast* a toutes les qualités pour vous faire passer un agréable séjour. Lit à baldaquin, bain bouillonnant dans certaines chambres, petit déjeuner trois étoiles et piscine extérieure, vous serez bien installés. Le petit plus, un service de conciergerie pour organiser votre séjour dans la vallée, donc évidemment la dégustation de vin dans les différents vignobles, mais aussi pourquoi pas une balade en montgolfière. Le soir venu, vous pourrez emprunter l'un des nombreux DVD et vous servir en gâteaux au chocolat maison !

MILLIKEN CREEK INN €€€

1815 Silverado Trail
✆ +1 707 255 1197
www.millikencreekinn.com
Chambre double à partir de 696 US$. Petit déjeuner inclus. Spa. Salle de gym. Business center.

Un hôtel raffiné installé en bordure de rivière, avec des chambres modernes et bien décorées qui offrent une vue apaisante sur le paysage alentour. On vous conseille d'ailleurs de faire un tour à la jolie cascade. Le service est irréprochable, une dégustation de vins et de fromages est organisée dans l'après-midi et on vous conseillera les meilleurs restaurants de la région. Le prix comprend également un petit déjeuner gourmet que vous dégusterez sur la terrasse de votre chambre. Mais tous ces petits plaisirs, forcément, ne sont pas donnés.

OLD WORLD INN'S CABERNET HOUSE €€€

1301 Jefferson Street
✆ +1 707 257 0112
www.oldworldinn.com
Chambre double à partir de 223 US$. Petit déjeuner inclus. Vin et dessert offerts tous les soirs.

A l'origine la demeure d'un riche propriétaire de la région, l'établissement est un ravissant *Bed & Breakfast* situé dans le centre-ville de Napa. Chacune des chambres offre un équipement moderne, notamment des cheminées de style européen, des lits confortables, un système de films DVD Dolby Digital et du wifi haut débit. On aime toutes les petites attentions, comme la sélection de desserts au chocolat offerts en soirée qui apporte la touche finale bienvenue à un bon dîner.

VELO PIZZERIA €

807 Main Street
✆ +1 707 492 3975
www.velopizzeria.com
Du dimanche au jeudi de 11h30 à 22h. Pizza à partir de 15 US$, sandwiches et salades autour de 10 US$.

Dans un décor de murs de briques plus newyorkais que californien, cette pizzeria propose des pizzas mais pas uniquement. Les entrées, à l'image des moules marinées sont un régal, tout comme les sandwiches, très originaux, qui combinent saveurs transalpines et goûts californiens. Cela dit, la pizza Margharita n'est pas mal et c'est un bon test pour une pizzeria. Et comme pour tout restaurant de Napa qui se respecte, la carte des vins est conséquente. D'ailleurs, le pinot noir n'est pas mal. Service soigné, les serveurs sont prévenants.

ZUZU €

829 Main Street
✆ +1 707 224 8555
www.zuzunapa.com
Ouvert du lundi au vendredi de 11h30 à 14h30, pour le dîner du dimanche au jeudi de 16h30 à 22h, et 23h le week-end.

On se sent bien à l'aise dans ce restaurant à l'heure espagnole, avec une partie en extérieur. On se croirait presque à Madrid. Les *tapas* sont un régal, notamment le jambon *iberico, et* le *guacamol* n'est pas en reste. Et la *paella*, mes aïeux, la paella ! De quoi se faire du bien après quelques jours à se nourrir de *burgers* et de *tortillas*. Les desserts valent également la peine d'être essayés, notamment l'*empanada* à la pêche. Au total, un repas agréable à prix raisonnable, ce qui est assez rare dans la région pour être souligné.

TARLA MEDITERRANEAN BAR + GRILL €€

1480 1st Street ✆ +1 707 255 5599
www.tarlagrill.com
Ouvert du dimanche au jeudi de 11h à 21h30, jusqu'à 22h30 vendredi et samedi. Repas complet autour de 40 US$.

Ah, quel plaisir de retrouver les joies du kebab à la turque ! Il n'est pas question ici d'un sandwich bas de gamme de *fast-food* mais bien d'une élégante assiette au goût subtil et raffiné. Une vraie bonne surprise. La carte propose également de nombreux plats méditerranéens. On vous recommande par exemple la salade de poulpe grillé, roquette, pois chiches, betteraves, oranges, pommes, tomates cerises et vinaigrette pomme-basilic, avec un glaçage balsamique à la grenade...

BILLCO'S

1234 3rd Street
✆ +1 707 226 7506
Ouvert du lundi au mercredi de midi à 1h, jusqu'à 2h du jeudi au samedi et minuit le dimanche.

Les amateurs de houblon vont se faire plaisir dans ce temple de la bière, qui tranche avec les innombrables bars à vin de la ville. Plus de 60 bières pression sont ici proposées, plus 120 autres à la bouteille. On y trouve également 10 tables de billard et 6 jeux de fléchettes, de quoi vous lancer dans des parties endiablées. Et en cas de petit creux, la maison propose des hamburgers, des salades, des sandwichs et des paninis. Le rendez-vous des locaux pour une ambiance 100 % *farmer.* C'est ici que vous vous ferez des copains !

© JOHN FRECHET - ICONOTEC

Panneau de bienvenue à Napa Valley.

SMALL WORLD

928 Coombs Street
✆ +1 707 224 7743
www.smallworldrestaurant.com/
Ouvert du lundi au vendredi de 9h à 20h30 et de 9h à 19h30 le samedi. Salades, burgers et snacking à moins de 10 US$.

On trouve à cette petite adresse sans prétention des plats méditerranéens à prix modiques, entre kebabs, falafels, burgers et quelques assiettes végétariennes. Ce qui, chez nous, paraît tout à fait banal, prend tout son intérêt dans la Napa Valley où tout est tellement cher. De plus, on sert ici les meilleurs *smoothies* de la ville et on peut s'asseoir à une terrasse très agréable pour se rafraîchir dans les grandes chaleurs californiennes. De quoi vous faire une petite escale sympa et décontractée entre deux dégustations de vin le petit doigt en l'air.

HISTORIC NAPA MILL

500 Main Street
✆ +1 707 251 8500
www.historicnapamill.com

Les bâtiments du *Napa Mill* comptent parmi les derniers vestiges de l'ancienne Main Street (centre industriel et commercial de la fin du XIXe siècle) dans la ville de Napa. Aujourd'hui c'est devenu un quartier commerçant agréable et plutôt classe de Napa avec spa, boutiques de cadeaux, chocolatier, restaurants et club de jazz. À voir pour son architecture et en particulier pour sa fontaine de mosaïque. Elle raconte l'histoire de la vallée, depuis l'époque des Indiens Nappa jusqu'à la conquête espagnole, et jusqu'aux époques de domination mexicaine et américaine.

OXBOW PUBLIC MARKET

610 & 644 First Street
www.oxbowpublicmarket.com
Ouvert tous les jours de la semaine de 7h30 à 21h30 (18h le dimanche). Fermé à Thanksgiving, Noël et au jour de l'An.

Le Farmer's Market d'Oxbow est le point de ralliement des amateurs de bonne chair et de bon vin du centre-ville de Napa. Le marché soutient l'agriculture durable et biologique, mais également les petites exploitations indépendantes. Il comprend une terrasse extérieure panoramique avec des assises le long de la rivière Napa, propose le meilleur des produits locaux, mais aussi des bars et des restaurants... Au menu : le meilleur de la cuisine nord-californienne (huîtres, sandwichs, *tacos*, glaces bio et pâtisseries sans gluten) !

BALLOONS ABOVE THE VALLEY

603 California Boulevard
✆ +1 800 464 6824
www.balloonrides.com
Ouvert tous les jours de 8h à 17h. Vol en montgolfière : 299 US$ pour un tour d'une heure.

Un survol de la région en ballon durant une heure avec un guide qui vous présente la vallée, ça vous tente ? Le rendez-vous est fixé à l'extérieur de la boulangerie du marché public d'Oxbow. Après un café et quelques pâtisseries, départ pour le site de lancement où le ballon termine de se gonfler. Dégustation de champagne en l'air et *brunch* complet de retour sur la terre ferme. Une photo imprimée de votre aventure est comprise dans le forfait. Prévoir 3-4 heures en tout.

YOUNTVILLE ★

À 15 km au nord de Napa se trouve la petite bourgade de Yountville. On a du mal à comprendre pourquoi tant de grands restaurants se sont installés ici, à commencer le célèbre The French Laundry de Thomas Keller, trois fois étoilé au Michelin, car la ville manque d'intérêt. Trop proprette ! Des banques, des jardins bien tenus, pas un centimètre de poussière ou de saleté... Arrêtez-vous pour déjeuner ou dîner mais nous vous conseillons de faire escale ailleurs pour dormir. Ah oui, la localité compte un golf de 18 trous si vous aimez taper dans la petite balle, et le Lincoln Theatre accueille les spectacles de la Napa Regional Dance Company.

BISTRO JEANTY €€

6510 Washington Street
✆ +1 707 944 0103
www.bistrojeanty.com
Ouvert tous les jours de 11h30 à 22h. Entrées à partir de 12 US$, plats principaux à partir de 24 US$.

Ouvert depuis 1998, ce bistrot à la française ne propose que des classiques : os à moelle, quenelles, pieds de cochon, petit salé aux lentilles, cassoulet, coq au vin... Il faut dire que le patron (et chef) Philippe Jeanty, arrivé en Californie à la fin des années 1970, est né à Epernay (en Champagne) où il a appris le métier. C'est lui qui, dès 1977, a ouvert la première bonne table à Yountville. Et comme il le dit lui-même, dans son restaurant ont sert une bonne nourriture qui varie selon les saisons, à des clients dont on apprend vite à connaître le prénom.

PLUMPJACK WINERY ★

620 Oakville Cross Road
✆ +1 707 945 1220
www.plumpjackwinery.com
Ouvert tous les jours de 10h à 16h. Dégustation de 40 à 65 US$.

C'est le domaine de l'ancien maire de San Francisco, Gavin Newsom. Jolie propriété, décoration recherchée et personnel dynamique : on voit ici une clientèle plus jeune que dans le reste de la vallée. Et il est bien agréable d'être quasiment dans les vignes tout en bénéficiant d'un patio et d'une terrasse ombragée pour se poser entre deux dégustations. Cela dit, la maison ne rembourse pas les frais de dégustation pourtant élevés lorsque vous achetez des bouteilles de vin, à l'inverse de nombreux autres établissements de la région.

BRIX NAPA VALLEY €€

7377 St Helena Hwy (Route 29)
✆ +1 707 944 2749
www.brix.com
Ouvert du mardi au samedi de 11h30 à 21h et le dimanche de 10h à 21h. Plats à partir de 23 US$.

Perdez-vous dans la carte des vins avant de commander un verre et de vous enfoncer dans un de ces confortables fauteuils, le temps que le chef aille chercher dans le jardin les légumes commandés et qu'il vous les cuisine à sa façon. Bon, pour les allergiques à la verdure, il n'y a pas que ça, mais c'est pour l'agriculture biologique pratiquée ici que les clients se pressent. Et peut-être aussi pour le cadre verdoyant et le Sauvignon blanc produit sur ses vignes par la maison. Une adresse hautement recommandée, vous allez vous régaler.

BOUCHON €

6534 Washington Street
✆ +1 707 944 8037
bouchonbistro.com/yountville
Ouvert du lundi au vendredi de 11h à minuit, à partir de 10h le week-end. Plats à partir de 30 US$.

Le restaurant Bouchon est le petit frère de la French Laundry, ouvert par le même chef Thomas Keller. Beaucoup de monde ici aussi, mais il y est tout de même plus facile de trouver une table et les prix sont nettement plus abordables. Cuisine française encore, du boudin noir à la lotte de mer rôtie par exemple. A quelques pas de là, la Bouchon Bakery propose les essentiels de la bonne boulangerie française : baguettes croustillantes, délicieux croissants et - chose quasiment introuvable au pays de l'Oncle Sam - expressos corsés !

FRENCH LAUNDRY €€€

6640 Washington Street
✆ +1 707 944 2380
www.frenchlaundry.com
Tous les jours pour le dîner de 17h30 à 21h30 et le week-end pour le déjeuner de 11h à 13h. Menu dégustation 310 US$.

Le restaurant le plus réputé de toute la Napa Valley et parmi les grands restaurants des Etats-Unis avec ses trois étoiles au Michelin, décrochées en 2007. Vous ne pouvez pas le louper, il est installé dans un bâtiment rustique en pierres de taille et en bois, effectivement une ancienne laverie française à vapeur. Attention, il faut réserver au minimum deux mois à l'avance pour avoir une chance de goûter à la cuisine ultra raffinée du chef Thomas Keller. Cuisines française et californienne. Après, bien sûr, ce n'est pas donné.

RUTHERFORD ★

Rutherford et Oakville se trouvent juste au nord de Yountville. Plus lieux-dits que villes à proprement parler, ces deux localités réunissent sur leurs vallons de grands domaines viticoles, dont celui de Robert Mondavi. Prenez également le temps de visiter celui d'Inglenook, acheté par le réalisateur Francis Ford Coppola en 1975, qui abrite un musée consacré à l'histoire d'Inglenook et à la naissance du cinéma. Le cottage historique en briques d'Elizabeth Spencer Winery vaut aussi le détour. On trouve enfin à Rutherford l'Auberge du Soleil, une magnifique propriété avec un restaurant étoilé au Michelin et une vue imprenable sur la vallée.

INGLENOOK ★

1991 St. Helena Hwy
✆ +1 707 968 1100
www.inglenook.com
Tous les jours de 10h30 à 17h. Dégustation de vins et mets à partir de 100 US$ pour une heure. Sur réservation.

C'est l'une des *wineries* de Francis Ford Coppola. Il l'a achetée avec les bénéfices de son film *Le Parrain*. Vous y retrouverez quelques objets issus de ses films et également de l'histoire de ce vignoble. Mais la propriété d'Inglenook dans sa globalité a la classe, entre le petit château, le jardin, les vignes et le chais. Vous ne regretterez pas le détour. Coppola a acquis par la suite un autre vignoble, qui se veut plus un musée de ses œuvres et aussi une maison de négoce dans la Sonoma Valley, à Geyserville plus précisément.

ALPHA OMEGA WINERY ★

1155 Mee Lane
✆ +1 707 963 9999
www.aowinery.com
Ouvert tous les jours de 10h à 18h. Dégustation 75 US$ (remboursée si achat d'une bouteille).

L'un des petits derniers de la Napa. *Alpha Omega*, c'est la rencontre de deux mondes, celui de Jean Hoefliger, œnologue suisse formé dans la plus pure tradition bordelaise, et celui de la Napa Valley, entre Vieille Europe et Nouveau Monde. Le pari est réussi avec des chardonnay et des cabernet-sauvignon de très bon standing. Par ailleurs, l'accueil est chaleureux et sans chichis dans la salle de dégustation. De plus, les vignes et la propriété au pied des montagnes constituent un décor de carte postale, ce qui participe évidemment à l'expérience.

PEJU WINERY ★

8466 Saint Helena Highway
✆ +1 800 446 7358
www.peju.com
Ouvert tous les jours de 10h à 18h. Dégustation à partir de 50 US$.

L'emblème de cette propriété, une petite tour de style provençal, se retrouve sur les étiquettes, les brochures et dans la tête du propriétaire et fondateur, Anthony Peju. Quand il se lance dans la viticulture en 1982, les locaux sont bien différents de ceux d'aujourd'hui. La petite tour n'existe pas encore, mais déjà il l'imagine. Depuis, les affaires ont décollé, la famille s'est agrandie et, avec l'aide de ses deux filles, Anthony a fini par faire construire sa petite tour. Ambiance agréable, mais dégustation un peu expéditive.

FROG'S LEAP ★

8815 Conn Creek Road
✆ +1 707 963 4704
www.frogsleap.com
Ouvert tous les jours de 10h à 16h. Dégustation à partir de 20 US$.

Construite en 1884, la belle grange rouge à l'aménagement rustique mais chic de Frog's Leap a été entièrement rénovée en 1994 afin de relancer l'exploitation des vignes. Depuis, ce petit domaine ne produit que des vins bio et refuse l'irrigation, chose très rare en Californie, pour privilégier l'expression naturelle du terroir. Ambiance chaleureuse et détendue, en fonction de la saison on vous invitera à cueillir cerises ou pêches dans le magnifique verger. Un petit paradis ! N'oubliez pas de réserver si vous voulez être sûr de ne pas vous déplacer pour rien.

ROBERT MONDAVI ★

7801 St Helena Higway
✆ +1 888 766 6328
www.robertmondavi.com
Ouvert tous les jours de 10h à 17h. Tours et dégustations à partir de 65 US$.

Pionnier et entrepreneur, Robert Mondavi a acheté un vignoble dans la Napa Valley en 1966 après une dispute avec sa famille qui gérait alors le domaine Krug. Après un voyage en Europe, il a l'idée d'importer des fûts de chêne français pour y garder son vin. Dès lors débute l'aventure. C'est la *winery* historique de la Napa Valley où vous êtes accueilli par la statue de St. Francis. Plusieurs *tours* sont proposés pour découvrir la *winery* et ses vins et pour apprendre les combinaisons avec le chocolat, le fromage et la gastronomie en général.

ST. HELENA ★★

St. Helena est une petite ville de quelque 6 000 habitants ponctuée de rues coquettes et de jolies boutiques, inscrite au registre national américain des lieux historiques depuis 1998. Moins formelle que Yountville, plus classe que Calistoga, et moins design que Napa, St. Helena est à la Napa Valley ce que Fillmore Street est à San Francisco : calme mais vivante, jolie mais pas figée, détendue mais bourgeoise. Une petite faim ? Farmstead at Long Meadow Ranch sert des ingrédients de saison provenant de sa ferme, de son ranch et de ses vignobles. On vous conseille aussi Gatehouse Restaurant et bien sûr The Charter Oak, trois étoiles au *Michelin*.

LADERA VINEYARD ★★

150 White Cottage Road South
✆ +1 707 965 2445
www.laderavineyards.com
Réservation exigée. Dégustation tous les jours de 10h à 16h à partir de 30 US$.

Perché sur la Howell Mountain, voilà un des joyaux cachés de la Napa. La belle propriété de briques remonte à 1886. C'est l'amour de la tradition qui donne son âme à *Ladera.* En venant de Calistoga au nord, prenez la Deer Park Road à gauche puis tournez à gauche encore dans White Cottage Road South. La route vous mènera hors des sentiers battus sur un magnifique chemin de montagne. Un très joli site. Et pour ne rien gâter, on y produit un fameux cabernet sauvignon, ainsi qu'un pinot noir et un chardonnay qui se défendent pas mal non plus.

BERINGER VINEYARDS

2000 Main Street
✆ +1 707 302 7592
www.beringer.com
Ouvert tous les jours de 10h à 17h30. Dégustation avec tour de la winery à partir de 30 US$. Réservation conseillée.

Une des *wineries* emblématiques de la Napa Valley et la plus ancienne. D'origine allemande, les Beringer fondent leur domaine en 1876. Respect de l'environnement est ici le maître mot, tout est naturel et biologique. Une très belle visite et un portfolio de vins impressionnant (avec en vedette le cabernet-sauvignon). Et pour tout vous dire, on a un petit faible pour le château familial, avec ses tuiles, ses colonnades et sa petite fontaine. En plus, bien sûr, de la petite véranda où l'on déguste les crus de la maison. A ne pas manquer !

PRIDE MOUNTAIN VINEYARDS ★★

1111 3000 Summit Trail ✆ +1 707 963 4949
www.pridewines.com
Ouvert tous les jours de 9h à 18h. Tours sur réservation. De 15 US$ à 75 US$ selon le tour et la dégustation.

Créée en 1885, puis dormante durant la prohibition, cette *winery* familiale est reconnue dans la région pour ses vins de «dessert» tels que le muscat assemblé avec du brandy. Mais l'atout principal de ce vignoble populaire reste son grand jardin ombragé et son impressionnante offre de produits gourmets. C'est en effet l'une des seules *wineries* à proposer sandwiches, salades, charcuterie, ainsi qu'une centaine de fromages locaux et européens à la coupe. On adore s'y arrêter pour un pique-nique rapide mais détendu au cœur de son charmant parc.

CASA NUESTRA

3451 Silverado Trail North
✆ +1 707 963 5783
www.casanuestra.com
Ouvert du lundi au samedi de 10h à 17h, sur réservation. Prix de la dégustation remboursé avec l'achat d'une bouteille.

Depuis 1979, *Casa Nuestra* produit du vin bio avec succès. Signes *peace and love*, portraits d'Elvis et de Martin Luther King accueillent le visiteur dans une ambiance relax et familiale. Un petit domaine de qualité, qui s'est choisi un nom espagnol en hommage aux pionniers qui introduisirent en premier le travail du vin dans la région de Napa. La dégustation dure environ 45 minutes et il faut réserver. Dehors, des tables de pique-nique sont à disposition sous la tonnelle. Jardin ombragé pour un cadre bucolique à souhait. Un bon plan.

EL BONITA MOTEL €€

195 Main Street ✆ +1 707 963 3216
www.elbonita.com
Chambre double à partir de 163 US$. Petit déjeuner inclus. Piscine et bain bouillonnant. Parking et wifi gratuits.

Idéalement situé, à quelques minutes seulement du centre et des vignobles, ce motel baignant dans la végétation est une aubaine dans la région. Il vous faudra donc réserver longtemps à l'avance. Chambres simples, mais confortables et bien équipées. Été comme hiver, vous aurez accès à la piscine extérieure chauffée, au bain bouillonnant et au sauna. N'hésitez pas à demander conseil à la réception sur la région et ses vins. Le personnel est attentif et de bon conseil. Un bon spot pour vous poser entre deux longues journées de visites et de dégustations de vins.

WINE COUNTRY

V. SATTUI WINERY €

1111 White Lane
✆ +1 707 963 7774
www.vsattui.com
Ouvert tous les jours de 9h à 18h, jusqu'à 17h l'hiver. Dégustation de 5 vins à partir de 15 US$.

Vittorio Sattui, jeune immigré italien, a créé cette charmante *winery* en 1885. Fermé depuis la Prohibition, c'est son petit fils qui ressuscite l'entreprise familiale en 1976. Aujourd'hui on vient à *V. Sattui Winery* plus pour son épicerie fine que pour le vin un peu moins intéressant. Ici vous trouverez plus d'une centaine de fromages de Californie, mais aussi du reste des États-Unis et d'Europe, des sandwiches confectionnés sur demande, du pain frais et des produits d'épicerie à consommer dans son grand jardin ombragé ou à ramener en souvenir.

THE CULINARY INSTITUTE OF AMERICA AT GREYSTONE €€€

2555 Main Street
✆ +1 707 967 1100
www.ciachef.edu
Deux restaurants ouverts sur réservation. Plats à partir de 20 US$.

Dans l'aile gauche de ce château consacré à l'apprentissage des arts de la table, vous croiserez des étudiants en tablier blanc avec leur trousseau de cuisinier sous le bras. Vous pourrez assister à des cours de cuisine le week-end et faire vos emplettes dans un espace dédié aux accessoires de cuisine. Dans l'aile droite se trouve le restaurant, très renommé, où officient le personnel permanent et les étudiants du programme. Au menu, fruits de mer, risottos ou encore *ribs* revisités.

WOODHOUSE CHOCOLATES

1367 Main Street
✆ +1 707 963 8413
www.woodhousechocolate.com
Ouvert tous les jours de 11h à 18h.

Entrez dans le temple du chocolat ou admirez simplement la vitrine pour éviter de succomber et de vous ruiner ! Véritables œuvres d'art en chocolat, on se croirait dans le *Marie-Antoinette* de Sofia Coppola. Vous y trouverez des chocolats, des chocolats fourrés à la praline, des caramels, des caramels au beurre, des friandises en tout genre et même des s'mores de luxe, une sorte de version de salon de ces drôles de sandwiches constitués d'un chamallow grillé au feu puis coincé entre deux biscuits chocolatés. Bref, vous allez vous régaler.

CALISTOGA ★★★

Voici une exception dans la Napa Valley, puisque Calistoga tourne plus autour de l'eau que du vin ! Plus spa que vignoble, en somme... Autant vous le dire tout net, on adore ce village épargné par le tourisme de masse qui nous délecte de son ambiance décalée et rafraîchissante. Au programme : petits bars et brasseries, habitants excentriques particulièrement sympathiques, motels rétros, spas sans chichis et mobile homes mexicains. Une base idéale pour découvrir la véritable Napa, qui respire la douceur de vivre, loin des sentiers battus et des *tours* organisés. Un *breakfast* avec porridge et pancakes maison pour commencer, une flânerie dans la route principale de la petite bourgade aux si jolies boutiques, dont certaines sont installées dans de vieux wagons de train à quai, puis on part à la découverte des chemins d'une vallée champêtre et authentique.

Et si les visiteurs sont nombreux à venir avant tout dans la région pour les vins, à Calistoga on peut donc aussi s'intéresser aux eaux. Le site abrite des sources d'eau chaude et fut une station thermale réputée au XIXe siècle. On peut même se faire recouvrir de sa boue locale d'origine volcanique, réputée bénéfique pour la santé. Profitez également de votre passage pour jeter un coup d'œil au geyser *Old Faithful*, une éruption géothermale située le long de Tubbs Lane, qui surgit de façon régulière. Le petit plus option carte postale de Calistoga : la station-service rétro à l'entrée du village où vous adorerez faire le plein de votre voiture.

WINE COUNTRY

© JOHNRANDALLALVES - ISTOCKPHOTO

Vignoble de Calistoga, Napa Valley.

AUGUST BRIGGS WINERY ★

1307 Lincoln Avenue
✆ +1 707 942 4912
www.augustbriggswinery.com
Fermé le mardi ou uniquement sur rendez-vous. Dégustation du mercredi au lundi de 11h à 19h (le dimanche à 17h).

La dégustation se fait à Downtown Calistoga, dans une petite *tasting room* implantée dans la rue principale. Accueil agréable et ambiance détendue pour ce domaine implanté en 1995 repris par le fils de la famille. Ce que l'on préfère ? Le « Dijon Clone » pinot noir, un rouge qui rappelle les bons vins de Bourgogne. Parfums subtils et finesse des fruits, plus fort en alcool que son cousin français en raison de l'ensoleillement exceptionnel de la région. Et bien sûr, la maison propose toute une variété de vins aussi bons qu'exotiques.

STERLING VINEYARDS ★

1111 Dunaweal Lane
✆ +1 800 726 6136
www.sterlingvineyards.com
Ouvert tous les jours de 10h à 16h30. Visite guidée : 29 US$ (39 US$ en version VIP).

On emprunte un petit téléphérique pour accéder à la jolie propriété qui domine la vallée. On peut y déjeuner ou y dîner sur réservation. Le prix du téléphérique inclut une dégustation de cinq vins et un tour de la *winery*. Sterling Vineyards, qui recourt à des cépages essentiellement issus des régions bordelaise et bourguignonne, a obtenu une reconnaissance internationale lorsque son vin a remporté la première place dans la dégustation de vins d'Ottawa de 1981. Une escapade viticole et panoramique dont vous vous souviendrez !

OLD FAITHFUL GEYSER ★★

1299 Tubbs Lane
✆ +1 707 942 6463
www.oldfaithfulgeyser.com
Ouvert de 8h30 à 17h, en été de 8h30 à 19h. Concert le samedi soir. Adultes 15 US$, seniors et étudiants 13 US$.

Ce geyser du parc Yellowstone qui, toutes les 40 minutes environ, projette de l'eau brûlante jusqu'à une trentaine de mètres de hauteur, ravira les petits et les grands. Il a connu un million d'éruptions, qui peuvent durer jusqu'à 5 minutes chacune, depuis sa découverte en 1870 par l'expédition Washburn. Les enfants apprécieront l'exposition artisanale explicative ainsi que de voir sur place des lamas et des chèvres dans le petit zoo aménagé. Le plus : certains soirs, en été, musique *live*, vous pouvez amener votre pique-nique.

VINCENT ARROYO ★

2361 Greenwood Avenue
✆ +1 707 942 6995
www.vincentarroyo.com
Ouvert tous les jours de 10h à 16h. Réservation exigée. Dégustation gratuite jusqu'à 4 personnes.

Au nord de la Napa Valley, un domaine qui détrompera les grincheux qui se plaignent du penchant commercial de la région. Vincent s'est lancé dans la viticulture dans les années 1970, lassé de sa vie d'ingénieur. Seul, il a implanté ce qui est aujourd'hui une propriété prospère où il fait bon faire escale. Les deux labradors, *JJ* et *Bodega*, accueillent le visiteur et parfois Vincent lui-même s'il est dans les parages. Le domaine est réputé pour son *Petite Sirah*, dont les bouteilles se vendent avant même les vendanges. Une chouette adresse.

PETRIFIED FOREST ★★

4100 Petrified Forest Road
✆ +1 707 942 6667
www.petrifiedforest.org
Tous les jours de 10h à 19h en été, 18h au printemps et à l'automne, 17h en hiver. Adultes 12 US$, 12-17 ans 8 US$.

Une éruption volcanique cataclysmique eut lieu ici il y a 3 millions d'années. Les cendres riches en silice recouvrirent la forêt de séquoias en contrebas, tous les arbres tombèrent dans la même direction : c'est la plus grande forêt pétrifiée du monde. La silice facilita la conservation de la structure, remplaça progressivement la matière végétale et fossilisa les troncs. Les arbres, ou plutôt les souches d'arbres devenues pierres, furent découvertes en 1870 en raison de l'érosion qui les dégagea du sol. Le spectacle est étonnant, une jolie balade à faire.

VISITOR CENTER

1133 Washington Street
✆ +1 707 942 6333
www.calistogavisitors.com
Ouvert tous les jours de 9h à 17h, sauf certains jours fériés.

Ici pas de brochure en français, mais un accueil charmant. Tous les hébergements, les restaurants, les activités, les spas, le musée, les informations sur les fermetures pour rénovation, le golf, les dégustations de vin et bien sûr le classique du coin : les dépliants sur les arbres pétrifiés. Leur site Internet regorge également d'informations, vous y trouverez tout ce qu'il vous faut pour organiser votre séjour dans les meilleures conditions. A noter, des concerts de rock et de folk sont régulièrement organisés l'été dans le parc de la ville.

CALISTOGA BIKESHOP

1318 Lincoln Avenue
✆ +1 707 942 9687
www.calistogabikeshop.com

Ouvert tous les jours de 10h à 18h. Location de vélo seul à partir de 45 US$ par jour, 95 US$ le vélo électrique.

Ce loueur de vélos classiques et électriques situé sur la rue principale de Calistoga offre un large éventail de propositions : vous pédalez seul à votre convenance et, selon votre itinéraire, ou on vous accompagne et vous guide et/ou on vous concocte des visites de vignobles et des dégustations, etc. Depuis la grande liberté jusqu'au tour clé en main ! De quoi découvrir la région à la fraîche, mais attention sous l'effet de l'alcool il est tout aussi illégal de se balader à vélo que de conduire une voiture, et les policiers américains ne rigolent pas avec ça !

CALISTOGA INN €

1250 Lincoln Avenue
✆ +1 707 942 4101
www.calistogainn.com

Chambre double à partir de 169 US$. Cottage à partir de 229 US$. Petit déjeuner inclus.

Ce cottage coquet, en fait un petit complexe composé d'un hôtel, d'un bistrot à vin et d'un restaurant, implanté au bord d'une petite rivière et sur la rue principale de Calistoga, vous accueille en *Bed and Breakfast*. Vous apprécierez son atmosphère paisible et romantique. Les arbres qui l'entourent filtrent la lumière et rafraîchissent les chambres spacieuses. La salle de bains et le téléphone se trouvent sur le palier. Le matin, un petit déjeuner copieux est servi. Le Calistoga Inn est une excellente adresse au bon rapport qualité-prix pour la Napa Valley.

GOLDEN HAVEN HOT SPRINGS SPA AND RESORT €

1713 Lake Street ✆ +1 707 942 8000
www.goldenhaven.com

Chambre double à partir de 304 US$. Accès gratuit à la piscine d'eaux chaudes thermales et terrains de boules.

Hôtel typiquement américain, ce petit établissement de 27 chambres est *cosy* et facile d'accès. La plupart des chambres ont leurs parkings devant leur porte et sont bien équipées. Son vrai plus, la piscine couverte d'eaux thermales naturellement chaude et son spa, très connu pour ses bains de boue que vous pouvez même effectuer en couple. De quoi passer un moment des plus romantique ! Visitez le site pour des tarifs intéressants qui comprennent logement et soins.

BRANNAN COTTAGE INN €€

109 Wapoo Avenue
✆ +1 707 942 4200
www.brannancottageinn.com

Chambre double à partir de 360 US$. Petit déjeuner inclus. Business center. Wifi gratuit.

Un joli *Bed and Breakfast* de six chambres, toutes agréables. Cette auberge située dans une ravissante maison victorienne de 1860 posée au beau milieu d'un jardin constitue une escale de charme. D'importants travaux de rénovation viennent d'y être effectués et l'accueil est très sympathique. De plus, la petite épicerie de l'hôtel propose un bon café, en plus d'une succulente quiche maison, de toasts à l'avocat, d'authentiques bagels new-yorkais et de croissants venus de l'excellente Bouchon Bakery. *Wine and cheese hour* le vendredi, cookies servis toute la journée.

HIDEAWAY COTTAGES €€

1412 Fair Way
✆ +1 707 942 4108

Chambre double et cottage à partir de 180 US$. Petit déjeuner inclus. Piscine. Parking gratuit.

Petits cottages individuels avec une très agréable piscine commune. Un havre de paix à la californienne où vous pourrez vous cuisiner des plats à déguster en terrasse. Chaque cottage dispose d'une ou deux chambres, d'une cuisine, d'un salon et d'une salle de bains. Le matin vous allez chercher un panier rempli de bonnes choses en guise de petit déjeuner. Accueil excellent. Une vraie bonne adresse pour vous délasser après avoir bourlingué et dégusté d'excellents crus toute la journée dans les vignobles qui entourent la ville de Calistoga.

MOUNT VIEW HOTEL & SPA €€€

1457 Lincoln Avenue ✆ +1 707 942 6877
www.MountViewHotel.com

À partir de 220 US$ la chambre double, minimum de deux nuits le week-end et en haute saison.

Un mélange d'élégance sobre et de volupté pour cet hôtel centenaire où venaient séjourner les starlettes américaines des années 1930 et 1940. Rénové en 1990 par Michael et Stephanie Woods, c'est une adresse d'un grand raffinement. La literie en plume, le petit déjeuner (au lit !) séduiront, tout comme une halte au bain bouillonnant minéralisé ou une séance natation dans la piscine chauffée, sans oublier du spa et des deux restaurants sur place. Au programme : le vin de la vallée, la cuisine d'un excellent chef et les eaux naturelles des sources chaudes.

SOLAGE €€€

755 Silverado Trail North
✆ +1 866 942 7442
https://solage.aubergeresorts.com/
À partir de 1 358 US$ la nuit. Restaurant, patio, piscine, spa et cours de yoga.

Ce *resort* de luxe contemporain et écologique se compose de 89 chambres, cottages en bois blanchis et suites, avec plafond voûté, douche au sol en galets et patio extérieur meublé qui s'ouvre sur tous les jardins secrets de Solage. Véritable oasis dans le *wine country*, l'hôtel possède une piscine avec *deck*, mais aussi un spa avec un *Mud Bar* qui propose des soins à la boue, et un restaurant étoilé au guide Michelin, le *Solbar*. L'hôtel et le restaurant ne sont pas donnés, mais si vous avez les moyens l'expérience en vaut la peine.

LOVINA €

1107 Cedar St
✆ +1 707 942 6500
https://www.lovinacalistoga.com/
Fermé mardi et mercredi. Ouvert de 11h à 21h lundi, jeudi et vendredi ; de 9h à 21h samedi et dimanche.

Ce charmant petit établissement entouré d'arbres propose une cuisine fraîche et authentique. Sa tonnelle extérieure qui fait merveille les jours de chaleur n'empêche pas d'apprécier le calme, voire la sérénité, qui règne à l'intérieur de la maison. Cuisine de qualité et plats simples, l'équation, complétée par un service au diapason, fait le bonheur des clients qu'ils soient de passage ou habitués locaux. On vous recommande tout particulièrement le canard confit, le poulet fermier rôti et le risotto aux pétoncles. Vous allez vous régaler !

CAFÉ SARAFORNIA €

1413 Lincoln Avenue
✆ +1 707 942 0555
www.cafesarafornia.com
Ouvert tous les jours de 7h à 14h. Breakfast avec pancakes : 10 US$.

Au comptoir ou à table pour déguster un divin et calorique *breakfast* avec (par exemple) des *pancakes* délicieusement moelleux, c'est frais, c'est bon et copieux. Une excellente adresse pour commencer sa journée ! De plus, la maison propose aussi aux amateurs des options végétariennes et sans gluten. Décoration rurale et joyeusement vivante, toute une ambiance. La maison aux carreaux verts et blancs existe depuis plus de 120 ans, une valeur sûre de Calistoga... Et les locaux apprécient également, ce qui est toujours bon signe.

DR WILKINSON'S HOT SPRING

1507 Lincoln Avenue
✆ +1 707 942 4102
www.drwilkinson.com
Ouvert de 8h30 à 15h45 tous les jours. Chambre double à partir de 428 US$. Bains de boue, massage.

Cet hôtel est l'un des premiers établissements de la région à avoir proposé des soins thermaux. On adore son style rétro et la gentillesse du personnel. Le bain de boue est un passage obligé et les massages sont tout simplement paradisiaques. Immense piscine à moitié couverte, donc choix entre ombre et soleil. De plus, le restaurant est à la hauteur. On vous recommande les burritos au chili vert et rouge, la courge rôtie au miel et les tacos au poisson grillé.

CALISTOGA ROASTERY €

1426 Lincoln Avenue
✆ +1 707 942 5757
www.calistogaroastery.com
Ouvert tous les jours de 6h30 à midi. Prix très raisonnables. 3,75 US$ la grande tasse de café.

C'est ici que bat le cœur de Calistoga. Une adresse authentique, vivante, chaleureuse, gourmande. Vous entrez dans une grande salle très haute de plafond, façon *saloon ;* vous croisez des autochtones sympathiques, vous commandez votre *breakfast* auprès de serveurs plein d'humour et de gentillesse. Miel, sucre et lait sous toutes leurs formes sont à disposition sur le comptoir. Les *bagels* et *smoothies* sont parfaits dans toutes leurs déclinaisons et les variations autour du café aussi puisque c'est la spécialité de la maison. Régalade garantie !

GOLDEN HAVEN HOT SPRINGS

1713 Lake Street
✆ +1 707 942 8000
www.goldenhaven.com
Ouvert tous les jours de 8h à 23h. Bain de boue 138 US$, massage de 45 minutes à partir de 139 US$.

Les bains d'eau de boue sont une tradition à Calistoga depuis une centaine d'années. À Golden Haven, on peut en faire l'expérience dans une salle de soins privée. La boue est constituée d'un mélange d'argile, de tourbe et d'eau minérale chaude, trois ingrédients connus pour leurs propriétés traditionnelles bénéfiques pour la santé. Le traitement, qui dure une heure, est souverain contre le stress, d'autant plus si on lui ajoute une séance de massage de 45 minutes voire même 75 minutes... Et le programme peut se faire en couple !

WINE COUNTRY

SONOMA ★★

La ville a été fondée en 1823, autour de la place et de la mission San Francisco Solana de Sonoma, seule mission du Camino Real fondée sous la règle des Mexicains. C'est la dernière des 21 missions de Californie. Dans les années 1840, des pionniers américains s'établirent à Sonoma, attirés par les terres disponibles à foison. Mais le gouvernement mexicain du général Vallejo refusa de leur accorder le droit de propriété. La tension monta, les Américains se soulevèrent et, en juin 1846, eut lieu la *Bear Flag Revolt* : les Américains se rebellèrent contre la mainmise du gouvernement mexicain et déclarèrent l'indépendance de la République de Californie. Le drapeau marqué d'un ours fut hissé sur la place de Sonoma. La république ne dura toutefois que vingt-cinq jours avant d'être incorporée aux États-Unis. Le *Bear Flag* devint l'emblème de l'État de Californie en 1911, en hommage aux rebelles.
Au nord-est de la Plaza, vous trouverez une plaque commémorative rappelant cet événement historique. Aujourd'hui, Sonama est une petite ville où il est agréable de flâner de magasins en restaurants et en salles de dégustation de vins, fort nombreuses ici ! On mange d'ailleurs très bien à Sonoma et on y trouve bien sûr tous les meilleurs vins de la vallée. Il est même autorisé d'ouvrir une bouteille sur la Plaza, alors que mieux vaut ne pas s'y risquer ailleurs aux États-Unis. Mais attention à ne pas conduire alcoolisé, la police locale est intraitable et il pourrait vous en coûter cher si vous vous faites attraper !

BUENA VISTA WINERY ★★

18000 Old Winery Road
✆ +1 800 926 1266
www.buenavistawinery.com
Ouvert tous les jours de 10h à 17h sauf jours fériés. Tour et/ou dégustation payants à partir de 20 US$.

Cette belle propriété de 1857 est en fait le plus ancien domaine de Californie. Dégustation de vins de Carneros et nombreuses visites thématiques de la propriété possibles. Jean-Charles Boisset, à la tête de 24 domaines vinicoles en Californie, mais aussi au Canada et en France, avait visité cette *winery* avec ses grand-parents à l'age de 11 ans. Près de 30 ans plus tard, le fils de vignerons français rachète le domaine et le rénove en créant notamment un musée et un *Bubble Lounge*, où les visiteurs peuvent goûter et acheter le vin pétillant du cru.

SONOMA STATE HISTORIC PARK ★

20 E Spain Street
✆ +1 707 938 9560
www.parks.ca.gov/?page_id=479
Ouvert tous les jours de 10h à 17h. Entrée pour la mission 3 US$. Ticket valable pour tous les autres sites du parc.

L'ensemble des bâtiments historiques, bien qu'étant éparpillés à travers la ville, composent ce parc dont l'épicentre est la Mission San Francisco Solano. Un seul ticket d'entrée permet d'accéder à toutes ses composantes. Vous pourrez visiter les Sonoma Barracks, baraquements de l'armée mexicaine construits par le Général Vallejo en 1836, où l'armée fédérale mexicaine installa ses campements, ainsi que la maison même du Général Vallejo, construite en 1851.

Mission San Francisco Solano.

MISSION SAN FRANCISCO SOLANO ✝ ★

Au coin de la place et d'East Spain Street
✆ +1 707 938 9560

Ouvert tous les jours de 10h à 17h. Entrée payante : 3 US$. Visites guidées les vendredis, samedis et dimanches.

La dernière des 21 missions de Californie, construite en 1823 par le père José Altamira. La chapelle actuelle date de 1841, et remplace celle d'origine, détruite. Par manque d'argent, la partie du sanctuaire superbement décorée a été privilégiée à l'époque, et contraste avec le blanc presque immaculé du reste de l'église. L'autel est de style espagnol et les peintures représentent pour la plupart Marie et Joseph. Elle se situe à la pointe septentrionale du Camino Real.

VIANSA ★

25200 Arnold Drive
✆ +1 707 935 4726
www.viansa.com

Ouvert tous les jours de 10h à 17h. Dégustation de 4 vins : 35 US$. Visite et dégustation privée : 75 US$.

Voici un vin californien original, car il utilise des cépages italiens qui lui donnent un petit parfum de Toscane. Fondé en 1990 par Sam et Vicki Sebastiani avant de passer aux mains de leurs fils Chris et Jon, Viansa a conservé un lien fort avec ses racines toscanes. Le domaine produit également de nombreuses variétés de produits régionaux (confitures, huiles, etc.), tous en dégustation gratuite. Du coup, il y a du monde qui se presse au portillon. Mais on ne va pas se plaindre, pour une fois qu'il y a quelque chose de gratuit dans ce pays...

SONOMA VALLEY VISITORS CENTERS

453 First Street East
✆ +1 866 996 1090
www.sonomavalley.com

Ouvert du lundi au samedi de 9h à 17h, 10h à 17h le dimanche.

Le *Visitor Center* de Sonoma est un passage obligé afin de ne rien rater de ce que la vallée a à offrir. Vous y trouverez une carte des lieux et de multiples informations touristiques. En plus de ses innombrables vignobles, Sonoma possède un large choix de restaurants et hôtels. Consultez également leur site internet en préparation de votre visite, et notamment le calendrier des événements de la ville. Sonoma est certes une petite bourgade, mais elle n'en est pas moins très animée.

B&B ASSOCIATION OF SONOMA VALLEY €

✆ +1 800 969 4667
www.sonomabb.com

Site internet à consulter.

Ce site Internet est très pratique pour trouver *Bed & Breakfast* et cottages dans la vallée de Sonoma, mais également pour trouver les meilleures activités. Parcourez des pistes cyclables, faites une randonnée au milieu des fleurs sauvages, jouez au golf sur des greens magnifiques, visitez des jardins botaniques luxuriants, profitez des meilleurs restaurants, explorez les sites historiques ou posez-vous dans un spa ou simplement sur le bord d'une piscine !

SONOMA CREEK INN €€

239 Boyes Boulevard
✆ +1 707 939 9463
www.sonomacreekinn.com

Chambre double à partir de 176 US$. Parking et wifi gratuits.

Disons-le tout net, l'immense majorité des hôtels de la région est hors de prix. Cette auberge est l'exception, puisqu'elle s'adresse aux plus petits budgets. Ce n'est pas non plus une auberge de jeunesse, mais ça reste plus raisonnable. Les chambres, bien que simples, y sont confortables et aménagées avec goût. Certaines disposent d'un patio extérieur bien agréable pour se poser après une journée d'exploration dans les vignes. Une bonne adresse à l'extérieur de Sonoma pour accéder facilement à tous les domaines de la région.

SWISS HOTEL €€

18 West Spain Street
✆ +1 707 938 2884
www.swisshotelsonoma.com

Chambre double de 150 à 280 US$. Petit déjeuner inclus.

C'était la maison de Don Salvador Vallejo, frère du général mexicain Vallejo qui facilita le transfert de la Californie aux Etats-Unis. Devenu hôtel depuis le départ des Mexicains, le Swiss Hotel dispose aussi d'un bar, inchangé depuis 1909 ; vous pourrez déguster des cocktails à l'intérieur ou bien dehors sur les tables en terrasse. Attention, il n'y a que cinq chambres, donc pensez à réserver bien à l'avance. L'hôtel se trouve à cinq minutes de plus d'une douzaine de vignobles et de boutiques de la Sonoma Valley, c'est ce qu'on peut appeler une position centrale !

FAIRMONT SONOMA MISSION INN & SPA €€€

100 Boyes Boulevard © +1 800 257 7544
www.fairmont.com/sonoma
Chambre double dès 1 080 US$. Restaurant et bar. Piscine. Salle de gym. Business center. Wifi payant. Parking 15 US$.

Une escale de luxe à la sortie de Sonoma. Niché en plein cœur de la vallée, le Fairmont Sonoma Mission Inn & Spa est le complexe le plus impressionnant du Wine Country. C'est la grande classe : le complexe propose des services de spa exceptionnels, un restaurant classé au guide Michelin, l'accès à un terrain de golf de championnat... Son spa est carrément classé parmi les 25 meilleurs spas au monde par *Travel + Leisure*. Bien sûr, ces petits plaisirs sont hors de prix.

LEDSON HOTEL €€€

480 First Street East
© +1 707 996 9779
www.ledsonhotel.com
Chambre double à partir de 446 US$. Petit déjeuner inclus. Restaurant et bar. Parking et wifi gratuits.

Située sur la place de Sonoma, cette auberge de luxe dispose de six chambres idéales pour une escale de charme dans la région. Imaginez un décorum pompeux du XIXe siècle, façon Second Empire ou époque victorienne. Cheminées en marbre, grands lits, lourdes tentures, armoires finement travaillées... Certaines chambres bénéficient d'un balcon privé. Intéressé ? Vous ne pourrez pas rater l'établissement de briques sur la place. Evidemment, mieux vaut avoir un compte en banque confortablement garni avant de pousser la porte d'un tel établissement.

SONOMA CHEESE FACTORY €

2 W Spain Street
© +1 707 996 1931
www.sonomacheesefactory.com
Du lundi au jeudi de 9h à 18h, les vendredis, samedis et dimanches jusqu'à 19h.

Un *delicatessen* magnifique ouvert il y a près d'un siècle, qui fait aussi office de fromagerie. James Ayers est le fromager attitré de la Sonoma Cheese Factory, le « Cheesemonger ». Il a plus de trente ans d'expérience, au cours desquels il a beaucoup voyagé en Europe et aux Etats-Unis à la recherche des meilleurs fromages. Il se plaît à associer fromages et boissons, et en particulier le brie et le cidre. On vous conseille d'acheter des fromages à emporter et de les déguster sur la place avec une bonne bouteille de la région. Des grillades sont aussi proposées.

CAFÉ LA HAYE €€

140 East Napa Street
© +1 707 935 5994
www.cafelahaye.com
Ouvert pour le dîner, du mardi au samedi à partir de 17h30. Fermé dimanches et lundis. Plats de 25 à 50 US$.

Idéalement situé au cœur de Sonoma, ce joli restaurant sera une destination culinaire parfaite pour un dîner romantique ou des retrouvailles entre amis. Vous aurez le choix entre quelques délicieux plats : une cuisine fraîche, simple et sophistiquée à la fois, et une carte des vins très dense. La salle de réception sur plusieurs niveaux contient une douzaine de tables. L'atmosphère y est intimiste, avec sa cuisine ouverte, son toit en chevron, et ses grandes œuvres d'art accrochées au mur. L'énergie est vibrante et contagieuse. Pensez à réserver votre table !

DELLA SANTINA'S €€

133 East Napa Street
© +1 707 935 0576
www.dellasantinas.com
Ouvert tous les jours de 12h à 20h30. Repas complet autour de 40 US$ le soir.

Patio, fontaine, cuisine exquise... On retrouve dans cette *trattoria* l'ambiance chaleureuse de la Toscane. D'abord boulanger puis restaurateur à San Francisco, le jeune Quirico Salvatore fraîchement débarqué d'Italie ouvrit Della Santina's en 1990 et s'attache depuis à servir uniquement des produits frais cuisinés comme à la maison. Essayez les *gnocchi della nonna*, la *burrata con speck* ou encore la mousse au chocolat : tout est excellent. Petit faible aussi pour le pinot San Giacomo 2013. À midi, vous pourrez acheter des sandwichs et des *paninis* à emporter.

THE GIRL AND THE FIG €€

110 West Spain Street
© +1 707 938 3634
www.thegirlandthefig.com
Ouvert tous les jours de 11h30 à 22h, 23h les vendredis et samedis. Brunch le dimanche de 10h à 15h.

The girl & the fig est un restaurant français de standing. Il compte également un magnifique bar à l'ancienne avec des apéritifs français, des cocktails uniques mais aussi traditionnels. La carte du restaurant propose des plats délicieux qui ne vous dépayseront pas, comme de la salade de figues et de roquette, du confit de canard, des steaks tartares... Les plateaux de fromages font honneur à la région. Quant à la liste des vins, elle ne compte que des cépages typiques du Rhône. De plus, l'ambiance est chaleureuse. Une excellente adresse.

BISSAP BAOBAB

3388 19th Street
✆ + 1 415 826 9287
www.bissapbaobab.com
Ouvert du jeudi au samedi de 17h30 à 22h. Nocturnes tous les week-ends après 22h. Plats entre 9 et 20 US$.

Un petit coin d'Afrique au cœur du quartier latino de San Francisco : le resto-bar de Marco, le patron franco-sénégalais hyper sympa, est l'un des endroits les plus insolites pour aller manger, boire un verre ou danser au son des rythmes ouest-africains, zouk, samba, électro mais aussi hip-hop et reggae. Les plats qui y sont servis sont pour la plupart sénégalais : *baobab wraps & tacos* et *yassa* sont les stars du menu, et sont réalisés à la perfection. Accompagnés d'un jus de *bissap*, on se croirait presque à Dakar... En plus on y danse sur de la bonne musique !

STEINER'S TAVERN

465 First Street West
✆ +1 707 996 3812
www.steinerstavern.com
Ouvert tous les jours de 6h à 2h du matin. Live music le vendredi et DJ le samedi.

Le bar préféré des locaux ! Boiseries classiques, carte typiquement américaine, des écrans pour regarder le sport, mais aussi des fléchettes pour se dépenser (un petit peu). Tout le monde y vient boire un verre après une dure journée de dégustations. Ouvert en 1927, c'est un des plus vieux bars de Sonoma. Soirées karaoké pour les amateurs. Attention, le barman est un peu lunatique et ne se montre pas toujours tendre avec les touristes, donc si vous tombez le mauvais jour il va vous falloir vous montrer particulièrement aimable pour établir le lien !

CLINE CELLARS

24737 Arnold Drive
✆ +1 707 940 4061
www.clinecellars.com
Ouvert tous les jours de 10h à 18h. Visite à 11h, 13h et 15h. Dégustation : 25 US$.

Les sols argileux et limoneux peu profonds du vignoble aident les vignes à produire de petites grappes serrées qui donnent des raisins aux saveurs intenses, d'autant qu'ils sont maintenus à une température raisonnable par la brise océanique que les locaux se plaisent à appeler le Carneros Express. Dégustation de syrah (quelle merveille !), mais aussi de zinfandel, pinot, chardonnay, sauvignon blanc, merlot… N'hésitez pas à discuter avec le propriétaire, un gars rigolo passionné de la France. Il vous racontera son mois de vacances là-bas.

GLORIA FERRER CHAMPAGNE CAVES

23555 Highway 121
✆ +1 707 933 1917
www.gloriaferrer.com
Ouvert tous les jours de 10h à 17h. Dégustation à partir de 60 US$.

Dans les années 1980, José Ferrer a quitté Barcelone pour Sonoma avec sa femme Gloria, à la recherche de la région idéale pour produire du vin mousseux. Ils ont choisi Carneros. Ce spécialiste du pinot noir et du chardonnay ouvre son domaine et sa cave aux curieux dans le cadre de ses dégustations. La visite permet d'en apprendre plus sur le processus de transformation pour obtenir le vin pétillant de la propriété. Si vous le rencontrez, donnez-lui quelques nouvelles d'Europe !

PETALUMA

Petaluma est une grande ville de plus de 57 000 habitants, où il fait bon se poser entre deux visites de vignes. Elle fut longtemps connue pour son industrie de transformation du poulet, qui aujourd'hui encore constitue une partie de son activité économique. À une époque, elle était également surnommée la « capitale mondiale de l'œuf », d'où des surnoms tels que « Chickaluma ». Mais lors de votre passage, vous y remarquerez surtout les imposants moulins en briques et les anciens magasins d'alimentation, généralement construits au XIXe siècle, qui abritent aujourd'hui des boutiques de vêtements, des magasins de cadeaux et des galeries d'antiquaires.

© PETERLEABO - ISTOCKPHOTO

Petaluma River.

GLEN ELLEN ★

En remontant Arnold Drive, vous tomberez sur ce village paisible au nord de Sonoma, dans la vallée de la Lune, qui porte le nom de la femme d'un pionnier qui s'y établit en 1859. C'est ici que Jack London décida de jeter l'ancre à la fin de sa courte vie. Il y est enterré et un petit musée lui est consacré dans un parc qui porte son nom. Calme et tranquillité seront au rendez-vous de votre visite dans une des plus jolies bourgades de la vallée du vin, même si elle fût en 2017 le siège de l'un des plus terribles incendies de l'Etat de Californie de ces dernières décennies et que près de 200 maisons de Glen Ellen furent détruites à cette occasion.

JACK LONDON STATE HISTORIC PARK ★

2400 London Ranch Road ✆ +1 707 938 5216
www.jacklondonpark.com

Ouvert tous les jours de 9h à 17h. Le musée ouvre à 10h. Entrée : 10 US$ par voiture, 5 US$ en vélo ou à pied.

Ce pèlerinage sur les traces de Jack London, vous amènera sur les ruines de la maison qu'il construisit avec sa femme, mais qu'ils n'habitèrent jamais. Maison de ses rêves où il souhaitait finir ses jours, Jack London investit toute sa fortune dans la construction de cette villa. Il l'appela *Wolf House*, de son propre surnom tiré de son premier succès littéraire, *Croc-Blanc*. Malheureusement, la maison brûla juste avant l'emménagement. L'écrivain est tout de même enterré ici.

JACK LONDON LODGE €€

13740 Arnold Drive
✆ +1 707 938 8510
www.jacklondonlodge.com

Chambre à partir de 212 US$. Cottage à partir de 400 US$ (2 nuits au minimum). Petit déjeuner inclus.

Situé sur les rives de la Sonoma Creek, le Jack London Lodge propose 22 chambres spacieuses dans un cadre paisible entouré de vues boisées. On y trouve également une piscine, un spa et un vaste patio extérieur en bois. Au rez-de-chaussée, le *Jack London Saloon* est ouvert tous les jours jusqu'à 2h du matin pour boire un verre. N'oubliez pas de vous promener dans le coin, le village de Glen Ellen et ses alentours ne déçoivent pas avec ces parcs historiques, ces splendides vignobles et ces jardins botaniques. Bonnes balades !

OLEA HOTEL €€

5131 Warm Springs Road
✆ +1 707 996 5131
www.oleahotel.com

Chambre et cottage à partir de 410 US$. Petit déjeuner inclus. Spa.

Établissement de charme très paisible, dans un décor authentique et nature. Décoration zen et raffinée. Services conçus pour un séjour des plus relaxants : petit déjeuner gastronomique composé de deux plats chauds et d'un délicieux buffet, large choix de massages et soins, et, la cerise sur le gâteau, dégustation vin et dessert tous les soirs à partir de 19h30, et dégustation de vins tous les vendredis soir à partir de 17h. Ah oui, n'oubliez pas de piquer une tête dans la piscine. La température de l'eau est parfaite !

FIG CAFÉ €€

13690 Arnold Drive
✆ +1 707 938 2130
www.thefigcafe.com

Ouvert tous les jours pour le dîner uniquement à partir de 17h, le dimanche pour le brunch à partir de 11h.

C'est le petit frère du *Girl and Fig* de Sonoma, du moins en taille. Car en réalité le *Fig Café* est le premier de la famille. Ambiance intimiste et décor recherché pour ce restaurant qui sert de la cuisine d'excellente qualité et d'inspiration française : asperges gratinées, bœuf bourguignon, moules-frites au pastis… Vous n'allez pas être dépaysé ! Grande liste de vins de la région et d'Europe. Vous retrouverez certains de vos plats favoris du restaurant de Sonoma. Un classique de Glen Ellen, d'ailleurs très aimé des habitants du village.

GLEN ELLEN INN & MARTINI BAR €€

13670 Arnold Drive
✆ +1 707 996 6409
www.glenelleninn.com

Ouvert tous les jours de 11h30 à 21h. Le mercredi de 17h30 à 21h. Plats à partir de 15 US$.

Toute une ambiance ! Sur la terrasse qui surplombe un petit jardin où coule une fontaine vous dégustez une assiette d'huîtres ou l'une des grosses salades de la maison. Nous vous conseillons la *Beet and pear salad*, un vrai délice à base de poires, noix de pécan et fromage. Les desserts sont tous très tentants comme le *Pumpkin Spice Cheesecake*, etc. La liste des boissons alcoolisées est impressionnante, c'est le bon endroit pour tester des cocktails !

KENWOOD ★

Il n'y a pas grand-chose à faire à Kenwood, et pas grand chose à en dire non plus. Néanmoins, c'est un joli petit village de la Sonoma Valley, juste après Sonoma, et de beaux vignobles y sont implantés. On notera que Thomas Kearns, magnat des mines, des chemins de fer, des journaux et des banques, par ailleurs sénateur de l'Utah, aurait reçu ici dans son ranch le président Theodore Roosevelt. Et, fait probablement plus palpitant, le championnat du monde de combat d'oreillers y vit le jour dans les années 1970 et s'y est poursuivi de nombreuses années. On attend incessamment son grand retour, maintenant que la pandémie de covid semble achevée.

CHATEAU SAINT-JEAN ★

8555 Sonoma Highway
✆ +1 707 257 5784
www.chateaustjean.com
Ouvert tous les jours de 10h à 17h. Dégustation de 5 vins pour 15 US$ par personne.

Découvrir les crus locaux dans cet élégant château construit en 1920 comme résidence d'été est un bonheur. Jolie vue sur les vignobles, les jardins luxuriants et les montagnes à l'horizon. Pensez d'ailleurs à faire un tour dans ces jardins inspirés par leurs homologues provençaux et italiens : ils recèlent de nombreuses pièces d'eau, des plantes exotiques et des alcôves confortables. Une excellente toile de fond pour pique-niquer en dégustant une bouteille du domaine. Chardonnay, pinot, merlot, syrah, vous n'avez que l'embarras du choix !

SANTA ROSA ★★

Santa Rosa est le cœur urbain et économique de la région de Sonoma. C'est la ville la plus peuplée avec environ 186 000 habitants. Vous vous y arrêterez juste le temps de visiter les deux attractions principales : la maison de l'horticulteur Burbank et le musée du créateur de Snoopy, Charles M. Schulz. Santa Rosa a été particulièrement affectée par les incendies qui touchèrent la région en octobre 2017. Des équipes de pompiers de toute la Californie vinrent aider à lutter contre le feu, recevant même l'appui d'homologues venus d'Australie. Ce qui n'a pas empêché certains quartiers de la ville d'être littéralement réduits en cendres.

CHARLES M. SCHULZ MUSEUM ★

2301 Hardies Lane ✆ +1 707 579 4452
www.schulzmuseum.org
Entrée 12 US$ pour les adultes, 8 US$ pour les seniors et 5 US$ les enfants (4-18 ans). Gratuit pour les moins de 4 ans.

Charles M. Schulz, le papa légendaire de *Snoopy*, de *Charlie Brown* et de leur bande de *Peanuts*, a son propre musée dans Santa Rosa. La visite prend environ 90 minutes pour l'exposition permanente, mais le musée comprend également une salle de cinéma, ainsi qu'une salle avec des pages à colorier et des outils d'animation. Au-delà du musée, le musée abrite également une boutique de cadeaux (Snoopy's Gallery and Gift Shop), une patinoire (Snoopy's Home Ice) et un café (The Warm Puppy Café). Un passage obligé pour les fans de la bande dessinée culte.

LUTHER BURBANK HOME & GARDENS ★

204 Santa Rosa Avenue
✆ +1 707 524 5445
www.lutherburbank.org
Visite du jardin gratuite (sur donation). Visites guidées selon la saison. Prix : 10 US$, 8,50 US$ tarif réduit.

© JEFFREY M. FRANK - SHUTTERSTOCK.COM

Luther Burbank, surnommé le « *Plant Wizard* », est le plus célèbre des hybrideurs. Il dédia sa vie à manipuler les plantes et donna naissance à plus de 800 nouvelles variétés hybrides. Grâce à la fondation en son honneur, baladez-vous dans sa ferme expérimentale, incroyable propriété de 6 hectares, en faisant un détour par sa maison convertie en musée afin d'en apprendre plus sur ses inventions : grandes marguerites, cactus sans épines... Vous en ressortirez charmés !

SEBASTOPOL ★

A l'origine, c'est la pomme que l'on cultivait à Sebastopol ; pas le raisin. Ainsi, chaque année au mois d'avril, l'Apple Blossom Festival célèbre encore ce fruit. Cela n'empêche que – rentabilité oblige – les vignobles sont aujourd'hui plus nombreux que les pommiers. Par ailleurs, tous les dimanches, le célèbre Farmers Market anime les rues de la petite bourgade, dans lesquelles règne un charme de province et de simplicité. Si vous passez par là, ne manquez pas de visiter les Hallberg Butterfly Gardens – www.hallbergbutterflygardens.org – un bel écrin de végétation dans lequel vous pourrez observer les célèbres papillons de Californie.

RIO NIDO

Ce village paisible installé au bord d'une rivière se trouve à une douzaine de kilomètres au nord-ouest de Forestville. Entre deux dégustations, on y vient pour une pause verdure, Rio Nido étant la porte d'entrée de l'Armstrong Redwoods State Natural Reserve. Ici, la vedette de ce parc est le séquoia géant : une magnifique forêt de *redwoods* parcourue par des sentiers faciles d'accès s'offre aux visiteurs. Elle a été préservée grâce au colonel James Armstrong, qui a œuvré pour cet environnement incroyable dans les années 1875.

Pratique

Comptez 10 US$ par véhicule pour parcourir le parc.

GRATON ★

A près de 7 km au sud-est de Sebastopol, Graton est un petit village d'à peine plus de 1 700 habitants. Bénéficiant de plus en plus du rayonnement de l'œnotourisme, la communauté s'est dotée d'atouts non négligeables tels qu'une excellente table – Underwood Bar and Bistro – et des petites boutiques d'antiquités, installées dans des belles devantures rénovées.

Pratique

Si vous comptez passer par Graton, n'hésitez pas à vous renseigner ici : www.sonomacounty.com/cities/graton.

GUERNEVILLE ★★

En raison de ses installations dédiées à l'accueil des visiteurs de la région, Guerneville est un petit peu plus touristique que ses voisines : hôtels et restaurants y ont fleuri depuis le développement de l'œnologie. Par ailleurs, la ville est connue pour être particulièrement LGBTQI+ *friendly*, la communauté se retrouvant fréquemment au sympathique Rainbow Cattle Company.

Tourisme

Outre le vin, une nuit à Guerneville se prête à l'exploration des alentours, à commencer par la rivière. Pour en profiter à canoë, nous vous recommandons de passer par les services de Burke's Canoe Trips – www.burkescanoetrips.com.

FORESTVILLE ★

Forestville, the good life – « Forestville, la belle vie » – est le slogan de cette minuscule localité d'à peine 3 500 habitants. La vieille ville, qui date de 1860, a été largement détruite par un incendie : ainsi, des bâtiments modernes ont remplacé les anciens. Si le centre ne présente que peu d'intérêt, on trouve quelques vignobles prestigieux dans les alentours, tel celui d'Hartford Family Winery – www.hartfordwines.com – sur Martinelli Road. Comme son nom le laisse penser, il s'agit d'une exploitation familiale. Le domaine est spécialisé dans le pinot noir, le chardonnay et le zinfandel, un cépage d'origine croate à goûter absolument.

MONTE RIO ★

À un petit peu plus de 7 km au sud de Guerneville, Monte Rio est le point de départ de la Bohemian Highway, idéale pour pratiquer des activités en plein air comme la randonnée, le vélo ou le kayak. Cette magnifique route de 16 km mène jusqu'à Freestone, au sud-est. Ici, le temps semble s'être arrêté : on s'engouffre avec bonheur entre les séquoias et les domaines viticoles, tout en ponctuant le chemin par quelques arrêts shopping et gastronomie. Un itinéraire magique, à ne pas manquer !

Tourisme

Pour profiter pleinement de l'expérience, réservez un *tour* ici : www.bohohwy.com.

HEALDSBURG ★★

Voici une petite ville charmante et dynamique comme on les aime. La jolie place centrale est entourée de restaurants et de cafés, où il fait bon s'attabler sous l'ombre d'un grand arbre. Entre ses belles boutiques et la présence de jeunes chefs, Healdsburg est un lieu à ne pas manquer lorsque l'on a du temps, où règne une ambiance détendue qui rappelle les vacances.

Pratique

Pour toute demande d'information, tournez-vous vers la Healdsburg Chamber of Commerce and Visitors Bureau – www.healdsburg.com.

NOBLE FOLK ICE CREAM & PIE BAR

116 Matheson St
✆ +1 707 395 4426
www.thenoblefolk.com
Tous les jours, de 13h à 20h. Glaces de 5 US$ (1 boule) à 9,75 US$ (3 boules). Part de tarte : 6,25 US$.

Après avoir ouvert leur boulangerie au cœur de la ville, Ozzy Jimenez et Christian Sullberg se sont lancés dans l'aventure Noble Folk en 2014, avec cette première petite boutique design. On y vient pour la vaste sélection de tartes et de glaces faites maison : le savoir-faire incontestable allié à des recettes originales font de l'établissement un stop idéal lors des chaudes journées d'été. Par ailleurs, le duo de choc a ouvert une autre adresse en 2018, à Santa Rosa.

BELLA VINEYARDS & WINE CAVES

9711 West Dry Creek Road
✆ +1 707 473 9171
www.bellawinery.com
Dégustation à partir de 30 US$ par personne. Réservations nécessaires.

Sur le sentier de West Dry Creek Road, vous aurez tout le plaisir d'admirer des paysages superbes avant d'atteindre Bella Vineyards. Il s'agit d'un véritable petit paradis où l'on peut se reposer sur la pelouse à l'ombre des oliviers, face à un océan de vignes. La salle de dégustation est dans les caves, au frais. L'ambiance y est jeune et détendue ; on se croirait presque dans un bar à tapas. Dehors, des couvertures sont mises à disposition pour les pique-niques. Une belle adresse.

GEYSERVILLE ★

À environ 12 km au nord de Healdsburg, cette minuscule bourgade cultive un air de ville de western. Elle mérite un détour pour le domaine nord-californien de l'illustre réalisateur Francis Ford Coppola – www.thefamilycoppola.com/en/ffcw – où l'on pourra goûter à l'un des 40 vins produits sur la propriété, déjeuner au bord de la piscine et visiter le petit musée qui présente notamment la voiture de *Tucker* (1998), le bureau de *The Godfather* (1972) et les costumes d'*Apocalypse Now* (1979). Si vous n'êtes pas dans l'ambiance Hollywood, contactez l'excellente Locals Tasting Room – www.localstastingroom.com – pour une expérience des plus authentiques.

BARNDIVA €€€

231 Center Street
✆ +1 707 431 0100
www.barndiva.com
Mercredi-vendredi : 12h-14h30/17h30-20h30. Wk : 11h-14h30/17h30-20h30. Plats déjeuner : 20-32 US$, dîner : 42-52 US$.

Voici sans aucun doute le plus bel établissement d'Healdsburg. Barndiva est une jolie grange aménagée avec goût où l'on a plaisir à passer la soirée autour d'un verre. Petite mais bien pensée, la carte propose des plats plutôt classiques à midi et travaillés le soir, tels que la truite du Mount Lassen, le canard rôti, ou encore les coquilles Saint-Jacques d'Hokkaido, préparées avec des couteaux, des baies de Sancho et de la charcuterie italienne. Mention spéciale au jardin et à la terrasse extérieure, des atouts supplémentaires. Une excellente adresse.

Geyserville.

WINE COUNTRY

SACRAMENTO ET LE NORD-EST

Riche de son histoire, Sacramento possède de nombreux musées qui valent le détour et son centre historique a conservé des airs de Far West. Il faut dire que la capitale de l'Etat de la Californie se situe au coeur de ce que l'on surnomme *Gold Country* et qui fut le théâtre de la Ruée vers l'or de 1848. A 46 miles au nord-est de Sacramento, Coloma est une ville historique où fut découverte la première pépite d'or en 1848, qui entraîna la Ruée vers l'or et la plus grande vague migratoire de l'histoire des États-Unis. La vallée de Coloma invite à un séjour nature apprécié des campeurs, des pêcheurs, des randonneurs, des adeptes du vélo, du rafting.

Plus au nord, toujours dans les terres, se trouve Shasta County, cette contrée volcanique bien souvent méconnue qui abrite de véritables merveilles naturelles. Idéale pour un séjour hors des sentiers battus à la rencontre de l'âme californienne.

Sacramento et le nord-est
Dorris
Tulelake
TULE LAKE NATIONAL WILDLIFE REFUGE ★
LAVA BEDS NATIONAL MONUMENT ★★
Goose Lake
Wimer Place
Penoyar
Vya
Canby
Alturas
MOUNT SHASTA ★★★
Eagleville
Adin
Bieber
Reederville
Big Bend
Burney
SHASTA LAKE ★★
Old Station
NEVA
Anderson
Susanville
Standish
Mineral
Chester
LASSEN VOLCANIC NATIONAL PARK ★★★
Red Bluff
Greenville
Herlong
Corning
Quincy
Portola
CHICO
La Porte
Loyalton
TAHOE NATIONAL FOREST
Willows
Oroville
Reno
Truckee
NEVADA CITY
GRASS VALLEY
CARSON CITY ★
Yuba City
Lac Tahoe
Bear River
South Lake Tahoe
COLOMA ★★
Roseville
Pollock Pines
SUTTER CREEK
COLUMBIA ★★★
JAMESTOWN ★
50 KM
SACRAMENTO ★ 258

PAGES

260 ●● SACRAMENTO ET LE GOLD COUNTRY

La majorité des attractions de Sacramento peuvent être visitées en une ou deux journées. Riche de son histoire, la ville possède de nombreux musées qui valent le détour. Même sans parler de sa cuisine *Farm to Fork*, on y mange très bien et il fait bon vivre dans la ville. Sachez toutefois que l'attrait de cette région ne se limite pas à la capitale de la Californie. Deux sites, situés à moins d'une heure de route, expriment les richesses de cette vallée fertile que l'on surnomme *Gold Country* et qui fut le théâtre de la Ruée vers l'or de 1848. D'une part, le comté de Yolo avec Davis et Woodland, notamment, offre des escales champêtres, gourmandes et culturelles à la fois. D'autre part, la vallée de Sonoma, qui est le berceau même de la Ruée vers l'or où vous pourrez découvrir toute cette histoire et même vous initier à la technique de la recherche de pépites dans la rivière...

260 SACRAMENTO ★

En venant de San Francisco, on peut accorder quelques heures à la visite de Sacramento, ville phare de la Ruée vers l'or sur la route de la Sierra Nevada. Sachez qu'il vous reste environ deux heures de route entre Sacramento et South Lake Tahoe. Les amoureux de montagne pourront poursuivre vers le sud en direction de Mammoth Lakes.

267 COLOMA ★★
267 SUTTER CREEK
267 GRASS VALLEY
267 NEVADA CITY
268 COLUMBIA ★★★
268 JAMESTOWN

269 ●● SHASTA CASCADE

Seuls les courageux découvriront les beautés sauvages de la Shasta Cascade. Cette région frontalière avec l'Oregon et le Nevada – qui s'étend jusqu'à Eureka sur la côte pacifique et jusqu'au lac Tahoe au sud-est – est souvent négligée par les touristes et les Californiens eux-mêmes. Pourtant, on y découvre des montagnes enneigées en hiver, des cascades grandioses au printemps et en été, ainsi que des paysages volcaniques sans pareils. Ancien carrefour commerçant pendant la période de la ruée vers l'or, Shasta Cascade en a gardé un certain goût de mystère et peut constituer une étape reposante aux panoramas inoubliables.

269 CHICO
269 LASSEN VOLCANIC NATIONAL PARK ★★★
270 SHASTA LAKE ★★
270 MOUNT SHASTA ★★★
270 LAVA BEDS NATIONAL MONUMENT ★★
270 TULE LAKE NATIONAL WILDLIFE REFUGE ★

SACRAMENTO ★

En 1839, John Sutter accoste sur les rives de la majestueuse Sacramento River. Il s'y installe, construit un fort qui se visite encore aujourd'hui, et établit un embarcadère le long du fleuve. En 1848, on découvre sur ses terres le premier filon d'or : c'est le début de la ruée, l'embarcadère va tourner à plein. L'année suivante, la ville de Sacramento est officiellement créée, elle est la première à fournir le matériel destiné aux chercheurs d'or, avant de s'affirmer en tant que ville agricole lorsque les filons viendront à tarir. Aujourd'hui, c'est une ville administrative, capitale de l'Etat qui constitue une étape agréable.
Vous prendrez plaisir à déambuler le long des trois ou quatre artères principales du vieux Sacramento, tout droit sorties d'un vieux western. Des pubs sympas, des petits restos, une boutique de bonbons en vrac et une autre de déguisements et babioles absolument incroyable ! On se prend pour des cow-boys à marcher sur les coursives de bois. On y trouve aussi quelques musées témoins du passé de la ville, tels que le Railroad Museum, le Sacramento History Museum, le musée Wells Fargo History et Old Sacramento Schoolhouse Museum. La statue du Pony Express, à l'intersection des rues J et Second Street, rappelle que Sacramento fût le terminus de la célèbre ligne postale à cheval. Tout au long de l'année, des événements font vivre le quartier : la Semaine du chocolat en mai, les célébrations du 4-Juillet, la Semaine de la ruée vers l'or (Gold Rush Days) en septembre...

CALIFORNIA STATE CAPITOL MUSEUM 🏛 ★★

À l'angle des rues 10 et L
✆ +1 916 324 0333
www.assembly.ca.gov
Ouvert tous les jours de 9h à 17h. Fermé le dimanche. Entrée gratuite.

Le capitole est certainement le plus beau bâtiment historique de Sacramento. Son style néoclassique fait référence aux influences gréco-romaines de la démocratie américaine. Siège du gouvernement californien, le capitole abrite un musée sur l'histoire de l'État. Des visites guidées gratuites débutent toutes les heures. Le Capitol Park fera le bonheur des amoureux des plantes puisque le parc regroupe 450 variétés d'arbres et de plantes provenant du monde entier.

CROCKER ART MUSEUM 🏛 ★★★

216 O Street
✆ + 1 916 808 7000
www.crockerartmuseum.org
Ouvert du mercredi au dimanche de 10h à 17h. Ticket adulte à 10 US$, 8 US$ avec réduction.

En 1868, le Juge Edwin B. Crocker acheta plusieurs bâtiments aux coins de la 3e et de la O Street, et demanda à l'architecte Seth Bason de les transformer en un manoir au style italien dans lequel sa famille pourrait s'installer. Il demanda aussi de prévoir une maison attenante dédiée à la collection d'œuvres d'art de la famille, une galerie dans laquelle les notables locaux pourraient venir admirer toutes ses pièces ramenées d'Europe et des quatre coins des États-Unis. Pendant le temps des travaux, la famille Crocker entreprit un séjour de trois ans en Europe, au cours duquel ils achetèrent de nombreuses œuvres de grands maîtres de l'époque. Ils rapportèrent par exemple avec eux un Dürer, le premier à avoir traversé l'océan Atlantique ! De retour aux États-Unis, la famille s'installa dans son manoir, qui était devenu la pièce centrale de l'œuvre de son architecte. Après la mort de son mari, Margaret Crocker décida de rendre publique sa collection, afin de donner à tous l'occasion de contempler ces merveilles. La galerie Crocker devint officiellement publique en 1885 et est depuis devenue un des musées généralistes les plus importants de la Californie. La collection du musée est constituée de véritables trésors, comme ces 1 500 dessins signés de main de maîtres tels Albrecht Dürer, Fra Bartolomeo, François Boucher, ou encore Jean-Honoré Fragonard. On peut aussi citer ses nombreuses œuvres réalisées par les grands noms de la peinture américaine de la fin du XIXe et du début du XXe siècle, comme Childe Hassam, Joseph Kleitsch, Charles Christian Nahl Page ou encore Thomas Hill. La collection d'art asiatique est aussi très impressionnante, notamment grâce à ses céramiques chinoises et coréennes. Le *Crocker* détient aussi quelques pièces intéressantes issues des arts traditionnels africains et océaniques. La politique d'acquisition du musée au fil des années a obligé à la construction d'une nouvelle antenne, commandée en 2000. L'agence Gwathmey Siegel & Associates a été chargée du projet et a livré le bâtiment en 2010, permettant ainsi d'étendre la présentation de la collection et d'organiser des expositions temporaires plus nombreuses. Ces expositions s'intéressent autant à des *focus* sur la collection qu'à des œuvres et artistes venus d'ailleurs. Le célébrissime chinois Ai Wei Wei y a par exemple présenté une grandiose exposition en 2016. Le *Crocker Museum* est donc vraiment une étape indispensable pour tout amateur d'art, mais aussi pour les esprits curieux, lorsqu'ils envisagent une étape à Sacramento !

Old Sacramento State Historic Park.

OLD SACRAMENTO STATE HISTORIC PARK ★★

1014 2nd Street #200
✆ +1 91 69 70 5226
www.oldsacramento.com
Accès 24h/24 7j/7.

C'est l'attraction majeure de la ville. Le quartier d'Old Sacramento était le dernier arrêt du Pony Express avant de devenir le terminus du chemin de fer transcontinental. L'architecture des bâtiments mêle le bois et la brique, en raison des nombreux incendies qui ont ravagé la ville. Quant à l'étrange surélévation des bâtiments, elle est due aux inondations incessantes. Le long du *waterfront* trône le majestueux *Delta King*, ancien bateau à vapeur reconverti en hôtel et restaurant.

SACRAMENTO HISTORY MUSEUM ★

101 I Street
✆ +1 916 808 7059
www.sachistorymuseum.org
Ouvert tous les jours de 10h à 17h. 8 US$ par adulte et 5 US$ pour les mineurs de plus de 5 ans.

Ce musée raconte l'évolution de la vie dans la région. Depuis les Nisenan et les Maidu, ces natifs américains qui peuplaient ces terres à l'époque, et après l'arrivée des pionniers de la ruée vers l'or, le musée retrace le destin mouvementé de Sacramento et sa vie agricole. Le riche passé de la ville est mis en valeur, montrant les différentes époques : une exposition sur la découverte de l'or avec de véritables pépites, une présentation des méthodes d'orpaillage...

CALIFORNIA STATE RAILROAD MUSEUM ★★

111 I Street
✆ +1 916 323 9280
www.californiarailroad.museum
Ouvert tous les jours de 10h à 17h. Entrée adulte 12 US$, enfants (6-17 ans) 6 US$.

Ferrovipathes, en voiture ! Des trains, en vrai, partout ! À partir de l'ancienne gare du Old Sacramento, les autorités ont eu la bonne idée de créer un gigantesque espace dédié au rail et à l'histoire des trains, depuis la Ruée vers l'or jusqu'à l'époque moderne. Ces machines sont vraiment impressionnantes, vues de près ! On peut les admirer et aussi, pour certaines, monter à bord. Des trains de transport de marchandises aux trains de luxe pour nantis, petits et grands seront ravis.

SUTTER'S FORT STATE HISTORIC PARK ★

2701 L Street ✆ +1 916 445 4422
www.suttersfort.org
Ouvert tous les jours de 10h à 17h. Tarif adulte : 5 US$, enfant (6-17 ans) : 3 US$. Gratuit pour les moins de 5 ans.

Faites une virée dans le passé pour découvrir qui se cache derrière les rues Sutter de Californie ! Ce fort raconte l'histoire de la Californie et l'extraordinaire destin de cet immigré suisse qui fut à l'origine d'un empire agricole de plus de 60 000 hectares. Cette terre, qu'il surnomma *New Helvetia*, était articulée autour du fort servant de base au développement de la région. Mais ses terres furent désertées dès le début de la Ruée vers l'or, en 1848, et seul le fort a subsisté

VISIT SACRAMENTO

1002 2nd Street
✆ +1 916 442 7644
www.visitsacramento.com
Ouvert du lundi au vendredi de 8h30 à 17h.

Possibilité de télécharger le guide visiteur de la saison gratuitement avec toutes les manifestations, les sites historiques, les restaurants et les hôtels, les renseignements sur les alentours... Le plus : des cartes et une rubrique pratique sur les différents accès par infrastructure, une rubrique spéciale pour les gays et les lesbiennes, une autre consacrée au tour des 200 cavistes, une autre encore aux produits fermiers... Le site Web contient aussi des sélections d'établissements remises à jour régulièrement. Très fonctionnel pour organiser sa visite.

OLD SACRAMENTO UNDERGROUND TOUR ★

101 I Street
✆ +1 916 808 7059
Ouvert tous les jours de 10h à 17h. Tarif adulte 22 US$, enfant (6-17 ans) 15 US$. Durée : 1h.

Le circuit, organisé par le Musée d'Histoire de la ville, vous fera plonger dans l'histoire d'»Old Sac», accompagné de passionnés. Vous apprendrez le nom des personnages qui ont façonné l'histoire de la région, vous frissonnerez à l'écoute des histoires de fantômes et vous deviendrez incollables sur tous les événements qui se sont produits dans cette ville historique de Californie, entre les inondations du 19e siècle, la Ruée vers l'or et la venue des personnalités de l'époque.

AMTRAK

401 I Street
✆ +1 800 872 7245
www.amtrak.com
Trains d'Emeryville ou d'Oakland à Sacramento toutes les heures de 5h30 à minuit à partir de 35 US$.

Amtrak gère tous les jours des trains pour différentes destinations de la Californie (en tout 74 stations dans la région) : San Luis Obispo, Santa Barbara et Los Angeles au sud, Oakland et Emeryville dans la baie de San Francisco, en passant par Sacramento. Il va même jusqu'à Seattle. Profitez-en pour vous déplacer de ville en ville et de parc en parc grâce à ce service de train, assez rare aux Etats-Unis. Les billets ne sont pas si chers et les wagons confortables. Possibilité de réserver un wagon-couchette et même une chambre avec douche.

GREYHOUND

420 Richards Blvd
✆ +1 916 444 6858
www.greyhound.com
Compter 20 US$ et 2 heures pour rejoindre Sacramento depuis San Francisco.

Les bus Greyhound sont la solution bon marché pour traverser la Californie et même aller au-delà. D'ici, il y a plusieurs départs journaliers pour Santa Cruz, San Francisco et Los Angeles. Et c'est moins cher que le train ! Les bus sont fonctionnels et confortables : wifi à bord, prises électriques, sièges inclinables, toilettes... Avec leur moteur équipé des dernières technologies, ils laissent une faible empreinte carbone : c'est la solution verte pour voyager ! Regarder les départs et les prix sur le site Internet de Greyhound.

SACRAMENTO INTERNATIONAL AIRPORT

6900 Airport Boulevard
✆ +1 916 874 0700
www.sacramento.aero/smf/
Navettes de l'aéroport au centre de Sacramento environ 15 US$. En taxi, environ 40 US$.

Situé à une vingtaine de kilomètres du centre-ville de Sacramento, l'aéroport de la ville se situe au nord. Une quinzaine de compagnies desservent l'aéroport. Le site internet est très pratique et donne de nombreuses informations utiles à votre passage dans l'aéroport. Vous y trouverez le circuit des avions, une carte interactive des parkings et des différents terminals (A et B) et toutes les options shopping, en plus de toutes les navettes et moyens de transport disponibles.

SACRAMENTO REGIONAL TRANSIT (RT)

1225 R Street ✆ +1 916 321 2877
www.sacrt.com
Service de bus et tramway dans la ville de 5h à 0h. Tickets à 2,50 US$ par trajet ou 7 US$ pour la journée.

Le Sacramento Regional Transit District, aussi nommé SacRT, est l'agence responsable du transport public de la ville depuis 1973. De bonne qualité comparativement aux autres villes des Etats-Unis, il est fait d'un réseau de trains, bus mais aussi taxis, Amtrak et navettes jusqu'à l'aéroport. De plus, les prix sont convenables et c'est même moitié prix pour les jeunes et les étudiants. La voiture reste cependant le moyen le plus facile pour se déplacer dans la ville.

HI SACRAMENTO €

925 H Street
✆ +1 916 668 6632
www.hisacramento.org
Nuit en dortoir à partir de 40 US$. Chambre simple à partir de 70 US$ (avec salle de bains partagée)

Dans cette magnifique maison datant de la fin du XIXe siècle, HI propose la solution d'hébergement la plus abordable de toute la ville. Décor de rêve pour portefeuille ravi ! Bon à savoir : si vous devenez membre de *Hostelling International* (28 US$ par an), vous obtenez des réductions sur les prix de la nuitée. Ici, on choisit entre dortoirs ou chambres simples, spacieuses et confortables. Les espaces communs, tous magnifiques, ont des hauteurs sous plafond à vous faire attraper le tournis et vous offrent un cadre de rêve pour se détendre entre deux visites.

DELTA KING HOTEL €€

1000 Front Street
✆ +1 800 825 5464
www.deltaking.com
Chambre double à partir de 141 US$. Petit déjeuner inclus.

Voici une façon originale de passer la nuit en plein cœur de la vieille ville. Le *Delta King* est un bateau à roue datant de 1927, amarré sur la rivière Sacramento, et constitue la pièce maitresse du Old Sacramento. Depuis 1989, plus d'une quarantaine de chambres à bord, certaines spacieuses, accueillent les touristes amusés, ainsi qu'un bon restaurant, et un théâtre. Mais le mal de mer peut saisir certains des passagers et les cabines sont assez étroites. Une expérience que l'on conseille uniquement pour une nuit, pour le *fun* !

KIMPTON SAWYER €€€

500 J Street
✆ +1 916 399 4718
www.sawyerhotel.com
Chambre double à partir de 300 US$.

Hôtel moderne de luxe ouvert en 2018, le Kimpton Sawyer appartient au groupe Intercontinental. Situé en plein cœur de Downtown Commons, l'établissement est composé de 250 chambres spacieuses et épurées dont certaines possèdent un balcon, une vue sur la ville ou sur le Golden 1 Center où les matchs de basket de l'équipe des Kings ont lieu. Des vélos sont en libre-service pour les clients, une piscine chauffée, une salle de gym et un bar sympa avec happy-hour tous les jours. Accueil personnalisé et expérience client à la hauteur !

THE CITIZEN HOTEL, AUTOGRAPH COLLECTION €€€

926 J Street
✆ +1 916 447 2700
www.thecitizenhotel.com
Chambre double à partir de 300 US$.

Un hôtel historique de Sacramento, situé dans l'ancien Cal-West Building qui était en 1926 le plus haut bâtiment de la ville. Du haut de ses 13 étages, de jolies vues sur Sacramento vous attendent. De grandes rénovations ont permis à l'hôtel de retrouver une seconde jeunesse. 198 chambres y ont été décorées dans des bois sombres et élégants donnant un vrai cachet luxueux à cet établissement de charme. Seul bémol, la légende voudrait que l'hôtel abrite un fantôme... Avis aux peureux.

SACRAMENTO NATURAL FOODS CO-OP €

2820 R Street
✆ + 1 916 455 2667
sacfood.coop
Ouvert tous les jours de 7h à 22h.

Ce petit supermarché situé à l'est du centre-ville propose des sandwichs, salades et plats préparés à emporter. Tous les produits proposés ici sont frais, choisis avec attention, et remplissent généralement le cahier des charges du bio. On peut aussi y faire ses courses d'alimentation générale et même y boire un café sur la terrasse ensoleillée au premier étage. Possibilité de commander en ligne, de se faire livrer et de devenir membre de la coopérative.

AMBROSIA €

621 Capitol Mall
✆ +1 916 492 2528
www.ambrosiafinefood.com
Ouvert tous les jours de 7h30 à 14h.

Ce restaurant de style provincial avec terrasse a longtemps fourni un service de restauration pour les Kings, l'équipe de basket de la NBA de Sacramento. Le menu est complet, avec des ***breakfasts*** traditionnels, salades, sandwichs fait maison mais aussi une bonne carte des vins, des soupes fraîches et tartines à tester. Vous retrouverez également quelques pâtisseries françaises plutôt bien réussies. En vous y prenant 48h à l'avance, vous pourrez même commander des énormes gâteaux à l'américaine dégoulinant de beurre de cacahuète ou autre parfum sucré.

BACON & BUTTER €

5913 Broadway Street
✆ +1 916 346 4445
www.baconandbuttersac.com
Ouvert du mercredi au dimanche de 8h à 14h. Plats de 13 à 20 US$.

Ce restaurant est une véritable institution à l'heure du petit déjeuner. En semaine comme le week-end, les locaux s'y pressent pour y déguster une cuisine de qualité à base de produits frais de la région, dans une ambiance dynamique et décontractée. La carte est originale et change souvent, mais des pancakes avec sirop d'érable à l'omelette aux asperges aux zestes de citron, chaque assiette est délicieusement travaillée. Laissez-vous aussi tenter par la spécialité de la maison : le sandwich fromage, bacon, œufs pochés et sauce hollandaise, un vrai délice !

PETRA GREEK €

1122 16th Street
✆ +1 916 443 1993
Ouvert du lundi au jeudi de 11h à 22h, jusqu'à 23h le vendredi et le samedi de 15h à 23h.

Très pratique si vous êtes saisi d'une grosse faim que seul un très bon kebab pourrait combler, mais cette fois-ci avec l'option grecque ! Ces sandwichs sont ici réalisés à merveille. On peut aussi commander de belles assiettes composées de viande grillée et de légumes. En plus, *Petra Greek* est ouvert relativement tard. C'est ici que tout le monde se donne rendez-vous pour dîner après avoir arpenté les pistes de danse de Sacramento. On peut y manger à l'intérieur mais on recommande le «à emporter». *Happy hour* intéressant tous les jours de 15h à 19h.

FOX & GOOSE €

1001 R Street
✆ +1 916 443 8825
www.foxandgoose.com
Mardi, mercredi, dimanche : 7h à 14h. Lundi et jeudi : 7h à 21h. Vendredi et samedi : 7h à 22h.

C'est un pub réputé pour ses délicieux *british breakfasts* à partir de 6h30 tous les matins. Au programme : muffins, *scones*, bacon grillé ou omelette. Une valeur sûre, où l'on peut manger à toute heure de la journée (menu *pub grub*) et où l'ambiance s'anime autour du bar. Le lundi, c'est soirée *open mic*, le mardi soirée quiz, le mercredi soirée *soul music*, le jeudi soirée acoustique, et le week-end des groupes locaux viennent se produire régulièrement. Ambiance festive et bières anglaises pour accompagner tout ça ! Endroit chaleureux et accueil agréable.

KASBAH LOUNGE €€

2115 J Street
✆ +1 916 442 4388
www.kasbahlounge.com
Ouvert tous les soirs à partir de 16h. Jusque 21h et 22h le vendredi et samedi. Plats à partir de 12 US$.

Même propriétaire que le restaurant adjacent : *Tapas The World*. Au menu, délicieux cocktails et cuisine orientale revisitée à la sauce californienne. Danseuses orientales chaque soir. N'hésitez pas à profiter de l'extraordinaire et très complète carte des vins, le propriétaire des lieux a eu l'occasion de faire quelques tours notamment en France et en Espagne. Si vous n'arrivez pas à vous décider côté plat, le tajine d'agneau est ici un incontournable et vous transportera en un clin d'œil sur les rives de la Méditerranée. *Happy hour* les jours de semaine.

MAYAHUEL €

1200 K Street
✆ +1 916 441 7200
www.tequilamuseo.com
Ouvert de midi à 20h tous les jours, jusqu'à 22h le vendredi et samedi. Comptez entre 10 et 15 US$ le plat

Cuisine mexicaine avec options pour les végétariens et les vegans. La carte des tequilas de Mayahuel est absolument surprenante et à tester (avec modération) ! Dans ce restaurant, qui se qualifie de musée avec ses nombreuses fresques murales peintes par l'artiste Gabriel Romo, la sensation d'être au Mexique est omniprésente. Côté gastronomie, des chips de tortilla et leur sauce sont servies immédiatement à votre table et des petits plats de style tapas sont à déguster tels que des enchiladas, des tacos et même des toasts au guacamole.

PAESANO'S €€

1806 Capitol Avenue
✆ + 1 916 447 8646
www.paesanos.biz
Du lundi au jeudi 11h30 à 21h30, jusqu'à 22h30 le vendredi et samedi. Pizza : 15 US$. Plat à 13 US$ pour le déjeuner.

Paesano's est considéré comme l'un des meilleurs italiens de la capitale de la Californie, et on comprend vite pourquoi. Ce restaurant branché du centre-ville se divise en une grande et haute salle et une terrasse très agréable par beau temps. Le service est impeccable. On y mange de délicieuses pizzas cuites au feu de bois, des plats de pâtes classiques et des spécialités du moment toujours d'inspiration italienne. Les *antipastis* sont aussi très gourmands. Forte de son succès, l'enseigne a ouvert deux autres restaurants à Elk Grove et Davis.

RIO CITY CAFÉ €€

1110 Front Street
✆ +1 916 442 8226
www.riocitycafe.com
Ouvert tous les jours de 11h à 21h, 22h le samedi. Déjeuner à partir de 15 US$, dîner complet à partir de 30 US$.

Un plus pour l'emplacement de ce restaurant en plein cœur du Old Sacramento, disposant d'une belle terrasse ensoleillée face au pont jaune sur la rivière. La vue est étonnante et les tarifs très abordables. Les sandwichs sont copieux et accompagnés de chips maison. On y mange aussi de belles salades, et des classiques américains comme le *mac & cheese* à la langouste, parfait mélange de saveurs. Profitez d'un brunch spécial week-end, un peu plus onéreux mais qualitatif. A l'intérieur, la décoration est simple mais on y vient pour la vue.

ZOCALO MIDTOWN €€

1801 Capitol Ave ✆ +1 916 441 0303
zocalosacramento.com
Ouvert lundi et dimanche de 11h à 21h, jusqu'à 22h30 le vendredi et samedi. Entre 15 et 20 US$ pour un plat.

Un des meilleurs restaurants mexicains de la ville. Le décor de ce grand restaurant vous immerge dans une chic et sympathique ambiance sud-américaine. La carte est typique mais bien élaborée, vous vous régalerez de tacos, chile rellenos, burritos ou encore de guacamole servi avec ses tortillas croquantes. Les portions sont vraiment très grandes, donc n'hésitez pas à partager les plats, et en plus cela vous permettra de goûter un plus large choix de spécialités. En été, la grande terrasse avec parasols et lampions est idéale pour savourer une Margarita à la mûre !

TAPA THE WORLD €€

2115 J Street
✆ +1 916 442 4353
www.tapatheworld.com
Ouvert tous les jours pour déjeuner et dîner. Fermé le lundi. Plats autour de 10 US$ le midi, de 15 à 20 US$ le soir.

Sans doute la meilleure carte de vin de Sacramento, à des prix défiant toute concurrence. Une cuisine créative à partir de produits simples, frais, et régionaux *made in California*, mais inspiré de l'Espagne. L'idéal est d'y partager plein de petits *tapas*, tous créatifs et délicieux, ou alors de se lancer à la conquête d'une belle paella au dîner. Les assiettes sont joliment préparées, pleines de couleurs et de formes diverses. Menu appétissant et ambiance chaleureuse font de ce lieu une des adresses les plus sympathiques de la ville.

MULVANEY'S BUILDING & LOAN €€€

1215 19th Street ✆ +1 916 441 6022
www.mulvaneysbl.com
Déjeuner du mardi au vendredi de 16h à 22h du mardi au samedi. 15 à 20 US$ pour un plat le midi, 35 à 50 US$ au dîner.

Situé dans une caserne de pompiers datant de 1893, *Mulvaney's* est un repaire gastronomique. Le patio s'ouvre pour accueillir les clients dans un cadre verdoyant. Le menu change au fil des saisons. Cette table célèbre la vallée fertile de Sacramento en cuisinant des plats authentiques. Cuisine extrêmement goûteuse, en particulier les pâtes maison et les coquilles Saint-Jacques. Une adresse gourmande, saine et élue parmi les restaurants les plus éco-responsables des États-Unis !

THE PARK - CAFETERIA 15L €€

1116 15th Street
✆ +1 916 492 1960
cafeteria15l.com
Ouvert de 11h30 à 20h ou 21h, à partir de 9h le samedi et dimanche. Sandwich autour de 12 US$, plat entre 15 et 20 US$.

Ambiance hyper branchée à la new-yorkaise, et déco de marbre qui étale des tables de *designer* les unes après les autres pour ce restaurant à la salle immense qui a su malgré sa taille créer des espaces bien distincts des uns des autres qui permettent une intimité agréable. Le tout-Sacramento défile ici pour manger des plats simples et généreux. Salades et sandwichs y constituent par exemple une très bonne pause déjeuner, avec brunch le week-end. Belle carte de cocktails pour les heures plus tardives. Grande terrasse pour les jours ensoleillés.

THE KITCHEN €€€

2225 Hurley Way #101
✆ + 1 916 568 7171
thekitchenrestaurant.com
Ouvert tous les jours de 10h à 17h. Fermé le samedi et dimanche. Onéreux.

Pour cette expérience culinaire, le restaurant demande que vous réserviez 4 heures de votre soirée - service unique. Profitez de cette immersion dans la nouvelle cuisine américaine. Aux commandes, Kelly McCown et Randall Selland qui élaborent des menus à 5 plats chaque mois, en fonction des produits de saison et de leur inspiration. La maîtrise du terroir californien est ici parfaite, comme celle de la cuisine japonaise qui vient souvent donner un petit coup de fouet au menu. Une belle équipe accompagne les chefs et vous assure de passer un moment inoubliable.

GINGER ELIZABETH CHOCOLATES

1801 L Street

✆ +1 916 706 1738

www.gingerelizabeth.com

Ouvert du mardi au dimanche de 10h à 20h et 21h le vendredi et samedi.

Après avoir étudié à l'Institut Culinaire de New-York, Ginger Elizabeth s'est installée dans son Sacramento natal et à ouvert cette petite boutique spécialisée dans les chocolats, les glaces et les macarons ! Les locaux s'y pressent et patientent dans la longue file d'attente, espérant goûter au Graal : les *Macarons Ice Cream Sandwich* (boule de glace dans un macaron). Préparé avec des produits bio, c'est bon et frais ! Ils ont depuis ouvert une pâtisserie à quelques blocks de là.

GUNTHER'S ICE CREAM

2801 Frankin Boulevard

✆ +1 916 457 6646

www.gunthersicecream.com

Ouvert tous les jours de 11h à 21h. Glace à partir de 4 US$.

C'est en avril 1940 que la famille Gunther a créé ce glacier. Depuis, la boutique ne désemplit pas et est définitivement considérée comme la meilleure de la ville. Large choix de parfums, plus d'une trentaine, de chewing-gum à *cheesecake-fraise*, en passant par thé vert et gingembre. Quelques sorbets, sundaes et yaourts viennent compléter ce tableau parfait pour les gourmands. Le tout fait maison. On aime le personnage de Gunther, sa fresque murale colorée et son magasin en angle en grande baie vitrée, dominant une jolie terrasse ensoleillée.

MIX DOWNTOWN

1525 L Street

✆ +1 916 442 8899

mixdowntown.net

Ouvert du vendredi au dimanche de 21h30 à 1h30. Tenue correcte exigée.

C'est un des lieux de sortie branchés de Sacramento. Ce bar *lounge* est aménagé sur les deux étages du Firestone Building, dans un style rustique et urbain à la fois. Le soir, atmosphère tamisée avec les *fire pits* (cheminées de plein air) sur la terrasse rooftop, avec de jolis assises et une atmosphère intime.. Le mardi, *tacos* à 2 US$ et et *happy hour* de 16h à 22h, et à partir du mercredi, le club vibre au son des DJ. C'est le lieu où aller si vous aimez les endroits dansant guindés, avec champagne et explosion de paillettes.

PUBLIC HOUSE

1132 16th Street

✆ +1 916 446 0888

www.phdowntown.com

Ouvert de 11h30 à 20h30 tous les jours. Jusqu'à 23h le samedi. Repas complet à partir de 25 US$.

Un *Sports bar* un peu chic où l'on vient assister aux matchs en soirée grâce aux 22 écrans plats disposés dans le bar et un *sound system* du tonnerre, en dégustant l'une des 60 bières pression au comptoir. Dont certaines qu'ils produisent eux-mêmes dans cette micro-brasserie qui en a tout le décor. Comme souvent, la *happy hour* est très économique avec des plats et boissons à prix mini. Soupes, salades, sandwichs, vous pourrez y manger à votre faim. Un endroit animé tous les soirs en semaine et possibilité de bruncher le samedi et dimanche.

TEMPLE COFFEE ROASTERS

2829 S Street

✆ +1 916 454 1282

www.templecoffee.com

Ouvert tous les jours de 6h à 22h.

Voici un lieu à même de vous réconcilier avec les cafés américains ! Le décor est *cosy*, simple et épuré. Vous aurez le choix entre de nombreux crus. Optez pour le *cappuccino*, un délice ! De nombreux thés viennent aussi agrémenter la carte, n'hésitez donc pas à demander des conseils au serveur si vous hésitez entre deux saveurs, ils connaissent bien leurs marchandises ! La chaîne *Temple Coffee* possède plusieurs autres établissements dans la ville de Sacramento, au cas où vous deveniez fan de la marque... Qui est ici une institution !

THE SHADY LADY SALOON

1409 R Street

✆ +1 916 231 9121

www.shadyladybar.com

Ouvert du lundi au vendredi de 15h à minuit, jusqu'à 1h30 le jeudi et vendredi. Happy hour en semaine de 15h à 18h.

Un des meilleurs bars-restaurants en plein cœur du centre-ville. Spécialiste des cocktails originaux et délicieux, le bar propose des concerts cinq soirs par semaine, informations mises à jour régulièrement sur le site à ce propos. A tester : leur *Old School Bloody Mary*. Accueil et atmosphère excellente et décontractée dans un décor intimiste rappelant les bars de style *speakeasy* ! Effectivement, le lieu et le menu serait une réminiscence des années 20. Une adresse à retenir pour commencer vos soirées festives dans Sacramento.

SACRAMENTO ET LE NORD-EST

COLOMA ★★

Coloma est une ville historique où fut découverte la première pépite d'or en 1848, qui entraîna la Ruée vers l'or et la plus grande vague migratoire de l'histoire des États-Unis. La vallée de Coloma invite à un séjour nature apprécié des campeurs, des pêcheurs, des randonneurs, des adeptes du vélo, du rafting (c'est l'un des endroits les plus réputés des USA pour cette pratique nautique !) ou du canoë. C'est également une région rurale où l'on peut se régaler de produits du terroir.

MARSHALL GOLD DISCOVERY STATE HISTORIC PARK ★★

310 Back Street ✆ +1 530 622 3470

www.parks.ca.gov/?page_id=484

Le parc est ouvert de 8h à 20h. Le musée est ouvert toute l'année de 10h à 18h. Entrée : 10 US$ par voiture.

C'est l'une des visites incontournables du *Gold Country* ! Ce parc historique se trouve dans la Coloma Valley. Depuis Sacramento, suivre l'US 50 West, jusqu'à la sortie Ponderosa Road. Tournez à gauche sur Shingle Road, puis à droite sur North Shingle Road. Suivre Lotus Road puis la CA 49 vers le sud jusqu'à Coloma.

C'est en 1947 que John Sutter (fondateur de Sacramento) et James Marshall entreprennent la construction d'une scierie proche de Coloma. Alors que les travaux avancent, le matin du 24 janvier 1848, Marshall aperçoit des miettes dorées dans les eaux de la South Fork American River. Il ne lui faudra que quelques secondes pour confirmer son incroyable découverte en s'exclamant : « *Boys, by God, I believe I've found a gold mine* ». La Ruée vers l'or allait commencer...

Aujourd'hui, on trouve dans ce parc une statue commémorative de James Marshall et une jolie réplique de la scierie (Sutter's Mill) construite par J. Sutter. Le Gold Discovery Museum retrace les destins de Sutter et Marshall, et les étapes de la Ruée vers l'or. Il propose aussi une exposition sur les outils des chercheurs d'or et un film documentaire. Enfin, vous pouvez vous essayer à une technique de chercheur d'or, le lavage à la battée (*gold panning*), qui consiste à séparer les graviers du sable fin afin de récupérer l'or contenu dans les sédiments. Les enfants peuvent même réaliser un programme et devenir un apprenti *Ranger* ! Le parc possède aussi deux belles églises d'époque.

SUTTER CREEK

Bien que la scierie de John Sutter était à plus de 40 kilomètres de Sutter Creek, John venait souvent faire escale ici pour se ressourcer et s'extirper des foules drainées par la ruée vers l'or. Un peu plus tard, cette ville devint tout de même un lieu convoité par les chercheurs d'or. Depuis, les mines sont restées dans le paysage mais les vignobles se sont multipliés dans la région, apportant une renommée importante au comté d'Amador. Sutter Creek est une petite ville piétonne où vous pourrez vous extasier devant les quelques charmantes boutiques de la rue principale.

GRASS VALLEY

Ville historique vibrante et dynamique du comté de Nevada, Grass Valley est aussi une ville née de la Ruée vers l'or comme l'attestent ses bâtiments du dix-neuvième siècle. Il n'est pas difficile de visiter la ville, son artère principale, Main Street, et ses quelques rues adjacentes comme Mill Street, sont parsemées de plaques historiques qui vous donneront de nombreuses indications sur le passé mouvementé de cette charmante municipalité. Un itinéraire de découverte historique est disponible à l'office de tourisme de Grass Valley, sur Maint Street, pour vous faire découvrir les nombreux secrets de la ville.

NEVADA CITY

Petite ville fleurie, qui, comme ses voisines du Gold country, est restée dans son état d'origine avec ses bâtiments des années 1860. Nevada City fut, à l'époque de la Ruée vers l'or, la ville minière la plus prospère et la plus grande en termes de capacité d'accueil. Un cimetière chinois, Historic Chinese Cemetery, se visite dans la ville et témoigne des nombreux travailleurs asiatiques ayant largement contribué au fonctionnement des mines d'or. Un quartier chinois, chinese quarter, est d'ailleurs dédié à cette communauté, très présente autrefois. Prévoir une demi-journée pour cette petite ville agréable.

COLUMBIA ★★★

Au cœur de Mother Lode, zone minière parmi les plus productives de Californie, la petite bourgade de Columbia est située dans le comté de Tuolumne, à 2h30 de San Francisco. Promettant une expérience unique et un retour vers le passé assuré, elle est classée comme étant un parc historique d'État en 1945. La ville de Columbia est restée dans son état original, datant des années 1850, et constitue un témoignage intéressant de l'architecture à l'époque de la ruée vers l'or.

Histoire

Cette ville fantôme a accueilli à peu près 20 000 habitants à l'heure de la ruée vers l'or et produisit plus d'un milliard de dollars si l'on calcule à partir du prix de l'or actuel. C'est le 27 mars 1850 que l'or fut découvert pour la première fois à Columbia par un groupe de chercheurs d'or. En l'espace de six semaines, cette découverte attira des milliers de chercheurs d'or qui établirent leur campement, connu sous le nom de *Hildreth's Diggings*. À partir de 1852, la ville devint tellement attractive qu'elle fit naître plus de 150 commerces. En 1853, Columbia faisait partie des villes les plus importantes de Californie. C'est en partie la taxation pour les mineurs étrangers de 20 US$ par jour qui a fait fuir la population de la ville, majoritairement mexicaine.

COLUMBIA STATE HISTORIC PARK ★★★

11255 Jackson Street
✆ +1 209 588 9128

Ouvert toute l'année. Commerces ouverts de 10h à 17h. Parc et parking gratuits.

En 1853, Columbia faisait partie des villes les plus importantes de Californie. C'est en partie la taxation pour les mineurs étrangers de 20 US$ par jour qui a fait fuir la population de la ville, majoritairement mexicaine. Les bâtiments se sont ensuite détériorés et n'étaient plus considérés comme sûrs jusqu'en 1945, lorsque la ville devint parc d'État. Les bâtiments sont alors restaurés brique par brique dans le but de conserver l'authenticité de la ville jusque dans ses moindres détails.

Ici, vous remontez dans le temps : saloons, forges, calèches tirées par les chevaux comme seul moyen de transport, hôtels de l'époque, tous les bâtiments sont d'origine et les commerçants se prêtent au jeu. De nombreux événements thématiques et costumés ont lieu tout au long de l'année témoignant de plus de 150 ans d'histoire, comme les Gold Rush Days (tous les deuxièmes samedis du mois de 13h à 16h) ou le Columbia Diggin's Tent Town 1852 (chaque année en mai) : une excellente manière de découvrir l'époque de la ruée vers l'or ! Parmi les choses à faire impérativement : passer la nuit dans un hôtel historique de la ville, faire un tour en calèche, se rendre au magasin Ebler's Leather and Saddlery Emporium pour jouer au cowboy et découvrir le métier de forgeron au XIXe siècle dans l'atelier Parrott's Blacksmith. Parc d'État incontournable de la région du Gold Country, il est recommandé d'arriver à l'ouverture des magasins afin de s'imprégner pleinement de l'ambiance western de la ville.

Columbia.

JAMESTOWN

La petite ville de Jamestown est à seulement 15 minutes de Columbia. Elle est surtout réputée pour son parc historique d'État, Railtown 1897, le deuxième plus important du comté de Tuolumne après celui de Columbia. On y trouve également des petites maisons de vin, des boutiques d'antiquités, un bar à cigares, des restaurants et des hôtels historiques. Il est possible de s'initier à l'orpaillage dans la rivière Woods Creek, un moment amusant. Ne manquez pas de vous promener le long du Walk of Fame et tentez de reconnaître les réalisations cinématographiques ayant été filmées à Jamestown, parmi celles-ci : *La Petite maison dans la prairie*.

CHICO

Surnommée la « Ville des Roses » – *City of Roses* –, cette municipalité compte près de 100 000 habitants. Puisqu'elle abrite la California State University, Chico – souvent simplifiée en « Chico State » – elle s'illustre par le dynamisme que lui confère le statut de ville étudiante. Surtout, il s'agit d'un véritable centre névralgique culturel et économique du nord de la Sacramento Valley, à partir duquel on prendra plaisir à explorer la région. En plus d'être charmants, les lieux sont réputés pour produire la très populaire bière *Sierra Nevada*, que l'on retrouvera souvent au restaurant ou dans les bars pendant un voyage dans l'Ouest américain.

LASSEN VOLCANIC NATIONAL PARK ★★★

Alors considéré comme endormi, le Lassen Peak entre en activité en mai 1914, entamant une période de sept années d'éruptions périodiques. La région deviendra parc national en 1916 en raison de l'importance de son activité. Aujourd'hui, si le volcan n'est plus actif, il peut se réveiller à tout moment ; en attendant, le parc qui l'abrite offre d'impressionnants paysages. Par exemple, la désolation règne sur la Devastated Area, une ancienne forêt ravagée au cours des éruptions du début du XXe siècle. Quelques organismes végétaux commencent peu à peu à pousser sur cette terre hostile et grise, plus d'un siècle plus tard.

Pratique

Les tarifs du parc varient considérablement selon la saison : du 1er décembre au 15 avril, comptez 10 US$ par véhicule, contre 30 US$ du 16 avril au 30 novembre.

Tourisme

On vient surtout au Lassen Volcanic National Park pour Bumpass Hell, des sources d'eau bouillonnante, de boues et de fumerolles spectaculaires. Ne manquez pas le chemin de 4,8 km de pistes et de pontons en bois serpentant au milieu de ces phénomènes géothermiques, témoins de l'activité volcanique encore existante. À voir également : Cinder Cone, un ancien volcan dont le sommet culmine à 2 105 m d'altitude et depuis lequel la vue est imprenable. À son pied se trouvent les remarquables Painted Dunes, des dunes de lave colorées.

En plus de consulter les conditions météorologiques et les éventuelles fermetures en ligne, nous vous invitons à vous renseigner dès votre arrivée au Kohm Yah-mah-nee Visitor Center, ouvert tous les jours de 9h à 17h, à 1,6 km de l'entrée sud-ouest. Vous pourrez y récupérer un plan du site. Par ailleurs, profitez d'y être pour aller voir Sulphur Works, à seulement quelques minutes de là. Il s'agit de l'une des plus petites zones géothermales du parc, regroupant à la fois des sources boueuses et des fumerolles dont s'échappe du souffre. Ensemble, les minéraux argileux, les roches volcaniques et l'eau chaude acide donnent à la terre des teintes presque irréelles, allant du jaune au rouge.

Lassen Volcanic National Park.

SHASTA LAKE ★★

Ce grand lac s'étend au nord de Redding, capitale morne du comté de Shasta. Concrètement, le lieu est constitué de multiples bras d'eau douce sur des rivages ocre, où les activités lacustres sont nombreuses. Autour, des petits villages hors du temps comme Dunsmuir et McCloud sont enfouis dans des paysages naturels époustouflants.

Tourisme

Parmi les points d'intérêt touristiques situés près du lac, nous pouvons citer le McCloud River Trail, qui serpente à travers un canyon de roche volcanique pour mener à trois jolies cascades.

Autres chutes d'eau qui méritent le coup d'œil : celles de Burney Falls, nichées dans le McArthur-Burney Falls Memorial State Park. Il faudra vous lever tôt pour les admirer, une foule de visiteurs s'y massant dès les premières heures du jour. Par ailleurs, vous y croiserez probablement des randonneurs venus marcher le Pacific Crest Trail.

Enfin, le Castle Crags State Park vous permettra d'observer des blocs de granit culminant à plus de 1 800 m de hauteur, dans un chaos magnifique. Anciens glaciers, les rocs sont acérés et puissants. Au choix, plusieurs sentiers, parmi lesquels nous vous conseillons le Crags Trail qui grimpe jusqu'au Castle Dome à travers la forêt : au sommet, des paysages hors du temps vous attendent.

Pour plus de renseignements, rendez-vous sur www.cityofshastalake.org, le site de la municipalité de Shasta Lake.

RAILROAD PARK RESORT €€

100 Railroad Park Road
✆ +1 530 235 4440
www.rrpark.com
Chambres doubles à partir de 150 US$.

Insolite, l'expérience peut également être amusante. Au Railroad Park Resort, on pose ses valises dans un wagon de train ancien au beau milieu de nulle part : chaque chambre fait voyager le visiteur, avec un décor simple, efficace, pensé pour associer charme intérieur du chalet et apparence ferroviaire. Un établissement ouvert toute l'année – même sous la neige – où l'on se restaure dans un wagon-restaurant. Cerise sur le gâteau : le tout est installé dans un cadre naturel exceptionnel, bordé de montagnes. La promesse d'un séjour dépaysant.

MOUNT SHASTA ★★★

Les alpinistes seront tentés par l'ascension de ce volcan, qui culmine à 4 300 m d'altitude. Deux options. La première : tenter l'expédition jusqu'en haut du glacier en solo, à condition d'être extrêmement prudent, de prévoir du matériel en conséquence et de s'assurer sur place que la météo permette une entreprise d'une telle ambition. L'alternative consiste à se faire accompagner par des professionnels. Dans ce cas, nous vous recommandons l'excellente compagnie Shasta Mountain Guides – www.shastaguides.com – qui propose des sorties de ce genre – à pied ou en ski – depuis 1982. Dans tous les cas, il vaut mieux vous organiser en amont.

LAVA BEDS NATIONAL MONUMENT ★★

Le Lava Beds National Monument se trouve dans une ancienne région volcanique où l'on peut voir des cônes de cendres géants – atteignant parfois 140 m de hauteur – des coulées de lave solidifiée, des gouffres, ainsi que plus de 200 grottes, dont certaines abritent des rivières de glace solide.

Pratique

Avant votre visite, renseignez-vous sur www.nps.gov/labe/index.htm. Le parc peut être visité toute l'année ; il faudra seulement vous acquitter de 25 US$. Avant d'explorer les lieux, passez au Visitor Center, ouvert tous les jours de 9h30 à 16h30.

TULE LAKE NATIONAL WILDLIFE REFUGE ★

Le Tule Lake National Wildlife Refuge est une aire protégée constituée de lacs, de forêts et de falaises escarpées où viennent s'abriter de nombreux oiseaux : les pélicans blancs en été, les aigles en hiver. Les marécages qui s'y trouvent sont cruciaux, puisqu'ils constituent les ressources de 80 % des espèces migratrices du Pacific Flyway. Ainsi, les lieux représentent une destination particulièrement intéressante pour les amateurs de *bird-watching*.

Pratique

Tous les renseignements nécessaires à l'organisation de votre visite se trouvent ici : www.fws.gov/refuge/tule-lake

SIERRA NEVADA

Les Californiens sont très fiers de leur « chaîne de montagnes enneigées ». Et pour cause. Dans les terres de la Californie, cet espace de quelques 650 km de long n'a rien a envier à la beauté de la côte. Le parc du Yosemite est l'une des attractions majeures de cette région, avec ses majestueuses montagnes et ses roches métamorphiques. C'est le domaine de prédilection des randonneurs et des grimpeurs. Les abords du parc restent tout aussi impressionnants et la route qui vous mène de San Francisco au coeur de la Sierra Nevada vous offrira de nombreuses opportunités de belles photos. Le lac Tahoe et la région de Mammoth Lakes sont également très visités par les touristes comme par les locaux, qui aiment retrouver le calme et la tranquillité de la nature, à quelques centaines de kilomètres des grandes villes.

CARSON CITY
Yerington
Schurz
LAKE TAHOE
Minden
ELDORADO NATIONAL FOREST
Walker Lake
Walker
Hawthorne
Bear Valley
TOIYABE NATIONAL FOREST
Bridgeport
Avery
BODIE STATE HISTORICAL PARK
EXCELSIOR MOUNTAIN
Sonora
MONO LAKE
Lee Vining
YOSEMITE NATIONAL PARK
Groveland
June Lake
Yosemite Village
MAMMOTH LAKES
Crowley Lake
Mariposa
Oakhurst
SIERRA NATIONAL FOREST
Sierra Nevada
Chowchilla
Dinkey Creek
INYO NATIONAL FOR
Madera
PAR
DE
Kerman
Fresno
30 KM
Reedley
SE
NATIO

Eagleville
Potts
Ellsworth
PARADISE RANGE
TOQUIMA
Round Mountain
Golden
NEVADA
Luning
Mina
Gilbert
NEVADA
Tonopah
Ralston Valley
ton
Silver Peak
Goldfield
Mellan
Dyer
Chalfant Valley
Pigeon Spring
San Carlos
Bishop
Big Pine
Eureka Valley
Bonnie Claire Flat
INYO MOUNTAINS
Beatty
IAL
IAS
DEATH VALLEY
NATIONAL PARK
Independence
LONE PINE

PAGES

275 ## ● ● SIERRA NEVADA

Une immense chaîne de montagnes s'élève à l'est de San Francisco et offre lacs turquoise et argent grandioses, paysages lunaires aux couleurs oxydées, forêt dense de séquoias géants... Le parc du Yosemite, le lac Tahoe et les Mammoth Lakes feront le bonheur des amoureux de la nature.

LAKE TAHOE ★★★★

275 Ce lac glaciaire entouré de montagnes enneigées est d'une incomparable couleur émeraude. Une soixantaine de rivières se jettent dans le lac, ce qui le rend poissonneux et ravira les amateurs de pêche qui apprécient truites et saumons. La transparence de l'eau est aussi exceptionnelle : la visibilité est de 30 m.

YOSEMITE NATIONAL PARK ★★★★

279 La vallée de Yosemite constitue l'un des exemples les plus impressionnants de vallée creusée par un glacier. On fait de très belles randonnées, en étant surplombé de part et d'autre par des murs de granit vertigineux dont le célèbre El Capitan. . En marchant un peu plus loin, on trouve de vastes forêts de séquoias centenaires.

MONO LAKE ★

286 Le Mono Lake offre l'un des paysages les plus grandioses qu'il vous sera donné de voir dans votre vie. Les formations rocheuses qui affleurent à sa surface donnent l'impression d'être sur un lac lunaire, si toutefois il y avait de l'eau sur la Lune.

287 ### BODIE STATE HISTORIC PARK ★

MAMMOTH LAKES ★★★

287 Mammoth Lakes est une petite ville de plus de 8 000 habitants encore peu visitée du fait de son accessibilité limitée. Que vous soyez un amoureux des grands espaces, un fana de ski ou un passionné d'activités sportives estivales en plein air, vous vous plairez ici.

290 ### KING'S CANYON NATIONAL PARK ★★

291 ### SEQUOIA NATIONAL PARK ★★★

291 ### LONE PINE ★★

LAKE TAHOE ★★★★

Le Lake Tahoe constitue une destination magnifique, qui vaut tout autant la visite en été qu'en hiver. L'été est l'occasion de se balader en montagne ou de se baigner dans le lac, car l'eau y est à 20 °C. En hiver, on y vient surtout pour faire du ski dans l'un des nombreux domaines répartis sur les pentes enneigées qui l'entourent. Il est long de 35 km et large de 20 km, vous en effectuerez le tour en voiture en deux heures environ. Plusieurs villages touristiques se sont construits sur ses rives. Les plus jolis se trouvent du côté californien, tandis que la partie appartenant au Nevada se caractérise par d'épouvantables hôtels casino.

FALLEN LEAF LAKE ★★

Fallen Leaf Road

Fallen Leaf Lake est un joli lac de montagne situé dans le comté d'El Dorado, près de la frontière entre l'État de Californie et le Nevada, à environ 2 km au sud-ouest du lac Tahoe. Le lac a été créé par au moins deux glaciers qui se sont déplacés vers le nord dans la vallée de Glen. Si le glacier avait continué au lieu de s'arrêter, le lac Fallen Leaf serait une baie du lac Tahoe, semblable à la baie Emerald voisine. De belles maisons en bois bordent le lac, qui est pourvu d'un embarcadère. Il est possible d'y faire du kayak ou du bateau à moteur.

EAGLE LAKE TRAIL ★

Début du sentier de randonnée à 13 km au nord de South Lake Tahoe, en suivant la Highway 89.

Eagle Falls-Eagle Lake : circuit facile (1h pour 3 km). Velmas, Dicks, and Fontanillis Lakes : circuit difficile (15 km.

Eagle Lake est un très joli spot à explorer. Après avoir garé votre voiture le long de la route ou au parking, le tour fait environ 15 km. Passez la cascade, continuez jusqu'à Eagle Lake ou poursuivez votre randonnée jusqu'aux lacs Velmas, Fontanellis et Dicks Lake, ou atteignez les Maggies Peaks et faites une boucle en revenant un peu plus bas sur la Highway 89. Cette balade dure de 4 à 5 heures. Vous pourrez même aller vous baigner dans le lac en faisant un détour de 2 km. Attention, un permis est nécessaire pour effectuer le tour complet.

HEAVENLY SCENIC GONDOLA RIDES ★

Heavenly Mountain ✆ +1 775 586 7000
www.skiheavenly.com

Téléphérique ouvert tous les jours de fin mai à début septembre, de 9h à 17h. 44 US$ pour les adultes.

Ce téléphérique effectue une boucle de 4 km et vous emmène sur les hauteurs du lac, où les vues sont à couper le souffle. Il s'arrête d'abord à un point d'observation (*mid-station*), depuis lequel vous bénéficiez d'un paysage dégagé, puis à un *Tamarack lodge* ouvert à l'année, où des restaurants et des aires de jeux pour les enfants vous attendent. Une fois en haut, vous pouvez partir en randonnée ou emprunter un autre télésiège (gratuit) pour des vues encore plus vertigineuses.

Coucher de soleil sur le Lac Tahoe.

SAND HARBOR BEACH ★★

2005 Highway 28
✆ +1 775 831 0494
parks.nv.gov/parks/sand-harbor/
Parc et plage accessibles toute l'année de 7h à 19h.

Située au nord-est du lac, c'est l'une des plus belles plages de la région. Elle fait partie d'un *state park* qui couvre 22 hectares. C'est un havre réputé pour ses eaux turquoise et ses rochers aux formes arrondies. Venez-y en semaine pour éviter les nombreux touristes qui affluent les week-ends d'été. Sur place, un *Visitor Center* vous renseigne sur la région. Quant aux activités, elles oscillent entre plongée, bronzage, marche le long des sentiers ou sorties en bateau. *Le Lake Tahoe Shakespeare Festival* propose en été des soirées de théâtre sous les étoiles.

NORTH LAKE TAHOE VISITOR CENTER

100 North Lake Boulevard
✆ +1 530 581 6900
www.gotahoenorth.com
Ouvert tous les jours de 10h à 16h.

Ici, c'est le lieu où vous dénicherez les pépites à faire à North Lake Tahoe. Le bureau est facile d'accès, sur le lac, et l'accueil y est sympathique. Renseignez-vous sur les nombreuses randonnées et activités de la région. Vous aurez accès à de nombreuses cartes ainsi qu'à un magasin de souvenirs. Sinon, consultez le site Internet, qui regorge d'informations précieuses pour votre visite, divisé en quatre chapitres : *stay, play, dine, plan* [rester, jouer, dîner, planifier].

SOUTH LAKE TAHOE VISITOR CENTER [CALIFORNIA]

4114 Lake Tahoe Boulevard
✆ +1 530 542 4637
tahoesouth.com
Ouvert en semaine de 9h à 17h et le week-end de 9h à 16h.

Vous trouverez ici tous les renseignements dont vous avez besoin sur le lac Tahoe : les sentiers de randonnée, les meilleures façons de pêcher, les balades en bateau, le ski et le snowboard, les balades en vélo, les parties de golf, les spas où vous faire chouchouter, les concerts de rock ou de reggae, et même les galas de mma ! Et on vous passe le parapente, le saut en parachute, les sorties en kayak, les cascades de glace à escalader... Vous n'allez pas être déçu du voyage !

RENO-TAHOE INTERNATIONAL AIRPORT

2001 E. Plumb Lane
✆ +1 775 328 6400
www.renoairport.com
Vol tous les jours.

L'aéroport international Reno-Tahoe est très pratique. Petit et rapide, il permet de se déplacer depuis et vers plus d'une trentaine de destinations via 13 compagnies différentes : majoritairement sur la côte ouest, mais aussi au Texas, à New York, Chicago et Mexico. Sur le site Internet de l'aéroport, vous aurez notamment accès en direct aux informations de départs et d'arrivées, ainsi qu'à la situation du parking en temps réel. Possibilité de se restaurer sur place.

CAMP RICHARDSON €

1900 Jameson Beach Road
✆ +1 800 544 1801
www.camprichardson.com
Ouvert de mai à septembre. Camping 200 emplacements. Tarif : de 35 à 40 US$ la nuit.

Le Camp Richardson Resort est un vaste complexe touristique ouvert depuis près d'un siècle, avec camping, chalets et hôtellerie classique, installé dans une forêt de grands pins à proximité du lac. Le spot est très agréable et particulièrement pratique si vous vous baladez en famille à travers la Californie. A partir du resort, vous pouvez partir en croisière, filer en randonnée, faire du vélo, marcher en raquette, dévaler les pentes à ski et bien sûr camper. De quoi profiter au mieux de ce que le lac Tahoe offre à ses visiteurs !

BEACH RETREAT & LODGE AT TAHOE €€

3411 Lake Tahoe Boulevard
✆ +1 530 541 6722
tahoebeachretreat.com
Chambres à partir de 159 US$.

Hôtel de 262 chambres situé dans un cadre agréable, en bordure de lac. La propriété est constituée de plusieurs dépendances plus au moins proches de la plage. On accède au bord de mer par de petits sentiers pédestres, aménagés dans un style « village vacances » avec de grandes pièces communes. Des *smores* sont distribués à 18h tous les jours. Les chambres sont assez petites mais confortables. Chacune dispose d'une cheminée au gaz et la plupart ont une terrasse privée.

COTTAGE INN €€

1690 W. Lake Blvd (à 2 miles au sud de Tahoe City)
+1 530 581 4073
www.thecottageinn.com
Chambre double de 229 US$ à 379 US$ la nuit. Petit déjeuner inclus.

Vous trouverez ici, perdu au milieu des arbres, ce charmant *Bed & Breakfast,* avec ses 22 chambres uniques et 8 cottages. Ambiance chalet des montagnes avec ses belles chambres tout en bois, la plupart étant pour 2 personnes. Les chambres sont typiques et rustiques, presque kitsch, mais propres. Toutes possèdent un espace feu de cheminée, certaines ont de mignonnes kitchenettes et même une superbe vue sur le lac. Le petit déjeuner est servi tous les jours. Deux espaces extérieurs sont faits pour se reposer et apprécier la magie des montagnes.

MEEKS BAY RESORT €€

7941 Emerald Bay Road
+1 877 326 3357
www.meeksbayresort.com
Studios entre 100 et 225 US$. Chalet une chambre entre 175 et 375 US$. Emplacement de tentes de 20 à 30 US$ la nuit.

À l'ouest du Lake Tahoe se niche ce petit camping pour tentes et camping-cars, disposant aussi de petits chalets, studios et lodges en bord de lac avec plage privée et barbecues, en plein cœur d'une forêt nationale. Le cadre est idyllique. Dommage que l'emplacement soit à côté de l'autoroute. Les maisonnettes sont en bois, quelque peu rustiques, mais surtout, vous serez proche de la nature. Possibilité de petit-déjeuner et déjeuner au Wa-She-Shu. Une location de paddles et kayaks est disponibles, à l'heure, à la demi-journée ou à la journée.

RESORT AT SQUAW CREEK €€€

400 Squaw Creek Road, Olympic Valley
+1 530 412 7034
www.squawcreek.com
Chambre double de 225 US$ à 800 US$.

Ce resort absolument somptueux se trouve dans la Squaw Valley, le site des Jeux olympiques d'hiver de 1960 et à quelques minutes de North Lake Tahoe. 405 chambres, suites et même penthouses se trouvent au pied des pistes de ski. Ici, vous serez presque au paradis. L'hébergement et les pièces communes sont luxueux, le resort est doté d'un golf à 18 trous, d'une grande piscine extérieure chauffée, d'un spa et d'une patinoire, le tout étoffé de plusieurs restaurants d'exception. Pratique, le resort propose également des forfaits de ski.

WEST SHORE CAFÉ AND INN €€€

5160 West Lake Boulevard
+1 530 525 5200
www.westshorecafe.com/lodging/
Appeler pour réserver. Petit déjeuner inclus.

Cet hôtel de grand luxe abrite 6 suites. Mobilier en bois massif, moquettes moelleuses, balcons privatifs, bain bouillonnant et cheminées équipent ces logements au confort absolu, alors que de grandes baies vitrées offrent une ouverture directe sur les eaux cristallines du lac Tahoe et derrière sur les montagnes. Des photographies nostalgiques retraçant l'histoire du Lake Tahoe ornent les murs de ces superbes chambres. Le petit déjeuner est délicieux et inclus. Le dîner se passe au West Shore Cafe & Inn juste en dessous. Une escale très romantique.

ZEPHYR COVE RESTAURANT €

760 Hwy 50
+1 775 589 4935
https://www.zephyrcove.com/
Ouvert tous les jours de 8 h à 14h. Petit déjeuner à 14 US$ et burgers à 16 US$.

À deux pas d'une plage magnifique mais souvent bondée l'été, l'établissement offre tout ce qu'il faut pour se restaurer tout au long de la journée, dans une ambiance rustique et montagnarde, à grands coups de rondins et de plancher en bois (si l'on avait oublié que le lac Tahoe est un - très grand - lac de montagne à presque 2 000 m d'altitude, le rappel est omniprésent). Le service est rapide et attentionné cependant. La nourriture est copieuse et de bonne qualité, avec surtout des spécialités américaines au menu. Un bon endroit pour faire une longue pause.

ROSIE'S CAFÉ €

571 North Lake Boulevard +1 530 583 8504
www.rosiescafe.com
Ouvert en semaine de 7h30 à 21h30, de 7h à 22h le samedi et de 7h à 21h30 dimanche. Plats à partir de 11 US$.

Ce petit chalet ouvert depuis 1964 est une institution dans la région, situé sur les bords du lac à Tahoe City. On y vient pour un énorme *brunch* en famille ou un déjeuner entre amis. L'ambiance y est chaleureuse et familiale dans cet étonnant décor en bois de bric et de broc à l'américaine. Des vélos et autres artefacts sont partout, tombent parfois même du plafond. Chaque pièce représente une partie du passé du lac Tahoe ; le patron sera ravi de vous faire l'historique. Menu de *dinner* traditionnel américain avec œufs, pancakes, burgers, salades et sandwichs.

ZEPHYR COVE RESTAURANT €

760 Hwy 50
✆ +1 775 589 4935
https://www.zephyrcove.com/

Ouvert tous les jours de 8 h à 14h. Petit déjeuner à 14 US$ et burgers à 16 US$.

À deux pas d'une plage magnifique mais souvent bondée l'été, l'établissement offre tout ce qu'il faut pour se restaurer tout au long de la journée, dans une ambiance rustique et montagnarde, à grands coups de rondins et de plancher en bois (si l'on avait oublié que le lac Tahoe est un - très grand - lac de montagne à presque 2 000 m d'altitude, le rappel est omniprésent). Le service est rapide et attentionné cependant. La nourriture est copieuse et de bonne qualité, avec surtout des spécialités américaines au menu. Un bon endroit pour faire une longue pause.

CAFÉ FIORE €€

1169 Ski Run Boulevard
✆ +1 530 541 2908
www.cafefiore.com

Ouvert tous les jours de 17h30 à 22h. Plats à partir de 22 US$.

Ce restaurant italien est souvent désigné comme étant l'un des meilleurs endroits de Californie. Il est vrai que vous ne serez pas dérangé : 7 tables uniquement, avec quelques tables en extérieur pour l'été, bougies un peu partout, carte des vins et menu alléchants. Il est donc préférable de réserver quelque temps en avance. Ils demandent de doublement confirmer votre venue. Le plat signature du grand chef est à tester : les crêpes d'aubergines fourrées au saumon fumé, un délice ! En dessert, on recommande la glace au chocolat blanc. Avis aux gourmands !

SIX PEAKS GRILLE €€

400 Squaw Creek Road
✆ +1 530 581 6621
www.squawcreek.com

Ouvert du mercredi au dimanche pour le dîner de 17h à 21h. Réservation nécessaire. Plats à partir de 20 US$.

C'est le restaurant principal du luxueux Squaw Creek Resort. Vous pourrez déguster l'apéritif en terrasse, avec vue sur les montagnes blanches de la Sierra Nevada en vous réchauffant auprès du faux feu de camp. Rentrez à l'intérieur pour la suite des hostilités. L'ambiance y est boisée et feutrée. Dégustez une cuisine fine et recherchée, bien différente de nos cuisines des montagnes. Les pièces du boucher sont tendres, les poissons et crustacés frais et savoureusement travaillés. Un vrai délice, pour la bouche comme pour les yeux.

MACDUFF'S PUB

1041 Fremont Avenue
✆ +1 530 542 8777
macduffspub.com

Ouvert tous les jours de 11h30 à 21h30. Plats à partir de 15 US$.

Le *pub* écossais favori des locaux. La grande terrasse est appréciable en été pour déguster l'une des bonnes bières de la carte. Elle est chauffée l'hiver. S'il fait encore trop froid, vous pourrez aussi vous nicher à l'intérieur, chaleureux et festif, qui vous accueille autour de plats simples et savoureux comme le *fish & chips* ou le traditionnel *mac & cheese* ! Un vrai pub traditionnel américain, avec également à la carte salades et burgers. Une bonne adresse, que cela soit pour boire un verre ou pour partager un repas en famille.

ANDERSON'S BICYCLE RENTAL

645 Emerald Bay Road ✆ +1 530 541 0500
www.laketahoebikerental.com

Ouvert tous les jours de 8h30 à 18h ou 19h. Location de vélo à partir de 10 US$ l'heure, 55 US$ la journée.

Établi depuis 1978, Anderson Bike Cycle opère donc depuis 44 ans dans le sud de Tahoe, et il est le seul ! C'est donc une institution dans le village, qui se situe aux abords de la National Forest Bike Trail. Vous pouvez vous garer à l'agence et partir directement en route avec votre vélo, sans passer par les routes bondées et l'autoroute. Pratique ! Ils vous donneront les conseils sur les spots à visiter et les vélos à louer selon votre situation. Il y a même des tandems.

FLUME TRAIL BIKES

1115 Tunnel Creek Road
✆ +1 775 298 2501
www.flumetrailtahoe.com

Ouvert tous les jours de 9h à 17h. Location de VTT : à partir de 45 US$ la journée.

Pour une journée de VTT mémorable au lac Tahoe. Cette société loue les vélos et vous propose deux parcours panoramiques : *Flume Trail* et *Tahoe Rim Trail*. Le célèbre sentier de Flume Trail est une boucle de plus de 45 kilomètres (dont la moitié en montée ardue) réservée aux experts. Nous vous recommandons donc de vous faire déposer au *Spooner Lake* par la navette et d'effectuer uniquement les 22 km de retour, soit de 1h30 à 3h selon votre coup de pédale. Navette à commander en amont. Pratique pour les moins experts. Émerveillement garanti !

HEAVENLY RESORT

Au coin de Wildwood et Saddle
✆ +1 775 586 7000
www.skiheavenly.com
Heaven Village Ticket Window ouvre de 9h30 à 16h30. Consulter le site Internet : les prix varient selon la saison.

Vaste complexe s'étendant sur la Californie et le Nevada. Le panorama y est grandiose. Côté Californie, South Lake Tahoe et le lac, côté Nevada, Carson City et le désert derrière. C'est le 2e plus grand domaine skiable des États-Unis. La station est connue pour ses pistes de niveau intermédiaire, et pour Milky Way, l'une des rares zones de hors-piste de la région. Enfin, le domaine dispose d'une piste conçue pour les experts : Gun Barrel. L'été, la station est pleine d'activités sensationnelles ou amusantes pour toute la famille.

NORTHSTAR

✆ +1 800 466 6784
www.northstarcalifornia.com
Pass 1 jour remontées mécaniques : 95 US$ pour les adultes (12 ans et plus) et 49 US$ pour les enfants (5 à 12 ans).

Northstar est de loin la station la plus chic du lac Tahoe. Situé au nord du lac, il couvre plus de 1 200 hectares sur un dénivelé de 690 mètres. Construit sur le site d'une ancienne scierie de la région, le domaine comprend 93 pistes, dont certaines sont dédiées au ski de fond, à un village, des hôtels et autres logements. En été, Northstar offre des activités de plein air et un golf de 18 trous. Les prix des remontées sont un peu plus élevés mais le parc et ses paysages - avec vue panoramique de la montagne - sont magnifiques.

ROYAL GORGE

9411 Pahatsi Road
✆ +1 530 426 3871
www.royalgorge.com
Ouvert tous les jours de 8h30 à 16h. Journée : à partir de 40 US$ adulte ; à partir de 20 US$ pour les jeunes.

Le plus grand domaine de ski de fond des États-Unis vous accueille avec ses 330 km de pistes sur près de 2 500 hectares, et 6 systèmes de trails différents (et aussi 8 huttes chauffées). Les animaux ont leur propre trail. Une piste de liaison rejoint la station de Sugar Bowl. Possibilité de prendre des leçons de *skate ski* (ski nordique) et de *snowboard*. Le site Internet regorge d'informations, telles que les températures, une *live cam* et une carte interactive avec toutes les informations de la station. Vous ne pourrez pas vous y perdre !

YOSEMITE NATIONAL PARK ★★★★

La vallée de Yosemite (prononcez Yosemiti), l'un des hauts lieux du tourisme américain, constitue l'un des exemples les plus impressionnants de vallée creusée par un glacier. Bien que le parc soit immense avec plus de 300 000 hectares de surface, la plupart des touristes se retrouvent aux mêmes endroits et le Yosemite semble donc très fréquenté, en particulier l'été. Préférez le printemps !

Climat

Comme dans la plupart des parcs des Etats-Unis, on rencontre ici encore une grande variation d'altitudes, jouant un rôle important dans les températures et les précipitations. Il faut ainsi tenir compte du fait que le temps peut changer rapidement et en toute saison.

Yosemite connaît un climat montagnard. Les hivers sont humides (les plus fortes précipitations vont de novembre à fin mars) et relativement doux, les étés sont secs avec des orages spectaculaires. Les températures en fonction des altitudes : vallée du Yosemite (1 220 m), de -3 à 32 °C ; Wanona Entrance (1 887 m), de 2,2 à 19,4 °C ; Tuolumne Meadows (2 667 m), de -4 à 11,5 °C, la neige peut encore y couvrir le sol à la fin du printemps. Les feux de forêt sont fréquents en été, au-delà de 2 500 m, à cause d'une végétation sèche combinée au faible taux d'humidité et aux orages.

Faune et Flore

▶ **La flore.** Une grande variété de biotopes donc, favorisée aussi par le fait que cette zone est totalement préservée des activités économiques et de l'habitat humain. Quelque 1 300 sortes de plantes à fleurs et d'arbres s'épanouissent à Yosemite. Pin ponderosa, Jeffrey, pin tordu, sapin blanc et de Douglas, superbe cèdre odoriférant à écorce rouge, chêne noir, cornouiller des montagnes, aulne blanc, érable, saule, peuplier, etc., dominent la partie ouest du Yosemite. Le plus grand arbre des forêts de la Sierra Nevada reste, cela va sans dire, le séquoia géant. Les forêts de conifères deviennent prédominantes à l'étage subalpin. Au-delà de 2 500 m, le paysage devient plus minéral et les arbres sont plus rares et plus petits. Plantes à fleur et pelouse colonisent les pentes. Dans les nombreuses prairies humides (*meadows*), on peut admirer lilas, cirse commun, lupin, iris sauvage, azalée, achillée millefeuille et, à l'ombre des forêts, le calochortus et la violette de montagne.

SIERRA NEVADA

La faune, tout aussi variée et riche, compte de nombreuses espèces endémiques. Ici vivent 80 espèces de mammifères, chacune dans le secteur correspondant le mieux à ses besoins biologiques. L'opossum de Virginie est le seul marsupial vivant à l'intérieur du parc. Parmi les principaux prédateurs, on y recense le lynx roux, le coyote, le puma, le renard gris se délectant de lapins ou de lièvres, mais plus rarement de biches ou de cerfs hémiones, que l'on peut observer en train de se nourrir dans les prairies. 39 espèces différentes composent le groupe des rongeurs, dont souris, tamia, écureuil, gaufre sont les plus répandus. Près des cours d'eau, vous pourrez peut-être apercevoir le castor de montagne ou le raton laveur. Ainsi que, cachés sous leur fourrure, la martre, le pékan ou encore le bassaris rusé. Les hautes altitudes accueillent plusieurs espèces de chauves-souris. Marmottes et pikas hibernent, ce qui leur permet de s'adapter aux conditions climatiques. À l'écart des touristes et en périphérie vit le mouflon de la Sierra Nevada, que l'on dit en danger. En effet, sa population est en voie de diminution sensible. Tout comme le carcajou, il est difficile à observer. L'emblématique ours noir, au pelage le plus souvent brun, est plus petit que le grizzli qui, lui, a complètement disparu de la Sierra Nevada, sous les balles des fusils des colons du XXe siècle, craignant pour leur sécurité ! On estime leur population à environ 400 individus, dont une petite vingtaine dans la vallée du Yosemite. Se nourrissant, selon les saisons, d'herbes, de racines, d'insectes, de baies ou de glands, l'ours ne dédaigne pas non plus les provisions des humains. Yosemite accueille aussi une grande variété d'oiseaux. Parmi cette faune avienne, plus de 130 espèces nichent dans le parc et 60 autres peuvent être visibles en hiver. Faucon pèlerin, mésange, sittelle, martin-pêcheur, fauvette, martinet, pic-vert, chouette, geai virevoltent en toute liberté pour le plus grand plaisir des passionnés de la gent ailée. Vous observerez dans les forêts de chênes, le pigeon à queue barrée, le grand duc d'Amérique, les pics glandivores et épeichette. Les prairies humides sont plutôt l'habitat du carouge à épaulettes, de la chouette lapone, du quiscale de Brewer ou encore du moineau. Les falaises granitiques sont le paradis des martinets. Dans les cours d'eau viennent pêcher le canard, le cincle ou le martin-pêcheur d'Amérique. Levez la tête pour apercevoir dans les arbres la sittelle à poitrine blanche ou rousse et le grimpereau brun. En altitude, le cassenoix d'Amérique (sympathique et petit passereau de la famille des *Corvidae*) et l'autour des palombes. Les familles des amphibiens et des reptiles ne sont pas en reste. On dénombre une dizaine d'espèces pour les premiers et une vingtaine pour les seconds. Le crapaud du Yosemite est une espèce endémique. La reinette du Pacifique est la plus fréquente dans le parc, même en altitude. La tortue de l'Ouest est une espèce rare, vivant dans les mares et les cours d'eau. Les reptiles, lézards et serpents préfèrent un habitat sec et rocailleux. Parmi les espèces de serpents, seul le crotale de l'Ouest est venimeux. Enfin, les poissons : la plupart des espèces ont été introduites par l'homme, sauf pour la truite arc-en-ciel, déjà présente dans les cours inférieurs de la Tuolumne et de la Merced. Les périodes de glaciation puis les chutes d'eau empêchèrent les poissons de coloniser l'est du Yosemite. Parmi les espèces les plus présentes, le saumon de fontaine et la truite fario.

Géologie

L'histoire du Yosemite a débuté il y a environ 500 millions d'années, quand des océans peu profonds recouvraient l'ouest de l'Amérique du Nord actuelle. Ces eaux y ont déposé des roches sédimentaires. Il y a environ 120 millions d'années, deux grandes plaques tectoniques sont entrées en collision. L'une des plaques s'est glissée sous l'autre et ce frottement a provoqué la fusion de la roche. Une partie de la roche en fusion est remontée à la surface sous forme de volcans, alors que le reste s'est solidifié en sous-sol pour former du granit. L'érosion a emporté la roche sédimentaire et exposé le granit en de nombreux endroits. Les glaciers ont ensuite érodé la roche, pour modeler le paysage que nous connaissons aujourd'hui. Les intempéries et l'érosion continuent de transformer la physionomie du Yosemite.

Histoire

Il y a environ 4 000 ans, Amérindiens Miwok et Paiute occupaient paisiblement la région. Se sédentarisant, ils se sont liés avec les tribus voisines et ont fait venir divers produits de l'est de la Sierra Nevada. Le musée du Yosemite retrace leur existence et leur mode de vie. Dans la vallée est venue aussi s'installer la tribu Ahwahneechee, surnommée « *Yos.s.e'meti* » par les Miwok. Dès le premier quart du XIXe siècle, les premiers trappeurs commencent à fréquenter la Sierra Nevada, avec à leur tête John Walker. Vers 1850, la découverte de l'or en Californie attire de nombreux aventuriers de l'est du pays. Un an plus tard, l'État de Californie envoie une unité construire sur place un fort, sous les ordres de John Savage. Les Amérindiens, craignant une invasion, attaquent en vain les Américains, c'est la sinistre guerre de Mariposa. Avant de revenir dans la vallée, ils seront regroupés dans une réserve près de Fresno.

© ANTOINE CALVINO

Le Yosemite, lendemain de feu.

Revenues à leur cantonnement, les troupes américaines parlèrent de ce pays fabuleux. Bientôt, les journaux se mirent à publier des récits enthousiastes sur cette riche contrée et il ne fallut que quelques années pour la voir subitement envahie de diligences et des premiers touristes.

En pleine guerre de Sécession, Abraham Lincoln signe un décret qui confie à l'État de Californie la surveillance de la vallée des Ahwahneechee et de Mariposa Grove, un bois de séquoias. Le premier State Park des États-Unis est né. Un jeune naturaliste, John Muir, va se battre pour mettre en valeur ce joyau de la nature. Malgré son jeune âge (30 ans), John a pas mal bourlingué avant de découvrir la montagne, en 1868, et d'en tomber littéralement amoureux. À force d'écrits et d'explorations, il réussit, en 1890, à créer un parc national jouxtant le State Park. Les deux entités coexistent une quinzaine d'années avant de fusionner. La tâche n'est toutefois pas simple. Éleveurs et bûcherons veulent conserver leurs droits présumés sur cette richesse. On fera alors appel à la cavalerie puis, en 1916, aux rangers, pour veiller à l'aménagement du parc dans le respect de la loi. Entre-temps, le premier chemin de fer transcontinental a relié, en 1869, les deux côtes des États-Unis. Le nombre de visiteurs du Yosemite dépasse le millier. En 1879 y est érigée la première chapelle, aujourd'hui encore debout. En 1903, John Muir et Theodore Roosevelt campent ensemble près du Glacier Point. Muir convainc alors le président de confier l'ensemble du parc à l'État fédéral, ce qui sera fait en 1906. Un an plus tard, la ligne de chemin de fer relie Merced à El Portal, l'entrée sud-ouest du parc. Les touristes augmentent toujours, passant de 10 000 en 1905 à 2 millions en 1976. L'administration réglemente alors la circulation, pour sauvegarder un environnement qui commence sérieusement à se dégrader. Enfin, au tout début du XXe siècle, San Francisco, qui se développe, souhaite, pour approvisionner l'agglomération en eau et produire de l'électricité, construire un barrage sur la Tuolumne, dans la partie nord-ouest du parc. Malgré le combat surhumain livré par John Muir, la vallée de Hetch Hetchy est inondée en 1913, suite à l'aménagement du barrage O'Shaughnessy. Avant de mourir d'une pneumonie, en 1914, John Muir réussit à faire classer la forêt pétrifiée d'Arizona et le parc national de Séquoia, et à jeter les bases du parc national du Grand Canyon.

Aujourd'hui comme hier, le parc est encore et toujours à la recherche permanente d'équilibre entre protection de la nature et accueil du public. Lincoln souhaitait que cet endroit existe pour le plaisir de tous. Faisons en sorte que les générations futures puissent partager ce même bonheur.

Ces dernières années, ce parc emblématique fait régulièrement la une des journaux, pas tant pour les records d'escalade qui sont régulièrement battus sur ses impressionnantes parois de granite, mais plutôt hélas pour les menaces qu'il court face aux méga-incendies qui ravagent la Californie de plus en plus fréquemment. A l'été 2022, c'était le gigantesque Oak fire qui venait lécher de près les séquoias du parc.

SIERRA NEVADA

EL CAPITAN ★★★

Yosemite Valley

Culminant à 2 307 m, la vertigineuse paroi granitique d'El Capitan est l'un des symboles du parc. Les amateurs d'escalade s'en donneront à cœur joie sur la douzaine de voies sillonnant le rocher. Les randonneurs y accéderont depuis les Yosemite Falls en marchant vers l'ouest. Sur le versant sud-est du mont, la fine chute d'eau Horsetail, haute de 650 mètres et qui ne coule qu'en hiver, donne l'impression parfois, dans des conditions bien particulières, de s'embraser au coucher du soleil.

Des ascensions spectaculaires sont accomplies régulièrement sur ce mont emblématique par de nombreux grimpeurs téméraires. C'est le cas par exemple d'Alex Honnold, qui a réalisé, le samedi 3 juin 2017, une performance hors pair puisqu'il a escaladé en *free solo* (c'est-à-dire sans cordes et seul) le mont El Capitan en 4 heures de temps. Ce mont n'avait jamais été gravi à mains nues auparavant. Alex Honnold a minutieusement préparé sa route, la dénommée *Freerider*. Le documentaire *Free Solo*, couronné d'un Oscar et diffusé sur National Geographic, retrace la prouesse quasi surhumaine de ce grimpeur professionnel natif de Sacramento, en Californie. El Capitan suscite une vraie obsession pour les grimpeurs aguerris. Enfin, le 12 juin 2019, une toute nouvelle aventurière de 10 ans baignée depuis sa plus tendre enfance dans l'univers de l'escalade, Selah Schneiter gravit la paroi d'El Capitan. Elle devient la plus jeune grimpeuse dans l'histoire des ascensions du mont et complète la liste des records de ce sommet tant convoité.

GLACIER POINT ★★

Départ de Southside Drive. Niveau intermédiaire.

Comptez de 6 à 8 heures en tout en partant de la vallée. Accès en voiture. Fermé en hiver.

Ce point est un haut lieu de vertige, puisqu'on se trouve au sommet d'une muraille de 970 mètres qui domine toute la vallée. Un magnifique panorama s'offre alors face au Half Dome et aux cascades de Vernal et de Nevada Falls. Vous pouvez y accéder par la route - à 1 heure de la vallée - et ensuite entreprendre une courte randonnée avant d'arriver à la vue. Attention, la route est en rénovation toute l'année 2022. Accès via Panorama. L'hiver, de mi-décembre à mi-mars, les skieurs peuvent atteindre le point après 16 km de ski de piste.

HALF DOME ★★

Départ de Happy Isles. Très difficile.

Comptez de 10 à 12 heures. Les câbles sont ouverts de mai à mi-octobre. 10 US$.

Le Half Dome est un dôme de granite, l'un des plus célèbres du parc Yosemite, situé à l'est de la vallée. Il culmine à 2 693 mètres d'altitude, visible depuis la vallée.

Une douzaine de voies d'escalade partent de la vallée sur la face verticale nord-ouest du Half Dome. Longtemps resté un rêve, de nos jours le Half Dome se grimpe ! L'itinéraire fait 13,5 kilomètres de long avec un dénivelé positif de 1 500 mètres. Attention, donc, la randonnée est classée au niveau de difficulté «randonnée alpine». Proscrit pour les enfants !

El Capitan.

MARIPOSA GROVE ★★

Mariposa Grove

Randonnée d'1h30 à 2h.

Trois futaies de séquoias géants sont les *highlights* de cette randonnée. La grande star reste le Grizzly Giant qui aurait germé il y a 2 700 ans. On peut gagner Mariposa grâce aux bus gratuits mis à la disposition du public (comptez 1 heure 30 depuis la vallée). Petit parking à l'entrée, avec toilettes et eau. La randonnée est facile avec un petit dénivelé. Vous plongerez au cœur des fameux séquoias californiens, avec sur la route les trois fameuses futaies. De nombreux animaux se baladent par ici, notamment des écureuils qui se chamaillent, restez à l'affût !

YOSEMITE VALLEY ★★★★

Accessible en voiture et en navette. Entrée à 35 US$. Bondée en été.

Tout à fait encaissée, on y circulera à pied, à vélo ou en navette (21 arrêts dans la vallée, gratuit). Longue de 13 km et large de 1,6 km, elle se trouve à 1 209 mètres de haut. Du fond de la vallée, on découvre les murailles abruptes, et ces deux rochers si souvent photographiés pour leur beauté : *El Capitan* et la *Cathedral*. Du haut des murailles tombent d'innombrables et impressionnantes chutes d'eau, dont certaines font plus de 700 mètres de haut. De nombreuses randonnées partent aux alentours de la vallée. La vallée est très bondée en été.

VERNAL FALLS ET NEVADA FALLS ★★

Départ de Happy Isles. Niveau intermédiaire.

Comptez de 2 à 4 heures pour les Vernal Falls et de 5 à 6 heures pour les Nevada Falls.

Ici, vous pouvez faire l'une des randonnées en passant par deux des sublimes cascades qu'offre le Yosemite. Avec de magnifiques points de vue tout le long... Et en prime des arcs-en-ciel. Le dernier panorama vaudra amplement l'effort ! La boucle de la randonnée *Mist Trail* fait 5 km jusque Vernal Fall et 11 km jusqu'à Nevada Fall. Vous pouvez marcher depuis *Curry Village* au lieu de prendre la navette, en ajoutant 2,4 km de marche. Difficulté : médium.

WILDERNESS CENTER ★

Yosemite Village

Ouvert de mai à octobre de 8h à 17h.

Bel accueil dans ce *Center*, arrêt incontournable pour les randonnées de plus d'une journée (sauf Half Dome). Vous y trouverez toutes les informations et conseils nécessaires. Le centre délivre les permis de camper et fournit tous les renseignements et instructions nécessaires. En saison haute, la demande de permis doit être effectuée plusieurs mois à l'avance. Vérifiez le nombre de permis disponibles sur le site, puis complétez la demande en suivant les instructions. Des permis de dernière minute sont délivrés la veille de la randonnée, avant 11h.

YOSEMITE FALLS ★★★

Départ de Yosemite Falls Trailhead, camp 4. Niveau difficile.

Comptez de 6 à 8 heures. 11,6 km aller-retour.

Les impressionnantes chutes de Yosemite sont parmi les plus grandes au monde et sont divisées comme suit : les *Upper Yosemite Falls*, les *Middle Cascades* et les *Lower Yosemite Falls*. Les plus majestueuses peuvent atteindre une hauteur de 739 mètres. La meilleure saison pour venir les admirer est le printemps, époque à laquelle l'eau est abondante grâce à la fonte des neiges de la Sierra Nevada. Un chemin de randonnée, l'un des plus anciens du parc et qui dure environ une journée, vous conduit au sommet. Vous pourrez alors admirer la vue, spectaculaire.

YOSEMITE VALLEY VISITOR CENTER

À l'ouest de la poste principale

✆ +1 209 372 0200

www.nps.gov/yose

Ouvert tous les jours de 9h à 16h.

Le centre d'information le plus complet de tout le parc. Un bel accueil où vous pourrez poser toutes vos questions sur Yosemite : tours guidés, les cartes et les permis, l'histoire... Vous pouvez repartir avec une carte où sont inscrites toutes les randonnées, pour ne pas vous perdre dans l'immensité de ces montagnes. Le Valley Visitor Center Theater est adjacent et diffuse le film *Spirit of Yosemite* du lundi au samedi de 9h30 à 16h30 et le dimanche de midi à 16h30.

YARTS

369 W.18th Street
+1 877 989 2787
www.yarts.com
L'aller-retour entre 22 et 39 US$. Départs depuis Merced, Catheys, Mariposa, Midpines, El Portal et Yosemite Valley.

Cette navette relie le parc aux villes et régions environnantes (plus d'une demi-douzaine de villes desservies). Pratique et confortable, elle permet de laisser sa voiture à l'hôtel si on ne loge pas à l'intérieur du parc et est fortement recommandée car on évite les embouteillages. Les réservations se font minimum 24 heures à l'avance sur le site Internet. Les taxes incluent l'accès au parc de Yosemite. Plusieurs arrêts sont aux alentours de Yosemite. Le tarif s'adapte selon le lieu de prise en charge. Des gratuités pour les enfants peuvent être prises en compte.

CAMP 4 €

Yosemite Valley
Ouvert toute l'année. 6 US$ la nuit. Loterie la veille pour avoir une place.

Camp uniquement pour les tentes, pas de camping-cars ou de van. Sur place : douche, barbecue, parking, toilettes avec chasse d'eau, de l'eau potable et la plupart des places de campement ont de l'ombre.

Pour réserver sa place, il faut aller sur le site internet et participer à la loterie... Le jour d'avant, entre midi et 16h. Il y a de nombreuses places disponibles mais ça reste au petit bonheur la chance. Le camp, historiquement célèbre car très passager depuis le début du XXe siècle, est très bien situé : en plein cœur de la vallée.

CAMPING - RESERVATIONS

+1 877 444 6777
www.recreation.gov
De 10 à 20 US$ la nuit selon le camping.

13 campings dont 7 dépendent du système de réservation de Yosemite (www.recreation.gov). 6 campings ne nécessitent pas de réservations (Camp 4, Bridalveil Creek, Tamarack Flat, White Wolf, Yosemite Creek, Porcupine Flat et Tuolumne Meadows). Dans ces campings, les rangers arrivent à 8h30 : nous vous conseillons de faire la queue au minimum une heure à l'avance pour être sûr d'avoir une place. Pour tous les autres campings du parc, réservations obligatoires à partir de 4 mois à l'avance sur Internet (généralement le 15 du mois, à 7h du matin *Pacific time*).

SADDLEBAG, ELLERY, TIOGA CAMPGROUNDS €

À environ 8 km de l'entrée est du parc (Tioga Pass).
www.fs.usda.gov/inyo
Ouvert de mai à septembre. 21 US$ la nuit (sans réservation).

Ces trois petits campings se trouvent à 8 km de l'entrée est du parc et sont ouverts uniquement l'été. Ils se situent à proximité de Lee Vining. 13, 14 et 20 campements ornent ces campings. Les réservations ne sont pas nécessaires : nous sommes sur la base du premier arrivé, premier servi. Limite de 14 jours maximum. Il n'y a pas vraiment de commodités, uniquement des toilettes et l'eau potable à disposition. Avec toujours un endroit pour stocker la nourriture.

TUOLUMNE MEADOWS CAMPGROUND €

Sur la Tioga Road à Tuolumne Meadows, à 2,5 km au nord-est de la Yosemite Valley.
Fermé jusqu'en 2024-2025.

Il est le camp le plus grand de tout Yosemite, situé près de la route Tioga et de la rivière Tualumne. Le camp, à 2 600 mètres de haut, est ouvert selon la saison. L'été, son emplacement est idéal, à proximité de nombreuses randonnées, lacs et points de vue incroyables. A environ 1h30 en voiture de la vallée de Yosemite, il possède un petit magasin. Pensez à réserver bien en avance sur le site internet. Attention, le camp est en travaux de rénovation jusqu'en 2024 ou 2025.

YOSEMITE CREEK CAMPGROUND €

Tioga Road
Ouvert de juillet à septembre. Camping 75 emplacements. Tarif 12 US$ la nuit. Pas de réservation.

Ce campement est situé à quelques kilomètres de la Tioga Road, à une heure de la vallée de Yosemite. En plein cœur de la forêt à 2 300 mètres d'altitude, les campements sont à proximité de Yosemite Creek, qui est la seule source d'eau de l'endroit. Attention, l'eau doit être filtrée, traitée ou bouillie. Difficile d'accès pour les camping-cars. Pas d'accueil des visiteurs, pas d'aménagement (toilettes, douches...). Que des boîtes pour stocker la nourriture.

EVERGREEN LODGE €€

33160 Evergreen Road
✆ +1 209 379 2606
www.evergreenlodge.com
Cabines pour deux entre 200 et 450 US$ selon la saison.

Situés à seulement 20 minutes de l'entrée ouest de Yosemite Park, ces 88 chalets construits en 1920 ont été rénovés avec tout le confort moderne. Ils sont en bois avec une décoration rétro mais sympa de tailles différentes. Possibilité de camper dans des grandes tentes. En hiver, réchauffez-vous auprès de la grande cheminée en jouant aux jeux de société ou au billard ; en été rafraîchissez-vous au bord de la grande piscine. De nombreuses activités et sorties sont organisées par les propriétaires dans une ambiance familiale. Restauration sur place.

SUNSET INN - YOSEMITE CABINS €€

33569 Hardin Flat Road
✆ +1 209 962 4360
sunsetinn-yosemitecabins.com
Chalet entre 225 US$ et 395 US$ en fonction de la taille et de la saison.

Ces chalets sont nichés dans une jolie clairière, au milieu de la forêt. Datant de 1883, les chalets représentent une tranche de l'histoire de Yosemite. Depuis 1976, Bill et Lauren ont investi les lieux pour en faire un repaire très exclusif. Vous y serez bien loin de l'animation touristique de la vallée. Bill, menuisier de profession, a retapé chacun des chalets en conservant leur charme d'origine. Cet endroit est fait pour ceux qui veulent vivre un séjour en harmonie avec la nature.

THE AHWAHNEE €€€

1 Ahwahnee Road
✆ +1 888 413 8869
Chambre double à partir de 600 US$. Réservation obligatoire longtemps en avance.

Hôtel haut de gamme exceptionnel au plein cœur de la vallée de Yosemite. Il s'agit d'un établissement historique, qui a ouvert ses portes en 1927. Son architecture volontairement rustique, essentiellement en pierre et en bois, se mêle parfaitement à la nature environnante. Son ambiance est design, avec des inspirations à la fois Art déco et amérindiennes. L'hôtel mérite à lui seul le déplacement, pas forcément pour y séjourner, mais simplement par curiosité et pour profiter de l'atmosphère au salon de thé, au bar ou au magasin de souvenirs.

YOSEMITE LODGE AT THE FALLS €€€

Yosemite Lodge Drive
✆ +1 602 278 8888
Chambre double à partir de 300 US$. Restaurant et bar. Piscine. Location de vélos.

L'établissement se situe à l'ouest de Yosemite Village, dans la vallée, au pied des majestueuses Yosemite Falls. Le *lodge* occupe le terrain de l'ancien fort de l'*U.S. Army Cavalry*. Vaste ensemble hôtelier (245 chambres) avec plusieurs restaurants. Le bois habille les pièces communes et les chambres. La piscine extérieure, comme la cafétéria sont immenses. La décoration des chambres est un peu rétro mais reste dans le thème champêtre. Plusieurs tailles de chambres disponibles.

DEGNAN'S DELI €

Yosemite Village
✆ +1 209 372 0200
www.yosemitepark.com
Ouvert tous les jours de 7h à 18h. Sandwiches à partir de 7 US$, pizzas à 10 US$.

Le Degnan's Deli est la sandwicherie plutôt sympa mais surtout pratique de Yosemite. Prête à accueillir nombre des vacanciers à Yosemite, le lieu est gigantesque. La nourriture y est plutôt basique : salades, snacks, sandwichs, pizzas, soupes... Le tout en format très copieux. Simple et efficace. Avec une grande carte de bières et de vins. Le lieu est pratique pour une pause déjeuner ou quand vous revenez de l'une des grandes randonnées de la vallée. On peut s'asseoir autour des grandes tables, à l'intérieur comme à l'extérieur.

ANSEL ADAMS GALLERY

9031 Village Drive
✆ +1 209 372 4413
www.anseladams.com
Galerie ouverte tous les jours de 10h à 16h. Exposition photo permanente.

La galerie Ansel Adams se trouve en plein cœur de la vallée de Yosemite depuis 1902. Une institution donc. Elle organise des stages de photographie. Des marches sur le thème de la photo sont aussi organisées gratuitement (calendrier disponible dans le guide remis à l'entrée). Un bon moyen d'aller sur les traces de ce monstre sacré de la photographie américaine qui immortalisa les paysages grandioses de l'Ouest américain et du parc du Yosemite en particulier. Une jolie boutique souvenir vend des objets artisanaux de toutes sortes.

MONO LAKE ★

Les étranges formations rocheuses blanches sur le lac sont en réalité des concrétions calcaires créées par une réaction entre l'eau de source souterraine et l'eau du lac. Elles devraient être sous-marines, mais sont en fait de plus en plus apparentes à cause de la baisse du niveau de l'eau. En effet, l'aqueduc qui a alimenté la ville de Los Angeles a fait baisser le niveau du lac de 15 m ! Depuis 1994, une loi a mis un terme à son fonctionnement et l'eau remonte petit à petit. Le lac contient trois fois plus de sel que l'océan et est mille fois plus alcalin que l'eau potable, de ce fait les nombreux animaux adaptés à ce milieu sont uniques.

© ANTOINE CALVINO

Mono Lake.

MONO LAKE COUNTY PARK ★

Cemetery Road

Tables de pique-nique, toilettes et aire de jeux.

Aux abords de la *Highway 395*. Si vous avez besoin d'une pause entre deux conduites dans les montages, ou si vous cherchez un endroit aménagé pour vous poser avec la famille : le site est idéal pour un pique-nique et une promenade sur des pontons aménagés pour accéder au *Tufa Towers*. Vous serez plongés au cœur de cet endroit magique et presque lunaire qu'est le Mono Lake. Le *Visitor Center* y organise des sessions d'observation des oiseaux en été (*birding tours*). Attention à ne pas rester enliser dans la magnificence du paysage.

MONO BASIN VISITOR CENTER

Hwy 395 & Third St Lee Vining

✆ +1 760 647 6595

www.monolake.org/visit/vc

Visitor Center pour Mono Lake et sa région. Ouvert tous les jours de 8h à 17h. Fermé de novembre à février.

C'est le passage obligé pour les informations touristiques : vous y trouverez tous les renseignements sur les nombreux lacs du bassin où l'on patine l'hiver et où l'on nage l'été, les randonnées à pied ou à vélo, les hôtels, les restaurants, les piscines, les spas, les transports en commun... On se rend également au Mono Basin Visitor Center pour sa vue panoramique et ses expositions interactives. De quoi bien organiser votre séjour dans cette jolie région.

TIOGA GAS MART €€

22 Vista Point Road

✆ +1 760 646 1088

www.whoanelliedeli.com

Ouvert de fin avril à octobre, tous les jours de 6h30 à 21h. Plat à partir de 12 US$.

Non ce n'est pas qu'une station essence. Le *Tioga Gas Mart* est une institution dans la région pour de bons *burgers*, de volumineuses pizzas et de grandes salades. Des tables en bois posées dans la pelouse dominent le lac. Une ambiance familiale et chaleureuse pour une escale sympathique face au Mono Lake. Voici les incontournables pour une pause déjeuner ici avant de poursuivre votre route : *ribs*, *fish tacos*, *lobster taquitos*, *house salad* et *raspberry vinaigrette*, sans oublier le *carrot cake* pour terminer sur une note sucrée.

MONO INN €€€

55620 U.S. 395

✆ +1 760 647 6581

www.monoinn.com

Ouvert du vendredi au lundi de 17h à 21h. Plats à partir de 21 à 51 US$.

Un restaurant qui surprend par sa qualité dans les paysages désertiques de Mono Lake. Construit en 1922, ce fut pendant longtemps un *resort* à la mode accueillant les vacanciers pour des soirées musicales, des parties de pêche ou des sorties en bateau. Aujourd'hui, le *Mono Inn* reste une bonne table avec une magnifique vue sur le lac, et ambiance festive les week-ends d'été (barbecue et *live music*). Cuisine internationale, viandes comme poissons. La carte change régulièrement. C'est le meilleur endroit à des kilomètres à la ronde (qui est plutôt désertique, certes).

BODIE STATE HISTORIC PARK ★

Bodie est une ville fantôme tout droit sortie d'un western. Au cours du temps, abandonnée à elle-même, elle a progressivement été détruite par des incendies jusqu'à ce qu'en 1962, elle soit décrétée parc national. Aujourd'hui, le centre de Bodie est presque entièrement préservé, comme si le temps s'y était soudainement arrêté. On peut traverser les rues vides et regarder à travers les fenêtres les intérieurs poussiéreux des bâtiments de bois laissés à l'abandon. Vous y verrez encore les jetons de poker éparpillés dans le *saloon*, les fioles dans la pharmacie, les peignes et les rasoirs dans la boutique du barbier. Ambiance hors du temps assurée.

MAMMOTH LAKES ★★★

La station de Mammoth Lakes a été créée par Dave McCoy, un personnage hors du commun passionné de ski et de montagne. Avec l'aide de sa femme puis de ses enfants, il a construit les premières remontées mécaniques dans les années 1940. Glaciers, volcans et plaques tectoniques ont créé ici une terre de contrastes magnifiques : son projet fou a pris. Vous rencontrerez à Mammoth des gens charmants, aussi sportifs que fêtards, et prêts à vous faire admirer les merveilles de leur région. Et pour les visiteurs en quête de *people*, la station serait fréquentée par des célébrités échappées de Los Angeles pour profiter du grand air en toute discrétion.

Bodie Ghost Town.

BODIE STATE HISTORIC PARK

Bodie Road (Hwy 270)
✆ +1 760 616 5040
Parc ouvert de 9h à 18h en été et de 9h à 16h en hiver. Entrée adulte : 8 US$, jeune (moins de 16 ans) : 5 US$.

Faire une escale à Bodie Ghost Town, c'est remonter le temps à l'époque de la ruée vers l'or. Il s'agit d'un lieu perdu, où quelques chercheurs d'or bravèrent au XIXe siècle des conditions climatiques extrêmes à la recherche du fameux métal jaune. Vingt ans plus tard, Bodie était devenue la deuxième plus grande ville de Californie derrière San Francisco. En 1962, elle a été abandonnée et a acquis le statut de State Historic Park. Quelque 200 000 personnes la visitent chaque année.

CONVICT LAKE ★★

Convict Lake Rd
www.convictlake.com
Ouvert toute l'année.

Situé au pied du Mount Morrison juste avant Mammoth Lakes, le Convict Lake offre un magnifique spectacle. Il est connu pour le reflet des montagnes dans son eau turquoise et ses fameuses truites, mais aussi pour son histoire inhabituelle. Le lac connu des Indiens sous le nom de Wit-sa-nap a été renommé «convict» (condamné) par les colons après un incident survenu le 23 septembre 1871, au cours duquel un groupe de de criminels évadés de prison s'est réfugié près du lac où il s'est fait tirer dessus. On peut faire le tour du lac à pied ou à cheval.

MAMMOTH LAKES BASIN ★★

Accessible facilement en transports en commun.

Les lacs creusés pendant des millénaires par les glaciers forment le fameux bassin des lacs de Mammoth. On dénombre ici les Twin Lakes, le lac Mary, le lac Mamie, le lac George et le lac Horseshoe, autant de spots magnifiques nichés sous des pics déchiquetés et des forêts de pins. Ils sont accessibles facilement en transports en commun et on peut y pratiquer toute sorte d'activités : des randonnées à vélo, des balades à pied, de la pêche, du kayak, du paddle, et même de la navigation de plaisance. De quoi organiser de belles vacances sportives à la montagne !

DEVILS POSTPILE NATIONAL MONUMENT ★★★

Ouvert au public de mi-juin à octobre.

© NATIONAL PARKED - SHUTTERSTOCK.COM

Un incroyable amoncellement de colonnes de basalte ou orgues basltiques. Les colonnes se sont créées à la suite d'une coulée de lave il y a plus de 100 000 ans. Bloquée sur son trajet, elle a atteint une épaisseur d'environ 120 mètres. Le refroidissement très lent de la lave dû à cette épaisseur explique la longueur impressionnante des colonnes. Un chemin permet d'atteindre le sommet, d'où la vue est inoubliable. Fermé l'hiver pour cause de neige.

RAINBOW FALLS ★

À 2,5 km de marche de Devils Postpile/Reds Meadow.

Ouvert toute l'année.

C'est l'une des plus belles chutes d'eau de Californie. Située dans le Devils Postpile National Monument à l'est de la Sierra Nevada, Rainbow Falls dégringole d'une trentaine de mètres au dessus d'une falaise et crèe un majestieux arc-en-ciel en touchant la surface de l'eau : vous voilà devant une carte postale parfaite. Pour profiter au mieux du spectacle, il est conseillé de vous rendre à la cascade en milieu de journée. Sachez toutefois que les jours de beau temps, vous devrez partager la cascade avec de nombreux autres visiteurs.

CALIFORNIA WELCOME CENTER MAMMOTH LAKES

2510 Main Street

✆ +1 760 924 5500

www.visitmammoth.com

Ouvert tous les jours de 8h à 17h, sauf pour Thanksgiving et Noël.

Perdu au milieu de toutes ces montagnes ? Direction le California Welcome Center Mammoth Lakes pour organiser votre séjour ! Vous y trouverez tous les renseignements sur les randonnées à faire à pied ou en vélo, les pistes de ski, les rivières à naviguer, les lacs où l'on patine l'hiver et on nage l'été, les cascades de glace à escalader, le club de bowling, les spas, les hôtels, les restaurants... Et il y a même un coin shopping pour repartir avec votre mug orné d'un mammouth !

MAMMOTH SKI MUSEUM ★

100 College Parkway

✆ +1 760 934 3781

Ouvert du lundi au vendredi de 9h à 17h. Entrée gratuite.

Mason Beekley, décédé en 2001, fit don de sa collection sur le thème des sports d'hiver à la ville de Mammoth. Un beau petit musée qui abrite des centaines de vieilles affiches sur le thème du ski, mais aussi d'anciennes photographies de Leni Riefenstahl et d'Ansel Adams, ainsi que quelques milliers de livres. On peut également y voir un documentaire sur l'histoire de la création de Mammoth Lakes. Si vous vous demandez quoi faire un jour de mauvais temps et que vous avez épuisé les ressources en spa et bowling de la station, ce petit musée mérite une escale.

REDS MEADOWS SCENIC SHUTTLE

✆ +1 800 922 1930

www.estransit.com

Bus obligatoire de mi-juin à mi-septembre pour se rendre à Devils Postpile, Reds Meadows et Rainbow Fall.

Les merveilles naturelles des orgues basaltiques de Devils Postpile, de Reds Meadows et des Rainbow Falls se trouvent juste au-dessus de Mammoth Mountain, dans la vallée de la rivière San Joaquin. On y accède par cette navette, qui fonctionne l'été jusqu'à la mi-septembre. C'est pratique et cela permet d'éviter les rejets de gaz à effet de serre, qui par ailleurs polluaient la vallée. Bus fréquents, 45 minutes d'attente au maximum suivant l'heure de la journée.

HOLIDAY HAUS MOTEL €

3905 Main Street

✆ +1 760 934 2414

https://holidayhausmotelandhostel.com/

Chambres à partir de 129 US$. Petit déjeuner inclus. Jacuzzi. Parking et wifi gratuits.

Excellent rapport qualité prix pour ce motel situé à l'entrée de la ville, proposant 12 chambres et 3 studios. Demandez une vue sur la forêt, et peut-être aurez-vous la chance de voir passer un ours ! Accueil chaleureux par un personnel compétent. Chambres spacieuses dans un style moderne, certaines avec kitchenette et cheminée, accès Wifi. Piscine extérieure ouverte aux beaux jours. Le matin, petit déjeuner en self-service avec café, *bagels* et yaourts. Barbecues à disposition. Une bonne adresse à un prix abordable pour Mammoth Lakes.

ALPENHOF LODGE €€

6080 Minaret Road

✆ +1 760 934 6330

www.alpenhof-lodge.com

Chambre double à partir de 148 US$. Petit déjeuner inclus. Restaurant et bar. Piscine (en été). Sauna.

Ce petit hôtel aux allures de chalet suisse est un havre de paix. C'est la plus vieille propriété de Mammoth, tenue par une famille autrichienne et ça se voit : à en croire l'architecture, on n'est plus dans la Sierra Nevada mais bien au fin fond des Alpes. L'été vous pouvez même profiter de la piscine extérieure. Une taverne mi-alpine mi-bavaroise, en tout cas pas californienne, attend au sous-sol les amateurs de baby-foot et de bières étrangères. L'hiver, des formules ski + hôtel sont négociables. Situé à proximité du centre-ville.

BREAKFAST CLUB €

2987 Main Street

✆ +1 760 934 6944

Ouvert tous les jours de 6h à 13h. Petit déjeuner et déjeuner à partir de 10 US$.

Petits déjeuners à l'américaine ! Attachez votre serviette, ici on envoie des omelettes ou des oeufs brouillés accompagnés de bacon, saucisses, jambon, *burritos, quesadillas*, gaufres, *pancakes, burgers*, sandwichs et même quiche lorraine. Le tout servi évidemment en larges portions, le matin les Américains ne se mettent pas à table pour boire l'eau des pâtes. De quoi faire le plein d'énergie avant une journée au grand air... Le Breakfast Club porte bien son nom, et il s'appuie sur près de 40 ans d'expérience puisqu'il est ouvert depuis 1986 !

GIOVANNI'S €€

437 Old Mammoth Road

✆ +1 760 934 7563

www.giovannismammoth.com

Ouvert tous les jours de 11h30 à 21h. Pizza et plats à partir de 14 US$.

Un petit restaurant italien, où l'on sert de bonnes pizzas moelleuses qui suivent les recettes traditionnelles américaines. Attendez-vous donc à du bien garni qui dégouline de partout : Gios (sauce pesto, artichaut, champignon, tomate, feta et mozzarella), Masterpiece (sauce italienne, pepperoni, saucisse, poivron, champignon, mozzarella) ou la plus étonnante Spicy Thai (sauce cacahuète, poulet ou tofu épicé, coriandre, maïs, oignon rouge, mozzarella). Et puis des lasagnes, des pâtes bolognaises, des raviolis, des crevettes scampis...

LAKEFRONT RESTAURANT €€€

163 Twin Lakes Road

✆ +1 760 934 2442

Ouvert tous les jours à partir de 17h30. Plat à partir de 25 US$. Réservation conseillée.

Situé au bord de Twin Lakes et dans le sublime Tamarack Lodge, le *Lakefront* vous accueille dans sa salle à manger avec vue sur le lac. Cuisine fraîcheur et de saison ; au menu, de la viande locale savoureuse, comme l'élan cuisiné dans une réduction de pommes et d'endives, sans oublier une jolie carte de desserts maison. Un conseil : venez-y en été vers 19h, pour apprécier le plus beau coucher de soleil de Mammoth Lakes. Un lieu magique en pleine nature, au milieu des lacs et des sapins. Vous ne regretterez pas votre passage !

CLOCKTOWER CELLAR PUB

6080 Minaret Road

✆ +1 760 934 2725

www.alpenhof-lodge.com

Ouvert tous les jours de 16h à 23h. Happy hour de 16h à 19h.

Situé sous l'hôtel Alpenhof Lodge, ce *pub* à l'allemande est l'un des lieux de sortie les plus appréciés de la ville. Décor rustique avec bois apparent, affiches de bières bavaroises aux murs, billard pour les amateurs, juke-box pour se dandiner sur les tubes... On y trouve surtout un large choix de bières (belges, anglaises et allemandes) et de whiskies. Quant à la carte, elle vous emmène direct au fin fond de l'Allemagne : schnitzel, saucisses, gouda... De quoi vous réconforter après une journée de balade dans la montagne !

CALDERA KAYAKS

Crowley Lake Marina
✆ +1 760 934 1691
www.calderakayak.com
Ouvert tous les jours de 9h à 18h. Location à partir de 40 US$ les deux heures.

Cet organisme propose des randonnées en kayak de plusieurs heures avec un guide qui vous fait découvrir les lacs de la région. C'est l'occasion de s'émerveiller sur le Crowley Lake, qui est entouré de sommets de plus de 3 000 mètres d'altitude. Vous y trouverez de spectaculaires piliers rocheux, mais aussi des pélicans et bien sûr des truites. Mais le spot le plus incroyable, c'est bel et bien le Mono Lake, qui ressemble à un paysage lunaire aquatique avec ces étranges formations de tuf qui émergent de l'eau. On y trouve aussi beaucoup d'oiseaux migrateurs.

KEVIN PETERSON FLY FISHING ADVENTURES

85 Hot Creek Hatchery Road
✆ +1 760 937 0519
Session pour débutant à 325 US$ pour 2 personnes pour une demi-journée. 350 US$ la demi-journée, 425 US$ la journée.

La région de Mammoth Lakes est idéale pour pêcher à la mouche. Kevin, Pat ou Gary s'occupent de tout pour vous faire découvrir leur passion pour quelques heures ou toute la nuit. Soit vous marchez le long de la rivière, soit vous pataugez, soit vous dérivez en bateau. Il existe plusieurs spots de pêche, tous foisonnants. On y trouve quantité de truites brunes et arc-en-ciel, il n'est pas rare d'un attraper une vingtaine dans la journée. La pêche est particulièrement bonne au printemps.

MAMMOTH LAKES PACK OUTFIT

3244 Lake Mary Road
✆ +1 760 934 2434
www.mammothpack.com
Ouvert tous les jours de 7h30 à 17h. Promenades à cheval tous les jours de mi-juin à septembre.

Cette agence de voyage située dans les montagnes orientales de la Sierra Nevada, à l'extérieur de Mammoth Lakes, propose des voyages à forfait tout compris et personnalisés, des expéditions à cheval de plusieurs jours en pleine nature, mais aussi de belles randonnées à cheval et à dos de mulet qui durent le temps d'une journée. C'est une façon amusante et excitante de découvrir la forêt et les lacs autour de Mammoth Lakes. A l'ancienne, façon cowboy !

MAMMOTHTRAILS.ORG

437 Old Mammoth Rd, Suite R
✆ +1 760 934 3154
www.mammothtrails.org
Site Internet d'information géré conjointement par la ville de Mammoth et Inyo National Forest.

Ce site Internet est une véritable mine d'or pour planifier vos randonnées pédestres ou à vélo. Près de 500 km de sentiers y sont classifiés avec des suggestions de promenades selon les niveaux. Possibilité de rejoindre à vélo ou à pied le Devils Postpile National Monument et les randonnées du légendaire Pacific Crest Trail. Deux suggestions de promenades à vélo accessibles pour toute la famille : Horseshoe Lake Loop (circuit facile - 1h - 2,7 km) et Lakes Basin Path avec de jolies vus sur Mammoth Crest (circuit moyen - 8,5 km - une demi-journée).

MOUNTAIN BIKE

10001 Minaret Road
✆ +1 800 626 6684
www.mammothmountain.com
Location de vélos et remontées à partir de 44 US$ la journée, 36 US$ la demi-journée.

Le domaine ouvert en été pour le VTT offre trois niveaux de parcours : facile, intermédiaire ou difficile. Le parcours Downtown est très agréable et vous emmène à travers la montagne jusque dans le centre où vous pourrez ensuite vous offrir un rafraîchissement. Vous trouverez bien évidemment un service de location de vélos et casques, au pied des remontées mécaniques. Un excellent moyen de découvrir en mode sportif les splendides montagnes environnantes ! Vous allez voir, le nombre de balades possibles est juste incroyable, vous allez vous régaler.

KING'S CANYON NATIONAL PARK ★★

Ce parc somptueux s'étend dans une portion méridionale de la Sierra Nevada à l'est de la ville de Fresno. Il comprend une partie des vallées des rivières San Joaquin et Kings, pour cette dernière notamment sur sa portion du Kings Canyon, de granit. Le parc est célèbre pour abriter le deuxième plus grand arbre au monde, un séquoia, le *General Grant Tree* qui fait partie de la forêt General Grand Grove. Cet arbre est haut de 81,50 m avec un volume de 1 320 m^3. Le Kings Canyon National Park s'étend sur 1 869 km^2. Il est contigu du Sequoia National Park, au nord. Leur administration est commune.

SEQUOIA NATIONAL PARK ★★★

Sur le versant ouest de la Sierra Nevada, au centre ouest de la Californie, à 400 km de Los Angeles et à 480 km de San Francisco, le visiteur découvre les parcs Sequoia et Kings Canyon. Malgré leurs différences, mais en raison de leur proximité, le National Park Service les gère comme un seul et unique parc. L'altitude varie de 500 à 4 418 m au Mount Whitney. Sachez que, depuis Sequoia ou Kings, aucune route asphaltée ne traverse la Sierra Nevada, et c'est bien mieux ainsi, penseront les amateurs de sauvage quiétude. D'une superficie de 163 000 ha, le Sequoia National Park, situé à quelque 54 km de Visalja et créé en 1890, fut le second fondé aux États-Unis. Sa création a évité aux majestueux séquoias d'être débités en planches. Rappelons que ces géants étaient, il y a des millions d'années, très répandus et qu'aujourd'hui ils ne poussent qu'en quelques points élevés, sur le versant occidental de la longue Sierra Nevada. Dans la Sequoia Giant Forest, l'une des principales curiosités du parc, on trouve, à côté de frêles arbrisseaux, les plus gros arbres de la planète. Le *General Sherman Tree*, âgé d'environ 3 000 ans, est le plus volumineux du monde, avec ses 90 m de haut, 11 m de diamètre, 31 m de circonférence et une écorce épaisse de plus d'un mètre. N'essayez par d'atteindre sa première branche, elle est à 40 m du sol. Grâce aux pluies abondantes et au sol riche de la Sierra Nevada, les séquoias poussent à une vitesse vertigineuse. S'y déplacer est d'une simplicité enfantine, des pistes circulent entre les arbres. Une route permet même de passer en voiture sous un tronc tombé en 1937, qu'il fallut creuser pour ouvrir un passage. Même si les routes goudronnées donnent accès à l'essentiel du parc, ne manquez surtout pas de profiter des pistes de randonnées. De la forêt des géants, des sentiers partent vers plusieurs sites remarquables : Moro Rock, la cabane Hale Tharp, sans oublier Crystal Cave, une grotte de marbre à la beauté saisissante qui se visite. Les grands sportifs entreprendront l'ascension du second point culminant des États-Unis, le Mount Whitney (*hard* !), sachez toutefois que celle-ci est plus courte et aisée depuis le versant est de la Sierra Nevada à Lone Pine, dans l'Inyo County.

LONE PINE ★★

Petite bourgade de 2 000 habitants entre Mammoth Lakes et Death Valley, Lone Pine a été fondée au milieu du XIXe siècle et logée au pied du mont Whitney et ses 4 421 mètres, elle s'avère parfaite pour une étape historique et naturelle, encore méconnue du tourisme. Si sa rue principale a des allures de western, ça n'est pas un hasard. À quelques kilomètres des *diners* poussiéreux se trouvent les Alabama Hills, haut lieu des tournages hollywoodiens depuis 1920. Depuis l'*Inter Agency Visitors Center*, le paysage a lui aussi de quoi surprendre. En contrebas s'étend Owens Dry Lakebed, un lac asséché annonciateur des paysages de la Vallée de la Mort.

Sequoia National Park.

ALABAMA HILLS ★★

À l'ouest de Lone Pine

Les Alabama Hills commencent le long de Whitney Portal Road, et se poursuivent sur Movie Road jusqu'à Moffatt Ranch Road au nord. Pour y accéder, sortir du village de Lone Pine en empruntant Whitney Portal Road sur 4 km, puis tourner à droite sur Movie Road. Ces formations rocheuses ocre et dorées sont apparues en même temps que la Sierra Nevada, il y a 82 à 150 millions d'années, sous l'effet d'une importante activité sismique. Sculptant une véritable mer de rochers au milieu du désert, les blocs de granit ont été extraordinairement façonnés par le temps et l'érosion. Les arches naturelles sont sans conteste les éléments les plus époustouflants. La dénomination du site est quant à elle inspirée d'un épisode de la guerre civile américaine. En 1864 des sympathisants des États confédérés du Sud voulurent rendre hommage au *CSS Alabama*, un navire de guerre de l'armée des confédérés qui détruisit une grande partie de la flotte de commerce de l'Union. Depuis les années 1920, ce site est devenu un lieu de tournage incontournable pour de nombreuses productions cinématographiques et télévisuelles. Avec plus de 150 films tournés dans la région, l'esprit de Gene Autry, John Wayne, Gary Cooper ou encore Kirk Douglas fait véritablement partie des lieux.

Un plan de 27 km d'excursions dans les Alabama Hills est distribué gratuitement au Film History Museum, ou à la Chambre de Commerce. Il retrace les lieux de tournage de westerns et les points d'intérêts majeurs à découvrir en l'espace de quelques heures.

© BON9 - SHUTTERSTOCK.COM

MANZANAR NATIONAL HISTORIC SITE ★

5001 Highway 395 ✆ +1 760 878 2194
www.nps.gov/manz

Tous les jours de 9h à 16h30 de novembre à mars, fermeture une heure plus tard le reste de l'année. Entrée gratuite.

C'est l'un des dix camps de détention où furent exilés 120 000 Américains d'origine japonaise pendant la Seconde Guerre mondiale. Ici, de nombreux Américains découvrent eux-mêmes cet épisode sombre de leur histoire. Un parcours de 5 km en voiture permet de découvrir les bâtiments, les jardins et le cimetière du camp. Pour les plus pressés, le *Visitor Center* diffuse un film d'une vingtaine de minutes et présente des expositions permanentes sur les conditions de détention.

MOUNT WHITNEY

Whitney Portal (point de départ pour les randonnées et l'ascension) se trouve à 20 km à l'ouest de Lone Pine en suivant Whitney Portal Road.

Chaque année, des milliers de randonneurs se lancent dans l'ascension du plus haut sommet des États-Unis contigus (c'est-à-dire hors Alaska, Hawaii et territoires d'outre-mer), haut de 4 421 m. Le *Mt. Whitney Trail* offre, lorsqu'il n'est pas enneigé, un sentier ardu mais accessible. Créé en 1904, il est l'un des plus populaires pour rejoindre le sommet en 5 à 10 heures (7 à 8 heures d'ascension pour un randonneur moyen). Pour préserver ce site naturel, un système de quotas (nombre limité de permis de randonnées) prend effet de mai à fin octobre. Il est donc recommandé de réserver son permis à l'avance sur cette période. Une alternative moins physique est de randonner jusqu'au Lone Pine Lake (9 km aller-retour, pas de permis nécessaire).

Les permis sont obligatoires pour toute randonnée (sur un ou plusieurs jours) au-delà du Lone Pine Lake. Demande de permis au Eastern Sierra Interagency Visitor Center, ou sur le site www.recreation.gov. La plupart des randonnées se font aux périodes de dégel entre mi-juillet et début octobre. Le sentier de Mt. Whitney Trail est cependant accessible toute l'année.

Le mont Whitney se situe à l'est du Sequoia National Park, mais son ascension est plus courte et aisée depuis le versant est de la Sierra Nevada à Lone Pine, dans l'Inyo County, et c'est de là que partent principalement les grands sportifs qui entreprennent l'ascension du second point culminant des États-Unis, le premier étant le mont Denali en Alaska, anciennement connu sous le nom de mont McKinley.

CÔTE CENTRALE

Le long de la côte centrale de la Californie, empruntez la légendaire Route 1 qui longe l'océan Pacifique sur des paysages à couper le souffle. Entre San Francisco et Los Angeles, cette route côtière offre des points de vue uniques sur les falaises dorées qui se jettent dans l'océan. Vous aurez peut-être la chance de voir des baleines en pleine migration, moment unique et vraiment fantastique. Entre Half Moon Bay et Big Sur, vous passerez par de jolies villes comme Santa Cruz, Carmel, Monterey ou Pacific Grove, avant que la route ne devienne plus sauvage et solitaire à la hauteur de Big Sur. Puis à l'approche de Los Angeles, la région de Santa Barbara offre de jolies balades à la découverte de ses vignobles, et les *presidios* et les missions se succèdent le long de l'antique Camino Real. Cet itinéraire n'est pas le plus court entre les deux grandes mégalopoles californiennes, mais c'est assurément le plus beau !

Côte centrale
SAN FRANCISCO ★★★★
Vers SANTA ROSA ★★
Lodi
PACIFICA ★★
Stockton
San Mateo
HALF MOON BAY ★★★
BIG BASIN REDWOODS STATE PARK ★★
SAN JOSE ★★
Turlock
SANTA CRUZ ★
Atwate
GILROY ★
Watsonville
SAN JUAN BAUTISTA ★
MONTEREY ★★★
POINT LOBOS STATE RESERVE ★★★
PACIFIC GROVE ★
PEBBLE BEACH ★
SALINAS ★★
Dos Palos
CARMEL ★★★
Soledad
Mendota
BIG SUR ★★★
PINNACLES NATIONAL PARK-WEST ENTRANCE
Greenfield
Manchester
Coalinga
Avenal
SAN SIMEON ★
Atascadero
MORRO BAY
SAN LUIS OBISPO ★
PISMO BEACH ★
Santa Maria
Orcutt
LOS PADRES NATIONAL FOREST
LOMPOC ★
BUELLTON ★
LOS OLIVOS ★
SOLVANG ★
SANTA YNEZ ★
Goleta
SANTA BARBARA ★★
MONTECITO
Carpinte
CHANNEL ISLANDS NATIONAL PARK ★★
VENTURA ★
Santa Rosa Island
Oxnard
50 KM

PAGES

296 ●● HIGHWAY 1 JUSQU'À BIG SUR

Il serait réellement dommage de rater cette région qui court de San Francisco à Big Sur le long de la fameuse Route 1, véritablement mystique et magique ! La Route 1 est superbe, bien que tortueuse, alors si vous n'êtes pas conducteur, laissez-vous bercer, tout simplement. Entre Half Moon Bay et Big Sur vous passerez par de jolies villes comme Santa Cruz, Carmel ou Pacific Grove. Cette région au charme si puissant a conquis l'intelligentsia californienne : péninsule cérébrale, vous y retrouverez les noms d'Orson Welles, Henry Miller, John Steinbeck, Clint Eastwood, Robert Louis Stevenson ou encore Lawrence Ferlinghetti et Jack Kerouac. La péninsule de Monterey est située à environ deux heures de San Francisco par l'autoroute 101. Il serait malheureux de passer par les terres : c'est la côte pacifique qui donne son charme à la région. Prenez donc le temps d'apprécier la côte, ses falaises et ses mystères et comptez au moins deux nuits sur place.

296 PACIFICA ★★
296 HALF MOON BAY ★★★
299 BIG BASIN REDWOODS STATE PARK ★★
299 SANTA CRUZ ★
300 SALINAS ★★
301 PINNACLES NATIONAL PARK ★★
301 MONTEREY ★★★
304 PACIFIC GROVE ★
305 PEBBLE BEACH ★
306 CARMEL ★★★
308 POINT LOBOS STATE RESERVE ★★★
308 BIG SUR ★★★
310 SAN JUAN BAUTISTA ★

311 ●● COMTÉS DE SAN LUIS OBISPO, SANTA BARBARA ET VENTURA

En direction de Los Angeles, le long de la côte, se succèdent les comtés de San Luis Obispo, Santa Barbara et Ventura. La Route 1, panoramique, réserve de nombreux points de vue d'exception sur la côte, et l'autoroute 101 se confond avec elle sur plusieurs secteurs avant de s'en dissocier. La région de Santa Barbara compte plus de 120 vignobles que vous pouvez visiter lors d'un parcours de dégustation. Le coin est également digne d'intérêt car un nombre important de missions espagnoles y sont concentrées. Tout au long du parcours, vous repérerez, soit à droite, soit à gauche, une cloche fichée en terre au bout d'une tige de fer portant l'indication « El Camino Real ». Les conquistadores et les missionnaires sont arrivés en Californie par ce chemin, le long duquel ils ont construit des *presidios* et des missions.

311 SAN SIMEON ★
311 MORRO BAY
312 SAN LUIS OBISPO ★
312 PISMO BEACH ★
312 BUELLTON ★
313 SANTA YNEZ ★
313 SOLVANG ★
313 SANTA BARBARA ★★
315 CHANNEL ISLANDS NATIONAL PARK ★★
316 VENTURA ★

CÔTE CENTRALE

PACIFICA ★★

Petite cité balnéaire au bord de l'océan Pacifique, Pacifica a pour premier atout sa proximité avec le centre-ville de San Francisco. C'est en effet la première ville sur le Pacifique au sud de San Francisco accessible par la route 1 et il ne faut qu'une petite demi-heure pour s'y rendre et pouvoir y profiter de la brise marine. De nombreux surfeurs viennent arpenter ses 10 km de plage aux vues splendides, et s'entraînent en général depuis le bord de la Rockaway Beach. On peut aussi se balader sur sa jetée, ou profiter des collines avoisinantes pour faire du VTT ou de longues balades en pleine nature. L'aéroport international est à proximité.

HALF MOON BAY ★★★

Half Moon Bay, c'est le début de la route du Sud ! À sa pointe nord se trouve Moss Beach Distillery, où les cargos profitaient de la brume pour livrer leurs cargaisons d'alcool pendant la Prohibition. Plus au sud se trouve le lieu-dit de Princeton-by-the-Sea sur Pillar Point Harbor. À l'extrémité de Capistrano Road, vous pourrez déguster une bière fraîche sur le patio extérieur de la Half Moon Bay Brewing Company les jours de beau temps, ou près du feu les jours d'orage. C'est aussi là que se trouve Mavericks, le *spot* de surf mondialement connu. Plus au sud, arrêtez-vous au Pigeon Point Lighthouse, superbe phare construit en 1872.

© STEVEGEER

Half Moon Bay.

ANO NUEVO STATE RESERVE ★★

1 New Year's Creek Road ✆ +1 650 879 2025

Ouvert tous les jours de 8h30 au coucher du soleil. Entrée : 10 US$ par voiture, 9 US$ pour les + de 62 ans.

À 90 km au sud de San Francisco et seulement quelques kilomètres de Half Moon Bay, la réserve d'Ano Nuevo est un des joyaux naturels de la région de San Mateo, avec ses vastes espaces naturels et sa vue imprenable sur l'océan. De décembre à mars sur réservation, il y a même la possibilité de faire une visite du parc à la rencontre des éléphants de mer. Tous les ans, ce sont en effet 10 000 éléphants de mer qui viennent se reproduire dans le parc. Entre arbres, poissons, insectes et animaux, cette réserve contient une grande variété d'espèces.

HALF MOON BAY STATE BEACH ★★

Half Moon Bay Beach

✆ +1 650 726 8820

Parc ouvert tous les jours de 8h au coucher du soleil. Entrée par véhicule : 10 US$.

Ce parc regroupe quatre petites plages qui s'étendent le long de la côte Pacifique, sur près de 5 kilomètres. On peut y faire des balades sublimes, s'y baigner, pêcher, et bien sûr y pratiquer le surf ! Préservé, cet espace naturel est le refuge de nombreuses espèces végétales et animales parmi lesquelles figurent en tête de liste les pélicans, les baleines et les éléphants de mer. Parfait pour une journée relaxante, au calme et en pleine nature.

HARLEY FARMS ★

205 North Street

✆ +1 650 879 0480

www.harleyfarms.com

Boutique ouverte du vendredi au dimanche de 11h à 16h. Visite guidée le week-end.

Voici plus de 20 ans, la famille Harley a élu domicile dans cette ferme centenaire de Pescadero. Aujourd'hui, l'exploitation rassemble 200 bêtes (chèvres et lamas principalement) et produit des fromages fondants aux goûts originaux. Vous pourrez notamment y goûter la savoureuse spécialité, le fromage de fleurs. À découvrir également : l'huile d'olive, des miels, des cosmétiques, de l'artisanat, des cartes postales... La visite guidée vous dévoile tout de l'histoire de la ferme, de la vie des chèvres et de la fabrication du fromage.

CÔTE CENTRALE

COSTANOA €€

2001 Rossi Road Hwy 1
✆ +1 650 879 1100
www.costanoa.com
Tente à partir de 100 US$ et chambre à partir de 220 US$. Parking et wifi gratuits.

Costanoa, c'est le parfait endroit pour une retraite pacifique au plus proche de la nature. Fournissant des services de qualité, des logements uniques et une cuisine californienne riche en goût, combinés à différentes variétés de spa et d'activités aventureuses, Costanoa travaille au plus près avec la nature pour créer cette offre unique. De la tente bungalow à la lodge grand luxe, fait de bois vieilli et entouré de fleurs, ici c'est le confort et le calme qui règnent. De plus, vous êtes à quelques centaines de mètres de la mer.

HALF MOON BAY INN €€

401 Main Street
✆ +1 650 726 1177
halfmoonbayinn.com
Chambre à partir de 180 US$. Suite à partir de 200 US$.

Il règne comme un air de Provence cossue dans ce petit hôtel situé sur la rue principale d'Half Moon Bay. Construit en 1930, les propriétaires ont su conserver l'esprit d'antan tout en lui donnant un aspect plutôt moderne. Certes, la décoration est un peu rococo et donc chargée, mais cela fait tout son charme ! Réfrigérateur et four micro-ondes sont à disposition dans les espaces partagés. La bonne option pour séjourner dans la ville, loin des grands complexes touristiques du bord de l'océan. Personnel accueillant et à l'écoute.

HALF MOON BAY LODGE €€

2400 Cabrillo Highway South
✆ +1 650 726 9000
www.halfmoonbaylodge.com
À partir de 208 US$ la chambre (très variable en fonction des saisons).

Un hôtel rénové récemment façon *hacienda*, à taille humaine (80 chambres), situé à proximité immédiate du golf et qui propose des chambres de charme et de grand confort, une piscine et un spa. Le plus : copieux petit déjeuner, salle de fitness, bain bouillonnant et wifi gratuits, ainsi que de belles randonnées aux alentours. Les moins : l'hôtel est situé en bord de route, ce qui peut être un peu dommage si l'on recherche un calme parfait en bord d'océan. Mais les chambres *deluxe* offrent un vrai luxe, qu'il serait dommage de se refuser !

OCEANO HOTEL AND SPA €€

280 Capistrano Road
✆ +1 650 726 5400
www.oceanohalfmoonbay.com
Chambre double à partir de 299 US$.

Un élégant hôtel en plein cœur d'Half Moon Bay au style chic, ancien et marin. Les chambres sont meublées avec goût, cheminée, balcon et meubles artisanaux. Toutes disposent au minimum d'un petit coin salon avec kitchenette et balcon et les plus luxueuses sont des villas disposant de 2 chambres avec salles de bains, d'un salon et d'une cuisine tout équipés. Lors des compétitions de surf, les chambres avec vue imprenable sur l'océan sont prises d'assaut par les passionnés. Une salle de gym, un spa et un restaurant avec vue sont à disposition.

BEACH HOUSE HOTEL €€€

4100 North Cabrillo Highway
✆ + 650 712 0220
www.beach-house.com/half-moon-bay
À partir de 240 US$ la chambre double, 335 US$ la suite.

Un établissement luxueux face à l'océan. Design moderne et *cosy* à la fois. Literie XXL et confortable. Chaque chambre est en fait une suite avec salon et chambre où l'on profite d'une cheminée et d'un balcon ou patio en fonction de l'étage. Les plus luxueuses ont des vues magnifiques sur l'océan et toutes proposent un service de choix. L'hôtel dispose en outre d'une très belle piscine, et d'une salle consacrée à un service Spa, pour les amateurs de détente. Idéal pour un séjour en amoureux. Le petit-déjeuner inclus est un délice.

THE RITZ CARLTON, HALF MOON BAY €€€

1 Miramontes Point Road
✆ +1 650 712 7000
www.ritzcarlton.com
Chambre double à partir de 495 US$.

L'hôtel offre tous les standards d'excellence du groupe Ritz Carlton, avec en prime une vue incroyable sur la mer. Chambres somptueuses, salon et terrasse : ambiance très *british* chic. Osez une escale au bar à vin pour une dégustation de trois excellents crus avec une sélection de fromages. Sans y séjourner, offrez-vous un déjeuner sur la terrasse ou un cocktail en fin de journée. Et vous êtes à deux pas du golf et des jolies maisons victoriennes des milliardaires locaux.

CAFÉ CAPISTRANO €

523 Church Street
✆ + 1 650 726 7699
Ouvert tous les jours de 11h à 20h, fermé le vendredi. Plat autour de 15 US$.

Cette petite maison transformée en restaurant est décorée avec goût aux couleurs chaudes du Mexique, joliment fleurie avec sa petite terrasse. L'ambiance chaleureuse et douce dans laquelle elle nous plonge nous donne envie d'y revenir encore et encore. Les mets y sont délicieux, réalisés d'une main de maître par Arturo. Savourez les spécialités maya, au porc, légumes ou poulet, ainsi que les grandes spécialités Tex Mex du genre tacos et burritos. Petit déjeuner typique mexicain possible dès l'ouverture, entre 10 US$ et 15 US$.

PASTA MOON €€

315 Main Street
✆ +1 650 726 5125
www.pastamoon.com
Ouvert tous les jours, pour le déjeuner et le dîner. Plats autour de 20 US$. Bar.

Un établissement qui met en pratique le célèbre concept californien *farm to fork*. Une excellente table avec des assiettes élaborées à partir de produits fermiers de saison et de la région. Le chef Kim Levin les accommode à sa façon, avec de nombreuses références à la cuisine italienne. On peut s'installer au comptoir pour manger tout en regardant le travail des cuisiniers, ou dans les différentes salles à manger. Le soir, le restaurant propose trois menus différents, qui permet de découvrir tous les talents et la subtilité de la cuisine de *Pasta Moon* !

SAN BENITO DELI €

356 Main Street
✆ + 1 650 726 9507
www.sanbenitohouse.com/the-deli/
Ouvert tous les jours de 10h à 17h. Sandwich à partir de 7 US$.

Une maison dédiée aux sandwiches de grande qualité. Vous avez le choix des pains faits maison, auxquels on ajoute des garnitures (*pickles*, mayonnaise, laitue, tomates) et les différentes viandes et préparations au choix (dinde, *pastrami*, thon, hummus, avocat-fromage...). Difficile de se rater, tout est gourmand et préparé avec attention. Vous pouvez manger sur place (également des salades, des soupes et des boissons) ou emporter ! Le *Déli* est situé au rez-de-chaussée de l'historique San Benito House, qui fait toujours office d'hôtel, comme à ses débuts en 1905.

SAM'S CHOWDER HOUSE €€

4210 North Cabrillo Highway ✆ +1 650 712 0245
www.samschowderhouse.com
Ouvert tous les jours de 11h à 20h30. Sandwichs et burgers à partir de 12 US$, plats à partir de 17 US$.

Bonne adresse de spécialités de fruits de mer avec vue sur l'océan, directement situé entre la Highway 1 et le Pacifique. De dehors, le lieu ressemble à une simple petite cabane, sans se douter des délicieux menus que Sam nous concocte à l'intérieur. Concert *live* le week-end. *Sam's Chowder*, c'est aussi un restaurant à Palo Alto et un camion qui se déplace de *spot* en *spot* selon les jours de la semaine. Très appréciés des locaux et des visiteurs qui viennent depuis San Francisco pour un *lobster roll*, un poke de thon ou la délicieuse soupe de palourde de chez Sam !

HALF MOON BAY BREWING COMPANY €€

390 Capistrano Road
✆ +1 650 728 2739
www.hmbbrewingco.com
Ouvert tous les jours de 11h à 21h, et jusqu'à 22h vendredi et samedi. Plats entre 18 et 27 US$.

À la pointe de Pillar Point Harbor se trouve *Half Moon Bay Brewing Company*, qui brasse ses propres bières sur place. Cet établissement est une institution dans la région. IPA, blonde, ambrée, il y en a pour tous les goûts. Elles seront à déguster sur la terrasse face à l'océan par une belle journée d'été. Les pâtes aux fruits de mer sont la spécialité de la maison, et on vous recommande tout particulièrement les linguini aux crevettes... à tomber !

MAVERICK'S SURF COMPANY

25 Johnson Pier
✆ +974 650 560 8088
Ouvert tous les jours de 10h à 18h, dès 9h le week-end.

Situé sur le port de Half Moon Bay et fondé par le célèbre Jeff Clark, premier surfeur à avoir dominé les vagues de Mavericks, ce magasin est aujourd'hui incontournable dans ce site qui abrite l'un des plus grands *spots* de surf du monde. Une boutique très sympathique où l'on trouve de quoi s'équiper pour affronter les vagues. Jeff et sa femme Cassandre ont réussi à créer une véritable communauté autour de leur passion, où ils organisent des évènements et rayonnent aujourd'hui à l'échelle mondiale. Ils ont ouvert à côté un magasin dédié au paddle.

BIG BASIN REDWOODS STATE PARK ★★

Ce parc méconnu, temporairement fermé lors de notre passage en 2022, est le plus ancien de Californie puisqu'il date de 1902. Il s'étend sur 7 300 ha et abrite la plus grande concentration de séquoias de la côte au sud de San Francisco. Les amateurs de randonnée seront ravis, car il compte plus de 130 km de sentiers. Ne vous lancez pas sans vous être arrêté au Park Headquarters, qui se situe à environ 15 km au nord de Boulder Creek, sur la Highway 236, pour récupérer une carte du parc. Vous pourrez croiser des cerfs, des coyotes, des ratons laveurs, des renards, des lynx, des pumas, et de nombreuses espèces d'oiseaux. Bonne balade !

SANTA CRUZ ★

Santa Cruz est une ville située au bord de l'océan qui a connu des jours heureux en tant que station balnéaire jusqu'au milieu du XXe siècle, avant de doucement s'endormir. Les Californiens disent souvent des habitants de Santa Cruz qu'ils sont un peu « particuliers », à savoir un peu hippies, un peu loufoques, bref pas comme les autres. Et c'est vrai qu'il y a une atmosphère étrange sur cette plage, le long du vieux parc d'attractions. On voit défiler ici les surfeurs, car Santa Cruz c'est aussi l'histoire du surf américain, importé d'Hawaï en 1885 pour connaître le succès en Californie. Profitez de votre passage pour vous y essayer !

BIG BASIN REDWOODS STATE PARK ★

21600 Big Basin Way
✆ +1 831 338 8860
www.bigbasin.org
Parc ouvert tous les jours de 6h au coucher du soleil. Parking 10 US$.

© FELIPE SANCHEZ - SHUTTERSTOCK.COM

Établi en 1902, ce parc est le plus ancien des parcs californiens. À 36 km de Santa Cruz, il regorge d'activités nature tout au long de l'année. Les cartes des itinéraires de randonnées sont disponibles à l'entrée du parc. Le principal point d'intérêt du parc : ses séquoias, qui font partie des arbres les plus grands et les plus anciens au monde. Impressionnant ! Malheureusement, des milliers d'hectares ont brûlé lors du grand incendie d'août 2020.

SANTA CRUZ SURFING MUSEUM ★

West Cliff Drive
✆ +1 831 420 6289
www.santacruzsurfingmuseum.org
Ouvert de 12h à 16h du mercredi au lundi. Entrée gratuite.

La mémoire du surf ! Le musée du surf de Santa Cruz relate l'histoire de cette pratique aujourd'hui répandue à travers le globe. Les bénévoles qui travaillent ici sont généralement d'anciens surfeurs, ceux de la première génération ou des débuts du surf. On s'arrêtera quelques heures pour découvrir cette ambiance désuète et faire une balade rapide sur la plage, le long du Boardwalk. La côte californienne est mondialement connue pour le surf, vous en découvrirez ici les secrets.

RIVA FISH HOUSE €

31 Municipal Wharf
✆ + 1 831 429 1223
www.rivafishhouse.com
Ouvert du lundi au dimanche de 11h à 21h. Prix à la carte : environ 15 US$.

Riva Fish House tient son nom d'un petit village italien situé sur la côte ligurienne, Riva Trigoso. La carte fait donc quelques clins d'œil au pays dont il s'inspire, avec une belle sélection de pâtes diverses et variées. On peut aussi y manger la spécialité américano-italienne du coin, le *cioppino*, un ragoût de poissons délicieux préparé en fonction des pêches du jour. En plus de toutes ces propositions alléchantes, *Riva* mérite le détour pour son emplacement parfait sur le quai de Santa Cruz, avec une vue à couper le souffle.

CÔTE CENTRALE

WALNUT AVENUE CAFE €€

106 Walnut Avenue
✆ +1 831 457 2804
www.walnutavenuecafe.com
Ouvert du lundi au vendredi de 8h à 15h, et le week-end de 8h à 16h. Plats à partir de 10 US$.

Depuis 1994, le Walnut Avenue Cafe est une institution à Santa Cruz, notamment pour son fameux petit-déjeuner et ses brunchs le week-end. Les locaux s'y pressent pour prendre un café à emporter ou déguster les *pancakes* aux neuf céréales. Les différentes omelettes et œufs Bénédicte y sont aussi redoutablement bons. Un doux mélange de saveurs entre Mexique et Californie. L'intérieur est relaxant et la terrasse est grande et ensoleillée. Une belle adresse, en pleine ville, pour les amateurs de brunchs. Attention à l'affluence le week-end.

CLUB ED

101 Beach Street
✆ +1 650 464 0177
www.club-ed.com
Ouvert tous les jours de 6h à 20h. Cours de deux heures à partir de 75 US$, cours privé à partir de 120 US$ par heure.

Nous sommes ici dans un club de surf très réputé à Santa Cruz, qui propose aussi bien des cours privés que collectifs, et pour tous les niveaux. Alors même si vous êtes débutant ou amateur, mais que vous rêvez de surfer la grande vague californienne, l'équipe très expérimentée du Club Ed saura vous mettre en confiance. Et vous faire progresser. Club Ed propose aussi des camps de surf (locaux et internationaux, du Mexique à l'Indonésie) et des cours de *standup paddle* (le paddle debout). Élue la meilleure école de surf de Santa Cruz

RICHARD SCHMIDT SURF SCHOOL

849 Almar Avenue
✆ +1 831 423 0928
www.richardschmidt.com
Ouvert tous les jours de 7h à 19h. 2h de cours privé à partir de 100 US$. 2h de cours collectif à partir de 90 US$.

Cette école de surf existe depuis... 1978 ! C'est donc l'original de Santa Cruz, et elle vous apportera toutes ses compétences pour que vous aussi, vous deveniez un véritable surfer californien. Toute l'année, elle offre des cours de surf et de *stand-up paddle-board,* mais aussi des tours marins en plein océan. L'école organise aussi des excursions dans le Monterey Bay Marine Sanctuary. Pour tous les âges et tous les niveaux physiques et cognitifs.

SANTA CRUZ BEACH BOARDWALK AMUSEMENT PARK

400 Beach Street
✆ + 1 831 423 5590
beachboardwalk.com
Ouvert tous les jours. Environ 60 US$ le pass journée illimité.

Ce magnifique parc d'attractions construit en 1907 est le plus ancien de Californie et crée une ambiance très particulière : il ne reste que très peu de parcs d'attractions sur la côte ouest des États-Unis. Les montagnes russes datent ici de 1924 et le carrousel de 1911. D'autres attractions plus modernes ont été rajoutées pour le bonheur des petits et des grands. De quoi passer une excellente journée, tout en profitant de la plage qui borde le parc !

SALINAS ★★

En quittant Santa Cruz, on quitte aussi les paysages pittoresques de la côte. La route qui mène à Monterey se fait dans les terres, parmi les champs agricoles qui inspirèrent John Steinbeck. On passe ainsi par Castroville, capitale de l'artichaut, et Watsonville, pays de la fraise. 80% de la laitue produite aux États-Unis vient également de cette vallée, vous voilà bel et bien dans le grenier de la Californie. Les fans de Steinbeck feront une boucle par Salinas, sa ville natale où l'on peut visiter sa maison et son musée. Une étape avant tout littéraire en vérité, avant de rejoindre les villes côtières de Monterey et Carmel qui sont plus intéressantes.

NATIONAL STEINBECK CENTER ★★

1 Main Street
✆ +1 831 775 4721
www.steinbeck.org
Ouvert du mercredi au dimanche de 10h à 17h. Ticket adulte à 15 US$ et réduction possible.

Né en 1902 à Salinas, Steinbeck passa son enfance avec les cow-boys de la région avant d'aller faire ses études à Stanford University. Après un passage à New York, il revint en Californie et écrivit des romans comme *Des souris et des hommes* qui se déroule près de Salinas et qui remporta un vif succès. Personnage discret, Steinbeck mourut en 1968. Installé dans le vieux Salinas, le musée propose des extraits de films, des accessoires de théâtre et les manuscrits de ses livres.

PINNACLES NATIONAL PARK ★★

Un terrain volcanique unique de plus de 45 kilomètres de long vous attend au parc national de Pinnacles ! Son exploration regorge de surprises, que ce soit dans ces paysages uniques ou dans sa faune et sa flore si particulières. On peut notamment y observer des condors, des aigles dorés, des chauves-souris, des faucons pèlerins, des dindons sauvages, des grenouilles aux cuisses rouges et des fleurs sauvages comme des pavots de Californie ou des lys mariposa... Quelque 250 000 visiteurs viennent chaque année observer ces merveilles. On y pratique l'escalade, la marche, et on en profite pour explorer les extraordinaires grottes et lacs du parc.

MONTEREY ★★★

Monterey fut la capitale de la Californie mexicaine jusqu'en 1846 avant d'être prise par l'armée américaine. La ville devint alors un important port de pêche, et ce jusqu'au milieu du XXe siècle. En plus de son aquarium, Monterey attire aussi les foules pour son festival de jazz mondialement connu qui s'y déroule en septembre et qui a célébré sa 65e édition en 2022. On vient aussi pour s'y balader sur Fisherman's Wharf et Cannery Row, débordant tous les deux de restaurants, bars et hôtels où les touristes aiment venir se détendre et manger des fruits de mer frits après être allés voir les baleines qui migrent au large du port.

PINNACLES NATIONAL PARK ★★

5000 Highway 146 ✆ + 1 831 389 4485
www.nps.gov/pinn/index.htm
Ouvert 24h/24, 7j/7. 15 US$ par voiture et moto, 10 US$ par piéton et vélo. Pass valide 7 jours.

Pinnacles National Park, c'est l'un des parcs les moins visités de Californie... Mais notre petite pépite ! Environ 45 kilomètres de randonnées dans le parc, qui vous font passer par des grottes, des prairies, ou de longues montées dont raffolent les marcheurs. On peut aussi y pratiquer l'observation des oiseaux, nombreux dans le parc, ou encore l'escalade avec des parcours pour tous les types de niveau. Le parc est très fréquenté durant l'été, attention aux queue de voitures lors des horaires d'affluence (généralement entre 10h et 14h).

CANNERY ROW ★

www.canneryrow.com
Zone en libre accès.

Le port de pêche de Monterey fut immortalisé par le fameux John Steinbeck dans son roman *Cannery Row* qui décrit le quartier des conserveries, un endroit de débauche et de puanteur qui déborde de vie. Aujourd'hui, Cannery Row existe toujours, mais n'a plus rien à voir avec celui de Steinbeck. L'ouverture du Monterey Bay Aquarium a fait exploser le nombre de touristes au mètre carré et ce n'est plus qu'une succession de magasins de souvenirs et d'hôtels de charme plutôt hors de prix. Ambiance Disneyland assurée, à éviter les week-ends.

CÔTE CENTRALE

© JEJIM - SHUTTERSTOCK.COM

Cannery Row.

FISHERMAN'S WHARF ★★

1 Old Fishermans Wharf
www.montereywharf.com
Zone en libre accès.

C'est une agréable promenade colorée le long du ponton construit il y a un siècle par les pêcheurs. Aujourd'hui, les maisons en bois ont été rénovées et transformées en boutiques et restaurants. Certains offrent une très belle vue sur la mer, et on peut en fonction de la saison, y observer les baleines au loin dans l'océan ainsi que les pélicans, otaries et autres habitants de la côte. Avec Cannery Row, ça reste l'attraction touristique principale de Monterey. Donc... vous y côtoierez aussi de nombreux touristes ! Mais l'endroit vaut le détour.

BUS MONTEREY SALINAS TRANSIT

150 Del Monte Avenue
✆ +1 888 678 2871
www.mst.org
Trajet de 1,50 à 3,50 US$.

MST est un service de transport en commun des *counties* de Monterey et Salinas, efficace et pas cher, permettant de voyager de Santa Cruz/San Jose jusqu'à Big Sur, et parcourir toute la péninsule en bus bleu. En été, le MST Trolley dessert les grands centres d'intérêt de la ville gratuitement de 10h à 19h. Ils mettent même un service gratuit d'assistance en cas de soucis de langage : +1 888 678 2871. Pour une utilisation facile, l'application est disponible.

MONTEREY BAY AQUARIUM ★★

886 Cannery Row
✆ +1 831 648 4800
www.montereybayaquarium.org/
Ouvert tous les jours de 10h à 17h et jusqu'à 18h samedi et dimanche. Ticket à 49,95 US$ pour les adultes.

C'est l'attraction la plus courue de la région. Les enfants seront ravis, car de nombreuses activités ludiques leur sont proposées. Plusieurs spectacles sont organisés chaque jour dans les différents aquariums et à l'auditorium. On peut observer les otaries se faire nourrir par le *staff* et des requins, rencontrer un albatros, en apprendre plus sur les espèces abritées dans la baie grâce des intervenants qui connaissent leur domaine. Des expositions temporaires mettent l'accent sur certaines espèces animales qui ont élu domicile dans l'aquarium.

MONTEREY REGIONAL AIRPORT

200 Fred Kane Drive
✆ + 1 831 648 7000
www.montereyairport.com
Ouvert tous les jours de l'année de 4h jusqu'à l'arrivée du dernier avion.

À 7 km du centre-ville sur l'autoroute 68 se situe l'aéroport régional de Monterey, uniquement pour les vols intérieurs. Petit et pratique, on peut se rendre en vol direct à San Francisco, Las Vegas, Los Angeles, Phoenix, San Diego, mais aussi Dallas et Seattle. Le tout desservi par quatre compagnies aériennes américaines. Tous les services principaux (restaurations, souvenirs) sont présents à l'intérieur. Le site internet est traduit en français.

MONTEREY VISITOR CENTER

401 Camino El Estero
✆ +1 888 221 1010
www.seemonterey.com
Ouvert de 8h30 à 17h30.

Sur place ou sur le site Internet, toutes les informations touristiques nécessaires à la découverte de la péninsule de Monterey sont disponibles. Au bureau, des bénévoles très impliqués dans la vie culturelle et sociale de leur ville vous accueillent et vous délivrent des conseils toujours bons à prendre. On y trouve de nombreux guides, plans et *flyers* gratuits, de Monterey et ses alentours. Leur site internet est très bien fait et regorge d'articles intéressants à lire sur le county de Monterey et donnent même des conseils de voyage.

HOTEL 1110 €€

1110 Del Monte Avenue
✆ +1 831 655 0515
www.hotel1110.com
Chambre double à partir de 130 US$. Petit déjeuner inclus.

Atmosphère décalée pour ce petit boutique-hôtel à 5 minutes à pied de Fisherman's Wharf, mais sur une route avec beaucoup de passage (amateurs de calme, passez votre chemin). Les chambres sont assez étroites, mais l'accueil est sympathique et on apprécie les petits plus de la maison : petit déjeuner inclus bien sûr mais aussi et surtout verre de vin ou de bière offert dans le *lobby* ou sur le *rooftop* de 16h à 18h. On aime aussi les cheminées dans toutes les chambres et le toit réaménagé en espace *lounge*, pour des apéritifs avec vue !

MONTEREY HÔTEL €€€

406 Alvarado Street
✆ +1 831 375 3184
www.montereyhotel.com
Chambre double à partir de 150 US$. Petit déjeuner inclus. Wifi gratuit.

Cet hôtel historique (ouvert depuis 1904 !) dans le vieux centre de Monterey est situé dans une jolie maison victorienne. Les chambres claires sont meublées d'antiquités et les grosses couettes fleuries participent à l'atmosphère *cosy* de cet établissement. Les 69 chambres que possèdent l'hôtel sont idéales pour un séjour *business*, en famille ou une escapade romantique. Sortez et vous aurez à portée de pied tout ce que la jolie ville de Monterey a à offrir, notamment de succulents restaurants. Le service et l'accueil de l'hôtel sont en revanche un peu mous.

OLD MONTEREY INN €€€

500 Martin Street
✆ +1 831 652 8999
www.oldmontereyinn.com
Chambre double à partir de 265 US$. Petit déjeuner inclus.

C'est LA destination de charme de Monterey. Loin de la folie touristique de Cannery Row ou de Fisherman's Wharf, vous découvrirez une oasis de calme et de tranquillité. Ce *Bed and Breakfast* de luxe est très apprécié des couples. Perdue dans un océan de verdure, cette jolie maison est entourée de vieux arbres sous lesquels il fait bon déguster un sherry jusque tard dans la nuit. Tout est fait pour votre confort et chacune des dix chambres a un caractère bien particulier, et toutes sont dotées d'une cheminée. Une escale à ne pas manquer, quoiqu'un peu onéreuse.

SANCTUARY BEACH RESORT €€€

3295 Dunes Drive ✆ +1 831 693 6583
www.thesanctuarybeachresort.com
Chambre double à partir de 380 US$, prix variable selon la saison.

Ce splendide *resort* au soixantaine de bungalows implantés sur la plage entre les dunes jouissent d'une vue magnifique sur l'océan. Les chambres y sont spacieuses, avec cheminée, et l'accueil y est irréprochable. Parfait pour un week-end en amoureux, avec longues promenades sur la plage à la clé, et l'impression de se sentir coupé du monde en prime. Doté de deux piscines vue sur mer et d'un restaurant, le *Salt Wood*, avec brunch et *live music* vous ne voudrez plus jamais en sortir. Vous pouvez même vous faire livrer les plats directement dans votre chambre. Le rêve !

OLD MONTEREY CAFÉ €

489 Alvarado Street
✆ +1 831 646 1021
www.oldmontereycafeca.com
Ouvert tous les jours de 6h45 à 14h30. Sandwich et plat à partir de 8 US$.

Pour un petit déjeuner ou un déjeuner léger, direction plein centre au *Old Monterey Café* où tout est bon et bon marché. Choisissez parmi des omelettes aussi variées que parfumées, des salades et des sandwichs ou *burgers*. Ils nous offrent même une cuisine du Japon revisitée à la californienne telle que des ramens ou des *bowls*. Vous aurez un grand choix dans le menu. L'intérieur est fait d'une décoration typique californienne, entre étoiles hollywoodiennes et cadres Marilyn Monroe. En revanche, le service est parfois à la limite du désagréable.

OLD FISHERMAN'S GROTTO €€

39 Fisherman's Wharf
✆ +1 831 375 4604
www.oldfishermansgrotto.com
Ouvert tous les jours de 11h à 21h30. Sandwiches et burgers à partir de 11 US$, plats à partir de 16 US$.

Une institution de Monterey ! Situé dans le très touristique Old Fisherman, ce restaurant n'est pas un attrape-touriste. Au contraire. Les fruits de mer et les poissons sont d'une grande fraîcheur, car le propriétaire Chris veille toujours attentivement à la qualité des arrivages. Leur fameux *clam chowder* (velouté de palourdes) est excellent et remporte régulièrement des prix. Idem pour l'étonnant *stuffed salmon*. Savourez ces fins mets avec une vue splendide sur le Pacifique. Bref, une adresse incontournable de Monterey et ses alentours.

CIBO RISTORANTE ITALIANO

301 Alvarado Street
✆ +1 831 649 8151
www.cibo.com
Bar et restaurant ouvert tous les jours à partir de la fin d'après-midi. Happy hour tous les jours de 16h à 19h.

Un restaurant italien qui abrite également l'un des lieux de sorties animés de Monterey. 6 jours sur 7, la musique bat son plein : en mode jazz pour accompagner un verre au bar ou un dîner, ou sur la piste de danse le vendredi ou le samedi. Côté menu, les plats de pâtes sont le point fort du restaurant. On y trouvera aussi fruits de mer, viandes, salades et sandwichs bien retravaillés en tout genre. Ambiance sympathique et chaleureuse. *Happy hour* avec de belles réductions sur les cocktails ainsi que sur les *antipasti* à l'italienne, très alléchants.

PACIFIC GROVE ★

En suivant la côte le long de la baie de Monterey vous rejoindrez Pacific Grove, ville résidentielle et proprette aux allures de riche banlieue alignant les maisons victoriennes historiques. Plus qu'une ville à part entière, il s'agit d'un district de Monterey : vous ne vous apercevrez pas du passage de l'une à l'autre. Fief de protestants méthodistes très puritains, Pacific Grove fut la dernière ville de Californie à légaliser l'alcool en 1969 ! Les paysages côtiers y sont particulièrement beaux... On peut notamment se balader sur la très romantique pointe des amoureux, vers le phare de Point Pinos, ainsi que sur la plage d'Asilomar.

MARTINE INN €€€

255 Ocean View Boulevard
✆ + 1 831 373 3388
www.martineinn.com
Chambre double de 219 à 499 US$.

Ce charmant *bed & breakfast* a beaucoup d'atouts qui font de lui une des meilleures propositions sur la côte de Pacific Grove : sa situation géographique imbattable, avec une vue à couper le souffle. On peut y apercevoir baleines (l'hiver), loutres et autres merveilles de l'océan ; l'accueil est l'autre point fort de l'établissement. Don et son équipe l'ont pensé comme une maison de l'époque victorienne où l'on vous reçoit à l'ancienne. Le mobilier a été chiné aux quatre coins du pays et couvre une période de 1880 à 1930. Un joli voyage dans le temps.

OLYMPIA LODGE €

1140 Lighthouse Avenue
✆ +1 831 373 2777
www.theolympialodge.com
Chambre double à partir de 125 US$. Petit déjeuner inclus.

Ce joli motel est bien loin de l'idée qu'on se fait des établissements de bord de route. Les chambres ont été joliment rénovées simplement et l'Olympia Lodge est désormais un petit établissement de charme, à moins d'un kilomètre de l'océan. Trois types de chambres proposées, certaines avec balcons et vues sur l'océan. Excellent rapport qualité-prix. L'établissement propose également des activités et événements, selon la saison. Les accès handicapés sont au top et le petit-déjeuner est inclus. N'oublions pas de saluer l'excellent staff, mené par Jasmine.

SEVEN GABLES INN €€€

555 Ocean View Boulevard
✆ +1 831 372 4341
www.thesevengablesinn.com
Chambre double à partir de 245 US$, suite à partir de 600 US$.

Ce splendide *Bed & Breakfast* est situé sur le front de l'océan et toutes ses chambres bénéficient de vues superbes. L'établissement se caractérise par son style victorien avec une décoration très fleurie et assez chargée. Lustres et revêtement en marbre ornent chaque recoin de cette maison construite en 1886. Les 25 chambres sont décorées avec soin et donnent l'impression, si l'on y séjourne, d'avoir été invité en vacances chez son oncle d'Amérique ! Les services incluent thé, vins et fromages. Raffinement et romantisme sont au rendez-vous.

BIDE A WEE INN €€

221 Asilomar Boulevard
✆ +1 831 372 2330
www.bideaweemotel.com
Chambre double à partir de 120 US$. Petit déjeuner inclus.

Une aubaine dans la région, *Bide a Wee Inn & Cottages* offre un rapport qualité prix quasiment imbattable. Le principal atout : vous serez quasiment sur la plage d'Asilomar et les petites cabines en bois années 1930 sont toutes mignonnes. Une bonne adresse. Les chambres les plus luxueuses sont équipées de cheminées mais aussi de petites kitchenettes. De plus petits cottages sont également disponibles, même si les chambres sont un peu étroites. Le jardin est joliment fleuri et mignon et le lieu est typique de la côte californienne.

VICTORIAN CORNER €

541 Lighthouse Ave
✆ + 1 831 372 4641
victoriancornerpg.com
Ouvert tous les jours de 8h à 20h30 avec une coupure entre 15h et 17h. Dimanche matin uniquement. 15 US$ pour un plat.

Décor provincial ravissant, rappelant des salons de thé anglais pour un restaurant du centre-ville de Pacific Grove des plus agréables. Possibilité de petit-déjeuner, déjeuner et dîner. La carte s'inspire de l'Italie, en proposant des salades fraîches, des sandwichs gourmands (mention particulière pour le sandwich aux aubergines), ainsi que de très bons petits déjeuners à des prix raisonnables. Comme son nom l'indique, ce bâtiment victorien à la façade agréablement colorée fait partie du paysage. L'équipe est très serviable et avenante.

FISHWIFE €€

1996 1/2 Sunset Drive
✆ +1 831 375 7107
www.fishwife.com
Ouvert tous les jours de 11h à 21h30 tous les jours. Plat à partir de 20 US$.

Ce restaurant de fruits de mer et de poissons propose depuis 1996 une cuisine originale teintée de saveurs des Caraïbes. On y vient surtout pour son fameux bol de poissons, délicieux et très copieux. Mais le reste de la carte est aussi très alléchant, et toujours frais : saumon, salades, fritures de toutes sortes. Terrasse extérieure couverte. Petit plus sur les desserts faits maison. La décoration est vraiment sans prétention, mais ça n'en est pas moins une des meilleures adresses du coin. Une adresse adorée des habitants de la région.

PAVEL'S BACKEREI

219 Forest Avenue
✆ + 831 643 2636
Ouvert du mardi au vendredi de 7h à 17h et le samedi jusqu'à 15h.

Pavel's Backerei propose de délicieux sandwichs et pâtisseries d'inspiration franco-allemande. *Brötchen* typiques, *Apfelstrudel* (gâteau aux pommes), croissants, muffins et pains (*Brot*) divers et variés (seigle, sésame...) dont seuls les Allemands ont le secret, vous aurez ici l'embarras du choix. Pause déjeuner toute trouvée donc, et la boulangerie dispose d'ailleurs de quelques tables à l'entrée. Vous pouvez aussi emmener vos victuailles à une centaine de mètres de là, pour déjeuner en contemplant le front de mer sublime de Pacific Grove.

POINT PIÑOS LIGHTHOUSE ★

90 Asilomar Avenue
✆ +1 831 648 5722
www.pointpinoslighthouse.org
Samedi de 11h à 15h et le dimanche de 13h à 15h. Entrée adulte : 2 US$.

© KATE SCOTT - SHUTTERSTOCK.COM

Au nord de Pacific Grove se trouve le phare de Point Piños, allumé pour la première fois en 1855. C'est donc l'un des plus vieux phares de la côte Ouest, aujourd'hui encore actif pour éclairer les gardes côtiers. Il s'élève à 27 mètres de haut et domine tout l'océan. L'endroit est magnifique et même si vous ne vous y arrêtez pas, vous le verrez depuis la Highway 1. Le phare est désormais fermé, mais au rez-de-chaussée le petit musée se visite le week-end. Il fait partie du Registre National des lieux historique des États-Unis.

PEBBLE BEACH ★

Empruntez la 17 Mile Drive qui suit la côte et rallie Carmel au sud. Le passage est payant pour les voitures (10 US$) et gratuit pour les piétons et les cyclistes. Cette route côtière traverse une forêt de cyprès, passe par de belles plages et offre de magnifiques vues sur le Pacifique. Vous y verrez également de splendides villas de millionnaires. C'est le long de 17 Mile Drive que se trouve Pebble Beach, célèbre pour ses parcours de golf aussi majestueux que difficiles. Ne ratez pas le *Lone Cypress*, cyprès solitaire sur un rocher battu par les vents qui est l'un des emblèmes de la Californie. Et n'oubliez pas de pique-niquer sur le chemin !

PEBBLE BEACH GOLF LINKS

1700 17-Mile Drive
✆ +1 800 877 0597
www.pebblebeach.com
Entre 10 US$ et 520 US$ le green-fee.

Jouer à Pebble Beach, c'est jouer dans l'une des Mecque du golf mondial. Largement considéré comme l'un des plus beaux parcours du monde, il longe la côte sauvage et offre une vue ouverte sur l'océan Pacifique. En 2001, il est devenu le premier parcours public à être choisi comme le meilleur golf des États-Unis par le Golf Digest. Mais il faut il payer le prix : le *green fee* pour le parcours principal est parmi les plus élevés au monde. Après vos efforts, le réconfort avec trois hôtels et un spa est possible. De nombreux grands événements ont lieu sur ce parcours.

CÔTE CENTRALE

CARMEL ★★★

La mission de Carmélites créée en 1771 a donné son nom à la ville. Au début du XXe siècle, une communauté d'artistes s'installe dans de petites cabines en bois. Le grand tremblement de terre de 1906 à San Francisco pousse encore plus de poètes, peintres et écrivains à s'installer ici. Cette vie de bohème ne dure pas longtemps avec la montée des prix de l'immobilier. Aujourd'hui, tout est parfait, propre et beau dans une ambiance très club privé : ville de milliardaires, beaucoup de célébrités et de grands industriels ont une propriété ici, tel Clint Eastwoood qui fût le maire de la ville dans les années 80. Beaucoup de galeries d'art et de festivals.

VISITOR CENTER

Sur San Carlos, entre 5th et 6th Street
✆ +1 831 624 3877
www.carmelcalifornia.org
Ouvert tous les jours de 10h à 17h, sauf jours fériés.

Le *Visitor Center* de Carmel est un passage obligé afin de ne rien rater de ce que cette ville pittoresque californienne a à offrir. Vous y trouverez une carte des lieux et de multiples informations touristiques. Carmel possède un large choix de restaurants et hôtels. Consultez également leur site Internet en préparation de votre visite, et notamment le calendrier des événements de la ville. Carmel est certes une petite bourgade, mais elle n'en est pas moins très animée. Ce n'est pas Clint Eastwood, ancien maire de la ville, qui vous dira le contraire.

CARMEL BEACH ★★

Ouverte toute l'année.

La plage principale de Carmel est une énorme étendue de sable blanc absolument magnifique, souvent sévèrement battue par le vent, même en plein été. Pour les surfeurs, la vue depuis la mer est époustouflante : Point Lobos au sud et Pebble Beach au nord. Attention, l'état de la mer peut changer d'un instant à l'autre, alors vérifiez la météo avant de partir à l'assaut des vagues. Une combinaison de plongée est indispensable si vous prévoyez de rester dans l'océan pendant un certain temps car l'eau du Pacifique est très froide.

SADDLE MOUNTAIN CAMPGROUND €

27625 Schulte Road
✆ +1 831 624 1617
www.carmelcamping.com
Emplacement camping à partir de 60 US$ par nuit. Réservation fortement recommandée en été.

Ce *campground* est une alternative économique aux hôtels très onéreux de Carmel. Plusieurs emplacements de camping-cars et tentes en pleine nature sont disponibles. Wifi, piscine chauffée et douches chaudes gratuites. Loin du centre-ville, ce *campground* est à seulement 8 km de la Highway 1, dans une jolie forêt. Il y a également des cabanes plus luxueuses et équipées, à la location pour une nuit ou une semaine, voire un mois. Tarifs dégressifs en fonction du nombre de nuits réservées.

MISSION SAN CARLOS BORROMEO ★

3080 Rio Road ✆ +1 831 624 1271
www.carmelmission.org
Ouvert tous les jours de 9h30 à 17h, jusqu'à 19h les vendredis, samedis et dimanches d'avril à septembre.

Ici, nous sommes dans la deuxième mission créée en Californie en juin 1770. Magnifiquement conservée, elle a été érigée basilique par le pape Jean XXIII. Elle comporte un très beau jardin rempli de roses parfumées qui apporte au musée *Harry Downie* (nom du restaurateur de la mission) une touche élégante. La galerie *Mora Chapel* abrite le cénotaphe de Junipero Serra, prêtre franciscain espagnol, fondateur de plusieurs missions en Californie, outre celle de Carmel.

CARMEL MISSION INN €€

3665 Rio Road
✆ +1 800 348 9090
www.carmelmissioninn.com
Chambre double à partir de 240 US$. Restaurant et bar. Piscine. Spa. Salle de gym. Parking et Wifi gratuits.

Ce grand hôtel est d'un bon rapport qualité-prix au style moderne sans prétention, spacieux et coloré, où vous n'aurez aucune mauvaise surprise. Cependant quelque peu à l'écart du centre-ville et juste à côté de la *Highway 1*, il y fait bon vivre et l'endroit est relaxant. La piscine chauffée et sa grande terrasse permettent de se pavaner après une belle journée d'exploration de la ville, pourquoi pas en sirotant un cocktail fait maison. Vous pourrez même prendre votre petit-déjeuner et dîner au Shearwater Tavern, le restaurant de l'hôtel.

PINE INN €€

Ocean Avenue, entre Monte Verde et Lincoln Avenue
✆ +1 831 624 3851
www.pineinn.com
Chambre double à partir de 220 US$. Petit déjeuner inclus en semaine. Restaurant et bar. Parking et wifi gratuits.

C'est le plus vieil hôtel de Carmel, puisque son ouverture remonte à 1889 ! De fait, un endroit rare en Californie. À l'entrée, le décor clinquant, rouge et noir, est impressionnant et très chic. Même si la décoration des chambres est un peu vieillotte, on aime le charme et l'atmosphère de cette époque aujourd'hui révolue. Les premières catégories sont assez petites. Quelques chambres ont même vue sur l'océan. Bon rapport qualité-prix pour la ville avec un retour dans le passé en prime. Petit-déjeuner inclus en semaine et possibilité de restauration sur place.

CYPRESS INN €€€

Au coin de Lincoln et 7th St.
✆ +1 831 624 3871
www.cypress-inn.com
Chambre double à partir de 280 US$.

Établi en 1929, c'est l'hôtel de l'actrice Doris Day : partout vous retrouverez des portraits d'elle ou des affiches de ses films. Bel établissement dans le centre de Carmel, certaines chambres disposent de cheminées, d'autres de vues sur l'océan. Doris Day est une fervente militante des droits des animaux, vos amis quadrupèdes sont donc plus que bienvenus, ils bénéficieront de leurs propres lits et de petites gâteries. Les parties communes sont décorées avec grâce et charme, avec une cour extérieure fleurie et très reposante.

LA PLAYA HÔTEL €€€

900 Camino Real
✆ +1 800 582 8900
www.laplayahotel.com
Chambre double de 500 à 600 US$. Petit déjeuner inclus. Bar. Piscine. Wifi gratuit.

La Playa Hotel est situé juste à côté de la plage. Les chambres, toutes différentes, sont d'un confort absolu et déclinent des teintes de beige et blanc relaxantes. Certaines ont vue sur l'océan, d'autres donnent sur le joli jardin intérieur. Dans l'ensemble de l'hôtel, la décoration est fraîche et contemporaine et parvient à mêler avec succès mosaïques arabisantes et classique victorien. Le restaurant de l'hôtel propose un excellent *gourmet breakfast* dans un cadre idyllique. En bref, sobre, chic et *cosy*. De quoi craquer complètement, même au prix demandé !

LA BICYCLETTE €€

Dolores Street
✆ +1 831 622 9899
www.labicycletterestaurant.com
Ouvert tous les jours de 11h à 15h30 et de 16h45 à 22h00. Pizza à partir de 14 US$.

Ce joli restaurant propose une savoureuse cuisine française et italienne à des prix relativement raisonnables. La décoration est soignée et ludique, avec une bicyclette qui vous accueille à l'entrée. Côté menu, les petits déjeuners sont délicieux et servis jusqu'à 11h ; les pizzas sont cuites au feu de bois, et on peut choisir entre de grands classiques type Margarita ou des recettes originales comme la Marocaine avec ses épices, et des plats comme le steak au poivre et le saumon de printemps. Très bonnes profiteroles au chocolat en dessert et belle carte de vins.

HOG'S BREATH INN €€

San Carlos
✆ +1 831 625 1044
www.hogsbreathinn.net
Ouvert tous les jours de 11h à 22h. Plats à partir de 20 US$.

C'est le restaurant de Clint Eastwood. Le cadre est convivial et boisé, voire rustique. Type chasseur avec ses têtes de sangliers et ses cadres tout droit sortis d'un western, on se croirait presque dans un saloon. Une cheminée est installée en extérieur et parvient à donner du caractère à un dîner au coin du feu. Carte mêlant spécialités américaines type grillades, sandwichs et salades ainsi que plats classiques mexicains sont au menu. Les prix sont relativement raisonnables. Gardez un œil ouvert, le célèbre propriétaire passe de temps en temps.

GRASING'S €€€

Au coin des 6th et Mission Streets
✆ +1 831 624 6562
www.grasings.com
Ouvert tous les jours de 11h à 22h. Le midi, plat à partir de 13 US$ et soir à partir de 30 US$.

Le meilleur restaurant de la ville, *Grasing's* propose de la *coastal* cuisine, à savoir des produits locaux et frais préparés avec élégance et raffinement. Beaucoup de poissons et de fruits de mer. Décor campagne chic très réussi, ambiance chaleureuse. Pour les petites faims : des petites assiettes de charcuterie, des salades, des entrées façon *tapas*. Magnifique présentation dans les assiettes. Le restaurant tire son nom de son chef réputé et talentueux : Kurt Grasing. Terrasse très agréable au soleil dans une petite rue typique de Carmel-by-the-Sea.

PORTABELLA €€€

Entre Lincoln et Monte Verde Streets
✆ +1 831 624 4395
https://www.portabellacarmel.com
Du lundi au jeudi de 11h30 à 21h30, du vendredi au dimanche de 11h30 à 22h.

Cuisine méditerranéenne et principalement d'inspiration italienne, avec une jolie carte tournée vers l'océan : moules au vin blanc, linguine aux fruits de mer, pétoncles aux asperges... Mais aussi un ossobuco d'agneau, des pâtes carbonara, un risottto aux champignons sauvages... Les vins sont délicieux, la petite terrasse est très agréable, des fleurs sont disposées un peu partout et jusque dans les assiettes, les tables sont espacées les unes des autres, Franck Sinatra roucoule en sourdine... Charmant et romantique ! Bon, c'est un peu cher, mais quand on aime...

LAFAYETTE BAKERY

3659 The Banyard Suite
✆ + 1 831 915 6286
www.lafayette-bakery.com
Ouvert du lundi au samedi de 7h à 18h, le dimanche de 7h à 16h.

Votre bon vieux sandwich baguette vous manque ? Vous ne tiendrez pas jusqu'à votre retour pour déguster un bon pain de campagne bien de chez nous ? Filez donc à *Lafayette Bakery*, tenue par des Français, et vos envies seront comblées. Les sandwichs font pâlir d'envie les palais les plus aiguisés, et les pâtisseries crémeuses ne demandent qu'à être dévorées par tout bon gourmand qui se respecte. La boulangerie est située dans un *mall* à la sortie de la ville sur l'autoroute 1, en direction du Sud. L'arrêt en vaut vraiment la peine !

FOREST THEATER

Santa Rita Street et Mountain View Avenue
www.foresttheaterguild.org
Réservation nécessaire. Billetterie ouverte 1h avant le début du spectacle. Tickets entre 10 et 35 US$.

C'est le premier théâtre en plein air à l'ouest des Rocheuses, depuis 1910. Ils organisent régulièrement «*Films in the Forest*», une série de projections de films dans la forêt, au soleil couchant : classiques ou documentaires, mélangeant les divers talents de la région aux grands acteurs.

Des comédies d'improvisations, musicales, des soirées dansantes sur le thème de la musique jazz ont lieu l'été dans ce lieu unique.

Asseyez-vous au milieu des grands arbres, l'éclairage y est discret, le soleil couchant, et admirez le spectacle !

POINT LOBOS STATE RESERVE ★★★

Sans aucun doute l'une des plus savantes rencontres entre la terre et l'eau. L'histoire veut que Robert Louis Stevenson ait été inspiré par ces paysages pour *L'Ile au Trésor*. Les phoques y trouvent sanctuaire et les baleines grises y passent durant leur migration vers le sud. On aimera s'y balader à pied : pour parcourir l'ensemble de la réserve, il faut compter environ deux heures. À l'entrée du parc, on pourra se procurer des cartes des sentiers. Prenez le chemin qui longe la côte à partir du premier point de vue, le paysage est superbe. La côte rocheuse est hérissée de nombreux cyprès de Lambert, également appelés cyprès de Monterey.

BIG SUR ★★★

Le long de cette portion mythique de la Route 1, l'océan déchaîné bute incessamment sur des falaises dorées alternant avec des criques aux eaux turquoise et calmes. Un site magique où la nature nous subjugue ! À la différence de Monterey et de Carmel, villes de raffinement, Big Sur est restée sauvage. C'est aussi une référence culturelle ! Henry Miller y passa dix-sept ans en ermite dans un cabanon de bois pour fuir la société américaine. Impossible enfin de ne pas évoquer le roman de Jack Kerouac *Big Sur* (1962). L'auteur y raconte les vacances de son alter ego Jack Duluoz, dans une cabane de Big Sur. La région mérite plus qu'un passage : un séjour.

ANDREW MOLERA STATE PARK ★★

✆ +1 831 667 2315
Ouvert tous les jours une demi-heure avant le lever du soleil et jusqu'à une demi-heure après le coucher du soleil.

Andrew Molera State Park est un parc d'État de 1 900 hectares sur la côte de Big Sur, qui préserve ces terres à la demande de son ancienne propriétaire Frances Molera. En 1965, Frances a vendu la propriété à The Nature Conservancy, stipulant que le parc à créer devrait porter le nom de son frère. Pour le découvrir, il est possible de faire des randonnées équestres avec les *Molera Horseback Tours*. Vous pouvez télécharger la brochure du parc sur le site Internet des parcs californiens et ainsi découvrir sa grande biodiversité.

© RON AND PATTY THOMAS PHOTOGRAPHY - ISTOCKPHOTO

Le Bixby Bridge, sur la côte de Big Sur.

BIXBY CREEK BRIDGE ★★

CA-1

Pont gratuit

Construit en 1932, ce pont mesure 217 mètres de long et et presque 80 mètres de haut. Sa localisation sur la *central coast*, sa forme d'arc parabolique, ses hautes colonnes et son architecture en pierre et béton armé en font un véritable bijou architectural. Il représente l'un des passages les plus mythiques de la route 1 et l'un des ponts les plus photographiés des États-Unis, que l'on peut même apercevoir dans plusieurs séries TV. Situé entre falaises rocheuses et océan, on peut se rendre compte de ce défi monumental pour l'époque.

JULIA PFEIFFER BURNS STATE PARK ★★★

47225 Highway 1

✆ +1 831 667 2315

Ouvert tous les jours du lever au coucher du soleil. Parking : 10 US$.

Un magnifique parc dans le Ventana Wilderness, région sauvage qui s'étend dans les terres à l'est de la côte. Plusieurs sentiers dont l'*Ewoldsen Trail*, un chemin de 7 km aux paysages variés. Sentier assez pentu et qui passe par une forêt de *redwoods* avant de monter jusqu'au sommet des falaises. Passez voir la cascade McWay (25 m de haut) qui se déverse sur une sublime plage aux eaux turquoise. On vous conseille le sentier *Valley View*, une randonnée facile de 3 km aller-retour.

HENRY MILLER MEMORIAL LIBRARY ★★

48603 Highway 1

✆ +1 831 667 2574

www.henrymiller.org

Ouvert du mercredi au dimanche de 11h à 18h. Entrée gratuite.

Cette bibliothèque est dédiée à Henry Miller, âme des lieux. Implanté dans une surprenante clairière, le *Henry Miller Memorial Library* renferme les écrits de l'écrivain et nombre de ses peintures. Ambiance très Big Sur dans ce chalet en bois, vous pourrez faire sur place provision d'ouvrages de Henry Miller, ou d'autres auteurs qui ont marqué son chemin dont Anaïs Nin. De jolis événements thématiques sont régulièrement organisés, ne les loupez pas.

PFEIFFER BEACH ★★★

Highway 1

Entrée 10 US$ par voiture.

Situé sur la côte de Big Sure, entouré de superbes parc nationaux, Pfeiffer Beach est l'endroit à visiter ! Cette petite crique magnifique, faite de deux plages successives et entourée de rochers, est parfaite pour s'évader de la civilisation. Vous pourrez même surfer les belles vagues du Pacifique, mais attention aux courants dangereux. Le petit plus : s'y rendre en fin de journée pour profiter des superbes couleurs du coucher de soleil. Féerie garantie ! Cette plage se trouve à 3 km de la route (prendre la *Sycamore Canyon Road*).

CÔTE CENTRALE

BIG SUR CAMPGROUND AND CABINS €

47000 Highway 1
✆ +1 831 667 2322
www.bigsurcamp.com
Emplacement à partir de 60 US$. Consulter les tarifs sur leur site internet. Réservation nécessaire.

Situé le long de la côte des séquoias et de la rivière de Big Sur, ce lieu offre camping et lodges, idéal pour toute la famille, en plein milieu de la forêt. En tente, en van, ou dans leurs magnifiques cabanes de bois rustiques mais tout équipées avec cuisine et cheminée, profitez ici pleinement de l'expérience Big Sure. De nombreux services sont à disposition : douches, téléphones, laverie, *mini market*, jeux pour enfants, location de bouées, activités organisées...

DEETJEN'S BIG SUR INN €€

48865 Highway 1
✆ +1 831 667 2377
www.deetjens.com
Chambre double à partir de 120 US$ à 430 US$. Pas d'accès Internet ni de téléphone. Petit déjeuner à partir de 15 US$.

Construit par Grandpa et Grandma Deetjen, ces petites baraques en bois perdues dans les *redwoods* accueillent des visiteurs depuis les années 1930, dont Henry Miller qui vint s'y couper du monde. Déco vintage personnalisée, feu de bois et poêle en guise de chauffage, pas de serrures aux portes, pas de wifi, salle de bain sur le palier, restaurant réputé pour son petit déjeuner et pour son dîner. Réservez bien à l'avance, car c'est très demandé. Et pour cause, c'est assurément l'hôtel le plus cool de Californie. Un petit trésor pas bien cher en plus.

ALILA VENTANA BIG SUR €€€

48123 Highway 1
✆ +1 800 628 6500
www.ventanabigsur.com
Chambre à partir de 2800 US$. Repas compris. Restaurant et bar. SPA, piscine, gym. Camping à partir de 80 US$.

Ce resort luxueux, vêtu de bois et situé en pleine montagne, bénéficie d'une vue grandiose sur le Pacifique, à l'ombre des fameux redwoods. Somptuosité assurée avec spa, piscines chauffées et tous les repas inclus. Si vous ne pouvez pas vous offrir une nuit dans ce palace, faites-y tout de même une halte en soirée pour prendre un verre et profiter de la terrasse. Belle liste de cocktails avec ou sans alcool. Un peu plus loin, Alila propose aussi l'option «Glamping», camping luxueux et bien moins cher, pour être au plus près de la nature sauvage de Big Sur.

POST RANCH INN €€€

47900 California 1
✆ +1 831 667 2200
www.postranchinn.com
A partir de 1650 US$ pour une chambre standard, 4 100 US$ pour une suite ou une maisonnette. 2 nuits minimum.

Du luxe et du naturel ! Le *Post Ranch Inn* est une perle logée dans des hauteurs boisées surplombant l'océan Pacifique, où calme et tranquillité sont les maîtres mots. Chaque chambre, suite, maison individuelle est unique et rend hommage aux lignes pures de la nature. Ajoutons à cela l'exquise cuisine du chef Cox et les piscines à débordement donnant sur l'océan, théâtres quotidiens de couchers de soleil somptueux, et le compte est bon. Lieu idéal pour un mariage, une lune de miel ou simplement un moment de profonde relaxation, seul ou en couple.

NEPENTHE €€

48510 Highway 1
✆ +1 831 667 2345
www.nepenthebigsur.com
Ouvert tous les jours de 11h30 à 22h. Cuisine simple et roborative entre 20 et 50 US$ le plat.

Situé sur les ruines de la maisonnette qu'Orson Welles fit construire pour Rita Hayworth, le *Nepenthe* est aussi légendaire que le couple. Le restaurant est cosy mais, curieusement, la nourriture y est honnête, sans plus. On y déjeune d'un steak frites pour une trentaine de dollars. Le soir c'est un peu plus cher, une cinquantaine de dollars pour une pièce de viande et des légumes. En fait, on a surtout envie de vous conseiller d'y passer pour l'apéritif afin de profiter de la vue époustouflante sur le Pacifique depuis la grande terrasse.

SAN JUAN BAUTISTA ★

Fondée en 1869, la petite ville de San Juan Bautista semble s'être arrêtée dans le temps avec ses bâtiments du XIXe et son *saloon*. Située au cœur de la San Juan Valley, à 80 km au sud de San Jose, vous pourrez y accéder par la 101 puis par l'est sur la 156 en direction de la sortie San Juan Bautista/Hollister (environ 5 km sur la 156 pour arriver dans le centre-ville). La ville ne dépasse pas les 1 900 habitants. On y visite la mission et le parc adjacent. On flâne dans le petit centre-ville avant une pause déjeuner.

SAN SIMEON ★

C'est ici qu'officiait Julia Morgan, figure de proue de l'architecture californienne. A San Simeon, on peut admirer son Hearst Castle, un gigantesque château aux allures de Monaco construit entre 1919 et 1947. Il était le domaine du magnat de la presse, William Randolph Hearst, dont la vie et la personnalité ont inspiré le fameux chef-d'œuvre d'Orson Wells, *Citizen Kane*. A l'époque, le tout Hollywood, de Gary Cooper à Charlie Chaplin, se pressait dans ce coin perdu de la côte pour venir admirer le palais du milliardaire et sa maîtresse, l'actrice Marion Davis. C'est aujourd'hui un lieu de visite où se pressent les amoureux de l'architecture.

HEARST CASTLE ★

750 Hearst Castle Road ✆ +1 800 444 4445
www.hearstcastle.org

Tous les jours à partir de 9h. Visite guidée adulte 30 US$, enfants 15 US$. En été, il est préférable de réserver.

L'architecte Julia Morgan est un des symboles de la réussite californienne. Née en 1872, elle est la première femme diplômée des Beaux-Arts de Paris. C'est entre 1919 et 1947 qu'elle entreprend la construction du Hearst Castle sur une commande de William Randolph Hearst. La demeure ne compte pas moins de 56 chambres, 61 salles de bain, 19 salons et 51 hectares de jardins équipés de courts de tennis et de piscines. On pourra admirer deux tours de type espagnol, une façade en forme de temple gréco-romain, des cheminées à la française, un appartement gothique.

PIEDRAS BLANCAS BEACH ★★

15950 Cabrillo Highway

Cette plage est un immense refuge pour les éléphants de mer. Pesant parfois plus de 2 tonnes, ils représentent la plus grande espèce de phoques et tirent leur nom de leurs narines développées en forme de trompe. Chaque année entre décembre et février, Piedras Blancas se peuple de bébés phoques. Le reste de l'année, prévoyez une pause pour admirer les batailles épiques entre mâles et vous régaler d'observer leur grande capacité à se prélasser !

MORRO BAY

Située à 15 minutes de San Luis Obispo et à 40 minutes de San Simeon, la petite ville de Morro Bay pourra être choisie comme étape pour rejoindre le fameux Hearst Castle de San Simeon. Depuis Los Angeles, elle pourra être également un point de départ vers San Francisco, et vers la péninsule de Monterey ou Big Sur. Morro Bay offre enfin plusieurs parcours de golf et des conditions naturelles remarquables pour la planche à voile. C'est bon à savoir, dans une région où les seules distractions sont celles proposées par les hôtels ou les bars.

Lions de mer à San Simeon.

SAN LUIS OBISPO ★

A mi-chemin entre Los Angeles et San Francisco, SLO comme l'appellent ses habitants, est une petite ville séduisante où la douceur de vivre de la côte ouest prend tout son sens. Essentiellement étudiante en raison de son université (Cal Poly), la ville est à taille humaine et le centre n'est que magasins branchés, *surf shops*, terrasses de café et petits restaurants sympathiques. Entre montagne et océan, SLO est une bonne étape pour les amoureux de la nature. Pour ajouter au tableau idyllique, il y fait beau 315 jours par an !

PISMO BEACH ★

Autoproclamée Capitale mondiale de la moule, cette ville de 7 655 habitants appartient au groupe dit des cinq cités qui ne sont en réalité que trois : Grover Beach, Arroyo Grande et Pismo Beach. Le nom de Pismo vient du chumash, langue dans laquelle il signifie « goudron », dont les indiens enduisaient leurs *tomols* (canoës) pour les rendre étanches ; ils le trouvaient dans un canyon proche de la plage. Un ponton en bois d'où l'on peut pêcher, une plage propre où l'on peut jouer au volley et bronzer en paix. Arrêtez-vous dans un des petits restaurants près du front de mer pour essayer la très californienne *clam chowder*, la soupe de coques servie dans du pain creux.

© STÉPHAN SZEREMETA

Statue en l'honneur des Chinois qui ont contribué à construire la voie de chemin de fer.

BUELLTON ★

Le vin est ici un peu différent de celui produit à l'ouest de la Santa Ynez Valley car les vignes bénéficient d'un climat plus frais : le *fog* et les nuages couvrent la ville jusqu'à 10h du matin et dans l'après-midi, la fraîcheur revient à nouveau. Ce climat est favorable aux vins comme le chardonnay et le pinot noir. L'institution ici est le Pea Soup Andersen's Restaurant, rendu célèbre pour sa soupe aux pois cassés depuis 1924 ! A l'étage se trouve un mini musée retraçant l'histoire de la ville. Si vous continuez vers l'ouest en direction de Lompoc, vous êtes au cœur des vignobles des Santa Rita Hills où a été tourné le film *Sideways*, d'Alexander Payne.

MOTHER'S TAVERN

725 Higuera Street
✆ +1 805 541 8733
www.motherstavern.com

Tous les jours de 11h à 2h. Burgers/sandwichs à partir de 14 US$. Happy hour du lundi au vendredi de 16h à 18h.

Des applaudissements et des cris chaleureux saluent le soir des concerts live de grande qualité, dans un décor qui vous surprendra. Sous un haut plafond en bois à caissons style Renaissance, ici une moto, là une planche à repasser… Le tout se reflète dans le miroir au-dessus du bar. Pour le déjeuner, le choix de sandwichs et de burgers est alléchant. Pour le dîner après une journée de surf, on préfèrera reprendre des forces avec les spécialités - *enchiladas* de poulet, *meatloaf*, *fish n' chips* ou poulet frit - le tout accompagné de l'une des nombreuses bières.

SIDEWAYS INN €€

114 E Hwy 246
✆ +1 805 688 8448
https://sidewaysinn.com/

200 US$ pour une chambre double en moyenne. Parking et wifi gratuits. Piscine. Petit-déjeuner léger inclus dans le prix.

Ce motel est célèbre pour être celui où ont séjourné les personnages du film *Sideways*, d'Alexander Payne (2004). Si à l'extérieur on se sent bien dans un motel – accès par l'extérieur et immense fenêtre qui donne sur le parking –, à l'intérieur on se croirait plutôt dans un boutique-hôtel. C'est design et tendance avec une déco soignée et une touche artistique. Et on ne boude pas la piscine surmontée de son joli petit moulin aux allures hollandaises et les foyers extérieurs tout autour qui sont les bienvenus à la nuit tombée.

SANTA YNEZ ★

Ambiance de western pour cette petite ville entourée de ranchs. Elle tire son nom de l'ancienne mission hispanique construite en 1804 (Sainte-Agnès). Les Indiens ont occupé ces terres pendant des millénaires avant l'arrivée des colons espagnols et européens. Aujourd'hui, ils vivent dans une réserve au sein même de la vallée de Santa Ynez. De nombreuses dégustations de vins sont proposées dans les propriétés viticoles situées sur les routes de campagne environnantes. Chacune des propriétés dispose de jardins et d'aires de pique-nique, parfaits pour goûter au charme de la campagne, tel un *ranchero*.

SOLVANG ★

Solvang est une ville danoise en Californie ! Chacun s'y sent danois et y vit à la mode du Danemark. En effet, c'est en 1911 qu'un groupe d'enseignants danois cherche à s'établir pour fonder une école. Il est intéressant de passer une demi-journée dans ce village, avec ses maisons à colombages aux toits de chaume, où les boutiques vous proposent des spécialités nordiques : essayez les pâtisseries de là-bas, par exemple. L'ensemble est très kitsch mais plutôt amusant. Il faut venir en particulier le troisième week-end de septembre pour le Danish Day, un événement majeur dans la culture danoise et qui se fête ici, notamment avec des danses traditionnelles.

SANTA BARBARA ★★

On dénombre ici près de 90 000 habitants, ce qui fait de Santa Barbara la seconde ville la plus peuplée du comté. On y accède par la Ventura Freeway 101 puis la célèbre Pacific Coast Highway (Highway 1), route côtière superbe et aisée. Santa Barbara est un petit bijou, propre et riche : vous y verrez le grand luxe américain, comme dans le feuilleton du même nom. Les villes avoisinantes ne sont pas moins ravissantes. C'est la région des ranchs dans les collines ; voyez celui de la famille Reagan ! Santa Barbara est célèbre, entre autres, pour ses toits de tuiles rouges qui se détachent sur la verdure tropicale. En 1925, lorsqu'un tremblement de terre a pratiquement détruit toute la ville espagnole, la municipalité a décidé d'harmoniser les constructions. La ville a choisi le retour au style colonial espagnol méditerranéen, avec ses maisons de crépi rose ou orangé, ses arcades et ses patios. Plus récemment, Santa Barbara est devenue célèbre pour son Wine Country, arrière-pays où les productions viticoles fleurissent autour du petit village de Los Olivos. Le cadre est idyllique pour une journée de dégustation de vins, et vous goûterez ici plus que nulle part ailleurs à la douceur de vivre californienne.

Transports

Chaque jour, les bus Greyhound (www.greyhound.com) relient Santa Barbara à L.A. en 2 à 3 heures et San Francisco en 10 heures environ. Un très bon moyen de voyager à un prix modique, tout en voyant du paysage. Renseignez-vous sur le site Internet, où sont souvent affichées des promotions.

SOLVANG RESTAURANT €€

1672 Copenhagen Drive © +1 805 688 4645
www.solvangrestaurant.com
Ouvert tous les jours de 8h à 15h, jusqu'à 17h le week-end. Sandwichs/salades à partir de 8,50 US$.

Comme souvent à Solvang, on trouve ici de la cuisine danoise. Mais ici, la spécialité, c'est l'*aebleskiver*, une espèce de pancake en forme de balle de tennis que l'on savoure recouvert de confiture. On le commande par la petite fenêtre à emporter ou on le déguste sur place et il y a même tout le nécessaire à la vente pour en confectionner à la maison. Le Solvang restaurant c'est aussi une adresse agréable pour le déjeuner si l'on veut poursuivre l'immersion scandinave. A la carte, des spécialités de saucisses, boulettes de viande et chou et un cadre 100 % danois.

CHUMASH PAINTED CAVE STATE HISTORIC PARK ★

Hwy 154
© +1 805 733 3713
Ouvert du lever au coucher du soleil.

Des grottes peintes par les Indiens Chumash sont aujourd'hui visitées par le public après être restées longtemps ignorées. De la douzaine de petites grottes, dont les dessins vieux de 400 ans rappellent ceux de la de la célèbre région du Mesa Verde au Colorado, vous n'en verrez qu'une seule, protégée par des barrières.

Depuis Santa Barbara, prenez la Highway 154 en suivant San Marcos Pass Road vers le nord. Tournez à droite sur Painted Cave Road. Continuez pendant 3 km.

MUSEUM OF NATURAL HISTORY

2559 Puesta Del Sol Road
✆ +1 805 682 4711
www.sbnature.org
Ouvert du mercredi au lundi de 10h à 17h. Tarif adultes 18 US$, enfants (entre 2 et 12 ans) 12 US$.

Au musée d'histoire naturelle de Santa Barbara, vous pouvez admirer le squelette d'une baleine géante et les fameux condors, naturalisés bien sûr, dont l'envergure atteint parfois trois mètres ! Le musée abrite également une exposition sur les indiens Chumash, les premiers habitants de la région de Ventura et Santa Barbara, célèbres pour leurs *tomolos*, des barques cousues et imperméabilisées par du goudron. Le musée organise des ateliers pour les enfants.

OLD MISSION SANTA BARBARA ★

2201 Upper Laguna Street
✆ +1 805 682 4713
www.santabarbaramission.org
Ouvert tous les jours de 9h30 à 16h (ouverture à 11h le dimanche). Tarif adulte 15 US$, enfant (de 5 à 17 ans) 10 US$.

Construite selon les plans romains de Vitruve, elle a été fondée en 1786. Dixième des missions californiennes, elle fut détruite par un tremblement de terre en 1812 et reconstruite en 1820. La visite commence par les chambres des anciens missionnaires et de leurs invités, la cuisine et la chapelle, avant de déboucher dans le jardin tout de grâce et d'harmonie. Puis, vous entrez dans l'église et vous ressortez par le cimetière où de nombreux Indiens sont enterrés.

SANTA BARBARA BOTANIC GARDENS ★

1212 Mission Canyon Road ✆ +1 805 682 4726
www.sbbg.org
Ouvert de 10h à 17h. Réservation conseillée en haute saison. Tarif adultes 18 US$, enfants 10 US$ (entre 3 et 17 ans).

Un superbe jardin botanique, à visiter surtout au printemps quand il est en fleurs le long de ses 8 km de sentiers à parcourir. La section Arroyo présente des fleurs que l'on trouve à proximité des cours d'eau. En suivant le Campbell Trail, vous découvrirez le *chaparral*, un ensemble de plantes qui évoluent habituellement dans les montagnes rocheuses de Californie sous un climat sec. Dans la section sur le désert, on peut voir les plantes qui survivent dans les milieux les plus arides.

BRISAS DEL MAR, INN AT THE BEACH €€

223 Castillo Street ✆ +1 805 966 2219
www.sbhotels.com
Chambre double autour de 400 US$. Petit déjeuner inclus. Piscine. Salle de gym. Wifi gratuit. Parking gratuit.

Situé à quelques rues des plages et de la marina, ce motel dégage un charme tout spécial, surtout lorsque l'extérieur est illuminé le soir. Les chambres sont spacieuses et très bien équipées (réfrigérateur, machine à café, lecteur DVD). Une piscine et un Jacuzzi accueillent les voyageurs de passage. Ce qu'on aime ici, ce sont toutes ces petites attentions qui font la différence : petit déjeuner continental, vélos mis à disposition gratuitement, dégustations offertes...

HARBOR HOUSE INN €€

104 Bath Street
✆ +1 805 962 9745
www.harborhouseinn.com
Queen Studio à partir de 275 US$. Petit déjeuner inclus. Kitchenette. Wifi gratuit. Parking gratuit.

Ce petit Inn paraît tout droit sorti des années 1950 lorsqu'on débarque sur son parking. Situé à quelques centaines de mètres de la plage, il est parfait pour se balader sur le bord de mer ou entreprendre une plus longue promenade jusqu'au centre ville. Les chambres sont soigneusement décorées avec des meubles anciens. Le petit déjeuner vous est offert sous forme d'un panier garni avec jus, des fruits et pâtisseries. On apprécie ici le sens de l'hospitalité : des serviettes de plages, planches de body-boards, vélos et parasols vous sont prêtés gracieusement.

THE NATURAL CAFE €

508 State Street
✆ +1 805 962 9494
www.thenaturalcafe.com
Tous les jours de 11h à 21h. Comptez autour de 15 US$ par personne pour le déjeuner.

Depuis 1994, ce petit coin de fraîcheur, où produits naturels et papier recyclé font loi, est idéal pour la pause déjeuner. De nombreux plats sont végétariens dont, entre autres, des *good karma burgers*, des *zen burgers* et des *buddha burritos*. L'accord est parfait avec la boutique du café qui vend bijoux, bougies, encens indien, et des petites sculptures en bois de Ganesh (éléphant protecteur, fils de Shiva) ou des Bodhisattvas, les futurs Bouddhas. On trouve une autre adresse à Midtown Santa Barbara (361 Hitchcock Way) et d'autres encore dans la région.

BROPHY BROS RESTAURANT €€

119 Harbor Way
✆ +1 805 966 4418
www.brophybros.com
Ouvert tous les jours de 11h à 22h.
Plats autour de 27 US$.

Il faut aller le dénicher en haut d'un petit escalier, mais une fois connu il est inoubliable. La vue sur la forêt des mâts de bateaux est splendide et l'accueil tellement sympathique… Les assiettes de fruits de mer et de poissons sont généreuses, à des prix très corrects. A tester : le *clam chowder*, spécialité de la côte (il s'agit d'une soupe à base de palourdes).Sinon, on pourra préférer les pâtes aux fruits de mer, ou bien de l'espadon, du saumon ou autre *halibut* (flétan).

CHANNEL ISLANDS NATIONAL PARK ★★

Les huit îles de l'archipel des Channel Islands, au large de Los Angeles, sont détentrices d'un magnifique écosystème de type méditerranéen. Cinq d'entre elles sont sous protection et forment un parc national de 1 009 km² : d'est en ouest, Santa Barbara, isolée ; puis en archipel resserré, Anacapa, Santa Cruz, Santa Rosa et San Miguel. Les trois autres îles, qui ne font pas partie du parc sont les îles San Clemente, San Nicolas et Santa Catalina.

Les îles comportent une faune et une flore très riches, avec plus de 2 000 espèces dont certaines sont endémiques et uniques (au nombre de 145), comme le renard gris insulaire ou une sous-espèce de bruant à calotte fauve (petit oiseau à dos marron). L'aigle à tête blanche, animal emblème des Etats-Unis, se trouve aussi dans ce parc. Les beautés naturelles attirent quelque 30 000 visiteurs par an, nombre qui reste restreint en raison de l'insularité qui implique de venir en avion ou en bateau. Les îles ne sont pas habitées mais chacune d'entre elles est dotée d'un camping où il est tout à fait possible de passer la nuit, à mille lieux du tumulte de la ville…

Pratique

Le centre des visiteurs se trouve à Ventura (1901 Spinnaker Drive ✆ +1 805 658 5730 - www.nps.gov/chis). Vous pourrez visionner un film de 25 min sur le parc national. Egalement, une petite exposition qui permet d'en apprendre plus sur chacune des îles qui le composent. Il n'y pas de frais d'entrée pour accéder aux îles. Chacune des îles possède un camping.

ANACAPA ISLAND

A peine plus étendue que Santa Barbara Island, cette petite île volcanique se trouve à 28 km du continent. Elle est composée de trois îlots étroits, la plupart des bateaux déposant les passagers du côté de East Anacapa. Sur celle-ci se trouve un phare qu'il est possible de rejoindre par la marche. Un centre de visiteurs a été implanté dans une ancienne maison de garde-côte. Cette île est desservie depuis le port de Ventura, comme les autres îles, mais également depuis Oxnard.

SAN MIGUEL ISLAND

Vous pouvez passer la nuit sur l'île, un camping payant de 9 emplacements s'y trouve.
Réservation nécessaire.

Il s'agit de l'île la plus à l'ouest, la plus éloignée des terres mais aussi la plus sauvage. Elle s'étend sur 38 km² et possède un climat rude. Ses eaux sont froides et elle est constamment balayée par des vents puissants. Il est possible d'y faire de la randonnée, en rejoignant par exemple Cuyler Harbor Beach depuis le poste de *ranger*. Pour faire l'aller-retour de 23 km jusqu'à Point Bennett, il faut être accompagné d'un *ranger*. Vous ne serez pas déçu à l'arrivée, lorsque vous admirerez les milliers d'otaries et éléphants de mer se prélassant sur la plage !

SANTA BARBARA ISLAND

Minuscule île de beauté de 2,6 km², c'est grâce à des activités volcaniques sous-marines qu'elle s'est formée il y a des millénaires. L'île est occupée par de nombreuses variétés d'animaux, entre éléphants de mer et oiseaux marins. Elle est essentiellement constituée de falaises, d'ailleurs, il faut grimper une échelle afin d'accéder à sa jetée depuis le bateau. En plus de la randonnée, l'île est très populaire pour la pratique d'activités nautiques comme le kayak, le snorkelling et la plongée. Notez que ses eaux, plutôt tumultueuses, ne sont pas surveillées.

CÔTE CENTRALE

SANTA CRUZ ISLAND

C'est la plus grande île de l'archipel des Channel Islands (245 km²) qui ne se trouve qu'à une heure de Ventura. Elle possède deux jetées pour accueillir les passagers, Scorpion Anchorage et Prisoners Harbor, toutes deux dans sa partie est. Si vous ne deviez visiter qu'une seule des Channel Islands, voici l'île la plus facilement accessible depuis le continent, celle qui possède le climat le plus agréable et celle qui offre le plus d'activités. A moins que vous ne recherchiez la solitude. Elle comprend quinze sentiers de randonnée et est idéale pour la baignade.

SANTA ROSA ISLAND

L'ile de 213 km² se trouve à 3 heures de traversée. Le bateau dépose les passagers sur la jetée de Bechers Bay. Beaucoup passent la journée sur place, à pique-niquer, se baigner et randonner. La rando la plus populaire est celle qui mène à Water Canyon Beach, 4,8 km aller-retour depuis la jetée. D'autres sentiers traversent l'île et mènent à Cherry Canyon, Black Mountain, Torrey Pines, Lobo Canyon et East Point, la plus longue avec ses 25 km aller-retour. Des os des premiers mammouths d'Amérique, ayant vécu il y a près de 13 000 ans, ont été retrouvés sur l'île.

ISLAND PACKERS

✆ +1 805 642 1393
www.islandpackers.com
Premiers départs à 8h depuis le continent. Horaires et tarifs variables selon les îles.

Cet organisme recommandé par le National Park Service propose des trajets en bateau à destination des cinq îles du parc. Santa Cruz Island et Anacapa Island sont desservies toute l'année, tandis que des trajets saisonniers sont offerts pour les trois autres îles, généralement entre avril et novembre. Pensez à réserver en avance, les bateaux étant vite pleins et certaines îles n'étant desservies que quelques fois par semaine ou par mois. Les départs se font tous depuis le port de Ventura, à l'exception d'East Anacapa qui est également desservie depuis Oxnard.

VENTURA ★

La ville de Ventura, sur la côte à environ 80 km au nord de Los Angeles, est une étape intéressante. Les plages y sont agréables et moins bondées. Vous pourrez flâner autour des marinas, faire du shopping sur le ponton (*pier*) et faire du surf sur l'un des meilleurs *spots* de la côte. Ventura, ville agricole au charmant centre-ville, est aussi la principale voie d'accès vers le Channel Islands National Park, archipel isolé et sauvage. Le secteur présente également un intérêt archéologique pour la découverte et la compréhension des peuples primitifs de la Californie.

© CANALI PIETRO

Surfeuse sur la plage de Faria, au nord de Ventura.

ANDRIA'S SEAFOOD €€

1449 Spinnaker Drive
✆ +1 805 654 0546
www.andriasseafood.com
Ouvert tous les jours de 11h à 20h (jusqu'à 21h le vendredi et le samedi). Autour de 20 US$ pour un plat.

Voici une bonne adresse que l'on reconnaît à sa grande fréquentation. Il y a la queue toute la journée dans ce restaurant de poissons et fruits de mer. La raison ? C'est bon, simple, rapide et pas cher. Au choix, des paniers de fruits de mer frits, comme les *shrimps & chips*, soupes de coques, poissons grillés mais aussi des salades et sandwichs, comme le délicieux sandwich au *crab cake*. La situation du restaurant est idéale, avec vue sur le port, mais sans les inconvénients : ici, les prix sont doux et le parking est juste à côté.

LOS ANGELES ET SES ENVIRONS

Le Golden State n'aurait pas le même rayonnement sans la Cité des Anges et ses environs. Profondément marqués par l'industrie du cinéma et de la télévision, ces lieux immortalisés à maintes reprises semblent familiers au visiteur, entre les plages d'*Alerte à Malibu*, les rues branchées d'Arts District représentées dans *New Girl*, ou encore la scène mythique de l'observatoire imaginée dans *La La Land*. Pourtant, tout reste à découvrir. Les influences mexicaines de la ville, ses *Farmers Markets*, les banlieues calmes et agréables qui l'entourent, les nombreux sentiers de randonnée qui parcourent les hauteurs de Hollywood, le bain de nature offert par Malibu, au nord, l'ambiance si particulière des *beach towns*, au sud... Si Los Angeles était un joyau, ses environs seraient son écrin. Une région où il fait bon vivre, où l'on gagnerait à poser ses valises, le temps d'apprendre à la connaître et à l'apprivoiser.

Los Angeles et ses environs
VERS FORT TEJON STATE HISTORIC PARK
Val Verde
Russ
Ravenna
SANTA CLARITA
Mentryville
Elayon
Chilao
San Fernando
Simi Valley
Lake Manor
Briggs Terrace
MONTROSE
BURBANK
Altadena
GLENDALE
PASADENA
Calabasas
SOUTH PASADENA
SAN MARINO
Topanga
MALIBU CREEK STATE PARK
Beverly Hills
LOS ANGELES
El Monte
MALIBU
Santa Monica
Inglewood
Downey
Compton
MANHATTAN BEACH
Buena Park
Lakewood
REDONDO BEACH
Torrance
RANCHO PALOS VERDES
LONG BEACH
SAN PEDRO
SEAL BEACH
HUNTINGTON BEACH
Two Harbors
SANTA CATALINA ISLAND
Middle Ranch
Avalon
20 KM

Beverly Hills, Bel Air, Westwood et Brentwood

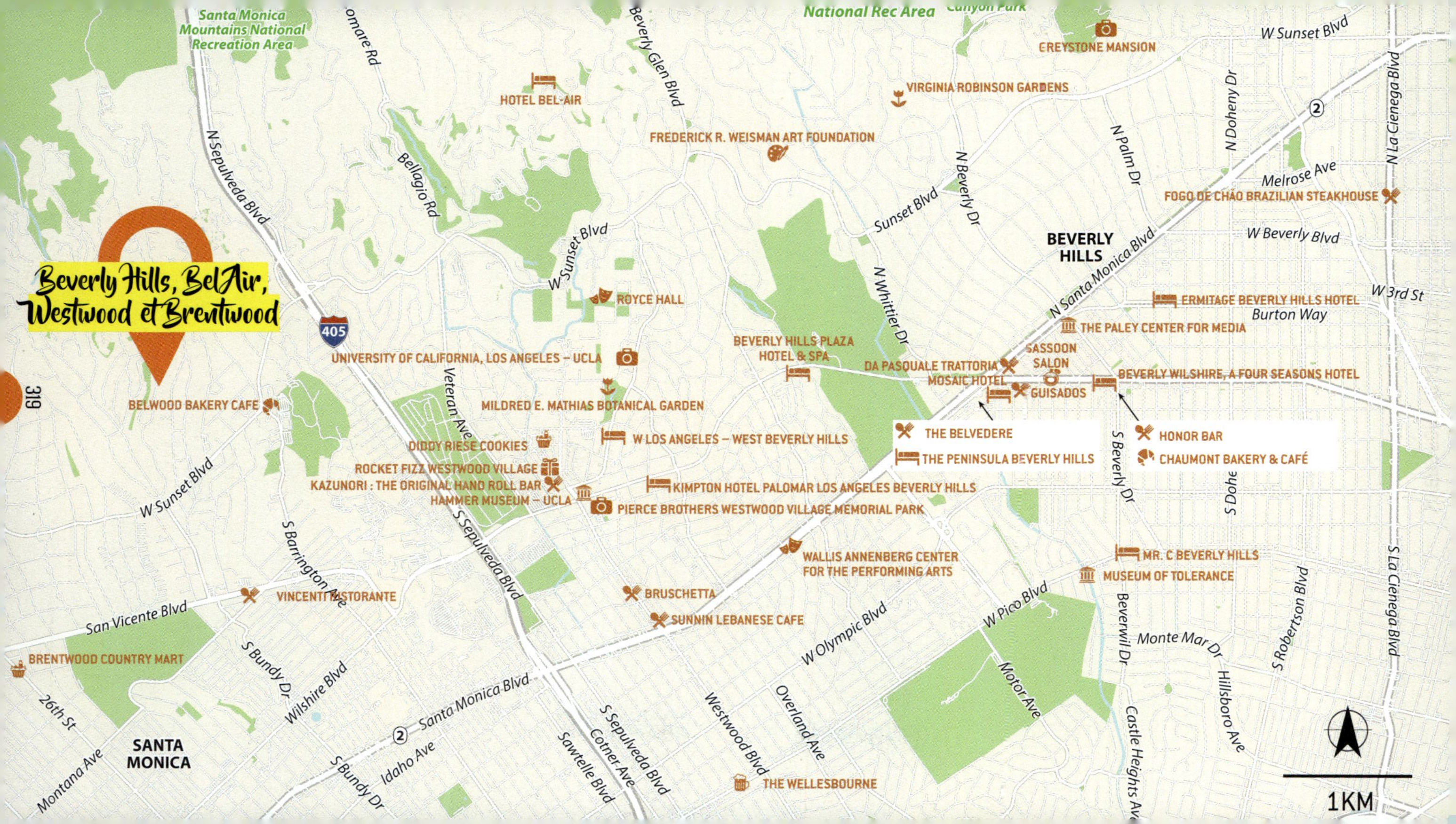

Downtown LA
Music Center Plaza
Fountain Overlook
Olive Court
Promenade Plaza
Blue Ribbon Garden
WALT DISNEY CONCERT HALL
Civic Center/ Grand Park
THE BROAD
MUSEUM OF CONTEMPORARY ART
THE WESTIN BONAVENTURE HOTEL & SUITES
ANGELS FLIGHT RAILWAY
GRAND CENTRAL MARKET
CITA
BRADBURY BUILDING
LOS ANGELES PUBLIC LIBRARY
MILLENNIUM BILTMORE HOTEL
Pershing Square
PERCH
Metro Red/Purple Lines Entrance
LOS ANGELES CONSERVANCY
PERSHING SQUARE
THE LAST BOOKSTORE
DONUT FRIEND
BOTTEGA LOUIE
GARÇONS DE CAFÉ
FREEHAND LOS ANGELES
THE VARNISH
S Beaudry Ave
N Figueroa St
Dewap Rd
N Hope St
N Grand Ave
S Figueroa St
W 1st St
S Hope St
S Flower St
2nd Pl
W 3rd St
W 2nd St
S Olive St
W 4th St
S Grand Ave
Hope Pl
W 3rd St
S Hill St
W 5th St
S Broadway
S Spring St
Frank Ct
W 6th St
Lindley Pl
Harlem Pl
Werdin Pl
Mercury Ct
S Main St
Winston St
W 7th St
S Los Angeles St
Maple Ave
W 8th St
Wall St
E 6th St
E 7th St

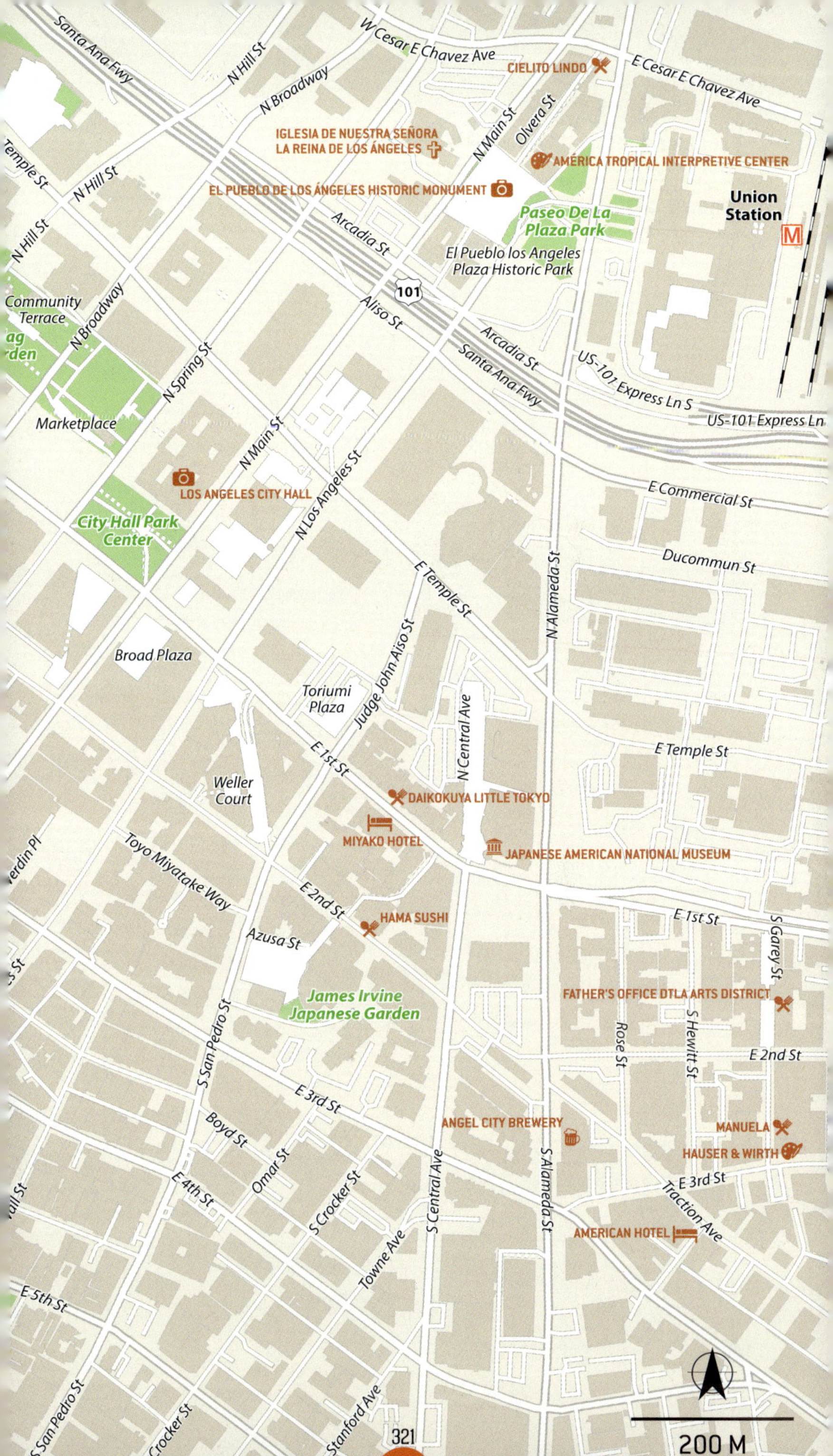
CIELITO LINDO
IGLESIA DE NUESTRA SEÑORA LA REINA DE LOS ÁNGELES
AMÉRICA TROPICAL INTERPRETIVE CENTER
EL PUEBLO DE LOS ÁNGELES HISTORIC MONUMENT
Union Station
Paseo De La Plaza Park
El Pueblo los Angeles Plaza Historic Park
Community Terrace
Marketplace
LOS ANGELES CITY HALL
City Hall Park Center
Broad Plaza
Toriumi Plaza
Weller Court
DAIKOKUYA LITTLE TOKYO
MIYAKO HOTEL
JAPANESE AMERICAN NATIONAL MUSEUM
HAMA SUSHI
James Irvine Japanese Garden
FATHER'S OFFICE DTLA ARTS DISTRICT
ANGEL CITY BREWERY
MANUELA
HAUSER & WIRTH
AMERICAN HOTEL
Santa Ana Fwy
W Cesar E Chavez Ave
E Cesar E Chavez Ave
N Hill St
N Broadway
Temple St
N Main St
Olvera St
Arcadia St
Aliso St
101
US-101 Express Ln S
US-101 Express Ln
N Spring St
N Los Angeles St
E Commercial St
Ducommun St
N Alameda St
E Temple St
Judge John Aiso St
N Central Ave
E 1st St
Toyo Miyatake Way
E 2nd St
Azusa St
S Garey St
Rose St
S Hewitt St
S San Pedro St
E 3rd St
Boyd St
Omar St
S Crocker St
S Central Ave
S Alameda St
Traction Ave
E 4th St
Towne Ave
E 5th St
Stanford Ave
200 M

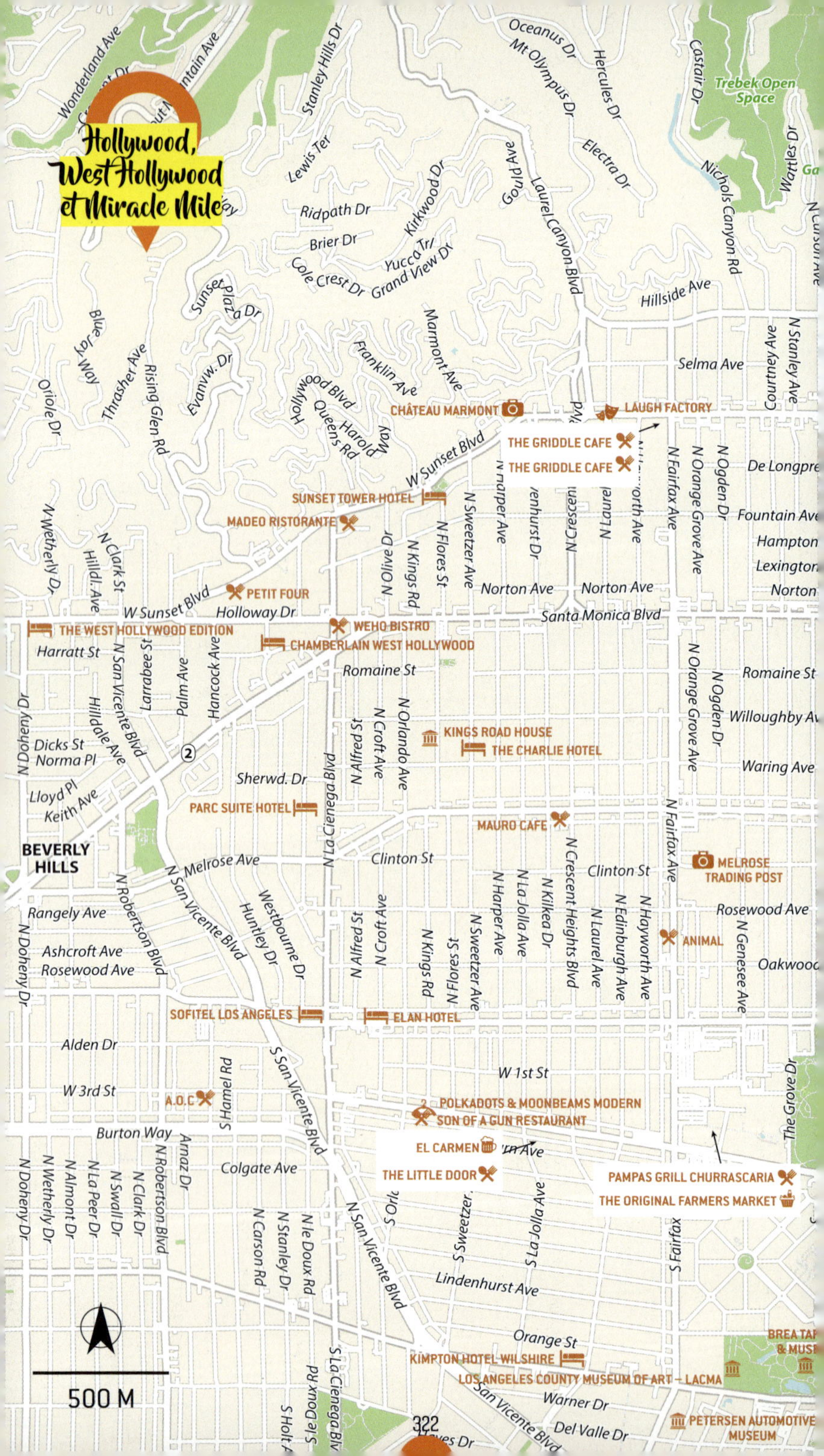
Hollywood, West Hollywood et Miracle Mile
CHÂTEAU MARMONT
LAUGH FACTORY
THE GRIDDLE CAFE
THE GRIDDLE CAFE
SUNSET TOWER HOTEL
MADEO RISTORANTE
PETIT FOUR
THE WEST HOLLYWOOD EDITION
WEHO BISTRO
CHAMBERLAIN WEST HOLLYWOOD
KINGS ROAD HOUSE
THE CHARLIE HOTEL
PARC SUITE HOTEL
MAURO CAFE
MELROSE TRADING POST
ANIMAL
SOFITEL LOS ANGELES
ELAN HOTEL
A.O.C
POLKADOTS & MOONBEAMS MODERN
SON OF A GUN RESTAURANT
EL CARMEN
THE LITTLE DOOR
PAMPAS GRILL CHURRASCARIA
THE ORIGINAL FARMERS MARKET
KIMPTON HOTEL WILSHIRE
LOS ANGELES COUNTY MUSEUM OF ART – LACMA
PETERSEN AUTOMOTIVE MUSEUM
BEVERLY HILLS
Trebek Open Space
W Sunset Blvd
Santa Monica Blvd
Melrose Ave
Burton Way
N La Cienega Blvd
N Fairfax Ave
Laurel Canyon Blvd
N San Vicente Blvd
N Robertson Blvd
Fountain Ave
Hillside Ave
Selma Ave
Norton Ave
Romaine St
Willoughby Ave
Waring Ave
Clinton St
Rosewood Ave
W 1st St
W 3rd St
Alden Dr
Colgate Ave
Lindenhurst Ave
Orange St
Warner Dr
Del Valle Dr
500 M

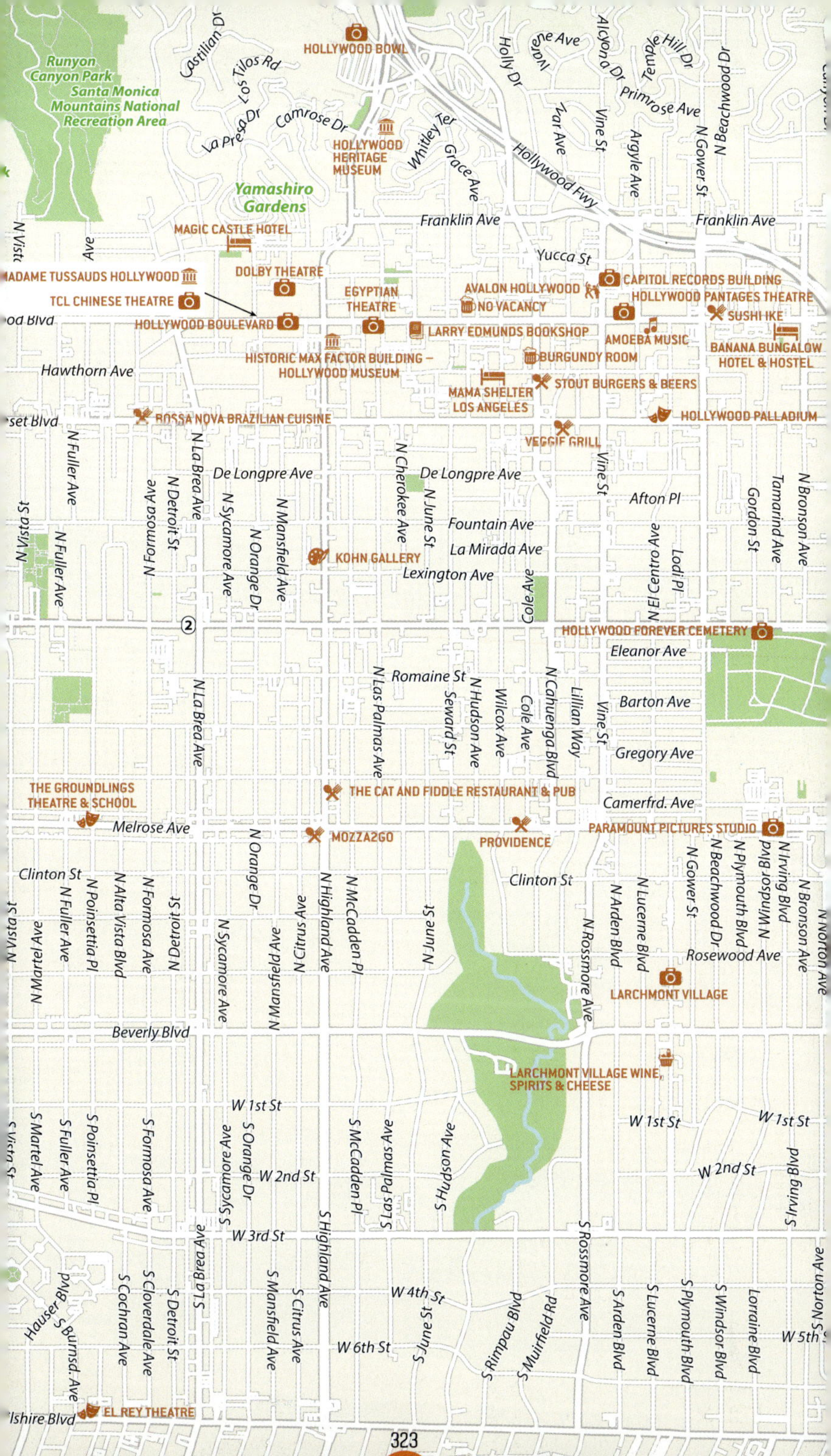
Runyon Canyon Park
Santa Monica Mountains National Recreation Area
Yamashiro Gardens
HOLLYWOOD BOWL
HOLLYWOOD HERITAGE MUSEUM
MAGIC CASTLE HOTEL
MADAME TUSSAUDS HOLLYWOOD
TCL CHINESE THEATRE
DOLBY THEATRE
HOLLYWOOD BOULEVARD
EGYPTIAN THEATRE
HISTORIC MAX FACTOR BUILDING – HOLLYWOOD MUSEUM
AVALON HOLLYWOOD
NO VACANCY
LARRY EDMUNDS BOOKSHOP
CAPITOL RECORDS BUILDING
HOLLYWOOD PANTAGES THEATRE
SUSHI IKE
AMOEBA MUSIC
BURGUNDY ROOM
BANANA BUNGALOW HOTEL & HOSTEL
MAMA SHELTER LOS ANGELES
STOUT BURGERS & BEERS
ROSSA NOVA BRAZILIAN CUISINE
HOLLYWOOD PALLADIUM
VEGGIE GRILL
KOHN GALLERY
HOLLYWOOD FOREVER CEMETERY
THE GROUNDLINGS THEATRE & SCHOOL
THE CAT AND FIDDLE RESTAURANT & PUB
MOZZA2GO
PROVIDENCE
PARAMOUNT PICTURES STUDIO
LARCHMONT VILLAGE
LARCHMONT VILLAGE WINE, SPIRITS & CHEESE
EL REY THEATRE
Castilian Dr
Los Tilos Rd
La Presa Dr
Camrose Dr
Whitley Ter
Grace Ave
Holly Dr
Ivarene Ave
Alcyona Dr
Temple Hill Dr
Primrose Ave
N Beachwood Dr
Ivar Ave
Vine St
Argyle Ave
N Gower St
Hollywood Fwy
Franklin Ave
Yucca St
Hawthorn Ave
De Longpre Ave
Fountain Ave
La Mirada Ave
Lexington Ave
Afton Pl
N Fuller Ave
N Formosa Ave
N Detroit St
N La Brea Ave
N Sycamore Ave
N Orange Dr
N Mansfield Ave
N Cherokee Ave
N June St
Cole Ave
N El Centro Ave
Lodi Pl
Gordon St
Tamarind Ave
N Bronson Ave
N Vista St
Eleanor Ave
Romaine St
Barton Ave
Gregory Ave
Camerfrd. Ave
N Las Palmas Ave
Seward St
N Hudson Ave
Wilcox Ave
N Cahuenga Blvd
Lillian Way
Melrose Ave
Clinton St
N Martel Ave
N Poinsettia Pl
N Alta Vista Blvd
N Citrus Ave
N Highland Ave
N McCadden Pl
N Rossmore Ave
N Arden Blvd
N Lucerne Blvd
N Plymouth Blvd
N Windsor Blvd
N Irving Blvd
N Norton Ave
Rosewood Ave
Beverly Blvd
W 1st St
W 2nd St
W 3rd St
W 4th St
W 5th St
W 6th St
S Martel Ave
S Fuller Ave
S Poinsettia Pl
S Formosa Ave
S Sycamore Ave
S Orange Dr
S McCadden Pl
S Las Palmas Ave
S Hudson Ave
S Irving Blvd
S Highland Ave
S La Brea Ave
S Mansfield Ave
S Citrus Ave
S Cochran Ave
S Cloverdale Ave
S Detroit St
Hauser Blvd
S Burnsd. Ave
S June St
S Rimpau Blvd
S Muirfield Rd
S Rossmore Ave
S Arden Blvd
S Lucerne Blvd
S Plymouth Blvd
S Windsor Blvd
Lorraine Blvd
S Norton Ave
Wilshire Blvd

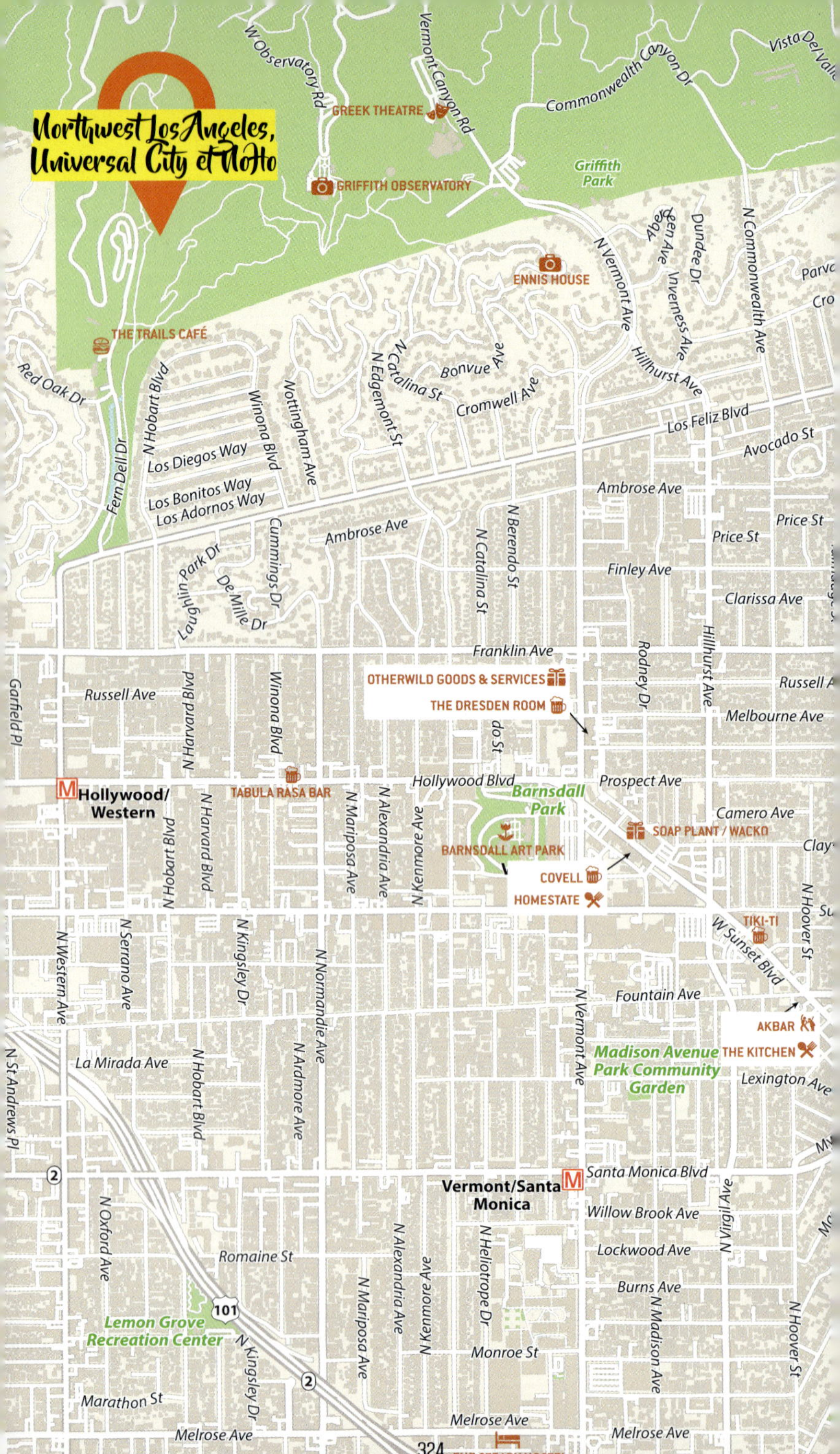

Northwest Los Angeles, Universal City et NoHo
GREEK THEATRE
GRIFFITH OBSERVATORY
ENNIS HOUSE
THE TRAILS CAFÉ
Griffith Park
W Observatory Rd
Vermont Canyon Rd
Commonwealth Canyon Dr
Vista Del Valle
N Vermont Ave
Aberdeen Ave
Dundee Dr
N Commonwealth Ave
Inverness Ave
Hillhurst Ave
Red Oak Dr
N Hobart Blvd
Winona Blvd
Nottingham Ave
N Edgemont St
N Catalina St
Bonvue Ave
Cromwell Ave
Los Feliz Blvd
Avocado St
Los Diegos Way
Los Bonitos Way
Los Adornos Way
Fern Dell Dr
Ambrose Ave
Price St
Finley Ave
Clarissa Ave
Laughlin Park Dr
De Mille Dr
Cummings Dr
N Berendo St
Franklin Ave
OTHERWILD GOODS & SERVICES
THE DRESDEN ROOM
Russell Ave
Melbourne Ave
Garfield Pl
N Harvard Blvd
Rodney Dr
Hollywood/Western
TABULA RASA BAR
Hollywood Blvd
Prospect Ave
Barnsdall Park
BARNSDALL ART PARK
Camero Ave
SOAP PLANT / WACKO
COVELL
HOMESTATE
N Mariposa Ave
N Alexandria Ave
N Kenmore Ave
TIKI-TI
W Sunset Blvd
N Hoover St
N Western Ave
N Serrano Ave
N Kingsley Dr
N Normandie Ave
Fountain Ave
AKBAR
THE KITCHEN
Madison Avenue Park Community Garden
Lexington Ave
La Mirada Ave
N Ardmore Ave
N St Andrews Pl
Santa Monica Blvd
Vermont/Santa Monica
Willow Brook Ave
Lockwood Ave
Burns Ave
N Virgil Ave
N Oxford Ave
Romaine St
N Heliotrope Dr
N Madison Ave
Lemon Grove Recreation Center
101
2
Monroe St
Marathon St
Melrose Ave
THE STEADY HOSTEL

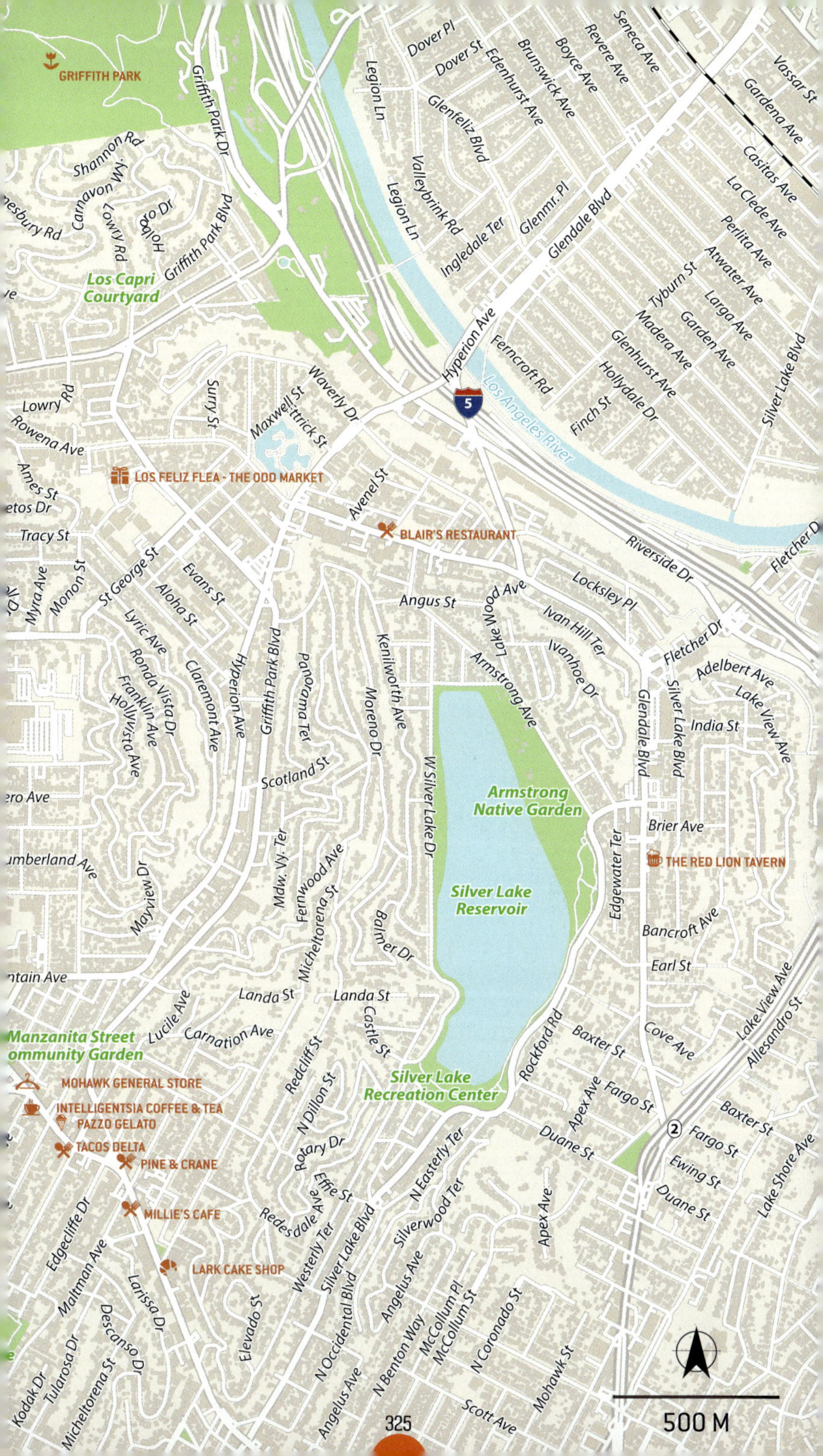
GRIFFITH PARK
Los Capri Courtyard
LOS FELIZ FLEA - THE ODD MARKET
BLAIR'S RESTAURANT
Armstrong Native Garden
Silver Lake Reservoir
THE RED LION TAVERN
Silver Lake Recreation Center
Manzanita Street ommunity Garden
MOHAWK GENERAL STORE
INTELLIGENTSIA COFFEE & TEA
PAZZO GELATO
TACOS DELTA
PINE & CRANE
MILLIE'S CAFE
LARK CAKE SHOP
Los Angeles River
Griffith Park Dr
Griffith Park Blvd
Shannon Rd
Carnavon Wy
Lowry Rd
Hollyvista Ave
Rowena Ave
Ames St
Tracy St
Myra Ave
Monon St
St George St
Evans St
Aloha St
Lyric Ave
Ronda Vista Dr
Franklin Ave
Claremont Ave
Hyperion Ave
Panorama Ter
Kenilworth Ave
Moreno Dr
W Silver Lake Dr
Scotland St
Fernwood Ave
Micheltorena St
Mdw. Vy. Ter
Mayview Dr
Landa St
Lucile Ave
Carnation Ave
Redcliff St
Castle St
Balmer Dr
N Dillon St
Rotary Dr
Effie St
Redesdale Ave
Westerly Ter
Silver Lake Blvd
N Occidental Blvd
Angelus Ave
N Benton Way
McCollum Pl
McCollum St
N Coronado St
Mohawk St
Scott Ave
Silverwood Ter
N Easterly Ter
Apex Ave
Rockford Rd
Baxter St
Fargo St
Duane St
Ewing St
Lake Shore Ave
Allesandro St
Lake View Ave
Cove Ave
Earl St
Bancroft Ave
Brier Ave
Edgewater Ter
Glendale Blvd
India St
Adelbert Ave
Fletcher Dr
Ivanhoe Dr
Ivan Hill Ter
Locksley Pl
Riverside Dr
Armstrong Ave
Lake Wood Ave
Angus St
Avenel St
Waverly Dr
Maxwell St
Surry St
Lowry Rd
Legion Ln
Dover Pl
Dover St
Edenhurst Ave
Brunswick Ave
Boyce Ave
Revere Ave
Seneca Ave
Glenfeliz Blvd
Valleybrink Rd
Ingledale Ter
Glenmr. Pl
Ferncroft Rd
Finch St
Hollydale Dr
Glenhurst Ave
Madera Ave
Tyburn St
Garden Ave
Larga Ave
Atwater Ave
Perlita Ave
La Clede Ave
Casitas Ave
Gardena Ave
Vassar St
Edgecliffe Dr
Maltman Ave
Larissa Dr
Descanso Dr
Tularosa Dr
Kodak Dr
Micheltorena St
Elevado St
Cumberland Ave
500 M

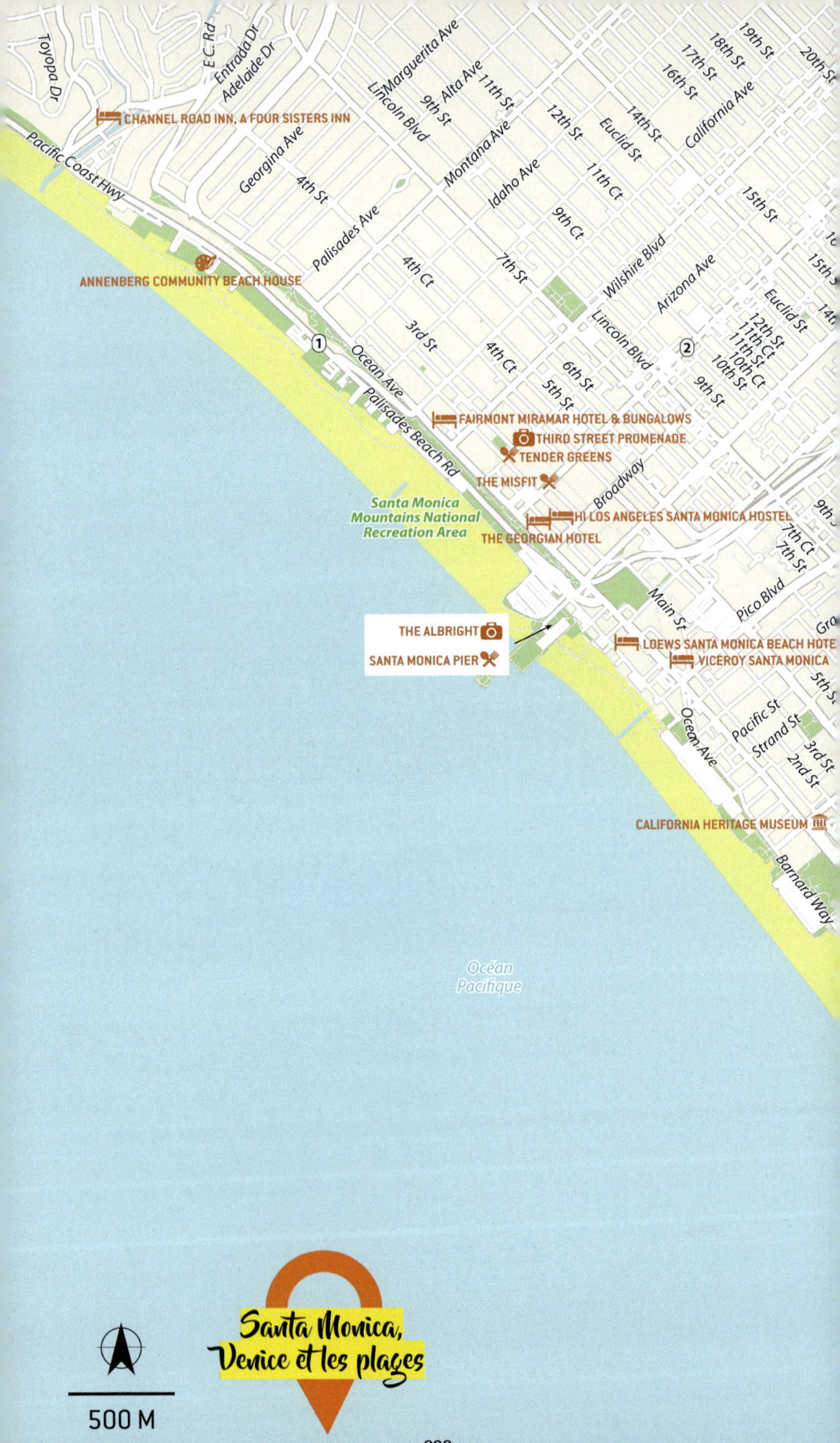

Santa Monica, Venice et les plages

SANTA MONICA BREW WORKS
Organic Learning Garden
Airport Avenue Demonstration Gardens
MUSEUM OF FLYING
CAFÉ GRATITUDE
GJUSTA
THE BUTCHER'S DAUGHTER
CUYANA
NATIVE AMERICAN WORLD - INDIGENOUS
AMESUN VENICE BEACH
PODSHARE VENICE
AL THE BAY AQUARIUM
VENICE CANALS
JAMAICA BAY INN
INN AT VENICE BEACH
MARINA DEL REY HOTEL
VENICE BEACH BOARDWALK
Marina Del Rey
NTA
NICA
Ocean Vi
Farms
Santa Monica Fwy
Olympic Blvd
Pico Blvd
W Pico Blvd
Ocean Park Blvd
Exposition Blvd
Delaware Ave
Virginia Ave
Urban Ave
Kansas Ave
Cloverfield Blvd
Broadway
Nebraska Ave
Stewart St
Tennessee Ave
Ayres Ave
S Bundy Dr
S Centinela Ave
Amherst Ave
Wellesley Ave
Armacost Ave
Michigan Ave
Airport Ave
Stanwood Dr
Warren Ave
Lake St
Rose Ave
Marine St
Pier Ave
Ashland Ave
Dewey St
Navy St
Main St
Hampton Dr
Lincoln Blvd
Venice Blvd
Abbot Kinney Blvd
Palms Blvd
California Ave
Walgrove Ave
Zanja St
Beach Ave
Washington Blvd
Admiralty Way
Via Marina
Via Dolce
Panay Way
Bali Way
Speedway
Pacific Ave
Strongs Dr
S Venice Blvd
Venice Way
Market St
Oakwood Ave
Harbor St
Olive Ave
Marr St
Carter Ave
Del Rey Ave
Yale Ave
Thatcher Ave
Oxford Ave
Prom. Wy.
10
90
1
2

PAGES

329 ●● LOS ANGELES

394 ●● AU NORD DE LOS ANGELES

La zone qui s'étire de l'ouest de Brentwood jusqu'au bord de mer, au niveau de Malibu, est l'une des plus prisées par les célébrités du Grand Los Angeles. Les loyers comptent parmi les plus élevés de la région, tandis que les maisons se vendent à des prix astronomiques. En cause : une côte au relief accidenté magnifique, qui a su conserver un aspect sauvage. Au nord-est de la Cité des Anges, place à des villes résidentielles proprettes comme Pasadena, South Pasadena et Glendale. Nombreux sont ceux qui s'y sont installés pour bénéficier d'une meilleure qualité de vie, le quotidien étant souvent moins onéreux qu'à L.A. et la sécurité plus grande.

394 MALIBU ★★
396 SANTA CLARITA ★
397 FORT TEJON STATE HISTORIC PARK ★
397 BURBANK ★
398 GLENDALE ★
398 MONTROSE ★
399 PASADENA ★★
401 SOUTH PASADENA
401 SAN MARINO ★

402 ●● AU SUD DE LOS ANGELES

Au sud, Los Angeles est entourée de jolies *beach towns* à l'ambiance décontractée, de Manhattan Beach à Redondo Beach en passant par Hermosa Beach. Pour sa part, Rancho Palos Verdes constitue une halte inoubliable, entre sa situation en bordure de falaise, sa chapelle semblant être sortie d'un songe et la Palos Verdes Scenic Drive à couper le souffle. On gagne ensuite l'ensemble San Pedro/Long Beach, une zone portuaire majeure avec un important transit de containers. Si cette première ville se prête à l'exploration, forte de son identité marquée, la seconde constitue un bon point de départ pour Santa Catalina Island, petit joyau des alentours.

402 MANHATTAN BEACH ★
402 HERMOSA BEACH ★
402 REDONDO BEACH ★
403 RANCHO PALOS VERDES ★
403 SAN PEDRO ★
405 LONG BEACH ★★
406 SANTA CATALINA ISLAND ★★

LOS ANGELES

[illegible] - SHUTTERSTOCK.COM

Los Angeles se déploie sur une vaste plaine côtière dominée par de hautes montagnes en arrière-plan. Mégapole inondée de soleil, cette ville gigantesque est habitée par une population cosmopolite, source d'une richesse culturelle et sociale intéressante. Terre de clichés parfois trop réducteurs, entre ses autoroutes constamment saturées, le glamour de l'Age d'Or de Hollywood et les *aficionados* de la mouvance *healthy* à Santa Monica, la Cité des Anges est pourtant un lieu entier, multiple, qui gagne à être découvert. Des *food-trucs* mexicains aux boutiques de luxe en passant par le charme « *crasseux* » de Downtown, les marchés aux puces, les innombrables boutiques d'articles *vintage*, les adorables *coffee shops*, les bars en tout genre et les restaurants aux influences plurielles qui séduisent les plus fins des gastronomes, Los Angeles s'expérimente plus qu'elle ne se visite. En somme, c'est une ville qui ne peut laisser indifférent.

SE REPÉRER SE DÉPLACER

Absolument tentaculaire et traversée par d'importants axes routiers, Los Angeles a été pensée pour la voiture. Ainsi, nous vous recommandons vivement de récupérer un véhicule de location dès la sortie de l'avion. Une fois au volant, on s'adapte plutôt bien à la conduite locale ; le véritable *challenge* consiste à anticiper la durée de ses trajets, des embouteillages pouvant se former à toute heure du jour. Autre difficulté : se garer rapidement, sans dépenser l'équivalent d'un dîner dans une place de parking. Plusieurs alternatives existent, les transports en commun en tête. Néanmoins, s'ils sont relativement bien développés dans l'ensemble de la ville, l'insécurité que l'on peut y ressentir est prégnante : prendre le métro seul – notamment la ligne B – se révèle parfois dangereux. Pour leur part, les voyageurs au budget conséquent privilégieront les VTC, les applications Uber et Lyft étant les plus utilisées par les habitants.

LOS ANGELES INTERNATIONAL AIRPORT

1 World Way
✆ +1 310 646 5252
www.flylax.com
LAX Economy Parking : 6 US$ la première heure, 5 US$ pour chaque demi-heure supplémentaire et 30 US$ pour 24 heures.

Situé en pleine ville, entre l'océan et la San Diego Freeway – Interstate 405 –, l'aéroport international de Los Angeles (LAX) est particulièrement sujet aux embouteillages ; prévoyez une marge importante avant votre vol. S'il s'agit de votre point d'entrée en Californie, l'idéal est de louer une voiture sur place. Sinon, plusieurs options vous permettent de gagner la Cité des Anges : les navettes FlyAway, les taxis, les VTC comme Uber et Lyft, ou encore le métro.

METROLINK

✆ +1 800 371 5465
www.metrolinktrains.com
Offres promotionnelles en ligne.

Ce réseau ferroviaire créé en 1991 couvre toute la région de la Cité des Anges, les comtés de Los Angeles, d'Orange, de Riverside, de San Bernardino, de Ventura et de San Diego en tête. Moyen idéal de relier les villes éloignées au centre de l'agglomération, il propose également de nombreuses correspondances avec les trains Amtrak. Enfin, il comprend plusieurs connections avec le métro de Los Angeles et le Coast Starlight, entre autres. Si vous avez du temps, embarquez à bord de ce dernier pour un trajet aux panoramas époustouflants, le long de la côte pacifique.

BIG BLUE BUS

1444 4th Street
✆ +1 310 451 5444
www.bigbluebus.com
Trajet : 1 US$, pass illimité à la journée : 4 US$ et pass illimité d'une semaine : 14 US$.

Avec 18 itinéraires, cette compagnie couvre Pacific Palisades – ligne 9 –, Santa Monica, Venice, l'aéroport international de Los Angeles – lignes 3 et Rapid 3 – ainsi que Westwood, West Los Angeles, l'UCLA ou encore Century City, et traverse Downtown – Rapid 10. Un moyen pratique de se déplacer dans la ville lorsque l'on n'est pas véhiculé et que l'on préfère éviter le métro – et de payer un taxi ou un VTC. Attention : le liquide n'est pas accepté à bord. Il faut payer son trajet avec une *TAP card* ou via les applications Transit, Token Transit et TAP.

L.A. COUNTY METROPOLITAN TRANSPORTATION AUTHORITY

One Gateway Plaza
✆ +1 213 922 6000
www.metro.net
Trajet : 1,75 US$, pass illimité à la journée : 3,50 US$ et pass illimité d'une semaine : 12,50 US$.

Cette société publique gère les bus et les métros du comté de Los Angeles. Au total, on dénombre quelque 110 lignes de bus et six de métro : la A, qui relie Downtown à Long Beach, la B, qui assure les liaisons entre Union Station et North Hollywood, la C, qui permet de gagner Redondo Beach depuis Norwalk, la L, qui rattache Azusa à Union Station puis à East L.A., la D, qui joint Union Station et Wilshire/Western, et, enfin, la E, qui relie Downtown à Santa Monica.

© YES AWAY

© YES AWAY

© YES AWAY

YES AWAY

5700 w 96th street
✆ +1 424 800 4990
www.yesaway.com

À une trentaine de minutes à pied ou en transports en commun de l'aéroport de Los Angeles, Yes Away propose un service de qualité ; en plus d'assurer le transfert de LAX à l'agence, l'établissement loue des voitures à des prix avantageux. Pour les réservations, plusieurs options : contacter directement les employés par téléphone, ou passer par le site web. Ce dernier vous permettra de comparer les véhicules selon vos critères : nombre de portes, de sièges, ou encore de bagages pouvant être contenus. Vous trouverez également une antenne à San Francisco.

© YES AWAY

© YES AWAY

QUARTIERS DE LOS ANGELES

Los Angeles est un patchwork ethnique et culturel aux mille et une facettes. Ses innombrables quartiers sont de véritables villes dans la ville qui, à chaque instant, dévoilent un nouvel aspect de son identité. Le tout se découpe en immenses zones géographiques, autour de grands quartiers, à commencer par Downtown et le cœur historique, où cohabitent plusieurs voisinages, d'Arts District à Chinatown en passant par Little Tokyo. Au nord-ouest se trouve le triangle formé par West Hollywood, Hollywood et Miracle Mile, aussi divers qu'uniques. Encore plus à l'ouest, Beverly Hills, Bel Air, Westwood et Brentwood regroupent les milliardaires, habitant des demeures plus luxueuses les unes que les autres. Pour sa part, la côte est essentiellement divisée entre Santa Monica et Venice, radicalement opposées. Enfin, mentionnons l'étendue de Northwest Los Angeles, illustration parfaite de la gentrification qui gagne de plus en plus la ville.

Downtown L.A.

Il s'agit du petit New York de Los Angeles. On y retrouve les États-Unis tels qu'on se les imagine : des gratte-ciel, des entrepôts de brique rouge et des taxis jaunes à chaque coin de rue, parmi lesquels évolue une population profondément multiculturelle. Little Tokyo, Chinatown, El Pueblo, Koreatown, Arts District... Autant de quartiers dans le quartier, où vivent et travaillent des communautés implantées dans la Cité des Anges depuis parfois plus d'un siècle. Près de Pershing Square, le cœur historique charme par son aspect « *crasseux* ». On y découvre des jolis bâtiments Art déco, entourés des gratte-ciel qui poussent comme des champignons sur les innombrables chantiers. Un véritable brassage culturel d'une part, social de l'autre : ici, les sans-abri de Skid Row, au sud de Grand Central Market, croisent une population d'affaires et de jeunes *hipsters* en quête du dernier café bio à la mode.

S'y déplacer : Quartier le plus piétonnier de la ville, Downtown donne l'impression de pouvoir être intégralement parcouru à pied ; il n'en est rien ! D'un sous-quartier à un autre, les distances atteignent rapidement une trentaine de minutes. Ainsi, prévoyez de vous déplacer en voiture. Par ailleurs, la zone est bien reliée aux points névralgiques de Los Angeles et de ses environs, tels que Hollywood, Santa Monica et Long Beach.

Quand s'y rendre : La semaine constitue le meilleur moment pour découvrir Downtown. Avec ses banques et ses grands hôtels, Financial District voit son activité partagée entre la finance, le prêt-à-porter et la joaillerie le jour, avant que les gastronomes branchés et les amateurs de bons cocktails s'en emparent la nuit. Hormis ce quartier d'affaire, les rues de Downtown sont très animées avec de nombreux bazars. Deux districts sont indiqués pour le shopping : Jewelry District – le deuxième plus gros quartier de bijoutiers du pays – et Fashion District, où l'on peut trouver quantité de vêtements dégriffés – ou contrefaits – à des prix défiant toute concurrence. Par ailleurs, les 13, 14 et 15 septembre marquant la fête de l'indépendance mexicaine, il s'agit de la période idéale pour découvrir Olvera Street, emplie de restaurants mexicains et de boutiques de souvenirs.

Arts District. Le long du canal de Los Angeles, les complexes d'entrepôts du début du XXe siècle forment aujourd'hui l'un des quartiers les plus vibrants de la scène artistique de la ville. À deux pas de Little Tokyo, ces rues constituent un véritable musée à ciel ouvert. Sur les murs de brique rouge et brune s'étalent de magnifiques exemples de *street art*, du graffiti au collage en passant par la peinture, tandis les bâtiments désaffectés sont reconvertis en centres culturels, en galeries ou en bars branchés avec *food court* et théâtre d'improvisation. Ceux qui s'aventuraient sur ces terres encore malfamées il y a quelques années y habitent désormais des lofts à des prix plutôt raisonnables pour Los Angeles. En cause : la proximité avec Skid Row, la tristement célèbre avenue de la pauvreté, où les tentes de fortune sont innombrables.

Little Tokyo. Le point central de ce charmant quartier est le Japanese American National Museum ; c'est dans les rues alentour que se trouve la communauté japonaise la plus grande d'Amérique du Nord. Bien qu'elle ne soit plus réellement « *à l'ancienne* », on y reconnaîtra la marque des bâtisseurs nippons, notamment dans les grandes banques. C'est également un lieu où il fait bon se promener parmi les boutiques traditionnelles, les temples bouddhistes, les jardins *zen* et d'authentiques bars à *ramen* et à *sushi*.

Arts District
© NELLY JACQUES

Chinatown. Ne vous attendez pas à une réplique du grand quartier chinois de San Francisco, ni du vibrant district de New York : Chinatown L.A. est relativement peu animé. Néanmoins, il possède un charme singulier et peut faire l'objet d'une promenade agréable, ponctuée de haltes gastronomiques sympathiques. Les rues contiennent une multitude d'enseignes proposant des massages pour pieds, des magasins aux articles en tout genre – mais souvent *kitsch* – ainsi que des épiceries et des bâtiments décorés de lanternes rouges. Autour de Chinatown Central Plaza, on rencontre une population chinoise plutôt pauvre et âgée entre les maisons et les boutiques en forme de pagodes peintes de couleur vives, aux toits de tuiles vernissées.

Hollywood, West Hollywood et Miracle Mile

Sur le célèbre Walk of Fame de Hollywood, les passants recherchent activement les noms de leurs stars favorites : bienvenue dans l'un des sites les plus touristiques des États-Unis. En s'éloignant vers le sud, on découvre le charmant Larchmont Village, propice à la flânerie, tandis que des musées de grande qualité se succèdent sur le « *Museum Row* », l'artère culturelle de Los Angeles située le long de Wilshire Boulevard, à Miracle Mile. La nuit, rendez-vous à l'inénarrable West Hollywood, le quartier le plus festif de la ville.

Hollywood. Si ce nom est mondialement associé au glamour et au 7e art, la réalité est tout autre : il est désormais synonyme de tourisme. Pour autant, cela empêche rarement les visiteurs de se mêler à la grande animation qui règne sur Hollywood Boulevard, où chacun, les yeux rivés sur le sol, cherche l'étoile gravée commémorant sa célébrité préférée. Une curieuse parade qui évolue entre anciens cinémas Art déco et boutiques de souvenirs.

West Hollywood. Cette ville indépendante mène une vie bohème, entourée de voisines parfois trop rangées comme Beverly Hills. Depuis les années 1950, la mode et les arts ont forgé l'identité de WeHo, comme en témoigne le Pacific Design Center. Entre ses murs bleus, rouges et verts à l'architecture futuriste se concentrent plus de 130 professionnels de la décoration d'intérieur et du *design*. De la même manière, Melrose Avenue et les boulevards Robertson et Beverly marquent l'importance de la créativité dans le milieu de la mode : on y répertorie plus de 300 boutiques de haute couture et de *design*. Surtout, West Hollywood est le lieu où les nuits sont plus longues que les jours, notamment sur un tronçon du Santa Monica Boulevard ; un phénomène accentué par la présence d'une importante communauté LGBTQI+. Créative, artiste, inspirée et éclectique, la ville est là pour secouer Los Angeles… Alors *shake it* !

Miracle Mile. Ce sous-quartier historique est en réalité une portion du Wilshire Boulevard, entre les avenues de Fairfax et de Highland, dans le quartier surnommé Mid-Wilshire. Réputé pour son patrimoine culturel particulièrement riche dans un espace très concentré, il n'est encore qu'un chemin de terre au début du XXe siècle. Une fois transformée en route, cette artère stratégique devient celle empruntée par les tramways de l'Electric Railroad System. Au début des années 1920, l'homme d'affaires A.W. Ross flaire le potentiel de développement du quartier et le réaménage en une zone commerciale conçue pour les voitures. Le succès est tel que Ross et ses associés rebaptisent le tout Miracle Mile. Aujourd'hui, il regroupe des bâtiments à l'architecture très éclectique – notamment Art déco, moderne et hispanique – dans un environnement qui a su rester authentique. La diversité des entreprises qui s'y sont installées témoigne de sa richesse intérieure : cabinets d'avocats, sociétés de production, médias, agences de publicité et – surtout – musées se côtoient dans un environnement très porteur pour l'identité de Los Angeles. Miracle Mile incarne bel et bien un miracle qui perdure dans le temps.

Beverly Hills, Bel Air, Westwood et Brentwood

Bienvenue dans le Los Angeles des milliardaires, où se trouvent les plus beaux quartiers résidentiels de la ville. En contrepartie, les rues sont peu animées, la journée comme le soir. Seuls quelques icones et épicentres culturels justifient une visite, comme Rodeo Drive, *LA* rue des boutiques ultra chic, l'incontournable Getty Center, le Hammer Museum ou encore UCLA.

Beverly Hills. Tel un énorme diamant au doigt d'une star, Beverly Hills, ville dans la ville, éblouit tout Los Angeles. Elle prend son indépendance en 1914, alors que des milliers de Californiens se dépêchent d'acheter des terrains autour du Beverly Hills Hotel. Essentiellement résidentiel, le centre-ville gravite autour de Rodeo Drive et de Wilshire Boulevard, deux artères où les magasins et boutiques se succèdent comme des perles précieuses. Les vitrines de Dior, Louis Vuitton, Mont Blanc, Prada, ou encore Tiffany & Co. – entre autres – côtoient celles des antiquaires. En dehors de ses enseignes et hôtels de luxe, la richesse de la ville s'exprime à travers la gastronomie.

Le choix de bonnes tables est vaste dans ce qui est devenu le fief du grand Wolfgang Puck. De Spago au Beverly Hills Hotel, les célébrités se pressent pour réserver dans les plus grands restaurants. La richesse culturelle de Beverly Hills n'est pas non plus en reste, des galeries abritant les œuvres d'artistes contemporains du monde entier y ayant élu domicile. Surtout, c'est ici qu'a ouvert le Wallis Annenberg Center for the Performing Arts à l'automne 2013 : depuis, habitants et visiteurs se rassemblent dans cette salle de spectacle polyvalente où se produisent des chanteurs, des danseurs et des comédiens à la renommée internationale.

Bel Air. Perché sur les Santa Monica Mountains, au nord du campus de UCLA, Bel Air est une forteresse abritant les plus grandes fortunes de Los Angeles. Le quartier doit son nom au richissime Alphonzo Bell (1875-1947), magnat de l'industrie pétrolière, promoteur immobilier et champion de tennis. Complètement surprotégée, c'est une zone résidentielle très luxueuse installée dans un cadre verdoyant, unique. Son centre névralgique est le Bel Air Hotel – ouvert en 1946 – l'un des établissements les plus beaux et élitistes de Los Angeles.

Westwood. Entre les boulevards de Wilshire et de Sunset se dresse ce qui s'apparentait initialement à un village méditerranéen ; du moins c'est dans cet esprit qu'ont été construites les maisons de Westwood, sa place et son église. Aujourd'hui, s'il s'agit de l'endroit où les étudiants de la prestigieuse UCLA font du shopping, se restaurent et s'amusent le soir, c'est également l'un des rares quartiers à taille humaine de Los Angeles, et où les rues sont piétonnes. On y vient pour le Hammer Museum et le campus de l'université, où des événements culturels d'ampleur sont fréquemment organisés.

Brentwood. Le quartier a été développé par des paysagistes dans les années 1920 ; en résulte des allures de petite ville de province, surtout à San Vicente Boulevard. Dressé en haut des collines, le Getty Center mérite à lui seul un passage par Brentwood.

Century City. Construit pour la voiture, Century City se voulait futuriste... Sauf qu'on ne se doutait pas encore que le futur serait écolo. Aujourd'hui, ses boulevards gigantesques surplombés par des gratte-ciel de verre et d'acier ne rendent pas ce quartier particulièrement agréable. En revanche, où reconnaîtra l'immeuble Fox Plaza, immortalisé dans *Die Hard* (1988), avec Bruce Willis.

Culver City. Située au sud de Beverly Hills et à l'est de Santa Monica, cette ville abrite environ 40 000 habitants sur une superficie de 12 km². Depuis les années 1920, elle accueille les studios de cinéma qui ont délaissé Hollywood, à l'instar de ceux de Sony Pictures. Par ailleurs, l'une des attractions majeures de la zone est le Culver Hotel, petit bijou d'architecture construit en 1924 et ayant successivement appartenu à Charlie Chaplin et à John Wayne.

Santa Monica, Venice et les plages

Santa Monica. Avec sa jetée surplombée par le Pacific Park, dont la grande roue apparaît dans nombre de séries et de films, Santa Monica fait partie intégrante de l'imaginaire collectif. Par ailleurs, c'est précisément sur son *pier* que la légendaire Route 66 vient se jeter dans l'océan. Symbolisant avant tout la richesse et un mode de vie *healthy*, la ville attire une foule d'Angelenos chaque week-end. Un concept est révélateur de l'atmosphère écolo qui y règne : il s'agit du Santa Monica Place, un centre commercial à ciel ouvert construit en 2010. Temple du shopping, il est également surmonté d'une terrasse où se tiennent une multitude de restaurants ainsi qu'une place couverte – the Market – accueillant des cours de cuisine et des restaurants bio.

Pacific Palisades. Juste au nord de Santa Monica, on longe Pacific Palisades en se dirigeant vers Malibu par Sunset Boulevard. Des ravissantes demeures sont accrochées à la pente des jardins.

Venice. Lové entre Santa Monica et Marina del Rey, ce quartier est constamment animé par un vent de liberté. Lorsqu'il a conçu ces rues au début du XXe siècle, Abbot Kinney voulait apporter le romantisme de la Venise italienne et de ses canaux, avant que le projet échoue. Marginale pendant plusieurs années, la zone connaît désormais une véritable renaissance, réputée pour être le repaire des *cool kids* excentriques de la ville : guitaristes en patins à roulettes, skateurs sexagénaires... Ici, on déborde d'énergie et on le montre. En s'éloignant de la plage, on arrive vers Abbot Kinney, la rue la plus branchée du quartier, où se succèdent boutiques de designers et restaurants bio. Le problème : Venice a tellement le vent en poupe qu'elle fait face à une mini crise d'identité. Ces dernières années, la créativité et l'atmosphère qui y règnent attirent de nombreuses sociétés – comme Google en 2012 – des producteurs et des personnalités influentes qui font exploser le marché de l'immobilier. Malgré cette gentrification en bonne et due forme, Venice garde un charme villageois avec ses adorables maisons de bois aux jardins fleuris entre lesquelles il fait bon flâner.

Marina del Rey. Il s'agit d'un port de plaisance installé dans le prolongement de Venice. En arrière-plan, de très beaux immeubles modernes ; sur l'océan, les yachts, les bateaux et les catamarans des célébrités ou des plus modestes. Ainsi, Marina Del Rey est un lieu fascinant pour les amateurs de belles coques. On y trouvera notamment des bateaux à louer et des croisières de quelques heures à une journée.

Northwest Los Angeles, Universal City et NoHo

En raison de son immensité, Los Angeles voit parfois ses quartiers regroupés dans d'autres : c'est le cas de Northwest. Il comprend Los Feliz et l'incontournable Griffith Park, au sud desquels on retrouve l'énergie pluriethnique d'Echo Park, quartier historique auparavant malfamé en plein renouveau, agencé autour du lac du même nom. Vient enfin Silver Lake, qui rassemble tout ce que la Cité des Anges fait de plus branché – en particulier sur Sunset Junction – et qui n'est pas sans rappeler une certaine vie bohème à la berlinoise. Cette zone illustre parfaitement le phénomène de gentrification qui touche les régions autrefois malfamées de la ville. Avec l'augmentation constante du prix des loyers sur la côte, les jeunes créatifs en quête de lieux à la fois poétiques et abordables ont migré vers l'intérieur des terres, formant un noyau de *hipsters*, d'amateurs de *design*, de musique alternative et de nouvelles tendances. Construites dans le style Arts and Crafts, les maisons centenaires donnent un charme fou à ces quartiers vallonnés, résidentiels mais ponctués de merveilleux cafés, bars, restaurants et boutiques branchés. Plus au nord, vers Pasadena, le verdoyant Highland Park est également en pleine renaissance.

Griffith Park. Avec une superficie cinq fois supérieure à celle du Central Park de New York, il s'agit du plus grand parc urbain des États-Unis. Ses 85 km de parcours invitent à la randonnée, tandis que son zoo et son manège en font également le royaume des enfants. Le tout est dominé par l'incontournable Observatoire, un site particulièrement majestueux au coucher du soleil.

Los Feliz. Il y a encore une quinzaine d'années, il s'agissait d'un quartier délaissé et pauvre. Une gentrification fulgurante l'a transformé à coups de rénovation et d'ouverture de restaurants et de boutiques *in*. Vermont Avenue condense ainsi tout l'esprit de Los Feliz, avec des cafés très en vogue, des magasins pointus et les inévitables boutiques *vintage*, qui semblent accompagner tout embourgeoisement urbain aux États-Unis.

Silver Lake. Il s'agit de l'un des rares quartiers où l'on peut se déplacer agréablement à pied. Garez votre voiture et déambulez sur Sunset Junction, croisement de Sunset Boulevard et de Santa Monica Boulevard, puis perdez-vous au hasard des rues. Admirez les adorables maisons de bois et leurs jardins fleuris, puis empruntez les Micheltorena Stairs, entourés par une épaisse végétation et circulant entre les bâtiments à la manière d'un couloir verdoyant. Comme à Los Feliz, la population de Silver Lake offre un joyeux mélange de familles immigrées et de jeunes créatifs. Hyperbranché, le quartier donne le ton en matière d'alimentation bio, de vêtements de créateurs et de décoration artisanale. Les restaurants à la mode ne désemplissent pas et la vie nocturne a repris ses droits sur cette zone autrefois résidentielle. Silver Lake se prête également à des balades en voiture à travers ses rues pour contempler les différents projets architecturaux.

Echo Park. Le quartier tire son nom du parc qui siège en son centre, conçu comme un jardin anglais. Des barques promènent les visiteurs sur son large lac, l'un des anciens réservoirs d'eau de la ville. Pour leur part, l'essentiel des cafés et des boutiques se trouvent au croisement d'Alvaro Street et de Sunset Boulevard. Ne manquez pas de passer dans le voisinage d'Angelino Heights pour admirer les maisons au style victorien. Surtout, rendez-vous au 1329 Carroll Avenue : les inconditionnels de la série *Charmed* (1998-2006) y reconnaîtront le manoir des sœurs Halliwell.

Highland Park. Situé au nord-est de Downtown, ce quartier majoritairement hispanique est en plein renouveau. Craint, il y a plusieurs décennies, à cause des gangs qui y régnaient, il a peu à peu été reconquis par une communauté d'artistes et d'entrepreneurs décidés à en faire un centre culturel majeur de Los Angeles. Si des gangs continuent d'occuper certains coins, il n'y a rien à craindre en restant sur les axes principaux que sont York Avenue et Figueroa Street. Une atmosphère *cool* et *hipster* imprègne ces deux artères où se côtoient cafés, *smoke shops*, librairies, tatoueurs, galeries d'art et petits restaurants sympathiques.

Universal City. Comme son nom le laisse penser, cette localité à part entière est le royaume des studios Universal. Ouverts au public pour la première fois au début des années 1960, ils se sont peu à peu transformés en parc d'attractions, pour finalement devenir le grand site que l'on connaît aujourd'hui.

NoHo. Au nord de Hollywood, North Hollywood accueille tous les artistes en quête de loyers plus abordables ; l'offre culturelle y est donc en plein essor. Elle se concentre essentiellement dans le NoHo Arts District. Bohème, facile à parcourir à pied, il revêt presque des allures européennes. Ici, on préfère le théâtre au cinéma : les scènes alternatives sont nombreuses dans les vieilles salles Art déco des environs. Concerts de groupes montants, cafés *hype*, galeries d'art, restaurants créatifs... Voici un quartier branché en pleine ascension.

À VOIR / À FAIRE

Relativement difficile à appréhender, Los Angeles regorge de musées à parcourir, de sites à découvrir et de rues à arpenter. Du très touristique Hollywood Boulevard à l'époustouflant Griffith Observatory en passant par l'éclectique Broad Museum, on en trouve pour tous les goûts. Une seule recommandation : avant de commencer l'exploration, préparez votre planning – et ce, même si vous êtes adepte de l'improvisation. En cause : la nécessité de réserver certaines attractions et les horaires d'ouverture parfois restrictifs. De la même manière, veillez à fonctionner par quartier. En raison de l'étendue de la ville, il peut parfois être difficile de concilier des points d'intérêt éloignés dans la même journée, tels que les passionnants Getty Center et The Huntington Library and Botanical Gardens, respectivement situés à Brentwood et à San Marino. Idéalement, prévoyez au moins un jour par quartier. Bonne visite !

GO CITY LOS ANGELES

www.gocity.com

All-Inclusive Pass : 99-374 US$ (76-332 US$ pour les 3-12 ans). Explorer Pass : 83-163 US$ (73-119 US$ par enfant).

Pour bénéficier d'une réduction allant jusqu'à 50 % sur les principales attractions de Los Angeles – musées, parcs, *tours*, etc. – et gagner du temps en caisse, optez pour Go City. Vous aurez le choix entre deux options. D'abord, le « All-Inclusive Pass », qui se décline sous plusieurs formules : de 1 à 5 jours ou d'une semaine. Valable pour tous les points d'intérêt de la ville, il ne peut être utilisé qu'entre 9h et 17h30. L'autre alternative consiste à réserver l'« Explorer Pass », utilisable pour 2, 3, 4, 5 ou 7 points touristiques sur une période de 60 jours.

LOS ANGELES CONSERVANCY ★★★

523 West Sixth Sreet ✆ +1 213 623 2489

www.laconservancy.org

Entre 15 US$ et 20 US$ par adulte et de 10 US$ à 15 US$ pour les moins de 17 ans. Visites tous les samedis matin.

Cet organisme à but non lucratif qui vise à préserver le patrimoine architectural de Los Angeles propose également des *walking tours* passionnants. Les visites vont des thématiques Art déco à celle de Broadway en passant par l'évocatrice « *Past meets Present* », le tout dans des lieux incontournables, tels que Union Station et Historic Downtown. Pour la plupart, elles se tiennent chaque semaine – parfois certains samedis, comme « Modern Skyline » – et sont conduites par des bénévoles ravis de partager leur passion pour l'histoire le temps de deux à quatre heures.

ORBIC AIR ★

10750 Sherman Way

✆ +1 818 330 3642

www.orbicair.com

Tours de 134 US$ à 950 US$ par personne – deux passagers minimum.

Cette agence promet des moments magiques et absolument inoubliables, de ceux qui n'arrivent qu'une fois dans une vie. Survol de Los Angeles en hélicoptère, d'Universal Studios aux propriétés de Beverly Hills et de Bel Air – entre autres – jusqu'aux magnifiques plages de Santa Monica, découverte de près du Hollywood Sign, coucher de soleil dans les airs… Nombre d'options sont proposées, étalées sur une gamme budgétaire relativement large. Le must : l'atterrissage sur un des gratte-ciel de Downtown, face à la *skyline* de la ville. Une expérience unique.

STUDIO TOUR - UNIVERSAL STUDIOS ★★

Universal Studios

www.universalstudioshollywood.com

Visite incluse dans le prix du billet du parc Universal Studios Hollywood.

Découvrez les dessous des plus légendaires studios du monde à travers un circuit passionnant d'environ 1h. Vous pourrez voir les maisons de Wisteria Lane – où vivent les célèbres *Desperate Housewives* – admirer les effets spéciaux explosifs de *Fast and Furious* ou encore observer le motel de Norman Bates dans *Psychose*. Sans oublier l'expérience terrifiante que vous vivrez dans King Kong 360-3D, l'un des shows en trois dimensions les plus impressionnants de la planète.

ANGELS FLIGHT RAILWAY ★

351 South Hill Street
✆ +1 213 626 1901
www.angelsflight.com
Du lundi au vendredi, de 6h45 à 22h. Comptez 1 US$ par trajet et 0,50 US$ si vous disposez d'une TAP Card.

Accessible depuis California Plaza – ou S Olive Street, par les escaliers à droite, sous le tunnel – ce mini-funiculaire est un monument historique. Construit en 1901, il desservait la colline avant d'être fermé pendant une longue période, à l'issue de laquelle il a été réhabilité. Aujourd'hui, il est immortalisé dans plusieurs œuvres, telles que le film *La La Land* (2016) – avec Ryan Gosling et Emma Stone – et le roman policier *Angels Flight – L'Envol des Anges*, 1998 – de Michael Connelly. Par ailleurs, il n'est pas rare d'y voir des tournages s'y dérouler.

BRADBURY BUILDING ★★

304 S Broadway
✆ +1 213 626 1893
Du lundi au vendredi, de 9h à 18h. De 10h à 17h le week-end.

En 1893, l'architecte George H. Wyman s'inspire d'une histoire de science-fiction pour construire cet édifice de style victorien. Le résultat ? Une façade rouge vif, un atrium lumineux protégé par une verrière, des escaliers et des passerelles métalliques, ainsi que des cages d'ascenseur d'époque. Plus ancien bâtiment commercial de Downtown, le Bradbury Building a été totalement rénové au début des années 1990. En somme, un véritable décor de film qui a notamment accueilli les tournages de *Blade Runner* (1982) et de *The Artist* (2011), avec Jean Dujardin.

EASTERN COLUMBIA BUILDING ★

849 S Broadway
✆ +1 213 478 0755
Tous les jours, de 9h à 20h.

© PHILIP BIRD LRPS CPAGB - SHUTTERSTOCK.COM

Il s'agit peut-être du plus bel exemple d'architecture Art déco de Los Angeles. Construit en 1930, ce bâtiment de 13 étages a initialement accueilli le siège et les boutiques des Eastern et Columbia Outfitting Company, dont il tient son nom. Il est facilement reconnaissable à sa grande horloge illuminée la nuit ; longtemps restée inactive, elle a repris du service en 2005, à l'occasion du 75e anniversaire de l'édifice. En 2006, il a été rénové et transformé en 147 lofts de luxe.

BULLOCKS WILSHIRE ★★

3050 Wilshire Blvd
Fermé au public.

Cet édifice Art déco construit en 1929 par le fondateur des magasins Bullock's a longtemps été le temple du luxe à Los Angeles. Reconnaissable à sa tour de 73 mètres de haut, il abritait les marques des plus grands créateurs de mode ; les personnalités de l'époque comme John Wayne, Marlene Dietrich, Alfred Hitchcock et Walt Disney s'y rendaient régulièrement pour y faire leur shopping. Cela dit, le déclin des affaires dans les années 1980 mènera à la fermeture définitive du bâtiment en 1993. S'il n'est plus possible de le visiter, sa façade mérite le coup d'œil.

EL PUEBLO DE LOS ÁNGELES HISTORIC MONUMENT ★★

125 Paseo De La Plaza

Bienvenue dans le centre historique de la Cité des Anges : c'est ici qu'a été fondée la ville en 1781, sous le nom *« El Pueblo de Nuestra Señora la Reina de los Ángeles del Río de Porciúncula »*. Coloré et chaleureux, ce quartier rassemble une communauté mexicaine gardienne de ses traditions. Bien qu'il soit touristique, il serait dommage de manquer une agréable promenade, ponctuée d'un arrêt dans l'une des excellentes enseignes de *street food* – l'établissement Cielito Lindo en tête.

AMÉRICA TROPICAL INTERPRETIVE CENTER ★

125 Paseo de La Plaza
✆ +1 213 628 1274
www.theamericatropical.org
Du mardi au dimanche, de 10h à 15h et jusqu'à 12h l'hiver. Entrée libre.

Ce centre est dédié à la mémoire du muraliste mexicain David Alfaro Siqueiros et à la conservation de sa fresque América Tropical. Alors qu'on lui commande une peinture en 1932 pour participer à l'atmosphère romantique d'Olvera Street, ce défenseur de l'unité du peuple mexicain inclut un indigène crucifié sur un poteau où trône un aigle, symbole de la domination occidentale. Déclenchant une polémique, la fresque est recouverte de blanc, avant d'être restaurée dans les années 1970.

IGLESIA DE NUESTRA SEÑORA LA REINA DE LOS ÁNGELES ★

535 N Main Street
www.laplacita.org

Bâtie entre 1814 et 1822, cette église franciscaine est consacrée à la Vierge. Celle que l'on surnomme « *La Placita* » était le seul lieu de culte des immigrés espagnols dans le voisinage de Los Angeles jusqu'en 1876, date à laquelle la Cathédrale de Saint Vibiana est érigée pour accueillir les messes en anglais. Pour sa part, la Placita continuera de célébrer la messe dans sa langue d'origine. Aujourd'hui encore, son style colonial au charme certain invite au recueillement.

OLVERA STREET ★★

Olvera Street

Cette petite rue bercée par la musique des *mariachis* et parfumée des effluves d'une cuisine mexicaine généreuse est le cœur du Pueblo. Constituée d'une succession de restaurants et de boutiques, elle abrite un marché d'artisanat… Plus ou moins authentique. Les échoppes de céramiques, de ponchos, de décorations, de pots et de vaisselle côtoient celles de cartes postales, de porte-clés, ou encore de sandales. C'est également ici que se dresse Alvila Adome, une villa de 1818 ouverte à la visite qui propose un témoignage intéressant de la vie des colons ici.

ELYSIAN PARK ★

929 Academy Road

Avec ses 2,4 km² étendus au nord de Chinatown, à l'est du quartier d'Echo Park, ce parc est le deuxième plus grand de Los Angeles. Fondé en 1886, il s'agit d'un véritable poumon vert à la végétation luxuriante, qui constitue une halte idéale après une journée de visites. Envahi chaque week-end par les familles qui se retrouvent pour faire des barbecues sur la pelouse, il est aussi plébiscité par les joggeurs et les enfants qui viennent jouer à la balle. Au Sud, il est bordé par le célèbre stade de baseball Dodger Stadium, où joue l'équipe de la ville.

Olvera Street.

GRAMMY MUSEUM

800 W Olympic Blvd ✆ +1 213 725 5700
www.grammymuseum.org
Mercredi-lundi : 11h-17h. Samedi : 10h-16h. Adultes : 18 US$, seniors : 15 US$, étudiants et 5-17 ans : 12 US$.

Ouvert en 2008, ce musée est dédié à la musique populaire américaine. Entre expériences interactives et belles collections, on s'immerge pleinement dans ce monde à part. Le plus : la présentation des tenues historiques portées par les stars sur le tapis rouge des Grammy Awards. Également passionnantes, des expositions temporaires de trois à huit mois sont organisées toute l'année. Certaines sont consacrées à des artistes – à l'instar de Bob Marley et Peggy Lee – et d'autres à des thèmes spécifiques, tels que « *le pouvoir des femmes dans la musique country* ».

HAUSER & WIRTH ★★

901 East 3rd Street
✆ +1 213 943 1620
www.hauserwirth.com
Du mardi au dimanche, de 11h à 18h.

Après Zurich, Londres, New York et Somerset, la célèbre galerie spécialisée dans l'art contemporain et moderne a ouvert ses portes à Los Angeles en mars 2016. Créée en 1992 par le couple Iwan et Manuela Wirth avec la mère de cette dernière, Ursula Hauser, elle se situe entre Arts District et Little Tokyo, parmi des bâtiments restaurés dont certains datent de la fin du XIXe siècle. On y trouve de magnifiques cours intérieures agrémentées de sculptures, une librairie, un restaurant aux inspirations sud-américaines et la première boutique Artbook de la ville.

JAPANESE AMERICAN NATIONAL MUSEUM ★★

100 N Central Avenue ✆ +1 213 625 0414
www.janm.org
Du mardi au dimanche, de 11h à 17h. 16 US$ par adulte, 7 US$ par étudiant, senior et enfant de 6 à 17 ans.

Dédié à l'Histoire de la communauté japonaise aux États-Unis – et plus particulièrement à Los Angeles – ce musée évoque notamment la persécution dont elle a fait l'objet après l'attaque de Pearl Harbor. Stigmatisés par une loi de 1942, les Japonais d'Amérique ont été évacués de force, quittant leurs études, commerces et foyers sous la contrainte. Beaucoup ont été internés dans des camps de concentration, dont une des baraques est exposée au premier étage du bâtiment.

LOS ANGELES CITY HALL ★★

200 North Spring Street
✆ +1 213 473 3231
www.lacity.org
Accès gratuit à la terrasse panoramique. Horaires variables.

C'est dans ce superbe gratte-ciel de style Art déco et datant de 1928 que se trouve la mairie. Avec ses 32 étages et ses 138 mètres de haut, il était le seul immeuble à dépasser les normes antisismiques jusqu'en 1967. Il sera finalement rénové au cours des années 2000 pour répondre à la réglementation. Ne manquez pas la terrasse panoramique du 27e étage afin de profiter de la vue dégagée sur Hollywood Sign et Griffith Observatory – entre autres. Par ailleurs, si l'entrée réservée au public se situe sur Main Street, les autres façades méritent le coup d'œil.

LOS ANGELES PUBLIC LIBRARY ★★

630 W 5th Street ✆ +1 213 228 7000
www.lapl.org
Du lundi au jeudi, de 10h à 20h. Le vendredi et samedi de 9h30 à 17h30. Le dimanche de 13h à 17h. Entrée libre.

Véritable trésor Art déco de Downtown, la bibliothèque centrale de Los Angeles ouvre ses portes pour la première fois en 1926. Sur la façade comme à l'intérieur du bâtiment, notez l'omniprésence des thèmes du soleil – source du savoir – et de la transmission, symbolisée par une torche érigée au sommet du bâtiment, sur le toit pyramidal. Surtout, ne manquez pas les plafonds peints dans la partie ancienne de l'édifice ainsi que dans le Children's Literature Department. Incontournable !

MILLENNIUM BILTMORE HOTEL ★

506 South Grand Avenue
✆ +1 213 624 1011
www.millenniumhotels.com

Le hall et la verrière de ce palace ouvert au public donnent une idée précise du luxe ainsi que du génie décoratif et créatif des années 1920. De *The Sting* (1973) à *A Star is Born* (2018) en passant par *Chinatown* (1974) et *Rocky III* (1982), cet hôtel a été immortalisé de nombreuses fois au cinéma. JFK y a également établi son quartier général quand il était président, au début des années 1960. Conseil : longez les corridors les yeux levés, pour admirer les peintures des plafonds.

MUSEUM OF CONTEMPORARY ART ★★★

250 South Grand Avenue ✆ +1 213 626 6222
www.moca.org
Mercredi à vendredi : de 11h à 17h. Jusqu'à 18h le week-end. Entrée gratuite, sauf pour les expos temporaires : 18 US$.

Le MOCA sert la scène culturelle de Los Angeles depuis 1979 avec trois sites différents : MOCA Grand Avenue, The Geffen Contemporary at MOCA et MOCA Pacific Design Center. Nous vous recommandons le premier pour son impressionnante collection d'art contemporain, l'une des plus développées au monde avec près de 5 000 œuvres. La mission du musée : collecter, interpréter et présenter la scène artistique post-années 1940. On aime particulièrement le mélange des styles et des genres.

PERSHING SQUARE

✆ +1 213 847 4970
www.laparks.org/pershingsquare

Remanié en 1910 dans le style Beaux-Arts, Pershing Square s'inscrira dans l'histoire LGBTQ+ de la ville : lieu de drague des années 1920, il sera également le théâtre de rassemblements de militants. En 1951, la construction d'un garage souterrain changera le visage du parc en îlot entouré de circulation. Laissé à l'abandon dans les années 1960, il sera finalement réhabilité dans les années 1990, grâce à l'addition d'œuvres d'art et de constructions contemporaines. Aujourd'hui, il s'agit d'un point de rendez-vous et de passage important pour les Angelenos.

MUSIC CENTER ★★

135 North Grand Avenue
✆ +1 213 972 7211
www.musiccenter.org
Calendrier des free tours à consulter en ligne.

Ce complexe se divise en deux zones. Au nord, trois espaces distincts : le Ahmanson Theatre – spécialisé en comédies musicales dans la tradition de Broadway – le Mark Taper Forum – qui propose un répertoire de pièces plutôt contemporaines – et le Dorothy Chandler Pavilion – dédié à la danse sous toutes ses formes. Au sud, le Walt Disney Concert Hall abrite l'orchestre symphonique de Los Angeles. Chaque semaine, l'ensemble fait l'objet de *free tours* gratuits de 1h30, tandis que le Walt Disney Concert Hall peut se visiter seul, avec un audioguide.

THE BROAD ★★★

221 S Grand Avenue ✆ +1 213 232 6200
www.thebroad.org
Du mercredi au vendredi, de 11h à 17h. Dès 10h le week-end. Entrée gratuite, billets à réserver en avance sur le site.

On doit ce musée ouvert en 2015 au mécène milliardaire Eli Broad : à lui seul, le bâtiment est une œuvre d'art. On y trouve les pièces emblématiques des représentants du *pop art*, d'Andy Warhol à Roy Lichtenstein en passant par Ed Ruscha. Également au programme : les photographies post-modernes de Cindy Sherman, les sculptures néo pop de Jeff Koons, les peintures new-yorkaises underground de Keith Haring et Jean-Michel Basquiat, les délires colorés de Takashi Murakami, ou encore les sculptures monumentales en métal récupéré d'El Anatsui. Absolument immanquable.

NATURAL HISTORY MUSEUM OF LOS ANGELES COUNTY ★★

900 W Exposition Boulevard ✆ +1 213 763 3466
www.nhm.org
Du mercredi au lundi, de 9h30 à 17h. Entrée : 15 US$ par adulte, 12 US$ par senior et étudiant, 7 US$ par enfant.

Agrandi à plusieurs reprises depuis sa création, ce musée possède toujours son bâtiment originel de 1913, sur Exposition Park, à l'écart de Downtown. Il mélange les styles Renaissance espagnole, romanesque et Beaux-Arts. Devenu le plus grand centre d'histoire naturelle des États-Unis, il contient d'impressionnantes collections de fossiles, de squelettes de dinosaures, d'animaux naturalisés et d'objets archéologiques. Un bel endroit, idéal pour les familles avec enfants.

UNION STATION ★★★

800 North Alameda Street
www.unionstationla.com
Ouverte tous les jours, 24h/24. Renseignez-vous en ligne pour le planning des visites guidées, gratuites.

Achevée en 1939, la gare centrale de Los Angeles conjugue avec succès plusieurs styles – Art déco, missionnaire et paquebot – qui en font l'une des plus belles réussites de l'éclectisme architectural mythique de la ville. Vous l'avez peut-être aperçue au cinéma, dans des films tels que *The Way We Were* (1973), *Blade Runner* (1982), ou encore *Pearl Harbor* (2011). Aujourd'hui, si l'on peut déjà apprécier sa salle d'attente – ornée de lustres – aux dimensions démesurées, il faudra passer par la visite guidée gratuite afin de parcourir les salles fermées au public.

BREA TAR PITS & MUSEUM ★★

5801 Wilshire Boulevard
✆ +1 213 763 3499
www.tarpits.org
Du mercredi au dimanche, de 9h30 à 17h.
Adultes : 15 US$, seniors et étudiants : 12 US$, enfants : 7 US$.

Outre ses reproductions grandeur nature de dinosaures et de mammouths, ce musée s'illustre pour le travail de ses archéologues, que l'on peut voir dans le cadre du passionnant « *Excavator Tour* ». Ils œuvrent à la reconstitution de fossiles extraits sur le site alentour, lieu de recherche actif : découvert en 1875 en plein cœur de la ville, il s'agit d'un gisement abritant des empreintes d'espèces qui vivaient à l'âge de glace. En plus des expositions, Brea Tar Pits & Museum organise de nombreuses visites et ateliers, dont l'agenda est à consulter en ligne.

CAPITOL RECORDS BUILDING ★★

1750 Vine Street
Fermé au public.

Bien qu'il soit fermé au public, ne manquez pas de passer devant ce monument – au sens littéral comme figuré – si vous vous trouvez à Hollywood. Il s'agit de la maison de disques des plus grands noms de la musique, de Frank Sinatra aux Beatles. Inaugurée en 1956, sa tour est particulièrement identifiable ; de loin, on dirait plusieurs disques empilés les uns sur les autres – une idée qui serait venue de l'illustre Nat King Cole. Également à voir : le parking qui se trouve juste au sud de l'édifice, doté d'une fresque rendant hommage aux stars du milieu.

CHÂTEAU MARMONT

8221 Sunset Boulevard
✆ +1 323 656 1010
L'établissement est fermé aux visites.

Cet hôtel est classé monument historique et culturel de Los Angeles depuis 1976. Et pour cause ; c'est une pierre angulaire du patrimoine Hollywoodien. À l'origine, il s'agit d'un ensemble d'appartements de luxe que Fred Horowitz, un célèbre avocat de la ville, fait construire en 1926 en s'inspirant du château d'Amboise, en France. Le complexe sera nommé d'après la petite rue qui passe devant la propriété : « Marmont Lane ».

Le château sera transformé en hôtel en 1931. Les appartements deviennent des suites, meublées par l'artiste Albert E. Smith, qui chine les propriétés des riches personnalités pour compléter son agencement original. C'est ainsi que nait le « Marmont Look », désignant une décoration unique, faite de bois, de velours et de mélange de bric-à-brac chic. Puis, à partir des années 1950, l'hôtel accueille des bungalows au style moderniste, œuvre de l'architecte Craig Ellwood. Le tout sera racheté par l'homme d'affaires André Balazs. Si l'esprit du lieu perdure, la quasi-totalité des pièces sont repensées et réaménagées. Elles accueilleront les plus grands noms du cinéma et de la musique pour des séjours longue durée, faisant du Château Marmont une sorte de « rite de passage » pour chaque artiste qui se respecte. C'est sous ce visage qu'il sera immortalisé au cinéma par Sofia Coppola dans *Somewhere* (2010).

Jusqu'à il y a peu, les visiteurs en tout genre pouvaient venir y prendre un café ou y manger : malheureusement, il s'agit désormais d'un hôtel privé, uniquement ouvert à quelques membres détenteurs de parts.

Capitol Records Building.

Hollywood Boulevard.

DOLBY THEATRE ★★

6801 Hollywood Boulevard ✆ +1 323 308 6300
https://dolbytheatre.com
Visites guidées tous les jours. Adultes : 25 US$, seniors et moins de 17 ans : 19 US$. Gratuit pour les moins de 3 ans.

C'est ici que la fameuse cérémonie des Oscars a lieu chaque année, devant un parterre de plus de 3 300 invités. De la même manière, les Daytime Emmy Awards, les BET Awards, les ESPY Awards et les finales d'*American Idol* se déroulent toutes ici : Dolby Theatre est vraiment LE lieu des récompenses. Organisée tous les jours, l'onéreuse visite guidée vous révèlera quelle célébrité s'est assise où au cours de la dernière cérémonie et vous permettra de voir une véritable statuette des Oscars – entre autres. Pensez à réserver votre créneau au préalable, en ligne.

EGYPTIAN THEATRE ★

6712 Hollywood Boulevard
www.americancinematheque.com
En rénovation lors de notre visite, le cinéma devrait rouvrir pour la fin de l'année 2022.

Inspiré par la découverte de la tombe de Toutankhamon, ce palace érigé en 1922 est l'un des monuments de l'Âge d'or d'Hollywood : dès l'année de son ouverture, il accueille la toute première avant-première mondiale du cultissime *Robin Hood*, avec Douglas Fairbanks. Il sera repris par l'American Cinematheque en 1998, qui y a organisé de nombreuses diffusions, rétrospectives et avant-premières – entre autres. Racheté par Netflix en 2020, l'Egyptian Theatre fait l'objet d'importants travaux de rénovation, qui devraient se terminer avant la fin de l'année 2022.

HISTORIC MAX FACTOR BUILDING - HOLLYWOOD MUSEUM ★★

1660 North Highland Avenue ✆ +1 323 464 7776
www.thehollywoodmuseum.com
Du mercredi au dimanche, de 10h à 17h. Adultes : 15 US$, seniors et étudiants : 12 US$, moins de 5 ans : 5 US$.

Ce musée destiné aux cinéphiles est situé dans un bel immeuble de style Art déco qui appartenait à Max Factor, célèbre maquilleur des vedettes des années 1930. En plus de lui rendre hommage, Hollywood Museum renferme une foule d'affiches, de photos, de costumes et d'accessoires provenant aussi bien des grands classiques que des derniers succès du 7e art. Surtout, ne manquez pas le sous-sol, où se trouve la cellule occupée par Hannibal Lecter dans *The Silence of the Lambs* (1991).

HOLLYWOOD BOULEVARD

Hollywood Boulevard

Véritable icône, cette rue est ponctuée de musées et de points d'intérêt rendant hommage à l'héritage légué par le cinéma à Los Angeles. C'est ici que l'on pistera les étoiles des stars sur le Walk of Fame, que l'on pourra mettre ses mains dans les empreintes d'actrices et acteurs devant le TCL Chinese Theatre, ou encore que l'on rendra visite aux célébrités en cire chez Madame Tussauds. En somme, si Hollywood a considérablement perdu en splendeur pour devenir une attraction touristique parfois vulgaire, le quartier n'en reste pas moins chargé d'histoire.

HOLLYWOOD BOWL

2301 North Highland Avenue
✆ +1 323 850 2000
www.hollywoodbowl.org
Ouvert du mardi au vendredi de 10h à 17h, le musée est gratuit.

Le Hollywood Bowl est le haut lieu d'une formidable tradition américaine : les concerts en plein air avec pique-nique. Soirées philarmoniques, festivals de jazz, représentations d'Andrea Bocelli, de *West Side Story* (2021), ou encore de *Harry Potter and the Deathly Hallows – Part 1* (2010)... La sélection est très éclectique. Outre l'intérêt de la musique, on aime l'ambiance générale : l'avant-concert fait partie des réjouissances. Par ailleurs, les lieux comprennent un musée et se prêtent à une intéressante visite auto-guidée – lorsqu'il n'y a pas d'évènements.

HOLLYWOOD HERITAGE MUSEUM ★★

2100 North Highland Avenue
✆ +1 323 874 2276
Du vendredi au dimanche, de 11h à 15h. Entrée : 10 US$. Gratuit pour les enfants de moins de 12 ans.

Fondé en 1980 afin de porter secours à des bâtiments historiques voués à disparaître, Hollywood Heritage continue à œuvrer pour préserver et protéger l'environnement du quartier. Dans ce musée, l'organisation expose des trésors datant des débuts du cinéma hollywoodien. On peut y admirer, entre autres, des affiches et des photos d'époque, la caméra utilisée en 1919 par Charlie Chaplin, ou encore le bureau du réalisateur Cecil B. DeMille et nombre d'accessoires lui ayant appartenu.

HOLLYWOOD FOREVER CEMETERY ★

6000 Santa Monica Boulevard
✆ +1 323 894 9507
www.hollywoodforever.com
Entrée libre. Consultez le site Internet pour connaître la programmation des évènements à venir.

Hollywood Forever Cemetery ressemble davantage à un beau parc paisible et bien entretenu qu'à un cimetière. Pourtant, nombre de stars sont enterrées ici : Douglas Fairbanks, Jayne Mansfield, ou encore Cecil B. DeMille. Parmi les monuments, ne manquez pas Cathedral Mausoleum, absolument magnifique. Par ailleurs, bien que les lieux soient particulièrement agréables à parcourir à pied, il est possible d'y circuler en voiture. Le soir, des concerts et des projections de films s'y tiennent.

HOLLYWOOD PANTAGES THEATRE ★★

6233 Hollywood Blvd
www.pantages-theater.com
Le rideau de fer est levé uniquement pour les spectacles.

Construite en 1930 dans le style Art déco pour l'impresario Alexander Pantages, cette magnifique salle de spectacle est à l'origine essentiellement destinée aux productions de vaudeville. Elle est vendue à la Fox en 1932, puis sera rachetée par le producteur Howard Hughes en 1949. De 1965 à 1977, le palace devient un cinéma dédié à de grandioses avant-premières de films, avant de retourner à sa fonction originale : il s'agit désormais d'un théâtre de comédies musicales.

LOS ANGELES

Le Walk of Fame sur Hollywood Boulevard.

HOLLYWOOD WALK OF FAME ★★

Hollywood Boulevard
www.walkoffame.com
Consultez la carte en ligne pour trouver l'étoile qui vous intéresse.

Il s'agit probablement du plus célèbre des emblèmes de Hollywood. « The Walk of Fame » – littéralement « la Promenade de la Célébrité » – s'étend de North La Brea Avenue à North Gower Street, sur Hollywood Boulevard, puis de Sunset Boulevard à Yucca Street, sur Vine Street. L'idée vient d' E.M. Stuart, président de la Chambre de commerce de Los Angeles : en 1953, il propose d'immortaliser le nom des grandes stars de l'époque. Les étoiles auraient été inspirées par le plafond du Hollywood Hotel, qui était peint de ces astres, dans lesquels des noms de célébrités étaient inscrits. Aujourd'hui encore, une vingtaine de cérémonies d'attribution d'étoiles ont lieu chaque année.

Au total, plus de 2 600 personnalités possèdent leur dalle, faite de granito, un matériau composé de ciment et imitant le marbre. C'est au milieu que trône la fameuse étoile rose à cinq branches, gravée au nom de la célébrité. Puis, en dessous, figure un emblème en laiton rappelant la catégorie dans laquelle cette dernière s'est distinguée. Au choix : le cinéma, la radio, le théâtre, la musique et la télévision.

Pour apparaître sur le Walk of Fame, il faut être nommé par des maisons de production, par des membres de l'industrie du cinéma, par des fans… Ou proposer soi-même sa candidature. Dans tous les cas, il faut avoir au moins cinq ans d'expérience dans son domaine d'activité et participer à des œuvres caritatives.

Par ailleurs, une étoile sur le Walk of Fame est soumise à la validation de l'artiste : ainsi, citons Julia Roberts et Clint Eastwood, qui refusent d'en posséder une. Certaines sont volées : en 2005, un groupe de cambrioleurs a emporté la plaque de Gregory Peck – qui s'est notamment illustré pour son rôle dans *Roman Holiday*, en 1953, avec Audrey Hepburn – en utilisant une tronçonneuse. D'autres font l'objet d'un véritable culte et sont régulièrement couvertes de fleurs, d'images votives et de bougies, comme celles de Michael Jackson et d'Elizabeth Taylor – entre autres. Puis, détail plutôt pénible pour les fans, quelques étoiles subissent leur emplacement, à l'instar de celle de Marilyn Monroe, située devant un McDonald's : au lieu d'être fleurie, elle est régulièrement couverte de projections de graisse et de restes de hamburgers.

Si partir en quête des étoiles de stars est parfois cité dans les incontournables de Hollywood, il faut dire que l'activité – on ne peut plus touristique – ne présente qu'un intérêt très limité. Nous vous conseillons plutôt de profiter d'une visite dans le quartier pour garder un œil curieux sur le trottoir.

KINGS ROAD HOUSE ★

835 North Kings Road ✆ +1 323 651 1510
www.makcenter.org/schindler-house
Du mercredi au dimanche, de 11h à 18h. Adultes : 10 US$, séniors et étudiants : 7 US$. Gratuit pour les moins de 13 ans.

Installé à Los Angeles dans les années 1920, l'architecte viennois Rudolf Schindler est à l'origine de la construction de cette demeure, aussi appelée Schindler House. Avec ses lignes épurées et son style minimaliste, elle est considérée comme l'une des premières maisons modernes répondant aux spécificités du climat californien. Depuis 1994, elle appartient au MAK – Musée autrichien d'arts appliqués – qui y organise de nombreux événements, tels que des récitals, des conférences et des concerts, créant ainsi un pont entre l'architecture et d'autres formes d'art.

KOHN GALLERY ★★

1227 North Highland Avenue
✆ +1 323 461 3311
www.kohngallery.com
Du mardi au vendredi, de 10h à 18h. Dès 11h le samedi.

Fondée en 1985 par Michael Kohn, cette galerie a accueilli les œuvres de grands noms comme Andy Warhol, dont elle a exposé des compositions de son vivant. Elle a également ouvert ses portes à des artistes locaux, tels que Bruce Conner, qui travaillait à la fois avec la peinture, le film, le collage, la sculpture et la photographie. Kohn Gallery peut également se targuer de présenter les créations d'une nouvelle génération d'artistes contemporains à la réputation internationale, à l'instar du peintre Mark Ryden, connu pour ses tableaux pop et surréalistes.

LARCHMONT VILLAGE ★★

North Larchmont Boulevard
www.larchmont.com

Installée entre West 1st Street et Beverly Boulevard, cette petite portion de rue marchande déborde de charme. Elle se trouve entre deux quartiers historiques de Los Angeles : Windsor Square et Hancock Park, établis dans les années 1920. Concrètement, Larchmont Village est une succession de petits cafés et de boutiques indépendantes : ainsi, les lieux se prêtent particulièrement à une courte déambulation suivie d'une pause dans l'après-midi. Par ailleurs, plus de 2 300 demeures parmi les plus anciennes et mieux préservées des environs se tiennent dans le quartier.

LOS ANGELES COUNTY MUSEUM OF ART - LACMA ★★★

5905 Wilshire Boulevard
www.lacma.org
Lundi, mardi et jeudi de 11h à 18h. Jusqu'à 20h le vendredi. Week-end : 10h-19h. Adultes : 25 US$, 3-17 ans : 10 US$.

Au nord-ouest de Miracle Mile se dresse ce musée d'une richesse incroyable, reconnaissable grâce à l'œuvre *Urban Lights* de Chris Burden. À l'intérieur, il retrace l'histoire de l'art dans le monde, de l'époque préhistorique à nos jours, le tout réparti dans plusieurs bâtiments. Parmi les œuvres incontournables figure *La Trahison des Images*, de Magritte ; attention, « *Ceci n'est pas une pipe* » ! L'entrée est gratuite le deuxième mardi de chaque mois ; prévoyez une demi-journée.

MADAME TUSSAUDS HOLLYWOOD ★

6933 Hollywood Boulevard ✆ +1 323 798 1670
www.madametussauds.com/hollywood
Du lundi au mercredi, de 11h à 18h. Jusqu'à 20h du jeudi au dimanche. Entrée : 29,99 US$. Combos et réductions en ligne.

S'il y a bien un lieu où se justifie un tel musée, rempli de stars en cire, c'est Hollywood. Ceux qui n'auront pas la chance de croiser Nicole Kidman, Quentin Tarantino ou Beyoncé en chair et en os pourront se rattraper ici en se faisant paparazzer aux côtés de leur acteur, sportif, chanteur ou cinéaste préféré. Les nostalgiques du Golden Age iront saluer James Dean, Hitchcock ou Audrey Hepburn, tandis que les plus modernes préféreront les statues de Justin Timberlake ou de Lady Gaga.

MELROSE TRADING POST

www.melrosetradingpost.org
Tous les dimanches, de 9h à 17h. Entrée : 5 US$.

Chaque dimanche, Fairfax High School – au sud de West Hollywood – accueille l'incontournable Melrose Trading Post, un immense marché. Véritable village branché, on y trouve une succession de stands de tables en bois, de tapis, de tableaux, de livres, de vinyles, de bijoux, de vêtements, de sacs… La sélection est absolument remarquable. Aussi, on y vient pour l'ambiance : une fois l'essentiel des échoppes passé, une petite scène accueille des concerts entraînants. Cerise sur le gâteau : des bons *food trucks*, servant plusieurs spécialités. Coup de cœur !

PARAMOUNT PICTURES STUDIO ★★

5515 Melrose Avenue
✆ +1 323 956 1777
www.paramountstudiotour.com
Studio Tour : 63 US$. VIP Tour : 199 US$. Les visites ont lieu tous les jours ; réservez votre créneau en ligne.

Chaque jour, Paramount Pictures organise des visites guidées de 2 heures, à la découverte de plus de 110 ans d'histoire, dans le seul studio encore en activité à Hollywood. Pour mieux s'immerger dans l'envers du décor, on circule entre les plateaux et les lieux de tournage à bord d'une petite voiturette. À l'heure actuelle, plusieurs séries à succès sont tournées sur place, telles que *This is Us* et *NCIS : Los Angeles* ; peut-être que vous croiserez un membre du casting.

PETERSEN AUTOMOTIVE MUSEUM ★

6060 Wilshire Boulevard ✆ +1 323 964 6331
www.petersen.org
Du lundi au dimanche, de 10h à 17h. Adultes : 19 US$, seniors : 17 US$, 4-17 ans : 12 US$. Visites guidées possibles.

À deux pas du LACMA, ce musée de l'automobile très complet présente quelques modèles du début du XXe siècle, de belles Américaines des années 1930 et 1950, ainsi que des voitures de course. Également au programmes : les gadgets utilisés dans des films comme la Jaguar de James Bond dans *Die Another Day* (2002) et la DeLorean de *Back to the Future* (1985). Par ailleurs, les enfants apprécieront particulièrement le centre de découverte qui leur est dédié au troisième étage.

TCL CHINESE THEATRE ★★

6925 Hollywood Boulevard
✆ +1 323 461 3331
www.tclchinesetheatres.com

Reconnaissable de loin, avec son impressionnante pagode, ce cinéma est l'un des centres d'intérêt majeurs du quartier. Après sa construction en 1927, son inauguration s'accompagnera de la projection d'une œuvre de Cecil B. De Mille. Pour marquer l'événement, le propriétaire des lieux aurait demandé aux stars de l'époque de mettre leurs pieds et leurs mains dans le ciment ; leurs empreintes sont encore visibles aujourd'hui. En 2013, l'établissement fait équipe avec le spécialiste de l'électronique TCL : en résultent un changement de nom et l'ajout d'une salle IMAX.

FREDERICK R. WEISMAN ART FOUNDATION

265 N Carolwood Dr
✆ +1 310 277 5321
www.weismanfoundation.org
Des visites sont organisées du lundi au vendredi, à 10h30 et 13h30. Réservation nécessaire.

Dédiée à la préservation de l'héritage du collectionneur d'origine russe Frederick R. Weisman, cette fondation à but non lucratif expose plus de 400 œuvres d'art moderne et contemporain. Plusieurs mouvements y sont représentés, tels que le modernisme – avec des peintures de Cézanne, de Picasso et de Kandinsky – le surréalisme – Ernst, Miro et Magritte en tête – l'expressionnisme – citons Willem de Kooning – et le pop art – avec des grands noms tels qu'Andy Warhol et Roy Lichtenstein.

GAGOSIAN GALLERY ★

456 North Camden Drive
✆ +1 310 271 9400
www.gagosian.com
Du mardi au samedi, de 10h à 17h30. Entrée libre.

Il s'agit de l'une des galeries d'art contemporain les plus respectables de Los Angeles. Après y avoir débuté sa carrière avec un premier établissement dans les années 1980, le propriétaire, Larry Gagosian, a étendu sa marque à New York. Il finira par revenir sur la côte Ouest avec l'ouverture d'une nouvelle salle à Beverly Hills, où les vernissages sont des grands événements que le gratin d'Hollywood ne saurait manquer. Par ailleurs, les galeries Gagosian se trouvent désormais dans le monde entier, de Londres à Paris en passant par Rome ou encore Hong Kong.

GREYSTONE MANSION ★

905 Loma Vista Drive
✆ +1 310 285 6830
www.greystonemansion.org
Jardins ouverts du mercredi au vendredi, de 10h à 16h30. Réservations nécessaires. Entrée libre.

Construit en 1927 par le magnat du pétrole Edward L. Doheny, le manoir de Greystone Park était destiné à son fils ; malheureusement, ce dernier sera tué par balle quelques jours après l'inauguration de sa demeure. Alors, les 55 pièces et les beaux jardins de plus de 7 hectares se sont reconvertis en lieu de tournage de nombreux films, de *Ghostbusters* (1984) à *The Big Lebowski* (1998) en passant par *Austin Powers : International Man of Mystery* (1997). Par ailleurs, plusieurs évènements – concerts, concours d'élégance, etc. – y sont organisés tout au long de l'année.

GETTY CENTER ★★★★

1200 Getty Center Drive
✆ +1 310 440 7300
www.getty.edu
Du mardi au dimanche, de 10h à 17h30. Entrée libre, réservation en ligne vivement conseillée. Parking : 20 US$.

Nichés dans les hauteurs de Brentwood, les lieux fonctionnent à la manière d'un site universitaire. Plus précisément, le Getty Center est un centre culturel et un pôle de recherche majeur, ouvert en 1997. Surplombant l'océan et adossé aux San Gabriel Mountains, il pourrait être l'Acropole de Los Angeles. Les édifices imaginés par l'architecte Richard Meier forment un ensemble très moderne, épuré et audacieux, mêlant courbes et formes rectilignes, auquel on accède par un petit train qui part du parking. Le site comprend une partie du J. Paul Getty Museum – l'autre étant intégrée à la Getty Villa, à Pacific Palisades – ainsi que le Getty Research Institute et le Getty Conservation Institute.

La collection permanente du musée d'art en fait l'un des plus beaux et des plus grands du monde. Elle regorge de peintures, de dessins, de manuscrits enluminés, de sculptures antérieures au XXe siècle… Mais aussi de photographies américaines, européennes et asiatiques des XIXe et XXe siècles, de même que des sculptures modernes et contemporaines. *Iris* de Van Gogh y est sans doute l'un des tableaux les plus populaires. Toutes ces œuvres sont présentées dans quatre pavillons orientés selon les quatre points cardinaux, tandis que l'Exhibitions Pavilion accueille les expositions temporaires.

Prévoyez au moins une demi-journée. Par ailleurs, notez que le ticket de parking est également utilisable pour la Getty Villa – hormis les lundis et mardis – dès lors que vous visitez les deux lieux dans la même journée.

MUSEUM OF TOLERANCE ★★

9786 West Pico Boulevard
✆ +1 310 772 2505
www.museumoftolerance.com
Jeudi, vendredi et dimanche de 10h à 15h. 16 US$ par adulte, 13 US$ par senior et 12 US$ par étudiant et 5-18 ans.

En commençant l'exposition, on reçoit un passeport avec l'histoire d'un enfant juif dont la vie a été marquée par l'Holocauste. Puis, à la fin de la visite, on découvre s'il a survécu au génocide : voici l'expérience la plus choquante du musée, dont le but est de mettre fin à l'intolérance par l'éducation. Également au programme : des sections spéciales dédiées à l'archivage des événements de la Shoah, des présentations audios et vidéos, ainsi que certaines lettres du *Journal d'Anne Frank* et un texte écrit par Hitler, où il expose sa vision antisémite du monde.

JOHN WAYNE STATUE ★

8484 Wishire Boulevard

© JOHN FRECHET - ICONOTEC

Si vous passez à Beverly Hills, ne manquez pas la statue de l'illustre John Wayne (1907-1979), cet acteur culte révélé au cinéma dès les années 1920, notamment connu pour ses rôles dans *Stagecoach* (1939), *Fort Apache* (1948), *3 Godfathers* (1948), ou encore *She Wore a Yellow Ribbon* (1949). Aujourd'hui, il trône sur un grand cheval de bronze, en habit de cow-boy, devant un immense building qui était autrefois la Great Western Bank, dont la star était porte-parole. Un hommage qui lui a été rendu en 1984 pour ses quelques 50 années de carrière.

PIERCE BROTHERS WESTWOOD VILLAGE MEMORIAL PARK ★★

1218 Glendon Avenue

Tous les jours, de 8h au coucher du soleil. Entrée libre.

Ouvert en 1905 par l'État de Californie sous le nom de Sunset Cemetery, il accueillait des sépultures datant des années 1880. En 1926, le cimetière sera renommé Westwood Memorial Park. Juste derrière le très bruyant Wilshire Boulevard, il s'agit d'un beau parc arboré et fleuri de presque 1 hectare qui abrite les tombes de nombreuses célébrités. Citons notamment Marilyn Monroe, Billy Wilder, John Cassavetes, Truman Capote, Dean Martin, Natalie Wood, ou encore Walter Matthau.

SKIRBALL CULTURAL CENTER ★

2701 North Sepulveda Boulevard

✆ +1 310 440 4500

www.skirball.org

Mardi-vendredi : 12h-17h. Dès 10h le wk. Adultes : 12 US$, seniors / étudiants : 9 US$, 2-12 ans : 7 US$. Gratuit jeudi.

Situé à proximité de l'American Jewish University – qui abritait auparavant le Skirball Museum – ce centre culturel inauguré en 1993 tient son nom du rabbin et producteur H. Jack Skirball. Avec plus de 30 000 objets retraçant 4 000 ans d'Histoire, les lieux abritent la plus grande collection d'art juif des États-Unis. Voici un bel ensemble, auquel le jardin confère un charme supplémentaire. Cerise sur le gâteau : un riche calendrier d'évènements, allant des ateliers divers aux séances de cinéma en plein air – entre autres. Consultez l'agenda en ligne.

SONY PICTURES STUDIOS ★★

10202 West Washington Blvd ✆ +1 310 244 8687

www.sonypicturesstudiotours.com

Visites guidées de 2h du lundi au vendredi, à 10h30, 13h30 et 14h30. Tarif : 50 US$. Réservation en ligne nécessaire.

Chaque semaine, des visites sont organisées à Culver City, dans les studios de Sony Pictures, la filiale américaine du célèbre groupe japonais. Les guides emmènent les visiteurs sur les plateaux de tournage, leur montrent le département où les accessoires sont conservés, puis les décors en train d'être peints ou montés… En somme, une immersion totale dans le monde du cinéma. Également au programme : les plateaux de films mythiques tels que *The Wizard of Oz* (1939) et *Men in Black* (1997), ainsi que des incontournables jeux télévisés *Jeopardy !* et *Wheel of Fortune*.

THE PALEY CENTER FOR MEDIA ★

465 North Beverly Drive ✆ +1 310 786 1000

www.paleycenter.org

Du mercredi au dimanche, de 12h à 18h. Adultes : 20 US$, seniors et étudiants : 16 US$, moins de 12 ans : gratuit.

Comme son homologue de New York, The Paley Center for Media renferme une collection de plus de 100 000 programmes audiovisuels couvrant près d'un siècle d'histoire. La particularité de ce musée original : le visiteur peut choisir son émission ou sa série favorite et prendre place dans une pièce pour la regarder tranquillement. Par ailleurs, des évènements et des expositions fréquemment renouvelées y sont organisés ; renseignez-vous en ligne pour connaître le calendrier.

UNIVERSITY OF CALIFORNIA, LOS ANGELES - UCLA ★★

405 Hilgard Avenue
✆ +1 310 825 4321
www.ucla.edu
Accès libre au campus.

Créée en 1919, puis élargie dix ans plus tard avec le campus de Westwood, l'Université de Californie compte parmi les plus prestigieuses au monde. Elle a vu passer de nombreuses personnalités américaines : Francis Ford Coppola, Jim Morrison, James Dean ou encore Ben Stiller. En 1984, le campus servira même de village olympique pour les JO. Avec ses propres théâtres, cinémas et bibliothèques, l'université est une mini-cité agréable à visiter, à l'aide d'un plan disponible en ligne.

HAMMER MUSEUM - UCLA ★★

10899 Wilshire Boulevard
✆ +1 310 443 7000
www.hammer.ucla.edu
Du mardi au dimanche, de 11h à 18h – horaires variables. Entrée libre.

Ouvert en 1990, ce beau musée a été fondé par Armand Hammer pour accueillir sa propre collection ; malheureusement, il décèdera trois semaines après l'inauguration. Quatre années plus tard, les lieux passent officiellement aux mains de l'UCLA. Désormais, cette dernière y installe très régulièrement des expositions dans l'air du temps, entre photographie, peinture et bande dessinée, avec un accent sur les périodes moderne et contemporaine. La majorité des événements organisés en marge des expositions – concerts, films, conférences, etc. – sont également gratuits.

MILDRED E. MATHIAS BOTANICAL GARDEN ★

707 Tiverton Dr
✆ +1 310 825 1260
www.botgard.ucla.edu
Février-octobre : du lundi au vendredi de 8h à 17h, dès 9h le week-end. Novembre-janvier : jusqu'à 16h. Entrée libre.

Ces plus de 4 000 plantes tropicales réparties sur un terrain de 3 hectares sont destinées à l'éducation botanique des étudiants de l'UCLA ainsi qu'à la recherche scientifique menée sur le campus. En cause : les nombreuses variétés rares qui poussent dans ce véritable musée vivant. Créé en 1929 – dès les premières heures du célèbre campus de Westwood – ce jardin est un lieu idyllique et coupé du monde, où toute la variété de la flore californienne est concentrée.

VIRGINIA ROBINSON GARDENS ★

1008 Elden Way
✆ +1 310 550 2087
www.robinsongardens.org
Visites du lundi au samedi, sur réservation. Adultes : 15 US$, seniors et étudiants : 11 US$, 5-12 ans : 6 US$.

Les visites guidées de près de 1h30 traversent cinq beaux jardins – italien, tropical, roseraie, terrasses et plantes médicinales – rattachés à l'une des premières villas du quartier. Bâtie en 1911, elle appartenait aux magnats du commerce de détail Harry et Virginia Robinson. Cette dernière était surnommée « *la Première Dame de Beverly Hills* » pour ses fêtes au luxe époustouflant ; une mécène au cœur d'or qui léguera sa maison au Comté de Los Angeles à sa mort, en 1977.

L'université de UCLA.

ANNENBERG COMMUNITY BEACH HOUSE ★★

415 Pacific Coast Highway
✆ +1 310 458 4904
www.annenbergbeachhouse.com
Tous les jours, de 8h à 19h environ – horaires variables selon les activités. Entrée libre.

Chaque semaine, l'Anneberg Community House propose des activités sportives et nautiques, ainsi que la visite guidée gratuite de la Marion Davies Guest House, l'ancienne demeure de l'actrice du même nom. Construit dans les années 1920 par William Randolph, l'édifice fait désormais partie intégrante de l'histoire de Santa Monica. Un bon moyen d'allier détente, sport et culture dans une même journée. Cerise sur le gâteau : une galerie d'art aux diverses expositions temporaires.

CALIFORNIA HERITAGE MUSEUM ★★

2612 Main Street
✆ +1 310 392 8537
www.californiaheritagemuseum.org
Du mercredi au dimanche, de 11h à 16h. 10 US$ par adulte, 5 US$ par senior et étudiant. Gratuit pour les - de 12 ans.

Ce bâtiment dédié à l'histoire et à la culture date de 1894. Les expositions sont présentées dans l'espace de la maison : la salle à manger, la cuisine... Comme si l'on entrait chez quelqu'un. La collection permanente est toujours complétée d'une exposition temporaire, qu'elle porte sur les planches de surf ou sur l'influence de Hawaii sur la culture californienne. Attention, chaque dimanche, le musée se remplit. En cause : le Farmers Market qui se tient à côté, sur Main Street.

GETTY VILLA

17985 Pacific Coast Highway
www.getty.edu/visit/villa
Du mercredi au dimanche, de 10h à 17h. Entrée gratuite. Réservation en ligne nécessaire. Parking : 20 US$.

Seconde partie du J. Paul Getty Museum – l'autre se trouve au Getty Center – la Getty Villa est un site aussi magnifique que passionnant. Entre sa vue sur l'océan, son architecture à la romaine, ses jardins, ses mosaïques et sa magnifique piscine à l'eau cristalline, elle appelle à la quiétude et à la contemplation. Pour leur part, ses murs renferment une belle collection d'antiquités grecques et romaines, en plus d'une exposition temporaire fréquemment actualisée. Gros coup de cœur ! Pour ne pas payer deux fois le parking, couplez la visite avec le Getty Center.

MUSEUM OF FLYING ★★

3100 Airport Avenue
✆ +1 310 398 2500
Du jeudi au dimanche, de 10h à 16h. 10 US$ par adulte, 8 US$ par sénior et étudiant, 6 US$ pour les 3 à 12 ans.

Fondé dans les années 1970 par Donald W. Douglas Jr, le président de la Douglas Aircraft Company – une société lancée par son père – ce musée ludique et interactif est dédié à l'histoire de l'aviation en Californie. Avec près de deux douzaines de modèles, allant d'une réplique du mythique Wright Flyer à l'ère du jet en passant par les Boeing 727 de FedEx, le Museum of Flying reprend la chronologie de cet univers à part. On y trouve également un simulateur de vol spécialement conçu pour les enfants. En somme, une visite parfaitement indiquée pour les familles.

SANTA MONICA PIER ★★

200 Santa Monica Pier
www.santamonicapier.org

Depuis son édification en 1909, la jetée de Santa Monica a fait l'objet de nombreuses modifications et rénovations. Aujourd'hui encore, il s'agit d'un lieu de divertissement et de sortie pour une foule nombreuse. On y trouve un aquarium – Heal the Bay Aquarium – des magasins, des restaurants, des pubs, ainsi que le parc d'attractions Pacific Park, reconnaissable de loin à sa grande roue et ses montagnes russes. Le plus : le magnifique carrousel datant de 1922. Cet ensemble donne un site aussi touristique qu'authentique, qu'il serait dommage de manquer.

HEAL THE BAY AQUARIUM ★★

1600 Ocean Front Walk ✆ +1 310 393 6149
www.healthebay.org
Du jeudi au dimanche, de 12h à 16h. 10 US$ par adulte, 2 US$ par étudiant et senior, gratuit pour les - de 12 ans.

S'il ne vaut pas celui de Long Beach, cet aquarium peut constituer une visite intéressante pour les enfants. Poissons, crabes, oursins, escargots, concombres de mer, pieuvres, homards, requins… Avec plus de 100 espèces locales, Heal the Bay mène des programmes éducatifs visant à faire découvrir l'océanographie au visiteur. Par ailleurs, il est possible « *d'adopter* » un animal : en échange, vous bénéficierez de visites gratuites à l'année. Le plus : l'aquarium est géré par une organisation environnementale à but non lucratif et dédiée à la protection de la côte.

THIRD STREET PROMENADE

3rd Street

www.downtownsm.com

Continuellement animée par les artistes de rue et les passants, la rue piétonne – fait assez rare pour être souligné – de Santa Monica est l'une des attractions majeures de la ville. Elle s'étend de Broadway à Wilshire Boulevard, juste à l'est de la jetée. Les touristes sont nombreux, les terrasses des bars et restaurants bondées. Des produits frais des Farmers Market aux boutiques de vêtements en passant par les *concept stores*, il s'agit d'un lieu où il fait bon déambuler, que l'on soit en quête d'achats ou simplement désireux de prendre le pouls du quartier.

VENICE CANALS ★★

Venice Boulevard & Pacific Avenue

Ce quartier de Los Angeles a été conçu à partir du « *vrai* » Venise d'Italie ; des gondoles avaient même été importées lors de sa construction, dans les années 1900. Bien que les autorités locales aient rempli une partie des canaux avec du béton dans les années 1920 pour éviter d'avoir à les entretenir, il reste tout de même une portion de l'œuvre originale d'Abbot Kinney, au sud-est de l'intersection entre Venice Boulevard et Pacific Avenue. Aujourd'hui, il est toujours aussi agréable de se promener à pied ou à vélo entre les superbes maisons qui bordent l'eau.

VENICE BEACH BOARDWALK ★★★

Ocean Front Walk

Le long de la plage de Venice, le front de mer est une véritable parade de marchands ambulants, de militants qui expriment leurs opinions politiques, d'artistes amateurs de cannabis, de skateurs, ou encore de danseurs de hip-hop en quête de quelques dollars. Un véritable spectacle humain, symbolique de la diversité californienne et de l'esprit de tolérance de la ville. Cerise sur le gâteau : le « *drum circle* » – « *cercle de tambour* » – qui se forme chaque dimanche avant le coucher du soleil dans une ambiance à la fois conviviale et intimiste. Immanquable !

WILL ROGERS STATE HISTORIC PARK ★★

1501 Will Rogers Park Road

✆ +1 310 230 2017

Tous les jours, de 8h au coucher du soleil. Visites guidées jeudi et vendredi de 11h à 15h, dès 10h le week-end.

Après des débuts dans le vaudeville, Will Rogers devient l'un des acteurs les plus populaires et les mieux payés d'Hollywood. Très vite, dans les années 1920, il achète des terres à Pacific Palisades, sur lesquelles il installera une maison de 31 chambres, une écurie, un terrain de polo, un golf et des sentiers de randonnée équestre. Après son décès en 1935, son épouse Betty cèdera la propriété au California State Parks Department, qui en fera un parc ouvert au public.

LOS ANGELES

Venice beach.

BARNSDALL ART PARK ★

4800 Hollywood Boulevard
www.barnsdall.org

Parc ouvert tous les jours, de 6h à 22h. Hollyhock House est fermée jusqu'à nouvel ordre.

À la lisière du quartier de Los Feliz, le Barnsdall Art Park existe depuis les années 1920. La fameuse Hollyhock House se dresse en son centre : elle constitue l'une des attractions majeures du parc, puisqu'elle est signée Frank Lloyd Wright, considéré comme le plus grand concepteur du pays. Inspirée par les temples mayas, cette maison était le tout premier projet de l'architecte à Los Angeles ; malheureusement, elle était fermée en juin 2022, et ce jusqu'à nouvel ordre. Surplombant la ville, les lieux offrent tout de même de très belles vues sur ses alentours.

ECHO PARK LAKE ★★

751 Echo Park Avenue
wheelfunrentals.com

Accès libre.

Avec une belle vue sur les gratte-ciel de Downtown, Echo Park entoure un lac de plus de 5 hectares. Construit en 1868, il s'agissait initialement d'un réservoir d'eau dérivé de Los Angeles River et alimentant les fermes alentour. Puis, dans les années 1890, la municipalité en a fait un vaste parc urbain au cœur du quartier d'Edendale – à emplacement actuel de Silver Lake, Los Feliz et Echo Park – haut lieu des studios de cinéma muet au début du XXᵉ siècle. Aujourd'hui, le parc est particulièrement fréquenté par les familles venues pique-niquer et faire du pédalo.

ENNIS HOUSE ★

2607 Glendower Avenue
www.instagram.com/the.ennis.house

En travaux de rénovation, la maison est fermée au public.

Lovée au sommet de Glendower Avenue, cette maison de plus de 3 000 m² à l'architecture étonnante a été conçue en 1923 par le célébrissime architecte Frank Lloyd Wright dans un style néo-maya pour Charles et Mabel Ennis. Ses blocs de béton préfabriqués lui donnent une allure hors du commun : vous les aurez probablement déjà aperçus au grand écran, dans des films tels que *Blade Runner* (1982). Si l'édifice était encore fermé au public en juin 2022 pour des travaux de rénovation, un simple passage dans la rue permet de voir des demeures magnifiques.

GRIFFITH OBSERVATORY

2800 East Observatory Road ✆ +1 213 473 0800
www.griffithobservatory.org

Vendredi, de 12h à 22h, dès 10h le week-end. Entrée gratuite – seules les séances de planétarium sont payantes.

L'observatoire qui se dresse au sommet de Griffith Park depuis 1935 offre un mélange surprenant d'architecture Art déco et de technologie de pointe. Un monument que l'on doit à l'industriel et philanthrope Griffith J. Griffith, qui avait imposé une condition lorsqu'il a offert ces terres à Los Angeles en 1896 : que l'institution dont il projetait la construction soit accessible gratuitement par le public. Un lieu symbolique, immortalisé à de nombreuses reprises au cinéma, notamment dans *Rebel Without a Cause* (1955) avec James Dean – dont le buste se trouve près de l'entrée – et *La La Land* (2016), au cours d'une scène de danse mythique entre Emma Stone et Ryan Gosling.

Tout au long de l'année, les touristes s'y pressent pour assister au coucher du soleil absolument remarquable sur le Hollywood Sign d'un côté, Downtown de l'autre. Mais ce n'est pas tout : l'observatoire offre bien d'autres richesses. Accueillis par un pendule de Foucault qui oscille à l'infini, les visiteurs sont immédiatement propulsés dans l'univers intergalactique par le planétarium et les expositions très bien pensées.

Pour y accéder, plusieurs options : aller jusqu'au parking payant qui se trouve face à l'entrée ou se garer plus bas, sur l'une des places gratuites de Vista del Valle Drive. Dans ce cas, il faudra emprunter le pentu Boyscout Trailhead – 1 km – qui vous mènera à l'observatoire en une vingtaine de minutes. Nous vous conseillons d'arriver au moins 2 heures avant le coucher du soleil, pour prendre le temps de parcourir les expositions.

GRIFFITH PARK ★★★

4730 Crystal Springs Drive
✆ +1 323 644 3050
www.laparks.org/griffithpark

Tous les jours, de 5h à 22h30.Accès libre.

Absolument immanquable, ce parc de 1 700 hectares est le poumon vert de Los Angeles. Si ses multiples sentiers de randonnée – pédestre comme équestre – et ses vues uniques sur la ville en font probablement le lieu de promenade favori des habitants, il abrite également des institutions locales, telles que le zoo, l'observatoire, le Greek Theatre – un amphithéâtre accueillant des concerts et des spectacles en plein air – et Hollywood Sign. Notez qu'en dehors des nombreuses places de parking alentour, Griffith Park a mis en place un service de shuttle.

© MICHAEL ROSEBROCK - SHUTTERSTOCK.COM

Le Griffith Observatory.

AUTRY MUSEUM OF THE AMERICAN WEST ★

4700 Western Heritage Way ✆ +1 323 667 2000
www.theautry.org

Du mardi au dimanche, de 10h à 16h. Adultes : 14 US$, étudiants et seniors : 10 US$ et enfants de 3 à 12 ans : 6 US$.

Situé dans Griffith Park, ce musée est dédié à l'art, à l'histoire et aux cultures de l'Ouest américain. Au programme : une collection de plus de 500 000 pièces, entre objets ayant appartenu aux Amérindiens, armes à feu historiques, et peintures – entre autres. Par ailleurs, l'Autry Museum accueille également une large sélection d'évènements, allant des conférences à des projections de films en passant par des festivals et des activités destinées aux familles. Une visite intéressante.

LOS FELIZ FLEA - THE ODD MARKET

3939 Tracy Street
www.theoddmarket.com/losfelizflea

Tous les samedis, de 11h à 17h. Le marché met à disposition deux parkings gratuits, sur Griffith Park Boulevard.

Chaque samedi, le lycée John Marshall accueille un sympathique petit marché. Si l'on y trouve quelques *pop-up* restaurants – comme Shuck-Brothers et ses huîtres – on y vient surtout pour les stands en tout genre : des belles vestes *vintage* à 10 dollars, une question à un oracle pour 5 dollars, du henné, des produits pour des chiens avec des problèmes comportementaux, des bougies, des savons, des pots pour plantes, des tableaux… Le tout dans une ambiance bon enfant, sur fond de musique.

LA LUZ DE JESUS GALLERY ★

4633 Hollywood Boulevard ✆ +1 323 666 7667
www.laluzdejesus.com

Du lundi au samedi, de 11h à 19h. Jusqu'à 18h le dimanche. La galerie est située dans le complexe Soap Plant / Wacko.

Il s'agit d'une extension du magasin de gadgets Soap Plant / Wacko, établi en 1971 par Billy Shire. Quinze années plus tard, il ouvre cette galerie, qu'il centre d'abord sur le mouvement « *Lowbrow* », apparenté au pop surréalisme. Considéré comme une forme de contre-culture, ce courant puise ses sources dans le folk, le *street art* et la bande dessinée. Ainsi, depuis la création de son établissement, le but de son fondateur reste le même : initier le grand public à une forme d'art *underground*. Parmi les talents révélés figurent Manuel Ocampo et Joe Coleman.

MULHOLLAND DRIVE ★★

Depuis Los Angeles Downtown, prendre la route 101 (Hollywood Freeway) en direction du nord. Bifurquez au niveau de la sortie 11A vers Cahuenga Boulevard pour rejoindre ensuite Mulholland Drive.

Cette route mythique est l'un des symboles de Los Angeles : elle a même été immortalisée dans le film du même nom par David Lynch en 2001. Dessinée en 1924, elle suit une ligne de crêtes vertigineuses qui laissent admirer d'un côté la vallée, de l'autre la ville. Déjà à l'époque, sa fonction était de rattacher la cité à la mer et à la montagne en passant par des vues pittoresques et enchanteresses, pour le plus grand plaisir des habitants. Longue de 38 km, elle relie ainsi Cahuenga Boulevard – à l'est – à San Vincente Mountain Park – à l'ouest. Incontournable !

HOLLYWOOD SIGN ★★★

Mount Lee
✆ +1 213 300 0108
www.hollywoodsign.org

Si ces neuf lettres blanches perchées sur le Mount Lee, à Griffith Park, sont aujourd'hui le symbole de l'industrie du cinéma, elles ont été érigées pour des raisons qui n'avaient rien à voir avec le 7e art. En 1923, la petite ville de Hollywood et ses collines commencent à attirer de nouveaux habitants de tout le pays – la côte est en tête – venus tenter leur chance dans une région à l'ensoleillement presque permanent et à l'économie en pleine croissance. L'émergence d'une élite du cinéma contribue au développement de Hollywood ; des restaurants et des boîtes de nuit s'installent peu à peu sur Sunset Boulevard et Hollywood Boulevard. Afin d'encourager l'essor de la ville, le promoteur immobilier Harry Chandler fait construire les lettres « *Hollywoodland* ». À l'origine, elles mesuraient 13 mètres de haut et 9 mètres de large et étaient éclairées par quelque 4 000 ampoules clignotantes.

Un signe clinquant, à l'image de l'industrie à rêves... Mais, selon la légende, les lieux seraient hantés par la comédienne Peg Entwistle. Promise à une belle carrière sur les planches de Broadway, la jeune femme vient tenter sa chance à Hollywood en 1931. Après une année passée à essayer de décrocher un rôle d'actrice en vain, elle se suicide en sautant de la lettre « *H* ». Depuis, elle est devenue le symbole du versant sombre de Hollywood, celui qui brise les rêves des artistes en quête de gloire et de fortune.

Avec la Grande Dépression qui frappe le pays dès 1929, nombre d'entreprises sont contraintes de mettre la clé sous la porte : c'est le cas de celle d'Harry Chandler, au début des années 1940. Le Hollywoodland Sign est racheté par la ville en 1944. Puis, cinq ans plus tard, la chambre de commerce de Hollywood décide d'enlever les quatre dernières lettres. Celles qui restent seront détériorées et devront être enlevées puis remplacées en 1978 par celles que l'on connaît aujourd'hui. Alors qu'il était censé être démonté un an et demi seulement après son installation, le Hollywood Sign est toujours dressé un siècle plus tard, témoin d'une industrie qu'il a vu grandir.

Aujourd'hui, l'accès aux lettres est bloqué par un haut grillage : on ne peut les approcher à plus de 100 mètres. Néanmoins, plusieurs sentiers de randonnée permettent de s'en approcher : le facile Mt. Hollywood Trail, le modéré Brush Canyon Trail et le difficile Cahuenga Peak Trail. Une activité agréable, qui vous permettra également d'avoir un bon aperçu de Griffith Park. Afin de préparer au mieux votre parcours, consultez le site internet officiel du signe.

NOHO ARTS DISTRICT ★

✆ +1 818 506 3132
www.nohoartsdistrict.com

Accessible en métro, NoHo – abréviation de « North Hollywood » – Arts District se situe au nord-ouest d'Universal City, dans les hauteurs de Los Angeles. S'il est loin d'être incontournable, ce petit quartier de 2,5 km² est réputé pour son effervescence artistique, entre ses théâtres, ses écoles de danse et d'art dramatique, ainsi que ses studios d'enregistrement. Un lieu où il est assez agréable de se promener, avec plusieurs bâtiments recouverts de fresques colorées. Par ailleurs, on y trouve quelques bonnes adresses pour se restaurer ou prendre un café.

UNIVERSAL STUDIOS HOLLYWOOD ★★★

100 Universal City Plaza ✆ +1 800 864 8377
www.universalstudioshollywood.com

Ouvert tous les jours, généralement de 9h à 22h – horaires variables. De 109 US$ (1 jour) à 149 US$ (2 jours).

Avant toute chose, il faut savoir qu'Universal Studios Hollywood est un parc d'attractions : les véritables cinéphiles préfèreront visiter Paramount Pictures Studio, où ils pourront voir des tournages en action. Néanmoins, les adultes autant que les enfants adoreront se rendre ici. On y retrouve les grands mythes d'hier et d'aujourd'hui, des dinosaures de *Jurassic Park* à *King Kong* en passant par *E.T. The Extra-Terrestrial* et *Jaws*. Si Universal Studios Hollywood est parcouru de montagnes russes, de restaurants et de boutiques de souvenirs, l'intérêt instructif des studios est toujours là, mais sous la forme d'un spectacle à l'intérieur duquel on se promène.

Ainsi, ne manquez surtout pas The Wizarding World of Harry Potter, une plongée dans l'univers du plus connu des sorciers, au cœur d'une belle reconstitution des décors du film. Vous évoluerez dans les rues du village de Pré-au-Lard, vous ferez un tour chez Ollivander – où vous trouverez évidemment LA baguette qui vous correspond – puis vous pénètrerez dans le château de Poudlard pour suivre Harry dans une folle course-poursuite. Sensations fortes au rendez-vous.

Également parmi les incontournables : la visite guidée du parc d'une durée d'une heure comprise dans le prix du billet.

Enfin, il vaut mieux venir en semaine dès l'ouverture pour éviter la foule. Prévoyez une journée entière. Surtout, attention : les horaires d'ouverture peuvent varier d'un jour à l'autre. Avant de réserver vos billets, consultez le calendrier en ligne au préalable.

SE LOGER

Chaque quartier de Los Angeles offre une atmosphère différente. Inévitablement, celui dans lequel on séjournera déterminera son regard sur la ville : ainsi, plusieurs paramètres sont à prendre en compte. D'abord, puisque les logements bon marché sont rares, il convient de réserver en avance, de comparer les hôtels avec les Airbnb, et, surtout, de ne pas négliger les environs de la Cité des Anges. Par exemple, Glendale peut constituer une excellente alternative lorsque l'on est véhiculé, cette banlieue étant située à seulement une quinzaine de minutes de Downtown. Par ailleurs, attention : si l'on aurait tendance à privilégier DTLA pour des raisons pratiques, nous vous le déconseillons fortement si vous louez une voiture. En cause : l'obligation de la garer dans un parking couvert la nuit, le risque d'effraction étant omniprésent… Un service que vous ne trouverez pas pour moins de 40 US$, faisant grimper la note de la chambre.

BANANA BUNGALOW HOTEL & HOSTEL €

5920 Hollywood Boulevard
✆ +1 323 469 2500
www.bananabungalows.com
Lit en dortoir à partir de 33 US$. Chambres doubles privées dès 74 US$. Promotions en ligne.

L'établissement compte des dortoirs de 6 à 14 personnes et près d'une vingtaine de chambres privées. L'esthétique des années 1960 est assez sympathique ; plus colorée et gaie que la décoration habituelle des auberges de jeunesse, celle-ci rend l'endroit agréable. Cuisine commune, laverie, salle de jeux, jardin... Avec ses nombreux services, séjourner à Banana Bungalow constitue un choix pratique. Le plus : sa situation dans la nature, au pied des collines – mais proche du métro.

ELAINE'S HOLLYWOOD BED & BREAKFAST €€

1616 N Sierra Bonita Ave
✆ +1 323 850 0766
Chambre double à partir de 160 US$. Petit déjeuner compris.

Elaine tient ce charmant Bed & Breakfast à deux pas de Hollywood Boulevard, à une vingtaine de minutes à pied du Walk of Fame et juste au sud du très agréable Runyon Canyon Park. Outre un emplacement idéal, l'établissement jouit de chambres de qualité, confortables, propres, et tenues avec soin. L'accueil de la propriétaire et le délicieux petit déjeuner servi chaque matin sont d'autres atouts considérables. Cerise sur le gâteau : la possibilité de se garer gratuitement dans la rue.

THE STEADY HOSTEL €

4302 Melrose Ave
✆ +1 323 284 8841
www.thesteadyhostel.com
Lit en dortoir à partir de 35 US$; petit déjeuner compris. Promotions en ligne.

Cette petite auberge de jeunesse branchée est installée dans un édifice historique. Du papier peint tropical au parquet lustré, la décoration est travaillée, tandis que les dortoirs sont fonctionnels et confortables ; nous vous recommandons le plus grand, celui qui se trouve près de la cuisine, pour l'intimité que ses rideaux procurent. Par ailleurs, bien que le quartier ne soit pas des plus *fancy*, l'établissement est bien desservi par les transports en commun et se trouve à côté de nombreuses places de parking gratuites. Un bémol : le bruit du trafic routier.

AMERICAN HOTEL €€

303 S Hewitt Street
✆ +1 213 545 4695
www.americanhotella.com
Chambres doubles avec salle de bains commune à partir de 145 US$.

Bien que légèrement rudimentaire, cet établissement est très propre et, surtout, situé au cœur du branché Arts District, idéal pour profiter d'une vie de quartier animée et rayonner dans Los Angeles – d'autant que l'American Hotel propose un service de location de voitures. Par ailleurs, les chambres sont spacieuses et les salles de bains partagées très bien entretenues. Néanmoins, attention : puisqu'il n'y a pas d'ascenseur, l'hôtel n'est pas adapté aux personnes en fauteuil roulant, ni à celles ne pouvant pas monter leurs bagages dans les étages elles-mêmes.

ELAN HOTEL €€

8435 Beverly Boulevard
✆ +1 323 658 6663
www.elanhotel.com
Chambres doubles à partir de 300 US$. Promotions en ligne.

Situé à 5 minutes à pied du populaire centre commercial Beverly Center et à 20 minutes de l'incontournable Original Farmers Market, Elan Hotel constitue l'un des meilleurs rapports qualité-prix du quartier. Il s'agit d'un boutique-hôtel d'une petite cinquantaine de chambres propres, bien tenues et décorées avec simplicité. Le plus : une jolie terrasse agréablement exposée. Mention spéciale à l'accueil chaleureux du personnel. Attention, veillez à privilégier les réservations sur le site de l'établissement : les tarifs sont parfois réduits du quart.

FREEHAND LOS ANGELES €€

416 W 8th Street
✆ +1 213 612 0021
www.freehandhotels.com
Lit en dortoir à partir de 55 US$. Chambres doubles et suites de 245 US$ à 870 US$. Parking : 49 US$.

Ce bel hôtel jouit d'un décor soigné dans les moindres détails, d'un mobilier design et d'une superbe piscine sur le toit avec vue sur les gratte-ciel de Downtown. Il comporte également quelques dortoirs, qui offrent un petit peu plus d'intimité et de confort que ceux d'une auberge de jeunesse classique. Néanmoins, attention, tout se paie : le parking au tarif exorbitant, les frais supplémentaires sur place au motif surprise des « *facility uses* »... Malgré des prix qui semblent relativement abordables pour la prestation, la facture peut vite grimper.

HI LOS ANGELES SANTA MONICA HOSTEL €€

1436 2nd Street
✆ +1 310 393 9913
www.hiusa.org
Lit en dortoir dès 45 US$, chambres doubles avec salle de bains commune dès 155 US$.

À Santa Monica comme à Los Angeles, les options pour se loger sans se ruiner sont rares : cette adresse fait partie des exceptions – pensez donc à réserver en avance. Les dortoirs sont on ne peut plus standard mais sont équipés du nécessaire. Pour leur part, les espaces communs – dotés d'une petite cour extérieure – sont agréables et se prêtent bien au télétravail. Enfin, notez que l'ambiance est moins à la fête que dans les auberges de jeunesse de Hollywood ou de Venice.

HOTEL NORMANDIE LOS ANGELES €€

605 South Normandie Avenue
✆ +1 213 388 8138
www.hotelnormandiela.com
Chambres doubles dès 190 US$. Promotions en ligne.

Cet hôtel situé en plein Koreatown – à un emplacement idéal pour gagner Downtown – séduit immédiatement par son charme fou. Tout en brique, avec des jolies arcades, il est construit en 1926 selon un style « Renaissance Revival » – ou néo-Renaissance. Très vite, il gagne en notoriété et reçoit des invités de marque dans les années 1930 comme 1940. Citons notamment l'auteur anglais Malcom Lowry, qui a séjourné ici lorsqu'il écrivait son *best-seller Under the Volcano*, publié en 1947.

MIYAKO HOTEL €€

328 E. First Street
✆ +1 213 617 2000
www.miyakoinn.com
Chambres doubles à partir de 195 US$.

En plein cœur de Little Tokyo – et à 5 minutes à pied du métro –, cet hôtel allie élégance et simplicité grâce à des chambres à la décoration épurée, agencées avec soin dans l'esprit japonais. Par ailleurs, il est doté d'une salle de sport, d'un centre d'affaires et même d'une boutique de souvenirs. Aussi, le bureau d'excursions peut se révéler particulièrement utile dans l'organisation de visites guidées. En somme, avec plus de 25 ans d'expérience à son actif, Miyako Hotel se place aujourd'hui comme l'une des meilleures options de Downtown.

PODSHARE VENICE €€

522 Venice Blvd
✆ +1 213 973 7741
www.podshare.com
Lit en dortoir à partir de 65 US$.

Cette auberge discrète est installée dans une maison entièrement rénovée, à 750 mètres de Venice Beach. Moderne et bien tenue, elle propose des dortoirs confortables et parfaitement équipés, avec des lits en bois à la structure idéale : ici, on ne se fait pas secouer par le moindre mouvement de son voisin du dessus ou du dessous ! À cela s'ajoutent une bonne literie et des télévisions avec un accès à Netflix. Par ailleurs, la cuisine est dotée de tout le matériel nécessaire, tandis que les espaces communs sont agréables, notamment le jardin. Un lieu chaleureux.

SAMESUN VENICE BEACH €€

25 Windward Avenue ✆ +1 310 399 7649
www.samesun.com
Lit en dortoir à partir de 55 US$, chambre double avec salle de bains commune à 210 US$. Petit déjeuner compris.

Avec ses prix abordables – pour Los Angeles – Samesun constitue une bonne option pour séjourner dans la ville tout en profitant d'un emplacement pratique, à quelques pas de la plage et de l'incontournable Venice Broadwalk. Installée dans un vieux bâtiment, cette auberge de jeunesse en a hérité le charme quelque peu désuet... Très vite compensé par les couleurs vives et chaleureuses des chambres, offrant un dynamisme certain au lieu. Le tout dans une ambiance bonne enfant. Cerise sur le gâteau : des planches de *bodyboard* mises à disposition gratuitement.

SEA SHORE MOTEL €€

2637 Main Street
✆ +1 310 392 2787
www.seashoremotel.com
Chambres doubles à partir de 135 US$.

Bonne solution pour les familles avec petit budget, cet établissement de couleur rose pâle est installé à quelques pas de la plage, dans le quartier d'Ocean Park. Plus précisément, il se trouve sur l'un des tronçons les plus vivants de Main Street, avec de nombreux cafés, boutiques et galeries d'art. Pour leur part, les chambres en elles-mêmes sont peu attractives ; il s'agit d'un motel classique. On vient ici avant tout pour le rapport emplacement-prix, le Sea Shore constituant un point d'ancrage idéal, à mi-chemin entre la jetée de Santa Monica et Venice Beach.

BEVERLY HILLS PLAZA HOTEL & SPA €€€

10300 Wilshire Boulevard
✆ +1 800 800 1234
www.beverlyhillsplazahotel.com
Suites dès 265 US$.

Situé à mi-chemin entre le centre de Westwood et de Beverly Hills, cet hôtel se trouve au pied du Los Angeles Country Club. Si sa décoration peut sembler légèrement surchargée à première vue, ses 116 suites sont spacieuses et bien agencées, dans un espace verdoyant. Préférez celles situées côté piscine, moins bruyantes et dotées d'une vue particulièrement agréable. Un bel établissement où tous les moyens sont mis en œuvre pour offrir un séjour raffiné aux invités.

BEVERLY WILSHIRE, A FOUR SEASONS HOTEL €€€

9500 Wilshire Boulevard
✆ +1 800 819 5053
www.fourseasons.com
Chambres doubles à partir de 900 US$.

Avec sa façade historique vieille de plus de 80 ans, il s'agit de l'hôtel de *Pretty Woman* (1990). Il ferme, de toute sa masse, la célèbre Rodeo Drive, l'artère la plus chic de Beverly Hills : ici, la suite présidentielle a reçu des princes et des rois. Matériaux nobles, grands tableaux, exposition Cartier... La rénovation du Beverly Wilshire a coûté quelque 39 millions de dollars. Les 395 chambres sont immenses et bénéficient du luxe le plus raffiné ; à réserver pour une nuit mémorable.

CHAMBERLAIN WEST HOLLYWOOD €€€

1000 Westmount Drive
✆ +1 888 377 7181
www.chamberlainwesthollywood.com
Chambres doubles à partir de 360 US$.

Discret, le Chamberlain est caché dans une petite rue de West Hollywood. Le *design* des chambres a été pensé avec soin, tout en subtilité : les tons nobles des tissus et des meubles donnent un air raffiné au lieu. Une sensation de luxe renforcée par la superbe piscine installée sur le toit de l'hôtel : les jolis transats et parasols qui l'entourent, ainsi que sa vue panoramique sur le quartier, les collines de Hollywood et Downtown, incitent à la plus agréable des détentes.

CHANNEL ROAD INN, A FOUR SISTERS INN €€€

219 W Channel Rd
✆ +1 310 459 1920
www.channelroadinn.com
Chambres doubles à partir de 320 US$. Petit déjeuner compris.

Difficile d'offrir un accueil plus personnel et convivial. Ici, pas de réception ; on remplit le formulaire d'enregistrement tout en faisant le tour de cette magnifique maison qui date de 1910. Le but est de se sentir comme chez soi... Et cela fonctionne. On apprécie également le petit déjeuner copieux, ainsi que l'apéritif de fin de journée avec vin et amuse-bouche, le tout cuisiné maison. Les chambres sont spacieuses et *cosy* à souhait, certaines dotées d'une terrasse privative.

L'ERMITAGE BEVERLY HILLS HOTEL €€€

9291 Burton Way
✆ +1 877 831 4284
www.lermitagebeverlyhills.com
Suites à partir de 950 US$.

L'Ermitage est une très belle propriété plus classe et moins « *bling-bling* » que le reste des hôtels de Beverly Hills. Dès l'entrée, on est happé par le calme et le luxe du lieu. Spacieuses, les suites sont aménagées avec du mobilier en bois clair pour un style moderne et chaleureux ; certaines accueillent même des grands noms qui s'y installent pour plusieurs mois. Derniers joyaux : la piscine et le centre de soins situés sur le toit, offrant une vue magnifique sur les alentours.

FAIRMONT MIRAMAR HOTEL & BUNGALOWS €€€

101 Wilshire Boulevard
✆ +1 310 576 7777
www.fairmont.fr/santa-monica
Chambres doubles à partir de 600 US$.

Niché en haut de la falaise, le Fairmont Miramar était la propriété privée du fondateur de Santa Monica lors de sa construction en 1921. Trois années plus tard, les lieux seront agrandis pour accueillir de nombreuses célébrités en résidence. Par exemple, c'est ici que venait se réfugier Marilyn Monroe lorsqu'elle cherchait à fuir la foule dans les années 1930. En plus d'être un monument historique, l'hôtel offre un panorama unique sur le Pacifique et accueille un jardin luxuriant.

HILTON LOS ANGELES - UNIVERSAL CITY €€€

555 Universal Hollywood Drive
✆ +1 818 506 2500
www.hilton.com
Chambres doubles à partir de 360 US$

Membre de la célébrissime chaîne Hilton, cet hôtel de luxe compte des chambres modernes et très confortables réparties sur 24 étages, à 5 minutes du parc d'attractions Universal Studios. Les restaurants offrent une cuisine variée – chinoise, européenne et californienne – tandis que l'établissement est également doté d'un club de fitness, d'une piscine et d'un bain à remous. Une bonne adresse si vous souhaitez profiter du parc sans avoir de kilomètres à parcourir.

HOTEL BEL-AIR €€€

701 Stone Canyon Road
✆ +1 310 472 1211
www.dorchestercollection.com
Chambres doubles à partir de 1 350 US$.

Situé au cœur de l'un des quartiers les plus prisés de Los Angeles, le Bel-Air est une véritable institution ayant fait sa réputation auprès d'une clientèle de renom depuis 1946. Après une fermeture de deux ans, l'hôtel a rouvert ses portes en 2011 dans un cadre rénové et encore plus enchanteur. Ici, tout incarne l'esthétisme, le charme et le luxe : l'architecture coloniale, les plans d'eau et les fontaines, les patios regorgeant de bougainvilliers... Pour leur part, les chambres et les suites répondent aux exigences d'un hôtel 5 étoiles. Exceptionnel !

INN AT VENICE BEACH €€€

327 Washington Boulevard
✆ +1 310 821 2557
www.innatvenicebeach.com
Chambres doubles à partir de 315 US$.

Juste à côté des incontournables canaux du quartier – et à deux pas du Venice Fishing Pier et de la Marina del Rey –, cet hôtel propose des chambres doubles ainsi que des suites propres et confortables, uniquement dotées de lits *queen size* ou *king size*. Chacune d'entre elles comprend également une télévision, un réfrigérateur, une cafetière et un coffre-fort. Par ailleurs, notez que la plupart des chambres sont construites en duplex. La décoration travaillée avec soin et l'agencement de l'Inn At Venice Beach en font une bonne adresse.

HOLLYWOOD HOTEL €€

1160 North Vermont Avenue
✆ +1 323 746 0444
www.thehollywoodhotel.com
Chambres doubles à partir de 130 US$. Promotions en ligne.

Au nord d'East Hollywood et de Santa Monica Boulevard, Hollywood Hotel s'illustre par son équipe polyglotte et son bon rapport qualité-prix. Les chambres sont vastes et bien équipées : chacune est dotée d'un réfrigérateur, d'un micro-ondes et d'une cafetière, entre autres. Par ailleurs, l'établissement comprend une belle piscine refaite en 2016, ainsi qu'un sauna et une salle de sport propices à un séjour de bien-être. Les voyageurs non véhiculés apprécieront la proximité avec la station de métro Vermont/Santa Monica – Red Line.

JAMAICA BAY INN €€€

4175 Admiralty Way
✆ +1 310 823 5333
www.jamaicabayinn.com
Chambres doubles à partir de 370 US$.

Puisque cet hôtel dispose d'une vue plongeante sur la Marina, nous vous conseillons de demander l'une des chambres qui donnent sur le port : c'est ce qui fait tout le charme de l'endroit. Si le Jamaica Bay Inn by Hilton n'en fait pas des tonnes, il déçoit rarement ses invités. Cadre, accueil, propreté, service-client... : tous les paramètres sont réunis pour qu'ils passent un séjour agréable. Les plus : une piscine, des jardins tropicaux, une terrasse bien exposée, des salles de sport et d'affaires, ou encore un sympathique bar-restaurant, le Beachside.

KIMPTON HOTEL PALOMAR LOS ANGELES BEVERLY HILLS €€€

10740 Wilshire Boulevard
✆ +1 800 472 8556
www.hotelpalomar-beverlyhills.com
Chambres doubles à partir de 330 US$.

Inauguré en avril 2008, cet établissement fait preuve d'un *design* moderne qui mise sur le choc des couleurs, entre le gris bleu froid et le rouge brut. Si les chambres offrent des vues magnifiques sur la ville, la piscine donne sur la curieuse tour du Los Angeles California Temple, un lieu de culte mormon situé à une quinzaine de minutes au sud, sur Santa Monica Boulevard. L'un des plus du Kimpton Hotel Palomar : son esprit écologique qui pousse vers l'économie d'énergie.

KIMPTON HOTEL WILSHIRE €€€

6317 Wilshire Boulevard
✆ +1 866 650 2154
www.hotelwilshire.com
Chambres doubles à partir de 355 US$.

Cet hôtel *eco friendly* du groupe Kimpton dispose de plus de 70 belles chambres au cœur de Los Angeles, à moins d'une vingtaine de minutes à pied du Original Farmers Market et à une dizaine de minutes de voiture de Rodeo Drive. Fort d'un confort moderne, on y trouve une décoration élégante, un mobilier *design*, des salles de bains ultra-équipées, ainsi que tous les aménagements nécessaires pour les voyageurs d'affaires et de loisirs. Cerise sur le gâteau : une piscine installée sur le toit, avec une jolie vue sur les collines de Hollywood.

LOEWS SANTA MONICA BEACH HOTEL €€€

1700 Ocean Avenue
✆ +1 310 458 6700
www.loewshotels.com/santa-monica
Chambres doubles à partir de 635 US$.
Promotions en ligne.

À l'inverse des autres hôtels du bord de mer, le Loews n'en fait pas des tonnes pour satisfaire ses clients. Très simple dans son architecture comme dans son *design* intérieur, il mise essentiellement sur son emplacement : ici, c'est la plage qui importe. Ainsi, chaque chambre dispose d'un balcon duquel les invités peuvent guetter l'horizon, tandis que le toit de l'établissement permet de manger ou de boire un verre tout en contemplant la grande roue du Santa Monica Pier.

MAGIC CASTLE HOTEL €€€

7025 Franklin Avenue
✆ +1 323 851 0800
www.magiccastlehotel.com
Chambres doubles à partir de 320 US$.

Situé à côté de l'école de magie – Academy of Magic Arts – de Hollywood, cet hôtel familial a reçu le prix de la meilleure relation client de l'année en 2015. Disposant d'un grand parking, il est idéalement situé, à côté des principales attractions du quartier et à deux pas du célèbre Hollywood Boulevard. Il propose plus d'une quarantaine de chambres spacieuses et très bien équipées, semblables à des appartements, chacune étant dotée d'une cuisine complète. Au centre, une piscine dans laquelle les enfants se retrouveront avec plaisir.

MAMA SHELTER LOS ANGELES €€€

6500 Selma Avenue ✆ +1 323 785 6666
www.mamashelter.com/fr/los-angeles
Chambres doubles à partir de 270 US$.

Cette chaîne française d'hôtels branchés a tout pour plaire à une clientèle qui recherche une ambiance plutôt décontractée. *Design* et minimalistes, les chambres offrent une télé connectée d'une certaine marque à la pomme, ainsi que des produits de soin français bio. Surtout, l'intérêt de ce bâtiment de 1920 réside dans sa gigantesque terrasse sur le toit, avec vue sur le Hollywood Sign. Le bar qui s'y trouve – entouré de nombreux matelas ou sofas pour se détendre, un cocktail à la main – est l'un des lieux les plus courus du quartier, une fois la nuit tombée.

MARINA DEL REY HOTEL €€€

13534 Bali Way
✆ +1 310 301 1000
www.marinadelreyhotel.com
Chambres doubles à partir de 360 US$.
Promotions en ligne.

Comme son nom l'indique, ce superbe hôtel est installé sur la Marina Del Rey. Bordant ce grand port artificiel, sa piscine extérieure permet d'admirer des voiliers et des yachts que l'on rêverait de pouvoir s'offrir. Également parmi ses commodités : la cuisine californienne du bar-restaurant SALT, plus de 930 m² de salles de réunion et de banquet, un service de location de vélos, une salle de sport, ou encore une terrasse bien exposée avec vue sur le port. En somme, il s'agit d'un établissement luxueux, aux prestations de qualité.

MOSAIC HOTEL €€€

125 S Spalding Drive
✆ +1 800 463 4466
www.mosaichotel.com
Chambres doubles à partir de 320 US$.

À quelques minutes à pied de Rodeo Drive, cet hôtel comblera les amateurs de luxe qui ne sont pour autant pas adeptes de chichis. À taille humaine, le Mosaic dispose d'une petite cinquantaine de chambres, décorées avec soin – du linge de maison de créateur en prime. Dans la salle de bains, on aimera particulièrement se détendre sous l'énorme pommeau de douche qui diffuse ce qui s'apparente à une fine pluie tropicale. Également au programme : bronzage au bord de la piscine extérieure, relaxation lors d'un massage en chambre et exercice à la salle de sport.

MR. C BEVERLY HILLS €€€

1224 Beverwil Drive
✆ +1 800 223 6800
www.mrchotels.com
Chambres doubles et suites dès 500 US$.
Promotions en ligne.

À 15 minutes à pied des boutiques de luxe de Rodeo Drive, Mr. C Beverly Hills respire le luxe et le bon goût. Dans cet hôtel de très haut *standing*, chacune des chambres – particulièrement spacieuses et agréables – ont leur caractère, bien qu'elles soient plutôt décorées avec sobriété. Sur leurs murs, des photos en noir et blanc d'acteurs et d'actrices mythiques rappellent aux invités qu'ils se trouvent dans la capitale du cinéma. Ces derniers pourront également se prélasser au bord de la piscine extérieure et profiter d'une terrasse bien exposée.

SOFITEL LOS ANGELES €€€

8555 Beverly Boulevard
✆ +1 310 278 5444
www.sofitel-los-angeles.com
Chambres doubles à partir de 350 US$.

Le Sofitel Los Angeles at Beverly Hills allie avec brio la « *French Touch* » et le glamour de Hollywood dans un style architectural ultra moderne et urbain que l'on retrouve dans ses 300 chambres luxueuses. Situé entre West Hollywood et Beverly Grove, l'hôtel est idéal pour rayonner dans les quartiers chics de Los Angeles et constitue une valeur sûre en termes de qualité de services et de confort. À l'extérieur, la piscine aux couleurs pop contraste avec la terrasse aux pergolas verdoyantes. Cerise sur le gâteau : le spa, pour un bel instant de relaxation.

© SOFITEL

© SOFITEL

LOS ANGELES

LE PARC SUITE HOTEL €€€

733 N West Knoll Drive
✆ +1 888 324 0353
www.leparcsuites.com
Chambres doubles à partir de 410 US$.
Promotions en ligne.

Couverte de lierre, la façade du Parc Suite Hotel se dresse sur une avenue calme, entre Santa Monica Boulevard et Melrose Avenue. L'intérieur est classique, le confort standard et le service efficace ; par ailleurs, ses chambres sont toutes très spacieuses, calmes et décorées avec soin. Enfin, telle une véritable oasis urbaine, cet établissement appelle à la relaxation tout en restant au cœur de Los Angeles. Vous prendrez plaisir à observer la ville depuis le toit de l'hôtel, doté d'une piscine, de courts de tennis et d'une terrasse bien exposée.

SUNSET TOWER HOTEL €€€

8358 W Sunset Blvd
✆ +1 323 654 7100
www.sunsettowerhotel.com
Chambres doubles à partir de 525 US$.

Ouvert depuis 1929, il s'agit de l'un des plus beaux hôtels de Los Angeles. Ses espaces ouverts, sa piscine, son service extrêmement soigné et son apparence extérieure d'esprit Art déco font de cet établissement un lieu de villégiature de premier choix. Depuis les chambres supérieures, la vue est sublime, le luxe est omniprésent. Ce n'est pas un hasard si de très nombreuses célébrités sont passées par les lieux, telles que Howard Hughes, Marilyn Monroe, Frank Sinatra, ou encore John Wayne. Une réservation ici est la promesse d'un séjour d'exception.

PETIT ERMITAGE €€€

8822 Cynthia Street
✆ +1 310 854 1114
www.petitermitage.com
Chambres doubles à partir de 445 US$.
Promotions en ligne.

Installé à West Hollywood, à deux pas de Santa Monica Boulevard et de ses bars animés à la nuit tombée – tels que The Abbey Food & Bar –, le Petit Ermitage est pourtant situé au calme. Il s'agit d'un boutique-hôtel de 80 chambres, doté d'une piscine, d'une terrasse et d'un restaurant installés dans un cadre fleuri et romantique. Quant à elles, les chambres sont décorées avec goût et caractère : les tableaux aux cadres épais côtoient les cheminées à l'ancienne, tandis que les tables semblent sorties de chez un antiquaire. Une superbe adresse !

THE CHARLIE HOTEL €€€

819 North Sweetzer Avenue
✆ +1 323 988 9000
www.thecharliehotel.com
Cottages à partir de 415 US$.

Voici une oasis de tranquillité au milieu de l'un des quartiers les plus dynamiques de Los Angeles. Une fois la porte du Charlie poussée, le temps s'arrête : on entre dans un village anglais fleuri où d'élégants cottages se confondent avec la verdure. Décorées avec beaucoup de goût, les suites possèdent chacune un intérieur qui lui est propre. Elles sont aussi bien adaptées pour une halte que pour des séjours longs, avec une cuisine parfaitement équipée et fonctionnelle. Véritable coup de cœur pour ce petit havre de paix idéal pour se ressourcer.

SHUTTERS ON THE BEACH €€€

1 Pico Boulevard
✆ +1 866 527 6612
www.shuttersonthebeach.com
Chambres doubles à partir de 1 025 US$.

Littéralement « *les volets sur la plage* », l'enseigne Shutters on the Beach ne ment pas. Avec son voisin, l'hôtel Casa del Mar, il s'agit du seul établissement alentour à avoir les pieds dans le sable. Le service est irréprochable, les chambres au plancher sombre et aux meubles blancs impeccables. Si elles sont relativement petites, certaines d'entre elles disposent d'un balcon individuel avec des sièges en osier, face à la mer. Pour sa part, le hall revêt une ambiance de *cottage* de plage et porte sur ses murs quelques lithographies originales de David Hockney.

THE CULVER HOTEL €€€

9400 Culver Boulevard
✆ +1 310 558 9400
www.culverhotel.com
Chambres doubles à partir de 330 US$.
Promotions en ligne.

Construit en 1924, le Culver Hotel offre un véritable voyage dans le temps. Ce bâtiment de rêve se dresse seul dans le centre-ville de Culver City ; rien d'étonnant à ce qu'il figure sur la liste du patrimoine national. Ce serait ici que 124 des personnes qui jouaient les Munchkins dans *Le Magicien d'Oz* (1939) avaient établi leurs quartiers pendant le tournage de la fameuse comédie musicale, dormant parfois à trois dans le même lit. Si vous séjournez ici, optez pour une des chambres situées au-dessus du troisième étage, dont la vue est imprenable.

THE GEORGIAN HOTEL €€€

1415 Ocean Avenue
✆ +1 310 395 9945
www.georgianhotel.com
Chambres doubles à partir de 500 US$. Promotions en ligne.

Le bâtiment bleu au style Art déco du Georgian Hotel se distingue nettement de la silhouette de Santa Monica : construit en 1933, il joue la carte du rétro. Ses chambres ont gardé des détails *vintage*, comme le petit canard en plastique dans la salle de bains ; de la même manière, le vieil ascenseur n'est pas destiné aux gens pressés, plutôt à ceux qui ont envie de voyager dans le temps. La véranda de l'hôtel est sans doute l'un de ses lieux les plus agréables. Abrité d'Ocean Avenue par une mince haie, vous pourrez vous détendre en toute tranquillité.

THE PENINSULA BEVERLY HILLS €€€

9882 S Santa Monica Boulevard
✆ +1 310 551 2888
www.peninsula.com
Chambres doubles à partir de 1 110 US$.

Ce majestueux hôtel de 195 chambres de style classique est le luxe incarné. Inspiré des grandes demeures de la Renaissance, The Peninsula est particulièrement bien agencé autour du patio intérieur et des jardins tropicaux. Les chambres sont très spacieuses et offrent des services de haute technologie, tandis que l'ambiance est au marbre blanc dans les salles de bains. Les lieux offrent une retraite inoubliable, de la vue que l'on a depuis le jardin suspendu au spa privé.

THE WESTIN BONAVENTURE HOTEL & SUITES €€€

404 South Figueroa Street
✆ +1 800 937 8461
www.marriott.com
Chambres doubles et suites dès 350 US$. Promotions en ligne.

Avec sa superbe piscine et près de 1 500 chambres et suites, cet hôtel est une institution de Downtown. À elle seule, son architecture caractéristique – des cylindres recouverts de miroirs – justifie une visite, tandis que les ascenseurs extérieurs permettent de découvrir la ville à mesure que l'on grimpe jusqu'au 35e étage. Bien que situé en pleine ville, l'établissement est entouré d'un parc immense. Enfin, un vaste bassin décoré de sculptures animales traverse le hall. Splendide !

VENICE BEACH HOUSE €€€

15 30th Avenue ✆ +1 310 823 1966
www.venicebeachhouse.com
Chambres doubles avec salle de bains commune à partir de 340 US$. Salle de bain privée dès 410 US$.

Véritable coup de cœur pour cette demeure en bois recouverte de lierre, installée au milieu des maisons qui bordent les canaux construits par Abbot Kinney. Comme sortie d'un conte de fées, Venice Beach House est classée au patrimoine national. Construite en 1911, elle s'illustre pour son style *Arts and Crafts* et son intérieur entièrement aménagé avec des meubles anciens du meilleur goût. Au total, les lieux comptent neuf chambres : chacune a son propre caractère et porte le nom d'un ancien invité, tel que « *The Tramp* », en hommage à Charlie Chaplin. Une perle !

VICEROY SANTA MONICA €€€

1819 Ocean Avenue
✆ +1 310 260 7500
www.viceroysantamonica.com
Chambres doubles à partir de 535 US$.

Il ne faut pas se laisser tromper par sa façade un brin austère. À 2 minutes à pied de la plage, Viceroy Santa Monica remporte la palme du *hype* à tous les niveaux : du design à la clientèle, ici, tout est élégant. La décoration, signée Kelly Wearstler, est d'inspiration coloniale britannique. Idylliques, les chambres en hauteur côté mer jouissent de belles vues sur le Pacifique et se font l'écho des vagues pendant la nuit – préférez l'autre façade si vous avez le sommeil léger. Cerise sur le gâteau : deux piscines extérieures dotées de cabanons.

W LOS ANGELES - WEST BEVERLY HILLS €€€

930 Hilgard Avenue
✆ +1 310 443 7879
www.wlosangeles.com
Chambres doubles à partir de 315 US$.

Inauguré en 2008, cet hôtel contribue à pimenter la vie nocturne du quartier, plutôt morne en soirée – même s'il est étudiant le jour, abritant l'UCLA. Le W Los Angeles déborde d'élégance avec des tons sombres bien dosés et un accent sur le jeu des matières : par exemple, le bois est associé au métal. Enfin, le bar-restaurant se trouve à l'extérieur, près de la piscine, où les éclairages fluorescents diffusent un sentiment d'ailleurs, accentué par les plantes tropicales environnantes.

SE RÉGALER

Si la scène gastronomique de Los Angeles avait un centre, ce serait probablement Downtown. Ici, cuisine rime avec inventivité, des élégances japonaises de Little Tokyo aux saveurs aigres-douces de Chinatown, en passant par les préparations galvanisantes de la *street-food* mexicaine d'El Pueblo. Plus haut, Northwest Los Angeles est réputé pour ses restaurants branchés, qui se succèdent dans les rues animées de Silver Lake et Los Feliz. Les plus grands chefs des environs ont élu domicile à Beverly Hills, où ils s'affairent pour une clientèle aisée. Quant à elles, les tables de Santa Monica s'illustrent pour leur cuisine sophistiquée et un *design* à la pointe de la mode. Sur Abbot Kinney Boulevard ou en bord de mer, Venice se veut plus décontractée et bobo. Enfin, à Miracle Mile, The Original Farmers Market accueille des millions de locaux et de visiteurs chaque année, curieux de découvrir ses stands à la richesse gustative rare.

Grand Central Market.

BESTIA €€€

2121 E 7th Place
✆ +1 213 514 5724
www.bestiala.com
Du lundi au dimanche, de 17h à 23h. Pizzas de 19 US$ à 22 US$, pâtes de 22 US$ à 45 US$, plats de 39 US$ à 160 US$.

Logé dans un ancien entrepôt en brique, à la lisière d'Arts District, Bestia s'est affirmé comme l'un des restaurants italiens les plus en vogue de Los Angeles. Parfois complet plusieurs mois à l'avance, il est cependant possible de trouver de la place pour dîner au bar, dans une ambiance branchée et bruyante qui rappelle l'élégance hyper moderne des restaurants new-yorkais. Des cocktails à l'assiette, ici, tout est créatif et raffiné. Ne faites pas l'impasse sur les *antipasti* – à se damner – ni sur les *ravioli* – inoubliables – mais évitez les pizzas, trop chères.

BOTTEGA LOUIE €€

700 South Grand Avenue
✆ +1 213 802 1470
www.bottegalouie.com
Café : tous les jours 8h-22h. Restau : lundi à jeudi 11h-23h, vendredi 11h-00h, samedi 9h-12h, dimanche 9h-11h.

La Bottega Louie est un vaste espace au sol de marbre blanc, aux murs blancs, ainsi qu'au plafond haut… Et blanc. Plus qu'un restaurant, cet établissement est constitué d'une armée de cuisiniers qui préparent les pizzas et les délicieuses salades du menu. Il s'agit de l'un des lieux les plus à la mode de Downtown, aussi convivial et bruyant que chic. Le week-end, le brunch offre une ambiance plus calme, d'autant que les pâtisseries sont à se damner. Par ailleurs, une nouvelle antenne a ouvert ses portes dans le quartier de West Hollywood.

CIELITO LINDO €

E-23 Olvera Street
✆ +1 213 687 4391
www.cielitolindo.org
Tous les jours, de 9h à 19h. Taquitos de 4 US$ à 10 US$, burritos de 7 US$ à 9 US$ et accompagnements de 2 US$ à 6 US$.

Ouverte en 1934, cette petite baraque qui termine Olvera Street est réputée pour ses *taquitos*, des tortillas roulées en flûte, fourrées aux haricots rouges et au fromage, le tout accompagné par la sauce à l'avocat signature de la maison. Un régal ! Autres alternatives : les *tamales* et les *burritos*. Si quelques tables et chaises sont à disposition des clients sur le côté, il peut aussi être agréable de manger tout en se promenant entre les étals de la rue, piétonne. En semaine, les travailleurs alentour s'y pressent pour déjeuner ; prévoyez un temps d'attente.

DAIKOKUYA LITTLE TOKYO €€

327 E 1st St
✆ +1 213 6261680
https://group.bishamon-ten.com
Tous les jours, de 11h à 23h. Entrées : 5 US$ à 13,50 US$, ramens : 15 US$ à 16,50 US$, bowls : 12,25 US$ à 23,50 US$.

Amoureux des *ramen* – ces délicieuses soupes japonaises aux nouilles de blé – ne cherchez plus : c'est chez Daikokuya, dans le quartier de Little Tokyo, que vous devez vous rendre. Copieux, veloutés et sans chichis, les plats incarnent parfaitement la tradition de cette spécialité populaire japonaise, nourrissante et servie avec rapidité. L'ambiance ajoute à l'intérêt du lieu : les banquettes en skaï, les vieilles affiches de cinéma et de pub nipponnes, ainsi que la bande-son des *sixties* vous emmèneront dans le Japon des années 1960.

DIRT DOG €

2528 S Figueroa St
✆ +1 213 749 1813
www.dirtdogla.com
Du lundi au jeudi, de 10h30 à 23h. Jusqu'à 00h du vendredi au dimanche. Hot-dogs de 7,25 U$ à 9,25 US$.

En ouvrant Dirt Dog, Timothy Cam avait en tête l'un de ses souvenirs d'enfance : le jour où, avec son frère, il a goûté à des hot-dogs préparés dans la rue, sur un chariot de supermarché. La scène se déroule dans les années 1990. Les deux hommes sont alors enfants : leur mère les réprimande, leur disant d'arrêter de manger de la saleté – « *dirt* » – puisque les voitures passent juste à côté des saucisses. Il n'empêche que Timothy Cam fait la meilleure expérience culinaire de sa vie : elle le poussera à créer son propre restaurant de hot-dogs en 2014. À tester !

EVERSON ROYCE BAR €€

1936 E 7th St
✆ +1 213 335 6166
www.erbla.com
Dimanche-lundi : 16h-23h, jusqu'à 2h du jeudi au samedi. Fermé le lundi. Assiettes : 10-16 US$. Cocktails : 13-18 US$.

Réputé pour préparer l'un des meilleurs burgers de Los Angeles, Everson Royce Bar propose une carte courte et alléchante. Également au menu : prosciutto et burrata, *nachos*, petit pain aux crevettes – ou « shrimp roll » – *taquitos*, scones américains… Difficile d'être déçu. Surtout, l'établissement est considéré comme l'un des meilleurs bars de la ville. Ainsi, tout dîner ici se prête autant à la dégustation de cocktails qu'à la consommation de nourriture. Parmi les excellentes créations, mention spéciale au Yo LA Tengo, concocté avec du mezcal.

FATHER'S OFFICE DTLA ARTS DISTRICT €€

905 E 2nd St ✆ +1 310 736 2224
www.fathersoffice.com
Du mardi au jeudi, de 17h à 22h, jusqu'à 23h les vendredis et samedis. Burger : 18 US$, plats : 8 US$ à 25 US$.

S'il contient désormais des adresses à Santa Monica et à Culver City, ce pub gastronomique s'est avant tout forgé une réputation pour l'incroyable burger de ses débuts, à Downtown Los Angeles. Fait d'oignons caramélisés, de *bacon*, de gruyère, de Maytag – un fromage bleu produit dans l'Iowa – et de roquette, il est à se damner, sans exagération ! Outre ce fabuleux sandwich, Father's Office propose une carte variée, entre salade de poulpe grillé, brochettes d'agneau et *chicharrones*.

FISHERMAN'S OUTLET €€

529 South Central Avenue ✆ +1 213 627 7231
www.fishermansoutlet.net
Du lundi au jeudi, de 10h à 14h30. Jusqu'à 15h30 du vendredi au dimanche. Assiettes de 16,05 US$ à 28,75 US$.

Au Fisherman's Outlet, on mange dans des assiettes en papier et sur des tables de pique-nique en béton... Mais que cela ne vous freine pas : ce marché et son café spécialisé en fruits de mer préparent une meilleure cuisine que les restaurants chics. Nous vous recommandons le poisson préparé au charbon de bois, délicieux, ou le homard, l'un des meilleurs plats au menu. Composée de travailleurs et de familles qui viennent ici depuis trois générations, la clientèle tranche avec le nouveau Downtown « *bobo* », donnant lieu à une ambiance qu'il est bon de découvrir.

GRAND CENTRAL MARKET ★★

317 South Broadway
✆ +1 213 359 6007
www.grandcentralmarket.com
Tous les jours, de 8h à 21h.

Depuis 1917, les Angelenos se pressent dans ce grand marché couvert pour acheter des produits locaux et, surtout, déjeuner ou dîner sur place. Institution incontournable de Downtown, on y vient pour son animation et la diversité de ses stands. Au menu : tacos, burritos, bentos, ceviches, currys, *lobster rolls* – ou « *guédille* » en français ; il s'agit d'un sandwich au homard préparé avec du pain à hot-dog – spécialités chinoises, poulet frit, burgers, pâtes, bière, tartes sucrées, glaces, bonbons, café, jus de fruits frais... Et bien d'autres. À ne pas manquer !

HAMA SUSHI €€

347 E 2nd Street
✆ +1 213 680 3454
www.hamasushirestaurant.com
Du lundi au vendredi : 12h-14h et 17h30-22h, week-end : 17h30-22h. Comptez une trentaine de dollars le repas.

Les sushis de ce petit restaurant de Little Tokyo sont semblables à des mini-pochettes surprises de saveurs qui explosent en bouche. Moelleux, le riz garde un cœur croquant ; il tient bien, le poisson cru est fondant et doux, le saumon n'est pas gras, la texture du calamar, avec ses rainures, surprend et amuse le palais. Ici, pas de *tempura*, de *gyoza*, de *ramen* ou d'*udon*. Du *sushi*, seulement du *sushi* ; et quel délice ! Assis au comptoir au coude-à-coude avec ses voisins, dans une ambiance feutrée, on admire le chef œuvrer. Une grande adresse, à prix très doux.

HANGARI KALGUKSU €€

3470 West 6th Street
✆ +1 213 388 2326
www.hangarikalguksu.com
Du dimanche au jeudi, de 10h à 21h, jusqu'à 23h les vendredis et samedis. Fermé le mardi. Plats : 16,99 US$-29,99 US$.

Spécialisé dans les soupes aux nouilles coupées à la main – ou « *kal-guk-su* » – cet excellent restaurant coréen sert également des *dumplings* – des ravioles aussi appelées « *mandu* » – des *bibimbap* – du riz servi avec du bœuf haché, de la garniture aux œufs et des légumes sautées – et son incontournable *bossam* – de la poitrine de porc bouillie, servie avec du chou mariné croquant et du *kimchi* préparé à partir de radis épicés. Une expérience culinaire à part entière, où l'on découvre des plats aussi savoureux que copieux, toujours présentés avec soin.

HOWLIN' RAY'S €

727 N Broadway #128
✆ +1 213 935 8399
www.howlinrays.com
Du mercredi au dimanche, de 10h à 19h. Plats de 10 US$ à 14 US$.

De la volaille, de la volaille, et... de la volaille. Voici ce que propose Howlin' Ray's. Après avoir goûté au « *hot chicken* » – du poulet frit – la spécialité de Nashville, dans le Tennessee, le chef Johnny Ray Zone a un déclic : bien qu'il ait travaillé aux côtés de grands noms tels que Thomas Keller, Gordon Ramsay et Nobu Matsuhisa, c'est ce plat qu'il veut cuisiner et décliner sous toutes ses formes. Un souhait qu'il a d'abord exaucé par le biais d'un *food-truck*, avant de s'installer à Chinatown en 2015. Une excellente adresse, à ne pas manquer !

LANGER'S DELICATESSEN-RESTAURANT €€

704 S Alvarado Street
✆ +1 213 483 8050
www.langersdeli.com
Du lundi au samedi, de 8h à 16h. Sandwichs de 11 US$ à 29 US$.

C'est probablement ici que l'on trouve les meilleurs pastramis sur pain de seigle de la Californie du Sud. Langer's est tellement apprécié des Angelenos que le croisement entre 7th Street et Alvarado Street est surnommé « *Langer's Square* » ; une aubaine qu'un arrêt de métro se trouve juste en face du restaurant, le rendant accessible en transports en commun. Un fabuleux mélange de clients – jeunes et moins jeunes, riches et pauvres – ajoute à l'ambiance conviviale des lieux.

MANUELA €€

907 E 3rd St ✆ +1 323 849 0480
www.manuela-la.com
Déjeuner du mardi au vendredi : 11h30-14h30, dîner du lundi au dimanche : 17h30-22h et brunch le week-end : 10h-14h30.

Au cœur d'Arts District, Manuela propose une cuisine inventive, raffinée et authentique. L'accent est mis sur les produits de saison : le chef ne se fournit que chez des producteurs et des fermiers du sud de la Californie. Au menu : des belles pièces de viande, des poissons et des fruits de mer, ainsi qu'une vaste sélection de légumes et de graines. Par ailleurs, chaque week-end, les habitants du quartier se rendent dans le restaurant pour son brunch élégant, où les crevettes au bacon et aux champignons frais côtoient des classiques tels que les œufs Bénédicte.

MUN KOREAN STEAKHOUSE €€

3519 W 6th Ste
✆ +1 213 355 3634
www.instagram.com/munkoreansteakhouse
Lundi-vendredi : 17h-00h. Samedi et dimanche : 12h-16h et 17h-00h. Viandes de 22 US$ à 60 US$. Plats de 12 US$ à 24 US$.

Comme son nom le laisse penser, ce restaurant coréen est spécialisé dans la viande. Bœuf de première qualité – dont le célèbre *wagyu* – porc mariné, *yukhoe* – la version coréenne du steak tartare... Les carnivores se régaleront. Si vous venez à deux, ne manquez pas le Mun's Combo, un assortiment d'onglets, de côtes courtes sans os et maturées, de *galbi* – du bœuf mariné avec une sauce soja – de *bulgogi* – de la viande marinée puis grillée – ou encore de *japchae* – un plat habituellement réservé aux fêtes traditionnelles et aux grandes occasions. Une belle adresse !

PERCH €€

448 South Hill Street
✆ +1 213 802 1770
www.perchla.com
Lundi-mercredi : 16h-1h, jeudi-vendredi : 16h-2h, samedi : 17h-2h, dimanche : 17h-1h. Brunch du week-end : 10h-15h30.

La vue imprenable sur Downtown depuis la terrasse du 16e étage est le principal atout de Perch. Se voulant à la fois classe et décontracté, ce bistrot a tout misé sur son décor, qui emmène ses clients à Paris, le temps d'un repas. Si l'assiette de fromage et les plats français classiques tels que le filet mignon ou le steak servi avec des frites sont un peu chers, le prix du brunch est bien plus raisonnable ; c'est pourquoi il est préférable de se rendre dans ce restaurant le week-end. Sinon, on peut toujours profiter de la vue en soirée autour d'un cocktail.

PHILIPPE'S €

1001 N Alameda Street
✆ +1 213 628 3781
www.philippes.com
Tous les jours, de 6h à 22h. « Dips » de 9,95 US$ à 11,50 US$. Petits déjeuners de 4,95 US$ à 14,50 US$.

Institution créée en 1908 par le Français Philippe Mathieu, ce grand *diner* à l'ancienne est situé aux portes du quartier de Chinatown depuis les années 1950. Sa spécialité : le « *French Dipped Sandwich* », un sandwich légèrement trempé dans le jus de la viande dont le pain est garni de bœuf, d'agneau ou encore de dinde. Rien de bien gastronomique, mais les salades de macaronis et de pommes de terre, les soupes de haricots blancs et de pois cassés, ainsi que la tarte aux pommes, fleurent bon l'*American way of life* optimiste et bon enfant des *fifties*.

THE PRINCE €€

3198 W 7th St
✆ +1 213 389 1586
www.facebook.com/theprincela77
Du lundi au samedi, de 16h à 2h. Plats de 12 US$ à 28 US$.

Fréquemment fermé pour cause de tournage, The Prince vous est peut-être familier : sa salle a notamment été immortalisée dans *Chinatown* (1974), où Jack Nicholson incarne un détective privé dans les années 1930. Il faut dire que le charme du bâtiment historique et de la décoration des lieux contribue grandement à la renommée de ce bar-restaurant. Au menu : une excellente cuisine coréenne, que l'on accompagnera d'un – ou plusieurs – cocktail. Mention spéciale à l'accueil du personnel. Cependant, attention : certains plats sont plus épicés qu'ils n'y paraissent !

LOS ANGELES

A.O.C €€€

8700 West 3rd Street
✆ +1 310 859 9859
www.aocwinebar.com
Dimanche-jeudi : 17h-22h. Jusqu'à 23h vendredi et samedi. Week-end : brunch de 10h à 14h30. Plats de 14 US$ à 58 US$.

A.O.C est le deuxième établissement ouvert par la cheffe Suzanne Goin et la sommelière Caroline Styne, un duo talentueux. La première, qui a fait ses classes auprès des plus grands chefs, prépare une cuisine inventive aux ascendances méditerranéennes, aromatisée avec des épices du monde entier. Quant à elle, son associée a élaboré une carte des vins primée plusieurs fois et présentant une centaine de références. Le plus : leur four à bois, dans lequel cuisent le délicieux riz noir au calamar ainsi que la brioche au prosciutto et au gruyère – entre autres.

ANIMAL €€

435 North Fairfax Avenue
✆ +1 323 782 9225
www.animalrestaurant.com
Du mardi au samedi, de 18h30 à 21h. Plats entre 10 US$ et 30 US$ environ.

À Los Angeles, les dernières sensations gastronomiques sont des restaurants sans aucune décoration, bruyants, pour lesquels il faut parfois attendre plus d'une demi-heure avant d'être placé... Même avec une réservation. Si Animal coche toutes ces cases, il se distingue par son service impeccable, ainsi que sa cuisine délicieuse et inventive. Toasts de foie de poulet, moelle osseuse rôtie au chimichurri, lapin braisé au vin jaune... Le menu fait la part belle aux viandes. Afin de goûter le plus de mets, n'hésitez pas à prendre plusieurs assiettes et à les partager.

BAR HAYAMA €€

1803 Sawtelle Boulevard ✆ +1 310 235 2000
www.bar-hayama.com
Du mardi au mercredi, de 17h à 21h. Jusqu'à 22h du jeudi au samedi. Comptez entre une vingtaine et une trentaine d'US$.

Encerclé par des bambous et doté d'un brasero en son centre, le patio revêt une atmosphère romantique, tandis que les deux bars à saké constituent l'attraction du lieu. Avis aux amateurs de gastronomie japonaise, au sens large du terme : ici, on trouve un bon aperçu de ce qu'elle a à offrir. Sushis, sashimis, tempuras, donburis, ramens, currys, bentos... Hayama propose même des pokés, une spécialité plus locale, puisqu'elle vient d'Hawaï. Si les plats sont excellents, ne comptez pas sur les sushis pour vous rassasier, les assiettes étant relativement petites.

BOSSA NOVA BRAZILIAN CUISINE €€

7181 W Sunset Boulevard
✆ +1 323 436 7999 - www.bossafood.com
Tous les jours, 11h-16h. Pizzas de 14,50 US$ à 16,50 US$, pâtes de 13,50 US$ à 20 US$ et plats de 18,50 US$ à 26,50 US$.

Si vous avez très faim et envie de découvrir les subtilités de la cuisine brésilienne, cet endroit est pour vous. Néanmoins, bien que le pays soit le champion du monde du *churrasco* – la viande grillée – Bossa Nova sert également une belle sélection de pâtes, de salades, de pizzas, de burgers et de *bowls*. Parmi les spécialités « *à la carte* », mention spéciale au poulet noirci à la sauce cajun et à l'assiette « *Diego's seabass & risotto* », confectionnée à partir de la pêche du jour.

FALAFEL ARAX €

5101 Santa Monica Boulevard
✆ +1 323 663 9687
Du mardi au samedi, de 11h à 20h. Jusqu'à 18h le dimanche. Entre 5,50 US$ et 11 US$.

Ce petit établissement attire les adeptes de *falafels* depuis près de trois décennies. C'est normal : ce sont peut-être les meilleurs de Los Angeles. Croquantes à l'extérieur et tendres à l'intérieur, ces boulettes rivalisent avec le *shawarma* – le kebab traditionnel des pays du Proche-Orient – tout aussi succulent. Également au menu : du houmous et du shish-kebab, entre autres. Le tout à des prix on ne peut plus abordables. À l'heure du déjeuner, il n'est pas rare qu'une longue file s'étire devant Falafel Arax ; il serait dommage de ne pas patienter.

JOAN'S ON THIRD

8350 West 3rd Street
✆ +1 323 655 2285
www.joansonthird.com
Du lundi au dimanche, de 9h à 16h. Petit déjeuner de 10 US$ à 14,25 US$. Salades et sandwichs de 8,50 US$ à 15,95 US$.

Cette affaire familiale porte le nom de Joan, la patronne. Fille d'immigrés tchèques, elle a grandi dans le New Jersey avant d'aller suivre des cours de cuisine à Manhattan. Elle y a créé sa propre école de cuisine et un premier restaurant avant de s'envoler pour la côte ouest dans les années 1970. Son établissement actuel, fondé en 1995, n'a cessé de grandir. Désormais, Joan's On Third est une adresse tendance qui se réinvente constamment, ainsi qu'un traiteur majeur de Los Angeles. Par ailleurs, l'entrepreneuse a ouvert une autre enseigne à Studio City.

BOSSA NOVA

AVEC FRANCISCO ET AURELIO, CHEF ET COFONDATEUR

Comment Bossa Nova, véritable institution brésilienne et familiale au cœur de Los Angeles, est-elle née ?

Pour Francisco, tout a commencé dans la cuisine de ses grands-parents, au nord de la région de Bahia au Brésil, mais c'est seulement après un début de carrière dans la finance qu'il décide de changer de vie et de revenir à sa passion. Aurelio, lui-aussi formé dans la finance au Brésil, décide d'abandonner son poste au moment de la crise économique des années 80, pour tenter son rêve américain. Tous deux arrivent avec 50 dollars en poche, travaillent d'arrache-pied pour payer leurs factures et enchaînent les petits boulots : caissier, serveur, livreur de pizzas et même guide touristique. Ce n'est qu'en 1993, quelques années après leur arrivée sur le territoire américain, qu'ils décident d'ouvrir Bossa Nova, dans le quartier de West Hollywood.

Pourquoi Los Angeles ?

Los Angeles est une ville multiculturelle où les habitants sont très réceptifs à la découverte de nouvelles cultures, notamment culinaires. C'était l'endroit parfait pour faire découvrir notre délicieuse cuisine brésilienne, le tout sous le soleil !

Quel est le plat phare de Bossa Nova ?

Sans hésitation le Picanha Steak, un morceau de bœuf très tendre typiquement brésilien et grillé selon les règles de l'art ! Mais nos clients viennent aussi de l'autre bout de la ville pour nos croquetas et même nos lasagnes !

Quel est votre modèle économique ?

Nous venons d'un pays où la cuisine est au centre de la culture. Pour nous, il est indispensable d'utiliser des produits frais et en circuits courts. Près de 98 % de nos produits sont frais et acheminés quotidiennement dans nos différents restaurants. Le pain est fait maison et Francisco met beaucoup d'amour dans ses recettes ; il ne cesse de se renouveler pour améliorer la carte et ça se ressent dans l'assiette !

BOSSA NOVA BRAZILIAN CUISINE

7181 W Sunset Boulevard - Hollywood
LOS ANGELES
✆ +1 323 436 7999 - www.bossafood.com

© BOSSA NOVA

© BOSSA NOVA

© BOSSA NOVA

LARCHMONT VILLAGE WINE, SPIRITS & CHEESE

223 N Larchmont Boulevard
© +1 323 856 8699
www.larchmontvillagewine.com
Tous les jours, de 10h à 17h. Sandwichs de 5,50 US$ à 12 US$.

Coup de cœur pour les sandwichs faits maison de cette boutique spécialisée dans les vins et le fromage. Le rapport qualité-prix est imbattable : Larchmont Village Wine, Spirits & Cheese propose des garnitures savoureuses, extrêmement fraîches. Huile d'olive et vinaigre balsamique bio, tomates séchées, poivrons grillés, parmesan, mozzarella, emmental, manchego, tapenade d'olives noires, avocats... Les ingrédients sont tous plus appétissants les uns que les autres. Très bonne adresse !

MADEO RISTORANTE €€€

8897 8490 Sunset Blvd © +1 310 859 4903
www.madeoristorante.com
Du mardi au dimanche, 18h-23h. Pâtes : 28 US$-38 US$, viandes et poissons : 36 US$-65 US$. Réservations nécessaires.

Ouvert dans les années 1980, Madeo Ristorante est un restaurant italien, un vrai. La réputation de cet élégant établissement tient en partie à l'atmosphère familiale unique qui règne aux fourneaux comme en salle. Autre richesse : la cuisine, sans aucun doute. Citons notamment le *carpaccio*, les *gnocchi* au pesto, ainsi que la soupe de poisson, préparés et servis à la perfection. Pour sa part, la clientèle est composée d'agents, de producteurs, d'acteurs et de médecins travaillant dans le célèbre hôpital Cedars-Sinai, qui se trouve non loin de là. Une valeur sûre !

MAURO CAFE €€

8112 Melrose Avenue
© +1 323 653 2874
www.mauroscafe.com
Du dimanche au mercredi, de 10h à 19h. Jusqu'à 21h du jeudi au samedi. Plats de 12 U$ à 25 US$.

Voici probablement l'une des meilleures adresse de Melrose, où le menu comme l'ambiance se prêtent autant à un brunch qu'à un café ou à un déjeuner. Légèrement à l'écart de la rue, l'accès au restaurant se fait par le parking qui se trouve à côté. Une fois devant la porte, l'accueil souriant et convivial donne envie de s'installer, tandis que le décor et l'ambiance invitent à prendre ses aises, sur la grande terrasse aménagée comme dans la salle intérieure en bois blanchi. Des plats typiques italiens aux pâtisseries fraîches, tout est bon.

MONTE ALBAN RESTAURANT €€

11929 Santa Monica Boulevard
© +1 310 444 7736
www.facebook.com/MonteAlbanRestaurant
Du lundi au vendredi, de 9h à 22h. Dès 8h le week-end. Plats autour d'une vingtaine de dollars.

Du café infusé à la cannelle : voici le parfum matinal de Monte Alban, que l'on dirait tout droit venu d'Oaxaca, au Mexique. Les spécialités de cette ville située au sud du pays sont préparées avec soin. Mention spéciale au *mole negro* – une sauce constituée de nombreux ingrédients – et aux *enfrijoladas*, mélanges hauts en couleur de haricots, de poulet et de sauce typiquement mexicaine – dont la teinte est au choix : noire, jaune, verte ou rouge. Ne manquez pas non plus le *guacamole* fait maison, parfait pour se mettre en appétit.

MOZZA2GO €€

6610 Melrose Avenue
© +1 323 297 1130
www.mozza2go.com
Dimanche, mercredi et jeudi : 12h-20h30. Vendredi et samedi : 12h-21h. Lundi et mardi : 16h-20h30. Pizzas : 18-27 US$.

Bien que ce petit établissement soit doté de tables, il est surtout fréquenté pour ses livraisons et ses commandes à emporter. Quelle que soit l'option que vous choisissez, attendez-vous à un bon repas : Mozza2Go est réputée dans tout Los Angeles pour ses délicieuses pizzas. À la burrata – servie sur le côté –, au jambon de Parme, aux épinards ou même aux choux de Bruxelles, les saveurs sont multiples. Autres valeurs sûres : les lasagnes à la bolognaise, à la mozzarella et au parmesan. La carte comprend également plusieurs desserts gourmands.

PAMPAS GRILL CHURRASCARIA €

6333 West 3rd Street #618
© +1 323 931 1928
www.pampas-grill.com
Dimanche-jeudi : 10h30-20h. Jusqu'à 21h le samedi. L'assiette se paie au poids, de 13,55 US$ à 13,85 US$ les 450 g.

Ce barbecue brésilien est probablement l'un des endroits les plus courus de The Original Farmers Market, comme en témoigne la file d'attente. Et pour cause, la viande grillée sur des rôtissoires y est savoureuse. Picanha – une coupe de bœuf peu connue, typique du Brésil et du Portugal –, cuisses de poulet épicées, longe de porc, gigot d'agneau... Un endroit 100 % carnivore où l'on se sert au kilo – ou du moins à la livre, équivalent à environ 450 grammes.

LE PETIT FOUR €€€

8654 West Sunset Boulevard
✆ +1 310 652 3863
www.lepetitfour.com
Tous les jours, de 12h à 21h30. Plats entre 21 US$ et 57 US$.

Cette bonne adresse a ouvert ses portes en 1981 dans le quartier animé de Sunset Plaza. Le succès du Petit Four tient en partie à son charme – comparable à celui d'une brasserie du sud de la France – notamment conféré par sa terrasse des plus agréables, dans une ville où elles se font rares. Eclectique, sa cuisine méditerranéenne comporte une grande variété de viandes, de poissons et de pâtes. Du Napoléon au *cheesecake* en passant par le saint-honoré et la tarte Tatin, les desserts mêlent admirablement savoir-faire pâtissier français et gourmandise américaine.

PROVIDENCE €€€

5955 Melrose Avenue
✆ +1 323 460 4170
www.providencela.com
Du mardi au vendredi, de 18h à 21h. Samedi dès 17h30. Plats principaux autour d'une quarantaine de dollars.

Providence est réputé pour être le meilleur restaurant de fruits de mer des États-Unis. Sans exagérer, ici, les assiettes ressemblent à des tableaux de maître. La nourriture est aussi belle à contempler qu'elle est délicieuse à déguster : chaque plat est d'une rare finesse, exécuté avec un savoir-faire hors pair. Le foie gras grillé est une merveille, tandis que la sélection de fromages compte parmi les plus pointues de Los Angeles. Surtout, mention spéciale au crabe royal de Norvège préparé avec des pois de senteur, de l'oursin et du bouillon de jambon.

SON OF A GUN RESTAURANT €€

8370 West 3rd Street
✆ +1 323 782 9033
www.sonofagunrestaurant.com
Tous les jours, de 12h à 21h. Assiettes de 9,50 US$ à 35,50 US$.

Avec ses bouées de sauvetage et ses bibelots marins accrochés au mur, le décor de ce restaurant ressemble à celui d'un repaire de loups de mer. Prenez le temps de vous asseoir au bar en décortiquant des crevettes de Santa Barbara ou en dégustant des *lobster rolls* accompagnés d'un aïoli citronné et de céleri avant que l'on vous installe à votre table. En dehors des huîtres et autres fruits de mer, Son of A Gun sert des préparations fines, soignées, qui nous rappellent que l'on se trouve près de l'océan. Excellent rapport qualité-prix.

STOUT BURGERS & BEERS €€

1544 N Cahuenga Boulevard
✆ +1 323 469 3801
www.stoutburgersandbeers.com
Du lundi au mercredi : 12h-22h. Jeudi et dimanche jusqu'à 23h. Vendredi et samedi jusqu'à 00h. Burgers : 13 US$-16 US$.

Cette sympathique petite chaîne s'est spécialisée dans l'ouverture de restaurants de burgers reprenant les codes des *pubs* ; en témoigne la belle sélection de bières artisanales locales et internationales, servies pression comme en bouteille. Constituée d'une petite dizaine de burgers à la viande, la carte propose également quelques alternatives végétariennes, pensées avec soin. Mention spéciale au Goombash, à la mozzarella fumée, aux flocons de parmesan, au prosciutto croustillant et à l'aïoli de basilic et de citron. Un délice !

SUSHI IKE €€€

6051 Hollywood Boulevard #105
✆ +1 323 856 9972
https://ikesushi.business.site/
Du lundi au samedi : 17h30-22h. Sushis (2 pcs) de 6 US$ à 11 US$, sashimis de 20 US$ à 36 US$, rolls de 6 US à 20 US$.

Un petit bijou de cuisine nippone qui nous prend par surprise à un endroit où l'on ne s'y attend pas : voici Sushi Ike. Perdue au milieu d'un mini *mall* au coin d'une rue comme on en trouve des milliers à Los Angeles, la devanture de ce petit restaurant ne paie pas de mine ; pourtant, quel dommage de ne pas en franchir le seuil ! Des sushis aux rolls en passant par les sashimis, toutes les préparations sont d'une grande qualité, à la fois justes, fines et fraîches. Un véritable paradis pour les amateurs de « vrais » sushis, ceux que l'on trouve au Japon.

THE CAT AND FIDDLE RESTAURANT & PUB €€

742 N Highland Ave
✆ +1 323 468 3800
www.thecatandfiddle.com
Du dimanche au jeudi, de 12h à 21h. Vendredi et samedi, jusqu'à 22h. Tourtes : 15-17 US$, viandes rôties : 22-28 US$.

Voici un pub où se mêlent des influences typiquement californiennes. Fondé en 1982 par la musicienne britannique Kim Gardner, ce lieu qui fait office de restaurant, bar, café et salle de concert est désormais géré par Paula et sa fille Ashlee. Les plats sont copieux et le choix est large, des *fish and chips* aux tartes maison en passant par le bœuf Wellington. L'été, on apprécie particulièrement le patio avec son feuillage et ses loupiotes blanches.

THE GRIDDLE CAFE €

7916 W Sunset Boulevard
✆ +1 323 378 6311
www.thegriddlecafe.com
Du mercredi au dimanche, de 8h à 16h. Petits déjeuners de 11,95 US$ à 17,95 US$.

Rendez-vous chez The Griddle pour goûter aux petits déjeuners et aux brunchs qui comptent probablement parmi les plus gargantuesques de Los Angeles. Œufs Bénédicte, *pancakes* et gaufres ; au côté de ces incontournables de la fin de matinée trônent des plats plus originaux, tels que les œufs brouillés servis avec de la crevette et du pesto. Si l'envie ne vous manquera pas, attention à ne pas trop commander : les portions peuvent facilement être partagées à deux. Par ailleurs, notez que les lieux sont pris d'assaut le week-end : vous risquez de devoir patienter.

VEGGIE GRILL €

6374-A Sunset Blvd
✆ +1 323 962 3354
www.veggiegrill.com
Tous les jours, de 10h30 à 23h30. Plats entre 10 US$ et 15 US$.

Créée en 2006 à Irvine, dans le comté d'Orange, Veggie Grill est une véritable institution *vegan* aux États-Unis. Avec quelque 33 enseignes sur l'ensemble du territoire, il s'agit du plus grand établissement 100 % « *plant-based* » du pays. A Los Angeles particulièrement, ce mode d'alimentation on ne peut plus *healthy* rencontre un franc succès. Et pour cause : les plats sont bien réalisés, des salades aux accents asiatiques aux sandwichs bien garnis, en passant par les burgers et les *bowls*. Un choix aussi vaste qu'inspirant, pour des prix tout à fait abordables.

THE LITTLE DOOR €€€

8164 West 3rd Street
✆ +1 323 951 1210
www.thelittledoor.com
Du mardi au jeudi, de 17h à 22h. Jusqu'à 23h les vendredis et samedis, 21h le dimanche. Plats de 28 US$ à 65 US$.

En poussant cette petite porte en bois, on entre dans un jardin caché, enchanté et feutré qui ravit depuis plus de 15 ans les anonymes comme les nombreuses stars locales et internationales. Du propriétaire au service en passant par l'accueil, tout le monde parle français. Une ambiance chaleureuse et décontractée se dégage des lieux, conférée par le patio et la cheminée, plus romantique. Pour sa part, la cuisine méditerranéenne étonne toujours par la qualité et la fraîcheur quotidienne de ses produits. Une des plus belles adresses de Los Angeles.

VITO'S PIZZA €€

846 N La Cienega Boulevard ✆ +1 310 652 6859
www.vitopizza.com
Du dimanche au jeudi : 10h-23h. Jusqu'à 00h vendredi et samedi. Pizzas : 19,95-37,95 US$. La part : 3,50-5,50 US$

Faites maison, les pizzas sont absolument gigantesques… Ce qui explique probablement les prix, qui feraient hurler les Italiens. Néanmoins, les préparations sont très bonnes, réalisées à partir d'ingrédients de qualité. Au choix : des pizzas simples comme la « *cheese* », uniquement constituée de sauce tomate et de fromage, et plus élaborées telles que la « *terra firma* », réalisée avec les ingrédients précédemment cités, ainsi que du pepperoni, de la saucisse, des oignons, des champignons, des olives noires et des poivrons. Mention spéciale à la pâte, délicieuse.

THE ORIGINAL FARMERS MARKET

6333 W 3rd St
✆ +1 323 933 9211
www.farmersmarketla.com
Du dimanche au jeudi, de 10h à 20h. Jusqu'à 21h du vendredi au samedi. Parking gratuit pendant 1h30.

Destination gastronomique privilégiée des Angelenos depuis 1934, The Original Farmers Market se présente sous la forme d'une vaste succession d'échoppes possédant chacune sa spécialité. Sushis, pokés, huîtres, sandwichs, falafels, pizzas, pâtes fraiches, hamburgers, grillades brésiliennes, tourtes, donuts… Difficile de savoir où donner de la tête, que l'on vienne faire quelques courses, déjeuner ou dîner. Un véritable paradis des gastronomes, à ne pas manquer !

WEHO BISTRO €€

1040 North La Cienega Blvd
✆ +1 310 657 9696
www.wehobistro.com
Du lundi au vendredi, de 11h à 22h. Dès 10h le week-end. Plats de 19 US$ à 36 US$.

Voici un charmant petit bistrot au cœur de West Hollywood. Le croque-madame y est très populaire et les galettes sans gluten sont plutôt réussies. Si vous cherchez quelque chose de plus travaillé, nous vous recommandons le confit de canard, l'une des spécialités de la maison. Enfin, WeHo Bistro est parfaitement adapté au *brunch*, avec une large sélection faisant la part belle aux classiques comme les œufs. Niveau table, vous serez toujours gagnant : la terrasse éclairée de lampions est agréable le soir, tandis qu'une atmosphère chic et joyeuse règne à l'intérieur.

LA BRUSCHETTA €€

1621 Westwood Blvd ✆ +1 424 273 4892
www.labruschettarestaurant.com
Du jeudi au dimanche, de 16h30 à 20h30. Pâtes et risotti de 23 US$ à 29 US$, viandes de 28 US$ à 46 US$.

Le chef à la tête de ce restaurant, Angelo Peloni, sert une cuisine italienne authentique. On y vient notamment pour ses délicieuses pâtes faites maison, son menu fréquemment revisité – selon les saisons – et sa carte de vins extrêmement élaborée. Du *risotto* au gorgonzola et aux asperges aux *fettucine* à la truffe noire en passant par les lasagnes à la bolognaise et les côtelettes d'agneau au Barolo, toutes les assiettes sont préparées avec soin et élégance. Ne manquez pas non plus les desserts, véritables délices – l'incontournable *tiramisu* en tête.

GUISADOS €

120 S Linden Drive
✆ +1 310 271 8114
www.guisados.la
Du lundi au samedi, de 9h à 22h. Dimanche, de 11h à 18h. Tacos de 3,25 US$ à 5,90 US$.

Après l'ouverture d'un premier établissement à Boyle Hights – à l'est de Downtown – en 2010, Guisados s'est peu à peu développé à Los Angeles et dans ses environs ; désormais, la maison compte sept adresses. Derrière ce succès, une cuisine familiale, concoctée avec soin pour faire voyager les clients au Mexique. La spécialité : de délicieux *tacos* à base de poulet, de steak, de porc, de poisson et de fruits de mer, ou encore végétariens. Idéal pour un déjeuner savoureux, rapide et, surtout, économique – chose rare à Beverly Hills !

DA PASQUALE TRATTORIA €€

9749 S Santa Monica Blvd
✆ +1 310 859 3884
www.dapasqualecaffe.com
Du mardi au vendredi : 11h30-14h30 et 17h-21h. Samedi : 17h-21h. Pâtes de 18 US$ à 25 US$, pizzas de 19 US$ à 21 US$.

Cet établissement familial ouvert en 1993 est probablement l'un des meilleurs restaurants italiens de Beverly Hills, avec un rapport qualité-prix inégalable. Da Pasquale concocte des spécialités dans la pure tradition des trattorias napolitaines et du sud de l'Italie : ici, pas d'adaptation au palais américain, que de l'authentique. Pâtes, pizzas, plats de viande ou de poisson, *tiramisu* maison... La carte entière est alléchante. Par ailleurs, il s'agit d'une adresse tout public, mettant l'accent sur quelques préparations végétariennes et *vegan*.

HONOR BAR €€

122 S Beverly Drive
✆ +1 310 550 0292
www.honorbar.com
Dimanche-jeudi : 11h30-22h. Jusqu'à 22h30 vendredi et samedi. Burgers de 10 US$ à 24 US$. Sushis de 15 US$ à 22 US$.

Dans une ambiance tamisée, accoudé au bar ou confortablement installé sur les banquettes, on vient au Honor Bar pour déguster de succulents burgers et sandwichs gourmets à accompagner de frites, d'un taboulé, d'une salade ou de *coleslaw*. Association curieuse de prime abord, le restaurant propose également une sélection intéressante de *rolls* et de sushis, que l'on prendra plaisir à partager – ainsi qu'un bon poké au saumon. Néanmoins, attention : les burgers étant assez copieux, mieux vaut choisir son camp plutôt que d'essayer de combiner le tout.

FOGO DE CHÃO BRAZILIAN STEAKHOUSE €€€

133 N La Cienega Boulevard ✆ +1 310 289 7755
www.fogodechao.com
Lundi-jeudi : 11h30-14h et 17h-22h. Vendredi : 11h30-14h et 17h-22h30. Samedi : 11h30-22h30. Dimanche : 11h30-21h.

Un repas au Fogo de Chão est la promesse d'un festin. Ce restaurant brésilien propose un choix de viandes important : le filet mignon, l'agneau, les côtes de porc, ou encore le poulet entouré de bacon servi avec un steak... Le tout rôtit sur un gril géant. Le plus : un bar à salade spectaculaire, avec du saumon fumé, des légumes et de la soupe – entre autres. Le restaurant est surtout fréquenté par des familles célébrant des événements ; ainsi, l'ambiance est toujours à la fête.

KAZUNORI : THE ORIGINAL HAND ROLL BAR €€

1110 Gayley Avenue ✆ +1 213 935 3974
www.handrollbar.com
Lundi-jeudi : 11h30-23h. Jusqu'à 00h vendredi et samedi. Dimanche : 12h-22h. Sashimi et hand rolls : 4,75 US$-12 US$.

Membre du groupe Sushi Nozawa, KazuNori répond à la même mission : proposer aux amateurs de sushis une expérience inoubliable au travers de produits frais et de qualité. Le poisson et les fruits de mer viennent du monde entier : *hamachi* de Japon, saumon d'Europe, daurade de Nouvelle-Zélande et oursin de Californie du Sud. Une excellente adresse, qui transportera le plus blasé des voyageurs dans un restaurant de sushis typique du Japon. Attention, le nombre de places est restreint !

LOS ANGELES

NATIVE FOODS €

1114 Gayley Avenue
✆ +1 310 209 1055
www.nativefoods.com
Du samedi au jeudi, de 11h à 20h. Jusqu'à 21h le vendredi. Plats entre 11 US$ et 14 US$.

Native Foods fait partie de ces adresses véganes également plébiscitées par les amateurs de viande. Lancée en 1994 à Palm Springs, la maison s'est rapidement développée à travers les États-Unis – la Californie en tête – où elle compte désormais une douzaine d'établissements. Au menu : une large sélection, allant des burgers aux salades en passant par les sandwichs, les soupes, les *fajitas* et les *bowls*. Ces derniers sont essentiellement constitués de légumes frais bien assaisonnés, servis avec du riz ou du quinoa dans un grand bol – comme leur nom l'indique.

SPAGO €€€

176 N Canon Drive
✆ +1 310 385 0880
www.wolfgangpuck.com
Du dimanche au jeudi, de 17h à 22h (fermé le lundi). Jusqu'à 22h30 les vendredis et samedis. Plats de 25 US$ à 72 US$.

Le Spago est caractérisé par son mur décoratif composé de 7 000 bouteilles de vin, son patio doté d'une verrière et sa cuisine ouverte, le tout agencé dans un style contemporain. Sa réputation tient à ses spécialités 100 % californiennes, dont l'accent est mis sur la provenance et la qualité des ingrédients. Ajoutez un zeste d'inventivité et vous obtenez l'un des restaurants les plus iconiques de Los Angeles, ouvert par le très célèbre chef austro-américain Wolfgang Puck en 1982. Ce dernier a notamment cuisiné pour plusieurs présidents américains.

SUNNIN LEBANESE CAFE €€

1776 Westwood Boulevard ✆ +1 310 475 3358
www.sunnin.com
Tous les jours, de 11h à 21h. Assiettes à partager de 8,50 US$ à 16 US$. Plats de 16,50 US$ à 28 US$.

Au sud de Wilshire Avenue, Westwood Boulevard est constitué d'une longue succession de restaurants et de magasins orientaux. En se laissant guider par le parfum des falafels, on arrive jusqu'à Sunnin Lebanese Cafe. Parmi les spécialités, nous vous recommandons particulièrement le moujadara – une purée de lentille préparée avec du riz et agrémentée d'oignons caramélisés – et le houmous kawarma – au filet de bœuf. Si les prix ont l'air plutôt abordables, les adeptes de gastronomie libanaise feront vite monter l'addition, curieux de goûter plusieurs préparations.

THE BELVEDERE €€€

9882 S Santa Monica Boulevard
✆ +1 310 975 2736
www.peninsula.com
Du mercredi au samedi, de 6h30 à 14h30 et de 17h à 22h. Dimanche de 6h30 à 14h30 uniquement. Plats de 58 US$ à 88 US$.

Installé sur la terrasse de l'hôtel The Peninsula, The Belvedere est l'un des restaurants les plus réputés de Los Angeles. Depuis une vingtaine d'années, il continue de séduire et d'innover pour le plus grand plaisir des gastronomes. Ils s'installent dans une ambiance chic et sophistiquée pour un petit déjeuner matinal, un déjeuner, un dîner, ou encore un brunch le week-end. Le chef propose une cuisine californienne aux inspirations méditerranéennes – françaises en tête – à la fois savoureuse et créative. *Dress code* recommandé : *smart casual*.

VINCENTI RISTORANTE €€€

11930 San Vicente Boulevard
✆ +1 310 207 0127
www.vincentiristorante.com
Du lundi au samedi, à partir de 17h30 (heure de fermeture variable). Pâtes de 30 US$ à 40 US$, plats de 38 US$ à 60 US$.

Avec ses comptoirs en marbre et ses sièges en cuir, Vincenti n'est pas une trattoria comme les autres. La cuisine s'illustre par son mélange des genres : ainsi, raviolis et steaks prennent une nouvelle dimension, avec des sauces savoureuses. Amateurs de pâtes, vous en trouverez une large sélection, entre les *fusilli*, les *orecchiette*, ou encore les *paccheri*. Les desserts sont également des festivals de saveurs, du *tiramisù* à la *panna cotta* recouverte de sauce caramel et de miettes de *toffee*. Une carte relativement petite, pour des plats minutieusement pensés.

YELLOW PAPER BURGER €

www.instagram.com/yellowpaperburger
Les lieux et horaires sont annoncés sur le compte Instagram du food-truck. Burgers de 8 US$ à 18 US$. Tourte à 7 US$.

La particularité de cette adresse, c'est qu'elle n'est pas fixe. Yellow Paper Burger est un délicieux *food-truck*, que l'on suit grâce à son compte Instagram : chaque semaine, il se gare à un nouvel emplacement, généralement dans des lieux insolites, éphémères ou polyvalents. La recette du succès : tout miser sur les burgers, qui se déclinent en deux formules, simple ou double. Ils sont servis dans des buns toastés au beurre, avec de la mayonnaise, des piments hachés, des *pickles*, de la laitue, une tomate et des oignons. Le fromage grillé est en supplément.

CAFE BRASIL €€

11736 Washington Blvd
✆ +1 310 391 1216
Tous les jours, de 11h à 22h. Plats entre 13 US$ et 28 US$.

Ouvert en 1991 à moins d'une dizaine de minutes à l'est de Marina Del Rey, ce restaurant coloré apporte une touche festive au quartier, en mettant la cuisine brésilienne et ses saveurs à l'honneur. Au menu : de délicieuses grillades, du poulet californien en passant par les côtelettes d'agneau de Nouvelle-Zélande au poisson-chat épicé. Autre spécialité du Cafe Brasil : le traditionnel *feijoada*, préparé avec du porc mijoté pendant la nuit, servi avec des haricots noirs, du riz, de la farofa et du chou. Mention spéciale à l'ambiance, conviviale et chaleureuse.

BREADBLOK €€

1511 Montana Avenue
✆ +1 310 310 8576 - www.breadblok.com
Tous les jours, de 7h à 17h. Petits déjeuners et brunchs : 10 US$-26 US$. Viennoiseries et pâtisseries : 7 US$-10 US$.

Cette boulangerie sans gluten ni sucres raffinés prépare de délicieux pains, viennoiseries et pâtisseries qui allient avec merveille goût et produits *healthy*. Par ailleurs, la majorité des ingrédients sont bio. En dehors des pains au chocolat, croissants, brioches et autres gourmandises, on y trouve des petits déjeuners, des brunchs, des déjeuners, ainsi qu'une belle sélection de tartines et de sandwichs. Fort de son succès, Breadblok s'apprête à ouvrir une boutique à Studio City, à Beverly Hills et à Venice, en plus de celles de Santa Monica et de Silver Lake.

CAFÉ GRATITUDE €€

512 Rose Avenue
✆ +1 424 231 8000
www.cafegratitude.com
Tous les jours, de 9h à 21h. Brunch de 13,50 US$ à 17 US$, plats et bowls de 11 US$ à 18,50 US$.

Si cette enseigne est la seconde à avoir ouvert ses portes à Los Angeles – en 2012 – Café Gratitude et ses valeurs nous viennent de la baie de San Francisco. La promesse de la maison : des plats végans, respectueux de l'environnement et savoureux. Pari tenu, avec un menu aussi *healthy* que gourmand, qui fait la part belle aux *bowls*, salades, sandwichs, smoothies et jus. On aime cette adresse pour son joli patio et sa situation, à 10 minutes à pied de Venice Beach, mais la chaîne est également implantée dans les quartiers de Larchmont et d'Arts District.

DOGTOWN COFFEE €

2003 Main Street
✆ +1 310 310 3241
www.dogtowncoffee.com
Tous les jours, de 7h à 14h. Petit déjeuner de 4,95 US$ à 11,50 US$. Burritos de 10,50 US$ à 12,95 US$.

Voici une excellente adresse pour petit-déjeuner ou bruncher avant de gagner la plage. Le café est bio et le pain artisanal, tandis que plusieurs options sans gluten et *vegan* sont proposées dans ce café à l'ambiance ultra *cool*, qui reflète bien l'atmosphère de Venice Beach. Ainsi, rien d'étonnant à ce que le Dogtown Coffee mette à l'honneur les skateurs ; en atteste l'exposition murale à droite du comptoir. Chaleureux et rustiques, les lieux sont dotés de petites tables individuelles et de murs faits de panneaux de bois. Coup de cœur pour la fresque.

CHARCOAL VENICE €€€

425 Washington Boulevard
✆ +1 310 751 6794
www.charcoalvenice.com
Dimanche-jeudi : 18h-21h. Vendredi-samedi : 17h30-22h. Brunch : le week-end, de 10h30 à 14h30. Plats de 24 US$ à 75 US$.

Ce restaurant à l'ambiance conviviale et à la décoration *design* est tenu par le talentueux chef Jordan Olivo. Pour créer cette adresse, il s'est inspiré des barbecues qu'il organisait le week-end avec ses amis et sa famille ; ainsi, comme le nom des lieux le laisse penser – « charcoal » signifiant « charbon » – ici, tout est cuit sur le feu. Au menu : une cuisine de saison qui fait tant la part belle aux compositions inventives à partir de légumes qu'aux belles pièces de viande, allant du filet de bœuf Angus au steak de première qualité.

FIG TREE €€

429 Oceanfront Walk
✆ +1 310 392 4937
www.figtreevenice.com
Du dimanche au jeudi, de 8h à 21h. Jusqu'à 22h vendredi et samedi. Plats : 18 US$-35 US$. Petits dejs : 12 US$-20 US$.

Au bord du Venice Boardwalk, ce charmant restaurant constitue un point d'observation idéal sur les multiples artistes et marginaux qui arpentent le quartier. Depuis son ouverture en 1978, Fig Tree est une institution familiale du voisinage, mêlant racines latines et influences de la côte Pacifique. On y trouve une carte alléchante, faisant la part belle au petit déjeuner, entre les pancakes à la banane plantain et les *chilaquiles*. Egalement au menu : une petite dizaine de plats à déguster le midi ou le soir, allant du poulet à l'avocat au burger.

© FIGTREEY'S CAFE

© FIGTREEY'S CAFE

GJUSTA €€

320 Sunset Ave
✆ +1 310 314 0320
www.gjusta.com
Tous les jours, de 7h à 20h. Petits déjeuners de 9 US$ à 24 US$, sandwichs de 13 US$ à 20 US$, plats de 13 US$ à 64 US$.

Créé en 2014 dans l'unique but de fournir du pain et de faire office de cellier aux restaurants Gjelina et GTA, Gjusta s'est vite converti en un excellent *deli*. Il propose du bon pain de campagne, des sandwichs divins – le pastrami en tête – de la charcuterie fine, du poisson fumé, des frites maison au parmesan, des assiettes de légumes grillés, du poulet rôti, des jus de fruits fraîchement pressés... En somme, toute la carte est aussi bonne qu'appétissante. Le tout se déguste à emporter ou sur les larges tables en bois installées à l'extérieur.

PICCOLO RISTORANTE €€

1616 Abbot Kinney Blvd
✆ +1 424 272 9050
www.piccoloristoranti.com
Lundi-jeudi : 17h-22h. Dès 11h30 vendredi et samedi. Dimanche : 11h30-21h30. Pâtes : 19-23 US$. Plats : 19-39 US$.

Ouvert en 2004 à Santa Monica, cet excellent restaurant italien a également posé ses valises à Venice. On y trouve de délicieuses pâtes maison, préparées par le chef Antonio Murè, né en Sicile. Fort d'une expérience forgée par de nombreux déplacements au sein de son pays d'origine, il s'est spécialisé dans une cuisine typique d'Émilie-Romagne, une région culinaire d'une grande richesse. Sa spécialité : les *tortellini* à la pomme de terre et à la figue servies sur un lit de parmesan fondu, avec du beurre noisette et de la sauge. Réservations recommandées.

TENDER GREENS €

201 Arizona Avenue
✆ +1 310 587 2777
www.tendergreensfood.com
Tous les jours, de 11h à 21h. Plats et bowls : 13,45 US$-15,45 US$, salades : 12,45 US$-13,95 US$, sandwichs : 9 US$.

Bien qu'il s'agisse d'une chaîne, ce concept de *fast-food* bio vaut le détour. Ici, pas de chichis ni de service à table, mais une promesse forte : celle de servir des produits frais, locaux et issus d'une agriculture écologique. Dès l'entrée dans le restaurant, on sélectionne son assiette. Au menu : une grande salade, un *bowl*, un sandwich, ou un plat chaud composé de viande ou de poisson et accompagné d'une petite salade, puis de riz complet, de légumes ou d'un écrasé de pommes de terre. La préparation se fait en *live*. En dessert : un *cookie* maison.

THE ALBRIGHT €€

258 Santa Monica Pier
✆ +1 310 394 9683
www.thealbright.com
Tous les jours, de 12h à 20h. Plats de 12 US$ à 22,50 US$.

Tout au début du quai de Santa Monica, à l'endroit où la foule se densifie, se dresse cette adresse familiale tenue depuis 40 ans. Comme dans beaucoup d'établissements californiens, The Albright pratique le *fast causal* : commande et règlement au comptoir sur le principe du *fast-food*, assiettes semblables à celles d'un restaurant classique. Ici, la cuisine est savoureuse, les huîtres fraîches. A la carte : une belle variété de fruits de mer et de poissons crus, frits ou grillés, ainsi que des burgers, des *rolls*, des pokés et des ceviches – entre autres.

THE BUTCHER'S DAUGHTER €€

1205 Abbot Kinney Blvd ✆ +1 310 981 3004
www.thebutchersdaughter.com
Tous les jours, de 8h à 22h. Œufs de 10 US$ à 19 US$, salades et bowls de 10 US$ à 19 US$, pizzas de 18 US$ à 20 US$.

Végétariens et végétaliens se précipitent dans cet antre *hype* de la cuisine *healthy*, qui fait rage en ce moment sur la côte ouest. Aux allures de serre, avec ses plantes vertes dégringolant des murs et du plafond, ce grand et joli café-restaurant propose un brunch appétissant. Au menu : des délicieux *avocado toasts*, des jus, des bols de granola, ou encore des œufs sous toutes leurs formes. On y trouve également de magnifiques et savoureuses salades, des pizzas cuites sur la pierre, des petites assiettes à partager et des pâtes pour le déjeuner ou le dîner.

THE MISFIT €€

225 Santa Monica Blvd
✆ +1 310 656 9800
Lundi-jeudi : 12h-23h. Vendredi : 12h-00h. Samedi : 11h-00h. Dimanche : 11h-23h. Plats à 15 US$ en moyenne (35 US$ max).

Situé au cœur de Santa Monica, ce *gastropub* au décor tout en boiseries, à la fois chic, chaleureux et tamisé, est parfaitement indiqué pour siroter un cocktail en attendant de se faire servir une cuisine fraîche et bien travaillée, réalisée à partir de produits locaux. Une fois l'apéritif terminé, ne vous privez pas d'accompagner votre repas d'un bon verre de vin californien, dont la sélection faite par The Misfit est particulièrement intéressante. Néanmoins, attention : étant assez prisé, l'établissement peut se révéler trop bruyant pour certains.

PASTA SISTERS €€

3280 Helms Avenue
✆ +1 424 603 4503 - www.pastasisters.com
Du dimanche au mercredi, de 11h30 à 21h30. Jusqu'à 22h du jeudi au samedi. Pâtes de 14 US$ à 18 US$.

© PASTA SISTERS

Cette histoire de famille a débuté à Padova, une petite ville du nord de l'Italie où la cheffe Paola Da Re, ses sœurs Luisa et Patrizia, ainsi que son frère Carlo, passaient leurs après-midis à aider leur mère, Maria Giovanna, en cuisine. Une passion et un amour pour la bonne nourriture que l'on retrouve dans chaque plat de pâtes maison servi chez Pasta Sisters. Mention spéciale aux *gnocchi*, la recette la plus ancienne de la famille. Par ailleurs, en plus de ses deux adresses à Culver City et à Mid City, l'établissement dispose d'un sympathique *food-truck*.

UOVO €€

1320 2nd St, Suite A
✆ +1 310 425 0064
www.uovo.la
Tous les jours, de 11h30 à 22h. Pâtes entre 16 US$ et 18 US$. Menus dégustation de 32 US$ à 37 US$.

Le concept de ce sympathique restaurant : des pâtes, quelques accompagnements et le tout préparé minute, devant les clients – pour admirer les chefs, faites-vous asseoir au grand comptoir. Ici, on sert des classiques de la cuisine italienne, confectionnés à la perfection. Par exemple, les *tortellini in brodo* sont une réussite éclatante : ni trop ni pas assez salé, le bouillon de viande est d'une rare finesse, mettant en valeur la cuisson *al dente* impeccable des pâtes. Mentionnons également les fameuses *tagliatelle cacio e pepe*, exécutées avec brio.

LOS ANGELES

L & E OYSTER BAR €€€

1637 Silver Lake Boulevard
✆ +1 323 660 2255
www.leoysterbar.com
Du lundi au samedi, de 17h à 22h. Jusqu'à 21h le dimanche. Plats de 18 US$ à 43 US$. 6 huîtres : 18 US$.

Comme son nom l'indique, L & E Oyster Bar a bâti sa réputation sur ses huîtres ; il faut dire qu'il s'approvisionne chez les meilleurs ostréiculteurs du pays. Promesse tenue : elles sont fraîches, fines et délicieuses. *Linguini* au crabe, moules-frites, *fish and chips*, homard gratiné à la sauce thermidor accompagné de *mac n cheese* – les populaires macaronis au fromage –, bar grillé... Les plats de résistance font également la part belle aux poissons et aux fruits de mer. Le tout tient sur une petite carte claire et bien pensée.

BEST FISH TACO IN ENSENADA €

1650 N Hillhurst Avenue
✆ +1 323 466 5552
www.bestfishtacoinensenada.com
Tous les jours, de 11h à 20h30. Tacos de 2,25 US$ à 2,95 US$. 10 US$. Sauces de 3,50 US$ à 5 US$.

En général, lorsqu'un établissement se targue d'être le meilleur, difficile de ne pas en douter. Néanmoins, avec Best Fish Taco In Ensenada, la promesse est tenue. Si la carte peut paraître simple, les préparations demandent un savoir-faire particulier, ainsi que d'excellents produits. Au choix, trois types de tacos : au poisson, aux crevettes ou à la pomme de terre. Optionnelles, deux sauces maison agrémentent le tout, la « *sessy* » et celle à l'avocat, relevée pile comme il faut.

BLAIR'S RESTAURANT €€

2903 Rowena Avenue
✆ +1 323 660 1882
www.blairsrestaurant.com
Du dimanche au jeudi, de 17h à 21h. Jusqu'à 22h les vendredis et samedis. Plats de 14 US$ à 30 US$.

Avec ses lumières tamisées, une atmosphère intimiste, voire romantique, règne dans ce restaurant très apprécié de Silver Lake. *Minestrone*, *bruschetta* à la burratta, pizzas, *spaghetti al pomodoro*, à la bolognaise, à la puttanesca, ou encore au *guanciale*... Blair's prépare les grands classiques de la cuisine italienne, ainsi que quelques spécialités plus locales, telles que le *cheeseburger* et le thon albacore servi avec des pommes de terre. Une très belle adresse qui allie modernité et élégance, sans pour autant faire preuve de snobisme.

CAFECITO ORGANICO

534 N Hoover Street
✆ +1 213 550 3738
www.cafecitoorganico.com
Tous les jours, de 7h à 17h. Tacos à partir de 4 US$. Plats de 11,50 US$ à 14,95 US$.

Etant l'un des derniers-nés de la mouvance Third Wave Coffee à Silver Lake, Cafecito Organico s'est implanté à Hoover Street, l'une des rues en plein développement du quartier. Ici, le café est sud-américain, authentique, généreux et parfaitement torréfié. Abrité du soleil sous une toile tendue dans le patio, on le savoure à l'écart de la circulation. Néanmoins, il serait dommage de considérer l'établissement uniquement comme un *coffe shop* : des petits déjeuners aux préparations à base d'œufs en passant par les tacos, les assiettes sont savoureuses et gourmandes.

HOMESTATE €

4624 Hollywood Blvd
✆ +1 323 906 1122
www.myhomestate.com
Tous les jours, de 8h à 22h. Tacos de 3,5 US$ à 5 US$.

Cette petite chaîne dotée de trois autres adresses propose essentiellement des tacos, qui se dégustent à toute heure de la journée, du petit déjeuner au début de la soirée en passant par le midi. Au menu : une quinzaine de recettes parmi lesquelles nous pouvons notamment citer le *Guadalupe*, rempli avec des œufs, du chorizo et du cheddar, ou encore le *Picadillo*, constitué de bœuf haché, de pommes de terre, de carottes, de salade de chou et de piment jalapeño mariné. Essayez également les accompagnements, tels que les classiques haricots noirs.

KITCHEN MOUSE €€

5904 North Figueroa Street
✆ +1 323 259 9555
www.kitchenmousela.com
Du lundi au dimanche, de 8h à 16h. Plats de 13 US$ à 18US$.

Ce sympathique restaurant végétarien propose une cuisine saine et inventive, où l'accent est mis sur les saveurs et les associations. Par exemple, le fameux sandwich BLT – *Bacon, Lettuce, Tomato* – est revisité sous la forme du TLT : *Tempeh* – un produit indonésien à base de soja fermenté – *bacon*, *Lettuce*, *Tomato*. Au Kitchen Mouse, on trouve également des classiques de la cuisine mexicaine, tels que les *chilaquiles* signatures de la maison – un plat à base de *tortillas* et de sauce – et les *huevos rancheros*. Une adresse qui se prête autant au brunch qu'au déjeuner.

MILLIE'S CAFE €

3524 West Sunset Boulevard
✆ +1 323 664 0404
www.milliescafela.com
Tous les jours, de 8h à 15h. Petit déjeuner de 8,50 à 14,25 US$.

En quête d'un bon petit déjeuner ou d'un brunch à l'américaine ? Ne cherchez plus : Millie's Cafe est une référence en la matière. Si vous avez envie de vous immerger pleinement dans l'ambiance des lieux, demandez à vous assoir au comptoir, en face de la cuisine, où les chefs s'affairent. Sinon, la petite salle à manger adjacente et la terrasse sur le trottoir sont on ne peut plus agréables. Néanmoins, vous devrez forcément faire la queue, surtout le week-end, à partir de 10 heures. Petite astuce : si vous venez seul, on vous fera passer devant tout le monde.

PINE & CRANE €

1521 Griffith Park Blvd
✆ +1 323 6681128
www.pineandcrane.com
Du mercredi au lundi, de 12h à 22h. Petites assiettes : 6 US$-9 US$. Noodles : 8,50 US$-11 US$. Riz : 8,50 US-15 US$.

Ce restaurant taïwanais connait un véritable succès dans le quartier branché de Silver Lake. On y trouve des spécialités simples et parfumées, comme les dàndàn miàn, des nouilles cuisinées avec de la sauce à la cacahuète et au sésame, de l'huile pimentée, des concombres et de la coriandre. Également au menu : des « petites assiettes », allant du savoureux *beef roll* à la saucisse taïwanaise en passant par les *pancakes* de cébette – un oignon vert. Si le décor de bois blond et de murs en béton n'a rien d'exceptionnel, la cuisine vaut le détour.

POKEMOTTO NOHO €€

11114 W Magnolia Boulevard
✆ +1 818 358 3217
www.pokemotto.site
Lundi-jeudi : 11h-21h30. Jusqu'à 23h vendredi et samedi. Pokés : 13,75 US$-17,75 US$. Sushi burritos : 11 US$-18,75 US$.

La devanture de ce restaurant hawaïen ne paie pas de mine ; pourtant, il serait dommage de ne pas en franchir le seuil. À l'intérieur, on a le choix entre des *sushi burritos* à la carte et plusieurs préparations fraîches pour confectionner son *poke bowl*. Le principe : on associe 2, 3 ou 4 protéines – allant du thon au saumon en passant par le tofu – à une base de riz, de pâtes ou de légumes. Le tout est savoureux et copieux. Une adresse idéale pour un déjeuner rapide, que l'on conclura par un passage chez Republic of Pie, juste à côté, pour un dessert gourmand.

TACOS DELTA €

3806 Sunset Blvd
✆ +1 323 664 2848
www.tacosdelta.com
Du lundi au samedi, de 7h à 21h. Jusqu'à 16h le dimanche. Tacos de 2 US$ à 3,25 US$, burritos de 9 US à 12,95 US$.

Ouvert en 1981, ce petit établissement est reconnaissable entre tous, avec sa façade bleue couverte de dessins colorés, qui ressemble davantage à une grande fresque murale. Surtout, impossible de manquer la pancarte suivante : « Meilleurs chilaquiles de la ville ». Outre ce plat mexicain typique préparé à base de tortillas et de sauce verte ou rouge, les tacos, burritos, quesadillas, nachos, omelettes et autres spécialités de la maison se dégustent sur la terrasse couverte, à l'abri du soleil, à deux pas du parking. Une adresse authentique.

THE KITCHEN €€

4348 Fountain Avenue ✆ +1 323 664 3663
www.thekitchen.la
Du lundi au jeudi, de 11h à 22h. Vendredi jusqu'à 23h. Samedi : 10h-23h. Dimanche : 10h-22h. Plats de 12 US$ à 19 US$.

Ouvert en 2000 par des habitants du quartier, The Kitchen reflète bien la diversité et l'énergie de Silver Lake. Objectif : faire en sorte que les invités se sentent comme chez eux, avec de la *comfort food* fraîche et faite maison. On y mange essentiellement des sandwichs, des burgers au *grilled cheese* en passant par les pains classiques. Ne manquez pas le sandwich au pain de viande – *meatloaf* –, une spécialité américaine. Également au menu : quelques plats comme le poulet frit, les moules-frites, ou encore le *fish and chips*. Accueil particulièrement chaleureux.

THE TRAILS CAFÉ €

2333 Fern Dell Frive
✆ +1 323 871 2102
Lundi et jeudi : 8h-14h. Jusqu'à 16h du vendredi au dimanche. Sandwichs : 7 US$-10,50 US$. Desserts : 3,50 US$-8 US$.

Parfaitement indiqué pour les randonneurs qui arpentent Griffith Park, The Trails Café a été pensé pour agrémenter les paniers pique-nique de produits frais et gourmands. Sur les tables à l'ombre des pins ou à emporter, on déguste un sandwich à l'avocat ou à la salade de pois chiches, un hot-dog, une *fritatta* – un plat italien semblable à une omelette – une quiche, ou encore un « *egg in a basket* », le tout fait maison. Egalement au menu : quelques desserts, tels que les cookies, le granola, la tarte aux pommes *vegan* et le *shortbread* à la lavande.

FAIRE UNE PAUSE

Adeptes de *coffee shops*, vous allez adorer Los Angeles. La ville s'illustre pour ses charmantes petites adresses qui ne cessent de fleurir dans ses quartiers en pleine gentrification. Ainsi, vous pourrez aisément vous occuper un après-midi entier à Arts District ou sur Sunset Junction – à Silver Lake – en allant de terrasse en terrasse, un livre à la main, une tasse chaude dans l'autre. Ici, le breuvage est savoureux, exquis, la Cité des Anges étant un haut lieu de la *Third Wave of Coffee*. Dédiée au café de qualité, cette mouvance consiste à n'utiliser que des graines provenant de fermes individuelles, avant de les torréfier selon des procédés spécifiques. Ville multiculturelle, Los Angeles regorge aussi d'établissements mexicains, dans lesquels on s'initiera aux viennoiseries locales, telles que les *pan dulce* et *conchas*. Enfin, les voyageurs qui ont le mal du pays se précipiteront dans les excellentes boulangeries françaises.

ANGEL MAID BAKERY

4542 S Centinela Avenue
✆ +1 310 915 2078
www.angelmaidbakery.com
Du mardi au samedi, de 8h à 17h. Jusqu'à 12h le dimanche. Cupcakes et pâtisseries dès 2,50 US$.

Macarons, cupcakes, viennoiseries, tartelettes amandines, griffe d'ours – ou « *bear claw* », une pâtisserie typiquement états-unienne, originaire des années 1920 –, sublimes gâteaux et pièces montées... Alerte gourmandise ! Voici une boulangerie familiale à l'ancienne, qui se trouve au cœur du quartier sino-américain de West L.A. Assez confidentielle, cette adresse est surtout destinée aux becs sucrés désireux d'emporter de quoi se rassasier avant de partir à la découverte de la ville. Des créations délicieuses pour des prix on ne peut plus économiques.

BELWOOD BAKERY CAFE

11625 Barrington Court ✆ +1 310 471 6855
www.belwoodbakerycafe.com
Du mardi au dimanche, de 9h à 15h. Muffins à 3,50 US$, viennoiseries à 4,50 US$, et sandwiches de 10,50 US$ à 13 US$.

Cette boulangerie familiale est le plus souvent remplie par les enfants et les adolescents des deux écoles avoisinantes. Sorte de centre névralgique de la communauté de Brentwood, il s'agit d'une très bonne adresse où prendre un café, s'offrir une gourmandise, ou attraper un sandwich ou une quiche pour le déjeuner. En dehors des viennoiseries, Belwood Bakery Cafe est spécialisé dans les muffins – aux parfums originaux comme citrouille, cappuccino, citron, ou encore maïs *low fat* – et les macarons revisités – lavande, *red velvet*, tiramisu, Nutella, entre autres.

CHAUMONT BAKERY & CAFÉ

143 S Beverly Drive
✆ +1 310 550 5510
www.chaumontbakery.com
Du lundi au samedi, 6h30 à 15h. Dès 7h30 le dimanche. Sandwiches de 10,50 US$ à 13,50 US$, œufs de 6,50 US$ à 10,95 US$.

Entre ses odeurs de pain frais et de viennoiseries chaudes, puis les couleurs plus gourmandes les unes que les autres de ses pâtisseries et de ses gâteaux, le savoir-faire boulanger à la française est inimitable. C'est ce qui a décidé le couple formé par Frederic Laski et Laila Abddaim à ouvrir son établissement à Beverly Hills, avec une équipe de professionnels venus de l'Hexagone, de même qu'une grande partie des ingrédients utilisés. Une adresse aussi bien indiquée pour un petit déjeuner tardif qu'un creux en début d'après-midi.

DIDDY RIESE COOKIES

926 Broxton Avenue
✆ +1 310 208 0448
www.diddyriese.com
Mercredi, jeudi et dimanche de 12h à 23h, jusqu'à 00h vendredi et samedi. Six cookies pour 5 US$, brownie à 2 US$.

Ouverte en 1983, Diddy Riese est une véritable institution de Westwood. Sa mission : servir des produits artisanaux savoureux et gourmands, à des prix défiant toute concurrence. Si elle propose de délicieux brownies, cookies et glaces depuis toujours, cette adresse a bâti sa réputation sur son « *Ice Cream Sandwich* », une boule de glace prise entre deux énormes cookies, servie pour la première fois en 1995. La file d'attente est parfois longue, mais l'expérience vaut le détour et permet de s'immerger dans la vie 100 % étudiante du quartier.

DONUT FRIEND

543 S Broadway
✆ +1 213 908 2743
Mercredi, jeudi et dimanche de 10h à 20h. Jusqu'à 22h les vendredi et samedis. Donuts de 2,75 US$ à 5 US$.

Cette enseigne propose des recettes classiques comme « *The Promise Ring* », un donut couvert d'un glaçage au chocolat, au sirop d'érable ou nature, et le « *Rites of Sprinkles* », un gâteau à la vanille surmonté de chocolat ou de vanille et de confettis. On vient surtout chez Donut Friend pour ses créations originales, telles que le « *Youth Brulée* », fourré à la crème bavaroise, et le « *Green Teagan and Sara* », couvert d'un nappage au matcha tea et aux graines de sésame. Mention spéciale au « *X-Ray Speculoos* », aussi délicieux que copieux. Enorme coup de cœur !

EMILI'S PASTRY & CAFE

11551 Santa Monica Boulevard
✆ +1 310 473 6999
www.emiliscafe.com
Lundi : 9h-17h, mardi à samedi : 8h-19h, dimanche : 9h-19h. Pâtisseries et desserts entre 4 US$ et 7 US$.

La volonté d'Emili's Pastry & Cafe ? Offrir une « *expérience européenne authentique* » à ses clients. Tartes au citron meringuées, crèmes brûlées, Napoléon, opéra, *linzer torte* revisitée... En vitrine, les grands classiques de la pâtisserie d'excellence côtoient les incontournables du « *petit déjeuner danois* » – en référence au terme « viennoiseries » – allant du croissant au beurre à l'*apple strudel* en passant par les croissant aux amandes et les palmiers. Egalement au menu : un vaste choix de muffins, de quiches et de café. Délicieux !

BREADBLOK

1529 Griffith Park Blvd, Silver Lake
✆ +1 213 444 1874
breadblok.com
info@breadblok.com
Tous les jours, de 7h à 17h. Petits déjeuners et brunchs : 10 US$-26 US$. Viennoiseries et pâtisseries : 7 US$-10 US$.

© BREADBLOK

Forte de son succès, la boulangerie Breadblok s'apprête à ouvrir une boutique à Studio City, à Beverly Hills et à Venice, en plus de celle-ci et de celle de Santa Monica. On y trouvera comme ici de délicieux pains, viennoiseries et pâtisseries qui allient avec merveille goût et produits *healthy*. Par ailleurs, la majorité des ingrédients sont bio. En dehors des pains au chocolat, croissants, brioches et autres gourmandises, Breadblock prépare des petits déjeuners, des brunchs, des déjeuners, ainsi qu'une belle sélection de tartines et de sandwichs.

INTELLIGENTSIA COFFEE & TEA

3922 W Sunset Boulevard
✆ +1 323 663 6173
www.intelligentsiacoffee.com
Du lundi au vendredi, de 6h à 17h. De 7h à 18h le week-end. Cafés de 3,50 US$ à 6,25 US$.

Originaire de Chicago, Intelligentsia est un concept store qui associe café bio et commerce équitable dans un design très moderne, attirant une clientèle assez branchée – voire élitiste. Surtout, il s'agit de l'un des premiers établissements de la mouvance du *Third Wave of Coffee* : on y boit l'un des meilleurs cafés de Los Angeles. Par ailleurs, ne faites pas l'impasse sur les pâtisseries et viennoiseries, que l'on prendra plaisir à déguster en terrasse.

JENI'S SPLENDID ICE CREAMS

540 Rose Avenue
✆ +1 310 314 2024
www.jenis.com
Du lundi au vendredi, de 15h à 22h. De 12h à 23h le week-end. Glaces à 5 US$: soit une boule, soit deux moitiés.

Cette délicieuse chaîne a été baptisée d'après sa fondatrice, Jeni Britton Bauer, qui a ouvert sa première enseigne en 1996, sous le nom de Scream. Elle lancera la toute première boutique Jeni's Splendid Ice Creams six années plus tard. La recette du succès : des glaces artisanales crémeuses, aux saveurs gourmandes. *Gooey butter cake* – littéralement « *gâteau au beurre gluant* » – truffe au chocolat noir, *cinnamon roll*, beurre de cacahuète... Difficile de résister !

LA MONARCA BAKERY & CAFE

1300 Wilshire Boulevard
✆ +1 310 451 1114
www.lamonarcabakery.com
Tous les jours, de 6h à 20h. Viennoiseries et pâtisseries de 1,10 US$ à 4,75 US$. Café de 2,95 US$ à 5,75 US$.

Cette petite chaîne de boulangeries également implantée à Downtown, Melrose Hill, ou encore en dehors de Los Angeles, à South Pasadena, a été fondée par Alfredo Livas et Ricardo Cervantes, en hommage à leur Mexique natal. En vitrine : du *pan dulce*, des *conchas* – des petits pains sucrés traditionnels – des *taquitos*, des croissants au chocolat, du pain de maïs – « *pan de elote* » – des *cocadas* – une friandise faite à partir de noix de coco râpée – et du gâteau à la goyave, entre autres. On y vient aussi pour le délicieux café, que l'on peut acheter en sachet.

THE CHEESECAKE FACTORY

364 North Beverly Drive ✆ +1 310 278 7270
www.thecheesecakefactory.com
Lundi-jeudi : de 11h à 22h. Jusqu'à 23h le vendredi et samedi. Dimanche : 10h-22h. Cheesecakes de 8.95 US$ à 9.95 US$.

Comme son nom l'indique, cette maison née en 1972 à Los Angeles est spécialisée dans les cheesecakes : celle qui a commencé comme une petite enseigne est devenue une entreprise avec désormais plus de 200 adresses aux États-Unis. Au menu : plus d'une trentaine de délicieux gâteaux au fromage plus gourmands et copieux les uns que les autres, parmi lesquels se démarque l'évocateur « Original ». Si l'on peut y commander des desserts à toute heure de la journée, The Cheesecake Factory est également un restaurant où l'on peut déjeuner et dîner.

PAZZO GELATO

3827 W Sunset Boulevard
✆ +1 323 662 1410
http://www.pazzogelato.net
Dimanche-jeudi : 10h-22h. Vendredi-samedi : jusqu'à 23h. 1 parfum : 5,25 US$, 2 : 7,25 US$, 3 : 9,25 US$, 4 : 10,25 US$.

Créé en 2006, ce petit établissement familial est spécialisé dans la préparation artisanale de glaces « *grand public* », mais aussi à base de lait végétal. Vanille de Madagascar, chocolat d'Equateur, noisette, café, stracciatella, *cookies and cream*, chocolat noir *vegan*, noix de coco grillée, sorbet à la fraise ou à la mangue… Voici les saveurs classiques. Petits et grands se pressent également chez Pazzo Gelato pour ses parfums plus originaux, comme avocat, banane au *dulce de leche*, sucre brun au bacon confit, ou encore caramel au beurre salé. Un délice !

URTH CAFFÉ

459 S Hewitt St.
✆ +1 213 797 4534
www.urthcaffe.com
Du dimanche au jeudi, de 7h à 22h. Jusqu'à 23h le vendredi et samedi. Cafés de 3,25 US$ à 6,95 US$.

Née en 1989 de la rencontre du couple Jilla et Shallom Berkman avec un fermier péruvien passionné de café, cette maison possède désormais des établissements dans tout Los Angeles et ses environs : Beverly Hills, Melrose, Santa Monica, Pasadena, Laguna Beach, Orange... Une expansion que l'entreprise doit à son délicieux café, puisqu'elle est la première des Etats-Unis à s'être spécialisée dans le bio. L'endroit se prête également très bien à un petit déjeuner frais ou à un brunch *healthy*, entre ses gaufres, ses œufs et ses paninis appétissants.

PRIMO'S DONUTS

10948 Weyburn Avenue
✆ +1 424 832 3861
www.primosdonuts.com
Tous les jours, de 7h à 17h. Donuts entre 2,95 US$ et 4,20 US$.

Voici le second établissement de cette maison familiale fondée à Sawtelle en 1956. Au retour d'une journée de visites de maisons décevante, le couple Primo s'arrête en chemin pour acheter un donut à leur fils. Une fois dans la boutique, Ralph, le père, apprend que le propriétaire vend les lieux ; il les rachète pour 2 000 US$. L'idée : relancer le *business*, puis le céder pour plus cher l'année suivante. Finalement, Primo's Donuts est devenu tellement prospère que la famille s'est imposée dans le quartier comme une institution, forte de ses délicieuses recettes.

VERVE COFFEE ROASTERS

500 Mateo Street
✆ +1 213 419 5077
www.vervecoffee.com
Tous les jours, de 7h à 18h. Café de 3,50 US$ à 6 US$ et thés de 4 US$ à 7,5 US$. Petits déjeuners de 5 US$ à 12 US$.

Ce spacieux entrepôt a été réaménagé en « *cool place* » : aujourd'hui, il s'agit d'une adresse branchée, plébiscitée par les *digital nomads*... En dépit de l'absence de prises. Outre la bonne connexion Wifi, ils y viennent pour le délicieux café, torréfié dans une pièce adjacente à la grande salle. Espresso, mocha, americano, macchiato, cappuccino, latte… La sélection est riche, complétée par une petite carte qui se prête particulièrement à un brunch, quel que soit le jour. Mention spéciale à l'*avocado toast* et au « *Verve breakfast sandwich* », délicieux.

(SE) FAIRE PLAISIR

Un séjour à Los Angeles serait incomplet sans un – voire plusieurs – après-midi consacré au shopping. Outre ses nombreuses boutiques indépendantes branchées qui regorgent de livres de collection, de vinyles d'occasion, ou encore de vêtements *vintage*, la ville est dotée de centres commerciaux agréables, souvent conçus en plein air et entourés de restaurants, de bars et de salles de cinéma. La Cité des Anges s'illustre également pour ses artères et quartiers spécifiquement dédiés aux achats, tels que la luxueuse Rodeo Drive à Beverly Hills et le populaire Fashion District à Downtown. Surtout, difficile de ne pas tomber sous le charme des marchés aux puces – l'incontournable Melrose Trading Post de Fairfax en tête – véritables événements qui se rapprochent plus de sorties à part entière que de virées shopping. Au programme : musique, *food-trucks* et déambulation entre des stands d'articles en tout genre.

CITADEL OUTLETS

100 Citadel Drive
✆ +1 323 888 1724
Tous les jours, de 10h à 21h.

Citadel est probablement l'un des plus grands outlets situés dans les alentours de Los Angeles. Installé dans la ville de Commerce, à environ 13 km au sud-est de Downtown, ce centre commercial abrite une importante quantité de marques dégriffées tout au long de l'année. Parmi elles figurent Asics, Banana Republic, Bonobos, Boss, Calvin Klein, Coach, Converse, Disney, Fossil, Gap, Guess, Karl Lagerfeld, Lacoste, Levi's, Michael Kors, New Balance, Nike, Polo Ralph Lauren, Puma, Quiksilver, Swarovski, Timberland, Tommy Hilfiger, Tumi, UGG, ou encore Vans.

OTHERWILD GOODS & SERVICES

1768 N Vermont Avenue
✆ +1 323 546 8437
www.otherwild.com
Tous les jours, de 11h à 19h.

Voici un beau concept-store *gender fluid*, *queer* et féministe, où l'on trouvera les fameux T-shirts « *The future is female* » – les vrais, pas ceux vendus pour une poignée d'euros sur Internet – dont une partie des ventes est reversée à des organisations sociales. Un magasin non seulement engagé, mais également très branché. Au choix : des céramiques artisanales chic, des produits de beauté écologiques, des tapis design tissés à la main, ou encore des bijoux de créateurs.

NATIVE AMERICAN WORLD - INDIGENOUS

1207 Ocean Front Walk
✆ +1 310 452 0684
www.nativeamericanworld.net
Tous les jours, de 10h30 à 20h.

Les magasins véritablement intéressants sont rares sur Venice Boardwalk, cette rue animée qui s'étire le long de la plage. Néanmoins, celle-ci vend des produits artisanaux amérindiens tout à fait authentiques : *dreamcatchers* – attrape-rêves – confectionnés par les Cherokees, bijoux de turquoise et d'argent fabriqués par les Navajos, vêtements, couvertures tissées, poteries, paniers... Chaque objet est signé par son auteur. Une très jolie boutique qui pratique des tarifs raisonnables.

ROCKET FIZZ WESTWOOD VILLAGE

1067 Broxton Avenue
✆ +1 310 208 4509
www.rocketfizz.com
Tous les jours, de 10h à 22h.

Cette chaîne de magasins spécialisée dans les sodas, les bonbons et les articles de fantaisie est un passage obligé pour des cadeaux 100% américains. De la symbolique bouteille de Coca-Cola aux immenses barres de Toblerone – la même que celle que réclame Joey, dans l'épisode « *The One With The Free Porn* » de *Friends* – en passant par les sucreries caractéristiques des années 1980, ainsi que les affiches de concerts et de films des années 1950, Rocket Fizz est le temple du vintage.

SOAP PLANT / WACKO

4633 Hollywood Boulevard ✆ +1 323 663 0122
www.facebook.com/soapplantwacko
Du lundi au mercredi, de 11h à 19h. Jusqu'à 21h le jeudi, 22h les vendredis et samedis. De 12h à 18h le dimanche.

Cette affaire familiale ouverte en 1971 est devenue un grand magasin qui célèbre la pop culture avec passion. On y trouve de tout : des décorations de Noël en forme de tranches de bacon, des figurines Monsieur Patate, des rideaux de douche hawaïens, ou encore des services à café en forme de pistolet. Ces gadgets plus ou moins utiles sont appelés *novelty gifts*. Néanmoins, Soap Plant / Wacko possède aussi un très sérieux rayon de livres d'art qui explorent la pop culture sous toutes ses coutures, des *comics* Marvel aux zombies en passant par le design et la mode.

GALCO'S SODA POP STOP

5702 York Boulevard
✆ +1 323 255 7115
www.sodapopstop.com
Du lundi au samedi, de 9h à 18h30. Jusqu'à 16h le dimanche.

Ce magasin spécialisé dans le soda est une véritable institution. Avec plusieurs centaines de références, il dispose de toutes les variétés de boissons sucrées imaginables. Elles sont présentées dans des bouteilles de verre avec des capsules métalliques – leur conditionnement d'origine – ravivant ainsi la nostalgie de certains. Fraise des bois, cerise noire, concombre, kumquat, ou encore citrouille épicée : les goûts les plus improbables s'y trouvent ! Un magasin à destination des petits comme des grands... Mais à fréquenter avec modération.

BRENTWOOD COUNTRY MART

225 26th Street
www.brentwoodcountrymart.com
Tous les jours, de 7h à 22h. Horaires de chaque magasin disponibles sur le site Internet.

Ce petit centre commercial au *look* rustique et campagnard a été construit en 1948. S'il ne peut rivaliser avec les institutions de la ville, on l'apprécie pour son charme certain et son caractère atypique, avec sa structure rappelant les anciens marchés d'Angleterre. On y trouve des artisans locaux, ainsi que des marques de renom, telles que James Perse, Goop, Capitol et Christian Louboutin. Également sur place : plusieurs options de restauration offrant diverses sortes de cuisine, de Barney's Burgers à Sweat Rose Cremery en passant par Reddi Chick Bbq.

LITTLEJOHN'S ENGLISH TOFFEE HOUSE & FINE CANDIES

6333 West 3rd Street
✆ +1 323 936 5379
www.littlejohnscandies.com
Du lundi au samedi, de 9h à 18h, à partir de 9h30 le dimanche. Prix à la livre.

Si vous passez à l'Original Famers Market, ne manquez pas de vous arrêter à ce stand, spécialisé dans les bonbons artisanaux, l'*english toffee* – caramel au beurre – en tête. C'est cette préparation gourmande qui a fait la renommée des époux Littlejohn lorsqu'ils ont ouvert leur maison, dans les années 1920 : forts de leur succès, ils finiront par s'installer dans ces halles en 1946, un emplacement s'étant libéré. Mention spéciale aux délicieux chocolats au caramel.

EDELWEISS CHOCOLATES

444 North Canon Drive
✆ +1 3102750341
www.edelweisschocolates.com
Du lundi au samedi, de 10h à 18h. Dimanche de 11h à 16h.

À l'image du quartier, Edelweiss est un établissement raffiné : rien d'étonnant à ce qu'il soit considéré comme une institution. Dès son ouverture depuis 1942, la boutique a vu défiler les plus grandes stars de l'Âge d'Or de Hollywood. Par exemple, les chocolats favoris de Frank Sinatra étaient les *maple cream*, tandis que l'actrice Katharine Hepburn raffolait des *dark turtles*. Aujourd'hui, on y trouve aussi bien des marshmallows gourmets que des assortiments et des tablettes. Au total, il existe 70 variétés de chocolat, de la truffe française au popcorn caramel.

THE CHEESE STORE OF BEVERLY HILLS

419 North Beverly Dr
✆ +1 310 278 2855
www.cheesestorebh.com
Du lundi au samedi, de 10h à 16h.

Évidemment, cette jolie boutique présente peu d'intérêt lors d'un passage de quelques jours à Los Angeles ; néanmoins, elle ravira les expatriés ainsi que les voyageurs au long cours. Véritable institution de Beverly Hills depuis 1967, The Cheese Store ne vend pas uniquement du fromage : on vient ici pour l'amour des beaux produits, de la charcuterie fine au caviar en passant par les truffes et les sucreries. Des délices particulièrement raffinés... Et onéreux.

THE GROVE

189 The Grove Drive
✆ +1 323 900 8080
www.thegrovela.com
Du lundi au jeudi, de 10h à 21h. Jusqu'à 22h du vendredi au dimanche.

Conçu pour divertir et enchanter, ce centre commercial démesuré a été bâti dans un style européen : ici, les clients se promènent sur des grandes rues au milieu de magasins, presque comme s'ils se trouvaient dans un parc d'attractions. Par ailleurs, de nombreux concerts ont lieu le week-end, tandis que les familles se pressent au Grove pour l'illumination de l'énorme sapin de Noël chaque année. Enfin, une immense quantité d'enseignes sont présentes, dont Apple, Banana Republic, Brandy Melville, Gap, Coach, Forever 21, Nike, Michael Kors, ou encore UGG.

MOHAWK GENERAL STORE

4011 W Sunset Blvd
✆ +1 323 669 1602
www.mohawkgeneralstore.com
Du mercredi au dimanche, de 11h à 18h.

Au détour d'une promenade sur Sunset Junction, ne manquez pas de passer la porte de cette belle – et onéreuse – boutique. Vous y trouverez de superbes sélections de prêt-à-porter masculin et féminin, constituées de vêtements semi-luxueux, aux matières nobles, aux coupes audacieuses et au tombé parfait. Également en vente : des accessoires irrésistibles, entre bijoux, foulards, sacs, chaussures, ou encore chapeaux. Ici, les créations belges et françaises de Dries van Noten et Isabel Marant côtoient des marques américaines très pointues.

CUYANA

1140 Abbot Kinney Blvd
✆ +1 310 450 7239
www.cuyana.com
Du lundi au samedi, de 11h à 19h. Jusqu'à 18h le dimanche.

« *Fewer, better* » – « *Moins, mieux* » – est la devise de la fondatrice équatorienne de cette marque élégante de prêt-à-porter féminin, aux designs simples et intemporels. Fabriqués en Europe, aux États-Unis et en Amérique du Sud avec le plus grand soin et à partir de matières naturelles seulement, les vêtements sont conçus pour être durables : exit les produits jetables, à l'obsolescence programmée. Ici, on trouve de belles pièces de maroquinerie, des écharpes en laine fine, des robes en soie, des tailleurs parfaitement coupés, ou encore des pyjamas douillets.

POLKADOTS & MOONBEAMS MODERN

8367 West 3rd Street
✆ +1 323 655 3880
www.polkadotsandmoonbeams.com
Du lundi au dimanche, de 11h à 17h.

Cette adresse se divise en deux boutiques : le numéro 8367, qui vend un mélange de vêtements *vintage* originaux et des pièces inspirées du début des années 1970. Les maillots de bain, les robes et les *sweaters* sont en bon état et à des prix relativement abordables. Quant à lui, le numéro 8361 – presque la porte à côté – fait la part belle aux vêtements modernes, avec des créations de stylistes suspendues à travers la boutique, ainsi qu'une jolie sélection de bijoux.

JET RAG

825 N La Brea Ave
✆ +1 323 939 0528
www.facebook.com/JetRagClothing
Du lundi au samedi, de 11h à 19h30. « The incredible $1 sale » a lieu chaque dimanche, de 9h à 17h.

Surtout, ne manquez pas « *The incredible $1 sale* » qui se tient à Jet Rag tous les dimanches. Repérable de loin, elle a lieu sur le parking qui se trouve devant la boutique : dès l'ouverture, des rangées de vêtements sont déversées à même le sol, dans lesquelles chacun se sert. La particularité : tout est à un dollar. Un événement bon enfant, sur fond de musique. Pendant ce temps, le magasin reste ouvert, proposant les classiques d'une friperie : des perruques, des blousons *vintage*, des lunettes, des vestes en cuir… Une véritable caverne d'Ali Baba.

OBSOLETE ★

11270 Washington Boulevard
✆ +1 310 399 0024
www.obsoleteinc.com
Du lundi au samedi, de 10h à 17h.

Cette adresse unique s'illustre par sa double fonction : magasin d'antiquités et galerie d'art. On y trouve seulement des objets et du mobilier rares, que le propriétaire, Ray Azoulay, déniche aux quatre coins de la planète. Miroirs, horloges, tables, canapés, luminaires de jardin, vases, cruches : quel que soit l'article, il présente un *design* original et une belle qualité. Par ailleurs, Obsolete mérite une visite pour l'ambiance particulière qui règne au milieu des mannequins et des pantins de bois désarticulés, semblant s'animer lorsqu'on leur tourne le dos.

AMOEBA MUSIC

6200 Hollywood Blvd
✆ +1 323 245 6400
www.amoeba.com
Du lundi au jeudi, de 11h à 20h. Jusqu'à 21h du vendredi au dimanche.

Avec un million de références de CD et de vinyles – 33 tours, 45 tours, 78 tours, etc. – voici un choix vertigineux qui fait presque oublier que l'on vit à l'ère de Spotify et des téléchargements. Si Amoeba Music est originaire du quartier de Berkeley, à San Francisco, c'est au cœur de Hollywood que ce monument de la musique fait vibrer Los Angeles. Établi sur deux étages, il s'agit d'un véritable temple, qui abrite même une partie dédiée aux films, avec de nombreux DVD. Enfin, une scène accueille régulièrement des concerts d'artistes en tout genre.

BOOK SOUP

8818 Sunset Boulevard
✆ +1 310 659 3110
www.booksoup.com
Tous les jours, de 10h à 19h. Consultez le calendrier des évènements en ligne.

Voici probablement la meilleure librairie de Los Angeles – avec pour seule réelle concurrente Skylight Books, à Los Feliz. Le choix des livres résulte d'une association de bon goût, d'appétence pour l'actualité et de curiosité pour la nouveauté... À tel point que le défi consiste à trouver une étagère qui n'a pas au moins un livre que l'on n'a pas immédiatement envie de dévorer, de la perle rare au dernier *best-seller*. Par ailleurs, des événements sont régulièrement organisés avec les plus grands auteurs contemporains et des membres de l'industrie du cinéma.

LARRY EDMUNDS BOOKSHOP

6644 Hollywood Boulevard
✆ +1 323 463 3273
www.larryedmunds.com
Du lundi au samedi, de 11h à 18h. À partir de 12h le dimanche.

Avis aux passionnés : c'est ici que se trouvent tous les livres sur l'histoire du cinéma. Depuis plus de 70 ans, Larry Edmunds Bookshop se donne pour mission d'apporter de la nourriture spirituelle à de nombreux scénaristes et réalisateurs. Au programme : plus de 500 000 ouvrages de photographies, 6 000 affiches et 20 000 livres sur le 7e art et le théâtre. Par ailleurs, des évènements sont fréquemment organisés, tels que des projections de films mettant en avant des réalisateurs cultes de l'Âge d'or de Hollywood et des séances de dédicaces avec des auteurs.

SKYLIGHT BOOKS

1818 N Vermont Avenue
✆ +1 323 660 1175
www.skylightbooks.com
Tous les jours, de 10h à 22h.

Au cœur de Los Feliz, Skylight Books accueille depuis 2008 une communauté branchée en quête de sa dose de littérature. L'excellente collection de livres d'art et la grande variété de magazines vous inciteront sans doute à passer l'après-midi à feuilleter la plupart des ouvrages que vous trouverez. Une section entière est dédiée à la Californie et à Los Angeles, séparée de la sélection de guides de voyages sur la région. Par ailleurs, des auteurs sont régulièrement invités à venir lire leurs publications ; consultez le programme des interventions en ligne.

SMALL WORLD BOOKS

1407 Ocean Front Walk
✆ +1 310 399 2360
www.smallworldbooks.com
Tous les jours, de 10h à 20h.

Jolie surprise au bord de l'océan, cette librairie indépendante met en avant une belle sélection de livres sur Los Angeles. On y trouve également des romans américains et étrangers, des livres de cuisine branchés, ou encore des ouvrages sur le rock et le cinéma. Le mot d'ordre de Small World Books : *« le livre que vous voulez est le livre que vous devriez avoir »*. Enfin, il vous arrivera sans doute de tomber nez à nez avec un beau chat blanc au détour d'un rayon : il s'agit de Conan, la mascotte des lieux. N'hésitez pas à l'approcher, il est adepte des caresses.

THE LAST BOOKSTORE

453 South Spring Street
✆ +1 213 488 0599
www.lastbookstorela.com
Tous les jours, de 11h à 20h.

Amoureux de bouquins d'occasion, de vinyles, de livres d'art introuvables... Ne cherchez pas plus loin, vous êtes au paradis ! Voici, sans conteste, l'une des librairies les plus originales de Los Angeles et les plus fournies de Californie. De nombreuses perles se cachent dans ce dédale d'ouvrages neufs et d'occasion. Un labyrinthe que l'on rejoint en passant sous un tunnel de livres, où des bouquins d'occasion sont classés... par couleur ! Également en vente : des éditions rares, parfois signées par leurs auteurs. Une véritable caverne d'Ali Baba.

BOUGER & BULLER

Au bord de l'océan, la Cité des Anges se prête à la pratique du surf, notamment à Venice. Le quartier est également plébiscité par les joggeurs, qui profitent du divertissant Boardwalk pour pousser leur entraînement jusqu'à Palisades Park, entre skateurs chevronnés et artistes inspirés. De la même manière, les cyclistes se régaleront avec The Strand, la piste cyclable qui relie Will Rogers State Beach – au nord de Santa Monica – à Torrance State Beach – au sud de Redondo Beach – en près de 30 km. Un séjour dans la ville est aussi l'occasion d'assister à un match. Au choix : le Dodger Stadium – le terrain de baseball de l'équipe nationale des Dodgers – le Dignity Health Sports Park – un petit complexe sportif qui accueille des footballers – et Los Angeles Memorial Sports Arena – un stade multifonction. Enfin, le comté de Los Angeles abrite près d'une vingtaine de terrains de golf, répartis entre les San Gabriel Mountains et la côte sud.

KAPOWUI SURF CLUB

2701 Barnard Way
✆ +1 310 985 4577
www.kapowui.com
Tous les jours, de 7h à 19h. Leçon d'1h à partir de 60 US$, 1h30 dès 75 US$ et 2h à partir de 85 US$.

Référence incontournable dans le milieu, Kapowui a reçu sept années de suite le titre de meilleure école de surf de Venice, de 2014 à 2020. Les instructeurs sont des véritables passionnés qui redoublent de pédagogie et de patience pour tirer le meilleur de leurs élèves, quel que soit leur niveau. En cas de mauvaises conditions météorologiques, ils leur proposent même de repousser la séance à un autre jour plus favorable à la glisse. Un bon moment garanti ! Par ailleurs, l'établissement organise également des cours de skate et loue du matériel.

LOS ANGELES EQUESTRIAN CENTER

480 Riverside Drive
✆ +1 818 840 9063
www.thelaec.com
Tous les jours, de 5h à 21h.

Le gigantesque Griffith Park est doté d'une grande quantité de pistes et organise de nombreux évènements équestres ; rien d'étonnant à ce qu'il ait accueilli les épreuves hippiques des Jeux olympiques de 1984. Avec ses collines et ses canyons, le parc est un régal pour les amateurs de randonnées à cheval. Ainsi, c'est ici que se trouve Los Angeles Equestrian Center. En plus des leçons et des sorties, il organise près d'une cinquantaine de manifestations équestres par an.

ROOSEVELT GOLF COURSE

2650 N. Vermont Avenue
✆ +1 818 246 1135
www.golf.lacity.org
Le bureau administratif est ouvert du lundi au vendredi, de 7h à 15h.

Situé dans Griffith Park, près du Greek Theatre, voici l'un des plus beaux espaces dédiés au golf de Angeles. Au programme : sept parcours de 18 trous, trois de 9 trous et deux Par 3 – 1 coup puis 2 putts. De la verdure à perte de vue, de l'herbe bien entretenue, un bon rapport qualité-prix : Roosevelt Golf Course propose des prestations de qualité. Cerise sur le gâteau : la possibilité d'apercevoir une famille de cerfs en train d'observer les joueurs de loin. En revanche, attention : les lieux peuvent être vite pris d'assaut, surtout le week-end.

SASSOON SALON

9667 Wilshire Blvd
✆ +1 310 274 8791
www.sassoon-salon.com/en/salon/us
Mardi, jeudi et vendredi de 9h à 17h. Mercredi : 10h-17h. Samedi : 8h30-16h30.

Voici est une référence internationale dans le monde de la coiffure. Lorsqu'il ouvre son premier salon à Londres en 1954, Vidal Sassoon a un principe : si une coupe est techniquement parfaite, il ne faudrait rien d'autre pour que les cheveux tiennent en place. Ainsi, ils devraient tomber naturellement, semblables à un *« matériel en mouvement »*, souple et dont il serait facile de s'occuper. Très vite, le coiffeur gagne en renommée et ouvre d'autres salons au Royaume-Uni, en Allemagne et aux États-Unis. Des prix exorbitants, mais des prestations d'exception.

SORTIR

Los Angeles offre tant de possibilités de sorties que faire son choix relève du défi. D'abord, mentionnons les cinémas, des anciens bâtiments de Hollywood Boulevard aux multiplexes d'Universal City. Ensuite, les salles de spectacle, mettant à l'honneur la danse, le théâtre, la musique contemporaine et l'opéra, telles que le Walt Disney Concert Hall, Pantages Theater et Hollywood Bowl. Pour boire un verre, là encore, les options ne manquent pas : *beach bars* et pubs à Venice, établissements authentiques à Los Feliz et Silver Lake, sophistiqués à Beverly Hills... Downtown, quant à lui, abrite une multitude d'adresses, aux genres aussi variés que les tiki bars – inspirés par le style hawaïen des années 1950 – et les *speakeasy*. Enfin, s'il est tout à fait possible de faire la fête à L.A., l'écrasante majorité des clubs et bars dansants ferment à 2h. Néanmoins, pour une fin de soirée réussie, rendez-vous à l'éblouissant West Hollywood.

AKBAR

4356 W Sunset Blvd
✆ +1 323 665 6810
www.akbarsilverlake.com
Tous les jours, de 16h à 2h du matin.

Bar-club culte de la communauté LGBTQI+ d'East L.A., il s'agit d'un lieu sympathique, décomplexé et sans tabou, où règnent respect et bonne ambiance. Sur la piste de danse, les corps s'animent sur du disco et de la pop sucrée. Malheureusement, comme partout à Los Angeles, la fête s'arrête bien trop tôt : lorsque le DJ rallume les néons à 2h, la foule se déverse sur le trottoir, heureuse et éméchée... Et c'est ici que se font les rencontres les plus inattendues. En somme, Akbar est un endroit emblématique, promesse d'une bonne soirée.

AVALON HOLLYWOOD

1735 Vine Street ✆ +1 323 462 8900
www.avalonhollywood.com
Du lundi au vendredi, de 10h à 17h. De 21h30 à 3h vendredi et samedi. Tarif d'entrée différent selon les événements.

Ouvert en 1927, cet établissement est probablement l'un des plus historiques du quartier. De la première performance des Beatles sur la côte ouest en 1964 au tournage de l'émission *The Hollywood Palace* entre 1964 et 1970, le théâtre a été le témoin de moments marquants pour l'industrie locale. House, techno, électro progressive... Outre son héritage, on vient également dans ce club à la programmation branchée pour se déhancher jusqu'au bout de la nuit, soit 3h ; une exception à Los Angeles, où la plupart des adresses nocturnes ferment leurs portes à 2h.

LA CITA

336 South Hill Street
www.lacitabar.com
Du lundi au vendredi, de 11h à 2h. Dès 10h le week-end. Happy hour jusqu'à 21h.

Située à proximité du célèbre Angels Flight Railway, La Cita – *« le rendez-vous »*, en français – embarque ses clients pour une soirée en Amérique latine. Originellement mexicain, ce sympathique bar passe un mélange de cumbia – un type de musique et de danse provenant de Colombie – de hip-hop des années 1990, de salsa, ou encore de reggaeton. Il y règne une ambiance bon enfant : ici, on danse sans jugement, quel que soit son niveau. Dans le patio, les rencontres ne manquent pas, la bière est bien fraîche et l'ambiance guinguette est des plus agréables.

THE ECHO + ECHOPLEX

1154 Glendale Boulevard
✆ +1 213 413 8200
www.theecho.com
Calendrier en ligne. Les billets coûtent généralement entre 15 US$ et 25 US$.

Voici probablement l'un des lieux les plus populaires du quartier d'Echo Park. Chaque semaine, des événements sont organisés à The Echo et à Echo Plex, deux salles situées dans le même bâtiment. Au programme : de la musique instrumentale, du rap, de l'emo punk, de la pop, du post-hardcore, du RnB alternatif... En somme, une sélection pointue et on ne peut plus éclectique. Attention, même s'il s'agit également d'un club, les portes ouvrent uniquement pour les concerts et DJ sets, dont les horaires sont indiqués sur les billets.

THE VIPER ROOM

8852 Sunset Boulevard

✆ +1 310 358 1881

www.viperroom.com

Tous les jours, de 16h à 2h. Music live chaque soir.

Outre sa bonne programmation musicale, ce club a été rendu célèbre par les nombreux « *incidents* » qui s'y sont produits. On ne compte plus les overdoses, les règlements de compte conjugaux et les bagarres entre paparazzis et stars, prises en flagrant délit lors d'actions illicites de toutes sortes. Johnny Depp a même repris la direction des lieux, avant de la céder en 2004. Si les problèmes de drogues semblent persister, l'établissement est très apprécié pour ses concerts live ; Courtney Love, Bruce Springsteen, Oasis, ou encore Lenny Kravitz s'y sont produits.

WHISKY A GO GO

8901 West Sunset Boulevard

✆ +1 310 652 4202

www.whiskyagogo.com

Programmation en ligne.

Fondé en 1964 par Mario Maglieri, Elmer Valentine et Phil Tanzini, cet établissement est un lieu de légende où se sont produits des groupes mythiques, des Doors aux Kings, en passant par The New York Dolls et Led Zeppelin. Ici, les guitares sont généralement utilisées pour jouer du hard rock. Même si le Whisky A Go Go – volontairement épelé sans « e », les lois de Los Angeles des années 1960 interdisant les clubs d'être nommés d'après des alcools – vit clairement sur son héritage, les groupes indépendants qui se produisent toujours sur scène méritent le détour.

CRYPTO.COM ARENA

1111 South Figueroa Street

✆ +1 888 929 7849

www.cryptoarena.com

Programmation en ligne.

Edifiée en 1998, la Crypto.com Arena – anciennement Staples Center – est un énorme complexe dont la construction a coûté quelque 375 millions de dollars. A l'origine, cette salle omnisports était dédiée seulement aux rencontres des célèbres équipes de basketball Lakers et Clippers et abritait la patinoire de hockey des Kings. Mais sa capacité d'accueil de 20 000 personnes l'a aussi positionnée comme un lieu incontournable pour l'organisation de gigantesques concerts ou spectacles à l'américaine ; par exemple, Lady Gaga et Justin Bieber se sont déjà produits ici.

EL PORTAL THEATRE

5269 Lankershim Boulevard

✆ +1 818 508 0281

www.elportaltheatre.com

Consultez le programme en ligne.

Ayant vu le jour en 1926, il s'agit de l'un des plus vieux théâtres de Los Angeles. À l'origine, il était spécialisé dans le vaudeville – une comédie légère qui repose sur le comique de situations – puis il s'est tourné vers les films muets et, pendant l'âge d'or d'Hollywood, vers les réalisations récompensées par les Oscars. Fortement impacté par le tremblement de terre de 1994, El Portal rouvre ses portes en 2000. Aujourd'hui, il incarne le nouveau souffle de NoHo Arts District par la programmation de pièces très variées, du one-man-show aux comédies musicales.

EL REY THEATRE

5515 Wilshire Boulevard

✆ +1 323 936 6400

www.theelrey.com

Programme en ligne.

Construit en 1936 d'après les plans de l'architecte Clifford Balch, cet ancien cinéma Art déco classé monument historique se trouve au cœur de Miracle Mile, à moins d'un quart d'heure à pied du Los Angeles County Museum of Art. Après cinquante années de diffusion de films, El Rey sera finalement reconverti en salle de concert en 1994. Son grand escalier, son hall Art déco, son *VIP balcony lounge* et sa grande salle de bal équipée d'une scène imposante en font un lieu particulièrement appréciable. On y écoute une sélection éclectique, du jazz à la pop.

GREEK THEATRE

2700 North Vermont Avenue

✆ +1 844 524 7335

www.lagreektheatre.com

Programme en ligne.

Au pied de Griffith Park, près de Griffith Observatory, se trouve ce bel amphithéâtre construit à la grecque, comme son nom le laisse deviner. Imaginez : lors du premier spectacle qui s'y est déroulé, en 1931, les sièges des deux premières rangées coûtaient un dollar, tandis que les autres étaient gratuits. Du jazz au rock alternatif, la scène voit désormais passer des grands artistes contemporains. Evitez le parking payant : vous pourrez trouver une place gratuite sur Vista del Valle Drive, une petite rue perpendiculaire à North Vermont Canyon Road.

HOLLYWOOD PALLADIUM

6215 Sunset Boulevard
✆ +1 213 962 7600
www.thehollywoodpalladium.com
Programmation en ligne.

Inaugurée en 1940, cette salle construite dans le style Art déco est inscrite au Registre national des lieux historiques depuis 2016. Si le Palladium organise aujourd'hui des concerts assez importants, avec une programmation éclectique, il accueillait également des émissions de radio dans ses premières décennies d'activité. Par ailleurs, on y jouait du swing, du jazz, du mambo, ou encore du cha-cha-cha, très populaire au milieu des années 1950. Enfin, plusieurs moments politiques importants s'y sont déroulés, tels qu'un discours de Martin Luther King Jr. en 1965.

LAUGH FACTORY

8001 Sunset Blvd
✆ +1 323 656 1336
www.laughfactory.com
Du dimanche au jeudi, de 9h30 à 23h30. Jusqu'à 1h30 les samedis et dimanches. Calendrier en ligne.

Jim Carrey, Dave Chappelle, Dane Cook, Rodney Dangerfield, Ellen DeGeneres, Phyliss Diller, Jeff Dunham, David Letterman... Voici quelques grands noms qui sont montés sur la scène de l'incontournable Laugh Factory. Il s'agit d'une chaîne de *stand-up* dont les portes se sont ouvertes en 1979, avec l'inauguration de l'établissement que l'on trouve aujourd'hui encore sur Sunset Boulevard. Très vite, la maison a gagné en réputation et s'est développée dans le pays : à Chicago, Las Vegas, Reno, Long Beach et San Diego. Une bonne soirée garantie !

MICROSOFT THEATER

777 Chick Hearn Court
✆ +1 213 763 6030
www.microsofttheater.com
Calendrier en ligne.

Depuis qu'il a accueilli son premier *show* en 2007, l'ex-Nokia Theatre L.A. Live est le théâtre de nombreux événements d'envergure, tels que les Emmy Awards ou les American Music Awards. Avec plus de 7 000 places, le Microsoft Theater se trouve à Downtown, dans le vaste complexe L.A. Live, qui regroupe Xbox Plaza – anciennement Microsoft Square – le cinéma Regal, la salle Conga Room, le bowling Lucky Strike Lanes & Lounge, le Grammy Museum, ou encore les hôtels JW Marriot et Ritz-Carlton. Les lieux abritent également de nombreux restaurants.

ROYCE HALL

340 Royce Drive
✆ +1 310 825 2101
www.roycehall.org
Programme et réservation en ligne.

Des représentations de danse et de musique classique comme moderne se tiennent toute l'année au Royce Hall, sur le North Campus d'UCLA. Le bâtiment, magnifique, est l'une des premières structures du site. Construit en 1929, il a été dessiné d'après la Basilica di Sant'Ambrogio, à Milan ; son architecture est tout bonnement superbe. La beauté des lieux mise de côté, assister à une représentation ici constitue une excellente occasion de découvrir une partie du monde étudiant de Los Angeles, tout en se plongeant dans un héritage culturel d'une grande richesse.

THE GROUNDLINGS THEATRE & SCHOOL

7307 Melrose Avenue
✆ +1 323 934 4747
www.groundlings.com
Programmation en ligne. Les cours d'improvisation sont ouverts à toutes et à tous, avec des sessions pour débutants.

Ce temple de la *stand-up comedy* existe depuis 1974. Il est le fruit de la réunion informelle d'un groupe d'interprètes deux années plus tôt, dont la volonté était alors uniquement d'improviser des scènes, des personnages, des chansons, des dialogues, des monologues, ou encore des danses. Aujourd'hui, The Groundlings combine une programmation hilarante et une école d'arts dramatiques qui a vu défiler quelques grands noms, comme Phil Hartman et Will Ferrel.

WALLIS ANNENBERG CENTER FOR THE PERFORMING ARTS

9390 North Santa Monica Boulevard
✆ +1 310 746 4000
www.thewallis.org
Programmation en ligne.

Ce centre dédié à la culture – les arts du spectacle en tête – a été inauguré en 2013, après avoir a été construit dans les locaux de l'ancienne poste de Beverly Hills, datant de 1933. On y vient pour voir et écouter les plus grands artistes du monde : rien d'étonnant à ce que plus de 50 pièces, spectacles de danse, concerts de musique classique ou encore opéras programmés par The Wallis aient été nominés pour des Ovation Awards et 7 pour les L.A. Drama Critic's Circle Awards.

WALT DISNEY CONCERT HALL

111 South Grand Avenue ✆ +1 323 850 2000
www.laphil.com
Visites gratuites d'une heure, guidées ou individuelles avec audioguide, presque tous les jours. Programme en ligne.

Semblables à des voiles d'argent qui claquent sous le vent, les formes incurvées de cet édifice indescriptible font partie du paysage de Downtown depuis 2003. L'auditorium est le siège de l'Orchestre philharmonique de Los Angeles. Réputée dans le monde entier pour sa clarté et sa précision, l'acoustique sert une programmation classique et contemporaine, avec les concerts des plus grands noms de la musique symphonique et de chambre. On vient également y écouter des monuments du chant lyrique, ainsi que du jazz, du flamenco et de la musique du monde – entre autres.

BURGUNDY ROOM

1621 Cahuenga Boulevard
✆ +1 323 465 7530
www.instagram.com/hollywoodburg
Tous les jours, de 20h à 2h.

Se décrivant lui-même comme « le bar le plus vieux, le plus dark de Hollywood », ce sympathique établissement roots, rock'n'roll et sans prétention accueille une population assez gothique. Le bar couvrant la moitié de la superficie des lieux, il faudra se serrer les uns contre les autres – ne serait-ce que pour s'entendre – avant de poursuivre la conversation dans l'unique alcôve, éclairée par la faible lumière d'une petite bougie propice aux confidences. Par ailleurs, Burgundy Room organise souvent des évènements, tels que Bring back the 90's et Emo Night.

ANGEL CITY BREWERY

216 Alameda Street ✆ +1 213 537 5550
www.angelcitybrewery.com
Du mardi au jeudi, de 16h à 23h. Jusqu'à 2h le vendredi. Samedi : 12h-2h. Dimanche : 12h-1h. Bières à partir de 8 US$.

Installée dans un ancien entrepôt en brique rouge du quartier branché Arts District, cette immense brasserie propose une sélection de bières artisanales tout à fait réjouissante. Sur la mezzanine, les canapés confortables invitent à une conversation entre amis avant de se lancer un défi aux fléchettes ou au *cornhole* – chacun à leur tour, les joueurs lancent des sacs de maïs sur la plateforme inclinée opposée, percée d'un trou – au son de rock indé. Aussi, Angel City Brewery organise des évènements tels que des séances de yoga, des soirées tacos et des DJ sets.

COVELL

4628 Hollywood Blvd
✆ +1 323 660 4400
www.barcovell.com
Du lundi au vendredi, de 16h à minuit. Dès 12h le week-end.

Intimiste, *cosy*, branché et situé au pied de l'hôtel du même nom, ce petit bar ravira les amateurs de bons vins et de bières artisanales de qualité. Le concept : si un client à la moindre hésitation – ou curiosité – au moment de passer commande, le barman se donne pour mission de trouver le breuvage qui lui conviendra « *parfaitement* », comme s'il avait été conçu pour lui. Pour ce faire, il lui demandera de choisir un adjectif ; sa réponse déterminera le verre qu'il se verra proposer. En fond, une musique sélectionnée avec soin.

BREAK ROOM 86

630 S Ardmore Ave
✆ +213 368 3056
www.breakroom86.com
Du mardi au samedi, de 21h à 2h.

Situé derrière le Line Hotel, cet établissement branché revêt des allures de *speakeasy*, ces bars clandestins... Mais nous n'allons pas vous *spoiler*, vous découvrirez par vous-même l'entrée du Break Room 86. Tout ce qu'il faut savoir, c'est que la décoration conceptuelle – mur d'écrans de télévisions *vintage* et fauteuils en cuir – confère au lieu une ambiance intimiste et rétro. Il s'agit également du temple de la musique : tandis que des groupes se produisent sur la petite scène, il est possible de réserver des salles de karaoké. Coup de cœur !

EL CARMEN

8138 W 3rd Street
✆ +1 323 852 1552
www.elcarmenla.com
Du lundi au vendredi, de 17h à 2h. Dès 18h le week-end. Cocktails de 13 US$ à 15 US$, mezcals de 12 US$ à 85 US$.

Fondé en 1929, cet établissement branché et animé avait pour première mission de contribuer à la richesse culturelle caractéristique de Los Angeles, le tout par le biais de son esprit résolument mexicain. Aujourd'hui encore, lorsque l'on franchit l'épais rideau rouge, on a l'impression de pénétrer dans un petit bar du Mexique, où la tequila et les mezcals sont à l'honneur, avec plus de 300 labels venant de près de 175 producteurs. Une fois sa boisson choisie, on prend place sous le plafond recouvert de mosaïque, parmi une clientèle d'habitués.

GARÇONS DE CAFÉ

541 South Spring Street
✆ +1 323 304 8399
www.garcons-de-cafe.com
Du mercredi au jeudi, de 14h à 21h30. Vendredi de 14h à 23h, samedi de 9h30 à 23h et dimanche de 9h30 à 21h.

Quand le rêve de trois amis globe-trotters se réalise, cela donne ce superbe bar spécialisé dans les produits de l'Hexagone. Dans un décor *vintage* et industriel, on s'assoit au comptoir pour déguster une excellente assiette de charcuterie ou de fromage, un verre de vin bio à la main. Garçons de Café fait également office de boutique *made in* France, mettant en avant le travail de nombreux artistes et *designers* du pays. Vêtements, casquettes, skateboards, lunettes... On y trouve un petit peu de tout – ces articles sont également consultables en ligne.

SANTA MONICA BREW WORKS

1920 Colorado Avenue ✆ + 1 310 828 7629
www.santamonicabrewworks.com
Du lundi au vendredi : 17h-23h30. Samedi, de 12h à 22h, dimanche de 12h à 20h. Happy hour jusqu'à 18h du lundi au jeudi.

Les amateurs de bière artisanale ne manqueront pas de faire un tour dans cette remarquable brasserie de Santa Monica. Le décor est parfaitement adapté au thème : on s'assoit sur de grands tonneaux en bois, entouré par les cuves en inox rutilantes. Au total, cinq bières sont brassées sur place, à consommer ici en pression, ou à emporter sous forme de canettes. Pour accompagner le tout, des *food trucks* sont invités chaque soir de la semaine, selon un planning affiché sur le site de l'établissement. Au menu : des tacos, de la poutine, ou encore des burgers.

NO VACANCY

1727 N Hudson Ave
✆ +1 323 465 1902
www.novacancyla.com
Du jeudi au samedi, de 20h à 2h.

Ce *speakeasy* est un petit bijou à ne pas manquer lors de votre visite. Après une entrée dont nous garderons la mise en scène secrète, vous arriverez dans une immense maison du début du XXe siècle. Parsemé de cheminées, le grand patio est agréable et plein de charme. Afin de profiter pleinement de l'endroit, mieux vaut arriver avant 22h. Enfin, pour sortir, à vous de trouver l'accès secret, différent de celui par lequel vous serez arrivé. Un dernier conseil : suivez No Vacancy sur Facebook ou Instagram pour voir plusieurs stars s'y faire photographier.

TABULA RASA BAR

5125 Hollywood Blvd
✆ +1 213 290 6309
www.tabularasabar.com
Du dimanche au jeudi, de 14h à 00h. Jusqu'à 2h les vendredis et samedis. Happy hour tous les jours, de 16h à 18h.

Les bars à vin ne sont pas légion dans le quartier ; Tabula Rasa attire donc de nombreux amateurs. Si la Californie produit de délicieuses bouteilles, leurs prix peuvent être exorbitants en comparaison à la France, expliquant pourquoi le bon vin est encore réservé à une élite américaine. Toutefois, si vous avez envie de découvrir les crus locaux, laissez-vous guider par les serveurs. Le moins : installé dans un vaste bâtiment au look industriel, très haut de plafond, le bar est malheureusement bruyant et, de fait, peu propice à la dégustation.

PATTERN BAR

100 West 9th Street ✆ +1 213 627 7774
www.patternbar.com
Dimanche, mardi, mercredi et jeudi, de 16h à 00h. Jusqu'à 2h les vendredis et samedis. Cocktails de 9 US$ à 13 US$.

Situé au cœur de *Fashion District*, Pattern Bar célèbre le textile dans un décor *vintage* composé de vieilles machines à coudre, d'échantillons de tissu et de magazines de mode. On adore son ambiance *very lounge*, incarnée par un grand espace ouvert aux plafonds hauts et un éclairage tamisé. De l'électro au RnB en passant par le hip-hop, ne manquez pas de consulter la page Instagram de Pattern Bar, où les évènements à venir sont annoncés. Au programme : les hebdomadaires *Catch A Vibe Thursdays* et les nombreux DJ sets, organisés tout au long de la semaine.

THE BLACK CAT

3909 W Sunset Blvd ✆ +1 323 661 6369
www.theblackcatla.com
Du lundi au mercredi, de 16h à 23h, jusqu'à 2h le jeudi. De 14h à 2h du vendredi au dimanche. Bières pression dès 8 US$.

Construite en 1939, cette institution de Sunset Boulevard est passée d'épicerie à bar gay et laverie automatique dans les années 1960. En plus de la beauté des lieux, forts d'un grand comptoir en bois et de banquettes confortables, on y vient pour leur histoire : déclaré Monument Historique et Culturel en 2008, The Black Cat a joué un rôle considérable dans l'avancée des droits LGBTQI+. Après un raid de policiers en janvier 1967, battant les patrons, c'est ici qu'a été organisée l'une des premières protestations pacifiques de la communauté, le 11 février suivant.

THE DRESDEN ROOM

1760 N Vermont Avenue ✆ +1 323 665 4294
www.thedresden.com

Mercredi, jeudi et dimanche : 17h-23h. Jusqu'à 1h vendredi et samedi. Live music mercredi et jeudi, de 20h à 23h15.

Ouvert en 1954, The Dresden est le lieu de tournage de nombreux films, de *Swingers* (1996) à *Anchorman* (2004) en passant par *What Women Want* (2000) et *That Thing You Do !* (1996). Il s'agit d'un restaurant mythique à la décoration *sixties* des plus élégante, avec ses grandes banquettes de cuir blanc et ses lustres rétro. Néanmoins, ce n'est pas pour la cuisine que l'on y vient, mais pour le fabuleux bar *lounge* où des musiciens sont invités chaque mercredi et jeudi. Ils succèdent au couple légendaire formé par Elayne et Marty Roberts, au micro pendant plus de 35 ans.

THE LIBRARY ALEHOUSE

2911 Main Street
✆ +1 310 314 4855
www.libraryalehouse.com

Du dimanche au jeudi, de 11h30 à 21h. Jusqu'à 22h les vendredis et samedis. Bières de 16 oz (0,47 l) de 8 US$ à 10 US$.

Mayberry IPA, Viking Blonde, Strand Throwback Lager, Dead Cowboy, Allagash White, Pranqster, Chronic Amber Ale... Voici une vraie brasserie qui ne propose pas moins de trente bières différentes, essentiellement locales. Pour éponger le tout, The Library Alehouse offre également une sélection de sandwiches, de salades et de hamburgers, particulièrement plébiscités par les locaux. Mention spéciale au style *old fashion* des lieux, ainsi qu'au patio extérieur, agréable à tout moment de la journée. Un petit coin de paradis pour les bons vivants !

THE RED LION TAVERN

2366 Glendale Boulevard
✆ +1 323 662 5337
www.redliontavern.net

Du lundi au vendredi, de 12h à 2h. Dès 11h le week-end. Happy hour de 12h à 18h, du lundi au vendredi.

En plus d'être une véritable institution de Silver Lake depuis 1959, The Red Lion est la plus allemande des tavernes de Los Angeles. Il s'agit d'un endroit où se retrouvent les jeunes branchés ou les expats allemands, où il fait bon festoyer en mangeant une saucisse au son du piano, particulièrement pendant l'Oktoberfest. Le bar dispose notamment d'un *Biergarten* – jardin à bières – idéal pour déguster une sélection des meilleures bières européennes en plein air. En somme, voici une valeur sûre pour passer une soirée agréable et bien animée.

THE VARNISH

118 East 6th Street
✆ +1 213 265 7089
www.thevarnishbar.com

Tous les jours, de 19h à 2h. Happy hour du lundi au vendredi, de 17h à 20h. Musique live du dimanche au mardi.

Tout droit sorti d'un film sur la Prohibition, cet établissement magnifique, à la fois sombre et authentique, est une institution de Downtown ; ici, les barmen eux-mêmes ne lésinent pas sur le look années 1920. Une clientèle jeune et branchée vient y savourer d'excellents cocktails et jus de fruits frais sur fond de notes de jazz, jouées en *live* par des musiciens talentueux chaque début de semaine. Si vous ne parvenez pas à choisir parmi les associations proposées, dites au barman quel alcool ou saveur vous préférez, il saura vous surprendre.

THE WELLESBOURNE

10929 W Pico Boulevard
✆ +1 310 474 0102
www.thewellesbourne.com

Du mardi au jeudi, de 17h à 00h. Vendredi et samedi, de 17h à 1h.

Voici un beau manoir anglais du XIXe siècle, nommé d'après un petit village situé à proximité du lieu de naissance de William Shakespeare. À peine le seuil franchi, on s'immerge dans une ambiance à part. Un éclairage intimiste, du feu crépitant dans la cheminée, des bibliothèques débordant de livres anciens, un grand comptoir en bois tropical : l'atmosphère du Wellesbourne est unique. Cet environnement et le large choix de bières contribuent à en faire un lieu de sortie assez prisé, dans un quartier de Los Angeles pourtant considéré comme « couche-tôt ».

TIKI-TI

4427 W Sunset Boulevard
✆ +1 323 669 9381
www.tiki-ti.com

Du mercredi au samedi, de 16h à 2h. Cocktails de 12 US$ à 18 US$.

Ce minuscule bar exotique où règne le kitsch tiki – mode inspirée par le style hawaïen dans les années 1950 – existe depuis 1961. Rien, ou presque, n'y a changé : les cocktails – dont les recettes sont les mêmes depuis toujours – sont fruités et diaboliquement dosés, les verres sont taillés dans de faux totems et on y fumait encore comme dans les *fifties* jusqu'à il y a peu. Autour du comptoir chargé de fontaines glouglountantes ainsi que de figurines de sirènes et de vahinés, nombreux sont les aficionados du style tiki, semblant sortis d'un vieux film hollywoodien.

MALIBU ★★

Depuis Los Angeles, empruntez la Pacific Coast Highway vers le nord pour rejoindre Malibu. Ville étroite, étendue entre l'océan et la montagne, elle s'étire comme un serpent. Avant tout, il s'agit d'un état d'esprit : tout au long de l'année, les surfeurs en combinaison roulent dans les vagues fraîches de l'océan, les joggeurs en toile de fond. Sous les feuillages s'étendent de ravissantes demeures, coquettes ou insensées, modernes ou croulantes ; sans ordre apparent, elles se serrent les unes contre les autres le long de l'eau.

Seul lieu sauvage à proximité d'Hollywood, cette ville si chic incite pourtant peu à la villégiature : sur le front de mer, les maisons sont coincées entre la plage étroite, au beige sale, et l'autoroute. À l'inverse, la montagne et ses canyons offrent des coins de nature très agréables, à quelques minutes des vagues. Par ailleurs, plus l'on s'éloigne du centre administratif de la ville, plus les plages sont belles. Ainsi, prévoyez un arrêt sur le promontoire de Point Dume, juste avant Zuma Beach, où, du haut des falaises, la vue sur le Pacifique est magique, propice à l'observation des oiseaux et mammifères marins.

Tourisme

Au nord de Malibu, Los Angeles s'étend sur les collines : certaines des plus belles propriétés y sont construites, tels des repaires d'aigles. Là, les monts et les canyons sont restés totalement préservés et se prêtent aux promenades en voiture.

ADAMSON HOUSE AND MALIBU LAGOON MUSEUM ★

23200 Pacific Coast Highway ✆ +1 310 456 8432
www.adamsonhouse.org

Tous les jours, de 8h au coucher du soleil. Visites guidées obligatoires : 7 US$ par adulte, 2 US$ pour les 6-17 ans.

La visite de ce musée nous plonge dans l'histoire de Malibu. Ce territoire côtier de 32 km tel que nous le connaissons a été fondé par la riche famille des Rindge, qui y a construit notamment l'Adamson House. Datant de 1929, le lieu est aujourd'hui classé monument historique et dévoile de manière unique les origines de toute la région, au travers de mosaïques et de fresques peintes à la main. Outre l'architecture d'influence mauresque et hispanique, on apprécie la beauté des paysages.

GARDENS OF THE WORLD

2001 Thousand Oaks Boulevard
✆ +1 805 557 1135
www.gardensoftheworld.info

Du mardi au samedi, de 9h à 17h. Entrée libre. Les visites guidées sont suspendues pour l'instant.

Composé de plusieurs jardins magnifiques reflétant diverses cultures, Gardens of the World est né de l'initiative du couple d'entrepreneurs Ed et Lynn Hogan. On y trouve un paisible jardin japonais, doté d'une vraie pagode et d'un étang de carpes koï au milieu des bambous. Pour sa part, le jardin français est reconnaissable à sa cascade, ses haies taillées à la perfection et ses parterres de fleurs. Citons encore le jardin anglais et sa roseraie, ainsi que le jardin italien, dont le charme réside dans sa fontaine sur plusieurs niveaux et dans ses cyprès.

Malibu Beach.

MALIBU CANYON ROAD ★

Malibu Canyon Road

Si vous êtes véhiculé et que vous venez de Los Angeles, longez la Pacific Coast Highway jusqu'à atteindre Malibu Bluffs Park sur votre gauche : alors, tournez à droite sur Malibu Canyon Road. Suivez cette route à travers la montagne jusqu'à la vallée, où le charme est rompu par l'urbanisation. Vous pourrez revenir par le même chemin. Les perspectives sont changées et le paysage semble encore plus beau, entre les grands canyons rouges et pelés et les collines de Californie. Comptez deux heures aller-retour depuis Malibu ; un temps bien investi.

POINT DUME STATE BEACH AND PRESERVE ★

Cliffside Dr & Birdview Ave

✆ +1 310 457 8143

Du lever au coucher du soleil. Accès gratuit.

Point Dume comprend une plage ainsi qu'une réserve naturelle, située sur un promontoire rocheux surplombant le Pacifique. Empruntez les sentiers pédestres aménagés pour observer les oiseaux, les lions de mer et, surtout, les baleines grises emmenant leurs nouveau-nés lors de leur migration vers le nord, entre février et avril. La vue sur l'océan est à couper le souffle, surtout au coucher du soleil. En revanche, attention : préparez-vous à tourner longtemps pour vous garer.

STATE BEACHES

Horaires variables, généralement du lever au coucher du soleil. Parking payant pour la plupart.

Malibu ne serait pas la même sans ses plages. Pour se détendre et se prélasser au soleil sur des zones aménagées, privilégiez celles de la ville, mais pour une expérience plus nature, optez pour les State Beaches. Accessibles généralement par une marche très courte depuis le parking, il s'agit de petites criques sauvages ou de longues bandes de sable nichées au creux des falaises, propices aux belles balades et à la contemplation. Citons les plages suivantes : Malibu Lagoon, Point Dume, El Matador, La Piedra, El Pescador, ou encore Leo Carrillo.

WISHTOYO CHUMASH VILLAGE ★

33904 Pacific Coast Highway ✆ +1 805 667 7818

www.wishtoyo.org

Visites guidées sur réservation uniquement, par téléphone ou via le formulaire en ligne.

Il s'agit de la reconstitution d'un village de Chumash, un peuple amérindien qui vivait originellement sur ces terres. Les répliques de leurs habitations ont été construites selon les techniques de l'époque, avec les mêmes matériaux. Lors des visites guidées, vous pourrez notamment voir comment ils préparaient leur nourriture et confectionnaient leurs vêtements, ainsi qu'assister à l'exécution de danses cérémonielles, comme celles des solstices. Une véritable immersion au cœur de l'histoire et de la vie d'une communauté connue pour son respect de la nature.

DUKE'S MALIBU €€

21150 Pacific Coast Highway

✆ +1 310 317 0777

www.dukesmalibu.com

Lundi, de 16h à 21h. Dès 11h30 du mardi au vendredi et à partir de 10h le week-end. Plats de 16 US$ à 47 US$.

Donnant sur le bord de mer, Duke's constitue une étape idéale après une promenade sur les plages de Malibu ou dans les hauteurs de la ville. On y savoure des crevettes croustillantes à la noix de coco, du homard rôti, du filet mignon, ou encore des raviolis au mascarpone et à la kabocha. Frais, le poisson est pêché selon les pratiques traditionnelles hawaïennes. Il est particulièrement agréable de s'installer au bout du restaurant, en terrasse, pour voir les vagues se briser sur les rochers ; une expérience encore plus magique lorsque le soleil se couche.

MALIBU SEAFOOD €€

25653 Pacific Coast Hwy

✆ +1 310 456 3430

www.malibuseafood.com

Tous les jours, de 11h à 20h30. Salades de 4,25 US$ à 25,95 US$. Plats de 14,95 US$ à 33,95 US$.

Ouverte en 1967, cette institution populaire compose chaque jour avec une longue file de clients, attirés par ses produits frais. Le concept du lieu est résumé par cette phrase : « La raison pour laquelle nous ne servons pas de petit déjeuner est que nous sommes partis attraper le déjeuner ». Chaudrée de palourdes, fruits de mer grillés, salade de crabe... La carte offre une belle sélection de poissons et de crustacés servis en sandwich ou à l'assiette. Commandez à l'intérieur et installez-vous sur l'une des terrasses avec vue sur l'océan.

MOONSHADOWS MALIBU €€

20356 Pacific Coast Highway
✆ +1 310 456 3010
www.moonshadowsmalibu.com
Lundi-jeudi : 11h30-22h. Vendredi : 11h30-23h. Samedi : 11h-23h. Dimanche : 11h-22h. Plats de 12,95 U$ à 48,50 US$.

À lui seul, le cadre justifie un repas dans ce bel établissement. La salle à manger principale surplombe l'océan, tandis que les vagues viennent se briser au pied du Moonshadows. Même si les plats à la carte du dîner sont plus onéreux, nous vous conseillons de venir ici le soir et de demander une table avec vue sur mer. Au menu : la cuisine du chef vénitien Andrea Bullo, qui mélange intelligemment des saveurs californiennes à des goûts plus lointains, venus d'Asie et d'Italie. Mention spéciale à l'espadon grillé, débordant de saveurs.

GEOFFREY'S MALIBU €€€

27400 Pacific Coast Highway
✆ +1 310 457 1519
www.geoffreysmalibu.com
Du lundi au jeudi, de 11h à 20h30. Vendredi : 11h-21h30. Samedi : 10h-21h30. Dimanche : 10h-21h. Plats : 37 US$-94 US$.

Fondé par Harvey Baskin en 1983, ce beau restaurant se trouve à l'emplacement du Holiday House, un hôtel historique ouvert en 1948, où ont séjourné des stars telles que Frank Sinatra, Marilyn Monroe et John F. Kennedy. Très vite, le Geoffrey's est devenu une véritable institution de Malibu : tout le monde s'y presse pour déguster ses spécialités de poissons et de fruits de mer. En plus de la sublime vue sur le Pacifique, cette adresse est plébiscitée pour sa cuisine, qui attire des personnalités actuelles de renom, à l'instar de Pierce Brosnan.

TAVERNA TONY €€€

23410 Civic Center Way
✆ +1 310 317 9667
www.tavernatony.com
Du dimanche au jeudi, de 11h30 à 00h. Jusqu'à 00h30 vendredi et samedi. Viandes et poissons : de 31,95 US$ à 53,95 US$.

Un petit air de Grèce souffle sur cette taverne à la terrasse ombragée, située légèrement en marge du Malibu Country Mart. Les murs blancs, les encadrements de fenêtre et les napperons bleu turquoise contribuent au dépaysement. Après la salade grecque, copieuse et authentique, le poulpe grillé achèvera de vous emmener dans un petit port des Cyclades. À la fois terre et mer, la carte propose une belle sélection de produits frais, essentiellement grillés, ainsi qu'un large assortiment de mezzés, du taboulé aux dolmathes en passant par le tarama.

SANTA CLARITA ★

Le nom de cette ville située tout au nord de la San Fernando Valley vous est sûrement familier en raison de la série *Santa Clarita Diet*, diffusée entre février 2017 et mars 2019 sur Netflix. Pas d'inquiétude : ici, vous ne risquez pas de croiser une Drew Barrymore transformée en zombie. Néanmoins, vous frissonnerez sûrement à bord des manèges à sensations fortes de Six Flags Magic Mountain, un parc d'attractions installé dans le nord-ouest de la commune, près de l'Interstate 5. Il s'agit du principal point d'intérêt des lieux, avec le William S. Hart Museum, le ranch de cet acteur, réalisateur, producteur et scénariste américain (1864-1946).

SIX FLAGS MAGIC MOUNTAIN ★

26101 Magic Mountain Parkway
✆ +1 661 255 4100
www.sixflags.com
Généralement ouvert tous les jours, de 10h30 à 21h. Entrée : 99,99 US$ (promotions en ligne).

Des grands huit, des grandes roues, des bolides, des spirales… Voici un parc d'attractions fantastique, où les frissons sont garantis. À Six Flags Magic Mountain, la démesure à l'américaine est reine : on est projeté dans un lac, on descend – presque – à la verticale à 90 km/h... À ne manquer sous aucun prétexte : Goliath, une des montagnes russes les plus effrayantes du monde, avec un passage dans un tunnel à 135 km/h et des tourbillons insensés pendant près de trois minutes. Batman et Twisted Colossus font également partie de nos manèges préférés.

WILLIAM S HART MUSEUM ★

24151 Newhall Avenue
✆ +1 661 254 4584
www.hartmuseum.org
Parc ouvert du mercredi au dimanche, de 9h à 17h (jusqu'à 18h l'été). Le musée est fermé jusqu'à nouvel ordre.

Voici le ranch qu'a laissé au public la star des films muets, William S. Hart (1864-1946). Après avoir débuté comme acteur shakespearien à la fin des années 1900, il s'est illustré pour son interprétation de *Ben-Hur*, en 1907. Sa maison, la Loma de Los Vientos, abrite ses collections personnelles, constituées de vanneries exceptionnelles, de costumes de cérémonie et de mobilier amérindiens. Dans le salon, trône la tête naturalisée d'un énorme bison – décédé de mort naturelle – qui faisait partie de son troupeau ; un cadeau des Walt Disney Studios.

FORT TEJON STATE HISTORIC PARK ★

Cet ancien avant-poste de l'armée américaine était actif de 1854 à 1864. Son rôle : protéger les colons des Amérindiens. Situé entre les montagnes de San Emigdio et de Tehachapi, il s'agit désormais d'un parc ouvert au public. Le terrain abrite des baraquements anciens restaurés, dont on fait généralement le tour en une heure.

Pratique

Fort Tejon est ouvert tous les jours, de 9h à 16h. Situé en bordure de l'Interstate 5, il est facilement accessible. Par ailleurs, si l'entrée est libre, le parking coûte 6 US$.

BURBANK ★

Lorsque l'on pense au cinéma américain, le quartier de Hollywood nous vient immédiatement à l'esprit. Pourtant, c'est à Burbank que la majorité des grands studios et des maisons de production se sont implantés depuis les années 1920. Citons notamment les locaux de Warner Bros. Entertainment Inc., qu'il est possible de découvrir au cours de visites guidées. C'est d'ailleurs là tout l'intérêt d'un passage dans cette petite ville coincée entre Universal City et Griffith Park au sud, North Hollywood à l'ouest et Glendale à l'est. On y trouve également un aéroport – Bob Hope – qui dessert la plupart de l'Ouest américain ainsi que New York.

Burbank.

WARNER BROS. STUDIOS ★★★

3400 W Riverside Drive
✆ +1 877 492 8687
www.wbstudiotour.com
Classics Tour et Studio Tour : 69 US$ par pers., Studio Tour Plus : 149 US$, Deluxe Tour : 299 US$. Réservez en ligne.

Les studios de Warner Bros. Entertainment Inc. se trouvent au nord de ceux d'Universal. Ici, les visites guidées sont plus authentiques. Au choix : le Studio Tour, le Classics Tour – dédié à l'Âge d'or de Hollywood – le Studio Tour Plus – avec un déjeuner dans le Central Perk Café – et le Deluxe Tour – plus long que les autres, d'une durée de plus de 5 heures. Dans tous les cas, vous découvrirez des décors de *Friends* et de *Gilmore Girls* – entre autres – ainsi que des accessoires authentiques et des costumes de l'univers de Harry Potter dans *Fantastic Beasts*.

BOB'S BIG BOY €

4211 Riverside Drive
✆ +1 818 843 9334
www.bobs.net
Du dimanche au jeudi, de 7h à 00h. Jusqu'à 2h les vendredis et samedis. Combos burger/frites de 12 US$ à 15 US$.

Bâtie en 1949, cette institution de Burbank est le plus vieux Bob's Big Boy encore en activité. Désignée comme « Point d'Intérêt historique » par l'État de Californie, cette adresse est apparue dans plusieurs films, parmi lesquels nous pouvons citer *Heat* (1995) et *Austin Powers : International Man of Mystery* (1997). Dans ce dernier, la statue caractéristique des lieux est même transformée en fusée. L'intérieur tient du *diner* traditionnel : on prend place sur les banquettes en cuir pour manger des hamburgers tous plus copieux les uns que les autres.

IT'S A WRAP !

3315 W Magnolia Blvd
✆ +1 818 567 7366
www.itsawraphollywood.com
Du samedi au mardi, de 10h30 à 18h. Jusqu'à 20h du mercredi au vendredi.

Au détour d'une visite des Warner Bros. Studios, ne manquez pas de passer par cette boutique afin de compléter l'expérience – d'autant qu'elle se situe à seulement 3 km au nord des plateaux. Sur ces derniers, l'expression « *It's a wrap !* » annonce traditionnellement la fin d'un tournage, à l'instar du français : « *C'est dans la boîte !* ». Ce magasin prend ces mots au pied de la lettre en revendant une grande quantité de costumes et de vêtements portés brièvement dans des séries télévisées ou dans des longs-métrages, le tout à des prix plutôt abordables.

GLENDALE ★

Sorte de petit Pasadena, Glendale se trouve à l'ouest de cette première et à l'est de Griffith Park. Si cette banlieue typiquement *middle class* – classe moyenne – s'étend sur plusieurs kilomètres, le centre-ville, lui, est compact, installé le long de Brand Boulevard, au sud de la California State Route 134. Si vous êtes véhiculé, les lieux pourront constituer un pied-à-terre idéal, les logements – Airbnb en tête – y étant bien moins chers qu'à Los Angeles. Pourtant, la Cité des Anges est proche : en voiture, comptez entre 15 et 20 minutes pour rejoindre DTLA ainsi qu'Arts District et une dizaine de minutes pour gagner le quartier de Los Feliz.

© TREKANDSHOOT - SHUTTERSTOCK.COM

Les collines de Glendale.

FOREST LAWN MEMORIAL PARK ★★

1712 S Glendale Avenue
✆ +1 300 204 3131
www.forestlawn.com/parks/glendale
Tous les jours, de 8h à 18h. Entrée libre.

Fondé en 1917, le Forest Lawn est rapidement devenu *the place to be*... pour les défunts. Nombre de célébrités sont enterrées dans ce cimetière, parmi lesquelles figurent Walt Disney, Nat King Cole, Clark Gable ou encore Humphrey Bogart. Immense, il regroupe plus de 250 000 tombes et une dizaine d'églises, ainsi que des lacs, des statues d'albâtre et des sculptures – dont une copie du célèbre *David* de Michel-Ange. C'est également ici que se trouve la sépulture de Michael Jackson.

DIN TAI FUNG €€

177 Caruso Avenue
✆ +1 818 551 5561
www.dintaifungusa.com
Lundi-jeudi : 11h-21h. Jusqu'à 22h le vendredi. Samedi : 10h30-22h. Dimanche : 10h30-21h. Plats de 11 US$ à 30 US$.

Si vous souhaitez goûter à des *dim sum* – des petits raviolis vapeur – dignes des meilleurs restaurants de Hong Kong, cette chaîne est faite pour vous. Les préparations sont d'une rare finesse, les saveurs parfumées, fleuries, surprenantes... Des nouilles aux *wontons*, tous les plats sont réussis. Par ailleurs, si les desserts sont loin d'être traditionnels, la manière dont ils sont revisités est très réussie, les *xiaolongbaos* au chocolat et au mochi en tête. Vous trouverez également des adresses à Costa Mesa, à Los Angeles, ou encore à San Diego.

MONTROSE ★

Au nord de Glendale, tout au bout de la Glendale Freeway, vous pourrez découvrir un petit bout de paradis fifties, un petit bijou de ville où le temps semble s'être arrêté à l'époque des dames gantées et bien coiffées, des Cadillac rutilantes et des bowlings où se retrouvait toute la jeunesse locale. Etes-vous dans une scène de *Retour vers le Futur* ? Non, vous êtes à Montrose, une commune dont le cœur est une longue rue au nom charmant d'Honolulu Avenue, ponctuée de boutiques non moins exquises : The T Room est un salon de thé en forme d'adorable bonbonnière, où l'on déguste des gâteaux à la crème avec de vieilles dames parfumées ; le salon de coiffure Bubble Cuts est réservé aux enfants, qui s'installent dans de petites voitures anciennes afin de se faire couper les cheveux ; la cave à cigares Cigar Empire est une plongée dans un épisode de *Mad Men* ; le bowling, de l'autre côté de la rue, quant à lui, est vraiment digne d'un épisode de *Happy Days*. La boutique vintage Pattyes Closet complète cette plongée dans l'histoire d'une Amérique prospère et insouciante, avec ses gants de soie, ses chapeaux fleuris, ses costumes très chic à la Frank Sinatra. Si vous êtes à Glendale, offrez-vous une petite virée dans ce coin oublié par le temps, mais attention, venez tôt pour dîner : à 20 heures, toutes les tables ferment boutique...

PASADENA ★★

Pasadena s'étire au pied des montagnes de San Gabriel. Puisqu'il s'agissait du lieu de résidence des premières grandes stars du cinéma muet, on y a construit des châteaux, des hôtels particuliers, ou encore des maisons somptueuses avec de magnifiques parcs, dans l'esprit de la Côte d'Azur de l'époque. Le centre accueille de belles demeures victoriennes – dans les styles Spanish Revival et Art déco – et des quartiers résidentiels – au style Arts and Crafts. La ville est célèbre pour le Tournoi des Roses – une parade de chars fleuris – et le match annuel de football au Rose Bowl, où se tient également un incroyable marché aux puces chaque dimanche.

GAMBLE HOUSE ★★

4 Westmoreland Place
✆ +1 626 793 3334
www.gamblehouse.org
Visites guidées à réserver en ligne. Tour d'1h : 15 US$ par adulte. 12,50 US$ pour les étudiants, seniors et enfants.

Voici le bâtiment emblématique de Pasadena. Construit en 1908 pour David et Mary Gamble, ce joyau de l'architecture pose alors les bases d'un style qui deviendra populaire à travers toute la Californie : Arroyo, ou Arts and Crafts. Mélange de chalet suisse et de temple japonais, cette demeure revêt des airs romantiques. À l'extérieur comme à l'intérieur, l'attention portée aux détails est spectaculaire ; sans surprise, tous les meubles ont été conçus spécialement pour cette maison. Des visites guidées complètes y sont organisées chaque semaine.

JET PROPULSION LABORATORY ★

4800 Oak Grove Drive ✆ +1 818 354 1234
www.jpl.nasa.gov
Les visites guidées (sur réservation uniquement) sont suspendues pour l'instant ; consultez le site Internet.

Le Jet Propulsion Laboratory – JPL – a été fondé dans les années 1930, lorsque le professeur Theodore von Kármán, de Caltech – California Institute of Technology –, commence ses expériences de propulsion de fusées. Aujourd'hui, il s'agit d'une association de l'institut et de la NASA, chargée de la construction et de la supervision des vols non habités, comme les deux robots de la mission Mars Exploration Rover. Le JPL propose des visites guidées donnant un bon aperçu de ses activités.

KIDSPACE CHILDREN'S MUSEUM ★

480 N. Arroyo Blvd
✆ +1 626 449 9144
www.kidspacemuseum.org
Du mardi au dimanche, de 10h à 17h. Entrée : 14,95 US$ (12,95 US$ pour les séniors).

Comme son nom l'indique, ce musée a été conçu exclusivement pour les enfants. Véritable paradis des petits de 1 à 10 ans, il combine des aires de jeux – construction de cabanes, toboggans, jeux d'eau, zones de grimpette… – et des activités éducatives et ludiques, sur des thématiques telles que la science et la nature. Enfin, Kidspace Children's Museum est également doté de zones de restauration ; tout est pensé pour que les familles puissent y passer la journée.

NORTON SIMON MUSEUM

411 West Colorado Boulevard ✆ +1 626 449 6840
www.nortonsimon.org
Du jeudi au lundi, de 12h à 17h. 15 US$ par adulte et 12 US$ par sénior. Gratuit pour les étudiants et les - de 18 ans.

Le Norton Simon Museum est considéré comme l'un des musées les plus importants de l'ouest des États-Unis. À l'origine connue sous le nom de Pasadena Museum of Art, la fondation a été rebaptisée en l'honneur de Norton Simon (1907-1993), un industriel et philanthrope américain. Pendant 30 ans, il rassemblera une impressionnante collection d'art, de plus de 8 000 œuvres.

Il la débute au milieu des années 1950, avec des peintures du XIXe siècle réalisées par les célèbres Daumier, Degas, Renoir et Gauguin. Puis, il se prend d'affection pour les toiles de Rembrandt. À la fin des années 1960, son rythme d'achat s'intensifie à mesure que son intérêt se développe pour les anciens maîtres italiens, français, espagnols, néerlandais, ou encore flamands. En parallèle, il collectionne des sculptures et des œuvres du XXe siècle d'Aristide Maillol, de Picasso, d'Henry Moore, de Braque et de Giacometti – entre autres.

Le Norton Simon Museum expose une grande partie de ce patrimoine gigantesque, des chefs-d'œuvre européens de la Renaissance à une collection d'art du sud de l'Asie couvrant près de 2 000 ans – entre belles tapisseries et statues impressionnantes. Par ailleurs, la fondation abrite des œuvres modernes d'Europe et des États-Unis, acquises par l'ancien Pasadena Museum of Art. Ainsi, prévoyez assez de temps sur place, promenade entre les arbres tropicaux du joli jardin comprise. L'ensemble constitue un lieu merveilleux où se perdre dans ses pensées ; un voyage unique à travers le monde de la culture.

OLD PASADENA ★★

Colorado Boulevard
www.oldpasadena.org
Consultez les évènements à venir et la liste des boutiques en ligne.

Communément appelé Old Town, il s'agit du vieux quartier piétonnier de Pasadena. Antiquaires, librairies d'ouvrages d'occasion et magasins de disques se succèdent parmi les cafés, boutiques de vêtements – plus ou moins chics – et cinémas. Un lieu où il fait bon se promener, la semaine particulièrement : car chaque week-end les rues se remplissent d'Angelenos venus faire les boutiques. En dehors des enseignes indépendantes, plusieurs marques connues sont représentées, à l'instar de Banana Republic, Zara, Patagonia, ou encore Tiffany & Co.

PASADENA CITY HALL ★★

100 North Garfield Avenue
✆ +1 626 744 4000
www.cityofpasadena.net

Le dôme du City Hall de Pasadena surprend par son architecture inattendue, qui condense en réalité tout l'héritage méditerranéen de la région. Construit en 1927, cet édifice est inspiré de la Renaissance italienne et possède des influences espagnoles, avec son toit en tuiles rouges, sa fontaine ornée et sa cour luxuriante. Son côté est n'est autre qu'une arcade d'un étage, tandis que les trois autres s'élèvent à trois étages ; l'ensemble est superbe. Une grande place lui fait face, sur laquelle il n'est pas rare de voir passer des futurs mariés et leurs convives.

BACCHUS' KITCHEN €€

1384 E Washington Blvd ✆ +1 626 594 6377
www.bacchuskitchen.com
Du mardi au vendredi, dès 17h – horaires de fermeture variables selon le nombre de tables. Plats de 25 US$ à 40 US$.

Une cuisine américaine aux influences multiples vous attend dans cette adresse destinée aux amateurs de bonne chère. Au menu se côtoient steak frites – coupées à la main – gnocchi, coquilles Saint-Jacques, belles assiettes de charcuterie et de fromage, poisson du marché, gâteau au crabe, burrata... En somme, Bacchus' Kitchen propose une sélection on ne peut plus éclectique. Comme son nom l'indique, l'établissement rend également hommage au dieu du vin et de l'ivresse, avec une belle carte en la matière. Enfin, des événements y sont régulièrement organisés.

CAFE SANTORINI €€

64 W Union Street
✆ +1 626 564 4200
www.cafesantorini.com
Du lundi au jeudi : 16h-21h. Jusqu'à 22h le vendredi. Samedi : 11h30-22h. Dimanche : 11h30-21h. Plats : 20 US$-43 US$.

Cet endroit charmant est installé au cœur d'Old Town, dans l'un des bâtiments les plus anciens de Pasadena, tout en brique. Malgré son nom, Cafe Santorini n'est pas une taverne grecque : il s'agit d'un restaurant spécialisé dans la cuisine méditerranéenne, au sens large du terme. Ainsi, on y trouve des *risotti* et de pâtes – ne manquez pas les « *penne de la casa* » ni le risotto au curry rouge – un large ensemble de mezzé, des kebabs, des salades, ainsi que des plats de viande et de poisson tels que l'entrecôte grillée. Le plus : la terrasse sur le toit.

MOUNT WILSON OBSERVATORY

Mount Wilson Institute ✆ +1 626 440 9016
www.mtwilson.edu
Tous les jours, de 10h à 17h. Adultes : 15 US$. Visites guidées gratuites à 11h30 et à 13h le week-end.

L'Observatoire du mont Wilson a été fondé en 1904 par George Ellery Hale, sous l'égide de la Carnegie Institution de Washington. Cette année-là, l'astronome y installe le télescope Snow Solar, de l'observatoire de Yerkes – spécialisé dans l'observation du Soleil – en raison des conditions météorologiques plus favorables du mont Wilson. Avec un petit groupe de scientifiques et d'ingénieurs, il commence à élaborer ce qui deviendra l'une des principales installations de recherche astronomique à l'échelle internationale.

Ensuite, 1909 marquera la mise en route le télescope Hooker, alors le plus grand du monde avec ses 2,5 m de diamètre. En raison de la nécessité d'acheminer diverses pièces de la vallée au sommet du site – 1 742 m d'altitude – sa construction s'est révélée fastidieuse. Surtout, elle a eu lieu à une époque où Los Angeles et ses immenses banlieues n'étaient pas aussi développées : ainsi, elles généraient bien moins de pollution lumineuse, aujourd'hui problématique – un paramètre rarement envisagé à l'époque, quel que soit le pays.

Par ailleurs, le Mount Wilson Observatory est indissociable de l'un des astronomes les plus renommés de tous les temps : Edwin Hubble (1889-1953). Grâce au télescope Hooker, il découvrira la nature lointaine des galaxies et leur expansion, pierre d'achoppement de la future théorie de la naissance de l'Univers, le fameux Big Bang. En plus de l'observatoire en lui-même, l'exploration du site est particulièrement agréable, les lieux étant en partie boisés et dotés de jolis points de vue.

SOUTH PASADENA

Entre Pasadena et Los Angeles, South Pasadena est l'une des premières banlieues de la Cité des Anges. Ville modeste d'un peu plus de 25 000 habitants, elle est réputée pour sa qualité de vie agréable. Son petit centre historique commerçant, ses paisibles quartiers résidentiels et son accessibilité par le train en font un point de chute propice à l'exploration des environs. Par ailleurs, les amateurs de cinéma ne manqueront pas de passer au 1019 Montrose Avenue : ils y reconnaîtront le décor de l'une des scènes de *Halloween* (1978), lorsque le tueur Michael Myers sort d'une haie, épiant Laurie – interprétée par Jamie Lee Curtis – et Annie.

ARO LATIN €€

1019 Mission St
✆ +1 626 799 9400
www.arolatin.com

Lundi : 16h-22h. Mardi et mercredi : 11h-22h. Du jeudi au samedi : 11h-22h30. Dimanche : 11h-21h. Plats : 16 US$-27 US$.

Une ambiance tamisée et chaleureuse est au rendez-vous dans ce restaurant qui propose une carte aux influences latines multiples : Mexique, Pérou, Argentine... Une cuisine variée et très goûteuse. Aro, c'est avant tout le rendez-vous des habitants du quartier, qui aiment se retrouver le long de l'immense bar en bois, discuter avec le barman et grignoter des petites assiettes ou des plus gros plats – dont une grande quantité sont garantis sans gluten, tels que la paella – en sirotant une margarita. La promesse d'un bon moment !

FAIR OAKS PHARMACY & SODA FOUNTAIN €€

1526 Mission Street ✆ +1 626 799 1414
www.fairoakspharmacy.net

Soda Fountain et boutique : du lundi au vendredi, 11h30-17h. Pharmacie : du lundi au vendredi, 9h-17h, dimanche 9h-13h.

Ouverte en 1915, cette adresse mythique est située sur l'inénarrable Route 66. Dans les années 1930, on y vendait aussi bien des produits pharmaceutiques que des milk-shakes ou des bonbons... Comme aujourd'hui. Entièrement rénové dans son aspect d'origine, l'établissement abrite une officine, une boutique de souvenirs et une salle de restauration décorée de manière *vintage*. Par ailleurs, l'endroit est réputé pour ses desserts à l'américaine – notamment servis à la Soda Fountain.

SAN MARINO ★

Au sud-est de Pasadena – à un petit peu moins de 7 km d'Old Town – San Marino est une ville avant tout résidentielle. Y passer ne présente pas d'intérêt, si ce n'est pour visiter la magnifique propriété construite par Henry Huntington, un magnat des transports en commun du début du XXe siècle. Aujourd'hui, il s'agit à la fois d'un musée d'art et d'un ensemble de jardins botaniques. Par ailleurs, sa bibliothèque d'une rare richesse – abritant quelque 600 000 livres et 3 millions de manuscrits – en fait l'un des lieux les plus magiques de la région de Los Angeles. Afin de profiter de ses trésors, prévoyez une demi-journée entière pour parcourir le site.

THE HUNTINGTON LIBRARY AND BOTANICAL GARDENS ★★

1151 Oxford Road ✆ +1 626 405 2100
www.huntington.org

Mercredi-lundi : 10h-17h. Adultes : 25 US$ (29 US$ le wk), étudiants/séniors : 21 US$ (24 US$ le wk), 4-11 ans : 13 US$.

Cet ensemble de villas entourées par une douzaine de jardins idylliques a été fondé en 1919 par Arabella Huntington et son époux, le baron Henry Edwards Huntington – un homme d'affaires à l'origine d'un empire financier. Au total, le centre culturel comporte une bibliothèque, une galerie d'art et des jardins à thème, tous ouverts à la visite.

- **La bibliothèque** renferme plus de 600 000 livres et 3 millions de manuscrits, dont une bible de Gutenberg datée de 1455, ainsi que des ouvrages rares sur l'histoire britannique et américaine.
- **La galerie d'art** expose de très vastes collections de peintures et de sculptures européennes et américaines, du XVIIe au XXe siècle. Un fonds qui continue de s'enrichir avec l'achat de nouvelles pièces chaque année. Turner, Constable, Gainsborough, Houdon, Greuze et Watteau sont quelques-uns des grands noms figurant parmi les maîtres européens représentés. Mary Cassatt, Andy Warhol et Edward Hopper, quant à eux, brillent au tableau de chasse américain du Huntington.
- **Les jardins botaniques** à thème sont un véritable éden. Peuplés de paons en liberté, ils embaument de mille parfums. Ne ratez pas le Japanese Garden, le Garden of Flowing Fragrance – inspiré par les jardins traditionnels chinois – ou encore le Desert Garden et son immense collection de cactus et de plantes grasses.

Prévoyez une demi-journée entière pour parcourir le tout. Par ailleurs, si les réservations sont fortement recommandées en semaine, elles sont nécessaires le week-end.

MANHATTAN BEACH ★

Parmi les « *beach towns* » installées au sud de la Cité des Anges, Manhattan Beach se démarque pour son ambiance décontractée – très axée surf et *beach volley* – et son petit centre charmant, organisé autour de Manhattan Beach Boulevard, au pied de la jetée. La ville est sur le trajet de The Strand, la piste cyclable qui relie Will Rogers State Beach – à Los Angeles, au nord de Santa Monica – à Torrance State Beach – au sud de Redondo Beach – en près de 30 km. Par ailleurs, Manhattan Beach est accessible en voiture en une trentaine de minutes depuis Downtown Los Angeles – soit un petit peu moins de 35 km. Une jolie halte pour les voyageurs non pressés !

SURF CITY HOSTEL €

26 Pier Avenue
✆ +1 310 798 2323
www.surfcityhostel.com
Lit en dortoir à partir de 45 US$. Chambre double avec salle de bains commune dès 92 US$. Petit déjeuner inclus.

Discret, cet établissement se situe à quelques secondes de la plage et de ses superbes rouleaux. L'ambiance du quartier est celle que l'on aimerait trouver sur la côte de Los Angeles : des belles vagues, des bars abordables, de la bonne musique... Venice en est encore loin ! Si les dortoirs de Surf City Hostel sont dépourvus de toute décoration, ils sont propres et disposent du strict nécessaire. Il ne s'agira pas de la meilleure auberge de jeunesse de votre voyage, mais elle a le mérite de proposer des prix accessibles pour la région.

HERMOSA BEACH ★

Cette « *belle* » ville, comme son nom l'indique en espagnol, est adjacente à Manhattan Beach. Face à la jetée, Pier Avenue est une jolie rue animée, dotée de petits édifices colorés – à l'instar de l'horloge bleu pastel qui se dresse au croisement avec Hermosa Avenue. Chaque année au mois de septembre, on s'y presse pour la Fiesta Hermosa – www.fiestahermosa.net – trois jours de festival mettant à l'honneur plus de 250 artistes et vendeurs. Au programme : de la musique, des œuvres en tout genre et de nombreux stands de restauration. Un événement qui a naturellement su trouver sa place dans un lieu à la vie nocturne animée tout au long de l'année.

REDONDO BEACH ★

Voisine de Hermosa Beach, Redondo Beach se trouve à un peu moins de 35 kilomètres au sud de Downtown Los Angeles. Moins accueillante que les deux petites villes qui la précèdent, elle offre tout de même de belles vues sur la péninsule de Palos Verdes, ainsi qu'une promenade calme et agréable le long de l'océan. Concrètement, il y a peu de choses à y voir, si ce n'est les maisons et les hôtels proprets qui bordent la côte et les yachts du port de plaisance King Harbor. Généralement, seuls les amateurs de vélo s'y arrêteront, Redondo Beach se trouvant sur le trajet du Strand, qui se termine un petit peu plus au sud, à Torrance State Beach.

Surfeur sur Manhattan Beach.

RANCHO PALOS VERDES ★

Rancho Palos Verdes est la *beach town* la plus au sud de Los Angeles, avant que l'on arrive à des villes plus… « *Villes* », comme San Pedro et Long Beach. Sa péninsule se distingue par sa nature sauvage et ses petites criques à l'abri des regards, dont plusieurs se trouvent dans le bel Abalone Cove Shoreline Park. Les vues de la côte sont incroyables. On ne manquera pas d'emprunter la *Palos Verdes Scenic Drive*, magnifique route qui serpente à dos de falaise et qui a servi de décor à quelques scènes de *Pirates des Caraïbes*. Un environnement privilégié dans lequel d'énormes demeures de millionnaires enveloppées par la végétation ont élu domicile.

ABALONE COVE SHORELINE PARK ★

5970 Palos Verdes Drive South
✆ +1 310 544 5366
www.rpvca.gov
Tous les jours, de 9h au coucher du soleil. Parking gratuit les 30 premières min, 6 US$ jusqu'à 2h et 12 US$ au-delà.

Accessible en longeant Palos Verdes Scenic Drive, ce parc naturel installé au bord du Pacifique est traversé par de beaux sentiers pédestres et cyclables qui dominent l'océan. Selon la période, il n'est pas impossible que certains soient fermés au public ; renseignez-vous au préalable, sur le site ou à l'entrée des lieux, où vous pourrez également demander un plan. En plus de ses jolies plages, le site offre des vues absolument spectaculaires sur Santa Catalina Island.

WAYFARER'S CHAPEL ✞ ★

5755 Palos Verdes Drive South
✆ +1 310 377 1650
www.wayfarerschapel.org
Tous les jours, de 9h à 17h. Visitors Center ouvert du jeudi au dimanche, de 10h à 17h. Parking gratuit.

Ce bijou architectural se trouve au cœur d'une oasis de végétation. Œuvre du célèbre architecte Franck Lloyd Wright, Wayfarer's Chapel a été construite en 1949. Dominant l'océan, tel un phare pour le voyageur, elle impressionne par sa structure au bord de l'irréel : à la fois transparente, en pierre et en bois. Bien que cette visite – rapide – ne compte pas parmi les incontournables de la région, il serait vraiment dommage de la manquer, d'autant que l'édifice se trouve sur Palo Verdes Drive, une route qui serpente entre des panoramas à couper le souffle.

SAN PEDRO ★

Petite zone portuaire indépendante, San Pedro s'est peuplée grâce aux nombreux migrants venus du Portugal, de la Grèce, du Mexique et de la Yougoslavie. Elle sera finalement annexée à Los Angeles en 1909, son port devenant officiellement celui de la ville. Pour autant, San Pedro ne s'est pas fait dévorer par l'immense Cité des Anges et a su garder son identité qui la différencie de tous les autres quartiers de la côte. Il règne ici une atmosphère particulière, presque celle d'un petit village où tout le monde se connaîtrait.

Tourisme

Bien que San Pedro soit loin d'être incontournable, il constitue un pied-à-terre sympathique pour découvrir Los Angeles et offre aux voyageurs non pressés plusieurs points d'intérêt. D'abord, certains sites et bâtiments du centre méritent le coup d'œil, à l'instar de l'historique Warner Grand Theater, du potager urbain de Garden Church, ou encore de la fresque murale de l'artiste local Luis Sanchez – située dans une allée rénovée, baptisée Lilyan Fierman Walkway. Par ailleurs, il est très agréable de déambuler sur 6th Street, entre Gaffey Street et Los Angeles Maritime Museum. Au programme : une succession de restaurants, de bars et de boutiques indépendantes, vendant aussi bien des vinyles que des livres.

Pour profiter d'un point de vue panoramique sur la côte, rendez-vous à Korean Friendship Bell, une imposante cloche offerte aux habitants par la Corée en 1976 pour célébrer le bicentenaire de l'indépendance des États-Unis, rendre hommage aux vétérans de la guerre de Corée (1950-1953) et consolider la relation entre les deux pays. Attention, les lieux deviennent particulièrement venteux à partir de 14h ! Enfin, ne manquez pas de faire un crochet par 25th Street, au niveau du croisement avec Patton Avenue. Vous y verrez la superbe mosaïque de Julie Bender, aussi impressionnante par sa longueur – 60 m – que par la précision de ses détails.

Transports

S'il est évidemment plus pratique de parcourir la zone en voiture, San Pedro est bien desservie par les bus et est rattachée à plusieurs points alentour tels que Downtown Los Angeles, Rancho Palos Verdes et Long Beach.

BATTLESHIP USS IOWA MUSEUM ★★

250 South Harbor Blvd
✆ +1 877 446 9261
www.pacificbattleship.com
Tous les jours, de 10h à 17h. 23,95 US$ par adulte, 20,95 US$ par sénior et 15,95 US$ par enfant de 3 à 11 ans.

Voici une expérience à faire en famille : ce très impressionnant cuirassé est le seul qui se visite en Californie. Mis en service pendant la Seconde Guerre mondiale, l'USS Iowa transportera Franklin D. Roosevelt jusqu'en Algérie en 1943, avant la première rencontre cruciale des Alliés à la Conférence de Téhéran, où le président retrouvera Staline et Churchill. L'année suivante, le bâtiment sera affecté à la flotte du Pacifique et bombardera des têtes de pont en Micronésie.

LOS ANGELES MARITIME MUSEUM

Foot of 6th St
✆ +1 310 548 7618
www.lamaritimemuseum.org
Du mercredi au dimanche, de 12h à 17h. Entrée libre, donations recommandées : 5 US$ par adulte et 3 US$ par sénior.

Conçu en 1941 dans le style Streamline Moderne, le bâtiment qui abrite le Los Angeles Maritime Museum est l'ancien terminal de ferry municipal de San Pedro. Sauvés de la démolition puis restaurés, les lieux accueillent désormais des expositions qui retracent l'histoire de la ville et qui présentent des modèles de bateaux et de navires mettant à l'honneur des thématiques aussi larges que l'industrie de la pêche et l'US Navy – la marine de guerre des États-Unis.

MARINE MAMAL CARE CENTER ★

3601 S Gaffey St #8 ✆ + 1 310 548 5677
www.marinemammalcare.org
Le week-end, de 10h à 16h. Entrée libre, mais donation de 5 US$ par personne encouragée. Réservation nécessaire.

Cet hôpital pour mammifères blessés – ou malades – trouvés sur la côte autour de Los Angeles soigne principalement des phoques et des otaries. Accessible au public, le centre est particulièrement apprécié par les visiteurs. Il constitue une belle opportunité d'observer les animaux jouer, se chamailler ou protéger leur nourriture des oiseaux opportunistes qui se manifestent lors de la distribution de poissons. C'est également l'occasion de parler avec le personnel, ravi de partager son travail, pour en apprendre plus sur les différentes espèces.

POINT FERMIN LIGHTHOUSE ★

807 W Paseo Del Mar ✆ + 1 310 241 0684
www.pointferminlighthouse.org
Du mardi au dimanche, de 13h à 16h. Entrée sur donation. Visites guidées à 13h, 14h et 15h.

En raison de sa position privilégiée, au bord de la falaise, ce phare fait probablement partie des incontournables de San Pedro. Construit en 1874, il a été la première lumière de navigation de la baie. Vous reconnaîtrez peut-être son *design* – victorien – près de San Francisco, avec le phare d'East Brother Island, les édifices ayant été érigés selon les mêmes plans. Agréable, la – courte – visite de la bâtisse permet d'en découvrir l'intérieur. Vous pourrez ensuite profiter d'une belle vue sur la côte en prenant place à l'une des tables de pique-nique.

S.S. LANE VICTORY ★

2400 Miner St
✆ +1 310 519 9188
www.lanevictory.org
Mercredi, de 12h à 18h. Le week-end, dès 9h. 10 US$ par adulte et 5 US$ par enfant. Famille de 4 personnes : 25 US$.

L'histoire du port de San Pedro est contenue dans ce cargo, construit en 1945 et utilisé pour la première fois le 27 juin – à la fin de la guerre du Pacifique, dans le cadre de la Seconde Guerre mondiale – pour délivrer des munitions. Les visites guidées qui y sont tenues mènent partout, y compris dans la salle des machines et celle de radio. Pendant l'été, le S.S. Lane Victory organise des croisières vers Santa Catalina Island, avec des repas à son bord et même des reconstitutions historiques. Il s'agit sans aucun doute de l'un des « *must see* » du quartier.

SAN PEDRO VISITOR CENTER

225 West 6th Street
✆ +1 424 364 6865
www.visitsanpedro.org
Du mardi au vendredi, de 11h à 16h.

Cela fait plus d'une douzaine d'années que la pétillante Katherine vit à San Pedro. Forte de sa connaissance de la zone – plus approfondie que celle de certains natifs – elle saura vous abreuver en informations sur les environs et, surtout, vous communiquer sa passion pour les lieux. Installé dans un bâtiment centenaire, le Visitor Center est particulièrement riche, entre ses nombreux dépliants, sa programmation culturelle et son écran interactif extrêmement bien pensé. Ne manquez pas d'y faire un arrêt avant de partir à la découverte de San Pedro.

SAN PEDRO FISH MARKET AND RESTAURANT €€

1190 Nagoya Way ✆ +1 310 832 4251
www.sanpedrofish.com
Du dimanche au jeudi, de 9h à 20h, jusqu'à 21h les vendredis et samedis. Ceviches de 14,95 U$ à 25,95 US$.

Si vous aimez le poisson et les fruits de mer – ou les expériences culinaires qui sortent de l'ordinaire – ne manquez pas ce marché. Au bord de l'eau, face au port, il vend des produits frais au poids : les clients les apportent au cuisinier, qui les préparera selon leurs goûts. Grillés, sautés, à la plancha, aux épices, frits… De nombreuses options sont possibles. Vous pouvez aussi commander des ceviches et des *fish tacos* avant de prendre place à l'une des grandes tables à partager.

THE WHALE & ALE €€

327 W 7th Street ✆ +1 310 832 0363
www.whaleandale.com
Du dimanche au jeudi, de 12h à 21h. Jusqu'à 22h le vendredi et 23h le samedi. Fermé le lundi. Plats de 17 US$ à 38 US$.

Pub britannique comme on les aime, The Whale & Ale se prête particulièrement à un dîner. Tout y est, de la décoration à l'ambiance en passant par les pintes de Guinness. À quelques exceptions près – comme les *tacos* au poisson ou à la crevette – la carte est essentiellement constituée de spécialités anglaises : bangers and mash – des imposantes saucisses de porc irlandaises servies avec de la purée – *fish and chips* traditionnel, shepherd's pie – dont l'équivalent français serait le hachis Parmentier... Tout est frais et cuisiné avec beaucoup d'attention.

LONG BEACH ★★

Avec plus de 460 000 habitants, Long Beach est la première ville d'importance de la côte après Los Angeles. Ainsi, elle est relativement étendue et se prête aux promenades en vélo, du Waterfront à Alamitos Park – le système Long Beach Bike Share a été pensé en ce sens. Malgré son étendue, la plage n'est pas très agréable ; porté sur l'horizon, le regard est vite arrêté par les imposants bâtiments marins stationnés au large. Si les lieux sont dénués de charme et ne se prêtent pas particulièrement à la visite, les *aficionados* de *La La Land* (2016) ne manqueront pas de s'arrêter au 1728 E 3rd Street : c'est ici qu'habite Mia, interprétée par Emma Stone.

AQUARIUM OF THE PACIFIC ★

100 Aquarium Way ✆ +1 562 590 3100
www.aquariumofpacific.org
Du lundi au dimanche, de 9h à 18h. 36,95 US$ par adulte, 33,95 US$ par senior et 26,95 US$ pour les 3-11 ans.

Joyeux équilibre entre éducation et divertissement, l'Aquarium of the Pacific constitue une excellente alternative au SeaWorld de San Diego. Il présente la galaxie des animaux marins en plusieurs parties thématiques et géographiques, parmi lesquelles *The Shark Lagoon* est probablement la préférée des visiteurs. En plus de donner l'opportunité de se trouver nez à nez avec des spécimens tels que les impressionnants requin-zèbre et requin gris de récif, on peut observer les soigneurs les nourrir, montrant le pouvoir et la beauté de ces redoutables prédateurs.

JOE JOST'S

2803 East Anaheim Street
✆ +1 562 439 5446
www.joejosts.com
Tous les jours, de 10h à 22h. « Schooners » de 5,45 US$ à 8,40 US$.

Ouvert en 1924, il s'agit du bar le plus ancien de Long Beach, ainsi que l'un des plus populaires. Les habitués viennent pour la large sélection de bières et les fameux *pickled eggs* – œufs marinés – servis sur un petit monticule de bretzels avec des piments. Autres favoris du menu : le « *Joe's Special* », un délicieux hot-dog au *swiss cheese* – et confectionné avec une saucisse préparée avec les épices de la maison – et les « *Marmion's Peanuts* », des cacahuètes fraichement torréfiées, une des signatures de l'établissement. Ambiance conviviale au rendez-vous.

THAI DISTRICT €€

149 Linden Ave. Ste E ✆ +1 562 951 7181
www.thaidistrictrestaurant.com
Du mardi au jeudi, de 11h à 22h. Vendredi : 11h-22h30. Samedi : 12h-22h30. Dimanche : 12h-22h. Plats de 14 US$ à 25 US$.

Thai District est né d'une rencontre : celle de Ty et Andre, en 2008. Tous les produits qu'ils préparent viennent d'Organic Harvest Gardens, une mini-ferme urbaine spécialisée dans les plantations garanties sans OGM et sans produits chimiques. Soupes, salades, currys, viandes et préparations de légumes sautées, *wok*, nouilles... Une vaste carte vous attend. Cette adresse compte sans aucun doute parmi les meilleures de Long Beach : on y sert une cuisine savoureuse et délicate, qui transporte le gastronome en Thaïlande. Réservations sur le patio à faire en ligne.

SANTA CATALINA ISLAND ★★

Santa Catalina Island est un petit territoire méditerranéen au cœur du Pacifique. L'impression n'est que fugitive, mais les dimensions, les perspectives et les couleurs sont celles d'un autre continent. Le caractère et la douceur insulaire attirent les touristes américains comme les voyageurs de passage en Californie dans les deux villages principaux de l'île, Two Harbors et Avalon. Magnifique, la baie de ce dernier a servi de décor à certaines scènes de *Mutiny on the Bounty* (1935).

Tourisme

Que ce soit pour quelques heures, un après-midi ou plusieurs jours, Santa Catalina Island ne manque pas d'intérêts. Outre la contemplation de la beauté des lieux, vous pourrez faire du kayak, du *snorkelling*, une croisière, ou, tout simplement, vous détendre. Parmi les agences présentes sur place, nous vous recommandons les services de Catalina Tours – www.catalinatours.com. Par ailleurs, le Visitor Center de l'île – www.lovecatalina.com – se trouve à Avalon, près de l'arrivée des bateaux.

Transports

L'île est desservie par Catalina Express – www.catalinaexpress.com – qui rattache Avalon à la côte au niveau de Long Beach, de San Pedro et de Dana Point – Two Harbors n'est relié qu'à San Pedro. Comptez environ 1h de trajet. Pour un moment inoubliable, vous pouvez également faire le trajet de Long Beach à Catalina Island en hélicoptère en moins d'une quinzaine de minutes, avec IEX Helicopters – www.iexhelicopters.com.

© CLIFFWASS - ISTOCKPHOTO.COM

Catalina Island.

CATALINA CASINO

1 Casino Way
✆ +1 800 626 1496
www.visitcatalinaisland.com

Programme des évènements en ligne. Visites guidées : 24,95-34,99 US$ par adulte, 22,95-32,99 US$ par sénior et enfant

Trônant à l'entrée de la baie d'Avalon et se dressant au-dessus des voiliers du port, le Catalina Casino est un magnifique bâtiment de style Art déco, complètement dépourvu de la moindre machine à sous. Un cinéma et une grande salle de bal se trouvent à l'intérieur, le tout faisant l'objet de deux visites guidées. La structure circulaire de l'édifice donne un air d'élégance à cette île relativement sauvage ; il s'agit de l'un des lieux les plus appréciés de la région. L'été, une foule s'y presse, attirée par une programmation riche et éclectique.

PAVILION HOTEL €€€

513 Crescent Avenue
✆ +1 877 778 8322
www.visitcatalinaisland.com

Chambres doubles à partir de 360 US$.

Situé à quelques pas de la mer, à côté du port, cet hôtel propose des séjours les pieds dans l'eau. Les chambres situées au rez-de-chaussée bénéficient de petits jardins individuels ou semi-privatifs, tandis que des espaces verts ont été conçus pour accueillir les hôtes du 2e étage. En somme, on profite de vues splendides sur le Pacifique d'un côté et d'une végétation luxuriante de l'autre. Si les chambres ne sont pas très grandes, elles sont modernes et bien équipées. Cerise sur le gâteau : la proximité de l'essentiel des attractions d'Avalon.

THE LOBSTER TRAP €€

128 Catalina Street
✆ +1 310 510 8585
www.catalinalobstertrap.com

Tous les jours, de 11h à 22h (heure de fermeture variable). Plats de 20 US$ à 36 US$. Sandwichs de 12 US$ à 18 US$.

Du poisson frais à un prix décent : voici la devise de ce bon restaurant à l'atmosphère décontractée. Intégralement bleue avec diverses illustrations, la façade extérieure donne le ton : ce n'est pas parce que le restaurant a choisi d'inclure le mot « *homard* » dans son nom qu'il s'agit d'un lieu guindé. Un sentiment confirmé par la décoration intérieure, conférant au tout un air de cabane de vieux loups de mer. Au menu : des sandwichs, des calamars sautés, la pêche du jour, mais aussi des produits de la terre, faisant la part belle au poulet. Excellente adresse !

CÔTE SUD

Sur cette portion de la côte, Disneyland est assurément l'une des attractions principales. Néanmoins, afin de gagner le sud, la route longe l'océan pour traverser des *beach cities* dont les panoramas sont plus splendides les uns que les autres et où la beauté des couchers de soleil force la halte. Vient alors San Diego. Passage incontournable lors d'un séjour dans la région, la ville fait montre d'une grande richesse, tant d'un point de vue historique que culturel. Berceau de la région, on y trouve l'exceptionnel Balboa Park, un site de près de 5 km^2 de musées et de jardins luxuriants. Il règne dans les rues une joie de vivre insufflée par la *beach attitude* qui caractérise ses plages, ajoutant une nouvelle ambiance au très urbain Downtown. Bien qu'étendus, les lieux se prêtent à la promenade, entre le front de mer, les Farmers Markets, les cafés, bars, restaurants et boutiques indépendantes. En somme, un petit joyau à taille humaine.

LOS ANGELES
FULLERTON
ANAHEIM - DISNEYLAND
ORANGE
GARDEN GROVE
SEAL BEACH
SANTA ANA
IRVINE
HUNTINGTON BEACH
NEWPORT BEACH
MISSION VIEJO
LAGUNA BEACH
DANA POINT
SAN CLEMENTE
Santa Ana River
Riverside
Corona
Temescal Valley
Lake Elsinore
Murrieta
Oceanside
CARLSBAD
Encinitas
Côte sud
20 KM

Banning
Desert Hot Springs
PALM SPRINGS ★★
Hemet
Idyllwild
Cathedral City
Indio
Anza
New Santa Rosa
ecula
Pechanga
Oak Grove
PALOMAR MOUNTAIN STATE PARK
Warner Springs
Borrego Springs
ANZA-BORREGO DESERT STATE PARK
Morettis Junction
ESCONDIDO
Julian
Ramona
Poway
CUYAMACA RANCHO STATE PARK
Mount Laguna
Viejas
El Cajon
National City
Campo
Tecate
MEXIQUE

PAGES

411 ## ●● DE DISNEYLAND À SAN DIEGO

Traversée par la Pacific Coast Highway, la région qui sépare Los Angeles de San Diego est particulièrement agréable à parcourir en voiture. Ses charmantes *beach cities* méritent assurément le détour, dans le cadre d'arrêts sur la route ou d'un séjour prolongé, pour les voyageurs non pressés. Auquel cas nous vous suggérons de poser vos bagages à Huntington Beach – ou « *Surf City* » – pour expérimenter pleinement l'ambiance décontractée de la côte californienne. C'est aussi dans cette zone, à moins d'une heure de la Cité des Anges, que se trouve Disneyland ; l'occasion d'une visite enchanteresse.

411 ANAHEIM - DISNEYLAND ★★
416 FULLERTON ★
416 GARDEN GROVE
416 ORANGE ★
417 SANTA ANA ★
417 SEAL BEACH ★
418 HUNTINGTON BEACH ★★
420 NEWPORT BEACH ★★
421 LAGUNA BEACH ★★
422 DANA POINT ★★
422 SAN CLEMENTE ★
423 CARLSBAD
423 TORREY PINES STATE NATURAL RESERVE
423 CUYAMACA RANCHO STATE PARK
423 PALOMAR MOUNTAIN STATE PARK

425 ●● SAN DIEGO

ANAHEIM - DISNEYLAND ★★

Anaheim est la ville de naissance du premier parc d'attractions imaginé par Walter Elias Disney. L'idée lui serait venue en observant ses filles jouer dans le carrousel de Griffith Park, à Los Angeles. Objectif : créer un nouveau type de parc, où enfants et parents pourraient s'amuser ensemble. Son rêve devient réalité le 17 juillet 1955. Le premier parc – simplement nommé *Disneyland Park* – regroupe toutes les attractions intemporelles héritées de l'univers Disney, autour de neuf mondes fantastiques : Star Wars : Galaxy's Edge, Fantasyland, Tomorrowland, Adventureland, Critter Country, Frontierland, Main Street U.S.A., Mickey's Toontown et New Orleans Square. Le second, Disney California Adventure Park, ouvert en 2001, rend un hommage féerique à la Californie et aux explorateurs, conquistadors, entrepreneurs, aviateurs et rêveurs qui ont contribué au succès et à la renommée du Golden State.
Anaheim est également célèbre pour son équipe professionnelle de hockey sur glace, les Ducks d'Anaheim, fondée en 1993 par... la Walt Disney Company, sous le nom de *Mighty Ducks of Anaheim* – « Les Puissants Canards d'Anaheim ». Un clin d'œil au film *The Mighty Ducks – Les Petits champions* (1992) – dans lequel des enfants de 12 ans, toujours perdants, se transforment en champions de hockey sur glace. L'équipe sera vendue à Susan et Henry Samueli en 2005, qui la rebaptiseront Anaheim Ducks.

Pratique

Quelle que soit la durée de votre séjour, vous pouvez acheter un ticket supplémentaire, le *Park Hopper*, afin d'explorer les deux parcs. Comptez 60 US$.

Se loger

S'il est plus économique de loger en dehors d'Anaheim, vous pourrez prolonger la magie des attractions en optant pour l'un des hôtels des parcs. Autre option : choisir un des établissements *Disney-approved*, situés dans les proches environs des lieux, plus attractifs et disposant de navettes effectuant gratuitement les liaisons avec les parcs. Néanmoins, attention, les prix peuvent varier du simple au triple durant l'été, voire les week-ends !
Voici la liste et les offres spéciales : https://disneyland.disney.go.com/hotels/good-neighbor/

Se restaurer

Des *hot dogs* aux gaufres en passant par les sandwichs, le poulet frit, les crêpes, les churros, les pommes d'amour et les cookies, les options de *fast food* sont innombrables… Et plus coûteuses qu'ailleurs, Disneyland oblige. Si nous vous recommandons de privilégier le pique-nique, vous pouvez également opter pour un restaurant au décor magique – mais au rapport qualité-prix laissant souvent à désirer – comme le Blue Bayou, au cœur de l'attraction Pirates of the Caribbean.

Sortir

Au pays où les rêves deviennent réalité, des spectacles ont lieu quotidiennement, le jour comme le soir. Voici les incontournables :

- **Disneyland Forever.** Cette chorégraphie intemporelle de jeux de lumière et de son se conclut en beauté par des feux d'artifice tirés au-dessus du château de la Belle au bois dormant. Cependant, attention aux horaires : bien qu'il soit si caractéristique du parc, il arrive que le show n'ait lieu que du vendredi au dimanche, à 21h30. Ainsi, renseignez-vous en ligne avant votre visite. Durée : 14 minutes.
- **World of Color.** Chaque soir, Disney California Adventure Park accueille un spectacle aquatique magnifique, où jets d'eau et faisceaux de lumière multicolores se mêlent pour former un véritable kaléidoscope magique. Pocahontas, Mickey, Mérida… Il s'agit d'un univers enchanté, dans lequel les personnages de Disney et de Pixar prennent vie. Durée : 22 minutes. Horaires variables selon les jours : à 21h et à 22h15 du lundi au jeudi, et à 20h45 du vendredi au dimanche.

Sports / Loisirs

Anaheim est dotée d'un stade de baseball, le Angel Stadium. Surnommé *The Big A*, il a été créé en 1966 pour les Angels de Los Angeles, qui l'occupent toujours. Billets et programme ici : www.mlb.com/angels/ballpark.
Un séjour dans la ville est également l'occasion d'aller voir les Ducks d'Anaheim jouer au Honda Center, construit en 1993. Par ailleurs, l'amphithéâtre accueille des spectacles tout au long de l'année. Billets et programme ici : www.hondacenter.com.

Transports

Pensé pour accueillir le plus grand nombre, Disneyland est très bien desservi. Si vous arrivez en voiture depuis Los Angeles, empruntez l'Interstate 5 vers le sud, jusqu'à Disneyland Drive. Comptez moins d'une heure de route et prévoyez 30 US$ de parking par voiture.
Autrement, des bus partent tous les jours de la Cité des Anges et des villes voisines. Renseignements sur : https://disneyland.disney.go.com/guest-services/transportation/

CARS LAND

Disney California Adventure Park

Si cette zone ouverte en 2012 est entièrement consacrée à *Cars* et à ses personnages, même les non-amateurs du dessin animé prendront un plaisir certain à se promener parmi ses superbes décors. En plus du voyage qu'elle promet dans l'Ouest américain, au cœur d'une petite ville située en bordure de la Route 66, on se rend à Cars Land pour sa sympathique Radiator Springs Racers, l'une des attractions les plus chères jamais construites par Disney. Au programme : une virée sur un circuit à travers le désert avec les personnages de Flash McQueen et Doc Hudson.

HOLLYWOOD LAND ★

Disney California Adventure Park

Originellement ouvert sous le nom de « *Hollywood Pictures Backlot* », son décor rend hommage à l'âge d'or d'Hollywood... Et quel décor ! Impressionnant de réalité, il plonge le visiteur dans les années 1930. En plus des devantures de théâtre et des grandes affiches, l'univers compte des animations 3D telles que la célèbre Monsters, Inc. Mike & Sulley to the Rescue !, au cours de laquelle on tentera de retrouver l'irrésistible Boo. On se rendra également à l'Animation Academy pour s'offrir un cours de dessin et s'immerger dans les coulisses du cinéma d'animation.

DISNEY CALIFORNIA ADVENTURE PARK ★★★

1313 Disneyland Drive

✆ +1 714 781 4636

Tous les jours, de 8h à 22h. 104 US$ la journée.

Véritable concentré d'émotions, le parc explore avec magie le futur de Disney ainsi que l'héritage du Golden State. Il propose chaque année de nouveaux spectacles, de nouveaux palais, de nouvelles grottes merveilleuses, des capsules spatiales de plus en plus étonnantes et performantes... Sa dernière innovation : le très réussi Avengers Campus, inspiré de l'univers cinématographique Marvel. De Cars à Hollywood Lands, petits et grands se régaleront de décors aussi réussis que dépaysants.

PACIFIC WHARF ★★

Disney California Adventure Park

Avis aux parents en quête de repos : rendez-vous à Pacific Wharf ! Inspiré par les vieux ports de pêcheurs californiens, ce quartier est idéal pour se détendre au soleil ou se restaurer dans un décor 100 % marin. Cafés, restaurants, terrasses... Au total, on y trouve une petite vingtaine d'établissements, parmi lesquels se démarque la célèbre boulangerie Boudin. Pour l'anecdote, il s'agissait à l'origine d'une « sous-section » d'un univers plus grand, baptisé « Golden State », qui comprenait également Grizzly Peak et Condor Flats, deux zones assemblées en 2015.

GRIZZLY PEAK ★★

Disney California Adventure Park

L'aventure au pays des sequoias géants et des montagnes majestueuses. Grizzly Peak rend hommage à la Californie et aux premiers colons à avoir foulé son sol fertile. Tandis que les visiteurs partiront à l'aventure sur les rapides du Grizzly River Run, ils se surpasseront dans le Redwood Creek Challenge Trail, un parcours plein de surprises. Enfin, ils pourront embarquer dans un aéronef pour partir à la découverte de la Muraille de Chine, des Pyramides d'Egypte ou du Kilimandjaro grâce à une simulation de vol, dans l'attraction Soarin' Around the World.

PIXAR PIER ★

Disney California Adventure Park

Des génialissimes montagnes russes Incredicoaster inspirées du dessin animé *Les Indestructibles 2* au nouveau manège Jessie's Critter Carousel – *Toy Story 2* – en passant par le tourbillon émotionnel de Joie et Tristesse – les personnages phares d'*Inside Out*, ou *Vice-versa* en français – l'univers plonge le visiteur dans le monde des studios Pixar, comme son nom l'indique. Le tout dans un décor qui ressemble à s'y méprendre à une jetée, sur laquelle trône une grande roue, à la manière de la célèbre Santa Monica, à l'ouest de Los Angeles. À ne pas manquer !

L'EMPIRE DISNEY

L'ARCHÉTYPE DE LA SUCCESS STORY

Né le 5 décembre 1901 à Chicago, Walter Elias Disney se prend de passion pour le dessin dès son plus jeune âge : à 7 ans, il vend déjà ses créations à ses voisins. En 1918, pendant la Première Guerre mondiale, il couvre d'illustrations l'ambulance de la Croix-Rouge, dont il est le chauffeur. Il entamera une carrière de graphiste deux années plus tard, à renfort de cartoons publicitaires. En août 1923, c'est seulement avec 40 dollars en poche, quelques crayons et pinceaux, ainsi qu'une animation aboutie, avec prise de vue réelle – *Alice au Pays des Merveilles* – qu'il arrive à Hollywood. Son aventure débutera avec la vente de la série *Alice Comedies*, marquant la naissance de la Walt Disney Company, originellement baptisée Disney Brothers Cartoon Studio. À la base de l'empire en devenir, une star : Mickey Mouse, héros d'une suite de courts-métrages lancée en 1928, après des débuts difficiles. Les deux premiers dessins animés étant muets, Disney devra attendre la révolutionnaire apparition du son, la même année, pour vendre le troisième épisode, *Steamboat Willie*. Le succès est immédiat. L'illustrateur est propulsé dans l'Histoire, tandis que la Walt Disney Company engrange les dollars, à renfort de produits dérivés alors novateurs, qui émergent dans les années 1930.

Des succès à n'en plus finir

Le réalisateur entreprend une autre série : les *Symphonies Idiotes*. En 1932, le premier *cartoon* entièrement en couleur, *Des Arbres et des Fleurs*, lui vaudra son premier Oscar, dans la catégorie du meilleur court-métrage d'animation. Seulement deux années plus tard, Walt Disney se lance dans l'ambitieux projet de créer le premier long-métrage d'animation de l'histoire du cinéma, sonorisé et en couleurs. Il s'agit de *Blanche-Neige et les Sept Nains*. Après trois ans de travail et un budget de 1,5 million de dollars, le film sort pour Noël 1937 et remporte un succès sans précédent : le plus gros à l'échelle mondiale avant *Autant en emporte le vent* (1939). Après des échecs commerciaux relatifs – *Pinocchio* (1940), *Fantasia* (1940), *Dumbo* (1941), ou encore *Bambi* (1942) – sur un marché européen en proie à la Seconde Guerre mondiale, la société regagne en puissance dans les années 1950. Mentionnons ses gros budgets comme *L'Île au Trésor* (1950) et *Cendrillon* (1950), puis ses documentaires, tels que *Le Désert Vivant* (1953) et *Lions d'Afrique* (1955).

Des films d'animation aux parcs à thèmes

Amenant souvent ses filles au zoo, Walt Disney a l'idée de créer un lieu où petits et grands pourraient s'amuser : le parc Disneyland ouvrira ses portes à Anaheim le 17 juillet 1955. Malgré cette nouvelle réussite, l'artiste estime que tant que l'imagination aura son mot à dire, le site ne sera jamais terminé. Ainsi, on ajoutera de nouvelles attractions jusqu'à ce que la place manque.

Particulièrement novateur, l'illustrateur s'intéresse à de nouveaux projets et fait construire The California Institute of Arts en 1961, à Valencia, dans la banlieue nord de Los Angeles. Objectif : réunir au sein d'une même école tous les secteurs créatifs du film d'animation. Passionné par l'exploration de nouvelles formes urbaines et par les architectures futuristes, Walt Disney lance le projet – longtemps inachevé – EPCOT Center, prototype d'une nouvelle ville aux allures irréelles. Dans la même lignée, le dessinateur ambitionne de bâtir une cité « idéale ». Pour ce faire, il achète en 1965 un terrain de 110 km^2 au milieu de la Floride. Malheureusement, le génie ne verra pas l'aboutissement du plus fantastique parc d'attractions de son univers, en octobre 1971, puisqu'il s'éteindra le 15 décembre 1966. C'est son frère Roy qui supervisera le projet jusqu'à sa propre mort, peu après l'ouverture. Le projet EPCOT Center sera relancé une dizaine d'années plus tard, pour être intégré à Walt Disney World Resort en 1982.

De nos jours, la Walt Disney Company sort chaque année des films à gros budget… Et à gros succès. Parallèlement, de nouveaux parcs d'attractions ont ouvert leurs portes, à l'instar de Disneyland Tokyo, qui a remporté un succès immédiat en 1983. En revanche, après des débuts désastreux en 1992, il faudra attendre qu'Euro Disney Resort soit rebaptisé en Disneyland Paris et réadapté aux goûts français pour qu'il jouisse d'un succès international. Si la concurrence des nouveaux studios d'animations comme DreamWorks – cofondé par Steven Spielberg – se fait rude, les parcs de l'univers se portent bien. Surtout, le consortium continue de grossir, rachetant des sociétés hôtelières, des studios et des télévisions.

DISNEYLAND PARK ★★★★

1313 Disneyland Drive
✆ +1 714 781 4636
Tous les jours, de 8h à minuit. 104 US$ la journée.

Il regroupe toutes les attractions intemporelles héritées de l'univers Disney, ainsi que l'incontournable nouveau monde Star Wars : Galaxy's Edge, dont la création en 2019 a été permise par le rachat de la société de production Lucasfilm, sept années auparavant. Premier parc à thème jamais réalisé – en 1955 – Disneyland Park a servi de modèle à de nombreux autres sur la planète et est devenu l'un des endroits les plus visités au monde.

En conséquence, il est bondé en été, le week-end et pendant les vacances scolaires – le pic de fréquentation étant atteint lorsque l'on cumule ces trois périodes. Le temps d'attente pour accéder aux attractions peut alors atteindre 2 heures... En plein soleil ! Afin d'éviter les longues files, il est recommandé d'arriver dès l'ouverture des portes et de commencer par les animations les plus populaires, telles qu'Indiana Jones Adventure, Space Mountain, Splash Mountain, Big Thunder Mountain Railroad, Pirates of the Caribbean et Haunted Mansion. Profitez également des heures des repas – généralement situées entre 11h30 et 13h30, puis entre 17h30 et 20h.

Par ailleurs, n'hésitez pas à recourir au service de Fastpass, également disponible pour Disney California Adventure Park – et à Paris. Concrètement, il s'agit de scanner son billet à la borne de l'attraction pour recevoir un ticket avec un créneau horaire durant lequel il faudra revenir. Cependant, attention : on ne peut prendre qu'un pass à la fois, et il n'est disponible que dans les animations les plus fréquentées.

ADVENTURELAND ★★

Disneyland Park

Pensé pour ressembler aux jungles reculées d'Afrique, d'Asie, d'Amérique du Sud, d'Océanie ou encore des Caraïbes, Adventureland est l'un des thèmes récurrents des parcs Disneyland à travers le monde. On y trouve notamment l'incontournable attraction Indiana Jones Adventure, inspirée de la célèbre saga incarnée par Harrison Ford, et réservée aux adeptes de sensations fortes. Également au programme : Jungle Cruise, une promenade en bateau accessible à toute la famille, et Walt Disney's Enchanted Tiki Room, la reconstitution d'une maison cérémonielle en Polynésie.

CRITTER COUNTRY ★★

Disneyland Park

Originellement intégrée dans Frontierland sous le nom d'Indian Village, cette zone du parc est devenue « Bear Country » en 1972, un univers à part entière. Elle prendra son nom actuel en 1988, juste avant l'ouverture de son attraction phare, l'amusant – et humide – Splash Mountain, l'année suivante. Un dernier ajout notable a eu lieu en 2003 : The Many Adventures of Winnie the Pooh, consacré au joyeux pays de Winnie l'Ourson et de ses amis. Un conte enchanté qui replongera les adeptes du dessin animé sorti en 1977 dans ses chansons et scènes cultes.

FANTASYLAND ★★★

Disneyland Park

Peter Pan, Blanche-Neige, Cendrillon, Alice, Pinocchio, Dumbo... Fantasyland est un lieu magique, celui des contes de fées, des princes et des princesses, organisé autour du château de la Belle au bois dormant, comme à Paris. Cependant, les aficionados risquent de ressentir une pointe de déception à la vue du palais, moins impressionnant que celui érigé en France. Par ailleurs, il s'agit également de l'univers de l'attraction « It's a small world », un voyage enchanteur à travers les sept mers, sur les notes de l'une des chansons les plus entêtantes de Disney.

FRONTIERLAND ★★

Ici, on se met en route pour le Grand Ouest et l'époque des pionniers à bord du train du Big Thunder Mountain Railroad – « *Chemin de Fer de la Montagne du Grand Tonnerre* », rien que ça – qui fera passer les visiteurs par les entrailles d'une mine d'or hantée. Frontierland rend aussi hommage à Tom Sawyer – l'un des célèbres personnages de l'écrivain américain Mark Twain (1835-1910) – à qui une île est consacrée. Enfin, on y trouve notamment le Sailing Ship Columbia, la réplique d'un majestueux vaisseau du 18e siècle qui navigue sur les eaux du parc.

MAIN STREET, U.S.A. ★

Disneyland Park

Presque historique, cette rue est l'une des premières créations de Disneyland. Main Street commence par Town Square, où sont concentrées les commodités : accueil, plans, toilettes, téléphones, kiosque à journaux, chenil... C'est ici que les visiteurs rencontreront pour la première fois Mickey, Donald ou Pluto, et qu'ils pourront prendre le train à vapeur jusqu'à New Orleans Square, Mickey's Toontown et Tomorrowland. Ils se perdront également dans les nombreuses boutiques, emplies de t-shirts, tasses, plaids, tiares, déguisements et autres souvenirs en tout genre.

MICKEY'S TOONTOWN ★

Disneyland Park

Ce mini-pays est intégralement construit pour les mini-visiteurs : les enfants en bas âge, qui découvriront avec joie le monde fantastique de Mickey et de ses amis. Ils s'amuseront à aller dans le bateau de Donald, à explorer la maison de Minnie, à grimper dans la cabane de Tic et Tac – Chip'n Dale Treehouse – à poursuivre Roger Rabbit à bord d'un taxi ou encore à dévaler la petite montagne russe Gadget's Go Coaster. Néanmoins, il faudra attendre 2023 pour que la remise à neuf de Mickey's Toontownprenne fin et que la zone soit rouverte au public.

NEW ORLEANS SQUARE ★★

Disneyland Park

Sur fond de jazz, l'univers nous emmène dans la Louisiane du 19e siècle. Outre le plaisir de se promener dans ses rues, New Orleans Square abrite deux des attractions les plus appréciées du parc, aux décors somptueux : The Haunted Mansion et Pirates of the Caribbean. Sorte de train fantôme revisité, cette première a donné lieu au film du même nom – *Le Manoir Hanté et les 999 Fantômes* (2004). Idem pour la seconde, une croisière sur les eaux caribéennes qui est à l'origine de la saga portée par Johnny Depp, dans le rôle du légendaire Jack Sparrow.

TOMORROWLAND ★★

Disneyland Park

Le « *Monde de demain* » est un univers futuriste fait de robots et de vaisseaux spatiaux. On y trouve plusieurs attractions iconiques, telles que Space Mountain, devenue Hyperspace Mountain et adaptée à la sauce Star Wars. Au programme : des sensations fortes à bord de montagnes russes en intérieur, sur fond de jeux de lumière et de son. Notons également l'incontournable Star Tours – The Adventures Continue, un simulateur de vol en 3D piloté par le maladroit C-3PO. Enfin, ne manquez pas Buzz Lightyear Astro Blasters, sorte de *laser game* en mouvement.

STAR WARS : GALAXY'S EDGE ★★★

Disneyland Park

Véritable ode à l'épopée Star Wars, ce nouvel univers a ouvert ses portes en mai 2019. Il s'agit sans aucun doute de l'une des expériences les plus immersives et interactives du parc. Après avoir pris le contrôle du vaisseau le plus rapide de la galaxie avec Millennium Falcon : Smugglers Run, rendez-vous à Star Wars : Rise of the Resistance pour affronter le Premier Ordre. Surtout, prenez le temps de parcourir les commerces et restaurants, tout droit sortis de la saga. Immanquable.

CASTLE INN & SUITES €€€

1734 S Harbor Boulevard

✆ +1 714 774 8111

www.castleinn.com

Chambres doubles à partir de 159 US$ la nuit, parking inclus.

Situé face à l'entrée principale de Disneyland, Castle Inn & Suites est construit à l'image d'un château fort du Moyen Âge. Certes, il est très kitsch, mais change agréablement du simple décor des motels... D'autant que ses tarifs sont plus accessibles que ceux des hôtels dans lesquels on pourra séjourner à quelques centaines de mètres plus loin. Les visiteurs auront le choix entre des chambres standard avec deux lits *queen-size* et des suites de tailles variées. Par ailleurs, on y trouve une piscine extérieure chauffée et un bassin pour enfants.

DISNEY'S PARADISE PIER HOTEL €€€

1717 South Disneyland Dr.
✆ +1 714 999 0990
Chambres doubles à partir de 450 US$ la nuit.
Comme son nom peut le laisser penser, le Disney's Paradise Pier Hotel s'est inspiré du front de mer californien – et des établissements qui s'y sont installés – pour la décoration de ses quelque 500 chambres et suites. Bien qu'elles soient confortables et spacieuses, les installations ne sont plus de première jeunesse : on optera pour cet hôtel pour son emplacement, imbattable. Attention aux piscines, des opérations de maintenance étant programmées à certaines périodes de l'année.

DISNEYLAND HOTEL €€€

1150 Magic Way
✆ +1 714 778 6600
Chambres doubles à partir de 660 US$ la nuit.
De grands immeubles modernes comptant au total près de 1000 chambres et suites luxueuses donnant sur les piscines ou le parc : bienvenue au Disneyland Hotel. On y trouve une salle de fitness, deux toboggans aquatiques et deux belles piscines au thème rétro, en plus de deux bains à remous. Si le décor Disney est omniprésent, les chambres restent classiques, avec seulement quelques tableaux de Mickey aux murs. Certes, les tarifs à la nuit peuvent atteindre des sommets, mais séjourner ici présente l'occasion de pousser l'expérience des parcs à son paroxysme.

FULLERTON ★

À quelques kilomètres au nord d'Anaheim, cette petite ville mérite d'être mentionnée pour son beau jardin botanique, le plus grand d'Orange County. Situé au nord du campus de California State University – Fullerton, il contient quelque 4 000 plantes, ainsi que des étangs et des ruisseaux où l'on croisera des canards.

Pratique

L'arboretum est ouvert aux visiteurs du mercredi au lundi, de 9h à 16h. Si l'entrée est libre, une donation de 5 US$ est la bienvenue. Rendez-vous au 1900 Associated Rd. Informations complémentaires ici : www.fullertonarboretum.org.

GARDEN GROVE

Installée à 7 kilomètres au sud de Disneyland, cette localité présente peu d'intérêt, si ce n'est son incroyable Christ Cathedral.

Histoire

À l'origine nommé « Crystal Cathedral », le bâtiment a été édifié à l'initiative du révérend évangéliste Robert H. Schuller, qui a commencé à prêcher dans les années 1950 sur une aire de cinéma en plein air. Achevée en 1980, la cathédrale a finalement été rachetée par l'Église catholique romaine en 2011. Les meilleures périodes pour la visiter sont celles de Pâques et de Noël, quand se tiennent des célébrations impressionnantes de démesure.

CHRIST CATHEDRAL ✝ ★★

13280 Chapman Ave
✆ +1 714 971 2141
www.christcathedralcalifornia.org
Tous les jours, de 6h30 à 21h. Horaires des messes disponibles en ligne.
Construite grâce aux donations des auditeurs fidèles, cette cathédrale est l'œuvre de l'architecte Philip Johnson. Véritable monument postmoderniste, ses murs et ses voûtes sont couverts de quelque 10 000 panneaux de verre teinté, tandis qu'il compte près de 3 000 sièges et possède un orgue majestueux de 17 106 tuyaux. Depuis qu'elle en est devenue la propriétaire en 2011, l'Église catholique romaine y a fait plusieurs ajouts, tel qu'un autel en marbre de Carrare. La pièce centrale : un crucifix d'environ 450 kilos, forgé en acier noirci et incrusté de bijoux.

ORANGE ★

La visite de cette ville fondée en 1871 et située à moins d'une dizaine de kilomètres de Disneyland est mémorable. Rendez-vous dans le quartier Old Towne, à la « Plaza » – un rond-point marqué par un petit espace vert doté d'une fontaine – puis laissez le charme opérer. Comme arrêtée dans le temps, la zone est emplie d'« *antique stores* », des boutiques spécialisées dans la vente d'objets du quotidien symboliques de l'Amérique du XXe siècle. Franchissez l'une des portes pour voyager entre les figurines *Star Wars*, les boîtes de conserve, les plaques d'immatriculation et les bouteilles de Coca-Cola. Des joyeux bric-à-brac kitsch à souhait ; on adore !

SANTA ANA ★

Pas réellement touristique, cette ville mérite pourtant d'être mentionnée à plusieurs titres. D'abord, il s'agit du siège d'Orange County. Ensuite, elle abrite John Wayne Airport, qui dessert les principales villes des Etats-Unis : vous serez peut-être amené à y passer pour vous rendre à Las Vegas, Phoenix ou Salt Lake City. Enfin, c'est à Santa Ana que se trouve Bowers Museum, un beau musée situé sur Main Street. Y sont exposées quelque 120 000 pièces issues de la Mésoamérique, mais aussi de l'art amérindien, africain ou encore asiatique. Une visite à faire du mardi au dimanche, de 10h à 16h. Comptez 15 US$ par adulte et prévoyez une demi-journée.

SEAL BEACH ★

Première ville côtière rencontrée dans Orange County, la charmante petite Seal Beach se prête à une – courte – promenade le long des boutiques, cafés et restaurants de Main Street, qui relie Pacific Coast Highway à la jetée. Une fois sur la plage, remarquez la silhouette du Long Beach Harbor à l'est et Catalina Island au sud-ouest.

Les sportifs parcourront le San Gabriel River Bike Trail, un bel itinéraire vélo qui longe la rivière séparant Seal Beach du comté de Los Angeles, tandis que les adeptes de nature se rendront dans la zone protégée de Seal Beach National Wildlife Refuge, un point d'escale important pour les oiseaux migratoires.

SEAL BEACH NATIONAL WILDLIFE REFUGE

800 Seal Beach Blvd ✆ +1 562 598 1024
www.fws.gov/refuge/seal-beach

Des visites mensuelles sont organisées : contactez le refuge avant votre venue. Les walking tours durent environ 2h.

Créé en 1972, le Seal Beach National Wildlife Refuge est une zone protégée de près de 390 hectares, dédiée à la faune et à la flore locales. Oiseaux aquatiques et migratoires, poissons, tortues de mer, requins : voici une liste non exhaustive de ses habitants. Si on ne pourra espérer apercevoir que des oiseaux – et parfois quelques tortues de mer – lors des *walking tours* organisés mensuellement, une visite présente l'occasion de s'initier à la préservation des espèces.

THE CREMA CAFE €€

322 Main Street ✆ +1 562 493 2501
www.cremacafe.com

Tous les jours, de 7h à 15h. Petits déjeuners : 10,36 US$-19,35 US$. Pancakes, gaufres et crêpes : 10,63 US$-17,35 US$.

Niché au nord de Main Street, près de Pacific Coast Highway, cette adresse se prête particulièrement à un petit déjeuner matinal, à un brunch, ou encore à une pause sucrée en début d'après-midi. Des traditionnels « *two eggs any style* » aux Bénédicte en passant par les omelettes, les œufs sont déclinés sous toutes leurs formes. The Crema Cafe propose également une large sélection de pancakes, crêpes et gaufres, ainsi que des viennoiseries, exposées en vitrine. En somme, un établissement sympathique, doté d'une terrasse ombragée et installée à l'écart de la rue.

CÔTE SUD

© MATT GUSH - SHUTTERSTOCK.COM

Santa Ana.

HUNTINGTON BEACH ★★

Difficile de ne pas succomber au charme de la « *Surf City* », spot incontournable des surfeurs débutants comme confirmés. Entre son ambiance décontractée, sa taille moyenne et ses savoureux restaurants *healthy*, Huntington Beach – ou HB – constitue un point de chute idéal pour les voyageurs désireux de goûter au rythme des *beach cities* californiennes.

Sports / Loisirs

Chaque année, entre juillet et août, c'est ici que se tient la plus grande compétition de surf au monde : la U.S. Open of Surfing.
Par ailleurs, notez que la ville est pourvue de nombreuses boutiques louant planches et combinaisons, principalement situées sur Main Street – qui accueille également l'essentiel de l'animation, diurne et nocturne. Lorsqu'ils ne seront pas à l'eau, les amateurs de glisse se rendront au Vans Off The Wall Skatepark, au 7471 Center Avenue, à une dizaine de kilomètres au nord de la jetée.

Tourisme

En dehors du Huntington Beach International Surfing Museum et de Bolsa Chica Wetlands, une réserve où l'on peut évoluer – gratuitement – parmi mouettes et pélicans, il y a peu de choses à faire dans la ville... Si ce n'est surfer, se promener sur la jetée, parcourir les 16 kilomètres de plages à pied ou à vélo, se prélasser sur le sable, jouer au *beach volley* et participer à un feu devant le coucher du soleil. *Enjoy!*

CÔTE SUD

© JBREEVES - ISTOCKPHOTO

Beach volley sur la plage d'Huntington.

HUNTINGTON BEACH INTERNATIONAL SURFING MUSEUM

411 Olive Avenue
✆ +1 714 960 3483
Du jeudi au dimanche, de 11h à 17h.

Comme son nom l'indique, ce musée ouvert en 1987 est dédié au surf, à sa culture et à tous les aspects qui en font un sport si unique, en Californie comme à l'international. On y trouve quelques curiosités, telles que la planche la plus grande du monde – 12,8 mètres – inscrite au Livre Guinness des records, et l'imposant buste de Duke Kahanamoku (1890-1968), un nageur hawaiien professionnel qui a démocratisé la pratique du surf. Une visite intéressante, pour passionnés ou non.

HUNTINGTON SURF INN €€€

720 Pacific Coast Highway
✆ +1 714 536 2444
www.huntingtonsurfinn.com
Chambres doubles à partir de 170 US$ la nuit. Parking gratuit.

Cet hôtel respire la *beach attitude* : vous y croiserez certainement des surfeurs de renommée internationale. À grand renfort de belles photographies de vagues et de planches, la décoration des chambres met à l'honneur le surf et son influence sur la culture californienne. Surtout, la localisation est idéale, puisqu'elle permet de rejoindre Huntington Beach Pier à pied, en quelques minutes. Néanmoins, si vous avez le sommeil fragile, la Pacific Coast Highway voisine et son lot de trafic pourraient présenter un inconvénient : n'oubliez pas vos boules Quies.

JAN'S HEALTH BAR €

501 Main Street ✆ +1 714 536 4856
www.janshealthbar.com
Du lundi au samedi, de 8h à 18h. Jusqu'à 17h le dimanche. Bowls de 9,95 US$ à 11,95 US$, salades : 7,75 US$ à 12,95 US$.

Sans conteste l'une des meilleures adresses *healthy* de HB, elle propose une dizaine de salades appétissantes, ainsi que quelques excellents *bowls* copieux aux ingrédients variés. On y vient également pour sa grande variété de smoothies, des plus légers comme celui au kale, à l'épinard, à l'ananas et à la banane, aux gourmands comme celui au beurre de cacahuète ou d'amande. Par ailleurs, on trouve de nombreuses options végétariennes, *vegan* et sans gluten. Le restaurant étant assez bruyant, nous vous recommandons de prendre à emporter pour déjeuner sur la plage.

© ATOM WANG - SHUTTERSTOCK.COM

Huntington Beach, Californie.

SANCHO'S TACOS €

602 Pacific Coast Highway ✆ +1 714 536 8226
www.sanchostacos.com
Lundi-samedi : de 8h à 21h. Jusqu'à 20h le dimanche. Petits déjeuners : 6,85 US$-9,95 US$. Tacos : 3,70 US$-5,95 US$.

Cette petite chaîne installée sur la côte californienne, de Huntington Beach à Oceanside en passant par Newport Beach, est particulièrement appréciée par les locaux. Qu'il s'agisse de ses délicieux petits déjeuners ou de ses savoureux tacos et burritos, elle propose de bons produits frais. Les desserts, des churros servis par quatre ou huit, se prêtent également à un goûter gourmand après une session de surf. Une adresse tenue par un personnel sympathique, idéale pour un bon repas simple et peu coûteux, que l'on peut emporter sur la plage. Coup de cœur !

SUGAR SHACK CAFE €

213 Main Street
✆ +1 714 536 0355
www.hbsugarshack.com
Tous les jours, de 6h à 14h. Petits déjeuners « specials » de 11,25 US$ à 14,50 US$. Pancakes de 4,50 US$ à 9 US$.

Cette institution ouverte en 1967 par un couple de locaux sert des petits déjeuners typiques, que l'on prend à l'extérieur ou dans une salle aux murs saturés de petits cadres organisés autour d'une planche de surf. En dehors des *pancakes*, des omelettes, des œufs Bénédicte, des *toasts* et des assiettes combinant œufs et viandes, on y trouve les spécialités de la maison. La plus populaire, Michele – du nom de la propriétaire, également la fille des fondateurs – est constituée de poitrine de poulet grillée servie avec des œufs brouillés, des poivrons et des tomates.

VEGAN NIRVANA €

7862 Warner Ave Ste 110 ✆ +1 714 847 4080
www.vegannirvana.com
Tous les jours, de 11h à 00h. Wraps à 14,25 US$, sandwichs de 13,85 U$ à 15,75 US$, assiettes de 15,25 US$ à 16,95 US$.

Bien qu'il ne paie pas de mine, ce petit restaurant installé sur une grande avenue à 10 minutes de voiture de Huntington Dog Beach prépare une délicieuse cuisine *vegan*. Tacos, sandwichs, wraps, assiettes de riz et légumes... On y mange de la *fast food*, certes, mais *healthy*. Végétal, le poulet ressemble à s'y méprendre à du vrai. Les établissements de la ville fermant relativement tôt, Vegan Nirvana constitue une bonne option pour un dîner tardif, d'autant que les plats sont suffisamment copieux pour en emporter une partie – à déguster sur la plage le lendemain midi.

PACIFIC CITY €€

21010 Pacific Coast Highway ✆ +1 714 930 2345
www.gopacificcity.com
Du lundi au vendredi, de 11h à 19h. Samedi : 10h à 20h et dimanche : 11h à 18h. Lot 579 : tous les jours, de 7h à 22h.

Outre ses boutiques, ce centre commercial abrite un *food hall*, Lot 579, qui accueille une douzaine de bars et de restaurants. Des burgers de The American Dream aux gourmandises sucrées de Frosted Cupcakery en passant par les glaces de Hans Homemade Ice Cream, les spécialités vietnamiennes de Phans55, les cocktails raffinés de vomFass et la bière artisanale locale de Four Sons Brewing, Pacific City concentre une partie importante de la vie nocturne de Huntington Beach, le tout à deux pas de la plage. On y vient également la journée, entre deux sessions de surf.

CÔTE SUD

NEWPORT BEACH ★★

Pour les voyageurs au long cours – ou les adeptes de la *French Riviera* – cette jolie ville côtière souvent comparée à Cannes mérite le coup d'œil, le temps de se plonger dans l'ambiance Côte d'Azur. Relativement étendue, la municipalité s'étend sur la terre ferme comme sur l'eau, dans ce qui forme Newport Bay. On distingue :

- **Balboa Peninsula.** Elle abrite la plupart des célèbres belles demeures de la région et dispose d'une jolie plage prisée par les surfeurs. Ne manquez pas sa jetée sur pilotis, Balboa Pier, à l'extrémité de laquelle se trouve le célèbre Ruby's Diner. En plus de sa route principale, la péninsule est connectée par ferry à Balboa Island – au nord – elle-même connectée au reste de la ville par un pont.
- **Balboa Island.** C'est par cette charmante île que nous vous recommandons de commencer votre visite. Une fois le point franchi, vous arriverez sur Marine Avenue, une succession de petits restaurants, boulangeries et boutiques de fleurs, de prêt-à-porter, de livres, ou encore de souvenirs. Des passants attablés en terrasse à ceux assis sur un banc en train de manger une viennoiserie, immergez-vous dans l'animation locale avant de poursuivre jusqu'à S. Bay Front, où vous croiserez des habitants sortis promener leurs chiens ou faire de la marche rapide. Prenez place à l'un des bancs pour vous imprégner de l'ambiance, les voiliers et yachts en toile de fond. Profitez de ce temps de pause pour goûter à la spécialité de l'île, la frozen banana : une banane glacée et nappée de chocolat chaud, que vous trouverez chez Dad's Donuts and Bakery.

Essentiellement résidentielle, Balboa Island se parcourt à pied. Vous déambulerez entre les villas de multimillionnaires – plusieurs arborant fièrement le drapeau américain – construites dans une extrême promiscuité, puisque plus de 3 000 personnes vivent sur 0,5 km². Notez que certaines demeures sont incroyablement bien décorées pendant les fêtes d'Halloween et de Noël.

Pratique

Informations, visites guidées, hébergements, évènements... Le site www.visitnewport-beach.com est particulièrement fourni.

Sports / Loisirs

Sur Balboa Peninsula, près du ferry, plusieurs établissements proposent des vélos, des kayaks, des bateaux électriques et des voiliers à louer.

Avis aux surfeurs : rendez-vous au superbe spot de The Wedge, à l'extrémité est de Balboa Peninsula.

Transports

Depuis Balboa Island, le ferry pour Balboa Peninsula est très bien indiqué : il suffit de se rendre sur Park Avenue, puis de suivre les panneaux indicatifs. Comptez 5 minutes de traversée, en prenant en compte que le bateau part dès qu'il est plein, c'est-à-dire lorsque trois voitures se trouvent à son bord. Prix du trajet : 1 US$ par véhicule, auquel s'ajoute 1,50 US$ par personne.

Par ailleurs, la compagnie Catalina Flyer – www.catalinainfo.com – propose des navettes jusqu'à Avalon, la seule municipalité de Santa Catalina Island, face à Huntington Beach. L'embarcadère se trouve sur Balboa Peninsula, à l'est de Bay Avenue.

BAY SHORES PENINSULA HOTEL €€€

1800 W Balboa Blvd
✆ +1 949 675 3463
www.bayshoreshotel.com
Chambres doubles à partir de 250 US$. Petit déjeuner compris.

Parmi les établissements de Newport Beach aux tarifs souvent inabordables, le Bay Shores Peninsula Hotel présente sûrement le meilleur rapport qualité-prix. Localisation exceptionnelle, à deux pas de la plage municipale et de la jetée, *rooftop* avec vue sur l'océan, chambres et suites confortables et spacieuses, lits *king size* et *queen size* : voici une bonne adresse. Cerise sur le gâteau : le petit déjeuner, compris dans la réservation et servi chaque jour de 7h à 10h.

SESSIONS WEST COAST DELI €

2823 Newport Blvd, Balboa Peninsula
✆ +1 949 220 9001
www.sessionswcd.com
Tous les jours, de 8h à 18h. Petits déjeuners de 9 US$ à 12 US$ et sandwichs de 13 US$ à 16,50 US$.

Dans un décor minimaliste aux « *cool vibes* », cette petite chaîne également établie dans le centre commercial Fashion Island, à l'est de Newport Beach, ainsi que dans d'autres villes côtières, comme Huntington Beach, est spécialisée dans les sandwichs. De l'incontournable Summer Zephyr à la mozzarella, aux tomates marinées et à l'aïoli au basilic aux plats signatures, tel le copieux Philling Cheesesteak, au steak et au cheddar, les produits sont frais et savoureux. Notez qu'il existe quelques alternatives, tels que les petits déjeuners et les salades.

RUBY'S DINER €

1 Balboa Pier
✆ +1 714 675 7829
http://www.rubys.com
Du lundi au vendredi de 8h à 21h. Dès 7h le week-end. Petits déjeuners : 6,99 à 13,99 US$. Burgers : 11,49 à 13,99 US$.

Ouvert le 7 décembre 1982, il s'agit du tout premier restaurant de la chaîne. Le concept : une décoration inspirée des années 1940, avec une pièce immaculée dans laquelle seuls les sièges et les banquettes, rouges, apportent une touche de couleur. Qu'il s'agisse des petits déjeuners, des burgers ou des milkshakes, on n'y vient pas pour la saveur de la cuisine, comparable à celle de tous les *diners* traditionnels, mais pour la vue sur le Pacifique, absolument imprenable. En cause : la situation de l'établissement, à l'extrémité de Balboa Pier, sur Balboa Peninsula.

A+O RESTAURANT | BAR €€€

1221 West Coast Hwy ✆ +1 949 630 4285
www.balboabayresort.com/dining/ao
Du dimanche au jeudi, de 8h à 22h, jusqu'à 23h les vendredis et samedis. Plats de 18 US$ à 58 US$. Desserts à 13 US$.

Installé dans le luxueux Balboa Bay Resort, cet établissement chic est doté d'une superbe terrasse avec une vue imprenable sur Lido Isle et, derrière, Balboa Peninsula. Si l'on y vient essentiellement pour le cadre, dont on profite avec un bon verre de vin, A+O sert une cuisine fraîche et raffinée. Assiette de burrata et tomates, salades, burger avec un bun brioché, club sandwich, coquilles Saint-Jacques poêlées, steak servi avec des frites au parmesan… La carte est aussi petite qu'alléchante. Attention, réservations indispensables pour manger à l'extérieur !

DAD'S DONUT & BAKERY SHOP

318 Marine Avenue
✆ +1 949 673 8686
Tous les jours, de 6h à 22h. Bananes glacées de 4,50 US$ à 6,50 US$ et donuts de 1,75 US$ à 3,25 US$.

Véritable institution de Balboa Island, cette échoppe est le berceau de « *the original frozen banana* », des bananes glacées couvertes de morceaux de cacahuètes, d'amandes, d'Oréo, ou encore de granola à l'amende et au miel. On y trouve également de délicieux donuts, du cheesecake givré, des muffins, des *cinamon rolls*, des milkshakes, des smoothies… Bref, le paradis des amateurs de sucré. Pour déguster le tout, poursuivez votre chemin jusqu'à S. Bay Front, pourvu de bancs ensoleillés.

LAGUNA BEACH ★★

À l'est de Newport Beach, cette ville étendue sur près de 11 kilomètres de criques et de plages est la destination côtière la plus prisée des environs de Los Angeles. Très fréquentée par les artistes depuis le début du siècle, elle abonde en galeries, en boutiques d'artisanat et en bungalows de style Arts & Craft.
Dans la partie nord de Laguna Beach, le Heisler Park – niché en bordure de Cliff Drive – surplombe le Pacifique, du haut des falaises : il s'agit du lieu idéal pour contempler le soleil se coucher. Vers l'ouest, une balade le long de la plage vous mènera à la crique Diver's Cove, un des meilleurs spots de plongée et de snorkelling alentour.

MONTAGE LAGUNA BEACH €€€

30801 South Coast Highway ✆ +1 949 715 6000
www.montagehotels.com/lagunabeach
À partir de 1 970 US$ la nuit en chambre double.

Montage est l'une des meilleures chaînes hôtelières de Californie. L'architecture de l'établissement de Laguna Beach est un sans-faute, puisqu'elle mêle harmonieusement le style Arts and Crafts au luxe d'un 5 étoiles. Les chambres, suites et bungalows sont chacun dotés de balcons privés ou de patios avec vue sur l'océan. Par ailleurs, les invités ont accès au spa et à une piscine superbe, suffisamment grande pour effectuer de véritables longueurs. En somme, l'adresse indiquée pour un séjour hors du commun. Les mots-clés : bien-être, charme et raffinement.

THE STAND NATURAL FOODS €

238 Thalia Street ✆ +1 949 494 8101
www.thestandnaturalfoods.com
Tous les jours, de 8h à 19h. Sandwichs de 9,25 US$ à 13,95 US$, bowls et burritos à 12 US$, salade à 15,95 US$.

Ouvert depuis 1975, ce restaurant sert une cuisine fraîche, 100 % vegan. À la carte, une grande déclinaison de salades, de sandwichs, de tamales – des sortes de papillotes amérindiennes – de soupes, de burritos, de bowls salés – houmous, guacamole, pommes de terre – comme sucrés – açaï, granola – et de délicieux jus de fruits. The Stand Natural Foods étant situé à deux pas de la plage, nous vous recommandons de prendre votre repas à emporter pour le déguster face à l'océan. Autre option : s'assoir à l'une des petites tables installées contre la façade rouge.

CÔTE SUD

ZINC CAFE & MARKET €

350 Ocean Avenue
✆ +1 949 494 6302
www.zinccafe.com
Tous les jours, de 7h à 16h. Œufs de 9 US$ à 14 US$, bowls de 12 US$ à 14 US$, salades de 12 US$ à 15 US$.

Des assiettes à la fois saines et gourmandes : c'est le pari tenu par cette très bonne adresse, située au cœur de Laguna Beach. On prend place à l'une des tables de la petite terrasse fleurie pour déguster une savoureuse omelette aux épinards, à la feta et aux tomates rôties, un avocado toast, un bowl à l'œuf poché, au fromage frais et à l'avocat, ou encore des délicieux muffins, scones et cookies aux parfums variés. Excellent rapport qualité-prix. Un seul hic : l'absence de vue sur l'océan, généralement recherchée par les visiteurs de passage.

THE ROOFTOP LOUNGE

1289 S Coast Highway ✆ +1 949 497 2446
www.rooftoplagunabeach.com
Tous les jours, de 11h à 15h, et de 17h à 21h du dimanche au jeudi. Jusqu'à 22h vendredi et samedi. Cocktails à 16 US$.

Avocado toast, gâteau au crabe, *ceviche* à la crevette, choux de Bruxelles frits, salades, sandwichs, burgers, pâtes aux fruits de mer, desserts allant du strudel aux pommes à la crème brûlée… Malgré cette carte bien fournie, ce n'est pas nécessairement pour la cuisine que nous vous recommandons The Rooftop Lounge, mais pour la vue absolument imprenable de sa terrasse. Elle en fait le lieu idéal pour contempler le soleil se coucher, un bon cocktail à la main. Étant donné qu'il n'est pas possible de réserver, nous vous conseillons d'arriver suffisamment en avance.

MISSION SAN JUAN CAPISTRANO

26801 Ortega Highway ✆ +1 949 234 1300
www.missionsjc.com
Du mardi au dimanche, de 9h à 17h. Adultes : 14 US$, seniors : 12 US$, enfants + de 5 ans et étudiants : 9 US$.

À 8 km au nord de Dana Point, cette mission fondée en 1775 est la septième d'une série de 21, bâties par la Couronne espagnole lors de la colonisation. San Juan Capistrano est le berceau d'Orange County, témoin de l'héritage multiculturel de la Californie, entre ses racines amérindiennes et ses populations espagnoles, mexicaines et européennes. En somme, il s'agit d'une visite intéressante, constituée d'un beau jardin fleuri, de la chapelle d'origine et du petit musée explicatif.

BLUE LANTERN INN €€€

34343 Street of the Blue Lantern
✆ +1 949 661 1304
www.bluelanterninn.com
À partir de 450 US$ la nuit en chambre double. Petit déjeuner inclus. Parking gratuit.

Ce bel hôtel étoilé aussi raffiné que charmant bénéficie d'une situation de premier choix, en surplomb du port de Dana Point. De la salle à manger et depuis certaines chambres, les invités profitent d'une vue panoramique sur le front de mer, le tout dans un environnement décoré avec goût et tenu avec soin. Notez également qu'un très bon petit déjeuner est servi chaque matin, tandis qu'une collation est apportée dans l'après-midi. Au menu : du vin et une planche de fromage, ainsi que des cookies fraîchement préparés. Cerise sur le gâteau : l'accueil, chaleureux.

DANA POINT ★★

Au sud de Laguna Beach, Dana Point constitue une étape agréable quasiment à mi-chemin entre Los Angeles et San Diego. De novembre à avril, on s'y arrête pour observer la migration des baleines grises, tandis que les bleues se déplacent le reste de l'année. Ainsi, rendez-vous à la marina, d'où partent les excursions de pêche sportive et d'observation marine. Surtout, ne manquez pas d'emprunter Scenic Drive : après quelques minutes, vous pourrez vous garer pour profiter d'une vue imprenable sur l'océan.

Pratique

Téléchargez le guide gratuit de Dana Point ici : www.visitdanapoint.com.

SAN CLEMENTE ★

A une dizaine de kilomètres au sud de Dana Point et à près de 100 kilomètres au nord de San Diego, cette petite ville est dotée d'une plage réputée pour ses excellents spots de surf – tels que Trestles, Calafia, Riviera et Lasuens – et sa douceur de vivre. A cela s'ajoute un charme certain procuré par son architecture de style colonial espagnol et la courte Avenida del Mar, sorte de centre-ville aux couleurs méditerranéennes où se succèdent les commerces aux jolies devantures, des galeries d'art aux cafés en passant par les magasins d'antiquités. Autre point d'intérêt : l'agréable sentier côtier San Clemente Beach Trail, propice aux randonnées courtes.

BIGGIE'S BURGERS & MORE €

1017 S El Camino Real ✆ +1 949 492 9182
www.biggiesburgers.com
Tous les jours, de 10h à 22h. Burgers de 5,99 US$ à 8,49 US$. Formules frites et boisson de 11,99 US$ à 14,49 US$.

À Biggie's Burgers & More, on se régale avant tout de délicieux… Burgers, comme son nom l'indique. Au choix : le classique, sa version XXL – le « Kingburger » – celui pour enfant, celui à la dinde, le végétarien, le BBQ et le burger au fromage grillé. En somme, une carte simple et efficace, comme la nourriture cuisinée ici. Côté frites, quelques alternatives aux « nature » : celles au fromage et les « Chili ». Le tout arrosé d'un soda ou d'un milkshake. Un repas 100 % américain proposé par cette bonne petite chaîne également implantée à Vista et à San Diego.

CARLSBAD

Située à environ 55 kilomètres au nord de San Diego, Carlsbad est essentiellement connue pour accueillir l'extraordinaire parc d'attractions Legoland California, ouvert en 1999 par le constructeur de jouets, près de North Ponto Beach. Il s'agit aussi d'une petite *beach city* mignonnette, riche de 11,2 km de plages – certaines présentant l'intérêt d'être encore relativement sauvages.

Par ailleurs, notez que l'animation est concentrée autour de Carlsbad Village, près de l'océan.

En somme, la commune ne mérite pas le détour mais peut faire l'objet d'une escale rapide dans le cadre d'une journée passée dans l'univers Lego, avant de gagner San Diego.

LEGOLAND CALIFORNIA ★★

1 Legoland Drive ✆ +1 888 690 5346
www.legoland.com/california
Horaires variables : consultez le calendrier en ligne. Legoland Theme Park : 89,99 US$, pass multi-parcs : 99,99 US$.

Ouvert en 1999, Legoland California est le quatrième parc du célèbre fabricant danois. En plus du Theme Park, on y trouve depuis 2008 le Sea Life Aquarium, et le Water Park depuis 2010. Au programme : plus d'une soixantaine d'attractions, le tout dans un univers créatif et ludique. Mention spéciale à Miniland, une reproduction de sept régions emblématiques des États-Unis. De la Nouvelle Orléans à San Francisco en passant par Las Vegas, elle a été réalisée à l'aide de 20 millions de briques Lego. Incroyable ! Une visite absolument incontournable pour les familles.

TORREY PINES STATE NATURAL RESERVE

À 30 km au nord de San Diego, cette belle réserve est prisée par les citadins pour ses sentiers de randonnée. Au programme : les paysages escarpés de la côte, où contrastent les teintes brunes des roches et le bleu de l'océan. Une halte au cœur de la nature certes pas incontournable, mais recommandée pour les voyageurs non pressés.

Pratique

Des randonnées guidées sont organisées à 10h les vendredis, samedis et dimanches, ainsi que les jours fériés. Par ailleurs, le Visitor Center est ouvert tous les jours, de 9h à 18h l'été et jusqu'à 16h l'hiver. Accès libre. Informations complémentaires sur : www.torreypine.org.

CUYAMACA RANCHO STATE PARK

Ce beau parc situé à 70 kilomètres à l'est de San Diego est recouvert d'une forêt de chênes – parsemée de quelques pins – et de prairies parcourues de ruisseaux. Avec ses 160 kilomètres de sentiers adaptés aux randonneurs comme aux cyclistes et aux cavaliers, Cuyamaca Rancho constitue une halte paisible à l'écart de la côte.

Se loger

Pour camper, réservez au +1 888 444 7275. La randonnée la plus populaire part du site Paso Picacho : elle mène aux Stonewall et Cuyamaca Peaks, desquels les vues sur le désert, la côte et le lac Cuyamaca sont imprenables.

PALOMAR MOUNTAIN STATE PARK

À une centaine de kilomètres au nord-est de San Diego, Palomar Mountain est une crête de montagnes située dans le parc d'État du même nom. Mondialement réputé pour son observatoire au télescope géant – 5,08 m de diamètre –, l'endroit attire chaque année des astronomes en herbe comme chevronnés. Il s'agit également du lieu idéal pour se ressourcer, profiter de la nature et en apprendre davantage sur La Jolla Band of Luiseño Indians, une tribu amérindienne reconnue à l'échelle fédérale. Les habitants proposent plusieurs services dans les alentours, dont un casino, un camping et une tyrolienne. Renseignez-vous ici : www.lajollaindians.com.

PALOMAR OBSERVATORY ★

35899 Canfield Road
✆ +1 760 742 2119

En mai 2022, l'observatoire était fermé jusqu'à nouvel ordre, pandémie oblige. Informations complémentaires en ligne.

L'observatoire fait partie des installations scientifiques les plus emblématiques au monde. Conçu il y a près d'un siècle, ses activités débutées dans les années 1930 perdurent aujourd'hui encore. Sa réputation est avant tout le fruit de la vision et de la persévérance du grand astronome George Ellery Hale (1868-1938), diplômé du prestigieux MIT – Massachusetts Institute of Technology – et membre clé dans le développement du célèbre California Institute of Technology – Caltech. Il a également été responsable de la construction de la grande lunette de l'observatoire Yerkes en 1897 et de celui du mont Wilson en 1908.

Malgré la récession économique, il parvient à obtenir en 1928 une subvention de 6 millions de dollars de la Fondation Rockefeller pour la construction d'un télescope géant : 5,08 m de diamètre, soit le plus grand jamais bâti à cette époque. Échaudé par la qualité décevante du miroir du télescope Hooker qu'il a précédemment supervisé dans le Mount Wilson Observatory, l'astronome axe ses recherches sur le verre à employer pour obtenir une qualité optique nettement supérieure. Ainsi, le miroir de 5 m sera fabriqué à partir d'un nouveau matériau, le Pyrex, capable de supporter les contraintes liées au poids du verre et aux amplitudes de températures sur le site.

Le 25 mars 1936, le disque est chargé sur un wagon du chemin de fer spécialement préparé pour le transporter jusqu'au Caltech, à Pasadena. Imaginez des milliers de personnes se presser à travers le pays pour admirer ce « Big Eye », le long du trajet ! Le 10 avril de la même année, le miroir arrive à destination : commence alors le fastidieux travail de polissage, indispensable pour lui donner sa forme optique définitive. 13 années seront nécessaires. Le 3 juin 1948, soit 10 ans après la mort de son initiateur, le télescope sera officiellement inauguré devant 1 000 invités. Quelques mois plus tard, la première image réalisée à l'aide du dispositif est exposée par le célèbre astronome Edwin Hubble.

Pendant des décennies, les travaux effectués à l'observatoire concernent essentiellement la structure de l'Univers, l'évolution des étoiles et la constitution de la matière. Le télescope Hale demeurera le plus grand au monde jusqu'en 1975, date à laquelle il sera supplanté par le télescope de 6 mètres de l'Observatoire de Zelentchoukskaïa, situé dans le Caucase, en Union Soviétique – en pleine guerre froide.

Revenons à la visite : aujourd'hui, le télescope Hale est installé à 1 710 mètres d'altitude, dans une jolie région montagneuse entre San Diego et Los Angeles… Ce qui n'est malheureusement pas idéal en termes de pollution lumineuse – d'où la construction des nouveaux observatoires américains dans d'autres États et pays, comme Hawaii et le Chili, entre autres. Néanmoins, Palomar Observatory reste très actif sous l'impulsion de son gestionnaire, le California Institute of Technology. Par exemple, certains instruments scrutent le ciel en permanence à la recherche des fameux astéroïdes géocroiseurs qui pourraient – un jour – percuter la Terre.

L'environnement boisé rend la visite particulièrement agréable, d'autant que les coupoles sont accessibles via des galeries assez bien conçues. Également au programme : un espace musée et une boutique de souvenirs. Néanmoins, attention ; le site étant très isolé, il convient de prévoir son pique-nique, à moins de s'arrêter dans l'un des quelques restaurants situés sur la route.

Palomar Observatory.

SAN DIEGO

© DAVEL5957 - ISTOCKPHOTO

Vibrante, intéressante, charmante : les superlatifs ne manquent pas pour décrire l'immanquable San Diego. En plus d'être la deuxième plus grande ville de Californie, cette terre chargée d'Histoire constitue le berceau de toute la région. C'est ici que l'explorateur Juan Rodriguez Cabrillo pose le pied en 1542, proclamant la mainmise espagnole. Vient ensuite l'ère des missions religieuses, dont le premier maillon d'une chaîne de 21 monuments a été établi près de l'actuelle Old Town en 1769. Finalement gouvernée par le Mexique, San Diego deviendra un territoire américain en 1864. Néanmoins, il faudra attendre le XXe siècle pour que la ville connaisse une forte expansion. En cause : le développement de Balboa Park, lieu d'accueil de la Panama-California Exposition (1915-1917), puis de la California Pacific International Exposition (1935). Elle constituera ensuite un port militaire majeur de l'US Navy lors de la Seconde Guerre mondiale.

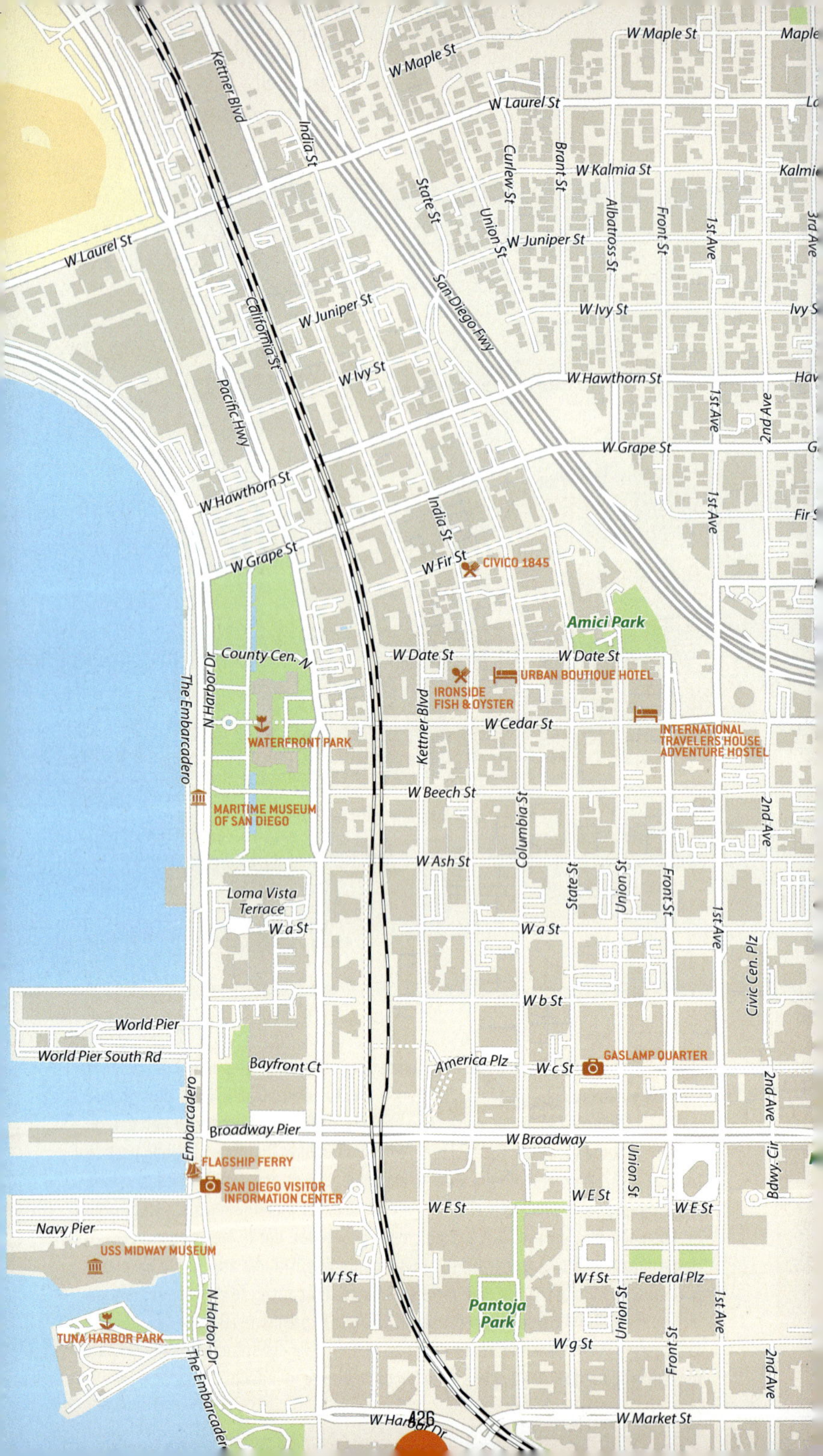
W Maple St
Maple
W Laurel St
Kettner Blvd
India St
W Kalmia St
Kalmia
Curlew St
Brant St
State St
Union St
Albatross St
Front St
1st Ave
3rd Ave
W Juniper St
W Ivy St
Ivy St
San Diego Fwy
California St
W Hawthorn St
Pacific Hwy
W Grape St
2nd Ave
W Fir St
CIVICO 1845
Amici Park
County Cen. N
W Date St
IRONSIDE FISH & OYSTER
URBAN BOUTIQUE HOTEL
N Harbor Dr
The Embarcadero
W Cedar St
WATERFRONT PARK
INTERNATIONAL TRAVELERS HOUSE ADVENTURE HOSTEL
W Beech St
MARITIME MUSEUM OF SAN DIEGO
Columbia St
W Ash St
Loma Vista Terrace
W a St
W b St
Civic Cen. Plz
World Pier
World Pier South Rd
Bayfront Ct
America Plz
W c St
GASLAMP QUARTER
Broadway Pier
W Broadway
Embarcadero
FLAGSHIP FERRY
SAN DIEGO VISITOR INFORMATION CENTER
W E St
Bdwy. Cir
Navy Pier
USS MIDWAY MUSEUM
W f St
Federal Plz
Pantoja Park
TUNA HARBOR PARK
W g St
W Harbor Dr
W Market St

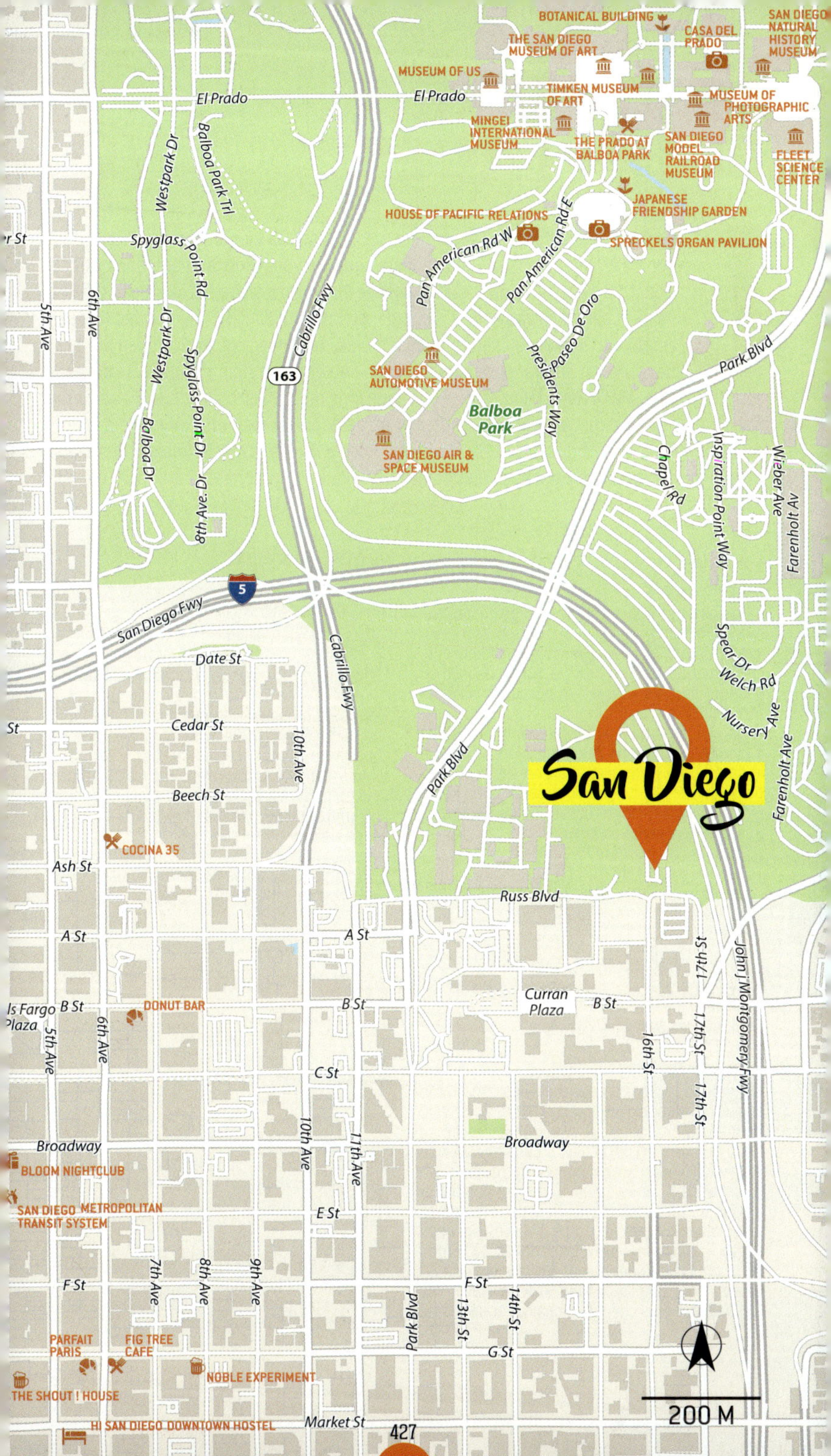
San Diego
BOTANICAL BUILDING
THE SAN DIEGO MUSEUM OF ART
CASA DEL PRADO
SAN DIEGO NATURAL HISTORY MUSEUM
MUSEUM OF US
TIMKEN MUSEUM OF ART
MUSEUM OF PHOTOGRAPHIC ARTS
MINGEI INTERNATIONAL MUSEUM
THE PRADO AT BALBOA PARK
SAN DIEGO MODEL RAILROAD MUSEUM
FLEET SCIENCE CENTER
JAPANESE FRIENDSHIP GARDEN
HOUSE OF PACIFIC RELATIONS
SPRECKELS ORGAN PAVILION
SAN DIEGO AUTOMOTIVE MUSEUM
Balboa Park
SAN DIEGO AIR & SPACE MUSEUM
El Prado
Westpark Dr
Balboa Park Trl
Spyglass Point Rd
Spyglass Point Dr
Balboa Dr
8th Ave. Dr
5th Ave
6th Ave
Cabrillo Fwy
163
Pan American Rd W
Pan American Rd E
Presidents Way
Paseo De Oro
Park Blvd
Chapel Rd
Inspiration Point Way
Wieber Ave
Farenholt Av
5
San Diego Fwy
Spear Dr
Welch Rd
Nursery Ave
Farenholt Ave
Date St
Cedar St
10th Ave
Beech St
COCINA 35
Ash St
Russ Blvd
A St
B St
Curran Plaza
17th St
16th St
John J Montgomery Fwy
Wells Fargo Plaza
DONUT BAR
C St
Broadway
11th Ave
BLOOM NIGHTCLUB
SAN DIEGO METROPOLITAN TRANSIT SYSTEM
E St
F St
7th Ave
8th Ave
9th Ave
13th St
14th St
G St
PARFAIT PARIS
FIG TREE CAFE
NOBLE EXPERIMENT
THE SHOUT ! HOUSE
HI SAN DIEGO DOWNTOWN HOSTEL
Market St
200 M

SE REPÉRER SE DÉPLACER

Los Angeles étant situé à seulement 200 kilomètres au nord de San Diego, c'est généralement depuis la Cité des Anges que les voyageurs arrivent. Dans ce cas, l'idéal est d'avoir sa propre voiture, afin de multiplier les arrêts le long de la sublime Pacific Coast Highway et de s'immerger pleinement dans l'ambiance des « *beach cities* » du sud de la Californie. Néanmoins, San Diego est particulièrement bien desservi par les transports en commun : au choix, le train et sa vue à couper le souffle – de Del Mar à Dana Point – ou le bus, plus long mais aussi plus économique. Enfin, l'avion reste une alternative pratique, d'autant que l'aéroport est situé en pleine ville, à l'ouest de Balboa Park, et qu'il dessert les destinations internationales comme le reste des États-Unis. Une fois sur place, un réseau étendu de bus et de trolleys permettra aux visiteurs non véhiculés de se déplacer relativement aisément.

AMTRAK

www.amtrak.com

À l'image de la SNCF en France, la société de chemin de fer nationale des États-Unis dessert tout le pays. Ainsi, elle traverse l'essentiel de la côte californienne, de San Diego à San Francisco en passant par Los Angeles, et plusieurs villes du Sud, telles que San Clemente, Santa Ana, Anaheim et Fullerton. Une alternative intéressante à la voiture, d'autant que le trajet est à couper le souffle sur le tronçon qui part de la municipalité de Del Mar jusqu'à l'entrée de Dana Point, puisque le train longe l'océan. Le tout pour des prix relativement abordables.

FLAGSHIP FERRY

990 N Harbor Drive

✆ +1 619 234 411

Trajet : 7 US$. Gratuit pour les enfants de moins de 3 ans. Horaires et achat des billets en ligne.

Chaque jour, les ferries de la compagnie Flagship partent environ toutes les heures de Broadway Pier pour Coronado – et inversement. Bien qu'il soit tout à fait possible de se rendre dans cette charmante petite ville aux allures d'île par la route – *via* Coronado Bridge –, le trajet est particulièrement agréable sur les eaux. Prévoyez une quinzaine de minutes et n'oubliez pas votre crème solaire pour le visage, ni une veste. Par ailleurs, notez que les vélos sont autorisés à bord sans frais supplémentaires. Vous pourrez également en louer à votre arrivée.

GREYHOUND

1313 National Avenue, Downtown

✆ +1 619 515 1100

www.greyhound.com

Greyhound propose le service de bus interurbain le plus développé d'Amérique du Nord. San Diego ne fait pas exception : la ville est bien reliée au reste du pays, en particulier à Los Angeles, que l'on rejoint entre 3 et 4 heures de route, selon la circulation. Vous pourrez aisément gagner d'autres États, comme le Nevada – comptez d'une dizaine à une douzaine d'heures pour Las Vegas –, l'Arizona – prévoyez près de 14 heures pour atteindre Phoenix – et l'Utah – environ 20 heures pour Salt Lake City. Sans surprise, les tarifs sont moins chers que ceux du train.

SAN DIEGO METROPOLITAN TRANSIT SYSTEM

✆ +1 619 233 3004

www.sdmts.com

Contactez le numéro ci-dessus pour toute demande d'informations. Carte PRONTO : 2 US$.

Entre ses 62 stations de trolley et sa centaine d'itinéraires de bus, San Diego se visite relativement bien en transports en commun. Le site du Metropolitan Transit System est extrêmement clair : vous y trouverez les horaires et itinéraires de chaque ligne. Vous pouvez payer en liquide ou acheter une carte Pronto, plus avantageuse en cas d'utilisations répétées. Une fois que vous y aurez chargé de l'argent, il vous suffira de la passer sur les bornes prévues à cet effet.

QUARTIERS DE SAN DIEGO

Lorsque Alonzo Horton arrive à San Diego en 1867, le centre-ville – Old Town – se trouve sur une colline, à plusieurs kilomètres de l'océan. Ayant l'intuition que le commerce ne se développera qu'en bordure de l'eau, l'homme d'affaires américain achète 364 hectares dans les environs, qu'il revendra ensuite par lots : Downtown est né. Sa croissance sera dynamisée par l'arrivée du train en 1885, puis par la construction d'une première gare en 1887. Depuis, la ville s'est étendue jusqu'à la frontière mexicaine au sud, sur les collines à l'est et sur les plages du nord, jusqu'à celle de Torrey Pines. Aujourd'hui, Old Town n'est plus qu'un site touristique, Downtown concentrant l'essentiel de l'animation et des activités économiques de San Diego. Le centre culturel, lui, se trouve à Balboa Park, tandis que les quartiers de la côte insufflent au tout un air de « *beach city* » on ne peut plus agréable.

Downtown

Celui qui resta longtemps le repaire des marins alcoolisés a été restauré pour devenir le centre incontournable de la ville, à la fois charmant et branché. Downtown est divisé en quelques sous-quartiers bien distincts :

▸ **Embarcadero.** Structuré autour du Maritime Museum et de Seaport Village, il s'agit de la zone portuaire de San Diego, d'où partent les liaisons maritimes vers Coronado. L'Embarcadero peut faire l'objet d'une jolie promenade, où l'on pourra admirer le célèbre porte-avions USS Midway, ainsi que le superbe trois-mâts Star of India.

▸ **Gaslamp Quarter.** Cœur battant de Downtown – et de la ville – le quartier est constitué par une succession de restaurants, cafés et bars essentiellement regroupés sur Fifth Avenue, dont une partie se mue en rue piétonne et voit fleurir les terrasses le week-end. C'est également tout au sud de l'artère, près de Harbor Drive, que se trouve l'arche qui marque l'entrée dans la zone, indiquant : « *Historic heart of San Diego* ».

▸ **Little Italy.** Dans le nord-ouest de Downtown, San Diego vibre au rythme italien, entre *trattorias* et *osterias* délicieuses. Chaque samedi matin, les quelques rues qui constituent Little Italy s'animent pour accueillir les étals d'un Farmers Market immanquable.

Old Town et Balboa Park

San Diego compte deux poumons culturels :

▸ **Old Town.** Le berceau historique est niché au nord de l'aéroport international. Il abrite deux piliers du passé californien : Presidio Park, où la première mission de l'État a été érigée en 1769, et la vieille ville. Cœur de la vie locale jusqu'aux années 1860, cette dernière a été réaménagée en site historique où se succèdent édifices d'époque restaurés et reconstructions pour faire voyager le visiteur près de 200 ans dans le passé. Une immersion certes très touristique, mais incontournable.

© SEANPAVONEPHOTO - ISTOCKPHOTO.COM

Le quartier de Gaslamp.

Balboa Park. C'est au nord de Downtown que se trouve le centre culturel de San Diego. Impossible de faire l'impasse sur ces 5 km^2 de jardins luxuriants, de places, de fontaines et, surtout, de bâtiments historiques à l'architecture Renaissance espagnole remarquable, accueillant une quantité impressionnante de musées. La Panama-California Exposition de 1915 et la California Pacific International Exposition de 1935, se sont tenues ici. Côté nord-ouest du parc se tient Hillcrest, un quartier LGBTQI+ vibrant, réputé pour ses bars, restaurants, cafés et boutiques indépendantes.

Coronado, Point Loma et la côte

San Diego s'étend sur des kilomètres de côte, venant enrichir Downtown, Old Town et Balboa Park d'une ambiance comparable à celle des « *beach cities* » californiennes. Il faut distinguer :

Coronado. Semblable à une île, ce bandeau de 2,5 kilomètres installé dans la baie appartient partiellement à la Naval Air Station, qui s'est établie dans sa zone ouest en 1911. Le quartier – particulièrement bien entretenu – doit essentiellement sa renommée au très glamour Hotel del Coronado, construit en 1888 par deux financiers, Elisha Spurr Babcock et H.L. Story, ainsi qu'à sa plage de sable blanc, considérée comme l'une des plus belles du Pacifique. Autre spécificité : son architecture, changeante d'une maison à l'autre, les rendant toutes uniques. Enfin, Notez que Coronado est une ville à part entière : on la rejoint par San Diego-Coronado Bridge, véritable prouesse architecturale lors de sa création en 1969.

Point Loma. Ce quartier en pleine expansion se trouve à l'ouest de l'aéroport international de San Diego. Son centre d'animation principal réside dans le complexe de Liberty Station, une ancienne base militaire où restaurants, brasseries et magasins d'artisanat se multiplient pour redonner de la vie à cet espace longtemps déserté. Mentionnons également le beau parc de Cabrillo National Monument, tout au sud de la presqu'île, et, plus au nord, Sunset Cliffs, tant plébiscitées par les surfeurs que par les coureurs.

Ocean Beach. Bienvenue dans le quartier hippie de San Diego : une petite zone au charme certain, organisée autour de Newport Avenue. C'est un lieu où il fait bon vivre, fréquenté par une sympathique communauté de surfeurs, de backpackers et de *digital nomads*. Ne manquez pas le Farmers Market qui s'y tient chaque mercredi après-midi, où vous pourrez déambuler entre les nombreux stands de nourriture internationale, les étals de pierres aux énergies distinctes et les portants de vêtements *vintage*, le tout sur fond de musique.

Mission Beach et Pacific Beach. Longue de 3 kilomètres, cette première plage constitue une belle promenade qui débouche sur Pacific Beach, le repaire de la jeunesse dorée de San Diego. Côté baie, le quartier est parsemé de grands parcs dégagés au bord de l'eau, calmes et propices à la détente.

La Jolla. Au nord de Pacific Beach, ce quartier revêt des airs de village chic de bord de mer. Sans intérêt particulier, le centre est essentiellement constitué de boutiques de prêt-à-porter haut de gamme. Son point fort : le sentier qui longe la côte, où se pressent les locaux et visiteurs lors du coucher du soleil. Ne manquez surtout pas le spectacle offert à Point La Jolla par les lions de mer, allongés sur les rochers tandis que le ciel se pare de nuances de rose et d'orange. C'est également dans cette partie de San Diego que se trouve la belle Torrey Pines State Reserve, tout au nord.

Coronado et San Diego, reliées par ne Coronado Bridge.

À VOIR / À FAIRE

Multiple et dynamique, San Diego promet un séjour riche. Entre ses kilomètres de plages, son célébrissime SeaWorld, son zoo, ses innombrables musées et son Downtown animé, le champ des possibles est ouvert. Si l'on pourrait aisément passer une semaine à explorer la ville, les voyageurs pressés se contenteront d'une visite de quelques jours pour en avoir un bon aperçu. Parmi les incontournables figurent Balboa Park, centre culturel de San Diego, et Old Town, berceau de la Californie. Une immersion dans l'historique Gaslamp Quarter est aussi inévitable, de même qu'une rapide promenade sur le front de mer de l'Embarcadero. Ceux qui disposent de plus de temps iront profiter de l'ambiance résolument « *chill* » d'Ocean Beach ou plus chic de Coronado et La Jolla. Également à inscrire au programme : la découverte d'au moins un Farmers Market. Plus qu'une expérience culinaire, ces institutions de la ville constituent une activité à part entière.

SAN DIEGO VISITOR INFORMATION CENTER

996 N Harbor Drive
✆ +1 619 236 1242
www.sandiegovisit.org
Tous les jours, de 10h à 16h. Guide : 6 US$.

Situé sur le port, juste à côté de Broadway Pier, l'office de tourisme mérite une halte avant de partir à l'assaut de Downtown. Extrêmement chaleureux, le personnel se fera une joie de vous fournir des informations précieuses ainsi qu'une documentation riche. Cartes, itinéraires, brochures sur les différents musées et tours de la ville… Prévoyez de la place dans votre sac ! Vous pourrez également acheter un guide très bien conçu sur les différents quartiers de San Diego.

GHOSTS AND GRAVESTONES OF SAN DIEGO

Old Town Market, Old Town ✆ +1 866 955 1678
www.ghostsandgravestones.com/san-diego
Billets : 39 US$, promotions en ligne. Les tours ont lieu à 19h, 20h et 21h. Arrivez 30 minutes en avance.

Embarquez dans ce petit chariot pour découvrir le passé sombre de San Diego, entre personnages sulfureux et morts tragiques. Ici, pas de *jump scare*, mais des anecdotes factuelles. Au cours d'une visite commentée d'1h30 à 1h45 qui partira de Old Town Market, vous vous rendrez à Pioneer Park, El Campo Santo Cemetery et Whaley House, considérée comme la maison la plus hantée des États-Unis. D'ailleurs, l'entreprise met en garde : le tour pourrait effrayer les enfants de moins de 13 ans.

OLD TOWN TROLLEY TOURS ★★

✆ +1 866 754 0966
www.trolleytours.com
Tous les jours, de 9h à 18h (17h l'hiver). Adultes : 46 US$, enfants de 4 à 12 ans : 35 US$.

Cette balade commentée couvre quelque 40 km et 12 arrêts, où les passagers peuvent embarquer comme bon leur semble – et ce autant de fois qu'ils le souhaitent dans la même journée. Opéré depuis 1989, ce tour constitue une option intéressante pour découvrir San Diego. Au programme : Old Town Market, Maritime Museum, Embarcadero Marina, Seaport Village, Marriott Marquis and Marina, Gaslamp Quarter, East Convention Center – Petco Park and Hilton Bayfront, Barrio Logan, Hotel Del Coronado, Coronado / Orange Avenue, Balboa Park / Zoo et Little Italy.

SAN DIEGO SEAL TOUR

✆ +1 866 955 1677
www.sealtours.com
Tous les jours, de 10h à 18h (15h l'hiver). Adultes : 46 US$, enfants de 4 à 12 ans : 29 US$, moins de 3 ans : 10 US$.

Au détour d'une promenade dans les rues de Downtown, vous risquez de tomber nez à nez avec un véhicule pour le moins insolite : un bateau avec des roues. À son bord, San Diego Seal Tour organise des visites commentées de 90 minutes, à la fois sur la terre ferme – 30 minutes – et sur l'eau – 1 heure. Les tours quittent Seaport Village et l'Embarcadero pour atteindre Shoreline Park, où commence la partie marine de l'activité. Nous vous conseillons d'acheter les billets en ligne, moins chers, et d'arriver au moins une demi-heure avant le départ.

BALBOA PARK ★★

1549 El Prado

✆ +1 619 239 0512

Le Visitor Center est ouvert tous les jours, de 9h30 à 17h : renseignez-vous sur le Balboa Park Explorer Pass.

Centre culturel indéniable de San Diego, Balboa Park abrite la plupart des musées de la ville. Il s'agit d'un magnifique espace de près de 5 km² parcouru de jardins luxuriants, de places, de fontaines et, surtout, de bâtiments historiques à l'architecture Renaissance espagnole remarquable. Le tout aux portes de Downtown, au nord-est du quartier.

Nommé d'après le conquistador espagnol Vasco Núñez de Balboa, il est l'un des plus anciens sites à but récréatif des Etats-Unis. S'il est originellement conçu comme un simple espace vert, il se développera sensiblement grâce à la Panama-California Exposition (1915-1917). Objectif : commémorer la création du canal de Panama avec l'édification, notamment, de la California Tower, du pont de Cabrillo et du Spreckels Organ Pavilion.

Puis, c'est au tour de la California Pacific International Exposition de 1935 – initiée pour relancer l'économie locale durant la Grande Dépression – d'apporter sa touche au design de Balboa Park. Il se dote de nouveaux centres culturels et aménagements paysagers, tandis que de nombreux bâtiments sont créés autour de Pan American Plaza, dans un style sud-américain unique.

Le parc continuera de se développer et servira à la marine américaine pendant la Seconde Guerre mondiale, en tant que camp de base pour les infirmières et centre de réhabilitation. Il sera finalement déclaré National Historic Landmark en 1977 et placé sous l'autorité du registre national des sites historiques. Aujourd'hui, il constitue une visite absolument immanquable.

BOTANICAL BUILDING ★

1549 El Prado, Balboa Park

✆ +1 619 239 0512

Temporairement fermé. Entrée libre.

Bien qu'il risque d'être encore fermé pour rénovation lors de votre visite, le Botanical Building mérite d'être mentionné pour son charme certain. Il s'agit d'un joli bâtiment historique – fait de pierres et d'une longue serre de verre et d'acier – qui abrite un beau jardin botanique. Palmiers, orchidées, fougères, espèces tropicales… Au total, on y trouve quelque 2 100 plantes, que l'on prendra plaisir à contempler au cours d'une rapide promenade. A l'entrée, le bassin « Lily Pond and Lagoon » fait partie des points de vue les plus photographiés de Balboa Park.

CASA DEL PRADO ★

1650 El Prado

Probablement l'un des plus beaux bâtiments de Balboa Park, il s'agit de la reconstitution d'un édifice historique datant de la Panama-California Exposition (1915-1917). Ne manquez surtout pas ses voûtes, ses colonnes, ni ses incroyables sculptures qui courent sur toute la façade. Par ailleurs, Casa Del Prado est centre culturel qui accueille de nombreuses organisations artistiques, ainsi que la San Diego Botanical Garden Foundation. À ce titre, des activités ont fréquemment lieu ; renseignez-vous au Visitor Center pour connaître le programme du moment.

Balboa Park, San Diego.

FLEET SCIENCE CENTER ★

1875 El Prado, Balboa Park
✆ +1 619 238 1233
www.fleetscience.org
Ts les jours : 10h-17h. Fleet Experience : 21,95 US$ (adultes), 19,95 US$ (seniors), 18,95 US$ (enfants). Dome : 18 US$.

Premier musée de sciences à avoir associé exposition interactive, planétarium et dôme au procédé IMAX, ce centre promet une exploration de la nature et de l'espace passionnante. De Kid City, pensé pour les plus jeunes, aux expositions temporaires, telles que l'incroyable « *Illusions* », Fleet Science Center est indiqué pour tous les âges. Surtout, ne manquez pas la mémorable « *It's Electric* », qui passe l'électricité au crible et donne aux visiteurs l'occasion d'utiliser un télégraphe et de tenter de devenir une batterie humaine – oui, vous avez bien lu.

HOUSE OF PACIFIC RELATIONS ★

2191 Pan American Road West, Balboa Park
✆ +1 619 234 0739
www.sdhpr.org
Les cottages sont ouverts samedi et dimanche, de 12h à 17h.

Dans ce petit village international, chaque cottage représente un pays : leur intérieur est aménagé selon leur nationalité, tandis que des objets qui y ont été inventés, des costumes traditionnels et des personnages marquants sont mis en lumière. Par exemple, le bâtiment de la Pologne abrite un buste de Chopin et la biographie de Marie Curie. Au total, 32 cultures sont exposées, de la Colombie à Israël. Un concept sympathique, bien que l'on frôle parfois le stéréotype.

JAPANESE FRIENDSHIP GARDEN ★★

2215 Pan American Road E, Balboa Park
✆ +1 619 232 2721
www.niwa.org
Tous les jours, de 10h à 19h. Adultes : 12 US$, seniors et étudiants : 10 US$. Gratuit pour les enfants jusqu'à 6 ans.

Comme son nom le laisse penser, ce jardin célèbre le jumelage de San Diego avec Yokohama. Il vise à initier ses visiteurs à la culture japonaise, non seulement au travers d'une promenade pendant laquelle ils pourront admirer des bonsaïs et un plan d'eau où vivent des carpes koï, mais aussi à travers des activités. Ainsi, il est possible de participer à des ateliers d'horticulture, d'écouter de la musique dans l'amphithéâtre en plein air et de déguster du thé au Tea Pavilion.

MINGEI INTERNATIONAL MUSEUM ★

Plaza de Panama, 1439 El Prado, Balboa Park
✆ +1 619 239 0003 - www.mingei.org
Du samedi au mercredi, de 10h à 17h. Jusqu'à 20h les jeudis et samedis. Adultes : 14 US$, seniors et étudiants : 10 US$.

Ce bel édifice à l'influence renaissance espagnole est dédié aux arts des peuples, toutes époques, origines géographiques et cultures confondues. Un superbe concentré de créativité et d'inspiration venu des quatre coins du monde à travers des objets uniques. Par exemple, citons les chapeaux en sacs à papier aux formes grandioses et les œuvres de la célèbre plasticienne franco-américaine Niki de Saint Phalle. Les expositions sont généralement renouvelées tous les six mois à un an.

MUSEUM OF PHOTOGRAPHIC ARTS ★

1649 El Prado, Balboa Park
✆ +1 619 238 7559
www.mopa.org
Du vendredi au dimanche, de 11h à 16h. Entrée libre, donation possible.

Fondé en 1983, ce très bel établissement ravira les amateurs de photographie, de cinéma et de vidéo. Il s'agit de l'une des rares institutions indépendantes du pays consacrées à ces domaines, avec des expositions permanentes et temporaires, ainsi que des programmes visuels qui abordent systématiquement des problématiques culturelles, historiques et sociales. En mars 2015, il est devenu le premier musée du sud de la Californie à proposer la politique d'admission « *Pay What You Wish* ».

MUSEUM OF US ★

1350 El Prado, Balboa Park ✆ +1 619 239 2001
www.museumofus.org
Du mercredi au dimanche, de 10h à 17h. Entrée : 19,95 US$, seniors, étudiants et enfants de 16 à 17 ans : 16,95 US$.

Anciennement appelé « Museum of Man », ce petit musée constitue une visite intéressante pour les amateurs d'Histoire et d'anthropologie, entre ses répliques de pierres mayas, ses pièces amérindiennes et ses reliques égyptiennes. Sa mission : « *Inspirer les connections humaines en explorant l'expérience humaine* ». Par ailleurs, impossible de manquer la California Tower, la magnifique tour qui s'élève au-dessus de Balboa Park et qui en constitue l'un des symboles. Rendez-vous au Museum of Us pour y accéder et profiter d'une vue imprenable sur les alentours.

SAN DIEGO AIR & SPACE MUSEUM ★

2001 Pan American Plaza, Balboa Park
✆ +1 619 234 8291
www.sandiegoairandspace.org
Tous les jours, de 10h à 16h30. Adultes : 23 US$, seniors et étudiants : 19 US$, enfants de 3 à 11 ans : 13 US$.

Ce musée ouvert en 1963 présente l'histoire de l'aviation et de la conquête spatiale. Il se divise en différentes salles correspondant chacune à une époque marquante : on démarre par l'observation des avions utilisés lors de la Première Guerre mondiale pour finir avec les engins les plus modernes, puis un satellite et un module de commande Apollo. Ne manquez pas les expositions temporaires, certaines étant passionnantes, à l'image de la très réussie « GALILEO : Space Visionary ».

SAN DIEGO AUTOMOTIVE MUSEUM ★

2080 Pan American Plaza ✆ +1 619 231 2886
www.sdautomuseum.org
Du mardi au dimanche, de 10h à 17h. Adultes : 14,50 US$, seniors et étudiants : 10 US$, enfants (5-17 ans) : 8,50 US$.

Installé dans la partie ouest de Balboa Park, San Diego Automotive Museum expose de superbes collections de voitures et de motos du XXe siècle. Au total, il en compte plus de 80, de la fabuleuse Cadillac 1947 de Louie Mattar – elle lui aura coûté 75 000 US$ – aux motos de course de l'illustre pilote et acteur Steve McQueen. Par ailleurs, on y trouve des expositions temporaires dont le thème varie tous les quatre mois. Une belle immersion dans l'évolution de la culture automobile.

SAN DIEGO MODEL RAILROAD MUSEUM ★

1649 El Prado, Balboa Park
✆ +1 619 696 0199
www.sdmrm.org
Du jeudi au dimanche, de 11h à 16h. Adultes : 13,50 US$, seniors et étudiants : 9 US$, enfants de 4 à 11 ans : 6 US$.

Particulièrement fréquenté par les groupes en sortie scolaire, ce musée abrite plus de 2 500 m² de rails parcourus par des trains électriques miniatures qui traversent les époques et les paysages américains. Une visite magique pour les enfants, mais aussi pour les grands, qui s'émerveilleront de la précision avec laquelle les villes sont reproduites. Par ailleurs, les expositions donnent une belle perspective de l'organisation de la vie autour des chemins de fer.

SAN DIEGO NATURAL HISTORY MUSEUM ★★

1788 El Prado
✆ +1 619 232 3821
www.sdnhm.org
Du vendredi au mardi, de 10h à 16h. Adultes : 19,95 US$, seniors et étudiants : 16,95 US$, 3-17 ans : 11,95 US$.

Fondé en 1874, il s'agit de la plus ancienne institution scientifique du sud de la Californie. Le musée met à l'honneur la flore, la faune et la minéralogie du sud-ouest des États-Unis, notamment dans l'exposition « Coast to Cactus in Southern California ». Par ailleurs, difficile de savoir par où commencer, tant les collections sont riches et variées, des fossiles de dinosaures aux photographies du Golden State. Une visite qui intéressera tous les amoureux de nature.

SAN DIEGO ZOO ★★

2920 Zoo Drive, Balboa Park ✆ +1 619 231 1515
www.sandiegozoowildlifealliance.org
Tous les jours, de 9h à 18h. Pass adultes : 67 US$, enfants de 3 à 11 ans : 57 US$. Promotions en ligne.

Anacondas, léopards, lions, bonobos, chameaux, guépards, éléphants, girafes, ours blancs, hippopotames, koalas – la plus large colonie en dehors de l'Australie – rhinocéros, zèbres... Au total, le célébrissime zoo de San Diego compte quelque 12 000 animaux. L'entrée comprend un accès illimité au Skyfari Aerial Tram, un télésiège qui vous donnera une vue panoramique sur les alentours, ainsi qu'à un tour commenté de 35 minutes dans un bus ouvert à deux étages. Par ailleurs, il est possible de s'entretenir avec des soigneurs pour en apprendre davantage sur leur métier.

SPRECKELS ORGAN PAVILION ★

2125 Pan American Road E, Balboa Park
✆ +1 619 702 8138
www.spreckelsorgan.org
Tous les jours, de 7h à 21h. Accès libre. Concerts gratuits d'1h chaque dimanche à 14h.

Construit en 1914 dans le délai record de 7 mois, cet immense orgue extérieur – le plus grand du monde – a vu le jour à l'occasion de la Panama-California Exposition (1915-1917). Lorsque John D. et Adolph Spreckels en ont fait don à la Ville de San Diego, ils n'ont eu qu'une exigence : que le son de ce sublime instrument aux plus de 5 000 tuyaux – allant de la taille d'un crayon à 9,75 mètres – retentisse chaque dimanche à 14 heures. Aujourd'hui encore, leur vœu est exaucé : une foule se réunit toutes les semaines. Un spectacle à ne manquer sous aucun prétexte.

THE SAN DIEGO MUSEUM OF ART ★★

1450 El Prado ✆ +1 619 232 7931

www.sdmart.org

Du jeudi au mardi, de 10h à 17h. Adultes : 20 US$, seniors : 15 US$, étudiants : 8 US$. Gratuit pour les - de 18 ans.

Ouvert en 1926, il s'agit du musée le plus ancien de la région. Dans un très bel édifice situé au cœur de Balboa Park, il dévoile une collection impressionnante, mêlant art américain du XXe siècle, asiatique – notamment japonais – contemporain californien, et classique européen, avec quelques Monet, Matisse et Toulouse-Lautrec. Les hautes pièces, le hall d'entrée majestueux, la montée d'escalier en pierre et la fontaine intérieure font partie intégrante de l'expérience.

TIMKEN MUSEUM OF ART ★★

1500 El Prado, Balboa Park

✆ +1 619 239 5548

http://www.timkenmuseum.org

Du lundi au mardi et du jeudi au samedi, de 10h à 17h. Entrée libre, visites guidées gratuites.

Sur la Plaza de Panama, dans un élégant bâtiment conçu par Frank L. Hope and Associates, voici un très beau musée au style moderne qui se distingue des autres édifices du parc, à l'influence hispanique. Ouvert en 1965, Timken Museum of Art présente une collection qui retrace plus de 700 ans d'Histoire de l'art par le biais des œuvres de célèbres artistes tels que Rembrandt, Jacques-Louis David, Petrus Christus ou encore John Singleton Copley. Aux murs : des retables du XIVe siècle, des portraits et paysages du XVIIIe et des natures mortes du XIXe – entre autres.

GASLAMP QUARTER ★★

Downtown

www.gaslamp.org

À la fin du XIXe siècle, Downtown San Diego était un endroit peu fréquentable où régnaient la drogue, la prostitution et la criminalité. Les rues étaient faites de saloons, d'établissements de jeux, de maisons closes et de fumeries d'opium. Aujourd'hui, il s'agit d'un quartier incontournable où se concentrent les restaurants et cafés branchés de la ville, bordé par les maisons victoriennes. Son cœur, Gaslamp, tient son nom des lampadaires à gaz traditionnels qui éclairaient auparavant les rues. Au total, on y trouve près de 90 bâtiments historiques.

CHICANO PARK ★★

Sur Logan Avenue entre Cesar E. Chavez Parkway et South Evans Street.

Au cœur de Barrio Logan, le plus vieux quartier américano-mexicain de San Diego, se tiennent plus de 80 fresques murales peintes sur des piliers d'autoroutes, étendus sur seulement 2,8 hectares. Un lieu unique, désigné comme National Historic Landmark en 2017, et que l'on doit à des artistes « *chicanos* » – les Mexicains établis aux États-Unis – qui célèbrent à travers leurs œuvres leurs origines et expriment leur fierté d'appartenir à deux cultures. Tout au long de l'année, Chicano Park est également le théâtre de festivals et de musique et de danse.

MARITIME MUSEUM OF SAN DIEGO ★★

1492 N Harbor Drive

✆ +1 619 234 9153

Tous les jours, de 10h à 17h. Adultes : 20 US$, 13-17 ans et seniors : 15 US$, enfants de 3 à 12 ans : 10 US$.

Ouvert en 1948, il regroupe l'une des plus grandes collections de navires des États-Unis, entre ses sous-marins ainsi que son yacht et son ferry à moteur. Pour leur part, les magnifiques voiliers amarrés aux quais témoignent de trois siècles d'architecture marine, à l'instar du Star of India, une véritable merveille construite en 1863. Par ailleurs, le musée a reconstruit une réplique à l'identique du San Salvador, le vaisseau de l'explorateur Juan Rodriguez Cabrillo (1499-1543).

SAN DIEGO

HERITAGE COUNTY PARK ★

2454 Heritage Park Row, Old Town
✆ +1 858 565 3600
Du lundi au vendredi, de 8h à 17h. Entrée libre.

Adjacent à Old Town, Heritage County Park est un site historique qui regroupe un ensemble de maisons victoriennes restaurées. On y trouve :

- **Sherman-Gilbert House (1887).** Son premier propriétaire est John Sherman, le cousin de William Tecumseh Sherman, un célèbre général américain. Elle sera ensuite habitée par les sœurs Gilbert, connues pour avoir financé des artistes et organisé des réceptions culturelles chez elles.
- **Bushyhead House (1887).** Cette maison de style italianisant a été construite par Edward Wilkerson Bushyhead, à la fois Sheriff, chef de la police de San Diego et propriétaire d'un journal local.
- **McConaughy House (1887).** Une année après sa construction, cette demeure a été rachetée par Fanny Keating pour créer un hôpital, l'un des premiers de San Diego.
- **Christian House (1889).** L'entrepreneur Harfield Timberlake Christian a bâti cette maison d'influences anglo-saxonnes – Queen Anne – qui se distingue des autres par sa tour.
- **Temple Beth Israel (1889).** Voici la première synagogue de San Diego, érigée par la congrégation Beth Israel. À cette époque, de nombreuses églises étaient également construites dans ce style.
- **Burton House (1893).** Bâtie par un médecin militaire à la retraite, son style épuré témoigne de la transition vers l'architecture néo-classique.
- **Senlis Cottage (1896).** Il s'agit de la modeste demeure d'Eugene Senlis, un employé de Kate Sessions, qui était une pionnière de l'horticulture : en somme, un bel exemple des habitations de la classe ouvrière de la fin du XIXe siècle.

OLD TOWN SAN DIEGO STATE HISTORIC PARK

4002 Wallace St, Old Town
✆ +1 619 220 5422
www.facebook.com/oldtownsandiego
Visitor center et musées ouverts tous les jours, de 10h à 17h.

Voici un bel aperçu de la vie à San Diego de 1821 à 1872. Le site rassemble de nombreux édifices d'époque parmi lesquels se dressent des fermes, des boutiques, une école, un cimetière... Certains sont authentiques et ont été rénovés, d'autres ont été reconstruits. Baladez-vous, entrez dans les magasins de bonbons, d'armes ou de vêtements pour faire un bond dépaysant dans le passé. Plusieurs musées vous attendent également. Bien que touristique, Old Town reste une visite incontournable.

PRESIDIO PARK ★

2811 Jackson St, Old Town
Tous les jours, de 6h à 22h.

Joli parc installé sur une colline surplombant Old Town, il fait l'objet d'une promenade agréable dans un bel espace paysager, avec une vue panoramique sur la ville. Surtout, le Presidio permet de renouer avec l'Histoire : c'est ici qu'a débuté la véritable conquête de la Californie, avec la première colonie permanente européenne. Aidé d'un groupe de soldats, le père Junípero Serra, un missionnaire franciscain espagnol, y a créé en 1769 la première mission de l'État, baptisée San Diego de Alcalá. Le site fait désormais partie du patrimoine historique national.

THE JUNÍPERO SERRA MUSEUM ★

2727 Presidio Dr, Presidio Park
✆ +1 619 232 6203
www.sandiegohistory.org/serramuseum
Samedi de 10h à 14h, et dimanche de 10h à 16h (horaires variables). Entrée libre, donation de 5 US$ recommandée.

Situé dans Presidio Park, cet établissement conserve le souvenir de l'Histoire des missions, qui se confond avec celle de la Californie. Nommé d'après le père Junípero Serra, il a été construit entre 1928 et 1929 par l'architecte William Templeton Johnson sur les fondements de la mission San Diego de Alcalá, dans un style de renouveau espagnol très proche de celui des premières missions alentour. Le musée accueille des expositions temporaires intéressantes, mêlant Histoire et art.

SAN DIEGO ZOO SAFARI PARK

15500 San Pasqual Valley Road, Escondido
✆ +1 619 718 3000
https://sdzsafaripark.org/
Tous les jours en 18h. Adultes : 67 US$, enfants de 3 à 11 ans : 57 US$. Promotions en ligne.

Situé à Escondido, à une cinquantaine de kilomètres au nord de Downtown, ce parc fait partie de la San Diego Zoo Wildlife Alliance, au même titre que le zoo de la ville. La différence : ici, les animaux évoluent en liberté, dans les différentes zones du site de quelque 400 hectares. Au total, on y rencontre près de 3 600 animaux, des girafes aux éléphants en passant par les tigres, les guépards et les rhinocéros. Une belle expérience pour ceux qui n'aiment pas les voir en cage.

SEAPORT VILLAGE ★★

849 West Harbor Drive, Marina
✆ +1 619 530 0704
www.seaportvillage.com
Tous les jours, de 11h à 19h – horaires variables selon les établissements.

Avec sa soixante-dizaine de boutiques, de galeries d'art, de cafés et de restaurants installés au bord de l'océan, ce charmant petit dédale de rues revêt des airs de village. Ne manquez pas son beau carrousel sculpté à la main de 1895, à Brooklyn, qui a voyagé aux quatre coins des États-Unis : Dallas (Texas), de 1904 aux années 1950, puis Santa Monica, Portland (Oregon), Burbank (Californie), et, finalement, San Diego en 2004. Si certains voient dans Seaport Village un piège à touristes, il peut être agréable de s'y promener au détour d'une visite de Downtown.

THE NEW CHILDREN'S MUSEUM

200 W Island Ave
✆ + 619 233 8792
www.thinkplaycreate.org
Du jeudi au lundi, de 9h à 12h et de 13h à 16h dimanche, lundi et jeudi. Jusqu'à 15h vendredi et samedi. Tarif : 15 US$.

Comme son nom l'indique, il s'agit d'un musée intégralement consacré aux enfants. A travers ses installations modernes et interactives, ses activités ludiques et ses univers colorés, il propose une expérimentation de l'art contemporain tout en stimulant la créativité et l'imagination. Parmi les œuvres, citons « Whammock ! », sorte d'immense hamac aux formes variées – dans lequel les enfants évoluent gaiement – imaginé et tissé par la Japonaise Toshiko Horiuchi MacAdam.

TUNA HARBOR PARK ★

www.portofsandiego.org
Tous les jours, de 6h à 22h30.

Ce petit parc situé juste à côté de l'imposant porte-avions USS Midway offre un joli panorama sur la baie de San Diego. Il permet surtout d'observer la célébrissime – et controversée – statue en bronze *Unconditional Surrender*, réalisée par l'artiste John Seward Johnson II. Représentant un marin embrassant une infirmière, elle s'inspire directement de la célèbre photographie d'Alfred Eisenstaedt, *V-J Day in Times Square*, prise le 14 août 1945. Ce célèbre baiser échangé le jour de la capitulation japonaise est un symbole de la fin de la Guerre du Pacifique.

USS MIDWAY MUSEUM ★★

910 N Harbor Drive
✆ +1 619 544 9600
www.midway.org
Tous les jours, de 10h à 17h. Adultes : 26 US$, 6-12 ans : 18 US$. Offres et réductions en ligne. Audioguide inclus.

Embarquez à bord du porte-avions *USS Midway*, premier bateau de sa catégorie construit après la Seconde Guerre mondiale et fleuron de la marine américaine de 1945 à 1992. Long de 296 mètres et pouvant accueillir plus de 4 000 marins, il a participé aux principales interventions des États-Unis, comme la guerre du Vietnam et celle du Golfe. La visite de ce musée flottant permet de comprendre son fonctionnement : on va de la salle des machines aux quartiers des marins pour finir par l'impressionnant pont où décollaient et atterrissaient les avions de chasse.

WATERFRONT PARK ★

1600 Pacific Highway
✆ +1 619 232 7275
Tous les jours, de 6h à 22h.

© 1000PHOTOGRAPHY - SHUTTERSTOCK.COM

Le parc s'étire autour de San Diego County Administration Center, un magnifique édifice à l'architecture Art déco hispanisante – *Spanish Revival* – construit en 1938. Il offre une situation privilégiée sur le front de mer, avec les grands immeubles de Downtown de l'autre côté. On y trouve une belle fontaine sculptée, recouverte de mosaïques et baptisée *Guardian of Water*. Avec son bassin, ses jets d'eau, ses espaces de jeux et ses aménagements artistiques, Waterfront Park constitue un lieu agréable pour se ressourcer avant de repartir explorer le quartier.

BIRCH AQUARIUM AT SCRIPPS ★★

2300 Expedition Way, La Jolla
✆ +1 619 534 3474 - www.aquarium.ucsd.edu
Tous les jours, de 9h à 17h. Adultes : 24,95 US$, seniors et étudiants : 22,95 US$, enfants de 3 à 17 ans : 19,95 US$.

Plus qu'un simple aquarium, il s'agit du centre de recherche public de l'institut océanographique Scripps, l'un des plus important au monde dans ce domaine. Ainsi, le musée retrace ses découvertes scientifiques relatives à l'environnement, à la terre et à l'océan. Comme son nom l'indique, le lieu abrite également des espèces : plus de 5 000 – parmi lesquels figurent des requins et de superbes hippocampes – chacune répartie dans une soixantaine d'habitats. Une visite intéressante.

CABRILLO NATIONAL MONUMENT ★

1800 Cabrillo Memorial Drive
✆ +1 619 523 4285
www.nps.gov/cabr
Tous les jours de 9h à 17h. 20 US$ par véhicule, 15 US$ par moto et 10 US$ par piéton ou cycliste.

© ANDRE NANTEL - SHUTTERSTOCK.COM

Situé à la pointe de la presqu'île, ce parc est dédié à la mémoire de l'explorateur Juan Rodriguez Cabrillo, le premier Européen à avoir foulé le sol de la Côte Ouest américaine. En plus d'y trouver l'un des plus vieux phares de la Californie, on pourra observer les baleines depuis Whale Overlook et apercevoir le nouveau phare de Point Loma à l'extrémité de la péninsule. Si le parc est assez éloigné de Downtown, la vue magnifique qu'il offre sur San Diego mérite le détour.

MUSEUM OF CONTEMPORARY ART SAN DIEGO ★

700 Prospect Street, La Jolla
✆ +1 858 454 3541 - www.mcasd.org
Du jeudi au dimanche, de 10h à 16h. Adultes : 25 US$. Gratuit chaque deuxième dimanche et troisième jeudi du mois.

Malgré son second espace à Downtown, nous vous conseillons le musée d'Art contemporain de San Diego de la Jolla, installé au bord de l'océan. Après d'importants travaux, ses galeries accueillent à nouveau des collections impressionnantes, allant de la peinture à la photo en passant par la vidéo et l'installation. On remarquera notamment la présence d'œuvres majeures représentatives des mouvements des années 1950, 1960 et 1970, dont le pop art, l'art minimal ou l'art conceptuel.

SEAWORLD SAN DIEGO ★★

500 SeaWorld Drive ✆ +1 619 222 4732
www.seaworld.com/san-diego
Lundi-jeudi : 10h-18h. Jusqu'à 20h vendredi et samedi, 19h dimanche. Entrée : 99,99 US$. Promotions en ligne.

Avec une colonie de pingouins, des requins, des dauphins, des ours polaires et de nombreuses autres espèces, SeaWorld compte plus de 10 000 animaux, en faisant l'un des plus grands parcs de vie marine au monde. En dehors des grands aquariums où l'on voit nager poissons lagunaires multicolores, raies et requins, son succès réside dans ses spectacles et ses attractions. Manèges, montagnes russes, chaises volantes… De la Manta à l'Emperor en passant par l'Electric Eel, le Tentacle Twirl et le Journey to Atlantis, tous les classiques des parcs à thèmes sont au rendez-vous.

Néanmoins, SeaWorld est plus qu'un lieu visant à divertir l'Américain – ou le touriste – moyen, puisqu'il revendique son engagement environnemental. Des efforts qui passent notamment par un centre de protection et de réintégration des espèces, un centre de recherche marine et animale, ainsi qu'une fondation éducative. Néanmoins, la réputation de l'entreprise a été égratignée par les retombées du documentaire choc *Blackfish*, sorti en 2013. En partant du fait divers tragique qui s'est déroulé au SeaWorld d'Orlando en 2010 – une danseuse confirmée attaquée mortellement par une orque lors d'un spectacle – le filme dénonce les piètres conditions de captivité de ceux que l'on appelle *« killer whales »* en anglais – littéralement *« baleines tueuses »* – et leur dangerosité pour les dresseurs. En conséquence, SeaWorld a annoncé en 2016 que les orques actuellement dans leurs parcs seront la dernière génération et qu'ils arrêteront ensuite leur programme.

POINT LA JOLLA ★★

Au nord de La Jolla, en surplomb de la célèbre plage Jolla Cove, il s'agit de l'un des meilleurs spots pour voir le soleil se coucher à San Diego. En plus de la vue, l'attraction principale réside dans la présence de phoques et lions de mer, allongés sur les rochers par dizaines. Chaque jour, ils quittent l'océan 7 à 8 heures pour se reposer et réguler leur température corporelle, offrant par la même occasion un rare spectacle, pour les yeux comme pour les oreilles. Immanquable ! Toutefois, attention à ne pas trop vous approcher, pour le bien-être des animaux.

SE LOGER

Comme sur l'ensemble de la côte ouest, votre budget sera déterminant quant au choix de votre logement. Toutefois, San Diego dispose d'un rapport qualité-prix satisfaisant et offre des options pour tous les types de voyageurs : des backpackers désireux de faire des rencontres aux familles et couples en quête de raffinement, en passant par les touristes soucieux de leur confort, ainsi que les femmes et hommes d'affaires. Par ailleurs, les visiteurs non véhiculés gagneront sûrement à opter pour Downtown, afin d'être au cœur de l'animation. Si vous disposez d'une voiture, nous vous conseillons de poser vos valises à Point Loma ou sur la côte : vous vous garerez gratuitement et plus facilement que dans le cœur de San Diego et vous aurez un accès privilégié aux plages – sans pour autant vous trouver loin des principaux points d'intérêt de la ville. Enfin, telle une bulle enchanteresse, Coronado se prête à un séjour privilégié, plus luxueux.

HI SAN DIEGO DOWNTOWN HOSTEL €

521 Market St ✆ +1 619 525 1531
www.hiusa.org

Lit en dortoir à partir de 45 US$, chambre double avec sdb. commune dès 128 US$, sdb. privative dès 148 US$.

Particulièrement implantée en Californie, la chaîne d'auberges de jeunesse HI USA possède un établissement dans l'animé quartier de Gaslamp, au cœur de Downtown. Propice aux rencontres, l'*hostel* est doté d'un billard et d'une petite cour intérieure colorée où il fait bon se poser. Côté installations, rien d'extraordinaire : il s'agit d'un établissement classique, pour cette gamme de prix. Par ailleurs, veillez à prendre des boules Quies, dortoirs et rue fréquentée obligent !

INTERNATIONAL TRAVELERS HOUSE ADVENTURE HOSTEL €

230 W Cedar St
✆ +1 619 402 1031

Lit en dortoir à partir de 38 US$, chambre double avec salle de bains commune dès 120 US$. Petit déjeuner compris.

Située à l'extrémité est de Little Italy, dans une maison victorienne rénovée du début des années 1900, cette chaleureuse auberge de jeunesse propose des nuitées en dortoirs et en chambres doubles privées. En plus de sa situation géographique, elle se démarque par l'organisation d'activités locales guidées et gratuites, allant du surf pour débutants à la visite de brasseries, en passant par des randonnées pédestres et de la voile. Une adresse sympathique, idéale pour les routards.

SAMESUN OCEAN BEACH €

4961 Newport Avenue
✆ +1 619 376 6477
www.samesun.com

Lit en dortoir à partir de 50 US$, chambre double dès 180 US$. Petit déjeuner compris.

Coup de cœur pour cette auberge de jeunesse située à deux pas de la plage, sur la rue la plus animée d'Ocean Beach. La décoration et les fresques murales colorées en font probablement l'un des établissements les plus agréables à vivre des environs, dans cette gamme de prix. Au programme : détente avec les autres backpackers – et *digital nomads* – dans la cour intérieure, surf et yoga gratuit, une à deux fois par semaine. Le tout dans une ambiance décontractée, presque hippie. Chaque matin, café à volonté et petit déjeuner en libre-service sont de mise.

THE COSMOPOLITAN HOTEL AND RESTAURANT €€

2660 Calhoun Street
✆ +1 619 297 1874
www.oldtowncosmopolitan.com

Chambre double à partir de 160 US$. Petit déjeuner continental compris.

Construit en 1827 par Juan Bandini, l'un des pionniers de San Diego, cet hôtel situé au cœur d'Old Town offre un véritable voyage dans le temps. Sans télévision ni téléphone, les chambres au style victorien sont dotées d'un magnifique mobilier d'époque, des années 1860 et 1870. Un restaurant ainsi qu'un authentique saloon permettent de continuer l'immersion dans le Far West. Un séjour qui ravira les passionnés d'histoire… Mais un peu moins ceux à la recherche d'animations nocturnes.

URBAN BOUTIQUE HOTEL €€

1654 Columbia Street
✆ +1 619 232 3400
www.urbanboutiquehotel.com
Chambre double à partir de 135 US$.

Ce petit hôtel situé aux portes de Little Italy offre le meilleur rapport qualité-prix du quartier, une fois sorti des auberges de jeunesse. Machine à café, télévision… Les chambres – de 19 m² à 30 m² – disposent de tout le confort nécessaire. S'il faut bien reconnaître que la décoration est simple et que l'établissement n'est pas particulièrement charmant, il est propre et bien tenu. En somme, une bonne adresse pour les voyageurs au petit budget, en quête de la tranquillité et de l'intimité que les *hostels* ne sont pas toujours en mesure d'offrir.

1906 LODGE €€€

1060 Adella Avenue ✆ +1 619 437 1900
www.1906lodge.com
Chambres doubles à partir de 370 US$ la nuit et suites dès 400 US$ la nuit. Petit déjeuner compris.

Fruit de l'imagination de deux architectes renommés de San Diego, cette belle bâtisse de style hispanique date, comme son nom l'indique, de 1906. L'hôtel accueille des chambres agencées autour d'une agréable cour intérieure, dotée d'une fontaine et de plantes exotiques. Chaque matin, un délicieux petit déjeuner y est servi. Parmi les plats et desserts phares du menu : une savoureuse tarte aux champignons et aux trois fromages, un *carrot cake* maison, ainsi que des scones au sirop d'érable et à la noix de pécan. Un endroit fabuleux, à deux pas de la plage.

HOTEL Z - A STAYPINEAPPLE HOTEL €€€

521 Sixth Avenue
✆ +1 619 330 6401
www.staypineapple.com
Chambre double à partir de 277 US$.

Facilement reconnaissable à sa façade colorée de jaune et bleu – et surmontée par un ananas – cet hôtel récent constitue une excellente option pour séjourner dans le quartier de Gaslamp. Les chambres présentent toutes les commodités nécessaires – climatisation, télévision, machine à café – et offrent un design moderne et inspiré. D'énormes duvets de grande qualité ornent les lits, *queen size* ou *king size* selon les chambres. Petit plus : les vélos mis à disposition gratuitement.

OMNI SAN DIEGO HOTEL €€€

675 L St, Downtown
✆ +1 619 231 6664
www.omnihotels.com
Chambre double à partir de 350 US$. Offres en ligne.

Situé à proximité du San Diego Convention Center, cet établissement raffiné accueille principalement une clientèle d'affaires, mais peut également offrir un séjour luxueux aux voyageurs en ville pour quelques jours. Les chambres sont modernes, spacieuses – de 33 m² à 60 m² – et très lumineuses, certaines étant dotées d'une superbe vue sur la baie de San Diego, d'autres sur Downtown. Notons également la qualité des services, de la piscine à la salle de sport en passant par le spa. Le tout dans le quartier de l'Embarcadero, à deux pas de Gaslamp.

SCRIPPS INN €€€

555 Coast Blvd S
✆ +1 888 976 29122
www.scrippsinn.com
Chambres doubles à partir de 320 US$.

Un emplacement de rêve face à l'océan, une décoration marine fraîche et *cosy*, de l'espace, du charme… Bienvenue à Scripps Inn. Ce mini complexe d'une quinzaine de chambres surplombant la baie est un véritable petit paradis propice à la déconnexion. Entre les chambres lumineuses et douillettes agencées dans des tons clairs, la proximité de la plage, la vue absolument imprenable – d'autant plus lorsque le soleil se couche – et le calme du quartier, les lieux seront difficiles à quitter. Le plus : le service impeccable du personnel, aux petits soins.

THE MONSARAZ, TAPESTRY COLLECTION BY HILTON €€€

1451 Rosecrans St
✆ +1 619 790 5700
www.hilton.com
Chambre double dès 220 euros. Petit déjeuner compris.

Cet établissement superbe à la décoration soignée, à la fois originale et *design*, est situé dans le quartier de Roseville-Fleetridge, à Point Loma. Chaque chambre est pensée avec soin et goût ; probablement l'un des standards de Tapestry Collection By Hilton, un programme mis en place par la luxueuse chaîne Hilton avec un ensemble d'hôtels dont fait partie The Monsaraz. Salle de sport, bar, lits *queen size* ou *king size*, petit déjeuner… Tout est prévu pour passer un séjour réussi.

SE RÉGALER

La gastronomie occupe une place de choix parmi les nombreux attraits de San Diego. Dans toute la ville, la part belle est faite à l'Italie, avec Little Italy (Downtown) pour *hot spot*. Autre cuisine fétiche : les spécialités de la mer, situation privilégiée sur l'océan oblige. Souvent, une touche mexicaine vient relever les plats proposés : la Cali-Baja est la cuisine populaire de la ville, un délicieux mélange entre les ingrédients californiens et les recettes mexicaines. Nombre d'évènements sont régulièrement organisés autour de la nourriture. Ainsi, mentionnons le tant attendu San Diego Bay Wine & Food Festival, un rendez-vous sur 5 jours qui se tient tous les ans en novembre. Par ailleurs, Taco Tuesday est une véritable institution ici : chaque mardi, les établissements servant cette délicieuse *tortilla* garnie offrent des promotions et proposent des *happy hours*. Au menu des incontournables : les *fish tacos.*

CIVICO 1845 €€

1845 India Street, Little Italy
✆ +1 619 431 5990
www.civico1845.com
Du lundi au jeudi, de 16h à 19h. Vendredi et samedi, de 12h à 23h. Jusqu'à 21h le dimanche. Pâtes de 20 US$ à 27 US$.

Si Little Italy regorge de bons restaurants, cet établissement ouvert en 2015 se démarque notamment par la qualité de ses pâtes, faites maison. Autre particularité : son « *second* » menu, conçu spécialement pour les *vegans*. Au choix : les lasagnes, les *gnocchi*, le risotto, la polenta ou les linguine, chacun réinventé de manière créative. Dans la carte « *grand public* », mention spéciale aux délicieuses pâtes au four, des *rigatoni* à la mozzarella, au ragoût de bœuf, à la saucisse italienne et au parmesan. Relevons également l'excellente sélection de vins.

COCINA 35 €€

1435 6th Avenue, Downtown
✆ +1 619 431 5611
www.cocina35.com
Du lundi au vendredi, de 8h à 14h. De 7h à 15h le week-end. Chilaquiles de 14 US$ à 17,75 US$.

Au nord de Gaslamp, dans le quartier de Cortez Hill, Cocina 35 s'illustre pour sa grande variété de *chilaquiles*, un plat mexicain préparé à base de tortillas et de sauce verte ou rouge, et servi au petit déjeuner. Ainsi, bien qu'il soit tout à fait possible de venir manger ici à midi, c'est surtout pour son brunch que l'adresse est fréquentée… Mais si les spécialités mexicaines ne sont pas à votre convenance pour entamer la journée, le restaurant a prévu deux alternatives intitulées « *Los Gringos* » – « *Les Étrangers* » – soit des *toasts* ou des *pancakes* revisités.

FIG TREE CAFE €€

695 Sixth Avenue, Gaslamp ✆ +1 619 349 4890
www.figtreeeatery.com
Tous les jours, de 7h à 15h. Petits déjeuners de 12 US$ à 22 US$ et pancakes de 9 US$ à 12,50 US$.

Ouvert en 2008 à Pacific Beach, Fig Tree Cafe s'est implanté à Liberty Station 5 années plus tard, puis, plus récemment, ici, à East Village. Les valeurs sont restées les mêmes : des ingrédients frais et locaux, essentiellement achetés auprès d'une ferme familiale à Ramona, dans le comté de San Diego. On y vient pour le brunch, particulièrement riche en options d'œufs – Bénédicte, omelettes ou brouillés – de *french toasts* et de *pancakes* – parfois associées dans les assiettes complètes. Une très bonne adresse, idéale avant de se lancer dans un tour de la ville.

IRONSIDE FISH & OYSTER €€€

1654 India Street, Little Italy
✆ +1 619 269 3033
www.ironsidefishandoyster.com
Tous les jours, de 11h30 à 15h, puis de 17h à 22h du mardi au dimanche. Pêche du jour entre 35 US$ et 40 US$.

Cette excellente adresse se démarque d'abord par sa décoration très réussie, dans un style industriel où les chaises *design* en cuir se mêlent parfaitement aux touches métalliques et boisées. On se rend ici pour se régaler de poissons et de fruits de mer frais, dont les variétés changent en fonction de l'arrivage du jour. Parmi les incontournables : les plateaux d'huîtres, le délicieux ceviche, le poulpe à la *plancha*, le gâteau de crabe, la chaudrée de palourdes, ou encore le *fish n' chips*. Le tout dans une ambiance conviviale, loin des bars à huîtres guindés.

SUSHI TADOKORO €€€

2244 San Diego Avenue, Old Town
✆ +1 619 297 0298
www.sushitadokoro.com
Mardi-samedi : de 11h30 à 14h (sauf jeudi) et de 17h à 22h. Sashimi de 8 US$ à 36 US$, sushi de 2 US$ à 10 US$ la pièce.

À une dizaine de minutes à pied d'Old Town, Takeaki Tadokoro propose une expérience culinaire fantastique, qui vous fera voyager au Japon – le vrai. Pour avoir un aperçu des différentes spécialités à la carte, asseyez-vous au comptoir et prenez l'omakase. Le chef vous demandera ce que vous ne souhaitez pas manger, puis vous servira une succession d'assiettes à déguster à votre rythme. Des huîtres aux coquilles Saint-Jacques en passant par l'oursin, l'anguille et le gourmand *fatty tuna* – *toro* – tout est un régal. Réservations vivement conseillées.

THE PRADO AT BALBOA PARK €€

1549 El Prado, Balboa Park ✆ +1 619 557 9441
www.cohnrestaurants.com/theprado
Du mardi au samedi, de 11h30 à 20h. Jusqu'à 17h30 le dimanche. Plats de 24,95 US$ à 38,95 US$.

Situé au cœur de Balboa Park, près du Visitors center, ce restaurant est parfaitement indiqué pour un déjeuner entre deux découvertes de musée ou de jardin, avec sa jolie terrasse. À l'intérieur, on s'immerge dans une décoration chaleureuse et colorée. Côté cuisine, des beaux plats de poisson, parmi lesquels se démarque l'appétissante paella. The Prado fait également la part belle à la viande ; citons les savoureuses côtes de bœuf braisées au vin rouge, accompagnées de pommes de terre écrasées au chèvre. Le tout agrémenté d'une carte des boissons bien fournie.

CESARINA €€€

4161 Voltaire St, Point Paloma ✆ +1 619 226 6222
www.cesarinarestaurant.com
Lundi-vendredi : 12h-15h et 16h-21h30. Week-end : de 11h à 21h30. Pâtes de 23 US$ à 38 US$ et plats de 29 US$ à 48 US$.

Voici une trattoria 100% authentique, au raffinement certain. Ouvert par deux sympathiques Italiens passionnés de gastronomie en 2019, ce restaurant sert une cuisine d'excellence. On y vient pour ses pâtes fraîches artisanales, dont on choisit d'abord la forme : fettuccine, spaghetti, mafalde, pappardelle, tonnarelli, paccheri, gnocchi, rigatoni, bucatini... À cela vient s'ajouter une liste aussi impressionnante qu'alléchante de sauces et accompagnements. Par ailleurs, nous recommandons les « *pâtes au four du jour* », notamment les lasagnes, exquises. Coup de cœur !

LOBSTER WEST €€

1033 B Avenue, Coronado
✆ +1 619 675 0002
www.lobsterwest.com
Tous les jours, de 11h à 20h. Rolls de 13 US$ à 45 US$, soupes de 4,50 US$ à 10 US$ et salades de 16 US$ à 19 US$.

La spécialité de cette chaîne également implantée à La Jolla et Encinitas : le Lobster Roll, ce fameux sandwich originaire de la Côte Est. Concrètement, il s'agit d'un petit pain brioché garni de homard, auquel du fromage grillé peut être ajouté. Lobster West le décline en deux autres versions : crabe et crevette. Il sert aussi de délicieuses soupes, à la bisque de homard, aux palourdes de Nouvelle-Angleterre, ou encore au crabe de Maryland. Au dessert : des *Whoopie Pies*. Une bonne adresse, très abordable pour des produits de la mer de cette qualité.

IT'S RAW POKE SHOP €€

4991 Newport Ave STE A, Ocean Beach
✆ +1 619 564 8421
www.itsrawpokeshop.com
Du mardi au samedi, de 11h à 18h, jusqu'à 17h le dimanche. Poke : 16 US$, plats de 15 US$ à 22 US$.

À deux pas de la plage, ce petit établissement sert exclusivement des *poke*, ces spécialités hawaiiennes aussi fraîches que savoureuses. Au choix : deux variétés de poisson qui changent selon le jour, allant du saumon épicé au thon soja en passant par le poulpe au sésame et la crevette au kimchi. It's Raw Poke Shop propose également des bonnes alternatives pour le déjeuner telles que le porc kalua, un autre mets hawaiien à ne pas manquer. En somme, un traiteur de qualité, dont les préparations se prêtent particulièrement à un pique-nique sur le sable.

OFFICINE BUONA FORCHETTA €€

2865 Sims Rd
✆ +1 619 548 5770
www.officinebuonaforchetta.com
Lundi, mercredi et jeudi : 11h30-15h et 17h-21h. Jusqu'à 22h le vendredi. Samedi : 11h30-22h. Dimanche : 11h30-21h.

Ce restaurant insolite, organisé selon différents espaces – pizzeria, osteria et bar – et doté de deux grands patios fleure bon l'Italie. Au menu : une grande quantité de délicieuses pizzas, allant des classiques de la cuisine napolitaine – à l'instar de la Margherita, de la Marinara ou de la Puttanesca – à des créations plus originales, telles que la Alessandro, préparée à partir de provola, de saucisse, de jambon cru et de cèpes. On y trouve également des pâtes fraîches à agrémenter d'une sauce au choix – pesto, bolognaise, carbonara... Excellente adresse !

LIBERTY PUBLIC MARKET

2820 Historic Decatur Rd, Liberty Station
✆ +1 619 487 9346
Tous les jours, de 11h à 19h.

Bière artisanale, pizzas, *ramen*, grill coréen, pâtes, burgers, spécialités péruviennes, homard, barbecue texan, poulet frit, tacos, kebabs, wraps, bols de riz philippins, *street food* thaïlandaise, donuts, pâtisseries, crêpes, gaufres belges, popcorn, bubble tea, café artisanal, jus... Ce marché couvert offre une belle sélection de cuisine internationale produite localement, à déguster sur place ou à emporter. Un endroit convivial, très prisé des habitants du quartier de Liberty Station. Cerise sur le gâteau : quelques petites boutiques où il fait bon flâner.

SOI OB-THAI STREET FOOD €€

1916 Cable St, Ocean Beach
✆ +1 619 230 5885
www.soiob.com
Tous les jours, de 12h à 21h. Entrées de 6 US$ à 8 US$, salades de 8 US$ à 13 US$, et plats de 13 US$ à 15 US$.

Ce petit restaurant sans prétention sert une cuisine aussi généreuse que savoureuse. On y mangera des Pad See Ew – des nouilles de riz épaisses, frites avec un œuf et dans de la sauce soja, accompagnées de brocoli chinois – et des Pad Thai – des nouilles de riz fines, revenues dans du tamarin, avec un œuf, des germes de soja, des cacahuètes, des oignons verts et de la coriandre – comme en Thaïlande. Aussi au menu : des *curry*, des soupes et des plats de riz. Si la saison le permet, on goûtera au dessert national : le fameux riz gluant à la mangue.

FAIRE UNE PAUSE

Deuxième plus grande ville de Californie oblige, San Diego ne manque pas d'adresses où faire une pause au milieu d'une journée de visites. Si elle ne s'illustre pas particulièrement pour une spécialité, elle concentre l'essentiel des gourmandises que l'on trouve habituellement aux États-Unis, des *cheesecakes* aux *donuts* en passant par les *scones* et les muffins. Ainsi, elle abrite les grandes chaînes classiques : The Cheesecake Factory, Dunkin'... Comme partout, nous vous conseillons d'opter pour des adresses plus authentiques. Par exemple, pour les *donuts*, préférez les boulangeries ou les établissements dédiés, dans lesquels il vous faudra vous rendre le plus tôt possible, au risque de voir les étals dévalisés dès le milieu de matinée. San Diego compte également de charmants *coffee shops* servant un délicieux breuvage torréfié maison. Cependant, attention : ils ferment généralement autour de 17 heures.

BRICK & BELL CAFE

928 Silverado Street, La Jolla
✆ +1 858 551 0928
www.facebook.com/brickandbellcafe
Tous les jours, de 6h à 17h. Cafés de 1,75 US$ à 4,95 US$. Viennoiseries et desserts de 1 US$ à 5,95 US$.

Cette jolie maison de briques qui se démarque des bâtiments alentour est une institution à La Jolla. Sa spécialité : les *scones*, ces petits pains d'origine écossaise presque aussi populaires en Amérique du Nord qu'au Royaume-Uni. Si on les prépare habituellement « *nature* », Brick & Bell Cafe les revisite avec succès en les agrémentant de pépites de chocolat, en les recouvrant de sirop d'érable aux noix ou encore en les confectionnant avec de la citrouille. Également au menu : des paninis, ainsi qu'un choix intéressant de petits déjeuners, de café et de desserts.

OB BEANS COFFEE ROASTERS

4879 Newport Avenue, Ocean Beach
✆ +1 619 738 8151
Tous les jours, de 7h à 17h. Tasse de café maison à 3 US$, açaï bowl à 9 US$.

Si vous logez à Ocean Beach, que vous aimez le bon café artisanal et que vous voyagez en travaillant, OB Beans Coffee Roasters est fait pour vous ! En dehors des clients venus prendre leur gobelet à emporter, on y croise essentiellement des *digital nomads*. Il faut dire que la musique, suffisamment douce pour ne pas gêner la concentration ni un appel, les grandes tables hautes, propices à la tranquillité « *ensemble* », les nombreuses prises et la bonne connexion Wi-Fi sont autant de paramètres propices au *home office*. Le plus : de délicieux *açaï bowls* et desserts.

DONUT BAR

631 B Street, Downtown
✆ +1 619 255 6360
www.donutbarsd.com
Du lundi au vendredi, de 7h à 12h30. Dès 8h le week-end. Donuts de 2 US$ à 5 US$.

Absolument incontournable pour les amateurs de donuts, cette adresse installée au nord de Gaslamp est particulièrement réputée pour la qualité de ses produits et la gourmandise de ses recettes. En voici une liste non exhaustive : crème brûlée, *cheesecake* à la myrtille, margarita, *maple bourbon*, *mud pie* – la fameuse tarte au chocolat originaire du Mississipi – caramel beurre salé, crumble aux pommes, pâte à gâteau... Pensées par l'enthousiaste chef Santiago Campa, les saveurs sont fréquemment renouvelées. Pour avoir du choix, venez le plus tôt possible.

LE PARFAIT PARIS

555 G Street, Gaslamp
✆ +1 619 245 4457
https://parfaitparis.com/
Dimanche-mercredi : de 8h à 22h. Jusqu'à 23h du jeudi au samedi. Macarons à 2,90 US$ la pièce, pâtisseries dès 10 US$.

Au cœur de Gaslamp, Parfait Paris est le lieu indiqué si l'on a le mal du pays... Ou simplement envie de manger d'exquises viennoiseries et pâtisseries, à la française. De la tarte aux fruits au framboisier en passant par la crème brûlée, la tarte amandine aux poires, ou encore la mousse au chocolat, tout est fait maison et dressé avec raffinement. On pourra également s'attabler en terrasse ou à l'intérieur le temps de déguster une bonne crêpe, un pain perdu, une galette, une glace, une quiche ou un croissant salé. Cela dit, attention, l'addition monte vite !

(SE) FAIRE PLAISIR

Centres commerciaux, boutiques indépendantes, *antique stores*... Les possibilités de shopping abondent, à San Diego. Désireux d'acheter des souvenirs ? Rendez-vous à Old Town Market, une succession d'une quarantaine de boutiques où vous trouverez des cadeaux originaux et pour la plupart artisanaux. En quête de maillots de bain et de vêtements d'été ? Direction les avenues qui bordent les plages – comme Newport, à Ocean Beach – où il vous sera impossible de ne pas trouver votre bonheur. Vous désirez du prêt-à-porter de qualité ? Prévoyez au moins une demi-journée dans un *outlet*, où vous trouverez des marques dégriffées jusqu'à -70 %. Déambulez aussi entre les étals *vintage* de l'un des nombreux Farmers Markets de la ville. Les plus connus sont celui – assez hippie – de Ocean Beach, le mercredi (16h- 20h), celui – plutôt tendance – de Little Italy, le samedi (8h-14h), et le populaire marché de Hillcrest, de 8h à 14h les dimanches.

SAN DIEGO

FARMERS MARKETS

www.sandiego.org

Consultez les jours de marché par quartier sur le site Internet (rubrique « Things to do », « Shopping »).

Pas un jour ne passe à San Diego sans qu'un marché de produits frais cultivés dans la région ne prenne place dans l'un de ses quartiers. Néanmoins, si les Farmers Markets sont avant tout réputés pour la qualité et la diversité de leurs stands culinaires, ils sont également propices au *shopping*, des bons produits biologiques et organiques qu'ils vendent aux objets d'art, bijoux, accessoires et vêtements présentés sur certains stands. Ainsi, pour vos achats, préférez le marché d'Ocean Beach le mercredi après-midi et ceux de La Jolla et Hillcrest le dimanche matin.

OLD TOWN MARKET

4010 Twiggs Street, Old Town

✆ +1 619 278 0955

www.oldtownmarketsandiego.com

Tous les jours, de 10h à 21h.

Une visite à Old Town est indissociable d'un passage dans son marché, idéal pour acheter ses souvenirs de voyage. On y trouve plus d'une quarantaine de boutiques vendant, au choix : des textiles mexicains, des accessoires en cuir, des couvertures et ponchos tissés au Pérou, en Équateur et au Guatemala, des attrape-rêves amérindiens, des bijoux en argent et en turquoise, des sombreros, du thé et du café, des t-shirts et des sweats, des poupées, des miroirs confectionnés au Pérou, des objets d'art réalisés à partir de coquillages... Le champ des possibles est ouvert !

LAS AMERICAS PREMIUM OUTLETS

4211 Camino De La Plaza, San Ysidro

✆ +1 619 934 8400

Du lundi au jeudi, de 11h à 20h et jusqu'à 19h le dimanche. Vendredi et samedi, de 10h à 20h.

À une vingtaine de minutes au sud de Downtown, dans le quartier de San Ysidro – près de la frontière mexicaine – se tient le plus grand *outlet* de San Diego. Il abrite plus de 100 marques dégriffées, parmi lesquelles nous pouvons citer Adidas, Armani, Boss, Calvin Klein, Coach, Converse, Guess, Hollister Co., Karl Lagerfeld, Lacoste, Levi's, Marc Jacobs, Michael Kors, New Balance, Nike, Quiksilver, Swarovski, The North Face, Timberland, Tommy Hilfiger, Vans et Victoria's Secret.

CREATIONS BOUTIQUE

4958 Newport Ave, Ocean Beach

✆ +1 619 269 5682

www.instagram.com/creations_boutique

Du lundi au jeudi, de 10h à 19h. Jusqu'à 20h les vendredis et samedis. De 11h à 18h le dimanche.

Cette jolie boutique située au cœur d'Ocean Beach est spécialisée dans le prêt-à-porter pour femmes. Modernes, mais avec une touche d'inspiration bohémienne, les vêtements se fondent à merveille dans l'esprit du quartier. On y trouve des belles robes longues colorées, des *bodies*, des jupes courtes, des maillots de bain, des shorts, des ensembles délicats, des débardeurs aux motifs fleuris... Le tout le plus souvent 100% coton. Creations renouvelant fréquemment ses stocks, n'hésitez pas à y revenir plusieurs fois si vous logez à San Diego plus d'une semaine.

BOUGER & BULLER

À l'instar de ses intérêts culturels certains, San Diego se prête à de nombreuses activités physiques, parmi lesquelles trois se démarquent particulièrement : la randonnée, le surf et le yoga. En dehors des studios, cette dernière se pratique sur le front de mer, comme sur les superbes Sunset Cliffs – à Point Loma – où des cours gratuits ont lieu chaque semaine. Mentionnons également les leçons qui se tiennent presque tous les jours à Balboa Park, au Japanese Friendship Garden, et celles qui sont données dans l'océan, sur des planches de paddle, à Mission Bay. Quant au surf, la ville compte quelques excellents spots, comme Outlet – à Coronado. Pour leur part, les marcheurs prendront plaisir à arpenter le front de mer et les sentiers côtiers de Torrey Pines State Reserve. Enfin, les voyageurs en quête de détente n'auront qu'à poser leur serviette sur l'une des plages de San Diego pour laisser la magie opérer.

PACIFIC SURF SCHOOL

4121 Mission Blvd, Pacific Beach
✆ +1 858 488 2685
www.pacificsurf.com
Leçons à partir de 89 US$. Location (seule) d'une planche pour 1h30 : 20 US$. Possibilité de réserver en ligne.

Établie à Pacific Beach, à Mission Beach, à Ocean Beach et à La Jolla – ainsi qu'au Nicaragua, au Costa Rica et à Los Angeles – cette école s'illustre par la qualité de ses cours de surf. Au choix : des leçons d'1h30 privées, à 2 ou 3 personnes, ou en groupe – à 4 ou 5. Certes, les prix ne sont pas donnés, mais les moniteurs sont particulièrement à l'écoute de leurs élèves et s'adaptent à leur niveau. Notez que Pacific Surf School propose également un *surf camp* allant de 3 demi-journées à 5 jours à temps plein et de la location – seule – de matériel.

MODO YOGA

3091 Clairemont Drive, Bay Park
✆ +1 619 684 5509
www.modoyoga.com/sandiego
Lundi-vendredi : 5h30-9h30, 11h30-13h30 et 15h30-21h30. Samedi : 7h30-13h30. Dimanche : 7h30-13h30 et 15h30-19h30.

On aime ce studio de yoga pour plusieurs raisons : d'abord, la qualité de ses installations, à la fois spacieuses et lumineuses. Ensuite, la bienveillance et l'accueil chaleureux des instructeurs, qui donnent à leurs élèves la sensation d'intégrer une véritable communauté. Au choix, près d'une dizaine de classes différentes, allant du Modo – du yoga Bikram – au Karma – une séance basée sur les donations, accessible à tous les niveaux – en passant par le Yin – des longues postures visant à détendre les muscles et les articulations. Excellente adresse !

TORREY PINES GOLF COURSE

11480 N. Torrey Pines Road, La Jolla
✆ +1 858 581 7171
www.torreypinesgolfcourse.com
Administration office ouvert du lundi au vendredi, de 8h à 16h30. Réservations au téléphone.

Sur les falaises surplombant le Pacifique, ce golf municipal est considéré comme *« l'un des plus jolis parcours d'Amérique »* par le magazine *Golf Digest*. Et pour cause : en plus d'un cadre à couper le souffle, les panoramas auxquels il donne accès semblent presque irréels de contrastes et de nuances de couleurs. Par ailleurs, c'est sur le South Course de Torrey Pines que Tiger Woods a remporté une épreuve de playoffs en 2008, lors de l'US Open. Un autre joueur star en a foulé le gazon, cette fois lorsqu'il était enfant ; il s'agit de Phil Mickelson.

LES PLAGES DE SAN DIEGO

L'un des attraits de San Diego réside dans ses plages, chacune propice à des activités différentes. En quête de *farniente* ? Nous vous conseillons Coronado Beach, une belle étendue de sable fin et blanc. Envie de vous promener ? Direction Mission Beach – juste au sud de Pacific Beach – qui s'étend sur un petit plus de 3 km. Enfin, pour observer les lions de mer sur fond de coucher de soleil, rendez-vous à La Jolla. Notez que la plupart des plages de la ville sont équipées de filets de *beach-volley* et d'espaces où faire un feu – les populaires *« bonfires »*.

SORTIR

La *beach attitude* qui règne à San Diego et sur les plages du Pacifique confère à la région un air de vacances permanentes et de décontraction affirmée, idéal pour une vie nocturne bien animée. Avec plus de 60 bars et clubs, Gaslamp Quarter concentre, sur quelques pâtés de maisons, une énergie unique. Ici, la fête se décline à l'infini dans des lieux plus branchés les uns que les autres, tandis que les quartiers de North Park et South Park – respectivement au nord-est et à l'est de Balboa Park – sont de plus en plus prisés par les hipsters, large sélection de bières locales artisanales et musique *live* oblige. Pour sa part, la communauté LGBTQI+ se rassemble essentiellement à Hillcrest, dans une ambiance bon enfant. Enfin, Pacific Beach est l'hôte de nombreux bars, fréquentés par la jeunesse dorée de la ville. Mentionnons également le Balboa Theatre, un lieu historique de Downtown érigé en 1924, qui accueille toujours des pièces.

BLOOM NIGHTCLUB

919 Fourth Avenue, Gaslamp
✆ +1 619 800 0991
www.bloomdtsd.com
Vendredi et samedi, de 21h à 2h. Entrée : de 10 US$ à 25 US$ – environ – selon les DJ.

Installé dans un bâtiment historique de Downtown datant de 1889, Bloom Nightclub est à la fois *underground* et *select*. Chaque week-end dès 21h30, des DJ viennent animer le *dance-floor*, tandis qu'un jeu d'éclairages particulièrement bien pensé plonge les clubbers dans une ambiance telle que le terme d'« expérience » prend tout son sens. Puisqu'il s'agit sans doute de l'une des meilleures boîtes de Gaslamp, veuillez à prendre vos tickets en avance. Par ailleurs, notez que les casquettes de baseball, les débardeurs, les shorts et les tongs sont proscrits.

NOBLE EXPERIMENT

777 G Street, Gaslamp
✆ +1 619 888 4713
www.nobleexperimentsd.com
Tous les jours, de 18h à 2h.

Caché dans un restaurant, Noble Experiment est un *speakeasy* comme on les aime, à l'image des fameux bars de la Prohibition. Lumière tamisée, chandelier suspendu au plafond et bougies disposées sur les tables : l'atmosphère se veut intime et feutrée, tandis qu'un mur constitué de têtes de mort attise la curiosité. Une fois installé, deux options : choisir l'un des excellents cocktails de la carte, ou faire part de ses goûts au chef, puis laisser son talent s'exprimer. Attention, la salle étant relativement petite, il vaut mieux réserver en ligne avant de venir.

THE HOLDING COMPANY

5046 Newport Avenue, Ocean Beach
✆ +1 619 341 5898
www.theholdingcompanyob.com
Du mardi au vendredi, de 16h à 2h. Dès 10h le week-end. Cocktails de 10 US$ à 14 US$.

Ce n'est pas nécessairement pour la partie restaurant de cet établissement phare d'Ocean Beach que nous vous conseillons d'y aller, mais pour son bar à la fois branché et convivial, avec ses DJ et ses groupes venus jouer en *live*. Par ailleurs, mentionnons la belle carte des cocktails, où des classiques tels que l'Old Fashioned côtoient des spécialités de la maison, à l'instar de l'Ocean Drive, confectionné à base de rhum à la noix de coco, d'orgeat maison, d'ananas et d'orange – entre autres. Cerise sur le gâteau : un *rooftop* agréable les chaudes soirées d'été.

THE SHOUT ! HOUSE

655 Fourth Avenue, Gaslamp ✆ +1 619 231 6700
www.theshouthouse.com
Du dimanche au jeudi, de 19h à 01h. Vendredi et samedi, de 18h à 02h. Fermé le lundi. Bières pression à 8 US$.

Au cœur de Gaslamp, cette adresse à l'ambiance survoltée est réputée pour le *show* qui s'y déroule chaque soir d'ouverture, « *Dueling Pianos* ». Le principe : deux joueurs talentueux prennent place aux deux pianos du bar et s'affrontent dans un face-à-face endiablé. Au programme : du rock au rap en passant par le jazz, ce sont les clients qui sélectionnent les morceaux. Participatif, le joyeux spectacle appelle à danser – sur les tables ou par terre – et à pousser la chansonnette. Le tout arrosé par une bonne bière pression, un verre de vin ou un cocktail.

INLAND EMPIRE ET LE DÉSERT

Parfois appelée Inland Empire par les habitants de la Californie du Sud, la zone qui s'étend de l'est de Los Angeles à la frontière du Nevada révèle toute la diversité du Golden State. D'abord, à près d'une heure de route de la Cité des Anges s'étendent les San Gabriel Mountains, plébiscitées par les citadins pour leurs stations de ski. À 120 km à l'est, c'est le Big Bear Lake qui se profile, un écrin de verdure au cœur duquel on s'immerge dans des paysages de montagne, propices à une multitude d'activités. Viennent ensuite les déserts. D'abord, Joshua Tree National Park et son arbre de Josué emblématique, premier avant-goût de l'aridité qui règne sur la région. À partir de ce point, les températures grimpent plus on se dirige vers le Nord, d'abord en passant dans la Mojave National Preserve, puis en arrivant dans l'incontournable Death Valley National Park. Une terre d'une rare richesse, qui mérite assurément le détour.

Inland Empire et le désert
VERS MOJAVE NATIONAL PRESERVE
Kenton Mill
Adelanto
Victorville
Lucerne Valley
Hesperia
Amboy
Chambless
Ward Valley
Fishel
SAN GABRIEL MOUNTAINS
BIG BEAR LAKE
Flamingo Heights
PIONEERTOWN
Twentynine Palms
Vidal Junction
San Bernardino
Fontana
Yucaipa
Desert Hot Springs
JOSHUA TREE NATIONAL PARK
Riverside
Corona
PALM SPRINGS
Eagle Mountain
Midland
Perris
Palm Desert
Indio
Hayfield
10
Menifee
Blythe
Taylor
Mecca
Murrieta
Temecula
Rancho Dos Palmas
SAN CLEMENTE
Oak Grove
Bombay Beach
Cibola
SALTON SEA
Salton City
Warner Springs
50 KM
Paymaster Landing

PAGES

452 ●● INLAND EMPIRE ET LE DÉSERT
452 SAN GABRIEL MOUNTAINS ★
452 BIG BEAR LAKE ★★
453 PIONEERTOWN
453 PALM SPRINGS ★★
455 SALTON SEA ★
456 ANZA-BORREGO DESERT STATE PARK ★
456 SALVATION MOUNTAIN ★★
456 JOSHUA TREE NATIONAL PARK ★★
456 MOJAVE NATIONAL PRESERVE ★★★
457 DEATH VALLEY NATIONAL PARK ★★★★

Cette vallée est une quintessence du désert : un Sahara d'environ 150 km sur 80 km à découvrir absolument, entre ses collines de sable blond totalement vierges, ses étendues salées et blanches, ses montagnes et ses canyons râpés. À elle seule, cette merveille naturelle justifie un séjour en Californie ou au Nevada.

Badwater Basin, Death Valley National Park.

SAN GABRIEL MOUNTAINS ★

L'horizon des montagnes enneigées se voit depuis tous les quartiers de la Cité des Anges... Si la pollution le permet. Cette sorte de toile de fond impassible témoigne de la chance des Angelenos : outre leurs belles plages qui s'embrasent lorsque vient la *golden hour*, ils disposent de stations de ski à à peine plus d'une heure de chez eux. Ainsi, barrière naturelle entre le Grand Los Angeles et le désert des Mojaves, la chaîne formée par les San Gabriel Moutains peut faire l'objet d'une visite agréable, à la journée ou le temps d'un week-end. La belle route qui y mène circule entre des points de vue imprenables, justifiant à elle seule le trajet.

BIG BEAR LAKE ★★

Si vous souhaitez profiter d'un séjour à Los Angeles pour vous mettre au vert dans les montagnes de San Bernardino, Big Bear Lake constitue une destination idéale. Les 150 km qui vous y mèneront vous feront passer parmi des paysages magnifiques, vous préparant doucement à une abondance de nature. Au programme : bateau, randonnées à cheval, à pied ou encore à vélo, ski... Vous aurez l'embarras du choix. Sur place, vous trouverez deux stations : Snow Summit et Bear Mountain. Par ailleurs, outre les chalets alentour, il vous sera possible de camper dans le Pineknot Campground. Enfin, le Big Bear Visitor Center est ouvert tous les jours, de 9h à 17h.

San Gabriel Mountains.

NOON LODGE €€

214 Lagunita Ln
✆ + 1 909 866 2526
www.noonlodge.com
Chalets à partir de 200 US$ la nuit.

Noon Lodge propose des jolis chalets allant du studio avec lit double à de plus grands volumes jusqu'à trois chambres et deux salles de bains : une adresse idéale pour un séjour solo, comme en couple ou en famille. Tout est pensé avec beaucoup de goût, de l'intérieur très *cosy*, qui associe une décoration rustique et *vintage* à une touche *arty*, à l'aménagement des différents espaces extérieurs. Il est d'ailleurs difficile de choisir entre le salon agencé autour du feu et doté d'une vue sur l'eau, la belle table en bois sous les guirlandes et la cheminée en pierre.

MT WATERMAN SKI LIFTS

California 2
✆ +1 619 708 6595
www.mtwaterman.org
Samedi et dimanche, de 9h à 16h. Accès au domaine skiable : 40 US$ l'été, 70 US$ l'hiver (seniors et enfants : 30 US$).

Cette station est la plus ancienne et la plus petite de la région de Los Angeles. L'été, on vient y faire du ski et du *snowboard*, tandis qu'elle est réservée aux cyclistes, aux randonneurs et aux amateurs de *disc golf* – un jeu pratiqué avec les règles du golf, mais en utilisant des disques qui se rapprochent du *frisbee* – l'été. Au total, trois remontées mécaniques desservent 25 pistes, pouvant être utilisées par les sportifs comme par les personnes désireuses de profiter de la vue en altitude. Il leur faudra seulement acheter un « *scenic lift ride* ».

HIMALAYAN RESTAURANT €€

672 Pine Knot Ave
✆ +1 909 878 3068
www.himalayanbigbear.com
Du dimanche au jeudi, de 11h à 21h. Jusqu'à 22h vendredi et dimanche. Plats de 9,95 US$ à 20,95 US$.

Par le biais de sa cuisine tibétaine, indienne et népalaise, ce restaurant fait voyager ses clients pour leur donner un bel aperçu de la gastronomie dans les différentes régions de l'Himalaya. À tester sans faute : le poulet *tandoori*, ainsi que le poulet *tikka masala,* remarquables. Par ailleurs, malgré le grand choix de préparations à base de poulet, d'agneau et de produits de la mer, de nombreuses options végétariennes sont à la carte. Si tous les plats sont copieux, on peut demander à ce qu'ils soient épicés selon ses préférences, sur une échelle de 1 à 10.

PIONEERTOWN

À mi-chemin entre Palm Springs et Big Bear Lake, Pioneertown est un village à l'ambiance western qui mérite le détour. Fondée en 1940 par un groupe d'investisseurs de Hollywood – dont l'acteur Gene Autry –, la communauté a été imaginée comme un plateau de tournage pour les films de Far West : au total, elle a accueilli plus de 50 productions entre 1940 et 1950. Bien qu'elle ait été endommagée par un feu en 2006, elle offre toujours une expérience originale. Une étape à ne pas manquer si vous passez à Joshua Tree ou à Palm Springs. Sur place, peu de choses à faire, si ce n'est explorer la rue principale et se restaurer chez Pappy & Harriet's.

PIONEERTOWN MOTEL €€

5240 Curtis Rd
✆ +1 760 365 7001
www.pioneertown-motel.com
Chambres doubles à partir de 250 US$.

Par chance, le seul hôtel de Pioneertown a beaucoup de charme. À la fois rustiques et tendances, les lieux adoptent un univers western séduisant, de l'architecture traditionnelle en bois à la décoration des chambres en passant par la très photogénique réception. Construites à l'époque du Golden Age de Hollywood pour les plus grands acteurs de western, dont Gene Autry et John Wayne, les anciennes loges ont été transformées en cet hôtel – à côté de la rue principale de la ville. Au total, la rénovation de l'établissement a duré deux ans. Coup de de cœur !

PAPPY & HARRIET'S €€

53688 Pioneertown Rd
✆ +1 760 228 2222
www.pappyandharriets.com
Du jeudi au dimanche, de 11h à 21h30. Dès 17h le lundi. Burgers : 11-16 US$. Plats : 22-39 US$. Sandwichs : 10-16 US$.

Cuisinées à l'extérieur, au feu de bois, les grillades se dégustent dans cette exquise maison de rondins de bois en plein désert, devant les groupes de folk et de rock venus se produire en santiags et mini-short, une bière artisanale à la main. C'est ici, à Pioneertown, que se tournaient de nombreux westerns dans les années 1950 ; ce restaurant n'était alors qu'un décor de cinéma. Aujourd'hui, Pappy & Harriet's est doté d'un charme tout droit sorti d'un film de *road-trip* américain. Pensez à réserver, l'établissement étant parfois pris d'assaut par les Angelenos.

PALM SPRINGS ★★

Palm Springs est une oasis située au niveau de l'extrémité ouest de la vallée de Coachella – un paradis pour les activités en plein air. En arrière-plan de ce paysage aride et parsemé de palmiers, les montagnes du San Jacinto dessinent de magnifiques reliefs dont les sommets se teintent de blanc en hiver. D'ailleurs, c'est à cette saison que la ville est la plus fréquentée, voyant sa population doubler.

Sortir

Chaque année, Palm Springs et son désert vibrent au son de la musique avec deux festivals à la renommée internationale : Coachella et le Stagecoach, qui se tiennent à la fin du mois d'avril. À cette période, tous les établissements des environs sont pris d'assaut.

Tourisme

La ville constitue une bonne base pour explorer les magnifiques canyons, déserts et parcs alentour, possédés, pour la plupart, par les natifs de cette région : les Amérindiens Cahuilla. Vous pouvez vous renseigner sur place au Palm Springs Visitor Information Center – ouvert tous les jours, de 10h à 17h, au 2901 North Palm Canyon Drive.

Transports

La voiture est le moyen le plus pratique de gagner la ville – à 180 km à l'est de Los Angeles – mais elle est également dotée d'un aéroport international et desservie par les trains d'Amtrak ainsi que les bus de Greyhound.

INDIAN CANYONS AND PALM CANYON ★★

38520 South Palm Canyon Drive
✆ +1 760 323 6018 - www.indian-canyons.com
7j/7 8h-17h. Juillet-septembre : vendredi-dimanche. Adultes : 12 US$, séniors/étudiants : 7 US$, 6-12 ans : 6 US$.

Palm, Tahquitz, Murray, Andreas... Voici une liste non exhaustive des canyons que vous verrez ici. Ils constituent une visite incontournable pour les adeptes de la marche, avec plus de 95 km de sentiers de randonnée. Des circuits faciles de moins de 2 km aux plus escarpés d'une vingtaine de kilomètres, il y en a pour tous les goûts. Au programme : des rochers aux multiples faces, des grottes, des trous d'eau, des chemins parmi les sources et d'innombrables palmiers. Un lieu magique.

INLAND EMPIRE ET LE DÉSERT

MOUNT SAN JACINTO STATE PARK ★

25905 CA-243
✆ +1 951 659 2607
Tous les jours, de 8h à 16h. Palm Springs Aerial Tramway : 29,95 US$/adulte, 27,95 US$/senior et 17,95 US$/3-10 ans.

Idéal pour les randonneurs, ce parc permet de découvrir le mont de San Jacinto en long, en large et en travers. Pour atteindre son sommet et profiter d'une vue inoubliable sur les déserts de Salton Sea et d'Anza-Borrego jusqu'au Joshua Tree National Park, empruntez le Palm Springs Aerial Tramway, un téléphérique de deux cabines qui se croisent en montant et en descendant. Si vous vous y rendez le week-end, partez le plus tôt possible afin d'éviter les foules.

DESERT ADVENTURES - RED JEEP TOURS

74-794 Lennon Place
✆ +1 760 324 5337
www.facebook.com/DesertAdventuresPS
Tours à environ 150 US$; renseignez-vous en ligne pour connaître les derniers tarifs.

Depuis plus de 20 ans, Desert Adventures propose une multitude d'activités pour découvrir la Coachella Valley, les Santa Rosa Mountains, ainsi que la fameuse faille de San Andreas. Vous avez aussi la possibilité de réserver un parcours découverte en Jeep ou de composer votre circuit sur mesure avec l'aide d'un guide spécialisé. Il vous accompagnera et répondra à toutes vos questions, quelle que soit la thématique : histoire, agriculture, faune, ou encore flore de la région.

PALM SPRINGS AIR MUSEUM ★★

745 N Gene Autry Trail ✆ +1 760 778 6262
www.palmspringsairmuseum.org
Tous les jours de 10h à 17h. Adultes : 22 US$, séniors et 13-17 ans : 20 US$.

Ce musée abrite la plus grande collection d'avions de la Seconde Guerre mondiale. L'exposition se décline sur plusieurs hangars : un premier dédié au Pacifique, un deuxième à l'Europe, un autre à la Corée et au Vietnam, tandis que les deux derniers sont respectivement consacrés au Boeing B-17 Flying Fortress et au Lockheed-Martin F-117 Nighthawk. L'ensemble de la visite dure une heure et demie et se ponctue d'activités interactives : par exemple, il est possible de grimper dans certains engins, ce qui devrait particulièrement amuser les enfants.

ACE HOTEL & SWIM CLUB €€

701 E Palm Canyon Drive
✆ +1 760 325 9900
www.acehotel.com
Chambres doubles à partir de 270 US$.

Cosy, branché, épuré... On est rarement déçu par cette chaîne d'hôtels au décor minimaliste, mais travaillé. À l'Ace Hotel & Swim Club, les clients profitent d'une belle piscine installée au pied des édifices cubiques blancs qui renferment des chambres spacieuses, décorées avec goût. Également parmi les services : une salle de sport et un spa. Ambiance jeune et *chill* typiquement californienne au rendez-vous. Cerise sur le gâteau : un cadre idéal, l'établissement étant situé face aux montagnes. Enfin, mention spéciale au personnel attentionné.

PALM SPRINGS ART MUSEUM ★★

101 N Museum Drive ✆ +1 760 322 4800
www.psmuseum.org
Du vendredi au dimanche, de 10h à 17h. Jusqu'à 19h le jeudi. Adultes : 14 US$, séniors : 11 US$, étudiants : 6 US$.

Fondé en 1938 sous le nom de Palm Springs Desert Museum, ce musée accueille aujourd'hui des collections de grande qualité. On y retrouve des œuvres d'artistes modernes et contemporains tels que Chagall, Andy Warhol, Roy Lichtenstein, Alexander Calder, ou encore Robert Rauschenberg. Au total, quelque 12 000 pièces sont exposées dans 28 galeries et deux jardins de sculptures. L'établissement est également doté de quatre salles de classe, d'un théâtre de 433 sièges et, comme chaque musée digne de ce nom aux Etats-Unis, d'une importante boutique de souvenirs.

HYATT REGENCY INDIAN WELLS RESORT & SPA €€€

44600 Indian Wells Lane
✆ +1 760 776 1234
www.hyatt.com
Chambres doubles à partir de 285 US$.

Hyatt oblige, le grand luxe est de mise pour ce *resort* de quelque 530 chambres, étendu sur 18 hectares dans l'oasis d'Indian Wells. Le cadre est à couper le souffle, entre les deux terrains de golf accueillant des championnats internationaux, les sept piscines et le Agua Serena Spa. On y trouve également un restaurant, un court de tennis et une salle de sport. Niché entre désert et montagnes majestueuses, le Hyatt Regency Indian Wells Resort & Spa offre une aire de détente absolue.

INGLESIDE INN €€€

200 W Ramon Rd
© +1 760 325 0046
www.inglesideinn.com
Chambres doubles à partir de 325 US$. Promotions en ligne.

Cet hôtel de charme est situé au calme, à dix minutes de marche du centre-ville, avec pour fond les contreforts des montagnes de San Jacinto. Le bâtiment en lui-même est très beau : on aime particulièrement la cour qui donne sur une fontaine. En plus des chambres classiques, Ingleside Inn propose quelques suites agencées en mini-villas avec petit patio privé. Côté piscine, le cadre invite au *farniente* avec sa verdure et ses reliefs arides en arrière-plan. En somme, c'est un lieu on se sent bien. Le plus : l'accès au Melvyn's, le restaurant de l'établissement.

CHEEKY'S €

622 N Palm Canyon Dr
© +1 760 327 7595
www.cheekysps.com
Du mercredi au mardi, de 8h à 14h. Petits déjeuners/plats de 10 US$ à 18 US$.

Cheeky's est la table la plus prisée de Palms Springs à l'heure du petit déjeuner et du *brunch*... Si bien qu'il est rare de s'y rendre sans figurer sur la liste d'attente. Si vous venez seul ou à deux, vous aurez peut-être la chance de passer devant la file, au cas où une place se libère au bar. Le cadre n'a rien d'incroyable, la salle est assez bruyante et la terrasse plutôt bondée, mais la cuisine se défend vraiment bien. Au menu : *pancakes* fondants, gaufres à la mangue, *huevos ranchos*, *quesadillas*, salades, burgers, sandwichs, ou encore jus frais.

SPENCER'S RESTAURANT €€

701 W Baristo Rd
© +1 760 327 3446
www.spencersrestaurant.com
Du jeudi au lundi : 8h-22h. Plats (déjeuner) : 19 US$-39 US$. Plats (dîner) : 26 US$-55 US$. Brunch : 12,50 US$-36 US$.

Une cour où s'épanouissent trois arbres larges, des boules lumineuses de différentes tailles tombant de leurs branches, avec de la musique jazz en fond : voici le cadre on ne peut plus réussi proposé par Spencer's Restaurant. S'attabler dans le joli patio est un plaisir en lui-même ; commander l'un des excellents plats de la carte, puis le voir arrivé, superbement dressé, embellit davantage encore l'expérience. Mention spéciale au loup de mer pané, aux gâteaux au crabe revisités et à la belle gamme de viandes. Une très belle table !

CHILL BAR PALM SPRINGS

217 E Arenas Road © +1 760 696 9493
www.chillbarpalmsprings.com
Du jeudi au dimanche, de 11h à 2h. Jusqu'à 00h du lundi au mercredi. Calendrier des évènements en ligne.

© CHILL BAR

Institution du quartier LGBTQI+ de Palm Springs, le Chill Bar est constitué de deux espaces distincts, offrant plusieurs options pour passer une bonne soirée. Avec ses grandes baies vitrées et ses superbes vues sur les monts San Jacinto, le premier bar se prête à la dégustation de cocktails dans une ambiance intimiste. Pour faire la fête, rendez-vous sur le *dancefloor*, au fond ; certains soirs, des DJ à la réputation internationale viennent s'y produire. Enfin, l'établissement est ouvert en journée, pendant laquelle il sert des sandwichs, des tacos et des pizzas.

SALTON SEA ★

Ce lac est considéré comme un véritable désastre écologique ; en témoignent les poissons et oiseaux morts qui le bordent à certaines périodes de l'année, tués en partie à cause de son niveau de salinité bien trop élevé. Formée en 1905 suite à l'erreur d'un ingénieur qui détournait une rivière, l'étendue d'eau est initialement claire et pure. Dans les années 1950, des investisseurs immobiliers commenceront à la transformer en station balnéaire pour les classes aisées : Salton Sea doit devenir le lieu de détente de Hollywood. Mais, une inondation, un ouragan, et quelques années plus tard, le site offre un paysage d'apocalypse, rarement donné à voir.

ANZA-BORREGO DESERT STATE PARK ★

À près de 235 km au sud-est de Los Angeles et à 110 km au nord-est de San Diego, juste avant Salton Sea, se trouve le plus grand parc d'État de Californie, avec une superficie de quelque 240 000 ha. Il s'agit d'un désert redoutable qui se prête bien à une exploration d'une journée. Avant de vous lancer sur des sentiers de randonnée, passez au Visitor Center, situé dans la commune de Borrego Springs, où vous trouverez également des campings. Par ailleurs, en raison des températures qui y sont enregistrées, le désert d'Anza-Borrego est soumis à une réglementation draconienne. Comptez une dizaine de dollars pour entrer avec votre voiture.

SALVATION MOUNTAIN ★★

Comparable à un champignon psychédélique, cette montagne comme sortie de nulle part se dresse au milieu du désert, surmontée d'une croix géante. Des lettres majuscules se détachent en rouge, orange et rose : GOD IS LOVE. Des fleurs, des oiseaux, des cœurs et des arbres sont peints à flanc de ce monticule fabriqué en adobe et recouvert çà et là d'inscriptions. Il s'agit de l'œuvre de Leonard Knight, un fanatique de Dieu qui vivait sur les lieux jusqu'à sa mort en 2014 : la légende raconte qu'il y serait arrivé en montgolfière. Si ce site insolite ne mérite pas un détour à proprement parler, il peut faire l'objet d'un crochet sur la route de Salton Sea.

JOSHUA TREE NATIONAL PARK ★★

Voici l'un des incontournables de la Californie, tant pour la beauté de ses paysages que pour leur singularité. Baptisé d'après le nom de l'arbre de Josué, un palmier-cactus qui prolifère particulièrement dans la région, ce parc contient des formations granitiques aux formes fantastiques, des oasis asséchées et des villages de mineurs qui fleurent bon l'Ouest et sa conquête. Ici, à seulement 215 km à l'est de Los Angeles, on entre dans les grands espaces, désolés, impitoyables et désertiques. Un patrimoine naturel rare et fragile de plus en plus mis en péril par les Instagrammeurs : en quête du selfie parfait, ils n'hésitent pas à monter dans les arbres ou à se pendre à leurs branches.

Tourisme

Joshua Tree National Park offre un très large réseau de sentiers de randonnée qui se prêtent à une exploration à la journée ou sur plusieurs jours. Outre Skull Rock, les visiteurs apprécient particulièrement le California Riding and Hiking Trail et le Boy Scout Trail. Par ailleurs, ne manquez pas le coucher de soleil depuis Keys View. Demandez un plan du parc lors de votre passage au Visitor Center. Pour camper, il est vivement recommandé de réserver avant votre venue, surtout pendant les week-ends et les vacances, ainsi qu'entre novembre et mai. Autre conseil : quelle que soit la durée de votre séjour, prévoyez des réserves d'eau conséquentes.

MOJAVE NATIONAL PRESERVE ★★★

Cette partie du désert Mojave est située dans le comté de San Bernardino, entre les Interstates 15 et 40. 640 000 hectares de nature vous y attendent : dunes de sable, cônes de cendre volcanique, forêts de Joshua, tapis de fleurs sauvages, canyons, montagnes, mesas, mines abandonnées... Le tout à une altitude variant de 270 à plus de 2 400 m de haut, les formations les plus importantes étant les New York Mountains – 2 296 m – et les Clarke Mountains – 2 417 m.

Se loger

Le parc est doté de plusieurs campings qui fonctionnent tous selon le même principe : premier arrivé, premier servi. Ainsi, il n'est pas nécessaire de réserver.

Tourisme

Si la période idéale pour visiter le parc s'étend de mai à octobre, notamment au printemps, lors de la floraison, notez que les températures maximales sont atteintes en juillet. Par ailleurs, le Kelso Depot Visitor Center devrait être fermé jusqu'au printemps 2023 : renseignez-vous avant votre venue sur le site www.nps.gov/moja pour consulter les conditions et éventuelles alertes. Attention, la réserve ne dispose pas de station essence : prenez vos dispositions au préalable. Enfin, dernier avertissement : certaines randonnées ne sont accessibles qu'en 4x4.
Voici une liste non exhaustive des différents sentiers :

- **Caruthers Canyon.** Il est accessible en 4x4. Une fois au camping primitif de Caruthers Canyon, à 8,8 km à l'ouest d'Ivanpah Road, sur New York Mountains Road, conduisez pendant 4,5 km au nord sur une route non signalée. Cette marche de 9,6 km aller-retour passe au travers de l'une des zones les plus diversifiées du Mojave : on y trouve des conifères, des chênes et des plantes des zones côtières.

Castle Peaks Corridor. Accessible en 4x4, à 7,8 km à l'est d'Ivanpah Road, sur Hart Mine Road. Prenez à gauche à la première fourche, puis de nouveau à gauche à la seconde fourche, 1,5 km plus loin. Après 5,5 km, traversez un monticule terreux : vous parcourrez encore 1,6 km avant que la route s'arrête. Une randonnée de 12,8 km aller-retour, conseillée pour ses excellentes vues sur Castle Peaks.

Kelso Dunes. Le départ se fait à 4,8 km à l'ouest de Kelbaker Road, sur Kelso Dunes Road – route non asphaltée. Il vaut mieux faire cette randonnée de 5 km aller-retour le matin ou en soirée, quand la température est plus fraîche. Au travers des dunes, le sentier peut prendre plusieurs heures à être parcouru.

Keystone Canyon. Pour atteindre cet itinéraire accessible en 4x4, il faut se rendre à 29 km au sud de Nipton Road, sur Ivanpah Road, puis rouler pendant 4 km à l'ouest sur un chemin de terre. Tournez à gauche au premier croisement, à droite au second, puis continuez jusqu'à un parking. Une fois descendu de votre voiture, prévoyez un aller-retour de 9,6 km. Si le chemin est difficile dans le Keystone Canyon, les vues sont spectaculaires depuis le sommet de la crête. Vous apercevrez également de nombreux pins à pignons et genévriers.

Piute Creek. Accessible en 4x4, le départ se fait à 15,2 km à l'est de la jonction de Lanfair Road et de Cedar Canyon Road. Au total, l'aller-retour se parcourt en 10,4 km.Traversez les superbes gorges puis explorez les ruines de Fort Piute, construit dans les années 1880 pour accueillir les voyageurs sur la Mojave Road. À proximité, un cours d'eau alimente les plantes et les animaux.

Rock Springs Trail. Ce sentier facile d'1,6 km aller-retour constitue une très jolie balade qui commence à The Rock House, une bâtisse construite en 1929 par Bert Smith. Ayant survécu aux gaz mortels de la Première Guerre mondiale, il se retira ici après que son médecin lui a annoncé sa fin proche... Il y restera 25 ans. Sa demeure sera reprise par un artiste, Carl Faber, qui y vivra et travaillera dans les années 1980. En 2009, l'édifice est entièrement rénové par l'archéologue du parc, Dave Nichols, accompagné par un groupe de bénévoles.

DEATH VALLEY NATIONAL PARK ★★★★

L'inénarrable Death Valley s'étend au nord-est de Los Angeles, juste avant la frontière du Nevada. Le nom fait honneur à l'aridité des lieux, où beaucoup se sont perdus en voulant atteindre la Californie. Pourtant, il y a quelque 200 millions d'années, la vallée était une mer en bordure de la faille de San Andreas, cette cassure de l'écorce terrestre qui fait trembler la Californie. Aujourd'hui subsistent des collines de sable blond totalement vierges, des étendues salées et blanches, des montagnes et des canyons râpés. L'ensemble est d'une beauté d'autant plus impressionnante que le soleil, selon les heures, change les perspectives, les volumes et les couleurs.

Climat

La Death Valley est brûlante et sèche : il s'agit du lieu le plus chaud et le plus aride d'Amérique du Nord. De mai à septembre, la température moyenne varie entre 29 °C et 39 °C. Néanmoins, en pleine journée d'été, le thermomètre dépasse fréquemment les 48 °C à l'ombre. Généralement, le sol est 40 % plus chaud que l'air : sa température descend rarement en dessous de 65 °C en été.

Communication

En raison de l'absence de réseau, le téléphone portable n'est pas utilisable dans la majeure partie du parc. Contre toute attente, vous ne trouverez pas de Wi-Fi au Furnace Creek Visitor Center ; il faudra vous rendre au Ranch At Death Valley, où l'utilisation d'Internet est payante. En cas d'urgence, plusieurs cabines téléphoniques sont mises à disposition.

Histoire

Les natifs de la Death Valley sont les Amérindiens Timbisha Shoshone, qui vivent aujourd'hui dans les Shoshone Mountains. Les premiers Européens à avoir connu ce désert arriveront dans le cadre de la Ruée vers l'or, à partir de 1848. Deux années plus tard, de l'or et de l'argent sont trouvés dans la vallée, mais leur exploitation ne commencera qu'avec la découverte des gisements de borax, en 1882. À l'époque, le minerai est emporté par des wagons tirés par des attelages d'une vingtaine de mules. Des villes-champignons poussent autour de la vallée, comme Skidoo et Rhyolite, mais le borax s'épuisant rapidement, elles deviendront des *ghost towns*. Si les lieux attireront l'attention des parcs nationaux dès les années 1920, ils ne seront déclarés « *monument national* » qu'en 1933 et deviendront parc national en 1994.

Pratique

Death Valley National Park est accessible toute l'année, 24h/24. Comptez 30 US$ par véhicule pour une semaine.

Se loger

Étant donné la superficie de la Death Valley, ainsi que le nombre de sentiers à parcourir et de points de vue à apprécier, nous vous recommandons de dormir sur place pour profiter des lieux au moins deux jours complets. Les petits budgets se dirigeront vers les campings du parc, bien équipés. Renseignez-vous en ligne – www.nps.gov/deva/planyourvisit/camping.htm – pour savoir lesquels sont ouverts au cours de votre visite. Selon la période, il est conseillé de réserver sa place en avance : sinon, ils fonctionnent sur le principe du « *premier arrivé, premier servi* ». Notez que vous pouvez venir à toute heure de la nuit.

Transports

Fort de deux entrées principales – et plusieurs secondaires, pour la plupart réservées aux 4x4 – Death Valley National Park est facilement accessible depuis Los Angeles et Las Vegas. Par ailleurs, la localité de Furnace Creek, dans le parc, est dotée d'un aéroport. Une fois sur place, la voiture est indispensable. Si les lieux abritent quelques stations-service – dont une à côté du Furnace Creek Visitor Center – les tarifs pratiqués sont remarquablement élevés ; ainsi, assurez-vous que votre plein soit complet avant d'arriver sur le site.

BADWATER BASIN ★★★

Badwater Road

À près d'une trentaine de kilomètres au sud de Furnace Creek.

Il suffit de se garer puis de marcher 5 minutes pour découvrir cette étendue qui s'apparenterait presque à une patinoire, de prime abord. Culminant à 86 m sous le niveau de la mer, Badwater Basin est le point le plus bas de l'Amérique du Nord. Il tient son nom d'une anecdote. Alors qu'il était en train de cartographier la zone, un arpenteur a tenté de faire boire à sa mule l'eau du bassin ; celle-ci refusa, le liquide étant trop salé. Ainsi, son propriétaire marqua que la source avait de la mauvaise eau – ou « *bad water* ». Un paysage immanquable !

DANTE'S VIEW ★★★

Dantes View Road

À environ 40 km au sud de Furnace Creek.

Dante's View est incroyable ; y venir pour le lever du soleil est la promesse d'un moment magique. Ici, pas de randonnée : il suffit de se garer sur le belvédère et de sortir braver le froid, les températures pouvant être particulièrement basses le matin. Vous verrez le ciel s'éclairer doucement au-dessus du lit d'Amargosa River, une rivière sèche sur l'essentiel de ses 300 km de longueur. Un site à ne pas manquer, surtout si vous dormez sur place et que vous quittez Death Valley National Park pour Las Vegas : Dante's View se trouve sur la route.

ARTISTS DRIVE SCENIC LOOP ★★★

Artists Drive

À une dizaine de kilomètres au sud de Furnace Creek.

Spectaculaire, cette route à flanc de montagne mène vers Artists Palette, une zone de ravines et de cônes de déjection où les couleurs sont incroyablement variées : du cuivre au violet en passant par l'ocre et l'orange, c'est comme si la palette d'un peintre se matérialisait sous nos yeux. Le meilleur moment pour s'y rendre est en fin de journée, lorsque le soleil couchant donne à l'ensemble une teinte chaude. Comptez une vingtaine à une trentaine de minutes.

HARMONY BORAX WORKS ★

Borax Mill Road

À un petit peu moins de 3 km au sud de Furnace Creek.

Si ce site n'est pas incontournable, il est intéressant et possède l'avantage de se découvrir rapidement : on descend de sa voiture, on marche 5 minutes et on arrive devant cette ancienne usine datant de 1882. Aujourd'hui, il n'en reste que quelques murs, une vieille chaudière et une paire de grands tombereaux attelés à une citerne. Lors de leurs créations, les lieux servaient à l'extraction de borax, un minéral trouvé à proximité du Furnance Creek Ranch – alors appelé « *Greenland* ». Au plus haut de leur activité, ils employaient 40 travailleurs.

MESQUITE FLAT SAND DUNES ★★

California State Route 190

À environ 35 km au sud-est de Furnace Creek.

Bien que l'on puisse trouver du sable dans une grande partie de Death Valley National Park, il existe très peu d'endroits où il s'est accumulé pour créer des dunes ; pourtant, c'est le cas de ce site. En cause : le vent, l'érosion des montagnes du nord et la barrière naturelle formée par les celles du sud, empêchant le sable de se déplacer davantage. Les Mesquit Flat Sand Dunes se prêtent autant à un aperçu rapide, depuis le parking à proximité, qu'à une randonnée de 3,2 km. Attention : il est fortement déconseillé d'emprunter le sentier l'été après 10 heures.

NATURAL BRIDGE CANYON

Badwater Road

À environ 25 km au sud-est de Furnace Creek.

À un petit peu plus de 500 mètres du parking, un sentier mène à un pont naturel impressionnant – d'environ 10 m d'épaisseur et de hauteur – qui connecte les murs du canyon. La sensation d'évoluer au milieu d'anciennes fortifications d'un château du Moyen Âge est prégnante. Par ailleurs, ne manquez pas la cascade sèche ; là encore, la scène est saisissante. On distingue parfaitement l'endroit où l'eau s'écoulait, comme si elle ondulait encore sur certains pans des parois rocheuses. Une sympathique promenade pour laquelle il faut compter 35 minutes aller-retour.

MOSAIC CANYON

À une quarantaine de kilomètres au nord-ouest de Furnace Creek.

Cette galerie d'art géologique fait partie des incontournables du parc. Ensemble, des fragments de dolomite brune aux finitions irrégulières, du calcaire et du sable créent des véritables fresques sur les murs du canyon – d'où son nom. À d'autres endroits, la dolomite, transformée en marbre par la chaleur et la pression, forme des tourbillons colorés dans la roche. Comptez 1h15 pour l'aller et 50 minutes pour le retour. Très agréable, la randonnée est de niveau modéré – même si certaines parties nécessitent un petit peu d'escalade.

ZABRISKIE POINT ★★★★

California State Route 190

À environ 8 km au sud-est de Furnace Creek.

Accessible depuis le parking ou via la randonnée qui passe par Golden Canyon, Zabriskie Point est un incontournable du parc. Presque lunaire, le paysage a été tant immortalisé qu'il constitue désormais l'un des points de vue les plus connus de la Death Valley. Le site est pris d'assaut au coucher du soleil ; pour vous assurer le meilleur spot possible, arrivez en avance. Ensuite, il vous suffit de faire abstraction des autres spectateurs pour vous perdre dans l'océan de reliefs dorés et bruns qui s'offre à vous, ondulant sous les couleurs dont se pare le ciel.

Zabriskie Point.

SURVIVRE DANS LE DÉSERT

Le désert ne pardonne pas. Ici, même au XXIe siècle dans un 4x4 climatisé, vous n'êtes qu'un être humain soumis aux mêmes règles que les colons du XIXe siècle. Voici une liste non exhaustive des recommandations à suivre :

- **En entrant dans un parc désertique,** prenez la carte des lieux – d'autant qu'il est probable que votre portable n'ait pas de réseau.
- **Prévoyez un équipement de « base » :** une trousse à pharmacie, une lampe de poche, un couteau, des lunettes de soleil, de la crème solaire, un chapeau ou une casquette, ainsi que des vêtements chauds ou des couvertures pour la nuit.
- **En plein été,** lorsque les températures sont au plus haut, ne vous aventurez pas dans le désert avec des enfants en bas âge ou des personnes âgées.
- **Emportez suffisamment de provisions,** c'est-à-dire de la nourriture pour tenir plusieurs jours en cas d'imprévu et, surtout, des litres d'eau. La plupart du temps, le mal de tête est un symptôme de déshydratation ; si vous en souffrez, réfugiez-vous vite à l'ombre et buvez. Par ailleurs, l'alcool est vivement déconseillé.
- **Ne vous écartez jamais des routes** et des chemins balisés.
- **Portez des vêtements clairs** et n'hésitez pas à les mouiller. Vous pouvez aussi mettre une serviette humide autour de la tête. Pour les randonnées, prévoyez des chaussures à semelles épaisses ainsi qu'une paire de chaussettes doublées.
- **Ne posez pas les pieds** ni les mains dans des endroits que vous ne pouvez pas voir ; vous pourriez vous faire mordre ou piquer par un animal venimeux.
- **Ne pénétrez pas à l'intérieur des tunnels de mines.** En plus du risque d'éboulements, certaines d'entre elles contiennent des poches de gaz toxiques.
- **Prévoyez de l'essence,** surtout dans des parcs aussi étendus que la Death Valley.
- **L'été particulièrement,** faites attention à ne pas faire chauffer votre moteur, surtout en montant les côtes. En cas de surchauffe, enlevez la climatisation et mettez le chauffage. Arrêtez-vous, mais ne coupez pas le moteur, car son système de refroidissement s'éteindrait. Laissez tourner une demi-heure au point mort. Versez de l'eau sur le radiateur pour le rafraîchir. S'il en manque, attendez que le moteur soit froid pour ouvrir le bouchon du radiateur.

FURNACE CREEK VISITOR CENTER

A côté de Furnace Creek Ranch et de l'aéroport.
✆ +1 760 786 3200
www.nps.gov/deva
Tous les jours, de 9h à 17h.

Le principal Visitor Center du parc dispose d'un point d'eau – où l'on peut remplir ses gourdes – de toilettes, de distributeurs de boissons et de sandwichs, ainsi que d'une carte en relief, d'un auditorium et d'une boutique de souvenirs. Surtout, on y trouve des plans très détaillés de Death Valley – exposant les différents sentiers – de même que tous les renseignements utiles à une visite. Un film d'une vingtaine de minutes est diffusé toutes les demi-heures dans l'auditorium.

SHOSHONE INN €€

127 Old State Hwy
✆ +1 760 852 4335
www.shoshonevillage.com
Chambres doubles à partir de 150 US$.

Ce petit hôtel assez économique est situé à un peu plus de 90 km de Furnace Creek Visitor Center. L'extérieur est un brin défraîchi, mais la quinzaine de chambres est plutôt moderne, spacieuse et impeccable ; une bonne surprise, plusieurs d'entre elles étant équipées d'une kitchenette. Pour se relaxer – et supporter la chaleur – une piscine alimentée par des sources chaudes se trouve à disposition des clients. Par ailleurs, si l'établissement propose des places pour planter sa tente ou garer son camping-car, préférez camper directement dans la Death Valley.

THE INN AT DEATH VALLEY €€€

Highway 190 ✆ +1 760 786 2345
www.oasisatdeathvalley.com
Chambres doubles à partir de 400 US$. Promotions sur le site et sur Booking.

En quête de luxe au cœur de Death Valley National Park ? Ne manquez pas cette oasis espagnole dans le désert, ouverte en 1927, puis rénovée 90 années plus tard – auparavant, l'établissement s'appelait Furnace Creek Inn. Le confort et les équipements font de cet hôtel, sans conteste, le plus élégant et le plus confortable du parc. Il propose une soixantaine de chambres et de suites tout confort, en plus d'une piscine, d'un parcours de golf, de terrains de tennis, d'un restaurant et d'une agréable terrasse pour admirer les étoiles.

NEVADA

Septième plus grand État du pays par sa superficie – 286 350 km^2, soit plus de la moitié de celle de la France – le Nevada tire son nom de la chaîne de montagnes qui le parcourt. Terre des espaces désertiques et des reliefs abrupts, elle est celle des cow-boys, celle qui a constitué une grande étape dans la conquête de l'Ouest, puis, depuis les années 1930, celle des jeux d'argent. Aujourd'hui encore, il s'agit d'une région pratiquement inhabitée, n'offrant que la solitude mystique de ses paysages à la contemplation. Leur beauté atteint un point culminant à Valley of Fire State Park, à 80 km au nord-ouest de Las Vegas. Du royaume de la démesure de Sin City aux villes fantômes qui bordent la Highway 50 en passant par des étendues désertiques parfois surréalistes, le Silver State offre une large palette d'expériences pour découvrir l'Ouest sauvage en profondeur. Un passage clé qui teintera votre *road-trip* d'authenticité.

STILLWATER MOUNTAINS
COLD SPRINGS STATION
Fernley
Silver Hill
Big Antelope Spring
Reno
FALLON
AUSTIN
VIRGINIA CITY
SILVER SPRINGS
Wonder
SAND MOUNTAIN RECREATION AREA
DESATOYA MOUNTAINS
DAYTON
Hess Ranch
Eagleville
CARSON CITY
Ellsworth
South Lake Tahoe
Schurz
Walker Lake Valley
Round Mountain
Golden
Hawthorne
Bear Valley
Mina
Bridgeport
Gilbert
Tonopah
Lee Vining
YOSEMITE WILDERNESS
Benton
June Lake
Clayton Valley
MAMMOTH LAKES
Mariposa
Pigeon Spring
Oakhurst
Bishop
San Carlos
CALIFORNIE
Big Pine
Dinkey Creek
PARC NATIONAL DE KINGS CANYON
Independence
Fresno
LONE PINE
SEQUOIA NATIONAL PARK
Visalia
Darwin
Lookout City
Panamint Valley
Porterville
50 KM
Homewood Canyon

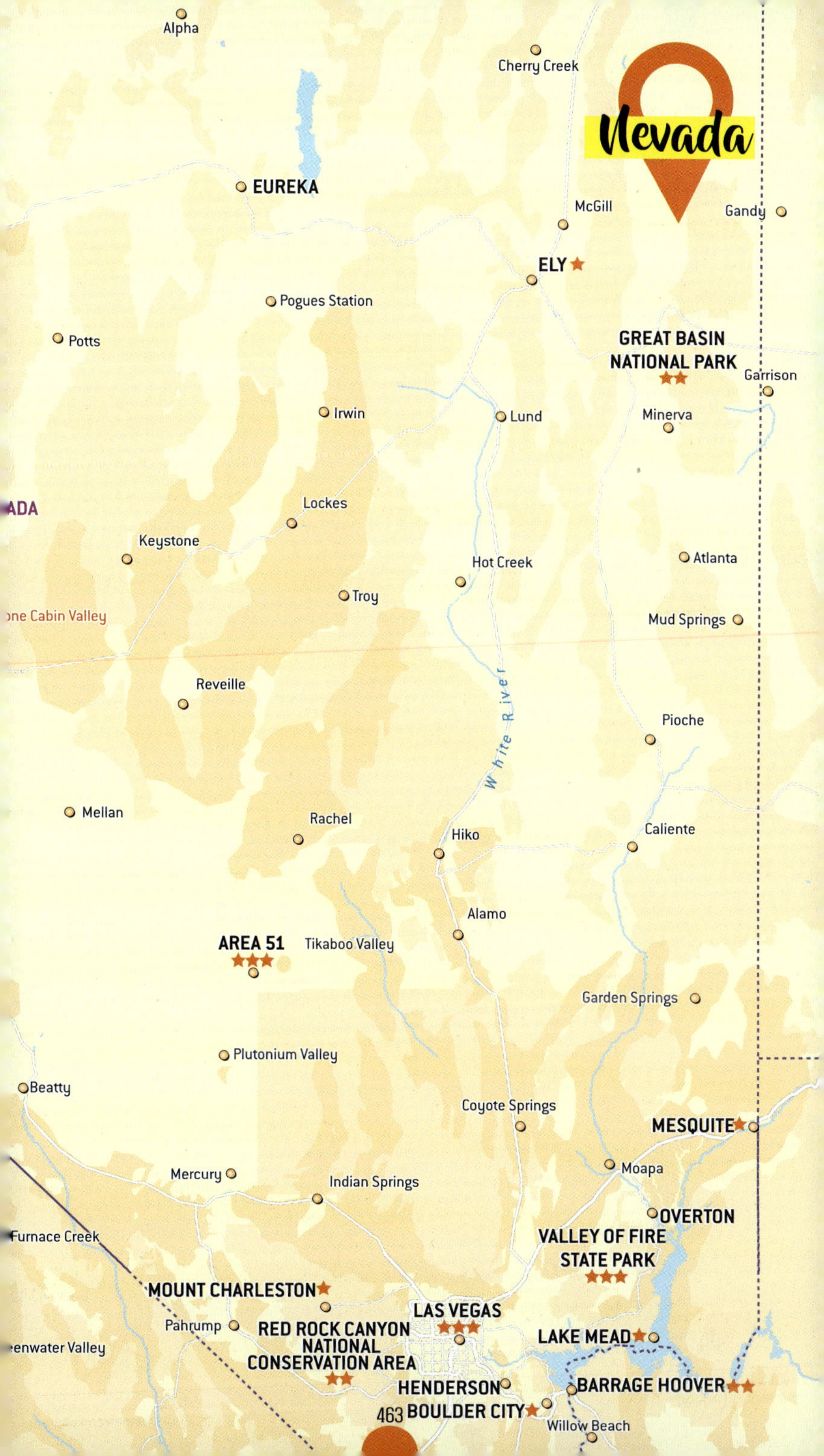
Nevada
Alpha
Cherry Creek
EUREKA
McGill
Gandy
ELY
Pogues Station
Potts
GREAT BASIN
NATIONAL PARK
Garrison
Irwin
Lund
Minerva
ADA
Lockes
Keystone
Hot Creek
Atlanta
Troy
one Cabin Valley
Mud Springs
Reveille
White River
Pioche
Mellan
Rachel
Hiko
Caliente
Alamo
AREA 51
Tikaboo Valley
Garden Springs
Plutonium Valley
Beatty
Coyote Springs
MESQUITE
Mercury
Moapa
Indian Springs
OVERTON
Furnace Creek
VALLEY OF FIRE
STATE PARK
MOUNT CHARLESTON
LAS VEGAS
Pahrump
RED ROCK CANYON
NATIONAL
CONSERVATION AREA
LAKE MEAD
enwater Valley
HENDERSON
BARRAGE HOOVER
BOULDER CITY
Willow Beach

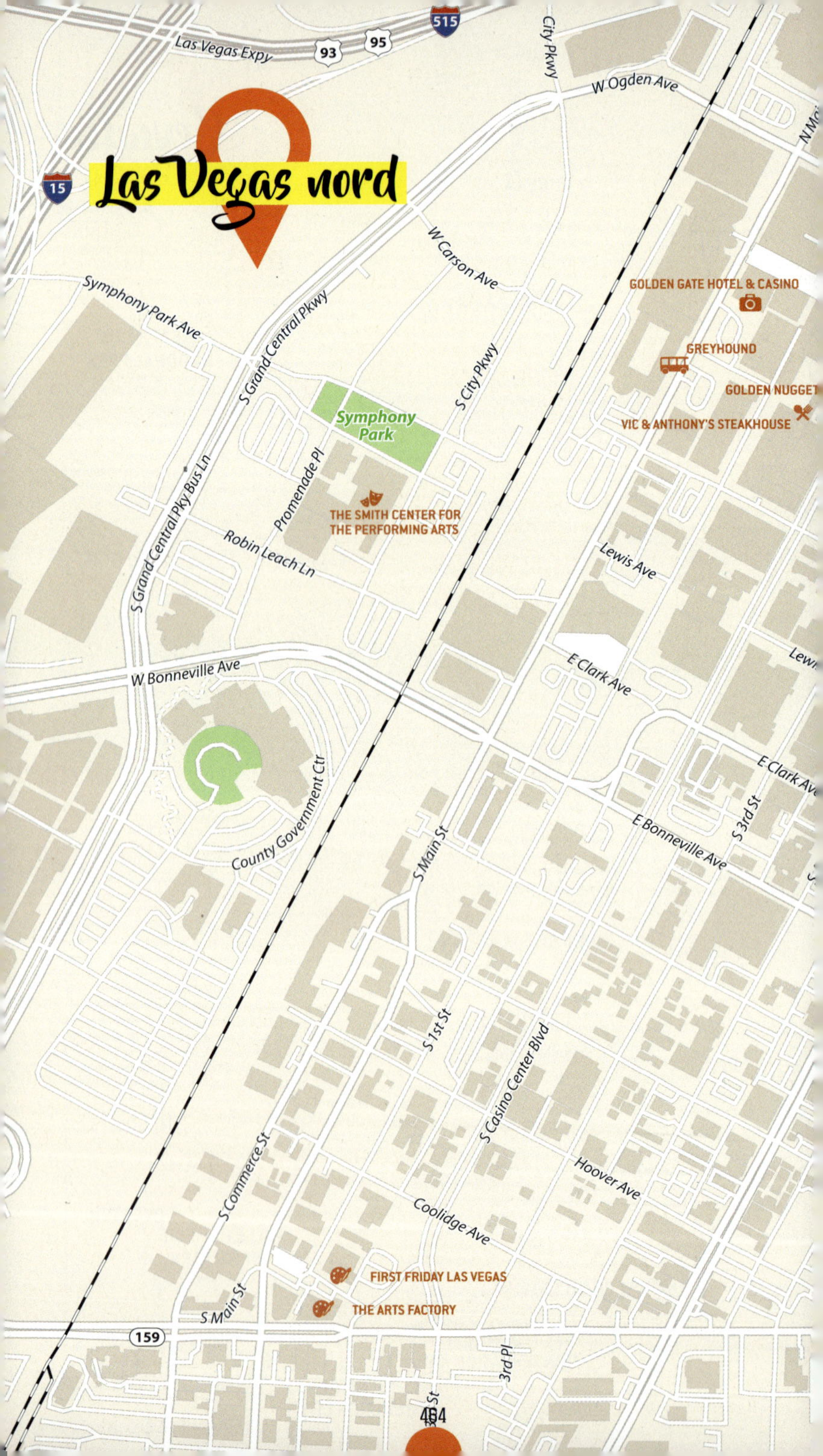
Las Vegas nord
Las Vegas Expy
93
95
515
15
City Pkwy
W Ogden Ave
N Mai
W Carson Ave
Symphony Park Ave
S Grand Central Pkwy
S City Pkwy
GOLDEN GATE HOTEL & CASINO
GREYHOUND
GOLDEN NUGGET
VIC & ANTHONY'S STEAKHOUSE
Symphony Park
Promenade Pl
THE SMITH CENTER FOR THE PERFORMING ARTS
S Grand Central Pky Bus Ln
Robin Leach Ln
Lewis Ave
Lewi
E Clark Ave
W Bonneville Ave
County Government Ctr
E Clark Ave
S 3rd St
E Bonneville Ave
S Main St
S 1st St
S Casino Center Blvd
Hoover Ave
Coolidge Ave
S Commerce St
FIRST FRIDAY LAS VEGAS
THE ARTS FACTORY
S Main St
159
3rd Pl
St

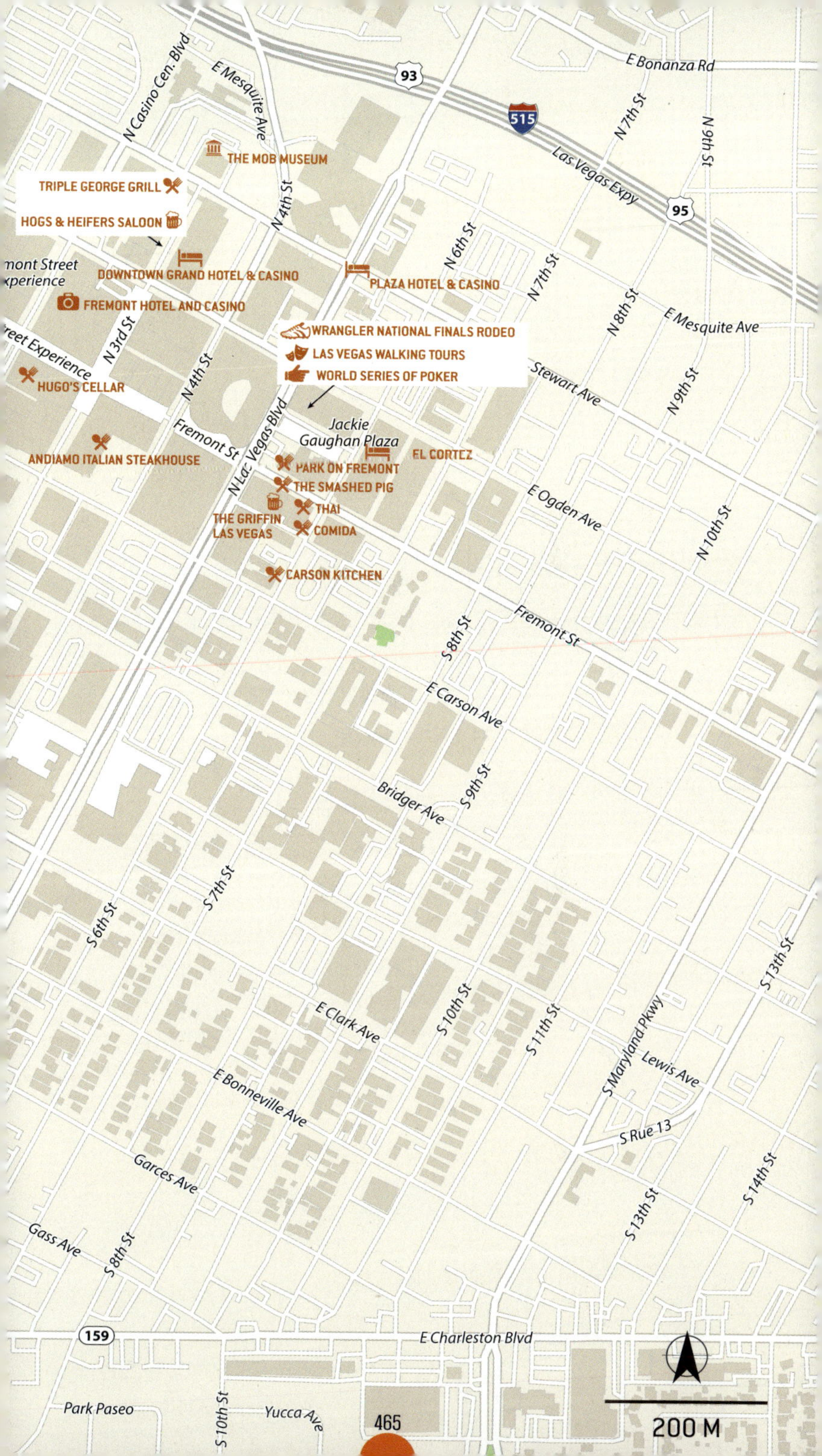

E Bonanza Rd
93
515
95
Las Vegas Expy
N Casino Cen. Blvd
E Mesquite Ave
THE MOB MUSEUM
TRIPLE GEORGE GRILL
HOGS & HEIFERS SALOON
N 4th St
N 6th St
N 7th St
N 8th St
N 9th St
mont Street
xperience
DOWNTOWN GRAND HOTEL & CASINO
PLAZA HOTEL & CASINO
FREMONT HOTEL AND CASINO
WRANGLER NATIONAL FINALS RODEO
LAS VEGAS WALKING TOURS
WORLD SERIES OF POKER
reet Experience
N 3rd St
HUGO'S CELLAR
Stewart Ave
Jackie
Gaughan Plaza
EL CORTEZ
ANDIAMO ITALIAN STEAKHOUSE
Fremont St
N Las Vegas Blvd
PARK ON FREMONT
THE SMASHED PIG
THAI
THE GRIFFIN
LAS VEGAS
COMIDA
E Ogden Ave
N 10th St
CARSON KITCHEN
S 8th St
E Carson Ave
Bridger Ave
S 9th St
S 7th St
S 6th St
E Clark Ave
S 10th St
S 11th St
S Maryland Pkwy
Lewis Ave
S 13th St
E Bonneville Ave
S Rue 13
Garces Ave
S 14th St
Gass Ave
159
E Charleston Blvd
Park Paseo
Yucca Ave
200 M

W Desert Inn Rd
Schirlls St
Pioneer Ave
Procyon St
Polaris Ave
Aldebaran Ave
Highland Dr
Western Ave
Sammy Davis Jr Dr
N Fashio
Spring Mountain Rd
Spring Mountain Rd
Nº1 BOBA TEA
Renate Dr
Vanessa Dr
Schiff Dr
Sanderling Cir
Wynn Rd
S Valley View Blvd
Gannet Cir
W Twain Ave
S Highland Dr
Buccaneer Blvd
Siren's Cove Blvd
Mirage Volcano
THE MIRAGE
MIRAGE
Stan Mallin Dr
W Viking Rd
Jay Sarno Way
PALM RESTAURANT
Hotel Rio Dr
FLAMINGO LAS VEGAS
CAESARS PALACE
592
W Flamingo Rd
MAVERICK HELICOPTERS
LAS VEGAS MONORAIL
BELLAGIO
GRAND BAZAAR
PALMS CASINO RESORT
W Nevso Dr
Hotel Rio Dr
Fountains of Bellagio
LAGO BY JULIAN SERRANO
BELLAGIO
Ô
W Rochelle Ave
Complex Dr
Frank Sinatra Dr
EGGSLUT
W Harmon Ave
W Harmon Ave
W Harmon Ave
Harmon Cir
JULIAN SERRANO TAPAS
ARIA FINE ART COLLECTION
Aria Pl
S Valley View Blvd
Polaris Ave
W Tompkins Ave
W Tompkins Ave
Procyon St
TIX4VEGAS
W Park Ave
Palms Center Dr
Toshiba Plaza
COCA-COLA STORE LAS
Wynn Rd
SHAKE SHACK
NEW YORK-NEW YORK
NEW YORK-NEW YORK
593
W Tropicana Ave
Wynn Rd
W Bell Dr
Luxor Dr
Dean Martin Dr
W Reno Ave
W Reno Ave
S Valley View Blvd
Frank Sinatra Dr
S Las Vegas Blvd
W Ali Baba Ln
W Hacienda Ave
Mandalay Bay Rd
Procyon St
500 M
MANDALAY BAY RESORT AND CASINO
SKYFALL LOU

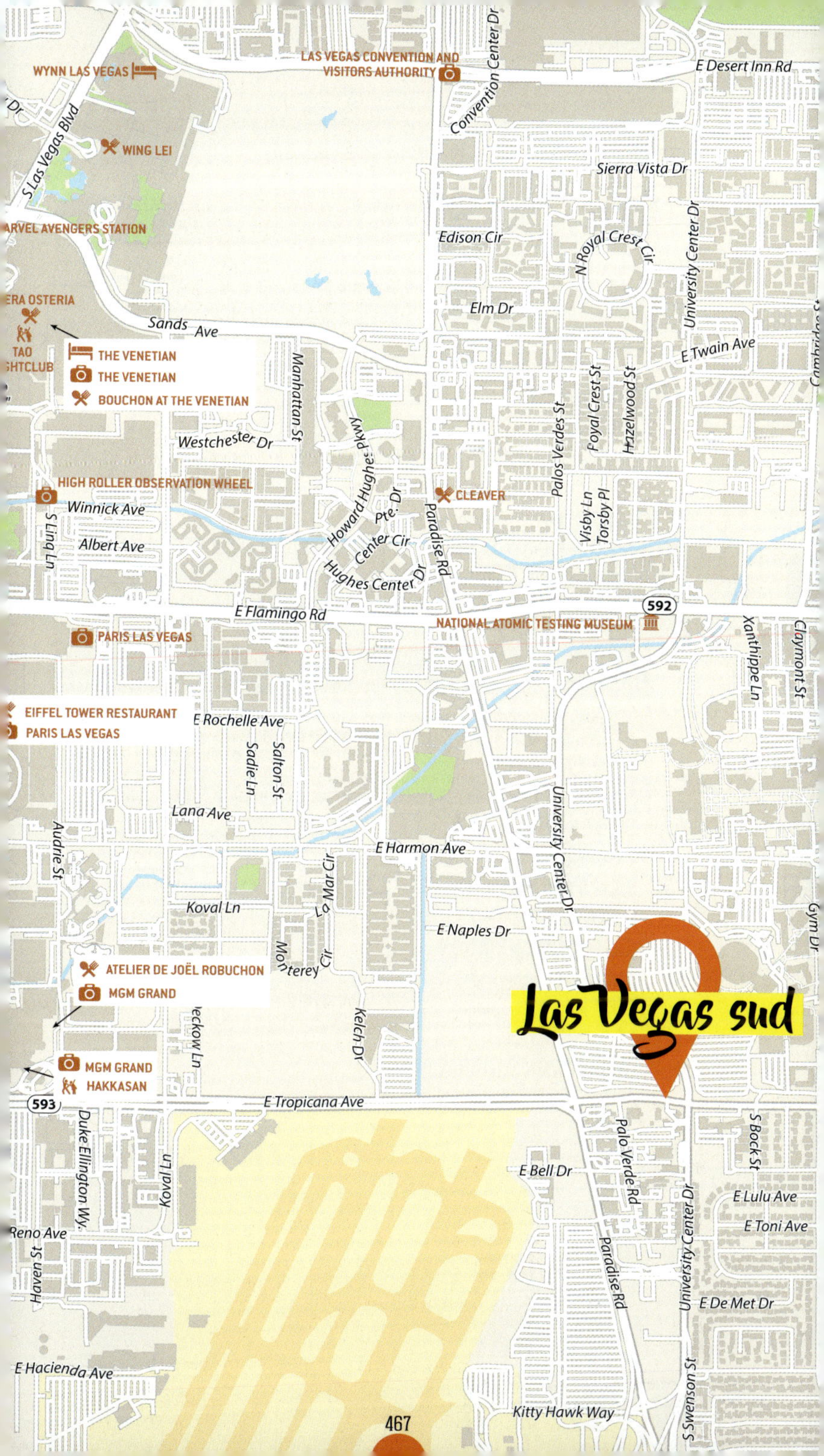

Las Vegas sud
WYNN LAS VEGAS
LAS VEGAS CONVENTION AND VISITORS AUTHORITY
WING LEI
ARVEL AVENGERS STATION
ERA OSTERIA
TAO
GHTCLUB
THE VENETIAN
THE VENETIAN
BOUCHON AT THE VENETIAN
HIGH ROLLER OBSERVATION WHEEL
CLEAVER
NATIONAL ATOMIC TESTING MUSEUM
PARIS LAS VEGAS
EIFFEL TOWER RESTAURANT
PARIS LAS VEGAS
ATELIER DE JOËL ROBUCHON
MGM GRAND
MGM GRAND
HAKKASAN
E Desert Inn Rd
Convention Center Dr
S Las Vegas Blvd
Sierra Vista Dr
Edison Cir
N Royal Crest Cir
University Center Dr
Elm Dr
Sands Ave
E Twain Ave
Manhattan St
Howard Hughes Pkwy
Westchester Dr
Palos Verdes St
Royal Crest St
Hazelwood St
Winnick Ave
S Ling Ln
Albert Ave
Pte. Dr
Center Cir
Hughes Center Dr
Paradise Rd
Visby Ln
Torsby Pl
592
E Flamingo Rd
Xanthippe Ln
Claymont St
E Rochelle Ave
Sadie Ln
Salton St
Lana Ave
University Center Dr
E Harmon Ave
Audrie St
La Mar Cir
Koval Ln
E Naples Dr
Gym Dr
Monterey Cir
Kelch Dr
593
E Tropicana Ave
Duke Ellington Wy.
Koval Ln
E Bell Dr
Palo Verde Rd
S Bock St
E Lulu Ave
E Toni Ave
Reno Ave
Haven St
Paradise Rd
University Center Dr
E De Met Dr
E Hacienda Ave
Kitty Hawk Way
S Swenson St

PAGES

469 LAS VEGAS

498 LE SUD DU NEVADA

Limitrophe de la Californie, de l'Arizona et de l'Utah, cette région alterne entre déserts et oasis, parmi lesquelles émergent l'inénarrable Las Vegas et, plus à l'est, Lake Mead National Recreation Area. Cette dernière constitue l'un des pôles touristiques majeurs des environs, fréquentée par les habitants de Sin City comme les visiteurs du monde entier. Des quelques parcs du sud de l'État, un se démarque assurément : le flamboyant Valley of Fire State Park, où la nature frôle souvent l'irréel.

498 BOULDER CITY ★
498 HOOVER DAM ★★
498 LAKE MEAD NATIONAL RECREATION AREA ★
499 VALLEY OF FIRE STATE PARK ★★★
500 MESQUITE ★
500 RED ROCK CANYON NATIONAL CONSERVATION AREA ★★
501 MOUNT CHARLESTON ★
501 EXTRATERRESTRIAL HIGHWAY – AREA 51 ★★★

502 HIGHWAY 50

La Highway 50 fait partie des routes mythiques de l'Amérique du Nord, au même titre que l'incontournable Road 66, rendue immortelle par l'écrivain John Steinbeck (1902-1968). Longue de près de 4 950 km, la Route 50 traverse le pays d'est en ouest, de la Californie au Maryland. Sa partie qui coupe le Nevada en deux est appelée « la route la plus solidaire des États-Unis » ; ainsi, bienvenue dans le Silver State profond.

502 CARSON CITY ★
502 VIRGINIA CITY ★★★
503 SILVER SPRINGS
503 FALLON
503 COLD SPRINGS STATION
503 AUSTIN ★
504 EUREKA
504 ELY ★
504 GREAT BASIN NATIONAL PARK ★★

NEVADA

LAS VEGAS

À l'horizon, un laser bleuté perce l'obscurité du désert. Tel le rayon d'un phare projeté à la verticale, il est le signe annonciateur de la capitale du jeu et du divertissement. Au cœur de ce jardin d'Eden, les machines à sous remplacent les arbres fleuris et les dollars se cueillent comme des pommes. Dans les salles de casino, les visiteurs déambulent jour et nuit, sans faire la différence entre les heures du soir et celles du matin. Un parcours intemporel s'offre à eux, entre les écrans hypnotiques et la tension d'un pari risqué. À Sin City, le quotidien se déroule dans des hôtels aux couloirs sans fin, qui débouchent parfois sur des délices culinaires et dansants aux prix exorbitants. À l'extérieur, la foule se presse devant le ballet des fontaines du Bellagio, admire la ville depuis le haut de la grande roue du Linq ou se laisse surprendre par le grondement du volcan du Mirage. Un univers à part s'ouvre à vous.

SE REPÉRER SE DÉPLACER

Bien que Sin City soit dotée d'un aéroport international, il serait dommage de manquer l'arrivée dans la ville par la route : le passage du désert aux signes clignotants rivalisant d'ampoules et de couleurs est une expérience à part entière. Sur place, les lieux ne se prêtent ni aux transports en commun, ni à la voiture, ni à la marche... Du moins, au niveau du Strip. Pour circuler entre sa succession d'hôtels, de casinos et de centres commerciaux, rien ne vaut les services d'un taxi ou d'un VTC. En cause : le trafic extrêmement dense et le prix des places de parking, absolument exorbitants. À cela s'ajoute le fait que le Las Vegas Boulevard ne soit définitivement pas agréable à parcourir à pied. En revanche, les rues de Downtown sont plus accueillantes pour les piétons. Ici, il est possible de se garer aisément – moyennant des tarifs habituels pour les grandes villes de l'Ouest – avant de partir à l'exploration du quartier.

HARRY REID INTERNATIONAL AIRPORT

5757 Wayne Newton Boulevard
✆ +1 702 261 5211
www.harryreidairport.com

Il s'agit du huitième aéroport des États-Unis en termes de trafic. Reliés par une navette gratuite accessible toutes les 12 à 15 minutes au niveau zéro, le Terminal 1 accueille les vols domestiques et le 3 les internationaux. Depuis le Harry Reid International Airport, on peut gagner Las Vegas en bus, en *shuttle* – un service privé généralement assuré par les hôtels de la ville – en taxi et en VTC – ces derniers étant généralement moins chers que les précédents.

LAS VEGAS MONORAIL

www.lvmonorail.com

Lundi : 7h-00h. Mardi-jeudi : 7h-2h, vendredi-dimanche : 7h-3h. Un trajet : 5 US$, pass d'1 jour illimité : 13 US$.

Mis en service en 2004, ce monorail sans conducteur dessert l'est du Strip. Il passe par sept stations : MGM Grand, Bally's & Paris, Flamingo & Caesars Palace, Harrah's & The Linq, Las Vegas Convention Center, Westgate et SAHARA Las Vegas. S'il est essentiellement utilisé par les participants aux congrès du Las Vegas Convention Center, le Las Vegas Monorail présente également une alternative intéressante pour les visiteurs qui logent à l'écart des grands casinos de la ville. Par ailleurs, notez que les pass sont plus intéressants que les trajets à l'unité.

GREYHOUND

200 South Main Street
✆ +1 702 384 9561
www.greyhound.com

Principal transporteur américain oblige, Greyhound dessert Las Vegas. Los Angeles, San Bernardino, San Diego, Phoenix, Barstow, Fresno, Flagstaff, Anaheim – Disneyland – Salt Lake City... De la Californie à l'Utah en passant par l'Arizona, l'essentiel de l'Ouest américain est accessible en bus depuis Sin City. Il est également possible de gagner des destinations plus éloignées, telles que Denver dans le Colorado et Chicago dans l'Illinois. Une bonne alternative pour les voyageurs qui ne disposent pas de leur propre véhicule.

VTC ET TAXIS

Quelle que soit l'application de VTC que vous utilisez, elle constituera de loin le moyen de transport le plus économique et le plus pratique, une fois à Las Vegas. Ici, oubliez votre voiture ; où que vous sortiez sur le Strip, vous devrez payer un parking – voire les services d'un voiturier – pour des prix souvent exorbitants. Ainsi, le plus simple pour circuler d'un casino à un autre est de monter dans un Uber ou un Lyft. Si vous n'en trouvez pas – ou que l'attente est trop longue – optez pour un taxi, dont les tarifs sont toutefois généralement plus onéreux.

QUARTIERS DE LAS VEGAS

Bien qu'elle soit étendue, Sin City est particulièrement facile à apprivoiser. Ses points d'intérêt sont essentiellement regroupés dans deux quartiers : le Strip et l'ensemble formé par Downtown et Arts District, au nord de ce premier. Malgré la proximité géographique, les ambiances tranchent radicalement. Avec sa succession d'hôtels-casinos redoublant de fastes, de grandeur et de clinquant, le Strip incarne la démesure de Las Vegas. Pour sa part, Downtown représente le cœur historique de la ville, le lieu où tout a commencé. Le charme suranné de ses débuts a su rester intact, tandis que le quartier se modernise à renfort de constructions et de restaurations. Adjacent à ce dernier, Arts District a l'apanage des artistes et des hipsters de la ville, auxquels il fait bon se mêler le temps d'une journée. Enfin, nous regrouperons à West et East Las Vegas les adresses qui se trouvent respectivement à l'ouest et à l'est du Strip.

Le Strip

Lorsque l'on pense à Sin City, c'est immédiatement ce quartier que l'on a en tête. En réalité, il s'agit d'une portion d'environ 9 km du Las Vegas Boulevard, comprise, du sud au nord, entre le Welcome to Fabulous Las Vegas Sign et The Strat Hotel. C'est à partir de l'ouverture du Flamingo, en 1946, que les lieux se sont développés. Au fil du temps, des palaces de plus en plus grandioses sont apparus des deux côtés de la route. La règle du Strip, régie par des entrepreneurs aux tendances mégalomanes : ce qui est trop petit ne peut être assez rentable et doit donc disparaître pour être remplacé. Ainsi, l'histoire de cette zone est difficilement visible : la chambre d'Howard Hughes, la scène de Frank Sinatra, ou encore la chapelle de mariage d'Elvis n'existent plus. Le quartier compte une quarantaine d'hôtels, dont la majorité figurent parmi les plus grands du monde. Pour la plupart, ils abritent également d'immenses casinos qui fonctionnent tous sur le même schéma : les salles sont divisées en différentes « *aires de jeu* » – machines à sous, blackjack, *poker room*, roulette, craps, etc. – seuls les décors et les thèmes changent, en fonction du *standing* de l'établissement et de la clientèle ciblée. Chacun dispose d'un certain nombre de restaurants – *fast-foods* comme gastronomiques – et de lieux nocturnes : bars, pubs, *lounges* et *clubs*. Systématiquement implantées dans les couloirs des hôtels, les galeries marchandes en sont aussi un élément non négligeable : elles s'appellent « *forum* », « *esplanade* », « *corridor* », « *promenade* », « *via* »... En somme, sous l'apparente variété du Strip se cache une ressemblance absolue, voire monotone.

© DAVEALAN - ISTOCKPHOTO.COM

Le Strip.

QUARTIERS DE LAS VEGAS

Downtown et Arts District

Downtown. Historique et rétro, Downtown est le cœur de Las Vegas. Quand le jeu a été légalisé dans les années 1930 et que l'on procédait à la construction du barrage Hoover, la partie du quartier qui accueillait les premiers casinos était surnommée Glitter Gulch. Il s'agissait du « *ravin scintillant* » des ouvriers, un lieu de divertissement brillant de milliers d'ampoules blanches et jaunes dans le désert du Nevada, ainsi qu'un gouffre de perdition où l'alcool coulait à flots et la prostitution était monnaie courante. À la fin des années 1980, Downtown s'est essoufflé : avec ses colosses de béton et d'acier, le Strip l'avait dépassé en largeur, en hauteur, en fastes et en excentricités. Il faudra attendre 1995 pour que le charme suranné de Glitter Gulch opère de nouveau. Un regain de vie que l'on doit à Fremont Street Experience, une voûte illuminée bâtie au-dessus de Fremont Street.

Aujourd'hui, Downtown joue toujours son rôle de vieille ville, avec ses casinos et ses enseignes d'un autre âge. Cependant, le développement du Cultural Corridor et de ses musées, de même que la réalisation de bâtiments majeurs depuis le début des années 2000 – comme la nouvelle mairie et le complexe de Symphony Park – témoignent de sa volonté de se moderniser et de rester attractif tout en conservant son patrimoine. Ainsi, dans le cadre du développement de Downtown, la ville a inauguré un nouveau quartier en 2007 : Fremont East District. En plus de concentrer bon nombre de bars et de nouveaux restaurants, ces quelques *blocks* prolongent avec brio l'image *vintage* du Vegas historique en conservant l'un des hôtels-casinos les plus anciens de la ville : El Cortez, construit en 1941.

Arts District. Situé entre le nord du Strip et Downtown, ce quartier atypique né en 1998 est surnommé « *18b* », en souvenir des 18 blocks d'immeubles qui formaient initialement le voisinage. Les lieux ont progressivement été investis par une communauté d'artistes bohèmes qui ont marqué leur territoire en peignant de vastes fresques murales et en décorant joyeusement les quelques maisonnettes de la zone. De nombreuses boutiques d'antiquaires au look *hipster* ou *vintage* se sont regroupées sous l'appellation d'Antique Alley Mall, sur Main Street. Un quartier où il fait bon se promener, surtout à l'occasion du « *First Friday* ». Chaque premier vendredi du mois, Arts District organise une grande manifestation où les artistes exposent leurs créations dans les rues devenues piétonnes le temps d'une soirée. Des *food-trucks* sont installés près de leurs stands, tandis que des orchestres improvisés animent les allées ; l'ensemble revêt une délicieuse ambiance bon enfant qui tranche radicalement avec le Vegas de l'imaginaire collectif.

West et East Las Vegas

West Las Vegas. Si ce nom ne colle officiellement qu'à un petit voisinnage de Sin City, nous l'utiliserons ici pour les adresses qui se trouvent à l'ouest du Strip. Mentionnons par exemple la zone qui entoure Springs Preserve, à l'ouest du cœur de Downtown, et, surtout, Chinatown et ses commerces asiatiques aux toits gondolés, à environ 3 km à l'ouest du Venetian.

East Las Vegas. De la même manière, nous engloberons ici l'est du Strip, avec les villes non incorporées de Paradise, Winchester, Whitney et Sunrise Manor. La zone couverte par cette première est la plus importante, puisqu'elle occupe la plus grande partie du Strip ainsi que l'aéroport international McCarran. De la même manière, tel que délimité dans ce guide, East Las Vegas accueille le gigantesque Las Vegas Convention Center.

Fremont East District.

À VOIR / À FAIRE

Le Strip vit une fois la nuit tombée : c'est dans l'obscurité que le charme de ses enseignes lumineuses et de ses néons clinquants opère, que ses *shows* gagnent à être vus, que les paris sont faits. La journée, peu de choix se présentent au visiteur, si ce n'est buller près de la piscine de son hôtel ou écumer les boutiques d'un centre commercial. Downtown offre davantage de points d'intérêt, fort de deux musées particulièrement intéressants – The Mob Museum et The Neon Museum – et d'édifices qui gagnent davantage à être visités qu'à être investis pour le jeu, à l'instar du Main Street Station. Dans les immanquables du quartier figure le First Friday, à Arts District : chaque premier vendredi du mois, les rues du voisinage sont fermées à la circulation pour accueillir une succession de stands d'artistes et de *food-trucks*. Une manifestation dont l'épicentre est l'insolite Arts Factory, lieu multiple qui constitue un voyage en soi.

LAS VEGAS CONVENTION AND VISITORS AUTHORITY

3150 Paradise Road
✆ +1 702 892 0711
www.lvcva.com
Tous les jours, de 8h à 17h.

Installé dans le Las Vegas Convention Center, ce Visitor Center est géré par un personnel chaleureux. Ses membres mettront un point d'honneur à vous donner toutes les informations et les conseils nécessaires à un séjour divertissant dans Sin City. Vous y verrez notamment de la documentation sur les points d'intérêt et les différents établissements de la ville. Par ailleurs, vous trouverez des renseignements précieux concernant les *shows* et les événements en cours.

LAS VEGAS WALKING TOURS ★★

✆ +1 888 571 6587
www.lasvegaswalkingtours.net
Visites à 11h, 14h30 et 19h. Adultes : 35 US$, 4-10 ans : 15 US$. Calendrier et réservations en ligne.

Cette excellente agence propose deux *walking tours* de 2h chacun pour découvrir Sin City autrement. Dans le premier, « *Downtown Las Vegas – Fremont Street* », votre guide retracera l'histoire de ce quartier historique, de sa création à son renouveau récent, grâce à des anecdotes et des photos. Le second, « *Fremont After Dark – The Glitter Gulch* », propose quant à lui une découverte nocturne de Fremont Street, Fremont East et Downtown Container Park. Vous y verrez des célèbres attractions telles que l'impressionnante *Shark tank Pool*, au Golden Nugget.

MAVERICK HELICOPTERS ★

✆ +1 702 261 0007
www.maverickhelicopter.com
Tours à partir de 105 US$ pour le survol du Strip et 230 US$ pour la découverte du Grand Canyon. Réservations en ligne.

Fondée en 1995, Maverick Helicopters est l'une des plus grandes agences de tourisme aériennes au monde. Avec une flotte de plus de 45 hélicoptère, elle propose des visites guidées dans le Nevada : au départ de Las Vegas, il est possible de survoler le Strip, la ville dans sa globalité, ou encore de se rendre jusqu'au Grand Canyon National Park, en Arizona. Différentes options permettent aux tours de répondre à une vaste gamme de prix, accessible à plusieurs types de budget. La promesse d'un moment privilégié et d'une expérience inoubliable.

TASTE BUZZ FOOD TOURS

✆ +1 702 909 0337
www.tastebuzzvegas.com
Tours à 124 US$, à l'exception de « Downtown Delights and City Sights », à 249 US$ par personne.

Fondée en 2016 par Kathryn Kelly, la société Taste Buzz Food Tours propose des visites guidées gustatives de Las Vegas. Au choix, quatre formules qui font la part belle aux principaux quartiers de la ville : « *Foodie Tour on the Las Vegas Strip* », « *Arts District Foodie Tour* », « *Downtown Delights Foodie Tour* » et « *Downtown Delights and City Sights* » – qui comprend un survol des environs en hélicoptère. Une manière sympathique de découvrir Sin City, en mêlant expériences culinaires originales et visites de lieux incontournables.

ARIA FINE ART COLLECTION ★★

3730 South Las Vegas Boulevard
✆ +1 702 590 7111
https://aria.mgmresorts.com
Accès libre, 24h/24.

Achevé en juillet 2010, City Center est le fruit de l'un des symboles de la démesure architecturale de Las Vegas : la société MGM Mirage. Au-delà des prouesses architecturales dans la réalisation des différents bâtiments composant le vaste complexe, nous vous invitons à admirer les nombreux espaces intérieurs et extérieurs où sont exposées à titre permanent les œuvres d'une quinzaine d'artistes internationaux. Il s'agit essentiellement de peintres et de sculpteurs, parmi lesquels figurent notamment Maya Lin, Jenny Holzer et Nancy Rubins.

BLISS WEDDING CHAPEL

827 Las Vegas Blvd. So.
✆ +1 702 493 2401
www.blissbeyondtheneon.com
Mariage basique 102 US$. Combo limousine à 1 299 US$, combo hélicoptère à 3 999 US$.

Nouvelle venue à Las Vegas, c'est à-même le Strip que la Bliss Wedding Chapel a élu domicile. Elvis peut assurer l'office, mais il est aussi possible d'opter pour une cérémonie traditionnelle, à laquelle 50 personnes peuvent assister. Le plus : la possibilité de se marier au Red Rock Canyon, dans la Valley of Fire State Park, au Lake Las Vegas ou encore au Nelson's Ghost Town après s'y être rendu en limousine ou en Rolls. La Bliss Chapel s'adresse tout particulièrement aux francophones, grâce à son assistant français qui facilite les formalités administratives.

CAESARS PALACE ★★

3570 South Las Vegas Boulevard
✆ +1 866 227 5938
www.caesars.com
Ouvert tous les jours, 24h/24.

Ouvert en 1966, il s'agit du premier hôtel thématique du Strip. À l'extérieur, de larges colonnes romaines supportent un édifice blanc ayant pour symbole la tête d'un César couronné de lauriers. À l'intérieur, tout n'est que marbres, dorures et tapis rouges, tandis que les murs sont ornés de fresques naïves. Puis, les boutiques de luxe s'alignent les unes à la suite des autres dans le Forum Shops. Les *aficionados* de *Friends* ne manqueront pas de passer au casino, immortalisé dans les deux derniers épisodes de la saison 5 : *The One In Vegas* et *The One After Vegas*.

FLAMINGO ★★

3555 South Las Vegas Boulevard
✆ +1 702 733 3111
www.caesars.com/flamingo-las-vegas
Ouvert tous les jours, 24h/24.

Rose, c'est la couleur du Flamingo et des oiseaux que l'on peut admirer dans le jardin de l'établissement, le Wildlife Habitat. L'histoire remonte à 1945, lorsqu'un magnat de la presse californien du nom de Billy Wilkerson décide de bâtir sur son terrain le troisième hôtel du Las Vegas Boulevard. Manquant de fonds, il se tourne vers le syndicat du crime représenté par le gangster Bugsy Siegel. Le mafioso prend le projet en main et décide de donner au bâtiment l'allure fastueuse d'un palace du Sunset Strip de Los Angeles. C'est de là, pour certains, que vient le surnom du Las Vegas Boulevard : The Strip.

Pour mener à bien cet ambitieux projet, l'homme convainc ses associés de la pègre d'investir 6 millions de dollars dans ce qui sera le premier hôtel-casino de luxe de la région. Le 26 décembre 1946, l'établissement, dont l'emblème sera le flamant rose de Floride, ouvre ses portes en plein désert du Nevada. Son concept de casino hors du temps, à l'abri de la lumière du jour et dépourvu de toute pendule, est celui qui perdure encore aujourd'hui dans tous les casinos de la zone. Six mois plus tard, Bugsy Siegel est retrouvé mort, assassiné par ses associés, mécontents de la faible rentabilité de l'établissement et mis au fait d'un détournement d'argent opéré par le mafieux lui-même. À noter que, depuis fin 2011, un casino annexe et de moindre taille, le Margaritaville, est venu étendre l'emprise du Flamingo sur le Strip. L'ensemble constitue ainsi un lieu riche en histoire et tape-à-l'œil, à l'image de la ville.

HIGH ROLLER OBSERVATION WHEEL ★★

3545 South Las Vegas Boulevard
✆ +1 855 234 7469
www.caesars.com/linq/high-roller.htm
Du lundi au dimanche, de 14h à 00h. Adultes : 23,50 US$ jusqu'à 19h, 34,75 US$ après. Enfants : 8,50 US$ puis 17,50 US$.

Cette grande roue trône officiellement au milieu du Strip depuis son inauguration, le 1er avril 2014 ; au total, près de trois années ont été nécessaires à sa construction. Elle se trouve à l'extrémité de l'artère commerçante Linq Promenade, au-dessus du Linq Hotel & Casino. Ses 28 cabines, dont chacune peut recevoir 40 personnes, entraînent leurs passagers à 167,60 m du sol pour une vue extraordinaire sur Las Vegas. Il s'agit de la plus grande roue du monde.

INTERVIEW

BLISS WEDDING CHAPEL

SE MARIER FACILEMENT À LAS VEGAS

« Nous faisons tout pour que se marier soit le plus simple possible à la Bliss Wedding Chapel »

Brandon accueille de nombreux couples français dans sa nouvelle chapelle. Il nous explique comment les mariages se déroulent.

Votre chapelle semble toute récente ?

Effectivement nous avons ouvert en 2021, en pleine pandémie ! J'ai travaillé plus de 25 ans dans trois chapelles successives, c'était le moment de mettre à profit mon expérience pour ouvrir la mienne. Mais le contexte était un peu compliqué !

Quels sont ses atouts ?

Les chapelles de Vegas sont un peu vieillies, nous sommes les seuls à avoir ouvert en trente ans. La nôtre est toute pimpante, elle peut accueillir jusqu'à 50 personnes et elle est dotée d'un excellent *sound system* pour pleinement profiter de la musique. Nous avons une salle de bain équipée où la mariée peut se préparer tranquillement, le tout doublé d'un petit studio photo et d'une salle extérieure à l'écart pour attendre la cérémonie avec ses amis, en particulier lorsqu'elle ne doit pas voir son futur époux avant d'entrer dans la chapelle. Et nous pratiquons des tarifs modérés.

Comment cela se passe-t-il pour les mariés ?

Nous faisons tout pour que se marier soit le plus simple possible. La Rolls ou la limousine va chercher les futurs époux à leur hôtel, elle les emmène au bureau des mariages chercher les documents avant de venir à la chapelle. Nous nous occupons de tout.

Pourquoi les Français ont-ils intérêt à se marier à la Bliss Wedding Chapel ?

Nous avons l'habitude de travailler avec les Français. Nous avons un officiant, Jean-Claude Cheval, qui vient de Nancy. Il aide pour les aspects administratifs et financiers, ainsi que pour la compréhension générale si nécessaire. Les mariés se mettent déjà suffisamment la pression, autant leur simplifier la vie !

BLISS WEDDING CHAPEL

827 Las Vegas Blvd. So.
✆ +1 702 493 2401
www.blissbeyondtheneon.com

© DR

© DR

© DR

© ROMAIN THOMASSIN

La façade du Flamingo de Bugsy Siegel.

MARVEL AVENGERS STATION

3300 S Las Vegas Blvd
✆ +1 702 894 7626
www.stationattraction.com
Tous les jours, de 11h à 17h. Adultes : 40 US$ et 4-11 ans : 30 US$. Promotions en ligne.

Le principe : tous ceux qui entrent dans la S.T.A.T.I.O.N. Marvel Avengers deviennent des recrue et seront peut-être les prochains Iron Man, Black Widow ou Hulk – du moins, c'est la promesse de l'établissement. Elles ne seront pas uniquement testées sur leurs connaissances et leur force, mais pourront aussi découvrir les vrais costumes et équipements de leurs héros favoris, comme la moto de Captain America et le fameux marteau de Thor. Une attraction particulièrement indiquée aux familles, les lieux étant un véritable paradis pour les enfants et les adolescents.

PINBALL HALL OF FAME ★★

4925 Las Vegas Blvd South
✆ +1 702 597 2627
www.pinballmuseum.org
Du dimanche au jeudi, de 10h à 21h. Jusqu'à 22h les vendredis et samedis. Entrée libre.

Sur près de 2 325 m², les passionnés du Las Vegas Pinball Collectors Club se sont donné la mission de réunir une succession impressionnante de flippers – ou *pinballs* – datant des années 1950 à 1990. Ici, on est loin des sempiternels casinos sans horloges ni fenêtres : à quelques cents la partie, on se rend au Pinball Hall of Fame pour s'amuser sur un autre type de machines clignotantes, nombres d'entre elles étant de véritables pièces de collection. Un voyage dans le passé qui séduira particulièrement les gamers adeptes de jeux *vintage*.

PARIS LAS VEGAS

3655 Las Vegas Blvd South
✆ +1 877 796 2096
www.caesars.com/paris-las-vegas
Ouvert tous les jours, 24h/24.

Le Paris a construit une douce France comme on ne l'a jamais vraiment connue. Près de la tour Eiffel érigée au cœur du Strip s'élève l'Arc de triomphe. Plus loin, l'Hôtel de Ville avoisine le palais Garnier et, dans le prolongement de cette étrange géographie, la fontaine des Tuileries crache fièrement son eau. L'intérieur surprend également en reconstituant fidèlement les ruelles du cinéma de Jean Renoir. Une pergola montmartroise abrite les tables de jeu, tandis que les adresses chères et élégantes se succèdent dans tout l'établissement.

THE MIRAGE

3400 S Las Vegas Blvd
✆ +1 800 374 9000
https://mirage.mgmresorts.com
Ouvert tous les jours, 24h/24.

À sa création dans les années 1970, le Mirage inaugurait un genre nouveau au croisement du palace de luxe et du parc d'attractions. Le responsable de ce concept : l'entrepreneur Steve Wynn, qui avait bâti « *l'hôtel le plus cher de Las Vegas* » – soit 630 millions de dollars. Ce superbe établissement est l'un des plus emblématiques du Strip. Le spectacle gratuit The Volcano, éruption volcanique embrasant les lieux, se tient devant le casino à heures fixes, tandis que le bel atrium de l'entrée fait la part belle aux palmiers et aux plantes. Une oasis dans le désert.

THE VENETIAN ★★★★

3355 South Las Vegas Boulevard
✆ +1 866 659 9643
www.venetianlasvegas.com
Gondola rides, dimanche-jeudi : 10h-23h. Vendredi-samedi : 10h-00h. Lundi-mercredi : 34 US$. Jeudi-dimanche : 39 US$.

C'est à l'occasion de sa lune de miel, à Venise, que Sheldon Adelson, 20e fortune mondiale en 2017, a l'idée de bâtir un casino sur le thème de la cité des Doges. En lieu et place de l'historique Sands, The Venetian ouvre ses portes en 1996. Du Strip, on le remarque au célèbre campanile de la place Saint-Marc et au pont du Rialto au-dessous duquel s'écoule le Grand Canal. Le cours d'eau se poursuit à l'intérieur, tout au long du Grand Canal Shoppes, la voie commerçante de l'hôtel. Il ne fait jamais nuit sur ces canaux car un bleu rayonnant, maculé de quelques nuages en trompe-l'œil, tapisse le plafond et confère à l'ensemble un aspect onirique et intemporel. Outre le spectacle toujours insolite des balades en gondole, d'autres animations agrémentent la promenade. Des statues vivantes sont figées sur la place Saint-Marc, tandis qu'une troupe y chante régulièrement des airs d'opéra.

▸ **Le Palazzo.** Inauguré en 2007, il est relié au Venetian, ce qui porte le nombre de chambres du resort à 7 050 et en fait le plus grand complexe hôtelier du monde. Le Palazzo s'écarte un peu de l'influence de type Renaissance italienne pour adopter le look d'un palace plus conventionnel, sauf dans ses dimensions, caractérisées par le gigantisme. Ainsi, sa tour massive ressemble davantage à un immeuble de *Metropolis* (1927) qu'à un élégant palais vénitien. Dans le lobby, les lustres, pourtant énormes, ont l'air presque petits, pendus à un plafond démesurément haut. Devant le comptoir d'accueil, trois naïades en verre goûtent à l'eau d'une fontaine.

WELCOME TO FABULOUS LAS VEGAS SIGN ★★

5200 South Las Vegas Boulevard

Ce célèbre panneau réalisé en 1959 a fait l'objet de nombreuses répliques dans la ville. L'original est implanté sur le Las Vegas Boulevard, entre l'aéroport et le Mandalay Bay Resort and Casino... Jusqu'à nouvel ordre. En effet, il a souvent été déplacé au fur et à mesure de l'extension de la ville. Sa face arrière est destinée aux automobilistes quittant la ville. Il incite à la prudence par un « *Drive Carefully* » et au retour par un « *Come Back Soon* ».

LES RÈGLES DE LAS VEGAS

Terre des casinos et de l'argent, Sin City répond à plusieurs règles :

▸ **Ayez toujours votre passeport sur vous.** Il est indispensable pour jouer ; votre carte d'identité ne suffira pas.

▸ ***« Act like you belong ».*** Prenez place aux tables de jeu sans demander au préalable si vous pouvez vous asseoir ; ici, tout tient à l'assurance.

▸ **N'achetez pas de verre.** Si vous êtes dans la zone des machines à sous, repérez la serveuse et commandez ce que vous voulez boire : elle vous l'apportera gratuitement. Tippez-la généreusement.

▸ **Venez avec du liquide.** Las Vegas oblige, les commissions de retrait sont généralement très élevées : elles peuvent atteindre jusqu'à 10 US$ sur le Strip.

▸ **Intéressez-vous aux probabilités.** C'est tout d'abord très utile pour connaître ses chances de succès puis pour se faire une estimation des gains à espérer.

▸ **Fixez-vous une limite.** Commencez avec une somme de départ que vous ne dépasserez pas et laissez le reste à l'hôtel. Considérez-la comme perdue d'avance, afin d'éviter les déceptions. Si, finalement, vous avez tout perdu, ne sortez JAMAIS votre carte de crédit : c'est fatal. Si vous gagnez, arrêtez-vous après avoir gagné une grosse somme.

▸ **Méfiez-vous de la chance du débutant.** Si vous n'avez jamais joué, vous aurez de la chance à votre premier jeu : c'est quasi systématique. Enthousiaste, vous rejouerez et vous perdrez... avant de passer à un autre nouveau jeu... où vous gagnerez avant de perdre, encore...

Welcome to Fabulous Las Vegas Sign.

BINION'S

128 E. Fremont Street
✆ +1 800 937 6537
www.binions.com
Accès libre, 24h/24.

Le Binion's accueille ses visiteurs avec une limousine installée dans l'entrée : une Cadillac blanche customisée, avec deux imposantes cornes de buffle en figure de proue. C'est elle qui transportait les invités de marque dans leurs déplacements à Las Vegas dans les années 1960. Le fondateur des lieux, Benny Binion, n'est autre qu'un sulfureux criminel texan impliqué dans trois histoires de meurtre. Chassé de Dallas par la mafia de Chicago, l'homme à la gâchette facile fait appel à son esprit d'entreprise pour ouvrir le Horseshoe – le nom historique du casino – en 1951 sur Fremont Street, et y introduit plusieurs innovations.

Par exemple, il s'agit du premier établissement à avoir installé de la moquette sur toute sa surface et à avoir appliqué la formule des « *comps* » – boissons et nuits gratuites – pour inciter les joueurs à dépenser davantage. On voit le portrait de certains, les plus importants, affichés au mur ; un large sourire sur le visage, ils ont été photographiés alors qu'ils venaient de toucher le jackpot. Vous aussi, vous pouvez vous faire immortaliser à côté d'un million de dollars : au milieu du casino se dresse une pyramide de billets – sous plexiglas – de 100 US$. À savoir : le Binion's est l'endroit le plus prisé des joueurs de poker un brin gangsters : c'est ici qu'ils se retrouvent en « *off* » des grands tournois, pour vivre leur passion dans une arrière-salle et y parier des sommes astronomiques. Enfin, malgré tout son luxe et son histoire, le Binion's a dû fermer sa partie hôtelière en décembre 2009.

FIRST FRIDAY LAS VEGAS ★

1025 S First Street
www.ffflv.org
Chaque premier vendredi du mois, de 17h à 23h. Accès libre.

Cet événement trouve son épicentre au niveau de la galerie Arts Factory. Chaque premier vendredi du mois, les rues alentour sont fermées à la circulation pour accueillir plus d'une cinquantaine d'artistes. Des stands de vêtements, de peintures, d'objets en tout genre, et même de *free hugs* se succèdent. Le tout sur fond de musique entraînante. On y trouve également une grande variété de *food trucks*, allant des sandwichs aux pizzas en passant par les burgers et le homard. Un événement qui nous transporte loin de la folie de Las Vegas. Gros coup de cœur !

FOUR QUEENS HOTEL AND CASINO

202 Fremont Street
✆ +1 800 634 6045
www.fourqueens.com
Accès libre, 24h/24.

Difficile de manquer l'enseigne lumineuse du Four Queens, la plus visible de Downtown. Une gigantesque couronne étincelante rehaussée d'un « 4 » emblématique épouse l'angle de Fremont et de 4th Street. En 1966, Ben Goffstein, le fondateur des lieux, a dédié le nom de son établissement à ses quatre reines de cœur : sa femme et ses trois filles. À l'intérieur, une batterie de machines à sous installées sur une épaisse moquette invitent le visiteur à risquer quelques dollars.

GOLDEN GATE HOTEL & CASINO ★

1 E Fremont Street
✆ +1 800 426 1906
www.goldengatecasino.com
Accès libre, 24h/24.

Ouvert en 1906, il s'agit du plus vieil hôtel de la ville. En 1907, il était doté de l'unique téléphone de Sin City : il fallait composer le 1 pour le joindre. Cinquante années plus tard, un groupe d'Italo-Américains en provenance de Californie en a fait l'acquisition et lui a donné le nom du mythique pont rouge qui traverse la baie de San Francisco. Quand on entre dans le casino, une atmosphère de saloon y règne encore, dans laquelle on prend plaisir à s'installer.

MAIN STREET STATION

200 North Main Street
✆ +1 702 387 1896
Accès libre, 24h/24.

Situé légèrement à l'écart de Fremont Street, près de l'ancienne gare datant de 1905, cet établissement construit en 1975 abrite une collection d'antiquités qui donne au lieu un cachet « *Ruée vers l'or* ». Une fois les vieilles portes en bois du casino franchies, prenez un fascicule à la réception pour entamer une visite des lieux. Parmi les beaux détails du Main Street Station, ne manquez pas le superbe plafond et ses multiples lustres. Par ailleurs, vous trouverez le Triple 7, un pub qui brasse sa propre bière dans de vieilles cuves en cuivre. Coup de cœur !

FREMONT STREET EXPERIENCE ★★★

Fremont Street
www.vegasexperience.com
Accès libre, 24h/24.

Si c'est dans Fremont Street qu'a commencé l'histoire de Downtown, c'est également ici qu'elle a failli s'achever dans les années 1990, alors que des pyramides, des volcans et des tours médiévales poussaient le long du Strip, lui volant la vedette. La vieille ville avait été oubliée, les premiers casinos de la région s'apprêtaient à mettre la clé sous la porte. Habituellement à Las Vegas, on utilise des bâtons de dynamite pour remédier à ce type de situation. Néanmoins, cette fois, les autorités de la région ont eu un sursaut de conscience : les vieux établissements de Fremont Street ont été conservés et ont fait l'objet d'un coup de pouce considérable.

Ainsi, Fremont Street Experience est née en 1995 : une gigantesque voûte lumineuse couvrant la rue sur près de 450 m et composée de 12,5 millions d'ampoules a été installée au-dessus du passage. Un lieu désormais mythique à ne manquer sous aucun prétexte le soir, lorsqu'il laisse place à un véritable spectacle son et lumière gratuit, le Viva Vision. Les plus téméraires ne manqueront pas d'assister au *show* en traversant la voûte, suspendus par un harnais au câble aérien de la SlotZilla Zip Line. Même la journée, le contraste avec les casinos les plus kitsch de la ville et leurs joueurs les plus usés est frappant, d'autant que la lumière du jour n'empêche pas la tenue d'évènements en tout genre, tels que les concerts et numéros de danse fréquemment organisés sur la grande scène installée pour l'occasion.

© STÉPHAN SZEREMETA

THE ARTS FACTORY ★

107 East Charleston Boulevard
✆ +1 702 383 3133
www.theartsfactorylv.com
Tous les jours, de 9h à 20h. Entrée libre.

Cet ancien entrepôt réaménagé est le cœur battant d'Arts District. Une vingtaine d'artistes exposent dans ce qui est devenu une galerie d'art branchée : photographes, peintres, sculpteurs et graphistes se côtoient dans un univers qui fleure bon l'acrylique. La visite vaut particulièrement le coup chaque premier vendredi du mois, lorsque l'événement « *First Friday* » animent les rues alentour. Les lieux revêtent alors une ambiance particulière, qui change d'un espace à l'autre, formant une sorte de couloir aux allures psychédéliques. À ne pas manquer !

THE MOB MUSEUM ★★★

300 Stewart Avenue ✆ +1 702 229 2734
www.themobmuseum.org
Tous les jours, de 9h à 21h. Adultes : 29,95 US$, étudiants : 16,95 US$, happy hour : 22,95 US$. Promotions en ligne.

Installé dans un superbe bâtiment, ce musée est consacré au crime organisé et à la vie mouvementée des gangsters de Las Vegas. Il a d'ailleurs été inauguré un 14 février – 2012 – pour commémorer la date du *Saint Valentine's Day massacre* de 1929, à Chicago. Un jour où des gangsters aux ordres d'Al Capone ont tendu un piège mortel à une bande rivale dirigée par l'Irlandais George Bugs Moran. Les trois grands thèmes abordés par l'établissement sont la naissance de la mafia aux États-Unis, puis son développement à Las Vegas, et les méthodes d'investigation du FBI.

THE NEON MUSEUM ★★★

770 North Las Vegas Boulevard
✆ +1 702 387 6366 - www.neonmuseum.org
Tous les jours, de 16h à 00h. Adultes : 20 US$, séniors/étudiants : 16 US$, 7-17 ans : 10 US$. Réservation recommandée.

The Neon Museum se compose de deux entités : the Neon Boneyard et the North Gallery.

▸ **The Neon Boneyard.** Ce cimetière de néons constitue la collection principale du musée. Il s'agit d'un endroit clos où sont exposés plus de 200 enseignes restaurées provenant en majorité des grands hôtels et casinos d'autrefois.

▸ **The North Gallery.** Pour sa part, cet espace situé juste à côté du précédent abrite des panneaux non-restaurés. Il n'est accessible que pour assister au show *Brilliant !*, un son et lumière d'une trentaine de minutes qui est joué plusieurs fois chaque soir.

MARJORIE BARRICK MUSEUM - DONNA BEAM ART GALLERY ★

4505 South Maryland Parkway
✆ +1 702 895 3381
www.unlv.edu/barrickmuseum
Ouvert du mardi au vendredi de 10h à 17h. Entrée gratuite. Don apprécié : 5 US$ par adulte, 2 US$ par enfant et senior.

Dans le campus de l'Université du Nevada de Las Vegas (UNLV). Accès par l'ouest. Initialement musée d'Histoire naturelle, le Marjorie Barrick Museum est à présent un musée présentant des œuvres d'art en association avec le College of Fine Arts de l'université de Las Vegas et la Donna Beam Fine Art Gallery, qui se trouve à la même adresse. L'institution accueille également des œuvres provenant du Las Vegas Art Museum, qui a fermé ses portes il y a plus d'une décennie.

NATIONAL ATOMIC TESTING MUSEUM ★

755 East Flamingo Road ✆ +1 702 409 7366
http://nationalatomictestingmuseum.org
Du jeudi au mardi, de 9h30 à 15h. Entrée adultes : 24 US$, séniors et étudiants : 20 US$, 7-14 ans : 18 US$.

Ouvert en 2005, ce musée est dédié à l'histoire des essais atomiques sur le Nevada Test Site – NTS – situé dans le désert qui se trouve au nord de Las Vegas. Il s'agit d'une filiale de la Smithsonian Institution, l'un des organismes de recherche scientifique les plus importants au monde. Intéressante, la visite permet de se familiariser avec la période qui a suivi les premiers tests nucléaires des États-Unis, en 1951. Le « Ground Zero Theater » simule l'observation de l'expérience.

NEVADA STATE MUSEUM, LAS VEGAS ★★

309 South Valley View Boulevard
✆ +1 702 486 5205
www.lasvegasnvmuseum.org
Du jeudi au lundi, de 9h à 16h. Adultes : 9,95 US$, 3-17 ans : 4,95 US$. Réservation en ligne fortement recommandée.

Fondé en 1982, ce musée est dédié à l'histoire du Nevada. Sa superficie d'environ 6 500 m^2 accueille plusieurs galeries distinctes : celle des sciences biologiques, celle des sciences géologiques et celle consacrée à l'histoire et à la préhistoire. Le Nevada State Museum abrite également de nombreux fossiles, ainsi que des belles collections, comme les quelques milliers de pièces portées par les danseuses des Folies Bergère. Une visite intéressante !

SPRINGS PRESERVE ★

333 South Valley View Boulevard
✆ +1 702 822 7700
www.springspreserve.org
Du jeudi au lundi, de 9h à 16h. Adultes : 9,95 US$, 3-17 ans : 4,95 US$.

Las Vegas Springs Preserve est un lieu de découverte ludique destiné à sensibiliser les plus jeunes à la préservation de la nature et de l'environnement. L'Origen Museum en est la pièce maîtresse. Il se divise en une galerie où sont présentées des œuvres en rapport avec la nature ainsi qu'un amphithéâtre, un simulateur d'inondation dans un canyon et, pour finir, une galerie consacrée à l'histoire humaine dans le désert Mojave. Cerise sur le gâteau : terminer la visite par une promenade dans les sentiers du jardin botanique. Idéal pour les familles !

LAS VEGAS

© KIT LEONG - SHUTTERSTOCK.COM

Springs Preserve.

SE LOGER

Pour vivre pleinement l'expérience de Las Vegas, avec tout l'excès et la démesure que la ville a à offrir, rien ne vaut un grand hôtel du Strip. Les prix y varient considérablement : parfois étonnement bon marché en semaine, ils peuvent doubler – voire tripler – certains week-ends. Ainsi, réservez en avance. Par ailleurs, prévoyez un budget supplémentaire si vous êtes véhiculé : les parkings des établissements feront considérablement grimper la note de votre séjour. Au demeurant moins cher, le principe est le même à Downtown, où la seule véritable différence tient au charme suranné des chambres. Pour un hébergement au rapport qualité-prix imbattable, à l'écart du bruit et au stationnement gratuit, préférez un Airbnb de West ou East Las Vegas. Dans tous les cas, nous vous recommandons de choisir un logement avec piscine : les journées peuvent être longues et chaudes dans une ville du désert qui se visite essentiellement la nuit.

SIN CITY HOSTEL €

1208 South Las Vegas Boulevard
✆ +1 702 868 022
www.sincityhostel.com
Lit en dortoir à partir de 35 US$.

Situé à côté d'Arts District et du nord du Strip, Sin City Hostel est une auberge de jeunesse simple et bien entretenue. Elle s'avère être une bonne option pour les *backpackers* au petit budget. Le confort spartiate des dortoirs aux lits étroits est compensé par la sympathie du personnel, par les tarifs et par les lieux partagés. En plus d'être grands, ils portent la trace des voyageurs passés, notamment de belles fresques de *street art*. Heureusement, toutes les chambres sont climatisées ; un équipement absolument indispensable l'été.

EL CORTEZ €€

600 Fremont Street
✆ +1 702 385 5200
www.elcortezhotelcasino.com
Chambres doubles à partir de 70 US$.

Construit en 1941 en marge de Glitter Gulch – aujourd'hui Fremont Street Experience – El Cortez n'en a pas moins de charme. On se plaît à imaginer les mafiosi des années 1950 se distrayant dans les couloirs enfumés de cet hôtel devenu historique. Son casino, essentiellement fréquenté par les locaux et les habitués, semble figé hors du temps. Le petit *barbershop* vaut le coup d'œil : il est resté tel qu'il était à la création des lieux. Néanmoins, bien qu'assez peu chères pour la zone, les chambres d'entrée de gamme manquent parfois de tranquillité.

DOWNTOWN GRAND HOTEL & CASINO €€

206 North 3rd Street
✆ +1 855 384 7263
www.downtowngrand.com
Chambres doubles à partir de 75 US$.

Inauguré en novembre 2013, cet établissement est l'une des dernières réalisations hôtelières d'envergure de Downtown. Il succède au Lady Luck, qui régnait sur une partie du quartier de 1964 à 2006, avant que le bâtiment ne reste à l'abandon pendant de longues années, devant même être rasé à un moment donné. Entièrement restructuré, l'immeuble est devenu un bel hôtel et casino de 650 chambres, qui comprend 7 restaurants et une piscine sur son toit-terrasse.

GOLDEN NUGGET €€

129 Fremont Street
✆ +1 844 468 4438
www.goldennugget.com
Chambres doubles à partir de 100 US$.

Ouvert en 1946, le Golden Nugget est l'un des hôtels les plus emblématiques de Downtown Las Vegas. Immanquable avec sa façade couleur crème sertie de dorures, il a su assurer sa pérennité grâce aux diverses périodes de rénovation orchestrées par ses propriétaires. Dans ses chambres distribuées sur quatre tours, le luxe va *crescendo*, de la Carson Tower aux chambres déjà spacieuses et confortables, à la Spa Tower dotée d'un élégant spa et de suites opulentes. Son incroyable piscine à chutes d'eau est même surplombée d'un aquarium dans lequel nagent des requins.

MANDALAY BAY RESORT AND CASINO €€

3950 South Las Vegas Boulevard
✆ +1 877 632 7800
https://mandalaybay.mgmresorts.com
Chambres doubles à partir de 135 US$.

Le Mandalay Bay vous accueille dans un décor asiatique tropical chic. Ses 3 309 chambres au *design* contemporain offrent un confort de bon niveau mais, comme souvent à Las Vegas, assez impersonnel. On retiendra cet hôtel pour son immense piscine, Mandalay Beach, une des meilleures de la ville, avec sa rivière à courant, ses chutes d'eau, son bassin à vagues et sa plage de sable. Sans oublier de citer le Shark Reef Aquarium, peuplé entre autres de nombreux requins.

THE MIRAGE €€

3400 South Las Vegas Boulevard
✆ +1 800 374 9000
https://mirage.mgmresorts.com
Chambres doubles à partir de 120 US$.

Cet hôtel porte bien son nom : tel un mirage, il apparaît comme une oasis verdoyante dans le désert avec ses nombreux palmiers, ses jardins et ses cascades bordant une piscine ponctuée de lagons à la végétation luxuriante. Bien qu'elles répondent au standard du luxe de Las Vegas, ses chambres sont plus chaleureuses que celles des hôtels similaires. Par ailleurs, le bruit du volcan qui entre en éruption tous les soirs sur son esplanade ne vous dérangera pas après 23h. Enfin, le Mirage est situé en plein milieu du Strip : pratique pour rayonner entre les casinos.

PALMS CASINO RESORT €€

4321 W. Flamingo Road
✆ +1 866 752 2236
www.palms.com
Chambres doubles à partir de 100 US$.

Inauguré en 2001, le Palms est l'un des hôtels emblématiques de West Las Vegas et constitue une excellente alternative aux palaces du Strip. Au-delà de ses chambres classiques, modernes et confortables, on ne peut s'empêcher de citer certaines de ses suites incroyables telles la Two Story Sky Villa avec piscine débordante, la Hardwood Suite avec terrain de basket, ou encore la Kingpin Suite avec pistes de bowling. Cependant, on ne se rend pas réellement dans cet établissement pour dormir, mais pour se divertir, entre son night-club et ses nombreux évènements.

PARIS LAS VEGAS €€

3655 South Las Vegas Boulevard
✆ +1 877 796 2096
www.caesars.com
Chambres doubles à partir de 120 US$.

L'hôtel mérite le détour rien que pour y compter le nombre de reconstitutions des quartiers de notre capitale. Les quelque 2 910 chambres sont grandes, au confort allant du classique au grand luxe, selon la suite choisie. Paris est parvenu à reconstituer fidèlement la tour Eiffel – au sommet de laquelle on peut monter – l'Arc de triomphe, l'Opéra, ou encore l'ambiance des rues de Montmartre. Piscine et spa complètent les installations. Mentionnons également le restaurant Mon Ami Gabi et sa terrasse parisienne souvent bondée, une des bonnes tables de la ville.

PLAZA HOTEL & CASINO €€

1 Main Street
✆ +1 800 634 6575
www.plazahotelcasino.com
Chambres doubles à partir de 75 US$.

L'hôtel est dans le prolongement de Fremont Street, qu'il regarde de face dans toute sa longueur. Les chambres des vingt premiers niveaux offrent une belle vue, la nuit, sur les lumières clignotantes de Downtown. Plus haut, on ne voit rien : les étages sont au-dessus de la voûte qui recouvre la rue. Néanmoins, on est plus proche de la piscine située sur le toit de la tour, dans laquelle on plonge en admirant Sin City. Si le Plaza a moins de charme que ses voisins, ses chambres sont d'un *standing* un peu plus élevé que la moyenne, pour un prix similaire.

SAHARA LAS VEGAS €€

2535 Las Vegas Blvd South
✆ +1 702 761 7000
www.saharalasvegas.com
Chambres doubles à partir de 90 US$.

Ce nouvel hôtel à près de 3 km au sud d'Arts District et décoré par Philippe Starck s'est installé dans la tour SLS, entre le Circus Circus et The Strat, offrant aux clients la possibilité de profiter de tous les services des lieux, parmi lesquels nous pouvons citer le casino, la piscine sur le toit, les bars, le restaurants, ou encore la boîte de nuit. Il dispose de près de 300 chambres au confort certain : toutes sont immaculées de blanc et décorées de tentures aux motifs baroques. Une adresse un brin plus intimiste que les géants du Strip.

SAM'S TOWN €€

5111 Boulder Highway
✆ +1 800 634 6371
www.samstownlv.com
Chambres doubles à partir de 60 US$.

Dormir à Sam's Town, c'est choisir de s'excentrer pour expérimenter le casino du local « *moyen* ». Néanmoins, cet hôtel et casino est une valeur sûre : décoré avec soin par la famille Boyd dans un esprit Far West, il offre 645 chambres honorables pour un prix compétitif. Cinémas, bowling et divers shows – ne manquez pas le gratuit Mystic Falls, qui fait la part belle aux effets son et lumière – donnent une touche supplémentaire à l'accueil familial des lieux. Par ailleurs, l'établissement est doté d'une piscine extérieure et de plusieurs restaurants.

THE VENETIAN €€

3355 South Las Vegas Boulevard
✆ +1 866 659 9643
www.venetianlasvegas.com
Chambres doubles à partir de 205 US$.

Les chambres respectent la thématique de l'hôtel en s'inspirant des heures de gloire de la cité des Doges, à tel point que les plus belles suites offrent l'agréable sensation de se réveiller dans un palais de la Renaissance. Dans la tour qui leur est dédiée, la piscine est plutôt agréable, dissimulée derrière quelques arbres au feuillage bien fourni. Le complexe réunit près de 4 000 suites, un casino gigantesque, pas moins de 10 piscines, pléthore de restaurants, bars et *lounges*, ainsi qu'une galerie marchande de plus 160 boutiques : le Grand Canal Shoppes

CAESARS PALACE €€€

3570 South Las Vegas Boulevard
✆ +1 866 227 5938
www.caesars.com
Chambres doubles à partir de 160 US$.

Voici un palace comme on se l'imagine dans un péplum hollywoodien. Les chambres simples sont d'un *standing* élevé, tandis que les suites atteignent des niveaux inégalés : bain bouillonnant, douches multi jets, produits de beauté, écran plasma dans toutes les pièces, télévision dans les miroirs pour regarder des clips en se rasant ou en se maquillant… Cerise sur le gâteau, la piscine – l'une des plus belles de Vegas – bordée de jarres et de colonnade, à la manière de thermes romains. À noter : l'hôtel héberge un spa incroyable, avec des dizaines de bassins.

WYNN LAS VEGAS

3131 South Las Vegas Boulevard
✆ +1 702 770 7000
www.wynnlasvegas.com
Chambres doubles à partir de 270 US$.

Les chambres les plus petites sont des suites de 60 m^2. Comme les appartements de luxe, elles sont regroupées dans la très privée Tower Suite. En dépit du nombre important de logements et de clients, le personnel, en nombre, est merveilleusement attentif. En plus du casino doté de plus de 1 800 machines à sous et de 26 tables de poker, une élégante piscine formée de deux bassins et d'un canal central a trouvé sa place derrière la façade incurvée de l'hôtel, juste devant le golf 18 trous. En somme, le Wynn s'illustre pour du grand luxe à très grande échelle.

SE RÉGALER

L'offre culinaire de la ville varie considérablement d'un quartier à l'autre. Sur le Strip, difficile de trouver un juste milieu : les hôtels proposeront aussi bien des *fast-foods* moyens trop cher payés – regroupés dans des zones appelées « *Food Court* » ou « *World Food* » – que des restaurants gastronomiques d'un grand raffinement et d'un savoir-faire hors du commun. Car les chefs se pressent à Sin City et mettent une cuisine internationale à l'honneur, française en tête. Moins dans l'excès et la démesure, Downtown et Arts District abritent des bonne tables pour tous les budgets et tous les *standings*. Particulièrement étendus, les quartiers de West et East Las Vegas sont difficiles à généraliser ; néanmoins, on y trouve d'excellentes adresses qui méritent le détour, notamment à Chinatown. Enfin, Vegas ne serait pas Vegas sans ses buffets à volonté, ni ses enseignes promettant des « *homards et steaks à 10 dollars* ».

© STÉPHAN SZEREMETA

Les «liberty fries» sont redevenues les «french fries».

LAS VEGAS

L'ATELIER DE JOËL ROBUCHON €€€

3799 South Las Vegas Boulevard
✆ +1 702 891 7358
https://jrobuchon.com
Du jeudi au lundi, de 17h30 à 22h30. Plats de 48 US$ à 85 US$.

Dans un cadre tamisé, Joël Robuchon propose une cuisine raffinée qui oscille entre tapas et mignardises de haute volée. À l'Atelier, nous vous conseillons de demander à manger au bar, car c'est là que tout se passe : on y voit des dizaines de cuisiniers s'affairer avec concentration et dextérité. Un restaurant récompensé de trois étoiles par le Guide Michelin, au savoir-faire et aux tarifs qui se prêtent à une grande occasion. Le Menu Dégustation est une expérience à part entière.

EGGSLUT €€

3708 Las Vegas Boulevard South
✆ +1 702 698 7000
Du lundi au vendredi, de 7h à 14h. Jusqu'à 15h le week-end. Sandwichs de 9,50 US$ à 15,50 US$.

Comme son nom le laisse penser, Eggslut a fait de l'œuf le noyau dur de son concept. Après avoir fait ses preuves à New York et Los Angeles, cette bonne adresse s'est installée à Las Vegas, sur le Strip. On la recommande particulièrement pour le déjeuner, ses sandwichs se prêtant parfaitement à un repas rapide avant de repartir à l'assaut des casinos. Courte, la carte n'en reste pas moins alléchante, avec des classiques comme le *bacon, egg and cheese sandwich*. La spécialité : le « *Slut* », un œuf à mélanger avec une purée maison dans un petit pot en verre.

BOUCHON AT THE VENETIAN €€€

3355 South Las Vegas Boulevard
✆ +1 702 414 6200
www.venetianlasvegas.com
Lundi-mercredi : 17h-22h. Jeudi : 8h-13h et 17h-22h. Vendredi-dimanche : 8h-14h et 17h-22h. Plats de 27 US$ à 79 US$.

Élu meilleur cuisinier des États-Unis par le magazine *Times*, le chef californien Thomas Keller a ouvert ce superbe restaurant au Venetian, sur le thème du bouchon lyonnais. Au menu : moules au safran, *gnocchi* à la Parisienne, boudin blanc, truite amandine ou encore croque-madame. Pour achever le dépaysement, les serveurs portent la tenue bistrot avec nœud papillon. Plus accessible que le menu dîner, la carte du brunch présente une bonne alternative pour les budgets plus serrés désireux de goûter à la gastronomie française revisitée à l'américaine.

EIFFEL TOWER RESTAURANT €€€

3655 South Las Vegas Boulevard
✆ +1 702 948 6937
www.eiffeltowerrestaurant.com
Lundi-vendredi : 17h-22h. Samedi et dimanche : 10h-14h et 17h-22h. Plats de 36 US$ à 89 US$. Menu brunch : 59 US$/pers.

Situé à 150 m d'altitude dans la tour Eiffel de Las Vegas, ce restaurant sert une excellente cuisine de tradition française – évidemment. Au menu : du foie gras servi avec du magret de canard fumé et une compote de figues, des coquilles Saint-Jacques aux poireaux, de la poitrine de porc fumée et braisée à la lyonnaise, des escargots à l'ancienne, de la sole, du pavé de saumon, du carré d'agneau, ou encore du filet de bœuf Rossini. La carte présente également un beau choix de vins. Par ailleurs, l'établissement sert un brunch copieux chaque week-end.

BRERA OSTERIA €€€

3355 S Las Vegas Blvd
✆ +1 702 414 1227
www.venetianlasvegas.com
Dimanche-jeudi : 11h-22h. Vendredi-samedi : 11h-22h30. Plats : 25 US$-85 US$. Menu déjeuner : 28 US$, dîner : 65 US$.

Vous allez en prendre plein la vue ! Le Brera Osteria est une réplique miniature de la place Saint-Marc de Venise. On y retrouve les éléments clés des lieux : les lions en – faux – marbre blanc, les fenêtres Renaissance, les cantatrices, le pont des Soupirs, le plafond peint en ciel nuageux, et même le canal où passent les gondoles. Côté cuisine, on aime le *fritto misto* – calamar frit, moules et champignons – les *tortelli* – des pâtes farcies au veau braisé et aux champignons – et la *panna cotta* en dessert, revisitée avec de l'ananas. Délicieux !

JULIAN SERRANO TAPAS €€€

3730 South Las Vegas Boulevard
✆ +1 702 590 8520
https://aria.mgmresorts.com
Lundi-jeudi : 17h30 à 22h30. Vendredi et samedi : 11h30-23h. Dimanche : 11h30-22h30. Tapas de 12 US$ à 41 US$.

Né à Madrid, le talentueux chef Julian Serrano propose une délicieuse cuisine espagnole. Croquettes de poulet, tortillas, jambon ibérique, chorizo, *risotto* aux champignons, asperges à la *plancha*… Qu'il s'agisse des tapas, de la charcuterie ou de la paella, tout est servi avec goût dans ce restaurant au *design* très moderne. On s'y presse et l'endroit est souvent bondé : pensez à réserver. Une belle adresse adaptée aux groupes d'amis et aux familles, pour partager le plus d'assiettes possible afin de goûter à un large éventail de saveurs.

LAGO BY JULIAN SERRANO €€€

3600 South Las Vegas Boulevard
✆ +1 702 693 8888
https://bellagio.mgmresorts.com
Lundi-jeudi : 11h-14h30, 17h-22h. Vendredi-dimanche : 10h-14h30, 17h-23h. Pâtes : 13 US$-20 US$. Plats : 33 US$-75 US$.

Cet élégant restaurant italien sert une cuisine inventive, soignée, excellemment présentée et délicieuse. Sous les fenêtres de la salle principale du Lago – ou mieux, sur sa terrasse – émerveillez-vous devant le spectacle des fontaines du Bellagio et profitez d'une soirée inoubliable. Néanmoins, cette adresse n'est pas réservée aux gros budget : la carte des pâtes est tout à fait abordable. On y retrouve des classiques tels que les lasagnes, les *linguine* au pesto, le *risotto* aux champignons, ou encore des créations plus originales comme les raviolis au homard.

PALM RESTAURANT €€€

3500 South Las Vegas Boulevard
✆ +1 702 732 7256
www.thepalm.com
Du dimanche au jeudi, de 11h30 à 22h. Vendredi et samedi jusqu'à 23h. Plats de 30 US$ à 150 US$.

Importé de New York, ce sympathique restaurant aux allures de brasserie sert des steaks de premier choix, de tous les poids. Autre spécialité : le homard, que l'on retrouve entier et décliné sous plusieurs formes, entre les *gnocchi* et la soupe. Les murs sont tapissés de caricatures de célébrités locales et nationales, comme dans le restaurant de la 2nd Avenue à New York, désormais fermé. Une tradition qui date des années 1930, lorsque les fondateurs Pio Bozzi et John Ganzi offraient à manger aux dessinateurs des journaux locaux en échange de leurs œuvres.

SHAKE SHACK €

3790 South Las Vegas Boulevard
✆ +1 725 222 6730
www.shakeshack.com
Tous les jours, de 11h à 2h. Burgers de 6,69 US$ à 11,49 US$.

Cette chaîne de burgers bénéficie d'un cadre moderne et agréable. Une adresse qui remporte un franc succès en raison de sa position privilégiée, de la qualité de ses viandes et de ses prix particulièrement abordables – surtout pour le Strip. Sa terrasse extérieure, légèrement surélevée par rapport au Las Vegas Boulevard, est un poste d'observation idéal et agréable que l'on a du mal à abandonner. En plus des incontournables sandwichs, vous trouverez du poulet croustillant, un hot-dog et, aussi surprenant que cela puisse paraître dans un *fast-food*, du vin.

THE STEAK HOUSE €€€

2880 South Las Vegas Boulevard
✆ +1 702 794 3767
www.circuscircus.com
Du dimanche au vendredi, de 16h à 22h. Jusqu'à 23h le samedi. Plats de 45 US$ à 86 US$.

Parmi les *steakhouses* de Las Vegas, présentes dans chaque hôtel sans exception, celle-ci est notre préférée en raison de la qualité incroyable de ses viandes, poissons et fruits de mer. Au menu : filet mignon, poitrine de poulet, filet de saumon, queue de homard bouillie, côte de bœuf rôtie, côtelettes d'agneau, *porterhouse* – bifteck coupé dans la longe courte – pattes de crabe royal... Quelques salades et entrées sont également proposées pour accompagner le tout. Une très bonne adresse établie dans le Circus Circus depuis une trentaine d'années.

TOP OF THE WORLD €€€

2000 South Las Vegas Boulevard
✆ +1 702 380 7711
https://thestrat.com
Tous les jours, de 16h à 23h (17h-00h de juin à août). Grillades de 71 US$ à 84 US$ et plats de 42 US$ à 68 US$.

Le célébrissime restaurant du Strat n'est pas une adresse où l'on se rend pour un « *grand dîner* », mais plutôt pour un dîner en hauteur : ici, la vue et l'expérience justifient le prix. Dans le package, un tour de manège est offert. Vous avez bien lu : le restaurant tourne à 360°. Néanmoins, attention, Top of the World impose un *dress code* assez strict : les vêtements pouvant être associés à la plage et au sport sont interdits, de même que les tenues trop « *découvertes* ». Par ailleurs, chaque client doit dépenser un minimum de 55 US$ en nourriture.

WING LEI €€€

3131 South Las Vegas Boulevard
✆ +1 702 770 3388
www.wynnlasvegas.com
Dimanche, lundi et jeudi : 17h30-22h. Vendredi et samedi : 17h30-22h30. Plats de 35 US$ à 320 US$.

Premier restaurant chinois d'Amérique du Nord à s'être vu récompenser d'une étoile par le Guide Michelin, Wing Lei propose une cuisine d'excellence, servie dans une élégante salle à manger, parmi des jarres dorées renversées. On y goûte des saveurs raffinées provenant de la ville de Canton, de Shanghai et du Sichuan, ingénieusement revisitées et associées par le chef Ming Yu. Le canard à la pékinoise – « *Imperial Peking Duck* » – bien croustillant, à rouler dans de petits pancakes et à tremper dans la sauce maison, est un délice – qui se paye très cher.

ANDIAMO ITALIAN STEAKHOUSE €€€

301 Fremont street
✆ +1 800 274 5825
www.thed.com
Tous les jours, de 17h à 23h. Pâtes de 31 US$ à 65 US$ et plats de 35 US$ à 120 US$.

Ouverte par le chef Joe Vicari, cette table mêlant cuisine américaine et italienne a fait ses preuves dans la région de Detroit avant son implantation à Las Vegas, dans le D Casino & Hotel. C'est l'endroit idéal pour se régaler d'une belle pièce de viande à la qualité indéniable, bien que l'on pourra également jeter son dévolu sur une assiette de pâtes fraîches, de bon poisson ou de fruits de mer. Le tout dans un décor feutré, aux tonalités sombres et boisées.

CARSON KITCHEN €€

124 S 6th St
✆ +1 702 473 9523
www.carsonkitchen.com
Du lundi au jeudi, de 11h30 à 22h. Vendredi et samedi : 11h30-23h. Dimanche : 11h-22h. Plats de 12 US$ à 27 US$.

Ouverte en 2014 par le chef Kerry Simon, Carson Kitchen est une très bonne table de Downtown, à l'écart de Fremont Street. On y déguste une cuisine gastronomique inventive et raffinée à petits prix dans un cadre moderne, élégant et à l'ambiance détendue. Petite mais pensée avec soin, la carte propose une belle sélection d'assiettes à partager, quelques délicieux burgers, plusieurs plats de viande et de poisson, ainsi que des options végétariennes. En dessert, seulement trois choix s'offrent à vous : la tarte banoffee, le donut et le brownie. Coup de cœur !

LA COMIDA €€

100 S 6th St ✆ +1 702 463 9900
www.lacomidalv.com
Du mercredi au vendredi, de 11h30 à 21h. Week-end dès 9h. Tacos : 14 US$-16 US$, plats : 17 US$-25 US$.

Installée dans une vaste salle haute de plafond, cette cantine puise ses recettes aux quatre coins du Mexique. L'atmosphère y est agréable et décontractée, les plats généreux et emplis de saveurs – pimentées pour les amateurs – tandis que le service est impeccable. Au menu : des *tacos*, des assiettes copieuses allant des *enchiladas* aux viandes grillées en passant par le *chili relleno*, ainsi que des brunchs aux influences variées. Par ailleurs, La Comida propose une belle sélection de cocktails – les Margaritas en tête – que l'on peut commander au pichet.

EAT. €€

707 Carson Street ✆ +1 702 534 1515
https://eatdtlv.chefnatalieyoung.com
Jeudi-lundi : 8h-14h. Œufs de 12 US$ à 19 US$, pancakes et desserts de 8 US$ à 13 US$, sandwichs de 13 US$ à 17 US$.

À quelques pas de Fremont Street, ce restaurant moderne dispose d'une grande salle à la décoration de style industriel avec cuisine ouverte, murs en brique, tuyaux apparents et photos en noir et blanc. Une petite terrasse se trouve également à l'extérieur. Réservée aux petits déjeuners, brunchs et déjeuners, cette bonne adresse sert des classiques américains simples et copieux avec une touche d'originalité. Ainsi, on y mange des produits frais et de qualité, allant des traditionnels pancakes aux sandwichs en passant par une grande variété d'assiettes d'œufs.

ESTHER'S KITCHEN €€

✆ +1 702 570 7864
www.estherslv.com
Lundi-vendredi : 11h-15h et 17h-23h. Week-end : 10h-15h et 17h-23h. Plats : 14 US$-36 US$ (les dîners sont plus chers).

Cet excellent restaurant de quartier associe les inspirations de la côte Ouest et les traditions d'Italie. Esther n'est autre que le nom de la grande-tante du chef James Tree, aux fourneaux ; c'est elle qui lui a insufflé sa passion. Sa devise : *« en cuisine, la connaissance est le pouvoir »*. Fort d'expériences au sein de grandes maisons, il prépare de délicieuses pâtes – parmi lesquelles les *spaghetti* et les *radiatori* sont faites maison – des belles pizzas et des entrées à partager variées. Le soir, l'établissement sert également des plats, comme la polenta.

HUGO'S CELLAR €€€

202 Fremont Street
✆ +1 702 385 4011
www.facebook.com/HugosCellar
Tous les jours, de 17h à 22h. Plats à partir de 50 US$.

Ce restaurant au cadre à la fois romantique et *kitsch* – en témoigne la rose choisie pour logo – fait la part belle aux viandes et aux produits de la mer ; végétariens s'abstenir ! Parmi les spécialités de la maison : l'escalope de veau, le canard laqué au Maple Bourbon, le poulet grillé, ou encore le bœuf Wellington servi avec du foie gras et de la sauce bordelaise. Cerise sur le gâteau : l'aide d'un sommelier pour sélectionner le vin. Par ailleurs, notez que le site Open Table a décerné au Hugo's Cellar son prix « *Diner's Choice* » 2016.

PARK ON FREMONT €€

506 E Fremont Street ✆ +1 725 210 0306
www.parkonfremont.com
Jeudi : 18h-1h. Vendredi-samedi : 11h-3h. Dimanche : 11h-1h. Brunch de 12 US$ à 18 US$, plats de 8 US$ à 17 US$.

Après avoir traversé une salle au décor baroque frôlant le psychédélique, on arrive dans une cour fleurie semblable à un petit jardin. Les arbres et les plantes côtoient les tableaux pour créer une sorte d'oasis loin de l'agitation de Fremont Street, que seule la musique – trop forte – du DJ perturbe. Une adresse que nous vous recommandons particulièrement pour le brunch, lorsque les Mimosas accompagnent les *avocado toasts* et autres bonnes assiettes saines et savoureuses. En revanche, les amateurs de café risquent d'être déçus : les options sont assez limitées.

LE THAI €€

523 Fremont Street
✆ +1 702 778 0888
www.lethaivegas.com
Lundi-jeudi : 11h-22h. Vendredi : 11h-23h. Samedi : 11h30-23h. Dimanche : 16h-22h. Plats de 12 US$ à 17 US$.

Impossible à manquer dans Downtown, Le Thai est, comme son nom l'indique, un restaurant de cuisine thaïlandaise. Les spécialités du chef Dan Coughlin : son fameux curry trois couleurs – un mélange de curry rouge, jaune et vert – ses soupes de nouilles maison et sa sauce Waterfall signature. On y mange également des délicieux *pad see ew* et *pad thai*, ainsi que l'incontournable riz gluant à la mangue en dessert. Cerise sur le gâteau : une grande carte des boissons. Une adresse au rapport qualité-prix imbattable ; néanmoins, attention aux piments !

THE SMASHED PIG €€

509 Fremont Street
✆ +1 702 444 7816
www.thesmashedpig.com
Jeudi : 16h-21h, vendredi et samedi : 11h-22h, dimanche : 11h-21h. Burgers : 13 US$-17 US$, plats : 19 US$-22 US$.

Voici un restaurant qui ne paie pas de mine, avec son enseigne peu aguicheuse. Pourtant, une fois à l'intérieur, on est surpris par le cadre contemporain – au demeurant assez simple – dans lequel est aménagé une salle tout en longueur. Outre les cocktails maison à siroter au bar, la cuisine est une très bonne surprise : on y mange des classiques revisités de type *fish and chips*, saumon noirci, ou encore steak frites. Mention spéciale aux burgers, savoureux et copieux. Par ailleurs, The Smashed Pig propose un bon brunch jusqu'à 15h.

TRIPLE GEORGE GRILL €€€

201 North 3rd Street
✆ +1 702 384 2761
www.triplegeorgegrill.com
Du lundi au jeudi, de 11h à 22h. Jusqu'à 23h le vendredi. Week-end : 16h-23h. Plats de 27 US$ à 105 US$.

Triple George est le grill décontracté des habitants chics de Las Vegas, et ce depuis des décennies ; en attestent les photos en noir et blanc accrochées aux murs. Dans un joli cadre authentique, on s'installe dans un box en bois ou au grand bar circulaire pour manger de bonnes pièces de viande. Une des meilleures tables de Downtown, à laquelle nous vous recommandons de venir le midi plutôt que le soir : les tarifs sont bien plus abordables et la carte affiche plus de choix, parmi lesquels figure une large sélection d'appétissants burgers.

VIC & ANTHONY'S STEAKHOUSE €€€

129 East Fremont Street
✆ +1 702 386 8399
www.vicandanthonys.com
Du dimanche au jeudi, de 17h à 22h. Jusqu'à 23h vendredi et samedi. Plats de 38 US$ à 65 US$.

Ce steakhouse installé dans le Golden Nugget offre un cadre tamisé et élégant, idéal pour dévorer une pièce de viande de qualité. Fréquemment élu meilleur restaurant de la ville par le site Open Table, il a été récompensé pour la dernière fois en 2022. Au menu, pour se mettre en appétit : huîtres, tartare de filet mignon, soupe de homard... Côté plats, outre les bonnes pièces de viande, on pourra opter pour des *bucatini*, du saumon rôti, ou encore du flétan.

VIVA LAS AREPAS €

1616 S Las Vegas Blvd
✆ +1 702 366 9696
www.vivalasarepas.com
Tous les jours, de 10h à 22h. Arepas de 7 US$ à 9,50 US$. Empenadas de 3,50 US$ à 7,50 US$.

Cette cantine vénézuélienne aux allures de *fast-food* ne paie pas de mine ; pourtant on y mange de délicieuses *arepas*, ces spécialités confectionnées à partir de pain de maïs que que l'on garnit de viande, de légumes, ou encore d'œufs. Au total, Viva Las Arepas en propose une petite douzaine, contenant, au choix, du bœuf cuit au feu de bois, du poulet, du porc rôti, du fromage fondu, du jambon, de l'avocat, des haricots noirs, des tomates, de la mayonnaise et des crevettes à l'ail. Certaines associations sont tout simplement délicieuses.

ABURIYA RAKU €€€

5030 West Spring Mountain Road
✆ +1 702 367 3511
www.raku-grill.com
Du lundi au samedi, de 18h à 2h. Comptez au moins 50 US$ par personne. Menus dégustation : 120 US$ et 150 US$.

Équipé de seulement quelques tables, ce bistrot nippon sert une cuisine apparemment simple, mais d'une grande subtilité. Ici, pas de sushis. Le chef, concentré, confectionne derrière le bar de petites assiettes de légumes, de brochettes de poisson et de morceaux de viande grillés servis sous forme de tapas. Nous vous conseillons de venir nombreux, pour goûter au plus de préparations possibles. Le cas échéant, laissez-vous tenter par l'Omakase, un délicieux menu dégustation qui vous fera voyager au Japon. Par ailleurs, les réservations sont vivement recommandées.

BG BISTRO €

6160 W Tropicana Ave
✆ +1 702 222 9003
www.bgbistro.com
Du lundi au samedi, de 10h à 1h. Jusqu'à 00h le dimanche. Salades de 6,95 US$ à 9,95 US$. Plats de 7,95 US$ à 20,95 US$.

Bienvenue dans l'unique restaurant bulgare de l'Ouest américain. Le BG Bistro est doté d'un espace restaurant sobre et *casual*, ainsi que d'un bar *lounge* plus *trendy*. Au menu, des plats aux multiples influences, avec de nombreuses salades – faisant notamment la part belle à l'Italie et à la Grèce – des délicieuses entrées à partager, comme le poulpe grillé, des pizzas, ou encore des grillades. C'est également l'occasion de goûter à des spécialités bulgares telles que les œufs Panagyurski. Le tout servi en portions généreuses et à petits prix.

CLEAVER €€€

3900 Paradise Rd
✆ +1 702 538 9888
www.cleaverlasvegas.com
Tous les jours, de 17h à 00h. Plats de 26 US$ à 62 US$.

C'est à l'écart du Strip, dans East Vegas, que l'on trouve cette petite adresse confidentielle. Filet mignon, côtelettes de porc, ballotins de poulet, loup de mer, pâtes à l'encre de seiche servies avec du bacon, des œufs de poisson et du parmesan… Dans une ambiance tamisée où les serveurs vêtus comme au temps de la prohibition, on déguste des grillades à l'américaine et des plats de la mer. Néanmoins, le Cleaver se prête également à d'excellents cocktails en début de soirée, avant de partir à la conquête des casinos de la ville.

MR. MAMAS BREAKFAST AND LUNCH €€

5693 S Jones Blvd ✆ +1 702 220 9224
www.mrmamaslv.com
Tous les jours, de 7h à 15h. Burgers de 12,99 US$ à 17,99 US$, wraps à 13,50 US$, omelettes de 9,99 US$ à 13,99 US$.

S'il n'est pas évident à trouver, Mr. Mamas Breakfast and Lunch vaut la peine d'être cherché. On se presse au portillon de cette petite cantine aux influences grecques et californiennes depuis 2012 pour le brunch. Au menu : pancakes, omelettes, *french toast*, sandwichs, wraps et burritos. Enfin, le restaurant est particulièrement réputé pour ses *cinamon rolls* à partager, puisqu'ils sont *« big enough for two »* – *« assez gros pour deux »* – comme le menu l'indique fièrement.

OTHER MAMA €€

3655 South Durango Drive #6
✆ +1 702 463 8382
www.othermama.com
Du mardi au dimanche, de 17h à 22h. Assiettes de 13 US$ à 45 US$.

Trois maîtres mots pour cette petite échoppe de quartier raffinée aux influences japonaises : *huîtres, cocktails & sushis*. C'est bien toute la fraicheur des bons produits de la mer qu'Other Mama entend prodiguer à ses clients fidèles. Une adresse encensée par la presse – de *GQ Magazine* au *L.A. Times* en passant par *Las Vegas Weekly* – où l'ambiance est aussi détendue et agréable que les *ceviches* et les *sashimis* sont fins. Dans ce *raw bar*, difficile de ne pas vouloir goûter à tout ; ainsi, venez à plusieurs et partagez vos assiettes. Satisfaction garantie.

WEERA THAI €€

3839 W Sahara Avenue, Ste 7-9
Ouvert tous les jours de 11h à 22h.

Envie de changer des burgers, poulets et autres tacos ? Ce restaurant thaï tenu par une équipe extrêmement accueillante propose quelques spécialités redoutables. Il y a déjà la salade de papaye croustillante allongée de carottes, crevettes et cacahuètes. Ou bien la salade de crabe frit, mangue, tomate cerise, oignon, coriandre et noix de cajou arrosée d'une vinaigrette à la pâte maison de piment doux. Mais notre plat préféré, c'est bel et bien le canard croustillant à la mode du nord de la Thaïlande, servi avec sa soupe de nouilles aux œufs et au curry…

LAS VEGAS

FAIRE UNE PAUSE

Par définition, Las Vegas n'est pas une ville où l'on « *fait une pause* ». Ici, difficile de trouver des *coffee shops* charmants auxquels s'attabler le temps d'un après-midi, un bon livre en guise de compagnie, le calme pour seul décor. Néanmoins, quelques établissements se démarquent, tels que Mothership Coffee Roasters, véritable institution de Downtown en matière de café. Par ailleurs, si son cadre n'est pas le plus *cosy*, un passage chez Donut Bar s'impose pour les gourmands, une petite adresse de quartier aussi chaleureuse que les créations y sont réussies. Royaume de l'opulence oblige, Sin City abonde de grandes chaînes en tout genre, allant du Cheesecake Factory à Ben & Jerry's en passant par Häagen-Dazs. Ainsi, ce n'est pas le lieu où l'on fera des découvertes fines et insolites en matière de salons de thé ou de pâtisseries, mais celui où l'on embrassera pleinement la culture américaine.

BEN & JERRY'S

3663 Las Vegas Blvd S Suite #520
www.benjerry.com/miraclemile
Du dimanche au jeudi, de 11h à 19h. Jusqu'à 23h les vendredis et samedis. Comptez au moins une dizaine de dollars.

Ce n'est pas ici que vous goûterez aux crèmes glacées les plus raffinées du monde – ni aux plus abordables. Néanmoins, Ben & Jerry's est une marque incontournable de la culture américaine. Fondée en 1978, l'entreprise a su s'implanter dans le monde entier : aujourd'hui, les supermarchés de plus de 40 pays vendent ses pots gourmands, reconnaissables entre mille. Dans cette adresse installée sur le Strip, vous aurez le choix entre une vingtaine de parfums. Nous vous recommandons de privilégier ceux que l'on ne trouve pas – encore – en France, comme le Tonight Dough.

DONUT BAR

124 S 6th St #140
✆ +1 702 550 4646
Du lundi au vendredi, de 7h à 13h. Dès 8h le week-end. Donuts entre 1 US$ et 5 US$.

Absolument incontournable, cette adresse au signe clignotant caractéristique – Vegas oblige – prépare des donuts aussi délicieux que copieux. Fréquemment renouvelées, les saveurs vont du simple *old fashion* au *cheesecake* à la fraise en passant par la crème brûlée, le *bacon* au chocolat, le Nutella, le *red velvet*, ou encore la barre d'érable. Cependant, attention : l'établissement affiche souvent « *sell out* » une heure ou deux avant sa fermeture officielle. Par ailleurs, il n'est pas rare de se voir offrir un donut en fin de matinée. Coup de cœur !

FRANKIE'S TIKI ROOM

1712 West Charleston Boulevard
✆ +1 702 385 3110
www.frankiestikiroom.com
Tous les jours, 24h/24.

Voici un bar authentique, sans les folies du Strip… Mais pas moins fou dans sa décoration. Des grands noms y ont contribué, tels que Shag, Bosko Hrnjak, ou encore Crazy Al Evans. Le patron est passionné de totems des îles d'Océanie – les « tikis » – au point d'y servir ses cocktails à l'intérieur. Une bonne ambiance règne au milieu des bambous. On y sirote des verres jusqu'au bout de la nuit, Frankie's Tiki Room ne fermant jamais. Un lieu à ne pas manquer, surtout lors du First Friday d'Arts District, puisque de nombreux artistes y exposent leurs œuvres.

HOGS & HEIFERS SALOON

201 North 3rd Street
✆ +1 702 676 1457
https://hogsandheiferslasvegas.com
Tous les jours, de 12h à 4h.

Cet établissement atypique pour Las Vegas a été ouvert en 1992 par Michelle Dell, une New-Yorkaise d'origine. « *If you love this country, you'll love this bar* » – « *Si vous aimez ce pays, vous aimerez ce bar* » – est la promesse de Hogs & Heifers Saloon, un vrai repaire de motards. Ici, les clients regardent le visiteur avec un drôle d'air, car peu d'étrangers franchissent le seuil de l'établissement. Néanmoins, nous vous recommandons cette adresse pour son authenticité, sa sélections de bières pression et ses *happy hours* aux tarifs avantageux.

MOTHERSHIP COFFEE ROASTERS

1028 Fremont Street
✆ +1 725 735 4539
www.mothershipcoffee.com
Tous les jours, de 8h à 17h. Cafés de 2,75 US$ à 6,50 US$.

Ouvert en 2012, cet excellent *coffee shop* repose sur un principe : la torréfaction du café est un artisanat à part entière, à ne surtout pas prendre à la légère. Ainsi, Mothership Coffee Roasters s'est spécialisé dans les graines « *single-origin* », c'est-à-dire cultivées dans une seule zone géographique. En résulte un délicieux breuvage, décliné sous plusieurs formes. Par ailleurs, plusieurs viennoiseries et pâtisseries sont préparées chaque jour dans la *bakery* de l'établissement.

NAPOLEON'S LOUNGE

3655 South Las Vegas Boulevard
✆ +1 702 946 7000
www.caesars.com
Vendredi et samedi, de 18h à 2h. Cocktails à 19 US$ et snacks de 5,99 US$ à 9,99 US$.

Charme à la française, meubles en bois, rideaux rouges et épais, sol en damier noir et blanc... Le Napoleon's Lounge est un bar aux allures du Café de la Paix dans le Paris du XIXe siècle. Installé dans de confortables banquettes rouges, on savoure un cocktail en s'émerveillant devant les *dueling pianos* qui enflamment les lieux chaque vendredi et samedi. Les plus audacieux n'hésiteront pas à pousser la chansonnette en rythme – ou pas – pour profiter de l'ambiance à fond. Après tout, si l'on n'ose pas à Las Vegas, on n'osera jamais !

N°1 BOBA TEA

4255 W Spring Mountain Road
✆ +1 702 364 4724
www.no1bobatea.us
Tous les jours, de 10h à 21h. Bubble teas entre 4,50 US$ et 7,50 US$.

Originaire du Taïwan des années 1980, le bubble tea – ou « *boba tea* » – ne cesse de gagner en popularité dans le monde occidental depuis les années 2010. Concrètement, il s'agit de thé agrémenté de perles de tapioca, confectionnées à partir d'une fécule extraite de la racine du manioc. En résulte une boisson particulièrement sucrée et colorée, où ces billes gélatineuses se mêlent au liquide de manière assez surprenante ; en somme, un breuvage très Instagrammable. N°1 Boba Tea se démarque parmi les établissements qui en ont fait leur spécialité.

SKYFALL LOUNGE

3940 South Las Vegas Boulevard
✆ +1 877 632 5400
https://skyfalllv.com
Du vendredi au mardi, de 17h à 00h.

Ce *lounge* chic et huppé situé au 64e étage de l'hôtel Delano offre la plus belle vue de Sin City. Intimiste, l'ambiance se prête particulièrement à un verre en tête-à-tête en regardant le soleil se coucher sur le désert du Nevada. Ensuite, place à la danse, des évènements et des DJ sets étant organisés certains soirs. Cerise sur le gâteau : un patio, permettant de prendre l'air entre deux délicieux cocktails. Si l'entrée est libre, attendez-vous à une note salée ; c'est pourquoi nous vous recommandons de venir uniquement pour l'apéritif ou en fin de soirée.

THE CHANDELIER

3708 Las Vegas Boulevard South
✆ +1 877 893 2003
www.cosmopolitanlasvegas.com
Tous les jours, 24h/24. Cocktails de 17 US$ à 20 US$.

Dans l'enceinte du Cosmopolitan of Las Vegas, le Chandelier est un bar *lounge* élégant aux lustres démesurés – comme son nom le laisse penser – et construit sur trois étages. Au niveau du casino, le premier est au cœur de l'effervescence des lieux. Plus sophistiqué et intimiste, le deuxième se prête à la dégustation de cocktails maison. Enfin, le dernier révèle toute la splendeur de l'établissement. Parmi les verres signature se trouvent « *Whiskey Business* », « *Finishing School* » et « *We're All Mad Here* », une ode inventive à *Alice aux Pays des Merveilles.*

THE GRIFFIN LAS VEGAS

511 E Fremont Street
✆ +1 702 383 0577
www.instagram.com/lasvegasgriffin
Tous les jours, de 17h à « tard ». Évènements annoncés sur le compte Instagram du bar.

C'est ici la population « *arty* » de Las Vegas se rend après dîner. La promesse des lieux : des cocktails « *classiques* », de la bière artisanale, et, surtout, un « *Loud Rock n Roll Bar* ». On aime également le jukebox, qui apporte un cachet *vintage* à l'ensemble. Des évènements thématiques sont souvent organisés en fonction du calendrier : soirée Cinco de Mayo avec des prix spéciaux sur la tequila le 5 mai, tarifs avantageux sur la Guinness pour la fête de la Saint-Patrick le 17 mars... Le tout dans une ambiance bon enfant, particulièrement sympathique.

(SE) FAIRE PLAISIR

Aficionados de shopping, vous avez trouvé votre royaume. Tous les hôtels-casinos du Strip sont dotés de centres commerciaux, parmi lesquels se démarque assurément The Grand Canal Shoppes, au Venetian. Sur le thème de la Cité des Doges, des dizaines de boutiques se succèdent entre répliques de ponts et de places du nord de l'Italie. Audemars Piguet, Breitling, Jimmy Choo, Banana Republic, Burberry, Michael Kors… On a l'embarras du choix. À son image, les autres galeries marchandes des établissements de Sin City regorgent de magasins de prêt-à-porter et de joailleries. Pour des souvenirs en tout genre, des jeux de carte aux t-shirts estampillés d'un « *Las Vegas* » clinquant, direction Bonanza Gift Shop, qui s'est autoproclamé « *la plus grande boutique de souvenirs au monde* ». En quête de cadeaux plus personnels, de meilleure qualité ? Rendez-vous dans l'agréable Arts District, où vous prendrez plaisir à flâner dans Antique Alley.

LAS VEGAS

GRAND BAZAAR SHOPS

3635 South Las Vegas Boulevard
✆ +1 702 736 4988
http://grandbazaarshops.com
Du dimanche au jeudi, de 10h à 22h. Jusqu'à 23h les vendredis et samedis.

Inauguré en janvier 2015, ce grand centre commercial abrite une centaine de boutiques sur l'esplanade de l'hôtel Bally's. On y trouve des boutiques telles que Sunglass Hut, Swarovski, Lush et Havaianas, ainsi que des restaurants comme Dave's Hot Chicken et la pizzeria Giordano's. Si ce n'est pas ici que l'on trouvera des petites enseignes de créateur ni des perles gustatives, il peut être sympathique de parcourir les allées une bière à la main, en regardant les artistes de rue se produire au milieu des passants venus faire leur *shopping*.

BONANZA GIFT SHOP

2440 South Las Vegas Boulevard
✆ +1 702 385 7359
Tous les jours, de 8h à 22h30.

Las Vegas et sa démesure légendaire oblige, Bonanza Gift Shop s'est autoproclamé « *la plus grande boutique de souvenirs au monde* ». On y trouvera les fameux jeux de cartes d'occasion de la ville, des statuettes *kitsch*, des figurines d'Amérindiens, des peluches, des t-shirts, des tasses, des centaines de *magnets* et de porte-clés, ou encore des assiettes à l'effigie de Sin City. Un magasin insolite dans lequel il peut être drôle de se promener ; néanmoins, préférez le coin des antiquaires d'Arts Districts pour les souvenirs de meilleure qualité.

LAS VEGAS HARLEY-DAVIDSON

5191 South Las Vegas Boulevard
✆ +1 888 218 0744
www.lasvegasharleydavidson.com
Du lundi au samedi, de 9h à 18h. De 10h à 17h le dimanche.

Sin City est une étape prisée des motards, qui y font souvent escale au cours de leurs équipées à deux-roues sur les routes sans fin des États-Unis. On trouve ainsi deux concessionnaires Harley-Davidson dans la ville. Proche du Strip et de Downtown, celle que nous vous recommandons ici est l'une des plus grandes de la marque. Un paradis pour les amateurs de ces légendaires bolides, qui intéressera également les visiteurs désireux d'en apprendre davantage sur cet univers à part.

COCA-COLA STORE LAS VEGAS

3785 South Las Vegas Boulevard
✆ +1 702 270 5952
Boutique : tous les jours, de 10h à 22h. Bar : tous les jours, de 12h à 18h.

Comme le laisse penser la bouteille de 30 m à l'entrée du magasin, ici on voit la vie en Coca-Cola : pas un article n'est dépourvu du mythique logo. Des peluches, des sweatshirts, des pantalons, des casquettes, des canettes, des tasses, des couvertures… Tout ce qui peut être estampillé de lettres iconiques l'est. Après avoir fait son shopping, rendez-vous au bar – ou « *Coca-Cola Fountain* » – au deuxième étage pour une dégustation de boissons gazeuses 100% américaine.

BOUGER & BULLER

Si arpenter les casinos était un sport, il serait de loin le plus pratiqué de Sin City. Néanmoins, un séjour dans la ville se prête à d'autres activités, à l'instar du golf. Car, telle une oasis dans le désert, Las Vegas Paiute Golf Resort offre trois parcours magnifiques – dessinés par le légendaire concepteur Pete Dye, décédé en 2020 – qui ne sauraient laisser indifférent le plus blasé des joueurs (10325 Nu-Wav Kaiv Boulevard – www.lvpaiutegolf.com ✆ +1 800 711 2833). Ici, bouger passe également par la pole dance, une discipline initialement pratiquée dans les cirques forains et reprise par les strip-teaseuses depuis la fin des années 1960. Quel meilleur lieu pour s'y initier que Las Vegas ? Surtout, malgré son animation constante, la ville est propice à la détente. En témoignent les innombrables piscines des grands hôtels-casinos du Strip ou de Downtown, parmi lesquelles nous pouvons citer la magnifique Bellagio Pool. Autre alternative : s'allonger sur la table de massage d'un spa luxueux. *Enjoy!*

BELLAGIO POOL

3600 South Las Vegas Blvd
✆ +1 702 693 7487
https://bellagio.mgmresorts.com
Tous les jours, de 8h à 19h. Réservation de chaise-longue à partir de 60 US$.

S'il y a bien une piscine au bord de laquelle vous devez vous prélasser à Las Vegas, c'est celle-ci. À l'instar du bâtiment sur lequel elle est installée, la Bellagio Pool respire le luxe, de ses magnifiques cabanes à ses chaises-longues élégantes en passant par ses superbes lits de jour, installés autour d'un bassin doté d'une fontaine, le tout encadré par des buissons taillés avec soin. Les lieux sont également pourvus de bains à remous, d'un café et de services de spa. Un beau moment de détente en perspective, qui transporte le visiteur en Italie.

VEGAS BALLOON RIDES

4390 Polaris Ave
✆ +1 70 25 53 3039
vegasballoonrides.com
info@vegasballoonrides.com
Ouvert tous les jours. Tarif unique de 299 US$ par personne.

Envie de vous envoyer en l'air ? C'est parti pour une petite balade en montgolfière dans le désert, à une heure de Las Vegas. Rendez-vous en ville à 4h30 du matin, avant de partir en navette pour décoller juste avant le lever du soleil. Au programme : la vue sur les montagnes alentour dans le soleil levant, les coyotes et parfois les chevaux sauvages, avant d'enchaîner quelques rase-mottes au-dessus du sable et de déboucher le champagne à l'atterrissage avec Jeff, le pilote français beaucoup trop sympa. Vous volerez d'ailleurs sous pavillon tricolore !

LUXURY THAI SPA MASSAGE

2555 Montessouri Street
✆ +1 702 463 2465
www.luxurythaispa.com
Tous les jours, de 9h à 21h. Massages et soins de 65 US$ à 320 US$.

Forte de plus de dix ans d'expérience en spa, Yuvadee a ouvert Luxury Thai Spa Massage dans la Spring Valley, à une dizaine de kilomètres à l'ouest du Strip. Elle en a fait un lieu incroyablement relaxant, où les masseurs utilisent des méthodes venues de Thaïlande pour traiter au mieux leurs clients. Un vaste choix s'offre à ces derniers, entre le massage à quatre mains, le *Deap Tissue*, ou encore les soins du visage. Un mot d'ordre : rendre le luxe accessible. Une très belle adresse aussi prisée par les habitants que les visiteurs occasionnels de Las Vegas.

SUNNYS POLE FITNESS & BOUTIQUE

707 E Fremont St
✆ +1 702 323 4584
www.sunnysvegas.com
Leçons de 35 US$ à 50 US$ à réserver en ligne.

S'il y a bien un lieu pour s'initier à la pole dance, c'est Las Vegas. À l'origine pratiquée dans les cirques forains itinérants, cette discipline mêlant acrobaties et danse autour d'une barre a été reprise par les strip-teaseuses à partir de la fin des années 1960. Un sport particulièrement physique, très bien enseigné chez Sunnys. Des cours centrés sur certaines parties du corps – comme le positionnement du talon – aux leçons pour débutantes, le champ des possibles est ouvert.

SORTIR

Tous les hôtels et les casinos sont bâtis sur le même modèle. Ils alignent systématiquement – et au minimum – un bar donnant sur la salle de jeu, un pub, un piano-bar et un *lounge* branché. Symbole de tous les excès, Sin City possède également les boîtes de nuit parmi les plus folles – et les plus sélectives – des États-Unis. Par ailleurs, le spectacle est l'un des piliers du divertissement de la ville. Liberace, Elvis et le Rat Pack de Frank Sinatra font partie des premiers à s'être produits sur ses planches. Depuis, Las Vegas est devenue un rendez-vous incontournable des artistes, où les *shows* sont présentés sur la même scène pendant une période d'un à dix ans. Si les plus emblématiques sont les *variety shows*, mêlant notamment comédie, magie et acrobaties, d'autres productions font désormais parties intégrantes du décor de la ville, celles du Cirque du Soleil en tête. La promesse d'une soirée mémorable.

HAKKASAN

3799 South Las Vegas Boulevard
✆ +1 702 891 3838
https://taogroup.com

Du jeudi au samedi, de 22h30 à 4h. Tickets en pré-vente dès 20 US$ pour les femmes, 30 US$ pour les hommes.

Depuis son ouverture en septembre 2005, ce complexe de restauration et de divertissement au cœur du Venetian n'a jamais désempli. Il abrite un restaurant, un *lounge* et un *night-club*. Animés par les meilleurs DJ du moment, les lieux sont plébiscités par des célébrités telles que Madonna, Jay-Z, Usher, Drake, Rihanna, Heidi Klum, Kim Kardashian, ou encore Jamie Foxx. Il faut dire que l'établissement se prend relativement au sérieux, son nom faisant référence au principe d'ordre dont vient l'unité de l'univers, selon l'ancienne philosophie chinoise.

TAO NIGHTCLUB

3377 South Las Vegas Boulevard
✆ +1 702 388 8338
https://taogroup.com

Du jeudi au samedi, de 22h30 à 3h. Tickets en prévente dès 20 US$ pour les femmes, 30 US$ pour les hommes.

Depuis son ouverture en septembre 2005, ce complexe de restauration et de divertissement au cœur du Venetian n'a jamais désempli. Il abrite un restaurant, un lounge et un *night-club*. Animés par les meilleurs DJ du moment, les lieux sont plébiscités par des célébrités telles que Madonna, Jay-Z, Usher, Drake, Rihanna, Heidi Klum, Kim Kardashian, ou encore Jamie Foxx. Il faut dire que l'établissement se prend particulièrement au sérieux, son nom faisant référence au principe d'ordre à l'origine de l'unité de l'univers, selon l'ancienne philosophie chinoise.

CHIPPENDALES

3700 West Flamingo Road ✆ +1 702 777 7776
www.chippendales.com

Du mercredi au dimanche, à 20h. Aussi à 22h30 vendredi et samedi. Places dès 49,95 US$. Réservé aux 18 ans et plus.

Le spectacle des Chippendales se définit lui-même comme étant « *la manifestation de divertissement live la plus sexy* » de Las Vegas. En effet, un séjour à Sin City constitue l'occasion d'assister au show inoubliable de ces strip-teasers. Cow-boys, ouvriers manutentionnaires, garagistes, boxeurs… Si de nombreux métiers sont au rendez-vous, tous les uniformes de travail finiront par tomber pour laisser les danseurs uniquement vêtus d'un menu cache-sexe et d'un nœud papillon. Préparez-vous à 1h15 d'énergie, de chant et de muscles. Un incontournable !

KÀ

3799 South Las Vegas Boulevard
✆ +1 866 740 7711
www.cirquedusoleil.com

Lundi, mardi, mercredi, samedi et dimanche, à 19h et à 21h30. À partir de 95 US$.

Ce spectacle de 2h –1h30 sans entracte – mêle prouesses acrobatiques, arts martiaux, marionnettes, projections vidéo interactives et pyrotechnie pour raconter l'histoire épique de deux jumeaux – un garçon et une fille – qui se lancent dans une aventure périlleuse afin de réunir leur destinée. Un show grandiose, dont le nom fait référence à une ancienne croyance égyptienne : celle d'un double spirituel du corps. Le tout est brillamment mené par les artistes du Cirque du Soleil. Si les enfants de moins de 3 ans ne sont pas admis, KÀ s'adresse à toute la famille.

LOVE

3400 South Las Vegas Boulevard
✆ +1 800 374 9000
www.cirquedusoleil.com
Du mardi au samedi, à 19h et à 21h30. À partir de 102 US$.

Ce show permanent réalisé par l'inénarrable Cirque du Soleil est produit au Mirage depuis 2006. Love a eu la bonne idée de ne pas proposer une rétrospective, mais plutôt une expérience sur les Beatles. Chaque chanson culte du groupe de Liverpool est illustrée par des scènes d'acrobatie sur une scène à 360°, où plane un air de poésie surréaliste. Un voyage multisensoriel trois fois primé aux Grammy, à la fois psychédélique, captivant, immersif et technologique. Spectaculaire, comme toujours ! Aux commandes : le metteur en scène Dominic Champagne.

Ô

3600 South Las Vegas Boulevard
www.cirquedusoleil.com
Du mercredi au dimanche, de 19h à 21h30. Places à partir de 79 US$.

Voici probablement l'un des *shows* les plus impressionnants de Las Vegas, celui que recommandent la plupart des locaux. C'est le spectacle qui a fait la réputation du Cirque du Soleil à Sin City. La lettre circulaire est employée comme le diminutif d' « *eau* », le thème sur lequel surfe toute la représentation. Nageurs, plongeurs et danseurs se succèdent dans un ballet aquatique de 2h30 sur une scène qui se transforme en piscine. Une bonne introduction aux spectacles de l'entreprise québécoise à la réputation internationale, d'où l'on sort rarement déçu.

THE SMITH CENTER FOR THE PERFORMING ARTS

361 Symphony Park Avenue
✆ +1 702 749 2000
www.thesmithcenter.com
Consultez la programmation en ligne.

Dès l'élaboration du projet, en 2007, le Smith Center était envisagé comme un centre international des arts, destiné à présenter les plus brillantes programmations du moment. Cette ambition a mené ses concepteurs à étudier certains des plus beaux opéras, salles de concert et de spectacle au monde. Ouverts fin 2012, les lieux accueillent de nombreux concerts, ballets, comédies musicales et pièces de théâtre faisant de l'établissement une référence.

TIX4VEGAS

3785 Las Vegas Boulevard South
www.tix4tonight.com
Tous les jours, de 11h à 19h.

TIX4VEGAS a été particulièrement impacté par la pandémie de Covid-19 : six de ses neufs point de vente ont dû fermer. Celui-ci, situé à l'extérieur du Showcase Mall, est l'un des trois survivants. Néanmoins, l'efficacité de cette billetterie n'a pas été impactée par la crise : c'est toujours elle qui propose les meilleurs prix pour les nombreux spectacles de Las Vegas, des productions du Cirque du Soleil aux *variety shows* caractéristiques de la ville. Notez qu'il est possible de trouver des places pour le soir même. Mention spécial à l'accueil très chaleureux.

TOURNAMENT OF KINGS

3850 South Las Vegas Boulevard
✆ +1 702 597 7600
https://excalibur.mgmresorts.com
Du mercredi au lundi, à 18h. Également à 20h30 mercredi, jeudi, samedi et dimanche. À partir de 77 US$.

À l'Excalibur Hotel Casino, la salle de spectacle est une arène pouvant accueillir 900 personnes. À son cœur, des chevaliers en armure s'affrontent dans une production adaptée du conte du Roi Arthur. Au programme : combats, chansons moyenâgeuses, bouffons de la cour, et, surtout, cascades pour des duels à la lance et à l'épée sans merci. Un bon show pour toute la famille, qui a la particularité d'être composé d'un dîner. *Fun fact* : si l'écurie abrite 17 chevaux, Tournament of Kings fait appel à seulement 10 d'entre eux lors de chaque représentation.

PEPPERMINT HIPPO LAS VEGAS

1531 S Las Vegas Blvd
✆ +1 702 473 9977
www.peppermінthippolv.com
Tous les jours, 24h/24. Happy hour de 9h à 19h.

Las Vegas ne serait pas Sin City sans ses clubs de *strip-tease*. Si vous devez en essayer un, c'est le Peppermint Hippo que nous vous conseillons, l'un des plus récents de la ville, qui a remplacé l'emblématique Olympic Garden, fermé depuis octobre 2016. Au total, le rez-de-chaussée compte quatre bars et, surtout, la statue en métal d'un hippopotame nommé Pepper. Mention spéciale à l'OG Room, un speakeasy à l'écart des scènes principales, doté de sa propre carte de cocktails.

LAS VEGAS

BOULDER CITY ★

À 42 km au sud-est de Las Vegas, Boulder City est la seule ville du Nevada où les jeux d'argent sont interdits. Construite pour abriter les milliers de travailleurs engagés pour l'édification du Hoover Dam, de 1933 à 1947, elle est désormais connue des circuits touristiques pour son aéroport municipal, d'où opèrent certaines compagnies spécialisées dans le survol de la région. Mentionnons ainsi Grand Canyon Scenic Airlines – www.grandcanyonairlines.com –, une société historique, initialement fondée pour assurer un service de charter, en 1927. Près d'un siècle plus tard, il s'agit du plus vieil organisateur de visites aériennes encore en activité.

MIKE O'CALLAGHAN-PAT TILLMAN MEMORIAL BRIDGE ★

Route 93

Accès libre.

Un bref circuit de panneaux explicatifs nous mène à ce pont en arc : une fois sur ce géant, on est saisi par la vue sur le barrage et le fleuve Colorado. Le Mike O'Callaghan-Pat Tillman Memorial Bridge a été construit en 2010 pour abriter un segment de la Route 93, facilitant ainsi le transit entre le Nevada et l'Arizona. Une voie piétonne gratuite permet de le traverser, constituant une étape insolite pendant son *road trip*. Bluffant. Personnes sujettes au vertige s'abstenir !

HOOVER DAM ★★

À une soixantaine de km à l'est de Las Vegas, ce barrage sur le fleuve Colorado délimite la frontière entre le Nevada et l'Arizona. Construit à partir de 1931, il a été inauguré par le président Hoover le 30 septembre 1935, puis mis en service le 1er mars 1936. Il constituait, à l'époque, la plus grande retenue d'eau du monde. S'il a aujourd'hui perdu cette place, il n'en demeure pas moins terriblement impressionnant, avec ses 221 m de haut pour ses 379 m de long et son épaisseur – base/sommet – de 200 m/14 m.

La construction du barrage imposera celle de Boulder City, destinée à héberger les 5 000 ouvriers nécessaires à l'entreprise, tandis que sa mise en eau entraînera la création du lac Mead, dont la contenance est de 35 milliards de m^3. Par ailleurs, la centrale électrique du barrage fournit de l'énergie à une importante partie du Nevada, de l'Arizona et de la Californie. Sa production annuelle d'électricité est de 4 200 GWh/an.

Remarquez l'architecture Art déco caractéristique du Hoover Dam : les portes des ascenseurs, les plaques commémoratives et le joli mémorial en l'honneur des ouvriers – dont une centaine sont morts pendant l'édification du barrage – présentent les traits géométriques et impérialistes du style des années 1930. Enfin, notez que les deux pendules au sommet des tours qui flanquent les deux extrémités de l'ensemble ne donnent pas la même heure : l'une est au Nevada, l'autre en Arizona.

LAKE MEAD NATIONAL RECREATION AREA ★

Lake Mead National Recreation Area est une étendue naturelle de 605 331 ha située dans le désert du Nevada, à cheval sur la frontière du sud de l'État et du nord-ouest de l'Arizona. Exploitée par le National Park Service, la zone suit le cours du fleuve Colorado, de la limite ouest du Grand Canyon National Park au nord des villes de Laughlin – Nevada – et de Bullhead City – Arizona. Elle comprend les lacs Mead et Mohave, créés respectivement lors de la mise en service du Hoover Dam en 1936 et du Davis Dam en 1951.

Principale étendue d'eau, le Lake Mead a mis une vingtaine d'années à se remplir après la construction du barrage Hoover ; désormais, il est doté d'une surface de 63 455 ha. Fort de ses 35 milliards de mètres cubes, son rôle est capital pour le sud-ouest du pays, car il alimente en eau les populations du Nevada, de l'Arizona et de la Californie du Sud. Néanmoins, en raison de fortes périodes de sécheresse et d'une consommation trop importante, le lac se vide progressivement. Aucune solution de remplacement n'a été trouvée à ce jour, si ce n'est l'éventuelle construction d'un pipeline qui irait puiser de l'eau ailleurs, par exemple dans le Great Basin.

Pratique

Lake Mead National Recreation Area est accessible toute l'année, 24h/24. Comptez 25 US$ par véhicule. Plus de renseignements ici : www.nps.gov/lake. Avant d'explorer le territoire, rendez-vous au Visitor Center, ouvert tous les jours de 9h à 16h30. Vous y trouverez notamment des renseignements sur les sentiers de randonnée aux difficultés variables.

Tourisme

Le lac est un lieu de détente et d'activités nautiques très populaire. Plusieurs plages se trouvent entre Boulder City et Overton – la première ville d'importance rencontrée depuis celle mentionnée précédemment – la meilleure étant Boulder Beach, qui propose de très nombreuses activités. Juste à l'est se trouve la plus grande marina privée des États-Unis. Autre attrait majeur des lieux : la Scenic Drive, qui longe la rive ouest du Lake Mead et immerge le visiteur dans des paysages semi-désertiques d'une rare beauté.

LAKE MEAD SCENIC DRIVE ★

Lakeshore Road - Northshore Road

Comptez 25 US$ par véhicule.

À partir du sud du lac, la Scenic Drive permet de gagner Valley of Fire par son entrée est, à 85 km au nord de Lake Mead Marina. Elle est séparée en deux tronçons : Lakeshore Road de Boulder City à Las Vegas Bay, puis Northshore Road de Las Vegas Bay à Overton – cette dernière partie traversant le désert Mojave, avec plusieurs points de vue à couper le souffle. Une route absolument superbe, mais au coût non négligeable : puisque l'on entre dans la Lake Mead National Recreation Area, on doit s'acquitter de la même somme que si l'on venait profiter du lac.

Le lac Mead fait 177 km de long et alimente Las Vegas en eau.

VALLEY OF FIRE STATE PARK ★★★

Ses origines remontant aux années 1930, Valley of Fire est le premier parc étatique « *officiel* » du Nevada. À seulement 75 km au nord-est de Las Vegas, sur la route de l'Utah, ce site mérite absolument un arrêt d'une demi-journée. Bien moins touristique que les incontournables parcs de l'Ouest américain, il s'apprécie paisiblement, au gré des sentiers relativement peu fréquentés et des points de vue époustouflants. Par ailleurs, il se prête particulièrement bien aux enfants, les randonnées étant courtes et faciles, et les rochers propices à l'escalade douce.

L'entrée en elle-même est incroyable : on roule entre des touches de vert et de rouge aux innombrables nuances, certaines formations rocheuses étant semblables à de la lave solidifiée. Une pierre presque incandescente que l'on doit au sable des dunes, apporté par le vent. Pour sa part, la pierre grise est ce qu'il reste des fonds marins qui couvraient cette étendue de 20 000 ha, il y a plus de 300 millions d'années. En plus de ces curiosités géologiques, on peut repérer les traces de la faune essentiellement nocturne qui peuple le territoire : coyotes, lièvres, serpents, lézards, écureuils... Également au programme : des pétroglyphes remontant à l'époque paléo-indienne.

Pratique

Valley of Fire est accessible toute l'année, du lever au coucher du soleil ; néanmoins, en raison de la chaleur, les sentiers de Fire Wave et de Seven Wonders sont fermés l'été. Comptez 15 US$ par véhicule. Le Visitor Center est ouvert chaque jour, de 9h à 16h. En plus d'une carte du parc avec la liste des randonnées et des points de vue qu'il contient, vous y trouverez des propositions de planning pour une visite des lieux en 2h, à la demi-journée ou en un jour. Plus de renseignements ici : http://parks.nv.gov/parks/valley-of-fire.

Se loger

Ici, le seul mode d'hébergement proposé est le camping, sur deux zones qui fonctionnent sur le principe du « *premier arrivé, premier servi* ». Étant donné qu'elles sont vite prises d'assaut, prévoyez d'arriver suffisamment tôt. Aussi, il est possible qu'il soit écrit « *full* », juste devant les sites ; ne tenez pas compte du panneau et cherchez un spot, au cas où. Vous pourriez avoir une bonne surprise. Prévoyez 20 US$ par nuit.

Tourisme

Valley of Fire abrite une petite douzaine de sentiers de randonnée et de points de vue. Voici une liste de nos favoris :

White Domes Loop. On gagne cette boucle d'1,8 km après avoir emprunté la route du même nom, indescriptible de beauté, traversant des paysages de lune, entre des roches escarpées orange et jaunes, contrastant avec des palettes de verts. Le ton est donné. Sur le sentier, les couleurs sont aussi riches. Une fois la partie sur le sable passée, on évolue dans des couloirs naturels, comme si la pierre avait été sculptée à la main. N'hésitez pas à grimper sur les parois pour profiter de panoramas incroyables.

Fire Wave / Seven Wonders. En commençant cette boucle de 2,9 km par Seven Wonders, on traverse d'abord un couloir de roche rose et jaune, dont certains endroits semblent avoir été peints avec de la feuille d'or. Vient ensuite Fire Wave : comme son nom l'indique, on dirait qu'une immense vague de roche incandescente s'est abattue sur le parc. La vue sur les alentours y est absolument superbe. Immanquable.

Rainbow Vista. Cette marche agréable d'1,6 km se conclut par Fire Canyon Overlook, un magnifique panorama sur la roche incandescente alentour. Un spot idéal pour pique-niquer.

Mouse's Tank Trailhead. Comptez une petite demi-heure pour cette randonnée de 1,2 km aller-retour. Le sentier serpente d'abord parmi les roches rouges caractéristiques du parc, parsemées de trous çà et là, puis débouche sur Mouse's Tank, nommé d'après un hors-la-loi. C'est grâce à ce réservoir d'eau naturel qu'il aurait pu survivre ici, où il s'est caché pendant plusieurs mois. Par ailleurs, le parcours abrite trois zones où se trouvent des pétroglyphes ; puisqu'ils ne sont pas indiqués, soyez particulièrement attentif – vous les verrez probablement mieux au retour, sur votre droite.

Atlatl Rock. Une fois garé, on emprunte un escalier installé au bord d'un imposant rocher rouge, où l'on peut voir d'impressionnant pétroglyphes dont l'ensemble s'apparente à une œuvre d'art. Malheureusement, aucune traduction n'est proposée.

The Beehives. « Les ruches » est un point de vue accessible depuis la route permettant de comprendre la formation géologique des lieux. On y voit un bel exemple de rainures allant dans différentes directions, représentant les couches de « *silt* », un matériau granulaire qui se présente sous la forme de sédiment déposé à des périodes distinctes. En regardant les détails avec attention, on devine l'angle où le vent et l'eau se déplaçaient à l'époque où l'ensemble a été façonné.

MESQUITE ★

Sur la route de l'Utah, à la frontière de l'Arizona, Mesquite est une étape éventuelle au milieu du désert. Sans charme ni réel avantage par rapport à Las Vegas ou St. George – à une soixantaine de kilomètres au nord-est – les deux grandes villes les plus proches, Mesquite propose néanmoins plusieurs possibilités d'hébergement et de restauration à des tarifs relativement intéressants. Surtout, on y trouve un terrain de golf particulièrement agréable : le Wolf Creek Golf Club. À partir d'ici, préparez-vous à passer par une route magnifique, sur laquelle on évolue parmi les formations rocheuses caractéristiques des alentours de Virgin River Gorge.

RED ROCK CANYON NATIONAL CONSERVATION AREA ★★

Red Rock Canyon est une zone protégée depuis 1990 au sein de la Red Rock Canyon National Conservation Area. Ce site magnifique présente une succession de parois de grès rouge dont la plus élevée atteint près de 300 m de hauteur de plus que la moyenne du parc – 1 141 m d'altitude au niveau du Visitor Center. D'autres formations voisines, aux couleurs blanches ou jaunes, tranchent avec leur rouge éclatant. Bien que Bridge Mountain – 2 120 mètres – soit le point culminant de la zone, des sommets plus impressionnants sont visibles dans les Spring Mountains limitrophes.
Les lieux constituent une destination prisée par les habitants de Las Vegas – à 26 km – et un des hauts lieux de l'escalade aux États-Unis. Ainsi, chaque année, plus d'un million de visiteurs se croisent sur l'incontournable Scenic Drive. Depuis le Visitor Center, cette route permet d'accéder aux principaux points d'intérêt de Red Rock Canyon et aux départs de toutes les randonnées à la journée. Concrètement, ses 21 km offrent un aperçu formidable de la géologie et de la flore du désert Mojave, ainsi que des très belles vues sur les environs.

Pratique

Comptez 15 US$ par véhicule pour entrer dans le parc. Le Visitor Center est ouvert tous les jours, de 9h à 16h30. Plus de renseignements ici : www.redrockcanyonlv.org.

MOUNT CHARLESTON ★

Le pic Charleston est le plus haut sommet – 3 632 m d'altitude – de Spring Mountains National Recreation Area. Situé à une soixantaine de kilomètres à l'ouest de Las Vegas, il constitue un poumon d'air frais inespéré pour les résidents de Sin City accablés par la chaleur : au cœur de l'été, les thermomètres peuvent afficher jusqu'à une dizaine de degrés de moins que dans la ville. Le parc abrite plusieurs terrains de camping, des aires de pique-nique, ainsi qu'une multitude de chemins de randonnée sur lesquels vous aurez peut être la chance de croiser des chevaux ou des ânes sauvages. Une journée est suffisante pour parcourir la route des deux canyons et s'arrêter sur quelques sentiers. Du fait de son climat et de son altitude, le mont Charleston est recouvert de neige plus de la moitié de l'année. Il est généralement possible d'y skier de fin novembre à mi-avril, avec des pistes situées entre 2594 m et 2 856 m d'altitude.

Pratique

Les sentiers et zones de camping sont accessibles toute l'année, 24h/24, tandis que les horaires des aires de pique-nique varient selon la saison. Avant de commencer l'exploration, passez par le Spring Mountains Visitor Gateway, ouvert tous les jours de 9h à 16h, pour vous renseigner sur les conditions météorologiques et sur l'état des pistes. Plus d'informations ici : www.gomtcharleston.com

LEE CANYON

6725 Lee Canyon Road ✆ +1 702 385 2754
www.leecanyonlv.com
D'avril à octobre, vendredi-dimanche (et pendant les vacances) : 10h-18h. De décembre à mars, tous les jours : 9h-16h.

Située à 2 594 m d'altitude cette station parfois appelée « *Las Vegas Ski and Snowboard Resort* » offre chaque hiver une trentaine de pistes qui feront la joie des adeptes de ski et de snowboard. À noter : la présence d'une piste de *snowtubing* – glissades sur bouées – pour les non-skieurs ouverte jusqu'au mois de mars. En été, les infrastructures des lieux permettent à nombre de visiteurs de découvrir les chemins de randonnée de la Humboldt-Toiyabe National Forest, voire de se rendre au sommet de la montagne en empruntant un télésiège. Bar et cafétéria sur place.

© ERIC M. WILLIAMS - SHUTTERSTOCK.COM

Mount Charleston.

EXTRATERRESTRIAL HIGHWAY – AREA 51 ★★★

Le fait que cette mystérieuse zone soit encore tenue secrète par l'armée américaine n'aide pas à faire taire les rumeurs de vie extraterrestre dans la région. Si certains jurent avoir vu des ovnis – « *UFO* » en anglais – survoler les environs, le gouvernement n'a jamais infirmé ces déclarations et continue de garder bouche cousue. Rebaptisée « *Extraterrestrial Highway* », la route qui longe l'Area 51 constitue le fonds de commerce de l'unique hameau de la région, Rachel. Une sortie faite pour ceux qui n'ont jamais manqué un épisode de la série *X-Files* (1993-2002), mais, pour les autres, la route risque d'être longue, chaude et décevante, puisqu'aucune visite des lieux n'est autorisée.

En juillet 2019, une invitation virale à envahir le site lancée sur les réseaux sociaux a fait trembler l'armée américaine. Plus d'un million de personnes se disaient prêtent à pénétrer dans la base militaire la plus secrète et la plus mystérieuse des États-Unis. « *Allons voir ces aliens* », pouvait-on lire sur l'événement, ouvert au grand public. Heureusement, l'instigateur de cette mauvaise blague a reconnu avoir créé la page pour « *le fun* » et les *likes*, sans réelle intention de mettre son plan à exécution. Malgré des fantasmes a priori « *délirants* » sur les ovnis, le Pentagone a précisé qu'il existait bien un programme américain destiné à l'analyse des menaces extraterrestres. Une annonce qui avait ravivé les théories complotistes sur la Zone 51 en 2017.

LAS VEGAS

© JACOB BOOMSMA - SHUTTERSTOCK.COM

Carson City.

CARSON CITY ★

Porte d'entrée du désert depuis le lac Tahoe, Carson City ne se contente pas de faire le lien entre la Californie et le Nevada : elle est également la capitale de ce dernier. Par ailleurs, si son nom semble familier, c'est parce qu'il vient de Kit Carson, un général et un pionnier de la conquête de l'Ouest.

Pratique

Pour toute information complémentaire, rendez-vous sur le site de la ville : www.visitcarsoncity.com. Très bien fait, il propose des itinéraires selon plusieurs thématiques, telles que *outdoor*, *family friendly*, histoire, et culture.

VIRGINIA CITY ★★★

A 65 km à l'est de Sateline, le lieu où débute la Highway 50 au Nevada, Virginia City constitue la première halte historique de ce périple – bien qu'elle ne se trouve pas exactement sur la Route 50, mais à une douzaine de kilomètres de là. Le temps semble s'être arrêté dans cette ancienne ville minière emblématique de la Ruée vers l'or. Ici, on plonge dans le passé à bord d'un train à vapeur, d'une ancienne diligence ou en visitant les légendaires mines d'or et d'argent qui ont rendu célèbre Virginia City dans tout le pays.

Pratique

Avant de partir à la découverte des lieux, passez au Visitor Center, situé au 86 South C Street ; c'est notamment ici que vous pourrez organiser le Ponderosa Mine Tour – moyennant 12 US$ par adulte et 5 US$ par enfant. Il est ouvert du lundi au samedi, de 9h à 17h, et de 10h à 16h le dimanche. Téléphone : +1 775 847 7500. Renseignements complémentaires ici : www.visitvirginiacitynv.com

Transports

La ligne de chemin de fer la plus célèbre du Nevada n'est autre que la Virginia & Truckee Railroad – www.virginiatruckee.com – qui reliait Reno à Carson City, Virginia City et Minden. Une opportunité unique de rejoindre Virginia City comme dans le temps, à bord d'un train d'époque, ou d'effectuer un trajet plus court jusqu'à Gold Hill, pour le plaisir de l'expérience. Le service est assuré de mai à octobre.

GOLD HILL HOTEL & SALOON €€

1540 Main Street
✆ +1 775 847 0111
www.goldhillhotel.net
Chambres doubles à partir de 80 US$.

Ouvert en 1861, il s'agit de l'hôtel le plus ancien du Nevada, en témoigne son aspect : avec ses façades de bois sombre craquant sous l'impitoyable soleil du sud, on se tient prêt à voir arriver John Wayne à tout moment ! On dit que Mark Twain, le père de Tom Sawyer et d'Huckleberry Finn aurait fréquenté l'établissement et le *saloon* qui le jouxte. Aujourd'hui, l'atmosphère de ville fantôme est prégnante : si les chambres et maisonnettes sont coquettes malgré leur âge, les rumeurs disent que les plus anciennes d'entre elles sont hantées...

SILVER SPRINGS

Près du lac artificiel Lahontan, Silver Springs peut faire office d'escale d'approvisionnement pendant votre *road trip*. En plus de faire le plein à la station-essence de cette petite commune du Lyon County, vous pouvez profiter d'être dans les environs du lac pour pique-niquer avant de reprendre votre chemin. Par ailleurs, au sud, sur la route 95, vous pourrez jeter un œil aux ruines du fort Churchill, construit en 1860 pour protéger les habitants des attaques des Amérindiens.

Pratique

Le site du comté mentionne brièvement Silver Springs, sur cette page : www.lyon-county.org/103/Silver-Springs.

COLD SPRINGS STATION

À une centaine de kilomètres à l'est de Fallon se trouve Cold Springs Station, un des relais les mieux préservés de la compagnie de distribution de courrier Pony Express. Ainsi, au bord de la Highway 50, on trouve une station-service, un magasin et un bar, tenus par le même propriétaire. Le relais du Pony Express se trouve à 1,6 km de marche de là et demeure, grâce à cet éloignement, particulièrement bien conservé. Attention : il est déconseillé de s'y rendre en été en raison des fortes chaleurs.

Pratique

Plus de renseignements ici : https://ohv.nv.gov/trails/cold-springs-station.

FALLON

Voici la première ville d'importance de la Route 50 après Carson City – à 100 km de là. Si elle ne présente pas d'intérêt touristique à proprement parler, Fallon est une importante base aérienne militaire de l'Armée des États-Unis, dont les avions de chasse sillonnent fréquemment le ciel uniformément bleu du Nevada. La Naval Air Station Fallon – ou NAS Fallon – abrite l'école de formation Top Gun, dont il est question dans le film du même nom, sorti en 1986.

Pratique

Pour tout renseignement sur la ville, rendez-vous sur son site : www.fallonnevada.gov.

AUSTIN ★

A 80 km à l'est de Cold Springs Station, la Highway 50 traverse ce village niché à 2 000 m d'altitude, à mi-chemin entre Carson City et Ely. En 1862, les environs de ce hameau étaient inexplorés : il s'agissait uniquement d'une étape du Pony Express, jusqu'à ce qu'un jeune employé de la compagnie y découvre une riche veine d'argent. La population d'alors explose, atteignant le nombre de 10 000 habitants. Exploité pendant 20 ans, le métal permet à Austin de se développer. Des bâtiments administratifs sont édifiés, permettant au village de ne pas se transformer en *ghost town*, une fois le filon épuisé. Vous y trouverez quelques cafés et stations-service.

Virginia City.

EUREKA

A un petit peu plus de 110 km à l'est d'Austin se dresse Eureka, nichée à près de 1 980 m d'altitude et installée au pied de Richmond Mountain. Au XIXe siècle, elle était la deuxième plus grosse ville productrice de minerai de la région : ainsi, son développement, comme celui d'Austin, repose sur l'argent. Aujourd'hui, il s'agit de l'une des anciennes villes minières les mieux conservées de l'Ouest américain. Datant de 1870, ses bâtiments en brique rouge sont à voir au cours d'un rapide passage sur la Highway 50. Côté pratique, ce village de plusieurs centaines d'habitants dispose de quelques possibilités d'hébergement et de restauration.

NEVADA NORTHERN RAILWAY MUSEUM ★

1100 Avenue A ✆ +1 775 289 2085
www.nnry.com
Tous les jours, de 8h à 17h. Excursions en train + visite guidée : 35 US$/adulte, 29 US$/senior, 10 US$/4-12 ans.

Ce musée dédié au chemin de fer expose les locomotives qui servaient à transporter le minerai jusqu'aux fonderies géantes d'Arizona. Plusieurs options s'offrent à vous : faire le tour du musée, suivre une visite guidée dans la cour et la salle des machines, ou, *last but not least*, embarquer dans un train historique pour un voyage à remonter le temps d'1h30. Moyennant une somme non négligeable, il est possible d'effectuer le trajet avec l'ingénieur en charge de l'appareil.

ELY ★

A 125 km à l'est d'Eureka, la Highway 50 arrive à Ely, notre dernière étape avant l'Utah. Cette petite ville est la capitale du White Pine County, une terre à la beauté rude et ponctuée de sites naturels impressionnants, comme le Great Basin National Park. Fondée en 1870, Ely a connu son essor au début du XXe siècle grâce à la production de cuivre. Elle se trouve au cœur de la vie de la région, forte de sa situation, à l'intersection de la Route 50 et de plusieurs autres axes importants. En dépit de sa taille, cette commune présente un intérêt certain pour le voyageur, qui appréciera surtout son atmosphère rustique et son authenticité.

HOTEL NEVADA AND GAMBLING HALL €€

501 Aultman Street
✆ +1 888 406 3055
www.hotelnevada.com
Chambres doubles à partir de 95 US$.

Principal établissement d'Ely depuis 1929, il surplombe la petite ville du haut de ses six étages qui en ont fait le bâtiment le plus élevé du Nevada à cette époque. Longtemps considéré comme l'un des plus grands hôtels de l'État, il a reçu, à ce titre, la visite d'invités prestigieux tels que Gary Cooper ou Ingrid Bergman. Au rez-de-chaussée, le casino est un endroit extrêmement vivant et chaleureux avec sa profusion étonnante d'objets décoratifs surannés, accrochés un peu partout.

INTERNATIONAL WOLF CENTER ★

1396 Highway 169 ✆ +1 218 365 4695
www.wolf.org
Vendredi et samedi : 10h-17h. Dimanche : 10h-14h. Entrée adultes : 15 US$, séniors : 12 US$ et 4-12 ans : 9 US$.

Comment se déplace le loup ? Pourquoi hurle-t-il ? Est-il vraiment dangereux ? Autant de questions auxquelles répond ce centre à but non lucratif. Une section des expositions s'intéresse particulièrement à la peur qu'inspire cet animal dans les légendes populaires ainsi qu'au cinéma. Par ailleurs, on peut voir cinq magnifiques loups gris évoluer dans le petit parc qui leur est réservé et assister à leur repas. Nés en avril 2022, Caz et Blackstone sont les derniers arrivants des lieux.

GREAT BASIN NATIONAL PARK ★★

Ce parc national est le premier à avoir été créé au Nevada. Il est intéressant pour ses forêts de conifères – *Bristlecone pines* – dont certains, âgés de plus de 4 000 ans, seraient les arbres les plus vieux du monde. Tordus par le vent et blanchis par le soleil, ils sont le symbole de la région. Great Basin National Park est dominé par l'impressionnant Wheeler Peak, dont le sommet, à 3 982 m, est couronné de neiges éternelles.

Pratique

Le parc est accessible gratuitement et abrite deux Visitor Centers. Renseignements complémentaires : www.nps.gov/grba.

UTAH

Des canyons aux couleurs presque irréelles, des déserts, des montagnes enneigées, des étendues verdoyantes rappelant les Alpes, des domaines skiables, des formations rocheuses hors du commun… Au cœur de l'Ouest américain, l'Utah couvre une superficie importante – 219 887 km², contre 543 940 km² pour la France – réunissant une variété de paysages aussi surprenants qu'impressionnants de beauté et de grandeur. L'arrivée vers Salt Lake City depuis l'Arizona ou le Nevada est majestueuse : d'une heure à l'autre, les toiles de fond – semblant parfois fausses – se succèdent à mesure que l'on approche de la capitale du territoire et de son Grand lac Salé. Fondée par les mormons, la ville règne paisiblement sur cette région des parcs. De Zion à Bryce en passant par Arches, les sites nationaux justifient une exploration des lieux de quelques jours à une semaine, ponctuée d'arrêts dans des petites villes authentiques.

Utah
Jackpot
Standrod
Snowville
Laketown
Eden
Kemmerer
Superior
Grouse Creek
Tremonton
LOGAN
Rock Springs
WYOMING
Green River
Brigham City
Woodruff
Terrace
Bear River
Montello
Hogup
Lyman
Evanston
OGDEN
GREAT SALT LAKE
Layton
Pilot Valley
Rendezvous
Manila
Clifside
Dutch John
Coalville
FLAMING GORGE NATIONAL RECREATION AREA
BONNEVILLE SALT FLATS
SALT LAKE CITY
Craig Place
West Wendover
PARK CITY
Grantsville
Tooele
MIDWAY
VERNAL
Skull Valley
SUNDANCE
Tabiona
Dolly Varden
Roosevelt
DINOSAUR NATIONAL MONUMENT
PROVO
Duchesne
Rangely
Spanish Fork
Vernon
Ibapah
Squaw Crossing
Goshute
Nephi
Helper
Dragon
NEVADA
Price
Sunnyside

Delta
Ephraim
Castle Dale
Harley Dome
Ferron
Green River
Garrison
Fillmore
Emery
Minerva
Richfield
ARCHES NATIONAL PARK ★★★★
Castle Valley
Monroe
DEAD HORSE POINT STATE PARK ★
MOAB ★★
Atlanta
Loa
Milford
TORREY
La Sal
Hanksville
Beaver
Mud Springs
CANYONLANDS NATIONAL PARK ★★★
Minersville
CAPITOL REEF NATIONAL PARK ★★
BOULDER ★
Pioche
Monticello
Parowan
RED CANYON ★★
Enoch
PANGUITCH
Escalante
CALF CREEK RECREATION AREA ★
Cedar City
HATCH
TROPIC
BLANDING ★
PARC NATIONAL BRYCE CANYON ★★★★
BRYCE
CANNONVILLE
Enterprise
Bullfrog
NATURAL BRIDGES NATIONAL MONUMENT ★★★
KODACHROME BASIN STATE PARK ★★
GRAND STAIRCASE - ESCALANTE NATIONAL MONUMENT ★★
50 KM
ZION NATIONAL PARK ★★★★
SNOW CANYON STATE PARK ★
Orderville
BLUFF ★
VIRGIN
GOOSENECKS STATE PARK ★★
VALLEY OF THE GODS ★★
Paria
SPRINGDALE ★
Garden Springs
MEXICAN HAT
SAINT GEORGE ★
Big Water
KANAB ★
Navajo Mountain
Colorado City
Meadow Valley Wash
PAGE ★
ARIZONA
MESQUITE ★
Beclabito

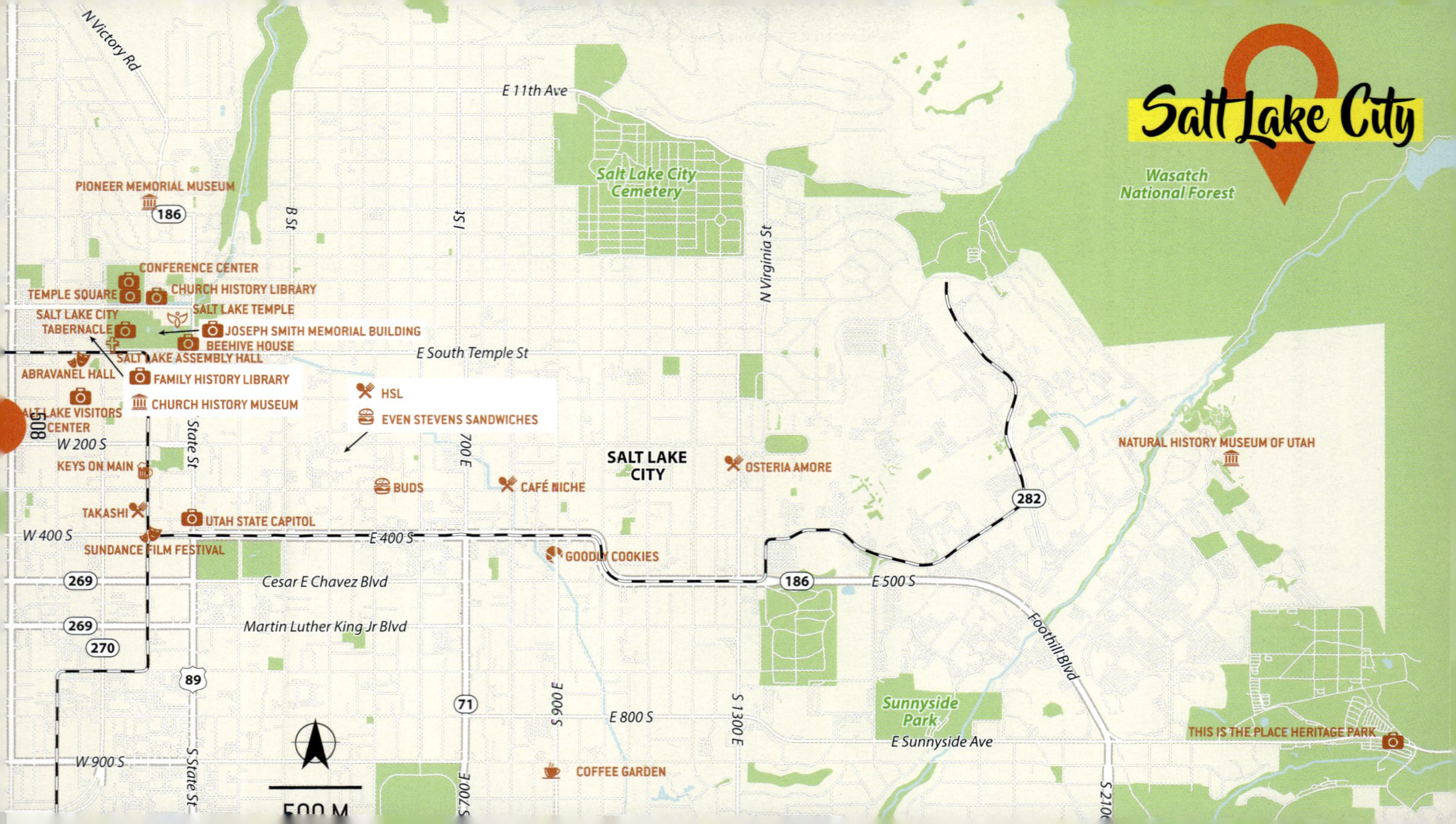
Salt Lake City
Wasatch National Forest
NATURAL HISTORY MUSEUM OF UTAH
THIS IS THE PLACE HERITAGE PARK
Salt Lake City Cemetery
E 11th Ave
N Victory Rd
PIONEER MEMORIAL MUSEUM
186
B St
I St
N Virginia St
CONFERENCE CENTER
TEMPLE SQUARE
CHURCH HISTORY LIBRARY
SALT LAKE TEMPLE
SALT LAKE CITY TABERNACLE
JOSEPH SMITH MEMORIAL BUILDING
BEEHIVE HOUSE
SALT LAKE ASSEMBLY HALL
ABRAVANEL HALL
FAMILY HISTORY LIBRARY
CHURCH HISTORY MUSEUM
CENTER
E South Temple St
HSL
EVEN STEVENS SANDWICHES
SALT LAKE CITY
OSTERIA AMORE
W 200 S
State St
700 E
KEYS ON MAIN
BUDS
CAFÉ NICHE
282
TAKASHI
UTAH STATE CAPITOL
W 400 S
E 400 S
SUNDANCE FILM FESTIVAL
GOODLY COOKIES
269
Cesar E Chavez Blvd
186
E 500 S
Foothill Blvd
Martin Luther King Jr Blvd
270
89
71
S 900 E
E 800 S
S 1300 E
Sunnyside Park
E Sunnyside Ave
W 900 S
S State St
COFFEE GARDEN
S 700 E
S 2100
500 M

PAGES

510

●● SALT LAKE CITY ET LES ROCHEUSES

Dressées à l'est du Great Salt Lake, les Rocheuses occidentales sont formées par la chaîne Wasatch, un massif montagneux qui s'étire du sud de l'Idaho et du Wyoming à l'Utah. Au cœur de ces monts enneigés, Salt Lake City règne en capitale paisible, où il fait bon vivre. Terre sacrée pour les mormons, SLC est également un centre commercial dynamique où les habitants profitent d'un climat agréable et d'un environnement propice à la découverte de la nature. Y séjourner constitue la meilleure option pour découvrir la région. Au programme notamment : randonnées parmi les panoramas imprenables d'Antelope Island, coucher de soleil sur l'irréel Bonneville Salt Flats, ski à Park City et exploration des canyons escarpés de Dinosaur National Monument.

510 SALT LAKE CITY ★★★
515 GREAT SALT LAKE ★★★
516 ANTELOPE ISLAND ★★★
517 BONNEVILLE SALT FLATS ★★
517 PROMONTORY SUMMIT ★
517 PARK CITY ★★
518 HEBER VALLEY ★
519 SUNDANCE ★★
519 PROVO ★
519 FLAMING GORGE NATIONAL RECREATION AREA ★★★
519 DINOSAUR NATIONAL MONUMENT ★★★

520

●● UTAH'S CANYON COUNTRY

Le Canyon Country est caractérisé par des phénomènes géologiques uniques qui contribuent à la splendeur de ses paysages. Ainsi, cette région regorge de sites d'une rare beauté, parmi lesquels s'illustrent les parcs nationaux de Zion, Bryce et Arche. Tout au long du voyage, la nature se découvre au gré de routes emblématiques, telle que la Scenic Drive 12, qui parcourt le sud de l'Utah d'est en ouest. La promesse d'un véritable *road trip*, ponctué par la vue de formations rocheuses d'une grande richesse, alternant entre cheminées de fées dentelées, arches creusées par l'érosion et monts aux teintes irréelles.

520 SAINT GEORGE ★
520 SNOW CANYON STATE PARK ★
521 CEDAR BREAKS NATIONAL MONUMENT ★★
521 SPRINGDALE ★
521 ZION NATIONAL PARK ★★★★
524 KANAB ★
525 RED CANYON ★★
525 BRYCE CANYON NATIONAL PARK ★★★★
526 KODACHROME BASIN STATE PARK ★★
527 GRAND STAIRCASE ESCALANTE-NATIONAL MONUMENT ★★
527 CALF CREEK RECREATION AREA ★
527 BOULDER ★
528 CAPITOL REEF NATIONAL PARK ★★
528 MOAB ★★
529 ARCHES NATIONAL PARK ★★★★
529 DEAD HORSE POINT STATE PARK ★
530 CANYONLANDS NATIONAL PARK ★★★
530 BLANDING ★
531 NATURAL BRIDGES NATIONAL MONUMENT ★★★
531 BLUFF ★
532 GOOSENECKS STATE PARK ★★
532 VALLEY OF THE GODS ★★
532 MEXICAN HAT

SALT LAKE CITY ★★★

Salt Lake City est à la fois la capitale de l'Utah, avec toutes ses administrations, et celle des mormons, dont le siège est Temple Square. Par ailleurs, « SLC » constitue un important centre économique, industriel et commercial de l'Ouest américain. Si la ville n'est pas belle à proprement parler, elle jouit d'un décor magnifique, installée au bord du Grand lac Salé et au pied de la chaîne Wasatch, formant la bordure occidentale des Rocheuses. La neige de ces dernières, considérée comme la meilleure des États-Unis – voire du monde –, lui a permis d'accueillir les Jeux olympiques d'hiver, en 2002. Une nomination qui s'est accompagnée de nombreux effets positifs pour la ville avec, notamment, l'amélioration de son réseau de transport et la refonte totale de son axe autoroutier. De la même manière, Salt Lake City a développé son offre hôtelière et a vu son potentiel touristique se décupler. Aujourd'hui, elle est parfaitement indiquée pour les voyageurs en quête de calme urbain, ses 200 500 habitants jouissant d'une qualité de vie exceptionnelle, dans des rues bien entretenues, aux beaux arbres caractéristiques ; il faut dire que les mormons s'emploient à construire une cité paisible depuis 1847. Outre ses points d'intérêt certains à découvrir en une ou deux journées – entre l'incontournable Temple Square, Utah State Capitol, ou encore Liberty Park – et ses délicieux restaurants à tester, SLC constitue le point de chute idéal pour explorer la superbe région qui l'entoure.

Quartiers

Se repérer à Salt Lake City est d'une facilité surprenante : les rues sont quadrillées dans les sens nord-sud et est-ouest. Par ailleurs, il s'agit d'une ville en mouvement où plusieurs quartiers émergent :

- **Downtown :** Délimité par Temple Square au nord, il s'agit du cœur historique de la capitale de l'Utah. Parmi ses rues sans charme se démarque l'impressionnante façade du Capitol Theatre, au 50 W 200 Street. Dynamique, le quartier est pourvu de nombreux restaurants, bars et boutiques, ainsi que de quelques galeries d'art.
- **Central City :** Juste à l'est de Downtown, ce quartier permet de découvrir l'ambiance étudiante de SLC, avec ses multiples restaurants internationaux et ses salles de musique indépendantes. Parmi les immanquables du voisinage : le Liberty Park.
- **Capitol Hill :** Nommé d'après le dôme du Capitole qui surplombe Downtown, cet agréable quartier résidentiel combine le charme historique des belles maisons victoriennes et du côté *trendy* des bars en *rooftop*. La vue depuis Ensign Peak est imprenable.
- **The Avenues :** Étendu au nord-est de la ville, ce quartier contient quantité de sites en pleine nature, tel que le Bonneville Shoreline Trail. On y trouve également quelques brasseries artisanales, cafés indépendants et *burger bars* fleurissant, attirant une population jeune et artiste.
- **Sugar House :** Voici l'un des quartiers les plus anciens de Salt Lake City. D'abord occupé par les mormons, il devient le site de la prison d'État en 1855. Jusque dans les années 1980, il reste l'un des lieux les plus mal famés de la ville. Gentrification oblige, Sugar House a désormais le vent en poupe grâce à une population plus aisée, mélange de classes moyennes supérieures et de hipsters. L'ancienne prison a été rasée puis remplacée par le plus grand parc de la ville, Sugar House Park. L'ensemble forme un quartier tendance à la vie nocturne animée, dont l'énergie vient de nombreux bars.

Se loger

Salt Lake City bénéficie d'une belle gamme d'hôtels, généralement bien situés au cœur de la ville, à l'instar du Grand America Hotel – www.grandamerica.com –, du Crystal Inn Hotel & Suites – www.crystalinnsaltlake.com – ou encore du Kimpton Hotel Monaco – www.monaco-saltlakecity.com. Néanmoins, nous vous conseillons de privilégier les Airbnb, la capitale de l'Utah étant pourvue d'options on ne peut plus avantageuses, au rapport qualité/prix absolument imbattable.

Se restaurer

SLC commence à se faire un nom sur la scène gastronomique des villes américaines. Que les restaurants soient locaux, internationaux, gastronomiques ou à petits prix, vous y trouverez forcément votre bonheur.

Shopping

La capitale de l'Utah est pourvue de deux centres commerciaux particulièrement prisés par les locaux : le beau City Creek Center – www.shopcitycreekcenter.com – avec ses jeux de fontaines, dans Downtown, et le branché Trolley Square – www.trolleysquare.com – à Central City, où l'on trouve aussi bien des boutiques de créateurs que des grandes enseignes.

Sortir

Clubs de piano intimes, scènes de musique *live*, bars à cocktails, salles de billard… Quelle que soit son envie ou l'occasion, on trouve aisément de quoi se divertir à la nuit tombée à Salt Lake City. L'essentiel de l'animation se trouve à Downtown.

Sports / Loisirs

La ville est dotée d'un superbe parc : le Liberty Park, inscrit dans le registre national des lieux historiques. Ouvert tous les jours de 8h à 23h, il est idéal pour se promener, pique-niquer ou faire une pause au soleil avec un livre. Il abrite également Tracy Aviary – www.tracyaviary.org –, l'une des volières les plus anciennes des États-Unis, où l'on trouve une grande variété d'oiseaux, parmi lesquels se distingue une célébrité locale : Andy, un condor de 62 ans.

Mentionnons également le beau Memory Grove Park, juste à l'est du Capitole, où débute une randonnée ombragée, facile et agréable, au cours de laquelle on croise des habitants venus promener leur chien. Plus au nord, les sportifs pousseront jusqu'au Ensign Peak Trailhead, une randonnée de 1,6 km qui permet d'avoir une vue imprenable sur Salt Lake City.

Transports

SLC est desservie par tous les moyens de locomotion. À moins de 10 km de Downtown, l'aéroport – www.slcairport.com – accueille des lignes aériennes internationales, tandis que la gare et la station de bus Greyhound se situent juste à l'ouest du centre.

Sur place, si la voiture reste le moyen le plus pratique de circuler, la ville est parcourue par le réseau Utah Transit Authority – www.rideuta.com – qui gère les transports publics locaux, des bus aux tramways en passant par les trains.

NATURAL HISTORY MUSEUM OF UTAH ★★

301 Wakara Way
✆ +1 801 581 4303
www.nhmu.utah.edu
Jeudi-mardi : 10h-17h. Jusqu'à 21h le mercredi. Adultes : 19,95 US$, séniors et 13-24 : 17,95 US$, 3-12 ans : 14,95 US$.

Au cœur du Rio Tinto Center, dans les contreforts des montagnes Wasatch, ce bâtiment tout en cuivre se fond à merveille dans le paysage, le long du célèbre sentier pédestre du Bonneville Shoreline Trail : un belle prouesse ! On y retrouve des expositions extrêmement bien documentées sur les thèmes de la minéralogie, de l'entomologie, de la paléontologie ou encore de la botanique. Au total, le musée abrite une douzaine d'expositions permanentes et temporaires.

PIONEER MEMORIAL MUSEUM ★

300 N. Main Street
✆ +1 801 532 6479
www.dupinternational.org
Du lundi au samedi, de 9h à 17h. Entrée libre.

De l'autre côté du Capitole, ce musée très intéressant propose à ses visiteurs de s'immerger dans l'époque des pionniers. Pioneer Memorial Museum est le plus grand établissement dédié aux souvenirs laissés par ceux qui ont rejoint la vallée de Salt Lake City : près d'une quarantaine de salles dévoilent des vestiges du passé de l'Utah. Entre autres, on y voit un chariot, des plans de la ville, le premier aigle en bois d'Eagle Gate, ou encore des livres de mormons. Après avoir exploré le bâtiment principal, on poursuit l'exposition dans la grange à calèches.

TEMPLE SQUARE ★★★

50 W North Temple
✆ +1 801 240 8945
www.facebook.com/templesquare
Tous les jours : 9h-21h. Entrée libre. Pour avoir un bon aperçu des lieux, prévoyez au moins une demi-journée sur place.

Au cœur de la ville, Temple Square est un parc de 4 ha où sont rassemblées les principales institutions mormones. C'est le quartier incontournable pour en apprendre davantage sur cette religion : lors de la construction de Salt Lake City, les fidèles ont prévu ce site pour accueillir le temple de Dieu. Il a été entouré de bâtiments administratifs, puis d'autres lieux de culte se sont implantés, petit à petit, dans les quartiers adjacents. L'ensemble étant en rénovation jusqu'en 2025, passez par le bureau d'information à l'entrée avant de commencer l'exploration.

BEEHIVE HOUSE ★

67 E. South Temple
✆ +1 801 240 2681
www.facebook.com/BeehiveHouse
Du lundi au samedi, de 10h à 18h. Entrée libre, visite guidée gratuite de 30 minutes.

Emblème des mormons, la ruche était la résidence officielle de Brigham Young : il y vivait avec ses 57 enfants quand il était gouverneur de l'Utah. Plus tard, cette maison sera celle de ses successeurs. Aujourd'hui, des *tours* y sont donnés par des passionnés ; une excellente manière d'en connaître davantage sur le culte et, surtout, sur le mode de vie des premiers mormons. Par exemple, on apprend que toutes les femmes de Brigham Young ne vivait pas avec lui ; seule une d'entre elles habitait la maison à la fois. Une visite incontournable de Temple Square.

UTAH

CHURCH HISTORY MUSEUM ★

45 N. West Temple

✆ +1 801 240 3310

Du lundi au samedi, de 10h à 18h. Entrée libre.

Très bien conçu, ce musée retrace en détail l'aventure des mormons de 1823 à 1847, c'est-à-dire depuis le message divin originel envoyé à Joseph Smith Jr. jusqu'à la fondation de Salt Lake City. Résultat : Church History Museum traite notamment les persécutions subies par les premiers mormons, puis l'exode qui permettra au prophète Brigham Young de fonder sa cité idéale. De la même manière, les expositions retracent l'histoire et l'évolution de Salt Lake City, ainsi que celles de l'Église de Jésus-Christ des saints des derniers jours.

CONFERENCE CENTER ★

60 N W Temple

✆ +1 801 240 8945

Tous les jours, de 10h à 18h. Entrée libre.

Avec une capacité d'accueil de 21 000 personnes en sa partie principale, cet immense auditorium serait assez large pour contenir deux Boeing 747 côte à côte. Le lieu est doté d'un orgue spectaculaire de 7 667 tubes et d'un théâtre de près de 900 places. Chaque année, il reçoit la conférence générale semestrielle de l'Église de Jésus-Christ des saints des derniers Jours. Un événement retransmis à la télévision dans le monde entier, en plus de 90 langues. D'autres manifestations s'y déroulent, telles que des réunions, des concerts et des expositions.

JOSEPH SMITH MEMORIAL BUILDING ★

15 E. South Temple

✆ +1 801 240 8945

Du lundi au vendredi, de 9h à 17h. Entrée libre.

Cet immeuble abrite des bureaux de l'Église et le FamilySearch Center. La famille étant une valeur essentielle pour les fidèles, ils parcourent sans relâche le monde en quête d'informations généalogiques. Ainsi, ils ont recensé plusieurs centaines de millions d'individus ayant vécu entre 1500 et 1900. Ces données sont stockées au Granite Mountain Records Vault, un bâtiment blindé antiatomique, creusé dans une montagne à l'écart de Salt Lake City. Les profanes n'y ont pas accès.

FAMILY HISTORY LIBRARY ★

35 N. West Temple

✆ +1 801 240 6996

Du lundi au samedi, de 9h à 17h. Entrée libre et services gratuits.

En poussant la porte d'entrée du bâtiment, le visiteur pénètre dans une véritable ruche. C'est ici que se trouve la plus importante généalogie au monde : ici, les employés et les bénévoles peuvent retracer vos ancêtres et racines sur neuf générations. Si l'expérience vous intéresse, on vous fera créer un compte Family Search pour entamer la démarche, gratuite. En cas de manque de données – par exemple si vous ne connaissez pas le lieu ni la date de naissance de l'un de vos grands-parents – vous pourrez continuer la recherche chez vous : au total, on recense plus de 5 000 Family History Centers dans le monde, dont près d'une quarantaine en France. Les informations qu'ils détiennent concernent la vie, les recensements, les églises, les terres et autres renseignement à valeur généalogique. Elles ont été acquises grâce à la coopération des gouvernements, des Églises et des individus de toute la planète. Ces archives de l'humanité sont classées dans deux banques principales : Ancestral File et International Genealogical Index.

Par ailleurs, l'édifice de Family History Library impressionne de grandeur et de technologie : des salles sont dédiées à l'enregistrement de souvenirs – visant à enrichir son profil – tandis qu'un étage contient une succession de casiers avec des dates et des fiches. Tout est pensé pour que l'on puisse rester longtemps dans les lieux, entre les salles prévues pour déjeuner et les nombreux ordinateurs en libre accès. Mention spécial à l'accueil, particulièrement attentionné.

SALT LAKE ASSEMBLY HALL ★

50 S Temple

✆ +1 801 240 4872

Tous les jours, de 10h à 18h. Entrée libre.

Ce beau bâtiment contraste avec les édifices de Downtown et se distingue dans Temple Square par son style architectural gothique victorien unique et sa structure cruciforme. Au milieu s'élève une tour ; l'intérieur, lui, est plus moderne et épuré. Construit comme lieu de culte en 1882, Assembly Hall est désormais utilisé pour des conférences, des récitals et des concerts gratuits, donnés par des artistes internationaux le week-end. Au total, ses bancs peuvent accueillir près de 1 200 invités. Par ailleurs, il est doté d'un orgue massive, de quelque 3 489 tuyaux.

UTAH

SALT LAKE CITY TABERNACLE ★

50 50 N West Temple
✆ +1 801 240 2534
Tous les jours, de 10h à 18h. Récital d'orgue accessible gratuitement du lundi au samedi à 12h et à 14h le dimanche.

Construit entre 1863 et 1867, le Tabernacle est un superbe dôme argenté à la structure de bois où sont donnés des concerts d'orgue exceptionnels. Si vous êtes à Salt Lake City, ne manquez pas d'aller écouter le Tabernacle Choir y répéter la plupart des jeudis, à 19h30. À l'entrée du bâtiment, des bénévoles vous guideront jusqu'à la gigantesque salle où se trouve l'un des plus grands orgues du monde, comptant 11 623 tuyaux. Une scène impressionnante, à l'acoustique remarquable.

SALT LAKE TEMPLE ★★

50 N Temple

Le principal ouvrage de Temple Square est ce temple, dont l'édification s'est déroulée de 1853 à 1892, après que le prophète Brigham Young en eut déterminé l'emplacement le jour de son arrivée à Salt Lake City. Aujourd'hui, il s'agit du plus grand de tous les temples de l'Église de Jésus-Christ des saints des derniers jours. Les tours, les remparts ou encore les contreforts sont autant de références aux fondements de la foi mormone. Si seuls les fidèles peuvent y entrer, vous pourrez en apprécier la perfection et la régularité architecturale depuis l'extérieur.

THIS IS THE PLACE HERITAGE PARK ★

2601 E. Sunnyside Avenue
✆ +1 801 582 1847
www.thisistheplace.org
Tous les jours, de 9h à 17h (horaires variables). Adultes : 15,95 US$, seniors : 13,95 US$ et 3-11 ans : 11,95 US$.

Ce parc fait voyager les visiteurs à l'époque où l'Utah tel qu'on le connaît commençait à se développer. Ainsi, on peut découvrir l'histoire des mines sur le territoire, creuser pour trouver des pierres précieuses puis les identifier, ou encore visiter le Native American Village, qui met à l'honneur la culture amérindienne qui prédominait avant l'arrivée des colons. Enfin, le musée en extérieur expose les reconstitutions fidèles de maisons de bois de l'époque des pionniers.

UTAH STATE CAPITOL ★

350 North State Street
✆ +1 801 538 1800
Du lundi au jeudi, de 7h à 20h. Jusqu'à 18h du vendredi au dimanche. Entrée libre et visites guidées gratuites.

À l'image du Capitole de Washington, ce bâtiment est le siège du gouvernement de l'Utah. Construit en 1915 en granit gris, il s'agit de l'un des meilleurs exemples de style néo-Renaissance aux États-Unis. Devant l'entrée est, vous pourrez admirer une sculpture rendant hommage au chef Massasoit de la tribu des Wampanogas, qui a accueilli les Pères pèlerins à Plymouth Rock, dans le Massachusetts – sur la côte Est. Les visites guidées gratuites qui se tiennent dans le bâtiment du lundi au vendredi de 10h à 15h sont particulièrement intéressantes ; à ne pas manquer !

BUDS €

509 East 300 South
www.budsslc.com
Du lundi au samedi, de 11h à 17h. Sandwichs de 7 US$ à 7,25 US$ et salades de 6,75 US$ à 8 US$.

En plus d'être la référence en matière de sandwichs à Salt Lake City, Buds sert depuis 2012 des préparations 100% vegan et faites maison, des sauces aux protéines. Victime de son succès – surtout en semaine, à l'heure du déjeuner – ce petit établissement est fréquemment pris d'assaut par une longue file de clients ; ainsi, comptez une vingtaine à une trentaine de minutes d'attente avant d'être servi. Si quelques tables en bois sont mises à disposition devant la maison en brique rouge, l'adresse se prête particulièrement aux commandes à emporter.

EVEN STEVENS SANDWICHES €

200 South 414 East ✆ +1 385 355 9105
www.evenstevens.com
Du lundi au samedi, de 9h à 19h. Dimanche, de 9h à 18h. Sandwichs de 10,75 US$ à 12 US$.

Cette chaîne est particulièrement appréciée en Utah pour la qualité de ses sandwichs et de ses petits déjeuners, servis toute la journée. Si Salt Lake City abrite plusieurs adresses – dans les quartiers de Sugarhouse et de Cottonwoods Heights – on aime particulièrement celle du centre-ville. En plus d'être idéalement située, son décor industriel et très coloré contribue largement à l'atmosphère conviviale qui règne dans les lieux. Entre le « *JP Grilled Cheese* », le « *BBQ Pork* », ou encore le « *Turky Day* », on y trouve des sandwichs pour tous les goûts.

UTAH

CAFÉ NICHE €

779 E 300 S
✆ +1 801 433 3380
www.caffeniche.com

Tous les jours, de 9h à 15h. Plats et petits déjeuners de 11 US$ à 15 US$.

Fort d'une atmosphère chaleureuse et agréable, ce charmant café s'est imposé comme une référence dans un voisinage peut animé. La carte, petite, fait la part belle au brunch, avec des spécialités telles que les *scones* américains maison au cheddar et au jalapeño servi avec du « *sausage gravy* » – ou sauce à la saucisse – et l'*avocado toast* frais et parfumé. Surtout, on y mange un burger absolument délicieux, préparé avec du wagyu, des oignons caramélisés et du cheddar. Une association apparemment simple, mais qui vous restera longtemps en mémoire.

RED IGUANA €

736 W North Temple
✆ +1 801 322 1489
www.rediguana.com

Dimanche-jeudi : 11h-21h. Jusqu'à 22h les vendredis et samedis. Enchiladas, tacos et burritos de 8,99 US$ à 12,99 US$.

Véritable institution de Salt Lake City, ce restaurant est un incontournable, tant pour les saveurs de ses plats et leur rapport qualité-prix que pour l'ambiance particulière que l'on y trouve. Cette petite maison jaune à l'enseigne de néons rouges invite les convives à déguster sa « *Killer Mexican Food* » en salle ou dehors. Au menu : tous les classiques de la cuisine mexicaine, des *burritos* aux *enchiladas* en passant par les *tacos*. Si le restaurant est bondé, rendez-vous au Red Iguana 2, situé à 5 minutes du premier, au 866 W South Temple.

HSL €€

418 East 200 South
✆ +1 801 539 9999
www.hslrestaurant.com

Du mardi au jeudi, de 17h à 21h. Jusqu'à 22h vendredi et samedi. Plats de 24 US$ à 42 US$.

Cet excellent restaurant vous rappellera peut-être Handle, à Park City, le premier établissement de la maison. Dans un cadre industriel avec une touche Art déco, HSL est une adresse tendance où l'on sert une cuisine américaine de saison innovante : un véritable mélange de saveurs et de couleurs pour le plaisir des papilles comme des yeux. Au menu : des coquilles Saint-Jacques à l'oignon grillé, aux pois et au parmesan, du porc préparé avec du vin cuit, ou encore le classique burger, simple mais savoureux. La promesse d'un bon dîner.

OSTERIA AMORE €€

224 S. 1300 E.
✆ +1 385 270 5606
www.osteriaamore.com

Lundi-jeudi : 11h-14h et 16h30-21h30. Vendredi et samedi : 11h-14h et 16h30-22h. Pâtes de 18 US$ à 30 US$.

Après avoir commencé à travailler dans des restaurants en Italie dès son adolescence, Eduardo Daja s'est installé à Bologne pour intégrer un établissement familial. Il finira par déménager en Utah au milieu des années 2010 où il ouvrira finalement un restaurant avec le chef Marco Cuttaia, fort de son expérience à Palerme. En résulte une délicieuse cuisine italienne traditionnelle et inventive qui fait office de référence à Salt Lake City. Parmi les assiettes de pâtes, mention spéciale aux *casarecce* au bacon, à la pistache et à la burrata. Gros coup de cœur !

TAKASHI €€€

18 W Market St
✆ +1 801 519 9595
www.takashisushi.com

Lundi-vendredi : 11h30-14h et 17h30-22h. Week-end : 17h30-22h. Assortiments de 18,95 US$ à 45 US$.

Ce restaurant nippon traditionnel est sans conteste le meilleur de Salt Lake City – voire de l'Utah. Dans un cadre moderne, où l'on voit les chefs en action, Takashi sert des *sushi* et des *sashimi* de qualité, à la finesse rare. Au menu : une longue liste de poissons et de fruits de mer que l'on trouve parfois difficilement en France, notamment le délicieux thon gras – *toro*, en japonais. Profitez-en ! Attention, l'addition grimpant vite, nous vous conseillons de garder cette adresse pour un dîner, afin de profiter pleinement de l'atmosphère nocturne.

COFFEE GARDEN

878 E 900 S
✆ +1 801 355 3425
www.coffeegardenslc.com

Du lundi au samedi, de 6h à 20h. À partir de 7h le dimanche.

Même si cet établissement annonce fièrement qu'il ne fournit pas de Wifi, nombreux sont les habitués ou *digital nomads* que l'on croise en train de travailler sur ses tables. Il faut dire qu'entre sa musique au volume idéal, sa sélection intéressante de café, son ambiance sympathique et sa décoration *cosy*, Coffee Garden est un lieu où l'on a envie de passer du temps. Le plus : de délicieux desserts. Il se trouve sur la 9th & 9th, une intersection qui revêt des airs de la Sunset Junction, à Los Angeles, où plusieurs salons charmants se succèdent.

GOODLY COOKIES

432 S 900 E
+1 801 784 4848
www.goodlycookies.com
Du lundi au jeudi, de 12h à 23h. Jusqu'à minuit les vendredis et samedis. Cookies à 3,50 US$.

Également implantée dans le Nebraska et à Provo, dans l'Utah, cette petite chaîne ravira les gourmands amateurs de cookies : en plus d'être délicieux, ceux de Goodly sont absolument énormes. Au menu : des créations originales, telles que le « *Funfetti* », confectionné à partir de pâte à gâteau et de vermicelles, et le « *S'Mores* », surmonté d'un marshmallow grillé au feu, pour mieux transporter le client dans un camping de son adolescence. Mention spéciale au « *Choc PB Love* », dont la pâte au chocolat est agrémentée de beurre de cacahuètes. À déguster tiède !

KEYS ON MAIN

242 S Main Street
+1 801 363 3638
De 19h à 00h le jeudi. Vendredi et samedi de 18h30 à 1h. Entrée : environ 5 US$ les vendredis et les samedis.

Keys On Main est l'un des pianos-bars les plus animés de Salt Lake City. Les soirées « *dueling pianos* » sont les plus réputées : d'excellents musiciens y revisitent un répertoire rock et funk bien choisi avec l'aide d'un public toujours engagé. Un lieu incontournable pour une soirée riche en bonne humeur et en convivialité. Parmi la clientèle, des habitués, ainsi que des locaux venus pour des occasions spéciales – anniversaires, enterrements de vie de jeune fille, etc. Les shows commencent généralement à 20h30 les jeudi et vendredis et à 21h le samedi.

ABRAVANEL HALL

123 W S Temple
+1 385 468 1010
www.saltlakecountyarts.org
Programmation et achat des tickets en ligne.

Adjacent à Temple Square, ce monument est un point de repère architectural dans Salt Lake City. Surtout, il s'agit d'un lieu d'importance pour la ville : en plus de faire partie du Salt Lake County Center for the Arts, il abrite l'Utah Symphony, l'orchestre symphonique de l'État. Superbe, cette salle de concert a été construite en 1979 et est réputée pour la qualité de son acoustique. Cerise sur le gâteau : la finesse des détails de l'ensemble, entre les balcons recouverts de feuilles d'or et les lustres décorés de quelque 18 000 cristaux.

GREAT SALT LAKE ★★★

Avec son étendue de 4 400 km^2 le Great Salt Lake constitue la plus grande mer intérieure des États-Unis. En raison de son taux de salinité très important, il est invivable pour la plupart des espèces aquatiques : seules quelques mini-crevettes et des bactéries habitent ses eaux. À 1 280 m d'altitude, le lac fait en moyenne 4 m de profondeur, tandis que son point le plus profond atteint 10 m. Cette immense cuvette contient également le désert du Grand Lac Salé. L'ensemble mesure 150 km de large sur 220 km de long. Suivant la pluie, la taille de l'eau varie : dépourvue d'écoulement, la cuvette concentre depuis des millions d'années tous les minéraux que les cours d'eau déversent, ce qui a formé une couche de sel d'une blancheur extrême et d'une platitude infinie. Lorsqu'il a plu, un lac de plusieurs kilomètres de long et de quelques centimètres de profondeur se forme dans certains endroits.

Climat

Si le Great Salt Lake traverse fréquemment d'importantes périodes de sécheresse, celle qui sévit depuis fin 2021 est particulièrement préoccupante : au cours de la première semaine de juillet 2022, le lac a atteint son niveau le plus bas jamais enregistré. Un phénomène qui pourrait avoir de lourdes conséquences sur l'économie locale et, surtout, sur l'environnement. Par exemple, de nombreuses espèces d'oiseaux migrateurs qui y font étape sont menacées de diminution.

UTAH

GREAT SALT LAKE STATE PARK & MARINA ★

13312 West 1075 South
+1 801 828 0787
Accessible du lever au coucher du soleil. Visitor Center : 11h-19h du lundi au vendredi et de 9h-20h le week-end.

Ce petit parc d'État est une bonne alternative si l'on a peu de temps à consacrer au Great Salt Lake. Situé à seulement 20 minutes de route de Salt Lake City, il offre de beaux points de vue sur le lac salé, la possibilité de camper, ainsi qu'un accès à l'eau pour les bateaux. Il s'agit également du lieu idéal pour prendre le large – location de kayaks, bateaux… – et observer les oiseaux. La marina constitue le meilleur spot pour admirer le coucher de soleil sur le site.

SPIRAL JETTY

Accès libre, 24h/24. Comptez environ 170 km depuis Salt Lake City.

À partir de 6 000 t de basalte – une roche magmatique volcanique noire – le sculpteur Robert Smithson a transformé un tronçon de la partie nord du Great Salt Lake en œuvre d'art unique au monde : une spirale mesurant plus de 450 m de longueur et 4,5 m de largeur. Un panorama incroyable qui se mérite : les derniers 25 km qui mènent à la Spiral Jetty revêtent la forme d'une piste parfois difficilement praticable. Par ailleurs, pensez à apporter suffisamment d'eau, les températures pouvant grimper considérablement durant l'été.

ANTELOPE ISLAND ★★★

Cette belle presqu'île s'étend sur près de 110 km² au cœur du Grand Lac Salé, à environ 95 km au nord-ouest de Salt Lake City. Il s'agit de l'endroit idéal pour s'immerger dans les paysages du lac, en faisant le plein de panoramas époustouflants. On y accède par le nord – où se trouve le parc étatique – le long d'une route qui scinde la zone en deux, pour un trajet on ne peut plus impressionnant.

Pratique

Antelope Island State Park est accessible tous les jours, de 6h à 22h, pour 15 US$ par véhicule. Pour toute information complémentaire, rendez-vous ici : https://stateparks.utah.gov/parks/antelope-island.

Nous vous conseillons de vous rendre au Visitor Center, ouvert quotidiennement, de 9h à 17h. Vous y trouverez des dépliants bien pensés répartis en trois sections : faire le tour de l'île en 1 à 2 heures, en 3 à 4 heures et en plus de 5 heures. Les lieux abritent également une petite exposition interactive très intéressante sur la flore et la faune du Great Salt Lake et la géologie de la presqu'île – entre autres.

Se loger

Antelope Island est dotée de plusieurs campings : Bridger Bay, White Rock Bay, Lakeside Group, Ladyfinger et Split Rock Bay Backcountry. Comptez entre 20 US$ et 40 US$ par nuit. Les réservations sont fortement recommandées.

Tourisme

En plus d'être facilement accessible, la presqu'île présente l'intérêt de pouvoir se visiter intégralement en une journée. Parmi les divers sentiers, nous vous conseillons notamment le Buffalo Point Trail, une marche facile et agréable d'une trentaine de minutes qui donne lieu à de beaux panoramas. Néanmoins, si vous ne deviez faire qu'une randonnée, ce serait Frary Peak Trail : une fois au point culminant, vous profiterez d'une vue imprenable sur le lac et les monts environnants. Une promenade sportive absolument sublime au cours de laquelle vous aurez peut-être la chance de croiser des antilopes. Comptez au moins 3h.

Par ailleurs, le Fielding Garr Ranch – en activité de 1848 à 1981 – offre des visites guidées, avec la découverte de ses écuries, de sa forge et de ses différentes pièces. Il est ouvert tous les jours, de 9h à 18h.

UTAH

Bisons sauvage à Antelope Island State Park.

BONNEVILLE SALT FLATS ★★

Immense désert de sel de plus de 250 km², ce lieu unique fait partie de la gigantesque zone du Great Basin. Elle couvre 10 % du territoire national, entre la Sierra Nevada californienne à l'ouest et les Rocheuses à l'est. Ainsi, Bonneville Salt Flats est l'une des plus vastes plaines de sel de la région, fruit de la dernière glaciation qui a entraîné l'évaporation de l'ancien lac de Bonneville.

L'impressionnante croûte de sel, pouvant atteindre une épaisseur de 1,8 m, donne à l'ensemble des airs de paysages gelés et empêche la création de toute forme de végétation. En conséquence, il s'agit d'un endroit difficilement accessible : avant l'arrivée du train en 1910, sa traversée a posé de réels problèmes lors de la conquête de l'Ouest. Par exemple, un raccourci hors des sentiers battus a coûté au convoi de Donner-Reed – une expédition de pionniers en route pour la Californie dans les années 1840 – la perte de nombreux bœufs et de quatre wagons, entraînant un retard considérable et leur arrivée tardive – voire quasi hivernale – dans la Sierra Nevada, qui leur sera fatale.

Ce paysage désolé et hors norme a servi de cadre aux tournages de plusieurs scènes de films, parmi lesquels nous pouvons citer *Independence Day : Le Jour de la Riposte* (1996), *Pirate des Caraïbes : Jusqu'au Bout du Monde* (2007), *Les ailes de l'enfer* (1997), *Independence Day: Resurgence* (2016), *The Tree of Life* (2011), *Need For Speed* (2014)... Un lieu qui devrait ravir les cinéphiles !

BONNEVILLE SPEEDWAY ★★

Tout à l'ouest du désert du Grand Lac Salé, non loin de la frontière avec le Nevada, près de la ville de Wendover. Accès par l'autoroute 802, sortie Bonneville Speedway.

À environ 180 km à l'ouest de Salt Lake City.

Il est possible de voir le désert dans son extrémité ouest, peu avant la frontière du Nevada. Ici, pas de Visitor Center : il suffit de suivre l'Interstate 80 jusqu'à ce qu'une aire de repos soit indiquée. Après avoir garé sa voiture sur le parking, on est libre de déambuler à sa guise sur les formations de sel. Un site absolument somptueux au coucher du soleil, qui mérite le détour. Au même endroit, la Bonneville Speedway est une piste où des véhicules de toutes les catégories viennent tenter de battre les records de vitesse chaque année.

PROMONTORY SUMMIT ★

Perdue au milieu des étendues désertiques de la région du Great Salt Lake, à près de 1 500 m d'altitude, Promontary Summit est une localité qui n'a rien d'une ville : ici, vous ne trouverez pas de commerce ni de restaurant.

Tourisme

Les lieux sont réputés pour avoir accueilli la jonction du chemin de fer intercontinental, à l'endroit de l'actuel Golden Spike National Historical Park. Pour le découvrir, comptez 20 US$ par véhicule. Commencez par le Visitor Center, ouvert tous les jours, de 9h à 17h. Pour toute information complémentaire, rendez-vous ici : www.nps.gov/gosp/index.htm.

PARK CITY ★★

Cette jolie ville de montagne est située à une cinquantaine de kilomètres à l'est de Salt Lake City. Son centre-ville, appelé Park City Town et localisé sur Main Street, accueille plusieurs bars et restaurants, des petites boutiques et des galeries d'art qui en font un endroit agréable pour sortir le soir ou se balader en journée. Néanmoins, on vient avant tout à Park City pour le ski.

Autrefois ville minière, puis quelque temps *ghost town*, elle a réussi à trouver un second souffle – et même à se révéler – avec le tourisme sportif. Ainsi, elle est devenue une référence dans les sports d'hiver et a joué un rôle important dans les Jeux olympiques de 2002. C'est ici que l'on a construit le parc olympique de l'Utah, où se sont déroulées les épreuves de saut à ski, de bobsleigh, de luge et de skeleton. Au total, près de 40 % des épreuves des J.O. s'y sont déroulées. Aujourd'hui, des compétitions sont toujours organisées dans le parc olympique, qui ouvre également ses portes au public avec une belle sélection d'activités à sensations.

Pratique

Avant de vous lancer dans les attractions proposées par Park City, nous vous recommandons de passer au Kimball Junction Center, le centre d'information principal de la ville. Ouvert tous les jours, de 9h à 17h – jusqu'à 18h d'avril à novembre – vous le trouverez au 1794 Olympic Parkway. Renseignements complémentaires ici : www.visitparkcity.com.

PARK CITY MUSEUM ★

528 Main Street
© +1 435 649 7457
www.parkcityhistory.org
Tous les jours, de 10h à 17h. Adultes : 12 US$, étudiants et séniors : 11 US$, 7-17 ans : 5 US$.

Ce musée très intéressant retrace l'évolution de Park City, de la ville minière des débuts à la célèbre station de ski que l'on connaît désormais. Très ludique, l'établissement projette des vidéos que l'on regarde en s'asseyant à bord d'un compartiment de train ou d'un wagon de mine. Il comprend, entre autres, une immense maquette verticale d'une mine, ainsi que de nombreux objets d'époque – camion de pompiers, calèche, comptoir d'épicerie et de bar, etc. La particularité : l'ancienne prison de la ville, au sous-sol, qui fait partie de la visite.

PARK CITY HOSTEL €

1781 Sidewinder Dr
© +1 435 731 8811
www.parkcityhostel.com
Lit en dortoir à partir de 50 US$, chambres doubles avec salle de bains commune dès 95 US$.

Cette auberge agréable a été conçue autour d'un grand espace commun *cosy*. Les parties accessibles à tous les voyageurs comprennent également une grande cuisine, une table de billard, un bar à thé et une bibliothèque – entre autres. Côté logement, on a le choix entre les petits dortoirs et des chambres privées. À quelques minutes de Park City Mountain, l'emplacement est idéal pour partir skier ou profiter des nombreuses activités sportives. Il s'agit probablement de l'établissement le plus accessible de Park City, avec un excellent rapport qualité- prix.

PARK CITY MOUNTAIN RESORT

1345 Lowell Avenue © +1 435 649 8111
www.parkcitymountain.com
Tous les jours, de 9h à 16h. Pass journée dès 90 US$ par adulte et 46 US$ pour les 5-12 ans. Réservation en ligne.

Avec l'un des domaines skiables les plus célèbres des environs de Salt Lake City, Park City Mountain Resort est LA station de référence. C'est ici que se déroulent chaque année les championnats du monde de slalom. Les lieux ont également accueilli plusieurs épreuves lors des Jeux olympiques de 2002 : le slalom géant masculin et féminin, ainsi que les compétitions de snowboard. Mention spéciale aux remontées mécaniques, ultramodernes, qui ajoutent une touche supplémentaire à l'ensemble.

UTAH OLYMPIC PARK

3419 Olympic Parkway © +1 435 658 4200
www.utaholympiclegacy.org
Tous les jours, de 9h à 18h. Entrée libre ; seules les activités sont payantes.

Au niveau mondial, Salt Lake City est notamment connue pour avoir accueilli les Jeux olympiques d'hiver en 2002. Les différentes épreuves se sont réparties sur trois sites principaux, dont Olympic Park, à Park City. La structure, construite pour l'occasion, a reçu les compétitions de sauts à ski et de bobsleigh, luge et Skeleton. Aujourd'hui encore, Utah Olympic Park organise des compétitions et ouvre également ses portes au public pour qu'il profite des différentes installations originelles ainsi que des ajouts plus récents, qui en font un véritable centre d'attractions. Au programme : parcours d'accrobranche, tyroliennes, descentes en bouée, piste de luge, descente en bobsleigh... L'été est la meilleure période pour en profiter ; l'hiver, la plupart des activités sont fermées. Par ailleurs, il est possible de profiter gratuitement des sentiers de randonnée, des pistes de vélo et du musée. Enfin, de nombreux évènements sont organisés tout au long de l'année. Les principales zones ouvertes au public sont :

- **Olympic Plaza.** On y trouve notamment le musée et la piste d'entraînement aux sauts – réservée aux athlètes.
- **Nordic Plaza.** Elle abrite un accrobranche pour enfants et un plus difficile, deux tyroliennes, ou encore deux parcours de *tubing* – entre autres.
- **Trackside Plaza.** Rendez-vous ici pour affronter un accrobranche à deux niveaux assez difficiles et la chute libre depuis la Drop Tower.
- **Bobsled Plaza.** Voici le départ de la descente en bobsleigh, en été sur le béton, en hiver sur la glace.

HEBER VALLEY ★

Heber Valley s'étend jusqu'à Park City et englobe les villages d'Heber City et de Midway, deux bourgades paisibles de montagne. Vous trouverez sûrement dans les Wasatch Mountains alentour des airs d'Alpes. Un détail qui n'a pas échappé aux locaux, la route au-dessus de Sundance ayant été nommée Alpine Loop Scenic Drive. Pour sa part, la rue principale de Midway est pourvue de bâtiments à l'architecture alpine et d'établissements se revendiquant d'origine ou d'influence suisse.

Tourisme

Avant votre visite, rendez-vous sur le site – très bien conçu – de la vallée : www.gohebervalley.com.

SUNDANCE ★★

Cette petite station est dotée de quelques structures assurant des services d'hébergement et de restauration. Si on y vient pour skier en hiver, l'été se prête à un grand nombre d'activités en plein air. Dans tous les cas, le cadre est incroyable, avec le majestueux Mont Timpanogos en fond. En 1969, ces terres alors vierges étaient celles de Robert Redford. Depuis, Sundance est réputé pour accueillir une partie de la programmation du festival cinématographique du même nom.

Sports / Loisirs

Les sportifs emprunteront le Zip Tour – www.sundanceresort.com – un parcours de tyroliennes offrant une vue imprenable sur le mont Timpanogos.

PROVO ★

À près de 75 km au sud de Salt Lake City, au pied du Provo Peak, se trouve la ville du même nom. Elle a été fondée en 1849 par les mormons et a été baptisée en mémoire d'Étienne Provost, un trappeur qui explora la région en 1825. L'homme derrière Salt Lake City, Brigham Young, y créa une université en 1875 : Brigham Young University. Elle compte aujourd'hui plus de 33 000 inscrits et abrite plusieurs musées – d'art, d'archéologie, d'ethnologie, de géologie, ou encore de zoologie – ainsi qu'un planétarium. Les lieux peuvent constituer un point de chute agréable pour découvrir des sites tels que Sundance et Heber Valley, accessibles à la journée.

DINOSAUR NATIONAL MONUMENT ★★★

Cet espace désertique situé sur le flanc sud-est des Uinta Mountains, constitué de canyons escarpés et de montagnes arides et verticales, est nommé ainsi pour les fossiles de dinosaures qu'il abrite. Il couvre plus de 84 000 hectares qui s'étendent sur une partie de l'Utah et, plus largement, dans le Colorado. On y trouve de nombreux points de vue et sentiers autour de la Green River, des canyons et des formations rocheuses multicolores. L'ensemble offre d'exceptionnels témoignages préhistoriques.
En 1909, le paléontologue Earl Douglas découvrait la formation Morrisson et ses vestiges de l'époque du Jurassique (de -201,3 à -145 millions d'années). Protégé, le site est devenu en 1915 un monument national. Si les fossiles, essentiellement d'allosaures et d'abydosaures, étaient nichés dans les roches sédimentaires des canyons, une grande partie a été arrachée au début du XXe siècle pour être envoyée au musée de Pittsburgh. Désormais, on peut les voir dans le Quarry Exhibit Hall, un bâtiment du parc. Ne manquez pas le Dinosaur Wall, qui contient des centaines de fossiles – dont des diplodocus, des stégosaures, des camarasaurus, ou encore des apatosaures. Certaines zones aménagées vous permettent également de les toucher.

Pratique

Le parc est ouvert tous les jours, 24h/24. Comptez 25 US$ par voiture. Pour toute information complémentaire, rendez-vous ici : www.nps.gov/dino/index.htm.

UTAH

FLAMING GORGE NATIONAL RECREATION AREA ★★★

Formé par un barrage du même nom, le parc de Flaming Gorge s'étend au nord de la ville Vernal jusqu'au Wyoming voisin. Il offre plus de 480 kilomètres de gorges ponctuées de marinas, campings et diverses activités sur l'eau. Paradis des randonneurs, des pêcheurs, des nageurs et des amateurs de sports nautiques, il constitue une étape incontournable du nord-est de l'Utah, que ce soit pour une demi-journée ou pour plusieurs jours.

Tourisme

Pour toute information complémentaire, rendez-vous ici : www.fs.usda.gov.

© NELLY JACQUES

Paysages accidentés du Dinosaur National Monument.

SAINT GEORGE ★

Cette ville de près de 100 000 habitants présente le double intérêt d'être le point de jonction entre l'Interstate 15, qui relie Las Vegas à Salt Lake City en passant par Zion, et de posséder un aéroport avec des correspondances internationales. Par ailleurs, entre ses Airbnb et ses hôtels, St. George est dotée de nombreuses options d'hébergement abordables, ainsi que de plusieurs golfs aux tarifs accessibles. À proximité directe, Snow Canyon State Park fait partie des parcs méconnus à découvrir. Pour toute information complémentaire, rendez-vous au St. George Utah Temple Visitors' Center – 490 South 300 East – ouvert tous les jours, de 9h à 21h.

ANCESTOR SQUARE ★

St. George Boulevard & Main Street

En plein centre-ville, Ancestor Square rassemble une douzaine de bâtiments dont plus de la moitié sont inscrits au registre des lieux historiques de St. George. Parmi eux : la maison du shérif Hardy – 1877 –, la première prison de la ville – 1880 – ou encore le Gardener's Club Hall – 1863. Cette place abrite également plusieurs restaurants et boutiques d'art, tandis que l'on trouve quelques édifices à ne pas manquer à proximité, tels que l'ancien palais de justice, Old Washington County Courthouse – 1876 – et Brigham Young Winter Home and Office – 1831.

RED MOUNTAIN RESORT €€€

1275 East Red Mountain Circle

✆ +1 877 246 4453

www.redmountainresort.com

Chambres doubles à partir de 205 US$.

Difficile de ne pas être pleinement satisfait des services offerts par ce beau et grand *resort*, véritable havre de paix situé à l'entrée sud de Snow Canyon State Park. Chacune des chambres dispose de tout le confort nécessaire : climatisation, télévision à écran plat, réfrigérateur, cafetière, sèche-cheveux... Certaines possèdent une terrasse et une cheminée alimentée au gaz. En plus des cours de sport et de bien-être dispensés sur place, il est possible de participer à des randonnées guidées à pied ou à vélo. Cerise sur le gâteau : la piscine extérieure.

FEELLOVE COFFEE

558 E Riverside Dr ✆ +1 435 922 1717

www.feellovecoffee.com

Tous les jours, de 7h à 14h. Cafés de 2 US$ à 11,45 US$ (prix variable selon la taille). Brunchs de 4 US$ à 11 US$.

Cette petite chaîne *healthy* dispose d'une sélection particulièrement riche de cafés en tout genre, du cappuccino au *Soulmate*, un mélange d'espresso, de chocolat et de caramel. Par ailleurs, de nombreuses options sont proposées aux amateurs de thé. On y trouve également une petite carte de brunch, constituée d'un *avocado toast*, d'un croque-madame, d'un burrito ou encore d'une quiche sans gluten. Enfin, mentionnons les quelques desserts, tels que le *cheesecake brownie* et le cookie au beurre de cacahuètes et aux pépites de chocolat. Un délice !

SNOW CANYON STATE PARK ★

Ce beau site volcanique éteint couvre près de 3 000 ha constitués de grottes de lave et de cônes volcaniques vieux de 1 000 à 2 000 ans. Une terre occupée par les Anasazis de 200 av. J.-C. à 1250, puis par les Paiutes de 1250 jusqu'au milieu du XIXe siècle. De fait, plusieurs pétroglyphes y ont été retrouvés.

Le statut de State Park est attribué à l'ensemble en 1959 : baptisé Dixie State Park, il est ensuite renommé Lorenzo and Erastus Snow, du nom des mormons qui ont découvert les lieux en 1861. Finalement, on l'appellera « *Snow Canyon State Park* ».

Plusieurs westerns y ont été tournés avec Robert Redford, tels que *Butch Cassidy et le Kid* (1969), *Le Cavalier électrique* (1979) et *Jeremiah Johnson* (1972).

Pratique

Le parc est accessible tous les jours, de 6h à 22h. Comptez 15 US$ par véhicule. Plus d'informations au +1 435 628 2255.

Tourisme

On vient au Snow Canyon State Park pour ses canyons magnifiques, ainsi que ses formations en grès rouge et blanc, ses anciennes coulées de lave noires, ses dunes et ses étendues de sable. Si une quinzaine de randonnées permettent d'accéder à l'ensemble, l'escalade, l'équitation et le *mountain bike* y sont également pratiqués. Attention : en raison de la configuration accidentée des lieux, l'exploration des grottes de lave nécessite une certaine prudence.

CEDAR BREAKS NATIONAL MONUMENT ★★

Ce canyon aux allures d'amphithéâtre naturel est bordé par des *badlands* déchiquetées et arides. Le site a des dimensions impressionnantes : il s'étale sur 4,8 km, a une profondeur de 610 m et se situe à 3 000 m au-dessus du niveau de la mer. Si l'on peut randonner à travers le parc et descendre dans le canyon, l'accès peut être difficile d'octobre à mai. Un bon avant-goût des panoramas de Bryce Canyon, en beaucoup moins fréquenté.

Pratique

Renseignez-vous sur les conditions météorologiques du parc : www.nps.gov/cebr. Comptez 10 US$ par personne.

SPRINGDALE ★

Springdale est le village associé à Zion National Park. En plus de constituer la dernière étape avant d'arriver sur le site par le sud, tout y est fait pour accueillir de manière exemplaire les millions de touristes qui se pressent chaque année pour visiter l'un des plus beaux parcs nationaux des Etats-Unis. Qu'il s'agisse de logements, de restaurants ou d'équipements sportifs, chacun pourra trouver son bonheur. Néanmoins, les tarifs pratiqués sont plus onéreux que dans les environs plus lointains de Zion ; ainsi, si vous êtes véhiculé, préférez loger à une quarantaine de kilomètres d'ici, dans des villes telles que Hurricane, par exemple.

ZION NATIONAL PARK ★★★★

Zion National Park est considéré comme l'un des plus beaux parcs des États-Unis ; à juste titre. Étourdissant de grandeur, il s'étend sur près de 60 000 ha. Il s'agit d'une zone naturelle de première importance pour sa flore et sa faune, ainsi que pour les nombreux sites archéologiques qui y ont été mis au jour. À couper le souffle, les lieux se découvrent généralement par l'entrée est, qui permet de gagner le Visitor Center principal, au sud, aux portes de Springdale et de toutes ses commodités. Ce trajet en voiture fait partie de l'expérience : la sensation d'immensité est décuplée par les majestueuses formations rocheuses recouvertes d'un tapis de verdure, rappelant le paysage presque irréel du film *Avatar* (2009). On circule entre des reliefs à la texture indescriptible, semblant sortis de l'imagination d'un artiste talentueux.

Pratique

Comptez 35 US$ par personne. Situé à l'entrée sud, Zion National Park Visitor Center est ouvert quotidiennement, de 8h à 19h. Pour sa part, Kolob Canyons Visitor Center, à 65 km au nord de Zion Canyon, est ouvert de 8h à 16h30. Le site et ses infrastructures sont bien aménagés pour les fauteuils roulants, qui pourront emprunter Pa'rus Trail et Riverside Walk. Plus d'informations ici : www.nps.gov/zion.

Si le parc est accessible toute l'année, 24h/24, nous vous déconseillons de venir pendant les vacances scolaires ou le week-end, les lieux étant pris d'assaut : en plus de la présence de grands groupes sur les sentiers de randonnée, vous serez confronté à d'importants problèmes de stationnement.

UTAH

© DAVID GUERSAN - AUTHOR'S IMAGE

Zion National Park.

Se loger

Zion National Park est doté de trois campings :

- **Watchman Campground :** À proximité du Zion National Park Visitor Center et des établissements de Springdale, ce site particulièrement charmant et bien aménagé est idéal pour partir à la découverte du parc. Ouvert toute l'année, le camping permet la réservation de ses emplacements six mois à l'avance. De loin la meilleure option.

- **South Campground :** Également très bien situé, légèrement au nord de Watchman Campground, South Campground constitue une bonne alternative au cas où le premier soit complet. Nécessaires, les réservations peuvent être faites dès 14 jours avant l'arrivée. Le camping est en service de mars à octobre.

- **Lava Point Campground :** Ouvert de mai à septembre, ce camping excentré est niché à près d'1h20 de route de l'entrée sud de Zion, au nord de la ville de Virgin.

Prévoyez entre 20 US$ et 30 US$ par nuit.

Si un seul hôtel est installé dans le parc – Zion Lodge – vous trouverez des hébergements à Springdale. Pour des logements plus abordables, éloignez-vous de la zone, en allant à Hurricane, par exemple, à St. George ou encore à Kanab.

Se restaurer

Le Zion Lodge est le seul endroit où vous pourrez vous restaurer au sein du parc. À l'entrée sud, juste à côté du Visitor Center, le Zion Canyon Brew Pub – www.zionbrewery.com – est pratique pour les campeurs en quête d'un burger copieux ou d'une bière pression après une journée de marche. Pour le petit déjeuner ou pour prendre un café, FeelLove Coffee – www.feellovecoffee.com – reste une valeur sûre. Vous trouverez également une supérette – Sol Foods Supermarket – à Springdale.

Sports / Loisirs

Le vélo est un excellent moyen d'explorer Zion National Park. Pour en louer un, rendez-vous à la boutique de Zion Outfitter – www.zionoutfitter.com – à l'entrée sud du site, à côté du Visitor Center, ou à Zion Cycles – www.zioncycles.com – sur Zion Park Boulevard, à 1,8 km plus au sud. Privilégiez la première adresse : les locations commencent à 39 US$ – avant midi – contre 50 US$ pour la seconde. Pour les sorties équestres, nous vous recommandons Canyon Trail Rides – www.canyonrides.com – un centre installé à Tropic.

Par ailleurs, considéré comme la Mecque de l'escalade aux États-Unis, le parc offre des voies magnifiques, destinées exclusivement aux grimpeurs expérimentés.

Enfin, en raison de la neige qui recouvre parfois une partie de la zone, les sports d'hiver sont également pratiqués à Zion. Au programme : ski de fond, courses en raquettes, ou encore motoneige.

Tourisme

Zion Canyon forme la majeure partie du site. Creusé par la Virgin River, il est doté de 12 km de berges accessibles dans un superbe cadre naturel. Les parois, qui atteignent jusqu'à 800 m de hauteur de part et d'autre du cours d'eau, offrent un panel de couleurs saisissant, allant du pourpre à l'incarnat en passant par l'orange et le jaune. Le tout est constamment modifié par les lueurs du soleil. Une douzaine de sentiers de randonnée parcourent la zone, parmi lesquels quatre sont particulièrement populaires :

- **Riverside Walk :** Comme son nom l'indique, cette marche facile – accessible aux fauteuils roulants – de 3,5 km aller-retour suit la rivière entre les arbres et la roche. Une promenade agréable pendant laquelle vous croiserez une grande quantité de tamias, des adorables petits rongeurs à ne surtout pas nourrir ! Idéal pour un pique-nique au bord de l'eau.

- **Watchman Trail :** Cette superbe randonnée de 5,3 km aller-retour offre une succession de vues imprenables. Au bout, un panorama magnifique vous attend, sur la formation rocheuse Towers of the Virgin, la partie inférieur du Zion Canyon et Springdale. À ne pas manquer au coucher du soleil.

- **Kayenta Trail / Emerald Pools Trail :** Au niveau de Zion Lodge, plusieurs sentiers se rejoignent : ceux de Kayenta, des Lower Emerald Pools, des Middle Emerald Pools et de la Upper Emerald Pool. Nous vous conseillons de faire la boucle complète pour profiter de ces belles piscines naturelles, formées par la chute d'eau qui se trouve tout en haut. On évolue parmi des arbres dont le vert contraste avec le mont rouge et blanc que l'on voit en face ; superbe. Comptez 1h30 à 2h.

- **Angels Landing Trail :** Cette randonnée difficile de 8,7 km aller-retour est formellement déconseillée aux enfants et aux personnes ayant peur du vide. En cause : les derniers 800 m, sur lesquels le sentier suit une crête étroite et abrupte, où des chaînes ont été installées sur la paroi afin de se tenir. Une fois au sommet, la vue sur Zion Canyon est spectaculaire. Attention, un permis est nécessaire : postulez avant votre venue.

Transports

Pendant l'essentiel de l'année, Zion Canon Scenic Drive – et tous les points d'intérêt qu'elle dessert – est uniquement ouverte aux navettes, aux piétons et aux cyclistes, afin de limiter la circulation des voitures dans le parc. Elles circulent de mi-mars à début novembre :

- **Du 19 mars au 21 mai :** Le premier bus part du Zion Canyon Visitor Center à 7h, tandis que le dernier quitte Temple of Sinawava – l'arrêt le plus excentré du parc – à 19h15.
- **Du 22 mai au 18 septembre :** Premier départ depuis le Zion Canyon Visitor Center à 6h, dernier retour depuis Temple of Sinawava à 20h15.
- **Du 19 septembre au 5 novembre :** Les horaires sont les mêmes que pour la première période décrite.

Une navette gratuite circule entre Springdale et Zion Canyon Visitor Center entre 8h et 20h du 19 mars au 21 mai et du 19 septembre au 5 novembre, puis de 7h à 19h entre le 22 mai et le 18 septembre : l'idéal pour les voyageurs séjournant en ville.
Puisque la voiture n'est utilisable qu'entre l'entrée est et l'entrée sud, sur la Zion-Mount Carmel Highway, la visite de Zion National Park devra s'effectuer sans ; et la question du parking devient primordiale. Celui du Zion Canyon Visitor Center étant pris d'assaut dès le matin, il vaut mieux y venir le plus tôt possible. Par ailleurs, notez que les places les plus proches de l'entrée sont les plus chères ; en s'éloignant, elles diminuent parfois de moitié, passant de 40 US$ à 20 US$ la journée. Une autre alternative – plus simple et économique – consiste à camper dans le parc, la place de stationnement étant comprise dans l'emplacement de la tente.

THE NARROWS

Départ de Temple of Sinawava via Riverside Walk.
Jusqu'à 15,1 km et 8h.
Bien qu'elle soit particulièrement difficile, cette randonnée riche en sensations fortes est l'une des plus appréciées du parc. Après les premiers 1 600 m de Riverside Walk, la marche a obligatoirement lieu dans l'eau, souvent jusqu'aux genoux. En effet, il n'existe aucun sentier entretenu : le seul chemin est celui de la rivière. Le courant est rapide, l'eau froide et les pierres glissantes. Ainsi, renseignez-vous impérativement sur les conditions météorologiques et sur l'équipement nécessaire. Par ailleurs, il arrive que l'accès soit interdit.

WILDERNESS RESERVATION SYSTEM

https://zionpermits.nps.gov
Demande de permis : 5 US$.
Des permis sont obligatoires pour certaines activités du parc. C'est notamment le cas du bivouac, du *canyoning* et de l'escalade. Ils sont délivrés la veille ou le jour J aux Zion Canyon ou Kolob Canyons Visitor Centers. Attention : l'inscription ne garantit pas l'obtention du précieux document et ne sera pas remboursée. Par ailleurs, en plus des demandes « *classiques* », des tirages au sort sont organisés selon la saison et le site, tel que le superbe canyon de Left Fork North Creek.

KOLOB CANYONS ★★

www.nps.gov/zion
Plus éloignés des parcours traditionnels, les canyons de Kolob forment la partie nord-ouest du parc. Ils réservent des très beaux paysages, que l'on parcourt via la jolie Scenic Road de 8 km : elle longe une ligne de crêtes et propose de magnifiques points de vue comme le Timber Creek Overlook. La zone est constituée de trois sentiers de randonnée : Timber Creek Overlook Trail – 1,6 km – Taylor Creek Trail – 8 km – et Kolob Arch via La Verkin Creek Trail – 22,5 km. Attention : Kolob Canyons Road peut être fermée pendant l'hiver, en cas de neige ou de verglas.

ZION LODGE €€€

1 Zion Lodge
✆ +1 888 297 2757
www.zionlodge.com
Chambres doubles à partir de 175 US$. Réservation conseillée à plus d'un an.
Au beau milieu du canyon, l'unique lodge du parc a été construit dans les années 1930 avec les matériaux de la région : les pierres rouges des montagnes et le bois brun dont sont faites les forêts qui les recouvrent. Les *Motel Rooms* sont des chambres classiques, tandis que les *Lodge Suites* sont nettement plus spacieuses, avec une pièce séparée et de grands sofas. Néanmoins, nous vous conseillons les *Western Cabins*, qui ajoutent une touche romantique avec leur cheminée – au gaz – et leur toiture inclinée. Certaines sont également équipées d'une télévision.

ZION OUTFITTER

7 Zion Park Boulevard
✆ +1 435 772 5090
www.zionoutfitter.com
Tous les jours, de 7h à 21h.

T-shirts, casquettes, baskets, pantalons, chaussures de marche, chaussettes épaisses, sacs à dos, lunettes de soleil… Située juste à côté du Zion National Park Visitor Center, cette boutique dépannera les visiteurs en manque d'équipement, les sportifs particulièrement. Vous souhaitez vous engager dans The Narrows, escalader les parois du parc, faire du canyoning, ou encore une randonnée avec des raquettes ? Zion Outfitter saura vous louer le matériel adéquat. Il est également possible d'y réserver des vélos et une session de 2h de tubing dans la Virgin River.

KANAB ★

Située à 67 km au sud-est de Zion National Park, cette petite ville de plus de 4 500 habitants a été fondée en 1870 par des colons mormons sur les bases d'un ancien fort abandonné quelques années plus tôt. Il s'agit du lieu de séjour idéal avant de rejoindre Grand Canyon, Lake Powell ou encore Grand Staircase-Escalante National Monument. Vous y trouverez de nombreux hébergements et restaurants et de quoi vous approvisionner facilement. Par ailleurs, la commune possède un aérodrome destiné aux vols locaux et aux survols touristiques de la région.

Chaque année, le Western Legends Round Up figure parmi les grandes festivités qui animent ses rues. Il met à l'honneur le monde de l'Ouest avec des concerts de musique country, des parades de cow-boys, des duels au pistolet dans l'espace public et des projections de westerns mythiques. Plus d'informations sur : www. westernlegendsroundup.com.

Histoire

Ancienne ville minière reconvertie dans le tourisme, Kanab a connu la visite d'innombrables équipes de tournage, notamment au temps des grands westerns et des stars sacrées – en témoignent l'hôtel Parry Lodge et le Little Hollywood Land Museum. Parmi les films qui ont contribué à la renommée des lieux, nous pouvons citer *Buffalo Bill* (1944), *La Plus Grande Histoire jamais contée* (1965), *La Planète des singes* (1968), *Josey Wales hors-la-loi* (1976), de et avec Clint Eastwood, ou encore *Maverick* (1994), avec Mel Gibson et Jodie Foster. Hormis les nombreuses histoires liées au monde du cinéma, c'est probablement celle du trésor de Montezuma qui dormirait enfoui dans une grotte, dans un lac à la sortie de la ville vers Mount Carmel, que vous entendrez le plus souvent

Pratique

Avant de visiter la ville et ses environs, nous vous recommandons de passer par l'excellent Kane County Visitor Information Center, situé au 78 South 100 East Street et joignable au +1 435 644 5033. Le bureau est ouvert du lundi au samedi, de 8h à 17h. Appréciez la grande fresque sur le thème du cinéma western qui couvre ses murs. Vous y trouverez toutes les informations nécessaires sur Kanab, ainsi que sur la région et des destinations telles que Grand Canyon, Zion National Park, Bryce Canyon, Grand Staircase, ou encore Lake Powell.

CORAL PINK SAND DUNES STATE PARK ★

✆ +1 435 648 2800
Tous les jours, du lever au coucher du soleil.
10 US$ par véhicule.

À une trentaine de kilomètres à l'ouest de Kanab, ce petit parc se compose de dunes aux teintes rose corail formées de sédiments très fins. Il est possible de faire une balade en suivant des panneaux qui indiquent les différentes espèces végétales des lieux avant d'admirer le panorama depuis les plus hautes montagnes de sable. On y rencontre peu de monde – voire personne – à moins d'avoir la malchance de croiser une horde de quads qui ôtera au site toute sa sérénité. Superbe.

LITTLE HOLLYWOOD LAND MUSEUM ★

297 West Center Street
✆ +1 435 644 5337
www.littlehollywoodmuseum.org
Tous les jours, de 9h à 17h. Entrée libre mais donation de 5 US$ vivement suggérée.

Ce musée se veut la vitrine et la mémoire des grands films tournés à Kanab et dans ses environs. Du premier, *The Deadwood Coach*, en 1924, a des productions plus récentes, comme *John Carter* en 2012, Little Hollywood Land Museum vous fera revivre le passé prestigieux de la région. La cour intérieure comporte de nombreux décors sauvés de la destruction, agencés sous la forme d'une minuscule ville western typique ; de quoi faire de belles photos. Vous trouverez également un *gift shop*.

PARRY LODGE €€

89 East Center Street
+1 435 644 2601
www.parrylodge.com
Chambres doubles à partir de 110 US$. Petit déjeuner compris.

Le Parry Lodge ravira tous les *aficionados* du cinéma des années 1940. C'est ici qu'ont été accueillis nombre d'artistes en tournage à Little Hollywood – l'ancien surnom de Kanab – parmi lesquels figurent John Wayne, Frank Sinatra, Olivia De Havilland, Gregory Peck, Maureen O'Hara, Tyrone Power, Linda Darnell, Robert Taylor, Anne Bancroft, Dean Martin, Lana Turner, Clint Eastwood, ou encore Barbara Stanwyck. Réparties dans le bâtiment historique de l'hôtel – datant de 1931 – et dans quelques pavillons annexes, les chambres sont dotées de tout le confort nécessaire.

ROCKING V CAFE €€

97 West Center Street
+1 435 644 8001
www.rockingvcafe.com
Du jeudi au lundi, de 11h30 à 21h30. Plats de 15 US$ à 48 US$.

Établi dans un bâtiment datant de 1892, le Rocking V Cafe a succédé à de nombreux commerces : banque, restaurant, bureau de poste... Aujourd'hui, il s'agit d'un lieu où l'on se presse le midi et le soir, qui a su conserver intact l'esprit du passé. Ainsi, le plancher grinçant et la décoration *vintage* tranchent avec les quelques cadres modernes accrochés aux murs. On déguste une excellente cuisine aux accents du sud des États-Unis et du Mexique – mais aussi européens – dans une bonne ambiance. Au menu : un beau choix de viandes et des desserts savoureux.

RED CANYON ★★

À seulement 22 km au nord-ouest de Bryce Canyon National Park, cette petite parcelle de Dixie National Forest offre à voir les mêmes merveilles que le site incontournable précédemment mentionné ; mais à une échelle moindre – expliquant son surnom, « *Little Bryce* ».

Pratique

Ne manquez pas de passer par le Visitor Center, ouvert du vendredi au lundi, de 9h à 18h, et du mardi au jeudi, de 10h à 15h. Vous y trouverez toutes les informations nécessaires à la découverte des lieux. Une belle entrée en matière avant d'explorer le véritable objet de votre venue : Bryce Canyon.

BRYCE CANYON NATIONAL PARK ★★★★

Plutôt qu'un canyon, Bryce est un gigantesque amphithéâtre naturel en forme de fer à cheval, créé par l'érosion de la partie est du plateau de Paunsaugunt. Ses structures géologiques – les hoodoos, aussi appelées « *cheminées de fées* » – sont extraordinaires. Ce chaos de blocs et d'aiguilles rocheuses délicatement dentelées, dominant les versants d'une vallée encaissée, est l'une des plus minutieuses sculptures géantes dont les artistes ne sont autres que le vent, la pluie et le gel. Le chef-d'œuvre serait inachevé si les caprices de la nature n'y avaient pas déposé, çà et là, des touches de rose écarlate, d'orange, de blanc, de gris, de violet, de bleu, de vermeil... Un sentier – le Rim Trail – suit sur plusieurs dizaines de kilomètres le plateau déchiqueté qui borde le canyon. En quelques heures seulement, sa première partie permet d'explorer les sites les plus spectaculaires. Un incontournable de l'Utah.

Pratique

Le parc est accessible toute l'année, 24h/24. Comptez 35 US$ par personne pour une semaine, avec un accès illimité à la navette – lorsqu'elle est en service, soit de mi-avril à mi-octobre. Par ailleurs, Bryce Canyon National Park est doté d'un Visitor Center ouvert tous les jours de 8h à 20h pendant l'été, jusqu'à 16h30 durant l'hiver et 18h en automne. Plus d'informations ici : www.nps.gov/brca.

Se loger

Le site est doté de deux campings situés à proximité du Visitor Center. North Campground fonctionne selon le principe du « *premier arrivé, premier servi* » du 2 octobre au 26 mai, de même que le Sunset Campground du 15 avril au 31 octobre ; il faut réserver son emplacement le reste de l'année. Prévoyez 20 US$ par nuit.

Bryce Canyon National Park abrite également le Bryce Canyon Lodge – www.brycecanyonforever.com – véritable exemple de l'hébergement de qualité des parcs nationaux. À l'entrée du site, Bryce Canyon City compte plusieurs hôtels, parmi lesquels figure le luxueux Best Western Plus Bryce Canyon Grand Hotel – www.bestwestern.fr. Enfin, mentionnons Bryce Canyon Pines Motel – www.brycecanyonmotel.com – à une douzaine de kilomètres du Visitor Center, qui s'illustre par son excellent rapport qualité-prix. Si tout est complet, plusieurs petites villes alentour peuvent constituer des alternatives intéressantes, telles que Tropic, à 18 km à l'est du parc, Panguitch, à une quarantaine de kilomètres au nord-ouest, et Hatch à 42 km au sud-ouest.

© STÉPHAN SZEREMETA

L'amphithéâtre de Bryce Canyon.

UTAH

Tourisme

Le site est parcouru par une quinzaine de sentiers de randonnée. Cinq se démarquent particulièrement :

- **Rim Trail :** Ce spectaculaire chemin que l'on peut aussi bien suivre sur 1,6 km que 17,7 km permet de découvrir Bryce National Park en surplombant les hoodoos. Niveau : facile.
- **Queens Garden / Navajo Loop :** À ne manquer sous aucun prétexte, ce *trail* de niveau modéré est le plus populaire du parc. Avec une boucle de 4,6 km, il permet de combiner une partie du Rim Trail avec le facile Queens Garden Trail, qui descend au fond du canyon – permettant ainsi d'avoir un autre point de vue sur les cheminées de fées – et Navajo Loop, un beau sentier escarpé qui mène à des formations telles que Wall Street, Two Bridges et Thors Hammer. Superbe.
- **Mossy Cave :** Comme son nom le laisse penser, cette randonnée facile d'1,3 km aller-retour serpente à travers un environnement où règne une épaisse mousse, jusqu'à une petite chute d'eau.
- **Bristlecone Loop :** Comptez 1,6 km aller-retour pour ce chemin qui plonge au cœur d'une forêt de pins.
- **Fairyland Loop :** Étant la plus longue du parc, cette randonnée est réservée aux visiteurs disposant de davantage de temps. Par ailleurs, elle est ardue : il s'agit d'une boucle de 12,9 km dont le dénivelé atteint 523 m. Une promenade spectaculaire, où vous croiserez peu de marcheurs.

Bryce Canyon National Park se prête également à l'observation, disposant de superbes points de vue accessibles en voiture. Si vous ne devez en choisir qu'un, préférez Rainbow Point et son panorama incroyable sur les monts enneigés. Enfin, les lieux sont plébiscités pour leurs sorties équestres – www.horserides.net – et à vélo.

Transports

Afin de limiter la circulation dans le parc de mi-avril à mi-octobre, des navettes gratuites et optionnelles sont mises à disposition des visiteurs. Elles sont en service de 8h à 18h du 1er avril au 13 mai, jusqu'à 20h du 14 mai au 25 septembre, puis de 8h à 18h du 26 septembre au 23 octobre. Les bus arrivent toutes les 15 minutes et desservent une quinzaine d'arrêts.

KODACHROME BASIN STATE PARK ★★

A 1 767 m d'altitude, ce parc de 906 ha constitue une enclave dans Grand Staircase-Escalante National Monument ; il peut être parcouru en moins d'une demi-journée. Donné en 1948 par une expédition de *National Geographic*, son nom vient de la multitude de couleurs de ses paysages rocheux, rappelant les célèbres pellicules photo Kodak. Par ailleurs, le parc est traversé par une route goudronnée de laquelle on peut observer 67 formations gréseuses en forme de cheminées.

Pratique

Comptez 10 US$ par véhicule. Plus de renseignements ici : https://stateparks.utah.gov/parks/kodachrome-basin

GRAND STAIRCASE ESCALANTE-NATIONAL MONUMENT ★★

Bordé à l'ouest par Dixie National Forest, Grand Staircase-Escalante National Monument se situe sur le plateau du Colorado et recouvre une superficie gigantesque – plus de 7 500 km² – entre Bryce Canyon National Park au sud-ouest, Capitol Reef National Park au nord et Glen Canyon National Recreation Area au sud-est. La Scenic Drive 12 traverse la zone sur 100 km, de Cannonville à Boulder, via Escalante. La route se poursuit ensuite au travers de Dixie National Forest vers Torrey, avec un col à environ 2 900 mètres d'altitude, près de Boulder Mountain, le principal sommet du plateau Aquarius. On y croise les paysages les plus divers, entre les sommets et terrasses du Grand Staircase, les canyons rougeoyants de la rivière Escalante et le plateau de Kaiparowits.

Contrairement à un parc national, dont la proclamation est faite par le Congrès américain, la désignation d'une zone comme « *National Monument* » revient au président des Etats-Unis : ici, c'est à Bill Clinton que le site la doit – depuis 1996. Cette appellation vise à reconnaître un intérêt scientifique au terrain, en l'occurrence archéologique en raison des découvertes de fossiles de dinosaures, anthropologique au vu des vestiges indiens, ainsi que géologique et zoologique, certaines espèces d'abeilles étant spécifiques à la région.

Pratique

Pour vous procurer une carte détaillée des lieux et organiser au mieux votre exploration du parc, rendez-vous à l'Escalante Interagency Visitor Center, situé à Escalante, au 755 W. Main Street. Le bureau est ouvert du jeudi au mardi, de 9h à 16h.

Transports

Du fait de l'altitude élevée de l'ensemble de la région, des équipements spéciaux peuvent être nécessaires pour les voitures en hiver, y compris sur la Scenic Drive 12 – dont certains tronçons peuvent également être temporairement fermés. Avant votre visite, renseignez-vous ici : www.blm.gov/programs/national-conservation-lands/utah/grand-staircase-escalante-national-monument pour connaître les conditions météorologiques.

CALF CREEK RECREATION AREA ★

À 25 km à l'est d'Escalante, la Scenic Drive 12 mène à Calf Creek Recreation Area. Il s'agit d'une aire de pique-nique et d'un parking près du ruisseau, qui se remplit vite en été ; ainsi, mieux vaut arriver tôt. Un sentier difficile, d'environ 10 km aller-retour, en part pour rejoindre les magnifiques cascades de Lower Calf Creek. Une belle randonnée pour laquelle il convient de compter en moyenne 3 à 4 heures. À ne pas manquer, si on a le temps… Et le courage ! Entre Calf Creek et Boulder – situé à près de 22 km au nord de ce premier – des vues toujours plus impressionnantes se succèdent à mesure que la route s'élève, jusqu'à 3 300 m d'altitude.

BOULDER ★

A un petit peu plus de 45 km au nord d'Escalante, ce village paisible se trouve à l'entrée est de Grand Staircase-Escalante National Monument. Habité par à peine quelques centaines de personnes, Boulder offre des panoramas superbes sur une grande vallée et des paysages montagneux formidables. Les lieux abritent le Anasazi State Park Museum, quelques solutions d'hébergement et de restauration, ainsi qu'une station-service. Si vous êtes véhiculé, vous pouvez profiter d'un passage sur place pour gagner Boulder Mountain, dont les aires aménagées à proximité du col permettent de profiter des vues lointaines en contrebas. L'idéal pour pique-niquer.

ANASAZI STATE PARK MUSEUM 🏛 ★

460 North Highway 12
✆ +1 435 335 7308
Ouvert tous les jours, de 9h à 17h. Entrée : 5 US$.
Ancêtres des Amérindiens Pueblos, les Anasazis ont occupé la région de 1160 à 1235 : ce petit musée est dédié à leur histoire. Après avoir fait le tour des objets découverts sur le site au cours des fouilles – notamment des poteries –, on a le choix entre visionner un film sur cette communauté ou aller directement voir les vestiges d'un village datant du XIIe siècle. L'établissement fait également office de Visitor Center pour Grand Staircase-Escalante National Monument.

UTAH

BURR TRAIL GRILL €€

10 Highway 12
✆ +1 435 335 7511
www.burrtrailgrill.life
Du lundi au vendredi, de 11h à 18h. Jusqu'à 20h le week-end. Plats de 14 US$ à 18 US$.

« *Burgers – bière – tarte maison* » : telle est la devise du Burr Trail Grill. Ce petit restaurant typé Far West installé au bord de la route est doté d'un habillage en tôle et en bois ; de quoi aiguiser la curiosité et donner envie de s'arrêter avant d'aller plus loin. Simples et bonnes, les assiettes vont des burgers – au bœuf ou à l'agneau – à la truite en passant par le sandwich au tofu frit et le « *country chicken* ». Par ailleurs, les desserts sont excellents. Le plus : une terrasse extérieure ombragée, avec une jolie vue sur les alentours

CAPITOL REEF NATIONAL PARK ★★

Capitol Reef est probablement le moins fréquenté des parcs nationaux de l'Utah. Moins impressionnant que ses voisins, il réserve malgré tout de belles surprises géologiques. Par exemple, sa route se termine dans un grand canyon qui offre un paysage des plus surprenant. Puis, outre ses dômes rocheux, le site renferme des arches naturelles et des canyons auxquels conduisent des chemins de randonnée. Les pionniers mormons ont nommé les lieux ainsi en référence au Capitole, dont les dômes de roche rappellent la forme. Par ailleurs, ils ont planté à l'entrée du parc, le long de la rivière, un verger magnifique désormais mis à la disposition des visiteurs qui peuvent croquer dans ses fruits. De fait, on vient également à Capitol Reef pour cette ambiance bucolique qui nous plonge dans le passé agricole de la région. Également au programme : d'intéressants pétroglyphes indiens. En somme, le parc vaut le détour, d'autant qu'il permet d'emprunter la Scenic Drive 12, une attraction touristique majeure de l'État à elle seule.

Pratique

Capitol Reef National Park est accessible toute l'année, 24h/24. Comptez 20 U$ par véhicule. Le Visitor Center est ouvert quotidiennement, de 8h à 16h30. Certaines activités nécessitent l'obtention d'un permis ou une réservation en amont de la visite. Plus de renseignements ici : www.nps.gov/care.

Se loger

Le parc est doté de plusieurs campings ouverts aux réservations en ligne.

MOAB ★★

Nichée aux pieds d'espaces naturels magnifiques et des méandres du Colorado, Moab compte un petit peu moins de 5 500 habitants, auxquels s'ajoutent les milliers de touristes qui parcourent ses rues chaque année. Pourtant, pendant de longues années, les lieux n'étaient qu'un gué destiné à franchir le Colorado, jusqu'à ce que des pèlerins tentent d'y établir un fort en 1855. Après de violents conflits avec les Amérindiens, ils quitteront la zone, remplacés par un autre groupe de mormons en 1878. Le train arrivera dans la ville cinq années plus tard. La découverte de mines d'uranium et de vanadium dans les années 1910, puis de potasse et de manganèse – entre autres – feront rapidement de Moab une cité minière. Néanmoins, la « *capitale mondiale de l'uranium* » verra son activité minière sombrer dans les années 1980.
Elle se tournera alors vers le tourisme, tout en continuant à recevoir plusieurs fois par an l'industrie du cinéma. Parmi les films tournés sur place et dans les environs, nous pouvons citer *Rio Grande* (1950), *L'Homme aux colts d'or* (1959), *Comanche* (1955), *Indiana Jones et la Dernière Croisade* (1989), *Thelma et Louise* (1991), *Mission impossible 2* (2000), ou encore *127 heures* (2010).
Le centre-ville est agréable ; il fait bon déambuler dans Main Street, où l'essentiel de l'activité est concentrée. Devenue une destination privilégiée pour les amateurs de VTT et d'escalade, Moab est également le point de départ des Arches et Canyonlands National Parks, de Dead Horse Point State Park, mais aussi du Colorado, que l'on peut descendre sur quelques kilomètres.

Pratique

Avant de découvrir la ville et les environs, nous vous recommandons de passer au Moab Information Center, situé au 25 E Center Street Moab. Il est ouvert tous les jours, de 8h à 17h. Plus de renseignements ici : www.discovermoab.com.

Sports / Loisirs

La région se prête particulièrement à l'exploration aérienne ; auquel cas Redtail Air Adventures – www.flyredtail.com – est un choix évident. La société propose plusieurs vols panoramiques, notamment au-dessus des parcs des Arches, de Canyonlands et de Monument Valley.

MOAB MUSEUM OF FILM AND WESTERN HERITAGE ★

Highway 128
✆ +1 435 259 2002
www.redcliffslodge.com
Tous les jours de 8h à 22h. Entrée gratuite.

L'établissement fait partie du Red Cliffs Ranch, qui date de la fin des années 1800. Bien que l'élevage de bétail ait une place majeure dans son histoire, le cinéma y a également laissé son empreinte. Beaucoup de films y ont été tournés, comme *Le Convoi des braves* (1950), *Rio Grande* (1950), *Taza, fils de Cochise* (1954), ou encore *Comanche* (1955). Affiches, photos, témoignages... Le musée présente une intéressante collection de souvenirs de ces tournages.

AARCHWAY INN €€

1551 N Riverview Drive
✆ +1 800 341 9359
www.aarchwayinn.com
Chambres doubles à partir de 135 US$.

À moins de 5 minutes en voiture de l'entrée d'Arches National Park, Aarchway Inn est sans conteste l'un des meilleurs hôtels de Moab. On y trouve des chambres spacieuses et élégantes, équipées d'un micro-ondes et d'un réfrigérateur. Par ailleurs, une salle de sport ouverte 24h/24, une laverie, une piscine extérieure chauffée, un bain à remous et un barbecue avec des tables de pique-nique sont à disposition. Enfin, l'établissement propose un service de navette gratuit. Un excellent rapport qualité-prix, presque surprenant compte tenu de la proximité avec le parc.

DESERT BISTRO €€€

36 South 100 West
✆ +1 435 259 0756
www.desertbistro.com
Du mercredi au lundi, de 17h à 22h. Plats de 27 US$ à 52 US$.

Desert Bistro est l'une des meilleures tables de Moab, forte de son cadre chaleureux rempli d'histoire, dans un ancien *dancing* datant de 1892. Karl et Michelle Kelley sont aux petits soins avec leurs invités. Poisson frais, pâtes *agnolotti* maison farcies au parmesan, à l'asagio et aux champignons, confit de canard, porc mariné puis grillé... La cuisine est raffinée et créative sans pour autant perdre ses racines locales. La viande est délicieuse, les plats travaillés. Une excellente adresse à découvrir, promesse d'une belle soirée.

ARCHES NATIONAL PARK ★★★★

Voici l'un des parcs nationaux les plus spectaculaires de l'Ouest américain. L'eau, la glace, le feu et le vent ont contribué ici à la formation de plus de 2 000 arches naturelles, sculptées dans le grès rouge. La plupart d'entre elles sont facilement accessibles en voiture ou après 15 minutes de marche. L'érosion a également créé des dizaines d'autres formes étonnantes, telles que des reproductions naturelles des murs de Park Avenue à New York ou de la Courthouse Tower à Miami. Avec des horizons à couper le souffle, les lieux sont incroyables au coucher du soleil.

Faune et Flore

Arches National Park accueille plus de 100 espèces végétales, parmi lesquelles se démarque le genévrier de l'Utah. Riche, la faune est surtout composée de mammifères nocturnes.

Pratique

Le parc est accessible toute l'année, 24h/24. Comptez 30 US$ par véhicule. Par ailleurs, il dispose d'un Visitor Center, ouvert tous les jours, de 8h à 18h l'été et de 9h à 16h l'hiver. Plus de renseignements ici : www.nps.gov/arch.

Se loger

Devils Garden Campground est le seul camping des lieux. De novembre à février, la règle du « *premier arrivé, premier servi* » prédomine ; le reste de l'année, il vaut mieux réserver en amont. Prévoyez 25 US$ par nuit.

DEAD HORSE POINT STATE PARK ★

Considéré comme une réplique de Canyonlands National Park, en plus petit, Dead Horse Point State Park tient son nom de son utilisation comme corral par les cow-boys du XIXe siècle. Ce parc étatique perché à 1 800 mètres au-dessus du niveau de la mer permet une vue panoramique fabuleuse sur la rivière Colorado. D'une minéralité sinistre, le paysage est impressionnant et n'a pas grand-chose à envier aux plus beaux parcs nationaux.

Pratique

Comptez 20 US$ par véhicule. Plus de renseignements ici : https://stateparks.utah.gov/parks/dead-horse

CANYONLANDS NATIONAL PARK ★★★

Au cœur du désert de l'Utah, ce parc abrite des canyons colorés, des collines et des arches étalés sur quelque 136 621 ha. L'ensemble est réparti en quatre districts divisés par les rivières Green et Colorado et visités de manière assez inégale. Il s'agit d'Island in the Sky, de The Needles, de The Maze et de Horsehoe Canyon Unit. Chacun d'entre eux présente ses propres particularités et demande une organisation particulière. Par ailleurs, il est possible de découvrir les lieux en navigant sur l'une des rivières, moyennant au minimum deux jours d'expédition.

Pratique

Canyonlands National Park est ouvert toute l'année, 24h/24. Comptez 30 US$ par véhicule. Pour toute information complémentaire, rendez-vous sur : www.nps.gov/cany. Vous trouverez quatre Visitor Centers, répartis par district :

- **Island in the Sky :** Tous les jours, de 8h à 17h – les horaires varient selon la saison.
- **The Needles :** Tous les jours, de 8h à 17h – les horaires varient selon la saison.
- **Hans Flat Ranger Station :** Tous les jours, de 8h à 16h30 – les horaires varient selon la saison.
- **Canyonlands Backcountry Office :** Tous les jours, de 8h à 16h30 – les horaires varient selon la saison.

Se loger

Le parc compte plusieurs campings, proposant des spots entre 15 US$ et 20 US$ la nuit. Selon le site, il est possible – voire nécessaire – de réserver en avance ; renseignez-vous en ligne.

Tourisme

Au nord du parc, Island in the Sky est le district le plus visité de Canyonlands National Park. Sa position en surplomb et les nombreux belvédères aménagés le long de la route panoramique permettent de profiter de paysages exceptionnels. À 1 853 m d'altitude, Grand View Point Overlook en est l'extrémité. Pour sa part, The Needles offre une expérience de l'arrière-pays, nécessitant un 4x4 pour gagner ses différentes attractions. Très reculé, The Maze demande beaucoup de temps et d'autonomie pour être parcouru, tandis que Horseshoe Canyon Unit est uniquement ouvert à la journée.

BLANDING ★

Avec un petit peu plus de 3 500 habitants, Blanding constitue la plus grande commune du comté de San Juan. Située sur la Trail of The Ancients Scenic Byway, elle est connue pour abriter les excellents Edge of the Cedars State Park Museum et Dinosaur Museum. Par ailleurs, on y trouve quelques hébergements et restaurants.

Pratique

Avant votre visite, rendez-vous sur www.blanding-ut.gov, le site très bien conçu de la ville. Par ailleurs, le Visitor Center se trouve au 12 N. Grayson Parkway et est ouvert du lundi au samedi, de 9h à 17h.

© ROBERT INGELHART - ISTOCKPHOTO

Mesa Arch, Canyonlands.

EDGE OF THE CEDARS STATE PARK MUSEUM 🏛 ★★

660 West 400 North
✆ +1 435 678 2238
Tous les jours, de 9h à 17h. Entrée : 5 US$.

Il s'agit à la fois d'un site archéologique et d'un musée installé sur un ancien village préhistorique restauré avec soin. la région a été le foyer de diverses cultures, dont celles des Pueblos-Anasazis, des Navajos et des Utes : le musée abrite la plus importante exposition de poteries de l'époque Anasazi. À ne pas manquer non plus : la collection de paniers, la ceinture en plumes d'ara et le métier à tisser datant du milieu du premier millénaire, tous découverts dans le comté.

THE DINOSAUR MUSEUM ★

754 S 200 West ✆ +1 435 678 3454
www.dinosaur-museum.org

Du 15 avril au 30 octobre, du lundi au samedi de 9h à 17h. Adultes : 5,50 US$, séniors : 4,50 US$ et enfants : 3,50 US$.

Ce musée présente de manière ludique et très intéressante l'histoire des dinosaures qui peuplaient la région. Squelettes, fossiles, empreintes de pas et représentations en grandeur – presque – nature permettent de s'immerger dans le passé. Parmi les incontournables des lieux figurent la partie pop art, les magnifiques affiches de cinéma, la maquette du dinosaure de *King Kong* (1933), les œufs en train d'éclore et le gigantesque Therizinosaurus. La plupart est le fruit du travail du sculpteur et paléontologue Stephen A. Czerkas, co-fondateur du Dinosaur Museum.

STONE LIZARD LODGE €€

88 West Center Street
✆ +1 866 437 9903
www.stonelizardlodge.com

Chambres doubles à partir de 120 US$, petit déjeuner inclus.

Ouvert en 2013, Stone Lizard Lodge propose une petite vingtaine de chambres et d'appartements répartis dans un long bâtiment en forme de L. Parfait pour recevoir des couples et des familles, chacun de ces logements dispose, au minimum, d'une télévision à écran plat, d'un réfrigérateur, d'un micro-ondes, voire d'un four. Avec une décoration soignée, un ameublement de qualité et de bon goût, ainsi que des tarifs abordables, cet établissement constitue un point de chute idéal pour découvrir la région. Le plus : le nécessaire pour petit déjeuner fourni gratuitement.

NATURAL BRIDGES NATIONAL MONUMENT ★★★

Ce beau site de 31 km² abrite deux grands canyons et trois ponts naturels remarquables, dont les deuxième et troisième plus longs au monde. Une route panoramique carrossable de 14 km ainsi que plusieurs chemins de randonnée permettent de visiter l'ensemble en une seule journée.

Pratique

Le parc est ouvert toute l'année, 24h/24. Comptez 20 US$ par véhicule. Natural Bridges Visitor Center est ouvert tous les jours, de 9h à 17h en été, jusqu'à 16h au printemps, et du jeudi au lundi de 9h à 16h l'hiver. Plus de renseignements ici : www.nps.gov/nabr.

BLUFF ★

Située dans la vallée de la San Juan River, cette bourgade a été fondée en 1880 par des pionniers mormons. Elle est bordée par la rivière au sud et par des falaises de grès impressionnantes au nord : le tout dresse le décor de la superbe route 163. Cette dernière emprunte une partie de la Trail of the Ancients Scenic Byway qui, en provenance de Cortez, dans le Colorado, passe par Monument Valley, avant de rejoindre le Canyon de Chelly, en Arizona.

Tourisme

Bluff possède plusieurs hébergements et restaurants, une station-service, ainsi qu'un centre historique dominé par Bluff Fort. Quelques artistes sont également présents sur place. Deux formations rocheuses naturelles impressionnantes attirent le regard en traversant les lieux : Navajo Twin Rocks et Locomotive Rock. À proximité, on peut découvrir de nombreux pétroglyphes, comme par exemple à Sand Island, le long de la San Juan River, à la sortie ouest de la bourgade.
Ainsi, sans être le plus pittoresque des États-Unis, ce village présente un intérêt certain pour visiter les environs, en gardant en tête que les hébergements aux alentours directs de Monument Valley, à un petit peu moins de 80 km de là, sont rares et souvent complets dès les premiers beaux jours. Par ailleurs, plusieurs évènements s'y tiennent tout au long de l'année, tels que le Bluff Balloon Festival en janvier, la Utah Navajo Fair en septembre et le Bluff Arts Festival en octobre.

BLUFF FORT ★

550 East Black Locust
✆ +1 435 672 9995
www.hirf.org

Du lundi au samedi, de 9h à 18h. Dès 11h le dimanche. Entrée libre.

En 1879, des pionniers mormons de Parowan, dans le sud-ouest de l'Utah, réunissent leurs carrioles pour entreprendre ce qui allait devenir the Hole In The Rock Expedition, un voyage qui devait les mener à une trentaine de kilomètres de l'actuelle Bluffe en six semaines… Il durera six mois, tant il sera pénible. Après le passage de San Juan Hill, le groupe, épuisé, s'arrête dans la vallée et fonde ce fort. Aujourd'hui, on y découvre une vingtaine de maisons et quelques bâtiments communs, rénovés et décorés comme à l'origine. Un témoignage intéressant du passé.

UTAH

DESERT ROSE INN - RESORT & CABINS €€

701 West Main Street
✆ +1 435 672 2303
www.desertroseinn.com
Chambres doubles à partir de 145 US$.

Situé à l'entrée ouest de Bluff, légèrement en retrait de la route, ce complexe hôtelier de charme possède plusieurs bâtiments dont se démarque le principal, en bois et aux belles poutres apparentes. Les chambres sont réparties sur deux niveaux et sont toutes très confortables, en plus d'être dotées d'une grande salle de bains. Cerise sur le gâteau : une piscine avec vue. En somme, le Desert Rose Inn – Resort & Cabins est une excellente adresse avec un bon rapport qualité-prix.

LA POSADA PINTADA €€

239 N 7th East
✆ +1 435 459 2274
www.laposadapintada.com
Chambres doubles à partir de 175 US$. Petit déjeuner inclus.

Ce *Bed and Breakfast* de charme ouvert au printemps 2013 propose des chambres standard équipées de deux lits *queen-size* avec salle de bains, d'une petite cuisine et d'une terrasse privée avec vue sur les canyons. Pour leur part, outre les aménagements précédemment mentionnés, les « *King Suites* » sont dotées d'un lit *king-size* et d'une baignoire de style « *bain à remous* ». Par ailleurs, le petit déjeuner est préparé à partir de produits frais. Accueil très agréable, avec, en prime, des conseils sur les visites de la région et les activités alentour.

GOOSENECKS STATE PARK ★★

Un peu à l'écart de la longue route qui relie Moab à Grand Canyon National Park se dresse ce petit parc de 4 ha. Il s'agit avant tout d'un point de vue surplombant un profond méandre où se faufile la rivière San Juan. Du bord de cette incision de 305 m de profondeur, la vision sur le canyon en forme de « *cous d'oie* » est spectaculaire. Néanmoins, attention : en fin de journée, l'ombre dans le canyon atténue fortement les couleurs.

Pratique

Le parc est accessible toute l'année, 24h/24. Comptez 5 US$ par véhicule. Plus de renseignements ici : https://stateparks.utah.gov/parks/goosenecks

VALLEY OF THE GODS ★★

Ce mini Monument Valley se trouve sur la route qui sépare Bluff de Mexican Hat. Selon les croyances des Navajos, les formations rocheuses sont des lieux de pouvoir où résident les esprits : celles de la Vallée des Dieux en présentent quelques-uns des plus distinctifs, même si les noms donnés sur la majorité des brochures sont bien « *américains* ». Ainsi, de l'entrée est à l'entrée ouest, on rencontre : Seven Sailors, Setting Hen Butte, Battleship Rock, Castle Butte, ou encore Lady in a Bathtub.

Pratique

Entrée libre. Pour plus de renseignements, rendez-vous ici : www.blm.gov/visit/valley-gods

Se loger

Si Valley of the Gods ne dispose d'aucun camping aménagé, le camping sauvage est autorisé à certains endroits. Par ailleurs, les lieux disposent d'une structure hôtelière : Valley of the Gods B&B – www.valleyofthegodsbandb.com – à 750 m de la route principale.

Tourisme

Afin d'apprécier toute la beauté de la dizaine de formations rocheuses qu'abrite Valley of the Gods, il faut emprunter la piste de 27 km qui y serpente. Il s'agit d'une boucle partielle praticable avec la majorité des véhicules par temps sec. Néanmoins, attention aux nombreux trous et aux risques de toucher les bas de caisse.

MEXICAN HAT

A près de 40 km au nord de Monument Valley, Mexican Hat tire son nom d'une formation rocheuse située à 4 km au nord-est du lieu-dit, semblable à un « *chapeau mexicain* », c'est-à-dire à un sombrero. Ce minuscule village au milieu de nulle part possède une station-service et quelques possibilités d'hébergement. S'il ne mérite pas le détour, il présente l'avantage d'être proche de Monument Valley, de Valley of the Gods – 21 km – et de Goosenecks State Park – 22 km.

Pratique

Mexican Hat est si petite qu'elle ne dispose pas de son site internet, à l'inverse de la plupart des communes de l'Ouest américain. C'est dire !

ARIZONA

Avec ses 295 234 km² – soit plus de la moitié de la France –, l'Arizona est le sixième État le plus grand du pays. Très peu peuplé – 7,3 millions d'habitants –, le territoire est parcouru par des étendues gigantesques de nature préservée. Parmi ses magnifiques sites à majorité désertiques, impossible de ne pas citer Grand Canyon National Park et Monument Valley Navajo Tribal Park, tous deux emblématiques de l'Ouest américain. En plus de ses paysages aussi variés qu'époustouflants, la région possède un patrimoine culturel d'une grande richesse, empreint d'importantes influences amérindiennes et mexicaines. Ainsi, Phoenix et Tucson constituent des étapes agréables, fortes d'une rare diversité culinaire et de musées à la qualité indéniable – citons notamment le Heard et l'Arizona-Sonora Desert. L'Arizona se démarque également par l'authenticité de ses villages et de ses habitants, que l'on prend plaisir à découvrir au gré de promenades.

Tule Desert
Hurricane
UTAH
SITE NATIONAL DE GLEN CANYON
RAINBOW BRIDGE NATIONAL MONUMENT
BLUFF
MESA VERDE NATIONAL PARK (COLORADO)
Colorado City
Kaibab
PAGE
Navajo Mountain
MONUMENT VALLEY NAVAJO TRIBAL PARK
VERMILION CLIFFS NATIONAL MONUMENT
MESQUITE
Moapa
Moapa Valley
JACOB LAKE
Kanab Creek
Kayenta
Red Rock
NEVADA
Gold Butte
HAVASUPAI INDIAN RESERVATION
Oak Grove
Bodaway Gap
GRAND CANYON NATIONAL PARK
Chinle
Hard Rock
CANYON DE CHELLY NATIONAL MONUMENT
GRAND CANYON WEST - HUALAPAI INDIAN RESERVATION
BOULDER CITY
Tusayan
Cameron
Keams Canyon
Fort Defiance
WUPATKI NATIONAL MONUMENT
Nelson
Dolan Springs
Valle
SUNSET CRATER VOLCANO NATIONAL MONUMENT
Audley
Indian Wells
Seligman
Parks
WILLIAMS
Leupp
Golden Valley
Grand Canyon Rd
KINGMAN
FLAGSTAFF
PETRIFIED FOREST NATIONAL PARK
Nahata Dziil
Zuni
Kachina Village
Winslow
OATMAN
METEOR CRATER
Joseph City
Mohave Valley
Holbrook
SEDONA
Chino Valley
JEROME
TOPOCK
Wikieup
Prescott Valley
Dutch Flat
Prescott
Snowflake
LAKE HAVASU CITY

Arizona
Parker
Bouse
Wickenburg
Ambrosia Mill
Pioneer
Blythe
Cibola
Martinez Lake
Yuma
Wellton
Stanwix
Gila Bend
Buckeye
Cave Creek
Fountain Hills
PHOENIX ★★★
SCOTTSDALE ★
TEMPE ★
San Tan Valley
Maricopa
CASA GRANDE RUINS NATIONAL MONUMENT ★
Casa Grande
Eloy
Kearny
Pinetop-Lakeside
Eagar
Whiteriver
Alpine
Chrysotile
San Carlos
Bylas
Safford
San Luis Río Colorado
Ajo
SANTA ROSA ★★
Marana
Oro Valley
SAGUARO NATIONAL PARK ★★★
TUCSON ★★
CHIRICAHUA NATIONAL MONUMENT ★★
Rodeo
TOMBSTONE ★★★
Sierra Vista
BISBEE ★★
Nogales
Naco
Douglas
Sahuarita
Sells
Sásabe
Llantera la Palapa
Sonoyta
Valdez
MEXIQUE
Golfo de Santa Clara (Seccion FFCC.)
Gustavo Sotelo
Ejido Rio Escondido
Rocky Point
50 KM

PAGES

●● PLATEAU DU COLORADO 537

Outre une géologie unique, la principale richesse de cette région à la croisée de l'Arizona, de l'Utah, du Nouveau Mexique et du Colorado tient à sa diversité géographique. Hauts plateaux, canyons profonds et déserts parsemés de forêts contribuent à la beauté mystique des paysages. Si l'épicentre des lieux se trouve au Grand Canyon, le surnom donné aux environs, Red Rock Canyon, évoque les teintes rougeoyantes des roches taillées à vif par l'érosion et la sécheresse. Meteor Crater, Petrified Forest National Park, Horsehoe Bend, Antelope Canyon Navajo Tribal Park, Monument Valley Navajo Tribal Park… En dehors d'une concentration impressionnante de sites qui marqueront à jamais le visiteur, le Plateau du Colorado jouit de petits villages charmants qui se démarquent pour leur unicité, à l'instar de Jerome et Sedona.

537 OATMAN ★★★

537 KINGMAN ★★

537 GRAND CANYON WEST - HUALAPAI INDIAN RESERVATION ★★★

537 HAVASUPAI INDIAN RESERVATION ★★

538 WILLIAMS ★★

538 GRAND CANYON NATIONAL PARK ★★★★

542 FLAGSTAFF ★★

543 SEDONA ★★★

544 JEROME

544 METEOR CRATER ★★★

545 PETRIFIED FOREST NATIONAL PARK ★★★

545 WUPATKI NATIONAL MONUMENT ★★

546 SUNSET CRATER VOLCANO NATIONAL MONUMENT ★★

546 PAGE ★

547 GLEN CANYON NATIONAL RECREATION AREA ★★

548 RAINBOW BRIDGE NATIONAL MONUMENT ★★

548 VERMILION CLIFFS NATIONAL MONUMENT ★★

549 ANTELOPE CANYON NAVAJO TRIBAL PARK ★★★

549 MONUMENT VALLEY NAVAJO TRIBAL PARK ★★★★

550 CANYON DE CHELLY NATIONAL MONUMENT ★★

●● PHOENIX ET LE SUD 551

La région qui borde Phoenix compte parmi les plus attractives des États-Unis. « *The Valley of the Sun* » est aussi propice à l'immersion dans le désert et au *birdwatching* qu'à la randonnée et à la culture, forte de musées passionnants. Si l'on recommande le nord de l'Arizona pour ses sites naturels, le sud mérite que l'on s'y attarde pour la qualité de vie qu'offrent ses villes, dotées d'un patrimoine d'une grande richesse, Phoenix et Tucson en tête. Le visiteur disposant de temps poussera le voyage jusqu'à Bisbee, un coin d'Europe au charme indéniable, où le temps semble s'être arrêté. En route, il ne manquera pas de s'arrêter à Tombstone pour plonger dans l'époque des saloons et des duels au pistolet.

551 PHOENIX ★★★

558 SCOTTSDALE ★

560 TEMPE ★

560 CASA GRANDE RUINS NATIONAL MONUMENT ★

560 TUCSON ★★

566 SAGUARO NATIONAL PARK ★★★

566 TOMBSTONE ★★★

567 BISBEE ★★

568 CHIRICAHUA NATIONAL MONUMENT ★★

OATMAN ★★★

À un petit peu plus de 45 km au sud-ouest de Kingman, cette ville fondée en 1906 et ses mines d'or faisaient partie des plus importantes de l'Arizona jusque dans les années 1930. Alors *ghost town*, il s'agit désormais d'une commune touristique de la Route 66, avec de nombreux magasins de souvenirs, des restaurants installés dans des bâtiments historiques et un vieux bureau de poste. Les lieux sont surtout réputés pour leurs mules, plus nombreuses que les habitants. Il n'est pas inhabituel d'en voir par douzaines évoluer sur l'avenue principale, tandis que des duels au pistolet sont donnés par des *cowboys* des temps modernes. Une halte sympathique.

KINGMAN ★★

Fondée en 1882, Kingman tient son nom de l'ingénieur qui a supervisé les travaux de la Santa Fe Railway. Initialement créée comme dépôt ferroviaire, la ville est devenue un carrefour touristique et une plate-forme importante de distribution et de transport pour le nord-ouest de l'Arizona. Avant qu'elle ne soit déclassée, la Route 66 a apporté une manne non négligeable à l'économie des lieux. Ils ont conservé une quarantaine de bâtiments anciens, dont le plus important est la Powerhouse de 1907, où se trouvent notamment le Visitor Center et l'Arizona Route 66 Museum. Si elle ne mérite pas le détour, la ville peut constituer une étape intéressante.

ARIZONA ROUTE 66 MUSEUM ★★

120 West Andy Devine Avenue
✆ +1 928 753 9889 - www.mohavemuseum.org
Tous les jours, de 9h à 16h. Adultes : 5 US$, séniors : 4 US$, gratuit pour les moins de 12 ans.

Consacré à la Road 66, ce musée ouvert en 2001 se trouve dans l'ancienne usine électrique – « *powerhouse* » – de la ville, qui date de 1907. Il raconte l'histoire de la célébrissime route, ainsi que celle des milliers de migrants qui l'ont empruntée lors de la Grande Dépression. En plus de l'exposition, l'établissement diffuse un film d'une heure riche en informations. Au sous-sol, l'Electric Car Museum présente quelques modèles amusants de voitures électriques de toutes les époques. C'est également dans ce bâtiment que se trouve le Visitor Center de Kingman.

GRAND CANYON WEST - HUALAPAI INDIAN RESERVATION ★★★

À 205 km à l'est de Las Vegas et à 115 km au nord de Kingman s'étend la rive ouest du Grand Canyon. Attention : elle ne fait pas partie du Grand Canyon National Park, mais de la réserve indienne Hualapai. Un site qui présente considérablement moins d'intérêt et dont l'accès est bien plus onéreux. Nous le mentionnons uniquement pour les voyageurs désireux de sortir des sentiers battus.

Pratique

Pour des informations sur le Skywalk, le rafting dans les rapides du Colorado et la tyrolienne, rendez-vous ici : www.grandcanyonwest.com.

GRAND CANYON SKYWALK ★★★

808 Eagle Point Road ✆ +1 928 769 2636
www.grandcanyonwest.com
L'accès est inclus dans le Grand Package, qui comprend l'entrée du Grand Canyon West. Entre 64 US$ et 77 US$ par pers.

Ouvert depuis mars 2007, le Skywalk a été inauguré par Buzz Aldrin, l'un des astronautes ayant participé à la conquête de la lune. Cette immense structure de verre et d'acier est suspendue à plus de 1 200 m au-dessus du fond d'un canyon proche de la Colorado River. En forme de fer à cheval, la plate-forme s'avance de 22 m, pèse 500 t et est capable de résister à des vents de plus de 100 km/h. Loin d'être un incontournable – et particulièrement onéreux – le site est destiné aux voyageurs qui disposent de temps et d'un budget non négligeable.

HAVASUPAI INDIAN RESERVATION ★★

Cette réserve compte parmi les sites privilégiés par les randonneurs. En cause : le Supai Village et ses magnifiques chutes d'eau. Située dans un canyon affluent au sud de la Colorado River, la réserve couvre 760 km² et a été créée en 1880, avant d'être élargie en 1975. Ses terres sont administrées par les Havasupais, dont le nom signifie « *peuple des eaux bleu-vert et bleues* ».

Pratique

Le site est fermé au tourisme pour l'année 2022. Néanmoins, il devrait être à nouveau accessible dès janvier 2023. Informations ici : https://theofficialhavasupaitribe.com.

ARIZONA

WILLIAMS ★★

À 95 km au sud du Grand Canyon National Park, Williams est une étape intéressante pour ses hébergements, nombreux et aux tarifs abordables pour la région. Située sur l'historique Route 66, elle présente également l'avantage d'être le point de départ du train qui mène au Grand Canyon Village.

Se loger

Si nous ne devions citer qu'un hôtel, ce serait le Grand Canyon Hotel – https://thegrandcanyonhotel.com – une institution qui date de 1891. S'il est complet, rendez-vous au Canyon Motel & RV Park – https://thecanyonmotel.com.

ARIZONA

PETE'S ROUTE 66 GAS STATION MUSEUM 🏛 ★

101 East Route 66
✆ +1 928 635 2675
Du lundi au samedi, de 9h à 17h. Jusqu'à 19h le dimanche. Entrée libre.

Installée sur la Route 66, cette station-service a été construite en 1939 et a fonctionné comme telle jusqu'en 1988, avant de devenir une compagnie d'ambulance. Le bâtiment a été racheté en 2002 par un certain Neill Petrie – « *Pete* » – qui a voulu le rendre à son état d'origine, mais uniquement à titre de musée et de magasin de souvenirs dédié à la Road 66. Ainsi, il y expose des anciennes pompes à essence, des bidons d'huile d'époque, ou encore des panneaux *vintage*.

GRAND CANYON RAILWAY ☛ ★★

233 North Grand Canyon Boulevard
✆ +1 928 635 4010
www.thetrain.com
Départs de Williams à 8h30 ou 9h30 et retour à 14h30 ou 15h30. Adultes : 67 US$-226 US$, 2-15 ans : 32 US$-153 US$.

Le Grand Canyon Railway est le chemin de fer historique qui relie Williams à Grand Canyon Village. Créée en 1901 par l'Atchison, Topeka & Santa Fe Railway, la ligne a cessé d'être exploitée en 1974 avant de reprendre avec de nouveaux investisseurs en 1989. Depuis, un train touristique transporte les visiteurs à bord de six classes différentes, au cours d'un voyage à remonter le temps de 2h15. Il est également possible de privatiser une voiture. Que vous décidiez d'embarquer ou non, la gare de Williams est à voir pour son côté historique.

GRAND CANYON NATIONAL PARK ★★★★

Inénarrable, ce site incroyable d'immensité flirte avec les frontières de l'irréel ; à lui seul, il justifie un passage en Arizona. Avec une surface de quelque 500 000 ha, le Grand Canyon s'étend sur environ 450 km de long et 5,5 à 30 km de large entre les lacs Powell et Mead, tandis que sa profondeur moyenne est de 1 300 m – avec un maximum de plus de 2 000 m. Il a été sculpté par la puissance du Colorado, roulant avec violence une eau verdâtre et bourbeuse, comme pour arracher les 700 m de roche qui séparent encore le sol du niveau de la mer. Une force de la nature qui prend sa source dans les Rocheuses et se jette dans le golfe de Californie après avoir parcouru plus de 2 300 km. Si son débit moyen est de 650 m^3/s, il peut augmenter de manière significative en période de crue. Par exemple, avant la construction des barrages, il pouvait atteindre 2 300 m^3/s. Au total, une centaine de rapides se trouvent au fond du canyon.
Cette faille grandiose est bordée par deux plateaux à peu près parallèles : North Rim et South Rim. Éloignés de seulement quelques kilomètres à vol d'oiseau, ils sont séparés par près de 345 km par la route. Ils se distinguent aussi nettement par leur climat et leur végétation que par leur faune. La rive nord, plus haute de 300 m, est également plus sauvage. Ainsi, les millions de visiteurs que Grand Canyon National Park accueille chaque année sont plus attirés par South Rim, davantage aménagé pour le tourisme.

Pratique

South Rim est accessible toute l'année, 24h/24. En revanche, North Rim est fermé aux visiteurs du 1er décembre au 14 mai et n'est ouvert que du lever au coucher du soleil du 1er au 31 novembre. Le reste de l'année, il est possible de s'y rendre 24h/24. Quelle que soit la rive, l'entrée coûte 35 US$ par véhicule. Vous trouverez tous les renseignements nécessaires à l'organisation de votre venue ici : www.nps.gov/grca.
Grand Canyon National Park est doté de plusieurs Visitor Centers :

- **South Rim,** ouvert tous les jours, de 8h à 16h.
- **Verkamp's** – South Rim – ouvert tous les jours, de 8h à 18h.
- **Desert View Watchtower** – South Rim – ouvert tous les jours, de 8h à 19h.
- **North Rim,** ouvert tous les jours, de 8h à 18h, à l'exception de la période du 16 octobre au 14 mai, pendant laquelle le bâtiment est fermé.

Par ailleurs, rendez-vous au Backcountry Information Center – ouvert tous les jours, de 8h à 12h, puis de 13h à 17h – à Grand Canyon Village, pour obtenir le permis indispensable aux randonnées de plus d'une journée et au camping dans certaines zones du parc.

Zones

▶ **South Rim.** Cette rive, la plus fréquentée, est accessible par les entrées sud et est, via la State Route 64. La partie est, Desert View, n'a que peu d'infrastructures à proposer – des toilettes, un bureau d'information, un commerce, un snack et une station-service – alors que les parties sud et ouest sont dotées de deux centres d'accueil importants : Tusayan et Grand Canyon Village.

En plus d'abriter l'aéroport du parc, le village de Tusayan compte plusieurs possibilités d'hébergement et de restauration. Avec sa succession de motels et de commerces sans originalité, il n'a aucun charme mais se révèle être une bonne alternative pour séjourner près du site.

Situé en bordure de la rive, à une dizaine de kilomètres au nord de Tusayan, Grand Canyon Village se découpe en trois zones géographiques distinctes. À l'ouest, le quartier historique, avec plusieurs bâtiments construits au cours de la première moitié du XXe siècle. Citons Mary Colter's Lookout Studio, Hopi House, ou encore Grand Canyon Depot, qui accueille le train historique en provenance de Williams. Par ailleurs, le Backcountry Information Center se trouve dans la partie sud-ouest du quartier. Au centre, Market Plaza regroupe un *general store*, une épicerie, une banque, un bureau de poste et le Yavapai Lodge. Son grand parking est l'endroit idéal pour stationner et accéder aux navettes gratuites qui parcourent South Rim. Pour sa part, le Yavapai Museum of Geology offre des vues spectaculaires sur le Grand Canyon et présente l'histoire géologique de la région. À l'est, le Grand Canyon Visitor Center peut être rejoint à pied, en voiture ou en navette. D'ici, il est possible de marcher jusqu'au point de vue de Mather Point.

▶ **North Rim.** Il fait plus frais et plus humide sur la rive nord. Par ailleurs, la route principale qui y mène, la State Route 67, la rejoint perpendiculairement : malheureusement, le retrait très prononcé de North Rim par rapport au fond du canyon ne lui permet pas d'avoir une vue verticale sur le Colorado. En conséquence, le site est relativement peu fréquenté et dispose de peu d'infrastructures touristiques. On y trouve le Visitor Center et ses annexes, un hôtel – le Grand Canyon Lodge – un *general store* et un camping. Bien que beaucoup préfèrent se rendre à South Rim à l'occasion de leur première visite au Grand Canyon, il serait dommage de négliger la beauté sauvage et la quiétude de son voisin, qui revêt des airs de coin de paradis.

Se loger

Étant donné le nombre de visiteurs qui se rendent chaque année au Grand Canyon National Park, réservez votre hébergement le plus en avance possible, que vous comptiez faire du camping ou dormir dans un hôtel.

▶ **Camping.** Il vous faudra vous rendre au Backcountry Information Center, à l'ouest de Grand Canyon Village pour obtenir un Backcountry Permit si vous comptez camper à Tuweep Campground, ou, de manière plus large, en dehors de Mather Campground (Grand Canyon Village), de Desert View Campground (entrée Est) et de North Rim Campground. Cela vaut également pour toute la rive nord, entre le 1er novembre et le 14 mai.

ARIZONA

© R9_RONALDO - ISTOCKPHOTO

Grand Canyon.

Hôtels. Plusieurs hôtels sont disséminés à Grand Canyon Village – www.grandcanyonlodges.com. Citons l'historique Bright Angel Lodge, Maswik Lodge South Hôtel, El Tovar Hotel, ou encore Thunderbird Lodge. Seul un établissement se trouve dans le parc ; le Grand Canyon Lodge – www.grandcanyonforever.com – à North Rim.

Sports / Loisirs

Grand Canyon National Park se découvre notamment au gré de ses sentiers de randonnée. Parmi ceux qui parcourent South Rim, trois sont particulièrement appréciés par les visiteurs, le Rim Trail, le Bright Angel Trail et le South Kaibab Trail. Pour sa part, North Rim compte une multitude de chemins de tous les niveaux, à l'instar du célèbre North Kaibab Trail.

Il est fortement déconseillé de descendre jusqu'au fleuve et de remonter le canyon en une seule journée, surtout en plein été, lorsque les températures peuvent atteindre plus de 40 °C. Par ailleurs, avant de vous lancer dans une longue randonnée, parlez de vos projets à un ranger, qui saura vous conseiller et répondre à toutes vos questions. Munissez-vous systématiquement d'eau et d'un ou plusieurs encas dès lors que vous partez plus de 30 minutes. De la même manière, prévoyez plusieurs vêtements afin de ne pas être surpris par la météo. Enfin, faites attention aux animaux sauvages : par exemple, les morsures d'écureuils sont fréquentes et peuvent être sérieuses.

Rim Trail : Il s'agit du seul chemin réellement facile de la rive Sud. Étendu sur 21 km, il relie South Kaibab Trailhead à Hermits Rest en passant par le Grand Canyon Visitor Center. Puisqu'il longe la rive du canyon, on peut le parcourir d'un bout à l'autre ou le rejoindre par n'importe quelle zone d'observation intermédiaire, la route et les navettes se trouvant toujours à proximité.

Bright Angel Trail : Cette boucle de plus de 19 km constitue le parcours le plus populaire du parc, puisqu'elle permet aux visiteurs qui l'empruntent de descendre dans les profondeurs du canyon.

South Kaibab Trail : Idéale pour voir des panoramas époustouflants en peu de temps, cette boucle de 9,6 km commence à Yaki Point, accessible en shuttle.

North Kaibab Trail. Il s'agit de la seule piste entretenue qui descende de la rive vers le canyon, avec une partie très escarpée dans Roaring Springs Canyon. Comptez entre 2,4 km et 15 km aller-retour selon le dernier point que vous choisissez de rejoindre.

Par ailleurs, le parc abonde en points de vue à couper le souffle. Citons Bright Angel Point, le plus populaire de North Rim, accessible depuis l'hôtel Grand Canyon via un sentier goudronné de 400 m. Il offre d'excellentes vues sur South Rim ainsi que sur les canyons latéraux, et, à l'horizon, sur les San Francisco Peaks. Autre incontournable de la rive nord : Point Imperial, le point le plus haut du parc, situé à quelque 2 684 m d'altitude et offrant des panoramas spectaculaires sur Painted Desert et les environs. Enfin, mentionnons Toroweap Overlook, un endroit complètement isolé à l'ouest du Grand Canyon, offrant l'une des vues les plus imprenables sur le fleuve.

Vélo. Le Grand Canyon National Park constitue un terrain de jeu intéressant pour les cyclistes. Pour la location de vélos, rendez-vous chez Bright Angel Bicycles & Mather Point Café – www.bikegrandcanyon.com – un établissement qui organise également des visites en deux-roues. Il propose aussi un service de restauration, avec des sandwichs, des *wraps*, des *burritos* et des soupes à consommer sur place ou à emporter.

Autre possibilité : découvrir le grand canyon par les airs en le survolant en hélicoptère. Une expérience inoubliable notamment proposée par Papillon Grand Canyon Helicopters – www.papillon.com – une véritable institution locale fondée en 1965.

Transports

Même si vous êtes véhiculé, il est généralement plus pratique d'arpenter le Grand Canyon en utilisant son système de navettes gratuites. Ainsi, South Rim est parcouru par cinq *shuttles* :

Village Route. Toute l'année, la ligne bleue circule entre le Grand Canyon Visitor Center et le Backcountry Information Center de 4h à 23h.

Kaibab Rim. La ligne orange relie Yavapai Point and Geology Museum à Yaki Point – en passant par le Visitor Center – toute l'année, dès 4h et jusqu'à 20 minutes après le coucher du soleil.

Hermit Road. Du 1er mars au 30 novembre, de 4h à 30 minutes après le coucher du soleil, la ligne rouge offre 11,2 km de route panoramique, avec des vues incroyables sur le Grand Canyon. Son point de départ se trouve au Hermit Road Interchange, sur la partie ouest du quartier historique de Grand Canyon Village.

Tusayan Route. En service du 28 mai au 9 septembre, la ligne violette relie Grand Canyon Village à Tusayan, au sud. Les bus circulent toutes les 20 minutes, entre 8h et 21h30.

Hikers' Express Shuttle Bus. Chaque matin, ce bus rapide part de Bright Angel Lodge à 4h, 5h et 6h en juin, juillet et août, 5h, 6h et 7h en septembre et mai, 6h, 7h et 8h en octobre et avril, 7h, 8h et 9h en novembre et mars, puis 8h et 9h en décembre, janvier et février. Il mène les randonneurs au South Kaibab Trailhead.

▸ **North Rim est desservi par Grand Canyon Lodge Hiker Shuttle** du 15 mai au 15 octobre, un bus qui mène les visiteurs du Grand Canyon Lodge au North Kaibab Trailhead à 5h45 et à 7h10 – les places doivent être réservées 24h à l'avance à la réception de l'hôtel. Par ailleurs, à la même période, le Trans-Canyon Shuttle – www.trans-canyonshuttle.com – relie les rives Sud et Nord pour 120 US$ par personne et par trajet.

KOLB STUDIO ★★

www.nps.gov/grca

Tous les jours, de 8h à 18h. Accès libre.

Situé dans le quartier historique de Grand Canyon Village, Kolb studio était la résidence et le studio des Frères Kolb, pionniers de la photographie et de la vidéo au Grand Canyon National Park. À première vue, on dirait une vieille bâtisse perchée sur la rive du canyon : pourtant, depuis qu'il a été restauré, cet édifice datant du début des années 1900 abrite des belles collections d'œuvres d'art. Chaque année, au mois de septembre, c'est ici que se tient le Grand Canyon Celebration of Art, un événement de six jours suivi par une exposition de trois mois.

ANGELS WINDOW ★★★

Cape Royal Road

www.nps.gov/grca

Accès libre.

Située à l'extrémité de Cape Royal Road, Angels Window est une formidable fenêtre ouverte dans la paroi rocheuse. Au travers, on admire toute la beauté du Grand Canyon. Pour la gagner depuis la route panoramique, il faut se garer à Cape Royal Parking Area puis emprunter un sentier d'environ 800 m, accessible à tous les niveaux et bien balisé. En plus d'être époustouflant, le point de vue jouit d'une situation idéale, à l'écart de la State Route 67, qui lui permet d'être peu fréquenté par les visiteurs de North Rim – lui-même déjà moins touristique que South Rim.

TUSAYAN MUSEUM AND PUEBLO ★

Tusayan Ruin Road

www.nps.gov/grca

À 4,8 km à l'ouest de Desert View. Du vendredi au dimanche, de 9h à 16h. Accès libre.

Ce site comprend les ruines d'un *pueblo* ainsi qu'un petit musée – fermé jusqu'à nouvel ordre – qui retrace la vie des premiers habitants de la région. Ainsi, les lieux offrent un riche aperçu de la culture amérindienne, dont les poteries, les bracelets, les coquillages, ou encore les flèches exposées offrent un témoignage intéressant. Par ailleurs, un sentier ombragé et balisé traverse les ruines : en vous y promenant, vous pourrez admirer les San Francisco Peaks.

DESERT VIEW WATCHTOWER ★★

Desert View Road

www.nps.gov/grca

Accès libre. La tour est fermée jusqu'à nouvel ordre : consultez les mises à jour en ligne.

Une première étape à ne pas manquer si l'on arrive par l'est. Construite en 1932 au bord du vide sur le modèle des kivas amérindiennes – des pièces utilisées pour des rites religieux – cette tour d'observation semble sortie des vestiges anasazis. Œuvre de la célèbre architecte Mary Colter, elle offre une vue sublime sur le Grand Canyon, sur le Painted Desert – à l'est – et sur les San Francisco Peaks – au sud. Il s'agit également du point le plus haut de South Rim. À l'intérieur, les murs sont ornés des peintures murales de l'artiste Hopi Fred Kabotie.

YAVAPAI MUSEUM OF GEOLOGY ★★

South Entrance Road

www.nps.gov/grca

Tous les jours, de 8h à 18h. Entrée libre.

Pour tout savoir sur le Grand Canyon, son âge et sa formation, c'est dans ce musée qu'il faut se rendre. À renfort de reproductions en trois dimensions et de superbes photos, des expositions expliquent de manière très ludique la complexité géologique de la région. Également boutique de souvenirs, la librairie est bien fournie. Pour sa part, le bâtiment – construit en 1928 – offre une vue imprenable et constitue un excellent point de départ pour atteindre Rim Trail.

ARIZONA

FLAGSTAFF ★★

À 235 km au nord de Phoenix, cette ville-étape très agréable de la Route 66 est dotée d'un centre charmant, organisé autour de Heritage Square, où l'on trouve nombre de bâtiments historiques, boutiques, galeries, restaurants et bars. En automne, on observe le changement de couleur des feuilles de ses beaux trembles, des grands arbres qui se parent de teintes dorées.

En raison de la présence du campus de la Northern Arizona University, la ville présente les mêmes caractéristiques qu'une *college town* : une bonne ambiance prégnante, qui se ressent notamment dans ses huit brasseries – qui font l'objet du divertissant Flagstaff Brewery Trail : www.craftbeerflg.com. De la même manière, forte d'une riche programmation théâtrale et musicale, l'université constitue un moteur culturel d'importance pour les lieux, certains intervenants donnant même des conférences dans les bars locaux. Pour plus d'informations sur les évènements en cours lors de votre venue, rendez-vous au Visitor Center.

En somme, Flagstaff se révèle être un excellent point de chute pour découvrir les merveilles alentour, de Sedona au Sud – à 48 km – à Petrified Forest National Park à l'est – à 180 km – au Grand Canyon – à 140 km – et au Lake Powell au nord – à 200 km.

Se loger

La ville est bien pourvue en auberges de jeunesse, aussi sympathiques que festives. Toutes organisent des *tours* pour Monument Valley Navajo Tribal Park, Sedona et le Grand Canyon National Park. Quant à eux, la plupart des hôtels et des motels sont situés à l'est, le long de la Route 66.

Sports / Loisirs

Les montagnes environnantes représentent un gros attrait pour les habitants de la région, ceux du sud de l'État en tête. Ils se rendent à l'Arizona Snowbowl – www.snowbowl.ski – pour skier et faire du snowboard l'hiver, puis faire des randonnées et autres activités en plein air l'été. Également entourée par la Coconino National Forest, Flagstaff constitue un bon point de départ pour les amateurs de marche à pied et de trail.

Tourisme

Le Visitor Center propose deux excellents *walking tours* à faire seul, les dépliants explicatifs en main : l'un se concentre sur les bâtiments historiques de Downtown, l'autre sur l'histoire de la Route 66.

LOWELL OBSERVATORY ★★

1400 West Mars Hill Road
✆ +1 928 774 3358
www.lowell.edu
Mercredi-lundi : 10h-23h. Mardi : 10h-17h. Adultes : 25 US$, seniors et étudiants : 22 US$, 5-17 ans : 16 US$.

Ce lieu constitue l'une des plus grosses attractions des environs, Flagstaff étant pionnière en matière de pollution lumineuse et reconnue « *First International Dark Sky City* » en 2001. C'est ici qu'ont été découverts Pluton – en 1930 – et les anneaux d'Uranus – en 1977. Nommé d'après Percival Lowell, un astronome reconnu pour ses travaux d'observation de la planète Mars, l'observatoire est encore activement impliqué dans la recherche. On s'y rend la journée pour découvrir le site, puis le soir pour observer les étoiles dans l'imposant télescope.

MUSEUM OF NORTHERN ARIZONA ★★

3101 North Forth Valley Road
✆ +1 928 774 5213 - www.musnaz.org
Lundi et du mercredi au samedi, de 10h à 17h. Dès 11h le dimanche. Adultes : 15 US$, enfants de 10 à 17 ans : 10 US$.

Après le Heard Museum de PHOENIX, il s'agit du deuxième musée d'Arizona consacré à l'ethnologie et à l'archéologie. Sa réputation tient notamment à sa large collection de poteries anasazis. Y sont également présentées les fameuses poupées appelées *kachinas*, qui, dans la mythologie des Hopis, sont considérées comme des esprits. Par ailleurs, le Museum of Northern Arizona accueille de superbes expositions temporaires mettant d'autres formes d'art à l'honneur, comme la photographie.

RIORDAN MANSION STATE HISTORIC PARK ★

409 West Riordan Road ✆ +1 928 779 4395
www.azstateparks.com/riordan-mansion
Visites guidées tous les jours, à 10h, 11h, 12h, 13h, 14h, 15h et 16h. 12 US$ par adulte, 7 US$ pour les 7-13 ans.

Achevée en 1904 dans le style Arts and Crafts, cette magnifique demeure historique compte plus de 40 chambres et des logements pour les domestiques. Au milieu d'un beau parc, un guide vous conduira à travers cette maison richement emplie d'objets originaux, de meubles de l'architecte d'intérieur Gustav Stickley et de nombreux autres effets personnels de la famille Riordan, dont les frères Michael et Timothy comptaient parmi les pionniers de Flagstaff. Une visite intéressante.

WALNUT CANYON NATIONAL MONUMENT ★★

3 Walnut Canyon Road
www.nps.gov/waca
Tous les jours, de 9h à 16h30. Comptez 25 US$ par véhicule pour une semaine.

Ce village troglodyte a été construit dans les falaises du canyon par les Anasazis il y a environ 800 ans. On l'atteint après une marche d'1,5 km. Le site compte plus d'une centaine d'habitations en ruine, ainsi qu'un petit musée offrant quelques explications sur les lieux. Deux courts sentiers permettent d'explorer le canyon un peu plus profondément. Avant votre visite, passez par le Visitor Center, ouvert tous les jours de 9h à 12h, puis de 13h à 16h30.

SEDONA ★★★

Chaque année, cette petite ville enchante les visiteurs. Magnifique, la route qui y mène depuis Flagstaff donne le ton : elle slalome entre les pins pour mener aux impressionnantes formations rouges de Slide Rock State Park. Peu à peu, ces dernières laissent place à celles qui entourent Sedona, encore plus monumentales : les fameuses Red Rocks. Un ensemble presque irréel, où l'horizon est fait de montagnes rondes d'un blanc ocre ou d'un rouge orangé vif en forme de *mesa*, comme à Monument Valley. Néanmoins, ici, la végétation confère aux lieux un air de Provence.

Sur la rue principale, les boutiques de pierres se succèdent. En cause : les vortex qui animent la ville, ces phénomènes énergétiques puissants, invisibles à l'œil nu. Ainsi, Sedona est le point de convergence de nombreux flux qui lui insufflent un caractère mystique, en faisant une véritable capitale du New Age. Que l'on y croit ou non, nul ne saurait rester insensible à sa beauté. Un état de contemplation qui se prolonge une fois la visite terminée, lorsque l'on emprunte la Red Rock Scenic Byway vers le sud.

Pratique

À votre arrivée, rendez-vous au Visitor Center. Son charmant personnel vous y accueillera de 8h30 à 17h et vous fournira toutes les informations nécessaires à l'exploration de la région. Une étape indispensable avant une randonnée dans le Red Rock-Secret Mountain Wilderness.

MONTEZUMA CASTLE NATIONAL MONUMENT

2800 Montezuma Castle Road
www.nps.gov/moca
Tous les jours, de 8h à 16h45. Entrée : 10 US$. Gratuit pour les moins de 16 ans.

À 40 km au sud de Sedona, Montezuma Castle est l'un des habitats indiens les mieux conservés de la région. Le site a été investi par les Sinaguas, qui cultivaient les terres environnantes entre les XIIe et XIVe siècles, avant d'abandonner la zone. Le bon état de conservation des ruines s'explique en partie par leur situation privilégiée, à l'abri de la pluie et du soleil, ainsi que leur classement précoce comme monument national, en 1906. Leur construction en étages est spectaculaire.

ARIZONA

© BRENT COULTER - SHUTTERSTOCK.COM

Red Rock-Secret Mountain Wilderness.

RED ROCK-SECRET MOUNTAIN WILDERNESS ★★

www.fs.usda.gov

Le Red Rock Pass est nécessaire pour arpenter la zone. Comptez 5 US$ pour une journée et 15 US$ pour une semaine.

À quelques minutes de Sedona, cet ensemble de falaises, d'arches, de *buttes* et de canyons constitue un chef-d'œuvre spectaculaire, avec la nature pour seule artiste. Le rouge domine le tout, comme pour donner plus de profondeur à la toile. Près d'une vingtaine de sentiers de randonnée permettent d'explorer les lieux. Tous les chemins partent du Red Rock Ranger District, à l'exception du Secret Mountain Trail #109, qui commence au niveau du Flagstaff Ranger District.

THE HUDSON €€€

671 State Route 179

✆ +1 928 862 4099

www.thehudsonsedona.com

Tous les jours, de 11h30 à 21h. Plats de 25 US$ à 58 US$. Sandwichs et burgers de 14 US$ à 23 US$. Happy hour : 15h-18h.

Établie en 2015, cette excellente table s'illustre tant pour la qualité de ses produits, le raffinement de sa cuisine et l'atmosphère de son bar *lounge* que pour la vue imprenable de sa terrasse. On y trouve des bonnes viandes, allant de l'escalope de poulet au filet mignon, ainsi qu'une belle assiette de saumon, d'espadon ou encore de pâtes. Mention spéciale aux desserts, la tarte au beurre de cacahuètes et au chocolat en tête. Que ce soit pour un verre ou pour un repas, une étape par Sedona devrait toujours comprendre un arrêt au Hudson.

JEROME

Fondée en 1879, la ville tient son nom d'un avocat new-yorkais qui n'était autre que le cousin de Winston Churchill. Après avoir été édifiées sur un site déjà connu des Amérindiens pour son cuivre, les mines ferment en 1953 et Jerome se vide de ses habitants. Dans les années 1960, elle commence à attirer des artistes venus des quatre coins des États-Unis, puis d'autres curieux après être devenue National Historic Landmark en 1976. À ce titre, il est difficile de considérer qu'il s'agit d'une *ghost town*, mais l'escale vaut assurément le détour. Car Jerome n'en reste pas moins une très jolie petite bourgade accrochée à flanc de montagne, dont le charme ancien des maisons de bois ou de brique – certaines sur pilotis – opère indéniablement. Un spot idéal pour observer le soleil se coucher… D'autant que c'est à la nuit tombée que les lieux revêtent un certain *je ne sais quoi* d'outre-tombe, en particulier lorsque l'on s'éloigne du centre et de ses boutiques.

Tourisme

Jerome State Park constitue la principale attraction touristique – à proprement parler – de la commune. Ouvert tous les jours, de 10h à 16h, ce site abrite le Douglas Mansion, construit en 1916 par des entrepreneurs miniers. Reconvertie en musée, la maison emmène le visiteur à la découverte du passé de Jerome. Comptez 7 US$ par adulte et 4 US$ pour les enfants de 7 à 13 ans. Plus d'informations ici : www.azstateparks.com/jerome.

METEOR CRATER ★★★

Il y a 49 000 ans, une météorite s'est écrasée à plus de 50 000 km/h dans l'actuel Arizona, détruisant toute vie animale et végétale dans un rayon de 150 km. S'il n'est pas le plus grand du monde, son cratère – 1,3 km de diamètre et 180 m de profondeur – est certainement le mieux conservé. Par ailleurs, l'impact a dispersé 300 millions de tonnes de roches, créant ainsi des cratères secondaires qui se sont plus ou moins effacés avec le temps.

À 70 km à l'est de Flagstaff, le site mérite absolument le détour ; car, au sommet du cratère, l'impression est saisissante, la sensation indescriptible. La surprise est totale lorsque, sur la plateforme d'observation, on prend place derrière les jumelles. L'une des paires est réglée sur un rocher dans le fond du trou : minuscule à l'œil nu, il fait en réalité la taille d'une maison. En somme, une visite étourdissante d'immensité.

Pratique

Meteor Crater est ouvert du vendredi au mercredi, de 7h à 19h, et à partir de 7h30 le jeudi. Comptez 25 US$ par adulte, 23 US$ par sénior et 16 US$ par enfant de 6 à 12 ans. Réductions en ligne. Plus de renseignements ici : www.meteorcrater.com. Le Discovery Center abrite un petit musée extrêmement bien fait, dans lequel on s'adonne à plusieurs découvertes interactives, comme celle qui consiste à créer son cratère : on choisit un objet céleste, son angle d'impact, sa vitesse et sa densité, puis la planète sur laquelle il s'apprête à s'écraser.

PETRIFIED FOREST NATIONAL PARK ★★★

Petrified Forest National Park regroupe deux zones naturelles séparées par l'Interstate 40 : Painted Desert au nord et Petrified Forest au sud. Elles constituent une visite unique, puisque l'on peut entrer par la première comme par la seconde, via l'I-40 ou la U.S. Route 180. Une magnifique route de 45 km parcourt l'ensemble en serpentant au milieu d'une nature éblouissante.

Painted Desert. Au fil du temps, l'érosion y a révélé de multiples strates colorées par le fer, le manganèse et d'autres minéraux qui constituent un véritable arc-en-ciel selon les heures de la journée. L'eau a joué un rôle prépondérant dans le phénomène : lorsque la nappe phréatique était basse, le fer et le manganèse contenus dans le sol ont été oxydés par l'oxygène. Quand elle était haute, les métaux, mieux protégés, ont conservé leur couleur naturelle. Ces variations de niveau ont provoqué les changements de couleur dans ces terrains à la nature pourtant similaire. Un peu moins d'une dizaine de points d'observation sur la route permettent d'avoir une vue panoramique des lieux. C'est également dans cette partie du parc que l'on peut voir le Painted Desert Inn et des vestiges de la Route 66.

Petrified Forest. Il y a 225 millions d'années, cette région était une zone marécageuse. Les torrents des montagnes y charriaient de gigantesques troncs d'arbres qui se sont fossilisés au fil des millénaires,. Avec l'eau et le sable, des réactions chimiques ont pétrifié le bois pour donner des pierres de couleurs variées : violet, vert, jaune, cristal, ou encore marron. Aujourd'hui, le visiteur se promène parmi les troncs de pierre de cette forêt détruite sur différents sites, tels que l'incontournable Blue Mesa – une boucle de 8 km – et Jasper Forest. Petrified Forest permet aussi de découvrir des vestiges archéologiques de première importance, notamment les ruines de Puerco Pueblo et celles d'Agate House, un ensemble d'habitations occupées entre 900 et 1300.

Pratique

Le parc est accessible tous les jours, de 8h à 18h. Comptez 25 US$ par véhicule pour une semaine. Ouvert quotidiennement de 8h à 17h, le Painted Desert Visitor Center vous donnera tous les éléments nécessaires à la visite des lieux. Sinon, il est possible d'obtenir des renseignements auprès des rangers du Rainbow Forest Museum. Plus d'informations ici : www.nps.gov/pefo.

PAINTED DESERT INN ★★

1 Park Rd
✆ +1 928 524 6228
www.nps.gov/pefo
Tous les jours, de 9h à 16h.

Cette ancienne auberge a été construite en 1924 par Herbert Lore, un colon, sur un perchoir donnant sur le Painted Desert. Le bâtiment était surnommé Stone Tree House en raison de l'utilisation de bois pétrifié dans sa construction. Des chambres étaient disponibles pour 2 à 4 dollars par nuit. Les clients prenaient leur repas dans la salle à manger, achetaient des pièces d'artisanat amérindiens et dégustaient une boisson fraîche dans la buvette. Herbert Lore organisait également des tours en automobile. Aujourd'hui, seule la visite du bâtiment est possible.

RAINBOW FOREST MUSEUM ★★

6618 Petrified Forest Road
✆ +1 928 524 6228
www.nps.gov/pefo
Tous les jours, de 8h à 17h.

De superbes fossiles d'animaux préhistoriques sont exposés ici, dont ceux d'un tyrannosaure retrouvé dans le parc en 1984. Les vitrines du musée présentent également quelques lettres de jeunes citoyens repentis ayant retourné des pierres subtilisées lors d'une visite des lieux. À l'extérieur du bâtiment, un premier sentier, Giant Logs – une boucle d'1 km – permet la découverte de bois fossilisé. Un second, plus long – Long Logs – mène à d'autres spécimens, puis à Agate House, les vestiges reconstruits en 1930 d'une habitation occupée entre 900 et 1300.

WUPATKI NATIONAL MONUMENT ★★

Ce site archéologique est l'un des lieux de mémoire les plus importants des civilisations amérindiennes précolombiennes : il regroupe de nombreuses ruines, éparses, de bâtiments construits par les Sinaguas, dont l'existence se situe entre 500 et 1300. À la fin du XIIe siècle, Wupatki était le *pueblo* le plus important de la zone.

Pratique

Le Visitor Center est ouvert tous les jours, de 9h à 16h30. Comptez 25 US$ par véhicule – les billets sont valables une semaine et permettent d'entrer sur le site du Sunset Crater Volcano National Monument. Plus d'informations ici : www.nps.gov/wupa.

ARIZONA

SUNSET CRATER VOLCANO NATIONAL MONUMENT ★★

Dressé au nord de Flagstaff, le « *cratère du soleil couchant* » est entré en éruption il y a environ 1000 ans. Elle a provoqué des coulées de lave prodigieuses ; deux d'entre elles, la Bonito Flow – 2,5 km – et la Kana-a Flow – 9,6 km – sont particulièrement visibles aujourd'hui. Le territoire environnant est fait de cendres et de projections issues de l'explosion. Haut de 340 m, le cône du Sunset Crater fait encore l'objet de coulées de lave noire spectaculaires.

Histoire

Le site a été érigé en National Monument en 1930 par le président Herbert Hoover, dans l'objectif de le protéger d'un tournage hollywoodien qui projetait de reproduire les dégâts d'une avalanche... À grand renfort d'explosifs.

Pratique

Le Sunset Crater Volcano National Monument est accessible toute l'année, 24h/24. Pour sa part, le Visitor Center est ouvert tous les jours, de 9h à 16h30. Comptez 25 US$ par véhicule pour une semaine – le billet comprend l'entrée au Wupatki National Monument. Plus d'informations ici : www.nps.gov/sucr.

Tourisme

Cinq sentiers de randonnée sont ouverts au public : les faciles Lava Flow Trail – une boucle d'1,6 km – Bonito Vista Trail – 0,5 km aller-retour – A'a Trail – 0,3 km aller-retour – et les plus ardus Lenox Crater Trail – 2,6 km aller-retour – et Lava's Edge Trail – 5,5 km aller-retour.

PAGE ★

Jusqu'en 1957, il n'y avait ici que le désert. C'est avec la construction du barrage que Page s'est développée : aujourd'hui, elle compte 7 500 habitants répartis dans des quartiers résidentiels bien entretenus. En bordure nord-ouest de la Navajo Nation, la ville est réputée pour son accès à l'indescriptible Antelope Canyon, situé dans la réservée. Car c'est pour la superbe nature qui l'entoure que l'on se rend à Page. Parmi les incontournables, citons également Horseshoe Bend. Les voyageurs disposant de temps partiront aussi à l'exploration de Glen Canyon National Recreation Area et de son Lake Powell, ainsi que de Vermilion Cliffs National Monument.

HORSESHOE BEND ★★★

U.S. Route 89

Accessible tous les jours, du lever au coucher du soleil. Comptez 10 US$ par véhicule.

À environ 9 km au sud-ouest de Page, ce superbe méandre du Colorado en forme de fer à cheval est l'un des points de vue les plus impressionnants sur le fleuve. Du bord de la falaise, une vue plongeante sur les eaux couleur émeraude s'offre au visiteur. Concrètement, Horseshoe Bend se trouve à la limite sud de Glen Canyon National Recreation Area, à quelques centaines de mètres seulement de la route principale. Une fois garé, il suffit de marcher une petite quinzaine de minutes pour atteindre le point de vue. Une visite absolument incontournable.

RED ROCK MOTEL €

114 8th Avenue

✆ +1 928 645 0062

www.redrockmotel.com

Chambres doubles à partir de 60 US$.

En plus de son rapport qualité-prix absolument imbattable, nous vous recommandons cet établissement pour le bon aperçu qu'il donne des motels à l'américaine. Spacieuses, confortables et très bien tenues, les chambres sont dotées d'une télévision, d'un micro-ondes et d'un réfrigérateur. Une cuisine extrêmement bien équipée se trouve à l'écart, accessible à tous les voyageurs. Cerise sur le gâteau : l'accueil du sympathique patron, qui a récemment repris le Red Rock Motel. Bien qu'il soit nouveau dans la région, il ne manquera pas de vous conseiller avec soin.

THE BEARS DEN B&B €€

864 Driftwood Avenue

✆ +1 928 614 8239

www.thebearsdenbnb.com

Chambres doubles à partir de 165 US$. Petit déjeuner compris.

Situé dans un quartier de préfabriqués, ce Bed & Breakfast est une belle surprise avec ses chambres confortables impeccablement tenues et parfaitement équipées. Les propriétaires – Bubba, qui a travaillé sur le lac pendant plus de 35 ans, et sa femme Deb-b, qui a grandi dans la réserve des Navajos – connaissent la région dans ses moindres recoins et vous délivreront de précieux conseils pour les visites. Comme le nom des lieux le laisse penser, la mascotte est l'ours – « *bear* ». Il y en a un peu partout dans la maison, dont une véritable peau sur le sol du salon.

BIG JOHN'S TEXAS BARBEQUE €€

153 S. Lake Powell Boulevard
✆ +1 928 645 3300
https://bigjohnstexasbbq.com
Tous les jours, de 11h à 21h. Assiettes de 7 US$ à 35 US$.

Dans cette ancienne station-service transformée en restaurant par un Texan, on se régale de sandwichs, de nachos et, surtout, de côtes grillées au barbecue servies dans des assiettes cartonnées gorgées de haricots et de salade de chou *coleslaw*. Un délice ! Certains soirs, des cow-boys viennent avec leur guitare et poussent la chansonnette face aux convives attablés sur de longues tables couvertes de nappes à carreaux. Une adresse où règnent authenticité et bonne ambiance.

BONKERS RESTAURANT €€

810 North Navajo Drive ✆ +1 928 645 2706
www.bonkerspageaz.com
Du mardi au jeudi, de 16h à 20h30. Jusqu'à 21h vendredi et samedi. Pâtes de 12 US$ à 32 US$. Plats de 22 US$ à 46 US$.

Ce restaurant américain aux influences italiennes sert une cuisine alléchante dans un cadre simple, à l'aspect *kitsch* assez plaisant. Petite, la carte propose quelques entrées et salades, mais, surtout, des pâtes. Marinara, alfredo, carbonara, crème tomate et basilic, aux palourdes… Les sauces sont assez classiques. Quelques spécialités se démarquent, comme les *fettuccine* au saumon noirci et les *ravioli* au homard. Également au menu : des belles pièces de viande, du veau au steak en passant par le poulet. Mention spéciale au personnel chaleureux.

WILDERNESS RIVER ADVENTURES

199 Kaibab Road ✆ +1 928 645 6906
www.riveradventures.com
Exemple de tarifs : demi-journée à Horseshoe Bend pour 99 US$ par adulte et 87 US$ par enfant.

Cette compagnie gérée par Aramark propose des sorties rafting d'une demi-journée à Horseshoe Bend, avec, au programme, un arrêt par le méandre en forme de fer à cheval, à Petroglyph Beach, à Lee's Ferry, ou encore à Vermilion Cliffs. Wilderness River Adventures organise également des excursions jusque dans les rapides du Grand Canyon. Les séjours durent entre trois jours et demi et six jours et demi, en fonction de la partie du site choisie. Sensations fortes en prévision !

GLEN CANYON NATIONAL RECREATION AREA ★★

C'est au cours de son expédition de 1869 sur le fleuve Colorado que l'explorateur John Wesley Powell donne à la région le nom de Glen Canyon – un « *glen* » étant une vallée étroite et encaissée. Pour sa part, la National Recreation Area a été créée en 1972 par le Congrès américain. Les trois quarts de ses 5 058 km^2 s'étendent sur l'Utah ; le reste sur le nord de l'Arizona.

Pièce maîtresse du site, le lac Powell n'en représente que 13 %. Néanmoins, il s'agit du deuxième plus grand lac artificiel d'Amérique du Nord, érigé en 1963 avec la construction du Glen Canyon Dam. Sa création est née d'une volonté : permettre l'alimentation électrique d'une partie du sud-ouest des États-Unis – en complément de la centrale de charbon de la réserve Navajo, à l'est de Page. Il faudra 17 ans pour remplir le bassin. Aujourd'hui, la consommation importante d'eau par la population et la sécheresse continue de la région ont fait baisser le niveau d'eau de manière drastique.

Pratique

Comptez 30 US$ par véhicule. Les lieux sont dotés de plusieurs Visitor Centers, le principal étant Carl Hayden, ouvert tous les jours, de 8h à 18h l'été, de 8h à 16h l'hiver et de 8h à 17h en automne et au printemps. Plus de renseignements ici : www.nps.gov/glca.

Se loger

Le parc est doté de plusieurs campings équipés, qui ne sont pas ouverts aux réservations. Nuit à partir de 14 US$ par véhicule.

Sports / Loisirs

Kayak, canoë, croisières, baignades, ski nautique, jet-ski, rafting... Les activités nautiques sont les principales attractions offertes autour du lac – www.lakepowell.com. La marche est également possible, notamment pour atteindre certaines zones particulièrement sauvages de Glen Canyon National Recreation Area.

Tourisme

Defiance House est sans conteste le site le plus intéressant de la zone, d'un point de vue archéologique comme historique. Occupé de 1250 à 1285, ce lieu relativement inaccessible – par bateau uniquement – abrite d'anciennes maisons anasazis, des pétroglyphes et une kiva où se déroulaient des cérémonies religieuses.

GLEN CANYON DAM ★★

Highway 89

Construit entre 1956 et 1966, il mesure 215 m de haut et près de 500 m de long. Si la largeur de son sommet n'atteint que 7,50 m, celle de sa base avoisine les 100 m. La route ne passe pas sur le barrage, mais sur un pont spectaculaire qui survole le fleuve. À côté, le Carl Hayden Visitor Center constitue une halte instructive. On y voit une superbe maquette du site, tandis que des visites guidées des lieux sont organisées chaque jour. Si elles étaient suspendues à l'été 2022, elles devraient reprendre en fonction de l'évolution de la pandémie.

VERMILION CLIFFS NATIONAL MONUMENT ★★

Comme son nom le laisse deviner, Vermilion Cliffs National Monument est un superbe ensemble de falaises rouge vermillon, encadrant une vaste plaine dans laquelle le Colorado a creusé son sillon, le Marble Canyon. Le site couvre une superficie de 1 189 km², où le condor de Californie peut être observé. Surtout, on y vient pour l'irréelle Wave, une formation qui semble être façonnée à la main et qui n'est pas sans rappeler les paysages de Valley of Fire State Park, au Nevada.

Pratique

Plus d'informations ici : www.visitarizona.com.

LAKE POWELL ★★

www.lakepowell.com

30 US$ par véhicule pour une semaine (entrée comprise avec Glen Canyon National Recreation Area).

Ce lac artificiel mesure 299 km de long, possède 3 161 km de plage, plus de 90 canyons latéraux et une capacité de 32 millions de m³. Sa profondeur maximale est atteinte au niveau du barrage de Glen Canyon, avec 171 m. Il compte plusieurs marinas, terrains de camping et aérodromes, auxquels on accède depuis Page. On y pratique essentiellement des activités nautiques, bien que la baisse constante du niveau d'eau rende la navigation de plus en plus difficile. Aujourd'hui, le bassin est à moitié vide ; et, selon les scientifiques, il ne se remplira jamais à nouveau.

NAVAJO BRIDGE ★★

State Route 89A

www.nps.gov/glca

Accès libre.

Au début des années 1870, l'expansion des colonies pionnières de l'Utah va jusqu'au nord de l'Arizona. Ainsi, dès 1873, le Lees Ferry est mis en circulation pour franchir les eaux. La circulation devenant intense, la construction d'un pont commence en 1927. À l'époque, c'est la plus haute arche du monde, à 142 m au-dessus du fleuve. Il faudra attendre 1995 pour qu'un nouveau pont soit ouvert, autorisant la circulation des camions. Aujourd'hui, on peut garer sa voiture sur le parking adjacent et se promener sur l'ancien pont... En contemplant le second.

ARIZONA

RAINBOW BRIDGE NATIONAL MONUMENT ★★

À l'est de Glen Canyon National Recreation Area, cette arche est l'un des plus grands ponts naturels au monde ; elle mesure 71 m de hauteur, 10 m de largeur et 13 m d'épaisseur. Sacré pour les Navajos, le site est accessible de deux manières : en bateau, sur le lac Powell – si son niveau n'est pas trop bas – ou par une randonnée de plus de 22 km depuis la Navajo Nation.

Pratique

Le parc est accessible gratuitement toute l'année, du lever au coucher du soleil. Plus de renseignements ici : www.nps.gov/rabr.

THE WAVE ★★★

Hors voie carrossable. A 11,4 miles au sud de la Hwy 89 ou 24 miles au nord de la HWy 89 A.

✆ +1 435 688 3399

www.recreation.gov/permits/274309

Inscription au tirage au sort à 9 US$ par personne. Permis à 7 US$.

Situé dans la Paria Canyon-Vermilion Cliffs Wilderness Area, The Wave est une formation de grès vieille de 190 millions d'années dont les ondulations ont été façonnées par l'érosion. Afin de préserver ce site fabuleux, le nombre de visiteurs est limité : pour obtenir le permis payant et obligatoire pour arpenter les lieux, il faut s'inscrire à un tirage au sort, accessible en ligne. Une démarche qui mérite assurément d'être entreprise, surtout si vous avez manqué la Valley of Fire State Park, au Nevada. Néanmoins, notez que la randonnée est assez physique.

ANTELOPE CANYON NAVAJO TRIBAL PARK ★★★

Ce magnifique canyon de 30 m de profondeur se situe à une dizaine de kilomètres à l'est de Page, dans la Navajo Nation. Long de 8 km, il est peu visible depuis la surface du plateau et est uniquement ouvert à la visite accompagnée. Une activité aussi onéreuse que mémorable, Antelope Canyon étant l'un des incontournables de l'Arizona.

Géologie

Il y a 150 millions d'années, le vent a progressivement déposé une couche de sable provenant d'une chaîne de montagnes voisine. Au fil du temps, il a constitué un vaste désert qui s'est finalement transformé en grès, avec une épaisseur atteignant parfois plus d'un kilomètre. Il y a 10 millions d'années, l'érosion commença à creuser le canyon pour lui donner la configuration d'aujourd'hui ; celle d'un canyon en fente.

Pratique

Comptez 8 US$ par personne pour accéder au site, auxquels s'ajoutent les frais du *tour.* Les agences autorisées sont listées ici : www.navajonationparks.org. Réservations longtemps en avance vivement recommandées. Avec Antelope Canyon Tours, Inc. – www.antelopecanyon.com – prévoyez 90 US$ à 110 US$ par adulte et 72 US$ à 92 US$ par enfant de 0 à 7 ans pour des visites de l'Upper Canyon d'1h30 à 1h40. Pour le Lower Canyon en 1h avec Ken's Tours – www.lowerantelope.com – comptez 56 US$ par adulte et 34 US$ par enfant de 4 à 12 ans.

Tourisme

Le canyon est constitué de deux gorges distinctes :

- **Upper Antelope Canyon.** Puisqu'il s'agit de la plus populaire, le *tour* se fait avec une foule de touristes. Une fois dans le boyau, la visite permet de suivre la gorge sur un kilomètre. Balayées depuis des millénaires par les vents et les eaux, ses hautes parois forment des creux et des vagues où apparaissent des sculptures douces ou pointues à travers lesquelles filtre le soleil. Le fond est tapissé d'un sable très doux. Le meilleur moment pour le découvrir est midi, lorsque la lumière tombe à la verticale.

- **Lower Antelope Canyon.** Plus longue, plus étroite et plus escarpée, cette zone a dû être équipée d'échelles métalliques à certains endroits. Le parcours est également très beau et un petit peu moins fréquenté que l'Upper Canyon, beaucoup trop saturé en haute saison.

MONUMENT VALLEY NAVAJO TRIBAL PARK ★★★★

À cheval sur l'Utah et l'Arizona, à l'intérieur de la réserve des Navajos, Monument Valley offre un paysage grandiose et féerique comme on n'en verra nulle part ailleurs. Une impression d'immensité infinie se dégage de ce décor naturel popularisé par de nombreux films, notamment ceux de John Ford – en 1938, *La Chevauchée fantastique* est le premier qu'il y tourne. Plus récemment, les lieux ont été immortalisés par *Retour vers le futur 3* (1990), *Forrest Gump* (1994), *Mission Impossible 2* (2000), *The Lone Ranger* (2013), ou encore *Transformers : l'âge de l'extinction* (2014).

L'atmosphère qui y règne est mystique : sur ce vaste espace, seules des roches se dressent çà et là, semblant avoir été disposées par la main de géants. On observe trois types de formations : la *mesa,* massive et stable, la *butte*, plus petite et érodée, puis la *spire*, plus étroite, presque façonnée.

Pratique

Le parc est ouvert tous les jours, de 7h à 18h d'avril à septembre et de 8h à 16h d'octobre à mars. Comptez 20 US$ par véhicule. Plus d'informations ici : www.navajonationparks.org.

Se loger

Il est possible de loger au sein du parc, dans le superbe View Hotel – www.monumentvalleyview.com – ou en louant un emplacement de camping sur Airbnb. Aux proches abords du site, Goulding's Lodge – https://gouldings.com – constitue une bonne alternative. Néanmoins, puisqu'il n'est pas nécessaire de prévoir une journée sur place, nous vous conseillons de vous arrêter à Monument Valley en route, dans le cadre de votre *road-trip*, et de passer la nuit ailleurs.

Tourisme

Monument Valley se découvre de plusieurs manières :

- **Valley Road.** Le parc est parcouru par une *scenic drive* de 24 km qui mène à tous ses points de vue. Il y en a une douzaine, aux noms aussi évocateurs que « *Camel Butte* » et « *Totem Pole* ». À l'aide de la carte distribuée à l'entrée, amusez-vous à reconnaître les formes qui se tiennent devant vous. Mentionnons par exemple « *The Three Sisters* », une sculpture naturelle qui semble représenter une nonne faisant face à ses deux élèves. S'il convient de rouler avec prudence à certains endroits pour ne pas abîmer ses pneus, l'usage d'un 4x4 n'est pas nécessaire. Comptez 2h.

ARIZONA

- **Les sentiers de randonnée.** Vous n'en trouverez que deux : Wildcat Trail et Lee Cly Trail. Ensemble, ils forment une boucle de 5,3 km autour de West Mitten Butte.
- **Les visites guidées.** Il est possible de réserver en amont via l'un des guides répertoriés sur le site de Monument Valley. Autre option : se rendre près du parking du Visitor Center le jour J, où se trouvent les agences. Dans tous les cas, les tarifs sont onéreux : comptez en moyenne 85 US$ par personne pour 1h30 sur la Valley Road… Que l'on peut emprunter soi-même. À notre sens, seule la visite de 2h30 est intéressante – à 95 US$ par personne – puisqu'elle passe par le « *back country* », réservé aux *tours* privés.

JOHN FORD'S POINT ★★

John Ford's Point rend hommage au cinéma du réalisateur éponyme, célèbre pour son palmarès de westerns tournés dans les paysages de la Monument Valley. Citons *La Chevauchée fantastique* (1939), *La Poursuite infernale* (1946), *Le Massacre de Fort Apache* (1948), *La Charge héroïque* (1949), *Le Convoi des braves* (1950), *La Prisonnière du désert* (1956), *La Conquête de l'Ouest* (1962) et *Les Cheyennes* (1964). John Ford a découvert les lieux pour la première fois en 1937 ; il les fera parcourir à maintes reprises au charismatique John Wayne, son acteur fétiche.

CANYON DE CHELLY NATIONAL MONUMENT ★★

Ce parc abrite une partie de la Formation de Chinle, de superbes falaises où alternent les couches de grès rouge contenant de l'oxyde de fer et des roches sédimentaires calcaires. L'érosion les a sculptées magnifiquement. Souvent négligé à cause de son éloignement, le Canyon de Chelly est encore peu connu des États-Uniens eux-mêmes. Pourtant, c'est l'une des rares traces de la civilisation précolombienne en Amérique du Nord.

Pratique

Les lieux sont accessibles librement, toute l'année. Ouvert tous les jours, de 8h30 à 16h30, le Welcome Center vous fournira une carte de la zone. Si la Scenic Drive, et le White House Trail – fermé aux touristes à l'été 2022 – peuvent s'emprunter seuls, il faudra payer un guide pour visiter le canyon. Plus de renseignements ici : www.nps.gov/cach.

Tourisme

Effectuée par les Navajos, la visite du canyon de Chelly est ponctuée par des arrêts pour contempler les nombreux pétroglyphes laissés par les Anasazis sur les parois. Elle conduit aux fabuleux villages abandonnés par ce peuple ancien – disparu avec l'arrivée des premiers colons espagnols – parfois comparables à de véritables nids d'aigles, installés dans les hauteurs, suspendus à l'arrête des falaises. Les petits chevaux que l'on croise çà et là appartiennent aux familles navajos. En été, des stands d'artisanat sont installés à quelques endroits du parc.

Monument Valley.

PHOENIX ★★★

Logée au cœur d'une vallée ensoleillée qui ne cesse de grandir, la métropole de Phoenix compte près de 5 millions d'habitants. La capitale de l'Arizona est une ville moderne, vibrante et « *up-and-coming* ». Outre ses rues à la propreté et à la qualité de vie frappantes, ses environs regorgent de points d'intérêt, de Tempe à Scottsdale en passant par les collines environnantes, particulièrement propices à la randonnée l'hiver, lorsque les températures redescendent. Bien qu'elle soit le centre administratif d'un État réputé pour son conservatisme extrême, Phoenix jouit d'un patrimoine génétique profondément marqué par la présence amérindienne et espagnole. Depuis les années 1990, la vie culturelle ne cesse de s'enrichir avec la construction de musées de grande qualité et l'omniprésence d'une importante communauté d'artistes. Longtemps abandonné, Downtown se transforme petit à petit en véritable poumon de la ville, dont le dynamisme tient au campus de l'University of Arizona. Une destination agréable pour quelques jours, mais qui peut virer au cauchemar l'été, lorsque frappent les canicules désormais caractéristiques des lieux.

Quartiers

Phoenix peut se révéler difficile à aborder lors d'une première visite. Pour y voir plus clair, il faut imaginer qu'elle se compose d'un centre entouré par une quinzaine de villages urbains, tels qu'Encanto Village et Deer Valley, organisés selon un plan allongé qui s'étire du Lake Pleasant Regional Park, au Nord, à South Mountain Park and Preserve, au Sud. Développée en 1979, cette politique de planification urbaine a été pensée pour limiter les déplacements en voiture et cultiver la « *vie de quartier* » dans une agglomération pourtant tentaculaire. Retenons surtout :

- **Downtown.** Jalonné de nombreux restaurants, bars, musées et salles de spectacle, il est le centre névralgique de Phoenix. Pour s'orienter, il convient de repérer l'immense Central Avenue qui traverse la ville du Nord au Sud. Ainsi, dans la partie nord de Downtown, on repérera l'immanquable Heard Museum, puis, à moins d'1 km au sud, le Phoenix Art Museum. En descendant vers le cœur de Downtown, puis en bifurquant à gauche sur Monroe Street, on rejoint Heritage Square et ses belles demeures victoriennes.

- **Camelback East.** Au nord-est de Downtown, cette zone adjacente à Scottsdale est réputée pour son shopping et sa gastronomie haut de gamme. Les restaurants se regroupent souvent au sein de grands centres commerciaux, comme le Biltmore Fashion Park – www.shopbiltmore.com – considéré comme le temple de la mode et du luxe local.

Se loger

Grande ville oblige, Phoenix regorge de Airbnb dont le charme et les prix n'ont rien à envier aux nombreux hôtels de chaîne qui se succèdent à Downtown. Pour plus de luxe, des resorts ont élu domicile au pied des montagnes environnantes.

Se restaurer

Des bonnes tables fleurissent çà et là dans la capitale de l'Arizona. Pizzerias de renom, bars à vin et restaurants mexicains pour gourmets constituent des étapes culinaires intéressantes. Généralement, ils sont joliment décorés et offrent des terrasses illuminées aux lampions pour profiter de la douceur des soirées.

Sortir

Si les rues de Downtown peuvent parfois sembler un petit peu désertes, quelques adresses se démarquent, à l'instar de Crescent Ballroom – www.crescentphx.com – un bar renommé pour ses concerts.
Plus au nord, Roosevelt Row Arts District peut constituer une bonne alternative, avec des établissements tels que le très animé Lost Leaf – www.thelostleaf.org. Surtout, le quartier est réputé pour abriter les First et Third Fridays – www.artlinkphx.org. Chaque premier et troisième vendredi soir du mois, les galeries d'art et les musées du voisinage ouvrent leurs portes au public. Avant de partir à leur découverte, consultez la carte en ligne.

Sports / Loisirs

Avec ses nombreux sentiers de randonnée accessibles à quelques minutes de la ville, Phoenix fait partie des « *Best US hiking cities* ». Ses montagnes offrent des panoramas impressionnants sur la Valley of the Sun, tandis que leurs roches ont gardé les empreintes des civilisations passées. Parmi les sites les plus populaires, citons :

- **South Mountain Park and Preserve.** Installé dans le sud de la ville, il s'agit du plus grand parc municipal des États-Unis. Plus d'informations ici : www.phoenix.gov.

- **Camelback Mountain.** Au nord-ouest de Scottsdale, son sommet fait partie des plus escaladés de la région. Néanmoins, attention : son ascension est réservée aux marcheurs confirmés.

- **White Tank Mountain Regional Park.** Au nord-ouest de la ville, ce parc régional de plus en plus plébiscité par les randonneurs est le plus grand du comté. Renseignez-vous ici : www.maricopacountyparks.net.

W Bethany Home Rd
E Bethany Home Rd
N 27th Ave
N 19th Ave
N 7th Ave
N Central Ave
N 7th St
N 16th St
W Camelback Rd
BELLY KITCHEN AND BAR
W Indian School Rd
E Indian School Rd
W Thomas Rd
E Thomas Rd
N 24th Dr
N Black Canyon Hwy
Enchanted Island
Amphitheater Island
BARRIO CAF
60
W Grand Ave
HEARD MUSEUM
PHOENIX ART MUSEUM
OLLIE VAUGHN
W McDowell Rd
E McDowell Rd
10
ROUGH RIDER
JOBOT COFFEE & BAR
17
CIBO
N 1st Ave
N 3rd St
VISITOR CENTER
W Van Buren St
E Van Buren St
W Adams St
ARIZONA CAPITOL MUSEUM
HERITAGE SQUARE –
ROSSON HOUSE MUSEUM
CHILDREN'S MUSEUM OF PHOENIX
E Washington St
W Jefferson St
E Jefferson St
COPPER BLUES ROCK PUB & KITCHEN
S 17th Ave
W Grant St
S 23rd Ave
S 19th Ave
S Central Ave
S 7th St
S 16th St
W Buckeye Rd
E Buckeye Rd
S 27th Ave
W Durango St
E Maricopa Fwy
S 7th Ave

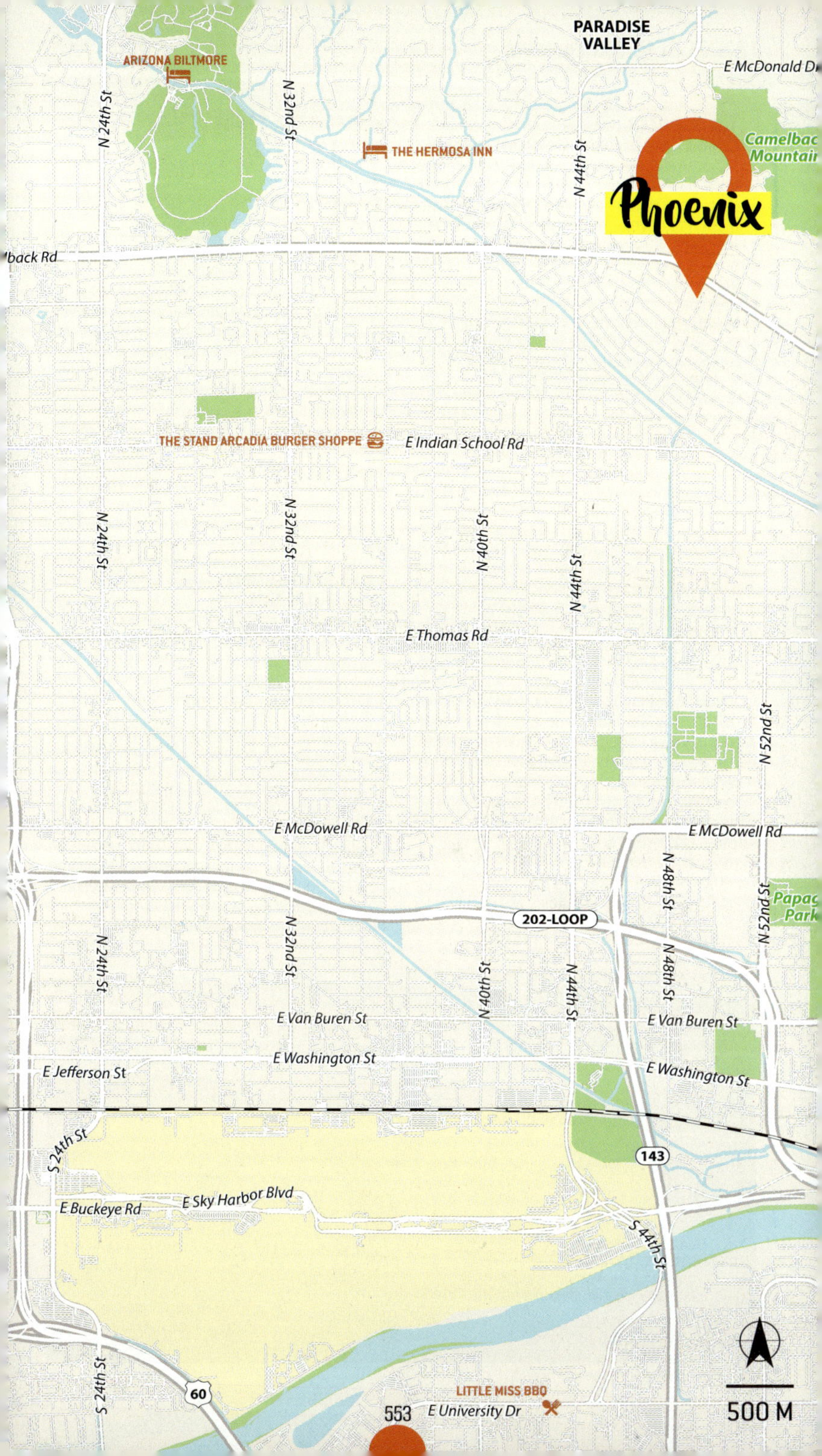

Phoenix
PARADISE VALLEY
ARIZONA BILTMORE
THE HERMOSA INN
THE STAND ARCADIA BURGER SHOPPE
LITTLE MISS BBQ
Camelbac Mountair
Papac Park
E McDonald Dr
back Rd
N 24th St
N 32nd St
N 40th St
N 44th St
N 48th St
N 52nd St
E Indian School Rd
E Thomas Rd
E McDowell Rd
202-LOOP
E Van Buren St
E Washington St
E Jefferson St
S 24th St
E Buckeye Rd
E Sky Harbor Blvd
S 44th St
143
60
E University Dr
500 M

Transports

Comme dans la plupart de l'Ouest américain, la voiture constitue le moyen le plus pratique pour parcourir Phoenix et ses environs. Bien que les lieux aient été pensés pour, les mentalités évoluent depuis 2008 et la mise en place du tramway – www.valleymetro.org – traversant la ville et la reliant à Tempe et Mesa, à l'Est. Alors qu'une frange de la population conservatrice prédisait un échec, le lancement du projet est un véritable succès, avec des utilisateurs de plus en plus nombreux, notamment parmi les étudiants de l'Arizona State University.

CHILDREN'S MUSEUM OF PHOENIX ★

215 N. 7th Street
✆ +1 602 253 0501
www.childrensmuseumofphoenix.org
Tous les jours, de 9h à 16h. Entrée : 16 US$ par personne. 15 US$ pour les séniors.

Si vous voyagez avec des enfants de moins de 10 ans, ce musée est fait pour vous. Son objectif : transmettre la joie d'apprendre de manière ludique. Le parcours stimule l'esprit, le corps et l'imagination des plus jeunes, pour le bonheur des parents. Ici, pas d'itinéraire fléché : les enfants découvrent naturellement les expositions et les jouets les plus appropriés en fonction de leur âge. Citons notamment l'Art Studio, qui permet aux bambins de peindre sur une sculpture géante.

ARIZONA CAPITOL MUSEUM ★

1700 W. Washington Street ✆ +1 602 926 3620
www.azlibrary.gov/azcm
Du lundi au vendredi, de 9h à 16h. Entrée libre mais donation suggérée.

Ce superbe bâtiment de la fin du XIXe siècle est construit en granit ; son dôme, en cuivre, est surmonté d'une victoire. Les trois C que l'on aperçoit sur la frise de la rotonde signifient « *cuivre* », « *coton* » et « *climat* ». Au 1er étage, une exposition rend hommage à l'USS Arizona, étendard de la flotte américaine à Pearl Harbor. Une autre section est dédiée au « *Merci Train* », que les Français ont rempli avec plus de 52 000 cadeaux en remerciement au soutien des Etats-Unis lors de la Seconde Guerre mondiale. Au 2e étage, ne manquez pas le bureau du Gouverneur.

DESERT BOTANICAL GARDEN ★★

1201 N. Galvin Parkway
✆ +1 480 941 1225
www.dbg.org
Du dimanche au mercredi, de 7h à 20h. Du jeudi au samedi, dès 6h. Adultes : 24,95 US$, jeunes de 3 à 17 ans : 14,95 US$.

Avec 58 ha et plus de 50 000 plantes, le Desert Botanical Garden compte parmi les incontournables de la ville. Il est constitué par plusieurs sentiers pédestres de longueurs variables, sur lesquels on déambule entre les végétaux propres à l'Ouest américain et les spécimens en voies d'extinction issus d'autres zones désertiques, comme la Mésopotamie. Les lieux permettent d'avoir un aperçu de la biodiversité du Sonoran Desert, dont Phoenix n'est que le point de départ, puisqu'il s'étend jusqu'au Mexique. Privilégiez les heures les moins chaudes pour la visite.

Vue sur la Valley of the Sun de Phoenix.

HEARD MUSEUM ★★★

2301 N Central Avenue ✆ +1 602 252 8840
www.heard.org
Du mardi au dimanche : 10h-16h. Adultes : 23 US$, seniors : 20 US$, étudiants et 6-17 ans : 9 US$. Réductions en ligne.

En plus d'être le musée le plus connu d'Arizona, il est probablement le plus adapté à la découverte de la culture autochtone : on pourra y passer 2 à 5 heures selon l'intérêt porté au sujet. Créé en 1929 par un couple originaire de Chicago et passionné d'art amérindien, le Heard Museum explore les 22 tribus d'Arizona à travers une collection époustouflante d'art traditionnel et contemporain, étayée par des courts documentaires. Au total, l'exposition permanente du musée concentre plus de 40 000 objets :

- **Through the Lens of Barry Goldwater.** Véritable trésor, cette collection impressionnante de *kachinas* a été offerte à l'établissement par le sénateur Barry M. Goldwater. Ces poupées polychromes taillées dans le bois représentent des esprits de la mythologie des Hopis et des Zuñis. Lors des cérémonies, elles étaient offertes aux jeunes filles de la tribu. L'exposition contient également des créations textiles, des poteries et autres céramiques réalisées par les peuples autochtones de la région.
- **The Boarding School Experience.** Ce parcours interactif incontournable plonge le visiteur dans la peau des jeunes indiens ayant subi une réforme fédérale visant à les « *américaniser* », de 1879 à 1900. Le gouvernement les a séparés de leur famille en les envoyant dans des internats et en contrôlant leur éducation. Un témoignage unique et poignant.
- **Indian Fair & Market.** Chaque mois de mars, près de 600 artistes amérindiens se réunissent à l'occasion d'une foire aussi belle qu'impressionnante ; l'une des plus grandes en la matière. Immanquable.

HERITAGE SQUARE - ROSSON HOUSE MUSEUM ★★

113 N. Sixth Street
✆ +1 602 427 0927
Tour de la Rosson House à 10h, 11h, 12h, 13h, 14h et 15h le vendredi. Samedi : 10h, 12h et 14h. 12 US$ dès 5 ans.

Quelques jolies maisons de style victorien subsistent dans le seul quartier préservé du vieux Phoenix, notamment la Rosson House. Bâtie en 1895, elle est aujourd'hui un musée qui retrace l'histoire de ses anciens habitants et du voisinage de l'époque. Une visite intéressante, mais pas incontournable, pour laquelle il faut acheter son ticket au petit bureau du Visitor Center adjacent. En revanche, il est agréable de se promener dans Heritage Square au détour d'un passage dans Downtown.

MUSICAL INSTRUMENT MUSEUM ★★

4725 E. Mayo Boulevard ✆ +1 480 478 6000
www.mim.org
Le musée est ouvert tous les jours, de 9h à 17h. Adultes : 20 US$, 13-19 ans : 15 US$, 4-12 ans : 10 US$.

Ce musée extraordinaire rassemble plus de 15 000 instruments des quatre coins de la planète. À l'arrivée, on vous fournit un casque qui diffusera, tout au long de la visite, les musiques correspondant aux vidéos projetées sur les écrans. Nombre de pays sont représentés : des percussions nigériennes au cavaquinho brésilien en passant par la cornemuse écossaise. On y trouve également le piano de John Lennon, la guitare d'Elvis, ou encore la batterie des Black Eyed Peas.

PHOENIX ART MUSEUM ★★★

1625 N Central Avenue
✆ +1 602 257 1880
www.phxart.org
Mercredi : 10h-21h. Jeudi-dimanche : 10h-17h. Adultes : 23 US$, seniors : 20 US$, étudiants : 18 US$, 6-17 ans : 5 US$.

Ce superbe musée réunit près de 17 000 œuvres, dont un très bel ensemble de peintures européennes et américaines allant du XVIIIe siècle à nos jours. Par ailleurs, le bâtiment mérite absolument le coup d'œil : il s'agit d'une splendide réalisation architecturale qui s'apprécie autant de l'extérieur qu'en déambulant dans les différentes galeries qui le composent. Plusieurs extensions ont été faites à l'édifice initial, conçu en 1959 par un élève de Frank Lloyd Wright. Enfin, les expositions temporaires sont de grande qualité ; consultez le calendrier.

VISITOR CENTER

400 E. Van Buren Street
✆ +1 877 225 5749
www.visitphoenix.com/visitor-center
Du lundi au vendredi, de 10h à 16h.

Capitale de l'État oblige, Phoenix est dotée d'un Visitor Center qui regorge de documentations en tout genre. On y rencontre un personnel extrêmement chaleureux et dynamique, qui se fera un plaisir de vous abreuver en informations sur la ville et ses environs, de Scottsdale à Tempe. Un stop que nous vous recommandons particulièrement si vous comptez passer plusieurs jours sur place. Par ailleurs, vous y trouverez les renseignements sur les évènements culturels en cours lors de votre venue, ainsi que sur les sentiers de randonnée environnants.

ARIZONA BILTMORE €€€

2400 E Missouri Avenue
✆ +1 602 955 6600
www.arizonabiltmore.com
Chambres doubles à partir de 375 US$.

Construit en 1929, il s'agit de l'un des seuls hôtels au monde à avoir joui de l'influence architecturale du grand Frank Lloyd Wright, qui était consultant lors de sa création. Le *lobby* est magnifique, orné de parements de béton moulés aux motifs amérindiens. Les chambres sont chaleureuses, superbement décorées et dotées de tout le confort moderne. De nombreuses activités sont proposées : piscine, golf, VTT, cours de fitness, de yoga, de tennis... Le seul bémol est la quantité de conférences et de conventions, qui altèrent parfois le charme de la propriété.

THE STAND ARCADIA BURGER SHOPPE €

3538 E Indian School Rd
Du mardi au dimanche, de 11h à 21h. Burgers de 7,99 US$ à 9,99 US$. Frites à 3,99 US$.

Nichée dans le quartier d'Arcadia, entre Phoenix et Scottsdale, cette adresse mérite un détour pour sa spécialité 100 % gastronomie américaine : le burger. Certes, les assiettes et les portions n'ont rien de raffiné, mais la viande fraîchement hachée fait toute la différence. Le principe est simple : une seule recette, « *The Standard* », se décline sous quatre formes, agrémentées d'autres ingrédients. Ne passez pas à côté du milkshake *dulce de leche* salé. Excellent rapport qualité-prix.

THE HERMOSA INN €€€

5532 N Palo Cristi Road
✆ +1 844 267 8738
www.hermosainn.com
Chambres doubles à partir de 300 US$.

Cette magnifique propriété de plus de 2 ha de jardins abrite 34 maisonnettes de charme au pied de Camelback Mountain. Un véritable havre de paix qui séduira les voyageurs en quête de calme et d'intimité. Les *casitas* sont meublées de manière très élégante dans un style typique du sud-ouest américain, chacune disposant d'une petite terrasse tournée sur le jardin. On apprécie la literie haut de gamme et le confort des draps en coton égyptien. Pour leur part, la piscine, le bain à remous et le spa offrent plusieurs options pour se détendre en journée. Du grand luxe !

BARRIO CAFE €€

2814 N 16th Street
✆ +1 602 636 0240
www.barriocafe.com
Du dimanche au jeudi, de 11h à 21h. Jusqu'à 22h vendredi et samedi. Enchiladas : 19 US$-26 US$. Plats : 22 US$-35 US$.

Barrio Cafe sert une cuisine mexicaine contemporaine dans un cadre convivial et animé. On repère les lieux grâce à la fresque murale qui fait partie intégrante d'un projet communautaire visant à exprimer l'art mexicain. Depuis 2002, la cheffe, Silvana Salcido Esparza, exprime toute la richesse de sa culture d'origine à travers des assiettes élaborées, copieuses et savoureuses. Nous vous recommandons particulièrement les *Chiles en Nogada*, un poivron farci au poulet, aux pommes et aux poires, accompagné d'une crème légère aux amandes. Excellente adresse !

JOBOT COFFEE & BAR €

333 E. Roosevelt St
✆ +1 602 281 7127
Du mardi au jeudi, de 8h à 23h. Jusqu'à 00h vendredi et samedi, 20h dimanche. Plats de 11 US$ à 14 US$.

Jobot est l'une des institutions de ce quartier plein de vie. Le petit déjeuner y est servi tous les jours, jusqu'à 17h. Ensuite, place à la *street food* thaïlandaise. Au menu : des côtes de porc, du *chicken satay* au curry jaune, une omelette traditionnelle, ou encore du bœuf frit servi avec du riz blanc. L'intérieur de cette adresse authentique est chaleureux et volontairement rétro. Les lieux sont également courus par les locaux pour boire un café dans la journée ou une bière le soir, notamment lorsque des DJ sont invités à se produire.

BELLY KITCHEN AND BAR €€

4971 N. 7th Avenue
✆ +1 602 296 4452
www.bellyphx.com
Tous les jours, de 17h à 00h. Plats de 15 US$ à 31 US$. Cocktails de 12 US$ à 15 US$.

Le Belly est un voyage en Asie à lui seul. Il s'inspire des cultures vietnamiennes, thaïlandaises et japonaises, aussi bien dans ses assiettes à partager et ses plats que pour ses savoureux cocktails. On y mange un délicieux Pho, du porc à la moutarde verte accompagné par du riz frit, ou encore du poisson blanc croustillant. En dessert : des donuts revisités à la patate douce ou le traditionnel riz gluant servi avec des fruits de saison. Goûtez également à la thaipirinha, qui associe rhum salvadorien, citron, thé thaïlandais, angostura et basilic thaïlandais.

CIBO €€

603 North 5th Avenue ✆ +1 602 441 2697
www.cibophoenix.com
Du mardi au jeudi, de 11h à 21h. Jusqu'à 22h vendredi. Samedi : 17h-22h. Dimanche : 17h-21h. Pizzas de 12 US$ à 17 US$.

C'est dans une maisonnette datant de 1913 et totalement rénovée que se trouve CIBO. Des entrées aux pizzas en passant par les saltimboccas, les ingrédients sont soigneusement choisis, comme le prosciutto et le parmigiano reggiano directement importés d'Italie. *Tagliatelle* à la bolognaise, *linguine cacio e pepe*, *gnocchetti* au fromage… Également faites maison, les pâtes ne sont servies qu'après 17h. Une excellente adresse, au rapport qualité-prix imbattable. Coup de cœur pour la terrasse illuminée de nuit et le charme authentique de ce petit repaire.

LITTLE MISS BBQ €€

4301 E. University Drive
✆ +1 602 437 1177
www.littlemissbbq.com
Du mercredi au samedi, de 11h à 16h. Plats de 17 US$ à 29 US$.

Little miss BBQ est un incontournable de Phoenix pour déguster de la viande grillée ou en sauce à la mode texane. Installé dans un quartier industriel, le restaurant s'est taillé une solide réputation qui a su se maintenir au fil des années ; il vaut le détour. Au menu : de la saucisse, de la dinde, des travers de porc, du porc effiloché – « *pulled pork* » en anglais – ou encore de la poitrine de bœuf sous toutes ses coutures. Les petits budgets préfèreront les sandwichs. Notez qu'une autre adresse s'est ouverte dans le quartier de Sunnyslope, au nord de la ville.

OLLIE VAUGHN'S €€

1526 E McDowell Rd
✆ +1 602 254 1392
www.instagram.com/ollievaughns
Tous les jours, de 7h à 14h. Assiettes de 9 US$ à 12 US$. Cafés de 3,5 US$ à 5 US$.

Synonyme d'un petit déjeuner ou d'un brunch réussi, Ollie Vaughn's fait partie de nos adresses favorites à Phoenix. Du *French toast* au bagel en passant par l'*avocado toast* revisité et les sandwichs, les préparations sont fraîches et savoureuses. Surtout, difficile de faire son choix parmi les gâteaux présentés en vitrine ; néanmoins, nous vous recommandons la tarte chocolat au caramel et aux noix de pécan. On déguste le tout sur fond de musique discrète dans un joli jardin ombragé offrant un cadre idéal, entre ses plantes et sa superbe fresque murale.

ROUGH RIDER €€

1001 N Central Ave ✆ +1 602 675 0439
www.roughrideraz.com
Du mardi au jeudi, de 15h à 23h. Jusqu'à 00h vendredi et samedi, 22h le dimanche. Plats de 23 US$ à 42 US$.

Cet établissement à la fois simple et sophistiqué semble appartenir à une autre époque, celle de l'Ancien Monde. Le concept de Rough Rider : abriter un restaurant du XXIe siècle en même temps qu'un bar à cocktails sorti de la fin du XIXe siècle. À l'image de l'endroit, on trouve des créations intéressantes, aux noms aux multiples influences, telles que le « *Cowboys of the Caribbean* », un mélange de bourbon, d'amaro, d'ananas, ou encore de citron. Côté cuisine, les quelques plats proposés sont très bons, du steak aux *taglierini* aux champignons. Excellente adresse !

DIFFERENT POINTE OF VIEW €€€

11111 North 7th Street ✆ +1 800 947 9784
www.tapatiocliffshilton.com
Du mardi au samedi, de 18h à 21h. Jusqu'à 20h30 dimanche. Plats de 35 US$ à 68 US$. Réservations recommandées.

Ce magnifique restaurant panoramique se trouve au sein du Hilton Tapatio Cliffs Resort. Perchée en haut de North Mountain, cette adresse dispose d'une localisation unique et privilégiée. Que ce soit dans la grande salle à manger ou sur la terrasse extérieure, le décor est irréprochable. Pour sa part, la carte est de grande qualité, en atteste le AAA Four-Diamond Award dont dispose cette excellente table. Une cuisine gastronomique réputée pour ses influences méditerranéennes et l'usage de produits locaux parmi laquelle se démarque le *grilled prime filet*, délicieux.

COPPER BLUES ROCK PUB & KITCHEN

50 W Jefferson Street
✆ +1 480 719 5005
www.copperblueslive.com
Du lundi au jeudi, de 11h à 23h. Jusqu'à 2h vendredi et samedi, 21h le dimanche. Happy hour ts les jours, de 15h à 18h.

Le Copper Blues est un temple de la musique *live* à Phoenix. Différents styles sont représentés dans la grande salle : le reggae, le rock, ou encore l'acoustique – entre autres. Pour sa part, le bar offre une large sélection de bières pression, dont une partie est issue des brasseries locales ; idéal pour découvrir les spécialités de la région. Afin de connaître les concerts, karaokés et autres évènements à venir, rendez-vous sur la page Facebook de l'établissement.

SCOTTSDALE ★

La plus chic des banlieues de la Valley of the Sun est le symbole du nouvel Ouest américain avec ses *resorts* luxueux, ses terrains de golf impeccables et ses bonnes tables. Climat idéal, niveau d'éducation record et qualité de vie élevée font de la ville un véritable eldorado pour les familles et les retraités américains. Il s'agit également d'une destination culturelle riche, forte de beaux musées, tels que le Museum of Contemporary Art, et berceau de Taliesin West, l'une des résidences du grand architecte Frank Lloyd Wright. Surtout, Scottsdale est réputée pour son ArtWalk : chaque jeudi soir, les rues de Downtown – Main Street et Marshall Way en tête – revêtent l'apparence d'un parcours durant lequel le visiteur s'arrête dans les galeries d'art au gré de ses envies. Pour l'occasion, la plupart proposent des vernissages avec buffet.

Pratique

Le Scottsdale Tourist Information Center est en réalité un kiosque situé dans le Scottsdale Fashion Square, un grand centre commercial qui s'étend au Nord de Downtown. Vous y trouverez de la documentation sur la ville et ses environs, dont la brochure de l'excellent Historic Old Town Walking Tour, une visite guidée à faire soi-même.

Sortir

Scottsdale ne manque pas d'options pour boire un verre ou faire la fête, la plupart des bars et des boîtes de nuit se trouvant à Downtown ou dans l'Entertainment District voisin.

ARIZONA

COSANTI ORIGINALS ★★

6433 E Doubletree Road

✆ +1 480 948 6145

www.cosanti.com

Du lundi au samedi, de 9h à 17h. Dès 11h le dimanche. Entrée libre mais donation vivement encouragée.

Cet établissement était la résidence et l'atelier de l'architecte Paolo Soleri, jusqu'à sa mort en 2013. Italien d'origine, cet Américain d'adoption a œuvré en tant qu'enseignant et chercheur auprès de Frank Lloyd Wright et a consacré sa vie à dessiner des plans de villes respectueuses de l'environnement, en se basant sur un mode de vie alternatif. Cette belle visite – au demeurant assez rapide – se concentre sur la fabrication des fascinantes cloches en bronze inventées par l'artiste. Le lieu présente également ses aménagements paysagers.

ODYSEA AQUARIUM ★★

9500 East Vía de Ventura

✆ +1 480 291 8000

www.odyseaaquarium.com

Tous les jours, de 9h à 19h. Adultes : 33,95 US$, séniors : 32,95 US$, 13-17 ans : 29,95 US$ et 3-12 ans : 24,95 US$.

Ouvert en septembre 2016, cet aquarium moderne est le plus grand du sud-ouest américain. Il accueille nombre d'animaux et met l'accent sur l'interaction du public avec eux. L'une de ses originalités est l'attraction SeaTrek : une marche sous-marine, où l'on est équipé d'un casque de scaphandrier en acrylique, au milieu des poissons tropicaux et des raies – pour un coût additionnel. Autre expérience immersive : un escalator qui mène à un bassin de requins. Néanmoins, on regrettera la flore partiellement constituée d'algues et de coraux en plastique.

BUTTERFLY WONDERLAND ★★

9500 E. Via de Ventura ✆ +1 480 800 3000

www.butterflywonderland.com

Tous les jours, de 9h à 17h. Adultes : 25,95 US$, enfants de 2 à 12 ans : 18,95 US$.

Voici le plus grand espace dédié à l'élevage de papillons aux États-Unis. Sa localisation en est la clé, dans la communauté indienne de Salt River Pima-Maricopa, au sein d'un environnement où la nature fait partie intégrante de la culture. Parmi les incontournables de la visite : une serre abritant des milliers de papillons tropicaux, des laboratoires, ou encore des expositions interactives sur la transformation du cocon. D'autres animaux sont également à observer, tels que des scorpions, des araignées, et des colonies d'abeilles en pleine production de miel.

SCOTTSDALE MUSEUM OF CONTEMPORARY ART ★

7374 E Second Street ✆ +1 480 874 4666

www.smoca.org

Mercredi et vendredi-dimanche : 11h-17h. Jusqu'à 19h le jeudi. Plus de 18 ans : 12 US$, seniors et étudiants : 9 US$.

Petit, ce musée n'en est pas moins superbe. Le Scottsdale Museum of Contemporary Art est notamment réputé pour la grande qualité de ses expositions temporaires, qui sortent des sentiers battus. Nous vous recommandons de faire le tour du bâtiment – signé William P. Bruder – qui a été un cinéma par le passé. À ne manquer sous aucun prétexte : Knight Rise, une œuvre de James Turrell. Par ailleurs, de nombreux évènements sont organisés ; consultez le calendrier en ligne.

TALIESIN WEST ★★

12621 Frank Lloyd Wright Blvd
✆ +1 480 860 2700
www.franklloydwright.org/taliesin
Tous les jours, de 9h à 17h. Visites guidées à partir de 25 US$ par adulte et 20 US$ par senior et étudiant.

Frank Lloyd Wright a passé les dernières années de sa vie dans sa résidence d'hiver isolée de tout, qui s'intègre parfaitement au paysage désertique dans laquelle elle a été plantée. Construite en 1937, cette demeure somptueuse est désormais le siège de la fondation de l'architecte. Un bâtiment fascinant dont on peut découvrir les lignes superbes et quelques inventions, comme les meubles multifonctions et les auvents rétractables. Depuis 2019, l'édifice – réalisé dans des matériaux locaux – est classé au patrimoine mondial de l'Unesco. À voir !

WESTERN SPIRIT - SCOTTSDALE'S MUSEUM OF THE WEST ★★

3830 N Marshall Way ✆ +1 480 686 9539
www.scottsdalemuseumwest.org
Mardi-samedi : 9h30-17h (jusqu'à 21h jeudi de novembre à avril). Adultes : 20 US$, séniors : 18 US$, enfants : 9 US$.

Ouvert en 2015, ce musée immanquable raconte l'histoire des États de l'Ouest américain à travers différents espaces thématiques. Il retrace notamment la vie des indiens, trappeurs et colons qui ont vécu la conquête du territoire. Par ailleurs, il regroupe plus de 1 250 objets d'époque se rapportant aux cow-boys : selles, éperons, lassos, bottes, chapeaux, pistolets... Tout y est. On y trouve même des cartes truquées utilisées pour tricher durant les parties jouées au saloon.

ORIGINAL CHOPSHOP €

7158 E 5th Ave
✆ +1 480 794 1536
www.originalchopshop.com
Du lundi au samedi, de 7h à 21h, jusqu'à 20h le dimanche. Petits déjeuners de 7,75 US$ à 10 US$.

Cette chaîne *healthy* disposant d'une vingtaine d'adresses réparties entre l'Arizona et le Texas est très courue pour ses *bowls*, notamment le matin et le midi. Ici, tout est frais et pensé pour l'équilibre alimentaire de chacun. Ainsi, on trouve plusieurs alternatives sans gluten, sans produits laitiers, sans lactose, sans soja, végétariennes et véganes. Une longue liste de jus de fruits frais et de *protein shakes* aux recettes originales ravira les clients encore endormis. Enfin, bien qu'un peu bruyante, la terrasse extérieure est agréable.

CRAFT 64 €€

6922 E Main St
✆ +1 480 946 0542
www.craft64.com
Du dimanche au jeudi, de 11h à 22h. Jusqu'à 00h vendredi et samedi. Pizzas de 17 US$ à 23 US$. Plats de 13 US$ à 20 US$.

Le principe de ce délicieux restaurant : servir le meilleur de la pizza et de la bière. Le chiffre 64 fait référence à la quantité – en onces – que contient un *growler*, ces grosses bouteilles que les Américains viennent remplir dans les bars pour leur consommation domestique. Plus de 40 bières d'Arizona sont proposées en pression, avec des saveurs parfois très originales. Dans l'assiette, la pizza au feu de bois est copieuse et délicieuse, de même que les bruschettas. Cerise sur le gâteau : l'*happy hour* tous les jours, de 15h à 18h.

FNB €€

7125 E 5th avenue
✆ +1 480 284 4777
www.fnbrestaurant.com
Du mercredi au samedi, de 17h à 22h. Plats de 16 US$ à 40 US$.

Entrez dans une courette et appréciez ce petit gastropub au charme européen. En 2019, sa propriétaire Charleen Badman a été nommée meilleure cheffe du sud-ouest des États-Unis par le prestigieux James Beard Awards, souvent désignés comme les Oscars de la cuisine dans le pays. FnB s'inscrit dans le mouvement *slow food*, avec des produits savoureux et un service très humain, en toute simplicité. Les favoris sont les plats végétariens, notamment à base de navets et de brocolis grillés, un régal ! Le tout se marie à merveille avec une carte des vins très bien choisie.

REHAB BURGER THERAPY €€

7210 E 2nd St ✆ +1 480 621 5358
www.rehabburgertherapy.com
Du lundi au mercredi, de 11h à 20h. Jusqu'à 21h jeudi et dimanche, 22h vendredi et samedi. Burgers de 6 US$ à 17 US$.

La thérapie de ce restaurant : de la *comfort food* en veux-tu en voilà. Dans une ambiance plus proche des plages de Californie que du désert d'Arizona, on se sent tout de suite détendu et mis à l'aise par la *cool attitude* du personnel. Créé par un groupe d'amis pour leurs amis, le menu n'est autre qu'une longue liste de burgers plus appétissants les uns que les autres. Une fois devant la taille de l'assiette et le volume du sandwich, on se demande comment on va s'y prendre. Pas de panique : une très large sélection de tequilas est proposée pour arroser le tout.

RUSTY SPUR SALOON

7245 E Main Street
✆ +1 480 425 7787
www.rustyspursaloon.com
Du dimanche au jeudi, de 10h à 00h. Jusqu'à 1h vendredi et samedi. Bières à partir de 5 US$.

Remonter le temps et passer la soirée dans un saloon, c'est la proposition du Rusty Spur, installé dans ce qui était la Farmers Bank de 1921 à 1931. Si celle-ci a dû fermer pendant la Grande Dépression, la chambre forte est restée ; elle est désormais remplie des bouteilles du dernier saloon authentique de Scottsdale. Clint Eastwood, John Wayne, Vince Vaughn et Jennifer Anniston comptent parmi les célébrités qui ont déjà foulé le sol des lieux. On y vient notamment pour profiter du décor unique, de la musique country live et de la cuisine du sud-ouest américain.

TEMPE ★

Désormais reliée à Downtown Phoenix et à Mesa par le tramway – light rail – cette ville étudiante est un maillon vital de la Valley of the Sun. Ses 185 000 habitants vivent au rythme du campus de l'Arizona State University, installé près du Tempe Town Lake. On apprécie notamment ses nombreuses activités sportives et de plein air, ainsi que l'ambiance festive de Mill Avenue District. Si vous y passez, ne manquez pas de vous arrêter au Casey Moore's Oyster House – www.caseymoores.com – dans Old Tempe. Ouvert du dimanche au jeudi, de 16h à 1h, et jusqu'à 2h les vendredis et samedis, cet excellent bar sert des huîtres à se damner – oui, vous avez bien lu !

CASA GRANDE RUINS NATIONAL MONUMENT ★

À côté de Casa Grande, les ruines de Coolidge sont un rare témoignage des civilisations amérindiennes précolombiennes. Elles sont la preuve de l'établissement des Hohokams, un peuple dont la phase la plus ancienne est située entre 300 avant notre ère et leur apogée, entre 800 et 1000. Ici, de nombreux corps de bâtiments entourés d'un mur défensif forment un complexe que l'on date du XIIIe siècle.

Pratique

À 88 km au sud-est de Phoenix, les ruines sont accessibles gratuitement tous les jours, de 9h à 16h. Renseignements complémentaires ici : www.nps.gov/cagr.

TUCSON ★★

Deuxième plus grande ville d'Arizona, Tucson – à prononcer sans le « c » – se trouve à près de 200 km au sud-est de Phoenix, dans le désert de Sonora, qui se poursuit au-delà de la frontière mexicaine. Elle symbolise l'Ouest sauvage par son cadre exceptionnel, riche d'un bassin désertique entouré de montagnes. Anciennement petite bourgade de cow-boys, cette « *college town* » ultramoderne et agréable compte désormais près de 550 000 habitants. Son cœur historique et ses alentours incarnent l'authenticité de la région, empreinte de racines amérindiennes et hispaniques omniprésentes.

Quartiers

Pour se repérer dans la ville, il suffit de regarder les sommets environnants : les plus hauts, ceux des Santa Catalina Mountains, indiquent le Nord. Par ailleurs, Tucson est séparée en plusieurs quartiers, dont trois dans lesquels vous serez forcément amenés à passer :

- **Downtown.** Propice à la promenade, entre ses rues parfaitement entretenues, le chant des oiseaux et ses nombreux arbres, il s'étend de Barrio Viejo, au Sud, à El Presidio, au Nord. La zone sud de Downtown est organisée autour de St. Augustine Cathedral, reconnaissable à sa très belle façade de style baroque mexicain, inspirée de la cathédrale de Querétaro.
- **North 4th Avenue.** Accolée à Downtown, au nord de la gare ferroviaire, elle concentre les principales boutiques de la ville et, surtout, la plupart des établissements fréquentés la nuit par les étudiants.
- **University of Arizona.** À moins de 3 km de Downtown, ce superbe campus regorge de plusieurs sites intéressants, parmi lesquels figure le Center for Creative Photography.

Se loger

Comme à Phoenix, les Airbnb rivalisent de charme pour des prix défiant toute concurrence. Autre alternative pour profiter de l'accueil et des couleurs locales : les Bed & Breakfast, propices au partage et à la découverte, ainsi que les incontournables ranchs qui ont élu domicile au pied des Santa Catalina et Rincon Mountains.

Se restaurer

Depuis 2015, Tucson fait partie du Réseau des villes créatives de l'UNESCO pour la qualité de sa gastronomie ; un titre rare aux États-Unis. Riche d'une agriculture vieille de 4 000 ans, elle a su entretenir et diffuser son patrimoine varié, fruit du mélange de saveurs mexicaines, de produits et d'ingrédients issus du désert de Sonora ou hérités de la colonisation espagnole, ainsi que de recettes traditionnelles qui caractérisent la cuisine du Sud-Ouest américain. Une étape culinaire immanquable pour les amateurs de bonne chère !

Sortir

Grâce à son importante population étudiante, Tucson possède une vie nocturne animée, notamment du jeudi au samedi. North 4th Avenue et Downtown sont les zones regroupant la plus grande densité de bars et de boîtes de nuit.

Sports / Loisirs

La ville et ses environs offrent de nombreuses possibilités aux amateurs d'activités en extérieur. Les parcs mêlant déserts et forêts ainsi qu'un climat doux la majorité de l'année en font une destination de choix. Des balades à cheval au coucher de soleil aux randonnées dans des paysages désertiques en passant par l'observation des astres célestes à la nuit tombée, le champ des possibles est ouvert.

Tourisme

Tucson constitue avant tout une destination nature à l'extrémité orientale du désert de Sonora. Rayonner autour de la ville signifie s'approprier des paysages dominés par une faune et une flore fascinantes. Si l'incontournable d'un séjour sur place est l'Arizona-Sonora Desert Museum, d'autres sites, canyons et routes panoramiques, permettront de s'immerger dans ces grands espaces.

Par ailleurs, lorsqu'il a suffisamment plu pendant l'hiver, le printemps apportera des champs de fleurs sauvages dont les couleurs vont du violet au jaune en passant par l'orange. Un spectacle très photogénique, que l'on n'imaginerait pas voir dans le désert – pour savoir où le contempler, rendez-vous au Visitor Center. De la même manière, le *birdwatching* est très en vogue dans la région.

Enfin, Tucson est le siège de lieux historiques emblématiques, comme la mission San Xavier del Bac ou l'ancien Presidio.

Le *street art* à la conquête de Tucson. Une balade dans Greater Downtown est l'occasion d'observer une myriade de peintures murales bariolées réalisées par des artistes locaux dans le cadre du Tucson Mural Program. Unique, chacune des 25 œuvres reflète la diversité ancrée dans l'histoire et la culture de la ville. Citons l'une des plus iconiques, *Mayahuel – « Goddess of Agave »* –, qui habille le mur ouest du bâtiment Benjamin Plumbing Supply, au 440 N. 7th Avenue. Réalisée par l'enfant du pays Rock « Cyfi » Martinez, elle dévoile une divinité aztèque couronnée d'agave et entourée de cactus, dont le saguaro qui peuple le désert le Sonora. La carte des fresques est à consulter ici : www.tucsonaz.gov/muralmap.

Un lieu privilégié pour l'observation des étoiles. Tucson est une destination courue par les astronomes amateurs et professionnels pour la clarté de son ciel. En plus de ses bonnes conditions météorologiques, la ville bénéficie d'une politique visant à limiter la pollution lumineuse la nuit.

Dans l'University of Arizona vous trouverez un petit planétarium et différentes expositions sur la science et l'astronomie. Ce Flandrau Science Center and Planetarium est ouvert du mardi au samedi, de 10h à 17h. Comptez 9 US$ par adulte, 8 US$ pour les étudiants et 7 US$ pour les 4-17 ans (www.flandrau.org).

Le Large Binocular Telescope Observatory, situé sur le mont Graham, est un haut lieu de l'astronomie américaine. Des visites guidées sont organisées chaque week-end de mi-mai à mi-novembre (réservations au +1 928 428 6260 ou sur www.eac.edu/discoverypark).

À près de 2 800 m d'altitude, le Mt. Lemmon Sky Center Observatory possède le plus grand télescope du sud-ouest des États-Unis ouvert au public. Différentes possibilités d'observation nocturne sont proposées, pour lesquelles il est préférables de réserver à l'avance (www.skycenter.arizona.edu).

Transports

Bien que la ville ait été construite pour la voiture, le tramway Sun Link – www.suntran.com/routes-services/sunlink – connecte ses principales attractions.

ARIZONA

© TOM PEPEIRA - ICONOTEC

Cathédrale Saint-Augustin à Tucson.

ARIZONA-SONORA DESERT MUSEUM ★★

2021 N Kinney Road
✆ +1 520 883 2702
www.desertmuseum.org
Ouvert tous les jours. Octobre-mai : 8h30-17h, juin-septembre : 7h30-14h. 24,95 US$ par adulte et 13,95 US$ par enfant.

© JOSEPH SOHM - SHUTTERSTOCK.COM

Ce véritable joyau est le deuxième endroit le plus visité d'Arizona, après le Grand Canyon. Un zoo, un centre d'histoire naturelle et un jardin botanique sont regroupés sur quelque 3,5 km de sentiers aménagés. Au minimum 2h sont nécessaires pour découvrir l'endroit, jalonné d'habitats du désert, de grottes et d'expositions où l'on observe la faune, la flore et les minéraux de la région. Des naturalistes sont sur site pour donner de plus amples informations aux visiteurs. Immanquable !

BIOSPHERE 2 ★

32540 S Biosphere Road
✆ +1 520 621 4800
www.biosphere2.org
Tous les jours, de 9h à 16h. Adultes : 25 US$, seniors : 23 US$, étudiants et enfants de 5 à 17 ans : 15 US$.

Dans un cadre magnifique, au pied des montagnes de Santa Catalina, le site est grandiose. À l'origine, le projet consistait à enfermer huit personnes pendant deux ans dans cette structure ultra futuriste abritant un écosystème complètement indépendant : un océan, une forêt tropicale, une savane, des marais et un désert, le tout capable de recycler l'air et les déchets. Malheureusement, l'équipe n'ayant pas respecté certaines règles de base, la crédibilité de l'expérience a été mise à mal. Aujourd'hui l'ensemble est ouvert à la visite ; une chance !

CENTER FOR CREATIVE PHOTOGRAPHY ★

1030 N. Olive Road
✆ +1 520 621 7968
www.ccp.arizona.edu
Du mardi au samedi, de 10h à 16h30. Entrée libre.

Situé sur le campus de l'University of Arizona, le Center for Creative Photography a été fondé en 1975 par John Schaefer, alors président de l'établissement, et le photographe et écologiste Ansel Adams, dont on retiendra les superbes images en noir et blanc de l'Ouest américain – Yosemite National Park en tête. En plus de ses archives complètes et de celles du très talentueux Edward Weston, le centre abrite des expositions temporaires d'une grande qualité.

EL PRESIDIO HISTORIC DISTRICT ★

Entre Main Avenue, Pennington Street, Church Avenue et Washington Street.
www.tucsonmuseumofart.org

Construit en 1775 par les Espagnols, le Presidio constituait le cœur historique de Tucson à l'époque de la colonisation. Aujourd'hui, le fort auquel il doit son nom a été reconverti en musée. Pour découvrir le quartier et l'histoire des murs qui le délimitaient, demandez l'itinéraire du Presidio Trail au Visitor Center, situé à moins d'une dizaine de minutes à pied. Cinq demeures iconiques édifiées entre 1850 et 1907 composent Historic District :

- **J. Knox Corbett House.** Érigée en 1907 dans le respect de l'architecture des lieux, elle abrite des meubles du style *Arts and Crafts*. Dotée d'une structure en brique couverte de stuc blanc, elle a été restaurée en 1995.
- **La Casa Cordova.** Puisqu'il s'agit de la bâtisse en adobe la plus ancienne de Tucson, elle incarne parfaitement l'architecture du désert de Sonora de la fin de XIXe siècle.
- **Romero House.** Dans le coin nord-est d'Historic Block, elle aurait été construite au XIXe siècle et accueille désormais le populaire studio de céramiques Romero House Potters, un organisme à but non lucratif qui dispense des leçons pour adultes.
- **Stevens/Duffield House.** Située sur Main Avenue, elle fait partie du complexe du Tucson Museum of Art et abrite le charmant Café à la C'Art, sélectionné dans le top 10 des meilleurs restaurants de musée par *Food & Wine Magazine*.
- **Edward Nye Fish House.** Érigée en 1868 par Edward Nye Fish, cette maison accueille aujourd'hui la boutique du musée d'art ainsi que le TMALearn ! Creative Space.

TUCSON MUSEUM OF ART ★★

140 N. Main Avenue
✆ +1 520 624 2333
www.tucsonmuseumofart.org
Du jeudi au dimanche, de 10h à 17h. Adultes : 12 US$, seniors : 10 US$, enfants (13-17 ans) : 7 US$.

Le musée constitue le point de départ idéal pour découvrir le quartier historique de Phoenix. La collection d'art précolombien et indien en provenance de toute l'Amérique latine est superbe, riche d'objets datant de plus de 2 000 ans. L'espace dédié à l'Ouest américain est radicalement différent et offre une fenêtre sur les paysages de ses contrées sauvages et sur les traditions des populations natives. Une autre pièce est dédiée à l'art contemporain, tandis que de nombreuses expositions temporaires se relaient tout au long de l'année.

PIMA AIR & SPACE MUSEUM ★★

6000 E. Valencia Road ✆ +1 520 574 0462
www.pimaair.org
Tous les jours, de 9h à 15h (jusqu'à 17h l'hiver). Adultes : 18,50 US$, seniors : 15,75 US$, 5-12 ans : 12 US$.

Quelque 32 ha d'expositions sont répartis au sein de l'un des plus grands musées à ciel ouvert du monde, fondé en 1976. Les visiteurs déambulent parmi plus de 400 avions, dont l'Air Force One de John F. Kennedy. Entre les expositions en plein air, le hangar principal et les autres, plus petits, on peut aisément passer une journée sur place. Des visites – gratuites – sont organisées à pied ou en tram, avec des guides bénévoles qui ont souvent officié en tant que pilotes eux-mêmes. Un lieu particulièrement apprécié par les familles.

GATE PASS

Gate Pass Road
« Scenic view » accessible de 7h à 20h.

À seulement une quinzaine de kilomètres à l'ouest de Tucson, Gate Pass est un point de vue panoramique qui offre les plus beaux couchers de soleil de la région. Les saguaros – ces cactus géants caractéristiques de la région – qui se profilent sur le ciel rougeoyant font partie intégrante du charme du Sud-Ouest. Prévoyez d'y venir assez tôt, environ une heure avant que le soleil ne se couche, pour être sûr d'avoir de la place sur le parking. La route en elle-même fait partie de l'expérience, sillonnant à travers des paysages d'une immensité renversante.

SABINO CANYON ★★

5900 N Sabino Canyon Road
Consultez les horaires (variables) en ligne. Tour en shuttle : 15 US$ par adulte, 8 US$ pour les moins de 12 ans.

C'est au pied des montagnes de Santa Catalina, à une vingtaine de kilomètres au nord-est de Tucson, que commence ce vaste parc forestier. Véritable paradis des randonneurs, il est également parcouru par un *shuttle* électrique qui met à disposition un système de narration individuel pour en apprendre davantage sur la flore, la faune et l'histoire des lieux. Si vous souhaitez obtenir son itinéraire et une carte des sentiers qui parcourent le site, rendez-vous au Visitor Center de la ville ou dans celui qui se trouve à l'entrée du parc.

DE GRAZIA GALLERY IN THE SUN ★

6300 N. Swan Road
✆ + 520 299 9191
www.degrazia.org
Tous les jours, de 10h à 16h. Adultes : 8 US$, enfants de 12 à 18 ans : 5 US$.

Cet établissement fait partie du patrimoine génétique du désert de Sonora et constitue une étape agréable vers Sabino Canyon. Il regroupe la maison et la galerie d'art de l'artiste local Ettore « Ted » DeGrazia (1909-1982), dont l'œuvre a été fortement influencée par la culture amérindienne. On y trouve six collections permanentes retraçant les évènements historiques qui se sont déroulés dans le Sud-Ouest américain. Au total, quelque 15 000 œuvres sont exposées ici.

SAN XAVIER DEL BAC MISSION ★★

1950 W San Xavier Road
✆ +1 520 294 2624
www.sanxaviermission.org
Tous les jours, de 9h à 16h. Entrée libre.

Établie en 1692, cette mission est un *must see*. Joyau de l'architecture coloniale, elle est la plus ancienne structure européenne d'Arizona et est très souvent reconnue comme le plus bel exemple d'architecture espagnole des États-Unis. Sa construction en argile et sa toiture soutenue par des voûtes successives la rendent unique dans le pays. Son intérieur se compose de nombreuses peintures, gravures et sculptures ; un petit musée retraçant l'histoire des lieux complète la visite.

THE NORVILLE GEM & MINERAL MUSEUM

115 N. Church Ave
✆ +1 520 621 7433
Du mardi au samedi, de 10h à 16h. Adultes : 15 US$, séniors : 10 US$, enfants de 4 à 12 ans : 5 US$.

Ce nouveau musée a récemment intégré le bâtiment rénové du superbe Pima County Courthouse : c'est une réussite. Déjà considéré comme l'un des incontournables de Tucson, il est dédié aux pierres et aux minéraux dont regorge l'Arizona. Trois galeries principales sont disposées sur quelque 1 115 m² : « Mineral Evolution », « Arizona Gallery » et « Gem Gallery ». Elles abritent notamment des expositions interactives et numériques, dont la découverte demande généralement entre 1h30 et 2h.

UNIVERSITY OF ARIZONA MUSEUM OF ART ★

1031 N Olive Road
✆ +1 520 621 7567
www.artmuseum.arizona.edu
Du mardi au samedi, de 10h à 16h30. Adultes : 8 US$, seniors : 6 US$.

Ouvert en 1955, l'University of Arizona Museum of Art abrite de belles sculptures, notamment celles de Rodin, Arp, Picasso, ou encore Maillol. Néanmoins, le musée est particulièrement connu pour contenir l'une des plus grosses collections de Jacques Lipchitz, un sculpteur cubiste. En parallèle, de nombreuses expositions temporaires de qualité sont organisées tout au long de l'année ; consultez le site de l'établissement pour connaître leur programmation.

SOUTHERN ARIZONA HERITAGE & VISITOR CENTER

115 N Church Ave
✆ +1 800 638 8350
www.visitsouthernarizona.com
Tous les jours, de 10h à 17h.

Compétente, dynamique et chaleureuse, l'équipe vous fournira toutes les informations sur Tucson et ses environs. Vous repartirez avec une quantité impressionnante de dépliants : parmi eux, assurez-vous de bien avoir les cartes des passionnants Presidio Trail et Turquoise Trail, des *walking tours* de la ville à faire soi-même. Cerise sur le gâteau : la petite exposition portant sur les premières cultures ayant peuplé la région et sur la faune du désert. Une véritable mine d'or !

TANQUE VERDE RANCH €€€

14301 East Speedway
✆ +1 800 234 3833
www.tanqueverderanch.com
Chambres doubles à partir de 210 US$. Petit déjeuner inclus.

Adjacent au Saguaro National Park, ce ranch bénéficie d'un cadre sauvage unique. C'est une affaire familiale qui a démarré en 1868, et qui relève d'une passion pour les Rincon Mountains. Plus qu'une nuit dans un décor de western, Tanque Verde offre à ses invités une expérience complète du Grand Ouest américain. Nous vous recommandons chaudement la formule « *All-Inclusive Getaway* », avec repas, soirées barbecue, musique country en plein air, balades à cheval, cours d'équitation et autres activités nature. Un endroit qui a su préserver tout le charme de l'époque.

WHITE STALLION RANCH €€€

9251 W. Twin Peaks Road
✆ +1 520 297 0252
www.whitestallion.com
Chambres doubles à partir de 180 U$ la nuit. Petit déjeuner compris.

Cet établissement luxueux niché à deux pas du Saguaro National Park dépayse par son cadre rustique typique des ranchs américains. Un décor digne d'un western, pensé dans les moindres détails. Style et caractère s'expriment jusque dans la quarantaine de chambres décorées avec goût. Au programme, de nombreuses activités : escalade, vélo, rodéo, tir, randonnée, ou encore équitation. Spa, piscine, bain à remous permettront de se relaxer après l'effort. En somme, tous les éléments sont réunis pour un séjour mémorable sur les terres des cow-boys du Grand Ouest.

THE LITTLE ONE €

151 N Stone Ave
✆ +1 520 612 9830
Du lundi au vendredi, de 9h à 14h. Petits déjeuners de 13 US$ à 15 US$, déjeuners de 9 US$ à 16 US$.

Ce petit restaurant mexicain comme on les aime sert une cuisine typique, parfaitement assaisonnée. Si vous commandez l'assiette surprise, le chef choisira trois éléments du menu pour vous, selon son humeur. Au menu : quantité d'œufs, du poulet *ranchero*, du barbecue de bœuf, ou encore du faux-filet au piment vert. Les végétariens trouveront plusieurs alternatives aussi appétissantes. Bien que l'intérieur soit particulièrement bruyant en raison du volume de la musique, la terrasse offre un peu plus de calme. Une adresse qui donne le sourire !

LA COCINA €€

201 N Court Avenue
✆ +1 520 622 0351
lacocinatucson.com
Du mardi au jeudi, de 9h à 21h. Jusqu'à 22h les vendredis et samedis, 15h le dimanche. Plats de 14 US$ à 25 US$.

Ce restaurant et bar très animé se trouve au cœur d'Old Town. Il s'agit sans conteste de l'un des endroits les plus charmants de la ville, aussi bien la journée pour son brunch qu'en soirée pour boire un verre, dîner et écouter de la musique *live*. En plus de son emplacement idéal, dans l'ancien Presidio, au centre d'une courette à l'allure hispanisante, La Cocina jouit d'une bonne cuisine, allant des salades aux burgers en passant par les *tacos* et les *burritos*. Vous trouverez également une large sélection de cocktails et de bières. Ambiance garantie.

THE CORONET €€

198 West Cushing Street
✆ +1 520 222 9889
www.coronettucson.com
Du jeudi au lundi, de 17h à 21h. Plats de 14 US$ à 42 US$.

Fort de son succès, The Coronet s'est offert des nouveaux locaux, à l'emplacement de l'ancien Cushing Street Bar & Restaurant. Ici, le produit est roi et sélectionné avec soin pour proposer une cuisine locale et presque toujours bio. De la même manière, le menu évolue en fonction des saisons. Néanmoins, on y trouve toute l'année une belle sélection de viandes et de produits de la mer, avec, entre autres, de la truite fumée, du thon épicé, des moules, de la pancetta, du steak, ou encore du porc grillé. Une carte de vins intéressante accompagne le tout.

VIVACE RESTAURANT €€

6440 N Campbell Ave
✆ +1 520 795 7221
www.vivacetucson.com
Lundi-jeudi : 11h30 à 20h. Jusqu'à 20h30 vendredi et samedi. Pâtes : 21,95 US$-30,95 US$. Plats : 22,95 US$-51,50 US$.

Dîner au Vivace Restaurant est la promesse d'une belle soirée. Cet excellent restaurant italien au personnel aux petits soins compte probablement parmi les meilleures tables de Tucson, malgré des prix abordables pour la qualité des assiettes. Mention spéciale aux *manicotti* quatre fromages, des pâtes maisons farcies à la ricotta, à la fontine, au pecorino, au parmesan, à la tomate et aux champignons. Demandez à être assis à l'extérieur, absolument charmant, entre sa fontaine, ses arbres et ses cactus décorés de guirlandes lumineuses. Coup de cœur !

DONUT BAR TUCSON

33 N 6th Ave
✆ +1 520 372 7120
www.donutbartucsonaz.com
Mercredi-vendredi : 7h-13h. Dès 8h samedi et dimanche. Jeudi : 17h-22h. Vendredi-samedi : 17h-00h. Donuts dès 2,75 US$.

Cette petite adresse repose sur un concept qui devrait parler aux bons vivants, puisqu'elle est spécialisée dans les donuts gourmands et la bière artisanale. On y vient le matin pour ces premiers et dès 17h pour la seconde. Au menu, les classiques côtoient des créations savoureuses et originales, comme le Chocolate Euphoria, le Horchata Donut, ou encore le Unicorn. Mention spéciale à l'accueil extrêmement chaleureux. Par ailleurs, notez que si vous venez dans l'après-midi, vous trouverez les invendus de la matinée : on vous les vendra à prix réduits.

OLD TOWN ARTISANS

201 N. Court Avenue
✆ +1 520 620 1725
www.oldtownartisanstucson.com
Du mardi au dimanche, de 11h à 17h (les horaires peuvent varier d'un magasin à l'autre). Accès libre.

Au cœur d'El Presidio, ce *block* est constitué par une succession de boutiques organisées autour d'un joli jardin ombragé qui abrite la terrasse de La Cocina. On passe avec plaisir d'un magasin de vinyles à une petite enseigne indépendante de t-shirts imprimés, elle-même menant à un espace spécialisé dans la vaisselle, ce dernier étant adjacent à un atelier d'artisanat vendant des dessins et des peintures… En somme, on passe d'un univers à un autre au gré de la promenade. Une expérience très agréable. Cerise sur le gâteau : tout est confectionné localement.

LARGE BINOCULAR TELESCOPE OBSERVATORY

933 N. Cherry Ave ✆ +1 928 428 6260
www.eac.edu/discoverypark
Visites de mi-mai à mi-novembre. Réserver longtemps à l'avance. Tarif : 40 US$ par personne, incluant le déjeuner.

Situé sur le mont Graham, ce haut lieu de l'astronomie américaine possède des caractéristiques optiques hors normes : il s'agit en réalité d'une sorte de paire de jumelles géante, construite à partir de deux miroirs de 8,4 m de diamètre. Des visites guidées sont organisées chaque week-end de mi-mai à mi-novembre. Les heures passées là-haut sont incroyables, parmi des sommets boisés de toute beauté contrastant avec le désert entourant la ville de Tucson située 120 km plus à l'ouest.

ARIZONA

SAGUARO NATIONAL PARK ★★★

Installé à seulement 20 km au nord-ouest de Tucson, ce parc de quelque 370 km² couvre une partie du célèbre désert de Sonora, emblématique de l'Arizona, avec ses pitons rocheux et ses cactus. Il a été nommé d'après le saguaro, une variété géante endémique à la région. Les paysages fascinants et évocateurs du site peuvent être découverts sur des chemins balisés, dont vous trouverez une carte aux Visitor Centers.

Pratique

Comptez 25 US$ par véhicule pour une semaine. Le parc est doté de deux Visitor Centers : le Rincon Mountain à l'est et le Red Hills à l'ouest. Ils sont ouvert tous les jours, de 9h à 17h. Plus de renseignements ici : www.nps.gov/sagu.

Tourisme

Réparti sur deux chaînes de montagnes arides, la Rincon Mountain et la Tucson Mountain, Saguaro National Park est divisé en deux districts du même nom.

- **Le premier** abrite une portion de désert dans sa partie plane, ainsi qu'une forêt de conifères tempérée en hauteur. Sur ses 13 km, la Cactus Forest Loop Scenic Drive offre une vue panoramique sur la région et mène à plusieurs belvédères et départs de sentiers de randonnée.
- **Le Tucson Mountain District,** quant à lui, est essentiellement classé zone sauvage. Son point culminant est le Wasson Peak, à 2 180 m d'altitude.

© CHARLES HARKER - SHUTTERSTOCK.COM

Saguaro National Park.

TOMBSTONE ★★★

Lorsqu'il prospecte dans les environs en 1877, Ed Schieffield s'entend dire par les soldats d'un avant-poste à proximité qu'il ne trouvera ici que sa pierre tombale – « *tombstone* ». En réalité, il découvrira de l'argent, l'équivalent de 37 millions de dollars en moins de dix ans, et rebaptisera la ville « *Tombstone* ». Forte de ses mines et de 10 000 habitants en 1886, elle rivalise avec Tucson : c'est la ruée vers l'argent. Les lieux étaient déjà entrés dans la légende de l'Ouest cinq années plus tôt, en 1881, pour la fameuse fusillade à O.K. Corral – un corral pour chevaux – durant laquelle l'homme de loi Wyatt Earp s'était illustré. Chaque jour à 11h, 13h et 15h, la scène est rejouée par des tireurs – renseignements ici : www.ok-corral.com

Ainsi, Tombstone ressemble désormais davantage à un parc d'attractions qu'à une authentique ville du Far West de l'époque, mais deux à trois heures passées sur ses rues en terre battue permettent au visiteur de se plonger dans l'univers des westerns. On prend plaisir à déambuler parmi les boutiques de souvenirs où se côtoient vêtements *vintage* et chapeaux Stetson, à essayer de trouver de l'argent dans Old Tombstone et à prendre une bière dans le saloon de Big Nose Kate.

Pratique

Le Visitor Center est ouvert du lundi au jeudi, de 9h à 16h, et du vendredi au dimanche jusqu'à 17h. Vous le trouverez au 395 E Allen Street.

BOOTHILL GRAVEYARD ★

408 State Route 80

✆ +1 520 457 3300

www.tombstonechamber.com

Tous les jours, de 9h à 18h. Entrée : 3 US$. Gratuit pour les moins de 16 ans.

Ce cimetière réunit quelque 250 tombes, dont certaines sont ornées d'épitaphes lunaires comme : « *Pendu par erreur. Il avait raison, on avait tort, mais on l'a quand même pendu* ». Une visite qui vaut le détour : en plus de plusieurs descriptions particulièrement drôles, Boothill Graveyard permet d'avoir un meilleur aperçu de la ville et des années 1880. Par exemple, on apprend que de nombreuses personnes sont mortes dans les mines, que beaucoup de meurtres résultent de bagarres dans les saloons, ou encore que le suicide était un acte assez « *courant* » à l'époque.

KARTCHNER CAVERNS STATE PARK ★★

2980 State Route 90 ✆ +1 520 586 4100
www.azstateparks.com/kartchner
Tous les jours, de 8h à 17h. 7 US$ par véhicule. Visites guidées dès 23 US$ par adulte et 13 US$ par 7-13 ans.

Devenues un State Park en 1988, les Kartchner Caverns sont des grottes dites « *actives* », où l'infiltration de l'eau se poursuit : les formations calcaires y évoluent goutte après goutte depuis plus de 200 000 ans. Des guides passionnés vous emmèneront à leur découverte pendant 1h30 à 2h. À l'intérieur, l'humidité est de 99 %. La visite se conclut en apothéose dans les grottes les plus spectaculaires, avec des formations atteignent parfois la hauteur d'un immeuble de 4 étages.

THE BIRD CAGE THEATRE ★

535 E Allen Street ✆ +1 520 457 3421
www.tombstonebirdcage.com
Tous les jours, de 9h à 18h. Adultes : 15 US$, 8-18 ans et seniors : 14 US$. Ghost tours à 18h15 et 20h. Tarif : 30 US$.

Il s'agit sans aucun doute de l'endroit le plus intéressant de la ville. À mi-chemin entre le saloon, le repaire de malfrats, la maison close et le cabaret, cet ancien théâtre est aujourd'hui un lieu de mémoire, nourri par un incroyable bric-à-brac d'objets et d'anecdotes en tout genre. En plus de s'immerger dans l'histoire de Tombstone, on profite d'un aperçu extrêmement intéressant des années 1880, de la place qu'occupaient les femmes – qui avaient généralement peu de perspectives en dehors de la prostitution ou du mariage – à la scène artistique de l'époque.

BIG NOSE KATE'S SALOON €

417 E Allen Street
✆ +1 520 457 3107
www.bignosekatestombstone.com
Du dimanche au jeudi, de 10h à 21h. Jusqu'à 23h vendredi et samedi. Plats et sandwichs de 8,99 US$ à 17,99 US$.

Dès la porte d'entrée, ce saloon transporte le visiteur plus d'un siècle en arrière, au temps des cow-boys et de la ruée vers l'or. Une fois que l'on arrive à faire fi de la présence des nombreux autres clients et de la sensation « *Disneyland* » qu'ils véhiculent, on s'immerge pleinement dans l'ambiance, des plus sympathique. Si l'on ne vient pas ici pour la finesse de la cuisine, le service est charmant et les lieux uniques, l'édifice étant à l'origine celui du Grand Hotel, construit en 1881. Ne manquez pas de lire l'histoire écrite sur le menu.

BISBEE ★★

Bisbee est un endroit à part, si différent du reste des États-Unis. Même si les lieux sont un peu morts, il s'en dégage une atmosphère singulière, un charme irrésistible, souvent immortalisé au cinéma. Cette ancienne ville minière a su garder un caractère sauvage et insolite. Associées à son architecture victorienne – et des années 1930 – ses rues en pente, tortueuses et trop étroites pour les voitures, lui confèrent un air européen, notamment méditerranéen. Une ressemblance frappante dès que l'on emprunte l'un des escaliers qui mènent dans les hauteurs de la ville, où l'on évolue entre des petits jardins aux mosaïques colorées, uniques, dont l'aménagement est parfois fait d'un bric-à-brac artistique.
Par ailleurs, c'est à l'implantation d'une population *hipster* que Bisbee doit ses jolies galeries et ses salons de thé ou de café on ne peut plus mignons. C'est un lieu empli de bonnes ondes, où l'on se sent bien : le visiteur disposant de temps y posera ses sacs quelques jours pour se plonger dans une bulle propice à la lecture, à la quiétude et à la déambulation.

Balade

Ne manquez pas de monter jusqu'à Castle Rock pour avoir un joli point de vue sur les environs. Il vous suffit d'emprunter les escaliers qui se trouvent après la Patisserie Jacqui. Puis, suivez le chemin qui vous fera découvrir les hauteurs de Bisbee, avant de vous mener dans Old Town.

ARIZONA

BISBEE MINING & HISTORICAL MUSEUM ★

5 Copper Queen Plaza
✆ +1 520 432 7071
www.bisbeemuseum.org
Tous les jours, de 10h à 16h. Adultes : 8 US$, séniors : 7 US$, enfants de moins de 16 ans : 3 US$.

Ce musée affilié au Smithsonian – l'un des plus grands instituts de recherche au monde – retrace l'histoire de l'activité minière à Bisbee à travers différentes reconstitutions et expositions. Sa visite est primordiale pour comprendre l'importance et l'influence de cette activité sur l'industrialisation de la ville et de sa région. L'objectif du Bisbee Mining & Historical Museum : rendre *fun* l'apprentissage de la révolution industrielle américaine. Pari tenu !

COPPER QUEEN MINE ★

478 Dart Road
✆ +1 520 432 2071
www.queenminetour.com
Réservations nécessaires. Comptez 14 US$ par adulte et 6,50 US$ pour les enfants de 6 à 12 ans.

C'est équipé d'un ciré jaune, d'un casque et d'une lampe que l'on s'enfonce dans cette mine de cuivre ouverte en 1877. La visite commence en petit train, puis à pied dans l'une des galeries, à 450 m sous terre. Les tours sont commentés par d'anciens mineurs à la retraite partageant leur expérience et leurs anecdotes. En somme, il s'agit d'une expérience insolite, à la fois pédagogique et instructive sur un pan important de l'histoire de Bisbee et du sud-ouest américain plus largement. À noter : à l'intérieur de la Copper Queen Mine, la température chute à 8 °C.

CAFE ROKA €€

35 Main Street
✆ +1 520 432 5153
caferoka.com
Vendredi et samedi, de 17h à 21h. « Petites assiettes » de 6,50 US$ à 15,50 US$. Plats de 21,50 US$ à 38,50 US$.

Plus qu'une valeur sûre de la ville, Cafe Roka est probablement l'une des meilleures tables d'Arizona. Arrivé à Bisbee en 1990 pour une simple visite, le chef, Rod Kass, s'y est immédiatement senti comme chez lui ; deux années plus tard, il ouvrait ce restaurant. Il y sert une cuisine raffinée aux accents modernes, avec des touches italiennes, californiennes et méditerranéennes. Si la carte ne contient que six plats, tous sont inspirés et savoureux, à l'instar des sept « *petites assiettes* » qui se prêtent au partage. Réservations vivement recommandées.

PATISSERIE JACQUI

91 Main St
✆ +1 520 508 6543
www.patisserie-jacqui.com
Jeudi : 11h-15h, vendredi et samedi : 10h-17h, dimanche : 9h30-15h. Desserts de 3,75 US$ à 7,95 US$.

Cette excellente pâtisserie sert de véritables œuvres d'art. On y trouve des mini-tartelettes aux parfums variés – allant de pana cotta à framboise basilic – des cookies gourmands – mention spéciale à celui au Nutella – des viennoiseries en tout genre, des cheesecakes frais, des brownies au chocolat intense… En somme, difficile de faire son choix. La terrasse ne contenant que trois petites tables, il peut être difficile de trouver de la place ; nous vous recommandons de prendre vos desserts à emporter et de les déguster en arpentant les rues de Bisbee.

CHIRICAHUA NATIONAL MONUMENT ★★

Chiricahua National Monument est situé dans les Chiricahua Mountains. Celles-ci se distinguent notamment pour leurs formations géologiques extravagantes et leur relief très vertical, en proie à une érosion inégale. Cette dernière a façonné de grandes colonnes naturelles spectaculaires dont le sommet est constitué par une roche résistant mieux à l'érosion – des *hoodoos*, ou cheminées de fées. Un phénomène qui trouve ses origines dans une gigantesque éruption volcanique qui a eu lieu il y a 27 millions d'années. Plus de 666 milliards de mètres cubes de magma ont été éjectés, recouvrant une zone de plus de 3 000 km^2 d'une couche de cendres incandescentes allant jusqu'à 610 m d'épaisseur. Résultat : il est désormais possible de se promener dans un décor surréaliste composé de pics et d'énormes pierres en équilibre.
Chiricahua National Monument couvre 48,50 km^2 et abrite une quinzaine de randonnées à la difficulté variable, qui serpentent à travers les forêts et les canyons. Par ailleurs, le site accueille une faune très riche : il n'est pas rare de croiser des biches et de nombreuses variétés d'oiseaux. En revanche, le risque de se trouver nez à nez avec un ours noir ou un puma est minime. Au total, plus de 70 espèces de mammifères, 45 de reptiles et 170 d'oiseaux vivent ici.

Pratique

Le parc est accessible gratuitement toute l'année, 24h/24. Pour sa part, le Visitor Center est ouvert chaque jour, de 8h30 à 16h30. Plus d'informations ici : www.nps.gov/chir. Notez que le printemps et l'été constituent la meilleure période pour visiter le parc.

Se loger

Chiricahua National Monument compte un camping : Bonita Canyon Campground. L'emplacement coûte 20 US$ par nuit.

Tourisme

Parmi les immanquables du site figure la superbe Bonita Canyon Drive. Cette route de 12,8 km part du Visitor Center pour franchir une forêt de chênes, de cyprès et de pins. Progressivement, elle monte vers un environnement plus désertique, longée par des pics rocheux jusqu'à Massai Point. Ici, une vue exceptionnelle à 360 degrés sur Rhyolite Canyon s'offre au visiteur. La route permet également d'accéder aux différents départs de randonnées, ainsi qu'au Bonita Canyon Campground.

ORGANISER SON SÉJOUR

Voyager aux États-Unis est relativement simple ; surtout si l'on s'y est préparé en amont. Car partir les informations en main présente un gain de temps considérable, une fois sur place. Par exemple, il convient de savoir que les trajets sont généralement plus longs qu'ils n'y paraissent sur Google Maps, ou encore que certaines excursions se réservent en avance, notamment lors du pic touristique. Aussi, choisir ses hébergements au préalable permettra des économies non négligeables, les tarifs étant généralement plus élevés à la dernière minute. C'est également avant le séjour qu'il convient de penser à la manière dont on aimerait se déplacer, l'option choisie déterminant son itinéraire : par exemple, on découvrira davantage de sites dans le cadre d'un *road-trip* qu'en se déplaçant en bus et en train. Si quelques doutes subsistent une fois sur place, rendez-vous dans les nombreux Visitor Centers répartis sur le territoire. Bon voyage !

ARGENT

Monnaie. Le dollar américain – noté US$ – est la monnaie officielle des États-Unis depuis 1792.

Taux de change. Au début du mois d'août 2022, un dollar valait 0,98 euro et un euro valait 1,01 dollars. Plutôt que se rendre en bureau de change, il est plus avantageux de retirer du liquide au distributeur automatique – ATM – directement.

Carte bleue. Il est possible de payer en carte dans la plupart – pour ne pas dire la totalité – des établissements, tout en gardant à l'esprit que certains prennent une commission. Par ailleurs, avant votre départ, renseignez-vous auprès de votre banque sur les taux et les plafonds de retrait et de paiement à l'étranger : pour des séjours de plusieurs semaines, il peut être intéressant de souscrire une option internationale. Dernier conseil : partez avec deux cartes et conservez-les dans des endroits distincts. Cela vous épargnera des démarches chronophages en cas de perte ou de vol.

BUDGET / BONS PLANS

Les États-Unis sont loin d'être un pays bon marché, surtout depuis le début de la crise sanitaire. Sans faire l'impasse sur les visites ni sur la location d'une voiture, mais en limitant les restaurants et en choisissant des logements parfois excentrés – pour des tarifs plus abordables – il faut compter en moyenne 75 euros par jour et par personne… Du moins si l'on voyage à deux et que l'on partage équitablement les frais d'essence, de location de véhicule et d'hébergement. Les visiteurs plus « chics » dépenseront plutôt 150 à 200 euros quotidiennement chacun. Bien sûr, ces chiffres sont amenés à évoluer selon la période, puisqu'il est plus onéreux de parcourir le Grand Ouest pendant les vacances scolaires.

Pourboires et taxes. Dans votre budget, il est indispensable de prendre en compte les pourboires. Part intégrante de la culture américaine, ils représentent habituellement 10 à 15 % de la note au restaurant. Par ailleurs, la plupart des prix sont indiqués sans taxes. Elles s'ajoutent au moment de payer la note et varient selon les États, voire les comtés. Ainsi, en avril 2022, elles étaient de 9,5 % dans celui de Los Angeles, contre 7,75 % dans celui de San Diego et 8,5 % à Sonoma. Consultez leur évolution ici : www.cdtfa.ca.gov.

Pour faire des économies, comparez les prix des hôtels à l'année si vous pouvez être flexible sur les dates. En basse saison, vous trouverez des établissements luxueux à parfois 200 euros de moins qu'à l'accoutumée.

PASSEPORT ET VISAS

Passeport. Il faut être en possession d'un document en cours de validité afin de fouler le sol américain. Par ailleurs, assurez-vous qu'il soit valable pour la durée du séjour.

Visa. L'ESTA est nécessaire pour entrer aux États-Unis par les airs – même pour un simple transit – dans le cadre d'un voyage de 90 jours maximum. Il s'agit d'une sorte de laissez-passer valable deux ans et facile à obtenir : au moins 72h avant votre départ, rendez-vous sur le site https://esta.cbp.dhs.gov/ (et seulement celui-ci !) pour remplir le formulaire et vous acquitter de 21 US$. En revanche, si vous arrivez par la route ou le train via le Canada ou le Mexique, vous devrez simplement remplir un formulaire I-94 à l'arrivée et payer un droit de 6 US$.

L'ASSURANCE VOYAGE, LE MEILLEUR MOYEN POUR FAIRE FACE À DES FRAIS DE SANTÉ ÉLEVÉS À L'ÉTRANGER

avec le DR MICHEL NAHON, directeur médical d'Allianz Travel

Les frais médicaux sont-ils les mêmes selon les différentes régions du monde ?

Les frais médicaux sont en général plus élevés à l'étranger qu'en France. En Australie, une consultation médicale coûte en moyenne 2 fois plus cher qu'en France. Au Canada, elle est 3 fois plus chère et aux États-Unis, jusqu'à 7 fois.

La sécurité sociale et la mutuelle prennent-elles en charge les frais médicaux à l'étranger ?

La sécurité sociale fonctionne uniquement avec les pays de la Communauté économique européenne, avec lesquels la France a passé des accords. Il faut pour cela penser à faire une demande d'extension de garantie avec la carte européenne d'assurance maladie (CEAM). Ensuite, un remboursement de la sécurité sociale peut déclencher un remboursement de la mutuelle, en fonction des contrats.

À combien peut s'élever une consultation chez un médecin généraliste ou une hospitalisation à l'étranger ?

Aux États-Unis, au Canada et en Australie, une consultation chez un généraliste peut coûter entre 200 et 5 000 dollars, si le médecin a besoin de pratiquer des examens au cabinet. Le coût d'une hospitalisation peut lui atteindre plusieurs milliers de dollars par jour !

Quelle est la meilleure protection pour faire face aux frais médicaux ?

Cela se fait au cas par cas. En fonction du pays dans lequel on voyage, il est nécessaire d'avoir le bon contrat, avec la bonne couverture. Allianz Travel dispose de solutions adaptées pour couvrir les frais médicaux imprévus à l'étranger.

Les couvertures incluses dans certaines cartes bancaires ne sont-elles pas suffisantes ?

Les cartes bancaires ne sont pas toutes les mêmes et il en est de même pour le montant de la prise en charge des frais médicaux. Il est donc nécessaire de bien prendre connaissance de son contrat, car la plupart des cartes disposent de faibles couvertures.

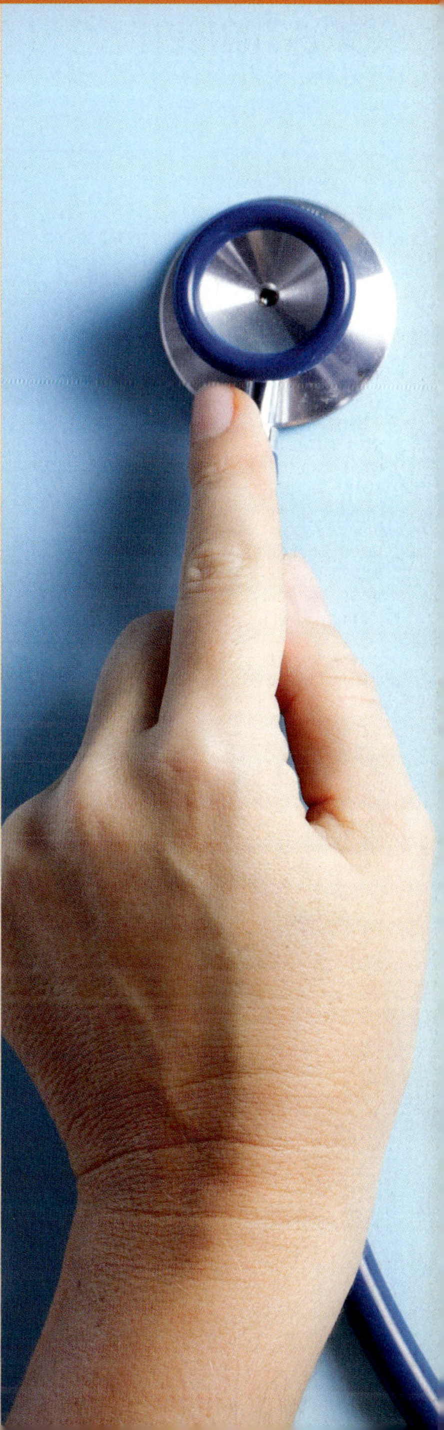

© NEIRFY

PERMIS DE CONDUIRE

Pour visiter le Grand Ouest en voiture, il suffit de se munir de son permis, en cours de validité. Néanmoins, afin d'éviter tout désagrément, il peut être judicieux de se faire également établir un permis international ou, à défaut, de se procurer une traduction officielle.

SANTÉ

Comme avant chaque départ à l'étranger, il est conseillé de se renseigner en amont sur les possibilités offertes par sa mutuelle en matière de couverture médicale et de veiller à avoir une option rapatriement – parfois incluse avec sa carte Visa. Par ailleurs, gardez en tête que le système de santé états-unien repose sur des assurances privées : la moindre consultation peut se révéler extrêmement onéreuse.

VACCINS OBLIGATOIRES

À l'exception de celui contre le Covid-19, aucun vaccin n'est obligatoire pour se rendre aux États-Unis.

SÉCURITÉ

Si le Grand Ouest constitue un territoire « *safe* », il est également en proie à de nombreux feux de forêt chaque année, entre juin et novembre – la Californie en tête. De la même manière, les risques de catastrophes naturelles et de phénomènes météorologiques violents sont beaucoup plus importants qu'en Europe. Pour connaître les dernières informations en la matière, rendez-vous dans la rubrique « Conseils aux voyageurs » du site du ministère des Affaires étrangères : www.diplomatie.gouv.fr. Néanmoins, gardez à l'esprit que la liste exhaustive des dangers potentiels peut donner une image alarmiste du pays, différente de sa situation réelle.

DÉCALAGE HORAIRE

Il faut compter neuf heures de décalage horaire avec la Californie et le Nevada. Ainsi, quand il est 17h chez nous, il est 8h là-bas. Il en est de même en Arizona, à l'exception de deux périodes : de début janvier à la fin du mois de mars et de fin octobre à fin décembre, lorsqu'il n'y a que huit heures de différence. En Utah, prévoyez huit heures de décalage horaire toute l'année.

LANGUES PARLÉES

Si la langue « officielle » des États-Unis est l'anglais, il n'est pas rare d'entendre les locaux parler espagnol, surtout en Californie. Par ailleurs, certains acteurs du tourisme sont également francophones. Dans la mesure du possible, faites l'effort de vous exprimer en anglais, et ce même si vous n'en avez que quelques rudiments ou que vous faites des erreurs : c'est l'intention qui compte.

COMMUNIQUER

- **Tous les opérateurs français** de téléphonie mobile ont des accords avec des opérateurs américains. Il est donc facile de se servir de son portable. Si vous souhaitez garder votre forfait français, il faudra avant de partir activer l'option internationale (généralement gratuite) en appelant le service clients de votre opérateur. Qui paie quoi ? La règle est la même chez tous les opérateurs. Lorsque vous utilisez votre téléphone français à l'étranger, vous payez la communication, que vous émettiez l'appel ou que vous le receviez. Dans le cas d'un appel reçu, votre correspondant paie lui aussi, mais seulement le prix d'une communication locale. Tous les appels passés depuis ou vers l'étranger sont hors forfait, y compris ceux vers la boîte vocale.
- **Une autre solution est d'acheter une carte SIM** prépayée chez l'un des opérateurs locaux, à savoir T-Mobile, Verizon ou AT&T. C'est l'option la plus économique si vous avez l'intention de vous servir de votre téléphone fréquemment et de passer des appels locaux. Sachez cependant qu'en règle générale, un téléphone acheté chez un opérateur français est « bloqué » et accepte uniquement les cartes SIM provenant de celui-ci. Vous devez faire la demande de déblocage auprès de votre opérateur avant le départ (ce qui n'est pas toujours possible).

ELECTRICITÉ ET MESURES

- **Les prises sont de type A et B.** Il faudra donc acheter un adaptateur, avant de partir ou sur place.
- **Les mesures de distance et de température** diffèrent de celles que l'on utilise en France. Ici, les mètres s'expriment en pieds – *feet* – et les kilomètres en *miles*. Ainsi, un pied vaut 0,3 mètre et un mètre équivaut à 3,28 pieds. De la même manière, un mile est égal à 1,6 kilomètre et un kilomètre à 0,62 mile. Enfin, les États-uniens ont recours aux degrés Fahrenheit au lieu des Celsius : comptez 32 °F pour 0 °C.

BAGAGES

Votre mode de transport déterminera vos bagages : si vous faites un *road-trip*, vous aurez l'embarras du choix, tandis qu'il vous faudra préférer un sac à dos ergonomique à une grosse valise dans le cadre de déplacements en train et en bus. Dans tous les cas, pensez à emporter un petit sac à dos pour les randonnées et les promenades en journée. Glissez également un *tote bag* dans vos bagages : il ne prendra pas de place et vous sera utile si vous allez à la plage ou si vous sortez le soir.

Vêtements. Le Grand Ouest étant constitué d'une multitude de microclimats, il convient de prendre des vêtements chauds comme légers. Ainsi, emportez une majorité d'affaires d'été, mais aussi un jean, quelques t-shirts à manches longues, une chemise en coton, un gilet et une veste fine. Si vous comptez passer par des zones fraîches comme les monts enneigés de l'Utah, deux pulls et un pantalon supplémentaires ne seront pas de trop.

Chaussures. Si vous prévoyez de faire des randonnées, il est indispensable de vous équiper de chaussures de marche de qualité et des chaussettes qui vont avec. Emportez également une paire de baskets de ville et des sandales confortables. Enfin, même sans aller à la plage, des tongs se révèleront toujours utiles, notamment si vous comptez dormir en auberge de jeunesse et partager une salle de bains avec d'autres voyageurs.

Livres. Les férus de lecture seront tentés d'apporter nombre d'ouvrages... Qu'ils s'abstiennent, surtout s'ils voyagent en *backpack*. Limitez-vous à un ou deux livres et troquez-les au gré des rencontres ou dans les espaces prévus à cet effet, dans les auberges de jeunesse et certains cafés. Si lire sur un écran ne vous dérange pas, prenez une liseuse.

Accessoires. Ne partez pas sans un kit médical, de la crème solaire, des lunettes de soleil, des insecticides, un K-way ou une cape de pluie, un mini-dictionnaire franco-anglais, deux ou trois petits cadenas – visez large, vous en égarerez forcément un –, des boules Quies, un masque de sommeil et des écouteurs ou un casque. Les amateurs de photographie n'oublieront pas leur appareil ; s'ils n'ont la place que pour un objectif, ils choisiront un grand angle. Optionnel mais pratique : un vieux téléphone, en cas de perte ou de vol de son *smartphone*.

LES PHRASES CLÉS

Bonjour, je voudrais réserver un billet aller/retour pour...
Hello, I would like a round trip ticket for...

J'ai raté mon avion. Je voudrais échanger mon billet s'il vous plaît.
I missed my flight.I would like to change my ticket, please.

Mon vol est très en retard. Ma correspondance sera bien assurée ?
My flight is very delayed. Will I be able to make my connection?

Mes bagages ont été égarés, à qui dois-je m'adresser ?
My luggage was lost. Whom should I speak to?

Louez-vous des voitures avec chauffeur ?
Do you provide chauffeur-driven car rental service?

Je n'ai presque plus d'essence. Où se trouve la station-service la plus proche ?
I'm almost out of gas. Where is the nearest gas station?

S'Y RENDRE

Nombre de compagnies aériennes desservent l'Ouest américain ; trop pour en dresser une liste pertinente à la préparation de votre voyage. Afin d'y voir plus clair – et d'économiser son argent comme son temps –, il est intéressant de faire ses recherches via des comparateurs de vols, à l'instar de Skyscanner. Bien qu'il soit plus « prudent » – en matière d'imprévus – de passer directement par la compagnie plutôt que par un intermédiaire, cette manière de procéder permet d'avoir une idée plus précise de ses options. Par ailleurs, cela n'empêche pas de réserver ensuite auprès de la société de transport directement : parfois, les prix sont les mêmes. De manière générale, ils varient selon la période, le nombre d'escales souhaitées, l'ajout d'un bagage en soute ou non et la durée qui sépare l'achat des billets de la date du départ. Globalement, la fourchette s'étend de 550 à 1 500 euros l'aller-retour de Paris à L.A.

AIR FRANCE

www.airfrance.fr

La compagnie aérienne française assure des vols quotidiens pour Los Angeles au départ de Paris. Généralement, les trajets comprennent une ou deux correspondances, notamment à Amsterdam, Londres, Detroit, ou encore New York. Dans ce cas, ses partenaires prennent le relais, à l'instar de KLM (Pays-Bas), Delta Air Lines (États-Unis) et Virgin Atlantic (Royaume-Uni). Avec les perturbations occasionnées par la crise sanitaire, le service client s'est montré à la hauteur, même lorsque les passagers n'avaient pas souscrit d'assurance annulation.

DELTA AIRLINES

✆ 09 69 39 17 79

fr.delta.com/fr/fr

Delta Airlines est l'une des plus grosses compagnies aériennes du monde. Elle est bien implantée à San Francisco. Pratique donc pour se déplacer à l'intérieur du pays mais aussi pour s'envoler à l'international. Delta est appréciée des voyageurs qui mettent en avant le service client de qualité, un bon équipement au sein des avions et un bon rapport qualité-prix. Vols directs tous les jours de Paris à San Francisco ou Los Angeles sur les vols Air France/KLM. La compagnie assure également des vols via Atlanta, New York, Seattle, Détroit et Salt Lake City.

AMERICAN AIRLINES

C'est l'une des plus grandes compagnies aériennes du monde. Cette entreprise américaine assure aussi bien des vols intérieurs qu'internationaux. Sur ses quelque 270 destinations aux Etats-Unis, elle dessert notamment une douzaine de villes en Californie, de San Francisco à San Diego en passant par Los Angeles et Palm Springs. Elle assure également des liaisons à Las Vegas au Nevada, à Salt Lake City en Utah, ou encore à Phoenix et à Tucson en Arizona. Pour avoir recours à American Airlines depuis la France, il vous faudra partir de Paris.

UNITED AIRLINES

✆ 01 71 23 03 35

Réservations par téléphone tous les jours de 8h à 20h.

United Airlines est l'une des grosses compagnies aériennes américaines, voire mondiales. Avec une flotte de plus de mille avions, elle dessert en tout 375 destinations, dont 75 uniquement aux USA. Elle est surtout bien implantée à San Francisco, c'est-à-dire que vous pourrez aller presque partout. Ses avions sont bien équipés et plutôt confortables, le *check in* est facile et le personnel est compétent. Depuis Paris CDG, United Airlines dessert quotidiennement San Francisco, Los Angeles et Las Vegas. Plusieurs départs par jour.

SÉJOURS ET CIRCUITS

Particulièrement propice au *road-trip*, l'Ouest américain se visite seul très facilement. S'il est nécessaire de réfléchir à son itinéraire et à ses options d'hébergement en avance en raison des tarifs – parfois inabordables – pratiqués par les établissements à la dernière seconde, le territoire se découvre au gré des trajets menant d'une ville à l'autre. Quelle que soit celle que l'on choisisse pour poser ses valises quelques jours, on y trouvera aisément toutes les informations concernant les points d'intérêt des environs. Ainsi, nous conseillons plutôt le recours à une agence de voyages spécialisée aux visiteurs non véhiculés et disposant de peu de temps ; les déplacements en bus ou en train risqueraient de les limiter dans l'exploration de la Californie, du Nevada, de l'Utah et de l'Arizona. Autrement, si l'on préfère se laisser guider de A à Z, plusieurs tour-opérateurs proposent des services intéressants.

AGENCE DU VOYAGE À CHEVAL

1, rue Eugène-Cusenier
ORNANS
✆ 03 81 62 02 96
www.agenceduvoyageacheval.com
Ouvert du lundi au samedi de 9h à 19h.

L'Agence du Voyage à Cheval est spécialiste du voyage à cheval en France et dans le monde entier, avec pour spécificité la relation locale authentique, le respect de l'environnement et du cheval. L'agence propose une importante offre randonnée équestre, tout comme un engagement permanent pour le tourisme responsable. Des expéditions sillonnent la Californie comme par exemple la participation au rassemblement et convoyage de bétail du printemps dans la Redwood Coast Ride.

ALTIPLANO VOYAGE

Route de la Bouvarde
EPAGNY METZ-TESSY
✆ 04 50 46 90 25
www.altiplano-voyage.com
Ouvert du lundi au vendredi de 8h à 13h et de 14h à 18h.

Faites confiance aux spécialistes États-Unis d'Altiplano (etats-unis@altiplano-voyage.com - 04 57 09 80 05). Ayant vécu ou baroudé à travers tout le pays, ils vous conseillent pour composer votre voyage personnalisé, aux dates de votre choix. Pour s'immerger dans la vie californienne, ils proposent des expériences originales et authentiques : hébergements cosy ou écologiques, visite privée dans la Silicon Valley ou encore la région des vignobles. En toute convivialité, vous préparez votre séjour avec les recommandations d'experts de la destination.

ALMA VOYAGES

573, route de Toulouse
VILLENAVE-D'ORNON
✆ 05 56 87 58 46
www.alma-voyages.com
Ouvert du lundi au vendredi de 9h à 17h30 et le samedi de 9h à 12h.

Chez Alma Voyages, les conseillers connaissent parfaitement les destinations proposées et chaque client est suivi par un agent attitré ! Une large offre de voyages, avec émission de devis pour les voyages sur mesure, vous sera alors proposée. Alma Voyages pratique les meilleurs prix du marché et travaille notamment avec Kuoni, Beachcombers, Jet Tour, Marmara, Look Voyages... Si vous trouvez moins cher ailleurs, l'agence s'alignera sur ce tarif et vous bénéficierez en plus, d'un bon d'achat de 30 euros sur le prochain voyage... Catalogue sur le site Internet.

AMPLITUDES

PARIS (2e) ✆ 01 44 50 18 58
www.amplitudes.com

Spécialiste du voyage sur mesure depuis plus de 15 ans, l'agence Amplitudes propose notamment de découvrir Las Vegas, Los Angeles et San Francisco parmi ses formules « Séjours découverte », qui comprennent les vols aller-retour sur des compagnies régulières, ainsi que les nuits d'hôtel dans la catégorie de votre choix parmi les sélections : pour cette destination, les hébergements proposés vont du 3 aux 5-étoiles. Il est en outre possible de visiter l'ouest américain et ces trois villes grâce au circuit « Les Mystères de l'Ouest ».

ANAPIA VOYAGES

5, Oletako Bidea - **ASCAIN / AZKAINE**
✆ 06 88 62 62 66
www.anapiavoyages.fr
Sur rendez-vous uniquement. Rendez-vous à Aix-en-Provence, Lyon ou Ascain.

Anapia Voyages a été créée par Sylvia, une Péruvienne vivant depuis plus de 30 ans en France. Elle conçoit, avec son équipe, des programmes à dominante culture et nature. Elle propose un itinéraire de 22 jours dans l'ouest américain, de San Francisco à Los Angeles, en passant par le désert de Moab en Utah. Elle panache sur mesure des sites incontournables et des lieux inédits, de petites structures d'hébergement avec de confortables hôtels typiques, mais surtout une vraie rencontre avec les populations grâce à des repas, des activités et des nuits chez l'habitant.

CLUB FAUNE VOYAGES

50, rue de Passy
PARIS (16e)
✆ 01 42 88 31 32
www.club-faune.com
Ouvert du lundi au vendredi de 9h à 19h.

Club Faune propose des traversées de la Californie sur mesure. En voiture de location, les villes de la côte de la Napa Valley, sauront transmettre leur charme et leur authenticité. Los Angeles, Santa Barbara et San Francisco vous raviront par leur architecture propre, leur animation cosmopolite et leur histoire. De la Redwood Forest au parc national du Yosemite c'est une nature époustouflante qui s'offre. Club Faune met en œuvre tout son savoir-faire pour vous dévoiler ses bonnes adresses et ses astuces pour vous rendre aux meilleurs points de vue.

ATALANTE

36, quai Arloing
LYON (9e)
✆ 04 72 53 24 80
www.atalante.fr
Ouvert du lundi au vendredi de 9h à 18h et le samedi de 10h à 13h et de 14h à 18h.

Atalante est spécialisée dans les voyages à pied. Trekking de haut niveau ou simples promenades dans les campagnes, il y en a pour tous les goûts et toutes les conditions physiques. Ils s'attachent à faire découvrir à leurs clients des régions du monde aux modes de vie préservée, riches de traditions et de cultures uniques. Un retour à l'essentiel ! Partez à pied pour 3 semaines dans une ambiance « Western et Pacifique en liberté » de Las Vegas en passant par les grands parcs californiens pour finir sur la côte ouest de San Francisco.

HUWANS

18, rue Séguier
PARIS (6e)
✆ 01 44 32 09 30
www.huwans.com
Ouvert du lundi au vendredi de 10h à 19h et le samedi de 10h à 18h.

Club Aventure, engagé dans une logique de tourisme responsable, attache une grande importance à la préservation de l'environnement et souhaite respecter l'héritage culturel des populations rencontrées lors des voyages. Spécialiste des voyages randonnée, trekking et aventure, le tour-opérateur programme un itinéraire, « Terres insolites », de 22 jours, dont 5 jours et 3 demi-journées de marche, parcourant l'Ouest américain et ses parcs sur près de 3 000 km et comprenant la visite des incontournables San Francisco et Las Vegas.

CERCLE DES VOYAGES

31, avenue de l'Opéra - **PARIS** (1er)
✆ 01 40 15 15 11
www.cercledesvoyages.com
Ouvert du lundi au vendredi de 9h à 20h et le samedi de 10h à 18h30.

Les conseillers du Cercle des Vacances sont de véritables connaisseurs. En effet, ces spécialistes ont déjà vécu ou voyagé sur place, ils sont du coup dotés d'une vraie expertise du terrain. Ils partageront avec vous leurs conseils et leurs petits secrets pour faire de votre voyage une expérience inédite et inoubliable. Pour découvrir l'Ouest américain, l'agence propose plusieurs autotours d'environ 2 semaines : «aperçu de l'Ouest», «Utah confidentiel», «Glamping en Utah», «La côte Pacifique de Seattle à San Francisco : côté océan, côté montagnes» et enfin «l'Ouest américain en famille» durant lequel vous aurez le plaisir de passer 2 nuits dans un ranch.

LES MAISONS DU VOYAGE

3, rue Cassette
PARIS (6e)
✆ 01 53 63 13 43
www.maisonsduvoyage.com

Loin du tourisme de masse, la Maison des Etats-Unis réinvente pour vous le voyage en Amérique du Nord à travers des escapades en individuel ou en groupe, suivant toujours des itinéraires maison. L'équipe est composée à la fois de spécialistes, mais aussi de vrais voyageurs qui apportent une touche personnelle. On choisira des circuits accompagnés, concentrés sur une courte durée ou bien des séjours plus longs pour visiter le Grand Ouest. Ils proposent notamment comme circuit : « L'art de vivre californien ».

GO VOYAGES

www.govoyages.com

Go Voyages propose un très grand choix de vols secs, charters et réguliers au meilleur prix au départ et à destination des plus grandes villes. 155 000 itinéraires de vols, 665 compagnies aériennes et plus de 2 millions d'hôtels dans 40 000 destinations... Possibilité également d'acheter des packages sur mesure « vol + hôtel » et des coffrets cadeaux. Sans oublier le grand choix de promotions sur tous les produits et la location de voiture. La réservation est simple et rapide, le choix multiple et les prix très compétitifs.

EASYVOYAGE

✆ 08 99 19 98 79

www.easyvoyage.com

Le concept peut se résumer en trois mots : s'informer, comparer et réserver. Des infos pratiques sur plusieurs destinations en ligne (saisonnalité, visa, agenda...) vous permettent de penser plus efficacement votre voyage. Après avoir choisi votre destination selon votre profil (famille, budget...), le site vous offre la possibilité d'interroger plusieurs sites à la fois concernant les vols, les séjours ou les circuits. Grâce à ce moteur performant, vous pouvez réserver directement sur plusieurs bases de réservation (Lastminute, Go Voyages et bien d'autres).

LASTMINUTE

✆ +39 0892 586 132

www.lastminute.com

Des vols secs à prix négociés, dégriffés ou publics sont disponibles sur Lastminute, agence de voyage en ligne. créée il y a plus de 20 ans. On y trouve également des week-ends, des séjours, de la location de voiture... Mais surtout, Lastminute est le spécialiste des offres de dernière minute permettant ainsi aux vacanciers de voyager à petits prix sans avoir à s'y prendre plusieurs semaines à l'avance. Que ce soit pour un week-end ou une semaine, une croisière ou simplement un vol, des promos sont proposées et renouvelées très régulièrement.

JETCOST

www.jetcost.com

Jetcost compare les prix des billets d'avion et trouve le vol le moins cher parmi les offres et les promotions des compagnies aériennes régulières et *low cost*. Le site est également un comparateur d'hébergements, de loueurs d'automobiles et de séjours, circuits et croisières. L'interface du site Internet est très simple d'utilisation. Après avoir lancé la recherche, on peut affiner les résultats en fonction de ses choix afin de trouver le vol le plus intéressant, la durée du trajet, les éventuelles escales ou encore l'aéroport d'arrivée.

PROMOVACANCES

✆ 01 55 33 44 44

www.promovacances.com

Promovacances est une agence de voyage en ligne qui propose de nombreux séjours touristiques, des week-ends, ainsi qu'un très large choix de billets d'avion à tarifs négociés sur vols charters et réguliers, des locations, des hôtels à prix réduits. En plus de cette importante offre, n'hésitez pas à guetter en ligne des promotions de dernière minute et les bons plans du jour. Enfin, des informations pratiques sont à consulter en ligne pour préparer votre voyage : santé, formalités, aéroports, voyagistes, compagnies aériennes.

QUOTATRIP

www.quotatrip.com

Voyages sur mesure.

QuotaTrip est une nouvelle plateforme de réservation de voyage en ligne qui met en relation des voyageurs à la recherche d'expériences authentiques et uniques et des agences de voyages locales sélectionnées pour leurs compétences et leur sérieux. Le réseau de QuotaTrip couvre près de 200 destinations dans le monde entier. Le but de ce rapprochement est simple : proposer un séjour entièrement personnalisé aux utilisateurs. QuotaTrip promet ainsi l'assurance d'un voyage serein, sur mesure, sans intermédiaires et sans frais supplémentaires.

INTERVIEW

LE VOYAGE-SUR-MESURE

AVEC STEVEN LE CHEVALIER ET MATHIEU VALLY DE QUOTATRIP

Quel est le concept de l'agence QuotaTrip ?

Quotatrip est la première plateforme de mise en relation entre voyageurs et agences locales. Grâce à elle, les voyageurs peuvent enfin échanger en direct avec des agences qui sont sur place et concevoir un voyage unique, au meilleur prix et 100% personnalisé.

Pourquoi voyager avec des agences locales ?

À l'inverse des agences traditionnelles, les agences locales sont des expertes de la destination choisie. Ce sont aussi les mieux placées pour concevoir des séjours qui sortent des sentiers battus. Elles sont ainsi en mesure de répondre à l'ensemble des envies, le voyageur rentre dans l'univers de l'equi-tourisme = le tourisme sans intermédiaire.

Quels sont les autres avantages pour les voyageurs ?

Il y a une multitude d'avantages. Cela permet notamment de ne pas voyager comme tout le monde, d'organiser de manière simple et rapide un séjour sur mesure et au meilleur prix. Fini les mauvaises surprises, les voyageurs posent toutes les questions qu'ils souhaitent et bénéficient d'un accompagnement sur mesure, de la conception du projet jusqu'à sa réalisation en toute sécurité car les agences référencées sont sélectionnées et recommandées par les journalistes des guides du Petitfute en toute impartialité.

Les démarches sont-elle simples à effectuer ?

Les sites de voyage en ligne font perdre beaucoup de temps aux internautes sans pour autant répondre entièrement à leurs désirs. QuotaTrip propose un formulaire simple et rapide qui permet de décrire les souhaits, les envies et les besoins. L'internaute reçoit aussitôt gratuitement et sans engagement les offres de trois ou quatre agences locales avec qui il peut ensuite échanger afin de personnaliser son projet grâce à la messagerie mise en place.

Quelles sont les destinations proposées ?

Notre plateforme propose plus de 21 000 projets de voyage sur plus de 100 destinations à travers le monde. De l'Amérique latine en passant par l'Asie et l'Afrique, nos mille agences partenaires sont là pour répondre à vos projets de voyage.

Décrivez votre projet de voyage. Echangez en direct avec les agences locales et partez au meilleur prix.

Plus d'informations : *quotatrip.com*

© D.R

© D.R

© D.R

SE LOGER

L'offre d'hébergements est importante et variée dans l'Ouest américain, la Californie en tête. Néanmoins, qu'il s'agisse d'un petit hôtel ou d'un établissement plus luxueux, il vaut mieux réserver le plus en avance possible, en raison des tarifs parfois inabordables à la dernière minute et des chambres rapidement prises d'assaut dans certaines zones très touristiques. Prenez en compte la situation géographique : si vous êtes véhiculé, n'hésitez pas à vous éloigner d'une dizaine de minutes du centre de la ville ou du point d'intérêt qui justifie votre venue. En plus de faire des économies, vous vous garerez plus facilement. Aussi, la culture des auberges de jeunesse est assez peu présente sur le territoire : les voyageurs au petit budget et en quête de convivialité préféreront recourir à Couchsurfing, un réseau d'hébergement – gratuit – chez l'habitant parfaitement indiqué pour explorer la région comme un local.

AIRBNB €€

www.airbnb.com

Airbnb est si bien développé aux États-Unis qu'il présente des options au rapport qualité-prix imbattable, souvent bien meilleur que celui proposé par les hôtels. Autre avantage : les conditions d'annulation, souvent flexibles. Surtout, il y en a pour tous les goûts et les budgets, des chambres privées constituant une belle manière de rencontrer des locaux aux appartements entiers offrant davantage d'intimité. Par ailleurs, notez que certains hôtels y sont inscrits : avant de réserver, comparez les tarifs avec ceux indiqués sur leur site.

HOSTELWORLD €€

www.hostelworld.com

Essentiellement utilisée par les anglophones, c'est la référence en termes de réservation d'auberges de jeunesse. Intuitive et visuelle, l'interface note la sécurité, la situation géographique, le personnel, la propreté, les installations et le rapport qualité-prix des établissements qu'elle propose. Le plus : elle évalue l'ambiance, à l'inverse de plateformes d'hébergements plus classiques – et néanmoins qualitatives – comme Booking. Il peut d'ailleurs être intéressant de comparer cette dernière à Hostelworld avant de réserver une chambre ou un lit en dortoir.

CALIFORNIA ASSO. OF BOUTIQUE & BREAKFAST INNS €€

414 29th Street

✆ +1 800 373 9251

www.cabbi.com

La California Association of Boutique & Breakfast Inns – ou CABBI – a été formée en 1991 pour promouvoir les B&B auprès des touristes désireux de vivre une expérience aussi unique que personnalisée. Aujourd'hui, le réseau compte quelque 210 adresses réparties dans tout le Golden State, particulièrement au niveau de la côte pacifique. Des belles demeures victoriennes aux cottages avec vue sur l'océan en passant par des anciennes brasseries, le champ des possibles est ouvert.

COUCHSURFING €

www.couchsurfing.com

Contribution annuelle : 13,99 euros.

C'est le meilleur moyen de vivre au rythme des locaux et de découvrir le « vrai » Grand Ouest. Le concept : des habitants avec lesquels vous avez préalablement échangé sur le site vous logent gratuitement. Néanmoins, s'il n'y a aucune obligation ni transaction financière, il est d'usage de passer un petit peu de temps avec ses hôtes, qu'il s'agisse de cuisiner un repas, de boire un verre ou de visiter les alentours ensemble. En somme, Couchsurfing est idéal pour les voyageurs qui disposent de temps et qui mettent l'accent sur les rencontres.

SE DÉPLACER

Bien qu'il soit étendu, le Grand Ouest présente le territoire idéal pour un *road-trip*, d'autant que la plupart de ses villes sont pensées pour la voiture. Ainsi, nous vous conseillons de réserver un véhicule au préalable et de le récupérer à votre arrivée à l'aéroport. Avant tout, il convient de comparer les prix des principales agences de location de la région – telles qu'Alamo, Europcar, Avis, Hertz, ou encore Sixt – via le site Rental Cars. Autre option : le particulier à particulier, souvent plus économique. Si l'idée vous intéresse, rendez-vous sur la plateforme Turo, très bien pensée. Enfin, les voyageurs non adeptes de la conduite pourront arpenter le pays en train grâce à la compagnie nationale Amtrak, ou avec les bus Greyhound. Dans les pôles urbains, plusieurs choix s'offrent aux visiteurs, des taxis aux services de VTC tels que Lyft et Uber. Une alternative intéressante pour sortir le soir, même lorsque l'on est véhiculé.

GREYHOUND

www.greyhound.com

Greyhound propose le service de bus interurbain le plus développé d'Amérique du Nord. Par exemple, San Diego est particulièrement bien reliée au reste du pays, en particulier à Los Angeles, que l'on rejoint entre 3 et 4 heures de route, selon la circulation. Vous pourrez aisément gagner d'autres États, comme le Nevada – comptez une dizaine à une douzaine d'heures pour Las Vegas – l'Arizona – prévoyez près de 14 heures pour atteindre Phoenix – et l'Utah – environ 20 heures pour Salt Lake City. Sans surprise, les tarifs sont moins chers que ceux du train.

AMTRAK

SAN DIEGO

www.amtrak.com

À l'image de la SNCF en France, la société de chemin de fer nationale des États-Unis dessert tout le pays. Ainsi, elle traverse l'essentiel de la côte Californienne, de San Diego à San Francisco en passant par Los Angeles et plusieurs villes du Sud, telles que San Clemente, Santa Ana, Anaheim et Fullerton. Une alternative intéressante à la voiture, d'autant que le trajet est à couper le souffle sur le tronçon qui part de la municipalité de Del Mar jusqu'à l'entrée de Dana Point, puisque le train longe l'océan. Le tout pour des prix relativement abordables.

ALAMO

SAN FRANCISCO

✆ +1 888 826 6893

www.alamo.com

Voiture d'entrée de gamme à partir de 295 US$ jusqu'à 890 US$ la semaine pour la voiture luxueuse.

Avec un bon rapport qualité-prix, Alamo dispose de plus de 290 agences de location aux États-Unis, dont plusieurs à San Francisco (aéroport, centre-ville, sud de la ville...). Elles proposent des forfaits tout compris : kilométrage illimité, assurances et taxes incluses, avec le choix entre plusieurs gammes de véhicules : voitures, SUV, vans, trucks, et la possibilité d'ajouter des extras à votre guise (assistance rapatriement, siège enfant, GPS...). Réservation en agence ou directement sur le site Internet. Petit plus : la réduction si vous payez immédiatement.

CYPRESS OVERLAND

4364 17th St - **SAN FRANCISCO**

✆ +1 857 285 1738

www.cypressoverland.com/

Ouvert du lundi au vendredi de 8h à 18h. Selon le véhicule, de 210 US$ à 270 US$ par jour + prix de l'assurance.

Vous vous sentez fait pour l'aventure ? Optez pour ce loueur de véhicules tout terrain dernier cri ! Cypress Overland propose des Jeep et des vans Toyota 4x4 tout confort depuis San Francisco. Ils disposent de tentes pop up sur le toit pour profiter de la vue tout en narguant les pumas de la Sierra Nevada, en plus de cuisines complètes pour vous préparer des festins au beau milieu de la Death Valley. Et les loueurs, un couple franco-belge qui connaît parfaitement la Californie, ne sont pas avares en conseils. C'est parti pour le glamping hors piste !

RENTAL CARS

www.rentalcars.com

Louer un véhicule est sans aucun doute le meilleur moyen de découvrir le Grand Ouest, le territoire s'explorant mieux au gré d'un road trip, tant pour ses étendues que ses petites villes authentiques. Puisque les tarifs peuvent vite grimper, il vaut mieux envisager toutes les options à votre disposition avant de réserver. Ainsi, passer par Rental Cars permet de comparer les prix des agences de location, dont les plus importantes sont Alamo, National, Avis, Europcar, Sixt, Enterprise, Hertz, Budget, Thrifty et Dollar Rent A Car.

BSP AUTO

✆ 01 86 26 90 80

www.bsp-auto.com

Site comparatif accessible 24h/24.

Ce prestataire s'est donné la mission de trouver les meilleurs tarifs de location aux conditions les plus avantageuses auprès des grands loueurs de véhicules dans les gares, les aéroports et les centres des grandes villes du monde entier. Le kilométrage illimité et les assurances sont souvent compris dans le prix. Autre avantage : la possibilité de payer seulement cinq jours avant la prise en main du véhicule. Le tout sans frais de dossier ni d'annulation, et ce jusqu'à la veille. En somme, une excellente option pour un *road-trip* économique.

TURO

www.turo.com

Simple, efficace, intuitive : bienvenue sur la plateforme de Turo. Basé sur le même principe qu'Airbnb, ce site de location de véhicules de particulier à particulier met en relation des « *hôtes* » et des loueurs, permettant des économies considérables sur les prix pratiqués par les agences de location. Néanmoins, attention à prendre en compte divers paramètres parfois contraignants, tels que l'adresse de récupération de la voiture – qui peut s'avérer peu commode – et les frais supplémentaires engendrés après un certain nombre de kilomètres.

UBER

www.uber.com

On ne présente plus le roi des services de VTC. Avec un réseau bien développé dans l'Ouest américain, notamment dans les grandes villes, Uber continue d'être privilégié par les usagers. Ainsi, l'application prend tout son sens pour gagner le centre de San Francisco depuis l'aéroport, sortir à West Hollywood à l'occasion d'un séjour à Los Angeles, ou encore circuler sur le Strip de Las Vegas. Avant de passer commande, nous vous conseillons de comparer les tarifs avec ceux pratiqués par Lyft, cette application se révélant parfois plus économique.

LYFT

www.lyft.com

Ce service de VTC est particulièrement utilisé à Los Angeles. Comme pour les services similaires en France, le principe est simple : il suffit de télécharger l'application sur son smartphone et d'enregistrer ses coordonnées ainsi que sa carte de crédit. Résultat : la course est automatiquement payée par smartphone à votre arrivée. Si voir votre trajet rallongé de quelques kilomètres ne vous dérange pas, choisissez l'option Lyft Ride : le chauffeur prendra d'autres passagers, ce qui vous permettra de partager les frais avec eux.

YELLOW CAB

1200 Mississippi Street

SAN FRANCISCO

✆ +1 415 333 3333

www.yellowcabsf.com

Pour utiliser cette compagnie de taxis, il est possible de télécharger l'application *YoTaxi* sur smartphone. À l'origine une filiale de Westgate, les Yellow Cabs de San Francisco se sont lancés en tant que coopérative en novembre 1977 après que l'entreprise eut déposé son bilan l'année précédente et qu'un groupe de chauffeurs, de mécaniciens et d'investisseurs eut réussi à convaincre le tribunal fédéral des faillites de racheter l'activité. Lorsque vous passez par eux, l'argent va donc dans la poche de ceux qui travaillent et non dans un fonds d'investissement.

S'INFORMER

Planifier un voyage dans le Grand Ouest est particulièrement aisé. En cause : les excellents sites de tourisme de ses États : Visit California, Visit Utah et Visit Arizona. À l'image de guides de voyage, ils donnent aussi bien des idées d'itinéraires, des recommandations de restaurants et de bars que des propositions d'activités. Sur place, ne négligez pas les Visitor Centers, ressources clés dans l'organisation de votre séjour. S'il est presque indispensable de se rendre dans ceux qui se trouvent à l'entrée des nombreux parcs et sites naturels dont regorge le territoire – pour obtenir des cartes et connaître les dernières conditions climatiques –, ceux qui se trouvent en ville constituent un « bonus » indéniable. Aussi, de nombreuses sources vous permettront de rester informé sur l'actualité de la région, parmi lesquelles nous pouvons citer le *San Francisco Chronicle* et le *Los Angeles Times*.

NATIONAL PARK SERVICE

SAN FRANCISCO

✆ +1 970 2672151

www.nps.gov

Site Internet très complet.

Ce site répertorie tous les grands parcs nationaux, les sites historiques et les aires naturelles gérés par le service fédéral du N.P.S (*National Park Service*). Il permet d'obtenir toutes les informations sur le parc que vous sélectionnez (que voir, choses à faire, où dormir, activités, nouveautés...). Il regorge également d'articles en ligne (histoire, faune et flore, science...) et donne même l'accès à des webcams en direct et à des vidéos archivées. Vous pouvez aussi télécharger l'application NPS app, qui est très pratique.

SAN FRANCISCO CHRONICLE

SAN FRANCISCO

www.sfgate.com

Quotidien

Fondé en 1865 sous l'appellation *The Daily Dramatic Chronicle*, par les frères Charles et Michael De Young, alors âgés de 19 ans, avec à peine 20 dollars en poche. Très américain ! Le quotidien est rapidement devenu emblématique de la vie culturelle et politique de la ville. Le *San Francisco Chronicle* reste le journal le plus influent de la ville. Le *San Francisco Chronicle* est un journal indépendant, à tendance démocrate, ouvrant ses colonnes à des chroniqueurs divers développant des opinions et des thèses divergentes. C'est le quotidien des intellectuels...

DESTINATION USA

shop-vasco.com/destination-usa

On baigne dans la culture américaine : littérature, cinéma, musique, séries... D'ailleurs, lorsqu'on débarque pour la première fois aux USA, on est saisi par une impression de « déjà-vu » tant nos rétines sont imprégnées d'images et de sons de ce pays. Avec ses dossiers complets sur des villes comme La Nouvelle-Orléans, New York ou San Francisco, ses carnets de voyage nature en Oregon ou dans le Wyoming, ses *road trips* sur la route du blues ou la Pacific Highway, le trimestriel *Destination USA* est rapidement devenu la bible de tous les amoureux des « States ».

LA WEEKLY

LOS ANGELES

www.laweekly.com

Gratuit, cet hebdomadaire fondé en 1978 par Jay Levin est publié tous les jeudis. En plus d'être distribué dans la rue, il est disponible dans de nombreux magasins, bars, restaurants et hôtels de Los Angeles. Soirées, sorties cinéma, projections en plein air, bonnes adresses où sortir, expositions, concerts, évènements en tout genre... Chaque semaine, le *LA Weekly* recense toute l'offre culturelle de la Cité des Anges. Pour ne pas vous encombrer, rendez-vous sur le site Internet du magazine, aussi riche que sa version papier.

RESTER

Omniprésents dans l'imaginaire collectif, les États-Unis « *vendent du rêve* ». Terre des opportunités, celle où tout est possible, elle est souvent perçue comme un eldorado, notamment par les jeunes. En dehors de ceux venus tenter leur chance à Los Angeles, dans le berceau du cinéma qu'est Hollywood, les Français désireux d'étendre leur voyage dans l'Ouest américain ont plusieurs options. D'abord, les échanges universitaires, puis les stages, et, surtout, le VIE – Volontariat International en Entreprise – qui offre de nombreuses opportunités aux adultes âgés de 18 à 28 ans. Enfin, la région est une destination plébiscitée par les Européens désireux d'apprendre l'anglais ; à ce titre, il est possible de passer par une école de langue sur place ou de préparer son séjour en amont avec des organismes comme WEP. Dans la plupart des cas, il est recommandé de s'y prendre en avance, le pays étant particulièrement procédurier.

ACTION CONTRE LA FAIM

14, boulevard de Douaumont
PARIS (17e)
✆ 01 70 84 70 70
www.actioncontrelafaim.org
Par téléphone de 9h à 13h et de 14h à 18h.

ONG internationale spécialisée dans la lutte contre la faim dans le monde, active dans les domaines de la nutrition, santé, sécurité alimentaire, de l'eau, de l'assainissement. L'association intervient dans des situations de crise. Le but étant de rendre les populations autonomes d'un point de vue de la nutrition, en apportant une aide concrète et en formant les intervenants locaux qui prendront le relais. Ses missions de volontariat durent de trois mois à un an en Afrique, Asie, Amérique, Europe centrale, dans le Caucase, au Moyen-Orient et dans les Caraïbes.

CIDJ

www.cidj.com

Le Centre d'Information et de Documentation Jeunesse a été créé en 1969, sous la tutelle du ministère de la Jeunesse et des Sports. Le site Internet est bien fait et très complet. La rubrique « Partir à l'étranger » fournit des informations pratiques aux jeunes qui ont pour projet d'aller vivre à l'étranger. Il y a une rubrique spécifique dédiée à chacun des thèmes suivants : travail, étude, stage, volontariat international et séjours linguistiques. Pour vous aider dans vos démarches, vous pouvez avoir un entretien gratuit avec un conseiller du CIDJ.

AEFE

23, place de Catalogne
PARIS (14e)
✆ 01 53 69 30 90
www.aefe.fr

Cette agence, sous tutelle du ministère des Affaires étrangères, anime et gère un réseau de près de 500 établissements d'enseignement français à l'étranger, dans près de 140 pays. 370 000 élèves, dont 40 % de Français, fréquentent ces établissements. Offres d'emploi à l'international pour les titulaires de la fonction publique (Education nationale principalement) et informations sur la politique pédagogique, la scolarité et l'orientation émaillent le site Internet de cet organisme qui soutient également l'association Anciens des lycées français du monde.

ÉDUCATION NATIONALE

www.education.gouv.fr
Modalités sur www.france.diplomatie.fr/mfi.

Vous êtes enseignant ou fonctionnaire d'État, vous souhaitez travailler à l'étranger ? Consultez le site du ministère de l'Éducation nationale, il informe sur les conditions de mobilité dans le monde. Cette initiative peut s'inscrire dans un parcours professionnel. Elle permet d'exercer son métier dans des conditions spécifiques, ou un autre métier et diversifier ainsi son expérience en enrichissant ses compétences. Les personnels d'encadrement peuvent aussi postuler dans des organismes internationaux ou de l'Union européenne.

NOURRIR
ÇA VEUT DIRE
SOIGNER
UNE PERSONNE MALADE PEUT RAPIDEMENT SOUFFRIR DE MALNUTRITION.
SAVEZ-VOUS QUE LES MALADIES SONT L'UNE DES PRINCIPALES CAUSES DE LA FAIM DANS LE MONDE, FRAGILISANT ENCORE L'ORGANISME DES PLUS FAIBLES ? ALORS NOUS ŒUVRONS DIRECTEMENT AUPRÈS DES POPULATIONS POUR PRÉVENIR ET SOIGNER, AFIN QU'ELLES PUISSENT RETROUVER UNE VIE ET UNE ALIMENTATION NORMALES.
Action contre la Faim – SIRET 318 990 892 00065 – geometry global – © Guillaume Binet
ACTION CONTRE LA FAIM
C'EST BIEN PLUS QUE NOURRIR.

MINISTÈRE DES AFFAIRES ÉTRANGÈRES

www.diplomatie.gouv.fr

Site Internet officiel pour connaître les formalités d'entrée et séjour dans le pays. Dans la rubrique « Services aux Français », vous trouverez un guide de l'expatriation, les modalités de demandes de documents officiels. Sur la page d'accueil en sélectionnant le pays, vous obtenez les contacts des ambassades. Dans l'espace politique, économie et socio-culturel, quantité d'informations et de communications utiles pour qui s'intéresse aux réalités du pays.

CAPCAMPUS

www.capcampus.com

CapCampus fut l'un des premiers portails étudiants français en ligne. Dans la rubrique dédiée aux stages et aux premiers emplois, vous trouverez aussi des offres pour l'étranger, classées par pays. Celles pour les Etats-Unis ne sont pas très nombreuses, le mieux est de consulter le site régulièrement pour ne pas passer à côtés des offres intéressantes. Le site est également utile pour se familiariser avec la vie aux Etats-Unis, car il propose également toutes les informations pratiques pour bien préparer son départ et son séjour à l'étranger.

WEP FRANCE

95, avenue Ledru Rollin
PARIS (11e)
✆ 01 48 06 26 26
www.wep.fr

WEP propose plus de 50 projets éducatifs et séjours linguistiques dans une trentaine de pays pour une durée allant de une semaine à 18 mois. Quel que soit votre projet d'études ou de volontariat à l'étranger, vous trouverez sur le site de WEP une rubrique qui y sera consacrée : étudier au lycée, dans une université, partir en séjour linguistique, faire une expérience professionnelle dans le cadre d'un stage ou vivre en immersion dans une famille. Possibilité également de planifier des programmes combinés (études et projet humanitaire par exemple).

CLUB TELI

Les Clarets
SAINT-PIERRE-D'ENTREMONT
✆ 04 79 85 24 63
www.teli.asso.fr
L'adhésion est à 45 €.

Le Club Teli est une association d'aide à la mobilité internationale créée voici bientôt 30 ans, forte de 4 000 adhérents en France et dans 65 pays. Si vous souhaitez séjourner à l'étranger, quel que soit votre projet, vous trouverez par le biais de ce club des infos et des offres de stages, de jobs d'été et de travail pour francophones. Si vous avez besoin d'aide pour envoyer des candidatures, le Club peut vous aider à mettre votre CV aux normes du pays où vous souhaitez partir. Pour bénéficier de ces aides et informations, il faut adhérer.

BUSINESS FRANCE

77, Boulevard Saint-Jacques
PARIS (14e)
✆ 01 40 73 30 00
Ouvert en semaine de 8h30 à 18h30.

L'Agence pour le développement international des entreprises françaises travaille en étroite collaboration avec les missions économiques. Le site Internet recense toutes les actions menées, les ouvrages publiés, les événements programmés et renvoie sur la page du Volontariat International en Entreprise (VIE). Fondée en 2015, cette structure est née de la fusion entre Ubifrance et l'Agence française pour les investissements internationaux. Elle est affiliée au Ministère de l'Europe et des Affaires étrangères et au Ministère de l'Économie et des Finances.

VIE - VOLONTARIAT INTERNATIONAL EN ENTREPRISE

✆ 04 96 17 26 50
mon-vie-via.businessfrance.fr

Le VIE est destiné aux jeunes de 18 à 28 ans. Il s'effectue en entreprise, dans une ONG, dans une collectivité locale ou dans un service de l'État – allant de l'ambassade à l'établissement culturel en passant par le consulat. Par ailleurs, il peut durer de 6 à 24 mois et être renouvelé une fois, de deux ans au plus. Enfin, sa rémunération mensuelle est constituée d'un salaire fixe de 723,99 € et d'une indemnité supplémentaire dont le montant varie selon la mission.

INDEX

1015 FOLSOM 201
1906 LODGE 441
1906 MISSION 159
924 GILMAN 208

A

A+O RESTAURANT | BAR 421
A.O.C 368
AARCHWAY INN 529
ABALONE COVE SHORELINE PARK 403
ABERCROMBIE & FITCH 195
ABRAVANEL HALL 515
ABURIYA RAKU 490
ACE HOTEL & SWIM CLUB 454
ACTION CONTRE LA FAIM 585
ADAMSON HOUSE AND MALIBU LAGOON MUSEUM 394
ADANTE HOTEL 159
ADELAIDE HOSTEL 159
ADOBE BOOKS AND BACKROOM GALLERY 198
ADVENTURE CAT SAILING THE BAY 137
ADVENTURELAND 414
AEFE 585
AFI FEST 7, 108
AGENCE DU VOYAGE À CHEVAL 576
AIR FRANCE 575
AIRBNB 580
AKBAR 388
ALABAMA HILLS 292
ALAMO SQUARE - PAINTED LADIES 155
ALAMO 132, 581
ALBERGO HOTEL VERONA 159
ALCATRAZ 144
ALDO 195
ALEXANDER BOOK COMPANY 199
ALGORITHM COFFEE 207
ALILA VENTANA BIG SUR 310
ALMA VOYAGES 576
ALPENHOF LODGE 289
ALPHA OMEGA WINERY 243
ALTIPLANO VOYAGE 576
AMBROSIA 263
AMÉLIE LE BAR À VIN 185
AMÉRICA TROPICAL INTERPRETIVE CENTER 339
AMERICAN AIRLINES 575
AMERICAN CONSERVATORY THEATER 202
AMERICAN HOTEL 356
AMOEBA MUSIC 199, 386
AMPLITUDES 576
AMTRAK 210, 262, 428, 581
ANACAPA ISLAND 315
ANAHEIM - DISNEYLAND ★★ 411
ANAPIA VOYAGES 577
ANASAZI STATE PARK MUSEUM 527
ANCESTOR SQUARE 520
ANDERSON'S BICYCLE RENTAL 278
ANDIAMO ITALIAN STEAKHOUSE 488
ANDREW MOLERA STATE PARK 308
ANDRIA'S SEAFOOD 316
ANGEL CITY BREWERY 391
ANGEL ISLAND FERRY 216
ANGEL ISLAND STATE PARK 216
ANGEL ISLAND STATE PARK ★ 216
ANGEL MAID BAKERY 380
ANGELS FLIGHT RAILWAY 338
ANGELS WINDOW 541
ANIMAL 368
ANNENBERG COMMUNITY BEACH HOUSE 350
ANO NUEVO STATE RESERVE 296
ANSEL ADAMS GALLERY 285
ANTELOPE CANYON NAVAJO TRIBAL PARK ★★★ 549
ANTELOPE ISLAND ★★★ 516
ANTHROPOLOGIE 196
ANZA-BORREGO DESERT STATE PARK ★ 456
APPLE PARK 221
AQUARIUM OF THE BAY 146
AQUARIUM OF THE PACIFIC 405
ARCATA ★ 231
ARCHES NATIONAL PARK ★★★★ 529
ARGONAUT HOTEL 168
ARIA FINE ART COLLECTION 474
ARIZONA-SONORA DESERT MUSEUM 562
ARIZONA BILTMORE 556
ARIZONA CAPITOL MUSEUM 554
ARIZONA ROUTE 66 MUSEUM 537
ARLEQUIN 194
ARMORY STUDIOS 151
ARO LATIN 401
ARTISTS DRIVE SCENIC LOOP 458
ASIAN ART MUSEUM 138
ASIENTO 185
ATALANTE 577
ATELIER CRENN 180
AUDIUM 202
AUGUST BRIGGS WINERY 246
AUNT CHARLIE'S LOUNGE 185
AUSTIN ★ 503
AUTRY MUSEUM OF THE AMERICAN WEST 353
AVALON HOLLYWOOD 388
AVENUE OF GIANTS 230

B

B&B ASSOCIATION OF SONOMA VALLEY 250
B44 172
BACCHUS' KITCHEN 400
BACON & BUTTER 264
BADWATER BASIN 458
BAKER BEACH 149
BALBOA CAFÉ 185
BALBOA PARK 432
BALLOONS ABOVE THE VALLEY 241
BALMY ALLEY 151
BAMPFA 205
BANANA BUNGALOW HOTEL & HOSTEL 355
BANCROFT HOTEL 206
BAR BOCCE 215
BAR CRUDO 183
BAR HAYAMA 368
BARNDIVA 256
BARNSDALL ART PARK 352
BARRIO CAFE 556
BART 132
BATTLESHIP USS IOWA MUSEUM 404
BAY BRIDGE 151
BAY CITY BIKE 137
BAY SHORES PENINSULA HOTEL 420
BAY TO BREAKERS 7, 104
BEACH HOUSE HOTEL 297
BEACH RETREAT & LODGE AT TAHOE 276
BEACON GRAND 168
BEAN BAG CAFE 183
BEEHIVE HOUSE 511
BELLA VINEYARDS & WINE CAVES 256
BELLAGIO POOL 495
BELLY KITCHEN AND BAR 556
BELOVED CAFE 181
BELWOOD BAKERY CAFE 380
BEN & JERRY'S 492
BENKYODO 186
BERINGER VINEYARDS 244
BERKELEY CITY CLUB 206
BERKELEY ★★ 205
BEST FISH TACO IN ENSENADA 378
BESTIA 365
BEVERLY HILLS PLAZA HOTEL & SPA 357
BEVERLY WILSHIRE, A FOUR SEASONS HOTEL 357
BG BISTRO 490
BIDE A WEE INN 304
BIG BASIN REDWOODS STATE PARK 299
BIG BASIN REDWOODS STATE PARK ★★ 299
BIG BEAR LAKE ★★ 452
BIG BLUE BUS 330
BIG JOHN'S TEXAS BARBEQUE 547
BIG NOSE KATE'S SALOON 567
BIG SUR CAMPGROUND AND CABINS 310
BIG SUR ★★★ 308
BIGGIE'S BURGERS & MORE 423
BILLCO'S 240
BINION'S 479
BIOSPHERE 2 562
BIRCH AQUARIUM AT SCRIPPS 438
BISBEE MINING & HISTORICAL MUSEUM 567
BISBEE ★★ 567
BISCUITS & BLUES 202
BISSAP BAOBAB 252
BISTRO JEANTY 242
BISTRO MAXINE 218
BIXBY CREEK BRIDGE 309
BIX 186
BLACK HISTORY MONTH 100
BLAIR'S RESTAURANT 378
BLANDING ★ 530
BLAZING SADDLES 134
BLEST TEA 194
BLISS WEDDING CHAPEL 474, 475
BLOOM NIGHTCLUB 448
BLOOMINGDALES 196
BLUE & GOLD FLEET 131
BLUE BOTTLE COFFEE 194
BLUE LANTERN INN 422
BLUFF FORT 531
BLUFF ★ 531
BOB'S BIG BOY 397
BODEGA BAY ★★ 228
BODIE STATE HISTORIC PARK 287
BODIE STATE HISTORIC PARK ★ 287
BOLINAS ★ 226
BONANZA GIFT SHOP 494
BONKERS RESTAURANT 547
BONNEVILLE SALT FLATS ★★ 517
BONNEVILLE SPEEDWAY 517
BOOK PASSAGE 199
BOOK SOUP 386
BOOT AND SHOE SERVICE 212
BOOTHILL GRAVEYARD 566
BOSSA NOVA BRAZILIAN CUISINE 368, 369
BOTANICAL BUILDING 432
BOTTEGA LOUIE 365
BOUCHON AT THE VENETIAN 486
BOUCHON 242
BOUDIN BAKERY 178
BOULDER CITY ★ 498
BOULDER ★ 527
BOURBON AND BRANCH 186
BRADBURY BUILDING 338
BRANNAN COTTAGE INN 247
BREA TAR PITS & MUSEUM 342
BREADBLOK 375, 381
BREAK ROOM 86 391
BREAKFAST CLUB 289
BRENDA'S FRENCH SOUL FOOD 172
BRENTWOOD COUNTRY MART 384
BRERA OSTERIA 486
BRICK & BELL CAFE 445
BRISAS DEL MAR, INN AT THE BEACH 314
BRIX NAPA VALLEY 242
BROOKS BROTHERS 196
BROPHY BROS RESTAURANT 315
BRYCE CANYON NATIONAL PARK ★★★★ 525
BSP AUTO 582
BUDDHA LOUNGE 186
BUDS 513
BUELLTON ★ 312
BUENA VISTA CAFÉ 186
BUENA VISTA PARK 155
BUENA VISTA WINERY 249
BULLOCKS WILSHIRE 338
BURBANK ★ 397
BURGUNDY ROOM 391
BURNING MAN 6, 106
BURR TRAIL GRILL 528
BUS MONTEREY SALINAS TRANSIT 302
BUSINESS FRANCE 587
BUTTERFLY WONDERLAND 558

C

CABLE CAR MUSEUM 138
CABLE CAR 132
CABRILLO NATIONAL MONUMENT 438
CAESARS PALACE 474, 484
CAFÉ BASTILLE 172
CAFÉ BEAUJOLAIS 229

CAFE BRASIL.................. 375
CAFÉ CAPISTRANO............ 298
CAFÉ DE LA PRESSE...........172
CAFÉ DU NORD............... 202
CAFÉ FIORE.................. 278
CAFÉ GRATITUDE 375
CAFÉ LA HAYE................ 251
CAFÉ NICHE 514
CAFE REYES.................. 227
CAFE ROKA................... 568
CAFE SANTORINI 400
CAFÉ SARAFORNIA............ 248
CAFE ZOETROPE.............. 186
CAFECITO ORGANICO.......... 378
CAFFE 817...................211
CAFFE TRIESTE............... 187
CAFFEE ACRI.................216
CALDERA KAYAKS 290
CALF CREEK RECREATION AREA ★...... 527
CALIFORNIA ACADEMY OF SCIENCE.................. 155
CALIFORNIA ASSO. OF BOUTIQUE & BREAKFAST INNS 580
CALIFORNIA HERITAGE MUSEUM.................... 350
CALIFORNIA MASONIC MEMORIAL TEMPLE 138
CALIFORNIA RODEO SALINAS...................6, 106
CALIFORNIA STATE CAPITOL MUSEUM.................... 260
CALIFORNIA STATE RAILROAD MUSEUM.................... 261
CALIFORNIA WELCOME CENTER MAMMOTH LAKES............ 288
CALISTOGA BIKESHOP......... 247
CALISTOGA INN............... 247
CALISTOGA ROASTERY 248
CALISTOGA ★★★........ 245
CAMP 4 284
CAMP RICHARDSON 276
CAMPING - RESERVATIONS..... 284
CAMPUS UC BERKELEY 206
CANCUN SABOR MEXICANO.... 207
CANDLELIGHT INN............ 239
CANNERY ROW............... 301
CANTOR ARTS CENTER........ 221
CANYON DE CHELLY NATIONAL MONUMENT ★★......... 550
CANYONLANDS NATIONAL PARK ★★★.... 530
CAPCAMPUS................. 587
CAPITOL RECORDS BUILDING .. 342
CAPITOL REEF NATIONAL PARK ★★...... 528
CARDINAL HOTEL..............217
CARLSBAD................ 423
CARMEL BEACH.............. 306
CARMEL MISSION INN......... 306
CARMEL ★★★.......... 306
CARRIAGE INN 161
CARS LAND...................412
CARSON CITY ★........... 502
CARSON KITCHEN 488
CARTER HOUSE INNS 231
CASA DEL PRADO............. 432
CASA GRANDE RUINS NATIONAL MONUMENT ★... 560
CASA NUESTRA.............. 244
CASTLE INN & SUITES......... 415
CASTLE INN.................. 162
CASTRO STREET FAIR 7, 108
CASTRO THEATRE 202
CATALINA CASINO............. 406
CATHEDRAL OF SAINT MARY OF ASSUMPTION 148
CAVALLO POINT................214
CEDAR BREAKS NATIONAL MONUMENT ★★.......... 521
CENTER FOR CREATIVE PHOTOGRAPHY............... 562
CENTRAL KITCHEN 181
CERCLE DES VOYAGES 577
CESARINA 444
CHA CHA CHA................ 183
CHABOT SPACE & SCIENCE CENTER...................... 209
CHAMBERLAIN WEST HOLLYWOOD................. 357
CHAMBERS EAT + DRINK.......172
CHANCELLOR HOTEL ON UNION SQUARE 162
CHANNEL ISLANDS NATIONAL PARK ★★.......315
CHANNEL ROAD INN, A FOUR SISTERS INN.......... 358
CHARCOAL VENICE 375
CHARLES M. SCHULZ MUSEUM.................... 254
CHÂTEAU MARMONT.......... 342
CHATEAU SAINT-JEAN......... 254
CHÂTEAU TIVOLI.............. 162
CHAUMONT BAKERY & CAFÉ... 380
CHEEKY'S.................... 455
CHEF HUNG'S RESTAURANT ... 173
CHEZ PANISSE 207
CHICANO PARK............... 435
CHICO.................... 269
CHILDREN'S MUSEUM OF PHOENIX 554
CHILL BAR PALM SPRINGS..... 455
CHINA BEACH................ 155
CHINATOWN KITE SHOP 193
CHINESE CULTURE CENTER ... 138
CHINESE HISTORICAL SOCIETY MUSEUM 138
CHIPPENDALES 496
CHIRICAHUA NATIONAL MONUMENT ★★.......... 568
CHOLITA LINDA...............212
CHRIST CATHEDRAL 416
CHUMASH PAINTED CAVE STATE HISTORIC PARK......... 313
CHURCH HISTORY MUSEUM ... 512
CIBO RISTORANTE ITALIANO.... 303
CIBO 557
CIDJ......................... 585
CIELITO LINDO 365
CINCO DE MAYO 7, 104
CIOPPINO'S 178
CITADEL OUTLETS 383
CITY CENTER................. 209
CITY HALL 138
CITY KAYAK 200
CITY LIGHTS BOOKSTORE...... 199
CITY PASS 136
CITY RENT-A-CAR............. 132
CITY VIEW RESTAURANT....... 173
CIVICO 1845 443
CLARION ALLEY 151
CLARION MUSIC CENTER...... 199
CLEAVER 490
CLIFT ROYAL SONESTA HOTEL.. 168
CLINE CELLARS.............. 252
CLOCKTOWER CELLAR PUB.... 289
CLUB ED..................... 300
CLUB FAUNE VOYAGES 577
CLUB TELI 587
COACHELLA VALLEY MUSIC AND ARTS FESTIVAL 7, 102
COASTAL TRAIL............... 157
COCA-COLA STORE LAS VEGAS 494
COCINA 35................... 443
COCOTTE 173
COFFEE GARDEN............. 514
COIT TOWER 144
COLD SPRINGS STATION 503
COLOMA ★★............. 267
COLUMBIA STATE HISTORIC PARK....................... 268
COLUMBIA ★★★........ 268
COLUMBUS TOWER - SENTINEL BUILDING 139
COMFORT INN.................217
COMMON SAGE............... 194
CONFERENCE CENTER........ 512
CONSERVATORY OF FLOWERS.. 156
CONTEMPORARY JEWISH MUSEUM.................... 152
CONVICT LAKE 287
COPPER BLUES ROCK PUB & KITCHEN 557
COPPER QUEEN MINE......... 568
CORAL PINK SAND DUNES STATE PARK.................. 524
CORNELL HOTEL DE FRANCE .. 162
COSANTI ORIGINALS 558
COSTANOA................... 297
COTTAGE INN................ 277
COTTAGE ROW................ 148
COUCHSURFING............. 580
COVELL 391
COWPER INN..................218
CRAFT 64.................... 559
CRAFTSMAN AND WOLVES 187
CREATIONS BOUTIQUE 446
CRISSY FIELD 149
CRITTER COUNTRY........... 414
CROCKER ART MUSEUM....... 260
CRYPTO.COM ARENA.......... 389
CUPERTINO 221
CURRAN THEATRE............ 202
CUYAMACA RANCHO STATE PARK............... 423
CUYANA 385
CYPRESS INN 307
CYPRESS OVERLAND 133, 581

D

DA PASQUALE TRATTORIA...... 373
DAD'S DONUT & BAKERY SHOP 421
DAIKOKUYA LITTLE TOKYO..... 365
DANA POINT ★★......... 422
DANTE'S VIEW 458
DE GRAZIA GALLERY IN THE SUN................. 563
DE LA ROSA PIZZERIA......... 180
DE YOUNG MUSEUM 157
DEAD HORSE POINT STATE PARK ★........... 529
DEATH VALLEY NATIONAL PARK ★★★★.......... 457
DEETJEN'S BIG SUR INN....... 310
DEGNAN'S DELI 285
DELLA SANTINA'S 251
DELTA AIRLINES............. 575
DELTA KING HOTEL 263
DESERT ADVENTURES - RED JEEP TOURS............ 454
DESERT BISTRO 529
DESERT BOTANICAL GARDEN .. 554
DESERT ROSE INN – RESORT & CABINS........... 532
DESERT VIEW WATCHTOWER... 541
DESTINATION USA 584
DEVILS POSTPILE NATIONAL MONUMENT 288
DÍA DE LOS MUERTOS....... 7, 108
DIDDY RIESE COOKIES 380
DIFFERENT POINTE OF VIEW... 557
DIN TAI FUNG 398
DINOSAUR NATIONAL MONUMENT ★★★ 519
DIRT DOG.................... 365
DISNEY'S PARADISE PIER HOTEL 416
DISNEY CALIFORNIA ADVENTURE PARK.............412
DISNEYLAND HOTEL.......... 416
DISNEYLAND PARK........... 414
DOGTOWN COFFEE 375
DOLBY THEATRE.............. 343
DOLORES PARK 152
DOMAINE CARNEROS 238
DON PISTO'S 178
DONUT BAR TUCSON.......... 565
DONUT BAR............. 445, 492
DONUT FRIEND............... 381
DOUBLETREE HOTEL.......... 206
DOWNTOWN GRAND HOTEL & CASINO 482
DR WILKINSON'S HOT SPRING.. 248
DRAGON GATE................ 139
DSW SHOE WAREHOUSE 196
DUKE'S MALIBU 395
DYNAMO DONUTS AND COFFEE 187

E

EAGLE LAKE TRAIL 275
EASTERN COLUMBIA BUILDING 338
EASYVOYAGE................. 578
EAT.......................... 488
ECHO PARK LAKE 352
EDELWEISS CHOCOLATES 384
EDGE OF THE CEDARS STATE PARK MUSEUM............... 530
EDINBURGH CASTLE.......... 187
ÉDUCATION NATIONALE 585
EGGSLUT 486
ÉGLISE NOTRE-DAME-DES-VICTOIRES............... 139
EGYPTIAN THEATRE........... 343
EIFFEL TOWER RESTAURANT .. 486
EL BONITA MOTEL 244
EL CAPITAN 282
EL CARMEN.................. 391
EL CORTEZ................... 482
EL PORTAL THEATRE.......... 389
EL PORTEÑO................. 178
EL PRESIDIO HISTORIC DISTRICT............ 562
EL PUEBLO DE LOS ÁNGELES HISTORIC MONUMENT......... 338
EL REY THEATRE 389
EL TECHO.................... 187
ELAINE'S HOLLYWOOD BED & BREAKFAST 355
ELAN HOTEL.................. 356
ELYSIAN PARK 339
ELY ★ 504
EMILI'S PASTRY & CAFE 381
ENCORE EXPRESS HOTEL 160
ENNIS HOUSE 352
ESTHER'S KITCHEN............ 488
EUREKA ★..........231, 504
EVEN STEVENS SANDWICHES . 513
EVERGREEN LODGE 285
EVERSON ROYCE BAR......... 365
EXPLORATORIUM SCIENCE MUSEUM 145

EXTRATERRESTRIAL HIGHWAY – AREA 51 ★★★ 501

F

FAIR OAKS PHARMACY & SODA FOUNTAIN 401
FAIRMONT MIRAMAR HOTEL & BUNGALOWS 358
FAIRMONT SAN FRANCISCO 168
FAIRMONT SONOMA MISSION INN & SPA 251
FALAFEL ARAX 368
FALLEN LEAF LAKE 275
FALLON 503
FAMILY HISTORY LIBRARY 512
FANTASYLAND 414
FARM : TABLE 173
FARMERS MARKETS 446
FATHER'S OFFICE DTLA ARTS DISTRICT 366
FEELLOVE COFFEE 520
FERNDALE ★★ 230
FERRY BUILDING 145, 194
FIG CAFÉ 253
FIG TREE CAFE 443
FIG TREE 376
FILBERT STREET STEPS 145
FIRST FRIDAY LAS VEGAS 479
FISHERMAN'S OUTLET 366
FISHERMAN'S WHARF ET PIER 39 146
FISHERMAN'S WHARF 302
FISHWIFE 305
FLAGSHIP FERRY 428
FLAGSTAFF ★★ 542
FLAMING GORGE NATIONAL RECREATION AREA ★★★ 519
FLAMINGO 474
FLEET SCIENCE CENTER 433
FLOUR + WATER 181
FLUME TRAIL BIKES 278
FNB 559
FOGO DE CHÃO BRAZILIAN STEAKHOUSE 373
FOREIGN CINEMA 181
FOREST LAWN MEMORIAL PARK 398
FOREST THEATER 308
FORESTVILLE ★ 255
FOREVER 21 196
FORT BRAGG ★★ 229
FORT MASON CENTER 148
FORT POINT 149
FORT ROSS STATE HISTORIC PARK ★ 228
FORT TEJON STATE HISTORIC PARK ★ 397
FOUR QUEENS HOTEL AND CASINO 479
FOX & GOOSE 264
FOX OAKLAND THEATRE 209
FRANKIE'S TIKI ROOM 492
FRASCATI 173
FREDERICK R. WEISMAN ART FOUNDATION 347
FREEHAND LOS ANGELES 356
FREMONT STREET EXPERIENCE 480
FRENCH LAUNDRY 242
FROG'S LEAP 243
FRONTIERLAND 414
FULLERTON ★ 416
FURNACE CREEK VISITOR CENTER 460

G

GAGOSIAN GALLERY 347
GALCO'S SODA POP STOP 384
GALLERY PAULE ANGLIM 139
GAMBLE HOUSE 399
GARÇONS DE CAFÉ 392
GARDEN COURT 218
GARDEN GROVE 416
GARDENS OF THE WORLD 394
GARY DANKO 178
GASLAMP QUARTER 435
GATE PASS 563
GEARS AND GRAPES GATEWAY INC 137
GENERAL STORE 193
GEOFFREY'S MALIBU 396
GETTY CENTER 347
GETTY VILLA 350
GEYSERVILLE ★ 256
GHIRARDELLI ICE CREAM & CHOCOLATE SHOP 187
GHOSTS AND GRAVESTONES OF SAN DIEGO 431
GIANTS DUGOUT STORE 196
GINGER ELIZABETH CHOCOLATES 266
GIOVANNI'S 289
GJUSTA 376
GLACIER POINT 282
GLBT HISTORY MUSEUM 152
GLEN CANYON DAM 548
GLEN CANYON NATIONAL RECREATION AREA ★★ 547
GLEN ELLEN INN & MARTINI BAR 253
GLEN ELLEN ★ 253
GLENDALE ★ 398
GLENDEVEN INN & LODGE 229
GLIDE MEMORIAL CHURCH 139
GLORIA FERRER CHAMPAGNE CAVES 252
GO CITY LOS ANGELES 337
GO VOYAGES 578
GOLD HILL HOTEL & SALOON 502
GOLD MOUNTAIN SAGELY MONASTERY 140
GOLDEN GATE BRIDGE WELCOME CENTER 150
GOLDEN GATE BRIDGE 150
GOLDEN GATE FERRY 131
GOLDEN GATE FORTUNE COOKIE FACTORY 140
GOLDEN GATE GRILL & TAPROOM 188
GOLDEN GATE HOTEL & CASINO 479
GOLDEN GATE HOTEL 162
GOLDEN GATE NATIONAL RECREATION AREA HEADQUARTERS 136
GOLDEN GATE PARK 156
GOLDEN GATE THEATRE 203
GOLDEN GATE TOLLS 132
GOLDEN GLOBE AWARDS 6, 100
GOLDEN HAVEN HOT SPRINGS SPA AND RESORT 247
GOLDEN HAVEN HOT SPRINGS . 248
GOLDEN NUGGET 482
GOOD VIBRATIONS 197
GOODLY COOKIES 515
GOORIN HAT SHOP 197
GOOSENECKS STATE PARK ★★ 532
GOURMET FOOD & WINE TOURS 137
GRACE CATHEDRAL 140
GRACIAS MADRE 181
GRAMMY MUSEUM 340
GRAND BAZAAR SHOPS 494
GRAND CANYON NATIONAL PARK ★★★★ 538
GRAND CANYON RAILWAY 538
GRAND CANYON SKYWALK 537
GRAND CANYON WEST - HUALAPAI INDIAN RESERVATION ★★★ 537
GRAND CENTRAL MARKET 366
GRAND HYATT 168
GRAND STAIRCASE ESCALANTE-NATIONAL MONUMENT ★★ 527
GRANT PLAZA HOTEL 160
GRASING'S 307
GRASS VALLEY 267
GRATEFUL DEAD HOUSE 157
GRATON ★ 255
GREAT AMERICAN MUSIC HALL 203
GREAT BASIN NATIONAL PARK ★★ 504
GREAT EASTERN RESTAURANT 174
GREAT SALT LAKE STATE PARK & MARINA 515
GREAT SALT LAKE ★★★ 515
GREEK THEATRE 389
GREEN TORTOISE HOSTEL 160
GREENS SPORTS BAR 188
GREENS 180
GRÉGOIRE 207
GREYHOUND ...... 131, 262, 428, ... 470, 581
GREYSTONE MANSION 347
GRIFFITH OBSERVATORY 352
GRIFFITH PARK 352
GRIZZLY PEAK 412
GUALALA ★ 228
GUERNEVILLE ★★ 255
GUISADOS 373
GUNTHER'S ICE CREAM 266

H

HA-RA CLUB 188
HAAS-LILENTHAL HOUSE 148
HAGAFEN CELLARS 238
HAKKASAN 496
HALF DOME 282
HALF MOON BAY BREWING COMPANY 298
HALF MOON BAY INN 297
HALF MOON BAY LODGE 297
HALF MOON BAY STATE BEACH 296
HALF MOON BAY ★★★ 296
HALLOWEEN 7, 108
HAMA SUSHI 366
HAMMER MUSEUM – UCLA 349
HANDLERY UNION SQUARE HOTEL 162
HANGARI KALGUKSU 366
HARBOR HOUSE INN 314
HARLEY FARMS 296
HARMONY BORAX WORKS 458
HARRY REID INTERNATIONAL AIRPORT 470
HARVEY MILK PLAZA 152
HAUSER & WIRTH 340
HAVASUPAI INDIAN RESERVATION ★★ 537
HAYES VALLEY INN 160
HEAL THE BAY AQUARIUM 350
HEALDSBURG ★★ 256
HEARD MUSEUM 555
HEARST CASTLE 311
HEART OF THE CITY FARMERS' MARKET 194
HEATH CERAMICS 214
HEAVENLY RESORT 279
HEAVENLY SCENIC GONDOLA RIDES 275
HEBER VALLEY ★ 518
HEINOLD'S FIRST AND LAST CHANCE 212
HENRY MILLER MEMORIAL LIBRARY 309
HERITAGE COUNTY PARK 436
HERITAGE SQUARE – ROSSON HOUSE MUSEUM 555
HERMOSA BEACH ★ 402
HESS COLLECTION WINERY 238
HI LOS ANGELES SANTA MONICA HOSTEL 356
HI POINT REYES HOSTEL 227
HI SACRAMENTO 263
HI SAN DIEGO DOWNTOWN HOSTEL 440
HI SAN FRANCISCO DOWNTOWN HOSTEL 160
HIDEAWAY COTTAGES 247
HIGH ROLLER OBSERVATION WHEEL 474
HILTON LOS ANGELES – UNIVERSAL CITY 358
HILTON SAN FRANCISCO UNION SQUARE 168
HIMALAYAN RESTAURANT 452
HISTORIC MAX FACTOR BUILDING – HOLLYWOOD MUSEUM 343
HISTORIC NAPA MILL 241
HOG'S BREATH INN 307
HOG ISLAND OYSTER CO 178
HOGS & HEIFERS SALOON 492
HOLIDAY HAUS MOTEL 289
HOLLYWOOD BOULEVARD 343
HOLLYWOOD BOWL 344
HOLLYWOOD FOREVER CEMETERY 344
HOLLYWOOD HERITAGE MUSEUM 344
HOLLYWOOD HOTEL 359
HOLLYWOOD LAND 412
HOLLYWOOD PALLADIUM 390
HOLLYWOOD PANTAGES THEATRE 344
HOLLYWOOD SIGN 354
HOLLYWOOD WALK OF FAME ... 345
HOMESTATE 378
HONOR BAR 373
HOOVER DAM ★★ 498
HOOVER TOWER 219
HORSESHOE BEND 546
HOSTELWORLD 580
HOT COOKIE 188
HOTEL 1110 302
HOTEL ABRI 163
HOTEL ADAGIO 163
HOTEL BEL-AIR 358
HOTEL BIJOU 163
HOTEL BOHEME 163
HOTEL CARLTON 163
HOTEL DEL SOL 163

HOTEL DES ARTS 160
HOTEL DRISCO PACIFIC HEIGHTS 169
HOTEL EMBLEM 164
HOTEL MAJESTIC 164
HOTEL NEVADA AND GAMBLING HALL 504
HOTEL NIKKO SAN FRANCISCO 169
HOTEL NORMANDIE LOS ANGELES 356
HOTEL SAUSALITO 214
HOTEL SHATTUCK PLAZA 207
HOTEL STRATFORD 161
HOTEL TRITON 164
HOTEL UNION SQUARE 164
HOTEL UTAH SALOON 203
HOTEL Z - A STAYPINEAPPLE HOTEL 441
HOTEL ZELOS 169
HOTEL ZEPHYR 164
HOTEL ZEPPELIN 164
HÔTEL ZETTA 169
HOUSE OF NANKING 174
HOUSE OF PACIFIC RELATIONS 433
HOWLIN' RAY'S 366
HSL 514
HUGO'S CELLAR 488
HUMBOLDT BAY PROVISIONS 231
HUMBOLDT REDWOODS STATE PARK ★★ 230
HUNTINGTON BEACH INTERNATIONAL SURFING MUSEUM 418
HUNTINGTON BEACH ★★ 418
HUNTINGTON HOTEL 169
HUNTINGTON SURF INN 418
HUWANS 577
HYATT REGENCY INDIAN WELLS RESORT & SPA 454
HYDE STREET PIER 147

I

IDEALE RESTAURANT 179
IGLESIA DE NUESTRA SEÑORA LA REINA DE LOS ÁNGELES 339
IN-N-OUT BURGER 179
INA COOLBRITH PARK 140
INDEPENDENCE DAY 6, 106
INDIAN CANYONS AND PALM CANYON 453
INGLENOOK 243
INGLESIDE INN 455
INN ABOVE TIDE 215
INN AT VENICE BEACH 358
INTELLIGENTSIA COFFEE & TEA 381
INTERNATIONAL ART MUSEUM OF AMERICA 153
INTERNATIONAL CAMEL AND OSTRICH RACES 6, 106
INTERNATIONAL TRAVELERS HOUSE ADVENTURE HOSTEL 440
INTERNATIONAL WOLF CENTER 504
IRONSIDE FISH & OYSTER 443
ISLAND PACKERS 316
IT'S A WRAP ! 397
IT'S RAW POKE SHOP 444
ITH PACIFIC TRADEWINDS HOSTEL 161

J

JACK KEROUAC ALLEY 146
JACK LONDON LODGE 253
JACK LONDON SQUARE 209
JACK LONDON STATE HISTORIC PARK 253
JACKSON COURT 165
JAMAICA BAY INN 360
JAMESTOWN 268
JAN'S HEALTH BAR 418
JANIS JOPLIN HOUSE 157
JAPAN CENTER 193
JAPANESE AMERICAN NATIONAL MUSEUM 340
JAPANESE FRIENDSHIP GARDEN 433
JAPANESE TEA GARDEN 156
JENI'S SPLENDID ICE CREAMS 381
JENKINS JOHNSON GALLERY 140
JEROME 544
JET PROPULSION LABORATORY 399
JET RAG 385
JETCOST 578
JIMI HENDRIX HOUSE 157
JOAN'S ON THIRD 368
JOBOT COFFEE & BAR 556
JOE JOST'S 405
JOHN'S GRILL RESTAURANT 174
JOHN FORD'S POINT 550
JOHN WAYNE STATUE 348
JOSEPH SMITH MEMORIAL BUILDING 512
JOSHUA TREE NATIONAL PARK ★★ 456
JUICE SHOP 183
JULIA PFEIFFER BURNS STATE PARK 309
JULIAN SERRANO TAPAS 486
JUPITER 208

K

KABUKI SPRINGS & SPA 200
KÀ 496
KANAB ★ 524
KAPOWUI SURF CLUB 387
KARTCHNER CAVERNS STATE PARK 567
KASBAH LOUNGE 264
KATE'S KITCHEN 183
KAZUNORI : THE ORIGINAL HAND ROLL BAR 373
KENSINGTON PARK HOTEL 165
KENWOOD ★ 254
KEVIN PETERSON FLY FISHING ADVENTURES 290
KEYS ON MAIN 515
KIDSPACE CHILDREN'S MUSEUM 399
KIMPTON HOTEL PALOMAR LOS ANGELES BEVERLY HILLS 360
KIMPTON HOTEL WILSHIRE 360
KIMPTON SAWYER 263
KING'S CANYON NATIONAL PARK ★★ 290
KINGMAN ★★ 537
KINGS ROAD HOUSE 345
KITCHEN MOUSE 378
KODACHROME BASIN STATE PARK ★★ 526
KOHN GALLERY 345
KOLB STUDIO 541
KOLOB CANYONS 523
KONKO CHURCH 148

L

L'ARDOISE 183
L'ATELIER DE JOËL ROBUCHON 486
L'ERMITAGE BEVERLY HILLS HOTEL 358
L.A. COUNTY METROPOLITAN TRANSPORTATION AUTHORITY 330
L & E OYSTER BAR 378
LA BICYCLETTE 307
LA BRUSCHETTA 373
LA CITA 388
LA COCINA 565
LA COMIDA 488
LA LUZ DE JESUS GALLERY 353
LA MARCHA 207
LA MONARCA BAKERY & CAFE 382
LA PLAYA HÔTEL 307
LA POSADA PINTADA 532
LA WEEKLY 584
LADERA VINEYARD 244
LAFAYETTE BAKERY 308
LAGO BY JULIAN SERRANO 487
LAGUNA BEACH ★★ 421
LAKE MEAD NATIONAL RECREATION AREA ★ 498
LAKE MEAD SCENIC DRIVE 499
LAKE MERRITT 209
LAKE POWELL 548
LAKE TAHOE ★★★★ 275
LAKEFRONT RESTAURANT 289
LANGER'S DELICATESSEN-RESTAURANT 367
LARCHMONT VILLAGE WINE, SPIRITS & CHEESE 370
LARCHMONT VILLAGE 345
LARGE BINOCULAR TELESCOPE OBSERVATORY 565
LARRY EDMUNDS BOOKSHOP 386
LAS AMERICAS PREMIUM OUTLETS 446
LAS VEGAS CONVENTION AND VISITORS AUTHORITY 473
LAS VEGAS HARLEY-DAVIDSON 494
LAS VEGAS MONORAIL 470
LAS VEGAS PAIUTE GOLF RESORT 495
LAS VEGAS WALKING TOURS 473
LASSEN VOLCANIC NATIONAL PARK ★★★ 269
LASTMINUTE 578
LAUGH FACTORY 390
LAVA BEDS NATIONAL MONUMENT ★★ 270
LAWRENCE HALL OF SCIENCE 205
LE CENTRAL 172
LE COLONIAL 174
LE MARAIS BAKERY 189
LE PARC SUITE HOTEL 362
LE PARFAIT PARIS 445
LE PETIT FOUR 371
LE THAI 489
LEDSON HOTEL 251
LEE CANYON 501
LEGOLAND CALIFORNIA 423
LEMONGRASS 174
LES MAISONS DU VOYAGE 577
LES PLAGES DE SAN DIEGO 447
LEVI'S STORE 197
LI PO COCKTAIL LOUNGE 188
LIBERTY PUBLIC MARKET 444
LIFE IS BEAUTIFUL FESTIVAL 6, 106
LIHOLIHO YACHT CLUB 174
LINCOLN PARK 157
LITTLE HOLLYWOOD LAND MUSEUM 524
LITTLE MISS BBQ 557
LITTLEJOHN'S ENGLISH TOFFEE HOUSE & FINE CANDIES 384
LOBSTER WEST 444
LODGE AT TIBURON 215
LOEWS SANTA MONICA BEACH HOTEL 360
LOMBARD STREET 140
LONE PINE ★★ 291
LONG BEACH JAZZ FESTIVAL 6, 106
LONG BEACH ★★ 405
LOS ANGELES CITY HALL 340
LOS ANGELES CONSERVANCY 337
LOS ANGELES COUNTY MUSEUM OF ART – LACMA 346
LOS ANGELES EQUESTRIAN CENTER 387
LOS ANGELES INTERNATIONAL AIRPORT 330
LOS ANGELES MARATHON 6, 102
LOS ANGELES MARITIME MUSEUM 404
LOS ANGELES PUBLIC LIBRARY 340
LOS BAGELS 231
LOS FELIZ FLEA - THE ODD MARKET 353
LOTTA'S FOUNTAIN 141
LOVE 497
LOVINA 248
LOWELL OBSERVATORY 542
LUTHER BURBANK HOME & GARDENS 254
LUXURY THAI SPA MASSAGE 495
LYFT 582

M

MACDUFF'S PUB 278
MADAME TUSSAUDS HOLLYWOOD 346
MADEO RISTORANTE 370
MADEWELL 197
MADRONE ART BAR 188
MAGIC BUS SAN FRANCISCO 137
MAGIC CASTLE HOTEL 360
MAGNIN BUILDING 210
MAGNOLIA GASTROPUB AND BREWERY 184
MAIDEN LANE 141
MAIN STREET, U.S.A. 415
MAIN STREET STATION 479
MAISON DE MONACO 195
MALIBU CANYON ROAD 395
MALIBU SEAFOOD 395
MALIBU ★★ 394
MAMA'S ON WASHINGTON SQUARE 179
MAMA SHELTER LOS ANGELES 360
MAMMOTH LAKES BASIN 287
MAMMOTH LAKES PACK OUTFIT 290
MAMMOTH LAKES ★★★ 287
MAMMOTH SKI MUSEUM 288
MAMMOTHTRAILS.ORG 290
MANDALAY BAY RESORT AND CASINO 483
MANDALAY 184

Lake Tahoe

Big Sur, près de Monterey.

MANHATTAN BEACH ★..... 402
MANUELA 367
MANZANAR NATIONAL HISTORIC SITE............... 292
MARIN HEADLANDS ★★★....... 213
MARINA DEL REY HOTEL 361
MARINE MAMAL CARE CENTER............... 404
MARIPOSA GROVE 283
MARITIME MUSEUM - AQUATIC PARK BATHHOUSE BUILDING.................... 147
MARITIME MUSEUM OF SAN DIEGO............... 435
MARJORIE BARRICK MUSEUM - DONNA BEAM ART GALLERY ... 481
MARK HOPKINS INTERCONTINENTAL HOTEL.... 169
MARSHALL GOLD DISCOVERY STATE HISTORIC PARK......... 267
MARTINE INN 304
MARVEL AVENGERS STATION... 476
MAURO CAFE................. 370
MAVERICK'S SURF COMPANY .. 298
MAVERICK HELICOPTERS...... 473
MAYAHUEL 264
MAZARINE COFFEE 175
MEEKS BAY RESORT 277
MELROSE TRADING POST...... 346
MENDOCINO ★★......... 228
MESQUITE FLAT SAND DUNES 459
MESQUITE ★............. 500
METEOR CRATER ★★★.......... 544
METROLINK.................. 330
MEXICAN HAT 532
MICKEY'S TOONTOWN......... 415
MICROSOFT THEATER......... 390
MIKE O'CALLAGHAN-PAT TILLMAN MEMORIAL BRIDGE... 498
MILDRED E. MATHIAS BOTANICAL GARDEN 349
MILLENNIUM BILTMORE HOTEL 340
MILLIE'S CAFE 379
MILLIKEN CREEK INN......... 240
MINGEI INTERNATIONAL MUSEUM 433
MINISTÈRE DES AFFAIRES ÉTRANGÈRES................ 587
MISSION DOLORES............ 153
MISSION SAN CARLOS BORROMEO................... 306
MISSION SAN FRANCISCO SOLANO..................... 250
MISSION SAN JUAN CAPISTRANO................. 422
MIX DOWNTOWN 266
MIYAKO HOTEL.............. 356
MOAB MUSEUM OF FILM AND WESTERN HERITAGE 529
MOAB ★★.............. 528
MODO YOGA.................. 447
MOE'S BOOKS................ 208
MOHAWK GENERAL STORE 385
MOJAVE NATIONAL PRESERVE ★★★........ 456
MOLINARI DELICATESSEN 179
MONO BASIN VISITOR CENTER . 286
MONO INN 286
MONO LAKE COUNTY PARK 286
MONO LAKE ★............ 286
MONT TAMALPAIS.............213
MONTAGE LAGUNA BEACH..... 421
MONTE ALBAN RESTAURANT... 370
MONTE RIO ★............ 255
MONTEREY BAY AQUARIUM.... 302
MONTEREY HÔTEL............ 303
MONTEREY REGIONAL AIRPORT..................... 302
MONTEREY VISITOR CENTER... 302
MONTEREY ★★★........ 301
MONTEZUMA CASTLE NATIONAL MONUMENT 543
MONTROSE ★............ 398
MONUMENT VALLEY NAVAJO TRIBAL PARK ★★★★.... 549
MOONSHADOWS MALIBU...... 396
MORRO BAY 311
MOSAIC CANYON 459
MOSAIC HOTEL............... 361
MOTHER'S TAVERN 312
MOTHERSHIP COFFEE ROASTERS.................. 493
MOUNT CHARLESTON ★.......... 501
MOUNT SAN JACINTO STATE PARK.................. 454
MOUNT SHASTA ★★★.... 270
MOUNT VIEW HOTEL & SPA.... 247
MOUNT WHITNEY............. 292
MOUNT WILSON OBSERVATORY 400
MOUNTAIN BIKE.............. 290
MOZZA2GO 370
MR. C BEVERLY HILLS......... 361
MR. HOLMES BAKEHOUSE..... 189
MR. MAMAS BREAKFAST AND LUNCH 490
MT WATERMAN SKI LIFTS...... 452
MUIR WOODS NATIONAL MONUMENT ★★......... 226
MULHOLLAND DRIVE 353
MULVANEY'S BUILDING & LOAN 265
MUMS....................... 180
MUN KOREAN STEAKHOUSE... 367
MUSEUM OF CONTEMPORARY ART SAN DIEGO............... 438
MUSEUM OF CONTEMPORARY ART 341
MUSEUM OF FLYING 350
MUSEUM OF NATURAL HISTORY..................... 314
MUSEUM OF NORTHERN ARIZONA.................... 542
MUSEUM OF PHOTOGRAPHIC ARTS....................... 433
MUSEUM OF TOLERANCE...... 347
MUSEUM OF US 433
MUSIC CENTER............... 341
MUSIC CITY HOTEL............161
MUSICAL INSTRUMENT MUSEUM 555

N

NAPA VALLEY RESERVATIONS .. 239
NAPA VALLEY WELCOME CENTER..................... 238
NAPA VALLEY WINE TRAIN..... 239
NAPA VALLEY WINERY EXCHANGE 195
NAPA ★★★............ 238
NAPOLEON'S LOUNGE......... 493
NATIONAL AIDS MEMORIAL GROVE 156
NATIONAL ATOMIC TESTING MUSEUM..................... 481
NATIONAL PARK SERVICE 584
NATIONAL STEINBECK CENTER..................... 300
NATIVE AMERICAN WORLD - INDIGENOUS 383
NATIVE FOODS 374
NATURAL BRIDGE CANYON..... 459
NATURAL BRIDGES NATIONAL MONUMENT ★★★........531
NATURAL HISTORY MUSEUM OF LOS ANGELES COUNTY 341
NATURAL HISTORY MUSEUM OF UTAH..................... 511
NAVAJO BRIDGE 548
NEPENTHE 310
NEVADA CITY............. 267
NEVADA NORTHERN RAILWAY MUSEUM 504
NEVADA STATE MUSEUM, LAS VEGAS 481
NEW ORLEANS SQUARE....... 415
NEWPORT BEACH ★★..... 420
NO VACANCY 392
NOAH'S NEW YORK BAGELS 175
NOB HILL CAFE...............175
NOB HILL INN 165
NOBLE EXPERIMENT.......... 448
NOBLE FOLK ICE CREAM & PIE BAR......................... 256
NOBU HOTEL EPIPHANY PALO ALTO....................218
NOE'S NEST BED & BREAKFAST 165
NOHO ARTS DISTRICT 354
NOON LODGE 452
NOPA RESTAURANT 184
NORTH LAKE TAHOE VISITOR CENTER.............. 276
NORTHSTAR.................. 279
NORTON SIMON MUSEUM...... 399
N°1 BOBA TEA............... 493

O

OAKLAND INTERNATIONAL AIRPORT.....................210
OAKLAND ★★........... 208
OATMAN ★★★.......... 537
OB BEANS COFFEE ROASTERS . 445
OBSOLETE.................... 385
OCEAN BEACH 158
OCEANO HOTEL AND SPA...... 297
ODYSEA AQUARIUM........... 558
Ô 497
OFF THE GRID............... 180
OFFICINE BUONA FORCHETTA .. 444
OLD FAITHFUL GEYSER 246
OLD FISHERMAN'S GROTTO.... 303
OLD MISSION SANTA BARBARA. 314
OLD MONTEREY CAFÉ......... 303
OLD MONTEREY INN 303
OLD OAKLAND 210
OLD PASADENA 400
OLD SACRAMENTO STATE HISTORIC PARK.............. 261
OLD SACRAMENTO UNDERGROUND TOUR......... 262
OLD SAINT MARY'S CATHEDRAL.................. 141
OLD SHANGHAI.............. 198
OLD TOWN ARTISANS 565
OLD TOWN MARKET........... 446
OLD TOWN SAN DIEGO STATE HISTORIC PARK.............. 436
OLD TOWN TROLLEY TOURS.... 431
OLD WORLD INN'S CABERNET HOUSE 240
OLEA HOTEL 253
OLLIE VAUGHN'S............. 557
OLVERA STREET.............. 339
OLYMPIA LODGE............. 304
OMAKASE 181
OMNI SAN DIEGO HOTEL....... 441
ORANGE ★...............416
ORBIC AIR 337
ORCHARD GARDEN HOTEL..... 165
ORIENTAL PEARL..............175
ORIGINAL CHOPSHOP 559
ORPHEUM THEATRE 203
OSTERIA AMORE............. 514
OTHER MAMA 490
OTHERWILD GOODS & SERVICES 383
OXBOW PUBLIC MARKET 241

P

PACIFIC CATCH 180
PACIFIC CITY 419
PACIFIC GROVE ★......... 304
PACIFIC SURF SCHOOL........ 447
PACIFIC WEST INFORMATION CENTER..................... 147
PACIFIC WHARF 412
PACIFICA ★★............ 296
PAESANO'S 264
PAGE ★.................. 546
PAINTED DESERT INN 545
PALACE HOTEL............... 170
PALACE OF FINE ARTS 148
PALIHOTEL SAN FRANCISCO ... 166
PALM RESTAURANT........... 487
PALM SPRINGS AIR MUSEUM .. 454
PALM SPRINGS ★★...... 453
PALMS CASINO RESORT 483
PALO ALTO ★★...........217
PALOMAR MOUNTAIN STATE PARK.............. 423
PALOMAR OBSERVATORY 424
PAMPAS GRILL CHURRASCARIA............... 370
PANHANDLE PARK............ 158
PAPPY & HARRIET'S 453
PARAMOUNT PICTURES STUDIO...................... 346
PARAMOUNT THEATRE 210
PARIS LAS VEGAS........ 476, 483
PARK CITY HOSTEL 518
PARK CITY MOUNTAIN RESORT . 518
PARK CITY MUSEUM 518
PARK CITY ★★............517
PARK ON FREMONT........... 489
PARRY LODGE............... 525
PASADENA CITY HALL......... 400
PASADENA ★★.......... 399
PASTA MOON................ 298
PASTA SISTERS.............. 377
PATISSERIE JACQUI 568
PATTERN BAR................ 392
PAVEL'S BACKEREI............ 305
PAVILION HOTEL............. 406
PAZZO GELATO 382
PEACE PAGODA............... 149
PEARL'S DELUXE BURGER 175
PEARL'S DELUXE BURGERS.....175
PEBBLE BEACH GOLF LINKS.................. 305
PEBBLE BEACH ★......... 305
PEET'S COFFEE & TEA 176
PEJU WINERY................ 243
PEPPERMINT HIPPO LAS VEGAS 497
PERCH 367
PERRY'S..................... 189
PERSHING SQUARE............ 341
PETALUMA 252

PETE'S ROUTE 66 GAS STATION MUSEUM 538
PETERSEN AUTOMOTIVE MUSEUM 346
PETIT ERMITAGE 362
PETITE AUBERGE 166
PETRA GREEK 264
PETRIFIED FOREST NATIONAL PARK ★★★ 545
PETRIFIED FOREST 246
PFEIFFER BEACH 309
PHILIPPE'S 367
PHOENIX ART MUSEUM 555
PHOENIX HOTEL 166
PHOENIX ★★★ 551
PICCOLO RISTORANTE 376
PICNIC 197
PIEDRAS BLANCAS BEACH 311
PIERCE BROTHERS WESTWOOD VILLAGE MEMORIAL PARK 348
PIMA AIR & SPACE MUSEUM ... 563
PINBALL HALL OF FAME 476
PINE & CRANE 379
PINE INN 307
PINK TRIANGLE PARK 152
PINNACLES NATIONAL PARK ... 301
PINNACLES NATIONAL PARK ★★ 301
PIONEER MEMORIAL MUSEUM. 511
PIONEERTOWN MOTEL 453
PIONEERTOWN 453
PISMO BEACH ★ 312
PIXAR PIER 412
PLANK 212
PLAZA HOTEL & CASINO 483
PLOW 182
PLUMPJACK WINERY 242
PLUMPJACK WINES 195
PODSHARE VENICE 357
POINT ARENA LIGHTHOUSE 228
POINT BONITA LIGHTHOUSE 213
POINT CABRILLO LIGHT STATION 229
POINT DUME STATE BEACH AND PRESERVE 395
POINT FERMIN LIGHTHOUSE ... 404
POINT LA JOLLA 439
POINT LOBOS STATE RESERVE ★★★ 308
POINT PIÑOS LIGHTHOUSE 305
POINT REYES NATIONAL SEASHORE ★★★ 226
POINT REYES STATION INN 227
POKEMOTTO NOHO 379
POLKADOTS & MOONBEAMS MODERN 385
PORTABELLA 308
PORTSMOUTH SQUARE 141
POST RANCH INN 310
POWELL STREET CABLE CAR .. 134
PRECITA EYES MURALISTS AND VISITOR CENTER 153
PRESIDIO GOLF COURSE 200
PRESIDIO OF SAN FRANCISCO .. 149
PRESIDIO PARK 436
PRIDE MOUNTAIN VINEYARDS .. 244
PRIMO'S DONUTS 382
PROMONTORY SUMMIT ★ 517
PROMOVACANCES 578
PROVIDENCE 371
PROVO ★ 519
PUBLIC HOUSE 266
PUBLIC WORKS 201
PUNCHLINE COMEDY CLUB 203

Q

QUOTATRIP 578

R

R&G LOUNGE 176
R BAR 189
RAILROAD PARK RESORT 270
RAINBOW BRIDGE NATIONAL MONUMENT ★★ 548
RAINBOW FALLS 288
RAINBOW FOREST MUSEUM ... 545
RAINBOW GROCERY 195
RAMEN YAMADAYA 176
RANCHO PALOS VERDES ★ 403
RECCHIUTI 189
RED CANYON ★★ 525
RED IGUANA 514
RED MOUNTAIN RESORT 520
RED ROCK-SECRET MOUNTAIN WILDERNESS 544
RED ROCK CANYON NATIONAL CONSERVATION AREA ★★ 500
RED ROCK MOTEL 546
REDONDO BEACH ★ 402
REDS MEADOWS SCENIC SHUTTLE 288
REDWOOD NATIONAL PARK ★★★ 232
REDWOOD ROOM 189
REHAB BURGER THERAPY 559
RENO-TAHOE INTERNATIONAL AIRPORT 276
RENTAL CARS 582
RESORT AT SQUAW CREEK 277
RICHARD SCHMIDT SURF SCHOOL 300
RICKHOUSE 190
RIO CITY CAFÉ 265
RIO NIDO 255
RIORDAN MANSION STATE HISTORIC PARK 542
RITZ CARLTON 170
RIVA FISH HOUSE 299
ROBERT MONDAVI 243
ROCKET FIZZ WESTWOOD VILLAGE 383
ROCKING V CAFE 525
ROOSEVELT GOLF COURSE 387
ROSAMUNDE SAUSAGE GRILL 182
ROSEWOOD SAND HILL 218
ROSIE'S CAFÉ 277
ROSS ALLEY 141
ROUGH RIDER 557
ROYAL GORGE 279
ROYCE HALL 390
RUBY'S DINER 421
RUSTY SPUR SALOON 560
RUTHERFORD ★ 243
RYE 190

S

S.S. JEREMIAH O'BRIEN 146
S.S. LANE VICTORY 404
SABINO CANYON 563
SACRAMENTO HISTORY MUSEUM 261
SACRAMENTO INTERNATIONAL AIRPORT 262
SACRAMENTO NATURAL FOODS CO-OP 263
SACRAMENTO REGIONAL TRANSIT (RT) 262
SACRAMENTO ★ 260
SADDLE MOUNTAIN CAMPGROUND 306
SADDLEBAG, ELLERY, TIOGA CAMPGROUNDS 284
SAGUARO NATIONAL PARK ★★★ 566
SAHA 176
SAHARA LAS VEGAS 483
SAINT GEORGE ★ 520
SAINT PATRICK'S CATHOLIC CHURCH 153
SAINTS PETER AND PAUL CHURCH 146
SALINAS ★★ 300
SALT LAKE ASSEMBLY HALL ... 512
SALT LAKE CITY TABERNACLE .. 513
SALT LAKE CITY ★★★ 510
SALT LAKE TEMPLE 513
SALTON SEA ★ 455
SALVATION MOUNTAIN ★★ 456
SAM'S ANCHOR CAFÉ 216
SAM'S CHOWDER HOUSE 298
SAM'S GRILL & SEAFOOD RESTAURANT 176
SAM'S TOWN 484
SAMESUN OCEAN BEACH 440
SAMESUN VENICE BEACH 357
SAN BENITO DELI 298
SAN CLEMENTE ★ 422
SAN DIEGO AIR & SPACE MUSEUM 434
SAN DIEGO AUTOMOTIVE MUSEUM 434
SAN DIEGO METROPOLITAN TRANSIT SYSTEM 428
SAN DIEGO MODEL RAILROAD MUSEUM 434
SAN DIEGO NATURAL HISTORY MUSEUM 434
SAN DIEGO SEAL TOUR 431
SAN DIEGO VISITOR INFORMATION CENTER 431
SAN DIEGO ZOO SAFARI PARK 436
SAN DIEGO ZOO 434
SAN FRANCISCO ART INSTITUTE - DIEGO RIVERA GALLERY 142
SAN FRANCISCO BALLET 203
SAN FRANCISCO BAY FERRY 132, 211
SAN FRANCISCO BOTANICAL GARDEN 156
SAN FRANCISCO CHINESE NEW YEAR PARADE 6, 100
SAN FRANCISCO CHRONICLE ... 584
SAN FRANCISCO INTERNATIONAL AIRPORT 131
SAN FRANCISCO INTERNATIONAL FILM FESTIVAL 7, 102
SAN FRANCISCO INTERNATIONAL LGBTQ FILM FESTIVAL 7, 104
SAN FRANCISCO MARITIME NATIONAL HISTORICAL PARK ... 147
SAN FRANCISCO MUNICIPAL RAILWAY - MUNI 134, 134
SAN FRANCISCO PRIDE 7, 104
SAN FRANCISCO SYMPHONY ... 204
SAN FRANCISCO TRAVEL 136
SAN GABRIEL MOUNTAINS ★ 452
SAN JOSE VISITOR INFORMATION & BUSINESS CENTER 222
SAN JOSÉ ★★ 222
SAN JUAN BAUTISTA ★ 310
SAN LUIS OBISPO ★ 312
SAN MARINO ★ 401
SAN MIGUEL ISLAND 315
SAN PEDRO FISH MARKET AND RESTAURANT 405
SAN PEDRO VISITOR CENTER .. 404
SAN PEDRO ★ 403
SAN SIMEON ★ 311
SAN XAVIER DEL BAC MISSION . 563
SANCHO'S TACOS 419
SANCTUARY BEACH RESORT ... 303
SAND HARBOR BEACH 276
SANRAKU 176
SANTA ANA ★ 417
SANTA BARBARA BOTANIC GARDENS 314
SANTA BARBARA ISLAND 315
SANTA BARBARA ★★ 313
SANTA CATALINA I SLAND ★★ 406
SANTA CLARITA ★ 396
SANTA CRUZ BEACH BOARDWALK AMUSEMENT PARK 300
SANTA CRUZ ISLAND 316
SANTA CRUZ SURFING MUSEUM 299
SANTA CRUZ ★ 299
SANTA MONICA BREW WORKS . 392
SANTA MONICA PIER 350
SANTA ROSA ISLAND 316
SANTA ROSA ★★ 254
SANTA YNEZ ★ 313
SASSOON SALON 387
SAUSALITO VISITOR CENTER 214
SAUSALITO ★★★ 214
SCOMA'S 179, 215
SCOTTSDALE MUSEUM OF CONTEMPORARY ART 558
SCOTTSDALE ★ 558
SCRIPPS INN 441
SEA SHORE MOTEL 357
SEAL BEACH NATIONAL WILDLIFE REFUGE 417
SEAL BEACH ★ 417
SEAL ROCK INN 166
SEAPLANE ADVENTURES 200
SEAPORT VILLAGE 437
SEARS FINE FOOD 177
SEAWORLD SAN DIEGO 438
SEBASTOPOL ★ 255
SEDONA ★★★ 543
SEE'S CANDIES 190
SEQUOIA NATIONAL PARK ★★★ 291
SESSIONS WEST COAST DELI ... 420
SEVEN GABLES INN 304
SFJAZZ CENTER 204
SFMOMA 154
SHAKE SHACK 487
SHASTA LAKE ★★ 270
SHOSHONE INN 460
SHUTTERS ON THE BEACH 362
SIDEWAYS INN 312
SILVER SPRINGS 503
SIN CITY HOSTEL 482
SIX FLAGS MAGIC MOUNTAIN ... 396
SIX PEAKS GRILLE 278
SKIRBALL CULTURAL CENTER . 348
SKYFALL LOUNGE 493

Sequoia National Park.

San Francisco.

EDITION

Directeurs de collection et auteurs : Dominique AUZIAS et Jean-Paul LABOURDETTE

Auteurs : Floriane VALDAYRON, Delphine CALMO, Baptiste THARREAU, Kévin GIRAUD, Sylvie DEL COTTO, Adelaïde SAUTER, Amandine GLEVAREC, Mathias DESHOURS, Romain RISSO, Xavier CARPENTIER-TANGUY, Nelly JACQUES, Manon LIDUENA, Christophe SIMS, Daphné DELGRANGE-MATHIEU, Najda LAROUSSI, Axelle SOUBERCAZES, Jean-Luc BREBANT, Chloé CONSIGNY, Jean-Paul LABOURDETTE, Dominique AUZIAS et alter

Directeur Editorial : Stéphan SZEREMETA

Rédaction Monde : Laure CHATAIGNON, Morgane VESLIN, Pierre-Yves SOUCHET, Natalia COLLIER

Rédaction France : Briséis CREAC'H-MENUT, Mélanie COTTARD, Audrey VEDOVOTTO, Nicolas WODARCZAK

FABRICATION

Maquette et Montage : Romain AUDREN, Julie BORDES, Delphine PAGANO

Iconographie et Cartographie : Anne DIOT, Julien DOUCET

WEB ET NUMERIQUE

Directeur Web : Louis GENEAU de LAMARLIERE

Développeurs : Guillaume BARBET, Adeline CAUX et Roland SPOUTIL

Intégrateur Web : Mickael LATTES, Antoine DION

Webdesigner : Caroline LAFFAITEUR

Community Traffic Manager : Alice BARBIER, Mariana BURLAMAQUI et Noémie LE SAUX

DIRECTION COMMERCIALE

Directeur commercial : Guillaume VORBURGER

Coordinatrice des Régies commerciales : Manon GUERIN assistée de Jonas HESOL

Account Manager Marketplace : Leila ROUGEOT assistée de Lola FAVRE-MOT

Responsable Régies locales : Michel GRANSEIGNE

Responsables Développement régie inter : Jean-Marc FARAGUET, Guillaume LABOUREUR et Camille ESMIEU

Chefs de Publicité Régie nationale : Caroline AUBRY, François BRIANCON-MARJOLLET, Perrine DE CARNE MARCEIN, Jonathan TOUTOUX, Amélie NOEL,

Régie CALIFORNIE : Angela DURET

DIFFUSION ET PROMOTION

Directrice des Ventes : Bénédicte MOULET assistée d'Aissatou DIOP

Responsable des ventes : Jean-Pierre GHEZ assisté de Nelly BRION

Relations Presse-Partenariats : Jean-Mary MARCHAL

ADMINISTRATION

Président : Jean-Paul LABOURDETTE

Directrice des Ressources Humaines : Dina BOURDEAU assistée de Sandra DOS REIS et Eva BAELEN

Directrice Administrative et Financière : Valérie DECOTTIGNIES

Comptabilité : Guillaume PETIT, Aminata BAGAYOKO, Jeannine DEMIRDJIAN

Recouvrement : Fabien BONNAN assisté de Sandra BRIJLALL

Responsable informatique : Elie NZUZI-LEBA

PETIT FUTÉ CALIFORNIE

LES NOUVELLES EDITIONS DE L'UNIVERSITE
18, rue des Volontaires - 75015 Paris.
✆ 01 53 69 70 00 - Fax 01 42 73 15 24
Internet : www.petitfute.com
SAS au capital de 1 000 000 € -
RC PARIS B 309 769 966
Couverture : Golden Gate Bridge, Downtown San Francisco
© Andrew Zarivny - Shutterstock.com
Impression : CORLET IMPRIMEUR - 14110 Condé-en-Normandie
Achevé d'imprimer : octobre 2022
Dépôt légal : 19/11/2022
ISBN : 9782305045177

Pour nous contacter par email, indiquez le nom de famille en minuscule suivi de @petitfute.com
Pour le courrier des lecteurs : info@petitfute.com

IMPRIMÉ EN FRANCE

VALLEY OF THE GODS ★★ 532
VEGAN NIRVANA 419
VEGAS BALLOON RIDES 495
VEGGIE GRILL 372
VELO PIZZERIA 240
VENICE BEACH BOARDWALK... 351
VENICE BEACH HOUSE 363
VENICE CANALS 351
VENTURA ★ 316
VERMILION CLIFFS NATIONAL MONUMENT ★★ 548
VERNAL FALLS ET NEVADA FALLS 283
VERVE COFFEE ROASTERS 382
VESUVIO 192
VIANSA 250
VIC & ANTHONY'S STEAKHOUSE 489
VICEROY SANTA MONICA 363
VICTORIA SECRET 198
VICTORIAN CORNER 304
VIE – VOLONTARIAT INTERNATIONAL EN ENTREPRISE 587
VILLA FLORENCE 167
VINCENT ARROYO 246
VINCENTI RISTORANTE 374
VIRGINIA CITY ★★★ 502
VIRGINIA ROBINSON GARDENS 349
VISIT BERKELEY INFORMATION CENTER 205
VISIT CALIFORNIA 136
VISIT SACRAMENTO 262
VISITOR CENTER 213, 246, 306, 555
VITO'S PIZZA 372
VIVA LAS AREPAS 489
VIVACE RESTAURANT 565
VTC ET TAXIS 470

W

W LOS ANGELES – WEST BEVERLY HILLS 363
WALLIS ANNENBERG CENTER FOR THE PERFORMING ARTS 390
WALNUT AVENUE CAFE 300
WALNUT CANYON NATIONAL MONUMENT 543
WALT DISNEY CONCERT HALL 391
WALT DISNEY FAMILY MUSEUM 150
WAR MEMORIAL OPERA HOUSE 204
WARNER BROS. STUDIOS 397
WASHINGTON INN 211
WASHINGTON SQUARE INN 167
WASHINGTON SQUARE 147
WASTELAND 198
WATERFRONT HOTEL 211
WATERFRONT PARK 437
WATERS EDGE HOTEL 216
WAVERLY PLACE 143
WAYFARER'S CHAPEL 403
WEERA THAI 490
WEHO BISTRO 372
WELCOME TO FABULOUS LAS VEGAS SIGN 477
WEP FRANCE 587
WEST SHORE CAFÉ AND INN ... 277
WESTERN SPIRIT – SCOTTSDALE'S MUSEUM OF THE WEST 559
WESTFIELD SAN FRANCISCO SHOPPING CENTRE 193
WESTIN ST FRANCIS 170
WHISKY A GO GO 389
WHITE STALLION RANCH 564
WHITE SWAN INN 167
WILDERNESS CENTER 283
WILDERNESS RESERVATION SYSTEM 523
WILDERNESS RIVER ADVENTURES 547
WILL ROGERS STATE HISTORIC PARK 351
WILLIAM S HART MUSEUM 396
WILLIAMS ★★ 538
WILLOW CREEK ★ 232
WINCHESTER MYSTERY HOUSE 222
WINE VALLEY LODGE 239
WING LEI 487
WISHTOYO CHUMASH VILLAGE 395
WOK WIZ CHINATOWN WALKING TOURS 137
WOMEN'S BUILDING 154
WOODHOUSE CHOCOLATES 245
WORLD SERIES OF POKER 104
WRANGLER NATIONAL FINALS RODEO 7, 108
WUPATKI NATIONAL MONUMENT ★★ 545
WYNN LAS VEGAS 484

Y

YARTS 284
YAVAPAI MUSEUM OF GEOLOGY 541
YELLOW CAB 134, 582
YELLOW PAPER BURGER 374
YERBA BUENA CENTER FOR THE ARTS 154
YES AWAY 331
YOGA SOURCE 219
YOSEMITE CREEK CAMPGROUND 284
YOSEMITE FALLS 283
YOSEMITE LODGE AT THE FALLS 285
YOSEMITE NATIONAL PARK ★★★★ 279
YOSEMITE VALLEY VISITOR CENTER 283
YOSEMITE VALLEY 283
YOSHI'S JAZZ CLUB 212
YOUNTVILLE ★ 242

Z

ZABRISKIE POINT 459
ZAM ZAM 192
ZEPHYR COVE RESTAURANT 277, 278
ZINC CAFE & MARKET 422
ZION LODGE 523
ZION NATIONAL PARK ★★★★ 521
ZION OUTFITTER 524
ZOCALO MIDTOWN 265
ZUNI CAFÉ 184
ZUZU 240

SKYLIGHT BOOKS 386
SMALL WORLD BOOKS........ 386
SMALL WORLD............... 241
SMOKING PIG BBQ COMPANY .. 222
SMUGGLER'S COVE 190
SNOW CANYON STATE PARK ★ .. 520
SOAP PLANT / WACKO......... 384
SOFITEL LOS ANGELES........ 361
SOI OB-THAI STREET FOOD 444
SOLAGE 248
SOLVANG RESTAURANT........ 313
SOLVANG ★ 313
SON OF A GUN RESTAURANT 371
SONOMA CHEESE FACTORY 251
SONOMA CREEK INN.......... 250
SONOMA STATE HISTORIC PARK 249
SONOMA VALLEY VISITORS CENTERS.................. 250
SONOMA ★★ 249
SONY PICTURES STUDIOS 348
SOUTH LAKE TAHOE VISITOR CENTER (CALIFORNIA)........ 276
SOUTH PASADENA 401
SOUTHERN ARIZONA HERITAGE & VISITOR CENTER 564
SOUTHERN PACIFIC BREWING . 190
SPAGO 374
SPECS' 190
SPENCER'S RESTAURANT 455
SPIRAL JETTY................ 516
SPOFFORD STREET 141
SPRECKELS ORGAN PAVILION .. 434
SPRINGDALE ★........... 521
SPRINGS PRESERVE.......... 481
SPUD POINT CRAB COMPANY .. 228
ST. HELENA ★★......... 244
STANFORD COURT HOTEL...... 170
STANFORD MEMORIAL CHURCH 221
STANFORD UNIVERSITY 220
STANFORD ★★............219
STANYAN PARK HOTEL 166
STAR WARS : GALAXY'S EDGE .. 415
STARLIGHT ROOM............ 191
STATE BEACHES............. 395
STEINER'S TAVERN 252
STEM KITCHEN & GARDEN 182
STERLING PARK.............. 142
STERLING VINEYARDS 246
STERN GROVE FESTIVAL....... 104
STINSON BEACH ★........ 226
STONE LIZARD LODGE......... 531
STOOKEY'S CLUB MODERN 191
STOUT BURGERS & BEERS...... 371
STRANDED.................. 199
STREETCAR - F LINE 134
STUDIO GALLERY 198
STUDIO TOUR – UNIVERSAL STUDIOS.................... 337
SUGAR SHACK CAFE 419
SUNDANCE FILM FESTIVAL............6, 100
SUNDANCE ★★...........519
SUNNIN LEBANESE CAFE 374
SUNNYS POLE FITNESS & BOUTIQUE 495
SUNSET CRATER VOLCANO NATIONAL MONUMENT ★★......... 546
SUNSET INN - YOSEMITE CABINS............ 285
SUNSET TOWER HOTEL........ 362
SURF CITY HOSTEL 402
SUSHI IKE 371
SUSHI TADOKORO............. 443
SUSHIRRITO.................. 177
SUSIECAKES................. 191
SUTRO'S AT CLIFF HOUSE...... 184
SUTRO BATHS................ 158
SUTTER'S FORT STATE HISTORIC PARK....................... 261
SUTTER CREEK 267
SWAN OYSTER DEPOT......... 177
SWENSEN'S 191
SWIG....................... 191
SWISS HOTEL 250

T

TABULA RASA BAR............ 392
TACOLICIOUS............182, 218
TACOS DELTA................ 379
TADICH GRILL 177
TAJ CAMPTON PLACE 170
TAKASHI.................... 514
TALIESIN WEST............... 559
TANQUE VERDE RANCH 564
TAO NIGHTCLUB 496
TAPA THE WORLD............ 265
TAQUERIA EL FAROLITO 182
TARLA MEDITERRANEAN BAR + GRILL 240
TARTINE BAKERY............ 191
TASTE BUZZ FOOD TOURS...... 473
TAVERNA TONY 396
TCL CHINESE THEATRE........ 346
TEMPE ★................ 560
TEMPLE COFFEE ROASTERS ... 266
TEMPLE NIGHTCLUB 201
TEMPLE SQUARE 511
TENDER GREENS............. 376
THAI DISTRICT.............. 405
THANH LONG 184
THE ACADEMY AWARDS 6, 102
THE AHWAHNEE 285
THE ALBRIGHT 377
THE ARTS FACTORY 480
THE BEARS DEN B&B......... 546
THE BEAT MUSEUM.......... 147
THE BELVEDERE 374
THE BIRD CAGE THEATRE...... 567
THE BLACK CAT 392
THE BOOM BOOM ROOM....... 204
THE BOTTOM OF THE HILL 204
THE BROAD 341
THE BUTCHER'S DAUGHTER ... 377
THE CAT AND FIDDLE RESTAURANT & PUB...........371
THE CELLAR 201
THE CHANDELIER 493
THE CHARLIE HOTEL.......... 362
THE CHEESE STORE OF BEVERLY HILLS 384
THE CHEESECAKE FACTORY................173, 382
THE CINCH SALOON........... 192
THE CITIZEN HOTEL, AUTOGRAPH COLLECTION...... 263
THE CITY CLUB OF SAN FRANCISCO........... 142
THE CORONET................ 565
THE COSMOPOLITAN HOTEL AND RESTAURANT 440
THE CREMA CAFE 417
THE CULINARY INSTITUTE OF AMERICA AT GREYSTONE ... 245
THE CULVER HOTEL........... 362
THE DINOSAUR MUSEUM 531
THE DRESDEN ROOM 393
THE ECHO + ECHOPLEX 388
THE FAT LADY 212
THE FILLMORE 204
THE FISH MARKET.............219
THE GEORGIAN HOTEL 363
THE GIRL AND THE FIG 251
THE GRIDDLE CAFE 372
THE GRIFFIN LAS VEGAS 493
THE GROUNDLINGS THEATRE & SCHOOL.......... 390
THE GROVE 385
THE HERBERT HOTEL..........161
THE HERMOSA INN 556
THE HOLDING COMPANY 448
THE HUDSON 544
THE HUNTINGTON LIBRARY AND BOTANICAL GARDENS.................... 401
THE INN AT DEATH VALLEY 460
THE JUNÍPERO SERRA MUSEUM 436
THE KITCHEN 265, 379
THE LAST BOOKSTORE 386
THE LEGION OF HONOR........ 158
THE LIBRARY ALEHOUSE 393
THE LITTLE DOOR 372
THE LITTLE ONE.............. 564
THE LOBSTER TRAP........... 406
THE METRO HOTEL 167
THE MIRAGE 476, 483
THE MISFIT 377
THE MOB MUSEUM 480
THE MONSARAZ, TAPESTRY COLLECTION BY HILTON 441
THE MOSSER HOTEL.......... 165
THE NARROWS............... 523
THE NATURAL CAFE........... 314
THE NEON MUSEUM 480
THE NEW CHILDREN'S MUSEUM 437
THE NORVILLE GEM & MINERAL MUSEUM 564
THE ORCHARD HOTEL......... 167
THE ORIGINAL FARMERS MARKET..................... 372
THE PALEY CENTER FOR MEDIA 348
THE PARK - CAFETERIA 15L.... 265
THE PENINSULA BEVERLY HILLS 363
THE PLANT CAFE ORGANIC 177
THE PRADO AT BALBOA PARK .. 443
THE PRINCE 367
THE QUEEN ANNE HOTEL 166
THE RAMP................... 192
THE RED LION TAVERN 393
THE RITZ CARLTON, HALF MOON BAY 297
THE ROOFTOP LOUNGE........ 422
THE SAN DIEGO MUSEUM OF ART 435
THE SHADY LADY SALOON..... 266
THE SHAW HOUSE 230
THE SHOUT ! HOUSE 448
THE SMASHED PIG 489
THE SMITH CENTER FOR THE PERFORMING ARTS... 497
THE STAND ARCADIA BURGER SHOPPE............ 556
THE STAND NATURAL FOODS... 421
THE STANFORD THEATRE.......219
THE STEADY HOSTEL 355
THE STEAK HOUSE 487
THE SYCAMORE 182
THE TECH MUSEUM OF INNOVATION............... 222
THE TRAILS CAFÉ............. 379
THE VARNISH 393
THE VENETIAN...........477, 484
THE VIEW LOUNGE............ 177
THE VIPER ROOM............. 389
THE WAVE 548
THE WELLESBOURNE......... 393
THE WESTIN BONAVENTURE HOTEL & SUITES 363
THE WHALE & ALE 405
THE WOK SHOP 198
THIRD STREET PROMENADE ... 351
THIS IS THE PLACE HERITAGE PARK....................... 513
TIBURON ★..............215
TIKI-TI...................... 393
TIMKEN MUSEUM OF ART 435
TIN HOW TEMPLE............. 142
TIOGA GAS MART 286
TIX4VEGAS 497
TOMALES BAY OYSTER COMPANY 227
TOMBSTONE ★★★...... 566
TOMORROWLAND 415
TONGA ROOM & HURRICANE BAR....................... 192
TONY'S PIZZA NAPOLETANA.... 179
TOP OF THE MARK 192
TOP OF THE WORLD........... 487
TORREY PINES GOLF COURSE.. 447
TORREY PINES STATE NATURAL RESERVE 423
TOUCHSTONE HOTEL.......... 167
TOURNAMENT OF KINGS 497
TRANSAMERICA PYRAMID 143
TRAVELLERS AUTOBARN 135
TRIPLE GEORGE GRILL 489
TUCSON MUSEUM OF ART 563
TUCSON ★★............ 560
TULE LAKE NATIONAL WILDLIFE REFUGE ★...... 270
TUNA HARBOR PARK.......... 437
TUOLUMNE MEADOWS CAMPGROUND 284
TURO....................... 582
TUSAYAN MUSEUM AND PUEBLO................ 541
TWIN PEAKS 154

U

UBER 582
UNION SQUARE............... 142
UNION STATION.............. 341
UNION STREET INN 170
UNITED AIRLINES............. 575
UNITED NATIONS PLAZA....... 143
UNIVERSAL STUDIOS HOLLYWOOD................. 354
UNIVERSITY OF ARIZONA MUSEUM OF ART 564
UNIVERSITY OF CALIFORNIA, LOS ANGELES – UCLA......... 349
UOVO 377
URBAN BOUTIQUE HOTEL...... 441
URBAN OUTFITTERS 197
URTH CAFFÉ................. 382
USA HOSTELS SAN FRANCISCO..............161
USS MIDWAY MUSEUM 437
UTAH OLYMPIC PARK.......... 518
UTAH STATE CAPITOL.......... 513

V

V. SATTUI WINERY 245
VALLEY OF FIRE STATE PARK ★★★....... 499